ŒUVRES ILLUSTRÉES

DE

GEORGE SAND

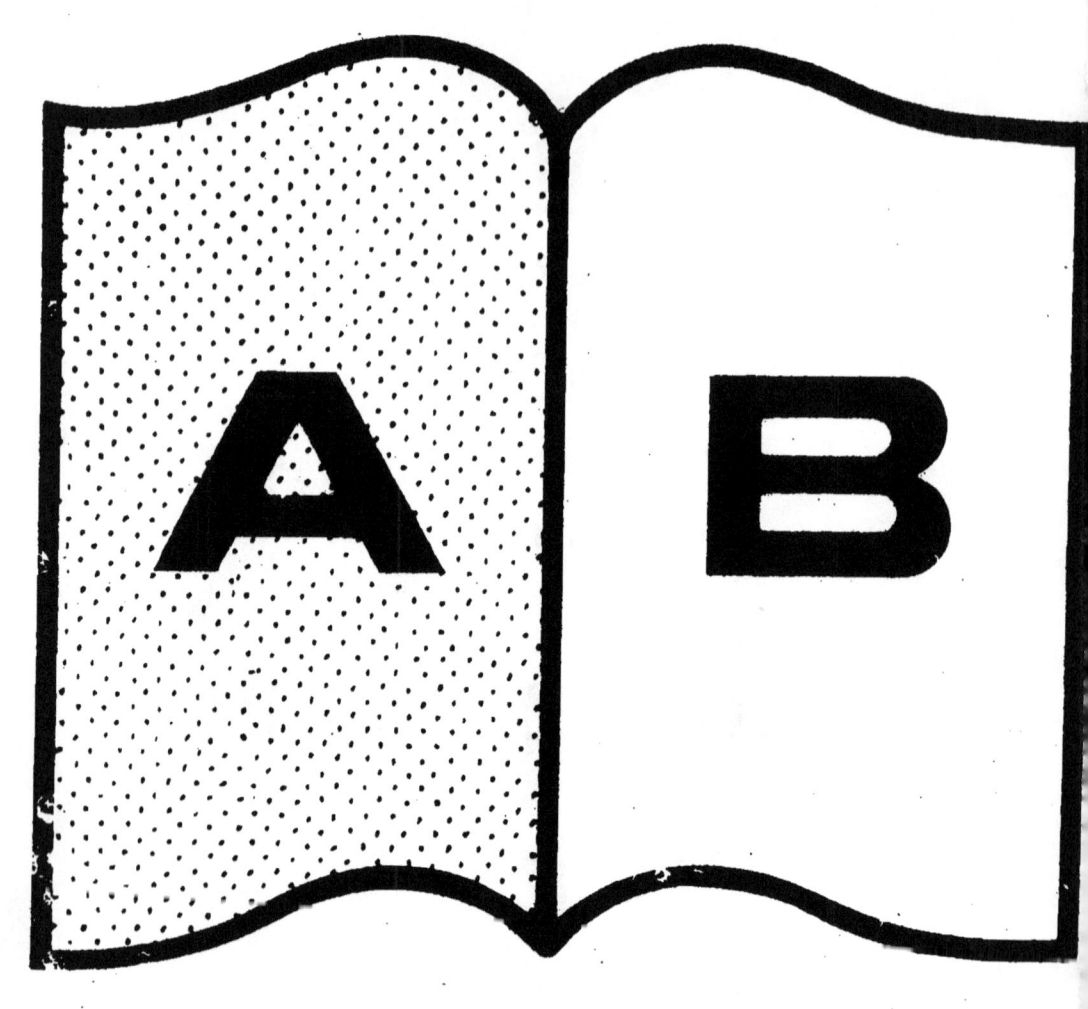

Contraste insuffisant

NF Z 43-120-14

CE VOLUME CONTIENT :

— La Mare au Diable — André — Mauprat —
le Compagnon du Tour de France.

IMPRIMÉ PAR J. CLAYE ET Cᵉ, RUE SAINT-BENOIT, 7.

OEUVRES ILLUSTRÉES

DE

GEORGE SAND

PRÉFACES ET NOTICES NOUVELLES PAR L'AUTEUR

DESSINS

DE

TONY JOHANNOT

ÉDITION J. HETZEL

LIBRAIRIE BLANCHARD **1852** LIBRAIRIE MARESCQ ET Cie

RUE RICHELIEU, 78. 5 RUE DU PONT-DE-LODI.

PARIS

| LIBRAIRIE BLANCHARD, | J. HETZEL, ÉDITEUR. | LIBRAIRIE MARESCQ ET Cⁱᵉ, |
| Rue Richelieu, 78. | | 3 rue du Pont-de-Lodi. |

ŒUVRES DE GEORGE SAND

ILLUSTRÉES PAR TONY JOHANNOT

PRÉFACE

En publiant une édition complète de mes ouvrages dans le format le plus populaire aujourd'hui et au plus bas prix, je n'ai eu ni le dessein de m'enrichir en cas de succès, ni la prétention de faire un grand sacrifice dans le cas contraire. Mais je puis dire que ce qui m'a le plus préoccupé, c'est le désir de faire lire à la classe pauvre ou malaisée, des ouvrages dont une grande partie a été composée pour elle. J'ai dû attendre pour m'y décider que l'habitude générale consacrât l'usage d'un format qui ne me semblait pas commode, et qui néanmoins l'est devenu par l'habitude même.

J'ai voulu encore essayer de donner au peuple une édition aussi soignée que possible sans augmenter d'un centime le prix de ces sortes de publications, et je crois y avoir réussi grâce aux soins généreux et intelligents de l'ami qui s'est fait mon éditeur.

Enfin, j'ai été heureuse d'obtenir le concours d'un grand talent pour l'illustration de cette longue série d'ouvrages que j'offre à un peuple très-artiste et très-capable d'apprécier les choses d'art.

Dans cette longue série, plusieurs ouvrages (je puis dire le plus grand nombre), ont été inspirés par le désir d'éclairer le peuple sur ses devoirs autant que sur ses droits. Quelques-uns, les premiers surtout, n'ont été que le cri d'une âme fortement impressionnée, atteinte parfois de doute et de découragement; peu pressée de conclure parce qu'elle craignait d'avoir à maudire l'humanité, qu'elle éprouvait le besoin d'aimer. Peu à peu la lumière s'est faite dans ce chaos d'émotions diverses, à mesure que l'âge y amenait la réflexion. Ses instincts avaient toujours été révolutionnaires, en ce sens que l'injustice était un spectacle antipathique pour ma nature, et qu'un immense besoin d'équité chrétienne avait rempli ma vie dès mon plus jeune âge; mais la confiance dans mes instincts ne m'est venue que peu à peu, avec la certitude que le progrès est la loi vitale de l'humanité, et à mesure que je sentais ce progrès s'opérer en moi-même. Qui se sent vivre, sent et saisit la vie dans les autres; et cette vie des autres vient alimenter et étendre la sienne propre. Je suis donc arrivée, sans grands efforts et sans fortes études, à cet état de lucidité dans la conviction où peut arriver toute âme sincère, sans qu'il lui soit besoin d'une trempe supérieure. Ce que je suis, tout le monde peut l'être; ce que je vois, tout le monde peut le voir; ce que

TYPOGRAPHIE J. CLAYE, 7 RUE SAINT-BENOIT. — H. DELAVILLE, SC.

j'espère, tout le monde peut y arriver. Il ne s'agit que d'aimer la vérité, et je crois que tout le monde sent le besoin de la trouver.

Je n'ai point révélé de vérité nouvelle dans mes ouvrages. Je n'y ai jamais songé, bien qu'on m'ait accusé, avec une ironie de mauvaise foi, d'avoir voulu, comme tant d'autres, jouer à la doctrine et à la secte. J'ai examiné autant que j'ai pu, les idées que soulevaient, autour de nous tous, les hommes de mon temps. J'ai chéri celles qui m'ont semblé généreuses et vraies; je n'ai pas toujours tout compris dans les moyens pratiques que plusieurs ont proposé, soit qu'ils fussent obscurs, soit plutôt que mon cerveau fût impropre à saisir les combinaisons et les calculs des probabilités. Je ne me suis pas tourmenté dans mon impuissance; j'ai trouvé qu'il me restait bien assez à faire en employant le genre de facultés qui m'était échu, au développement du sentiment de la justice et de l'amour de mes semblables. J'avais une nature d'artiste, et, quoi qu'on en dise, je n'ai jamais voulu être autre chose qu'un artiste; ceux qui ont cru m'humilier et me blesser en proclamant que je n'étais pas de taille à faire un philosophe m'ont fait beaucoup de plaisir, car chacun a l'amour-propre d'aimer sa propre organisation et de s'y complaire comme l'animal dans son propre élément. Mais en prétendant que mon organisation et ma vocation d'artiste s'opposaient en moi à l'intelligence et au développement des vérités sociales élémentaires et à l'amour des éternelles vérités dont le christianisme est la philosophie première, on a dit un sophisme tout à fait puéril. A-t-on jamais reproché aux peintres de la renaissance de se poser en théologiens parce qu'ils traitaient des sujets sacrés! Les peintres flamands avaient-ils la prétention de se dire savants naturalistes parce qu'ils étudiaient et connaissaient les lois de la lumière! Quel est donc l'artiste qui peut s'abstraire des choses divines et humaines, se passer du reflet des croyances de son époque, et vivre étranger au milieu où il respire? Vraiment, jamais pédantisme ne fut poussé aussi loin dans l'absurde que cette théorie de l'art pour l'art, qui ne répond à rien, qui ne repose sur rien, et que personne au monde, pas plus ceux qui l'ont affichée que ceux qui l'ont combattue, n'a jamais pu mettre en pratique. L'art pour l'art est un mot creux, absolument faux et qu'on a perdu bien du temps à vouloir définir sans en venir à bout : parce qu'il est tout bonnement impossible de trouver un sens à ce qui n'en a pas.

Demandez à un poète, au plus exclusivement poëte de tous les hommes, de faire des vers, seulement pour faire de beaux vers, et de n'y pas mettre l'ombre d'une idée philosophique, vous verrez s'il en vient à bout, ou bien vous verrez quels vers ce seront. Prenez la pièce la plus romantique, la plus purement descriptive des chefs de la prétendue doctrine de l'art pour l'art et vous verrez si au bout de dix vers l'humanité, le sentiment et le souvenir de ses grandeurs ou de ses misères, ne vient pas animer, expliquer, symboliser le tableau.

Quand M. Victor Hugo dit : *la mer était désespérée*, il met une âme dans la mer, une âme orageuse et troublée, une âme de poëte, ou l'âme collective de l'humanité.

Les anciens disaient : *Téthys est en fureur;* eux aussi personnifiaient les tumultes des passions humaines jusque dans ceux des éléments. C'est qu'il n'est pas possible d'être poëte ou artiste, dans aucun genre et à quelque degré que ce soit, sans être un écho de l'humanité qui s'agite ou se plaint, qui s'exalte ou se désespère.

J'ai donc prêché à ma manière comme l'ont fait avant moi et autour de moi, comme le feront toujours tous les artistes.

De tout temps, on a cherché querelle à ceux qui avaient le goût des nouveautés, comme disaient les anciens orthodoxes, c'est-à-dire, la croyance au progrès, et le désir de combattre les abus et les erreurs de leur siècle.

On les étranglait, on les brûlait au temps passé. Aujourd'hui on les exile, on les emprisonne, s'ils sont hommes; on les insulte, on essaye de les outrager s'ils sont femmes. Tout cela est bien facile à supporter quand on croit; depuis l'estrapade des vieux siècles jusqu'à l'ironie injurieuse du nouveau, tout est fête et plaisir intérieur, soyez-en certains, ô contempteurs de l'avenir, pour quiconque a foi en l'avenir.

Vous perdez donc vos peines; les hommes s'instruiront et travailleront à s'instruire les uns les autres, sous toutes les formes, depuis le Trouvère avec son vieux luth, jusqu'à l'écrivain moderne avec l'idée nouvelle.

La vérité du temps a été dite aux hommes du temps. Certains esprits synthétiques la renferment dans une doctrine que l'on étudie, que l'on discute, que l'on juge, et qui laisse de grandes lueurs, lors même qu'elle est incomplète.

Les philosophes, les historiens, les politiques, jettent la foi et la lumière à pleines mains, même ceux qui se trompent, car l'erreur des forts esprits est encore une instruction pour ceux qui cherchent et choisissent.

Les artistes viennent après eux, et sèment un peu de blé mêlé sans doute à des herbes folles. Mais ces folles herbes, le temps, le goût, la mode qui, elle aussi, est une recherche du progrès dans le beau, en feront aisément justice. Le froment restera. Nos descendants souriront certainement de la quantité de paroles, de fictions, de *manières*, qu'il nous a fallu employer pour dire ces vérités banales; mais ils ne nous sauront pas mauvais gré de la préoccupation sérieuse qu'ils retrouveront au fond de nos œuvres, et ils jugeront, à l'embarras de notre parole, de la lutte que nous avons eu à soutenir pour préparer leurs conquêtes.

GEORGE SAND.

Nohant, 12 avril 1851.

LA MARE AU DIABLE

NOTICE

Quand j'ai commencé, par la *Mare au Diable*, une série de romans champêtres, que je me proposais de réunir sous le titre de *Veillées du Chanvreur*, je n'ai eu aucun système, aucune prétention révolutionnaire en littérature. Personne ne fait une révolution à soi tout seul, et il en est, surtout dans les arts, que l'humanité accomplit sans trop savoir comment, parce que c'est tout le monde qui s'en charge. Mais ceci n'est pas applicable au roman de mœurs rustiques : il a existé de tout temps et sous toutes les formes, tantôt pompeuses, tantôt maniérées, tantôt naïves. Je l'ai dit, et dois le répéter ici, le rêve de la vie champêtre a été de tout temps l'idéal des villes et même celui des cours. Je n'ai rien fait de neuf en suivant la pente qui ramène l'homme civilisé aux charmes de la vie primitive. Je n'ai voulu ni faire une nouvelle langue, ni me chercher une nouvelle manière. On me l'a cependant affirmé dans bon nombre de feuilletons, mais je sais mieux que personne à quoi m'en tenir sur mes propres desseins, et je m'étonne toujours que la critique en cherche si long, quand l'idée la plus simple, la circonstance la plus vulgaire, sont les seules inspirations auxquelles les productions de l'art doivent

l'être. Pour la *Mare au Diable* en particulier, le fait que j'ai rapporté dans l'avant-propos, une gravure d'Holbein, qui m'avait frappé, une scène réelle que j'eus sous les yeux dans le même moment, au temps des semailles, voilà tout ce qui m'a poussé à écrire cette histoire modeste, placée au milieu des humbles paysages que je parcourais chaque jour. Si on me demande ce que j'ai voulu faire, je répondrai que j'ai voulu faire une chose très-touchante et très-simple, et que je n'ai pas réussi à mon gré. J'ai bien vu, j'ai bien senti le beau dans le simple, mais voir et peindre sont deux! Tout ce que l'artiste peut espérer de mieux, c'est d'engager ceux qui ont des yeux à regarder aussi. Voyez donc la simplicité, vous autres, voyez le ciel et les champs, et les arbres, et les paysans surtout dans ce qu'ils ont de bon et de vrai : vous les verrez un peu dans mon livre, vous les verrez beaucoup mieux dans la nature.

GEORGE SAND.

Nohant, 12 avril 1851.

I.

L'AUTEUR AU LECTEUR.

*A la sueur de ton visaige
Tu gagneras ta pauvre vie,
Après long travail et usaige,
Voicy la mort qui te convie.*

Ce quatrain en vieux français, placé au-dessous d'une composition d'Holbein, est d'une tristesse profonde dans sa naïveté. La gravure représente un laboureur conduisant sa charrue au milieu d'un champ. Une vaste campagne s'étend au loin, on y voit de pauvres cabanes; le soleil se couche derrière la colline. C'est la fin d'une rude journée de travail. Le paysan est vieux, trapu, couvert de haillons. L'attelage de quatre chevaux qu'il pousse en avant est maigre, exténué; le soc s'enfonce dans un fond raboteux et rebelle. Un seul être est allègre et ingambe dans cette scène de *sueur et usaige*. C'est un personnage fantastique, un squelette armé d'un fouet, qui court dans le sillon à côté des chevaux effrayés et les frappe, servant ainsi de valet de charrue au vieux laboureur. C'est la mort, ce spectre qu'Holbein a introduit allégoriquement dans la succession de sujets philosophiques et religieux, à la fois lugubres et bouffons, intitulée *les Simulachres de la mort*.

Dans cette collection, ou plutôt dans cette vaste composition où la mort, jouant son rôle à toutes les pages, est le lien et la pensée dominante, Holbein a fait comparaître les souverains, les pontifes, les amants, les joueurs, les ivrognes, les nonnes, les courtisanes, les brigands, les pauvres, les guerriers, les moines, les juifs, les voyageurs, tout le monde de son temps et du nôtre; et partout le spectre de la mort raille, menace et triomphe. D'un seul tableau elle est absente. C'est celui où le pauvre Lazare, couché sur un fumier à la porte du riche, déclare qu'il ne la craint pas, sans doute parce qu'il n'a rien à perdre et que sa vie est une mort anticipée.

Cette pensée stoïcienne du christianisme demi-païen de la renaissance est-elle bien consolante, et les âmes religieuses y trouvent-elles leur compte? L'ambitieux, le fourbe, le tyran, le débauché, tous ces pécheurs superbes qui abusent de la vie, et que la mort tient par les cheveux, vont être punis, sans doute; mais l'aveugle, le mendiant, le fou, le pauvre paysan, sont-ils dédommagés de leur longue misère par la seule réflexion que la mort n'est pas un mal pour eux? Non! Une tristesse implacable, une effroyable fatalité pèse sur l'œuvre de l'artiste. Cela ressemble à une malédiction amère lancée sur le sort de l'humanité.

C'est bien là la satire douloureuse, la peinture vraie de la société qu'Holbein avait sous les yeux. Crime et malheur, voilà ce qui le frappait; mais nous, artistes d'un autre siècle, que peindrons-nous? Chercherons-nous dans la pensée de la mort la rémunération de l'humanité présente? l'invoquerons-nous comme le châtiment de l'injustice et le dédommagement de la souffrance?

Non, nous n'avons plus affaire à la mort, mais à la vie. Nous ne croyons plus ni au néant de la tombe ni au salut acheté par un renoncement forcé, nous voulons que la vie soit bonne, parce que nous voulons qu'elle soit féconde. Il faut que Lazare quitte son fumier, afin que le pauvre ne se réjouisse plus de la mort du riche. Il faut que tous soient heureux, afin que le bonheur de quelques-uns ne soit pas criminel et maudit de Dieu. Il faut que le laboureur, en semant son blé, sache qu'il travaille à l'œuvre de vie, et non qu'il se réjouisse de ce que la mort marche à ses côtés. Il faut enfin que la mort ne soit plus ni le châtiment de la prospérité, ni la consolation de la détresse. Dieu ne l'a destinée ni à punir, ni à dédommager de la vie; car il a béni la vie, et la tombe ne doit pas être un refuge où il soit permis d'envoyer ceux qu'on ne veut pas rendre heureux.

Certains artistes de notre temps, jetant un regard sérieux sur ce qui les entoure, s'attachent à peindre la douleur, l'abjection de la misère, le fumier de Lazare. Ceci peut être du domaine de l'art et de la philosophie; mais, en peignant la misère si laide, si avilie, parfois si vicieuse et si criminelle, leur but est-il atteint, et l'effet en est-il salutaire, comme ils le voudraient? Nous n'osons pas nous prononcer là-dessus. On peut nous dire qu'en montrant ce gouffre creusé sous le sol fragile de l'opulence, ils effraient le mauvais riche, comme, au temps de la *danse macabre*, on lui montrait sa fosse béante et la mort prête à l'enlacer dans ses bras immondes. Aujourd'hui on lui montre le bandit crochetant sa porte et l'assassin guettant son sommeil. Nous confessons que nous ne comprenons pas trop comment on le réconciliera avec l'humanité qu'il méprise, comment on le rendra sensible aux douleurs du pauvre qu'il redoute, en lui montrant ce pauvre sous la forme du forçat évadé et du rôdeur de nuit. L'affreuse mort, grinçant des dents et jouant du violon dans les images d'Holbein et de ses devanciers, n'a pas trouvé moyen, sous cet aspect, de convertir les pervers et de consoler les victimes. Est-ce que notre littérature ne procéderait pas un peu en ceci comme les artistes du moyen âge et de la renaissance?

Les buveurs d'Holbein remplissent leurs coupes avec une sorte de fureur pour écarter l'idée de la mort, qui, invisible pour eux, leur sert d'échanson. Les mauvais riches d'aujourd'hui demandent des fortifications et des canons pour écarter l'idée d'une jacquerie, que l'art leur montre travaillant dans l'ombre, en détail, en attendant le moment de fondre sur l'état social. L'Église du moyen âge répondait aux terreurs des puissants de la terre par la vente des indulgences. Le gouvernement d'aujourd'hui calme l'inquiétude des riches en leur faisant payer beaucoup de gendarmes et de geôliers, de baïonnettes et de prisons.

Albert Durer, Michel-Ange, Holbein, Callot, Goya, ont fait de puissantes satires des maux de leur siècle et de leur pays. Ce sont des œuvres immortelles, des pages historiques d'une valeur incontestable; nous ne voulons donc pas dénier aux artistes le droit de sonder les plaies de la société et de les mettre à nu sous nos yeux; mais n'y a-t-il pas autre chose à faire maintenant que la peinture d'épouvante et de menace? Dans cette littérature de mystères d'iniquité, que le talent et l'imagination ont mise à la mode, nous aimons mieux les figures douces et suaves que les scélérats à effet dramatique. Celles-là peuvent entreprendre et amener des conversions, les autres font peur, et la peur ne guérit pas l'égoïsme, elle l'augmente.

Nous croyons que la mission de l'art est une mission de sentiment et d'amour, que le roman d'aujourd'hui devrait remplacer la parabole et l'apologue des temps naïfs, et que l'artiste a une tâche plus large et plus poétique que celle de proposer quelques mesures de prudence et de conciliation pour atténuer l'effroi qu'inspirent ses peintures. Son but devrait être de faire aimer les objets de sa sollicitude, et au besoin, je ne lui ferais pas un reproche de les embellir un peu. L'art n'est pas une étude de la réalité positive; c'est une recherche de la vérité idéale, et le *Vicaire de Wakefield* fut un livre plus utile et plus sain à l'âme que le *Paysan perverti* ou les *Liaisons dangereuses*.

Lecteur, pardonnez-moi ces réflexions, et veuillez les accepter en manière de préface. Il n'y en aura point dans l'historiette que je vais vous raconter, et elle sera si courte et si simple que j'avais besoin de m'en excuser d'avance, en vous disant ce que je pense des histoires terribles.

C'est à propos d'un laboureur que je me suis laissé entraîner à cette digression. C'est l'histoire d'un laboureur précisément que j'avais l'intention de vous dire et que je vous dirai tout à l'heure.

II.

LE LABOUR.

Je venais de regarder longtemps et avec une profonde mélancolie le laboureur d'Holbein, et je me promenais dans la campagne, rêvant à la vie des champs et à la destinée du cultivateur. Sans doute il est lugubre de consumer ses forces et ses jours à fendre le sein de cette terre jalouse, qui se fait arracher les trésors de sa fécondité, lorsqu'un morceau de pain le plus noir et le plus grossier est, à la fin de la journée, l'unique récompense et l'unique profit attachés à un si dur labeur. Ces richesses qui couvrent le sol, ces moissons, ces fruits, ces bestiaux orgueilleux qui s'engraissent dans les longues herbes, sont la propriété de quelques-uns et les instruments de la fatigue et de l'esclavage du plus grand nombre. L'homme de loisir n'aime en général pour eux-mêmes, ni les champs, ni les prairies, ni le spectacle de la nature, ni les animaux superbes qui doivent se convertir en pièces d'or pour son usage. L'homme de loisir vient chercher un peu d'air et de santé dans le séjour de la campagne, puis il retourne dépenser dans les grandes villes le fruit du travail de ses vassaux.

De son côté, l'homme du travail est trop accablé, trop malheureux, et trop effrayé de l'avenir, pour jouir de la beauté des campagnes et des charmes de la vie rustique. Pour lui aussi les champs dorés, les belles prairies, les animaux superbes, représentent des sacs d'écus dont il n'aura qu'une faible part, insuffisante à ses besoins, et que, pourtant, il faut remplir, chaque année, ces sacs maudits, pour satisfaire le maître et payer le droit de vivre parcimonieusement et misérablement sur son domaine.

Et pourtant, la nature est éternellement jeune, belle et généreuse. Elle verse la poésie et la beauté à tous les êtres, à toutes les plantes, qu'on laisse s'y développer à souhait. Elle possède le secret du bonheur et nul n'a su le lui ravir. Le plus heureux des hommes serait celui qui, possédant la science de son labeur, et travaillant de ses mains, puisant le bien-être et la liberté dans l'exercice de sa force intelligente, aurait le temps de vivre par le cœur et par le cerveau, de comprendre son œuvre et d'aimer celle de Dieu. L'artiste a des jouissances de ce genre, dans la contemplation et la reproduction des beautés de la nature ; mais, en voyant la douleur des hommes qui peuplent ce paradis de la terre, l'artiste au cœur droit et humain est troublé au milieu de sa jouissance. Le bonheur serait là où l'esprit, le cœur et les bras, travaillant de concert sous l'œil de la Providence, une sainte harmonie existerait entre la munificence de Dieu et les ravissements de l'âme humaine. C'est alors qu'au lieu de la piteuse et affreuse mort, marchant dans son sillon le fouet à la main, le peintre d'allégories pourrait placer à ses côtés un ange radieux, semant à pleines mains le blé béni sur le sillon fumant.

Et le rêve d'une existence douce, libre, poétique, laborieuse et simple pour l'homme des champs, n'est pas si difficile à concevoir qu'on doive le reléguer parmi les chimères. Le mot triste et doux de Virgile : « O heureux l'homme des champs, s'il connaissait son bonheur ! » est un regret ; mais, comme tous les regrets, c'est aussi une prédiction. Un jour viendra où le laboureur pourra être aussi un artiste, sinon pour exprimer (ce qui importera assez peu alors), du moins pour sentir le beau. Croit-on que cette mystérieuse intuition de la poésie ne soit pas en lui déjà à l'état d'instinct et de vague rêverie ? Chez ceux qu'un peu d'aisance protége dès aujourd'hui, et chez qui l'excès du malheur n'étouffe pas tout développement moral et intellectuel, le bonheur pur, senti et apprécié est à l'état élémentaire ; et, d'ailleurs, si du sein de la douleur et de la fatigue, des voix de poëtes se sont déjà élevées, pourquoi dirait-on que le travail des bras est exclusif des fonctions de l'âme ? Sans doute cette exclusion est le résultat général d'un travail excessif et d'une misère profonde ; mais qu'on ne dise pas que quand l'homme travaillera modérément et utilement il n'y aura plus que de mauvais ouvriers et de mauvais poëtes. Celui qui puise de nobles jouissances dans le sentiment de la poésie est un vrai poëte, n'eût-il pas fait un vers dans toute sa vie.

Mes pensées avaient pris ce cours, et je ne m'apercevais pas que cette confiance dans l'éducabilité de l'homme était fortifiée en moi par les influences extérieures. Je marchais sur la lisière d'un champ que des paysans étaient en train de préparer pour la semaille prochaine. L'arène était vaste comme celle du tableau d'Holbein. Le paysage était vaste aussi et encadrait de grandes lignes de verdure, un peu rougie aux approches de l'automne, ce large terrain d'un brun vigoureux, où des pluies récentes avaient laissé, dans quelques sillons, des lignes d'eau que le soleil faisait briller comme de minces filets d'argent. La journée était claire et tiède, et la terre, fraîchement ouverte par le tranchant des charrues, exhalait une vapeur légère. Dans le haut du champ un vieillard, dont le dos large et la figure sévère rappelaient celui d'Holbein, mais dont les vêtements n'annonçaient pas la misère, poussait gravement son *areau* de forme antique, traîné par deux bœufs tranquilles, à la robe d'un jaune pâle, véritables patriarches de la prairie, hauts de taille, un peu maigres, les cornes longues et rabattues, de ces vieux travailleurs qu'une longue habitude a rendus *frères*, comme on les appelle dans nos campagnes, et qui, privés l'un de l'autre, se refusent au travail avec un nouveau compagnon et se laissent mourir de chagrin. Les gens qui ne connaissent pas la campagne taxent de fable l'amitié du bœuf pour son camarade d'attelage. Qu'ils viennent voir au fond de l'étable un pauvre animal maigre, exténué, battant de sa queue inquiète ses flancs décharnés, soufflant avec effroi et dédain sur la nourriture qu'on lui présente, les yeux toujours tournés vers la porte, en grattant du pied la place vide à ses côtés, flairant les jougs et les chaînes que son compagnon a portés, et l'appelant sans cesse avec de déplorables mugissements. Le bouvier dira : « C'est une paire de bœufs perdue ; son frère est mort, et celui-là ne travaillera plus. Il faudrait pouvoir l'engraisser pour l'abattre ; mais il ne veut pas manger, et bientôt il sera mort de faim. »

Le vieux laboureur travaillait lentement, en silence, sans efforts inutiles. Son docile attelage ne se pressait pas plus que lui ; mais grâce à la continuité d'un labeur sans distraction et d'une dépense de forces éprouvées et soutenues, son sillon était aussi vite creusé que celui de son fils, qui menait, à quelque distance, quatre bœufs moins robustes, dans une veine de terres plus fortes et plus pierreuses.

Mais ce qui attira ensuite mon attention était véritablement un beau spectacle, un noble sujet pour un peintre. A l'autre extrémité de la plaine labourable, un jeune homme de bonne mine conduisait un attelage magnifique : quatre paires de jeunes animaux à robe sombre mêlée de noir fauve à reflets de feu, avec ces têtes courtes et frisées qui sentent encore le taureau sauvage, ces gros yeux farouches, ces mouvements brusques, ce travail nerveux et saccadé qui s'irrite encore du joug et de l'aiguillon et n'obéit qu'en frémissant de colère à la domination nouvellement imposée. C'est ce qu'on appelle des bœufs *fraîchement liés*. L'homme qui les gouvernait avait à défricher un coin naguère abandonné au pâturage et rempli de souches séculaires, travail d'athlète auquel suffisaient à peine son énergie, sa jeunesse et ses huit animaux quasi indomptés.

Un enfant de six à sept ans, beau comme un ange, et les épaules couvertes, sur sa blouse, d'une peau d'agneau qui le faisait ressembler au petit saint Jean-Baptiste des peintres de la Renaissance, marchait dans le sillon parallèle à la charrue et piquait le flanc des bœufs avec une gaule longue et légère, armée d'un aiguillon peu acéré. Les fiers animaux frémissaient sous la petite main de l'enfant, et faisaient grincer les jougs et les courroies liés à leur front, en imprimant au timon de violentes secousses. Lorsqu'une racine arrêtait le soc, le laboureur criait d'une voix puissante, appelant chaque bête par son nom, mais plutôt pour calmer que pour exciter; car les bœufs, irrités par cette brusque résistance, bondissaient, creusaient la terre de leurs larges pieds fourchus, et se seraient jetés de côté emportant l'areau à travers champs, si, de la voix et de l'aiguillon, le jeune homme n'eût maintenu les quatre premiers, tandis que l'enfant gouvernait les quatre autres. Il criait aussi, le pauvret, d'une voix qu'il voulait rendre terrible et qui restait douce comme sa figure angélique. Tout cela était beau de force ou de grâce : le paysage, l'homme, l'enfant, les taureaux sous le joug; et, malgré cette lutte puissante, où la terre était vaincue, il y avait un sentiment de douceur et de calme profond qui planait sur toutes choses. Quand l'obstacle était surmonté et que l'attelage reprenait sa marche égale et solennelle, le laboureur, dont la feinte violence n'était qu'un exercice de vigueur et une dépense d'activité, reprenait tout à coup la sérénité des âmes simples et jetait un regard de contentement paternel sur son enfant, qui se retournait pour lui sourire. Puis la voix mâle de ce jeune père de famille entonnait le chant solennel et mélancolique que l'antique tradition du pays transmet, non à tous les laboureurs indistinctement, mais aux plus consommés dans l'art d'exciter et de soutenir l'ardeur des bœufs de travail. Ce chant, dont l'origine fut peut-être considérée comme sacrée, et auquel de mystérieuses influences ont dû être attribuées jadis, est réputé encore aujourd'hui posséder la vertu d'entretenir le courage de ces animaux, d'apaiser leurs mécontentements et de charmer l'ennui de leur longue besogne. Il ne suffit pas de savoir bien les conduire en traçant un sillon parfaitement rectiligne, de leur alléger la peine en soulevant ou enfonçant à point le fer dans la terre : on n'est point un parfait laboureur si on ne sait chanter aux bœufs, et c'est là une science à part qui exige un goût et des moyens particuliers.

Ce chant n'est, à vrai dire, qu'une sorte de récitatif interrompu et repris à volonté. Sa forme irrégulière et ses intonations fausses selon les règles de l'art musical le rendent intraduisible. Mais ce n'en est pas moins un beau chant, et tellement approprié à la nature du travail qu'il accompagne, à l'allure du bœuf, au calme des lieux agrestes, à la simplicité des hommes qui le disent, qu'aucun génie étranger au travail de la terre ne l'eût inventé, et qu'aucun chanteur autre qu'un *fin laboureur* de cette contrée ne saurait le redire. Aux époques de l'année où il n'y a pas d'autre travail et d'autre mouvement dans la campagne que celui du labourage, ce chant si doux et si puissant monte comme une voix de la brise, à laquelle sa tonalité particulière donne une certaine ressemblance. La note finale de chaque phrase, tenue et tremblée avec une longueur et une puissance d'haleine incroyable, d'un quart de ton en faussant systématiquement. Cela est sauvage, mais le charme en est indicible, et quand on s'est habitué à l'entendre, on ne conçoit pas qu'un autre chant pût s'élever à ces heures et dans ces lieux-là, sans en déranger l'harmonie.

Il se trouvait donc que j'avais sous les yeux un tableau qui contrastait avec celui d'Holbein, quoique ce fût une scène pareille. Au lieu d'un triste vieillard, un homme jeune et dispos; au lieu d'un attelage de chevaux efflanqués et harassés, un double quadrige de bœufs robustes et ardents; au lieu de la mort, un bel enfant; au lieu d'une image de désespoir et d'une idée de destruction, un spectacle d'énergie et une pensée de bonheur.

C'est alors que le quatrain français

A la sueur de ton visaige, etc.

et le « *O fortunatos... agricolas* » de Virgile, me revinrent ensemble à l'esprit; et qu'en voyant ce couple si beau, l'homme et l'enfant, accomplir dans des conditions si poétiques, et avec tant de grâce unie à la force, un travail plein de grandeur et de solennité, je sentis une pitié profonde mêlée à un respect involontaire. Heureux le laboureur! oui, sans doute, je le serais à sa place, si mon bras, devenu tout d'un coup robuste, et ma poitrine devenue puissante, pouvaient ainsi féconder et chanter la nature, sans que mes yeux cessassent de voir et mon cerveau de comprendre l'harmonie des couleurs et des sons, la finesse des tons et la grâce des contours, en un mot, la beauté mystérieuse des choses! et surtout sans que mon cœur cessât d'être en relation avec le sentiment divin qui a présidé à la création immortelle et sublime.

Mais, hélas! cet homme n'a jamais compris le mystère du beau, cet enfant ne le comprendra jamais!... Dieu me préserve de croire qu'ils ne soient pas supérieurs aux animaux qu'ils dominent, et qu'ils n'aient pas par instants une sorte de révélation extatique qui charme leur fatigue et endort leurs soucis! Je vois sur leurs nobles fronts le sceau du Seigneur, car ils sont nés rois de la terre bien mieux que ceux qui la possèdent pour l'avoir payée. Et la preuve qu'ils le sentent, c'est qu'on ne les dépayserait pas impunément, c'est qu'ils aiment ce sol arrosé de leurs sueurs, c'est que le vrai paysan meurt de nostalgie sous les harnais du soldat, loin du champ qui l'a vu naître. Mais il manque à cet homme une partie des jouissances que je possède, jouissances immatérielles qui lui seraient bien dues, à lui, l'ouvrier du vaste temple que le ciel est seul assez vaste pour embrasser. Il lui manque la connaissance de son sentiment. Ceux qui l'ont condamné à la servitude dès le ventre de sa mère, ne pouvant lui ôter la rêverie, lui ont ôté la réflexion.

Eh bien! tel qu'il est, incomplet et condamné à une éternelle enfance, il est encore plus beau que celui chez qui la science a étouffé le sentiment. Ne vous élevez pas au-dessus de lui, vous autres qui vous croyez investis du droit légitime et imprescriptible de lui commander, car cette erreur effroyable où vous êtes prouve que votre esprit a tué votre cœur, et que vous êtes les plus incomplets et les plus aveugles des hommes!... J'aime encore mieux cette simplicité de son âme que les fausses lumières de la vôtre; et si j'avais à raconter sa vie, j'aurais plus de plaisir à en faire ressortir les côtés doux et touchants, que vous n'avez de mérite à peindre l'abjection où les rigueurs et les mépris de vos préceptes sociaux peuvent le précipiter.

Je connaissais ce jeune homme et ce bel enfant; je savais leur histoire, car ils avaient une histoire : tout le monde a la sienne, et chacun pourrait intéresser au roman de sa propre vie, s'il l'avait compris... Quoique paysan et simple laboureur, Germain s'était rendu compte de ses devoirs et de ses affections. Il me les avait racontés naïvement, clairement, et je l'avais écouté avec intérêt. Quand je l'eus regardé labourer assez longtemps, je me demandai pourquoi son histoire ne serait pas écrite, quoique ce fût une histoire aussi simple, aussi droite et aussi peu ornée que le sillon qu'il traçait avec sa charrue.

L'année prochaine, ce sillon sera comblé et couvert par un sillon nouveau. Ainsi s'imprime et disparaît la trace de la plupart des hommes dans le champ de l'humanité. Un peu de terre l'efface, et les sillons que nous avons creusés se succèdent les uns aux autres comme les tombes dans le cimetière. Le sillon du laboureur ne vaut-il pas celui de l'oisif, qui a pourtant un nom, un nom qui restera, si, par une singularité ou une absurdité quelconque, il fait un peu de bruit dans le monde?...

Eh bien! arrachons, s'il se peut, au néant de l'oubli, le sillon de Germain, le *fin laboureur*. Il n'en saura rien et ne s'en inquiétera guère; mais j'aurai eu quelque plaisir à le tenter.

III.

LE PÈRE MAURICE.

Germain, lui dit un jour son beau-père, il faut pourtant te décider à reprendre femme. Voilà bientôt deux ans que tu es veuf de ma fille, et ton aîné a sept ans. Tu approches de la trentaine, mon garçon, et tu sais que, passé cet âge-là, dans nos pays, un homme est réputé trop vieux pour rentrer en ménage. Tu as trois beaux enfants, et jusqu'ici ils ne nous ont point embarrassés. Ma femme et ma bru les ont soignés de leur mieux, et les ont aimés comme elles le devaient. Voilà Petit-Pierre quasi élevé ; il pique déjà les bœufs assez gentiment ; il est assez sage pour garder les bêtes au pré, et assez fort pour mener les chevaux à l'abreuvoir. Ce n'est donc pas celui-là qui nous gêne : mais les deux autres, que nous aimons pourtant, Dieu le sait, les pauvres innocents ! nous donnent cette année beaucoup de souci. Ma bru est près d'accoucher, et elle en a encore un tout petit sur les bras. Quand celui que nous attendons sera venu, elle ne pourra plus s'occuper de ta petite Solange et surtout de ton Sylvain, qui n'a pas quatre ans et qui ne se tient guère en repos ni le jour ni la nuit. C'est un sang vif comme toi : ça fera un bon ouvrier, mais ça fait un terrible enfant, et ma vieille ne court plus assez vite pour le rattraper quand il se sauve du côté de la fosse, ou quand il se jette sous les pieds des bêtes. Et puis, avec cet autre que ma bru va mettre au monde, son avant-dernier va retomber pendant un an au moins sur les bras de ma femme. Donc tes enfants nous inquiètent et nous surchargent. Nous n'aimons pas à voir des enfants mal soignés ; et quand on pense aux accidents qui peuvent leur arriver, faute de surveillance, on n'a pas la tête en repos. Il te faut donc une autre femme et à moi une autre bru. Songes-y, mon garçon. Je t'ai déjà averti plusieurs fois, le temps se passe, les années ne t'attendront point. Tu dois à tes enfants et à nous autres, qui voulons que tout aille bien dans la maison, de te remarier au plus tôt.

— Eh bien, mon père, répondit le gendre, si vous le voulez absolument, il faudra donc vous contenter. Mais je ne peux pas vous cacher que cela me fera beaucoup de peine, et que je n'en ai guère plus d'envie que de me noyer. On sait qui on perd et on ne sait pas qui l'on trouve. J'avais une brave femme, une belle femme, douce, courageuse, bonne à ses père et mère, bonne à son mari, bonne à ses enfants, bonne au travail, aux champs comme à la maison, adroite à l'ouvrage, bonne à tout enfin ; et quand vous me l'avez donnée, quand je l'ai prise, nous n'avions pas mis dans nos conditions que je viendrais à l'oublier si j'avais le malheur de la perdre.

— Ce que tu dis là est d'un bon cœur, Germain, reprit le père Maurice ; je sais que tu as aimé ma fille, que tu l'as rendue heureuse, et que si tu avais pu contenter la mort en passant à sa place, Catherine serait en vie à l'heure qu'il est, et toi dans le cimetière. Elle méritait bien d'être aimée de toi à ce point-là, et si tu ne t'en consoles pas, nous ne nous en consolons pas non plus. Mais je ne te parle pas de l'oublier. Le bon Dieu a voulu qu'elle nous quittât, et nous ne passerons pas un jour sans lui faire savoir par nos prières, nos pensées, nos paroles et nos actions, que nous respectons son souvenir et que nous sommes fâchés de son départ. Mais si elle pouvait te parler de l'autre monde et te donner à connaître sa volonté, elle te commanderait de chercher une mère pour ses petits orphelins. Il s'agit donc de rencontrer une femme qui soit digne de la remplacer. Ce ne sera pas bien aisé ; mais ce n'est pas impossible ; et quand nous te l'aurons trouvée, tu l'aimeras comme tu aimais ma fille, parce que tu es un honnête homme, et que tu lui sauras gré de nous rendre service et d'aimer tes enfants.

— C'est bien, père Maurice, dit Germain, je ferai votre volonté comme je l'ai toujours faite.

— C'est une justice à te rendre, mon fils, que tu as toujours écouté l'amitié et les bonnes raisons de ton chef de famille. Avisons donc ensemble au choix de ta nouvelle femme. D'abord, je ne suis pas d'avis que tu prennes une jeunesse. Ce n'est pas ce qu'il te faut. La jeunesse est légère ; et comme c'est un fardeau d'élever trois enfants, surtout quand ils sont d'un autre lit, il faut une bonne âme bien sage, bien douce et très-portée au travail. Si ta femme n'a pas environ le même âge que toi, elle n'aura pas assez de raison pour accepter un pareil devoir. Elle te trouvera trop vieux et tes enfants trop jeunes. Elle se plaindra et tes enfants pâtiront.

— Voilà justement ce qui m'inquiète, dit Germain. Si ces pauvres petits venaient à être maltraités, haïs, battus ?

— A Dieu ne plaise ! reprit le vieillard. Mais les méchantes femmes sont plus rares dans notre pays que les bonnes, et il faudrait être bien fou, pour ne pas mettre la main sur celle qui convient.

— C'est vrai, mon père : il y a de bonnes filles dans notre village. Il y a la Louise, la Sylvaine, la Claudie, la Marguerite... enfin, celle que vous voudrez.

— Doucement, doucement, mon garçon, toutes ces filles-là sont trop jeunes ou trop pauvres... ou trop jolies filles ; car, enfin, il faut penser à cela aussi, mon fils. Une jolie femme n'est pas toujours aussi rangée qu'une autre.

— Vous voulez donc que j'en prenne une laide ? dit Germain un peu inquiet.

— Non, point laide, car cette femme te donnera d'autres enfants et il n'y a rien de si triste que d'avoir des enfants laids, chétifs et malsains. Mais une femme encore fraîche, d'une bonne santé et qui ne soit ni belle ni laide, ferait très-bien ton affaire.

— Je vois bien, dit Germain en souriant un peu tristement, que, pour l'avoir telle que vous la voulez, il faudra la faire faire exprès : d'autant plus, que vous ne la voulez point pauvre, et que les riches ne sont pas faciles à obtenir surtout pour un veuf.

— Et si elle était veuve elle-même, Germain ? là, une veuve sans enfants, et avec un bon bien ?

— Je n'en connais pas pour le moment dans notre paroisse.

— Ni moi non plus, mais il y en a ailleurs.

— Vous avez quelqu'un en vue, mon père ; alors, dites-le tout de suite.

IV.

GERMAIN LE FIN LABOUREUR.

— Oui, j'ai quelqu'un en vue : répondit le père Maurice. C'est une Léonard, veuve d'un Guérin, qui demeure à Fourche.

— Je ne connais ni la femme ni l'endroit, répondit Germain résigné, mais de plus en plus triste.

— Elle s'appelle Catherine, comme la défunte.

— Catherine ? Oui, ça me fera plaisir d'avoir à dire ce nom-là ; Catherine ! Et pourtant, si je ne peux pas l'aimer autant que l'autre, ça me fera encore plus de peine, ça me la rappellera plus souvent.

— Je te dis que tu l'aimeras : c'est un bon sujet, une femme de grand cœur ; je ne l'ai pas vue depuis longtemps, elle n'était pas laide fille alors ; mais elle n'est plus jeune, elle a trente-deux ans. Elle est d'une bonne famille, tous braves gens, et elle a bien pour huit ou dix mille francs de terres, qu'elle vendrait volontiers pour en acheter d'autres dans l'endroit où elle s'établirait ; car elle songe aussi à se remarier, et je sais que, si ton caractère lui convenait, elle ne trouverait pas ta position mauvaise.

— Vous avez donc déjà arrangé tout cela ?

— Oui, sauf votre avis à tous les deux ; et c'est ce qu'il faudrait vous demander l'un à l'autre, en faisant connaissance. Le père de cette femme-là est un peu mon parent, et il a été beaucoup mon ami. Tu le connais bien, le père Léonard ?

— Oui, je l'ai vu vous parler dans les foires, et, à la dernière, vous avez déjeuné ensemble ; c'est donc de cela qu'il vous entretenait si longuement ?

— Sans doute ; il te regardait vendre tes bêtes et il trouvait que tu t'y prenais bien, que tu étais un garçon de bonne mine, que tu paraissais actif et entendu ; et quand je lui eus dit tout ce que tu es et comme tu te conduis bien avec nous, depuis huit ans que nous vivons et travaillons ensemble, sans avoir jamais eu un mot de chagrin ou de colère, il s'est mis dans la tête de te faire épouser sa fille ; ce qui me convient aussi, je te le con-

Germain, lui dit un jour son beau-père, il faut pourtant te décider à reprendre femme. (Page 6.)

fesse, d'après la bonne renommée qu'elle a, d'après l'honnêteté de sa famille et les bonnes affaires où je sais qu'ils sont.

— Je vois, père Maurice, que vous tenez un peu aux bonnes affaires.

— Sans doute, j'y tiens. Est-ce que tu n'y tiens pas aussi?

— J'y tiens si vous voulez, pour vous faire plaisir; mais vous savez que, pour ma part, je ne m'embarrasse jamais de ce qui me revient ou ne me revient pas dans nos profits. Je ne m'entends pas à faire des partages, et ma tête n'est pas bonne pour ces choses-là. Je connais la terre, je connais les bœufs, les chevaux, les attelages, les semences, la battaison, les fourrages. Pour les moutons, la vigne, le jardinage, les menus profits et la culture fine, vous savez que ça regarde votre fils et que je ne m'en mêle pas beaucoup. Quant à l'argent, ma mémoire est courte, et j'aimerais mieux tout céder que de disputer sur le tien et le mien. Je craindrais de me tromper et de réclamer ce qui ne m'est pas dû, et si les affaires n'étaient pas simples et claires, je ne m'y retrouverais jamais.

— C'est tant pis, mon fils, et voilà pourquoi j'aimerais que tu eusses une femme de tête pour me remplacer quand je n'y serai plus. Tu n'as jamais voulu voir clair dans nos comptes, et ça pourrait t'amener du désagrément avec mon fils, quand vous ne m'aurez plus pour vous mettre d'accord et vous dire ce qui vous revient à chacun.

— Puissiez-vous vivre longtemps, père Maurice! Mais ne vous inquiétez pas de ce qui sera après vous; jamais je ne me disputerai avec votre fils. Je me fie à Jacques comme à vous-même, et comme je n'ai pas de bien à moi, que tout ce qui peut me revenir provient de votre fille et appartient à nos enfants, je peux être tranquille et vous aussi; Jacques ne voudrait pas dépouiller les enfants de sa sœur pour les siens, puisqu'il les aime quasi autant les uns que les autres.

— Tu as raison en cela, Germain. Jacques est un bon fils, un bon frère et un homme qui aime la vérité. Mais Jacques peut mourir avant toi, avant que vos enfants soient élevés, et il faut toujours songer, dans une famille, à ne pas laisser des mineurs sans un chef pour les bien conseiller et régler leurs différends. Autrement les gens

Il ne faut pas voir comme ça les choses par le mauvais côté, répondit la petite Marie, en tenant la bride du cheval. (Page 12.)

de loi s'en mêlent, les brouillent ensemble et leur font tout manger en procès. Ainsi donc, nous ne devons pas penser à mettre chez nous une personne de plus, soit homme, soit femme, sans nous dire qu'un jour cette personne-là aura peut-être à diriger la conduite et les affaires d'une trentaine d'enfants, petits-enfants, gendres et brus... On ne sait pas combien une famille peut s'accroître, et quand la ruche est trop pleine, qu'il faut essaimer, chacun songe à emporter son miel. Quand je t'ai pris pour gendre, quoique ma fille fût riche et toi pauvre, je ne lui ai pas fait reproche de t'avoir choisi. Je te voyais bon travailleur, et je savais bien que la meilleure richesse pour des gens de campagne comme nous, c'est une paire de bras et un cœur comme les tiens. Quand un homme apporte cela dans une famille, il apporte assez. Mais une femme, c'est différent : son travail dans la maison est bon pour conserver, non pour acquérir. D'ailleurs, à présent que tu es père et que tu cherches femme, il faut songer que tes nouveaux enfants, n'ayant rien à prétendre dans l'héritage de ceux du premier lit, se trouveraient dans la misère si tu venais à mourir, à moins que ta femme n'eût quelque bien de son côté. Et puis, les enfants dont tu vas augmenter notre colonie coûteront quelque chose à nourrir. Si cela retombait sur nous seuls, nous les nourririons, bien certainement, et sans nous en plaindre ; mais le bien-être de tout le monde en serait diminué, et les premiers enfants auraient leur part de privations là-dedans. Quand les familles augmentent outre mesure sans que le bien augmente en proportion, la misère vient, quelque courage qu'on y mette. Voilà mes observations, Germain, pèse-les, et tâche de te faire agréer à la veuve Guérin ; car sa bonne conduite et ses écus apporteront ici de l'aide dans le présent et de la tranquillité pour l'avenir.

— C'est dit, mon père. Je vais tâcher de lui plaire et qu'elle me plaise.

— Pour cela il faut la voir et aller la trouver.

— Dans son endroit? A Fourche? C'est loin d'ici, n'est-ce pas? et nous n'avons guère le temps de courir dans cette saison.

— Quand il s'agit d'un mariage d'amour, il faut s'attendre à perdre du temps ; mais quand c'est un mariage de raison entre deux personnes qui n'ont pas de caprices et savent ce qu'elles veulent, c'est bientôt décidé. C'est demain samedi ; tu feras ta journée de labour un peu courte, tu partiras vers les deux heures après-dîner ; tu seras à Fourche à la nuit, la lune est grande dans ce moment-ci, les chemins sont bons, et il n'y a pas plus de trois lieues de pays. C'est près du Magnier. D'ailleurs tu prendras la jument.

— J'aimerais autant aller à pied, par ce temps frais.

— Oui, mais la jument est belle, et un prétendu qui arrive aussi bien monté a meilleur air. Tu mettras tes habits neufs et tu porteras un joli présent de gibier au père Léonard. Tu arriveras de ma part, tu causeras avec lui, tu passeras la journée du dimanche avec sa fille, et tu reviendras avec un oui ou un non lundi matin.

— C'est entendu, répondit tranquillement Germain ; et pourtant il n'était pas tout à fait tranquille.

Germain avait toujours vécu sagement comme vivent les paysans laborieux. Marié à vingt ans, il n'avait aimé qu'une femme dans sa vie, et, depuis son veuvage, quoiqu'il fût d'un caractère impétueux et enjoué, il n'avait ri ni folâtré avec aucune autre. Il avait porté fidèlement un véritable regret dans son cœur, et ce n'était pas sans crainte et sans tristesse qu'il cédait à son beau-père ; mais le beau-père avait toujours gouverné sagement la famille, et Germain, qui s'était dévoué tout entier à l'œuvre commune, et, par conséquent, à celui qui la personnifiait, au père de famille, Germain ne comprenait pas qu'il eût pu se révolter contre de bonnes raisons, contre l'intérêt de tous.

Néanmoins, il était triste. Il se passait peu de jours qu'il ne pleurât sa femme en secret, et, quoique la solitude commençât à lui peser, il était plus effrayé de former une union nouvelle que désireux de se soustraire à son chagrin. Il se disait vaguement que l'amour eût pu le consoler, en venant le surprendre, car l'amour ne console pas quand on le cherche ; il vient à nous quand nous ne l'attendons pas. Ce froid projet de mariage que lui montrait le père Maurice, cette fiancée inconnue, peut-être même tout ce bien qu'on lui disait de sa raison et de sa vertu, lui donnaient à penser. Et il s'en allait, songeant, comme songent les hommes qui n'ont pas assez d'idées pour qu'elles se combattent entre elles, c'est-à-dire ne se formulant pas à lui-même de belles raisons de résistance et d'égoïsme, mais souffrant d'une douleur sourde, et ne luttant pas contre un mal qu'il fallait accepter.

Cependant, le père Maurice était rentré à la métairie, tandis que Germain, entre le coucher du soleil et la nuit, occupait la dernière heure du jour à fermer les brèches que les moutons avaient faites à la bordure d'un enclos voisin des bâtiments. Il relevait les tiges d'épine et les soutenait avec des mottes de terre, tandis que les grives babillaient dans le buisson voisin et semblaient lui crier de se hâter, curieuses qu'elles étaient de venir examiner son ouvrage aussitôt qu'il serait parti.

V.

LA GUILLETTE.

Le père Maurice trouva chez lui une vieille voisine qui était venue causer avec sa femme tout en cherchant de la braise pour allumer son feu. La mère Guillette habitait une chaumière fort pauvre à deux portées de fusil de la ferme. Mais c'était une femme d'ordre et de volonté. Sa pauvre maison était propre et bien tenue, et ses vêtements rapiécés avec soin annonçaient le respect de soi-même au milieu de la détresse.

— Vous êtes venue chercher le feu du soir, mère Guillette, lui dit le vieillard. Voulez-vous quelque autre chose ?

— Non, père Maurice, répondit-elle ; rien pour le moment. Je ne suis pas quémandeuse, vous le savez, et je n'abuse pas de la bonté de mes amis.

— C'est la vérité ; aussi vos amis sont toujours prêts à vous rendre service.

— J'étais en train de causer avec votre femme, et je lui demandais si Germain se décidait enfin à se remarier.

— Vous n'êtes point une bavarde, répondit le père Maurice, on peut parler devant vous sans craindre les propos : ainsi je dirai à ma femme et à vous que Germain est tout à fait décidé ; il part demain pour le domaine de Fourche.

— A la bonne heure ! s'écria la mère Maurice ; ce pauvre enfant ! Dieu veuille qu'il trouve une femme aussi bonne et aussi brave que lui !

— Ah ! il va à Fourche ? observa la Guillette. Voyez comme ça se trouve ! cela m'arrange beaucoup, et puisque vous me demandiez tout à l'heure si je désirais quelque chose, je vas vous dire, père Maurice, en quoi vous pouvez m'obliger.

— Dites, dites, vous obliger, nous le voulons.

— Je voudrais que Germain prît la peine d'emmener ma fille avec lui.

— Où donc ? à Fourche ?

— Non pas à Fourche ; mais aux Ormeaux, où elle va demeurer le reste de l'année.

— Comment ! dit la mère Maurice, vous vous séparez de votre fille ?

— Il faut bien qu'elle entre en condition et qu'elle gagne quelque chose. Ça me fait assez de peine à elle et à moi aussi, la pauvre âme ! Nous n'avons pas pu nous décider à nous quitter à l'époque de la Saint-Jean ; mais voilà que la Saint-Martin arrive, et qu'elle trouve une bonne place de bergère dans les fermes des Ormeaux. Le fermier passait l'autre jour par ici en revenant de la foire. Il vit ma petite Marie qui gardait ses trois moutons sur le communal « Vous n'êtes guère occupée, ma petite fille, qu'il lui dit ; et trois moutons pour une *pastoure*, ce n'est guère. Voulez-vous en garder cent ? je vous emmène. La bergère de chez nous est tombée malade, elle retourne chez ses parents, et si vous voulez être chez nous avant huit jours, vous aurez cinquante francs pour le reste de l'année jusqu'à la Saint-Jean. » L'enfant a refusé, mais elle n'a pu se défendre d'y songer et de me le dire lorsqu'en rentrant le soir elle m'a vue triste et embarrassée de passer l'hiver, qui va être rude et long, puisqu'on a vu, cette année, les grues et les oies sauvages traverser les airs un grand mois plus tôt que de coutume. Nous avons pleuré toutes deux ; mais enfin le courage est venu. Nous nous sommes dit que nous ne pouvions pas rester ensemble, puisqu'il y a à peine de quoi faire vivre une seule personne sur notre lopin de terre ; et puisque Marie est en âge (la voilà qui prend seize ans), il faut bien qu'elle fasse comme les autres, qu'elle gagne son pain et qu'elle aide sa pauvre mère.

— Mère Guillette, dit le vieux laboureur, s'il ne fallait que cinquante francs pour vous consoler de vos peines et vous dispenser d'envoyer votre enfant au loin, vrai, je vous les ferais trouver, quoique cinquante francs pour des gens comme nous ça commence à peser. Mais en toutes choses il faut consulter la raison autant que l'amitié. Pour être sauvée de la misère de cet hiver, vous ne le serez pas de la misère à venir, et plus votre fille tardera à prendre un parti, plus elle et vous aurez de peine à vous quitter. La petite Marie se fait grande et forte, et elle n'a pas de quoi s'occuper chez vous. Elle pourrait y prendre l'habitude de la fainéantise...

— Oh ! pour cela, je ne le crains pas, dit la Guillette. Marie est courageuse autant que fille riche et à la tête d'un gros travail puisse l'être. Elle ne reste pas un instant les bras croisés, et quand nous n'avons pas d'ouvrage, elle nettoie et frotte nos pauvres meubles qu'elle rend clairs comme des miroirs. C'est une enfant qui vaut son pesant d'or, et j'aurais bien mieux aimé qu'elle entrât chez vous comme bergère que d'aller si loin chez des gens que je ne connais pas. Vous l'auriez prise à la Saint-Jean, si nous avions su nous décider ; mais à présent vous avez loué tout votre monde, et ce n'est qu'à la Saint-Jean de l'autre année que nous pourrons y songer.

— Eh ! j'y consens de tout mon cœur, Guillette ! Cela me fera plaisir. Mais en attendant, elle fera bien d'apprendre un état et de s'habituer à servir les autres.

— Oui, sans doute ; le sort en est jeté. Le fermier des

Ormeaux l'a fait demander ce matin ; nous avons dit oui, et il faut qu'elle parte. Mais la pauvre enfant ne sait pas le chemin, et je n'aimerais pas à l'envoyer si loin toute seule. Puisque votre gendre va à Fourché demain, il peut bien l'emmener. Il paraît que c'est tout à côté du domaine où elle va, à ce qu'on m'a dit ; car je n'ai jamais fait ce voyage-là.

— C'est tout à côté, et mon gendre la conduira. Cela se doit ; il pourra même la prendre en croupe sur la jument, ce qui ménagera ses souliers. Le voilà qui rentre pour souper. Dis-moi, Germain, la petite Marie à la mère Guillette s'en va bergère aux Ormeaux. Tu la conduiras sur ton cheval, n'est-ce pas ?

— C'est bien, répondit Germain, qui était soucieux, mais toujours disposé à rendre service à son prochain.

Dans notre monde à nous, pareille chose ne viendrait pas à la pensée d'une mère, de confier une fille de seize ans à un homme de vingt-huit ; car Germain n'avait réellement que vingt-huit ans, et, quoique, selon les idées de son pays, il passât pour vieux au point de vue du mariage, il était encore le plus bel homme de l'endroit. Le travail ne l'avait pas creusé et flétri comme la plupart des paysans qui ont dix années de labourage sur la tête. Il était de force à labourer encore dix ans sans paraître vieux, et il eût fallu que le préjugé de l'âge fût bien fort sur l'esprit d'une jeune fille pour l'empêcher de voir que Germain avait le teint frais, l'œil vif et bleu comme le ciel de mai, la bouche rose, des dents superbes, le corps élégant et souple comme celui d'un jeune cheval qui n'a pas encore quitté le pré.

Mais la chasteté des mœurs est une tradition sacrée dans certaines campagnes éloignées du mouvement corrompu des grandes villes, et, entre toutes les familles de Bélair la famille de Maurice était réputée honnête et servant la vérité. Germain s'en allait chercher femme ; Marie était une enfant trop jeune et trop pauvre pour qu'il y songeât dans cette vue, et, à moins d'être un *sans cœur* et un *mauvais homme*, il était impossible qu'il eût une coupable pensée auprès d'elle. Le père Maurice ne fut donc nullement inquiet de lui voir prendre en croupe cette jolie fille ; la Guillette eût cru lui faire injure si elle lui eût recommandé de la respecter comme sa sœur ; Marie monta sur la jument en pleurant, après avoir vingt fois embrassé sa mère et ses jeunes amies. Germain, qui était triste pour son compte, compatissait d'autant plus à son chagrin, et s'en alla d'un air sérieux, tandis que les gens du voisinage disaient adieu de la main à la pauvre Marie sans songer à mal.

VI.

PETIT PIERRE.

La Grise était jeune, belle et vigoureuse. Elle portait sans effort son double fardeau, couchant les oreilles et rongeant son frein, comme une fière et ardente jument qu'elle était. En passant devant le pré-long, elle aperçut sa mère, qui s'appelait la vieille Grise, comme elle la jeune Grise, et elle hennit en signe d'adieu. La vieille Grise approcha de la haie en faisant résonner ses enferges, essaya de galoper sur la marge du pré pour suivre sa fille ; puis, la voyant prendre le grand trot, elle hennit à son tour, et resta pensive, inquiète, le nez au vent, la bouche pleine d'herbes qu'elle ne songeait plus à manger.

— Cette pauvre bête connaît toujours sa progéniture, dit Germain pour distraire la petite Marie de son chagrin. Ça me fait penser que je n'ai pas embrassé mon petit Pierre avant de partir. Le mauvais enfant n'était pas là ! Il voulait, hier au soir, me faire promettre de l'emmener, et il a pleuré pendant une heure dans son lit. Ce matin, encore, il a tout essayé pour me persuader. Oh ! qu'il est adroit et câlin ! mais quand il a vu que ça ne se pouvait pas, monsieur s'est fâché : il est parti dans les champs, et je ne l'ai pas revu de la journée.

— Moi, je l'ai vu, dit la petite Marie en faisant effort pour rentrer ses larmes. Il courait avec les enfants de Soulas du côté des tailles, et je me suis bien doutée qu'il était hors de la maison depuis longtemps, car il avait faim et mangeait des prunelles et des mûres de buisson. Je lui ai donné le pain de mon goûter, et il m'a dit : Merci, ma Marie mignonne : quand tu viendras chez nous, je te donnerai de la galette. C'est un enfant trop gentil que vous avez là, Germain !

— Oui, qu'il est gentil, reprit le laboureur, et je ne sais pas ce que je ne ferais pas pour lui ! Si sa grand'mère n'avait pas eu plus de raison que moi, je n'aurais pas pu me tenir de l'emmener, quand je le voyais pleurer si fort que son pauvre petit cœur en était tout gonflé.

— Eh bien ! pourquoi ne l'auriez-vous pas emmené, Germain ? Il ne vous aurait guère embarrassé ; il est si raisonnable quand on fait sa volonté !

— Il paraît qu'il aurait été de trop là où je vais. Du moins c'était l'avis du père Maurice... Moi, pourtant, j'aurais pensé qu'au contraire il fallait voir comment on le recevrait, et qu'un si gentil enfant ne pouvait qu'être pris en bonne amitié... Mais ils disent à la maison qu'il ne faut pas commencer par faire voir les charges du ménage... Je ne sais pas pourquoi je te parle de ça, petite Marie : tu n'y comprends rien.

— Si fait, Germain ; je sais que vous allez pour vous marier ; ma mère me l'a dit, en me recommandant de n'en parler à personne, ni chez nous, ni là où je vais, et vous pouvez être tranquille : je n'en dirai mot.

— Tu feras bien, car ce n'est pas fait ; peut-être que je ne conviendrai pas à la femme en question.

— Il faut espérer que si, Germain. Pourquoi donc ne lui conviendriez-vous pas ?

— Qui sait ? J'ai trois enfants, et c'est lourd pour une femme qui n'est pas leur mère !

— C'est vrai, mais vos enfants ne sont pas comme d'autres enfants.

— Crois-tu ?

— Ils sont beaux comme des petits anges, et si bien élevés qu'on n'en peut pas voir de plus aimables.

— Il y a Sylvain qui n'est pas trop commode.

— Il est tout petit ! il ne peut pas être autrement que terrible, mais il a tant d'esprit !

— C'est vrai qu'il a de l'esprit : et un courage ! Il ne craint ni vaches ni taureaux, et si on le laissait faire, il grimperait déjà sur les chevaux avec son aîné.

— Moi, à votre place, j'aurais amené l'aîné. Bien sûr ça vous aurait fait aimer tout de suite, d'avoir un enfant si beau !

— Oui, si la femme aime les enfants ; mais si elle ne les aime pas !

— Est-ce qu'il y a des femmes qui n'aiment pas les enfants ?

— Pas beaucoup, je pense ; mais enfin il y en a, et c'est là ce qui me tourmente.

— Vous ne la connaissez donc pas du tout cette femme ?

— Pas plus que toi, et je crains de ne pas la mieux connaître, après que je l'aurai vue. Je ne suis pas méfiant, moi. Quand on me dit de bonnes paroles, j'y crois ; mais j'ai été plus d'une fois à même de m'en repentir, car les paroles ne sont pas des actions.

— On dit que c'est une fort brave femme.

— Qui dit cela ? le père Maurice !

— Oui, votre beau-père.

— C'est fort bien ; mais il ne la connaît pas non plus.

— Eh bien, vous la verrez tantôt, vous ferez grande attention, et il faut espérer que vous ne vous tromperez pas, Germain.

— Tiens, petite Marie, je serais bien aise que tu entres un peu dans la maison, avant de t'en aller tout droit aux Ormeaux : tu es fine, toi, tu as toujours montré de l'esprit, et tu fais attention à tout. Si tu vois quelque chose qui te donne à penser, tu m'en avertiras tout doucement.

— Oh ! non, Germain, je ne ferai pas cela ! je craindrais trop de me tromper ; et, d'ailleurs, si une parole dite à la légère venait à vous dégoûter de ce mariage, vos parents m'en voudraient, et j'ai bien assez de chagrins comme ça, sans en attirer d'autres sur ma pauvre chère femme de mère.

Comme ils devisaient ainsi, la Grise fit un écart en dressant les oreilles, puis revint sur ses pas, et se rapprocha du buisson, où quelque chose qu'elle commençait à reconnaître l'avait d'abord effrayée. Germain jeta un regard sur le buisson, et vit dans le fossé, sous les branches épaisses et encore fraîches d'un têteau de chêne, quelque chose qu'il prit pour un agneau.

— C'est une bête égarée, dit-il, ou morte, car elle ne bouge. Peut-être que quelqu'un la cherche ; il faut voir !

— Ce n'est pas une bête, s'écria la petite Marie : c'est un enfant qui dort ; c'est votre Petit-Pierre.

— Par exemple ! dit Germain en descendant de cheval : voyez ce petit garnement qui dort là, si loin de la maison, et dans un fossé où quelque serpent pourrait bien le trouver !

Il prit dans ses bras l'enfant, qui lui sourit en ouvrant les yeux et jeta ses bras autour de son cou, en lui disant : Mon petit père, tu vas m'emmener avec toi !

— Ah oui ! toujours la même chanson ! Que faisiez-vous là, mauvais Pierre ?

— J'attendais mon petit père à passer, dit l'enfant, je regardais sur le chemin, et à force de regarder, je me suis endormi.

— Et si j'étais passé sans te voir, tu serais resté toute la nuit dehors, et le loup t'aurait mangé ?

— Oh ! je savais bien que tu me verrais ! répondit Petit-Pierre avec confiance.

— Eh bien, à présent, mon Pierre, embrasse-moi, dis-moi adieu, et retourne vite à la maison, si tu ne veux pas qu'on soupe sans toi.

— Tu ne veux donc pas m'emmener ? s'écria le petit en commençant à frotter ses yeux pour montrer qu'il avait dessein de pleurer.

— Tu sais bien que grand-père et grand'mère ne le veulent pas, dit Germain, se retranchant derrière l'autorité des vieux parents, comme un homme qui ne compte guère sur la sienne propre.

Mais l'enfant n'entendit rien. Il se prit à pleurer tout de bon, disant que puisque son père emmenait la petite Marie, il pouvait bien l'emmener aussi. On lui objecta qu'il fallait passer les grands bois, qu'il y avait beaucoup là de méchantes bêtes qui mangeaient les petits enfants, que la Grise ne voulait pas porter trois personnes, qu'elle l'avait déclaré en partant, et que, dans le pays où l'on se rendait, il n'y avait ni lit ni souper pour les marmots. Toutes ces excellentes raisons ne persuadèrent point Petit-Pierre ; il se jeta sur l'herbe, et s'y roula, en criant que son petit père ne l'aimait plus, et que s'il ne l'emmenait pas, il ne rentrerait point du jour ni de la nuit à la maison.

Germain avait un cœur de père aussi tendre et aussi faible que celui d'une femme. La mort de la sienne, les soins qu'il avait été forcé de rendre seul à ses petits, aussi la pensée que ces pauvres enfants sans mère avaient besoin d'être beaucoup aimés, avaient contribué à le rendre ainsi, et il se fit en lui un rude combat, d'autant plus qu'il rougissait de sa faiblesse et s'efforçait de cacher son malaise à la petite Marie, que la sueur lui en vint au front et que ses yeux se bordèrent de rouge, prêts à pleurer aussi. Enfin il essaya de se mettre en colère ; mais, en se retournant vers la petite Marie, comme pour la prendre à témoin de sa fermeté d'âme, il vit que le visage de cette bonne fille était baigné de larmes, et tout son courage l'abandonnant, il lui fut impossible de retenir les siennes, bien qu'il grondât et menaçât encore.

— Vrai, vous avez le cœur trop dur, lui dit enfin la petite Marie, et, pour ma part, je ne pourrais jamais résister comme cela à un enfant qui a un si gros chagrin. Voyons, Germain, emmenez-le. Votre jument est bien habituée à porter deux personnes et un enfant, à preuve que votre beau-frère et sa femme, qui est plus lourde que moi de beaucoup, vont au marché le samedi avec leur garçon, sur le dos de cette bonne bête. Vous le mettrez à cheval devant vous, et d'ailleurs j'aime mieux m'en aller toute seule à pied que de faire de la peine à ce petit.

— Qu'à cela ne tienne, répondit Germain, qui mourait d'envie de se laisser convaincre. La Grise est forte et en porterait deux de plus, s'il y avait place sur son échine. Mais que ferons-nous de cet enfant en route ? il aura froid, il aura faim... et qui prendra soin de lui ce soir et demain pour le coucher, le laver et le rhabiller ? Je n'ose pas donner cet ennui-là à une femme que je ne connais pas, et qui trouvera, sans doute, que je suis bien sans façons avec elle pour commencer.

— D'après l'amitié ou l'ennui qu'elle montrera, vous la connaîtrez tout de suite, Germain, croyez-moi, et d'ailleurs, si elle rebute votre Pierre, moi je m'en charge. J'irai chez elle l'habiller et je l'emmènerai aux champs demain. Je l'amuserai toute la journée et j'aurai soin qu'il ne manque de rien.

— Et il t'ennuiera, ma pauvre fille ! Il te gênera ! toute une journée, c'est long !

— Ça me fera plaisir, au contraire, ça me tiendra compagnie, et ça me rendra moins triste le premier jour que j'aurai à passer dans un nouveau pays. Je me figurerai que je suis encore chez nous.

L'enfant, voyant que la petite Marie prenait son parti, s'était cramponné à sa jupe et la tenait si fort qu'il eût fallu lui faire du mal pour l'en arracher. Quand il reconnut que son père cédait, il prit la main de Marie dans ses deux petites mains brunies par le soleil, et l'embrassa en sautant de joie et en la tirant vers la jument, avec cette impatience ardente que les enfants portent dans leurs désirs.

— Allons, allons, dit la jeune fille, en le soulevant dans ses bras, tâchons d'apaiser ce pauvre cœur qui saute comme un petit oiseau, et si tu sens le froid quand la nuit viendra, dis-le-moi, mon Pierre, je te serrerai dans ma cape. Embrasse ton petit père et demande-lui pardon d'avoir fait le méchant. Dis que ça ne t'arrivera plus, jamais ! jamais ! entends-tu ?

— Oui, oui, à condition que je ferai toujours sa volonté, n'est-ce pas ? dit Germain en essuyant les yeux du petit avec son mouchoir : ah ! Marie, vous me le gâtez, ce drôle-là !... Et vraiment, tu es une trop bonne fille, petite Marie. Je ne sais pas pourquoi tu n'es pas entrée bergère chez nous à la Saint-Jean dernière. Tu aurais pris soin de mes enfants, et j'aurais mieux aimé te payer un bon prix pour les servir, que d'aller chercher une femme qui croira peut-être me faire beaucoup de grâce en ne me détestant pas.

— Il ne faut pas voir comme ça les choses par le mauvais côté, répondit la petite Marie, en tenant la bride du cheval pendant que Germain plaçait son fils sur le devant du large bât garni de peau de chèvre : si votre femme n'aime pas les enfants, vous me prendrez à votre service l'an prochain, et soyez tranquille, je les amuserai si bien, qu'ils ne s'apercevront de rien.

VII.

DANS LA LANDE.

— Ah ça, dit Germain, lorsqu'ils eurent fait quelques pas, que va-t-on penser à la maison en ne voyant pas rentrer ce petit bonhomme ? Les parents vont être inquiets et le chercheront partout.

— Vous allez dire au cantonnier qui travaille là-haut sur la route, que vous l'emmenez, et vous lui recommanderez d'avertir votre monde.

— C'est vrai, Marie, tu t'avises de tout, toi ! moi, je ne pensais plus que Jeannie devait être par là.

— Et justement, il demeure tout près de la métairie ; il ne manquera pas de faire la commission.

Quand on eut avisé à cette précaution, Germain remit la jument au trot, et Petit-Pierre était si joyeux, qu'il ne s'aperçut pas tout de suite qu'il n'avait pas dîné ; mais le mouvement du cheval lui creusant l'estomac, il se prit, au bout d'une lieue, à bâiller, à pâlir, et à confesser qu'il mourait de faim.

— Voilà que ça commence, dit Germain. Je savais bien que nous n'irions pas loin sans que ce Monsieur criât la faim ou la soif.

— J'ai soif aussi! dit Petit-Pierre.

— Eh bien! nous allons donc entrer dans le cabaret de la mère Rebec, à Corlay, au *Point du Jour*? Belle enseigne, mais pauvre gîte! Allons, Marie, tu boiras aussi un doigt de vin.

— Non, non, je n'ai besoin de rien, dit-elle, je tiendrai la jument pendant que vous entrerez avec le petit.

— Mais j'y songe, ma bonne fille, tu as donné ce matin le pain de ton goûter à mon Pierre, et toi, tu es à jeun; tu n'as pas voulu dîner avec nous à la maison, tu ne faisais que pleurer.

— Oh! je n'avais pas faim, j'avais trop de peine! et je vous jure qu'à présent encore je ne sens aucune envie de manger.

— Il faut te forcer, petite; autrement tu seras malade. Nous avons du chemin à faire, et il ne faut pas arriver là-bas comme des affamés pour demander du pain avant de dire bonjour. Moi-même je veux te donner l'exemple, quoique je n'aie pas grand appétit; mais j'en viendrai à bout, vu que, après tout, je n'ai pas dîné non plus. Je vous voyais pleurer, toi et ta mère, et ça me troublait le cœur. Allons, allons, je vais attacher la Grise à la porte; descends, je le veux.

Ils entrèrent tous trois chez la Rebec, et, en moins d'un quart d'heure, la grosse boiteuse réussit à leur servir une omelette de bonne mine, du pain bis et du vin clairet.

Les paysans ne mangent pas vite, et le petit Pierre avait si grand appétit qu'il se passa bien une heure avant que Germain pût songer à se remettre en route. La petite Marie avait mangé par complaisance d'abord; puis, peu à peu, la faim était venue: car à seize ans on ne peut pas faire longtemps diète, et l'air des campagnes est impérieux. Les bonnes paroles que Germain sut lui dire pour la consoler et lui faire prendre courage produisirent aussi leur effet; elle fit effort pour se persuader que sept mois seraient bientôt passés, et pour songer au bonheur qu'elle aurait de se retrouver dans sa famille et dans son hameau, puisque le père Maurice et Germain s'accordaient pour lui promettre de la prendre à leur service. Mais comme elle commençait à s'égayer et à badiner avec le petit Pierre, Germain eut la malheureuse idée de lui faire regarder, par la fenêtre du cabaret, la belle vue de la vallée qu'on voit tout entière de cette hauteur, et qui est si riante, si verte et si fertile. Marie regarda et demanda si de là on voyait les maisons de Belair.

— Sans doute, dit Germain, et la métairie, et même ta maison. Tiens, ce petit point gris, pas loin du grand peuplier à Godard, plus bas que le clocher.

— Ah! je la vois, dit la petite, et là-dessus elle recommença de pleurer.

— J'ai eu tort de te faire songer à ça, dit Germain, je ne fais que des bêtises aujourd'hui! Allons, Marie, partons, ma fille; les jours sont courts et, dans une heure, quand la lune montera, il ne fera pas chaud.

Ils se remirent en route, traversèrent la grande *brande*, et, comme pour ne pas fatiguer la jeune fille et l'enfant par un trop grand trot, Germain ne pouvait faire aller la Grise bien vite, le soleil était couché quand ils quittèrent la route pour gagner les bois.

Germain connaissait le chemin jusqu'au Magnier; mais il pensa qu'il aurait plus court en ne prenant pas l'avenue de Chanteloube, mais en descendant par Presles et la Sépulture, direction qu'il n'avait pas l'habitude de prendre quand il allait à la foire. Il se trompa et perdit encore un peu de temps avant d'entrer dans le bois; encore n'y entra-t-il point par le bon côté, et ne s'en aperçut pas, si bien qu'il tourna le dos à Fourche et gagna beaucoup plus haut du côté d'Ardente.

Ce qui l'empêchait alors de s'orienter, c'était un brouillard qui s'élevait avec la nuit, un de ces brouillards des soirs d'automne, que la blancheur du clair de lune rend plus vagues et plus trompeurs encore. Les grandes flaques d'eau dont les clairières sont semées exhalaient des vapeurs si épaisses que, lorsque la Grise les traversait, on ne s'en apercevait qu'au clapotement de ses pieds et à la peine qu'elle avait à les tirer de la vase.

Quand on eut enfin trouvé une belle allée bien droite, et qu'arrivé au bout, Germain chercha à voir où il était, il s'aperçut bien qu'il s'était perdu; car le père Maurice, en lui expliquant son chemin, lui avait dit qu'à la sortie des bois il aurait à descendre un bout de côte très-raide, à traverser une immense prairie et à passer deux fois la rivière à gué. Il lui avait même recommandé d'entrer dans cette rivière, avec précaution, parce qu'au commencement de la saison il y avait eu de grandes pluies et que l'eau pouvait être un peu haute. Ne voyant ni descente, ni prairie, ni rivière, mais la lande unie et blanche comme une nappe de neige, Germain s'arrêta, chercha une maison, attendit un passant et ne trouva rien qui pût le renseigner. Alors il revint sur ses pas et rentra dans les bois. Mais le brouillard s'épaissit encore plus, la lune fut tout à fait voilée, les chemins étaient affreux, les fondrières profondes. Par deux fois, la Grise faillit s'abattre; chargée comme elle l'était, elle perdait courage, et, si elle conservait assez de discernement pour ne pas se heurter contre les arbres, elle ne pouvait empêcher que ceux qui la montaient n'eussent affaire à de grosses branches, qui barraient le chemin à la hauteur de leurs têtes et qui les mettaient fort en danger. Germain perdit son chapeau dans une de ces rencontres et eut grand' peine à le retrouver. Petit-Pierre s'était endormi, et, se laissant aller comme un sac, il embarrassait tellement les bras de son père, que celui-ci ne pouvait plus ni soutenir ni diriger le cheval.

— Je crois que nous sommes ensorcelés, dit Germain en s'arrêtant: car ces bois ne sont pas assez grands pour qu'on s'y perde, à moins d'être ivre, et il y a deux heures au moins que nous y tournons sans pouvoir en sortir. La Grise n'a qu'une idée en tête, c'est de s'en retourner à la maison, et c'est elle qui me fait tromper. Si nous voulons nous en aller chez nous, nous n'avons qu'à la laisser faire. Mais quand nous sommes peut-être à deux pas de l'endroit où nous devons coucher, il faudrait être fou pour y renoncer et recommencer une si longue route. Cependant, je ne sais plus que faire. Je ne vois ni ciel ni terre, et je crains que cet enfant-là ne prenne la fièvre si nous restons dans ce damné brouillard, ou qu'il ne soit écrasé par notre poids si le cheval vient à s'abattre en avant.

— Il ne faut pas nous obstiner davantage, dit la petite Marie. Descendons, Germain; donnez-moi l'enfant, je le porterai fort bien, et j'empêcherai mieux que vous que la cape, se dérangeant, ne le laisse à découvert. Vous conduirez la jument par la bride, et nous verrons peut-être plus clair quand nous serons plus près de terre.

Ce moyen ne réussit qu'à les préserver d'une chute de cheval, car le brouillard rampait et semblait se coller à la terre humide. La marche était pénible, et ils furent bientôt si harassés qu'ils s'arrêtèrent en rencontrant enfin un endroit sec sous de grands chênes. La petite Marie était en nage, mais elle ne se plaignait ni ne s'inquiétait de rien. Occupée seulement de l'enfant, elle s'assit sur le sable et le coucha sur ses genoux, tandis que Germain explorait les environs, après avoir passé les rênes de la Grise dans une branche d'arbre.

Mais la Grise, qui s'ennuyait fort de ce voyage, donna un coup de reins, dégagea les rênes, rompit les sangles, et lâchant, par manière d'acquit, une demi-douzaine de ruades plus haut que sa tête, partit à travers les taillis, montrant fort bien qu'elle n'avait besoin de personne pour retrouver son chemin.

— Çà, dit Germain, après avoir vainement cherché à la rattraper, nous voici à pied, et rien ne nous servirait de nous retrouver dans le bon chemin, car il nous faudrait traverser la rivière à pied; et, à voir comme ces routes sont pleines d'eau, nous pouvons être bien sûrs que la prairie est sous la rivière. Nous ne connaissons pas les autres passages. Il nous faut donc attendre que ce brouillard se dissipe; ça ne peut pas durer plus d'une heure ou deux. Quand nous verrons clair, nous chercherons une maison, la première venue à la lisière du bois; mais à présent nous ne pouvons sortir d'ici; il y a là une fosse, un étang, je ne sais quoi devant nous; et derrière, je ne saurais pas non plus dire ce qu'il y a, car je ne comprends plus par quel côté nous sommes arrivés.

VIII.

SOUS LES GRANDS CHÊNES.

— Eh bien! prenons patience, Germain, dit la petite Marie. Nous ne sommes pas mal sur cette petite hauteur. La pluie ne perce pas la feuillée de ces gros chênes, et nous pouvons allumer du feu, car je sens des vieilles souches qui ne tiennent à rien et qui sont assez sèches pour flamber. Vous avez bien du feu, Germain? Vous fumiez votre pipe tantôt.

— J'en avais; mon briquet était sur le bât dans mon sac, avec le gibier que je portais à ma future; mais la maudite jument a tout emporté, même mon manteau, qu'elle a perdre et déchirer à toutes les branches.

— Non pas, Germain; la bâtine, le manteau, le sac, tout est là par terre, à vos pieds. La Grise a cassé les sangles et tout jeté à côté d'elle en partant.

— C'est, vrai Dieu, certain! dit le laboureur, et si nous pouvons trouver un peu de bois mort à tâtons, nous réussirons à nous sécher et à nous réchauffer.

— Ce n'est pas difficile, dit la petite Marie, le bois mort craque partout sous les pieds; mais donnez-moi d'abord ici la bâtine.

— Qu'en veux-tu faire?

— Un lit pour le petit: non, pas comme ça, à l'envers; il ne roulera pas dans la ruelle; et c'est encore tout chaud du dos de la bête. Calez-moi ça de chaque côté avec ces pierres que vous voyez là!

— Je ne les vois pas, moi! Tu as donc des yeux de chat!

— Tenez! voilà qui est fait, Germain! Donnez-moi votre manteau, que j'enveloppe ses petits pieds, et ma cape par-dessus son corps. Voyez! s'il n'est pas couché là aussi bien que dans son lit! et tâtez-le comme il a chaud!

— C'est vrai! tu t'entends à soigner les enfants, Marie!

— Ça n'est pas bien sorcier. A présent, cherchez votre briquet dans votre sac, et je vais arranger le bois.

— Ce bois ne prendra jamais, il est trop humide.

— Vous doutez de tout, Germain! vous ne vous souvenez donc pas d'avoir été pâtour et d'avoir fait de grands feux aux champs, au beau milieu de la pluie?

— Oui, c'est le talent des enfants qui gardent les bêtes; mais moi, j'ai été toucheur de bœufs aussitôt que j'ai su marcher.

— C'est pour cela que vous êtes plus fort de vos bras qu'adroit de vos mains. Le voilà bâti, ce bûcher, vous allez voir s'il ne flambera pas! Donnez-moi le feu et une poignée de fougère sèche. C'est bien! soufflez à présent; vous n'êtes pas poumonique?

— Non pas que je sache, dit Germain en soufflant comme un soufflet de forge. Au bout d'un instant, la flamme brilla, jeta d'abord une lumière rouge, et finit par s'élever en jets bleuâtres sous le feuillage des chênes, luttant contre la brume et séchant peu à peu l'atmosphère à dix pieds à la ronde.

— Maintenant, je vais m'asseoir auprès du petit pour qu'il ne lui tombe pas d'étincelles sur le corps, dit la jeune fille. Vous, mettez du bois et animez le feu, Germain! Nous n'attraperons ici ni fièvre, ni rhume, je vous en réponds.

— Ma foi, tu es une fille d'esprit, dit Germain, et tu sais faire le feu comme une petite sorcière de nuit. Je me sens tout ranimé, et le cœur me revient; car avec les jambes mouillées jusqu'aux genoux, et l'idée de rester comme cela jusqu'au point du jour, j'étais de fort mauvaise humeur tout à l'heure.

— Et quand on est de mauvaise humeur, on ne s'avise de rien, reprit la petite Marie.

— Tu n'es donc jamais de mauvaise humeur, toi?

— Eh non! jamais. A quoi bon?

— Oh! ce n'est bon à rien, certainement; mais le moyen de s'en empêcher, quand on a des ennuis! Dieu sait que tu n'en as pas manqué, toi, pourtant, ma pauvre petite: car tu n'as pas toujours été heureuse!

— C'est vrai, nous avons souffert, ma pauvre mère et moi. Nous avions du chagrin, mais nous ne perdions jamais courage.

— Je ne perdrais pas courage pour quelque ouvrage que ce fût, dit Germain; mais la misère me fâcherait; car je n'ai jamais manqué de rien. Ma femme m'avait fait riche et je le suis encore; je le serai tant que je travaillerai à la métairie: ce sera toujours, j'espère; mais chacun doit avoir sa peine! j'ai souffert autrement.

— Oui, vous avez perdu votre femme, et c'est grand'pitié!

— N'est-ce pas?

— Oh! je l'ai bien pleurée, allez, Germain! car elle était si bonne! Tenez, n'en parlons plus; car je la pleurerais encore, tous mes chagrins sont en train de me revenir aujourd'hui.

— C'est vrai qu'elle t'aimait beaucoup, petite Marie! elle faisait grand cas de toi et de ta mère. Allons! tu pleures? Voyons, ma fille, je ne veux pas pleurer moi...

— Vous pleurez, pourtant, Germain! Vous pleurez aussi! Quelle honte y a-t-il pour un homme à pleurer sa femme? Ne vous gênez pas, allez! je suis bien de moitié avec vous dans cette peine-là!

— Tu as un bon cœur, Marie, et ça me fait du bien de pleurer avec toi. Mais approche donc tes pieds du feu; tu as les jupes toutes mouillées aussi, pauvre petite fille! Tiens, je vais prendre ta place auprès du petit, chauffe-toi mieux que ça.

— J'ai assez chaud, dit Marie; et si vous voulez vous asseoir, prenez un coin du manteau, moi, je suis très-bien.

— Le fait est qu'on n'est pas mal ici, dit Germain en s'asseyant tout auprès d'elle. Il n'y a que la faim qui me tourmente un peu. Il est bien neuf heures du soir, et j'ai eu tant de peine à marcher dans ces mauvais chemins, que je me sens tout affaibli. Est-ce que tu n'as pas faim, aussi, toi, Marie?

— Moi? pas du tout. Je ne suis pas habituée, comme vous, à faire quatre repas, et j'ai été tant de fois me coucher sans souper, qu'une fois de plus ne m'étonne guère.

— Eh bien! c'est commode une femme comme toi; ça ne fait pas de dépense, dit Germain en souriant.

— Je ne suis pas une femme, dit naïvement Marie, sans s'apercevoir de la tournure que prenaient les idées du laboureur. Est-ce que vous rêvez?

— Oui, je crois que je rêve, répondit Germain; c'est la faim qui me fait divaguer peut-être!

— Que vous êtes donc gourmand! reprit-elle en s'égayant un peu à son tour; eh bien! si vous ne pouvez pas vivre cinq ou six heures sans manger, est-ce que vous n'avez pas là du gibier dans votre sac, et du feu pour le faire cuire?

— Diantre! c'est une bonne idée! mais le présent à mon futur beau-père?

— Vous avez six perdrix et un lièvre! Je pense qu'il ne vous faut pas tout cela pour vous rassasier?

— Mais faire cuire cela ici, sans broche et sans landiers, ça deviendra du charbon!

— Non pas, dit la petite Marie, je me charge de vous le faire cuire sous la cendre sans goût de fumée. Est-ce que vous n'avez jamais attrapé d'alouettes dans les champs, et que vous ne les avez pas fait cuire entre deux pierres? Ah! c'est vrai! j'oublie que vous n'avez pas été pastour! Voyons, plumez cette perdrix! Pas si fort! vous lui arrachez la peau!

— Tu pourrais bien plumer l'autre pour me montrer!

— Vous voulez donc en manger deux? Quel ogre! allons, les voilà plumées. Je vais les cuire.

— Tu ferais une parfaite cantinière, petite Marie; mais, par malheur, tu n'as pas de cantine, et je serai réduit à boire l'eau de cette mare.

— Vous voudriez du vin, pas vrai? Il vous faudrait peut-être du café? vous vous croyez à la foire sous la ramée! Appelez l'aubergiste : de la liqueur au fin laboureur de Belair!

— Ah! petite méchante, vous vous moquez de moi? Vous ne boiriez pas du vin, vous, si vous en aviez?

— Moi? j'en ai bu ce soir, avec vous, chez la Rebec, pour la seconde fois de ma vie; mais, si vous êtes bien sage, je vais vous en donner une bouteille quasi pleine, et du bon encore!

— Comment, Marie, tu es donc sorcière, décidément? Est-ce que vous n'avez pas fait la folie de demander deux bouteilles de vin à la Rebec? Vous en avez bu une avec votre petit, et j'ai à peine avalé trois gouttes de celle que vous aviez mise devant moi. Cependant vous les avez payées toutes les deux, sans y regarder.

— Eh bien?

— Eh bien, j'ai mis dans mon panier celle qui n'avait pas été bue, parce que j'ai pensé que vous ou votre petit auriez soif en route; et la voilà.

— Tu es la fille la plus avisée que j'aie jamais rencontrée. Voyez! elle pleurait pourtant, cette pauvre enfant, en sortant de l'auberge! ça ne l'a pas empêchée de penser aux autres plus qu'à elle-même. Petite Marie, l'homme qui t'épousera ne sera pas sot!

— Je l'espère, car je n'aimerais pas un sot. Allons, mangez vos perdrix, elles sont cuites à point; et, faute de pain, vous vous contenterez de châtaignes?

— Et où diable as-tu pris aussi des châtaignes?

— C'est bien étonnant! tout le long du chemin, j'en ai pris aux branches en passant, et j'en ai rempli mes poches.

— Et elles sont cuites aussi?

— A quoi donc aurais-je eu l'esprit si je ne les avais pas mises dans le feu dès qu'il a été allumé? Ça se fait toujours aux champs.

— Ah ça, petite Marie, nous allons souper ensemble! je veux boire à ta santé et te souhaiter un bon mari... là, comme tu le souhaiterais toi-même. Dis-moi un peu cela!

— J'en serais fort empêchée, Germain, car je n'y ai pas encore songé.

— Comment, pas du tout? jamais? dit Germain, en commençant à manger avec un appétit de laboureur, mais coupant les meilleurs morceaux pour les offrir à sa compagne, qui refusa obstinément et se contenta de quelques châtaignes. Dis-moi donc, petite Marie, reprit-il, voyant qu'elle ne songeait pas à lui répondre, tu n'as pas encore eu l'idée du mariage? tu es en âge, pourtant!

— Peut-être, dit-elle; mais je suis trop pauvre. Il faut au moins cent écus pour entrer en ménage, et je dois travailler cinq ou six ans pour les amasser.

— Pauvre fille! je voudrais que le père Maurice voulût bien me donner cent écus pour t'en faire cadeau.

— Grand merci, Germain. Eh bien! qu'est-ce qu'on dirait de moi?

— Que veux-tu qu'on dise? on sait bien que je suis vieux et que je ne peux pas t'épouser. Alors on ne supposerait pas que je... que tu...

— Dites donc, laboureur! voilà votre enfant qui se réveille, dit la petite Marie.

IX.

LA PRIÈRE DU SOIR.

Petit Pierre s'était soulevé et regardait autour de lui d'un air tout pensif.

— Ah! il n'en fait jamais d'autre quand il entend manger, celui-là! dit Germain : le bruit du canon ne le réveillerait pas; mais quand on remue les mâchoires auprès de lui, il ouvre les yeux tout de suite.

— Vous avez dû être comme ça à son âge, dit la petite Marie avec un sourire malin. Allons, mon petit Pierre, tu cherches ton ciel de lit? Il est fait de verdure, ce soir, mon enfant; mais ton père n'en soupe pas moins. Veux-tu souper avec lui? Je n'ai pas mangé ta part; je me doutais bien que tu la réclamerais!

— Marie, je veux que tu manges, s'écria le laboureur, je ne mangerai plus. Je suis un vorace, un grossier : toi, tu te prives pour nous, ce n'est pas juste, j'en ai honte. Tiens, ça m'ôte la faim; je ne veux pas que mon fils soupe, si tu ne soupes pas.

— Laissez-nous tranquilles, répondit la petite Marie, vous n'avez pas la clef de nos appétits. Le mien est fermé aujourd'hui, mais celui de votre Pierre est ouvert comme celui d'un petit loup. Tenez, voyez comme il s'y prend! Oh! ce sera aussi un rude laboureur!

En effet, petit Pierre montra bientôt de qui il était fils, et à peine éveillé, ne comprenant ni où il était, ni comment il y était venu, il se mit à dévorer. Puis, quand il n'eut plus faim, se trouvant excité comme il arrive aux enfants qui rompent leurs habitudes, il eut plus d'esprit, plus de curiosité et plus de raisonnement qu'à l'ordinaire. Il se fit expliquer où il était, et quand il sut que c'était au milieu d'un bois, il eut un peu peur.

— Y a-t-il des méchantes bêtes dans ce bois? demanda-t-il à son père.

— Non, fit le père, il n'y en a point. Ne crains rien.

— Tu as donc menti quand tu m'as dit que si j'allais avec toi dans les grands bois les loups m'emporteraient?

— Voyez-vous ce raisonneur? dit Germain embarrassé.

— Il a raison, reprit la petite Marie, vous lui avez dit cela : il a bonne mémoire, il s'en souvient. Mais apprends, mon petit Pierre, que ton père ne ment jamais. Nous avons passé les grands bois pendant que tu dormais, et nous sommes à présent dans les petits bois, où il n'y a pas de méchantes bêtes.

— Les petits bois sont-ils bien loin des grands?

— Assez loin; d'ailleurs les loups ne sortent pas des grands bois. Et puis, s'il en venait ici, ton père les tuerait.

— Et toi aussi, petite Marie?

— Et nous aussi, car tu nous aiderais bien, mon Pierre? Tu n'as pas peur, toi? Tu taperais dessus!

— Oui, oui, dit l'enfant enorgueilli, en prenant une pose héroïque, nous les tuerions!

— Il n'y a personne comme toi pour parler aux enfants, dit Germain à la petite Marie, et pour leur faire entendre raison. Il est vrai qu'il n'y a pas longtemps que tu étais toi-même un petit enfant, et tu te souviens de ce que te disait ta mère. Je crois bien que plus on est jeune, mieux on s'entend avec ceux qui le sont. J'ai grand'peur qu'une femme de trente ans, qui ne sait pas encore ce que c'est que d'être mère, n'apprenne avec peine à babiller et à raisonner avec des marmots.

— Pourquoi donc pas, Germain? Je ne sais pourquoi vous avez une mauvaise idée touchant cette femme; vous en reviendrez!

— Au diable la femme! dit Germain. Je voudrais en être revenu pour n'y plus retourner. Qu'ai-je besoin d'une femme que je ne connais pas?

— Mon petit père, dit l'enfant, pourquoi donc est-ce que tu parles toujours de ta femme aujourd'hui, puisqu'elle est morte?....

— Hélas! tu ne l'as donc pas oubliée, toi, ta pauvre chère mère?

— Non, puisque je l'ai vu mettre dans une belle boîte de bois blanc, et que ma grand'mère m'a conduit auprès pour l'embrasser et lui dire adieu!... Elle était toute blanche et toute froide, et tous les soirs ma tante me fait prier le bon Dieu pour qu'elle aille se réchauffer avec lui dans le ciel. Crois-tu qu'elle y soit, à présent?

— Je l'espère, mon enfant; mais il faut toujours prier, ça fait voir à ta mère que tu l'aimes.

— Je vas dire ma prière, reprit l'enfant; je n'ai

Tiens, ce petit point gris, pas loin du grand peuplier à Godart, plus bas que le clocher.
(Page 13.)

pensé à la dire ce soir. Mais je ne peux pas la dire tout seul; j'en oublie toujours un peu. Il faut que la petite Marie m'aide.

— Oui, mon Pierre, je vas t'aider, dit la jeune fille. Viens là, te mettre à genoux sur moi.

L'enfant s'agenouilla sur la jupe de la jeune fille, joignit ses petites mains, et se mit à réciter sa prière, d'abord avec attention et ferveur, car il savait très-bien le commencement; puis avec plus de lenteur et d'hésitation, et enfin répétant mot à mot ce que lui dictait la petite Marie, lorsqu'il arriva à cet endroit de son oraison, où le sommeil le gagnant chaque soir, il n'avait jamais pu l'apprendre jusqu'au bout. Cette fois encore, le travail de l'attention et la monotonie de son propre accent produisirent leur effet accoutumé; il ne prononça plus qu'avec effort les dernières syllabes, et encore après se les être fait répéter trois fois; sa tête s'appesantit et se pencha sur la poitrine de Marie: ses mains se détendirent, se séparèrent et retombèrent ouvertes sur ses genoux. A la lueur du feu du bivouac, Germain regarda son petit ange assoupi sur le cœur de la jeune fille, qui, le soutenant dans ses bras et réchauffant ses cheveux blonds de sa pure haleine, s'était laissée aller aussi à une rêverie pieuse, et priait mentalement pour l'âme de Catherine.

Germain fut attendri, chercha ce qu'il pourrait dire à la petite Marie pour lui exprimer ce qu'elle lui inspirait d'estime et de reconnaissance, mais ne trouva rien qui pût rendre sa pensée. Il s'approcha d'elle pour embrasser son fils qu'elle tenait toujours pressé contre son sein, et il eut peine à détacher ses lèvres du front du petit Pierre.

— Vous l'embrassez trop fort, lui dit Marie en repoussant doucement la tête du laboureur, vous allez le réveiller. Laissez-moi le recoucher, puisque le voilà reparti pour les rêves du paradis.

L'enfant se laissa coucher, mais en s'étendant sur la peau de chèvre du bât, il demanda s'il était sur la Grise. Puis, ouvrant ses grands yeux bleus, et les tenant fixés vers les branches pendant une minute, il parut rêver tout éveillé, ou être frappé d'une idée qui avait glissé dans son esprit durant le jour, et qui s'y formulait à l'approche du sommeil. « Mon petit père, dit-il, si tu veux me donner une autre mère, je veux que ce soit la petite Marie. »

Et, sans attendre de réponse, il ferma les yeux et s'endormit.

A la lueur du feu du bivouac, Germain regardait son petit ange assoupi sur le cœur de la jeune fille. (Page 16.)

X.

MALGRÉ LE FROID.

La petite Marie ne parut pas faire d'autre attention aux paroles bizarres de l'enfant que de les regarder comme une preuve d'amitié ; elle l'enveloppa avec soin, ranima le feu, et, comme le brouillard endormi sur la mare voisine ne paraissait nullement près de s'éclaircir, elle conseilla à Germain de s'arranger auprès du feu pour faire un somme.

— Je vois que cela vous vient déjà, lui dit-elle, car vous ne dites plus mot, et vous regardez la braise comme votre petit faisait tout à l'heure. Allons, dormez, je veillerai à l'enfant et à vous.

— C'est toi qui dormiras, répondit le laboureur, et moi je vous garderai tous les deux, car jamais je n'ai eu moins envie de dormir ; j'ai cinquante idées dans la tête.

— Cinquante, c'est beaucoup, dit la fillette avec une intention un peu moqueuse ; il y a tant de gens qui seraient heureux d'en avoir une !

— Eh bien ! si je ne suis pas capable d'en avoir cinquante, j'en ai du moins une qui ne me lâche pas depuis une heure.

— Et je vas vous la dire, ainsi que celles que vous aviez auparavant.

— Eh bien ! oui, dis-la si tu la devines, Marie ; dis-la-moi toi-même, ça me fera plaisir.

— Il y a une heure, reprit-elle, vous aviez l'idée de manger... et à présent vous avez l'idée de dormir.

— Marie, je ne suis qu'un bouvier, mais vraiment tu me prends pour un bœuf. Tu es une méchante fille, et je vois bien que tu ne veux point causer avec moi. Dors donc, cela vaudra mieux que de critiquer un homme qui n'est pas gai.

— Si vous voulez causer, causons, dit la petite fille en se couchant à demi auprès de l'enfant, et en appuyant sa tête contre le bât. Vous êtes en train de vous tourmenter, Germain, et en cela vous ne montrez pas beaucoup de courage pour un homme. Que ne dirais-je pas, moi, si je ne me défendais pas de mon mieux contre mon propre chagrin?

— Oui, sans doute, et c'est là justement ce qui m'occupe, ma pauvre enfant! Tu vas vivre loin de tes parents et dans un vilain pays de landes et de marécages, où tu attraperas les fièvres d'automne, où les bêtes à laine ne profitent pas, ce qui chagrine toujours une bergère qui a bonne intention; enfin tu seras au milieu d'étrangers qui ne seront peut-être pas bons pour toi, qui ne comprendront pas ce que tu vaux. Tiens, ça me fait plus de peine que je ne peux te le dire, et j'ai envie de te remmener chez ta mère au lieu d'aller à Fourche.

— Vous parlez avec beaucoup de bonté, mais sans raison, mon pauvre Germain; on ne doit pas être lâche pour ses amis, et, au lieu de me montrer le mauvais côté de mon sort, vous devriez m'en montrer le bon, comme vous faisiez quand nous avons goûté chez la Rebec.

— Que veux-tu! ça me paraissait ainsi dans ce moment-là, et à présent ça me paraît autrement. Tu ferais mieux de trouver un mari.

— Ça ne se peut pas, Germain, je vous l'ai dit; et comme ça ne se peut pas, je n'y pense pas.

— Mais enfin si ça se trouvait? Peut-être que si tu voulais me dire comme tu souhaiterais qu'il fût, je parviendrais à imaginer quelqu'un.

— Imaginer n'est pas trouver. Moi, je ne m'imagine rien puisque c'est inutile.

— Tu n'aurais pas l'idée de trouver un riche?

— Non, bien sûr, puisque je suis pauvre comme Job.

— Mais s'il était à son aise, ça ne te ferait pas de peine d'être bien logée, bien nourrie, bien vêtue et dans une famille de braves gens qui te permettrait d'assister ta mère?

— Oh! pour cela, oui! assister ma mère est tout mon souhait.

— Et si cela se rencontrait, quand même l'homme ne serait pas de la première jeunesse, tu ne ferais pas trop la difficile?

— Ah! pardonnez-moi, Germain. C'est justement la chose à laquelle je tiendrais. Je n'aimerais pas un vieux!

— Un vieux, sans doute; mais, par exemple, un homme de mon âge?

— Votre âge est vieux pour moi, Germain; j'aimerais l'âge de Bastien, quoique Bastien ne soit pas si joli homme que vous.

— Tu aimerais mieux Bastien le porcher? dit Germain avec humeur. Un garçon qui a des yeux faits comme les bêtes qu'il mène?

— Je passerais par-dessus ses yeux, à cause de ses dix-huit ans.

Germain se sentit horriblement jaloux. Allons, dit-il, je vois que tu en tiens pour Bastien. C'est une drôle d'idée, pas moins!

— Oui, ce serait une drôle d'idée, répondit la petite Marie en riant aux éclats, et ça ferait un drôle de mari. On lui ferait accroire tout ce qu'on voudrait. Par exemple, l'autre jour, j'avais ramassé une tomate dans le jardin à monsieur le curé; je lui ai dit que c'était une belle pomme rouge, et il a mordu dedans comme un goulu. Si vous aviez vu quelle grimace! Mon Dieu, qu'il était vilain!

— Tu ne l'aimes donc pas, puisque tu te moques de lui?

— Ce ne serait pas une raison. Mais je ne l'aime pas : il est brutal avec sa petite sœur, et il est malpropre.

— Eh bien! tu ne te sens pas portée pour quelque autre?

— Qu'est-ce que ça vous fait, Germain?

— Ça ne me fait rien, c'est pour parler. Je vois bien, petite fille, que tu as déjà un galant dans la tête.

— Non, Germain, vous vous trompez, je n'en ai pas encore; ça pourra venir plus tard : mais puisque je ne me marierai que quand j'aurai un peu amassé, je suis destinée à me marier tard et avec un vieux.

— Eh bien, prends-en un vieux tout de suite.

— Non pas! quand je ne serai plus jeune, ça me sera égal; à présent, ce serait différent.

— Je vois bien, Marie, que je te déplais : c'est assez clair, dit Germain avec dépit, et sans peser ses paroles.

La petite Marie ne répondit pas. Germain se pencha vers elle : elle dormait; elle était tombée vaincue et comme foudroyée par le sommeil, comme font les enfants qui dorment déjà lorsqu'ils babillent encore.

Germain fut content qu'elle n'eût pas fait attention à ses dernières paroles; il reconnut qu'elles n'étaient point sages, et il lui tourna le dos pour se distraire et changer de pensée.

Mais il eut beau faire, il ne put ni s'endormir, ni songer à autre chose qu'à ce qu'il venait de dire. Il tourna vingt fois autour du feu, il s'éloigna, il revint; enfin, se sentant aussi agité que s'il eût avalé de la poudre à canon, il s'appuya contre l'arbre qui abritait les deux enfants et les regarda dormir.

— Je ne sais pas comment je ne m'étais jamais aperçu, pensait-il, que cette petite Marie est la plus jolie fille du pays!... Elle n'a pas beaucoup de couleur, mais elle a un petit visage frais comme une rose de buissons! Quelle gentille bouche et quel mignon petit nez!... Elle n'est pas grande pour son âge, mais elle est faite comme une petite caille et légère comme un petit pinson!... Je ne sais pas pourquoi on fait tant de cas chez nous d'une grande et grosse femme bien vermeille... La mienne était plutôt mince et pâle, et elle me plaisait par-dessus tout... Celle-ci est toute délicate, mais elle ne s'en porte pas plus mal, et elle est jolie à voir comme un chevreau blanc!... Et puis, quel air doux et honnête! comme on lit son bon cœur dans ses yeux, même lorsqu'ils sont fermés pour dormir!... Quant à de l'esprit, elle en a plus que ma chère Catherine n'en avait, il faut en convenir, et on ne s'ennuierait pas avec elle... C'est gai, c'est sage, c'est laborieux, c'est aimant, et c'est drôle. Je ne vois pas ce qu'on pourrait souhaiter de mieux...

Mais qu'ai-je à m'occuper de tout cela? reprenait Germain en tâchant de regarder d'un autre côté. Mon beau-père ne voudrait pas en entendre parler, et toute la famille me traiterait de fou!... D'ailleurs, elle-même ne voudrait pas de moi, la pauvre enfant!... Elle me trouve trop vieux : elle me l'a dit... Elle n'est pas intéressée, elle se soucie peu d'avoir encore de la misère et de la peine, de porter de pauvres habits, et de souffrir de la faim pendant deux ou trois mois de l'année, pourvu qu'elle contente son cœur un jour, et qu'elle puisse se donner à un mari qui lui plaira... elle a raison, elle! je ferais de même à sa place... et, dès à présent, si je pouvais suivre ma volonté, au lieu de m'embarquer dans un mariage qui ne me sourit pas, je choisirais une fille à mon gré...

Plus Germain cherchait à raisonner et à se calmer, moins il en venait à bout. Il s'en allait à vingt pas de là, se perdre dans le brouillard; et puis, tout d'un coup, il se retrouvait à genoux à côté des deux enfants endormis. Une fois même il voulut embrasser Petit-Pierre, qui avait un bras passé autour du cou de Marie, et il se trompa si bien, que Marie, sentant une haleine chaude comme le feu sur ses lèvres, se réveilla et le regarda d'un air effaré, ne comprenant rien du tout à ce qui se passait en lui.

— Je ne vous voyais pas, mes pauvres enfants! dit Germain en se retirant bien vite. J'ai failli tomber sur vous et vous faire du mal.

La petite Marie eut la candeur de le croire, et se rendormit. Germain passa de l'autre côté du feu, et jura à Dieu qu'il n'en bougerait jusqu'à ce qu'elle fût réveillée. Il tint parole, mais ce ne fut pas sans peine. Il crut qu'il en deviendrait fou.

Enfin, vers minuit, le brouillard se dissipa, et Germain put voir les étoiles briller à travers les arbres. La lune se dégagea aussi des vapeurs qui la couvraient et commença à semer des diamants sur la mousse humide. Le tronc des chênes restait dans une majestueuse obscurité; mais, un peu plus loin, les tiges blanches des bouleaux semblaient une rangée de fantômes dans leurs suaires. Le feu se reflétait dans la mare; et les grenouilles, commençant à s'y habituer, hasardaient quelques notes grêles et timides; les branches anguleuses des vieux arbres, hérissées de pâles lichens, s'étendaient et s'entre-croisaient comme de grands bras décharnés sur la tête de nos voyageurs ; c'était un bel endroit, mais si désert et si triste, que Germain, las d'y souffrir, se mit à chanter et à jeter des pierres dans l'eau pour s'étourdir sur l'ennui effrayant de la solitude. Il désirait aussi éveiller la petite Marie ; et lorsqu'il vit qu'elle se levait et regardait le temps, il lui proposa de se remettre en route.

— Dans deux heures, lui dit-il, l'approche du jour rendra l'air si froid, que nous ne pourrons plus y tenir, malgré notre feu... A présent, on voit à se conduire, et nous trouverons bien une maison qui nous ouvrira, ou du moins quelque grange où nous pourrons passer à couvert le reste de la nuit.

Marie n'avait pas de volonté ; et, quoiqu'elle eût encore grande envie de dormir, elle se disposa à suivre Germain.

Celui-ci prit son fils dans ses bras sans le réveiller, et voulut que Marie s'approchât de lui pour se cacher dans son manteau, puisqu'elle ne voulait pas reprendre la cape roulée autour du Petit-Pierre.

Quand il sentit la jeune fille si près de lui, Germain, qui s'était distrait et égayé un instant, recommença à perdre la tête. Deux ou trois fois il s'éloigna brusquement, et la laissa marcher seule. Puis, voyant qu'elle avait peine à le suivre, il l'attendait, l'attirait vivement près de lui, et la pressait si fort, qu'elle en était étonnée et même fâchée sans oser le dire.

Comme ils ne savaient point du tout de quelle direction ils étaient partis, ils ne savaient pas celle qu'ils suivaient ; si bien, qu'ils remontèrent encore une fois tout le bois, se retrouvèrent, de nouveau, en face de la lande déserte, revinrent sur leurs pas, et, après avoir tourné et marché longtemps, ils aperçurent de la clarté à travers les branches.

— Bon ! voici une maison, dit Germain, et des gens déjà éveillés, puisque le feu est allumé. Il est donc bien tard ?

Mais ce n'était pas une maison : c'était le feu de bivouac qu'ils avaient couvert en partant, et qui s'était rallumé à la brise....

Ils avaient marché pendant deux heures pour se retrouver au point de départ.

XI.

A LA BELLE ÉTOILE.

— Pour le coup, j'y renonce ! dit Germain en frappant du pied. On nous a jeté un sort, c'est bien sûr, et nous ne sortirons d'ici qu'au grand jour. Il faut que cet endroit soit endiablé.

— Allons, allons, ne nous fâchons pas, dit Marie, et prenons-en notre parti. Nous ferons un plus grand feu, l'enfant est si bien enveloppé qu'il ne risque rien, et pour passer une nuit dehors nous n'en mourrons point. Où avez-vous caché la bâtine, Germain ? Au milieu des houx, grand étourdi ! C'est commode pour aller la reprendre !

— Tiens l'enfant, prends-le, que je retire son lit des broussailles ; je ne veux pas que tu te piques les mains.

— C'est fait, voici le lit, et quelques piqûres ne sont pas des coups de sabre, reprit la brave petite fille.

Elle procéda de nouveau au coucher du petit Pierre, qui était si bien endormi cette fois qu'il ne s'aperçut de rien de ce nouveau voyage. Germain mit tant de bois au feu que toute la forêt en resplendit à la ronde : mais la petite Marie n'en pouvait plus, et quoiqu'elle ne se plaignît de rien, elle ne se soutenait plus sur ses jambes. Elle était pâle et ses dents claquaient de froid et de faiblesse. Germain la prit dans ses bras pour la réchauffer ; et l'inquiétude, la compassion, des mouvements de tendresse irrésistibles s'emparant de son cœur, firent taire ses sens. Sa langue se délia comme par miracle, et toute honte cessant :

— Marie, lui dit-il, tu me plais, et je suis bien malheureux de ne pas te plaire. Si tu voulais m'accepter pour ton mari, il n'y aurait ni beau-père, ni parents, ni voisins, ni conseils qui pussent m'empêcher de me donner à toi. Je sais que tu rendrais mes enfants heureux, que tu leur apprendrais à respecter le souvenir de leur mère, et, ma conscience étant en repos, je pourrais contenter mon cœur. J'ai toujours eu de l'amitié pour toi, et à présent je me sens si amoureux que si tu me demandais de faire toute ma vie tes mille volontés, je te le jurerais sur l'heure. Vois, je t'en prie, comme je t'aime, et tâche d'oublier mon âge. Pense que c'est une fausse idée qu'on se fait quand on croit qu'un homme de trente ans est vieux. D'ailleurs je n'ai que vingt-huit ans ! une jeune fille craint de se faire critiquer en prenant un homme qui a dix ou douze ans de plus qu'elle, parce que ce n'est pas la coutume du pays ; mais j'ai entendu dire que dans d'autres pays on ne regardait pas à cela ; qu'au contraire on aimait mieux donner pour soutien, à une jeunesse, un homme raisonnable et d'un courage bien éprouvé qu'un jeune gars qui peut se déranger, et, de bon sujet qu'on le croyait, devenir un mauvais garnement. D'ailleurs, les années ne font pas toujours l'âge. Cela dépend de la force et de la santé qu'on a. Quand un homme est usé par trop de travail et de misère ou par la mauvaise conduite, il est vieux avant vingt-cinq ans. Au lieu que moi.... Mais tu ne m'écoutes pas, Marie !

— Si fait, Germain, je vous entends bien, répondit la petite Marie, mais je songe à ce que m'a toujours dit ma mère : c'est qu'une femme de soixante ans est bien à plaindre quand son mari en a soixante-dix ou soixante-quinze, et qu'il ne peut plus travailler pour la nourrir. Il devient infirme, et il faut qu'elle le soigne à l'âge où elle commencerait elle-même à avoir grand besoin de ménagement et de repos. C'est ainsi qu'on arrive à finir sur la paille.

— Les parents ont raison de dire cela, j'en conviens, Marie, reprit Germain ; mais enfin ils sacrifieraient tout le temps de la jeunesse, qui est le meilleur, à prévoir ce qu'on deviendra à l'âge où l'on n'est plus bon à rien, et où il est indifférent de finir d'une manière ou d'une autre. Mais moi je ne suis pas dans le danger de mourir de faim sur mes vieux jours. Je suis à même d'amasser quelque chose, puisque, vivant avec les parents de ma femme, je travaille beaucoup et je ne dépense rien. D'ailleurs, je t'aimerai tant, vois-tu, que ça m'empêchera de vieillir. On dit que quand un homme est heureux, il se conserve, et je sens bien que je suis plus jeune que Bastien pour t'aimer ; car il ne t'aime pas, lui, il est trop bête, trop enfant pour comprendre comme tu es jolie et bonne, et faite pour être recherchée. Allons, Marie, ne me déteste pas, je ne suis pas un méchant homme : j'ai rendu ma Catherine heureuse, elle a dit devant Dieu à son lit de mort qu'elle n'avait jamais eu de moi que du contentement, et elle m'a recommandé de me remarier. Il semble que son esprit ait parlé ce soir à son enfant, au moment où il s'est endormi. Est-ce que tu n'as pas entendu ce qu'il disait ? et comme sa petite bouche tremblait, pendant que ses yeux regardaient en l'air quelque chose que nous ne pouvions pas voir ! Il voyait sa mère, sois-en sûre, et c'était elle qui lui faisait dire qu'il te voulait pour la remplacer.

— Germain, répondit Marie, tout étonnée et toute pensive, vous parlez honnêtement et tout ce que vous dites est vrai. Je suis sûre que je ferais bien de vous aimer, si ça ne mécontentait pas trop vos parents : mais que voulez-vous que j'y fasse ? le cœur ne m'en dit pas pour vous. Je vous aime bien, mais quoique votre âge ne vous enlaidisse pas, il me fait peur. Il me semble que vous êtes quelque chose pour moi, comme un oncle ou un parrain ; que je vous dois le respect, et que vous auriez des moments où vous me traiteriez comme une petite fille plutôt que comme votre femme et votre égale. Enfin, mes camarades se moqueraient peut-être de moi, et quoique ça soit une sottise de faire attention à cela, je crois que je serais honteuse et un peu triste le jour de mes noces.

— Ce sont là des raisons d'enfant ; tu parles tout à fait comme un enfant, Marie !

— Eh bien ! oui, je suis un enfant, dit-elle, et c'est à cause de cela que je crains un homme trop raisonnable. Vous voyez bien que je suis trop jeune pour vous, puisque déjà vous me reprochez de parler sans raison ! Je ne puis pas avoir plus de raison que mon âge n'en comporte.

— Hélas ! mon Dieu, que je suis donc à plaindre d'être si maladroit et de dire si mal ce que je pense ! s'écria Germain. Marie, vous ne m'aimez pas, voilà le fait ; vous me trouvez trop simple et trop lourd. Si vous m'aimiez un peu, vous ne verriez pas si clairement mes défauts. Mais vous ne m'aimez pas, voilà !

— Eh bien ! ce n'est pas ma faute, répondit-elle, un peu blessée de ce qu'il ne la tutoyait plus ; j'y fais mon possible en vous écoutant, mais plus je m'y essaie et moins je peux me mettre dans la tête que nous devions être mari et femme.

Germain ne répondit pas. Il mit sa tête dans ses deux mains, et il fut impossible à la petite Marie de savoir s'il pleurait, s'il boudait, ou s'il était endormi. Elle fut un peu inquiète de le voir si morne et de ne pas deviner ce qu'il roulait dans son esprit ; mais elle n'osa pas lui parler davantage, et comme elle était trop étonnée de ce qui venait de se passer pour avoir envie de se rendormir, elle attendit le jour avec impatience, soignant toujours le feu et veillant l'enfant, dont Germain paraissait ne plus se souvenir. Cependant Germain ne dormait point ; il ne réfléchissait pas à son sort et ne faisait ni projets de courage, ni plans de séduction. Il souffrait, il avait une montagne d'ennuis sur le cœur. Il aurait voulu être mort. Tout lui paraissait devoir tourner mal pour lui, et s'il eût pu pleurer, il ne l'aurait pas fait à demi. Mais il y avait un peu de colère contre lui-même, mêlée à sa peine, et il étouffait sans pouvoir et sans vouloir se plaindre.

Quand le jour fut venu et que les bruits de la campagne l'annoncèrent à Germain, il sortit son visage de ses mains et se leva. Il vit que la petite Marie n'avait pas dormi non plus, mais il ne sut rien lui dire pour marquer sa sollicitude. Il était tout à fait découragé. Il cacha de nouveau le bât de la Grise dans les buissons, prit son sac sur son épaule, et, tenant son fils par la main :

— A présent, Marie, dit-il, nous allons tâcher d'achever notre voyage. Veux-tu que je te conduise aux Ormeaux ?

— Nous sortirons du bois ensemble, lui répondit-elle, et quand nous saurons où nous sommes, nous irons chacun de notre côté.

Germain ne répondit pas. Il était blessé de ce que la jeune fille ne lui demandait pas de la mener jusqu'aux Ormeaux, et il ne s'apercevait pas qu'il le lui avait offert d'un ton qui semblait provoquer un refus.

Un bûcheron qu'ils rencontrèrent au bout de deux cents pas les mit dans le bon chemin, et leur dit qu'après avoir passé la grande prairie ils n'avaient qu'à prendre, l'un tout droit, l'autre sur la gauche, pour gagner leurs différents gîtes, qui étaient d'ailleurs si voisins qu'on voyait distinctement les maisons de Fourche de la ferme des Ormeaux, et réciproquement.

Puis, quand ils eurent remercié et dépassé le bûcheron, celui-ci les rappela pour leur demander s'ils n'avaient pas perdu un cheval.

— J'ai trouvé, leur dit-il, une belle jument grise dans ma cour, où peut-être le loup aura forcée de chercher un refuge. Mes chiens ont *jappé à nuitée*, et au point du jour j'ai vu la bête chevaline sous mon hangar ; elle y est encore. Allons-y, et si vous la reconnaissez, emmenez-la.

Germain ayant donné d'avance le signalement de la Grise et s'étant convaincu qu'il s'agissait bien d'elle, se mit en route pour aller rechercher son bât. La petite Marie lui offrit alors de conduire son enfant aux Ormeaux, où il viendrait le reprendre lorsqu'il aurait fait son entrée à Fourche.

— Il est un peu malpropre, après la nuit que nous avons passée, dit-elle. Je nettoierai ses habits, je laverai son joli museau, je le peignerai, et quand il sera beau et brave, vous pourrez le présenter à votre nouvelle famille.

— Et qui te dit que je veuille aller à Fourche ? répondit Germain avec humeur. Peut-être n'irai-je pas !

— Si fait, Germain, vous devez y aller, vous irez, reprit la jeune fille.

— Tu es bien pressée que je me marie avec une autre, afin d'être sûre que je ne t'ennuierai plus ?

— Allons, Germain, ne pensez plus à cela : c'est une idée qui vous est venue dans la nuit, parce que cette mauvaise aventure avait un peu dérangé vos esprits. Mais à présent il faut que la raison vous revienne ; je vous promets d'oublier ce que vous m'avez dit et de n'en jamais parler à personne.

— Et parles-en si tu veux. Je n'ai pas l'habitude de renier mes paroles. Ce que je t'ai dit était vrai, honnête, et je n'en rougirais pas devant personne.

— Oui ; mais si votre future savait qu'au moment d'arriver, vous avez pensé à une autre, ça la disposerait mal pour vous. Ainsi faites attention aux paroles que vous direz maintenant ; ne me regardez pas comme ça devant le monde, avec un air tout singulier. Songez au père Maurice qui compte sur votre obéissance, et qui serait bien en colère contre moi si je vous détournais de faire sa volonté. Bonjour, Germain ; j'emmène Petit-Pierre afin de vous forcer d'aller à Fourche. C'est un gage que je vous garde.

— Tu veux donc aller avec elle ? dit le laboureur à son fils, en voyant qu'il s'attachait aux mains de la petite Marie, et qu'il la suivait résolument.

— Oui, père, répondit l'enfant qui avait écouté et compris à sa manière ce qu'on venait de dire sans méfiance devant lui. Je m'en vais avec ma Marie mignonne : tu viendras me chercher quand tu auras fini de te marier ; mais je veux que Marie reste ma petite mère.

— Tu vois bien qu'il le veut, lui ! dit Germain à la jeune fille. Ecoute, Petit-Pierre, ajouta-t-il, moi je le souhaite, qu'elle soit ta mère et qu'elle reste toujours avec toi : c'est elle qui ne le veut pas. Tâche qu'elle t'accorde ce qu'elle me refuse.

— Sois tranquille, mon père, je lui ferai dire oui : la petite Marie fait toujours ce que je veux.

Il s'éloigna avec la jeune fille. Germain resta seul, plus triste, plus irrésolu que jamais.

XII.

LA LIONNE DU VILLAGE.

Cependant, quand il eut réparé le désordre du voyage dans ses vêtements et dans l'équipage de son cheval, quand il fut monté sur la Grise et qu'on lui eut indiqué le chemin de Fourche, il pensa qu'il n'y avait plus à reculer, et qu'il fallait oublier cette nuit d'agitations comme un rêve dangereux.

Il trouva le père Léonard au seuil de sa maison blanche, assis sur un beau banc de bois peint en vert-épinard. Il y avait six marches de pierre disposées en perron, ce qui faisait voir que la maison avait une cave. Le mur du jardin et de la chenevière était crépi à chaux et à sable. C'était une belle habitation ; il s'en fallait de peu qu'on ne la prît pour une maison de bourgeois.

Le futur beau-père vint au-devant de Germain, et après lui avoir demandé, pendant cinq minutes, des nouvelles de toute sa famille, il ajouta la phrase consacrée à questionner poliment ceux qu'on rencontre, sur le but de leur voyage : *Vous êtes donc venu pour vous promener par ici ?*

— Je suis venu vous voir, répondit le laboureur, et vous présenter ce petit cadeau de gibier de la part de mon beau-père, en vous disant, aussi de sa part, que vous devez savoir dans quelles intentions je viens chez vous.

— Ah ! ah ! dit le père Léonard en riant et en frappant sur son estomac rebondi, je vois, j'entends, j'y suis ! Et, clignant de l'œil, il ajouta : Vous ne serez pas le seul à faire vos compliments, mon jeune homme. Il y en a déjà trois à la maison qui attendent comme vous. Moi, je ne renvoie personne, et je serais bien embarrassé de donner tort ou raison à quelqu'un, car ce sont tous de bons partis. Pourtant, à cause du père Maurice et de la qualité des terres que vous cultivez, j'aimerais mieux que ce fût vous. Mais ma fille est majeure et maîtresse de son bien; elle agira donc selon son idée. Entrez, faites-vous connaître; je souhaite que vous ayez le bon numéro!

— Pardon, excuse, répondit Germain, fort surpris de se trouver en surnuméraire là où il avait compté d'être seul. Je ne savais pas que votre fille fût déjà pourvue de prétendants, et je n'étais pas venu pour la disputer aux autres.

— Si vous avez cru que, parce que vous tardiez à venir, répondit, sans bonne humeur, le père Léonard, ma fille se trouvait au dépourvu, vous vous êtes grandement trompé, mon garçon. La Catherine a de quoi attirer les épouseurs, et elle n'aura que l'embarras du choix. Mais, entrez à la maison, vous dis-je, et ne perdez pas courage. C'est une femme qui vaut la peine d'être disputée.

Et poussant Germain par les épaules avec une rude gaîté : — Allons, Catherine, s'écria-t-il en entrant dans la maison, en voilà un de plus !

Cette manière joviale mais grossière d'être présenté à la veuve, en présence de ses autres soupirants, acheva de troubler et de mécontenter le laboureur. Il se sentit gauche et resta quelques instants sans oser lever les yeux sur la belle et sur sa cour.

La veuve Guérin était bien faite et ne manquait pas de fraîcheur. Mais elle avait une expression de visage et une toilette qui déplurent tout d'abord à Germain. Elle avait l'air hardi et content d'elle-même, et ses cornettes garnies d'un triple rang de dentelle, son tablier de soie, et son fichu de blonde noire étaient peu en rapport avec l'idée qu'il s'était faite d'une veuve sérieuse et rangée. Cette recherche d'habillements et ces manières dégagées la lui firent trouver vieille et laide, quoiqu'elle ne fût ni l'un ni l'autre. Il pensa qu'une si jolie parure et des manières si enjouées siéraient à l'âge et à l'esprit fin de la petite Marie, mais que cette veuve avait la plaisanterie lourde et hasardée, et qu'elle portait sans distinction ses beaux atours.

Les trois prétendants étaient assis à une table chargée de vins et de viandes, qui étaient là en permanence pour eux toute la matinée du dimanche; car le père Léonard aimait à faire montre de sa richesse, et la veuve n'était pas fâchée non plus d'étaler sa belle vaisselle, et de tenir table comme une rentière. Germain, tout simple et confiant qu'il était, observa les choses avec assez de pénétration, et pour la première fois de sa vie il se tint sur la défensive en trinquant. Le père Léonard l'avait forcé de prendre place avec ses rivaux, et, s'asseyant lui-même vis-à-vis de lui, il le traitait de son mieux, et s'occupait de lui avec prédilection. Le cadeau de gibier, malgré la brèche que Germain y avait faite pour son propre compte, était encore assez copieux pour produire de l'effet. La veuve y parut sensible, et les prétendants y jetèrent un coup d'œil de dédain.

Germain se sentait mal à l'aise en cette compagnie et ne mangeait pas de bon cœur. Le père Léonard l'en plaisanta. — Vous voilà bien triste, lui dit-il, et vous boudez contre votre verre. Il ne faut pas que l'amour vous coupe l'appétit, car un galant à jeun ne sait point trouver de jolies paroles comme celui qui s'est éclairci les idées avec une petite pointe de vin. Germain fut mortifié qu'on le supposât déjà amoureux, et l'air maniéré de la veuve, qui baissa les yeux en souriant, comme une personne sûre de son fait, lui donna l'envie de protester contre sa prétendue défaite; mais il craignit de paraître incivil, sourit et prit patience.

Les galants de la veuve lui parurent trois rustres. Il fallait qu'ils fussent bien riches pour qu'elle admît leurs prétentions. L'un avait plus de quarante ans et était quasi aussi gros que le père Léonard; un autre était borgne et buvait tant qu'il en était abruti; le troisième était jeune et assez joli garçon; mais il voulait faire de l'esprit et disait des choses si plates que cela faisait pitié. Pourtant la veuve en riait comme si elle eût admiré toutes ces sottises, et, en cela, elle ne faisait pas preuve de goût. Germain crut d'abord qu'elle en était coiffée; mais bientôt il s'aperçut qu'il était lui-même encouragé d'une manière particulière, et qu'on souhaitait qu'il se livrât davantage. Ce lui fut une raison pour se sentir et se montrer plus froid et plus grave.

L'heure de la messe arriva, et on se leva de table pour s'y rendre ensemble. Il fallait aller jusqu'à Mers, à une bonne demi-lieue de là, et Germain était si fatigué qu'il eût fort souhaité avoir le temps de faire un somme auparavant; mais il n'avait pas coutume de manquer la messe, et il se mit en route avec les autres.

Les chemins étaient couverts de monde et la veuve marchait d'un air fier, escortée de ses trois prétendants, donnant le bras tantôt à l'un, tantôt à l'autre, se rengorgeant et portant haut la tête. Elle eût fort souhaité produire le quatrième aux yeux des passants; mais Germain trouva si ridicule d'être traîné ainsi de compagnie par un cotillon, à la vue de tout le monde, qu'il se tint à distance convenable avec le père Léonard, et trouvant moyen de le distraire et de l'occuper assez pour qu'ils n'eussent point l'air de faire partie de la bande.

XIII.

LE MAITRE.

Lorsqu'ils atteignirent le village, la veuve s'arrêta pour les attendre. Elle voulait absolument faire son entrée avec tout son monde; mais Germain, lui refusant cette satisfaction, quitta le père Léonard, accosta plusieurs personnes de sa connaissance, et entra dans l'église par une autre porte. La veuve en eut du dépit.

Après la messe, elle se montra partout triomphante sur la pelouse où l'on dansait, et ouvrit la danse avec ses trois amoureux successivement. Germain la regarda faire et trouva qu'elle dansait bien, mais avec affectation.

— Eh bien! lui dit Léonard en lui frappant sur l'épaule, vous ne faites donc pas danser ma fille? Vous êtes aussi par trop timide!

— Je ne danse plus depuis que j'ai perdu ma femme, répondit le laboureur.

— Eh bien! puisque vous en recherchez une autre, le deuil est fini dans le cœur comme sur l'habit.

— Ce n'est pas une raison, père Léonard; d'ailleurs je me trouve trop vieux, je n'aime plus la danse.

— Ecoutez, reprit Léonard en l'attirant dans un endroit isolé, vous avez pris du dépit en entrant chez moi, de voir la place déjà entourée d'assiégeants, et je vois que vous êtes très-fier; mais ceci n'est pas raisonnable, mon garçon. Ma fille est habituée à être courtisée, surtout depuis deux ans qu'elle a fini son deuil, et ce n'est pas à elle à aller au-devant de vous.

— Il y a déjà deux ans que votre fille est à marier, et elle n'a pas encore pris son parti? dit Germain.

— Elle ne veut pas se presser, et elle a raison. Quoiqu'elle ait la mine éveillée et qu'elle vous paraisse peut-être ne pas beaucoup réfléchir, c'est une femme d'un grand sens, et qui sait fort bien ce qu'elle fait.

— Il ne me semble pas, dit Germain ingénument, car elle a trois galants à sa suite, et si elle savait ce qu'elle veut, il y en aurait au moins deux qu'elle trouverait de trop et qu'elle prierait de rester chez eux.

— Pourquoi donc? vous n'y entendez rien, Germain. Elle ne veut ni du vieux, ni du borgne, ni du jeune, j'en suis quasi certain; mais si elle les renvoyait, on penserait qu'elle veut rester veuve, et il n'en viendrait pas d'autre.

— Ah! oui! ceux-là servent d'enseigne!

— Comme vous dites. Où est le mal, si cela leur convient?

— Chacun son goût! dit Germain.

— Je vois que ce ne serait pas le vôtre. Mais voyons, on peut s'entendre, à supposer que vous soyez préféré : on pourrait vous laisser la place.

— Oui, à supposer ! Et en attendant qu'on puisse le savoir, combien de temps faudrait-il rester le nez au vent ?

— Ça dépend de vous, je crois, si vous savez parler et persuader. Jusqu'ici ma fille a très-bien compris que le meilleur temps de sa vie serait celui qu'elle passerait à se laisser courtiser, et elle ne se sent pas pressée de devenir la servante d'un homme, quand elle peut commander à plusieurs. Ainsi, tant que le jeu lui plaira plus que le feu, le jeu pourra divertir; mais si vous plaisez plus que le jeu, le jeu pourra cesser. Vous n'avez qu'à ne pas vous rebuter. Revenez tous les dimanches, faites-la danser, donnez à connaître que vous vous mettez sur les rangs, et si on vous trouve plus aimable et mieux appris que les autres, un beau jour on vous le dira sans doute.

— Pardon, père Léonard, votre fille a le droit d'agir comme elle l'entend, et je n'ai pas celui de la blâmer. A sa place, moi, j'agirais autrement; j'y mettrais plus de franchise et je ne ferais pas perdre du temps à des hommes qui ont sans doute quelque chose de mieux à faire qu'à tourner autour d'une femme qui se moque d'eux. Mais, enfin, si elle trouve son amusement et son bonheur à cela, cela ne me regarde point. Seulement, il faut que je vous dise une chose qui m'embarrasse un peu à vous avouer depuis ce matin, vu que vous avez commencé par vous tromper sur mes intentions, et que vous ne m'avez pas donné le temps de vous répondre : si bien que vous croyez ce qui n'est point. Sachez donc que je ne suis pas venu ici dans la vue de demander votre fille en mariage, mais dans celle de vous acheter une paire de bœufs que vous voulez conduire en foire la semaine prochaine, et que mon beau-père suppose lui convenir.

— J'entends, Germain, répondit Léonard fort tranquillement ; vous avez changé d'idée en voyant ma fille avec ses amoureux. C'est comme il vous plaira. Il paraît que ce qui attire les uns rebute les autres, et vous avez le droit de vous retirer puisque aussi bien vous n'avez pas encore parlé. Si vous voulez sérieusement acheter mes bœufs, venez les voir au pâturage ; nous en causerons, et, que nous fassions ou non ce marché, vous viendrez dîner avec nous avant de vous en retourner.

— Je ne veux pas que vous vous dérangiez, reprit Germain, vous avez peut-être affaire ici ; moi je m'ennuie un peu de voir danser et de ne rien faire. Je vais voir vos bêtes, et je vous trouverai tantôt chez vous.

Là-dessus Germain s'esquiva vers les prés où Léonard lui avait, en effet, montré de loin une partie de son bétail. Il était vrai que le père Maurice en avait à acheter, et Germain pensa que s'il lui ramenait une belle paire de bœufs d'un prix modéré, il se ferait mieux pardonner d'avoir manqué volontairement le but de son voyage.

Il marcha vite et se trouva bientôt à peu de distance des Ormeaux. Il éprouva alors le besoin d'aller embrasser son fils, et même de revoir la petite Marie, quoiqu'il eût perdu l'espoir et chassé la pensée de lui devoir son bonheur. Tout ce qu'il venait de voir et d'entendre, cette femme coquette et vaine, ce père à la fois rusé et borné, qui encourageait sa fille dans des habitudes d'orgueil et de déloyauté, ce luxe des villes, qui lui paraissait une infraction à la dignité de la campagne, ce temps perdu à des paroles oiseuses et niaises, cet intérieur si différent du sien, et surtout ce malaise profond que l'homme des champs éprouve lorsqu'il sort de ses habitudes laborieuses, tout ce qu'il avait subi d'ennui et de confusion depuis quelques heures donnait à Germain l'envie de se retrouver avec son enfant et sa petite voisine. N'eût-il été amoureux de cette dernière, il l'aurait encore cherchée pour se distraire et remettre ses esprits dans leur assiette accoutumée.

Mais il regarda en vain dans les prairies environnantes, il n'y trouva ni la petite Marie ni le petit Pierre : il était pourtant l'heure où les pasteurs sont aux champs. Il y avait un grand troupeau dans une *chôme*; il demanda à un jeune garçon, qui le gardait, si c'étaient les moutons de la métairie des Ormeaux.

— Oui, dit l'enfant.

— En êtes-vous le berger ? est-ce que les garçons gardent les bêtes à laine des métairies, dans votre endroit ?

— Non. Je les garde aujourd'hui parce que la bergère est partie : elle était malade.

— Mais n'avez-vous pas une nouvelle bergère, arrivée de ce matin ?

— Oh ! bien oui ! elle est déjà partie aussi.

— Comment, partie ? n'avait-elle pas un enfant avec elle ?

— Oui : un petit garçon qui a pleuré. Ils se sont en allés tous les deux au bout de deux heures.

— En allés, où ?

— D'où ils venaient, apparemment. Je ne le leur ai pas demandé.

— Mais pourquoi donc s'en allaient-ils ? dit Germain de plus en plus inquiet.

— Dame ! est-ce que je sais ?

— On ne s'est pas entendu sur le prix ? ce devait être pourtant une chose convenue d'avance.

— Je ne peux rien vous en dire. Je les ai vus entrer et sortir, voilà tout.

Germain se dirigea vers la ferme et questionna les métayers. Personne ne put lui expliquer le fait ; mais il était constant qu'après avoir causé avec le fermier, la jeune fille était partie sans rien dire, emmenant l'enfant qui pleurait.

— Est-ce qu'on a maltraité mon fils ? s'écria Germain, dont les yeux s'enflammèrent.

— C'était donc votre fils ? Comment se trouvait-il avec cette petite ? D'où êtes-vous donc, et comment vous appelle-t-on ?

Germain, voyant que, selon l'habitude du pays, on allait répondre à ses questions par d'autres questions, frappa du pied avec impatience et demanda à parler au maître.

Le maître n'y était pas : il n'avait pas coutume de rester la journée entière quand il venait à la ferme. Il était monté à cheval, et il était parti on ne savait pour quelle autre de ses fermes.

— Mais enfin, dit Germain en proie à une vive anxiété, ne pouvez-vous savoir la raison du départ de cette jeune fille ?

Le métayer échangea un sourire étrange avec sa femme, puis il répondit qu'il n'en savait rien, que cela ne le regardait pas. Tout ce que Germain put apprendre, c'est que la jeune fille et l'enfant étaient étaient allés du côté de Fourche. Il courut à Fourche : la veuve et ses amoureux n'étaient pas de retour, non plus que le père Léonard. La servante lui dit qu'une jeune fille et un enfant étaient venus le demander, mais que, ne les connaissant pas, elle n'avait pas voulu les recevoir, et leur avait conseillé d'aller à Mers.

— Et pourquoi avez-vous refusé de les recevoir ? dit Germain avec humeur. On est donc bien méfiant dans ce pays-ci, qu'on n'ouvre pas la porte à son prochain ?

— Ah dame ! répondit la servante, dans une maison riche comme celle-ci on a raison de faire bonne garde. Je réponds de tout quand les maîtres sont absents, et je ne peux pas ouvrir aux premiers venus.

— C'est une laide coutume, dit Germain, et j'aimerais mieux être pauvre que de vivre comme cela dans la crainte. Adieu, la fille ! adieu à votre vilain pays !

Il s'enquit dans les maisons environnantes. On avait vu la bergère et l'enfant. Comme le petit était parti de Belair à l'improviste, sans toilette, avec sa blouse un peu déchirée et sa petite peau d'agneau sur le corps ; comme aussi la petite Marie était, pour cause, fort pauvrement vêtue en tout temps, on les avait pris pour des mendiants. On leur avait offert du pain ; la jeune fille en avait accepté un morceau pour l'enfant qui avait faim, puis elle était partie très-vite avec lui, et avait gagné les bois.

Germain réfléchit un instant, puis il demanda si le fermier des Ormeaux n'était pas venu à Fourche.

— Oui, lui répondit-on ; il a passé à cheval peu d'instants après cette petite.

— Est-ce qu'il a couru après elle ?

— Ah ! vous le connaissez donc ? dit en riant le cabaretier de l'endroit, auquel il s'adressait. Oui, certes ; c'est un gaillard endiablé pour courir après les filles. Mais je ne crois pas qu'il ait attrapé celle-là ; quoique après tout, s'il l'eût vue...

— C'est assez, merci ! Et il vola plutôt qu'il ne courut à l'écurie de Léonard. Il jeta la bâtine sur la Grise, sauta dessus, et partit au grand galop dans la direction des bois de Chanteloube.

Le cœur lui bondissait d'inquiétude et de colère, la sueur lui coulait du front. Il mettait en sang les flancs de la Grise, qui, en se voyant sur le chemin de son écurie, ne se faisait pourtant pas prier pour courir.

XIV.

LA VIEILLE.

Germain se retrouva bientôt à l'endroit où il avait passé la nuit au bord de la mare. Le feu fumait encore ; une vieille femme ramassait le reste de la provision de bois mort que la petite Marie y avait entassée. Germain s'arrêta pour la questionner. Elle était sourde, et, se méprenant sur ses interrogations :

— Oui, mon garçon, dit-elle, c'est ici la Mare au Diable. C'est un mauvais endroit, et il ne faut pas en approcher sans jeter trois pierres dedans de la main gauche, en faisant le signe de la croix de la main droite : ça éloigne les esprits. Autrement il arrive des malheurs à ceux qui en ont fait le tour.

— Je ne vous parle pas de ça, dit Germain en s'approchant d'elle et en criant à tue-tête :

— N'avez-vous pas vu passer dans le bois une fille et un enfant ?

— Oui, dit la vieille, il s'y est noyé un petit enfant !

Germain frémit de la tête aux pieds ; mais heureusement la vieille ajouta :

— Il y a bien longtemps de ça ; en mémoire de l'accident on y avait planté une belle croix ; mais, par une nuit de grand orage, les mauvais esprits l'ont jetée dans l'eau. On peut en voir encore un bout. Si quelqu'un avait le malheur de s'arrêter ici la nuit, il serait bien sûr de ne pouvoir jamais en sortir avant le jour. Il aurait beau marcher, marcher, il pourrait faire deux cents lieues dans le bois et se retrouver toujours à la même place.

L'imagination du laboureur se frappa malgré lui de ce qu'il entendait, et l'idée du malheur qui devait arriver pour achever de justifier les assertions de la vieille femme, s'empara de sa tête, qu'il se sentit froid par tout le corps. Désespérant d'obtenir d'autres renseignements, il remonta à cheval et recommença à parcourir le bois en appelant Pierre de toutes ses forces, et en sifflant, faisant claquer son fouet, cassant les branches pour remplir la forêt du bruit de sa marche, écoutant ensuite si quelque voix lui répondait ; mais il n'entendait que la cloche des vaches éparses dans les taillis, et le cri sauvage des porcs qui se disputaient la glandée.

Enfin Germain entendit derrière lui le bruit d'un cheval qui courait sur ses traces, et un homme entre deux âges, brun, robuste, habillé comme un demi-bourgeois, lui cria de s'arrêter. Germain n'avait jamais vu le fermier des Ormeaux ; mais un instinct de rage lui fit juger de suite que c'était lui. Il se retourna, et, le toisant de la tête aux pieds, il attendit ce qu'il avait à lui dire.

— N'avez-vous pas vu passer par ici une jeune fille de quinze ou seize ans, avec un petit garçon ? dit le fermier en affectant un air d'indifférence, quoiqu'il fût visiblement ému.

— Et que lui voulez-vous ? répondit Germain sans chercher à déguiser sa colère.

— Je pourrais vous dire que ça ne vous regarde pas, mon camarade ; mais comme je n'ai pas de raisons pour le cacher, je vous dirai que c'est une bergère que j'avais louée pour l'année sans la connaître... Quand je l'ai vue arriver, elle m'a semblé trop jeune et trop faible pour l'ouvrage de la ferme. Je l'ai remerciée, mais je voulais lui payer les frais de son petit voyage, et elle est partie fâchée, pendant que j'avais le dos tourné... Elle s'est tant pressée, qu'elle a même oublié une partie de ses effets et de sa bourse, qui ne contient pas grand'chose, à coup sûr ; quelques sous probablement !... mais enfin, comme j'avais à passer par ici, je pensais la rencontrer et lui remettre ce qu'elle a oublié et ce que je lui dois.

Germain avait l'âme trop honnête pour ne pas hésiter en entendant cette histoire, sinon très-vraisemblable, du moins possible. Il attachait un regard perçant sur le fermier, qui soutenait cette investigation avec beaucoup d'impudence ou de candeur.

— Je veux en avoir le cœur net, se dit Germain, et, contenant son indignation :

— C'est une fille de chez nous, dit-il ; je la connais : elle doit être par ici... Avançons ensemble... nous la retrouverons sans doute.

— Vous avez raison, dit le fermier. Avançons..... Et pourtant, si nous ne la trouvons pas au bout de l'avenue, j'y renonce... car il faut que je prenne le chemin d'Ardentes...

— Oh ! pensa le laboureur, je ne te quitte pas ! quand même je devrais tourner pendant vingt-quatre heures avec toi autour de la Mare au Diable !

— Attendez ! dit tout à coup Germain en fixant des yeux une touffe de genêts qui s'agitait singulièrement : holà ! holà ! petit Pierre ! est-ce toi, mon enfant ?

L'enfant, reconnaissant la voix de son père, sortit des genêts en sautant comme un chevreuil ; mais quand il le vit dans la compagnie du fermier, il s'arrêta comme effrayé et resta incertain.

— Viens, mon Pierre ! viens, c'est moi ! s'écria le laboureur en courant après lui, et en sautant à bas de son cheval pour le prendre dans ses bras : et où est la petite Marie ?

— Elle est là, qui se cache, parce qu'elle a peur de ce vilain homme noir, et moi aussi.

— Eh ! sois tranquille ; je suis là..... Marie ! Marie ! c'est moi !

Marie approcha en rampant, et dès qu'elle vit Germain, que le fermier suivait de près, elle courut se jeter dans ses bras ; et, s'attachant à lui comme une fille à son père :

— Ah ! mon brave Germain, lui dit-elle, vous me défendrez ; je n'ai pas peur avec vous.

Germain eut le frisson. Il regarda Marie : elle était pâle, ses vêtements étaient déchirés par les épines où elle avait couru, cherchant le fourré, comme une biche traquée par les chasseurs. Mais il n'y avait ni honte ni désespoir sur sa figure.

— Ton maître veut te parler, lui dit-il, en observant toujours ses traits.

— Mon maître ? dit-elle fièrement ; cet homme-là n'est pas mon maître et ne le sera jamais !... C'est vous, Germain, qui êtes mon maître. Je veux que vous me remeniez avec vous... Je vous servirai pour rien !

Le fermier s'était avancé, feignant un peu d'impatience.

— Hé ! la petite, dit-il, vous avez oublié chez nous quelque chose que je vous rapporte.

— Nenni, monsieur, répondit la petite Marie, je n'ai rien oublié, et je n'ai rien à vous demander...

— Écoutez un peu ici, reprit le fermier, j'ai quelque chose à vous dire, moi !... Allons !... n'ayez pas peur... deux mots seulement...

— Vous pouvez les dire tout haut... je n'ai pas de secrets avec vous.

— Venez prendre votre argent, au moins.

— Mon argent ? Vous ne me devez rien, Dieu merci !

— Je m'en doutais bien, dit Germain à demi-voix ; mais c'est égal, Marie... écoute ce qu'il a à te dire... car, moi, je suis curieux de le savoir. Tu me le diras après : j'ai mes raisons pour ça. Va auprès de son cheval... je ne te perds pas de vue.

Marie fit trois pas vers le fermier, qui lui dit, en se penchant sur le pommeau de sa selle et en baissant la voix :

— Petite, voilà un beau louis d'or pour toi ! tu ne diras rien, entends-tu ? Je dirai que je t'ai trouvée trop faible

Allons, Catherine, s'écria-t-il en entrant dans la maison, en voilà encore un de plus !
(Page 21.)

pour l'ouvrage de ma ferme... Et qu'il ne soit plus question de ça... Je repasserai par chez vous un de ces jours ; et si tu n'as rien dit, je te donnerai encore quelque chose... Et puis, si tu es plus raisonnable, tu n'as qu'à parler : je te ramènerai chez moi, ou bien, j'irai causer avec toi à la brune dans les prés... Quel cadeau veux-tu que je te porte ?

— Voilà, monsieur, le cadeau que je vous fais, moi ! répondit à voix haute la petite Marie, en lui jetant son louis d'or au visage, et même assez rudement. Je vous remercie beaucoup, et vous prie, quand vous repasserez par chez nous, de me faire avertir : tous les garçons de mon endroit iront vous recevoir, parce que chez nous, on aime fort les bourgeois qui veulent en conter aux pauvres filles ! Vous verrez ça, on vous attendra.

— Vous êtes une menteuse et une sotte langue ! dit le fermier courroucé, en levant son bâton d'un air de menace. Vous voudriez faire croire ce qui n'est point ; mais vous ne me tirerez pas d'argent : on connaît vos pareilles !

Marie s'était reculée effrayée ; mais Germain s'était élancé à la bride du cheval du fermier, et, la secouant avec force :

— C'est entendu, maintenant ! dit-il, et nous voyons assez de quoi il retourne... A terre ! mon homme ! à terre ! et causons tous les deux !

Le fermier ne se souciait pas d'engager la partie : il éperonna son cheval pour se dégager, et voulut frapper de son bâton les mains du laboureur pour lui faire lâcher prise ; mais Germain esquiva le coup, et, lui prenant la jambe, il le désarçonna et le fit tomber sur la fougère, où il le terrassa, quoique le fermier se fût remis sur ses pieds et se défendît vigoureusement. Quand il le tint sous lui :

— Homme de peu de cœur ! lui dit Germain, je pourrais te rouer de coups si je voulais ! Mais je n'aime pas à faire du mal, et d'ailleurs aucune correction n'amenderait ta conscience... Cependant, tu ne bougeras pas d'ici que tu n'aies demandé pardon, à genoux, à cette jeune fille.

Le fermier, qui connaissait ces sortes d'affaires, voulut prendre la chose en plaisanterie. Il prétendit que son péché n'était pas si grave, puisqu'il ne consistait qu'en paroles, et qu'il voulait bien demander pardon, à condition qu'il embrasserait la fille, que l'on irait boire une pinte de vin au plus prochain cabaret, et qu'on se quitterait bons amis.

A terre, mon homme, à terre, et causons tous les deux. (Page 24.)

— Tu me fais peine! lui répondit Germain en lui poussant la face contre terre, et j'ai hâte de ne plus voir ta méchante mine. Tiens, rougis si tu peux, et tâche de prendre le chemin des *affronteux*[1] quand tu passeras par chez nous.

Il ramassa le bâton de houx du fermier, le brisa sur son genou pour lui montrer la force de ses poignets, et en jeta les morceaux au loin avec mépris.

Puis, prenant d'une main son fils, et de l'autre la petite Marie, il s'éloigna tout tremblant d'indignation.

XV.

LE RETOUR A LA FERME.

Au bout d'un quart d'heure ils avaient franchi les brandes. Ils trottaient sur la grand'route, et la Grise hennissait à chaque objet de sa connaissance. Petit Pierre racontait à son père ce qu'il avait pu comprendre dans ce qui s'était passé.

— Quand nous sommes arrivés, dit-il, cet *homme-là* est venu pour parler à *ma Marie* dans la bergerie où nous avions été tout de suite, pour voir les beaux moutons. Moi, j'étais monté dans la crèche pour jouer, et cet *homme-là* ne me voyait pas. Alors il a dit bonjour à ma Marie, et il l'a embrassée.

— Tu l'es laissé embrasser, Marie? dit Germain tout tremblant de colère.

— J'ai cru que c'était une honnêteté, une coutume de l'endroit aux arrivées, comme, chez vous, la grand'mère embrasse les jeunes filles qui entrent à son service, pour leur faire voir qu'elle les adopte et qu'elle leur sera comme une mère.

— Et puis alors, reprit petit Pierre, qui était fier d'avoir à raconter une aventure, cet *homme-là* t'a dit quelque chose de vilain, quelque chose que tu m'as dit de ne jamais répéter et de ne pas m'en souvenir : aussi je l'ai oublié bien vite. Cependant, si mon père veut que je lui dise ce que c'était...

[1]. C'est le chemin qui détourne de la rue principale à l'entrée des villages et les côtoye à l'extérieur. On suppose que les gens qui craignent de recevoir quelque affront mérité le prennent pour éviter d'être vus.

— Non, mon Pierre, je ne veux pas l'entendre, et je veux que tu ne t'en souviennes jamais.

— En ce cas, je vas l'oublier encore, reprit l'enfant. Et puis alors, cet *homme-là* a eu l'air de se fâcher, parce que Marie lui disait qu'elle s'en irait. Il lui a dit qu'il lui donnerait tout ce qu'elle voudrait, cent francs ! Et ma Marie s'est fâchée aussi. Alors il est venu contre elle, comme s'il voulait lui faire du mal. J'ai eu peur, et je me suis jeté contre Marie en criant. Alors cet *homme-là* a dit comme ça : « Qu'est-ce que c'est que ça ? d'où sort cet enfant-là ? Mettez-moi ça dehors. » Et il a levé son bâton pour me battre. Mais ma Marie l'a empêché, et elle lui a dit comme ça : « Nous causerons plus tard, monsieur ; à présent il faut que je conduise cet enfant-là à Fourche, et puis je reviendrai. » Et aussitôt qu'il a été sorti de la bergerie, ma Marie m'a dit comme ça : « Sauvons-nous, mon Pierre, allons-nous-en d'ici bien vite, car cet homme-là est méchant, et il ne nous ferait que du mal. » Alors nous avons passé derrière les granges, nous avons passé un petit pré, et nous avons été à Fourche pour te chercher. Mais tu n'y étais pas, et on n'a pas voulu nous laisser t'attendre. Et alors cet *homme-là*, qui était monté sur son cheval noir, est venu derrière nous, et nous nous sommes sauvés plus loin, et puis nous avons été nous cacher dans le bois. Et puis il y est venu aussi, et, quand nous l'entendions venir, nous nous cachions. Et puis, quand il avait passé, nous recommencions à courir pour nous en aller chez nous ; et puis enfin tu es venu, et tu nous as trouvés ; et voilà comme tout ça est arrivé. N'est-ce pas, ma Marie, que je n'ai rien oublié ?

— Non, mon Pierre, et ça est la vérité. A présent, Germain, vous rendrez témoignage pour moi, et vous direz à tout le monde de chez nous que si je n'ai pas pu rester là-bas, ce n'est pas faute de courage et d'envie de travailler.

— Et toi, Marie, dit Germain, je te prierai de te demander à toi-même si, quand il s'agit de défendre une femme et de punir un insolent, un homme de vingt-huit ans n'est pas trop vieux ? Je voudrais un peu savoir si Bastien, ou tout autre joli garçon, riche de dix ans moins que moi, n'aurait pas été écrasé par cet *homme-là*, comme dit petit Pierre : qu'en penses-tu ?

— Je pense, Germain, que vous m'avez rendu un grand service, et que je vous en remercierai toute ma vie.

— C'est là tout ?

— Mon petit père, dit l'enfant, je n'ai pas pensé à dire à la petite Marie ce que je t'avais promis. Je n'ai pas eu le temps, mais je le lui dirai à la maison, et je le dirai aussi à ma grand'mère.

Cette promesse de son enfant donna enfin à réfléchir à Germain. Il s'agissait maintenant de s'expliquer avec ses parents, et, en leur disant ses griefs contre la veuve Guérin, de ne pas leur dire quelles autres idées l'avaient disposé à tant de clairvoyance et de sévérité. Quand on est heureux et fier, le courage de faire accepter son bonheur aux autres paraît facile ; mais être rebuté d'un côté, blâmé de l'autre, ne fait pas une situation fort agréable.

Heureusement, le petit Pierre dormait quand ils arrivèrent à la métairie, et Germain le déposa, sans l'éveiller, sur son lit. Puis il entra dans toutes les explications qu'il put donner. Le père Maurice, assis sur son escabeau à trois pieds, à l'entrée de la maison, l'écouta gravement, et, quoiqu'il fût mécontent du résultat du voyage, lorsque Germain, en racontant le système de coquetterie de la veuve, demanda à son beau-père s'il avait le temps d'aller les cinquante-deux dimanches de l'année faire sa cour, pour risquer d'être renvoyé au bout de l'an, le beau-père répondit, en inclinant la tête en signe d'adhésion : « Tu n'as pas tort, Germain ; ça ne se pouvait pas. » Et ensuite, quand Germain raconta comme quoi il avait été forcé de ramener la petite Marie au plus vite pour la soustraire aux insultes, peut-être aux violences d'un indigne maître, le père Maurice approuva encore de la tête, en disant : « Tu n'as pas eu tort, Germain ; ça se devait. »

Quand Germain eut achevé son récit et donné toutes ses raisons, le beau-père et la belle-mère firent simultanément un gros soupir de résignation, en se regardant. Puis, le chef de famille se leva en disant : « Allons ! que la volonté de Dieu soit faite ! l'amitié ne se commande pas ! »

— Venez souper, Germain, dit la belle-mère. Il est malheureux que ça ne se soit pas mieux arrangé ; mais, enfin, Dieu ne le voulait pas, à ce qu'il paraît. Il faudra voir ailleurs.

— Oui, ajouta le vieillard, comme dit ma femme, on verra ailleurs.

Il n'y eut pas d'autre bruit à la maison, et quand, le lendemain, le petit Pierre se leva avec les alouettes, au point du jour, n'étant plus excité par les événements extraordinaires des jours précédents, il retomba dans l'apathie des petits paysans de son âge, oublia tout ce qui lui avait trotté par la tête, et ne songea plus qu'à jouer avec ses frères et à *faire l'homme* avec les bœufs et les chevaux.

Germain essaya d'oublier aussi, en se replongeant dans le travail ; mais il devint si triste et si distrait, que tout le monde le remarqua. Il ne parlait pas à la petite Marie, il ne la regardait même pas ; et pourtant si on lui eût demandé dans quel pré elle était et par quel chemin elle avait passé, il n'était point d'heure du jour où il n'eût pu le dire s'il avait voulu répondre. Il n'avait pas osé demander à ses parents de la recueillir à la ferme pendant l'hiver, et pourtant il savait bien qu'elle devait souffrir de la misère. Mais elle n'en souffrit pas, et la mère Guillette ne put jamais comprendre comment sa petite provision de bois ne diminuait point, et comment son hangar se trouvait rempli le matin lorsqu'elle l'avait laissé presque vide la veille. Il en fut de même du blé et des pommes de terre. Quelqu'un passait par la lucarne du grenier, et vidait un sac sur le plancher sans réveiller personne et sans laisser de traces. La vieille en fut à la fois inquiète et réjouie ; elle engagea sa fille à n'en point parler, disant que si on venait à savoir le miracle qui se faisait chez elle, on la tiendrait pour sorcière. Elle pensait bien que le diable s'en mêlait, mais elle n'était pas pressée de se brouiller avec lui en appelant les exorcismes du curé sur sa maison ; elle se disait qu'il serait temps, lorsque Satan viendrait lui demander son âme en retour de ses bienfaits.

La petite Marie comprenait mieux la vérité, mais elle n'osait en parler à Germain, de peur de le voir revenir à son idée de mariage, et elle feignait avec lui de ne s'apercevoir de rien.

XVI.

LA MÈRE MAURICE.

Un jour la mère Maurice, se trouvant seule dans le verger avec Germain, lui dit d'un air d'amitié : « Mon pauvre gendre, je crois que vous n'êtes pas bien. Vous ne mangez pas aussi bien qu'à l'ordinaire, vous ne riez plus, vous causez de moins en moins. Est-ce que quelqu'un de chez nous, ou nous-mêmes, sans le savoir et sans le vouloir, vous avons fait de la peine ?

— Non, ma mère, répondit Germain, vous avez toujours été aussi bonne pour moi que la mère qui m'a mis au monde, et je serais un ingrat si je me plaignais de vous, ou de votre mari, ou de personne de la maison.

— En ce cas, mon enfant, c'est le chagrin de la mort de votre femme qui vous revient. Au lieu de s'en aller avec le temps, votre ennui empire, et il faut absolument faire ce que votre beau-père vous a dit fort sagement : il faut vous remarier.

— Oui, ma mère, ce serait aussi mon idée ; mais les femmes que vous m'avez conseillé de rechercher ne me conviennent pas. Quand je les vois, au lieu d'oublier ma Catherine, j'y pense davantage.

— C'est qu'apparemment, Germain, nous n'avons pas su deviner votre goût. Il faut donc que vous nous aidiez, en nous disant la vérité. Sans doute il y a quelque part une femme qui est faite pour vous, car le bon Dieu ne fait personne sans lui réserver son bonheur dans une autre personne. Si donc vous savez où la prendre, cette femme qu'il vous faut, prenez-la ; et qu'elle soit belle ou laide, jeune ou vieille, riche ou pauvre, nous sommes décidés, mon vieux et moi, à vous donner consentement ; car nous sommes fatigués de vous voir triste, et nous ne pouvons pas vivre tranquilles si vous ne l'êtes point.

— Ma mère, vous êtes aussi bonne que le bon Dieu, et mon père pareillement, répondit Germain ; mais votre compassion ne peut pas porter remède à mes ennuis : la fille que je voudrais ne veut point de moi.

— C'est donc qu'elle est trop jeune ? S'attacher à une jeunesse est déraison pour vous.

— Eh bien ! oui, bonne mère, j'ai cette folie de m'être attaché à une jeunesse, et je m'en blâme. Je fais mon possible pour n'y plus penser ; mais que je travaille ou que je me repose, que je sois à la messe ou dans mon lit, que je sois avec mes enfants ou avec vous, j'y pense toujours, je ne peux penser à autre chose.

— Alors c'est comme un sort qu'on vous a jeté, Germain ? Il n'y a à ça qu'un remède, c'est que cette fille change d'idée et vous écoute. Il faudra donc que je m'en mêle, et que je voie si c'est possible. Vous allez me dire où elle est et comment on l'appelle.

— Hélas ! ma chère mère, je n'ose pas, dit Germain, parce que vous allez vous moquer de moi.

— Je ne me moquerai pas de vous, Germain, parce que vous êtes dans la peine et que je ne veux pas vous y mettre davantage. Serait-ce point la Fanchette ?

— Non, ma mère, ça ne l'est point.

— Ou la Rosette ?

— Non.

— Dites donc, car je n'en finirai pas, s'il faut que je nomme toutes les filles du pays.

Germain baissa la tête et ne put se décider à répondre.

— Allons ! dit la mère Maurice, je vous laisse tranquille pour aujourd'hui, Germain ; peut-être que demain vous serez plus confiant avec moi, ou bien que votre belle-sœur sera plus adroite à vous questionner.

Et elle ramassa sa corbeille pour aller étendre son linge sur les buissons.

Germain fit comme les enfants qui se décident quand ils voient qu'on ne s'occupera plus d'eux. Il suivit sa belle-mère, et lui nomma enfin en tremblant *la petite Marie à la Guillette*.

Grande fut la surprise de la mère Maurice : c'était la dernière à laquelle elle eût songé. Mais elle eut la délicatesse de ne point se récrier, et de faire mentalement ses commentaires. Puis, voyant que son silence accablait Germain, elle lui tendit sa corbeille en lui disant : — Alors est-ce une raison pour ne point m'aider dans mon travail ? Portez donc cette charge, et venez parler avec moi. Avez-vous bien réfléchi, Germain ? êtes-vous bien décidé ?

— Hélas ! ma chère mère, ce n'est pas comme cela qu'il faut parler : je serais décidé si je pouvais réussir ; mais comme je ne serais pas écouté, je ne suis décidé qu'à m'en guérir si je peux.

— Et si vous ne pouvez pas ?

— Toute chose a son terme, mère Maurice : quand le cheval est trop chargé, il tombe ; et quand le bœuf n'a rien à manger, il meurt.

— C'est donc à dire que vous mourrez, si vous ne réussissez point ? A Dieu ne plaise, Germain ! Je n'aime pas qu'un homme comme vous dise de ces choses-là, parce que quand il le dit il les pense. Vous êtes d'un grand courage, et la faiblesse est dangereuse chez les gens forts. Allons, prenez de l'espérance. Je ne conçois pas qu'une fille dans la misère, et à laquelle vous faites beaucoup d'honneur en la recherchant, puisse vous refuser.

— C'est pourtant la vérité, elle me refuse.

— Et quelles raisons vous en donne-t-elle ?

— Que vous lui avez toujours fait du bien, que sa famille doit beaucoup à la vôtre, et qu'elle ne veut point vous déplaire en me détournant d'un mariage riche.

— Si elle dit cela, elle prouve de bons sentiments, et c'est honnête de sa part. Mais en vous disant cela, Germain, elle ne vous guérit point, car elle vous dit sans doute qu'elle vous aime, et qu'elle vous épouserait si nous le voulions ?

— Voilà le pire ! elle dit que son cœur n'est point porté vers moi.

— Si elle dit ce qu'elle ne pense pas, pour mieux vous éloigner d'elle, c'est une enfant qui mérite que nous l'aimions et que nous passions par-dessus sa jeunesse à cause de sa grande raison.

— Oui ? dit Germain, frappé d'une espérance qu'il n'avait pas encore conçue ; ça serait bien sage et bien *comme il faut* de sa part ! mais si elle est si raisonnable, je crains bien que c'est à cause que je lui déplais.

— Germain, dit la mère Maurice, vous allez me promettre de vous tenir tranquille pendant toute la semaine, de ne vous point tourmenter, de manger, de dormir, et d'être gai comme autrefois. Moi, je parlerai à mon vieux, et si je le fais consentir, vous saurez alors le vrai sentiment de la fille à votre endroit.

Germain promit, et la semaine se passa sans que le père Maurice lui dît un mot en particulier, et parût se douter de rien. Le laboureur s'efforça de paraître tranquille, mais il était toujours plus pâle et plus tourmenté.

XVII.

LA PETITE MARIE.

Enfin, le dimanche matin, au sortir de la messe, sa belle-mère lui demanda ce qu'il avait obtenu de sa bonne amie depuis la conversation dans le verger.

— Mais, rien du tout, répondit-il. Je ne lui ai pas parlé.

— Comment donc voulez-vous la persuader si vous ne lui parlez pas ?

— Je ne lui ai parlé qu'une fois, répondit Germain. C'est quand nous avons été ensemble à Fourche ; et, depuis ce temps-là, je ne lui ai pas dit un seul mot. Son refus m'a fait tant de peine que j'aime mieux ne pas l'entendre recommencer à me dire qu'elle ne m'aime pas.

— Eh bien ! mon fils, il faut lui parler maintenant ; votre beau-père vous autorise à le faire. Allez, décidez-vous ! je vous le dis, et, s'il le faut, je le veux ; car vous ne pouvez pas rester dans ce doute-là.

Germain obéit. Il arriva chez la Guillette, la tête basse et l'air accablé. La petite Marie était seule au coin du feu, si pensive qu'elle n'entendit pas venir Germain. Quand elle le vit devant elle, elle sauta de surprise sur sa chaise, et devint toute rouge.

— Petite Marie, lui dit-il en s'asseyant auprès d'elle, je viens te faire de la peine et t'ennuyer, je le sais bien : mais *l'homme et la femme de chez nous* (désignant ainsi, selon l'usage, les chefs de famille) veulent que je te parle et que je te demande de m'épouser. Tu ne le veux pas, toi, je m'y attends.

— Germain, répondit la petite Marie, c'est donc décidé que vous m'aimez ?

— Ça te fâche, je sais, mais ce n'est pas ma faute : si tu pouvais changer d'avis, je serais trop content, et sans doute je ne mérite pas que cela soit. Voyons, regarde-moi, Marie, je suis donc bien affreux ?

— Non, Germain, répondit-elle en souriant, vous êtes plus beau que moi.

— Ne te moque pas ; regarde-moi avec indulgence ; il ne me manque encore ni un cheveu ni une dent. Mes yeux te disent que je t'aime. Regarde-moi donc dans les yeux, ça y est écrit, et toute fille sait lire dans cette écriture-là.

Marie regarda dans les yeux de Germain avec son assurance enjouée ; puis, tout à coup, elle détourna la tête et se mit à trembler.

— Ah ! mon Dieu ! je te fais peur, dit Germain ; tu me regardes comme si j'étais le fermier des Ormeaux. Ne me crains pas, je t'en prie, cela me fait trop de mal. Je ne te dirai pas de mauvaises paroles, moi ; je ne t'embrasserai pas malgré toi, et quand tu voudras que je m'en aille, tu n'auras qu'à me montrer la porte. Voyons, faut-il que je sorte pour que tu finisses de trembler ?

Marie tendit la main au laboureur, mais sans détourner sa tête penchée vers le foyer, et sans dire un mot.

— Je comprends, dit Germain ; tu me plains, tu es bonne, tu es fâchée de me rendre malheureux : mais tu ne peux pas m'aimer ?

— Pourquoi me dites-vous de ces choses-là, Germain ? répondit enfin la petite Marie, vous voulez donc me faire pleurer ?

— Pauvre petite fille, tu as bon cœur, je le sais ; mais tu ne m'aimes pas, et tu me caches ta figure parce que tu crains de me laisser voir ton déplaisir et ta répugnance. Et moi, je n'ose pas seulement te serrer la main ! Dans le bois, quand mon fils dormait, et que tu dormais aussi, j'ai failli t'embrasser tout doucement. Mais je serais mort de honte plutôt que de te le demander, et j'ai autant souffert dans cette nuit-là qu'un homme qui brûlerait à petit feu. Depuis ce temps-là j'ai rêvé à toi toutes les nuits. Ah ! comme je t'embrassais, Marie ! Mais toi, pendant ce temps-là, tu dormais sans rêver. Et, à présent, sais-tu ce que je pense ? c'est que si tu te retournais pour me regarder avec les yeux que j'ai pour toi, et si tu approchais ton visage du mien, je crois que je tomberais mort de joie. Et toi, tu penses que si pareille chose t'arrivait tu en mourrais de colère et de honte !

Germain parlait comme dans un rêve sans entendre ce qu'il disait. La petite Marie tremblait toujours ; mais comme il tremblait encore davantage, il ne s'en apercevait plus. Tout à coup elle se retourna ; elle était tout en larmes et le regardait d'un air de reproche. Le pauvre laboureur crut que c'était le dernier coup, et, sans attendre son arrêt, il se leva pour partir ; mais la jeune fille l'arrêta en l'entourant de ses deux bras, et, cachant sa tête dans son sein : — Ah ! Germain, lui dit-elle en sanglotant, vous n'avez donc pas deviné que je vous aime ?

Germain serait devenu fou, si son fils qui le cherchait et qui entra dans la chaumière au grand galop sur un bâton, avec sa petite sœur en croupe qui fouettait avec une branche d'osier ce coursier imaginaire, ne l'eût rappelé à lui-même. Il le souleva dans ses bras, et le mettant dans ceux de sa fiancée :

— Tiens, lui dit-il, tu as fait plus d'un heureux en m'aimant !

APPENDICE.

LES NOCES DE CAMPAGNE.

I.

Ici finit l'histoire du mariage de Germain, telle qu'il me l'a racontée lui-même, le fin laboureur qu'il est ! Je te demande pardon, lecteur ami, de n'avoir pas su te la traduire mieux ; car c'est une véritable traduction qu'il faut au langage antique et naïf des paysans de la contrée que *je chante* (comme on disait jadis) : Ces gens-là parlent trop français pour nous, et, depuis Rabelais et Montaigne, les progrès de la langue nous ont fait perdre bien des vieilles richesses. Il en est ainsi de tous les progrès, il faut en prendre son parti. Mais c'est encore un plaisir d'entendre ces idiotismes pittoresques régner sur le vieux terroir du centre de la France ; d'autant plus que c'est la véritable expression du caractère moqueusement tranquille et plaisamment disert de ces gens qui s'en servent. La Touraine a conservé un certain nombre précieux de locutions patriarcales. Mais la Touraine s'est grandement civilisée avec et depuis la Renaissance. Elle s'est couverte de châteaux, de routes, d'étrangers et de mouvement. Le Berry est resté stationnaire, et je crois qu'après la Bretagne et quelques provinces de l'extrême midi de la France, c'est le pays le plus *conservé* qui se puisse trouver à l'heure qu'il est. Certaines coutumes sont si curieuses, que j'espère t'amuser encore un instant, cher lecteur, si tu permets que je te raconte en détail une noce de campagne, celle de Germain, par exemple, à laquelle j'eus le plaisir d'assister il y a quelques années.

Car, hélas ! tout s'en va. Depuis seulement que j'existe il s'est fait plus de mouvement dans les idées et les coutumes de mon village, qu'il ne s'en était vu durant des siècles avant la révolution. Déjà la moitié des cérémonies celtiques, païennes ou moyen âge, que j'ai vues encore en pleine vigueur dans mon enfance, se sont effacées. Encore un ou deux ans peut-être, et les chemins de fer passeront leur niveau sur nos vallées profondes, emportant, avec la rapidité de la foudre, nos antiques traditions et nos merveilleuses légendes.

C'était en hiver, aux environs du carnaval, époque de l'année où il est séant et convenable chez nous de faire les noces. Dans l'été on n'a guère le temps, et les travaux d'une ferme ne peuvent souffrir trois jours de retard, sans parler des jours complémentaires affectés à la digestion plus ou moins laborieuse de l'ivresse morale et physique que laisse une fête. — J'étais assis sous le vaste manteau d'une antique cheminée de cuisine, lorsque des coups de pistolet, des hurlements de chiens, et les sons aigus de la cornemuse m'annoncèrent l'approche des fiancés. Bientôt le père et la mère Maurice, Germain et la petite Marie, suivis de Jacques et de sa femme, des principaux parents respectifs et des parrains et marraines des fiancés, firent leur entrée dans la cour.

La petite Marie n'ayant pas encore reçu les cadeaux de noces, appelés *livrées*, était vêtue de ce qu'elle avait de mieux dans ses hardes modestes : une robe de gros drap sombre, un fichu blanc à grands ramages de couleurs voyantes, un tablier d'*incarnat*, indienne rouge fort à la mode alors et dédaignée aujourd'hui, une coiffe de mousseline très-blanche, et dans cette forme heureusement conservée, qui rappelle la coiffure d'Anne Boleyn et d'Agnès Sorel. Elle était fraîche et souriante, point orgueilleuse du tout, quoiqu'il y eût bien de quoi. Germain était grave et attendri auprès d'elle, comme le jeune Jacob saluant Rachel aux citernes de Laban. Toute autre fille eût pris un air d'importance et une tenue de triomphe ; car, dans tous les rangs, c'est quelque chose que d'être épousée pour ses beaux yeux. Mais les yeux de la jeune fille étaient humides et brillants d'amour ; on voyait bien qu'elle était profondément éprise, et qu'elle n'avait point le loisir de s'occuper de l'opinion des autres. Son petit air résolu ne l'avait point abandonnée ; mais c'était toute franchise et tout bon vouloir chez elle ; rien d'impertinent dans son succès, rien de personnel dans le sentiment de sa force. Je ne vis oncques si gentille fiancée, lorsqu'elle répondait nettement à ses jeunes amies qui lui demandaient si elle était contente : — Dame ! bien sûr ! je ne me plains pas du bon Dieu.

Le père Maurice porta la parole ; il venait faire les compliments et invitations d'usage. Il attacha d'abord au manteau de la cheminée une branche de laurier ornée de rubans ; ceci s'appelle *l'exploit*, c'est-à-dire la lettre de faire part ; puis il distribua à chacun des invités une petite croix faite d'un bout de ruban bleu traversé d'un autre bout de ruban rose ; le rose pour la fiancée, le bleu pour l'épouseur ; et les invités des deux sexes durent garder ce signe pour en orner les uns leur cornette, les autres leur boutonnière le jour de la noce. C'est la lettre d'admission, la carte d'entrée.

Alors le père Maurice prononça son compliment. Il invitait le maître de la maison et toute *sa compagnie*, c'est-à-dire tous ses parents, tous ses amis et tous ses serviteurs, à la bénédiction, *au festin, à la divertissance, à la dansière et à tout ce qui en suit*. Il ne manqua pas de dire : — Je viens vous faire l'honneur de vous *semondre*. Locution très-juste, bien qu'elle nous paraisse un contre-sens, puisqu'elle exprime l'idée de rendre les honneurs à ceux qu'on en juge dignes.

Malgré la libéralité de l'invitation portée ainsi de maison en maison dans toute la paroisse, la politesse, qui est grandement discrète chez les paysans, veut que deux personnes seulement de chaque famille en profitent, un chef de famille sur le ménage, un de leurs enfants sur le nombre.

Ces invitations faites, les fiancés et leurs parents allèrent dîner ensemble à la métairie.

La petite Marie garda ses trois moutons sur le communal, et Germain travailla la terre comme si de rien n'était.

La veille du jour marqué pour le mariage, vers deux heures de l'après-midi, la musique arriva, c'est-à-dire le *cornemuseux* et le *vielleux*, avec leurs instruments ornés de longs rubans flottants, et jouant une marche de circonstance, sur un rhythme un peu lent pour des pieds qui ne seraient pas indigènes, mais parfaitement combiné avec la nature du terrain gras et des chemins ondulés de la contrée. Des coups de pistolet, tirés par les jeunes gens et les enfants, annoncèrent le commencement de la noce. On se réunit peu à peu, et l'on dansa sur la pelouse devant la maison pour se mettre en train. Quand la nuit fut venue, on commença d'étranges préparatifs, on se sépara en deux bandes, et quand la nuit fut close, on procéda à la cérémonie des *livrées*.

Ceci se passait au logis de la fiancée, la chaumière à la Guillette. La Guillette prit avec elle sa fille, une douzaine de jeunes et jolies *pastoures*, amies et parentes de sa fille, deux ou trois respectables matrones, voisines fortes en bec, promptes à la réplique et gardiennes rigides des anciens us. Puis elle choisit une douzaine de vigoureux champions, ses parents et amis ; enfin le vieux *chanvreur* de la paroisse, homme discret et beau parleur s'il en fut.

Le rôle que joue en Bretagne le *bazvalan*, le tailleur du village, c'est le broyeur de chanvre ou le cardeur de laine (ces professions souvent réunies en une seule) qui le remplit dans nos campagnes. Il est de toutes les solennités tristes ou gaies, parce qu'il est essentiellement érudit et beau discur, et, dans ces occasions, il a toujours le soin de porter la parole pour accomplir dignement certaines formalités usitées de temps immémorial. Les professions errantes, qui introduisent l'homme au sein des familles sans lui permettre de se concentrer dans la sienne, sont propres à le rendre bavard, plaisant, conteur et chanteur.

Le broyeur de chanvre est particulièrement sceptique. Lui et un autre fonctionnaire rustique, dont nous parlerons tout à l'heure, le fossoyeur, sont toujours les esprits forts du lieu. Ils ont tant parlé de revenants et ils savent si bien tous les tours dont ces malins esprits sont capables, qu'ils ne les craignent guère. C'est particulièrement la nuit que tous, fossoyeurs, chanvreurs et revenants, exercent leur industrie. C'est aussi la nuit que le chanvreur raconte ses lamentables légendes. Qu'on me permette une digression.

Quand le chanvre est *arrivé* à point, c'est-à-dire suffisamment trempé dans les eaux courantes et à demi séché à la *rive*, on le rapporte dans la cour des habitations ; on le place debout par petites gerbes qui, avec leurs tiges écartées du bas et leurs têtes liées en boules, ressemblent déjà passablement le soir à une longue procession de petits fantômes blancs, plantés sur leurs jambes grêles et marchant sans bruit le long des murs.

C'est à la fin de septembre, quand les nuits sont encore tièdes, qu'à la pâle clarté de la lune on commence à broyer. Dans la journée, le chanvre a été chauffé au four ; on l'en retire, le soir, pour le broyer chaud. On se sert pour cela d'une sorte de chevalet surmonté d'un levier en bois, qui, retombant sur des rainures, hache la plante sans la couper. C'est alors qu'on entend la nuit, dans les campagnes, ce bruit sec et saccadé de trois coups frappés rapidement. Puis, un silence se fait ; c'est le mouvement du bras qui retire la poignée de chanvre pour la broyer sur une autre partie de sa longueur. Et les trois coups recommencent ; c'est l'autre bras qui agit sur le levier ; et toujours ainsi jusqu'à ce que la lune soit voilée par les premières lueurs de l'aube. Comme ce travail ne dure que quelques jours dans l'année, les chiens ne s'y habituent pas et poussent des hurlements plaintifs vers tous les points de l'horizon.

C'est le temps des bruits insolites et mystérieux dans la campagne. Les grues émigrantes passent dans des régions où, en plein jour, l'œil les distingue à peine. La nuit, on les entend seulement ; et ces voix rauques et gémissantes, perdues dans les nuages, semblent l'appel et l'adieu d'âmes tourmentées qui s'efforcent de trouver le chemin du ciel, et qu'une invincible fatalité force à planer non loin de la terre, autour de la demeure des hommes ; car ces oiseaux voyageurs ont d'étranges incertitudes et de mystérieuses anxiétés dans le cours de leur traversée aérienne. Il leur arrive parfois de perdre le vent, lorsque des brises capricieuses se combattent ou se succèdent dans les hautes régions. Alors on voit, lorsque ces déroutes arrivent durant le jour, le chef de file flotter à l'aventure dans les airs, puis faire volte-face, revenir se placer à la queue de la phalange triangulaire, tandis qu'une savante manœuvre de ses compagnons les ramène bientôt en bon ordre derrière lui. Souvent, après de vains efforts, le guide épuisé renonce à conduire la caravane ; un autre se présente, essaie à son tour, et cède la place à un troisième, qui retrouve le courant et engage victorieusement la marche. Mais que de cris, que de reproches, que de remontrances, que de malédictions sauvages ou de questions inquiètes sont échangés, dans une langue inconnue, entre ces pèlerins ailés !

Dans la nuit sonore, on entend ces clameurs sinistres tournoyer parfois assez longtemps au-dessus des maisons, et comme on ne peut rien voir, on ressent malgré soi une sorte de crainte et de malaise sympathique, jusqu'à ce que cette nuée sanglotante se soit perdue dans l'immensité.

Il y a d'autres bruits encore qui sont propres à ce moment de l'année, et qui se passent principalement dans les vergers. La cueille des fruits n'est pas encore faite, et mille crépitations inusitées font ressembler les arbres à des êtres animés. Une branche grince, en se courbant, sous un poids arrivé tout à coup à son dernier degré de développement ; ou bien, une pomme se détache et tombe à vos pieds avec un son mat sur la terre humide. Alors vous entendez fuir, en frôlant les branches et les herbes, un être que vous ne voyez pas : c'est le chien du paysan, ce rôdeur curieux, inquiet, à la fois insolent et poltron, qui se glisse partout, qui ne dort jamais, qui cherche toujours on ne sait quoi, qui vous épie, caché dans les broussailles, et prend la fuite au bruit de la pomme tombée, croyant que vous lui lancez une pierre.

C'est durant ces nuits-là, nuits voilées et grisâtres, que le chanvreur raconte ses étranges aventures de follets et de lièvres blancs, d'âmes en peine et de sorciers transformés en loups, de sabbat au carrefour et de chouettes prophétesses au cimetière. Je me souviens d'avoir passé ainsi les premières heures de la nuit autour des *broyes* en mouvement, dont la percussion impitoyable, interrompant le récit du chanvreur à l'endroit le plus terrible, nous faisait passer un frisson glacé dans les veines. Et souvent aussi le bonhomme continuait à parler en broyant ; et il y avait quatre à cinq mots perdus : mots effrayants, sans doute, que nous n'osions pas lui faire répéter, et dont l'omission ajoutait un mystère plus affreux aux mystères déjà si sombres de son histoire. C'est en vain que les servantes nous avertissaient qu'il était bien tard pour rester dehors, et que l'heure de dormir était depuis longtemps sonnée pour nous : elles-mêmes mouraient d'envie d'écouter encore ; et avec quelle terreur ensuite nous traversions le hameau pour rentrer chez nous ! comme le porche de l'église nous paraissait profond, et l'ombre des vieux arbres épaisse et noire ! Quant au cimetière, on ne le voyait point ; on fermait les yeux en le côtoyant.

Mais le chanvreur n'est pas plus que le sacristain adonné exclusivement au plaisir de faire peur ; il aime à faire rire, il est moqueur et sentimental au besoin, quand il faut chanter l'amour et l'hyménée ; c'est lui qui recueille et conserve dans sa mémoire les chansons les plus anciennes, et qui les transmet à la postérité. C'est donc lui qui est chargé, dans les noces, du personnage que nous allons lui voir jouer à la présentation des livrées de la petite Marie.

II.

LES LIVRÉES.

Quand tout ce monde fut réuni dans la maison, on ferma, avec le plus grand soin, les portes et les fenêtres; on alla même barricader la lucarne du grenier; on mit des planches, des tréteaux, des souches et des tables en travers de toutes les issues, comme si on se préparait à soutenir un siége; et il se fit dans cet intérieur fortifié un silence d'attente assez solennel, jusqu'à ce qu'on entendît au loin des chants, des rires, et le son des instruments rustiques. C'était la bande de l'épouseur, Germain en tête, accompagné de ses plus hardis compagnons, du fossoyeur, des parents, amis et serviteurs, qui formaient un joyeux et solide cortége.

Cependant, à mesure qu'ils approchèrent de la maison, ils se ralentirent, se concertèrent, et firent silence. Les jeunes filles, enfermées dans le logis, s'étaient ménagé aux fenêtres de petites fentes, par lesquelles elles les virent arriver et se développer en ordre de bataille. Il tombait une pluie fine et froide, qui ajoutait au piquant de la situation, tandis qu'un grand feu pétillait dans l'âtre de la maison. Marie eût voulu abréger les lenteurs inévitables de ce siége en règle: elle n'aimait pas à voir ainsi se morfondre son fiancé, mais elle n'avait pas voix au chapitre dans la circonstance, et même elle devait partager ostensiblement la mutine cruauté de ses compagnes.

Quand les deux camps furent ainsi en présence, une décharge d'armes à feu, partie du dehors, mit en grande rumeur tous les chiens des environs. Ceux de la maison se précipitèrent vers la porte en aboyant, croyant qu'il s'agissait d'une attaque réelle, et les petits enfants, que leurs mères s'efforçaient en vain de rassurer, se mirent à pleurer et à trembler. Toute cette scène fut si bien jouée qu'un étranger y eût été pris, et eût songé peut-être à se mettre en état de défense contre une bande de chauffeurs.

Alors le fossoyeur, barde et orateur du fiancé, se plaça devant la porte, et, d'une voix lamentable, engagea avec le chanvreur, placé à la lucarne qui était située au dessus de la même porte, le dialogue suivant:

LE FOSSOYEUR.

Hélas! mes bonnes gens, mes chers paroissiens, pour l'amour de Dieu, ouvrez-moi la porte.

LE CHANVREUR.

Qui êtes-vous donc, et pourquoi prenez-vous la licence de nous appeler vos chers paroissiens? Nous ne vous connaissons pas.

LE FOSSOYEUR.

Nous sommes d'honnêtes gens bien en peine. N'ayez peur de nous, mes amis! donnez-nous l'hospitalité. Il tombe du verglas, nos pauvres pieds sont gelés, et nous revenons de si loin que nos sabots en sont fendus.

LE CHANVREUR.

Si vos sabots sont fendus, vous pouvez chercher par terre; vous trouverez bien un brin d'oisil (d'osier) pour vous faire des *arcelets* (petites lames de fer en forme d'arcs qu'on place sur les sabots fendus pour les consolider).

LE FOSSOYEUR.

Des arcelets d'oisil, ce n'est guère solide. Vous vous moquez de nous, bonnes gens, et vous feriez mieux de nous ouvrir. On voit luire une belle flamme dans votre logis; sans doute vous avez mis la broche, et on se réjouit chez vous le cœur et le ventre. Ouvrez donc à de pauvres pèlerins qui mourront à votre porte si vous ne leur faites merci.

LE CHANVREUR.

Ah! ah! vous êtes des pèlerins? vous ne nous disiez pas cela. Et de quel pèlerinage arrivez-vous, s'il vous plaît?

LE FOSSOYEUR.

Nous vous dirons cela quand vous nous aurez ouvert la porte, car nous venons de si loin que vous ne voudriez pas le croire.

LE CHANVREUR.

Vous ouvrir la porte? oui-da! nous ne saurions nous fier à vous. Voyons: est-ce de Saint-Sylvain de Pouligny que vous arrivez?

LE FOSSOYEUR.

Nous avons été à Saint-Sylvain de Pouligny, mais nous avons été bien plus loin encore.

LE CHANVREUR.

Alors vous avez été jusqu'à Sainte-Solange?

LE FOSSOYEUR.

A Sainte-Solange nous avons été, pour sûr; mais nous avons été plus loin encore.

LE CHANVREUR.

Vous mentez; vous n'avez même jamais été jusqu'à Sainte-Solange.

LE FOSSOYEUR.

Nous avons été plus loin, car, à cette heure, nous arrivons de Saint-Jacques de Compostelle.

LE CHANVREUR.

Quelle bêtise nous contez-vous? Nous ne connaissons pas cette paroisse-là. Nous voyons bien que vous êtes de mauvaises gens, des brigands, des *rien du tout* et des menteurs. Allez plus loin chanter vos sornettes; nous sommes sur nos gardes, et vous n'entrerez point céans.

LE FOSSOYEUR.

Hélas! mon pauvre homme, ayez pitié de nous! Nous ne sommes pas des pèlerins, vous l'avez deviné; mais nous sommes de malheureux braconniers poursuivis par les gardes. Mêmement les gendarmes sont après nous, et, si vous ne nous faites point cacher dans votre fenil, nous allons être pris et conduits en prison.

LE CHANVREUR.

Et qui nous prouvera que, cette fois-ci, vous soyez ce que vous dites? car voilà déjà un mensonge que vous n'avez pas pu soutenir.

LE FOSSOYEUR.

Si vous voulez nous ouvrir, nous vous montrerons une belle pièce de gibier que nous avons tuée.

LE CHANVREUR.

Montrez-la tout de suite, car nous sommes en méfiance.

LE FOSSOYEUR.

Eh bien, ouvrez une porte ou une fenêtre, qu'on vous passe la bête.

LE CHANVREUR.

Oh! que nenni! pas si sot! Je vous regarde par un petit pertuis, et je ne vois parmi vous ni chasseurs, ni gibier.

Ici un garçon bouvier, trapu et d'une force herculéenne, se détacha du groupe où il se tenait inaperçu, éleva vers la lucarne un bras dehors pour tâter le rôt; ceci n'est point une caille, ni une perdrix; ce n'est ni un lièvre, ni un lapin; c'est quelque chose comme une oie ou un dindon. Vraiment, vous êtes de beaux chasseurs! et ce gibier-là ne vous a guère fait courir. Allez plus loin, mes drôles! toutes vos menteries sont connues, et vous pouvez bien aller chez vous faire cuire votre souper. Vous ne mangerez pas du nôtre.

LE FOSSOYEUR.

Hélas! mon Dieu, où irions-nous faire cuire notre gibier? C'est bien peu de chose pour tant de monde que nous sommes; et, d'ailleurs, nous n'avons ni feu ni lieu. A cette heure-ci toutes les portes sont fermées, tout le monde est couché; il n'y a que vous qui fassiez la noce dans votre maison, et il faut que vous ayez le cœur bien dur pour nous laisser transir dehors. Ouvrez-nous, braves gens, encore une fois; nous ne vous occasionnerons pas de dépenses. Vous voyez bien que nous apportons le rôti; seulement un peu de place à votre foyer, un peu de flamme pour le faire cuire, et nous nous en irons contents.

LE CHANVREUR.

Croyez-vous qu'il y ait trop de place chez nous, et que le bois ne nous coûte rien?

LE FOSSOYEUR.

Nous avons là une petite botte de paille pour faire le feu, nous nous en contenterons; donnez-nous seulement la permission de mettre la broche en travers à votre cheminée.

LE CHANVREUR.

Cela ne sera point; vous nous faites dégoût et point du tout pitié. M'est avis que vous êtes ivres, que vous n'avez besoin de rien, et que vous voulez entrer chez nous pour nous voler notre feu et nos filles.

LE FOSSOYEUR.

Puisque vous ne voulez entendre à aucune bonne raison, nous allons entrer chez vous par force.

LE CHANVREUR.

Essayez, si vous voulez. Nous sommes assez bien renfermés pour ne pas vous craindre. Et puisque vous êtes insolents, nous ne vous répondrons pas davantage.

Là-dessus le chanvreur ferma à grand bruit l'huis de la lucarne, et redescendit dans la chambre au-dessous, par un échelle. Puis il reprit la fiancée par la main, et les jeunes gens des deux sexes se joignant à eux, tous se mirent à danser et à crier joyeusement, tandis que les matrones chantaient d'une voix perçante, et poussaient de grands éclats de rire en signe de mépris et de bravade contre ceux du dehors qui tentaient l'assaut.

Les assiégeants, de leur côté, faisaient rage : ils déchargeaient leurs pistolets dans les portes, faisaient gronder les chiens, frappaient de grands coups sur les murs, secouaient les volets, poussaient des cris effroyables ; enfin c'était un vacarme à ne pas s'entendre, une poussière et une fumée à ne point voir.

Pourtant cette attaque était simulée : le moment n'était pas venu de violer l'étiquette. Si l'on parvenait, en rôdant, à trouver un passage non gardé, une ouverture quelconque, on pouvait chercher à s'introduire par surprise, et alors, si le porteur de la broche arrivait à mettre son rôti au feu, la prise de possession du foyer ainsi constatée, la comédie finissait et le fiancé était vainqueur.

Mais les issues de la maison n'étaient pas assez nombreuses pour qu'on eût négligé les précautions d'usage, et nul ne se fût arrogé le droit d'employer la violence avant le moment fixé pour la lutte.

Quand on fut las de sauter et de crier, le chanvreur songea à capituler. Il remonta à sa lucarne, l'ouvrit avec précaution, et salua les assiégeants désappointés par un éclat de rire.

— Eh bien, mes gars, dit-il, vous voilà bien penauds! Vous pensiez que rien n'était plus facile que d'entrer céans, et vous voyez que notre défense est bonne. Mais nous commençons à avoir pitié de vous, si vous voulez vous soumettre et accepter nos conditions.

LE FOSSOYEUR.

Parlez, mes braves gens ; dites ce qu'il faut faire pour approcher de votre foyer.

LE CHANVREUR.

Il faut chanter, mes amis, mais chanter une chanson que nous ne connaissions pas, et à laquelle nous ne puissions pas répondre par une meilleure.

— Qu'à cela ne tienne! répondit le fossoyeur, et il entonna d'une voix puissante :

Voilà six mois que c'était le printemps,

— *Me promenais sur l'herbette naissante*, répondit le chanvreur d'une voix un peu enrouée, mais terrible. Vous moquez-vous, mes pauvres gens, de nous chanter une pareille vieillerie? vous voyez bien que nous vous arrêtons au premier mot!

— *C'était la fille d'un prince...*
— *Qui voulait se marier*, répondit le chanvreur. Passez, passez à une autre! nous connaissons celle-là un peu trop.

LE FOSSOYEUR.

Voulez-vous celle-ci?
— *En revenant de Nantes...*

LE CHANVREUR.

— *J'étais bien fatigué, voyez! J'étais bien fatigué.* Celle-là est du temps de ma grand'mère. Voyons-en une autre!

LE FOSSOYEUR.

— *L'autre jour, en me promenant...*

LE CHANVREUR.

— *Le long de ce bois charmant!* En voilà une qui est bête! Nos petits enfants ne voudraient pas se donner la peine de vous répondre. Quoi! voilà tout ce que vous savez?

LE FOSSOYEUR.

Oh! nous vous en dirons tant que vous finirez par rester court.

Il se passa bien une heure à combattre ainsi. Comme les deux antagonistes étaient les deux plus forts du pays sur la chanson, et que leur répertoire semblait inépuisable, cela eût pu durer toute la nuit, d'autant plus que le chanvreur mit un peu de malice à laisser chanter certaines complaintes en dix, vingt ou trente couplets, feignant, par son silence, de se déclarer vaincu. Alors on triomphait dans le camp du fiancé, on chantait en chœur à pleine voix, et on croyait que cette fois la partie adverse ferait défaut; mais, à la moitié du couplet final, on entendait la voix rude et enrhumée du vieux chanvreur beugler les derniers; après quoi il s'écriait : Vous n'aviez pas besoin de vous fatiguer à en dire une si longue, mes enfants! Nous la savions sur le bout du doigt!

Une ou deux fois pourtant le chanvreur fit la grimace, fronça le sourcil et se retourna d'un air désappointé vers les matrones attentives. Le fossoyeur chantait quelque chose de si vieux, que son adversaire l'avait oublié, ou peut-être qu'il ne l'avait jamais su; mais aussitôt les bonnes commères nasillaient, d'une voix aigre comme celle de la mouette, le refrain victorieux; et le fossoyeur, sommé de se rendre, passait à d'autres essais.

Il eût été trop long d'attendre de quel côté resterait la victoire. Le parti de la fiancée déclara qu'il faisait grâce à condition qu'on offrirait à celle-ci un présent digne d'elle.

Alors commença le chant des livrées sur un air solennel comme un chant d'église.

Les hommes du dehors dirent en basse-taille à l'unisson :

Ouvrez la porte, ouvrez,
Marie, ma mignonne,
J'ons de beaux cadeaux à vous présenter.
Hélas! ma mie, laissez-nous entrer.

A quoi les femmes répondirent de l'intérieur, et en fausset, d'un ton dolent :

Mon père est en chagrin, ma mère en grand' tristesse,
Et moi je suis fille de trop grand' merci
Pour ouvrir ma porte à cette heure ici.

Les hommes reprirent le premier couplet jusqu'au quatrième vers, qu'ils modifièrent de la sorte :

J'ons un beau mouchoir à vous présenter.

Mais, au nom de la fiancée, les femmes répondirent de même que la première fois.

Pendant vingt couplets, au moins, les hommes énumérèrent tous les cadeaux de la livrée, mentionnant toujours un objet nouveau dans le dernier vers : un beau *devanteau* (tablier), de beaux rubans, un habit de drap, de la dentelle, une croix d'or, et jusqu'à *un cent d'épin-*

Ah! Germain, vous n'avez donc pas deviné que je vous aime? (Page 28.)

gles pour compléter la modeste corbeille de la mariée. Le refus des matrones était irrévocable ; mais enfin les garçons se décidèrent à parler *d'un beau mari à leur présenter*, et elles répondirent en s'adressant à la mariée, et en lui chantant avec les hommes :

> Ouvrez la porte, ouvrez,
> Marie, ma mignonne,
> C'est un beau mari qui vient vous chercher.
> Allons, ma mie, laissons-les entrer.

III.

LE MARIAGE.

Aussitôt le chanvreur tira la cheville de bois qui fermait la porte à l'intérieur : c'était encore, à cette époque, la seule serrure connue dans la plupart des habitations de notre hameau. La bande du fiancé fit irruption dans la demeure de la fiancée, mais non sans combat ; car les garçons cantonnés dans la maison, même le vieux chanvreur et les vieilles commères, se mirent en devoir de garder le foyer. Le porteur de la broche, soutenu par les siens, devait arriver à planter le rôti dans l'âtre. Ce fut une véritable bataille, quoiqu'on s'abstînt de se frapper et qu'il n'y eût point de colère dans cette lutte. Mais on se poussait et on se pressait si étroitement, et il y avait tant d'amour-propre en jeu dans cet essai de forces musculaires, que les résultats pouvaient être plus sérieux qu'ils ne le paraissaient à travers les rires et les chansons. Le pauvre vieux chanvreur, qui se débattait comme un lion, fut collé à la muraille et serré par la foule, jusqu'à perdre la respiration. Plus d'un champion renversé fut foulé aux pieds involontairement, plus d'une main cramponnée à la broche fut ensanglantée. Ces jeux sont dangereux, et les accidents ont été assez graves dans les derniers temps pour que nos paysans aient résolu de laisser tomber en désuétude la cérémonie des livrées. Je crois que nous avons vu la dernière à la noce de Françoise Meillant, et encore la lutte ne fut-elle que simulée.

Cette lutte fut encore assez passionnée à la noce de Germain. Il y avait une question de point d'honneur de part et d'autre à envahir et à défendre le foyer de la

Guillette. L'énorme broche de fer fut tordue comme une vis sous les vigoureux poignets qui se la disputaient. Un coup de pistolet mit le feu à une petite provision de chanvre en *poupées*, placée sur une claie, au plafond. Cet incident fit diversion, et, tandis que les uns s'empressaient d'étouffer ce germe d'incendie, le fossoyeur, qui était grimpé au grenier sans qu'on s'en aperçût, descendit par la cheminée, et saisit la broche au moment où le bouvier, qui la défendait auprès de l'âtre, l'élevait au-dessus de sa tête pour empêcher qu'elle ne lui fût arrachée. Quelque temps avant la prise d'assaut, les matrones avaient eu le soin d'éteindre le feu, de crainte qu'en se débattant auprès quelqu'un ne vînt à y tomber et à se brûler. Le facétieux fossoyeur, d'accord avec le bouvier, s'empara donc du trophée sans difficulté et le jeta en travers sur les *landiers*. C'en était fait! il n'était plus permis d'y toucher. Il sauta au milieu de la chambre et alluma un reste de paille, qui entourait la broche, pour faire le simulacre de la cuisson du rôti, car l'oie était en pièces et jonchait le plancher de ses membres épars.

Il y eut alors beaucoup de rires et de discussions fanfaronnes. Chacun montrait les horions qu'il avait reçus, et comme c'était souvent la main d'un ami qui avait frappé, personne ne se plaignit ni ne se querella. Le chanvreur, à demi aplati, se frottait les reins, disant qu'il s'en souciait fort peu, mais qu'il protestait contre la ruse de son compère le fossoyeur, et que, s'il n'eût été à demi-mort, le foyer n'eût pas été conquis si facilement. Les matrones balayaient le pavé, et l'ordre se faisait. La table se couvrait de brocs de vin nouveau. Quand on eut trinqué ensemble et repris haleine, le fiancé fut amené au milieu de la chambre, et, armé d'une baguette, il dut se soumettre à une nouvelle épreuve.

Pendant la lutte, la fiancée avait été cachée avec trois de ses compagnes par sa mère, sa marraine et ses tantes, qui avaient fait asseoir les quatre jeunes filles sur un banc, dans un coin reculé de la salle, et les avaient couvertes d'un grand drap blanc. Les trois compagnes avaient été choisies de la même taille que Marie, et leurs cornettes de hauteur identique, de sorte que le drap leur couvrant la tête et les enveloppant jusque par-dessous les pieds, il était impossible de distinguer l'une de l'autre.

Le fiancé ne devait les toucher qu'avec le bout de sa baguette, et seulement pour désigner celle qu'il jugeait être sa femme. On lui donnait le temps d'examiner, mais avec les yeux seulement, et les matrones, placées à ses côtés, veillaient rigoureusement à ce qu'il n'y eût point de supercherie. S'il se trompait, il ne pouvait danser de la soirée avec sa fiancée, mais seulement avec celle qu'il avait choisie par erreur.

Germain, se voyant en présence de ces fantômes enveloppés sous le même suaire, craignait fort de se tromper; et, de fait, cela était arrivé à bien d'autres, car les précautions étaient toujours prises avec un soin consciencieux. Le cœur lui battait. La petite Marie essayait bien de respirer fort et d'agiter un peu le drap, mais ses malignes rivales en faisaient autant, poussant le drap avec leurs doigts, et il y avait autant de signes mystérieux que de jeunes filles sous le voile. Les cornettes carrées maintenant ce voile si également tendu qu'il était impossible de voir la forme d'un front dessiné par ses plis.

Germain, après dix minutes d'hésitation, ferma les yeux, recommanda son âme à Dieu, et tendit la baguette au hasard. Il toucha le front de la petite Marie, qui jeta le drap loin d'elle en criant victoire. Il eut alors la permission de l'embrasser, et, l'enlevant dans ses bras robustes, il la porta au milieu de la chambre, et ouvrit avec elle le bal, qui dura jusqu'à deux heures du matin.

Alors on se sépara pour se réunir à huit heures. Comme il y avait un certain nombre de jeunes gens venus des environs, et qu'on n'avait pas des lits pour tout le monde, chaque invitée du village reçut dans son lit deux ou trois jeunes compagnes, tandis que les garçons allèrent pêle-mêle s'étendre sur le fourrage du grenier de la métairie. Vous pouvez bien penser que là ils ne dormirent guère, car ils ne songèrent qu'à se lutiner les uns les autres, à échanger des lazzis et à se conter de folles histoires. Dans les noces il y a de rigueur trois nuits blanches, qu'on ne regrette point.

A l'heure marquée pour le départ, après qu'on eut mangé la soupe au lait relevée d'une forte dose de poivre, pour se mettre en appétit, car le repas de noces promettait d'être copieux, on se rassembla dans la cour de la ferme. Notre paroisse étant supprimée, c'est à une demi-lieue de chez nous qu'il fallait aller chercher la bénédiction nuptiale. Il faisait un beau temps frais, mais les chemins étant fort gâtés, chacun s'était muni d'un cheval, et chaque homme prit en croupe une compagne jeune ou vieille. Germain partit sur la *Grise*, qui, bien pansée, ferrée à neuf et ornée de rubans, piaffait et jetait le feu par les naseaux. Il alla chercher sa fiancée à la chaumière avec son beau-frère Jacques, lequel, monté sur la vieille *Grise*, prit la bonne mère Guillette en croupe, tandis que Germain rentra dans la cour de la ferme, amenant sa chère petite femme d'un air de triomphe.

Puis la joyeuse cavalcade se mit en route, escortée par les enfants à pied, qui couraient en tirant des coups de pistolet et faisaient bondir les chevaux. La mère Maurice était montée sur une petite charrette avec les trois enfants de Germain et les ménétriers. Ils ouvraient la marche au son des instruments. Petit Pierre était si beau, que la vieille grand'mère en était tout orgueilleuse. Mais l'impétueux enfant ne tint pas longtemps à ses côtés. A un temps d'arrêt qu'il fallut faire à mi-chemin pour s'engager dans un passage difficile, il s'esquiva et alla supplier son père de l'asseoir devant lui sur la *Grise*.

— Oui-da! répondit Germain, cela va nous attirer de mauvaises plaisanteries! il ne faut point.

— Je ne me soucie guère de ce que diront les gens de Saint-Chartier, dit la petite Marie. Prenez-le, Germain, je vous en prie: je serai encore plus fière de lui que de ma toilette de noces.

Germain céda, et le beau trio s'élança dans les rangs au galop triomphant de la *Grise*.

Et, de fait, les gens de Saint-Chartier, quoique très-railleurs et un peu taquins à l'endroit des paroisses environnantes réunies à la leur, ne songèrent point à rire en voyant un si beau marié, une si jolie mariée, et un enfant qui eût fait envie à la femme d'un roi. Petit Pierre avait un habit complet de drap bleu barbeau, un gilet rouge si coquet et si court qu'il ne lui descendait guère au-dessous du menton. Le tailleur du village lui avait si bien serré les entournures qu'il ne pouvait rapprocher ses deux petits bras. Aussi comme il était fier! Il avait un chapeau rond avec une ganse noir et or, et une plume de paon sortant crânement d'une touffe de plumes de pintade. Un bouquet de fleurs plus gros que sa tête lui couvrait l'épaule, et les rubans lui flottaient jusqu'aux pieds. Le chanvreur, qui était aussi le barbier et le perruquier de l'endroit, lui avait coupé les cheveux en rond, en lui couvrant la tête d'une écuelle et retranchant tout ce qui passait, méthode infaillible pour assurer le coup de ciseau. Ainsi accoutré, le pauvre enfant était moins poétique, à coup sûr, qu'avec ses longs cheveux au vent et sa peau de mouton à la Saint-Jean-Baptiste; mais il n'en croyait rien, et tout le monde l'admirait, disant qu'il avait l'air d'un petit homme. Sa beauté triomphait de tout, et de quoi ne triompherait pas, en effet, l'incomparable beauté de l'enfance?

Sa petite sœur Solange avait, pour la première fois de sa vie, une cornette à la place du béguin d'indienne que portent les petites filles jusqu'à l'âge de deux ou trois ans. Et quelle cornette! plus haute et plus large que tout le corps de la pauvrette. Aussi comme elle se trouvait belle! Elle n'osait tourner la tête, et se tenait toute raide, pensant qu'on la prendrait pour la mariée.

Quant au petit Sylvain, il était encore en robe, et, endormi sur les genoux de la grand'mère, il ne se doutait guère de ce que c'est qu'une noce.

Germain regardait ses enfants avec amour, et, en arrivant à la mairie, il dit à sa fiancée:

— Tiens, Marie, j'arrive là un peu plus content que le jour où je t'ai ramenée chez nous, des bois de Chanteloube, croyant que tu ne m'aimerais jamais; je te pris dans mes bras pour te mettre à terre comme à présent ; mais je pensais que nous ne nous retrouverions plus jamais sur la pauvre bonne Grise avec cet enfant sur nos genoux. Tiens, je t'aime tant, j'aime tant ces pauvres petits, je suis si heureux que tu m'aimes, et que tu les aimes, et que mes parents t'aiment, et j'aime tant ta mère et mes amis, et tout le monde aujourd'hui, que je voudrais avoir trois ou quatre cœurs pour y suffire. Vrai, c'est trop peu d'un pour y loger tant d'amitiés et tant de contentements ! J'en ai comme mal à l'estomac.

Il y eut une foule à la porte de la mairie et de l'église pour regarder la jolie mariée. Pourquoi ne dirions-nous pas son costume ? il lui allait si bien ! Sa cornette de mousseline claire et brodée partout, avait les barbes garnies de dentelle. Dans ce temps-là les paysannes ne se permettaient pas de montrer un seul cheveu ; et quoiqu'elles cachent sous leurs cornettes de magnifiques chevelures roulées dans des rubans de fil blanc pour soutenir la coiffe, encore aujourd'hui ce serait une action indécente et honteuse que de se montrer aux hommes la tête nue. Cependant elles se permettent à présent de laisser passer sur le front un mince bandeau qui les embellit beaucoup. Mais je regrette la coiffure classique de mon temps : ces dentelles blanches à cru sur la peau avaient un caractère d'antique chasteté qui me semblait plus solennel, et quand une figure était belle ainsi, c'était d'une beauté dont rien ne peut exprimer le charme et la majesté naïve.

La petite Marie portait encore cette coiffure, et son front était si blanc et si pur, qu'il défiait le blanc du linge de l'assombrir. Quoiqu'elle n'eût pas fermé l'œil de la nuit, l'air du matin et surtout la joie intérieure d'une âme aussi limpide que le ciel, et puis encore un peu de flamme secrète, contenue par la pudeur de l'adolescence, lui faisaient monter aux joues un éclat aussi suave que la fleur du pêcher aux premiers rayons d'avril.

Son fichu blanc, chastement croisé sur son sein, ne laissait voir que les contours délicats d'un cou arrondi comme celui d'une tourterelle ; son déshabillé de drap fin vert-myrte dessinait sa petite taille, qui semblait parfaite, mais qui devait grandir et se développer encore, car elle n'avait pas dix-sept ans. Elle portait un tablier de soie violet-pensée, avec la bavette, que nos villageoises ont eu le tort de supprimer et qui donnait tant d'élégance et de modestie à la poitrine. Aujourd'hui elles étalent leur fichu avec plus d'orgueil, mais il n'y a plus dans leur toilette cette fine fleur d'antique pudicité qui les faisait ressembler à des vierges d'Holbein. Elles sont plus coquettes, plus gracieuses. Le bon genre était autrefois une sorte de raideur sévère qui rendait leur rare sourire plus profond et plus idéal.

À l'offrande, Germain mit, selon l'usage, le *treizain*, c'est-à-dire treize pièces d'argent, dans la main de sa fiancée. Il lui passa au doigt une bague d'argent d'une forme invariable depuis des siècles, mais que *l'alliance d'or* a remplacée désormais. Au sortir de l'église, Marie lui dit tout bas : Est-ce bien la bague que je souhaitais ? celle que je vous ai demandée, Germain ?

— Oui, répondit-il, celle que ma Catherine avait au doigt lorsqu'elle est morte. C'est la même bague pour mes deux mariages.

— Je vous remercie, Germain, dit la jeune femme d'un ton sérieux et pénétré. Je mourrai avec, et si c'est avant vous, vous la garderez pour le mariage de votre petite Solange.

IV.

LE CHOU.

On remonta à cheval et on revint très-vite à Bel-Air. Le repas fut splendide, et dura, entremêlé de danses et de chants, jusqu'à minuit. Les vieux ne quittèrent point la table pendant quatorze heures. Le fossoyeur fit la cuisine et la fit fort bien. Il était renommé pour cela, et il quittait ses fourneaux pour venir danser et chanter entre chaque service. Il était épileptique pourtant, ce pauvre père Bontemps ! Qui s'en serait douté ? Il était frais, fort, et gai comme un jeune homme. Un jour nous le trouvâmes comme mort, tordu par son mal dans un fossé, à l'entrée de la nuit. Nous le rapportâmes chez nous dans une brouette, et nous passâmes la nuit à le soigner. Trois jours après il était de noce, chantait comme une grive et sautait comme un cabri, se trémoussant à l'ancienne mode. En sortant d'un mariage, il allait creuser une fosse et clouer une bière. Il s'en acquittait pieusement, et quoiqu'il n'y parût point ensuite à sa belle humeur, il en conservait une impression sinistre qui hâtait le retour de son accès. Sa femme, paralytique, ne bougeait de sa chaise depuis vingt ans. Sa mère en a cent quarante et vit encore. Mais lui, le pauvre homme, si gai, si bon, si amusant, il s'est tué l'an dernier en tombant de son grenier sur le pavé. Sans doute, il était en proie au fatal accès de son mal, et, comme d'habitude, il s'était caché dans le foin pour ne pas effrayer et affliger sa famille. Il termina ainsi, d'une manière tragique, une vie étrange comme lui-même, un mélange de choses lugubres et folles, terribles et riantes, au milieu desquelles son cœur était toujours resté bon et son caractère aimable.

Mais nous arrivons à la troisième journée des noces, qui est la plus curieuse, et qui s'est maintenue dans toute sa rigueur jusqu'à nos jours. Nous ne parlerons pas de la rôtie que l'on porte au lit nuptial, c'est un assez sot usage qui fait souffrir la pudeur de la mariée et tend à détruire celle des jeunes filles qui y assistent. D'ailleurs je crois que c'est un usage de toutes les provinces, et qui n'a chez nous rien de particulier.

De même que la cérémonie des *livrées* est le symbole de la prise de possession du cœur et du domicile de la mariée, celle du *chou* est le symbole de la fécondité de l'hymen. Après le déjeuner du lendemain de noces commence cette bizarre représentation d'origine gauloise, mais qui, en passant par le christianisme primitif, est devenue peu à peu une sorte de *mystère*, ou de moralité bouffonne du moyen âge.

Deux garçons (les plus enjoués et les mieux disposés de la bande) disparaissent pendant le déjeuner, vont se costumer, et enfin reviennent escortés de la musique, des chiens, des enfants et des coups de pistolet. Ils représentent un couple de gueux, mari et femme, couverts des haillons les plus misérables. Le mari est le plus sale des deux : c'est le vice qui l'a ainsi dégradé ; la femme n'est que malheureuse et avilie par les désordres de son époux.

Ils s'intitulent le *jardinier et la jardinière* et se disent préposés à la garde et à la culture du chou sacré. Mais le mari porte diverses qualifications qui toutes ont un sens. On l'appelle indifféremment le *peilloux*, parce qu'il est coiffé d'une perruque de paille ou de chanvre, et que, pour cacher sa nudité mal garantie par ses guenilles, il s'entoure les jambes et une partie du corps de paille. Il se fait aussi un gros ventre ou une bosse avec de la paille ou du foin cachés sous sa blouse. Le *peilloux*, parce qu'il est couvert de *peille* (de guenilles). Enfin, le *païen*, ce qui est plus significatif encore, parce qu'il est censé, par son cynisme et ses débauches, résumer en lui l'antipode de toutes les vertus chrétiennes.

Il arrive, le visage barbouillé de suie et de lie de vin, quelquefois affublé d'un masque grotesque. Une mauvaise tasse de terre ébréchée, ou un vieux sabot, pendu à sa ceinture par une ficelle, lui sert à demander l'aumône du vin. Personne ne lui refuse, et il feint de boire, puis il répand le vin par terre, en signe de libation. À chaque pas, il tombe, il se roule dans la boue, il affecte d'être en proie à l'ivresse la plus honteuse. Sa pauvre femme court après lui, le ramasse, appelle au secours, arrache les cheveux de chanvre qui sortent en mèches hérissées de sa cornette immonde, pleure sur l'abjection de son mari et lui fait des reproches pathétiques.

— Malheureux ! lui dit-elle, vois où nous a réduits ta mauvaise conduite ! J'ai beau filer, travailler pour toi, raccommoder tes habits ! tu les déchires, tu te souilles sans cesse. Tu m'as mangé mon pauvre bien, nos six enfants sont sur la paille, nous vivons dans une étable avec les animaux; nous voilà réduits à demander l'aumône, et encore tu es si laid, si dégoûtant, si méprisé, que bientôt on nous jettera le pain comme à des chiens. Hélas! mes pauvres *mondes* (mes pauvres gens), ayez pitié de nous! ayez pitié de moi! Je n'ai pas mérité mon sort, et jamais femme n'a eu un mari plus malpropre et plus détestable. Aidez-moi à le ramasser, autrement les voitures l'écraseront comme un vieux tesson de bouteille, et je serai veuve, ce qui achèverait de me faire mourir de chagrin, quoique tout le monde dise que ce serait un grand bonheur pour moi.

Tel est le rôle de la jardinière et ses lamentations continuelles durant toute la pièce. Car c'est une véritable comédie libre, improvisée, jouée en plein air, sur les chemins, à travers champs, alimentée par tous les accidents fortuits qui se présentent, et à laquelle tout le monde prend part, gens de la noce et du dehors, hôtes des maisons et passants des chemins pendant trois ou quatre heures de la journée, ainsi qu'on va le voir. Le thème est invariable, mais on brode à l'infini sur ce thème, et c'est là qu'il faut voir l'instinct mimique, l'abondance d'idées bouffonnes, la faconde, l'esprit de repartie, et même l'éloquence naturelle de nos paysans.

Le rôle de la jardinière est ordinairement confié à un homme mince, imberbe et au teint frais, qui sait donner une grande vérité à son personnage, et jouer le désespoir burlesque avec assez de naturel pour qu'on en soit égayé et attristé en même temps comme d'un fait réel. Ces hommes maigres et imberbes ne sont pas rares dans nos campagnes, et, chose étrange, ce sont parfois les plus remarquables pour la force musculaire.

Après que le malheur de la femme est constaté, les jeunes gens de la noce l'engagent à laisser là son ivrogne de mari, et à se divertir avec eux. Ils lui offrent le bras et l'entraînent. Peu à peu elle s'abandonne, s'égaie et se met à courir, tantôt avec l'un, tantôt avec l'autre, prenant des allures dévergondées: nouvelle *moralité*, l'inconduite du mari provoque et amène celle de la femme.

Le païen se réveille alors de son ivresse, il cherche des yeux sa compagne, s'arme d'une corde et d'un bâton et court après elle. On la fait courir, on se cache, on passe la femme de l'un à l'autre, on essaie de la distraire et de tromper le jaloux. Ses *amis* s'efforcent de l'enivrer. Enfin il rejoint son infidèle et veut la battre. Ce qu'il y a de plus réel et de mieux observé dans cette parodie des misères de la vie conjugale, c'est que le jaloux ne s'attaque jamais à ceux qui lui enlèvent sa femme. Il est fort poli et prudent avec eux, il ne veut s'en prendre qu'à la coupable, parce qu'elle est censée ne pouvoir lui résister.

Mais au moment où il lève son bâton et apprête sa corde pour attacher la délinquante, tous les hommes de la noce s'interposent et se jettent entre les deux époux. « *Ne la battez pas! ne battez jamais votre femme!* » est la formule qui se répète à satiété dans ces scènes. On désarme le mari, on le force à pardonner, à embrasser sa femme, et bientôt il affecte de l'aimer plus que jamais. Il s'en va bras dessus, bras dessous avec elle, en chantant et en dansant, jusqu'à ce qu'un nouvel accès d'ivresse le fasse rouler par terre: et alors recommencent les lamentations de la femme, son découragement, ses égarements simulés: la jalousie du mari, l'intervention des voisins et le raccommodement. Il y a dans tout cela un enseignement naïf, grossier même, qui sent fort son origine moyen âge, mais qui fait toujours impression, sinon sur les mariés, trop amoureux ou trop raisonnables aujourd'hui pour en avoir besoin, du moins sur les enfants et les adolescents. Le païen effraie et dégoûte tellement les jeunes filles, en courant après elles et en feignant de vouloir les embrasser, qu'elles fuient avec une émotion qui n'a rien de joué. Sa face barbouillée et son grand bâton (inoffensif pourtant) font jeter les hauts cris aux marmots. C'est de la comédie de mœurs à l'état le plus élémentaire, mais aussi le plus frappant.

Quand cette farce est bien mise en train, on se dispose à aller chercher le chou. On apporte une civière sur laquelle on place le païen armé d'une bêche, d'une corde et d'une grande corbeille. Quatre hommes vigoureux l'enlèvent sur leurs épaules. Sa femme le suit à pied, les *anciens* viennent en groupe après lui d'un air grave et pensif; puis la noce marche par couples au pas réglé par la musique. Les coups de pistolet recommencent, les chiens hurlent plus que jamais à la vue du païen immonde, ainsi porté en triomphe. Les enfants l'encensent dérisoirement avec des sabots au bout d'une ficelle.

Mais pourquoi cette ovation à un personnage si repoussant? On marche à la conquête du chou sacré, emblème de la fécondité matrimoniale, et c'est cet ivrogne abruti qui, seul, peut porter la main sur la plante symbolique. Sans doute il y a là un mystère antérieur au christianisme, et qui rappelle la fête des Saturnales, ou quelque bacchanale antique. Peut-être ce païen, qui est en même temps le jardinier par excellence, n'est-il rien moins que Priape en personne, le dieu des jardins et de la débauche, divinité qui dut être pourtant chaste et sérieuse dans son origine, comme le mystère de la reproduction, mais que la licence des mœurs et l'égarement des idées ont dégradée insensiblement.

Quoi qu'il en soit, la marche triomphale arrive au logis de la mariée et s'introduit dans son jardin. Là on choisit le plus beau chou, ce qui ne se fait pas vite, car les anciens tiennent conseil et discutent à perte de vue, chacun plaidant pour le chou qui lui paraît le plus convenable. On va aux voix, et quand le choix est fixé, le *jardinier* attache sa corde autour de la tige, et s'éloigne autant que le permet l'étendue du jardin. La jardinière veille à ce que, dans sa chute, le légume sacré ne soit point endommagé. Les *Plaisants* de la noce, le chanvreur, le fossoyeur, le charpentier, ou le sabotier (tous ceux enfin qui ne travaillent pas la terre, et qui, passant leur vie chez les autres, sont réputés avoir, et réellement plus d'esprit et de babil que les simples ouvriers agriculteurs), se rangent autour du chou. L'un ouvre une tranchée à la bêche, si profonde qu'on dirait qu'il s'agit d'abattre un chêne. L'autre met sur son nez une *drogue* en bois ou en carton qui simule une paire de lunettes: il fait l'office d'*ingénieur*, s'approche, s'éloigne, lève un plan, lorgne les travailleurs, tire des lignes, fait le pédant, s'écrie qu'on va tout gâter, fait abandonner et reprendre le travail selon sa fantaisie, et, le plus longuement, le plus ridiculement possible, dirige la besogne. Ceci est-il une addition au formulaire antique de la cérémonie, en moquerie des théoriciens en général que le paysan coutumier méprise souverainement, ou en haine des arpenteurs qui règlent le cadastre et répartissent l'impôt, ou enfin des employés aux ponts et chaussées qui convertissent des communaux en routes, et font supprimer de vieux abus chers au paysan? Tant il y a que ce personnage de la comédie s'appelle le *géomètre*, et qu'il fait son possible pour se rendre insupportable à ceux qui tiennent la pioche et la pelle.

Enfin, après un quart d'heure de difficultés et de momeries, pour ne pas couper les racines du chou et le déplanter sans dommage, tandis que des pelletées de terre sont lancées au nez des assistants (tant pis pour qui ne se range pas assez vite; fût-il évêque ou prince, il faut qu'il reçoive le baptême de la terre), le *païen* tire la corde, la païenne tend son tablier, et le chou tombe majestueusement aux *vivat* des spectateurs. Alors on apporte la corbeille, et le couple païen y plante le chou avec toutes sortes de soins et de précautions. On l'entoure de terre fraîche, on le soutient avec des baguettes et des liens, comme font les bouquetières des villes pour leurs splendides camélias en pot; on pique des pommes rouges au bout des baguettes, des branches de thym, de sauge et de laurier tout autour; on chamarre le tout de rubans et de banderoles; on recharge le trophée sur la civière avec le païen, qui doit le maintenir en équilibre et le préserver d'accident, et enfin on sort du jardin en bon ordre et au pas de marche.

Mais là quand il s'agit de franchir la porte, de même que lorsque ensuite il s'agit d'entrer dans la cour de la maison du marié, un obstacle imaginaire s'oppose au passage. Les porteurs du fardeau trébuchent, poussent de grandes exclamations, reculent, avancent encore, et, comme repoussés par une force invincible, feignent de succomber sous le poids. Pendant cela, les assistants crient, excitent et calment l'attelage humain. « Bellement, bellement, enfant! La, la, courage! Prenez garde! patience! Baissez-vous. La porte est trop basse! Serrez-vous, elle est trop étroite! un peu à gauche, à droite à présent! allons, du cœur, vous y êtes! ».

C'est ainsi que dans les années de récolte abondante, le char à bœufs, chargé, outre mesure, de fourrage ou de moissons se trouve trop large ou trop haut pour entrer sous le porche de la grange. C'est ainsi qu'on crie après les robustes animaux pour les retenir ou les exciter; c'est ainsi qu'avec de l'adresse et de vigoureux efforts on fait passer la montagne des richesses, sans l'écrouler, sous l'arc-de-triomphe rustique. C'est surtout le dernier charroi, appelée la *gerbaude*, qui demande ces précautions, car c'est aussi une fête champêtre et la dernière gerbe enlevée au dernier sillon est placée au sommet du char, ornée de rubans et de fleurs, de même que le front des bœufs et l'aiguillon du bouvier. Ainsi, l'entrée triomphale et pénible du chou dans la maison est un simulacre de la prospérité et de la fécondité qu'il représente.

Arrivé dans la cour du marié, le chou est enlevé et porté au plus haut de la maison ou de la grange. S'il est une cheminée, un pignon, un pigeonnier plus élevé que les autres faîtes, il faut, à tout risque, porter ce fardeau au point culminant de l'habitation. Le païen l'accompagne jusque-là, le fixe et l'arrose d'un grand broc de vin, tandis qu'une salve de coups de pistolet et les contorsions joyeuses de la païenne signalent son inauguration.

La même cérémonie recommence immédiatement. On va déterrer un autre chou dans le jardin du marié pour le porter avec les mêmes formalités sur le toit que sa femme vient d'abandonner pour le suivre. Ces trophées restent là jusqu'à ce que le vent et la pluie détruisent les corbeilles et emportent le chou. Mais ils y vivent assez longtemps pour donner quelque chance de succès à la prédiction que font les anciens et les matrones en le saluant. « Beau chou, disent-ils, vis et fleuris, afin que notre jeune mariée ait un beau petit enfant avant la fin de l'année ; car si tu mourais trop vite, ce serait signe de stérilité, et tu serais là-haut sur sa maison comme un mauvais présage. »

La journée est déjà avancée quand toutes ces choses sont accomplies. Il ne reste plus qu'à faire la conduite aux parrains et marraines des conjoints. Quand ces parents putatifs demeurent au loin, on les accompagne avec la musique et toute la noce jusqu'aux limites de la paroisse. Là, on danse encore sur le chemin et on les embrasse en se séparant d'eux. Le païen et sa femme sont alors débarbouillés et rhabillés proprement, quand la fatigue de leur rôle ne les a pas forcés à aller faire un somme.

On dansait, on chantait et on mangeait encore à la métairie de Bel-Air, ce troisième jour de noce, à minuit, lors du mariage de Germain. Les anciens, attablés, ne pouvaient s'en aller, et pour cause. Ils ne retrouvèrent leurs jambes et leurs esprits que le lendemain au petit jour. Alors, tandis que ceux-là regagnaient leurs demeures, silencieux et trébuchants, Germain, fier et dispos, sortit pour aller lier ses bœufs, laissant sommeiller sa jeune compagne jusqu'au lever du soleil. L'alouette, qui chantait en montant vers les cieux, lui semblait être la voix de son cœur rendant grâce à la Providence. Le givre, qui brillait aux buissons décharnés, lui semblait la blancheur des fleurs d'avril précédant l'apparition des feuilles. Tout était riant et serein pour lui dans la nature. Le petit Pierre avait tant ri et tant sauté la veille qu'il ne vint pas l'aider à conduire ses bœufs; mais Germain était content d'être seul. Il se mit à genoux dans le sillon qu'il allait refendre, et fit sa prière du matin avec une effusion si grande que deux larmes coulèrent sur ses joues encore humides de sueur.

On entendait au loin les chants des jeunes garçons des paroisses voisines, qui partaient pour retourner chez eux, et qui redisaient d'une voix un peu enrouée les refrains joyeux de la veille.

FIN DE LA MARE AU DIABLE.

ANDRÉ

NOTICE

C'est à Venise que j'ai rêvé et écrit ce roman. J'habitais une petite maison basse, le long d'une étroite rue d'eau verte, et pourtant limpide, tout à côté du petit pont *dei Barcaroli.* Je ne voyais, je ne connaissais, je ne voulais voir et connaître quasi personne. J'écrivais beaucoup, j'avais de longs et paisibles loisirs, je venais d'écrire *Jacques* dans cette même petite maison. J'en étais attristée. J'avais dessein de fixer ma vie alternativement en France et à Venise. Si mes enfants eussent été en âge de me suivre à Venise, je crois que j'y eusse fait un établissement définitif, car, nulle part, je n'avais trouvé une vie aussi calme, aussi studieuse, aussi complétement ignorée. Et cependant, après six mois de cette vie, je commençais à ressentir une sorte de nostalgie dont je ne voulais pas convenir avec moi-même.

Cette nostalgie se traduisit pour moi par le roman d'*André*. J'avais de temps en temps, pour restaurer mes nippes, une jeune ouvrière, grande, blonde, élégante, babillarde, qui s'appelait Loredana. Ma gouvernante était petite, rondelette, pâle, langoureuse, et tout aussi babillarde que l'autre, quoiqu'elle eût le parler plus lent. Je n'étais pas somptueusement logée, tant s'en faut. Leurs longues causeries dans la chambre voisine de la mienne me dérangèrent donc beaucoup : mais je finissais par les écouter machinalement et puis alternativement, pour m'exercer à comprendre leur dialecte dont mon oreille s'habituait à saisir les rapides élisions. Peu à peu je les écoutais aussi pour surprendre dans leurs commérages, non pas les secrets des familles vénitiennes qui m'intéressaient fort peu, mais la couleur des mœurs intimes de cette cité, qui n'est pareille à aucune autre, et où il semble que tout dans les habitudes, dans les goûts et dans les passions, doive essentiellement différer de ce qu'on voit ailleurs. Quelle fut ma surprise, lorsque mon oreille fut blasée sur le premier étonnement des formes du langage, d'entendre des histoires, des réflexions et des appréciations identiquement semblables à ce que j'avais entendu dans une ville de nos provinces françaises. Je me crus à La Châtre ! Les dames du lieu, ces belles et molles patriciennes, qui fleurissent comme des camélias en serre dans l'air tiède des lagunes, elles avaient, en passant par la langue si *bien pendue* de la Loredana, les mêmes vanités, les mêmes grâces, les mêmes forces, les mêmes faiblesses que les fières et paresseuses bourgeoises de nos petites villes. Chez les hommes, c'était même bonhomie, même parcimonie, même finesse, même libertinage. Le monde des ouvriers, des artisans, de leurs filles et de leurs femmes, c'était encore comme chez nous, et je m'écriai du mot proverbial : *Tutto il mondo è fatto come la nostra famiglia*.

Reportée à mon pays, à ma province, à la petite ville où j'avais vécu, je me sentis en disposition d'en peindre les types et les mœurs, et on sait que quand une fantaisie vient à l'artiste, il faut qu'il la contente. Nulle autre ne peut l'en distraire. C'est donc au sein de la belle Venise, au bruit des eaux tranquilles que soulève la rame, au son des guitares errantes, et en face des palais féeriques qui partout projettent leur ombre sur les canaux les plus étroits et les moins fréquentés, que je me rappelai les rues sales et noires, les maisons déjetées, les pauvres toits moussus, et les aigres concerts de coqs, d'enfants et de chats de ma petite ville. Je rêvai là aussi de nos belles prairies, de nos foins parfumés, de nos petites eaux courantes et de la botanique aimée autrefois, que je ne pouvais plus observer que sur les mousses limoneuses et les algues flottantes accrochées au flanc des gondoles. Je ne sais dans quels vagues souvenirs de types divers je fis mouvoir la moins compliquée et la plus paresseuse des fictions. Ces types étaient tout aussi vénitiens que berrichons. Changez l'habit, la langue, le ciel, le paysage, l'architecture, la physionomie extérieure de toutes gens et de toutes choses ; au fond de tout cela, l'homme est toujours à peu près le même, et la femme encore plus que l'homme, à cause de la ténacité de ses instincts.

GEORGE SAND.

Nohant, avril 1851.

I.

Il y a encore au fond de nos provinces de France un peu de vieille et bonne noblesse qui prend bravement son parti sur les vicissitudes politiques, là par générosité, ici par stoïcisme, ailleurs par apathie. Je sais d'anciens seigneurs qui portent des sabots, et boivent leur piquette sans se faire prier. Ils ne font plus ombrage à personne ; et si le présent n'est pas brillant pour eux, du moins n'ont-ils rien à craindre de l'avenir.

Il faut reconnaître que parmi ces gens-là on rencontre parfois des caractères solidement trempés et vraiment faits pour traverser les temps d'orages. Plus d'un qui se serait débattu en vain contre sa nature épaisse, s'il eût succédé paisiblement à ses ancêtres, s'est fort bien trouvé de venir au monde avec la force physique et l'insouciance d'un rustre. Tel était le marquis de Morand. Il sortait d'une riche et puissante lignée, et pourtant s'estimait heureux et fier de posséder un petit vieux castel et un domaine d'environ deux cent mille francs.

Sans se creuser la cervelle pour savoir si ses aïeux avaient eu une plus belle vie dans leurs grands fiefs, il tirait tout le parti possible de son petit héritage ; il y vivait comme un véritable laird écossais, partageant son année entre les plaisirs de la chasse et les soins de son exploitation ; car, selon l'usage des purs campagnards, il ne s'en remettait à personne des soucis de la propriété. Il était à lui-même son majordome, son fermier et son métayer ; même on le voyait quelquefois, au temps de la moisson ou de la fenaison, impatient de serrer ses denrées menacées par une pluie d'orage, poser sa veste sur un râteau planté en terre, donner de l'aisance aux courroies élastiques qui soutenaient son haut-de-chausses sur son ventre de Falstaff, et, s'armant d'une fourche, passer la gerbe aux ouvriers. Ceux-ci, quoique essoufflés et ruisselants de sueur, se montraient alors empressés, facétieux et pleins de bon vouloir ; car ils savaient que le digne seigneur de Morand, en s'essuyant le front au retour, leur versait le coup d'*embauchage* pour la semaine suivante, et ferait en vin de sa cave plus de dépense que l'eau de pluie n'eût causé de dégâts sur sa récolte.

Malgré ces petites inconséquences, le hobereau faisait bon usage de sa vigueur et de son activité. Il mettait de côté chaque année un tiers de son revenu, et, de cinq ans en cinq ans, on le voyait arrondir son domaine de quelque bonne terre labourable ou de quelque beau carrefour de hêtre et de chêne noir. Du reste, sa maison était honorable sinon élégante, sa cuisine confortable sinon exquise, son vin généreux, ses bidets pleins de vigueur, ses chiens bien ouverts et bien évidés au flanc, ses amis nombreux et bons buveurs, ses servantes hautes en couleur et quelque peu barbues. Dans son jardin fleurissaient les plus beaux espaliers du pays ; dans ses prés paissaient les plus belles vaches ; enfin, quoique les limites du château et de la ferme ne fussent ni bien tracées ni bien gardées, quoique les poules et les abeilles fussent un peu trop accoutumées au salon, que la saine odeur des étables pénétrât fortement dans la salle à manger, il n'est pas moins certain que la vie pouvait être douce, active, facile et sage derrière les vieux murs du château de Morand.

Mais André de Morand, le fils unique du marquis, n'en jugeait pas ainsi ; il faisait de vains efforts pour se renfermer dans la sphère de cette existence, qui convenait si bien aux goûts et aux facultés de ceux qui l'entouraient. Seul et chagrin parmi tous ces gens occupés d'affaires lucratives et de commodes plaisirs, il s'adressait des questions dangereuses : « A quoi bon ces fatigues, et que sont ces jouissances ? Travailler pour arriver à ce but, est-ce la peine ? Quel est le plus rude, de se condamner à ces amusements ou de se laisser tuer par l'ennui ? » Toutes ses idées tournaient dans ce cercle sans issue, tous ses désirs se brisaient à des obstacles grossiers, insurmontables. Il éprouvait le besoin de posséder ou de sentir tout ce qui était ignoré de ses proches ; mais ceux dont il dépendait ne s'en souciaient point, et résistaient à sa fantaisie sans se donner la peine de le contredire.

Lorsque son père s'était décidé à lui donner un précepteur, c'avait été par des raisons d'amour-propre, et nullement en vue des avantages de l'éducation. Soit disposition invétérée, soit l'effet du désaccord établi par cette éducation entre lui et les hommes qui l'entouraient, le caractère d'André était devenu de plus en plus insolite et singulier aux yeux de sa famille. Son enfance avait été maladive et taciturne. Dans son âge de puberté, il se montra mélancolique, inquiet, bizarre. Il sentit de grandes ambitions fermenter en lui, monter par bouffées, et tomber tout à coup sous le poids du découragement. Les livres dont on le nourrissait pour l'apaiser ne lui suffisaient pas ou l'absorbaient trop. Il eût voulu voyager, changer d'atmosphère et d'habitudes, essayer toutes les choses inconnues, jeter en dehors l'activité qu'il croyait sentir en lui, contenter enfin cette avidité vague et fébrile qui exagérait l'avenir à ses yeux.

Mais son père s'y opposa. Ce joyeux et loyal butor avait sur son fils un avantage immense, celui de vouloir. Si le savoir eût développé et dirigé cette faculté chez le marquis de Morand, il fût devenu peut-être un caractère éminent ; mais, né dans les jours de l'anarchie, abandonné ou caché parmi des paysans, il avait été élevé par eux et comme eux. La bonne et saine logique dont il était doué lui avait appris à se contenter de sa destinée et à s'y renfermer ; la force de sa volonté, la persistance de son énergie, l'avaient conduit à en tirer le meilleur parti possible. Son courage roide et brutal forçait à l'estime sociale ceux qui, du reste, lui prodiguaient le mépris intellectuel. Son entêtement ferme, et quelquefois revêtu d'une certaine dignité patriarcale, avait rendu les volontés souples autour de lui ; et si la lumière de l'esprit, qui jaillit de la discussion, demeurait étouffée par la pratique de ce despotisme paternel, du moins l'ordre et la bonne harmonie domestique y trouvaient des garanties de durée.

André tenait peut-être de sa mère, qui était morte jeune et chétive, une insurmontable langueur de caractère, une inertie triste et molle, un grand effroi de ces récriminations et de ces leçons dures dont les hommes peu cultivés sont prodigues envers leurs enfants. Il possédait une sensibilité naïve, une tendresse de cœur qui le rendaient craintif et repentant devant les reproches même injustes. Il avait toute l'ardeur de la force pour souhaiter et pour essayer la rébellion, mais il était inhabile à la résistance. Sa bonté naturelle l'empêchait d'aller en avant. Il s'arrêtait pour demander à sa conscience timorée s'il avait le droit d'agir ainsi, et, durant ce combat, les volontés extérieures brisaient la sienne. En un mot, le plus grand charme de son naturel était son plus grand défaut; la chaîne d'airain de sa volonté devait toujours se briser à cause d'un anneau d'or qui s'y trouvait.

Rien au monde ne pouvait contrarier et même offenser le marquis de Morand comme les inclinations studieuses de son fils. Égoïste et resserré dans sa logique naturelle, il s'était dit que les vieux sont faits pour gouverner les jeunes, et que rien ne nuit plus à la sûreté des gouvernements que l'esprit d'examen. S'il avait accordé un instituteur à son fils, ce n'était pas pour le satisfaire, mais pour le placer au niveau de ses contemporains. Il avait bien compris que d'autres auraient sur lui l'avantage d'une certaine morgue scolastique s'il le laissait dans l'ignorance, et il avait pris ce grand parti pour prouver qu'il était un aussi riche et magnifique personnage que tel ou tel de ses voisins. M. Forez fut donc le seul objet de luxe qu'il admit dans la maison, à la condition toutefois, bien signifiée au survenant, d'aider de tout son pouvoir à l'autocratie paternelle; et le précepteur intimidé tint rigoureusement sa promesse.

Il trouva cette tâche facile à remplir avec un tempérament doux et maniable comme celui du jeune André; et le marquis, n'ayant pas rencontré de résistance dans tout le cours de cette délégation de pouvoir, ne fut pas trop choqué des progrès de son fils. Mais lorsque M. Forez se fut retiré, le jeune homme devint un peu plus difficile à contenir, et le marquis, épouvanté, se mit à chercher sérieusement le moyen de l'enchaîner à son pays natal. Il savait bien que toute sa puissance serait inutile le jour où André quitterait le toit paternel; car l'esprit de révolte était en lui, et s'il était encore retenu, grâce à sa timidité naturelle, par un froncement de sourcil et par une inflexion dure dans la voix de son père, il était évident que les motifs d'indépendance ne manqueraient pas du moment où il n'y aurait plus d'explications orageuses à affronter.

Ce n'est pas que le marquis craignît de le voir tomber dans les désordres de son âge. Il savait que son tempérament ne l'y portait pas; et même il eût désiré, en bon vivant et en homme éclairé qu'il se piquait d'être, trouver un peu moins de rigidité dans les principes de ce jeune conscience. Il rougissait de dépit quand on lui disait que son fils avait l'air d'une demoiselle. Nous ne voudrions pas affirmer qu'il n'eût pas aussi au fond de son cœur, malgré la bonne opinion qu'il avait de lui-même, un certain sentiment de son infériorité qui bouleversait toutes ses idées sur la prééminence paternelle.

Il ne craignait pas non plus que, par goût pour les raffinements de la civilisation, son fils ne l'entraînât à de grandes dépenses au dehors. Ce goût ne pouvait être éclos dans la tête inexpérimentée d'André; et d'ailleurs le marquis avait pour point d'honneur d'aller, en fait d'argent, au-devant de toutes les fantaisies de ce fils opprimé et chéri. C'est ce qui faisait dire à toute la province qu'il n'était au monde de jeune homme plus heureux et mieux traité que l'héritier des Morand; mais qu'il *jouissait* d'une mauvaise santé et qu'il était *doué* d'un caractère morose. S'il vivait, disait-on, il ne vaudrait jamais son père.

M. de Morand craignait qu'entraîné par les séductions d'un monde plus brillant, son fils ne secouât entièrement le joug, et que non-seulement il ne revînt plus partager sa vie, mais qu'il s'avisât encore de vendre sa maison héréditaire et d'aliéner ses rentes seigneuriales. Quoique le marquis se fût quelque peu entaché de libéralisme dans la société des chasseurs et des buveurs roturiers qu'il appelait à sa table, il tenait secrètement à ses titres, à sa gentilhommerie, et n'affectait le dédain de ces vanités que dans l'espérance de leur donner plus de lustre aux yeux des petits. Lorsqu'il rentrait le soir après la chasse, il entendait, avec un certain orgueil, l'amble serré de sa petite jument retentir sous la herse délabrée de son vieux château; lorsque du sommet d'une colline boisée il comptait sur ses doigts, d'un air recueilli, la valeur de chacun des arbres d'élite marqués pour la cognée, il jetait un regard d'amour sur ses tourelles à demi cachées dans la cime des bois, et son front s'éclaircissait comme au retour d'une douce pensée.

II.

Au profond ennui qui rongeait André, l'attente d'une femme selon son cœur venait, depuis quelque temps, mêler des souffrances et des douceurs plus étranges. Il est à croire que rien d'impur n'aurait pu germer dans cette âme neuve, rien de laid se poser dans cette jeune imagination, et que sa péri enfin était belle comme le jour. Autrement se serait-il pris à pleurer si souvent en songeant à elle? l'aurait-il appelée avec tant d'instances et de doux reproches, l'ingrate qui ne voulait pas descendre du ciel dans ses bras? serait-il resté le soir à l'attendre dans les prés humides de rosée? se serait-il éveillé si matin pour voir lever le soleil, comme si un de ses rayons allait féconder les vapeurs de la terre et en faire sortir un ange d'amour réservé à ses embrassements?

On le voyait partir pour la chasse, mais revenir sans gibier. Son fusil lui servait de prétexte et de contenance; grâce à ce talisman, le jeune poète traversait la campagne et bravait les rencontres, sans danger d'être pris pour un fou; il cachait son sentiment le plus cher avec un volume de roman dans la poche de sa blouse; puis, s'asseyant en silence dans les taillis, gardiens du mystère, il s'entretenait de longues heures avec Jean-Jacques ou Grandisson, tandis que les lièvres trottaient amicalement autour de lui et que les grives babillaient au-dessus de sa tête, comme de bonnes voisines qui se font part de leurs affaires.

A mesure que les vagues inquiétudes de la jeunesse se dirigeaient vers un but appréciable à l'esprit sinon à la vue du solitaire André, sa tristesse augmentait; mais l'espérance se développait avec le désir; et le jeune homme, jusque-là morose et nonchalant, commençait à sentir la plénitude de la vie. Son père tirait bon augure de l'activité des jambes du chasseur, mais il ne prévoyait pas que cette humeur vagabonde aurait pu changer André en hirondelle si la voix d'une femme l'eût appelé d'un bout de la terre à l'autre.

André était donc devenu un marcheur intrépide, sinon un heureux chasseur. Il ne trouvait pas de solitude assez reculée, pas de lande assez déserte, pas de colline assez perdue dans les verts horizons, pour fuir le bruit des métairies et le mouvement des cultivateurs. Afin d'être moins troublé dans ses lectures, il faisait chaque jour plusieurs lieues à travers champs, et la nuit le surprenait souvent avant qu'il eût songé à reprendre le chemin du logis.

Il y avait à trois lieues du château de Morand une gorge inhabitée où la rivière coulait silencieusement entre deux marges de la plus riche verdure. Ce lieu, quoique assez voisin de la petite ville de L....., n'était guère fréquenté que par les bergeronnettes et les merles d'eau; les terres avoisinantes étaient sévèrement gardées contre les braconniers et les pêcheurs; André seul, en qualité de chasseur inoffensif, ne donnait aucun ombrage au garde et pouvait s'enfoncer à loisir dans cette solitude charmante.

C'est là qu'il avait fait ses plus chères lectures et ses plus doux rêves. Il y avait évoqué les ombres de ces héroïnes de roman. Les chastes créations de Walter Scott, Alice, Rebecca, Diana, Catherine, étaient venues souvent chanter dans les roseaux des chœurs délicieux qu'interrompait parfois le gémissement douloureux et

Son fusil lui servait de prétexte et de contenance. (Page 39.)

colère de la petite Fenella. Du sein des nuages, les soupirs éloignés des vierges hébraïques de Byron répondaient à ces belles voix de la terre, tandis que la grande et pâle Clarisse, assise sur la mousse, s'entretenait gravement à l'écart avec Julie, et que Virginie enfant jouait avec les brins d'herbe du rivage. Quelquefois un chœur de bacchantes traversait l'air et emportait ironiquement les douces mélodies. André, pâle et tremblant, les voyait passer, fantasques, méchantes et belles, écrasant sans pitié les fleurs du rivage sous leurs pieds nus, effarouchant les tranquilles oiseaux endormis dans les saules, et trempant leurs couronnes de pampres dans les eaux pour les secouer moqueusement à la figure du jeune rêveur. André s'éveillait de sa vision triste et découragé. Il se reprochait de les avoir trouvées belles et d'avoir eu envie un instant de suivre leur trace, semée de fleurs et de débris. Il évoquait alors ses divins fantômes, ses types chéris de sentiment et de pureté. Il les voyait redescendre vers lui dans leurs longues robes blanches et lui montrer au fond de l'onde une image fugitive qu'il s'efforçait en vain d'attirer et de saisir.

Cette ombre mystérieuse et vague qu'il voyait flotter partout, c'était son amante inconnue, c'était son bonheur futur; mais toutes les réalités différaient tellement de sa beauté idéale, qu'il désespérait souvent de la rencontrer sur la terre et se mettait à pleurer en murmurant, dans son angoisse, des paroles incohérentes. Son père le crut fou bien des fois, et faillit envoyer chercher le médecin pour l'avoir entendu crier au milieu de la nuit : — Où es-tu? es-tu née seulement? ne suis-je pas venu trop tôt ou trop tard pour te rencontrer sur la terre? Et vingt autres folies que le bonhomme traita de billevesées dès qu'il se fut bien assuré que son fils n'avait pas attrapé de coup de soleil dans la journée.

Un soir que le jeune homme s'était attardé dans les Prés-Girault, c'était le nom de sa chère retraite, il lui sembla voir passer à quelque distance une forme réelle; autant qu'il put la distinguer, c'était une taille déliée avec une robe blanche. Elle semblait voltiger sur la pointe des joncs, tant elle courait légèrement! Cette vision ne dura qu'un instant et disparut derrière un massif de trembles. André s'était arrêté stupéfait, et son cœur battait si fort qu'il lui eût été impossible de faire un pas pour la suivre. Quand il en eut retrouvé la force, il s'aperçut que la

La maîtresse ouvrière, placée sur une chaise plus élevée que les autres... (Page 44.)

rivière, qui coulait à fleur de terre et formait cent détours dans la prairie, le séparait du massif. Il lui fallut faire beaucoup de chemin pour rencontrer un de ces petits ponts que les gardeurs de troupeaux construisent eux-mêmes avec des branches entrelacées et de la terre ; enfin il atteignit le massif et n'y trouva personne. L'ombre était devenue si épaisse qu'il était impossible de voir à dix pas devant soi. Il revint, tout pensif et tout ému, s'asseoir devant le souper de son père; mais il dormit moins encore que de coutume, et retourna aux Prés-Girault le lendemain. Rien n'en troublait la solitude, et il craignit d'être devenu assez fou pour qu'une de ses fictions ordinaires lui fût apparue comme une chose réelle.

Le jour suivant, à force d'explorer les bords de la rivière, il trouva un petit gant de fil blanc très-fin, tricoté à l'aiguille avec des points à jour très-artistement travaillés, et qui semblait avoir servi à arracher des herbes, car il était taché de vert.

André le prit, le baisa mille fois comme un fou, l'emporta sur son cœur et en devint amoureux, sans songer que le prince *Charmant*, épris d'une pantoufle, n'était pas un rêveur beaucoup plus ridicule que lui.

Huit jours s'étaient passés sans qu'il trouvât aucune autre trace de cette apparition. Un matin il arriva lentement, comme un homme qui n'espère plus, et, s'appuyant contre un arbre, il se mit à lire un sonnet de Pétrarque.

Tout à coup une petite voix fraîche sortit des roseaux et chanta deux vers d'une vieille romance :

<blockquote>Puis, tout après, je vis dame d'amour
Qui marchait doux et venait sur la rive.</blockquote>

André tressaillit, et, se penchant, il vit à vingt pas de lui une jeune fille habillée de blanc, avec un petit châle couleur arbre de Judée et un mince chapeau de paille. Elle était debout et semblait absorbée dans la contemplation d'un bouquet de fleurs des champs qu'elle avait à la main. André eut l'idée de s'élancer vers elle pour la mieux voir; mais elle vint de son côté, et il se sentit tellement intimidé qu'il se cacha dans les buissons. Elle arriva tout auprès de lui sans s'apercevoir de sa présence, et se mit à chercher d'autres fleurs. Elle erra ainsi pendant près d'un quart d'heure, tantôt s'éloignant, tantôt se rapprochant, explorant tous les brins d'herbe de la prairie et s'emparant des moindres fleurettes. Chaque fois qu'elle en avait rempli sa main, elle descendait sur une petite plage que baignait la rivière, et plantait son bouquet dans le sable humide pour l'empêcher de se faner. Quand elle en eut fait une botte assez grosse, elle la noua avec des joncs, plongea les tiges à plusieurs reprises dans le courant de l'eau pour en ôter le sable, les enveloppa de larges feuilles de *nymphœa* pour en conserver la fraîcheur, et, après avoir rattaché son petit chapeau, elle se mit à courir, emportant ses fleurs, comme une biche poursuivie. André n'osa pas la suivre ; il craignit d'avoir été aperçu et de l'avoir mise en fuite. Il espéra qu'elle reviendrait, mais elle ne revint plus. Il retourna inutilement aux Prés-Girault pendant toute la belle saison. L'hiver vint, et, à chaque fleur que le froid moissonna, André perdit l'espérance de voir revenir sa belle chercheuse de bluets.

Mais cette matinée romanesque avait suffi pour le rendre amoureux. Il en devint maigre à faire trembler, et son père, qui jusque-là avait craint de lui voir chercher ses distractions dans les villes environnantes, fut assez inquiet de sa mélancolie pour l'engager à courir un peu les bals et les divertissements de la province.

André éprouvait désormais une grande répugnance pour tout ce qui ne se renfermait pas dans le cercle de ses rêveries et de ses promenades solitaires ; néanmoins il chercha son inconnue dans les fêtes et dans les réunions d'alentour. Ce fut en vain : toutes les femmes qu'il vit lui semblèrent si inférieures à son inconnue, que, sans le gant qu'il avait trouvé, il aurait pris toute cette aventure pour un rêve.

Ce fut sans doute un malheur pour lui de se retrancher dans sa fantaisie comme dans un fort inexpugnable, et de fermer les yeux et les oreilles à toutes les séductions de l'oubli. Il aurait pu trouver une femme plus belle que son idéale, mais elle l'avait fasciné. C'était la première, et par conséquent la seule dans son imagination. Il s'obstina à croire que sa destinée était d'aimer celle-là, que Dieu la lui avait montrée pour qu'il en gardât l'empreinte dans son âme et lui restât fidèle jusqu'au jour où elle lui serait rendue. C'est ainsi que nous nous faisons nous-mêmes les ministres de la fatalité.

Ce fut surtout vers la petite ville de L...... qu'il dirigea ses recherches. Mais en vain il vit pendant plusieurs dimanches, l'élite de *la société* se rassembler dans un salon de bourgeoises *précieuses* et beaux-esprits, il n'y trouva pas celle qu'il cherchait. Ce qui rendait cette découverte bien plus difficile, c'est que, par suite d'un sentiment appréciable seulement pour ceux qui ont nourri leurs premières amours de rêveries romanesques, André ne put jamais se décider à parler à qui que ce fût de la rencontre qu'il avait faite et de l'impression qu'il en avait gardée. Il aurait cru trahir une révélation divine, s'il eût confié son bonheur et son angoisse à des oreilles profanes. Or, il est bien certain qu'il n'avait aucun ami qui lui ressemblât, et que tous ses jeunes compatriotes se fussent moqués de sa passion, sans en excepter Joseph Marteau, celui qu'il estimait le plus.

Joseph Marteau était fils d'un brave notaire de village. Dans son enfance il avait été le camarade d'André, autant qu'on pouvait être le camarade de cet enfant débile et taciturne. Joseph était précisément tout l'opposé : grand, robuste, jovial, insouciant, il ne sympathisait avec lui que par une certaine élévation de caractère et une grande loyauté naturelle. Ces bons côtés étaient d'autant plus sensibles que l'éducation n'avait guère rien fait pour les développer. Le manque d'instruction solide perçait dans la rudesse de ses goûts. Étranger à toutes les délicatesses d'idées qui caractérisaient le jeune marquis, il y suppléait par une conversation enjouée. Sa bonne et franche gaieté lui inspirait de l'esprit, ou du moins lui en tenait lieu, et il était la seule personne au monde qui pût faire rire le mélancolique André.

Depuis deux ou trois ans il était établi dans la ville de L..... avec sa famille, et fréquentait peu le château de Morand ; mais le marquis, effrayé de la langueur de son fils, alla le trouver, et le pria de venir de temps en temps le distraire par son amitié et sa bonne humeur. Joseph aimait André comme un écolier vigoureux aime l'enfant souffreteux et craintif qu'il protége contre ses camarades. Il ne comprenait rien à ses ennuis ; mais il avait assez de délicatesse pour ne pas les froisser par des railleries trop dures. Il le regardait comme un enfant gâté, ne discutait pas avec lui, ne cherchait pas à le consoler, parce qu'il ne le croyait pas réellement à plaindre, et ne s'occupait qu'à l'amuser, tout en s'amusant pour son propre compte. Sans doute André ne pouvait pas avoir d'ami plus utile. Il le retrouva donc avec plaisir, et, confié par son père à ce gouverneur de nouvelle espèce, il se laissa conduire partout où le caprice de Joseph voulut le promener.

Celui-ci commença par décréter que, vivant seul, André ne pouvait être amoureux. André garda le silence. Joseph reprit en décidant qu'il fallait qu'André devînt amoureux. André sourit d'un air mélancolique. Joseph conclut en affirmant que parmi les demoiselles de la ville il n'y en avait pas une qui eût le sens commun ; que ces précieuses étaient propres à donner le spleen plutôt qu'à l'ôter ; qu'il n'y avait au monde qu'une espèce de femmes aimables, à savoir, les grisettes, et qu'il fallait que son ami apprît à les connaître et à les apprécier, ce à quoi André se résigna machinalement.

III.

Les romanciers allemands parlent d'une petite ville de leur patrie où la beauté semble s'être exclusivement logée dans la classe des jeunes ouvrières. Quiconque a passé vingt-quatre heures dans la petite ville de L...., en France, peut attester la rare gentillesse et la coquetterie sans pareille de ses grisettes. Jamais nid de fauvettes babillardes ne mit au jour de plus riches couvées d'oisillons espiègles et jaseurs ; jamais souffle du printemps ne joua dans les prés avec plus de fleurettes brillantes et légères. La ville de L.... s'enorgueillit à bon droit de l'éclat de ses filles, et de plus de vingt lieues à la ronde les galants de tous les étages viennent risquer leur esprit et leurs prétentions dans ces bals d'artisans où, chaque dimanche, plus de deux cents petites commères étalent sous les quinquets leurs robes blanches, leurs tabliers de soie noire et leur visage couleur de rose.

Comment la toilette des dames de la ville suffit à faire travailler et vivre toutes ces fillettes, c'est ce qu'on ne saurait guère expliquer sans avouer que ces dames aiment beaucoup la toilette, et qu'elles ont bien raison.

Quoi qu'il en soit, les méchants et les méchantes vont s'étonnant du grand nombre d'*artisanes* (c'est un mot du pays que je demande la permission d'employer) qui réussissent à vivre dans une aussi petite ville ; mais les gens de bien ne s'en étonnent pas : ils comprennent que cette ville privilégiée est pour la grisette un théâtre de gloire qu'elle doit préférer à tout autre séjour ; ils savent en outre que la jeunesse et la santé s'aliementent sobrement et peuvent briller sous les plus modestes atours.

Ce qu'il y a de certain, c'est que nulle part peut-être en France la beauté n'a plus de droits et de franchises que dans ce petit royaume, et que nulle part ses priviléges ne dégénèrent moins en abus. L'indépendance et la sincérité dominent comme une loi générale dans les divers caractères de ces jeunes filles. Fières de leur beauté, elles exercent une puissance réelle dans leur Yvetot, et cette espèce de ligue contre l'influence féminine des autres classes établit entre elles un esprit de corps assez estimable et fertile en bons procédés.

Par exemple, si le secret de leurs fautes n'est pas toujours assez bien gardé pour ne pas faire le tour de la ville en une heure, du moins y a-t-il une barrière que ce secret ne franchit pas aisément. Là où cesse l'apostolat de l'artisanerie cesse le droit d'avoir part au petit plaisir du scandale. Ainsi l'aventure d'une grisette peut égayer ou attendrir longtemps la foule de ses pareilles avant d'être livrée au dédaigneux sourire des bas-bleus de l'endroit ou aux graveleux quolibets des villageoises d'alentour.

Ces aventures ne sont pas rares dans une ville où une seule classe de femmes mérite assez d'hommages pour accaparer ceux de toutes les classes d'hommes : aussi voit-on rarement une belle artisane être farouche au point de manquer de cavalier servant. Tant de sévérité serait presque ridicule dans un pays où la galanterie n'a encore mis à la porte toute naïveté de sentiment, et où l'on voit plus d'une amourette s'élever jusqu'à la passion. Ainsi une jeune fille y peut, sans se compromettre, agréer les soins d'un homme libre et ne pas désespérer de l'amener au mariage ; si elle manque son but, ce qui arrive souvent, elle peut espérer de mieux réussir avec un second adorateur, et même avec un troisième, si sa beauté ne s'est pas trop flétrie dans l'attente illimitée du nœud conjugal.

A part donc les vertus austères qui se rencontrent là comme partout en petit nombre, les jeunes ouvrières de L.... sont généralement pourvues chacune d'un favori choisi entre dix, et fort envié de ses concurrents. On peut comparer cette espèce de mariage expectatif au sigisbéisme italien. Tout s'y passe loyalement, et le public n'a pas le droit de gloser tant qu'un des deux amants ne s'est pas rendu coupable d'infidélité ou entaché de ridicule.

Il faut dire à la louange de ces grisettes qu'aucune ne fait fortune par l'intrigue, et qu'elles semblent ignorer l'ignoble trafic que les femmes font ailleurs de leur beauté ; leur orgueil équivaut à une vertu ; jamais la cupidité ne les jette dans les bras des vieillards ; elles aiment trop l'indépendance pour souffrir aucun partage, pour s'astreindre à aucune précaution. Aussi les hommes mariés ne réussissent jamais auprès d'elles. Il y a quelque chose de vraiment magnifique dans l'exercice insolent de leur despotisme féminin. Elles sont aimantes et colères, romanesques on ne peut plus, coquettes et dédaigneuses, avides de louanges, folles de plaisir, bavardes, gourmandes, impertinentes ; mais désintéressées, généreuses et franches. Leur extérieur répond assez à ce caractère : elles sont généralement grandes, robustes et alertes ; elles ont de grandes bouches qui rient à tout propos pour montrer des dents superbes ; elles sont vermeilles et blanches, avec des cheveux bruns ou noirs. Leurs pieds sont très-provinciaux et leurs mains rarement belles ; leur voix est un peu virile, et l'accent du pays n'est pas mélodieux. Mais leurs yeux ont une beauté particulière et une expression de hardiesse et de bonté qui ne trompe pas.

Tel était le monde où Joseph Marteau essaya de lancer le timide André, en lui déclarant que le bonheur suprême était là et non ailleurs, et qu'il ne pouvait pas manquer de sortir enivré du premier bal où il mettrait les pieds. André se laissa donc conduire et se conduisit lui-même assez bien durant toute la soirée. Il dansa très-assidûment, ne fit manquer aucune figure, dépensa au moins cinq francs en oranges et en pralines *offertes aux dames;* même il se montra homme de talent et de *bonne société* (comme disent les gens de mauvaise compagnie) en prenant la place du premier violon, qui était ivre, et en jouant très-proprement un quadrille de contredanses tirées de la *Muette de Portici*.

Malgré ces excellentes actions, André ne prit pas beaucoup dans la société artisane. On le trouva fier, c'est-à-dire silencieux et froid ; lui-même ne s'amusa guère et ne fut pas aussi enchanté qu'on le lui avait prédit. La beauté de ces grisettes n'était nullement celle qui plaisait à son imagination. Il était difficile, mais ce n'était pas sa faute ; il avait dans la tête l'ineffaçable souvenir d'un teint pâle, de deux grands yeux mélancoliques, d'une voix douce, et voulait à toute force trouver de la poésie, sinon dans le langage, du moins dans le silence d'une femme. Tout ce petit caquetage d'enfants gâtés lui déplut. D'ailleurs il n'était pas aisé d'en approcher ; la moins belle était surveillée par plus d'un aspirant jaloux, et André ne se sentait pas la moindre vocation pour le rôle de Lovelace campagnard. Trop modeste pour espérer de supplanter qui que ce fût, il était trop nonchalant pour engager la lutte avec un concurrent. Il se retira donc de bonne heure, laissant Joseph dans une grande exaltation entre une belle ravaudeuse aux yeux noirs et un énorme bol de vin chaud.

« Comment, dit-il à André le lendemain, tu es parti avant la fin ! Tu n'y entends rien, mon cher ; tu ne sais pas que c'est le meilleur moment. On se place adroitement à la sortie, on jette son dévolu sur une fille mal gardée, on lui offre le bras, elle accepte. Vous la reconduisez jusque chez elle, vous avez pour elle mille petits soins durant le trajet : vous lui offrez votre manteau, elle en accepte la moitié ; vous la soulevez dans vos bras pour traverser le ruisseau. Si un chien passe auprès d'elle dans l'obscurité, elle se presse contre vous d'un petit air effrayé, sous prétexte qu'elle a grand'peur des chiens enragés ; vous la rassurez, et vous brandissez votre canne en élevant la voix de manière à réveiller toute la rue. Si le chien a l'air de n'être pas belliqueux, vous pouvez même aller jusqu'à l'assommer d'un grand coup de pied en passant ; cela fait bien et donne l'air crâne. Surtout évitez de jurer ; la grisette hait tout ce qui sent le paysan. Ne gardez pas votre pipe à la bouche en lui donnant le bras ; elle est exigeante et veut du respect. Glissez-lui un compliment agréable de temps en temps, en procédant toujours par comparaison ; par exemple, dites : Mademoiselle une telle est bien jolie, c'est dommage qu'elle soit si pâle, ce n'est pas une rose du mois de mai comme vous. Si votre belle est pâle, parlez d'une personne un peu trop enluminée, et dites que les grosses couleurs donnent l'air d'une servante. Mais surtout choisissez dans la première société les beautés que vous voulez dénigrer ; votre compliment sera deux fois mieux accueilli. Enfin, au moment de quitter votre infante, prenez un air respectueux, et demandez-lui la permission de l'embrasser. Dès qu'elle aura consenti, redoublez de civilité et embrassez-la le chapeau à la main ; aussitôt après saluez jusqu'à terre. Gardez-vous bien de baiser la main, on se moquerait de vous. Replacez-lui son châle sur les épaules, louez sa taille, mais n'y touchez pas. Faites ce métier-là cinq ou six jours de suite ; après quoi vous pouvez tout espérer.

— Et cela suffit pour être préféré à un amant en titre ?

— Bah ! quand on n'a peur de rien, quand on ne doute de rien, on arrive à tout. D'ailleurs je ne te dis pas d'aller te mettre en concurrence avec un de ces gros corroyeurs qui sont accoutumés à charger des bœufs sur leurs épaules, ni avec un de ces fils de fermier qui ont toujours à la main un bâton de cormier ou un brin de houx de la taille d'un mât de vaisseau. Non, il y a assez de freluquets auxquels on peut s'attaquer, de petits clercs d'avoué qui ont la voix flûtée et le menton lisse comme la main, ou bien des flandrins de la haute bourgeoisie qui n'ont pas envie de déchirer leurs habits de drap fin. Ceux-là, vois-tu, on leur souffle leur dulcinée en quinze jours quand on sait s'y prendre. La grisette aime assez ces marjolets qui font des phrases et qui portent des jabots ; mais elle aime par-dessus tout un brave tapageur qui ne sait pas nouer sa cravate, qui a le chapeau sur l'oreille, et qui pour elle ne craint pas de se faire enfoncer un œil ou casser une dent. »

André secoua la tête.

« Je ne ferais pas fortune ici, dit-il, et je ne chercherai pas.

— Comme tu voudras, reprit Joseph ; mais viens toujours dîner avec nous aujourd'hui, tu nous l'as promis. »

André se rendit donc à cinq heures chez les parents de son ami Marteau.

« Parbleu ! dit Joseph, si tu fuis les grisettes, les grisettes te poursuivent. Ma mère fait faire le trousseau de ma sœur qui se marie, et nous avons quatre ouvrières dans la maison. Quatre ! et des plus jolies, ma foi ! Moi, je ne fais que dévider le fil et de ramasser les ciseaux de ces Omphales. Je tourne à l'entour en sournois, comme le renard autour d'un perchoir à poules, jusqu'à ce que la moins prudente se laisse prendre par le vertige et tombe au pouvoir du larron. Le soir, quand elles ont fini leur tâche, je les fais danser dans la cour au son de la flûte, sur six pieds carrés de sable, à l'ombre de deux acacias. C'est une scène champêtre digne d'arracher de tes yeux des larmes bucoliques. Ah! tu me verras ce soir transformé en Tityre, assis sur le bord du puits; et je veux te faire voltiger toi-même au milieu de mes nymphes. Ah çà! tu sais l'usage du pays? Les ouvrières en journée mangent à la même table que nous. Ne va pas faire le dédaigneux; songe que cela se fait dans tout le département, dans les grands châteaux tout comme chez les bourgeois.

— Oui, oui, je le sais, repondit André; c'est un usage du vieux temps que les artisans ne cherchent pas à détruire.

— Moi, j'aime beaucoup cet usage-là, parce que les filles sont jolies. Si jamais je me marie, et si ma femme (comme font beaucoup de jalouses) n'admet au logis que des ouvrières de quatre-vingts ans, je saurai fort bien les envoyer manger à l'office, ou bien je leur ferai servir des nougats de pierre à fusil qui les dégoûteront de mon ordinaire. Mais ici c'est différent : les bouches sont fraîches et les dents blanches. Que la beauté soit la reine du monde, rien de mieux.

IV.

L'intérieur de la famille Marteau était patriarcal. La grand'mère, matrone pleine de vertus et d'obésité, était assise près de la cheminée et tricotait un bas gris. C'était une excellente femme, un peu sourde, mais encore gaie, qui de temps en temps plaçait son mot dans la conversation, tout en ricanant sous les lunettes sans branches qui lui pinçaient le nez. La mère était une ménagère sèche et discrète, active, silencieuse, absolue, sujette à la migraine, et partant chagrine. Elle était debout devant une grande table couverte d'un tapis vert et taillait elle-même la besogne aux ouvrières; mais, malgré son caractère absolu, la dame ne leur parlait qu'avec une extrême politesse, et souffrait, non sans une secrète mortification, que tous ses coups de ciseaux fussent soumis à de longues discussions de leur part.

Auprès de la fenêtre ouverte, les quatre ouvrières et les trois filles de la maison, pressées comme une compagnie de perdrix, travaillaient au trousseau ; la fiancée elle-même brodait le coin d'un mouchoir. La maîtresse ouvrière, placée sur une chaise plus élevée que les autres, dirigeait les travaux, et de temps en temps donnait un coup d'œil aux ourlets confiés aux petites filles. Les grisettes en sous-ordre ne comptaient pas cinquante ans à elles trois; elles étaient fraîches, rieuses et dégourdies à l'avenant. Les têtes blondes des enfants de la maison, penchées d'un petit air boudeur sur leur ouvrage et ne prenant aucun intérêt à la conversation, se mêlaient aux visages animés des grisettes, à leurs bonnets blancs posés sur des bandeaux de cheveux noirs. Ce cercle de jeunes filles formait un groupe naïf tout à fait digne des pinceaux de l'école flamande. Mais, comme Calypso parmi ses nymphes, Henriette, la couturière en chef, surpassait toutes ses ouvrières en caquet et en beauté. Du haut de sa chaise à escabeau, comme du haut d'un trône, elle les animait et les contenait tour à tour de la voix et du regard. Il y avait bien dix ans qu'Henriette était comptée parmi les plus belles, mais elle ne semblait pas vouloir renoncer de si tôt à son empire. Elle proclamait avec orgueil ses vingt-cinq ans et promenait sur les hommes le regard brillant et serein de sa gloire à son apogée. Aucune robe d'alépine ne dessinait avec une netteté plus orgueilleuse l'étroit corsage et les riches contours d'une taille impériale; aucun bonnet de tulle n'étalait ses coquilles démesurées et ses extravagantes rosettes de rubans diaphanes sur un échafaudage plus splendide de cheveux crépés.

A l'arrivée des deux jeunes gens, le babil cessa tout à coup comme le son de l'orgue lorsque le plain-chant de l'officiant écourte sans cérémonie les dernières modulations d'une ritournelle où l'organiste s'oublie. Mais après quelques instants de silence pendant lesquels André salua timidement et supporta le moins gauchement qu'il put le regard oblique de l'aréopage féminin, une voix flûtée se hasarda à placer son mot, puis une autre, puis deux à la fois, puis toutes, et jamais volière ne salua le soleil levant d'un plus gai ramage. Joseph se mêla à la conversation, et voyant André mal à l'aise entre les deux matrones, il l'attira auprès du jeune groupe.

« Mademoiselle Henriette, dit-il d'un ton moitié familier, moitié humble (note qu'il était important de toucher juste avec la belle couturière, et dont Joseph avait très-bien étudié l'intonation), voulez-vous me permettre de vous présenter un de mes meilleurs amis, M. André de Morand, gentilhomme, comme vous savez, et gentil garçon, comme vous voyez? Il n'ose pas vous dire sa peine; mais le fait est qu'il a tourné autour de vous cette nuit pendant une heure pour vous faire danser, et qu'il n'a pas pu vous approcher; vous êtes inabordable au bal, et quand on n'a pas obtenu votre promesse un mois d'avance, on peut y renoncer.

Ce compliment plut beaucoup à mademoiselle Henriette, car une rougeur naïve lui monta au visage. Tandis qu'elle engageait avec Joseph un échange d'œillades et de facétieux propos, André remarqua que la petite Sophie, la plus jeune des quatre, parlait de lui avec sa voisine; car elle le regardait maladroitement, à la dérobée, en chuchotant d'un petit air moqueur. Il se sentit plus hardi avec ces fillettes de quinze ans qu'avec la dégagée Henriette, et les somma en riant d'avouer le mal qu'elles disaient de lui. Après avoir beaucoup rougi, beaucoup refusé, beaucoup hésité, Sophie avoua qu'elle avait dit à Louisa :

— Ce monsieur André m'a fait danser deux fois hier soir ; cela n'empêche pas qu'il ne soit fier *comme tout*, il ne m'a pas dit trois mots.

— Ah! mon cher André, s'écria Joseph, ceci est une agacerie, prends-en note.

— Cela est bien vrai, interrompit Henriette, qui craignait que la petite Sophie n'accaparât l'attention des jeunes gens; tout le monde l'a remarqué : André a bien l'air d'un noble ; il ne rit que du bout des dents et ne danse que du bout des pieds; je disais en le regardant : Pourquoi est-ce qu'il vient au bal, ce pauvre monsieur ? ça ne l'amuse pas du tout. »

André, choqué de cette hardiesse indiscrète, fut bien près de répondre : En vérité, mademoiselle, vous avez raison, cela ne m'amusait pas du tout; mais Joseph lui coupa la parole en disant :

« Ah! ah! de mieux en mieux, André ; mademoiselle Henriette t'a regardé; que dis-je? elle t'a contemplé, elle s'est beaucoup occupée de toi. Sais-tu que tu as fait sensation? Ma foi ! je suis jaloux d'un pareil début. Mais voyez-vous, mes chères petites; pardon ! je voulais dire mes belles demoiselles, vous faites à mon ami un reproche qu'il ne mérite pas; vous l'accusez d'être fier lorsqu'il n'est que triste, et il faudra bien que vous lui pardonniez sa tristesse quand vous saurez qu'il est amoureux.

— Ah!!!... s'écrièrent à la fois toutes les jeunes filles.

— Oh! mais, amoureux ! reprit Joseph avec emphase, amoureux frénétique!

— Frénétique! dit la petite Louisa en ouvrant de grands yeux.

— Oui! répondit Joseph, cela veut dire très-amoureux, amoureux comme le greffier du juge de paix est amoureux de vous, mademoiselle Louisa; comme le nouveau commis à pied des droits réunis est amoureux de vous, mademoiselle Juliette ; comme...

— Voulez-vous vous taire! voulez-vous vous taire! s'écrièrent-elles toutes en carillon. »

Madame Marteau fronça le sourcil en voyant que l'ouvrage languissait, la grand'mère sourit, et Henriette rétablit le calme d'un signe majestueux.

« Si vous n'aviez pas fait tant de tapage, mesdemoiselles, dit-elle à ses ouvrières, M. Joseph allait nous dire de qui M. André est amoureux.

— Et je vais vous le dire en grande confidence, répondit Joseph ; chut ! écoutez bien, vous ne le direz pas?...

— Non, non, non, s'écrièrent-elles.

— Eh bien! reprit Joseph, il est amoureux de vous quatre. Il en perd l'esprit et l'appétit; et si vous ne tirez pas au sort laquelle de vous...

— Oh! le méchant moqueur! dirent-elles en l'interrompant.

— Monsieur Joseph, nous ne sommes pas des enfants, dit Henriette en affectant un air digne, nous savons bien que monsieur est noble et que nous sommes trop peu de chose pour qu'il fasse attention à nous. Quand une ouvrière va raccommoder le linge du château de Morand, le père et le fils s'arrangent toujours pour ne pas manger à la maison, afin certainement de ne pas manger avec elle. On la fait dîner toute seule! ce n'est pas amusant: aussi il n'y a pas beaucoup d'artisanes qui veuillent y aller. On n'y a aucun agrément, personne à qui parler; et quels chemins pour y arriver! aller en croupe derrière un métayer! ce n'est pas un si beau voyage à faire, et ce n'est pas comme M. de... C'est un noble pourtant, celui-là! eh bien! il vient chercher lui-même ses ouvrières à la ville, et il les emmène dans sa voiture.

— Et il a soin de choisir la plus jolie, dit Joseph: c'est toujours vous, mademoiselle Henriette.

— Pourquoi pas? dit-elle en se rengorgeant; avec des gens aussi comme il faut!...

— C'est-à-dire que mon ami André, reprit Joseph en la regardant d'un air moqueur, n'est pas un homme comme il faut, selon vos idées.

— Je ne dis pas cela; ces messieurs sont fiers; ils ont raison, si cela leur convient; chacun est maître chez soi: libre à eux de nous tourner le dos quand nous sommes chez eux; libre à nous de rester chez nous quand ils nous font demander.

— Je ne savais pas que nous eussions d'aussi grands torts, dit André en riant; cela m'explique pourquoi nous avons toujours d'aussi laides ouvrières; mais c'est leur faute si nous ne nous corrigeons pas; essayez de nous rendre sociables, mademoiselle Henriette, et vous verrez! »

Henriette parut goûter assez cette fadeur; mais, fidèle à son rôle de princesse, elle s'en défendit.

« Oh! nous ne mordons pas dans ces douceurs-là, reprit-elle; nous sommes trop mal élevées pour plaire à des gens comme vous; il vous faudrait quelqu'un comme Geneviève pour causer avec vous; mais c'est celle-là qui ne souffre pas les grands airs!

— Oh! pardieu! dit vivement Joseph, cela lui sied bien, à cette précieuse-là! Je ne connais personne qui se donne de plus grands airs mal à propos.

— Mal à propos? dit Henriette, il ne faut pas dire cela; Geneviève n'est pas une fille du commun; vous le savez bien, et tout le monde le sait bien aussi.

— Ah! je ne peux pas la souffrir votre Geneviève, reprit Joseph; une bégueule qu'on ne voit jamais et qui voudrait se mettre sous verre comme ses marchandises.

— Qu'est-ce donc que mademoiselle Geneviève, demanda André; je ne la connais pas...

— C'est la marchande de fleurs artificielles, répondit Joseph, et la plus grande *chipie*... »

En ce moment la servante annonça, avec la formule d'usage dans le pays, *Voilà madame une telle*, une des dames les plus élégantes de la ville.

« Oh! je m'en vais, dit tout bas Joseph; voici la quintessence de bégueulisme. »

Cette visite interrompit la conversation des grisettes, et l'activité de leur aiguille fut ralentie par la curiosité avec laquelle elles examinèrent à la dérobée la toilette de la dame, depuis les plumes de son chapeau jusqu'aux rubans de ses souliers. De son côté, madame Privat, c'était le nom de la merveilleuse, qui regardait les chiffons du trousseau avec beaucoup d'intérêt, s'avisa de faire, sur la coupe d'une manche, une objection de la plus haute importance. Le rouge monta au visage d'Henriette qui ne se voyant attaquée d'une manière aussi flagrante dans l'exercice de sa profession. La dame avait prononcé des mots inouïs: elle avait osé dire que la manchette était de mauvais goût, et que les doubles ganses du bracelet n'étaient pas d'un bon genre. Henriette rougissait et pâlissait tour à tour; elle s'apprêtait à une réponse foudroyante, lorsque madame Privat, tournant légèrement sur le talon, parla d'autre chose. L'aisance avec laquelle on avait osé critiquer l'œuvre d'Henriette et le peu d'attention qu'on faisait à son dépit augmentèrent son ressentiment, et elle se promit d'avoir sa revanche.

Après que la dame eut parlé assez longtemps avec madame Marteau sans rien dire, elle demanda si le bouquet de noces était acheté.

— Il est commandé, dit madame Marteau, Geneviève y met tous ses soins; elle aime beaucoup ma fille, et elle lui a promis de lui faire les plus jolies fleurs qu'elle ait encore faites.

— Savez-vous que cette petite Geneviève a du talent dans son genre? reprit madame Privat.

— Oh! dit la grand'mère, c'est une chose digne d'admiration! moi, je ne comprends pas qu'on fasse des fleurs aussi semblables à la nature. Quand je vais chez elle et que je la trouve au milieu de ses ouvrages et de ses modèles, il m'est impossible de distinguer les uns des autres.

— En effet, dit la dame avec indifférence, on prétend qu'elle regarde les fleurs naturelles et qu'elle les imite avec soin; cela prouve de l'intelligence et du goût.

— Je crois bien! murmura Henriette, furieuse d'entendre parler légèrement du talent de Geneviève.

— Oh! du goût! du goût! reprit la vieille, c'est ravissant le goût qu'a, cette enfant! Si vous voyiez le bouquet de noces qu'elle a fait à Justine, ce sont des jasmins qu'on vient de cueillir, absolument!

— Oh! maman, dit Justine, et ces muguets!

— Tu aimes les muguets, toi? dit à sa sœur Joseph, qui venait de rentrer.

— Il y a aussi des lilas blancs pour la robe de bal, dit madame Marteau; nous en avons pour cinquante francs seulement pour la toilette de la mariée, sans compter les fleurs de fantaisie pour les chapeaux; tout cela coûte bien cher et se fane bien vite.

— Mais combien de temps met-elle à faire ces bouquets? dit Joseph; un mois peut-être? travailler tout un mois pour cinquante francs, ce n'est pas le moyen de s'enrichir.

— Oh! monsieur Joseph, vous avez bien raison! dit Henriette d'une voix aigre, ce n'est certainement pas trop payé; il n'y a guère de profit, allez, pour les pauvres grisettes, et par-dessus le marché on leur fait avaler tant d'insolences! On n'a pas toujours le bonheur d'aller en journée chez du *monde honnête* comme votre famille, monsieur Joseph; il y a des personnes qui parlent bien haut chez les autres, et qui, au coin de leur feu, lésinent misérablement.

— Eh bien! eh bien! dit la grand'mère, qui, placée assez loin d'Henriette, n'entendait que vaguement ses paroles, qu'a-t-elle donc à regarder de travers par ici, comme si elle voulait nous manger? Henriette, Henriette, est-ce que tu dis du mal de nous, mon enfant?

— Eh non! eh non! ma mère, répondit Joseph; tout au contraire, mademoiselle Henriette nous aime de tout son cœur; car j'en suis aussi, n'est-ce pas, mademoiselle Henriette? »

Pour faire comprendre au lecteur la crainte de la grand'mère, il est bon de dire que le caquet des grisettes est la terreur de tous les ménages de L.... Initiées durant des semaines entières à tous les petits secrets des maisons où elles travaillent, elles n'ont guère d'autre occupation, après le bal et les fleurettes des garçons, que de colporter de famille en famille les observations malignes qu'elles ont faites dans chacune, et même les scandales domestiques qu'elles y ont surpris. Elles trouvent dans toutes des auditeurs avides de commérage qui ne rougissent pas de les questionner sur ce qui se passe chez leur voisin, sans songer que demain à leur tour leur intérieur fera les frais de la chronique dans une troisième maison. La médisance est une arme terrible dont les grisettes se servent pour appuyer le pouvoir de leurs charmes et imposer aux femmes qui les haïssent le plus toutes sortes de ménagements et d'égards.

Madame Privat sentit l'imprudence qu'elle avait com

mise, et, sachant bien qu'il n'était pas de moyen humain d'empêcher une grisette de parler, elle prit le parti d'éviter au moins les injures directes, et battit en retraite.

Lorsqu'elle fut partie, un feu roulant de brocards soulagea le cœur d'Henriette, et ses ouvrières firent en chœur un bruit dont les oreilles de la dame durent tinter, si le proverbe ne ment pas.

Au nombre des anecdotes ridicules qui furent débitées sur son compte, Henriette en conta une qui ramena le nom de Geneviève dans la conversation : madame Privat lui avait honteusement marchandé une couronne de roses qu'elle s'était ensuite donné les gants d'avoir fait venir de Paris et payée fort cher.

Joseph, qui n'aimait pas Geneviève, déclara que c'était bien fait, et il prit plaisir à lutiner Henriette en rabaissant le talent de la jeune fleuriste.

« Oh! pour le coup, s'écria Henriette avec colère, ne dites pas de mal de celle-là; de nous autres, tant que vous voudrez, nous nous moquons bien de vous; mais personne n'a le droit de *donner du ridicule* à Geneviève : une fille qui vit toute seule enfermée chez elle, travaillant ou lisant le jour et la nuit, n'allant jamais au bal, n'ayant peut-être pas donné le bras à un homme une seule fois dans sa vie...

— Ah! ah! dit Joseph, vous verrez qu'elle s'y mettra un beau jour et qu'elle sera pis que les autres; je me méfie de l'eau dormante et des filles qui lisent tant de romans.

— Des romans! appelez-vous des romans ces gros livres qu'elle feuillette toute la journée, et qui sont tout pleins de mots latins où je ne comprends rien, et où vous ne comprendriez peut-être rien vous-même?

— Comment! dit André, mademoiselle Geneviève lit des livres latins?

— Elle étudie des traités de botanique, répondit Joseph. Parbleu! c'est tout simple, c'est pour son état.

— C'est donc une personne tout à fait distinguée? reprit André.

— Oui-da, je crois bien! repartit Henriette; je vous le disais tout à l'heure, c'est une grisette comme celle-là qu'il faudrait pour dîner avec monsieur! Mais tout marquis que vous êtes, monsieur André, vous feriez bien de ne pas oublier vos manchettes pour lui parler; on parle de fierté : c'est elle qui sait ce que c'est!

— Mais qu'est-elle donc elle-même? interrompit Joseph; de quel droit s'élève-t-elle au-dessus de vous?

— Ne croyez pas cela, monsieur; avec nous elle est aussi bonne camarade que la première venue.

— Pourquoi donc ne va-t-elle pas au bal et à la promenade avec vous?

— C'est son caractère; elle aime mieux étudier dans ses livres. Mais elle nous invite chez elle le soir, quand elle a gagné une petite somme. Elle nous donne des gâteaux et du thé; et puis elle chante pour nous faire danser, et elle chante mieux avec son gosier que vous avec votre flûte. Il faut voir comme elle nous reçoit bien! quelle propreté chez elle! c'est un petit palais! On ne dira pas qu'elle soit aidée par ses amants, celle-là!

— Ah! oui, des jolis bals! dit Joseph, des bals sans hommes! Je suis sûr que vous vous ennuyez.

— Voyez-vous cet orgueil! ces messieurs se figurent qu'on ne pense qu'à eux!

— A quoi tout cela la mènera-t-il? reprit Joseph; trouvera-t-elle un mari sous les feuillets de ses vieux livres ou dans les boutons de ses fleurs?

— Bah! bah! un mari! quel est donc l'artisan qui pourrait épouser une femme comme elle? Un beau mari pour elle qu'un serrurier ou un cordonnier, avec ses mains sales et son tablier de cuir! Et quant à cela, mes beaux messieurs, vous n'épousez guère, et Geneviève est trop fière pour être votre *bonne amie* autrement.

— Dites qu'elle est trop froide. Je ne peux pas souffrir les femmes qui n'aiment rien.

Vous la connaissez bien, en vérité! dit Henriette, en haussant les épaules; c'est le cœur le plus sensible : elle aime ses amies comme des sœurs, elle aime ses fleurs, comme quoi dirai-je?... comme des enfants. Il faut la voir se promener dans les prés et trouver une fleur qui lui plaît! c'est une joie, c'est un amour! Pour une petite marguerite dont je ne donnerais pas deux sous, elle pleure de plaisir; quelquefois elle sort avec le jour, pour aller dans les champs cueillir ses fleurs, avant que vous ne soyez sortis du nid, vous autres, oiseaux sans plumes.

— En vérité! s'écria André vivement; en ce cas c'est elle que j'ai rencontrée un jour.... » Il se tut tout à coup, et sortit un instant après, pour cacher l'émotion et la joie qu'il éprouvait de retrouver la trace de sa belle rêveuse de la prairie.

« Voyez-vous ce garçon-là? dit Joseph aux ouvrières, lorsque André eut quitté la chambre : il est fou.

— Il est *tout étrange*, en effet, répondit Henriette.

— Il faut que je vous dise son véritable mal, reprit Joseph; il s'ennuie faute d'être amoureux, et il faut, mesdemoiselles, que vous m'aidiez à le guérir de cet ennui-là.

— Oh! nous ne nous en mêlons pas! s'écrièrent-elles toutes, non sans jeter un regard attentif sur André, qui passait à la fenêtre.

— Je parle sérieusement, chère Henriette, dit Joseph, qui rencontra la belle couturière un instant avant le dîner dans le corridor de la maison; il faut que vous m'aidiez à consoler mon ami André.

— Plaisantez-vous? répondit-elle d'un air dédaigneux; adressez-vous à un médecin si *ce monsieur* est fou.

— Non, il n'est pas fou, belle Henriette; il est trop sage au contraire. Il n'ose pas seulement trouver une femme jolie. Fiez-vous à ces amoureux-là; dès qu'ils ont secoué leur mauvaise honte, ce sont les plus tendres amants du monde. Mais ne croyez pas que je parle de vous, non, mille dieux! Si vous voulez avoir pitié de quelqu'un ici, j'aime autant que ce soit de moi que de lui. Je veux dire, en deux mots, qu'André deviendrait amoureux s'il voyait Geneviève; c'est tout à fait la beauté qu'il aimera.

— Eh bien! monsieur, qu'il aille à la messe de sept heures, et il la verra dimanche prochain. En quoi cela me regarde-t-il?

— Oh! il faut qu'il la voie dès aujourd'hui; vous le pouvez; allez la chercher après dîner; dites-lui qu'elle vienne danser dans la cour avec vous, et vous verrez que mon André commencera tout de suite à soupirer.

— Ah ça! est-ce que vous êtes fou, monsieur Marteau? quelle proposition me faites-vous?

— Aucune! comment? que supposez-vous? auriez-vous de mauvaises idées? Ah! mademoiselle Henriette, je croyais que vous n'aviez jamais entendu parler de choses semblables!....

Henriette devint rouge comme son foulard.

— « Mais qu'est-ce que vous me demandez donc? d'amener Geneviève pour que ce monsieur lui fasse la cour, apparemment? Est-ce une conduite honnête?

— Eh! pourquoi pas? si vous avez l'âme pure comme moi, trouvez-vous malhonnête que mon ami André fasse la cour à votre amie Geneviève? Je réponds de lui; est-ce que vous ne répondriez pas d'elle?

— Oh! *ce n'est pas l'embarras!* j'en réponds comme de moi. »

Joseph fit la grimace d'un homme qui avale une noix; puis il reprit d'un air très-sérieux :

« En ce cas, je ne vois pas de quoi vous vous effarouchez. Quand même André serait le plus vertueux des hommes, deviendrait un scélérat d'ici à une heure, la vertu de mademoiselle Geneviève serait-elle compromise par ses tentatives? Qu'elle vienne, croyez-moi, belle Henriette; ce sera une danseuse de plus pour notre bal de ce soir, et nous nous amuserons du petit air niais d'André et du grand air froid de Geneviève. Ne voilà-t-il pas une intrigue qui les mènera loin?

— Au fait, c'est vrai, dit Henriette, ce petit monsieur sera drôle avec ses révérences; et quant à Geneviève, elle n'a pas à craindre qu'on dise du mal d'elle tant qu'elle ira quelque part avec moi. »

Joseph fit la contorsion d'un homme qui avalerait une pomme.

« J'aurai bien de la peine à la décider, ajouta Henriette; elle ne va jamais chez les bourgeois; et elle a raison, monsieur Joseph! les bourgeois ne sont pas des maris pour nous ; aussi nous n'écoutons guère leurs fleurettes ; tenez-vous cela pour dit.

— Pour le coup, dit Joseph, j'avale une citrouille qui m'étouffera ! Pardon, mademoiselle, ce sont des spasmes d'estomac. Voici le dîner qui sonne ; permettez-moi de vous offrir mon bras. C'est convenu, n'est-ce pas ?

— Quoi donc, monsieur, s'il vous plaît ?

— Que vous irez chercher Geneviève après dîner ?

— J'essaierai. »

V.

Henriette essaya en effet, pour complaire à Joseph Marteau, dont elle aurait été bien aise de rendre sérieuses les protestations d'amour. Du reste, elle feignait d'admirer beaucoup la vertu de Geneviève, et, par esprit de corps, elle ne cessait de vanter la supériorité de cette grisette, en sagesse et en esprit, sur toutes les dames de la ville ; mais intérieurement elle n'approuvait pas trop la rigidité excessive de sa conduite. Elle croyait que le bonheur n'est pas dans la solitude du cœur, et son amitié pour elle la portait à lui conseiller sans cesse d'écouter quelque galant.

Elle fut forcée de dissimuler avec Geneviève pour la décider à venir chez madame Marteau. La jeune fleuriste ne se rendit qu'en recevant l'assurance de n'y rencontrer que les filles de la maison et les ouvrières d'Henriette.

Pour aider à ce mensonge, Joseph, sans rien dire à André, le mena faire un tour de promenade dans la ville, et ne rentra que lorsqu'il jugea Geneviève et Henriette arrivées.

Ils les rejoignirent dans le petit jardin qui était situé derrière la maison. Geneviève donnait le bras à la grand'mère, qui s'appuyait sur elle d'un air affectueux en lui disant :

« Viens ici, mon enfant, je veux te montrer mes hémérocales, tu n'as jamais rien vu de plus beau. Quand tu les auras regardées, tu voudras en faire pour le bouquet de Justine ; c'est une fleur du plus beau blanc : tiens, vois ! »

Geneviève ne s'apercevait pas de la présence des deux jeunes gens ; ils marchaient doucement derrière elle, Joseph faisant signe aux autres jeunes filles de ne pas les faire remarquer. Geneviève s'arrêta et regarda les fleurs sans rien dire ; elle semblait réfléchir tristement.

« Eh bien, dit la vieille, est-ce que tu n'aimes pas ces fleurs-là ?

— Je les aime trop, répondit Geneviève d'un petit ton précieux rempli de charmes. C'est pour cela que je ne veux pas les copier. Ah ! voyez-vous, madame, je ne pourrais jamais ; comment oserais-je espérer de rendre cette blancheur-là et le brillant de ce tissu ? du satin serait trop luisant, la mousseline serait trop transparente ; oh ! jamais, jamais ! Et ce parfum ! qu'est-ce que c'est que ce parfum-là ? qui l'a mis dans cette fleur ? où en trouverais-je un pareil pour celles que je fais ? Le bon Dieu est plus habile que moi, ma chère dame ! »

En parlant ainsi, Geneviève, s'appuyant sur le vase de fleurs, pencha sur les hémérocales son front aussi blanc que leur calice, et resta comme absorbée par la délicieuse odeur qui s'en exhalait.

C'est alors seulement qu'André put voir son visage, et il reconnut sa dame d'amour, comme il l'appelait dans ses pensées, en souvenir des deux vers de la romance.

Geneviève ne ressemblait en rien à ses compagnes : elle était petite et plutôt jolie que belle ; elle avait une taille très-mince et très-gracieuse, quoiqu'elle se tînt droite à ne pas perdre une ligne de sa petite stature. Elle était très-blanche, peu colorée, mais d'un ton plus fin et plus pur que la plus exquise rose musquée qui fût sortie de son atelier. Ses traits étaient délicats et réguliers, et, quoique son nez et sa bouche ne fussent pas d'une forme très-distinguée, l'expression de ses yeux et la forme de son front lui donnaient l'air fier et intelligent. Sa toilette n'était pas non plus la même que celle des grisettes de son pays ; elle se rapprochait des modes parisiennes, car elle avait étudié son art à Paris. Aussi ses compagnes toléraient beaucoup d'innovations de sa part. Seule dans toute la ville elle se permettait d'avoir un tablier de satin noir, et même de porter dans sa chambre un tablier de foulard ; ce qui, malgré toute la bienveillance possible, faisait bien un peu jaser. Elle avait hasardé de réduire les immenses dimensions du bonnet distinctif des artisanes de L....... ; elle convenait bien que sur le corps d'une grande femme cette *fanfrelucherie* de rubans et de dentelles ne manquait pas d'une grâce extravagante ; mais elle objectait que sa petite personne eût été écrasée par une semblable auréole, et elle avait adopté le petit bonnet parisien à ruche courte et serrée, dont la blancheur semblait avoir été mise au défi par celle du visage qu'il entourait. Elle avait en outre une recherche de chaussure tout à fait ignorée dans le pays ; elle tricotait elle-même avec du fil extrêmement fin ses gants et ses bas à jour. André reconnut à ses mains des gants pareils à celui qu'il possédait ; il admira la petitesse de ses mains et celle des pieds que chaussaient d'étroits souliers de prunelle à cothurnes rigidement serrés ; la robe, au lieu d'être collante comme celle de ses compagnes, était ample et flottante ; mais elle dessinait une ceinture dont une fille de dix ans eût été jalouse, et à travers la percale fine et blanche on devinait des épaules et des bras couleur de rose.

Lorsqu'elle aperçut Joseph, qui lui adressa le premier la parole, elle le salua avec une politesse froide ; mais Joseph avait le moyen de l'adoucir.

« Oh ! mademoiselle Geneviève, lui dit-il, j'ai bien pensé à vous hier à la chasse ; imaginez qu'il y a auprès de l'étang du *Château-Fondu* des fleurs comme je n'en ai jamais vu ; si j'avais pu trouver le moyen de les apporter sans les faner, j'en aurais mis pour vous dans ma gibecière.

— Vous ne savez pas ce que c'est ?

— Non, en vérité ! mais cela a deux pieds de haut ; les feuilles sont comme tachées de sang ; les fleurs sont d'un rose clair, avec de grandes taches de lie de vin ; on dirait de grandes guêpes avec un dard, ou de petites vilaines figures qui vous tirent la langue ; j'en ai ri tout seul à m'en tenir les côtes en les regardant.

— Voilà une plante fort singulière, dit Geneviève en souriant.

— Je crois, dit timidement André, autant que mon peu de savoir en botanique me permet de l'affirmer, que ce sont des plantes ophrydes appelées par nos bergers *herbe aux serpents* [1].

— Ah ! pourquoi ce nom-là ? dit Geneviève ; qu'est-ce que ces pauvres fleurs ont de commun avec ces vilaines bêtes ?

— Ce sont des plantes vénéneuses, répondit André, et qui ont quelque chose d'affreux en elles malgré leur beauté ; ces taches de sang d'abord, et puis une odeur repoussante. Si vous les aviez vues, vous auriez trouvé quelque chose de méchant dans leur mine ; car les plantes ont une physionomie comme les hommes et les animaux.

— C'est drôle ce que tu dis là, reprit Joseph ; mais c'est parbleu vrai ! Quand je te dis que ces fleurs m'ont fait l'effet de me rire au nez, et que je n'ai pas pu m'empêcher d'en faire autant !

— D'autant plus que pour les cueillir dans cet endroit, répondit André, il faut courir un certain danger : l'étang de Château-Fondu a des bords assez perfides.

— Où prenez-vous ce Château-Fondu ? demanda Henriette.

— Auprès du château de Morand, répondit Joseph. Oh ! c'est un endroit singulier et assez dangereux en effet. Figurez-vous un petit lac au milieu d'une prairie : l'eau est presque toute cachée par les roseaux et les joncs ; cela est plein de sarcelles et de canards sauvages : c'est pourquoi j'y vais chasser souvent.

— Quand tu dis chasser, tu veux dire braconner, interrompit André.

---

[1] C'est le satyrion-bouquin.

En parlant ainsi, Geneviève, s'appuyant sur le vase de fleurs... (Page 47.)

— Soit. Je vous disais donc qu'on ne voit presque pas où l'eau commence, tant cela est plein d'herbes. Sur les bords il y a une espèce de gazon mou où vous croyez pouvoir marcher; pas du tout : c'est une vase verte où vous enfoncez au moins jusqu'aux genoux, et très-souvent jusque par-dessus la tête.

— La tradition du pays, reprit André, est qu'autrefois il y avait un château à la place de cet étang. Une belle nuit le diable, qui avait fait signer un pacte au châtelain, voulut emporter sa proie et planta sa fourche sous les fondations. Le lendemain on chercha le château dans tout le pays; il avait disparu. Seulement on vit à la place une mare verte dont personne ne pouvait approcher sans enfoncer dans la vase, et qui a gardé le nom de Château-Fondu.

— Voilà un conte comme je les aime, dit Geneviève.

— Ce qui accrédite celui-là reprit André, c'est que dans les chaleurs, lorsque les eaux sont basses, on voit percer çà et là des amas de terres ou de pierres verdâtres que l'on prend pour des créneaux de tourelles.

— Je ne sais ce qui en est, dit Joseph; mais il est certain que mon chien, qui n'est pas poltron, qui nage comme un canard, et qui est habitué à barboter dans les marais pour courir après les bécassines, a une peur effroyable du Château-Fondu; il semble qu'il y ait là je ne sais quoi de surnaturel qui le repousse; je le tuerais plutôt que de l'y faire entrer.

— C'est un endroit tout à fait merveilleux, dit Geneviève. Est-ce bien loin d'ici?

— Oh! mon Dieu, non, dit André, qui mourait d'envie de rencontrer encore Geneviève dans les prés.

— Pas bien loin, pas bien loin! dit Joseph; il y a encore trois bonnes lieues de pays. Mais voulez-vous y aller, mademoiselle Geneviève?

— Non, monsieur; c'est trop loin.

— Il y aurait un moyen : je mettrais mon gros cheval à la patache, et...

— Oh! oui, oui! s'écrièrent Henriette et ses ouvrières! menez-nous au Château-Fondu, monsieur Joseph!

— Et nous aussi! s'écrièrent les petites sœurs de Joseph; nous aussi, Joseph! En patache, ah! quel plaisir!

— J'y consens si vous êtes sages. Voyons, quel jour!

— Pardine! c'est demain dimanche, dit Henriette.

Joseph Marteau.

— C'est juste. A demain donc. Vous y viendrez avec nous, mademoiselle Geneviève?
— Oh! je ne sais, dit-elle avec un peu d'embarras. Je crois que je ne pourrai pas. Je ne vous suis pas moins reconnaissante, monsieur.
— Allons! allons! voilà tes scrupules, Geneviève, dit Henriette. C'est ridicule, ma chère. Comment, tu ne peux pas venir avec nous quand les demoiselles Marteau y viennent?
— Ces demoiselles, lui dit tout bas Geneviève, sont sous la garde de leur frère.
— Eh! mon Dieu! dit tout haut Henriette, tu seras sous la mienne. Ne suis-je pas une fille majeure, établie, maîtresse de ses actions? Y a-t-il, *n'importe où, n'importe qui*, assez malappris pour me regarder de travers? Est-ce qu'on ne se garde pas soi-même d'ailleurs? Tu es ennuyeuse, Geneviève, toi qui pourrais être si gentille! Allons, tu viendras, ma petite! Mesdemoiselles, venez donc la décider.
— Oh! oui! oui! Geneviève, tu viendras, dirent toutes les petites filles; nous n'irons pas sans toi. »

Justine, l'aînée des filles de la maison, passa son bras sous celui de Geneviève en lui disant :
« Je vous en prie, ma chère, venez-y. » Et elle ajouta, en se penchant à son oreille : « Vous savez que je ne puis causer qu'avec vous. »
— Eh bien! j'irai, dit Geneviève toute confuse, puisque vous le voulez absolument.
— Comme vous êtes aimable! dit Justine.
— Oh! ne vous y fiez pas! s'écria Henriette; voilà comme elle fait toujours. Elle promet pour se débarrasser des gens, et au moment de partir elle trouve mille prétextes pour rester. C'est une menteuse : faites-lui donner sa parole d'honneur.
— Allez-y, mon enfant, dit madame Marteau à Geneviève. Je ne puis y aller; sans cela je vous accompagnerais. Mais, si vous êtes obligeante, vous me remplacerez auprès de mes petites. Joseph est un grand fou, ces demoiselles-là sont un peu étourdies : elles s'amuseront, elles danseront, et elles feront bien; mais pendant ce temps les petites filles pourraient bien se jeter dans ce vilain Château-Fondu. Vous, Geneviève, qui êtes sage et

sérieuse comme une petite maman, vous les surveillerez, et je vous en saurai tout le gré possible.

— Cela me décide tout à fait, répondit Geneviève. J'irai, ma chère dame; mesdemoiselles, je vous en donne ma parole d'honneur.

— Oh! quel bonheur! s'écrièrent les petites Marteau; tu joueras avec nous, Geneviève; tu nous feras des couronnes de marguerites et des paniers de jonc, n'est-ce pas?

— Un instant, un instant, dit Joseph; combien serons-nous? Neuf femmes, André et moi. Je ne peux mettre tout ce monde-là dans ma patache : il faut nous mettre en quête d'une seconde voiture.

— Mon père a un char à bancs, qu'il nous prêtera volontiers, dit André.

— A la bonne heure, voilà qui est convenu, reprit Joseph. Tu iras coucher ce soir chez toi, et tu seras revenu ici de grand matin avec ton équipage. Très-bien. Maintenant préparons-nous à nous amuser demain en nous amusant aujourd'hui. Voulez-vous danser? voulez-vous jouer aux barres, à cache-cache, aux petits paquets?

— Dansons, dansons! » crièrent les jeunes filles.

Joseph tira sa flûte de sa poche, grimpa sur des gradins de pierre couverts d'hortensias, et se mit à jouer, tandis que ses sœurs et les grisettes prirent place sous les lilas. André mourait d'envie d'inviter Geneviève : c'est pourquoi il ne l'osa pas et s'adressa à Henriette, qui fut assez fière d'avoir accaparé le seul danseur de la société.

Néanmoins, guidée par un regard de Joseph, elle entraîna son cavalier vis-à-vis de Geneviève, qui avait pris pour danseuse la plus petite des demoiselles Marteau.

Geneviève rougit beaucoup quand il fut question de toucher la main d'André : c'était la première fois de sa vie que pareille chose lui arrivait, mais elle prit courageusement son parti et montra une gaieté douce qu'elle n'aurait pas espérée d'elle-même si elle eût prévu une heure auparavant qu'elle dût sortir à ce point de ses habitudes.

« Eh bien! savez-vous une chose? s'écria Joseph à la fin de la contredanse; c'est que mademoiselle Geneviève passe pour ne pas savoir danser. Oui, mesdemoiselles, il y a dans la ville vingt mauvaises langues qui disent qu'elle a ses raisons pour ne pas aller au bal. Eh bien! moi, je vous le dis, je n'ai jamais vu si bien danser de ma vie; et cependant, mademoiselle Henriette, il n'y a pas beaucoup de prévôts qui pussent vous en remontrer. »

Geneviève devint rouge comme une fraise, et Henriette, s'approchant de Joseph, lui dit :

« Taisez-vous, vous allez la mettre en fuite. C'est un mauvais moyen pour l'apprivoiser que de faire attention à elle.

— Allons donc! allons donc! dit Joseph à voix basse en ricanant; un petit compliment ne fait jamais de peine à une fille. Quand je vous dis, par exemple, que vous voilà jolie comme un ange, vous ne pouvez pas vous en fâcher, car vous savez bien que je le pense.

— Vous êtes un *diseur de riens!* » répondit Henriette, gonflée d'orgueil et de contentement.

Cette fois André osa inviter Geneviève, mais il la fit danser sans pouvoir lui dire un mot; à chaque instant la parole expirait sur ses lèvres. Il craignait de manquer d'esprit, son cœur battait, il perdait la tête. Lorsqu'il avait à faire une chaîne-anglaise, il ne s'en apercevait pas et laissait son vis-à-vis aller tout seul; puis tout à coup il s'élançait pour réparer sa faute, dansait une autre figure et embrouillait toute la contredanse, aux grands éclats de rire des jeunes filles. Geneviève seule ne se moquait pas de lui; elle était silencieuse et réservée. Cependant elle regardait André avec assez de bienveillance; car il avait bien parlé sur la botanique, et cela devait abréger de beaucoup les timides préliminaires de leur connaissance. Mais si André avait osé se mêler à la conversation et s'adresser à elle d'une manière générale, il n'en était plus de même lorsqu'il s'agissait de lui dire quelques mots directement. Cette excessive timidité diminuait d'autant

celle de Geneviève; car elle était fière et non prude. Elle craignait les grosses fadeurs qu'elle entendait adresser à ses compagnes; mais en bonne compagnie elle se fût sentie à l'aise comme dans son élément.

Il y a des natures choisies qui se développent d'elles-mêmes, et dans toutes les positions où il plaît au hasard de les faire naître. La noblesse du cœur est, comme la vivacité d'esprit, une flamme que rien ne peut étouffer, et qui tend sans cesse à s'élever, comme pour rejoindre le foyer de grandeur et de bonté éternelle dont elle émane. Quels que soient les éléments contraires qui combattent ces destinées élues, elles se font jour, elles arrivent sans effort à prendre leur place, elles s'en font une au milieu de tous les obstacles. Il y a sur leur front comme un sceau divin, comme un diadème invisible qui les appelle à dominer naturellement les essences inférieures; on ne souffre pas de leur supériorité, parce qu'elle s'ignore elle-même; on l'accepte parce qu'elle se fait aimer. Telle était Geneviève, créature plus fraîche et plus pure que les fleurs au milieu desquelles s'écoulait sa vie.

On dit que la poésie se meurt : la poésie ne peut pas mourir. N'eût-elle pour asile que le cerveau d'un seul homme, elle aurait encore des siècles de vie, car elle en sortirait comme la lave du Vésuve, et se fraierait un chemin parmi les plus prosaïques réalités. En dépit de ses temples renversés et des faux dieux adorés sur leurs ruines, elle est immortelle comme le parfum des fleurs et la splendeur des cieux. Exilée des hauteurs sociales, répudiée par la richesse, bannie des théâtres, des églises et des académies, elle se réfugiera dans la vie bourgeoise, elle se mêlera aux plus naïfs détails de l'existence. Lasse de chanter une langue que les grands ne comprennent pas, elle ira murmurer à l'oreille des petits des paroles d'amour et de sympathie. Et déjà n'est-elle pas descendue sous les voûtes des tavernes allemandes? ne s'est-elle pas assise au rouet des femmes? ne berce-t-elle pas dans ses bras les enfants du pauvre? Compte-t-on pour rien toutes ces âmes aimantes qui la possèdent et qui souffrent, qui se taisent devant les hommes et qui pleurent devant Dieu? Voix isolées qui enveloppent le monde d'un chœur universel et se rejoignent dans les cieux; étincelles divines qui retournent à je ne sais quel astre mystérieux, peut-être à l'antique Phébus, pour en redescendre sans cesse sur la terre et l'alimenter d'un feu toujours divin! Si elle ne produit plus de grands hommes, n'en peut-elle pas produire de bons? Qui sait si elle ne sera pas la divinité douce et bienfaisante d'une autre génération, et si elle ne succédera pas au doute et au désespoir dont notre siècle est atteint? Qui sait si dans un nouveau code de morale, dans un nouveau catéchisme religieux, le dégoût et la tristesse ne seront pas flétris comme les vices, tandis que l'amour, l'espoir et l'admiration seront récompensés comme des vertus?

La poésie, révélée à toutes les intelligences, serait un sens de plus que tous les hommes peut-être sont plus ou moins capables d'acquérir, et qui rendrait toutes les existences plus étendues, plus nobles et plus heureuses. Les mœurs de certaines tribus montagnardes le prouvent avec une évidence éclatante; la nature, il est vrai, prodigue de grands spectacles dans de telles régions, s'est chargée de l'éducation de ces hommes; mais les chants des bardes sont descendus dans les vallées, et les idées poétiques peuvent s'ajuster à la taille de tous les hommes. L'un porte sa poésie sur son front, un autre dans son cœur; celui-ci la cherche dans une promenade lente et silencieuse au sein des plaines, celui-là la poursuit au galop de son cheval à travers les ravins; un troisième l'arrose sur sa fenêtre dans un pot de tulipes. Au lieu de demander où elle est, ne devrait-on pas demander où elle n'est pas? Si ce n'était qu'une langue, elle pourrait se perdre; mais c'est une essence qui naît de deux choses : la beauté répandue dans la nature extérieure, et le sentiment départi à toute intelligence ordinaire. Pour condamner à mort la poésie et la porter au cercueil, il nous faudra donc arracher du sol jusqu'à la dernière des fleurettes dont Geneviève faisait ses bouquets.

Car elle aussi était poëte; et croyez bien qu'il y a au

fond des plus sombres masures, au sein des plus médiocres conditions, beaucoup d'existences qui s'achèvent sans avoir produit un sonnet, mais qui pourtant sont de magnifiques poëmes.

Il faut bien peu de chose pour éveiller ces esprits endormis dans l'épaisse atmosphère de l'ignorance; et pour les entourer à jamais d'une lumineuse auréole qui ne les quitte plus. Un livre tombé sous la main, un chant ou quelques paroles recueillies d'un passant, une étude entreprise dans un dessein prosaïque ou par nécessité, le moindre hasard providentiel, suffit à une âme élue pour découvrir un monde d'idées et de sentiments. C'est ce qui était arrivé à Geneviève. L'art frivole d'imiter les fleurs l'avait conduite à examiner ses modèles, à les aimer, à chercher dans l'étude de la nature un moyen de perfectionner son intelligence; peu à peu elle s'était identifiée avec elle, et chaque jour, dans le secret de son cœur, elle dévorait avidement le livre immense ouvert devant ses yeux. Elle ne songeait pas à approfondir d'autre science que celle à laquelle tous ses instants étaient forcément consacrés; mais elle avait surpris le secret de l'universelle harmonie. Ce monde inanimé qu'autrefois elle regardait sans le voir, elle le comprenait désormais; elle le peuplait d'esprits invisibles, et son âme s'y élançait pour y embrasser sans cesse l'amour infini qui plane sur la création. Emportée par les ailes de son imagination toute-puissante, elle apercevait, au delà des toits enfumés de sa petite ville, une nature enchantée qui se résumait sur sa table dans un bouton d'aubépine. Un chardonneret familier, qui voltigeait dans sa chambre, lui apportait du dehors toutes les mélodies des bois et des prairies; et, lorsque sa petite glace lui renvoyait sa propre image, elle y voyait une ombre divine si accomplie qu'elle était émue sans savoir pourquoi, et versait des pleurs délicieux comme à l'aspect d'une sœur jumelle.

Elle s'était donc habituée à vivre en dehors de tout ce qui l'entourait. Ce n'était pas, comme on le prétendait, une vertu sauvage et sombre; elle était trop calme dans son innocence pour avoir jamais cherché sa force dans les maximes farouches. Elle n'avait pas besoin de vertu pour garder sa sainte pudeur, et le noble orgueil d'elle-même suffisait à la préserver des hommages grossiers que recherchaient ses compagnes; elle les fuyait, non par haine, mais par dédain; elle ne craignait pas d'y succomber, mais d'en subir le dégoût et l'ennui. Heureuse avec sa liberté et ses occupations, orpheline, riche par son travail au delà de ses besoins, elle était affable et douce avec ses amies d'enfance : elle eût craint de leur paraître vaine de son petit savoir, et se laissait égayer par elles; mais elle supportait cette gaieté plutôt qu'elle ne la provoquait, et, si jamais elle ne leur donnait le moindre signe de mépris et d'ennui, du moins son plus grand bonheur était de se retrouver seule dans sa petite chambre et de faire sa prière en regardant la lune et en respirant les jasmins de sa fenêtre.

VI.

André avait un peu trop compté sur ses forces en se chargeant de char à bancs et le cheval de son père. Il fit cette pénible réflexion en quittant, vers neuf heures, la famille Marteau, et son anxiété prit un caractère de plus en plus grave à mesure qu'il approchait du toit paternel; mais ce fut une bien autre consternation lorsqu'il trouva son père dans un de ses accès de mauvaise humeur des plus prononcés. Le plus beau de ses bœufs de travail était tombé malade en rentrant du pâturage, et le marquis, se promenant d'un air sombre dans la salle basse de son manoir, répétait d'une voix entrecoupée, en jetant des regards effarés sur son fils : « Des tranchées ! des tranchées épouvantables !

— Hélas ! mon père, est-vous malade ? s'écria André, qui ne comprenait rien à son angoisse.

Le marquis haussa les épaules, et, lui tournant le dos, continua à marcher à grands pas.

André, n'osant renouveler sa question, resta fort troublé à sa place, suivant d'un œil timide tous les mouvements de son père, qu'il croyait atteint de vives souffrances.

Enfin le marquis, s'arrêtant tout à coup, lui dit d'une voix brusque :

« Quel a été l'effet de la thériaque ? »

André, rassuré, et comprenant à demi, courut vers la porte en disant qu'il allait le demander.

« Non, non, j'irai bien moi-même, reprit vivement le marquis; restez ici, vous n'êtes bon à rien, vous. »

André attendit pendant une heure le retour de son père, espérant trouver un moment plus favorable pour lui présenter sa demande; mais il attendit vainement. Le marquis passa la moitié de la nuit dans l'étable avec ses laboureurs, frictionnant le triste *Vermeil* (c'était le nom de l'animal) et lui administrant toute sorte de potions. André se hasarda plusieurs fois de s'informer de la santé du malade, et, partant, de l'humeur de son père; mais lorsque le malade commença à se trouver mieux, le marquis accablé de fatigue et gardant sur ses traits l'empreinte des soucis de la journée, ne songea plus qu'à se reposer. Il rencontra André sous le péristyle de la maison, et lui dit avec la rudesse accoutumée de son affection :

« Pourquoi n'êtes-vous pas couché, *gringalet* ? est-ce qu'on a besoin de vous ici ? Allons vite, que tout le monde dorme; je tombe de sommeil. »

C'était peut-être la meilleure occasion possible pour obtenir le cheval et le char à bancs; mais André avait l'enfantillage de souffrir des mots grossiers ou communs que lui adressait souvent son père, et il prenait alors une sorte d'humeur qui le réduisait au silence. Il alla se coucher en proie aux plus vives agitations. Le lendemain devait être à ses yeux le jour le plus important de sa vie, et pourtant sans le cheval et le char à bancs tout était manqué, perdu sans retour. Il ne put dormir. Il fallait partir le lendemain avant le jour; comment oserait-il aller trouver son père au milieu de son sommeil, affronter ce réveil en sursaut, si fâcheux chez les hommes replets, s'exposer peut-être à un refus ? Cette dernière pensée fit frémir André. « Ah ! plutôt mourir victime de sa colère, s'écria-t-il, que de manquer à ma parole et perdre le bonheur de passer un jour auprès de Geneviève ! »

Dès que trois heures sonnèrent il se rhabilla, et, prenant sa désobéissance furtive pour un acte de courage, il attela lui-même le gros cheval au char à bancs et partit sans bruit, grâce au fumier dont la basse-cour était garnie. Mais le plus difficile n'était pas fait; il fallait tourner autour du château et passer sous les fenêtres du marquis. Impossible d'éviter ce terrible défilé; le chemin était sec et le mur du château sonore; le char à bancs, rarement graissé, criait à chaque tour de roue d'une manière déplorable, et les larges sabots du gros cheval allaient avec maladresse sonner contre toutes les pierres du chemin. André était tremblant comme les feuilles du peuplier qu'agitait le vent du matin. Heureusement il faisait encore sombre; si son père, en proie à une de ces insomnies auxquelles sont sujets les propriétaires, était par hasard à sa fenêtre, il pourrait bien ne pas reconnaître son char à bancs; mais il avait l'oreille si fine, si exercée ! il connaissait si bien l'allure de son cheval et le son de ses roues ! André prit le parti de payer d'audace, il fouetta le cheval si vigoureusement qu'il le força de galoper. C'était une allure inouïe pour le paisible animal, et M. Morand l'entendit passer sans rien soupçonner et sans quitter la douce chaleur de son lit.

Lorsque André fut à cinq cents pas du manoir, il osa se retourner, et, voyant derrière lui la route qui commençait à blanchir et qui était nue comme la main, il éprouva un bien-être inexprimable, et permit à son coursier de modérer son allure.

A sept heures du matin, le cheval avait eu le temps de se rafraîchir, et le char à bancs, avec André le fouet en main, était à la porte de madame Marteau; Joseph attelait sa carriole, et les voyageuses arrivaient une à une dans leur plus belle toilette des dimanches, mais les yeux encore un peu gros de sommeil. On perdit bien une heure en préparatifs inutiles. Enfin, Joseph régla l'ordre de la marche; il prétendit que la volonté de sa mère était de confier les demoiselles Marteau à André et à Geneviève, comme aux plus graves de la société. Quant à lui, il se chargeait d'Henriette et de ses ouvrières, et, pour prouver qu'on avait raison de le regarder comme un écervelé, il descendit au triple galop l'horrible pavé de la ville. Ses compagnes firent des cris perçants; tous les habitants mirent la tête à la fenêtre, et envièrent le plaisir de cette joyeuse partie.

André descendit la rue plus prudemment et savoura le petit orgueil d'exciter une grande surprise. « Quoi! Geneviève! disaient tous les regards étonnés. — Oui, Geneviève, avec M. Morand! Ah! mon Dieu! et pourquoi donc? et comment? savez-vous depuis quand? Juste ciel! comment cela finira-t-il? »

Geneviève, sous son voile de gaze blanche, s'aperçut aussi de tous ces commentaires; elle était trop fière pour s'en affliger; elle prit le parti de les dédaigner et de sourire.

Peu à peu André s'enhardit jusqu'à parler. Mademoiselle Marteau l'aînée était une bonne personne, assez laide, mais assez bien élevée, avec laquelle il aimait à causer. Peu à peu aussi Geneviève se mêla à la conversation, et ils étaient presque tous à l'aise en arrivant au Château-Fondu. Heureusement pour lui, André avait étudié avec assez de fruit les sciences naturelles, et il pouvait apprendre bien des choses à Geneviève. Elle l'écoutait avec avidité; c'était la première fois qu'elle rencontrait un jeune homme aussi distingué dans ses manières et riche d'une aussi bonne éducation. Elle ne songea donc pas un instant à s'éloigner de lui et à s'armer de cette réserve qu'elle conservait toujours avec Joseph. Il lui était bien facile de voir qu'elle n'en avait pas besoin avec André, et qu'il ne s'écarterait pas un instant du respect le plus profond.

La matinée fut charmante: on cueillit des fleurs, on dansa au bord de l'eau, on mangea de la galette chaude dans une métairie; tout le monde fut gai, et mademoiselle Henriette fut enchantée de voir Geneviève aussi *bonne enfant*. Cependant, lorsque l'après-midi s'avança, Joseph fit observer que le besoin d'un repas plus solide se faisait sentir, qu'on avait assez admiré le Château-Fondu et qu'il était convenable de chercher un dîner et une autre promenade dans les environs. André tremblait en songeant au voisinage du château de son père et à l'orage qui l'y attendait, lorsque Joseph mit le comble à son angoisse en s'écriant: « Eh! parbleu! le château de notre ami André est à deux pas d'ici; le père Morand est le meilleur des hommes; c'est mon ami intime, il nous recevra à merveille. Allons lui demander un dindon rôti et du vin de sa cave. André, montre-nous le chemin, et passe devant nous pour nous faire les honneurs. »

André se crut perdu; mais comme tous les gens faibles, qui n'osent jamais s'arrêter et s'embarquent toujours dans de nouvelles difficultés, il se résigna à braver toutes les conséquences de sa destinée, et remonta en voiture avec Geneviève et ses compagnes.

Cependant, à mesure qu'il approchait des tourelles héréditaires, une sueur froide se répandait sur tous ses membres. Dans quelle colère il allait trouver le marquis! car l'enlèvement du cheval et du char à bancs devait depuis plusieurs heures causer dans la maison un scandale épouvantable, et le marquis était incapable, pour quelque raison humaine que ce fût, de sacrifier aux convenances le besoin d'exhaler sa colère. Quel accueil pour Geneviève, qu'il eût voulu recevoir à genoux dans sa demeure! et quelle mortification pour lui d'être traité devant elle comme un écolier pris en faute! Il arrêta son cheval à deux portées de fusil de la maison et descendit; il s'approcha de la patache, pria Joseph de descendre aussi, et, l'emmenant à quelque distance, il lui confia son embarras. — Ouais! dit Joseph, ce vieux renard est-il sournois à ce point-là! lui qui fait semblant d'être si bon homme! Mais ne crains rien; personne, fût-ce le diable, n'osera jamais regarder de travers celui qui s'appelle Joseph Marteau. Monte dans ma voiture et donne-moi le fouet du char à bancs; je passe le premier et je prends tout sur moi.

En effet, Joseph fouetta d'une main arrogante les flancs respectables du cheval du marquis, et il fit une entrée triomphale dans la cour du château. Le marquis était précisément à la porte de l'écurie. Depuis que l'événement terrible était découvert, le marquis n'avait pas quitté la place, il attendait son fils pour le recevoir à sa manière. De minute en minute sa fureur augmentait, et il se formait en lui un trésor d'injures qui devait mettre plus d'un jour à s'épuiser. Lorsque, au lieu de la timide figure d'André sur le siège de sa voiture, il vit la mine fière et décidée de Joseph, il recula de trois pas, et, avant qu'il eût articulé une parole, Joseph, lui sautant au cou, l'embrassa si fort qu'il faillit l'étouffer. « Vive Dieu! s'écria le gai campagnard, que je suis heureux de revoir mon cher marquis! il y a plus de six semaines que j'ai le projet de vous amener ma famille; mais les femmes sont si longues à se décider pour la moindre chose! Enfin je n'ai pas voulu marier ma grande sœur sans vous la présenter: la voilà, cher marquis. Ah! il y a longtemps qu'elle entend parler de vous et de votre beau château, et de votre grand jardin, et de vos étables, les mieux tenues du pays. Ma sœur est une bonne campagnarde qui s'entend à toutes ces choses-là; et puis voilà les petites, une, deux, trois: allons, mesdemoiselles, faites la révérence. Marie, essuie les pruneaux que tu as sur la joue et va embrasser monsieur le marquis. Ah! c'est que c'est un fier papa que le marquis. Demande-lui des dragées, il en a toujours plein ses poches. Ah! ça, cher voisin, vous voyez que j'avais une fière envie de venir vous voir; dès trois heures du matin j'étais dans la chambre d'André. C'était une partie arrangée depuis hier avec ces demoiselles. Elles en grillaient d'envie. Moi, qui sais que vous êtes le plus galant homme et l'homme le plus galant de France, je voulais vous les amener toutes; car en voilà encore cinq ou six qui ne sont pas mes sœurs, mais qui n'en valent pas moins, et qui voulaient à toute force voir votre propriété. C'est une si belle chose! il n'est question que de ça dans le pays. Or, je suis venu ce matin pour vous demander votre voiture, votre cheval et votre fils. André m'a répondu que vous dormiez encore, que vous étiez fatigué de la veille. Je n'ai jamais voulu souffrir qu'on vous éveillât pour si peu de chose; je n'ai même voulu déranger personne; j'ai attelé moi-même le cheval et j'ai emmené votre fils malgré lui, car c'est un paresseux!... A propos, comment se porte le bœuf malade? Mieux? Ah! j'en suis charmé. Voilà donc comment j'ai enfin réussi à vous amener à dîner toutes ces petites alouettes. J'étais bien sûr que vous m'en remercieriez. Ce marquis est l'homme le plus aimable du département! Allons, mesdemoiselles, n'ayez pas de honte, dites à monsieur le marquis comme vous aviez envie de venir le voir. »

Le marquis, tout étourdi d'un pareil discours et de l'apparition de toutes ces jeunes et jolies figures qui semblaient se multiplier par enchantement à chaque période de Joseph, ne put trouver de prétexte à son ressentiment. La demande inopinée d'un dîner ne le contraria pas trop. Il était honorable, et en effet il avait des prétentions à la galanterie. Il prit le parti d'offrir un bras à mademoiselle Marteau, et l'autre à Geneviève, qu'à sa jolie tournure il prit pour une personne de la meilleure société; priant poliment les autres de le suivre, il les conduisit à la salle à manger, où, en attendant le repas qu'il ordonna sur-le-champ, il leur fit servir des fruits et des rafraîchissements.

André, charmé de voir les choses s'arranger aussi bien, prit courage et fit lui-même les honneurs de la maison avec beaucoup de grâce. Son père le laissa faire, quoiqu'il jetât sur lui de temps en temps un regard de travers. Le hobereau n'était point avare et voulait bien offrir tout ce qu'il possédait; mais il voulait le faire lui-même et ne pouvait souffrir qu'un autre, fût-ce son propre fils, touchât une fleur sans sa permission.

André conduisit Geneviève à un petit jardin botanique qu'il cultivait dans un coin du grand verger de son père.

Geneviève prit tant d'intérêt à ces fleurs et aux explications d'André, qu'elle oublia tout le reste et s'aperçut en rougissant, lorsque la cloche du dîner sonna, qu'elle était seule avec lui, que le reste de la société était bien loin dans le fond du verger.

L'affabilité du marquis se soutint assez bien pendant tout le temps du dîner; même au dessert il s'égaya jusqu'à adresser quelques lourdes fadeurs aux beaux yeux d'Henriette et aux jolies petites mains blanches de Geneviève. Joseph était un convive excellent, un vigoureux buveur, capable de tenir tête à toute une noce depuis midi jusqu'à trois heures du matin, et jamais maussade après boire, point querelleur, point casseur d'écuelles, incapable de méconnaître ses amis dans l'ivresse. Il se conduisit si bien cette fois, et sans cesser d'être aux petits soins pour *les dames*, il fit si bien fête au petit vin de la côte Morand, que le marquis sortit de table la joue enluminée, l'œil brillant et la mâchoire lourde. Joseph croyait avoir triomphé de sa colère et s'applaudissait intérieurement de son habileté; mais André, qui connaissait mieux son père, augurait moins bien de cet état d'excitation. Il savait que jamais le marquis n'avait une clairvoyance plus implacable que dans ces moments-là. Il l'observait donc avec inquiétude et s'observait lui-même scrupuleusement, dans la crainte de dire un mot ou de faire un geste qui réveillât les souvenirs confus du cheval et du char à bancs enlevés.

Le marquis jusque-là ne comprenait pas trop clairement en quelle société Joseph et ses sœurs étaient venus le voir. La vérité est qu'il n'avait aucun préjugé, qu'il était poli et hospitalier envers tout le monde; mais il avait une aversion invincible pour les grisettes. Il fallait que ce sentiment eût acquis chez lui une grande violence; car il était combattu par une habitude de courtoisie envers le beau sexe et la prétention de n'être pas absolument étranger à l'art de plaire. Mais autant il aimait à accueillir gracieusement les personnes des deux sexes qui reconnaissaient humblement l'infériorité de leur rang, autant il haïssait dans le secret de son cœur celles qui traitaient de pair à compagnon avec lui sans daigner lui tenir compte de son affabilité et de ses manières libérales. Il consentait à être le meilleur bourgeois du monde, pourvu qu'on n'oubliât point qu'il était marquis et qu'il ne voulait pas le paraître.

Les artisanes de L..., avec leur jactance, leurs privilèges et leur affectation de familiarité, étaient donc nécessairement des natures antipathiques à la sienne, et il est très-vrai qu'il les souffrait difficilement dans sa maison. Il ne pouvait supporter qu'elles s'arrogeassent le droit de s'asseoir à sa table sans son aveu, et il ne manquait pas, lorsque sa salle à manger était envahie par ces usurpateurs féminins, de leur céder la place et d'aller aux champs. Ce procédé lui avait aliéné la considération des grisettes les plus huppées, d'autant plus qu'elles voyaient fort bien l'adjoint de la commune, personnage revêtu d'une blouse et d'une paire de sabots, et même le garde champêtre, dignitaire plus modeste, encore admis à l'honneur de boire un verre de vin et de s'asseoir sur un escabeau lorsqu'ils apportaient des nouvelles à l'heure où le marquis finissait son souper. Cette préférence envers des paysans leur paraissait l'indice d'un caractère insolent et bas, tandis qu'elle était au contraire le résultat d'un orgueil très-bien raisonné.

Quoique Henriette et ses ouvrières eussent été fort bien traitées cette fois, il leur restait un vieux levain de ressentiment contre les manières habituelles du marquis envers leurs pareilles. La présence de mademoiselle Marteau, les manières douces d'André, le maintien grave et poli de Geneviève leur avaient un peu imposé pendant le dîner. Aussi en sortant de table, leur nature bruyante et indisciplinée reprenant le dessus, elles se répandirent dans le verger en caracolant comme des cavales débridées, et, sautant sur les plates-bandes, écrasant sans pitié les marguerites et les tomates, elles remplirent l'air de chants plus gais que mélodieux, et de rires qui sonnèrent mal à l'oreille du marquis. Celui-ci laissa André auprès de Geneviève et de mesdemoiselles Marteau et, tandis que Joseph prenait sa course de son côté pour aller embrasser mademoiselle Henriette à la faveur d'un jour consacré à la folie, il longea furtivement le mur où ses plus beaux espaliers étendaient leurs grands bras chargés de fruits sur un treillage vert-pomme, et monta la garde autour de ses pêches et de ses raisins. Henriette s'en aperçut, et, décidée à déployer ce grand caractère d'audace et de fierté dont elle tirait gloire, elle coupa le potager en droite ligne et vint à trente pas du marquis remplir lestement son tablier des plus beaux fruits de l'espalier. A son exemple, les grisettes s'élancèrent à la maraude et firent main-basse sur le reste. Ce qui acheva d'enflammer le marquis d'une juste colère, c'est qu'au lieu de détacher de l'arbre le fruit qu'elles voulaient emporter, elles tiraient obstinément la branche jusqu'à ce qu'elle cédât et leur restât à la main, toute chargée de fruits verts qu'elles jetaient avec dédain au milieu des allées après y avoir enfoncé les dents. Moyennant ce procédé aristocratique, au lieu d'une douzaine de pêches et d'autant de grappes de raisin qu'elles eussent pu enlever, elles trouvèrent moyen de mutiler tous les arbres fruitiers et de mettre en lambeaux ces belles treilles si bien suspendues, que le marquis lui-même avait courbées en berceaux et qui faisaient l'admiration de tous les connaisseurs.

Le marquis eut envie de prendre une des branches cassées dont elles jonchaient le sable, et de leur *courir sus* en les poursuivant comme des chèvres malfaisantes; mais il vit la grande taille de Joseph se dessiner auprès d'Henriette, et, quoique brave, il ne se soucia point d'engager avec lui une discussion qui pouvait devenir orageuse. D'ailleurs il aimait Joseph et voyait bien qu'il n'approuvait pas ce dégât. Il prit un parti plus sage et plus cruel : il alla droit à l'écurie, fit sortir son cheval, atteler le char à bancs et conduire l'un et l'autre à trois cents pas de la maison dans une grange dont il prit la clef dans sa poche; puis il revint d'un air calme et rentra dans le salon. Il n'y trouva personne; mais la Vengeance, qui le protégeait, lui fit apercevoir du premier coup d'œil quatre ou cinq grands bonnets de tulle et deux ou trois châles de Barèges étalés avec soin sur le canapé. Ces demoiselles avaient déposé là leurs atours pour courir plus à l'aise dans le jardin. Le marquis n'en fit ni une ni deux; il s'étendit tout de son long sur les rubans et sur les dentelles, et ne manqua pas d'allonger ses grosses guêtres crottées sur le fichu de crêpe rose de mademoiselle Henriette. Il attendit ainsi, dans un repos délicieux, que ces demoiselles eussent fini de dévaster son verger.

Quand elles rentrèrent, elles trouvèrent en effet le malicieux campagnard qui feignait de dormir en écrasant les précieux chiffons; elles le maudirent mille fois et prononcèrent, assez haut pour qu'il l'entendît, les mots de vieil ivrogne.

« Fort bien! disait Henriette d'un ton aigre, il faut de la dentelle à M. le marquis pour dormir en cuvant son vin!

— Ma foi! disait Joseph en se pinçant le nez pour ne pas éclater de rire, je trouve la chose singulière et si drôle qu'il m'est impossible de m'en affliger. Vraiment! c'est dommage de réveiller ce bon marquis quand il dort si bien, l'aimable homme! »

En parlant ainsi, Joseph secouait doucement la main du marquis. Celui-ci feignit longtemps de ne pouvoir se réveiller. Enfin il se décida à quitter le canapé et à laisser les grisettes ramasser les débris de leur toilette, dans quel état, hélas!... Henriette écumait de rage. M. de Morand feignit de ne s'apercevoir de rien. Il prit le bras de Joseph et sortit sous prétexte de le mener à son pressoir. Mais sa véritable vengeance ne tarda pas à éclater. Le soleil était couché, on parla de retourner à la ville; la patache de Joseph se trouva prête devant la porte aussitôt qu'il l'eut demandée. « Prends mes sœurs et Geneviève, dit Joseph à André, et monte dans ma patache; je me charge des grisettes et du char à bancs. Va, pars tout de suite; car si tu restes là et que ton père ait de l'humeur, cela tombera sur toi, tandis qu'il n'osera pas me faire de difficultés. Va-t'en vite. »

André ne se le fit pas répéter; il offrit la main à ses compagnes de voyage, prit les rênes et disparut. Il était à cinq cents pas, que Joseph attendait encore le char à bancs sur le seuil de la maison. Il avait glissé quelque monnaie dans la main du garçon d'écurie en lui disant d'amener son équipage; mais l'équipage n'arrivait pas, le garçon d'écurie ne se montrait plus, et le marquis avait subitement disparu. Au bout d'un quart d'heure d'attente, Joseph prit le parti d'aller à l'écurie: elle était vide; il cherche le char à bancs sous le hangar: le hangar était désert; il appelle, personne ne lui répond. Il parcourt la ferme, et trouve enfin le garçon d'écurie qui semble accourir tout essoufflé et qui lui répond avec toute la sincérité apparente d'un paysan astucieux: « Hélas! mon bon monsieur, il n'y a ni char à bancs ni cheval; le métayer est parti avec pour la foire de Saint-Denis qui commence demain matin; il ne savait pas qu'on en aurait besoin au château. M. le marquis lui avait dit hier de les prendre s'il en avait besoin... Qu'est-ce qui savait? qu'est-ce qui pouvait prévoir...?

— Mille diables! s'écria Joseph, il est parti! et depuis quand? est-il bien loin?

— Oh! monsieur, dit le garçon en souriant d'un air piteux, il y a plus de deux heures! il doit être à présent auprès de L.... s'il ne l'a point dépassé.

— Eh bien! dit Joseph, c'est une histoire à mourir de rire! » Et il alla rejoindre les grisettes sans s'affliger autrement d'un événement qui devait les transporter de colère. Henriette jeta les hauts cris; elle refusa de croire au départ du métayer; elle maudit mille fois la malice du marquis; elle le chercha dans toute la maison pour lui faire des reproches, pour lui demander s'il n'avait pas un autre cheval ou une autre voiture; le marquis fut introuvable. Le garçon d'écurie se lamenta d'un air désespérant sur ce fâcheux contre-temps. Enfin il fallut prendre un parti; le jour baissait de plus en plus, il fallut partir à pied et entreprendre, à l'entrée de la nuit, une promenade de trois lieues, par des chemins assez rudes et avec des bonnets et des fichus en marmelade. Les grisettes pleuraient, et Henriette en fureur faisait de durs reproches à Joseph sur son insouciance. Celui-ci se résignait de bonne grâce à lui offrir son bras jusqu'à la ville; elle le refusa d'abord avec dépit, et l'accepta ensuite par lassitude. Elles s'en allèrent ainsi clopin-clopant, se heurtant les pieds contre les cailloux et détestant dans leur âme l'abominable marquis, auteur de leur désastre, tandis que celui-ci, enfermé dans sa chambre et plongé dans le duvet, fredonnait en s'endormant un vieil air, à la mode peut-être dans sa jeunesse: *Allez-vous-en, gens de la noce*, etc.

VII.

De leur côté, André et Geneviève et mesdemoiselles Marteau continuaient paisiblement leur route sans entendre les cris de détresse dont Joseph, à tout hasard, faisait retentir la plaine. L'une des petites filles ayant laissé tomber son sac, André arrêta le cheval et descendit pour chercher dans l'obscurité l'objet perdu. Pendant ce temps il lui sembla entendre mugir au loin une voix de stentor qui prononçait son nom. Il consulta ses compagnons, et Geneviève décida qu'il fallait retourner en arrière, parce qu'un accident était probablement arrivé aux voyageurs du char à bancs. André obéit, et, au bout de dix minutes, il rencontra les tristes piétons qui gagnaient le haut de la colline. Henriette voulut raconter la malheureuse aventure; mais, suffoquée par sa colère, elle s'arrêta pour respirer, et Joseph, profitant de l'occasion, se mit à raconter à sa manière. Il déclara que c'était un plaisant tour du marquis, et que ces demoiselles l'avaient bien mérité pour la manière dont elles s'étaient comportées dans le verger.

« C'est une infamie! s'écria Henriette; votre marquis est un vieil avare, un sournois et un ivrogne.

— Allons, allons, interrompit Joseph impatienté, vous oubliez que vous parlez devant son fils et qu'il est trop poli pour vous donner un démenti; mais, si vous étiez un homme, jarni Dieu!...

— Et c'est parce que M. André ne peut pas imposer silence à une femme, dit Geneviève assez vivement, que l'on ne doit pas abuser de sa politesse et lui faire entendre un langage qu'il ne peut supporter sans souffrir. Allons, Henriette, calme-toi, prends ma place dans la voiture; tâchez de vous y arranger toutes, et de prendre seulement la petite Marie sur vos genoux. Pour nous, qui avons fait la moitié de la route en voiture, nous ferons bien le reste à pied, n'est-ce pas, ma chère Justine? »

La chose fut bientôt convenue. Joseph voulut un instant faire les honneurs de sa voiture à André et achever la route à pied; mais il comprit bien vite qu'André aimait beaucoup mieux accompagner Geneviève, et il prit sa place dans la patache, qui continua le voyage au pas. André offrit son bras à Justine Marteau, afin d'avoir l'occasion d'offrir l'autre à Geneviève au bout de quelques minutes; mais à peine l'eut-elle accepté qu'André, qui se croyait fort en train de dire les choses les plus sensées du monde, ne trouva plus même à placer un mot insignifiant pour diminuer le malaise d'un silence qui dura près d'un quart d'heure sans aucune cause appréciable.

Ce fut mademoiselle Marteau qui le rompit la première, dès qu'elle eut fini de penser à autre chose; car elle était préoccupée, soit de la pensée de son trousseau, soit de celle de son fiancé. « Eh bien! dit-elle, qu'avons-nous donc tous les trois à regarder les étoiles?

— Je vous assure, répondit André, que je ne pensais pas aux étoiles, et que je les regardais encore moins. Et vous, mademoiselle Geneviève?

— Moi, je les regardais sans penser à rien, répondit-elle.

— Permettez-moi de ne pas vous croire, reprit André; je suis sûr, au contraire, que vous réfléchissez beaucoup et à propos de tout.

— Oh! oui, je réfléchis, répondit-elle; mais je n'en pense pas plus pour cela, car je ne sais rien, et quand j'ai bien rêvé, je n'en suis pas plus avancée.

— Cela est impossible. Quand vous regardez les étoiles, vous pensez à quelque chose.

— Je pense quelquefois à Dieu, qui a mis toutes ces lumières là-haut; mais comme on ne peut pas toujours penser à Dieu, il arrive que je continue à les regarder sans savoir pourquoi; et pourtant j'en reste des heures entières à ma fenêtre sans pouvoir m'en arracher. D'où cela vient-il? Sans doute les étoiles font cet effet-là à tout le monde: n'est-ce pas Justine?

— Je crois, dit Justine, que ton amie Henriette ne les regarde jamais. Pour moi, je suis comme toi, je ne peux pas en détacher les yeux; mais c'est que cela me fait penser à des milliers de choses.

— Oh! c'est que vous êtes savante, vous, Justine; vous êtes bien heureuse! Mais dites-moi donc à quoi les étoiles vous font penser: j'aurai peut-être eu les mêmes idées sans pouvoir m'en rendre compte.

— Mais, dit Justine, à quoi ne pense-t-on pas en regardant ces milliards de mondes, auprès desquels le nôtre n'est qu'une tache lumineuse de plus dans l'espace? »

Geneviève s'arrêta tout étonnée et regarda Justine, attendant avec impatience qu'elle s'expliquât davantage. André s'était imaginé, en voyant le beau front de Geneviève plein d'intelligence, et en écoutant son langage toujours si raisonnable et si pur, qu'elle devait savoir toutes choses, et l'idée de sa propre infériorité l'avait rendu jusque-là timide et tremblant devant elle. Il fut donc surpris à son tour, et chercha dans les grands yeux de Geneviève la cause de cet étonnement naïf.

« Est-ce que tu ne sais pas, dit Justine, qui n'était pas fâchée de déployer son petit savoir, que toutes ces lumières, comme tu les appelles, sont autant de soleils et de mondes?

— Oh! j'ai entendu parler de cela à Paris par une de mes compagnes qui avait un livre... mais je prenais tout cela pour des rêves... et je ne peux pas croire encore... Dites-nous donc ce que vous en pensez, monsieur André. »

Cette interpellation fit sur André un effet singulier. Il venait d'être presque choqué de l'ignorance de Geneviève ; il se sentit tout à coup comme attendri. Jusquelà son amour avait été dans sa tête ; il lui sembla qu'il descendait dans son cœur. Il regarda Geneviève à la faible clarté du ciel étoilé : il distinguait à peine ses traits ; mais une blancheur incomparable faisait ressortir sa figure ovale sous ses cheveux noirs, et une sérénité angélique semblait résider sur ce visage délicat et pâle. André fut si ému qu'il resta quelques instants sans pouvoir répondre. Enfin il lui dit d'une voix altérée :
« Oui, je crois que notre monde n'est qu'un lieu de passage et d'épreuve, et qu'il y a parmi tous ceux que vous voyez au ciel quelque monde meilleur où les âmes qui s'entendent peuvent se réunir et s'appartenir mutuellement. »

Geneviève s'arrêta encore et le regarda à son tour comme elle avait regardé Justine. Tout ce qu'on lui disait lui semblait obscur ; elle en attendait l'explication.

« Croyez-vous donc, lui dit André, que tout s'achève ici-bas ?

— Oh ! non, dit-elle, je crois en Dieu et en une autre vie.

— Eh bien ! ne pensez-vous pas que le paradis puisse être dans quelqu'une de ces belles étoiles ?

— Mais je n'en sais rien. Vous-même, qu'en savez-vous ?

— Oh ! rien. Je ne sais pas où Dieu a caché le bonheur qu'il fait espérer aux hommes. Croyez-vous, mesdemoiselles, qu'on puisse obtenir tout ce qu'on désire en cette vie ?

— Mais non ! dit Justine ; on peut désirer l'impossible. Le bonheur et la raison consistent à régler nos besoins et nos souhaits.

— Cela est très-bien dit, répondit André ; mais pensez-vous qu'il existe trois personnes au monde qui puissent atteindre à la sagesse ? Nous voici trois : répondez-vous de nous trois ?

— Oh ! c'est tout au plus si je réponds de moi-même, dit Justine en riant ; comment répondrais-je de vous ? Cependant je répondrais de Geneviève, je crois qu'elle sera toujours calme et heureuse.

— Et vous, mademoiselle, dit André, en répondez-vous ?

— Pourquoi pas ? dit-elle avec une tranquillité naïve. Mais parlez-moi donc des étoiles, cela m'inquiète davantage. Pourquoi Justine dit-elle que ce sont des mondes et des soleils ? »

André, heureux et fier, pour la première fois de sa vie, d'avoir quelque chose à enseigner, se mit à lui expliquer le système de l'univers, en ayant soin de simplifier toutes les démonstrations et de les rendre abordables à l'intelligence de son élève. Malgré la soumission attentive et la curiosité confiante de Geneviève, André fut frappé du bon sens et de la netteté de ses idées. Elle comprenait rapidement ; il y avait des instants où André, transporté, lui croyait des facultés extraordinaires, et d'autres où il croyait parler à un enfant. Quand ils furent arrivés aux premières maisons de la ville, Henriette descendit de voiture et dit qu'elle se chargeait de reconduire Geneviève chez elle. André n'osa pas aller plus loin ; il prit congé d'elle, et, se dérobant aux instances de Joseph, qui voulait l'emmener boire du punch, il repartit légèrement le chemin de son castel. Tout ce qu'il désirait désormais, c'était de se trouver seul et de n'être pas distrait de ses pensées. Elles se pressaient tellement dans son cerveau, qu'il s'assit bientôt sur le bord du chemin, et posant son front dans ses mains, il resta ainsi jusqu'à ce que le froid de la nuit le saisît et l'avertit de reprendre sa marche.

VIII.

Le lendemain, lorsque André se retrouva seul dans son grand verger, il s'était passé bien des choses dans sa tête ; mais il avait trouvé une solution à sa plus grande incertitude, et il éprouvait une joie et une impatience tumultueuses. Il s'était demandé bien des fois depuis douze heures si Geneviève était un ange du ciel exilé sur une terre ingrate et pauvre, ou si elle était simplement une grisette plus décente et plus jolie que les autres. Cependant il n'avait pu réprimer une émotion tendre et presque paternelle lorsqu'elle lui avait naïvement demandé de l'instruire. Cet aveu paisible de son ignorance, ce désir d'apprendre, cette facilité de compréhension, devaient lui gagner le cœur d'un homme simple et bon comme elle. Il y avait sous cette inculte végétation une terre riche et fertile, où la parole divine pourrait germer et fructifier. Une âme sympathique, une voix amie pouvaient développer cette noble nature et la révéler à elle-même.

Telle fut la conclusion que tira André de toutes ces rêveries, et il se sentit transporté d'enthousiasme à l'idée de devenir le Prométhée de cette précieuse argile. Il bénit le ciel qui lui avait accordé les moyens de s'instruire. Il remercia dans son cœur son bon maître, M. Forez, qui lui avait ouvert le trésor de ses connaissances ; et, dans son exaltation, peu s'en fallut qu'il n'allât aussi remercier son père, qui avait consenti à faire de lui autre chose qu'un paysan. Dans ses jours de spleen, il lui était arrivé souvent de maudire l'éducation, qui, en lui créant des besoins nouveaux, lui rendait sa condition réelle plus triste encore. Maintenant il demandait pardon à Dieu d'un tel blasphème. Il reconnaissait tous les avantages de l'étude, et se sentait maître du feu sacré qui devait embraser l'âme de Geneviève.

Mais toutes ces fumées de bonheur et de gloire se dissipèrent lorsqu'il songea à la difficulté de revoir prochainement Geneviève et à la possibilité effrayante de ne la revoir jamais. Il avait fait avec sa liberté de la veille mille romans délicieux en parcourant à pas lents les allées humides de la rosée du matin ; mais, à force de se créer un bonheur imaginaire, le besoin de réaliser ses rêves devint un malaise et un tourment. Son cœur battait violemment et à chaque instant semblait s'élancer hors de son sein pour rejoindre l'objet aimé. Il s'étonna de ces agitations. Il n'avait pas prévu qu'arrivé à ce point l'amour devait devenir une souffrance de toutes les heures. Il avait cru au contraire que, du moment où il aurait retrouvé l'objet d'une si longue attente, sa vie s'écoulerait calme, pleine et délicieuse ; qu'un jour de bonheur suffirait à ses rêveries et à ses souvenirs pendant un mois, et qu'il aurait autant de douceur à savourer le passé qu'à jouir du présent. Maintenant la veille lui semblait s'être envolée trop rapidement ; il se reprochait de n'en avoir pas profité ; il se rappelait cent circonstances où il aurait pu dire à propos un mot qui lui eût obtenu la bienveillance de Geneviève, et il éprouvait un regret mortel de sa timidité. Il brûlait de trouver l'occasion de la réparer ; mais quand viendrait cette occasion ? dans huit jours ? dans quatre ? un seul lui paraissait éternellement long, et l'ennui dévorait déjà sa vie.

La crainte de se montrer trop empressé et d'effaroucher l'austérité de Geneviève lui faisait seule renoncer aux mille projets romanesques qu'il enfantait presque malgré lui. Mais bientôt il était forcé de s'avouer que vivre sans la voir était impossible, et qu'il fallait sortir de son inaction ou devenir fou.

Il alla vers le soir à la ville. Il s'assit à l'écart sur un des bancs de la promenade, espérant qu'elle passerait peut-être ; mais il vit défiler par groupes toutes les filles de la ville sans apercevoir le petit pied de Geneviève. Il se rappela qu'elle ne sortait jamais à ces heures-là. Il rôda autour de la maison Marteau sans oser y entrer ; car il éprouvait une répugnance infinie à laisser deviner ce qui se passait en lui. A l'entrée de la nuit il vit sortir Henriette et ses ouvrières. Geneviève n'était point avec elles. S'il avait su où elle demeurait, il se serait glissé sous sa fenêtre : il l'eût peut-être aperçue ; mais il ne le savait pas, et pour rien au monde il ne l'eût demandé à qui que ce fût.

Le lendemain il revint dans la journée ; et, tâchant de prendre l'air le plus indifférent, il alla voir Joseph. Joseph ne fut pas dupe de ce maintien grave. « Voyons, lui dit-il, pourquoi ne parles-tu pas de la seule chose qui t'intéresse

Il faut de la dentelle à monsieur le marquis pour dormir en cuvant son vin ! (Page 53.)

maintenant? Tu voudrais bien voir Geneviève, n'est-ce pas? Ce n'est pas aisé. J'y pensais ce matin ; je cherchais un expédient pour avoir accès dans sa maison, et je n'en ai pas trouvé. Il faudra bien pourtant que nous en venions à bout. Henriette nous aidera. »

L'obligeance indiscrète de Joseph choqua cruellement son ami. Il se mit à rire d'un air sec et forcé en lui déclarant qu'il ne comprenait rien à cette plaisanterie et qu'il le priait de ne pas l'y mêler davantage.

« Ah! tu fais le fier! tu te méfies de moi! dit Joseph un peu piqué. Eh bien! comme tu voudras, mon cher ; tire-toi d'affaire tout seul, puisque tu n'as pas besoin d'aide. »

André s'affligea d'avoir offensé un ami si dévoué; mais il lui fut impossible de revenir sur son refus et sur son désaveu. Il se retira assez triste. Le bon Joseph s'en aperçut ; et, pour lui prouver qu'il n'avait pas de rancune, il le reconduisit jusqu'au bout de l'avenue de peupliers qui termine la ville. Avant de sortir d'une petite rue tortueuse et déserte, il lui montra une vieille maison de briques, dont tous les pans étaient encadrés de bois grossièrement sculpté. Un toit en auvent s'étendait à l'entour et ombrageait les étroites fenêtres. « Tiens, dit Joseph en lui montrant deux de ces fenêtres, éclairées par le soleil couchant et couvertes de pots de fleurs, c'est là que *Rose respire*. Monter l'escalier, ce n'est pas le plus difficile ; mais franchir le palier et passer la porte, c'est pire que d'entrer dans le jardin des Hespérides. »

André, troublé, s'efforça de prendre un air dégagé et de sourire.

« Aurais-je dit quelque sottise? dit Joseph. Cela est possible. J'aime trop la mythologie. Je ne suis pas toujours heureux dans mes citations.

— Celle-là est fort bonne, au contraire, répondit André ; j'en ris parce qu'elle est plaisante, et que je ne me sens point le courage d'Alcide et de Jason. »

Quoi qu'il en soit, André était le lendemain sur l'escalier de la vieille maison rouge. Où allait-il? il le savait à peine. Serait-il reçu? il ne l'espérait pas. Il avait à la main un énorme bouquet des plus belles fleurs qu'il avait pu réunir : c'était toute sa recommandation. Il était tour à tour pâle comme ses narcisses et vermeil comme ses adonis. Il se soutenait à peine, et à la dernière marche il fut forcé de s'asseoir. C'était déjà beaucoup d'avoir pu

Le marquis de Morand.

arriver jusque-là sans attrouper toute la maison et sans causer un scandale qui eût indisposé Geneviève contre lui. Il avait passé adroitement le long de l'arrière-boutique du chapelier, qui occupait le rez-de-chaussée, sans être aperçu d'aucun des apprentis ; au premier étage, il avait évité un atelier de lingères dont la porte était ouverte et d'où partait le refrain de plusieurs romances très-aimées des grisettes de tous les pays, telles que :

> Bocage que l'aurore
> Embellit de ses feux, etc.

Ou bien :

> Il ne vient pas, où peut-il être, etc.

Ou bien encore :

> Fleuve du Tage, etc., etc.

André cacha son bouquet dans son chapeau, et, tournant le dos à la porte entr'ouverte, il franchit cet étage comme un éclair et ne s'arrêta qu'au troisième. Là, tout palpitant, se recommandant à Dieu, il s'approcha de la porte à trois reprises différentes et s'en éloigna aussitôt, incertain s'il ne laisserait pas son bouquet et ne s'enfuirait pas à toutes jambes. Enfin une quatrième résolution l'emporta. Il frappa bien doucement, et, près de s'évanouir, s'appuya contre le mur.

Cinq minutes d'un profond silence lui donnèrent le temps de se reconnaître. Il pensa que Geneviève était sortie, et il se réjouit presque d'échapper à la terrible émotion qu'il avait résolu de braver. Cependant le désir de la voir fut plus fort que sa poltronnerie, et il allait frapper de nouveau, lorsque ses yeux, accoutumés à l'obscurité de l'escalier, distinguèrent un petit carré de papier collé sur la porte. Il l'examina quelques instants et réussit à lire :

GENEVIÈVE, FLEURISTE ;

et un peu plus bas, en plus petits caractères : *Tournez le bouton, s'il vous plaît.*

André, transporté d'une joie étourdie, ouvrit la porte et entra dans une vieille salle proprement tenue, meublée de quatre chaises de paille, d'une petite provision de raisins suspendus au plafond, et d'une toile noire et usée, où l'on retrouvait quelques vestiges d'une figure de Vierge tenant un enfant Jésus dans ses bras. Une petite porte, sur laquelle était encore écrit le nom de Geneviève, était placée au bout de cette salle. Cette fois André sentit toutes ses terreurs se réveiller; mais, après tout ce qu'il avait déjà osé, il n'était plus temps de renoncer lâchement à son entreprise : il frappa donc à cette dernière porte, qui s'ouvrit aussitôt, et Geneviève parut.

Elle devint toute rouge et le salua avec un embarras où André crut distinguer un peu de mécontentement. Il balbutia quelques mots; mais il perdit tout à fait contenance en s'apercevant que Geneviève n'était pas seule. Madame Privat était debout auprès d'un carton de fleurs et se composait un bouquet de bal. Elle jeta sur André un regard de surprise et d'ironie : c'eût été une si bonne fortune pour elle de pouvoir publier une jolie médisance bien cruelle sur le compte de la vertueuse Geneviève! Geneviève sentit le danger de sa position, et prenant aussitôt une assurance pleine de fierté; « Entrez, dit-elle, monsieur le marquis, ayez la bonté de vous asseoir et d'attendre un instant. Vous voudrez bien me faire votre commande après que j'aurai servi madame. »

Et, se rapprochant de madame Privat, elle ouvrit tous ses cartons avec une dignité calme qui imposa un instant à la merveilleuse provinciale. Mais l'occasion était trop bonne pour y renoncer aisément. Après avoir choisi quelques boutons de rose mousseuse, madame Privat se retourna vers André, qu'elle déconcerta tout à fait avec son regard curieux et impertinent. « Vraiment, dit-elle en s'efforçant de prendre un ton enjoué, c'est la première fois que je vois un jeune homme venir commander des fleurs artificielles. Vous ne recevez pas souvent la visite de ces messieurs, n'est-ce pas, mademoiselle Geneviève?

— Pardonnez-moi, madame, répondit froidement Geneviève, je reçois très-souvent des commandes de bouquets pour les mariages et pour les présents de noces, et ces messieurs m'apportent quelquefois les fleurs naturelles qu'ils veulent me faire imiter.

— Ah ! M. de Morand se marie? » dit vivement madame Privat en fixant sur lui un regard scrutateur.

Son impertinence étonna tellement André, qu'il hésita un instant à répondre ; mais l'indignation l'emportant sur sa timidité naturelle, il répondit effrontément : « Non, madame, je m'occupe de botanique, et je désire avoir une collection de certaines fleurs que mademoiselle a le talent d'imiter parfaitement. C'est un herbier de nouvelle espèce auquel M. Forez, mon ancien précepteur, s'intéresse beaucoup. Quant au mariage, les pauvres maris sont tellement ridicules pour le moment dans ce pays-ci, que j'attendrai un temps plus favorable. »

Madame Privat se mordit la lèvre et sortit brusquement. La réponse d'André faisait allusion à une aventure récente de son ménage; et, quoique André ne fût pas méchant, il n'avait pu résister au désir de lui fermer la bouche. Quand elle fut sortie, il regarda Geneviève en souriant, espérant que cet incident allait faire oublier l'audace de sa visite; mais il trouva Geneviève froide et sévère. « Puis-je savoir, monsieur, lui dit-elle, ce qui me procure l'honneur de votre présence? »

André se troubla. « Je mérite que vous me receviez mal, répondit-il. J'ai été étourdi, imprudent, mademoiselle, en m'imaginant que c'était une chose toute simple que de venir vous offrir ces fleurs. L'impertinente personne qui sort d'ici m'a fait sentir mon tort ; me le pardonnerez-vous ?

— Oui, monsieur, répondit Geneviève, s'il est vrai que vous n'en ayez pas prévu les suites, et si vous me promettez de ne pas m'y exposer une seconde fois.

— J'aimerais mieux renoncer au bonheur de vous revoir jamais que de vous causer une contrariété, répondit André; et, laissant son bouquet sur la table, il se leva tristement pour se retirer; mais une larme vint au bord de sa paupière, et Geneviève, qui s'en aperçut, se troubla à son tour.

— Au moins, lui dit-elle avec douceur, je ne vous chasse pas; et puisque vous n'avez eu que de bonnes intentions aujourd'hui, je vous remercie de votre bouquet. »

En même temps elle le prit et l'examina. André s'arrêta et resta debout et incertain.

« Il est bien joli, dit Geneviève. Comment appelez-vous ces fleurs roses si rondes et si petites?

— Ce sont des hépatiques, répondit-il en se rapprochant ; voici les belles de nuit à odeur de vanille, de la giroflée-mahon blanche, et des mauves couleur de rose.

— Oh ! celles-là se fanent bien vite, dit Geneviève. Je vais les mettre dans l'eau. »

Elle délia le bouquet et le mit dans un vase plein d'eau fraîche, en arrangeant chaque fleur avec soin. Pendant ce temps, André examinait les cartons ouverts et admirait la perfection des ouvrages de Geneviève. Cependant il lui échappa une exclamation de blâme qui faillit faire tomber le vase des mains de la jeune fille.

« Qu'est-ce donc? s'écria-t-elle.

— O ciel ! répondit André, des fuxias à calice vert ! Cela n'existe pas, c'est une invention gratuite.

— Hélas ! vous avez raison, dit Geneviève en rougissant, ce n'est pas ma faute. Une demoiselle de la ville, pour qui j'ai fait cette branche de fuxia, l'a voulue ainsi. En vain je lui ai montré l'original; elle s'est obstinée à trouver ce bouquet trop rouge. — Feuilles, tiges, fleurs, tout, disait-elle, était de la même teinte. Elle m'a forcée d'ajouter ces feuilles, qui sont d'un ton faux, et de doubles calices...

— Qui est d'une monstruosité épouvantable ! dit André avec chaleur. Quoi ! mutiler une si jolie plante, si gracieuse, si délicate !

— Il y a des gens de si mauvais goût ! reprit Geneviève ; tous les jours on me demande des choses extravagantes. J'avais fait des millepertuis de Chine assez jolis; aussitôt toutes ces dames en ont demandé ; mais l'une les voulait bleus, l'autre rouges, selon la couleur de leurs rubans et de leurs robes. Que voulez-vous que devienne la vérité devant de pareilles considérations? Je suis bien forcée, pour gagner ma vie, de céder à tous ces caprices : aussi je ne fais que pour moi des fleurs dont je sois contente. Celles-là, je ne les vends pas : ce sont mes études et mes vrais plaisirs. Je vous les ferais voir si...

— Oh ! voyons-les, je vous en supplie, dit André ; montrez-moi ces trésors. »

Geneviève alla ouvrir une armoire réservée, et montra à son jeune pédant une collection de fleurs admirablement faites. « Voici du véritable fuxia, dit-elle en lui désignant avec orgueil une branche de cette jolie plante.

— Ceci est un chef-d'œuvre, dit André en la prenant avec précaution. Vous ne savez pas quelles immenses ressources vous offre votre talent. Un amateur paiera cette fleur un prix exorbitant. Cependant on pourrait y faire encore une légère critique : les fleurs sont trop régulièrement parfaites ; la nature est plus capricieuse, plus sans façon. Ainsi le calice du fuxia a souvent cinq pétales, et souvent trois, au lieu de quatre qu'il doit avoir. Les caryophyllées sont sujettes à ces erreurs continuelles et n'en sont que plus belles. Voyez ce violier jaune qui est sur votre fenêtre.

— Vous avez peut-être raison, dit Geneviève. Moi j'évitais cela dans la crainte de mal faire. Aimez-vous ces pois de senteur ?

— Il n'y manque que le parfum ; cependant voici un petit défaut : toutes les légumineuses ont dix étamines, mais neuf seulement réunies dans une sorte de gaîne ; la dixième est indépendante des autres, et vous n'avez pas observé cette particularité.

— Êtes-vous sûr de cela?

— Il y a du genêt d'Espagne dans mon bouquet : déchirez-en une fleur.

— En vérité, vous avez raison ; mais vous êtes bien sévère. Tant mieux pourtant ; il y a beaucoup à profiter avec vous. Continuez donc à m'instruire, je vous en prie. »

André examina tous les cartons et trouva peu à critiquer, beaucoup à louer; mais il ne négligea aucune occasion de relever les fautes légères de l'artiste, car il sentit que c'était le moyen de captiver l'attention et de rendre sa présence désirable.

« Puisqu'il en est ainsi, dit Geneviève quand il eut fini, je n'oserai plus achever une fleur nouvelle sans vous consulter; car vous en savez plus que moi.

— Vous en sauriez bien vite autant si vous vouliez faire de votre art une étude un peu méthodique. Certainement, à force de recherches et d'observations, vous savez une infinité de choses que je ne saurai jamais; mais l'ordre qu'on m'a fait mettre dans cette étude m'a appris des choses très-simples que vous ignorez. M. Forez avait pour cela une méthode admirable et d'une clarté parfaite.

— Et comment faire pour savoir? dit Geneviève.

— Laissez-moi vous apporter mes cahiers et mon herbier; avec une heure d'application par jour, vous en saurez dans un mois plus que M. Forez lui-même.

— Oh! que je le voudrais! dit Geneviève; mais cela est impossible. Orpheline et seule comme je suis, je ne puis recevoir vos visites sans m'exposer aux plus méchants propos.

— N'êtes-vous pas au-dessus de ces puériles attaques? dit André. A quoi vous a servi toute une vie de retraite et de prudence, si vous êtes aussi vulnérable que la plus étourdie de vos compagnes, et si, au premier acte d'indépendance que votre raison voudra tenter, l'opinion ne vous tient aucun compte d'une sagesse que vous avez si bien prouvée?

— L'opinion! l'opinion! dit Geneviève en rougissant. Ce n'est pas que je la respecte, je sais ce qu'elle vaut, dans ce pays du moins; mais je la crains. Je n'ai pas de famille, personne pour me protéger; la méchanceté peut me prendre à partie, comme elle l'a fait tant de fois pour de pauvres filles qui avaient bien peu de torts à se reprocher. Elle peut me rendre bien malheureuse...

— Oui, si vous manquez de caractère; mais si vous avez le juste orgueil de la vertu, si vous êtes pénétrée de votre propre dignité.

— Ne dites pas cela, on me reproche déjà d'être trop fière.

— Si j'avais le droit de vous faire un reproche, ce ne serait pas celui-là...

— Et lequel donc? dit Geneviève vivement; puis elle s'arrêta tout à coup, et André lut sur son visage qu'elle était d'avoir laissé échapper cette question, et qu'elle craignait une réponse trop significative.

— Je n'ai pas ce droit, répondit-il tristement, et je ne me flatte pas de l'avoir jamais. Vous craignez le blâme; quelle raison assez forte auriez-vous pour le braver? Ne faites pas attention à ce que je vous ai dit. Je déraisonne souvent.

— Cet aveu n'est pas rassurant, dit Geneviève en s'efforçant de sourire, pour quelqu'un qui comptait vous demander souvent des conseils.

— Sur la botanique? reprit André. Je vous enverrai mes cahiers. Si quelque passage vous embarrasse, veuillez faire un signe sur la marge et me le renvoyer; je demanderai une explication détaillée à M. Forez et le prierai de la rédiger lui-même. Je vous la ferai parvenir par mademoiselle Marteau, ou par mademoiselle Henriette, ou par telle autre personne que vous me désignerez. De cette manière, il me sera impossible de vous compromettre, et je ne serai pour personne un sujet de trouble et de scandale. »

Geneviève fut affligée de l'entendre s'exprimer d'un ton froid et blessé. Sa douceur et sa sensibilité naturelles parlèrent plus vite que sa raison.

« J'aimerais mieux, dit-elle, recevoir ces explications de vous directement: je comprendrais plus vite et je pourrais vous remercier moi-même de votre complaisance. Je ne sais pas comment il me deviendra possible de recevoir vos visites; mais j'en chercherai le moyen... S'il me faut y renoncer, croyez que j'en aurai du regret, et que je conserverai de la reconnaissance pour vous. »

Elle s'arrêta toute troublée, et André se sentit si ému qu'il craignit de se mettre à pleurer devant elle. C'est pourquoi il se retira précipitamment, en faisant de profonds saluts et en attachant sur elle des regards pleins de douleur et de tendresse.

Quand il fut sorti, Geneviève se laissa tomber sur une chaise, mit les deux mains sur son cœur et le sentit battre avec violence. Alors, épouvantée de ce qu'elle éprouvait et n'osant s'interroger elle-même, elle se jeta à genoux, et demanda au ciel de lui laisser le calme dont elle avait joui jusqu'alors.

Elle fut presque malade le reste de la journée, et ne toucha point au frugal dîner qu'elle avait préparé elle-même comme à l'ordinaire. Vers le soir, elle s'enveloppa de son petit châle et alla se promener derrière la ville, dans un lieu solitaire où elle était sûre de pouvoir rêver en liberté. Quand la nuit vint, elle s'assit sur une éminence plantée de néfliers, et elle contempla le lever de ces astres dont André lui avait expliqué la marche. Peu à peu ses idées prirent un cours extraordinaire, et les connaissances nouvelles que la conversation d'André lui avait révélées portèrent son esprit vers des pensées plus vagues, mais plus élevées. Lorsqu'elle revint sur elle-même, elle s'étonna de trouver à ses agitations de la journée moins d'importance qu'elle ne l'avait craint d'abord. Elle ressentait déjà l'effet de ces contemplations où l'âme semble sortir de sa prison terrestre et s'envoler vers des régions plus pures; mais elle ne se rendait raison d'aucune de ces impressions nouvelles, et marchait dans ce pays inconnu avec la surprise et le doute d'un enfant qui lit pour la première fois un conte de fées.

Geneviève n'était point romanesque; elle n'avait jamais désiré d'aimer ou d'être aimée. Elle ne pensait aux passions qu'avec crainte, et s'était promis de s'y soustraire à la faveur d'une vie solitaire et laborieuse. Naturellement aimante et bonne, elle commençait à pressentir l'amour d'André pour elle. Elle n'eût pas osé se l'expliquer à elle-même; mais elle avait compris instinctivement ses tourments, ses craintes et son chagrin de la matinée. Elle en avait été émue sans savoir pourquoi, et elle lui avait parlé avec une bienveillance qui ne cachait pas un sentiment plus vif. Geneviève n'avait pas d'amour, et quand elle chercha consciencieusement la cause de son trouble, elle ne reconnut en elle-même le regret d'avoir commis une imprudence. « Qu'avais-je donc ce matin, en effet? se demanda-t-elle, et pourquoi me suis-je laissé émouvoir si vite par les idées et les discours de ce jeune homme? pourquoi l'ai-je tant remercié? Qu'a-t-il fait pour moi? Il m'a expliqué des choses bien intéressantes, il est vrai; mais il l'a fait pour soutenir la conversation ou pour le plaisir de voir mon étonnement. Et puis il m'a apporté un bouquet que j'aurais pu cueillir moi-même dans les prés, et fait une visite dont, grâce à madame Privat, toute la ville jase déjà. Pourquoi m'a-t-il fait cette visite? si c'était par amitié, il aurait dû prévoir à quels dangers il m'exposait. Et moi qui l'ai si bien senti tout de suite, d'où vient que, sur deux ou trois grandes paroles qu'il m'a dites, j'ai presque promis de braver, pour le voir, les railleries des méchants et des sots? Ah! je suis une folle. Je désire m'élever au-dessus de ma fortune et de mon état: qu'y gagnerai-je? Quand j'aurai appris tout ce que mes compagnes ignorent; en serai-je plus heureuse?... Hélas! il me semble que oui; mais c'est peut-être un conseil de l'orgueil. Déjà j'étais prête à sacrifier ma réputation au plaisir d'apprendre la botanique et de causer avec un jeune homme savant. Mon Dieu, mon Dieu, défendez-moi de ces idées-là, et apprenez-moi à me contenter de ce que vous m'avez donné. »

Geneviève rentra plus calme et résolue à ne plus revoir André. Elle se tint parole; car elle reçut les cahiers et les herbiers par Henriette, et ne les ouvrit pas, dans la crainte d'y trouver trop de tentations. Elle s'habitua en peu de jours à penser à lui sans trouble et sans émotion. Une quinzaine s'écoula sans qu'elle sortît de sa retraite et sans qu'elle entendît parler de ce désolé jeune homme, qui passait une partie des nuits à pleurer sous ses fenêtres.

IX.

Mais la Providence voulait consoler André, et le hasard peut-être voulait faire échouer les résolutions de Geneviève. Un matin elle se laissa tenter par le lever du soleil et par le chant des alouettes, et alla chercher des iris dans les Prés-Girault ; elle ne savait pas qu'André l'y avait vue un certain jour qui avait marqué dans sa vie comme une solennité et qui avait décidé de tout son avenir. Elle se flattait d'avoir trouvé là un refuge contre tous les regards, un asile contre toutes les poursuites. Elle y arriva joyeuse et s'assit au bord de l'eau en chantant. Mais aussitôt des pas firent crier le sable derrière elle. Elle se retourna et vit André.

Un cri lui échappa, un cri imprudent qui l'eût perdue si André eût été un homme plus habile. Mais le bon et crédule enfant n'y vit rien que de désobligeant, et lui dit d'un air abattu : « Ne craignez rien, mademoiselle ; si ma présence vous importune, je me retire. Croyez que le hasard seul m'a conduit ici ; je n'avais pas l'espoir de vous y rencontrer, et je n'aurai pas l'audace de déranger votre promenade. »

La pâleur d'André, son air triste et doux, son regard plein de reproche et pourtant de résignation, produisirent un effet magnétique sur Geneviève. « Non, monsieur, lui dit-elle, vous ne me dérangez pas, et je suis bien aise de trouver l'occasion de vous remercier de vos cahiers... Ils m'intéressent beaucoup, et tous les jours... » Geneviève se troubla et ne put achever, car elle mentait et s'en faisait un grave reproche. André, un peu rassuré, lui fit quelques questions sur ses lectures. Elle les éluda en lui demandant le nom d'une jolie fleurette bleue qui croissait comme un tapis étendu sur l'eau. « C'est, répondit André, le bécabunga, qu'il faut se garder de confondre avec le cresson, quoiqu'il croisse pêle-mêle avec lui. » En parlant ainsi, il se mit dans l'eau jusqu'à mi-jambes pour cueillir la fleur que Geneviève avait regardée ; il s'y fût mis jusqu'au cou si elle avait eu envie de la feuille sèche qu'emportait le courant un peu plus loin. Il parlait si bien sur la botanique qu'elle ne put y résister. Au bout d'un quart d'heure ils étaient assis tous deux sur le gazon, André jonchait le tablier de Geneviève de fleurs effeuillées dont il lui démontrait l'organisation. Elle l'écoutait en fixant sur lui ses grands yeux attentifs et mélancoliques. André était parfois comme fasciné et perdait tout à fait le fil de son discours. Alors il se sauvait par une digression sur quelque autre partie des sciences naturelles, et Geneviève, toujours avide de s'élancer dans les régions inconnues, le questionnait avec vivacité. André voulut, pour lui rendre ses dissertations plus claires, remonter au principe des choses, lui expliquer la forme de la terre, la différence des climats, l'influence de l'atmosphère sur la végétation, les diverses régions où les végétaux peuvent vivre, depuis le pin des sommets glacés du Nord jusqu'au bananier des Indes brûlantes. Mais ce cours de géographie botanique effrayait l'imagination de Geneviève.

« Oh ! mon Dieu ! s'écria-t-elle à plusieurs reprises, la terre est donc bien grande ?
— Voulez-vous en prendre une idée ? lui dit André ; je vous apporterai demain un atlas ; vous apprendrez la géographie et la botanique en même temps.
— Oui, oui, je le veux ! » dit vivement Geneviève ; et puis elle songea à ses résolutions, hésita, voulut se rétracter et céda encore, moitié au chagrin d'André, moitié à l'envie de voir s'entr'ouvrir les feuillets mystérieux du livre de la science.

Elle revint donc le lendemain, non sans avoir livré un rude combat à sa conscience ; mais cette fois la leçon fut si intéressante ! Le dessin de ces mers qui enveloppent la terre, le cours de ces fleuves immenses, la hauteur de ces plateaux d'où les eaux s'épanchent dans les plaines, la configuration de ces terres échancrées, entassées, disjointes, rattachées par des isthmes, séparées par des détroits ; ces grands lacs, ces forêts incultes, ces terres nouvelles aperçues par des voyageurs, perdues pendant des siècles et soudainement retrouvées, toute cette magie de l'immensité jeta Geneviève dans une autre existence. Elle revint aux Prés-Girault tous les jours suivants, et souvent le soleil commençait à baisser quand elle songeait à s'arracher à l'attrait de l'étude. André goûtait un bonheur ineffable à réaliser son rêve et à verser dans cette âme intelligente les trésors que la sienne avait recélés jusque-là sans en connaître le prix. Son amour croissait de jour en jour avec les facultés de Geneviève. Il était fier de l'élever jusqu'à lui et d'être à la fois le créateur et l'amant de son Ève.

Leurs matinées étaient délicieuses. Libres et seuls dans une prairie charmante, tantôt ils causaient, assis sous les saules de la rivière ; tantôt ils se promenaient le long des sentiers bordés d'aubépines. Tout en devisant sur les mondes inconnus, ils regardaient de temps en temps autour d'eux, et, se regardant aussi l'un l'autre, ils s'éveillaient des magnifiques voyages de leur imagination pour se retrouver dans une oasis paisible, au milieu des fleurs, et le bras enlacé l'un à l'autre. Quand la matinée était un peu avancée, André tirait de sa gibecière un pain blanc et des fruits, ou bien il allait acheter une jatte de crème dans quelque chaumière des environs, et il déjeunait sur l'herbe avec Geneviève. Cette vie pastorale établit promptement entre eux une intimité fraternelle, et leurs plus beaux jours s'écoulèrent sans que le mot d'amour fût prononcé entre eux et sans que Geneviève songeât que ce sentiment pouvait entrer dans son cœur avec l'amitié.

Mais les pluies du mois de mai, toujours abondantes dans ce pays-là, vinrent suspendre leurs rendez-vous innocents.

Une semaine s'écoula sans que Geneviève pût hasarder sa mince chaussure dans les prés humides. André n'y put tenir. Il arriva un matin chez elle avec ses livres. Elle voulut le renvoyer. Il pleura ; et, refermant son atlas, il allait sortir. Geneviève l'arrêta, et, heureuse de le consoler, heureuse en même temps de ne pas voir enlever ce cher atlas de sa chambre, elle lui donna une chaise auprès d'elle et reprit les leçons du Pré-Girault. Le jeune professeur, à mesure qu'il se voyait compris, se livrait à son exaltation naturelle et devenait éloquent.

Pendant deux mois il vint tous les jours passer plusieurs heures avec son écolière. Elle travaillait tandis qu'il parlait, et de temps en temps elle laissait tomber sur la table une tulipe ou une renoncule à demi faite pour suivre de l'œil les démonstrations que son maître traçait sur le papier ; elle l'interrompait aussi de temps en temps pour lui demander son avis sur la découpure d'une feuille ou sur l'attitude d'une tige. Mais l'intérêt qu'elle mettait à écouter les autres leçons l'emportant de beaucoup sur celui-là, elle négligea un peu son art, contenta moins ses pratiques par son exactitude, et vit le nombre des acheteuses diminuer autour de ses cartons. Elle était lancée sur une mer enchantée et ne s'apercevait pas des dangers de la route. Chaque jour elle trouvait, dans le développement de son esprit, une jouissance enthousiaste qui transformait entièrement son caractère et devant laquelle sa pudeur timide s'était envolée, comme les terreurs de l'enfance devant la lumière de la raison. Cependant elle devait être bientôt forcée de voir les écueils au milieu desquels elle s'était engagée.

Mademoiselle Marteau se maria, et le surlendemain de ses noces, lorsque les voisins et les parents furent rentrés chez eux satisfaits et malades, elle invita ses amies d'enfance à venir dîner sur l'herbe, à une métairie qui lui avait servi de dot, et qui était située auprès de la ville. Ces jeunes personnes faisaient toutes partie de la meilleure bourgeoisie de la province ; néanmoins Geneviève y fut invitée. Ce n'était pas la première fois que ses manières distinguées et sa conduite irréprochable lui valaient cette préférence. Déjà plusieurs familles honorables l'avaient appelée à leurs réunions intimes, non pas, comme ses compagnes, à titre d'ouvrière en journée, mais en raison de l'estime et de l'affection qu'elle inspirait. Toute la sévère étiquette derrière laquelle se retranche la société bourgeoise aux jours de gala, pour se venger des mesquineries forcées de sa vie ordinaire, s'était depuis longtemps effacée devant le mérite incontesté de la jeune fleuriste : elle n'était regardée précisément ni comme une demoiselle ni comme une ouvrière, le nom intact et pur de Geneviève répondait à toute objection à cet égard. Geneviève n'appartenait à aucune classe et avait accès dans toutes.

Mais cette gloire acquise au prix de toute une vie de vertu, cette position brillante où jamais aucune fille de condition n'avait osé aspirer, Geneviève l'avait perdue à son insu ; elle était devenue savante, mais elle ignorait encore à quel prix.

Justine Marteau, aimable et bonne fille, étrangère aux caquets de la ville, lui fit la même accueil qu'à l'ordinaire ; mais les autres jeunes personnes, au lieu de l'entourer, comme elles faisaient toujours, pour l'accabler de questions sur la mode nouvelle et de demandes pour leur toilette, laissèrent un grand espace entre elles et la place où Geneviève s'était assise. Elle ne s'en aperçut pas d'abord ; mais le soin que prit Justine de venir se placer auprès d'elle lui fit remarquer l'abandon des autres et l'espèce de mépris qu'elles affectaient de lui témoigner. Geneviève était d'une nature si peu violente qu'elle n'éprouva d'abord que de l'étonnement ; aucun sentiment d'indignation ni même de douleur ne s'éveilla en elle. Mais lorsque le repas fut fini, plusieurs demoiselles, qui semblaient n'attendre que le moment de fuir une si mauvaise compagnie, demandèrent leurs bonnes et se retirèrent ; les autres se divisèrent par groupes et se dispersèrent dans le jardin, en évitant avec soin d'approcher de la réprouvée. En vain Justine s'efforça d'en rallier quelques-unes : elles s'enfuirent ou se tinrent un instant près d'elle dans une attitude si altière et avec un silence si glacial que Geneviève comprit son arrêt. Pour éviter d'affliger la bonne Justine, elle feignit de ne pas s'en affecter elle-même et se retira sous prétexte d'un travail qu'elle avait à terminer. A peine était-elle seule et commençait-elle à réfléchir à sa situation, qu'elle entendit frapper à sa porte, et qu'elle vit entrer Henriette avec un visage composé et une espèce de toilette qui annonçait une intention cérémonieuse et solennelle dans sa visite. Geneviève était fort pâle, et même l'émotion qu'elle venait d'éprouver lui causait des suffocations : elle fut très-contrariée de ne pouvoir être seule, et, de son côté, elle se composa un visage aussi calme que possible ; mais Henriette était résolue à ne tenir aucun compte de ses efforts, et, après l'avoir embrassée avec une affectation de tendresse inusitée, elle la regarda en face d'un air triste, en lui disant :

« Eh bien ?

— Eh bien, quoi ? dit Geneviève, à qui la fierté donna la force de sourire.

— Te voilà revenue ? reprit Henriette du même ton de condoléance.

— Revenue de quoi ? que veux-tu dire ?

— On dit qu'elles se sont conduites indignement..... Ah ! c'est une horreur ! Mais, va, sois tranquille, nous te vengerons ; nous savons aussi bien des choses que nous dirons, et les plus bégueules auront leur paquet.

— Doucement ! doucement ! dit Geneviève ; je ne te demande vengeance contre personne et je ne me crois pas offensée.

— Ah ! dit Henriette avec un mouvement de satisfaction méchante que son amitié pour Geneviève ne put lui faire réprimer, il est bien inutile de m'en faire un secret ; je sais tout ce qui s'est passé ; il y a assez longtemps que j'entends comploter l'affront qui t'a été fait. Ces belles demoiselles ne cherchaient qu'une occasion, et tu as été au-devant de leur méchanceté avec bien de la complaisance. Voilà ce que c'est, Geneviève, de vouloir sortir de son état ! Si tu n'avais jamais fréquenté que tes pareilles, cela ne te serait pas arrivé. Non, non, ce n'est pas parmi nous que tu aurais été insultée ; car nous savons toutes ce que c'est que d'avoir une faiblesse, et nous sommes indulgentes les unes pour les autres. Le grand crime en effet que d'avoir un amant ! Et toutes ces princesses-là en ont bien deux ou trois ! Nous leur dirons leur fait. Laisse-les faire, nous aurons notre tour. »

Geneviève se sentit si offensée de ces consolations, qu'elle faillit se trouver mal. Elle s'assit toute tremblante, et ses lèvres devinrent aussi pâles que ses joues.

« Il ne faut pas te désoler, ma pauvre enfant, lui dit Henriette avec toute la sincérité de son indiscrète amitié ; le mal n'est pas sans remède ; le mariage arrange tout, et tu vaux bien ce petit marquis. Seulement, ma chère, il faudrait de la prudence ; tu en avais tant autrefois ! Comment as-tu fait pour la perdre si vite ?

— Laissez-moi, Henriette, dit Geneviève en lui serrant la main. Je crois que vous avez de bonnes intentions ; mais vous me faites beaucoup de mal. Nous reparlerons de tout ceci ; mais pour le moment je serais bien aise de me mettre au lit. Je suis un peu malade.

— Eh bien ! eh bien ! je vais t'aider. Comment ! je te quitterais dans un pareil moment ! Non pas, certes ! Va, Geneviève, tu apprendras à connaître tes vraies amies ; tu as trop compté sur les demoiselles à grande éducation. Les livres ne rendent pas meilleur, sois-en sûre. On n'apprend pas à avoir bon cœur, cela vient tout seul ; et il n'y a pas besoin d'avoir étudié pour valoir quelque chose. Veux-tu que je bassine ton lit ? quelle tisane veux-tu boire ?

— Rien, rien, Henriette ; tu es une bonne fille, mais je ne veux rien.

— Il faut cependant te soigner ! Veux-tu te laisser *surmonter* par le chagrin ? Pauvre Geneviève ! elles ont donc été bien insolentes, ces bégueules ? Qu'est-ce qu'on t'a dit ? Raconte-moi tout ; cela te soulagera.

— Je n'ai vraiment rien à raconter ; on ne m'a rien dit de désobligeant, et je ne me plains de personne.

— En ce cas, tu es bien bonne, Geneviève, ou tu ne te doutes guère du mal qu'on te fait. Si tu savais comme on te déchire ! quelle haine on a pour toi !

— De la haine ! de la haine contre moi ? Et pourquoi, au nom du ciel ?

— Parce qu'on est enchanté de trouver l'occasion de te rabaisser. Tu excitais tant de jalousie dans le temps où on disait : *Geneviève première et dernière. Geneviève sans reproche. Geneviève sans pareille.* Ah ! que d'ennemies tu avais déjà ! mais elles n'osaient rien dire : qu'auraient-elles dit ? Aujourd'hui elles ont leur revanche : Geneviève par-ci, Geneviève par-là ! Il n'y a pas de filles perdues qu'on n'excuse pour avoir le plaisir de te mettre au-dessous d'elles. Ah ! cela devait arriver : tu étais montée si haut ! A présent on ne te laisse pas descendre à moitié ; on te roule en bas sous les pieds. Et pourquoi ? tu es peut-être aussi sage que par le passé ; mais on ne veut plus le croire ; on est si content d'avoir une raison à donner ! C'est une infamie, la manière dont on te traite. Les hommes sont peut-être encore plus déchaînés contre toi que les femmes. C'est incroyable ! Ordinairement les hommes nous défendent un peu pourtant ; eh bien ! ils sont tous tes ennemis ; ils disent que ce n'était pas la peine de faire tant la dédaigneuse pour écouter ce petit monsieur parce qu'il est noble et qu'il parle latin. J'ai beau leur dire qu'il te fait la cour dans de bonnes intentions, qu'il t'épousera. Ah ! bah ! ils secouent la tête en disant que les marquis n'épousent pas les grisettes. — Car, après tout, disent-ils, Geneviève la savante est une grisette comme les autres. Son père était ménétrier, et sa mère faisait des gants ; sa tante allait chez les bourgeois raccommoder les vieilles dentelles, et sa belle-sœur est encore repasseuse de fin à la journée.

— Tout cela n'est pas bien méchant, dit Geneviève ; je ne vois pas en quoi j'en puis être blessée. Après tout, qu'importe à ces messieurs que je me marie avec un marquis ou que je reste Geneviève la fleuriste ? Si les visites de M. de Morand me font du tort, qui donc a le droit de s'en plaindre ? Quel motif de ressentiment peut-on avoir contre moi ? A qui ai-je jamais fait du mal ?

— Ah ! ma pauvre Geneviève ! c'est bien à cause de cela : c'est qu'on sait que tu es bonne et qu'on ne te craint pas. On n'oserait pas m'insulter comme on t'a insultée aujourd'hui ; on sait bien que j'ai bec et ongles pour me défendre, et on ne se risquerait pas à jeter de trop grosses pierres dans mon jardin, tandis qu'on en jette dans tes fenêtres et qu'un de ces jours on te lapidera dans les rues. Pauvre agneau sans mère, toi qui vis toute seule dans un petit coin sans menacer et sans supplier personne, on aura beau jeu avec toi!

— Ma chère amie, je vois que vous vous affectez du mal qu'on essaie de me faire. Vous êtes bien bonne pour moi; mais vous l'auriez été encore davantage si vous ne m'aviez pas appris toutes ces mauvaises nouvelles... Je ne les aurais peut-être jamais sues...

— Tu te serais donc bouché les oreilles? car tu n'aurais pas pu traverser la rue sans entendre dire du mal de toi; et quand même tu aurais été sourde, cela ne t'aurait servi à rien; il aurait fallu être aveugle aussi pour ne pas voir un rire malhonnête sur toutes les figures. Ah! Geneviève! tu ne sais pas ce que c'est que la calomnie. Je l'ai appris plusieurs fois à mes dépens!... et je te plains, ma petite!... Mais j'ai su prendre le dessus et forcer les mauvaises langues à se taire.

— En parlant plus haut qu'elles, n'est-ce pas? dit Geneviève en souriant.

— Oui, oui, en parlant tout haut et en jouant jeu sur table, répondit Henriette un peu piquée. Tu aurais été plus sage si tu avais fait comme moi, ma chère.

— Et qu'appelles-tu jouer jeu sur table?

— Agir hardiment et sans mystère, se servir de sa liberté et narguer ceux qui le trouvent mauvais, avoir des *sentiments* pour quelqu'un et n'en pas rougir; car, après tout, n'avons-nous pas le droit d'accepter un galant en attendant un mari?

— Eh bien, ma chère, dit Geneviève un peu sèchement, en supposant que je me sois servi de ce droit réservé aux grisettes et que j'aie les *sentiments* qu'on m'attribue, pourquoi donc ma conduite cause-t-elle tant de scandale?

— Ah! c'est qu'il n'y a pas mis de franchise; tu as eu peur, tu t'es cachée, et l'on fait sur ton compte des suppositions qu'on ne fait pas sur le nôtre.

— Et pourquoi? s'écria Geneviève, irritée enfin; de quoi me suis-je cachée? de qui pense-t-on que j'aie peur?

— Ah! voilà, voilà ton orgueil; c'est cela qui te perdra, Geneviève. Tu veux trop te distinguer. Pourquoi n'as-tu pas fait comme les autres? pourquoi, du moment que tu as accepté les hommages de ce jeune homme, ne t'es-tu pas montrée avec lui au bal et à la promenade? pourquoi ne t'a-t-il pas donné le bras dans les rues? pourquoi n'as-tu pas confié à tes amies, à moi, par exemple, qu'il te faisait la cour? Nous aurions su à quoi nous en tenir; et, quand on serait venu nous dire : « Geneviève a donc un amoureux? » nous aurions répondu : « Certainement! pourquoi Geneviève n'aurait-elle pas un amoureux? Croyez-vous qu'elle ait fait un vœu? Êtes-vous son héritier? Qu'avez-vous à dire? » Et l'on n'aurait rien dit, parce que, après tout, cela aurait été tout simple. Au lieu de cela, tu as agi sournoisement, tu as voulu conserver ta grande réputation de vertu et en même temps écouter les douceurs d'un homme, tu as gardé ton petit secret fièrement, tu as accordé des rendez-vous aux Prés-Girault. Tu as beau rougir, pardine! tout le monde le sait, va! Ce grand flandrin de bourrelier qui demeure en face, et qui ne fait pas d'autre métier que de boire et de bavarder, t'a suivie un beau matin. Il a vu M. André de Morand qui t'attendait au bord de la rivière et qui est venu t'offrir son bras, que tu as accepté tout de suite. Le lendemain et tous les jours de la semaine le bourrelier t'a vue sortir à la même heure et rentrer tard dans le jour. Il n'était pas bien difficile de deviner où tu allais; toute la ville l'a su au bout de deux jours. Alors on a dit : « Voyez-vous cette petite effrontée qui veut se faire passer pour une sainte, qui fait semblant de ne pas oser regarder un homme en face, et qui court les champs avec un marjolet! C'est une hypocrite, une prude : il faut la démasquer. » Et puis on a vu M. André se glisser par les petites rues et venir de ce côté-ci. Il est vrai que, pour n'être pas trop remarqué, il sautait le fossé du potager de madame Gaudon et arrivait à ta porte par le derrière de la ville. Mais vraiment cela était bien malin! Je l'ai vu plus de dix fois sauter ce fossé, et je savais bien qu'il n'allait pas faire la cour à madame Gaudon, qui a quatre-vingt-dix ans. Cela me fendait le cœur. Je disais à ces demoiselles : « Geneviève ne ferait-elle pas mieux de venir avec nous au bal et à danser toute une nuit avec M. André que de le faire entrer chez elle par-dessus les fossés? »

— Je vous remercie de cette remarque, Henriette; mais n'auriez-vous pas pu la garder pour vous seule ou me l'adresser à moi-même, au lieu d'en faire part à quatre petites filles?

— Crois-tu que j'eusse quelque chose à leur apprendre sur ton compte? Allons donc! quand il n'est question que de toi dans tout le département depuis deux mois! Mais je vois que tout cela te fâche, nous en reparlerons une autre fois. Tu es malade, mets-toi au lit.

— Non, dit Geneviève; je me sens mieux, et je vais me mettre à travailler. Je te remercie de ton zèle, Henriette. Je crois que tu as fait pour moi ce que tu as pu. Dorénavant ne t'en inquiète plus. Je ne m'exposerai plus à être insultée; et, en vivant libre et tranquille chez moi, il me sera fort indifférent qu'on s'occupe au dehors de ce qui s'y passe.

— Tu as tort, Geneviève, tu as tort, je t'assure, de prendre la chose comme tu fais. Je t'en prie, écoute un bon conseil...

— Oui, ma chère, un autre jour, » dit Geneviève en l'embrassant d'un air un peu impérieux, pour lui faire comprendre qu'elle eût à se retirer. Henriette le comprit en effet et se retira assez piquée. Elle avait trop bon cœur pour renoncer à défendre ardemment Geneviève en toute rencontre; mais elle était femme et grisette. Elle avait été souvent, comme elle le disait elle-même, *victime de la calomnie*, et elle ne se méfiait pas assez d'un certain plaisir involontaire en voyant Geneviève, dont la gloire l'avait si longtemps éclipsée, tomber dans la même disgrâce aux yeux du public.

Geneviève, restée seule, s'aperçut que la franchise d'Henriette lui avait fait du bien. En élargissant la blessure de son orgueil, les reproches et les consolations de la couturière lui avaient inspiré un profond dédain pour les basses attaques dont elle était l'objet. Deux mois auparavant, Geneviève, heureuse surtout d'être ignorée et oubliée, n'eût pas aussi courageusement méprisé la sotte colère de ces oisifs. Mais depuis qu'une rapide éducation avait retrempé son esprit, elle sentait de jour en jour grandir sa force et sa fierté. Peut-être se glissait-il secrètement un peu de vanité dans la comparaison qu'elle faisait entre elle et toutes ces mesquines jalousies de province, où les plus importants étaient les plus sots, et où elle ne trouvait à aucun étage un esprit à la hauteur du sien. Mais ce sentiment involontaire de sa supériorité était bien pardonnable au milieu de l'effervescence de son cerveau subitement éclairé du jour étincelant de la science. Geneviève gravissait si vite des hauteurs inaccessibles aux autres, qu'elle avait le vertige et ne voyait plus très-clairement ce qui se passait au-dessous d'elle.

Elle se persuada que les clameurs d'une populace d'idiots ne monteraient pas jusqu'à elle, et qu'elle était invulnérable à de pareilles atteintes. Elle aurait eu raison s'il y avait au ciel ou sur la terre une puissance équitable occupée à la défense des justes et à la répression des impudents; mais elle se trompait, car les justes sont faibles et les impudents sont en nombre. Elle s'assit tranquillement auprès de la fenêtre et se mit à travailler. Le soleil couchant envoyait de si vives lueurs dans sa chambre, que tout prenait une couleur de pourpre, et les murailles blanches de son modeste atelier, et sa robe de guingan, et les pâles feuilles de rose que ses petites mains étaient en train de découper. Cette riche lumière eut une influence soudaine sur ses idées. Geneviève avait toujours eu un vague sentiment de la poésie; mais elle n'avait jamais aussi nettement aperçu le rapport qui unit les impressions de l'esprit et les beautés extérieures de la nature. Cette puissance se révéla soudainement à elle en cet instant. Une émotion délicieuse, une joie inconnue, succédèrent à ses ennuis. Tout en travaillant avec ardeur, elle s'éleva au-dessus d'elle-même et de toutes les choses réelles qui l'entouraient, pour vouer un culte enthousiaste au nouveau Dieu du nouvel univers déroulé devant elle, et tout en s'unissant à ce Dieu dans un transport poétique, ses mains créèrent la fleur la plus parfaite qui fût jamais éclose dans son atelier.

Quand le soleil se fut caché derrière les toits de briques et les massifs de noyers qui encadraient l'horizon, Geneviève posa son ouvrage et resta longtemps à contempler les tons orangés du ciel et les lignes d'or pâle qui le traversaient. Elle sentit ses yeux humides et sa tête brûlante. Quand elle quitta sa chaise, elle éprouva de vives douleurs dans tous les membres et quelques frissons nerveux. Geneviève était d'une complexion extrêmement délicate : les émotions de la journée, la surprise, la colère, la fierté, l'enthousiasme, en se succédant avec rapidité, l'avaient brisée de fatigue. Elle s'aperçut qu'elle avait réellement la fièvre, et se mit au lit. Alors elle tomba dans les rêveries vagues d'un demi-sommeil et perdit tout à fait le sentiment de la réalité.

X.

Henriette, en quittant Geneviève, était allée, pour calmer son petit ressentiment, écouter un sermon du vicaire. Ce vicaire avait beaucoup de réputation dans le pays, et passait pour un jeune Bourdaloue, quoique le moindre vieux curé de hameau prêchât beaucoup plus sensément dans son langage rustique. Mais, heureusement pour sa gloire, le vicaire de L... avait fait divorce avec le naturel et la simplicité. Son accent théâtral, son débit ronflant, ses comparaisons ampoulées, et surtout la sûreté de sa mémoire, lui avaient valu un succès incontesté, non-seulement parmi les dévotes, mais encore parmi les femmes érudites de l'endroit. Quant aux auditeurs des basses classes, ils ne comprenaient absolument rien à son éloquence, mais ils admiraient sur la foi d'autrui.

Ce jour-là le prédicateur, faute de sujet, prêcha sur la charité. Ce n'était pas un bon jour, il y avait peu de beau monde. Il y eut peu de métaphores, et l'amplification fut négligée; le sermon fut donc un peu plus intelligible que de coutume, et Henriette saisit quelques lieux communs qui furent débités d'ailleurs avec aplomb, d'une voix sonore, et sans le moindre *lapsus linguæ*. On sait qu'en province le *lapsus linguæ* est l'écueil des orateurs, et qu'il leur importe peu de manquer absolument d'idées, pourvu que les mots abondent toujours et se succèdent sans hésitation.

Henriette fut donc émue et entraînée, d'autant plus que le sujet du sermon s'appliquait précisément à la situation de son cœur. Ce cœur n'avait rien de méchant, et donnait de continuels démentis à un caractère arrogant et jaloux. La pensée de Geneviève malheureuse et méconnue le remplit de regrets et de remords. Le sermon terminé, Henriette résolut d'aller trouver son amie, et de réparer, autant qu'il serait en elle, le chagrin que ses consolations, moitié affectueuses, moitié amères, avaient dû lui causer.

Elle prit à peine le temps de souper et courut chez la jeune fleuriste. Elle frappa, on ne lui répondit pas. La clef avait été retirée; elle crut que Geneviève était sortie; mais au moment de s'en aller une autre idée lui vint : elle pensa que Geneviève était enfermée avec son amant, et elle regarda à travers la serrure.

Mais elle ne vit qu'une chandelle qui achevait de se consumer dans l'âtre de la cheminée, et le profond silence qui régnait dans l'appartement lui fit pressentir la réalité. Elle poussa donc la porte avec une force un peu mâle, et la serrure, faible et usée, céda bientôt. Elle trouva Geneviève assez malade pour avoir à peine la force de lui répondre; et tandis qu'elle se rendormait avec l'apathie que donne la fièvre, la bonne couturière se hâta d'aller chercher les couvertures de son propre lit pour l'envelopper. Ensuite elle alluma du feu, fit bouillir des herbes, acheta du sucre avec l'argent gagné dans sa journée, et, s'installant auprès de son amie, lui prépara des tisanes de sa composition, auxquelles elle attribuait un pouvoir infaillible.

La nuit était tout à fait venue, et le coucou de la maison sonnait neuf heures, lorsque Henriette entendit ouvrir la première porte de l'appartement de Geneviève. La pénétration naturelle à son sexe lui fit deviner la personne qui s'approchait, et elle courut à sa rencontre dans la grande salle vide qui servait d'antichambre à l'atelier de la fleuriste.

Le lecteur n'est sans doute pas moins pénétrant qu'Henriette, et comprend fort bien qu'André, n'ayant pas vu Geneviève de la journée, et rôdant depuis deux heures sous sa fenêtre sans qu'elle s'en aperçût, ne pouvait se décider à retourner chez lui sans avoir au moins échangé un mot avec elle. Quoique l'heure fût indue pour se présenter chez une grisette sage, il monta; et il s'approchait presque aussi tremblant que le jour où il avait frappé pour la première fois à sa porte.

Il fut contrarié de rencontrer Henriette ; mais il espéra qu'elle se retirerait, et il la saluait en silence, lorsqu'elle le prit presque au collet, et, l'entraînant au bout de la chambre, « Il faut que je vous parle, monsieur André, dit-elle vivement; asseyons-nous. »

André céda tout interdit, et Henriette parla ainsi :

« D'abord il faut vous dire que Geneviève est malade, bien malade. »

André devint pâle comme la mort.

« Oh ! cependant ne soyez pas effrayé, reprit Henriette, je suis là; j'aurai soin d'elle; je ne la quitterai pas d'une minute; elle ne manquera de rien.

— Je le crois, ma chère demoiselle, dit André, éperdu ; mais ne pourrais-je savoir... quelle est donc sa maladie ? depuis quand ?... Je vais...

— Non pas, non pas, dit Henriette en le retenant ; elle dort de ce moment-ci, et vous ne la verrez pas avant de m'avoir entendue. Ce sont des choses d'importance que j'ai à vous dire, monsieur André, il faut y faire attention.

— Au nom du ciel ! parlez, mademoiselle, s'écria André.

— Eh bien ! reprit Henriette d'un ton solennel, il faut que vous sachiez que Geneviève est perdue.

— Perdue ! juste ciel ! elle se meurt !... »

André s'était levé brusquement, il retomba anéanti sur sa chaise.

« Non, non, vous vous trompez, dit Henriette en le secouant, elle ne se meurt pas ; c'est sa réputation qui est morte, monsieur, et c'est vous qui l'avez tuée !

— Mademoiselle, dit André vivement, que voulez-vous dire ? Est-ce une méchante plaisanterie ?

— Non, monsieur, répondit Henriette en prenant son air majestueux ; je ne plaisante pas. Vous faites la cour à Geneviève, et elle vous écoute. Ne dites pas non ; tout le monde le sait, et Geneviève en est convenue avec moi aujourd'hui. »

André, confondu, garda le silence.

« Eh bien ! reprit Henriette avec chaleur; croyez-vous ne pas faire tort à une fille en venant tous les jours chez elle, en lui donnant des rendez-vous dans les prés ? Vous *droguez* jour et nuit autour de sa maison, soit pour entrer, soit pour vous donner l'air d'être reçu à toutes les heures.

— Qui a dit cette impertinence ? s'écria André ; qui a inventé cette fausseté ?

— C'est moi qui ai dit cette impertinence, répondit Henriette intrépidement, et je n'invente aucune fausseté. Je vous ai vu vingt fois traverser le jardin d'en face, et je sais que tous les jours vous passez deux ou trois heures dans la chambre de Geneviève.

— Eh bien ! que vous importe ? s'écria André, chez qui la timidité était souvent vaincue par une humeur irritable. De quel droit vous mêlez-vous de ce qui se passe entre Geneviève et moi ? Êtes-vous la mère ou la tutrice de l'un de nous ?

— Non, dit Henriette en élevant la voix ; mais je suis l'amie de Geneviève, et je vous parle en son nom.

Libres et seuls dans une prairie charmante..... (Page 60.)

— En son nom? dit André, effrayé de l'emportement qu'il venait de montrer.
— Et au nom de son honneur, qui est perdu, je vous dis.
— Et vous avez tort d'oser le dire, repartit André en colère, car c'est un mensonge infâme. »
Henriette, en colère à son tour, frappa du pied.
« Comment! s'écria-t-elle, vous avez *le front* de dire que vous ne lui faites pas la cour, quand cette pauvre enfant est diffamée et montrée au doigt dans toute la ville, quand les demoiselles de la première société refusent de dîner sur l'herbe avec elle et lui tournent le dos dès qu'elle ouvre la bouche; quand tous les garçons crient qu'il faut l'insulter en public; qu'elle le mérite pour avoir trompé tout le monde et pour avoir méprisé ses égaux!
— Qu'ils y viennent! s'écria André transporté de colère.
— Ils y viendront, et vous aurez beau monter la garde et en assommer une douzaine, Geneviève l'aura entendu, tout le monde autour d'elle l'aura répété; la blessure sera sans remède : elle aura reçu le coup de la mort.

— Mon Dieu! mon Dieu! s'écria André en joignant les mains, que je suis malheureux! Quoi! Geneviève est désolée à ce point! sa vie est en danger peut-être, et j'en suis la cause!
— Vous devez en avoir du regret, dit Henriette.
— Ah! si tout mon sang pouvait racheter sa vie! si le sacrifice de toutes mes espérances pouvait assurer son repos!...
— Eh bien! eh bien! dit Henriette d'un air profondément ému, si cela est vrai, de quoi vous affligez-vous? qu'y a-t-il de désespéré?
— Mais que faire? dit André avec angoisse.
— Comment! vous le demandez? Aimez-vous Geneviève?
— Peut-on en douter? Je l'aime plus que ma vie!
— Êtes-vous un homme d'honneur?
— Pourquoi cette question, mademoiselle?
— Parce que si vous aimiez Geneviève, et si vous étiez un honnête homme, vous l'épouseriez. »
André, éperdu, fit une grande exclamation et regarda Henriette d'un air effaré.
« Eh bien! s'écria-t-elle, voilà votre réponse? C'est

Qu'est-ce donc? dit Geneviève embarrassée; de quoi me demandez-vous pardon, monsieur le marquis? (Page 66.)

celle de tous les hommes. Monstres que vous êtes! que Dieu vous confonde!

— Ma réponse! dit André lui prenant la main avec force; ai-je répondu? puis-je répondre? Geneviève consentirait-elle jamais à m'épouser?

— Comment! dit Henriette avec un éclat de rire, si elle consentirait! une fille dans sa position, et qui sans cela serait forcée de quitter le pays!

— Oh! non, jamais, si cela dépend de moi! s'écria André, éperdu de terreur et de joie. L'épouser, moi! elle consentirait à m'épouser!

— Ah! vous êtes un bon enfant, s'écria Henriette se jetant à son cou, transportée de joie et d'orgueil en voyant le succès de son entreprise. Ah çà! mon bon monsieur André, votre père donnera-t-il son consentement? »

André pâlit et recula d'épouvante au seul nom de son père. Il resta silencieux et atterré jusqu'à ce qu'Henriette renouvela sa question; alors il répondit *non* d'un air sombre, et ils se regardèrent tous deux avec consternation, ne trouvant plus un mot à dire pour se rassurer mutuellement.

Enfin Henriette, ayant réfléchi, lui demanda quel âge il avait.

« Vingt-cinq ans, répondit-il.

— Eh bien! vous êtes majeur; vous pouvez vous passer de son consentement.

— Vous avez raison, dit-il, enchanté de cet expédient, je m'en passerai; j'épouserai Geneviève sans qu'il le sache.

— Oh! dit Henriette en secouant la tête, il faut pourtant bien qu'il vous donne le moyen de payer vos habits de noces... Mais, j'y pense, n'avez-vous pas l'héritage de votre mère?

— Sans doute, répondit-il, frappé d'admiration; j'ai droit à soixante mille francs.

— Diable! s'écria Henriette, c'est une fortune. O ma bonne Geneviève! ô mon cher André! comme vous allez être heureux! et comme je serai contente d'avoir arrangé votre mariage.

— Excellente fille! s'écria André à son tour, sans vous je ne me serais jamais avisé de tout cela et je n'aurais jamais osé espérer un pareil sort. Mais êtes-vous sûre que Geneviève ne refusera pas?

— Que vous êtes fou! Est-ce possible, quand elle est malade de chagrin? Ah! cette nouvelle-là va lui rendre a vie!

— Je crois rêver, dit André en baisant les mains d'Henriette; oh je ne pouvais pas me le persuader; j'aurais trop craint de me tromper. Et pourtant elle m'écoutait avec tant de bonté! elle prenait ses leçons avec tant d'ardeur! O Geneviève! que ton silence et le calme de tes grands yeux m'ont donné de craintes et d'espérances! Fou et malheureux que j'étais! je n'osais pas me jeter à ses pieds et lui demander son cœur: le croiriez-vous, Henriette? depuis un an je meurs d'amour pour elle, et je ne savais pas encore si j'étais aimé! C'est vous qui me l'apprenez, bonne Henriette! Ah! dites-le-moi, dites-le-moi encore!

— Belle question! dit Henriette en riant; après qu'une fille a sacrifié sa réputation à monsieur, il demande si on l'aime! Vous êtes trop modeste, ma foi! et à la place de Geneviève... car vous êtes tout à fait gentil avec votre air tendre... Mais chut!... la voilà qui s'éveille... Attendez-moi là.

— Eh! pourquoi n'irais-je pas avec vous? je suis un peu médecin, moi; je saurai ce qu'elle a; car je suis horriblement inquiet...

— Ma foi! écoutez, dit Henriette, j'ai envie de vous laisser ensemble: elle n'a pas d'autre mal que le chagrin; quand vous lui aurez dit que vous voulez l'épouser, elle sera guérie. Je crois que cette parole-là vaudra mieux que toutes mes tisanes... Allez, allez, dépêchez-vous de la rassurer... Je m'en vais... je reviendrai savoir le résultat de la conversation.

— Oh! pour Dieu, ne me laissez pas ainsi, dit André effrayé; je n'oserai jamais me présenter devant elle maintenant et lui dire ce qui m'amène, si vous ne l'avertissez pas un peu.

— Comme vous êtes timide! dit Henriette étonnée: vraiment voilà des amoureux bien avancés, et c'est bien la peine de dire tant de mal de vous deux! Les pauvres enfants! Allons, je vais toujours voir comment va la malade. »

Henriette entra dans la chambre de son amie; André resta seul dans l'obscurité, le cœur bondissant de trouble et de joie.

XI.

La maladie de Geneviève n'était pas sérieuse; une irritation momentanée lui avait causé un assez violent accès de fièvre, mais déjà son sang était calmé, sa tête libre, et il ne lui restait de cette crise qu'une grande fatigue et un peu de faiblesse dans la mémoire.

Elle s'étonna de voir Henriette la soulever dans ses bras, l'accabler de questions et lui présenter son infaillible tisane. Sa surprise augmenta lorsque Henriette, toujours disposée à l'amplification, lui parla de sa maladie, du danger qu'elle avait couru. « Eh! mon Dieu, dit la jeune fille, depuis quand donc suis-je ainsi? »

— Depuis trois heures au moins, répondit Henriette.

— Ah! oui! reprit Geneviève en souriant; mais rassure-toi, je ne suis pas encore perdue; j'ai la tête un peu lourde, l'estomac un peu faible, et voilà tout. Je crois que si je pouvais avoir un bouillon, je serais tout à fait sauvée.

— J'ai un bouillon tout prêt sur le feu; le voici, dit Henriette en s'empressant autour du lit de Geneviève avec la satisfaction d'une personne contente d'elle-même. Mais j'ai quelque chose de mieux que cela; c'est une grande nouvelle à t'annoncer.

— Ah! merci, ma chère enfant, donne-moi ce bouillon, mais garde ta grande nouvelle, j'en ai assez pour aujourd'hui: tout ce qui peut se passer dans cette jolie ville m'est indifférent; je ne veux que tes soins et ton amitié. Pas de nouvelle, je t'en prie.

— Tu es ingrate, Geneviève; si tu savais de quoi il s'agit!... Mais je ne veux pas te désobéir, puisque tu me défends de parler. Je suppose aussi que tu aimeras mieux entendre cela de sa bouche que de la mienne.

— De sa bouche? dit Geneviève en levant vers elle sa jolie tête pâle coiffée d'un bonnet de mousseline blanche; de qui parles-tu? est-tu folle ce soir? C'est toi qui as la fièvre, ma chère fille.

— Oh! tu fais semblant de ne pas me comprendre, répondit Henriette; cependant, quand je parle de *lui*, tu sais bien que ce n'est pas d'un autre. Allons, apprends la vérité: il attend que tu veuilles le recevoir; il est là.

— Comment, il est là! Qui est là, chez moi, à cette heure-ci?

— M. André de Morand; est-ce que tu as oublié son nom pendant ta maladie?

— Henriette! dit tristement Geneviève, je ne vous comprends pas; vous êtes en même temps bonne et méchante: pourquoi cherchez-vous à me tourmenter? Vous me trompez; M. de Morand ne vient jamais chez moi le soir, et il n'est pas ici.

— Il est ici, dans la chambre à côté. Je te le jure sur l'honneur, Geneviève.

— En ce cas, dis-lui, je t'en prie, que je suis malade et que j'aurai le plaisir de le voir un autre jour.

— Oh! cela est impossible; il a quelque chose de trop important à te dire; il faut qu'il te parle tout de suite, et tu en seras bien aise. Je vais le faire entrer.

— Non, Henriette. Je ne le veux pas. Ne voyez-vous pas que je suis couchée, et trouvez-vous qu'il soit convenable à une fille de recevoir ainsi la visite d'un homme? Il est impossible que M. de Morand ait quelque chose de si pressé à me dire.

— Cela est certain pourtant. Si tu le renvoies, il en sera désespéré, et toi-même tu t'en repentiras.

— Cette journée est un rêve, dit Geneviève d'un ton mélancolique, et je dois me résigner à tomber de surprise en surprise. Reste près de moi, Henriette; je vais m'habiller et recevoir M. de Morand.

— Tu es trop faible pour te lever, ma chère: quand on est malade, on peut bien causer en bonnet de nuit avec son futur mari; vas-tu faire la prude?

— Je consens à passer pour une prude, dit Geneviève avec fermeté; mais je veux me lever. »

En peu d'instants elle fut habillée et passa dans son atelier. Henriette la fit asseoir sur le seul fauteuil qui décorât ce modeste appartement, l'enveloppa de son propre manteau, lui mit un tabouret sous les pieds, l'embrassa et appela André.

Geneviève ne comprenait rien à ses manières étranges et à ses affectations de solennité. Elle fut encore plus surprise lorsque André entra d'un air timide et irrésolu, la regarda tendrement sans rien dire, et, poussé par Henriette, finit par tomber à genoux devant elle.

« Qu'est-ce donc? dit Geneviève embarrassée; de quoi me demandez-vous pardon, monsieur le marquis? Vous n'avez aucun tort envers moi.

— Je suis le plus coupable des hommes, répondit André en tâchant de prendre sa main qu'elle retira doucement, et le plus malheureux, ajouta-t-il, si vous me refusez la permission de réparer mes crimes.

— Quels crimes avez-vous commis? dit Geneviève avec une douceur un peu froide. Henriette, je crains bien que vous n'ayez fait ici quelque folie et importuné M. de Morand des ridicules histoires de ce matin; s'il en est ainsi...

— N'accusez pas Henriette, interrompit André: c'est notre meilleure amie; elle m'a averti de ce que j'aurais dû prévoir et empêcher; elle m'a appris les calomnies dont vous étiez l'objet, grâce à mon imprudence; elle m'a dit le chagrin auquel vous étiez livrée.

— Elle a menti, dit Geneviève avec un rire forcé; je n'ai aucun chagrin, monsieur André, et je ne pense pas que dans tout ceci il y ait le moindre sujet d'affliction pour vous et pour moi.

— Ne l'écoutez pas, dit Henriette; voilà comme elle est, orgueilleuse au point de mourir de chagrin plutôt que d'en convenir! Au reste, je vois que c'est ma présence qui la rend si froide avec vous; je m'en vais faire un tour, je reviendrai dans une heure, et j'espère qu'elle sera plus gentille avec moi. Au revoir, Geneviève la princesse. Tu es une méchante ; tu méconnais tes amis. »

Elle sortit en faisant des signes d'intelligence à André. Geneviève fut choquée de son départ autant que de ses discours ; mais elle pensa qu'il y aurait de l'affectation à la retenir, puisque tous les jours elle recevait André tête à tête.

Quand ils furent seuls ensemble, André se sentit fort embarrassé. L'air étonné de Geneviève n'encourageait guère la déclaration qu'il avait à lui faire ; enfin, il rassembla tout son courage, et lui offrit son cœur, son nom et sa petite fortune en réparation du tort immense qu'il lui avait fait par ses assiduités.

Geneviève fut moins étonnée qu'elle ne l'eût été la veille, d'une semblable ouverture : le caquet d'Henriette l'avait préparée à tout. Elle n'entendit pas sans plaisir les offres du jeune marquis. Elle avait conçu pour lui une affection véritable, une haute estime ; et quoiqu'elle n'eût jamais désiré lui inspirer un sentiment plus vif, elle était flattée d'une résolution qui annonçait un attachement sérieux. Mais elle pensa bientôt qu'André cédait à un excès de délicatesse dont il pourrait avoir à se repentir. Elle lui répondit donc, avec calme et sincérité, qu'elle ne se croyait pas assez peu de chose pour que son honneur fût à la disposition des sots et des bavards, que leurs propos ne l'atteignaient point, et qu'il n'avait pas plus à réparer sa conduite qu'elle à rougir de la sienne.

« Je le sais, lui répondit-il, mais souvenez-vous de ce que vous m'avez dit un jour. Vous êtes sans famille, sans protection ; les méchants peuvent vous nuire et rendre votre position insoutenable. Vous aviez raison, mademoiselle ; vous voyez qu'on vous menace ; j'aurai beau me multiplier pour vous défendre, l'insulte n'en arrivera pas moins jusqu'à vous. Il suffit d'un mot pour que mon bras vous soit une égide et réduise vos ennemis au silence. Ce mot fera en même temps le bonheur de ma vie ; et s'il n'est par amitié pour moi, dites-le au moins par intérêt pour vous-même.

— Non, monsieur André, répondit doucement Geneviève en lui laissant prendre sa main, ce mot ne ferait pas le bonheur de votre vie ; au contraire, il vous rendrait peut-être éternellement malheureux. Je suis pauvre, sans naissance ; malgré vos soins, j'ai encore bien peu d'éducation ; je vous serais trop inférieure, et, comme je suis orgueilleuse, je vous ferais peut-être souffrir beaucoup. D'ailleurs votre famille ferait sans doute des difficultés pour me recevoir, et je ne pourrais me résoudre à supporter ses dédains.

— O froide et cruelle Geneviève ! s'écria André, vous ne pourriez rien supporter pour moi, quand moi je traverserais l'univers pour contenter un de vos caprices, pour vous donner une fleur ou un oiseau. Ah ! vous ne m'aimez pas !

— Pourquoi me dites-vous cela ? répondit Geneviève ; avez-vous besoin de mon amitié ?

— Cœur de glace ! s'écria André ; vous m'avez parlé avec tant de confiance et de bonté, nous avons passé ensemble de si douces heures d'étude et d'épanchement, et vous n'aviez pas même de l'amitié pour moi !

— Vous savez bien le contraire, André, lui répondit Geneviève d'un ton ferme et franc en lui tendant sa main qu'il couvrit de baisers ; mais ne pouvez-vous croire à mon amitié sans m'épouser ? Si l'un de nous doit quelque chose à l'autre, c'est moi qui vous dois une vive reconnaissance pour vos leçons.

— Eh bien ! s'écria André, acquittez-vous avec moi et soyez généreuse ! acquittez-vous au centuple, soyez ma femme…

— C'est un prix bien sérieux, répondit-elle en souriant, pour des leçons de botanique et de géographie ? Je ne savais pas qu'en apprenant ces belles choses-là je m'engageais au mariage…

— Nous nous y engagions l'un et l'autre aux yeux du monde, dit André : nous ne l'avions pas prévu ; mais puisqu'on nous le rappelle, cédons, vous par raison, moi par amour. »

Il prononça ce dernier mot si bas que Geneviève l'entendit à peine.

« Je crains, lui dit-elle, que vous ne preniez un mouvement de loyauté romanesque pour un sentiment plus fort. Si nous étions du même rang, vous et moi, si notre mariage était une chose facile et avantageuse à tous deux, je vous dirais que je vous aime assez pour y consentir sans peine. Mais ce mariage sera traversé par mille obstacles : il causera du scandale ou au moins de l'étonnement ; votre père s'y opposera peut-être, et je ne vois pas quelle raison assez forte nous avons l'un et l'autre pour braver tout cela. Une grande passion nous en donnerait la force et la volonté ; mais il n'y a rien de tout cela entre nous, nous n'avons pas d'amour l'un pour l'autre.

— Juste ciel ! que dit-elle donc ? s'écria André au désespoir. Elle ne m'aime pas, et elle ne sait pas seulement que je l'aime !

— Pourquoi pleurez-vous ? lui dit Geneviève avec amitié. Je vous afflige donc beaucoup ? ce n'est pas mon intention.

— Et ce n'est pas votre faute non plus, Geneviève. Je suis malheureux de n'avoir pas senti plus tôt que vous ne m'aimiez pas ; je croyais que vous compreniez mon amour et que vous aviez quelque pitié, puisque vous ne me repoussiez pas.

— Est-ce un reproche, André ? Hélas ! je ne le mérite pas. Il aurait fallu être vaine pour croire à votre amour : vous ne m'en avez jamais parlé.

— Est-ce possible ? Je ne vous ai jamais dit, jamais fait comprendre que je ne vivais que pour vous, que je n'avais que vous au monde ?

— Ce que vous dites est singulier, dit Geneviève après un instant d'émotion et de silence. Pourquoi m'aimez-vous tant ? comment ai-je pu le mériter ? qu'ai-je fait pour vous ?

— Vous m'avez fait vivre, répondit André ; ne m'en demandez pas davantage. Mon cœur sait pourquoi il vous aime, mais ma bouche ne saurait pas vous l'expliquer ; et puis vous ne me comprendriez pas. Si vous m'aimiez, vous ne demanderiez pas pourquoi je vous aime ; vous le sauriez comme moi, sans pouvoir le dire. »

Geneviève garda encore un instant le silence ; ensuite elle lui dit :

« Il faut que je sois franche. Je vous l'avoue : dans les premiers jours vous étiez si ému en entrant ici, et vous paraissiez si affligé quand je vous priais de cesser vos visites, que je me suis presque imaginé une ou deux fois que vous étiez *amoureux* ; cela me faisait une espèce de chagrin et de peur. Les amours que je connais m'ont toujours paru si malheureux et si coupables que je craignais d'inspirer une passion trop frivole ou trop sérieuse. J'ai voulu vous fuir et me défendre de vos leçons ; mais l'envie d'apprendre a été plus forte que moi, et….

— Quel aveu cruel vous me faites, Geneviève ! C'est à votre amour pour l'étude que je dois le bonheur de vous avoir vue pendant ces deux mois !…. Et moi, je n'y étais donc pour rien ?

— Laissez-moi achever, lui dit Geneviève en rougissant ; comment voulez-vous que je réponde à cela ? je vous connaissais si peu… à présent c'est différent. Je regretterais le maître autant que la leçon…

— Autant ? pas davantage ? Ah ! vous n'aimez que la science, Geneviève ; vous avez une intelligence avide, un cœur bien calme…

— Mais non pas froid, lui dit-elle ; je ne mérite pas ce reproche-là. Que vous disais-je donc ?

— Que vous aviez presque deviné mon amour dans les commencements ; et qu'ensuite…

— Ensuite je vous revis tout changé : vous aviez l'air grave, vous causiez tranquillement, et si vous vous attendrissiez, c'était en m'expliquant la grandeur de Dieu et la beauté de la terre. Alors je me rassurai ; j'attribuai vos anciennes manières à la timidité ou à quelques idées de roman qui s'étaient effacées à mesure que vous m'aviez mieux connue.

— Et vous vous êtes trompée, dit André : plus je vous

ai vue, plus je vous ai aimée. Si j'étais calme, c'est que j'étais heureux, c'est que je vous voyais tous les jours et que tous les jours je comptais sur un heureux lendemain, c'est que les seuls beaux moments de ma vie sont ceux que j'ai passés ici et aux Prés-Girault. Ah! vous ne savez pas depuis combien de temps je vous aime, et combien, sans cet amour, je serais resté malheureux.

Alors André, encouragé par le regard doux et attentif de Geneviève, lui raconta les ennuis de sa jeunesse, lui peignit la situation de son esprit et de son cœur avant le jour où il l'avait vue pour la première fois au bord de la rivière. Il lui raconta aussi l'amour qu'il avait eu pour elle depuis ce jour-là, et Geneviève n'y comprit rien.

« Comment cela peut-il se passer dans la tête d'une personne raisonnable? lui dit-elle. J'ai souvent entendu lire à Paris, dans notre atelier, des passages de roman qui ressemblaient à cela; mais je croyais que les livres avaient seuls le privilège de nous amuser avec de semblables folies.

— Ah! Geneviève, lui dit André tristement, il y a dans votre âme une étincelle encore enfouie. Vous avez la candeur d'un enfant, et ce qu'il y a de plus cruel et de plus doux dans la vie, vous l'ignorez! Ce qu'il y a de plus beau en vous-même, rien ne vous l'a encore révélé. C'est que vous n'avez pas encore entendu une voix assez pure pour vous charmer et vous convaincre ; c'est que l'amour n'a parlé devant vous qu'une langue grossière ou puérile. Oh! qu'il serait heureux celui qui vous ferait comprendre ce que c'est qu'aimer! Si vous l'écoutiez, Geneviève, s'il pouvait vous initier à ces grands secrets de l'âme comme à une merveille de plus dans les œuvres du Tout-Puissant, il vous le dirait à genoux, et il mourrait de bonheur le jour où vous lui diriez : — J'ai compris. »

Geneviève regarda André en silence comme le jour où il lui avait parlé pour la première fois des étoiles et de la pluralité des mondes; elle pressentait encore un monde nouveau, et elle cherchait à le deviner avant d'y engager son cœur. André vit sa curiosité, et il espéra.

« Laissez-moi vous expliquer encore ce mystère. Je n'oserai vous parler moi-même, je serais trop au-dessous de mon sujet ; mais je vous lirai les poètes qui ont su le mieux ce que c'est que l'amour, et si vous m'interrogez, mon cœur essaiera de vous répondre.

— Et pendant ce temps, lui dit Geneviève en souriant, les médisants se tairont; on les priera d'attendre, pour recommencer leurs injures, que j'aie appris ce que c'est que l'amour, et que je puisse leur dire si je vous aime ou non.

— Non, Geneviève, on leur dira dès demain que je vous adore, que vous avez un peu d'amitié pour moi, que je demande à vous épouser, et que vous y consentez.

— Mais si l'amour ne me vient pas? dit Geneviève.

— Alors vous ferez, en m'acceptant, un mariage de raison, et je mettrai tous mes soins à vous assurer le bonheur calme que vous craignez de perdre en aimant.

— Oh! André, vous êtes bon! dit Geneviève en serrant doucement les mains brûlantes d'André; mais je vous crains sans savoir pourquoi. Je ne sais si c'est moi qui suis trop indifférente, ou vous qui êtes trop passionné; j'ai peur de mon ignorance même et ne sais quel parti prendre.

— Celui que vous dictera votre cœur; n'avez-vous pas seulement un peu de compassion?

— Mon cœur me conseille de vous écouter, répondit Geneviève avec abandon; voilà ce qu'il y a de vrai. »

André baisait encore ses mains avec transport lorsque Henriette rentra.

« Eh bien ! s'écria-t-elle en voyant la joie de l'un et la sérénité de l'autre, tout est arrangé ! A quand la noce ?

— C'est Geneviève qui fixera le jour, répondit André. Vous pouvez, ma chère Henriette, le dire demain dans toute la ville.

— Oh! s'il ne s'agit que de cela, soyez en paix. Il n'est pas minuit ; demain, avant midi, il n'y aura pas une mauvaise langue qui ne soit mise à la raison. Oh! quelle joie ! quelle bonne nouvelle pour ceux qui t'aiment ! Car tu as encore des amis, ma bonne Geneviève ! M. Joseph, qui ne t'aimait pas beaucoup autrefois, il faut l'avouer, se conduit comme un ange maintenant à ton égard; il ne souffre pas qu'on dise un mot de travers devant lui sur ton compte, et c'est un gaillard... qu'est-ce que je dis donc! c'est un brave jeune homme qui sait se faire écouter quand il parle.

— C'est par amitié pour M. André qu'il agit ainsi, dit Geneviève; je ne l'en remercie pas moins : tu le lui diras de ma part, car je suppose que tu lui parles quelquefois, Henriette.

— Ah! des malices? Comment! tu t'en mêles aussi, Geneviève? Il n'y a plus d'enfants ! Il faut bien te passer cela, puisque te voilà bientôt marquise.

— Ne te presse pas tant de me faire ton compliment, ma chère, et ne publie pas si vite cette belle nouvelle; c'est encore une plaisanterie ; et nous ne savons pas si nous ne ferons pas mieux, M. André et moi, de rester amis comme nous sommes.

— Qu'est-ce qu'elle dit là? s'écria Henriette; est-ce que vous vous jouez de nous, monsieur le marquis? Est-ce que ce n'était pas sérieusement que vous parliez? »

Elle était au moment de lui faire une scène; mais il la rassura et lui dit qu'il espérait vaincre les hésitations de Geneviève; il la pria même de l'aider, et Henriette, en se rengorgeant, répondit de tout. « N'ai-je pas déjà bien avancé vos affaires? dit-elle ; sans moi, cette petite sucrée que voilà aurait toujours fait semblant de ne pas vous comprendre, et vous seriez encore là à vous morfondre sans oser parler. »

Les plaisanteries d'Henriette embarrassaient Geneviève ; elle se plaignit d'être un peu fatiguée, refusa les offres de sa compagne, qui voulait passer la nuit auprès d'elle, l'embrassa tendrement et toucha légèrement la main d'André en signe d'adieu.

« Comment! c'est comme cela que vous vous séparez? s'écria Henriette; un jour de fiançailles! Par exemple! vous vous aimez donc bien?

— Qu'est-ce qu'elle veut dire? demanda André à Geneviève en s'efforçant de prendre de l'assurance, mais en tremblant malgré lui.

— Eh! vraiment, on s'embrasse! dit Henriette. De beaux amoureux, qui ne savent pas seulement cela !

— Si l'usage l'ordonne, dit André avec émotion, est-ce que vous n'y consentirez pas, mademoiselle?

— Mais savez-vous, dit Geneviève gaiement, qu'Henriette ira le dire demain dans toute la ville!

— Raison de plus, dit André un peu rassuré ; ce sera un engagement que vous aurez signé et qui donnera plus de poids à la nouvelle de notre mariage.

— Oh! en ce cas, je refuse, dit-elle ; je ne veux rien signer encore.

— Eh bien! par amitié? reprit André, qui déjà la tenait dans ses bras; comme vous avez embrassé Henriette tout à l'heure?

— Par amitié seulement, » répondit Geneviève en se laissant embrasser.

André fut si troublé de ce baiser, qu'il comprit à peine ensuite comment il était sorti de la chambre. Il se trouva dans la rue avec Henriette sans savoir ce qu'était devenu l'escalier. Cependant, lorsqu'il se rappela plus tard cet instant d'enivrement, il s'y mêla un souvenir pénible. Geneviève avait un peu rougi par pudeur; mais son regard était resté serein, sa main fraîche, sa bouche n'avait pas tressailli. « C'est ma Galatée, se disait-il ; mais elle ne s'est animée que pour regarder les cieux. Descendra-t-elle de son piédestal, et voudra-t-elle poser ses pieds sur la terre auprès de moi? »

Cependant l'espérance, qui ne manque jamais à la jeunesse, le consola bientôt. Geneviève, avec un si noble esprit, ne pouvait pas avoir un cœur insensible; cette tranquillité d'âme tenait à la chasteté exquise de ses pensées, à ses habitudes solitaires et recueillies. Il avait déjà vu se réaliser un de ses plus beaux rêves, il était le conseil et la lumière de cette sainte ignorance ; maintenant un vœu plus enivrant lui restait à accomplir, c'était de se placer entre elle et la divinité universelle qu'il lui avait fait connaître. Il fallait cesser d'être le prêtre et devenir le dieu lui-même. L'enthousiasme d'André, les palpitations de son cœur allaient au-devant d'un pareil triomphe, et son âme, avide d'émotions tendres, ne pouvait pas croire à l'inertie d'une autre âme.

De son côté, Geneviève ressentait un peu d'effroi. Les paroles d'André, ses caresses timides, son accent passionné, lui avaient causé une sorte de trouble : et quoiqu'elle désirât presque éprouver les mêmes émotions, elle avait, par instants, comme une certaine méfiance de cette exaltation dont elle n'avait jamais conçu l'idée et dont elle craignait de n'être jamais capable.

Cependant il est si doux de se sentir aimé, que Geneviève s'abandonna sans peine à ce bien-être nouveau; elle s'habitua à penser qu'elle n'était pas seule au monde, qu'une autre âme sympathisait à toute heure avec la sienne, et que désormais elle ne porterait plus seule le poids des ennuis et des maux de la vie. Elle fit ces réflexions en s'habillant le lendemain; et en comparant cette matinée à la journée précédente, elle s'avoua qu'il lui avait fallu un certain courage pour supporter les soucis de la veille, et que cette nouvelle journée s'annonçait douce et calme sous la protection d'un cœur dévoué. « Après tout, se dit-elle, André est sincère : s'il s'exagère à lui-même aujourd'hui l'amour qu'il a pour moi, du moins il lui restera toujours assez d'honnêteté dans le cœur pour me garder son amitié. Je ne cesserai pas de le mériter : pourquoi me l'ôterait-il? Et puis, que sais-je? pourquoi refuserais-je de croire aux belles paroles qu'il me dit? Il en sait bien plus que moi sur toutes choses, et il doit mieux juger que moi de l'avenir. »

En se parlant ainsi à elle-même, et tout en se coiffant devant une petite glace, elle regardait ses traits avec curiosité et prit même son miroir pour l'approcher de la fenêtre; là elle contempla de près ses joues fines et transparentes comme le tissu d'une fleur, et elle s'aperçut qu'elle était jolie. « Quelquefois je l'avais cru, pensa-t-elle, mais je ne savais pas si c'était de la jeunesse ou de la beauté. Cependant pour qu'André, après m'avoir vue un instant, soit resté amoureux de moi tout un an, il faut bien que j'aie quelque chose de plus que la fraîcheur de mon âge. André aussi a une jolie figure : comme il avait de beaux yeux hier soir! et comme ses mains sont blanches! Comme il parle bien! Quelle différence entre lui et Joseph, et tous les autres! »

Elle resta longtemps pensive devant sa glace, oubliant de relever ses cheveux épars; ses joues étaient animées, et un sourire charmant l'embellissait encore. Elle s'était levée tard, et la matinée était avancée. André entra dans la première pièce sans qu'elle l'entendît, et elle s'aperçut tout à coup qu'il était passé dans l'atelier ; il avait toussé pour l'appeler.

Alors elle se leva si précipitamment qu'elle fit tomber son miroir et poussa un cri. André, effrayé du bruit que fit la glace en se brisant, et surtout du cri échappé à Geneviève, crut qu'elle se trouvait mal et s'élança dans sa chambre. Il la trouva debout, vêtue de sa robe blanche et toute couverte de ses longs cheveux noirs. Le premier mouvement de Geneviève fut de rire en voyant la terreur d'André pour une si petite cause; mais bientôt elle fut toute confuse de la manière dont il la regardait. Il ne l'avait jamais vue si jolie. Le bonnet qu'elle portait toujours, comme les grisettes de L..., avait empêché André de savoir si sa chevelure était belle. En découvrant cette nouvelle perfection, il resta naïvement émerveillé, et Geneviève devint toute rouge sous ses longs cheveux fins et lisses qui tombaient le long de ses joues. « Allez-vous-en, lui dit-elle, et, pendant que je vais me coiffer, cherchez dans l'atelier une rose que j'ai faite hier soir. La nuit est venue et la fièvre m'a prise comme je l'achevais. Je ne sais où je l'aurai laissée. Vous l'avez peut-être écrasée sous vos pieds dans l'atelier avec Henriette.

— Dieu m'en préserve! » dit André ; et, obéissant à regret, il chercha sur la table de l'atelier. La précieuse rose y était négligemment couchée au milieu des outils qui avaient servi à la créer. André fit un grand cri, et Geneviève, épouvantée, s'élança à son tour dans l'atelier avec ses cheveux toujours dénoués. Elle trouva André qui tenait la rose entre deux doigts et la contemplait dans une sorte d'extase.

« Ah çà! vous avez voulu me rendre la pareille, lui dit-elle. A quel jeu jouons-nous?

— Geneviève, Geneviève! répondit-il, voici un chef-d'œuvre. A quelle heure et sous l'influence de quelle pensée avez-vous fait cette rose de Bengale? quel sylphe a chanté pendant que vous y travailliez? quel rayon du soleil en a coloré les feuilles?

— Je ne sais pas ce que c'est qu'un sylphe, répondit Geneviève ; mais il y avait dans ma chambre un rayon de soleil qui me brûlait les yeux, et qui, je crois, m'a donné la fièvre. Je ne sais pas comment j'ai pu travailler et penser à tant de choses en même temps. Voyons donc cette rose; je ne sais pas comment elle est.

— C'est une chose aussi belle dans son genre, répondit André, que l'œuvre d'un grand maître ; c'est la nature rendue dans toute sa vérité et dans toute sa poésie. Quelle grâce dans ces pétales mous et pâles! quelle finesse dans l'intérieur de ce calice! quelle souplesse dans tout ce travail! quelles étoffes merveilleuses employez-vous donc pour cela, Geneviève? Certainement les fées s'en mêlent un peu!

— Les demoiselles de la ville me font présent de leurs plus fins mouchoirs de batiste quand ils sont usés, et avec de la gomme et de la teinture...

— Je ne veux pas savoir comment vous faites, ne me le dites pas ; mais donnez-moi cette rose et ne mettez pas votre bonnet.

— Vous êtes fou aujourd'hui! prenez cette rose : c'est en effet la meilleure que j'aie faite. Je ne pensais pas à vous en la faisant. »

André la regarda d'un air boudeur et vit sur sa figure une petite grimace moqueuse. Il courut après elle et la saisit au moment où elle lui jetait la porte au nez. Quand il la tint dans ses bras, il fut fort embarrassé ; car il n'osait ni l'embrasser ni la laisser aller. Il vit sur son épaule ses beaux cheveux, qu'il baisa.

« Quel être singulier! dit Geneviève en rougissant. Est-ce qu'on a jamais baisé des cheveux? »

XII.

On pense bien qu'André dans ses nouvelles leçons ne s'en tint pas à la seule science. Ses regards, l'émotion de sa voix, sa main tremblante en effleurant celle de Geneviève, disaient plus que ses paroles. Peu à peu Geneviève comprit ce langage, et les battements de son cœur y répondirent en secret. Après lui avoir révélé les lois de l'univers et l'histoire des mondes, il voulut l'initier à la poésie, et par la lecture des plus belles pages sut la préparer à comprendre Gœthe, son poëte favori. Cette éducation fut encore plus rapide que la précédente. Geneviève saisissait à merveille tous les côtés poétiques de la vie. Elle dévorait avec ardeur les livres qu'André prenait pour elle dans la petite bibliothèque de M. Forez. Elle se relevait souvent la nuit pour y rêver en regardant le ciel. Elle appliquait à son amour et à celui d'André les plus belles pensées de ses poëtes chéris, et cette affection, d'abord paisible et douce, se revêtit bientôt d'un éclat inconnu. Geneviève s'éleva jusqu'à son amant ; mais cette égalité ne fut pas de longue durée. Plus neuve encore et plus forte d'esprit, elle le dépassa bientôt. Elle apprit moins de choses, mais elle lui prouva qu'elle sentait plus vivement que lui ce qu'elle savait, et André fut pénétré d'admiration et de gratitude. Il se sentit heureux bien au delà de ses espérances. Il vit naître l'enthousiasme dans cette âme virginale, et reçut dans son sein les premiers épanchements de cet amour qu'il avait enseigné.

Cependant Henriette avait été colporter en tous lieux la nouvelle du prochain mariage d'André avec Geneviève. Le premier à qui elle en fit part fut Joseph Marteau ; et, au grand étonnement de la couturière, celui-ci fit une exclamation de surprise où n'entrait pas le moindre signe de joie ou d'approbation.

« Comment! cela ne vous fait pas plaisir? dit Henriette; vous ne me remerciez pas d'avoir réussi à marier votre ami avec la plus jolie et la plus aimable fille du pays? »

Joseph secoua la tête. « Cela me paraît, dit-il, la chose la plus folle que vous ayez pu inventer. Quelle diable d'idée avez-vous eue là!

— Fi! monsieur, je ne comprends pas l'indifférence que vous y mettez.

— Cela ne m'est pas indifférent, répondit Joseph. J'en suis fort contrarié, au contraire.

— Êtes-vous fou aujourd'hui? s'écria Henriette. Ne vous ai-je pas entendu, hier encore, dire que vous n'estimiez réellement Geneviève que depuis qu'elle aimait M. André? n'avez-vous pas travaillé vous-même à rendre M. André amoureux d'elle? Qui est cause de leur première entrevue? est-ce vous ou moi? Ne m'avez-vous pas priée d'amener Geneviève chez vous, pour que M. André pût la voir?...

— Mais non pas l'épouser, reprit Joseph avec une franchise un peu brusque.

— Oh! quelle horreur! s'écria Henriette; je vous comprends maintenant, monsieur; vous êtes un scélérat, et je ne vous reparlerai de ma vie. Juste Dieu! séduire une fille et l'abandonner, cela vous paraîtrait naturel et juste; mais l'épouser quand on l'a perdue de réputation, vous appelez cela une *diable* d'idée, une invention folle!... Ah! je vois le danger où je m'exposais en souffrant vos galanteries; mais, Dieu merci, il est encore temps de m'en préserver. Pauvres filles que nous sommes! c'est ainsi qu'on abuse de notre candeur et de notre crédulité! Vous n'abuserez pas ainsi de moi, monsieur Joseph; adieu, adieu pour toujours. »

Et Henriette s'enfuit furieuse et désespérée. Joseph se promit de l'apaiser une autre fois, et il chercha André. Mais pendant bien des jours André fut introuvable. Il passait le temps où il était forcé de quitter Geneviève à courir les prés comme un fou, et à pleurer d'amour et de joie à l'ombre de tous les buissons. Enfin Joseph le joignit un matin, comme il allait franchir la porte de sa bien-aimée, et, à son grand déplaisir, il l'entraîna dans le jardin voisin.

« Ah çà! lui dit-il, es-tu fou? Qu'est-ce qui t'arrive? Dois-je en croire les bavardages d'Henriette et ceux de toute la ville? as-tu l'intention sérieuse d'épouser Geneviève?

— Certainement, répondit André avec candeur. Quelle question me fais-tu là?

— Allons, dit Joseph, c'est une folie de jeune homme, à ce que je vois; mais heureusement il est encore temps d'y songer. As-tu réfléchi un peu, mon cher André? sais-tu quel âge tu as? connais-tu ton père? espères-tu lui faire accepter une grisette pour belle-fille? crois-tu que tu auras seulement le courage de lui en parler?

— Je n'en sais rien, répondit André un peu troublé de cette dernière question; mais je sais que j'ai droit à un petit héritage de ma mère, et que cela suffira pour m'enrichir au delà de mes besoins et de ceux de Geneviève.

— Idée de roman, mon cher! On peut vivre avec moins; mais quand on a vécu dans une certaine aisance, il est dur de se voir réduit au nécessaire. Songes-tu que ton père est jeune encore, qu'il peut se remarier, avoir d'autres enfants, te déshériter? Songes-tu que tu auras des enfants toi-même, que tu n'as pas d'état, que tu n'auras pas de quoi les élever convenablement, que la misère te tombera sur le corps à mesure que l'amour te sortira du cœur?

— Jamais il n'en sortira! s'écria André, il me donnera le courage de supporter toutes les privations, toutes les souffrances...

— Bah! bah! reprit Joseph, tu ne sais pas de quoi tu parles; tu n'as jamais souffert, jamais jeûné.

— Je l'apprendrai, s'il le faut.

— Et Geneviève l'apprendra aussi?

— Je travaillerai pour elle.

— A quoi? Fais-moi le plaisir de me dire à quelle profession tu es propre. As-tu fait ton droit? as-tu étudié la médecine? Pourrais-tu être professeur de mathématiques? Saurais-tu au moins faire des bottes, ou même tracer un sillon droit avec la charrue?

— Je ne sais rien d'utile, je l'avoue, repartit André. Je n'ai vécu jusqu'ici que de lectures et de rêveries. Je ne suis pas assez fort pour exercer un métier; mais le peu que je possède pourra me mettre à l'abri du besoin.

— Essaies-en, et tu verras.

— Je compte en essayer. »

Joseph frappa du pied avec chagrin.

« Et c'est moi qui t'ai mis cette sottise d'amour en tête! s'écria-t-il; je ne me le pardonnerai jamais! Pouvais-je penser que tu prendrais au sérieux la première occasion de plaisir offerte à ta jeunesse?

— J'étais donc un lâche et un misérable à tes yeux? Tu croyais que je consentirais à voir diffamer Geneviève sans prendre sa défense et sans réparer le mal que je lui aurais fait!

— On n'est pas un lâche et un misérable pour cela, dit Joseph en haussant les épaules; je ne crois être ni l'un ni l'autre, et pourtant je fais la cour à Henriette; tout le monde le sait, et je la laisse tant qu'elle veut se bercer de l'espoir d'être un jour madame Marteau. Je veux être son amant, et voilà tout.

— Vous pouvez parler d'Henriette avec légèreté; quoique je n'approuve pas le mensonge, je vous trouve excusable jusqu'à un certain point. Mais établissez-vous la moindre comparaison entre elle et Geneviève?

— Pas la moindre; j'aime Henriette à la folie, et il n'y a pas un cheveu de Geneviève qui me tente; je n'entends rien à ces sortes de femmes. Mais je comprends la situation. Tu es le premier amant de Geneviève et tu lui dois plus qu'à toute autre. Rassure-toi cependant; tu ne seras pas le dernier, et il n'y a pas de fille inconsolable.

— Je ne connais pas les autres filles, et vous ne connaissez pas Geneviève. Nous ne pouvons pas raisonner ensemble là-dessus; agis avec Henriette comme tu voudras, je me conduirai avec Geneviève comme Dieu m'ordonne de le faire. »

Joseph s'épuisa en remontrances sans ébranler la résolution de son ami; il le quitta pour aller faire la paix avec Henriette, et se consola de l'imprudence d'André en se disant tout bas : « Heureusement ce n'est pas encore fait; la grosse voix du marquis n'a pas encore tonné. »

Cet événement ne se fit pas longtemps attendre. Des amis officieux eurent bientôt informé M. de Morand de la passion de son fils pour une grisette. Malgré sa haine pour cette espèce de femmes, il s'en inquiéta peu d'abord. Il fut même content, jusqu'à un certain point, de voir André renoncer à ses rêves d'expatriation. Mais quand on lui eut répété plusieurs fois que son fils avait manifesté l'intention sérieuse d'épouser Geneviève, quoiqu'il lui fût encore impossible de le croire, il commença à se sentir mécontent de cette espèce de bravade, et résolut d'y mettre fin sur-le-champ. Un matin donc, au moment où André franchissait, joyeux et léger, le seuil de sa maison pour aller trouver Geneviève, une main vigoureuse saisit la bride de son petit cheval et le fit même reculer. Comme il faisait à peine jour, André ne reconnut pas son père au premier coup d'œil, et, pour la première fois de sa vie, il se mit à jurer contre l'insolent qui l'arrêtait.

« Doucement, monsieur, répondit le marquis, vous me semblez bien mal appris pour un bel esprit comme vous êtes. Faites-moi le plaisir de descendre de cheval et d'ôter votre chapeau devant votre père. »

André obéit; et quand il eut mis pied à terre, le marquis lui ordonna de renvoyer son cheval à l'écurie.

« Faut-il le débrider? demanda le palefrenier.

— Non, dit André, qui espérait être libre au bout d'un instant.

— Il faut lui ôter la selle! cria le marquis d'un ton qui ne souffrait pas de réplique.

André se sentit gagné par le froid de la peur; il suivit son père jusqu'à sa chambre.

« Où alliez-vous? lui dit celui-ci en s'asseyant lourdement sur son grand fauteuil de toile d'Orange.

— A L..., répondit André timidement.

— Chez qui?

— Chez Joseph, répondit André après un peu d'hésitation.

— Où allez-vous tous les matins?

— Chez Joseph.

— Où passez-vous toutes les après-midi?

— A la chasse.

— D'où venez-vous si tard tous les soirs? de chez Joseph et de la chasse, n'est-ce pas?

— Oui, mon père.

— Avec votre permission, monsieur le savant, vous en avez menti. Vous n'allez ni chez Joseph ni à la chasse. Auriez-vous en votre possession quelque beau livre écrit sur l'art de mentir! Faites-moi le plaisir d'aller l'étudier dans votre chambre, afin de vous en acquitter un peu mieux à l'avenir. M'entendez-vous? »

André, révolté de se voir traité comme un enfant, hésita, rougit, pâlit et obéit. Son père le suivit, l'enferma à double tour, mit la clef dans sa poche et s'en fut à la chasse.

André, furieux et désolé, maudit mille fois son sort et finit par sauter par la fenêtre. Il s'en alla passer une heure aux pieds de Geneviève. Mais, dans la crainte de l'effrayer de la dureté de son père, il lui cacha son aventure, et lui donna, pour raison de sa courte visite, une prétendue indisposition du marquis.

Le marquis fit bonne chasse, oublia son prisonnier, et rentra assez tard pour lui laisser le temps de rentrer le premier. Lorsqu'il le retrouva sous les verrous il se sentit fort apaisé et l'emmena souper assez amicalement avec lui, croyant avoir remporté une grande victoire et signalé sa puissance par un acte éclatant. André, de son côté, ne montra guère de rancune; il croyait avoir échappé à la tyrannie et s'applaudissait de sa rébellion secrète comme d'une résistance intrépide. Ils se réconcilièrent en se trompant l'un l'autre et en se trompant eux-mêmes, l'un se flattant d'avoir subjugué, l'autre s'imaginant avoir désobéi.

Le lendemain, André s'éveilla longtemps avant le jour; et, se croyant libre, il allait reprendre la route de L...., quand son père parut comme la veille, un peu moins menaçant seulement.

« Je ne veux pas que tu ailles à la ville aujourd'hui, lui dit-il; j'ai découvert un taillis tout plein de bécasses. Il faut que tu viennes avec moi en tuer cinq ou six.

— Vous êtes bien bon, mon père, répondit André; mais j'ai promis à Joseph d'aller déjeuner avec lui...

— Tu déjeunes avec lui tous les jours, répondit le marquis d'un ton calme et ferme; il se passera fort bien de toi pour aujourd'hui. Va prendre ton fusil et ta carnassière. »

Il fallut encore qu'André se résignât. Son père le tint à la chasse toute la journée, lui fit faire dix lieues à pied, et l'écrasa tellement de fatigue, qu'il eut une courbature le lendemain, et que le marquis eut un prétexte excellent pour lui défendre de sortir. Le jour suivant, il l'emmena dans sa chambre, et, ouvrant le livre de ses domaines sur une table, il le força de faire des additions jusqu'à l'heure du dîner. Vers le soir, André espérait être libre: son père le mena voir tondre des moutons.

Le quatrième jour, Geneviève, ne pouvant résister à son inquiétude, lui écrivit quelques lignes, les confia à un enfant du voisinage, qu'elle chargea d'aller les lui remettre. Le message arriva à bon port, quoique Geneviève, ne prévoyant pas la situation de son amant, n'eût pris aucune précaution contre la surveillance du marquis. Le hasard protégea le petit page aux pieds nus de Geneviève, et André lut ces mots, qui le transportèrent d'amour et de douleur.

« Ou votre père est dangereusement malade, ou vous
« l'êtes vous-même, mon ami. Je m'arrête à cette der-
« nière supposition avec raison et avec désespoir. Si vous
« étiez bien portant, vous m'écririez pour me donner des
« nouvelles de votre père et pour m'expliquer les motifs
« de votre absence. Vous êtes donc bien mal, puisque
« vous n'avez pas la force de penser à moi et de m'épar-
« gner les tourments que j'endure! O André! quatre jours
« sans te voir, à présent c'est impossible à supporter sans
« mourir! »

André sentit renaître son courage. Il viola sans hésitation la consigne de son père, et courut à travers champs jusqu'à la ville. Il arriva plus fatigué par les terres labourées, les haies et les fossés qu'il avait franchis, qu'il ne l'eût été par le plus long chemin. Poudreux et haletant, il se jeta aux pieds de Geneviève et lui demanda pardon en la serrant contre son cœur.

« Pardonne-moi, pardonne-moi, lui disait-il, oh! pardonne-moi de t'avoir fait souffrir?

— Je n'ai rien à vous pardonner, André, lui répondit-elle; quels torts pourriez-vous avoir envers moi? Je ne vous accuse pas, je ne vous interroge même pas. Comment pourrais-je supposer qu'il y a de votre faute dans ceci? Je vous vois et je remercie Dieu. »

XIII.

Cette sainte confiance donna de véritables remords à André. Il savait bien qu'avec un peu plus de courage il aurait pu s'échapper plus tôt; mais il n'osait avouer ni son asservissement ni la tyrannie de son père. Déclarer à Geneviève les traverses qu'elle avait à essuyer pour devenir sa femme était au-dessus de ses forces. Bien des jours se passèrent sans qu'il pût se décider à sortir de cette difficulté, soit en affrontant la colère du marquis, soit en éveillant l'effroi et le chagrin dans l'âme tranquille de Geneviève. Il erra pendant un mois. On le rencontrait à toutes heures du jour ou de la nuit courant ou plutôt fuyant à travers prés ou bois, de la ville au château et du château à la ville; ici cherchant à apaiser les inquiétudes de sa maîtresse, là tâchant d'éviter les remontrances paternelles. Au milieu de ces agitations, la force lui manqua; il ne sentit plus que la fatigue de lutter ainsi contre son cœur et contre son caractère. La fièvre le prit et le plongea dans le découragement et l'inertie.

Jusque-là il avait réussi à faire accepter à Geneviève toutes les mauvaises raisons qu'il avait pu inventer pour excuser l'irrégularité et la brièveté de ses visites. Il éprouva une sorte de satisfaction paresseuse et mélancolique à se sentir malade; c'était une excuse irrécusable à lui donner de son absence, c'était une manière d'échapper à la surveillance et aux reproches du marquis. Le besoin égoïste du repos parla plus haut un instant que les empressements et les impatiences de l'amour. Il ferma les yeux et s'endormit presque joyeux de n'avoir pas six lieues à faire et autant de mensonges à inventer dans sa journée.

Un soir, comme Joseph Marteau, en attendant quelqu'un, fumait un cigare à sa fenêtre, il vit une robe blanche traverser furtivement l'obscurité de la ruelle et s'arrêter, comme incertaine, à la petite porte de la maison. Joseph se pencha vers cette ombre mystérieuse; et, le feu de son cigare l'ayant signalé dans les ténèbres, une petite voix tremblante l'appela par son nom.

« Oh! dit Joseph, ce n'est point la voix d'Henriette. Que signifie cela? »

En deux secondes il franchit l'escalier; et, s'élançant dans la rue, il saisit une taille délicate, et, à tout hasard, voulut embrasser sa nouvelle conquête.

« Par amitié et par charité, monsieur Marteau, lui dit-elle en se dégageant, épargnez-moi, reconnaissez-moi, je suis Geneviève.

— Geneviève! Au nom du diable! comment cela se fait-il?

— Au nom de Dieu! ne faites pas de bruit et écoutez-moi. André est sérieusement malade. Il y a trois jours que je n'ai reçu de ses nouvelles, et je viens d'apprendre qu'il est au lit avec la fièvre et le délire. J'ai cherché Henriette sans pouvoir la rencontrer. Je ne sais où m'informer de ce qui se passe au château de Morand. D'heure en heure mon inquiétude augmente; je me sens tour à tour devenir folle et mourir. Il faut que vous ayez pitié de moi et que vous alliez savoir des nouvelles d'André. Vous êtes

Quel être singulier! dit Geneviève en rougissant. (Page 69.)

son ami, vous devez être inquiet aussi... Il peut avoir besoin de vous...

— Parbleu! j'y vais sur-le-champ, répondit Joseph en prenant le chemin de son écurie. Diable! diable! qu'est-ce que tout cela?»

Préoccupé de cette fâcheuse nouvelle, et partageant autant qu'il était en lui l'inquiétude de Geneviève, il se mit à seller son cheval tout en grommelant entre ses dents et jurant contre son domestique et contre lui-même à chaque courroie qu'il attachait. En mettant enfin le pied sur l'étrier, il s'aperçut, à la lueur d'une vieille lanterne de fer suspendue au plafond de l'écurie, que Geneviève était là et suivait tous ses mouvements avec anxiété. Elle était si pâle et si brisée que, contre sa coutume, Joseph fut attendri.

« Soyez tranquille, lui dit-il, je serai bientôt arrivé.

— Et revenu? lui demanda Geneviève d'un air suppliant.

— Ah! diable! cela est une autre affaire. Six lieues ne se font pas en un quart d'heure. Et puis, si André est vraiment mal, je ne pourrai pas le quitter!

— Oh! mon Dieu! que vais-je devenir? dit-elle en croisant ses mains sur sa poitrine. Joseph! Joseph! s'écria-t-elle avec effusion en se rapprochant de lui, sauvez-le, et laissez-moi mourir d'inquiétude.

— Ma chère demoiselle, reprit Joseph, tranquillisez-vous; le mal n'est peut-être pas si grand que vous croyez.

— Je ne me tranquilliserai pas; j'attendrai, je souffrirai, je prierai Dieu. Allez vite... Attendez, Joseph, ajouta-t-elle en posant sa petite main sur la main rude du cavalier; s'il meurt, parlez-lui de moi, faites-lui entendre mon nom, dites-lui que je ne lui survivrai pas d'un jour! »

Geneviève fondit en larmes; les yeux de Joseph s'humectèrent malgré lui.

« Écoutez, dit-il : si vous restez à m'attendre, vous souffrirez trop. Venez avec moi.

— Oui! s'écria Geneviève; mais comment faire?

— Montez en croupe derrière moi. Il fait une nuit du diable : personne ne nous verra. Je vous laisserai dans la métairie la plus voisine du château; je courrai m'informer de ce qui se passe, et vous le saurez au bout d'un quart d'heure, soit que j'accoure vous le dire et que je retourne vite auprès d'André, soit que je le trouve assez bien pour le quitter et vous ramener avant le jour.

En partant ainsi, Joseph se retourna vers Geneviève..... (Page 74.)

— Oui, oui, mon bon Joseph! s'écria Geneviève.
— Eh bien! dépêchons-nous, dit Joseph; car j'attends Henriette d'un moment à l'autre, et, si elle nous voit partir ensemble, elle nous tourmentera pour venir avec nous, ou elle me fera quelque scène de jalousie absurde.
— Partons, partons vite, » dit Geneviève.

Joseph plia son manteau et l'attacha derrière sa selle pour faire un siége à Geneviève. Puis il la prit dans ses bras et l'assit avec soin sur la croupe de son cheval; ensuite il monta adroitement sans la déranger, et piquant des deux, il gagna la campagne; mais, en traversant une petite place, son malheur le força de passer sous un des six réverbères dont la ville est éclairée; le rayon tombant d'aplomb sur son visage, il fut reconnu d'Henriette, qui venait droit à lui. Soit qu'il craignît de perdre en explications un temps précieux, soit qu'il se fît un malin plaisir d'exciter sa jalousie, il poussa son cheval et passa rapidement auprès d'elle avant qu'elle pût reconnaître Geneviève. En voyant le perfide à qui elle avait donné rendez-vous s'enfuir à toute bride avec une femme en croupe, Henriette, frappée de surprise, n'eut pas la force de faire un cri et resta pétrifiée jusqu'à ce que la colère lui suggéra un déluge d'imprécations que Joseph était déjà trop loin pour entendre.

C'était la première fois de sa vie que Geneviève montait sur un cheval. Celui de Joseph était vigoureux; mais, peu accoutumé à un double fardeau, il bondissait dans l'espoir de s'en débarrasser.

« Tenez-moi bien! » criait Joseph.

Geneviève ne songeait pas à avoir peur. En toute autre circonstance, rien au monde ne l'eût déterminée à une semblable témérité. Courir les chemins la nuit, seule avec un libertin avéré comme l'était Joseph, c'était une chose aussi contraire à ses habitudes qu'à son caractère; mais elle ne pensait à rien de tout cela. Elle serrait son bras autour de son cavalier, sans se soucier qu'il fût un homme, et se sentait emportée dans les ténèbres sans savoir si elle était enlevée par un cheval ou par le vent de la nuit.

« Voulez-vous que nous prenions le plus court? lui dit Joseph.
— Certainement, répondit-elle.
— Mais le chemin n'est pas bon : la rivière sera un peu haute, je vous en avertis. Vous n'aurez pas peur?

— Non, dit Geneviève. Prenons le plus court.

— Cette diable de petite fille n'a peur de rien, se dit Joseph, pas même de moi. Heureusement que la situation d'André m'ôte l'envie de rire, et que d'ailleurs mon amitié pour lui...

— Que dites-vous donc? il me semble que vous parlez tout seul, lui demanda Geneviève.

— Je dis que le chemin est mauvais, répondit Joseph, et que si je tombais, vous seriez obligée de tomber aussi.

— Dieu nous protégera, dit Geneviève avec ferveur, nous sommes déjà assez malheureux.

— Il faut que j'aie bien de l'amitié pour vous, reprit Joseph au bout d'un instant, pour avoir chargé de deux personnes le dos de ce pauvre François; savez-vous que la course est longue! et j'aimerais mieux aller toute ma vie à pied que de surmener François.

— Il s'appelle François? dit Geneviève préoccupée; il va bien doucement.

— Oh! diable! patience! patience! nous voici au gué. Tenez-moi bien et relevez un peu vos pieds; je crois que la rivière sera forte. »

François s'avança dans l'eau avec précaution, mais quand il fut arrivé vers le milieu de la rivière, il s'arrêta, et, se sentant trop embarrassé de ses deux cavaliers pour garder l'équilibre sur les pierres mouvantes, il refusa d'aller plus avant. L'eau montait déjà presque aux genoux de Joseph, et Geneviève avait bien de la peine à préserver ses petits pieds.

« Diable! dit Joseph, je ne sais si nous pourrons traverser; François commence à perdre pied, et le brave garçon n'ose pas se mettre à la nage à cause de vous.

— Donnez-lui de l'éperon, dit Geneviève.

— Cela vous plaît à dire! un cheval chargé de deux personnes ne peut guère nager; si j'étais seul, je serais déjà à l'autre bord; mais avec vous, je ne sais que faire. Il fait terriblement nuit; je crains de prendre sur la droite et d'aller tomber dans la prise d'eau, ou de me jeter trop sur la gauche et d'aller donner contre l'écluse. Il est vrai que François n'est pas une bête et qu'il saura peut-être se diriger tout seul.

— Tenez, dit Geneviève, Dieu veille sur nous: voici la lune qui paraît entre les buissons et qui nous montre le chemin; suivez cette ligne blanche qu'elle trace sur l'eau.

— Je ne m'y fie pas; c'est de la vapeur et non de la vraie lumière. Ah çà! prenez garde à vous. »

Il donna de l'éperon à François, qui, après quelque hésitation, se mit à la nage et gagna un endroit moins profond où il prit pied de nouveau; mais il fit de nouvelles difficultés pour aller plus loin, et Joseph s'aperçut qu'il avait perdu le gué.

« Le diable sait où nous sommes, dit-il; pour moi, je ne m'en doute guère, et je ne vois pas où nous pourrons aborder.

— Allons tout droit, dit Geneviève.

— Tout droit? la rive a cinq pieds de haut; et si François s'engage dans les joncs qui sont par là, je ne sais où, nous sommes perdus tous les trois. Ces diables d'herbes nous prendront comme dans un filet, et vous aurez beau savoir tous leurs noms en latin, mademoiselle Geneviève, nous n'en serons pas moins pâture à écrevisses.

— Retournons en arrière, dit Geneviève.

— Cela ne vaudra pas mieux, dit Joseph. Que voulez-vous faire au milieu de ce brouillard? Je vous vois comme en plein jour, et à deux pieds plus loin, votre serviteur; il n'y a plus moyen de savoir si c'est du sable ou de l'écume. »

En parlant, Joseph se retourna vers Geneviève et vit distinctement sa jambe, qu'à son insu elle avait mise à découvert en relevant sa robe pour ne pas se mouiller. Cette petite jambe, admirablement modelée et toujours chaussée avec un si grand soin, vint se mettre en travers dans l'imagination de Joseph avec toutes ses perplexités, et, en la regardant, il oublia entièrement qu'il avait lui-même les jambes dans l'eau et qu'il était en grand danger de se noyer au premier mouvement que ferait son cheval.

« Allons donc, dit Geneviève, il faut prendre un parti; il ne fait pas chaud ici.

— Il ne fait pas froid, dit Joseph.

— Mais il se fait tard. André meurt peut-être! Joseph, avançons et recommandons-nous à Dieu, mon ami. »

Ces paroles mirent une étrange confusion dans l'esprit de Joseph: l'idée de son ami mourant, les expressions affectueuses de Geneviève et l'image de cette jolie jambe se croisaient singulièrement dans son cerveau.

« Allons, dit-il enfin, donnez-moi une poignée de main, Geneviève; et si un de nous seulement en réchappe, qu'il parle de l'autre quelquefois avec André. »

Geneviève lui serra la main, et, laissant retomber sa robe, elle frappa elle-même du talon le flanc de sa monture. François se remit courageusement à la nage, avança jusqu'à une éminence et, au lieu de continuer, revint sur ses pas.

« Il cherche le chemin, il voit qu'il s'est trompé, dit Joseph. Laissons-le faire, il a la bride sur le cou. »

Après quelques incertitudes, François retrouva le gué et parvint glorieusement au rivage.

« Excellente bête! » s'écria Joseph; puis, se retournant un peu, il étouffa une espèce de soupir en voyant la jupe de Geneviève retomber jusqu'à sa cheville, et il ne put s'empêcher de murmurer entre ses dents: « Ah! cette petite jambe!

— Qu'est-ce que vous dites? demanda l'ingénue jeune fille.

— Je dis que François a de fameuses jambes, répondit Joseph.

— Et que la Providence veillait sur nous », reprit Geneviève avec un accent si sincère et si pieux que Joseph se retourna tout à fait; et, en voyant son regard inspiré, son visage pâle et presque angélique, il n'osa plus penser à sa jambe et sentit comme une espèce de remords de l'avoir tant remarquée en un semblable moment.

Ils arrivèrent sans autre accident à la métairie où Joseph voulait laisser Geneviève. Cette métairie lui appartenait, et il croyait être sûr de la discrétion de ses métayers; mais Geneviève ne put se décider à affronter leurs regards et leurs questions. Elle pria Joseph de la déposer sur le bord du chemin, à un quart de lieue du château.

« C'est impossible, lui dit-il. Que ferez-vous seule ici? vous aurez peur et vous mourrez de froid.

— Non, répondit-elle; donnez-moi votre manteau. J'irai m'asseoir là-bas, sous le porche de Saint-Sylvain, et je vous attendrai.

— Dans cette chapelle abandonnée? vous serez piquée par les vipères; vous rencontrerez quelque sorcier, quelque meneur de loups!

— Allons, Joseph, est-ce le moment de plaisanter?

— Ma foi! je ne plaisante pas. Je ne crois guère au diable; mais je crois à ces voleurs de bestiaux qui font le métier de fantômes la nuit dans les pâturages. Ces gens-là n'aiment pas les témoins et les maltraitent quand ils ne peuvent pas les effrayer.

— Ne craignez rien pour moi, Joseph; je me cacherai d'eux comme ils se cacheront de moi. Allez! et pour l'amour de Dieu, revenez vite me dire ce qu'il a. »

Elle sauta légèrement à terre, prit le manteau de Joseph sur son épaule et s'enfonça dans les longues herbes du pâturage.

« Drôle de fille! se dit Joseph en la regardant fuir comme une ombre vers la chapelle. Qui est-ce qui l'aurait jamais crue capable de tout cela? Henriette le ferait certainement pour moi, mais elle ne le ferait pas de même. Elle aurait peur, elle crierait à propos de tout; elle serait ennuyeuse à périr... elle l'est déjà passablement. »

Et, tout en devisant ainsi, Joseph Marteau arriva au château de Morand.

Il trouva André assez sérieusement malade et en proie à un violent accès de délire. Le marquis passait la nuit auprès de lui avec le médecin, la nourrice et M. Forez. Joseph fut accueilli avec reconnaissance, mais avec tristesse. On avait des craintes graves: André ne reconnaissait personne; il appelait Geneviève; il demandait à la voir ou à mourir. Le marquis était au désespoir, et, ne pouvant pas imaginer de plus grand sacrifice pour soulager son fils que l'abjuration momentanée de son autorité, il se penchait sur lui, et, lui parlant comme à un enfant, il lui promettait de lui laisser aimer et épouser Geneviève; mais, lorsqu'il se rapprochait de ses hôtes, il maudissait devant eux cette *misérable petite fille* qui allait être cause de la mort d'André, et disait qu'il la tuerait s'il la tenait entre ses mains. Au bout d'une heure, Joseph voyant André un peu mieux, partit pour en informer Geneviève, et pour calmer autant que possible l'inquiétude où elle devait être plongée. Il prit à travers prés, et en dix minutes arriva à la chapelle de Saint-Sylvain : c'était une masure abandonnée depuis longtemps aux reptiles et aux oiseaux de nuit. La lune en éclairait faiblement les décombres, et projetait des lueurs obliques et tremblantes sous les arceaux rompus des fenêtres. Les angles de la nef restaient dans l'obscurité, et Joseph se défendit mal d'une certaine impression désagréable en passant auprès d'une statue mutilée qui gisait dans l'herbe et qui se trouva sous ses pieds au moment où il traversait un de ces endroits sombres. Il était fort et brave, dix hommes ne lui auraient pas fait peur; mais son éducation rustique lui avait laissé malgré lui quelques idées superstitieuses. Il ne s'y complaisait point, comme font parfois les cerveaux poétiques; il en rougissait au contraire et cachait ce penchant sous une affectation d'incrédulité philosophique; mais son imagination, moins forte que son orgueil, ne pouvait étouffer les terreurs de son enfance et surtout le souvenir du passage de la *grand'bête* dans la métairie où il était resté six ans en nourrice. La *grand'bête* apparaît tous les dix ans dans le pays et sème l'effroi de famille en famille. Elle s'efforce de pénétrer dans les métairies pour empoisonner les étables et faire périr les troupeaux. Les habitants sont forcés de soutenir chaque soir une espèce de siége, et c'est avec bien de la peine qu'ils parviennent à l'éloigner, car les balles de fusil ne l'atteignent point, et les chiens fuient en hurlant à son approche. Au reste, la bête, ou plutôt l'esprit malin qui en emprunte la forme, est d'un aspect indéfinissable : plusieurs m'ont portée toute une nuit sur leur dos (car elle se livre à mille plaisanteries diaboliques avec les imprudents qu'elle rencontre dans les prés au clair de la lune), mais nul ne l'a jamais vue distinctement. On sait seulement qu'elle change de stature à volonté. Dans l'espace de quelques instants elle passe de la taille d'une chèvre à celle d'un lapin, et de celle d'un loup à celle d'un bœuf; mais ce n'est ni un lapin, ni une chèvre, ni un bœuf, ni un loup, ni un chien enragé : c'est la *grand'bête*; c'est le fléau des campagnes, la terreur des habitants, et le triste présage d'une prochaine épidémie parmi les bestiaux.

Joseph se rappelait malgré lui toutes ces traditions effrayantes; mais s'il n'avait pas l'esprit assez fort pour les repousser, du moins il se sentait assez de courage et le bras assez prompt pour ne jamais reculer devant le danger.

Il s'étonnait de ne point trouver Geneviève au lieu qu'elle lui avait indiqué, lorsqu'un bruit de chaînes lui fit brusquement tourner la tête, et il vit à trois pas de lui une vague forme de quadrupède dont la longue face pâle semblait l'observer attentivement. Le premier mouvement de Joseph fut de lever le manche de son fouet pour frapper l'animal redoutable; mais, à sa grande confusion, il vit une jeune pouliche blanche, à demi sauvage, qui était venue là pour paître l'herbe autour des tombeaux, et qui s'enfuit épouvantée en traînant ses enferges sur les dalles de la chapelle.

Joseph, tout honteux de sa terreur, pénétra au fond de la nef; une croix de bois marquait la place où avait été l'autel. Geneviève était agenouillée devant cette croix; elle avait roulé son fichu de mousseline blanche comme un voile autour de sa tête, penchée dans l'immobilité du recueillement. Un cerveau plus exalté que celui de Joseph l'aurait prise pour une ombre. Étonné de trouver Geneviève dans une attitude si calme, et ne comprenant pas l'émotion que cette femme agenouillée la nuit au milieu des ruines lui causait à lui-même, le bon campagnard eut comme un sentiment de respect qui le fit hésiter à troubler cette sainte prière; mais, au bruit des pas de Joseph, Geneviève se retourna, et, se levant à demi, le questionna d'un air inquiet.

Il eut presque envie de la tromper et de lui cacher la vérité; mais elle interpréta son silence et s'écria en joignant les mains :

« Au nom du ciel, ne me faites pas languir.., s'il est mort !... ah ! oui... je le vois... Il est mort !... » Et elle s'appuya en chancelant contre la croix.

« Non, non! répondit vivement Joseph; il vit, on peut le sauver encore.

— Ah! merci, merci ! dit Geneviève, mais dites-moi bien la vérité, est-il bien mal?

— Mal? certainement. Voici la réponse ambiguë du médecin : peu de chose à craindre, peu de chose à espérer; c'est-à-dire que la maladie suit son cours ordinaire et ne présente pas d'accident impossible à combattre, mais que par elle-même c'est une maladie grave et qui ne pardonne pas souvent.

— En ce cas, dit Geneviève après un instant de silence, retournez auprès de lui, je vais encore prier ici. »

Elle se remit à genoux et laissa tomber sa tête sur ses mains jointes, dans une attitude de résignation si triste que Joseph en fut profondément touché.

« Je vais y retourner, en effet, répondit-il; mais je reviendrai certainement vers vous aussitôt qu'il y aura un peu de mieux.

— Écoutez, Joseph, lui dit-elle, s'il doit mourir cette nuit, il faut que je le voie, que je lui dise un dernier adieu. Tant que j'aurai un peu d'espoir, je ne me sentirai pas la hardiesse de me montrer dans sa maison; mais si je n'ai plus qu'un instant pour le voir sur la terre, rien au monde ne pourra m'empêcher de profiter de cet instant-là. Jurez-moi que vous m'avertirez quand tout sera perdu, quand lui et moi n'aurons plus qu'une heure à vivre. »

Joseph le jura.

« Je ne sais ce qu'elle a dans la voix ni de quels mots elle se sert, pensait-il en s'éloignant ; mais elle me ferait pleurer comme un enfant. »

XIV.

Geneviève pria longtemps; puis elle s'enveloppa du manteau de Joseph et s'assit sur une tombe, morne et résignée; puis elle pria de nouveau et marcha parmi les ruines, interrogeant avec anxiété le sentier par où Joseph devait revenir. Peu à peu une inquiétude plus poignante surmontait son courage. Elle regardait la lune, qu'elle avait vue se lever et qui maintenant s'abaissait vers l'horizon. L'air, en devenant plus humide et plus froid, lui annonçait l'approche de l'aube, et Joseph ne revenait pas.

Après avoir lutté aussi longtemps que ses forces le lui permirent, elle perdit courage, et, s'imaginant qu'André était mort, elle s'enveloppa la tête dans le manteau de Joseph pour étouffer ses cris. Puis elle s'apaisa un peu en songeant que dans ce cas Joseph, n'ayant plus rien à faire auprès de son ami, serait de retour vers elle. Mais alors elle se persuada qu'André était mourant et que Joseph ne pouvait se résoudre à l'abandonner, dans la crainte de revenir trop tard et de le trouver mort. Cette idée devint si forte que les minutes de son impatience se traînèrent comme des siècles. Enfin, elle se leva avec égarement, jeta le manteau de Joseph sur le pavé, et se mit à courir de toutes ses forces dans le sentier de la prairie.

Elle s'arrêta deux ou trois fois pour écouter si Joseph n'arrivait pas à sa rencontre; mais, n'entendant et ne voyant personne, elle reprit sa course avec plus de précipitation, et franchit comme un trait les portes du château de Morand.

Dans l'agitation d'une si triste veillée, tous les serviteurs étaient debout, toutes les portes étaient ouvertes. On vit passer une femme vêtue de blanc, qui ne parlait à personne et semblait voler à travers les cours. La vieille cuisinière se signa en disant :

« Hélas ! notre jeune maître est *achevé*. Voilà son esprit qui passe.

— Non, dit le bouvier, qui était un homme plus éclairé que la cuisinière. Si c'était l'âme de notre jeune maître, nous l'aurions vue sortir de la maison et aller au cimetière, tandis que cette *chose-là* vient du côté du cimetière et entre dans la maison. Ça doit être sainte Solange ou sainte Sylvie qui vient le guérir.

— M'est avis, observa la laitière, que c'est plutôt l'âme de sa pauvre mère qui vient le chercher.

— Disons un *Ave* pour tous les deux, » reprit la cuisinière ; et ils s'agenouillèrent tous les trois sous le portail de la grange.

Pendant ce temps, Geneviève, guidée par les lumières qu'elle voyait aux fenêtres, ou plutôt entraînée par cette main invisible qui rapproche les amants, se précipitait, palpitante et pâle, dans la chambre d'André. Mais à peine en eut-elle passé le seuil que le marquis, s'élançant vers elle avec fureur, s'écria en levant les bras d'un air menaçant :

« Qu'est-ce que je vois là ? qu'est-ce que cela veut dire ? Hors d'ici, intrigante effrontée ! espérez-vous venir débaucher mon fils jusque dans ma maison ? Il est trop tard, je vous en avertis ; il est mourant, grâce à vous, mademoiselle ; pensez-vous que je vous en remercie ? »

Geneviève tomba à genoux.

« Je n'ai pas mérité tout cela, dit-elle d'une voix étouffée ; mais c'est égal, dites-moi ce que vous voudrez, pourvu que je le voie... laissez-moi le voir, et tuez-moi après si vous voulez !

— Que je vous le laisse voir, misérable ! s'écria le marquis, révolté d'une semblable prière. Êtes-vous folle ou enragée ? Avez-vous peur de ne pas nous avoir fait assez de mal, et venez-vous achever mon fils jusque dans mes bras ? »

La voix lui manqua, un mélange de colère et de douleur le prenant à la gorge. Geneviève ne l'écoutait pas ; elle avait jeté les yeux sur le lit d'André, et le voyait pâle et sans connaissance dans les bras du médecin et du curé. Elle ne songea plus qu'à courir vers lui, et, se levant, elle essaya d'en approcher malgré les menaces du marquis.

« Jour de Dieu ! maudite créature, s'écria-t-il en se mettant devant elle, si tu fais un pas de plus, je te jette dehors à coups de fouet !

— Que Dieu me punisse si vous y touchez seulement avec une plume ! » dit Joseph en se jetant entre eux deux.

Le marquis recula de surprise.

« Comment, Joseph ! dit-il, tu prends le parti de cette vagabonde ? Ne trouvais-tu pas que j'avais raison de la détester et d'empêcher André ?...

— C'est possible, interrompit Joseph ; mais je ne peux pas entendre parler à une femme comme vous le faites ; sacredieu ! monsieur de Morand, vous ne devriez pas apprendre cela de moi.

— J'aime bien que tu me donnes des leçons, reprit le marquis. Allons ! emmène-la à tous les diables et que je ne la revoie jamais !

— Geneviève, dit Joseph en offrant son bras à la jeune fille, venez avec moi, je vous prie, ne vous exposez pas à de nouvelles injures.

— Ne me défendrez-vous pas contre lui ? répondit Geneviève, refusant avec force de se laisser emmener. Ne lui direz-vous pas que je ne suis ni une misérable ni une effrontée ? Dites-lui, Joseph, dites-lui que je suis une honnête fille, que je suis Geneviève la fleuriste qu'il a reçue une fois dans sa maison avec bonté. Dites-lui que je ne peux ni ne veux faire de mal à personne, que j'aime André et que j'en suis aimée ; mais que je suis incapable de lui donner un mauvais conseil... Monsieur le marquis, demandez à M. Joseph Marteau si je suis ce que vous croyez. Laissez-moi approcher du lit d'André. Si vous craignez que ma vue ne lui fasse du mal, je me cacherai derrière son rideau ; mais laissez-moi le voir pour la dernière fois..... Après, vous me chasserez si vous voulez, mais laissez-moi le voir... Vous n'êtes pas un méchant homme, vous n'êtes pas mon ennemi ; que vous ai-je fait ? Vous ne pouvez maltraiter une femme. Accordez-moi ce que je vous demande. »

En parlant ainsi, Geneviève était retombée à genoux et cherchait à s'emparer d'une des grosses mains du marquis. Elle était si belle dans sa pâleur, avec ses joues baignées de larmes, ses longs cheveux noirs qui, dans l'agitation de sa course, étaient tombés sur son épaule, et cette sublime expression que la douleur donne aux femmes, que Joseph jugea sa prière infaillible. Il pensa que nul homme, si affligé qu'il fût, ne pouvait manquer de voir cette beauté et de se rendre. « Allons, mon cher voisin, dit-il en s'unissant à Geneviève, accordez-lui ce qu'elle demande, et soyez sûr que vous êtes injuste envers elle. Qui sait d'ailleurs si sa vue ne guérirait pas André ?

— Elle le tuerait ! s'écria le marquis, dont la colère augmentait toujours en raison de la douceur et de la modération des autres. Mais heureusement, ajouta-t-il, le pauvre enfant n'est pas en état de s'apercevoir que cette impudente est ici. Sortez, mademoiselle, et n'espérez pas m'adoucir par vos basses cajoleries. Sortez, ou j'appelle mes valets d'écurie pour vous chasser. »

En même temps il la poussa si rudement qu'elle tomba dans les bras de Joseph. « Ah ! c'est trop fort ! s'écria celui-ci. Marquis ! tu es un butor et un rustre ! Cette honnête fille parlera à ton fils, et si tu le trouves mauvais, tu n'as qu'à le dire : en voici un qui te répondra. »

En parlant ainsi, Joseph Marteau montra un de ses poings au marquis, tandis que de l'autre bras il souleva Geneviève et la porta auprès du lit d'André. M. de Morand, stupéfait d'abord, voulut se jeter sur lui ; mais Joseph, selon l'usage rustique du pays, prit une paille qu'il tira précipitamment du lit d'André, et la mettant entre lui et M. de Morand :

« Tenez, marquis, lui dit-il, il est encore temps de vous raviser et de vous tenir tranquille. Je serais au désespoir de manquer à un ami et à un homme de votre âge ; mais le diable me rompe comme cette paille si je me laisse insulter, fût-ce par mon père ! entendez-vous ?

— Mes frères, au nom de Jésus-Christ, finissez cette scène scandaleuse, dit le curé. Monsieur le marquis, votre fils reconnaît cette jeune fille : c'est peut-être la volonté de Dieu qu'elle le ramène à la vie. C'est une fille pieuse et qui a dû prier avec ferveur. Si vous ne voulez pas que votre fils l'épouse, prenez-vous-y du moins avec le calme et la dignité qui conviennent à un père. Je vous aiderai à faire comprendre à ces enfants que leur devoir est d'obéir. Mais dans ce moment-ci vous devez céder quelque chose si vous voulez qu'on vous cède tout à fait plus tard. Et vous, monsieur Joseph, ne parlez pas avec cette violence, et ne menacez pas un vieillard auprès du lit de souffrance de son enfant, et peut-être auprès du lit de mort d'un chrétien. »

Joseph n'avait pas abjuré un certain respect pour le caractère ecclésiastique et pour les remontrances pieuses. Il était capable de chanter des chansons obscènes au cabaret et de rire des choses saintes le verre à la main ; mais il n'aurait pas osé entrer dans l'église de son village le chapeau sur la tête, et il n'eût, pour rien au monde, insulté le vieux prêtre qui lui avait fait faire sa première communion.

« Monsieur le curé, dit-il, vous avez raison ; nous sommes des fous. Que M. de Morand s'apaise ce soir, je lui ferai des excuses demain.

— Je ne veux pas de vos excuses, répondit le marquis d'un humeur dont le marquis que sa colère était à demi calmée ; et quant à M. le curé, ajouta-t-il entre ses dents, il pourrait bien garder ses sermons pour l'heure de la messe... Que cette fille sorte d'ici, et tout sera fini.

— Qu'elle reste, je vous prie, monsieur, dit le médecin ; votre fils éprouve réellement du soulagement à son approche. Regardez-le : ses yeux ont repris un peu de mobilité, et il semble qu'il cherche à comprendre sa situation.

En effet, André, après la profonde insensibilité qui avait suivi son accès de délire, commençait à retrouver la mémoire, et, à mesure qu'il distinguait les traits de Geneviève, une expression de joie enfantine commençait à se répandre sur son visage affaissé. La main de Geneviève qui serra la sienne acheva de le réveiller. Il eut un mouvement convulsif; et, se tournant vers les personnes qui l'entouraient et qu'il reconnaissait encore confusément, il leur dit avec un sourire naïf et puéril : « *C'est Geneviève!* et il se mit à la regarder d'un air doucement satisfait.

— Eh bien! oui, c'est Geneviève! dit le marquis en prenant le bras de la jeune fille et en la poussant vers son fils; puis il alla s'asseoir auprès de la cheminée, moitié heureux, moitié colère.

— Oui, c'est Geneviève! disait Joseph triomphant, en criant beaucoup trop fort pour la tête débile de son ami.

— C'est Geneviève, qui a prié pour vous, dit le curé d'une voix insinuante et douce en se penchant vers le malade. Remerciez Dieu avec elle.

— Geneviève!... dit André en regardant alternativement le curé et sa maîtresse d'un air de surprise; oui, Geneviève et Dieu! »

Il retomba assoupi, et tous ceux qui l'entouraient gardèrent un religieux silence. Le médecin plaça une chaise derrière Geneviève et la poussa doucement pour l'y faire asseoir. Elle resta donc près de son amant, qui de temps en temps s'éveillait, regardait autour de lui avec inquiétude, et se calmait aussitôt sous la douce pression de sa main. A chaque mouvement de son fils, le marquis se retournait sur son fauteuil de cuir et faisait mine de se lever; mais Joseph, qui s'était assis de l'autre côté de la cheminée et qui lisait un journal oublié derrière le trumeau, lui adressait avec les yeux et le geste la muette injonction de se taire. Le marquis voyait en effet André retomber endormi sur l'épaule de Geneviève; et, dans la crainte de lui faire du mal, il restait immobile. Il est impossible d'imaginer quels furent les tourments de cet homme violent et absolu pendant les heures de cette silencieuse veillée. Le médecin s'était jeté sur un matelas et reposait au milieu de la chambre; il était étendu là comme un gardien devant le lit de son malade; prêt à s'éveiller au moindre bruit et à effrayer par une sentence menaçante la conscience du marquis pour l'empêcher de séparer les deux amants. Joseph, ému et fatigué, ne comprenait rien à son journal, qui avait bien six mois de date, et de temps en temps tombait dans une espèce de demi-sommeil où il voyait passer confusément les objets et les pensées qui l'avaient tourmenté durant cette nuit : tantôt la rivière gonflée qui l'emportait lui et son cheval loin de Geneviève à demi noyée, tantôt André mourant lui redemandant Geneviève, tantôt le corbillard d'André suivi de Geneviève, qui relevait sa jupe par mégarde et laissait voir sa jolie petite jambe.

A cette dernière image, Joseph faisait un grand effort pour chasser le démon de la concupiscence des voies saintes de l'amitié, et il s'éveillait en sursaut. Alors il distinguait, à la lueur mourante de la lampe, la figure rouge du marquis luttant avec les tressaillements convulsifs de l'impatience, et leurs yeux se rencontraient comme ceux de deux chats qui guettent la même souris.

Pendant ce temps, le curé lisait son bréviaire à la clarté du jour naissant. Un petit vent frais agitait les feuilles de la vigne qui encadrait la fenêtre et jouait avec les rares cheveux blancs du bonhomme. A chaque soupir étouffé du malade, il abaissait son livre, relevait ses lunettes et protégeait de sa muette bénédiction le couple heureux et triste.

Geneviève avait tant souffert, et le trot du cheval l'avait tellement brisée, qu'elle ne put résister. Malgré l'anxiété de sa situation, elle céda, et laissa tomber sa jolie tête auprès de celle d'André. Ce deux visages, pâles et doux, dont l'un semblait à peine plus âgé et plus mâle que l'autre, reposèrent une demi-heure sur le même oreiller pour la première fois et sous les yeux d'un père irrité et vaincu, qui frémissait de colère à ce spectacle et qui n'osait les séparer.

Quand le jour fut tout à fait venu, le curé, ayant achevé son bréviaire, s'approcha du médecin, et ils eurent ensemble une consultation à voix basse. Le médecin se leva sans bruit, alla toucher le pouls d'André et les artères de son front; puis il revint parler au curé. Celui-ci s'approcha alors de Geneviève, qui s'était doucement éveillée pour céder la main de son amant à celle du médecin. Elle écouta le curé, fit un signe de tête respectueux et résigné; puis alla trouver Joseph et lui parla à l'oreille. Joseph se leva. Le marquis avait fini par s'endormir. Quand il s'éveilla, il se trouva seul dans la chambre avec son fils et le médecin. Ce dernier vint à lui et lui dit :

« M. le curé a jugé prudent et convenable de faire retirer la jeune personne, dont la présence ou le départ aurait pu agir trop violemment dans quelques heures sur les nerfs du malade. Je me suis assuré de l'état du pouls. La fièvre était presque tombée, et la faiblesse de votre fils permettait de compter sur le défaut de mémoire. En effet, le malade s'est éveillé sans chercher Geneviève et sans montrer la moindre agitation. Tout à l'heure, il m'a demandé si je n'avais pas vu cette nuit une femme blanche auprès de son lit. Je lui ai persuadé qu'il avait vu en rêve cette apparition; maintenez-le dans cette erreur, et gardez-vous de rien dire qui le ramène à un sentiment trop vif de la réalité. Je vois maintenant à cette maladie des causes purement morales; je vous déclare que vous pouvez mieux que moi guérir votre fils.

— Oui, oui, je le ménagerai, dit le marquis; mais n'espérez pas que je donne mon consentement au mariage; j'aimerais mieux le voir mourir.

— Le mariage ne me regarde pas, dit le médecin; mais si vous voulez tuer votre fils par le chagrin et la violence, avertissez-moi dès aujourd'hui; car, dans ce cas, je n'ai plus rien à faire ici. »

Le marquis n'avait jamais trouvé une franchise si âpre autour de lui. Depuis plus de trente ans personne n'avait osé le contrarier, et depuis quelques heures tous se permettaient de lui résister. Dans la crainte de perdre son fils, il le traita doucement jusqu'au jour de la convalescence; mais, dans son cœur, il amassa contre Geneviève une haine implacable.

XV.

Geneviève rentra chez elle très-lasse et un peu calmée. Joseph retourna tous les jours auprès d'André, et tous les soirs il vint donner de ses nouvelles à Geneviève. La guérison du jeune homme fit des progrès rapides, et quinze jours après il commençait à se promener dans le verger, appuyé sur le bras de son ami. Mais, pendant cette quinzaine, Geneviève avait lu clairement dans sa destinée. Elle n'avait jamais soupçonné jusque-là l'horreur que son mariage avec André inspirait au marquis; elle avait entrevu confusément des obstacles dont André essayait de la distraire. L'accueil cruel du marquis dans cette triste nuit ne l'affecta d'abord que médiocrement; mais quand ses anxiétés cessèrent avec le danger de son amant, elle reporta ses regards sur les incidents qui l'avaient conduite auprès de son lit. La figure, les menaces et les insultes de M. de Morand lui revinrent comme le souvenir d'un mauvais rêve. Elle se demanda si c'était bien elle, la fière, la réservée Geneviève, qui avait été injuriée et souillée ainsi. Alors elle examina sa conduite exaltée, sa situation équivoque, son avenir incertain; elle se vit, d'un côté, perdue dans l'opinion de ses compatriotes si elle n'épousait pas André; de l'autre, elle se vit méprisée, repoussée et détestée par un père orgueilleux et entêté, qui serait son implacable ennemi si elle épousait André malgré sa défense.

Une prévision encore plus cruelle vint se mêler à celle-là. Elle crut deviner les motifs de la conduite d'André. Elle s'expliqua ses longues absences, son air tourmenté et distrait auprès d'elle, son impatience et son effroi en la quittant; elle frémit de se voir dans une position si difficile, appuyée sur un si faible roseau, et de découvrir dans le cœur de son amant la même incertitude que dans les événements dont elle était menacée. Elle jeta les yeux avec tristesse sur sa gloire et son bonheur de la veille, et mesura en tremblant l'abîme infranchissable qui la séparait déjà du passé.

Calme et prudente, Geneviève, avant de s'abandonner à ces terreurs, voulut savoir à quel point elles étaient fondées. Elle questionna Joseph. Il ne fallait pas beaucoup d'adresse pour le faire parler. Il avait une finesse excessive pour se tirer des embarras qu'il trouvait à la hauteur de son bras et de son œil; mais les susceptibilités du cœur de Geneviève n'étaient pas à sa portée. Il l'admirait sans la comprendre et la contemplait tout ravi, comme une vision enveloppée de nuages. Il se confia donc au calme apparent avec lequel elle l'interrogea sur les dispositions du marquis et sur le caractère d'André. Il crut qu'elle savait déjà à quoi s'en tenir sur l'obstination de l'un et sur l'irrésolution de l'autre, et il lui donna sur ces deux questions si importantes pour elle les plus cruels éclaircissements. Geneviève, qui voulait puiser son courage dans la connaissance exacte de son malheur, écoutait ces tristes révélations avec un sang-froid héroïque, et quand Joseph croyait l'avoir consolée et rassurée en lui disant : « Bonsoir, Geneviève, il ne faut pas que cela vous tourmente : André vous aime; je suis votre ami; nous combattrons le sort, » Geneviève s'enfermait dans sa chambre et passait des nuits de fièvre et de désespoir à savourer le poison que la sincérité de Joseph lui avait versé dans le cœur.

Joseph, de son côté, commençait à prendre un intérêt singulier à la douleur de Geneviève, et il éprouvait une étrange impatience. Il guettait le moment où il pourrait parler d'elle avec André; mais André semblait fuir ce moment. A mesure que ses forces physiques revenaient, son vrai caractère reprenait le dessus, et de jour en jour la crainte remplaçait l'espoir que son père lui avait laissé entrevoir un instant. Il ne savait pas que Geneviève était venue auprès de son lit, il ne savait pas à quel point elle avait souffert pour lui. Il se laissait aller paresseusement au bien-être de la convalescence, et s'il désirait sincèrement de voir arriver le jour où il pourrait aller la trouver, il est certain aussi qu'il craignait le jour où son père enflerait sa grosse voix pour lui dire : *D'où venez-vous?*

Geneviève attendait, pour le juger et prendre un parti, la conduite qu'il tiendrait avec elle; mais il demeurait dans l'indécision. Chaque jour elle demandait à Joseph s'il lui avait parlé d'elle, et Joseph répondait ingénument que non. Enfin un jour il crut lui apporter une grande consolation en lui racontant qu'André lui avait ouvert son cœur, qu'il avait parlé d'elle avec enthousiasme, et de la cruauté de son père avec désespoir.

« Et qu'a-t-il résolu? demanda Geneviève.
— Il m'a demandé conseil, répondit Joseph.
— Et c'est tout?
— Il s'est jeté dans mes bras en pleurant, et m'a supplié de l'aider et de le protéger dans son malheur. »

Geneviève eut sur les lèvres un sourire imperceptible. Ce fut toute l'expansion d'une âme offensée et déchirée à jamais.

« Et j'ai promis, reprit Joseph, de donner pour lui mon dernier vêtement et ma dernière goutte de sang; pour lui et pour vous, entendez-vous, mademoiselle Geneviève? »

Elle le remercia d'un air distrait qu'il prit pour de l'incrédulité.

« Oh! vous ne vous fiez pas à mon amitié, je le sais, dit-il. André doit vous avoir raconté que *dans les temps* j'étais un peu contraire à votre mariage; je vous connaissais pas, Geneviève; à présent je sais que vous êtes un *bon sujet*, un *bon cœur*, et je ne ferais pas moins pour vous que pour ma propre sœur.

— Je le crois, mon cher monsieur Marteau, dit Geneviève en lui tendant la main. Vous m'avez donné déjà bien des preuves d'amitié durant cette cruelle quinzaine. A présent que la santé d'André est tranquille et, grâce à vous, j'ai supporté sans mourir les affreuses inquiétudes. Je n'abuserai pas plus longtemps de votre compassion; j'ai une cousine à Guéret qui m'appelle auprès d'elle, et je vais la rejoindre.

— Comment! vous partez? dit Joseph, dont la figure prit tout à coup, et à son insu, une expression de tristesse qu'elle n'avait peut-être jamais eue. Et quand? et pour combien de temps?

— Je pars bientôt, Joseph, et je ne sais pas quand je reviendrai.

— Eh quoi! vous quittez le pays au moment où André va être guéri et pourra venir vous voir tous les jours?

— Nous ne nous reverrons jamais! dit Geneviève pâle et les yeux levés au ciel.

— C'est impossible, c'est impossible! s'écria Joseph. Qu'a-t-il fait de mal? qu'avez-vous à lui reprocher? Voulez-vous le faire mourir de chagrin?

— A Dieu ne plaise! Dites-lui bien, Joseph, que c'est une affaire pressée... ma cousine dangereusement malade, qui m'a forcée de partir; que je reviendrai bientôt, plus tard.. Dites d'abord dans quelques jours, et puis vous direz ensuite dans quelques semaines, et puis enfin dans quelques mois. D'ailleurs j'écrirai; je trouverai des prétextes; je lui laisserai d'abord de l'espérance, et puis peu à peu je l'accoutumerai à se passer de moi... et il m'oubliera.

— Que le diable l'emporte s'il vous oublie! dit Joseph d'une voix altérée; quant à moi, je vivrais cent ans, que je me souviendrais de vous!... Mais enfin dites-moi, Geneviève, pourquoi voulez-vous partir, si vous n'êtes pas fâchée contre André?

— Non, je ne suis pas fâchée contre lui, dit Geneviève avec douceur. Pauvre enfant! comment pourrais-je lui faire un reproche d'être né esclave? Je le plains et je l'aime; mais je ne puis lui faire aucun bien, et je puis lui apporter tous les maux. Ne voyez-vous pas que déjà ce malheureux amour lui a causé tant d'agitations et d'inquiétudes qu'il a failli en mourir? ne voyez-vous pas que notre mariage est impossible?

— Non, mordieu! je ne vois pas cela. André a une fortune indépendante; il sera bientôt en âge de la réclamer et de se débarrasser de l'autorité de son père.

— C'est un affreux parti, et qu'il ne prendra jamais, du moins d'après mon conseil.

— Mais je l'y déciderai, moi! dit Joseph en levant les épaules.

— Ce sera en pure perte, répondit Geneviève avec fermeté. De telles résolutions deviennent quelquefois inévitables pour les âmes les plus honnêtes; mais, pour qu'elles n'aient rien d'odieux, il faut que toutes les voies de douceur et d'accommodement soient épuisées, il faut avoir tenté tous les moyens de fléchir l'autorité paternelle, et André ne peut que désobéir en cachette à son père ou le braver de loin.

— C'est vrai! dit Joseph, frappé du bon sens de Geneviève.

— Pour moi, ajouta-t-elle, je ne saurai ni descendre à implorer un homme comme le marquis de Morand, ni m'élever à la hardiesse de diviser le fils et le père. Si je n'avais pas de remords, j'aurais certainement des regrets, car André ne serait ni tranquille ni heureux après un pareil démenti à la timidité de son caractère et à la douceur de son âme. Il est donc nécessaire de renoncer à ce mariage imprudent et romanesque; il en est temps encore... André n'a contracté aucun engagement envers moi. »

En prononçant ces derniers mots, le visage de Geneviève se couvrit d'une orgueilleuse rougeur, et Joseph, l'homme le plus sceptique de la terre lorsqu'il s'agissait de la vertu des grisettes, sentit sa conviction subjuguée; il crut lire tout à coup sur le front de Genevieve son inviolable pureté.

« Écoutez, lui dit-il en se levant et en lui prenant la main avec une rudesse amicale, je ne suis ni galant ni romanesque; je n'ai, pour vous plaire, ni l'esprit ni le savoir d'André. Il vous aime d'ailleurs, et vous l'aimez... Je n'ai donc rien à dire... »

Et il sortit brusquement, croyant avoir dit quelque chose. Geneviève, étonnée, le suivit des yeux, et chercha à interpréter l'émotion que trahissaient sa figure et son attitude; mais elle n'en put deviner le motif, et reporta sur elle-même ses tristes pensées. Depuis bien des jours elle n'avait plus le courage de travailler. Elle s'efforçait en vain de se mettre à l'ouvrage ; de violentes palpitations l'oppressaient dès qu'elle se penchait sur sa table, et sa main tremblante ne pouvait plus soutenir le fer ni les ciseaux. La lecture lui faisait plus de mal encore. Son imagination trouvait à chaque ligne un nouveau sujet de douleur. « Hélas ! se disait-elle alors, c'était bien la peine de m'apprendre ce qu'il faut savoir pour sentir le bonheur ! »

Elle pleurait depuis une heure à sa fenêtre lorsqu'elle vit venir Henriette. Elle eut envie de se renfermer et de ne pas la recevoir ; mais il y avait longtemps qu'elle évitait son amie, elle craignit de l'offenser ou de l'affliger ; et, se hâtant d'essuyer ses larmes, elle se résigna à cette visite.

Mais au lieu de venir l'embrasser comme de coutume, Henriette entra d'un air froid et sec, et tira brusquement une chaise, sur laquelle elle se posa avec roideur. « Ma chère, lui dit-elle après un instant de silence consacré à préparer sa harangue et son maintien, je viens te dire *une chose*. »

Puis elle s'arrêta pour voir l'effet de ce début.

« Parle, ma chère, répondit la patiente Geneviève.

— Je viens te dire, reprit Henriette en s'animant peu à peu malgré elle, que je ne suis pas contente de toi : ta conduite n'est pas celle d'une amie. Je ne te parle pas des devoirs envers la *société* : tu foules aux pieds tous les *principes* ; mais je me plains de ton ingratitude envers moi, qui me suis employée à te servir et à te rendre heureuse. Sans moi tu n'aurais jamais eu l'esprit de décider André à t'épouser ; et si tu deviens jamais madame la marquise, tu pourras bien dire que tu le dois à mon amitié plus qu'à ta prudence. Tout ce que je te demande, c'est de rester avec lui et de me laisser Joseph.

— Qu'est-ce que vous voulez dire par là ? demanda Geneviève avec un dédain glacial.

— Je veux dire, s'écria Henriette en colère, que tu es une petite coquette hypocrite et effrontée ; que tu n'as pas l'air d'y toucher, mais que tu sais très-bien attirer et cajoler les hommes qui te plaisent. C'est un bonheur pour toi d'être si méprisante et d'avoir le cœur si froid ! car tu serais sans cela la plus grande dévergondée de la terre. Sois ce qu'il te plaira, je ne m'en soucie pas ; mais prends tes adorateurs ailleurs que sous mon bras. Je ne chasse pas sur tes terres ; je n'ai jamais adressé une œillade à ton marjolet de marquis. Si j'avais voulu m'en donner la peine, il n'était pas difficile à enflammer, le pauvre enfant, et mes yeux valent bien les tiens... »

Geneviève, révoltée de ce langage, haussa les épaules et détourna la vue vers la fenêtre. « Oui ! oui ! continua Henriette, fais la sainte victime, tu ne m'y prendras plus. Écoute, Geneviève, fais à ta tête, prends deux ou trois galants, couvre-toi de ridicule, livre-toi à la risée de toute la ville, je n'y peux rien et je ne m'en mêlerai plus ; mais je t'avertis que si Joseph Marteau vient encore ici demain passer deux heures tête à tête avec toi, comme il fait tous les soirs depuis quinze jours, je viendrai sous ta fenêtre avec un galant nouveau ; car je te prie de croire que je ne suis pas au dépourvu, et que j'en trouverai vingt en un quart d'heure qui valent bien M. Joseph Marteau..... Mais sache que ce galant sera avec lui tous les jeunes gens de la ville, et que tu seras régalée du plus beau charivari dont le pays ait jamais entendu parler. Ce n'est pas que j'aime M. Joseph, je m'en soucie comme de toi ; mais je n'entends pas porter encore le ruban jaune à mon bonnet. Je ne suis pas d'âge à servir de pis-aller.

— Infamie ! infamie ! » murmura Geneviève pâle et près de s'évanouir ; puis elle fit un violent effort sur elle-même, et, se levant, elle montra la porte à Henriette d'un air impératif. « Mademoiselle, lui dit-elle, je n'ai plus qu'un soir à passer ici ; si vous aviez autant de vigilance que vous avez de grossièreté, vous auriez écouté à ma porte il y a une heure, ce qui eût été parfaitement digne de vous ; vous m'auriez alors entendu dire à M. Joseph Marteau que je quittais le pays, et vous auriez été rassu-

rée sur la possession de votre amant. Maintenant, sortez, je vous prie. Vous pourrez demain couvrir d'insultes les murs de cette chambre ; ce soir elle est encore à moi ; sortez ! »

En prononçant ce dernier mot, Geneviève tomba évanouie, et sa tête frappa rudement contre le pied de sa chaise. Henriette, épouvantée et honteuse de sa conduite, se jeta sur elle, la releva, la prit dans ses bras vigoureux et la porta sur son lit. Quand elle eut réussi à la ranimer, elle se jeta à ses pieds et lui demanda pardon avec des sanglots qui partaient d'un cœur naturellement bon. Geneviève le sentit, et, pardonnant au caractère emporté et au manque d'éducation de son amie, elle la releva et l'embrassa.

« Tu nous aurais épargné à toutes deux une affreuse soirée, lui dit-elle, si tu m'avais interrogée avec douceur et confiance, au lieu de venir me faire une scène cruelle et folle. Au premier mot de soupçon, je t'aurais rassurée.....

— Ah ! Geneviève, la jalousie raisonne-t-elle ? répondit Henriette ; prend-elle le temps d'agir, seulement ? Elle crie, jure et pleure ; c'est tout ce qu'elle sait faire. Comment, ma pauvre enfant, tu partais, et moi je t'accusais ! Mais pourquoi partais-tu sans me rien dire ? Voilà comme tu fais toujours : pas l'ombre de confiance envers moi. Et pourquoi diantre en as-tu plus pour M. Joseph que pour ton amie d'enfance ? Car, enfin, je n'y conçois rien !.....

— Ah ! voilà tes soupçons qui reviennent ? dit Geneviève en souriant tristement.

— Non, ma chère, reprit Henriette ; je vois bien que tu ne veux pas me l'enlever, puisque tu t'en vas. Mais il est hors de doute que cet imbécile-là est amoureux de toi.....

— De moi ? s'écria Geneviève stupéfaite.

— Oui, de toi, reprit Henriette ; de toi, qui ne te soucies pas de lui, j'en suis sûre ; car enfin tu aimes André, tu pars avec lui, n'est-ce pas ? Vous allez vous marier hors du pays ?

— Oui, oui, Henriette ; tu sauras tout cela plus tard ; aujourd'hui il m'est impossible de t'en parler ; ce n'est pas manque de confiance en toi, mon enfant. Je t'écrirai de Guéret, et tu approuveras toute ma conduite... Parlons de toi ; tu as donc des chagrins aussi ?

— Oh ! des chagrins à devenir folle ; et c'est toi, ma pauvre Geneviève, qui en es cause, bien innocemment sans doute ! Mais que veux-tu que je te dise ? je ne peux pas m'empêcher d'être bien aise de ton départ ; car enfin tu vas être heureuse avec ton amant, et moi je retrouverai peut-être le bonheur avec le mien.

— Vraiment, Henriette, je ne savais pas qu'il fût ton amant. Tu m'as toujours soutenu le contraire quand je t'ai plaisantée sur lui. Tu te plains de n'avoir pas ma confiance ; que te dirai-je de la tienne, menteuse ? »

Henriette rougit ; puis, reprenant courage : « Eh bien ! c'est vrai, dit-elle, j'ai eu tort aussi ; mais le fait est qu'il m'aimait à la folie il n'y a pas longtemps, et, malgré toute ma prudence, il s'y est pris si habilement, le sournois ! qu'il a réussi à se faire aimer. Eh bien ! le voilà qui pense à une autre. Le scélérat ! depuis cette maudite promenade que vous avez faite ensemble au clair de la lune pour aller voir André qui se mourait, M. Joseph n'a plus la tête à lui : il ne parle que de toi, il ne rêve qu'à toi, il ne trouve plus rien d'aimable en moi. Si je crie à la vue d'une souris ou d'une araignée : « Ah ! dit-il, Geneviève n'a peur de rien ; c'est une petite dragon. » Si je me mets en colère : « Ah ! Geneviève ne se fâche jamais ; c'est un petit ange. » Et « Geneviève aux grands yeux... » et « Geneviève au petit pied... » Tout cela n'est pas amusant à entendre répéter du matin au soir ; de sorte que j'avais fini par te détester cordialement, ma pauvre Geneviève.

— Si je revois jamais M. Joseph, dit Geneviève, je lui ferai certainement des reproches pour le beau service que m'a rendu son amitié ; mais je n'en aurai pas de si tôt l'occasion. En attendant, il faut que je lui écrive ; donne-moi l'écritoire, Henriette.

Et elle s'appuya en chancelant contre la croix. (Page 75.)

— Comment! il faut que tu lui écrives? s'écria Henriette, dont les yeux étincelèrent.
— Oui vraiment, répondit Geneviève en souriant; mais rassure-toi, ma chère, la lettre ne sera pas cachetée, et c'est toi qui la lui remettras. Seulement, je te prie de ne pas la lire avant de la lui donner.
— Ah! tu as des secrets avec Joseph!
— Cela est vrai, Henriette, je lui ai confié un secret; il te le dira, j'y consens.
— Et pourquoi commences-tu par lui? Tu n'as donc pas confiance en moi? tu me crois donc incapable de garder un secret?
— Oui, Henriette, incapable, répondit Geneviève en commençant sa lettre.
— Comme tu es drôle! dit Henriette en la regardant d'un air stupéfait. Enfin, il n'y a que toi au monde pour avoir de pareilles idées! Écrire à un jeune homme! tu trouves cela tout simple! et me donner la lettre, à moi qui suis sa maîtresse! et me dire : La voilà; elle n'est pas cachetée, tu ne la liras pas.
— Est-ce que j'ai tort de croire à ta délicatesse? dit Geneviève écrivant toujours.

— Non, certes; mais enfin c'est une commission bien singulière; et moi qui viens de faire une scène épouvantable à Joseph, quelle figure vais-je faire en lui portant une lettre de toi? une lettre!...
— Mais, ma chère, dit Geneviève, une lettre est une lettre; qu'y a-t-il de si tendre et de si intime dans l'envoi d'un papier plié?
— Mais, ma chère, répondit Henriette, entre jeunes gens et jeunes filles on ne s'écrit que pour se parler d'amour. De quoi peut-on se parler, si ce n'est de cela?
— En effet, je lui parle d'amour, répondit Geneviève, mais de l'amour d'un autre. Va, Henriette, emporte ce billet, et ne le remets pas demain avant midi. Embrasse-moi. Adieu! »

XVI.

Geneviève passa la nuit à mettre tout en ordre. Elle fit ses cartons, et en touchant toutes ces fleurs qu'André aimait tant, elle y laissa tomber plus d'une larme.
« Voici, leur disait-elle dans l'exaltation de ses pensées,

Ils aperçurent Geneviève assise dans un coin. (Page 84.)

la rosée qui désormais vous fera éclore. Ah! desséchez-vous, tristes filles de mon amour! Lui seul savait vous admirer, lui seul savait pourquoi vous étiez belles. Vous allez pâlir et vous effeuiller aux mains des indifférents : parmi eux je vais me flétrir comme vous. Hélas! nous avons tout perdu; vous aussi, vous ne serez plus comprises! »

Elle fit un autre paquet des livres qu'André lui avait donnés; mais la vue de ces livres si chers lui fut bien douloureuse. « C'est vous qui m'avez perdue, leur disait-elle. J'étais avide de savoir vous lire, mais vous m'avez fait bien du mal! Vous m'avez appris à désirer un bonheur que la société réprouve et que mon cœur ne peut supporter. Vous m'avez forcée à dédaigner tout ce qui me suffisait auparavant. Vous avez changé mon âme, il fallait donc aussi changer mon sort! »

Geneviève fit tous les apprêts de son départ avec l'ordre et la précision qui lui étaient naturels. Quiconque l'eût vue arranger tout son petit bagage de femme et d'artiste, et tapisser d'ouate la cage où devait voyager son chardonneret favori, l'eût prise pour une pensionnaire allant en vacances. Son cœur était cependant dévoré de douleur sous ce calme apparent. Elle ne se laissait aller à aucune démonstration violente, mais personne ne recevait des atteintes plus profondes; son âme rongeait son corps sans tacher sa joue ni plisser son front.

Le lendemain, à sept heures du matin, Geneviève, tristement cahotée dans la patache de Guéret, quitta le pays. Il n'y eut ni amis, ni larmes, ni petits soins à son départ. Elle s'en alla seule, comme elle avait longtemps vécu, ne s'inquiétant ni de la misère ni de la fatigue, se fiant à elle-même pour gagner son pain, ne demandant secours à personne, ne se plaignant de rien, mais emportant au fond de son âme une plaie incurable, le souvenir d'une espérance morte à jamais pour elle.

Henriette remit la lettre à Joseph d'un air de suffisance et de magnanimité auquel le bon Marteau ne fit pas attention. En voyant la signature de Geneviève, il se troubla, eut quelque peine à comprendre la lettre, la relut deux fois; puis, sans rien répondre aux questions d'Henriette, il se mit à courir et monta tout haletant l'escalier de Geneviève. La clef était à la porte; il entra sans songer à frapper, trouva la première et la seconde pièce vides, et pénétra dans l'atelier. Il n'y restait, de la présence de Geneviève, que quelques feuilles de roses en batiste éparses sur la table. Un autre que Joseph les eût tendrement recueillies; il les prit dans sa main, les froissa avec colère et les jeta sur le carreau en jurant. Puis il courut seller son cheval et partit pour le château de Morand.

« Tout cela est bel et bon, mais Geneviève est partie! »

C'est ainsi qu'il entama la conversation en entrant brusquement dans la chambre d'André. André devint pâle, se leva et retomba sur sa chaise, sans rien comprendre à ce que disait Joseph, mais frappé de terreur à l'idée d'une souffrance nouvelle. Joseph lui fit une scène incompréhensible, lui reprocha sa lâcheté, sa froideur, et, quand il eut tout dit, s'aperçut enfin qu'il avait affligé et épouvanté André sans lui rien apprendre. Alors il se souvint des recommandations de Geneviève et des ménagements que demandait encore la santé de son ami; sa première vivacité apaisée, il sentit qu'il s'y était pris d'une manière cruelle et maladroite. Embarrassé de son rôle, il se promena dans la chambre avec agitation, puis tira la lettre de Geneviève de son sein et la jeta sur la table. André lut:

« Adieu, Joseph. Quand vous recevrez ce billet, je serai
« partie, tout sera fini pour moi. Ne me plaignez pas, ne
« vous affligez pas. J'ai du courage, je fais mon devoir,
« et il y a une autre vie que celle-ci. Dites à André que
« ma cousine s'est trouvée tout à coup si mal que j'ai été
« obligée de partir sur-le-champ sans attendre qu'il pût
« venir me voir. Dites-lui que je reviendrai bientôt; sui-
« vez les instructions que je vous ai données hier. Ha-
« bituez-le peu à peu à m'oublier, ou du moins à re-
« noncer à moi. Dites à son père que je le supplie de
« traiter André avec douceur, que je suis partie pour
« jamais. Adieu, Joseph. Merci de votre amitié; reportez-la
« sur André. Je n'ai plus besoin de rien. Aimez Hen-
« riette, elle est sincère et bonne; ne la rendez pas mal-
« heureuse; sachez, par mon exemple, combien il est
« affreux de perdre l'espérance. Plus tard, quand tout
« sera réparé, guéri, oublié, souvenez-vous quelquefois
« de Geneviève. »

— Mais pourquoi? qu'ai-je fait, comment ai-je mérité qu'elle m'abandonne ainsi? s'écria André au désespoir.

— Je n'en sais, ma foi, rien, répondit Joseph. Le diable m'emporte si je comprends rien à vos amours! Mais ce n'est pas le moment de se creuser la cervelle. Écoute, André, il n'y a qu'un mot qui vaille: es-tu décidé à épouser Geneviève?

— Décidé? oui, Joseph. Comment peux-tu en douter?

— Décidé, bon. Maintenant es-tu sûr de l'épouser? as-tu songé à tout? as-tu prévu la colère et la résistance de ton père? as-tu fait ton plan? Veux-tu réclamer ta fortune et forcer son consentement, ou bien veux-tu vivre maritalement avec Geneviève dans un autre pays sans l'épouser, et prendre un état qui vous fasse subsister tous deux?

— Je ne ferai jamais cette dernière proposition à Geneviève. Je sais que je lui deviendrais odieux et que je rougirais de moi-même le jour où je chercherais à en faire ma maîtresse, quand je puis en faire ma femme.

— Tu résisteras donc à ton père hardiment, franchement?

— Oui.

— Eh bien! à l'œuvre tout de suite. Geneviève n'est pas bien loin. Il faut courir après elle: tu es assez fort pour sortir; je vais mettre François au char à bancs de monsieur ton père. Il le prendra comme il voudra cette fois-ci, et nous partirons tous deux. Nous rejoindrons la route de Guéret par la traverse, et nous ramènerons Geneviève à ■ ville. Voilà pour aujourd'hui. Tu coucheras chez moi et tu écriras une jolie petite lettre au marquis, dans laquelle tu lui demanderas doucement et respectueusement son consentement... ensuite nous verrons venir. »

Ce projet plut beaucoup à André. « Allons, dit-il, je suis prêt. »

Joseph alla jusqu'à la porte, s'arrêta pour réfléchir et revint.

« Que t'a dit ton père, demanda-t-il, lorsque tu lui as parlé de ton projet?

— Ce qu'il m'a dit? reprit André étonné; je ne lui en ai jamais parlé.

— Comment, diable! tu n'es pas plus avancé que cela? Et pourquoi ne lui en as-tu pas encore parlé?

— Et comment pourrais-je le faire? Sais-tu quel homme est mon père quand on l'irrite?

— André, dit Joseph en se rasseyant d'un air sérieux, tu n'épouseras jamais Geneviève; elle a bien fait de renoncer à toi.

— Oh! Joseph, pourquoi me parles-tu ainsi quand je suis si malheureux? s'écria André en cachant son visage dans ses mains. Que veux-tu que je fasse? que veux-tu que je devienne? Tu ne sais donc pas ce que c'est que d'avoir vécu vingt ans sous le joug d'un tyran? Tu as été élevé comme un homme, toi; et d'ailleurs la nature t'a fait robuste. Moi, je suis né faible, et l'on m'a opprimé...

— Mais, par tous les diables! s'écria Joseph, on n'élève pas les hommes comme les chiens, on ne les persuade pas par la peur du fouet. Quel secret a donc trouvé ton père pour t'épouvanter ainsi? Crains-tu d'être battu, ou te prend-il par la faim? l'aimes-tu, ou le hais-tu? es-tu dévot ou poltron? Voyons, qu'est-ce qui t'empêche de lui dire une bonne fois: « Monsieur mon père, j'aime une honnête fille, et j'ai donné ma parole de l'épouser. Je vous demande respectueusement votre approbation, et je vous jure que je la mérite. Si vous consentez à mon bonheur, je serai pour toujours votre fils et votre ami; si vous refusez, j'en suis au désespoir, mais je ne puis manquer à mes devoirs envers Geneviève. Vous êtes riche, j'ai de quoi vivre; séparons nos biens; ceci est à vous, ceci est à moi; j'ai bien l'honneur de vous saluer. Votre fils respectueux, André. » C'est comme cela qu'on parle ou qu'on écrit.

— Eh bien! Joseph, je vais écrire, tu as raison. Je laisserai la lettre sur une table, ou je la ferai remettre par un domestique après notre départ. Va préparer le char à bancs; mais prends bien garde qu'on ne te voie...

— Ah! voilà une parole d'écolier qui tremble. Non, André, cela ne peut pas se faire ainsi. Je commence à voir clair dans ta tête et dans la mienne. J'ai des devoirs aussi envers Geneviève. Je suis son ami; je dois agir prudemment et ne pas la jeter dans de nouveaux malheurs par un zèle inconsidéré. Avant de courir après elle et de contrarier une résolution qu'elle a encore la force d'exécuter, il faut que je sache si tu es capable de tenir la tienne. Il ne s'agit pas de plaisanter, vois-tu? Diantre! la réputation d'une fille honnête ne doit pas être sacrifiée à une amourette de roman.

— Tu es bien sévère avec moi, Joseph! Il y a peu de temps, tu te moquais de moi parce que je prenais la chose au sérieux, et tu te jouais d'Henriette comme jamais je n'ai songé à me moquer de ma chère, de ma respectée Geneviève.

— Tu as raison, je raisonne je ne sais comment, et je dis des choses que je n'ai jamais dites. Je dois te paraître singulier, mais à coup sûr pas autant qu'à moi-même; pourtant c'est peut-être tout simple. Écoute, André, il faut que je te dise tout.

— Mon Dieu! que veux-tu dire, Joseph? tu me tourmentes et tu m'inquiètes aujourd'hui à me rendre fou.

— Tâche de rassembler toutes les forces de ta raison pour m'écouter. Ce que je vois de ta conduite et de celle de Geneviève me fait croire que tu n'as pas grande envie de l'épouser... ne m'interromps pas. Je sais que tu as bon cœur, que tu es honnête et que tu l'aimes; mais je sais tout ce qui t'empêchera d'en faire ta femme. Écoute; Geneviève est déshonorée dans le pays; mais moi, je ne crois pas qu'elle ait été ta maîtresse... Je mettrais ma main au feu pour la soutenir... elle est aussi pure à présent que le jour de sa première communion.

— Je le jure par le Dieu vivant, s'écria André; si mon âme n'avait pas eu pour elle un saint respect; son premier regard aurait suffi pour m'inspirer!

— Eh bien! ce que tu me dis là me décide tout à fait. Pèse bien toutes mes paroles et réponds-moi dans une heure, ce soir ou demain au plus tard, si tu as besoin de réflexions; mais réponds-moi définitivement et sans retour sur ta parole. Veux-tu que j'offre à Geneviève de l'épouser? Si elle y consent, c'est dit!

— Toi? s'écria André en reculant de surprise.

— Oui, moi, répondit Joseph. Le diable me pourfende si je n'y suis pas décidé! Ce n'est pas une offre en l'air. C'est une chose à laquelle j'ai pensé douze heures par jour depuis la nuit où tu as été si malade. Je m'en repentirai peut-être un jour; mais aujourd'hui, je le sens, c'est mon devoir, c'est la volonté de Dieu. Geneviève est perdue, désespérée. Tu ne peux pas l'épouser, et si tu ne l'épouses pas, tu seras poursuivi par un remords éternel. Je suis votre ami. Une voix intérieure me dit : « Joseph, tu peux tout réparer. On se moquera peut-être de toi, mais ni Geneviève ni André ne seront ingrats. Ils consentiront à se séparer pour jamais, et un jour ils te remercieront. »

En parlant ainsi, Joseph s'attendrit et s'éleva presque à la hauteur du rôle généreux et romanesque à l'abri duquel il espérait persuader à André de renoncer à Geneviève. Joseph n'était rien moins qu'un héros de roman. C'était un campagnard madré qui s'était épris sérieusement de Geneviève, et qui, entrevoyant l'espérance de la séparer d'André, cédait à un égoïsme bien excusable, et n'était pas fâché de hâter cette rupture. Mais son caractère était un singulier mélange de ruse et de loyauté. Aussi, quand il vit qu'André, dupe d'abord de sa fausse générosité, après l'avoir remercié avec effusion, refusait de renoncer à Geneviève, il abandonna sur-le-champ le rêve de bonheur dont il s'était bercé. Quand il entendit André parler de sa passion avec cette espèce d'éloquence dont il n'avait pas le secret, il revint à lui-même : « Non, se dit-il intérieurement, Geneviève ne pourrait jamais oublier un si beau parleur pour s'affubler d'un rustre comme moi. Si le respect humain ou le dépit la décidait à m'accepter, elle s'en repentirait, et j'aurais fait trois malheureux, André, elle et moi. D'ailleurs, se dit-il encore, André sait mieux aimer que moi. Il ne sait pas agir, mais il sait souffrir et pleurer. Voilà ce qui gagne le cœur des femmes. Ce pauvre enfant n'aura peut-être ni la force de l'épouser ni celle de l'abandonner. Dans tous les cas, il sera malheureux; mais je ne veux pas qu'il soit dit que j'y aie contribué, moi, Joseph Marteau, son ami d'enfance. Ce serait mal. »

C'est avec ces idées et ces maximes que Joseph Marteau, après avoir passé en un jour par les sentiments les plus contraires, se résolut à hâter de tout son pouvoir la réconciliation d'André avec Geneviève.

« Je m'abandonne à toi comme à mon meilleur, comme à mon seul ami, lui dit André; dis-moi ce qu'il faut faire, aide-moi, réfléchis et décide. J'exécuterai aveuglément tes ordres.

— Eh bien! lui dit Joseph, il faut procéder honnêtement, si nous voulons avoir l'assentiment de Geneviève. Va trouver ton père sur-le-champ et demande-lui son consentement. S'il accorde, écris à Geneviève pour la prier de revenir; je porterai la lettre et je lui dirai tout ce qui pourra la décider. S'il refuse, nous partons sans le prévenir, et nous procédons cavalièrement avec lui.

— Ne pourrais-tu me sauver l'horreur de cet entretien? dit André; j'aimerais mieux me battre avec dix hommes que de parler à mon père.

— Impossible, impossible! dit Joseph; il refusera, il te brutalisera, il n'en faut pas douter; tant mieux! tous les torts seront de son côté, et nous aurons le droit d'agir vigoureusement. »

André se décida enfin et trouva son père occupé à nettoyer ses fusils de chasse. Il entra timidement et fit crier la porte en l'ouvrant lentement et d'une main tremblante.

« Voyons, qu'y a-t-il? qu'est-ce que c'est? dit le marquis impatienté; pourquoi n'entrez-vous pas franchement? Vous avez toujours l'air d'un voleur ou d'un pauvre honteux.

— Je viens vous demander un moment d'entretien, » répondit André d'un air froid et craintif. C'était la première fois qu'il essayait d'avoir une explication avec son père. Le marquis fut si surpris qu'il leva les yeux et toisa André de la tête aux pieds. Il pressentit en un instant le sujet de cette démarche, et la colère s'alluma dans ses veines avant que son fils eût dit un mot. Tous deux gardèrent le silence, puis le marquis s'écria : « Allons, tonnerre de Dieu! êtes-vous venu ici pour me regarder le blanc des yeux? Parlez, ou allez-vous en.

— Je parlerai, mon père, dit André, à qui le sentiment de l'offense donnait un peu de courage. Je viens vous déclarer que je suis amoureux de Geneviève la fleuriste, et que mon intention est de l'épouser, si vous voulez bien m'accorder votre consentement...

— Et si je ne l'accorde pas, s'écria le marquis en se contenant un peu, que ferez-vous?

— J'essaierai de vous fléchir; et si je ne le peux pas...

— Eh bien? »

André resta deux minutes sans répondre. Les yeux étincelants de son père le tenaient en arrêt comme le lièvre fasciné sous le regard du chien de chasse.

« Eh bien! monsieur l'épouseur de filles, dit le marquis d'un ton moqueur et méprisant, que ferez-vous si je vous défends de mettre les pieds hors de la maison d'ici à un an?

— Je désobéirai à mon père, répondit André en s'animant, quand mon père aura agi avec moi d'une manière injuste et insensée. »

Rien au monde ne pouvait irriter le marquis plus que les paroles et le maintien de son fils. Un caractère plus hardi et plus souple aurait su flatter cet orgueil impérieux et brutal; mais André n'avait pas le courage de caresser un animal si rude. Tout ce qu'il pouvait, c'était de faire bonne contenance devant lui et de ne pas s'abandonner à la tentation de fuir son aspect terrifiant.

« Ah! nous y voilà! dit le marquis en grinçant des dents et en se frottant les mains : voilà où nous devions en venir! Eh bien! qu'il en arrive ce qu'il plaira à Dieu; pleurez, maigrissez, mourez, aussi bien les sots comme vous ne sont pas dignes de vivre; mais certainement vous n'aurez pas mon consentement. Vous attendrez ma mort si vous voulez; je n'ai pas encore envie d'en finir pour vous laisser la liberté d'épouser une... »

André fit un mouvement pour sortir afin de ne pas entendre injurier Geneviève. Le marquis le retint par le bras et le força d'écouter un déluge de menaces et d'imprécations. Il fit entrer dans ce sermon très-peu chrétien une espèce de récrimination sentimentale à sa manière. Il lui reprocha tous les bienfaits de sa tendresse, et lui présenta comme des preuves d'une adorable sollicitude les soins vulgaires qu'impose à tous les hommes le plus simple sentiment des devoirs de la paternité. Il le fit en des termes qui eussent rendu son discours aussi bouffon qu'il espérait le rendre pathétique, si André eût été capable d'avoir une pensée plaisante en cet instant. « Quand vous êtes venu au monde, lui dit-il, vous étiez si chétif et si laid, qu'aucune femme de la commune ne voulut vous prendre en nourrice : c'était une trop grande responsabilité que de se charger de vous. Je trouvai enfin une pauvre misérable à la Chassaigne qui offrit de vous emporter; mais quand je vous vis dans son tablier, pauvre araignée, je craignis que le soleil ne vous fit fondre dans le trajet, et je vous tirai de là pour vous jeter sur mon propre lit. Alors je fis venir ma bique belle chèvre, une chèvre de deux ans qui venait de mettre bas pour la première fois, et je vous la donnai pour nourrice. Je fis tuer les chevreaux et je les mangeai, et pourtant c'étaient deux beaux chevreaux! tout le monde avait regret de voir deux *élèves* d'une si bonne race aller à la boucherie; mais je ne reculai devant aucun sacrifice pour sauver cet avorton qui ne devait cependant me donner que des chagrins. Je vous gardai à la maison les années où un enfant est le plus désagréable. Je me résignai à entendre les criailleries de maillot, que je déteste; vous n'avez pas fait une dent sans que j'aie donné un mouchoir ou un tablier à la servante qui prenait soin de vous. C'était, ma foi, une belle fille! je n'avais pas choisi la plus laide du pays, et je la payais cher! je voulais qu'on n'eût pas à me reprocher d'avoir négligé quelque chose pour ce fils malingre qui me causait tant d'embarras et qui devait ne m'être jamais bon à rien. Combien de fois ne me suis-je pas levé au milieu de la nuit pour vous préparer des *breurages* quand on venait me dire que vous aviez des convulsions ! »

André aurait pu trouver à toutes ces grandes actions de son père des explications fort prosaïques. Sans parler des petits cadeaux à la servante qui, dans le pays, n'étaient pas uniquement attribués à la tendresse paternelle, il aurait eu à se rappeler aussi que le marquis avait coutume de passer les nuits dans la plus grande agitation quand un de ses bestiaux était malade ; et, quant aux fameux *breuvages* qu'il préparait lui-même et pareils en tout à ceux qu'il distribuait largement à ses bœufs de travail, André avait souvent fait, dans son enfance, le rude essai de ses forces contre l'énergie de ces potions diaboliques.

Mais André était si bon et si doux qu'il fut un instant ému et persuadé par ces grossières démonstrations d'amitié. Le marquis l'observait attentivement, tout en poursuivant sa déclamation.

Il vit sur son visage des traces d'attendrissement, et, empressé de ressaisir son empire, il en profita pour frapper les derniers coups. Mais il le fit d'une façon maladroite. Il se risqua à vouloir couvrir d'infamie la conduite de Geneviève, à la présenter comme une intrigante qui tâchait d'envahir le cœur et la fortune d'un enfant crédule. André retrouva, comme par enchantement, le peu de forces qu'il avait apportées à cet entretien. Il sortit en déclarant à son père qu'il appellerait à son secours la justice, le bon sens et les lois, s'il le fallait. Avec une résistance plus patiente et plus ménagée, il aurait pu vaincre l'obstination du marquis ; mais André craignait trop la fatigue du cœur et de l'esprit pour entreprendre une lutte quelconque.

Joseph vint à sa rencontre sur l'escalier et lui dit : « J'ai entendu le commencement et la fin de la querelle. Cela s'est passé comme je m'y attendais. Le char à bancs est prêt ; partons. »

Ils partirent si lestement que le marquis n'eut pas le temps de s'en apercevoir. Joseph, enchanté de faire un coup de tête, fouettait son cheval en riant aux éclats ; et André, tout tremblant, songeait à la première journée qu'il avait passée avec Geneviève au *Château Fondu*, et qu'il avait conquise par une fuite pareille.

Ils trouvèrent la patache, inclinée sur son brancard, à la porte d'un cabaret, dans un petit village de la Marche. Il ne faisait pas encore jour. Le conducteur savourait un cruchon de vin du pays, acide comme du vinaigre, et qu'il préférait fièrement à celui des meilleurs crus. Joseph et André jetèrent un regard empressé autour de la salle, qu'éclairait faiblement la lueur d'un maigre foyer. Ils aperçurent Geneviève assise dans un coin, la tête appuyée sur les mains et le corps penché sur une table. André la reconnut à son petit châle violet, qu'elle avait serré autour d'elle pour se préserver du froid du matin, et à une mèche de cheveux noirs qui s'échappait de son bonnet et qui brillait sur sa main comme une larme. Succombant à la fatigue d'une nuit de cahots, la pauvre enfant dormait dans une attitude de résignation si douce et si naïve qu'André sentit son cœur se briser d'attendrissement. Il s'élança et la serra dans ses bras en la couvrant de baisers et de sanglots. Geneviève s'éveilla en criant, crut rêver, et s'abandonna aux caresses de son amant, tandis que Joseph, ému péniblement, leur tourna le dos, et, dans sa colère, donna un grand coup de pied au chat qui dormait sur la cendre du foyer.

Geneviève voulait résister et poursuivre sa route. André appela Joseph à son secours et le conjura d'attester la fermeté de sa conduite envers son père. Le bon Joseph imposa silence à sa mauvaise humeur et exagéra la bravoure et les grandes résolutions d'André. Geneviève avait bien envie de se laisser persuader. On tint conseil. On donna pour boire au conducteur afin qu'il attendît une heure de plus, ce qui fut d'autant plus facile que Geneviève était le seul voyageur de la patache.

Geneviève fit observer que son départ devait déjà être connu de toute la ville de L....., qu'un brusque retour avec André serait un sujet de scandale ou de moquerie ; jusque-là on pouvait croire à la maladie de sa cousine. Il ne fallait pas donner à toute cette histoire la tournure d'un dépit amoureux ou d'un caprice romanesque. La jalousie d'Henriette impliquerait Joseph dans cette combinaison d'événements d'une manière étrange et ridicule. André, toujours ardent et courageux quand il ne s'agissait que de prévoir les obstacles, prétendait qu'il fallait fouler aux pieds toutes ces considérations. Joseph, plus tranquille, approuva toutes les observations de Geneviève, et décida, en dernier ressort, qu'elle devait passer huit jours à Guéret, tandis qu'André reviendrait à L..... et s'établirait chez lui. Ce temps devait être consacré à faire, par lettres, de nouvelles démarches respectueuses auprès du marquis, après quoi on s'occuperait des démarches légales. Geneviève, à ce mot, secoua la tête sans rien dire ; son parti était pris de ne jamais recourir à ces moyens-là. Elle mettait son dernier espoir dans la persévérance d'André à persuader son père ; elle ignorait que cette persévérance avait duré une demi-heure et ne devait pas se ranimer.

Ils se séparèrent donc avec mille promesses mutuelles de se rejoindre à la fin de la semaine et de s'écrire tous les jours. André, selon les conseils de Joseph, écrivit à son père et ne reçut pas de réponse. Geneviève résolut d'attendre le résultat de ces tentatives pour prendre un parti. Nouvelles lettres d'André, nouveau silence du marquis. Geneviève prolongea son absence. André, au désespoir, fit faire une première sommation à son père et partit pour Guéret. Il se jeta aux pieds de Geneviève et la supplia de revenir avec lui, ou de lui permettre de rester près d'elle. Elle était près de consentir à l'un ou à l'autre, lorsqu'il eut la mauvaise inspiration de lui apprendre le dernier acte de fermeté qu'il venait de faire auprès du marquis. Cette nouvelle causa un profond chagrin à Geneviève ; elle la désapprouva formellement et se plaignit de n'avoir pas été consultée. Au milieu de sa tristesse, elle éprouva un peu de ressentiment contre son amant et ne put se défendre de l'exprimer.

« Voilà où tu m'as entraînée, lui dit-elle. J'ai toujours voulu t'éloigner ou te fuir, et par ton imprudence tu m'as mise dans un abîme dont nous ne sortirons jamais. Me voilà couverte de honte, perdue, et, pour laver cette tache, il faut que je t'exhorte à violer tous les devoirs de la piété filiale. Non, c'est impossible, André ; il vaut mieux souffrir et n'être pas coupable. Réussir au prix des remords, c'est se condamner dès cette vie aux tourments de l'enfer. »

André ne savait que répondre à ces scrupules, que d'ailleurs il partageait. Il sentait que son devoir était de la quitter et de lui laisser accomplir son courageux sacrifice, dût-il en mourir de chagrin. Mais cela était plus que tout le reste au-dessus de ses forces ; il se jetait à genoux, pleurait et demandait la pitié et les consolations de Geneviève.

Geneviève était forte et magnanime ; mais elle était femme et elle aimait. Après l'élan qui la portait aux grandes résolutions, la tendresse et l'instinct du bonheur parlaient à leur tour. Elle regrettait de n'avoir pas pour appui un amant plus courageux qu'elle.

« Ah ! disait-elle à André, tu m'entraînes dans le mal, tu me fais manquer à l'estime que je voulais avoir pour moi-même ; je ne m'en consolerai pas et je ne pourrai jamais cesser de t'accuser un peu. Avec un homme plus fort que toi, j'aurais pratiqué les vertus héroïques ; il me semble que j'en suis capable et que ma destinée était de faire des choses extraordinaires. Et pourtant je vais tomber dans une existence coupable, égoïste et honteuse. Je vais travailler sordidement à épouser un homme plus riche que moi, et pourquoi ? pour imposer silence à la calomnie. André, André ! renonce à moi ; il en est encore temps ; crains que, si je cède aujourd'hui, je ne m'en repente demain.

— Tu as raison, disait André, séparons-nous ; » et il tombait dans les convulsions. Son faible corps se refusait à ces émotions violentes. Geneviève n'avait pas le courage surhumain de l'abandonner et de le désespérer dans ces moments cruels. Elle lui promettait tout ce qu'il voulait, et elle finit par retourner à L...... avec lui.

XVII.

Alors commença pour tous deux une vie de souffrances continuelles. D'une part, le marquis, furieux de la sommation de l'huissier, se plaignait à tout le pays de l'insolence de son fils et de l'impudente ambition de cette ouvrière, qui voulait usurper le noble nom de sa famille. Il trouvait beaucoup de gens envieux du mérite de Geneviève ou avides de colporter les secrets d'autrui, et les calomnies débitées contre la pauvre fille acquirent une publicité effrayante. Toutes les prudes de la ville, et le nombre en était grand, lui retirèrent leur pratique, et se portèrent en foule chez une marchande qui avait profité de l'absence de Geneviève pour venir s'établir à L... Ses fleurs étaient ridicules auprès de celles de Geneviève ; mais qui pouvait s'en soucier ou s'en apercevoir, si ce n'est deux ou trois amateurs de botanique, qui cultivaient des fleurs et n'en commandaient pas ? Le besoin vint assiéger la pauvre fleuriste ; personne ne s'en douta, et André moins que tout autre, tant elle sut bien cacher sa pénurie ; mais elle supporta de longs jeûnes, et sa santé s'altéra sérieusement.

L'amitié d'Henriette, qui lui avait été douce et secourable autrefois, lui fut tout à fait ravie. La dernière fuite de Joseph, les fréquentes visites qu'il continuait à rendre à Geneviève, et surtout l'indifférence qu'il ne pouvait plus dissimuler, furent autant de traits envenimés dont Henriette reçut l'atteinte, et dont elle retourna la pointe vers sa rivale. Elle était bonne, et son premier mouvement était toujours généreux ; mais elle n'avait pas l'âme assez élevée pour résister à l'humiliation de l'abandon et aux railleries de ses compagnes. Elle accablait Geneviève de menaces ridicules. La malheureuse enfant perdit enfin ce noble et tranquille orgueil qui l'avait soutenue jusque-là. Elle devint craintive, et sa raison s'affaiblit ; elle passait les nuits dans une solitude effrayante ; son imagination, troublée par la fièvre, l'entourait de fantômes : tantôt c'était le marquis, tantôt Henriette, qui la foulaient aux pieds et lui dévoraient le cœur, tandis qu'André dormait tranquillement, et, sourd à ses cris, ne s'éveillait pas. Alors elle se levait effarée, baignée de sueur ; elle ouvrait sa fenêtre et s'exposait à l'air froid de l'automne. Un matin André entra chez elle et la trouva évanouie à terre ; il voulut ne plus la quitter et s'obstina à passer les nuits dans la chambre voisine. Il fallut y consentir : elle n'avait pas une amie pour la secourir. Ni Geneviève ni André, qui était réduit au même dénûment, n'avaient le moyen de payer une garde ; d'ailleurs André l'aurait-il remise à des soins mercenaires, quand il croyait pouvoir la soigner avec le respect et la sécurité d'un frère ?

Il ne savait pas à quel danger il s'exposait. Au milieu de la nuit, les cris de Geneviève le réveillaient en sursaut ; il se levait et la trouvait à moitié nue, pâle et les cheveux épars. Elle se jetait à son cou en lui disant : « Sauve-moi, sauve-moi ! » Et, quand cet accès de frayeur fébrile était passé, elle retombait épuisée dans ses bras et s'abandonnait indifférente et presque insensible à ses caresses. André s'était juré de ne jamais profiter de ces moments d'accablement et d'oubli. Il s'asseyait à son chevet et l'endormait en la soutenant sur son cœur ; mais ce cœur palpitait de toute l'ardeur de la jeunesse et d'une passion longtemps comprimée. Chaque nuit il espérait calmer le feu dont il était dévoré par une étreinte plus forte, par un baiser plus passionné que la veille ; et il croyait chaque nuit pouvoir s'arrêter à cette dernière caresse brûlante, mais chaste encore.

Qu'y a-t-il d'impur entre deux enfants beaux et tristes, et abandonnés du reste du monde ? Pourquoi flétrir la sainte union de deux êtres à qui Dieu inspire un mutuel amour ? André ne put combattre longtemps le vœu de la nature. Geneviève malade et souffrante lui devenait plus chère chaque jour. Le feu de la fièvre animait sa beauté d'un éclat inaccoutumé ; avec cette rougeur et ces yeux brillants, c'était une autre femme, sinon plus aimée, du moins plus désirable. André ne savait pas lutter longtemps contre lui-même ; il succomba, et Geneviève avec lui.

Quand elle retrouva ses forces et sa raison, il lui sembla qu'elle sortait d'un rêve ou qu'un des génies des contes arabes l'avait portée dans les bras de son amant durant son sommeil. Il se jeta à ses pieds, les arrosa de ses larmes et la conjura de ne pas se repentir du bonheur qu'elle lui avait donné. Geneviève pardonna d'un air sombre et avec un cœur désespéré ; elle avait trop de fierté pour ne pas haïr tout ce qui ressemblait à une victoire des sens sur l'esprit ; elle n'osa faire des reproches à André ; elle connaissait l'exaspération de sa douleur au moindre signe de mécontentement qu'elle lui donnait ; elle savait qu'il était si peu maître de lui-même que dans sa souffrance il était capable de se donner la mort.

Elle supporta son chagrin en silence ; mais au lieu de tout pardonner à l'entraînement de la passion, elle sentit qu'André lui devenait moins cher et moins sacré de jour en jour. Elle l'aimait peut-être avec plus de dévouement ; mais il n'était plus pour elle, comme autrefois, un ami précieux, un instituteur vénéré ; la tendresse demeurait, mais l'enthousiasme était mort. Pâle et rêveuse entre ses bras, elle songeait au temps où ils étudiaient ensemble sans oser se regarder, et ce temps de crainte et d'espoir était pour elle mille fois plus doux et plus beau que celui de l'entier abandon.

Pour comble de malheur, Geneviève devint grosse ; alors il n'y eut plus à reculer, André fit les sommations de rigueur à son père, et, un soir, Geneviève, appuyée sur le bras de Joseph, alla à l'église et reçut l'anneau nuptial de la main d'André. Elle avait été le matin à la mairie avec le même mystère ; ce fut un mariage triste et commis en secret comme une faute.

La misère où tombait de jour en jour ce couple malheureux, et surtout la grossesse de Geneviève, mettait André dans la nécessité de réclamer sa fortune ; mais Geneviève s'opposait avec force à cette dernière démarche. « Non, disait-elle, c'est bien assez de lui avoir désobéi et d'avoir bravé sa malédiction et sa colère ; il ne faut pas mériter son mépris et sa haine. Jusqu'ici il peut dire que je suis une insensée, qui s'est éprise de son fils et qui l'a entraîné dans le malheur ; il ne faut pas qu'il dise que je suis une vile créature qui veut le dépouiller de son argent pour s'enrichir. »

André voyait les souffrances et les privations que la misère imposait à sa femme ; il aurait dû surmonter les scrupules de Geneviève et sacrifier tout à la conservation de celle qui allait le rendre père ; mais cet effort était pour lui le plus difficile de tous. Il savait que le marquis tenait encore plus à l'argent qu'au plaisir de commander ; il prévoyait des lettres de reproches et de menaces plus terribles que toutes celles qu'il avait reçues de lui à l'occasion de son mariage, et puis il se flattait de faire vivre Geneviève par son travail. Il avait obtenu avec bien de la peine un misérable emploi dans un collège. André était instruit et intelligent, mais il n'était pas *industrieux*. Il ne savait pas s'appliquer et s'attacher à une profession, en tirer parti, et s'élever par la persévérance jusqu'à une position meilleure et plus honorable. Ce métier de cuistre lui était odieux ; il le remplissait avec une répugnance qui lui attirait l'inimitié des élèves et des professeurs. On l'accabla de vexations qui lui rendirent l'exercice de son misérable état de plus en plus pénible ; il les supporta du mieux qu'il put, mais sa santé en souffrit. Chaque soir en rentrant chez lui il avait des attaques de nerfs, et souvent le matin il était si brisé et il se sentait le cœur tellement dévoré de douleur et de colère qu'il lui devenait impossible de se traîner jusqu'à sa classe ; on le renvoya.

Joseph lui avait ouvert sa bourse ; mais il était pauvre, chargé de famille. D'ailleurs Geneviève, à l'insu de laquelle André avait accepté d'abord les secours de son ami, avait fini par s'apercevoir de ces emprunts, et elle s'y opposait désormais avec fermeté. Elle supportait la faim et le froid avec un courage héroïque, et se condamnait aux plus grossiers travaux sans jamais faire entendre une plainte. André était assez malheureux; assez de tourments, assez de remords le déchiraient; elle essaya de le consoler en pleurant avec lui. Mais une femme ne peut pas aimer longtemps un homme qu'elle sent inférieur à elle en courage; l'amour sans vénération et sans enthousiasme n'est plus que de l'amitié; l'amitié est une froide compagne pour aider à supporter les maux immenses que l'amour a fait accepter.

Joseph ne voyait dans tout cela que l'air souffrant et abattu d'André et sa situation précaire; il ne savait plus quel conseil ni quel secours lui donner. Un matin il prit sa gibecière et son fusil, acheta un lièvre en traversant le marché, et s'en alla à travers champs au château de Morand. Il y avait six mois qu'il n'avait eu de rapports directs avec le marquis; il savait seulement que celui-ci s'en prenait à lui de tout ce qui était arrivé et parlait de lui avec un vif ressentiment. « Il en arrivera ce qui pourra, se disait Joseph en chemin; mais il faut que je tente quelque chose sur lui, n'importe quoi, n'importe comment. Joseph Marteau n'est pas une bête; il prendra conseil des circonstances, et tâchera d'étudier son marquis de la tête aux pieds pour s'en emparer. »

Le marquis ne s'attendait guère à sa visite. Il assistait à un semis d'orge dans un de ses champs; Joseph, en l'apercevant, fut surpris du changement qui s'était opéré dans ses traits et dans son attitude: la révolte et l'abandon d'André avaient bien porté une certaine atteinte à son cœur paternel; mais son principal regret était de n'avoir plus personne à tourmenter et à faire souffrir. La grosse philosophie de tous ceux qui l'entouraient recevait stoïquement les bourrasques de sa colère; l'effroi, la pâleur et les larmes d'André étaient des victoires plus réelles, plus complètes, et il ne pouvait se consoler d'avoir perdu ses triomphes journaliers.

Joseph s'attendait au froid accueil qu'il reçut; aussi fit-il bonne contenance, comme s'il ne se fût aperçu de rien.

« Je ne comptais pas sur le plaisir de vous voir, lui dit M. de Morand.

— Oh! ni moi non plus, dit Joseph; mais passant par ce chemin et vous voyant si près de moi, je n'ai pu me dispenser de vous souhaiter le bonjour.

— Sans doute, dit le marquis, vous ne pouviez pas vous en dispenser... d'autant plus que cela ne vous coûtait pas beaucoup de peine. »

Joseph secoua la tête avec cet air de bonhomie qu'il savait parfaitement prendre quand il voulait.

« Tenez, voisin, dit-il (je vous demande pardon, je ne peux pas me déshabituer de vous appeler ainsi), nous ne nous comprenons pas, et puisque vous voilà, il faut que je vous dise ce que j'ai sur le cœur. J'étais bien résolu à n'avoir jamais plus d'explication avec vous; mais quand je vous ai vu là avec cette brave figure que j'avais tant de plaisir à rencontrer quand je n'étais pas plus haut que mon fusil, ç'a été plus fort que moi; il a fallu que je misse mon dépit de côté et que je vinsse vous donner une poignée de main. Touchez là. Deux honnêtes gens ne se rencontrent pas tous les jours dans un chemin, comme on dit. »

La grosse cajolerie avait un pouvoir immense sur le marquis; il ne put refuser de prendre la main de Joseph; mais en même temps il le regarda en face d'un air de surprise et de mécontentement.

« Qu'est-ce que cela signifie? dit-il; vous prétendez avoir du dépit contre moi, et vous avez l'air de me pardonner quelque chose, quand c'est moi qui...

— Je sais ce que vous allez dire, voisin, interrompit Joseph, et c'est de cela que je me plains; je sais de quoi vous m'accusez, et je trouve mal à vous de soupçonner un ami sans l'interroger.

— Sur quoi, diable, voulez-vous que je vous interroge, quand je suis sûr de mon fait? N'avez-vous pas emmené mon fils sous mes yeux pour le conduire à la recherche de cette folle qui, sans vous, s'en allait à Guéret et ne revenait peut-être plus? N'avez-vous pas été compère et compagnon dans toutes ses belles équipées? N'avez-vous pas conseillé à André de m'insulter et de me désobéir? N'avez-vous pas donné le bras à la mariée le jour de cet honnête mariage? Répondez à tout cela, Joseph, et interrogez un peu votre conscience; elle vous dira que je devrais retirer ma main de la vôtre quand vous me la tendez. »

Joseph sentit que le marquis avait raison, et il fit un effort sur lui-même pour ne pas se déconcerter.

« Je conviens, dit-il, que les apparences sont contre moi, marquis; mais si nous nous étions expliqués au lieu de nous fuir, vous verriez que j'ai fait tout le contraire de ce que vous croyez. Le jour où j'ai emmené André avec votre char à bancs et mon cheval, il est vrai, je crois avoir rempli mon devoir d'ami sincère envers le père autant qu'envers le fils.

— Comment cela, je vous prie? dit le marquis en haussant les épaules.

— Comment cela! reprit Joseph avec une effronterie sans pareille; ne vous souvient-il plus de la colère épouvantable et de l'insolente ironie de votre fils durant cette dernière explication que vous eûtes ensemble?

— Il est vrai que jamais je ne l'avais vu si hardi et si têtu, répondit le marquis.

— Eh bien! dit Joseph, sans moi il aurait dépassé toutes les bornes du respect filial; quand je vis ce malheureux jeune homme exaspéré de la sorte, et résolu à vous dire l'affreux projet qu'il avait conçu dans le désespoir de la passion...

— Quel projet? interrompit le marquis. Son mariage? il me l'a dit assez clairement, je pense.

— Non, non, marquis, quelque chose de bien pis que cela, et que, grâce à moi, il renonça à exécuter ce jour-là.

— Mais qu'est-ce donc?

— Impossible de vous le dire, vos cheveux se dresseraient. Ah! funestes effets de l'amour! Heureusement je réussis à l'entraîner hors de la maison paternelle: j'espérais le tromper, lui faire croire que nous courions après sa belle, et, à la faveur de la nuit, l'emmener coucher à ma petite métairie de Granières, où peut-être il se serait calmé et aurait fini par entendre raison; mais il s'aperçut de la feinte, et, après m'avoir fait plusieurs menaces de fou, il s'élança à bas du char à bancs et se mit à courir à travers champs comme un insensé. J'eus une peine incroyable à le rejoindre, et, avant de le saisir à bras le corps, j'en reçus plusieurs coups de poing assez vigoureux.

— Impossible! dit le marquis, jusque-là demi-persuadé, mais que cette dernière impudence de Joseph commençait à rendre incrédule; André n'a jamais eu la force de donner une chiquenaude à une mouche.

— Ne savez-vous pas, marquis, dit Joseph sans se troubler, que, dans l'exaspération de l'amour ou de la folie, les hommes les plus faibles deviennent robustes? Ne vous souvenez-vous pas de lui avoir vu des attaques de nerfs si violentes que vous aviez de la peine à le tenir, vous qui, certes, n'êtes pas une femmelette?

— Bah! c'est que je craignais de le briser en le touchant.

— Oh bien! moi, précisément par la même raison, je me laissai gourmer jusqu'à ce qu'il s'apaisât un peu. Alors, voyant qu'il était impossible de l'empêcher d'aller voir Geneviève, je pris le parti de l'accompagner pour tâcher de rendre cette entrevue moins dangereuse. Est-ce là la conduite d'un traître envers vous, voisin?

— A la bonne heure, dit le marquis; mais, depuis, vous lui avez certainement donné de mauvais conseils.

— Ceux qui disent cela en ont menti par la gorge! s'écria Joseph en jouant la fureur. Je voudrais les voir là au bout de mon fusil pour savoir s'ils oseraient soutenir leur imposture.

— Tu diras ce que tu voudras, Joseph, si tu avais voulu employer ton crédit sur l'esprit d'André, tu l'aurais empêché de faire ce qu'il a fait; mais tu t'es croisé les bras et tu as dit : Il en arrivera ce qu'il pourra ; ce sont les affaires de ce vieux grondeur de Morand, je ne m'en embarrasse guère... Oh ! je connais ton insouciance, Joseph, et je te vois d'ici. »

Joseph, voyant le marquis sensiblement radouci, redoubla d'audace, et affirma par les serments les plus épouvantables qu'il avait fait son possible pour ramener André au sentiment du devoir ; mais André, disait-il, était un lion déchaîné ; il n'écoutait plus rien et montrait un caractère opiniâtre, violent et vindicatif, sur lequel rien ne pouvait avoir prise.

« Chose étrange ! dit le marquis en l'écoutant d'un air stupéfait ; il était si craintif et si nonchalant avec moi !

— Ne croyez pas cela, marquis, disait Joseph, vous ne l'avez jamais connu ; ce garçon-là est sournois en diable !

— C'est vrai, dit le marquis ; il avait l'air de se soumettre ; mais je n'avais pas les talons tournés que le drôle désobéissait de plus belle.

— Vous voyez bien que je le connais, reprit Joseph ; il a agi de même avec moi ; quand je lui avais fait une scène infernale pour le ramener au respect qu'il vous doit, il avait l'air convaincu. Je tournais les talons, et voilà mon drôle qui allait trouver les huissiers pour vous les envoyer.

— Ah ! le scélérat ! s'écria le marquis en serrant les poings à ce souvenir. Je ne sais pas, Joseph, comment tu peux le fréquenter encore ; car tu es toujours ami intime avec lui : on vous voit partout ensemble ; tu donnes le bras à sa femme ; on a même dit que tu en étais amoureux, et que, durant la maladie d'André, tu avais été au mieux avec elle. Ne m'as-tu pas fait une scène incroyable la nuit où elle a osé venir jusqu'ici ! En d'autres circonstances, j'aurais oublié notre vieille amitié et je t'aurais cassé la tête ; vrai, j'étais un peu en colère.

— Voisin, permettez-moi de dire, au nom de notre vieille amitié, que vous aviez tort. Il s'agissait de la vie d'André dans ce moment-là. Je me souciais bien de cette pécore ! N'avez-vous pas vu comment je l'ai fait détaler aussitôt qu'André a été rendormi ?

— Non, je m'étais endormi moi-même dans ce moment.

— Ah ! je suis fâché que vous n'ayez pas vu cela. Je lui ai dit son fait ; et, à présent, croyez-vous que je ne le lui dise pas tous les jours ? Quant à elle, c'est, après tout, une assez bonne fille, douce, rangée et pleine de bons sentiments. J'en ai eu mauvaise opinion autrefois ; mais je suis bien revenu sur son compte. Je suis sûr que vous n'auriez pas à vous plaindre d'elle si vous la connaissiez. Celui qui n'entend raison sur rien, celui qui menace et exécute, c'est André. Vous n'avez pas l'idée de ce qu'est votre fils à présent, marquis ; et si vous saviez ce qu'il a résolu et ce que jusqu'ici j'ai réussi à empêcher, vous ne diriez pas que je lui donne de mauvais conseils.

— Il faut que tu me dises ce qu'il a résolu contre moi. Ah ! je m'en moque bien ! Je voudrais bien voir qu'il essayât du nouveau ?

— Il y a des choses que le caractère le plus ferme et l'esprit le plus sensé ne peuvent ni prévenir ni empêcher, dit Joseph d'un air grave ; les nouvelles lois donnent aux enfants un recours si étendu contre l'autorité sacrée des parents ! »

Le marquis commença à prévoir l'ouverture que lui préparait Joseph. Il y avait pensé plus d'une fois, et s'était flatté que son fils n'oserait jamais en venir là. Grossièrement abusé par la feinte amitié de Joseph, il commença à concevoir des craintes sérieuses, et il jeta autour de lui un regard étrange, que Joseph interpréta sur-le-champ. Il se promit de profiter de la terreur cupide du marquis, et, pour s'emparer de lui de plus en plus, il s'invita adroitement à dîner. « Ma demande n'est pas trop indiscrète, dit-il en tirant de sa gibecière le lièvre qu'il avait acheté au marché, j'ai précisément sur moi le rôti.

— C'est une belle pièce de gibier, dit le marquis en examinant le lièvre d'un air de connaisseur.

— Je le crois bien, dit Joseph ; mais ne me faites pas trop de compliments, car c'est votre bien que je vous rapporte ; j'ai tué ça sur vos terres.

— En vérité ? dit le marquis, dont les yeux brillèrent de joie : eh bien ! tu vois, ils prétendent tous qu'il n'y a pas de lièvres dans ma commune ! Moi, je sais qu'il y en a de beaux et de bons, puisque j'en élève tous les ans plus de cinquante que je lâche en avril dans mes champs. Ça me coûte gros ; mais enfin c'est agréable de trouver un lièvre dans un sillon de temps en temps.

— À qui le dites-vous ?

— Eh bien ! tu sais les tracasseries de mes voisins pour ces malheureux lièvres. L'un disait : — Il se ruine, il fait des folies ; l'autre : — Il a perdu la tête ; jamais lièvres ne multiplieront dans un terrain si sec et si pierreux ; ils s'en iront tous du côté des bois. Un troisième disait : — Le marquis fournit de lièvres la table du voisin ; il fait des élèves pour sa commune, mais ils iront brouter le serpolet du Theil. Jusqu'à mon garde champêtre qui me soutient effrontément n'avoir jamais vu la trace d'un lièvre sur nos guérets.

— Eh bien ! qu'est-ce que c'est que ça ? dit Joseph en balançant d'un air superbe son lièvre par les oreilles ; est-ce un âne ? est-ce une souris ? Je voudrais bien que le garde champêtre et tous les voisins fussent là pour me dire si ce que je tiens là est une chouette ou un oison. »

Cette aimable plaisanterie fit rire aux éclats le marquis triomphant.

« Dis-moi, Joseph, est-ce le seul lièvre que tu aies vu sur la commune ?

— Ils étaient trois ensemble, répondit Joseph, sans hésiter. Je crois bien que j'en ai blessé un qui ne s'en vantera pas.

— Ils étaient trois ! dit le marquis enchanté.

— Trois, qui se promenaient comme des bons bourgeois dans la Marsèche de Lourche. Il y a une *mère* certainement ; je l'ai reconnue à sa manière de courir. Elle doit être pleine.

— Ah ! jamais les lièvres ne multiplieront sur les terres du marquis ! dit M. de Morand d'un air goguenard en se frottant les mains. Et dis-moi, Joseph, tu n'as pas tiré sur la mère ?

— Plus souvent ! je sais le respect qu'on doit à la progéniture. Ah ! par exemple, nous lâcherons quelques coups de fusil à ces petits messieurs-là dans six mois, quand ils auront eu le temps d'être papas et mamans à leur tour.

— Oui, s'écria le marquis, je veux que nous fassions un dîner avec tous les voisins ; et, pour les faire enrager, on n'y servira que du lièvre tué sur les terres de Morand.

— Premier service, civet de lièvre, s'écria Joseph ; rôti, râbles de lapereaux ; entremets, filets de lièvre en salade, pâté de lièvre, purée, hachis... Les convives seront malades de colère et d'indigestion. »

En réjouissant son hôte par ces grosses facéties, Joseph arriva avec lui au château. Le dîner fut bientôt prêt. Le fameux lièvre, qui peut-être avait passé une innocente vie à six lieues des terres du marquis, fut trouvé par lui savoureux et plein d'un goût de terroir qu'il prétendait reconnaître. Le marquis s'égaya de plus en plus à table, et quand il en sortit il avait tout à fait bon homme et disposé à l'expansion. Joseph s'était observé, et tout en feignant de boire souvent, il avait ménagé son cerveau. Il fit alors en lui-même une récapitulation du plan territorial de Morand. Élevé dans les environs, habitué depuis l'enfance à poursuivre le gibier le long des haies du voisinage, il connaissait parfaitement la topographie des terres héréditaires de Morand et celle des propriétés de même genre apportées en dot par sa femme. Il choisit en lui-même le plus beau champ parmi ces dernières, et pria le marquis de l'y conduire sans rien laisser soupçonner de son intention. « On m'a dit que vous aviez planté cela d'une manière splendide ; si ce n'est pas abuser de votre complaisance, allons un peu de ce côté-là. »

Le marquis fut charmé de la proposition ; rien ne pouvait le flatter plus que d'avoir à montrer ses travaux

Malgré l'anxiété de sa situation, elle céda et laissa tomber sa jolie tête..... (Page 77.)

agricoles. Ils se mirent donc en route. Chemin faisant, Joseph s'arrêta sur le bord d'une traîne comme frappé d'admiration. « Tudieu ! quelle luzerne ! s'écria-t-il, est-ce de la luzerne, voisin? Quel diable de fourrage est-ce là? c'est vigoureux comme une forêt, et bientôt on s'y promènera à couvert du soleil.

— Ah! dit le marquis, je suis bien aise que tu voies cela. Je te prie d'en parler un peu dans le pays : c'est une expérience que j'ai faite, un nouveau fourrage essayé pour la première fois dans nos terres.

— Comme cela s'appelle-t-il ?

— Ah! ma foi, je ne saurais pas te dire ; cela a un nom anglais ou irlandais que je ne peux jamais me rappeler. La société d'agriculture de Paris envoie tous les ans à notre société départementale (dont tu sais que je suis le doyen) différentes sortes de graines étrangères. Ça ne réussit pas dans toutes les mains.

— Mais dans les vôtres, voisin, il paraît que ça prospère. Il faut convenir qu'il n'y a peut-être pas deux cultivateurs en France qui sachent comme vous retourner une terre et lui faire produire ce qu'il vous plaît d'y semer. Vous êtes pour les prairies artificielles, n'est-ce pas ?

— Je dis, mon enfant, qu'il n'y a que ça, et que celui qui voudra avoir du bétail un peu présentable dans notre pays ne pourra jamais en venir à bout sans les regains. Nous avons trop peu de terrain à mettre en pré, vois-tu; il ne faut pas se dissimuler que nous sommes secs comme l'Arabie. Ça aura de la peine à prendre : le paysan est entêté et ne veut pas entendre parler de changer la vieille coutume. Cependant ils commencent à en revenir un peu.

— Parbleu ! je le crois bien ; quand on voit au marché des bœufs comme les vôtres, on est forcé d'y faire attention. Pour moi, c'est une chose qui m'a toujours tourmenté l'esprit. L'autre jour encore j'en ai vu passer une paire qui allait à Berthenoux, et je me disais : Que diable leur fait-il manger pour leur donner cette graisse, et ce poil, et cette mine !

— Eh bien! veux-tu que je te dise une chose? Tu vois cette luzerne anglaise, cela m'a rapporté vingt charrois de fourrage l'année dernière.

— Vingt charrois là-dedans ! Votre parole d'honneur, voisin ?

— Foi de marquis?

— C'est prodigieux ! Vous me vendrez six boisseaux

Le dernier jour, Geneviève pria André de lui apporter plus de fleurs qu'à l'ordinaire et d'en couvrir son lit. (Page 94.)

de cette graine-là, marquis; je veux la faire essayer dans mon petit domaine de Granières.
— Je te les donnerai, et je t'apprendrai la manière de t'en servir.
— Dites-moi, voisin, qu'est-ce qu'il y avait dans cette terre-là auparavant?
— Rien du tout, du mauvais blé. C'était cultivé par ces vieux Morins, les anciens métayers du père de ma femme, de braves gens, mais bornés. J'ai changé tout cela. »
Joseph allongea sa figure de deux pouces, et, prenant un air étrangement mélancolique, « C'est une jolie prairie, dit-il; ce serait dommage qu'elle changeât de maître! »
Cette parole tira subitement le marquis de sa béatitude: il tressaillit.
« Est-ce que tu crois, dit-il après un instant de silence, qu'il y aurait quelqu'un d'assez hardi pour me chercher chicane sur quoi que ce soit?
— Je connais bien des gens, répondit Joseph, qui se ruineraient en procès pour avoir seulement un lambeau d'une propriété comme la vôtre. »
Cette réponse rassura le marquis. Il crut que Joseph avait fait une réflexion générale, et, ayant escaladé pesamment un échalier, il s'enfonça avec lui dans les buissons touffus d'un pâturage.

« Je n'aime pas cela, dit-il en frappant du pied la terre vierge de culture où depuis un temps immémorial les troupeaux broutaient l'aubépine et le serpolet; je n'aime pas le terrain que l'on ne travaille pas. Les métayers ne veulent pas sacrifier les pâturages, parce que cela leur épargne la peine de soigner leurs bœufs à l'étable. Moi, je n'aime pas ces champs d'épines et de ronces où les moutons laissent plus de laine qu'ils ne trouvent de pâture. J'ai déjà mis la moitié de celui-ci en froment, et l'année prochaine je vous ferai retourner le reste. Les métayers diront ce qu'ils voudront, il faudra bien qu'ils m'obéissent.
— Certainement, si vos prairies à l'anglaise vous donnent assez de fourrage pour nourrir les bœufs au dedans toute l'année, vous n'avez pas besoin de *pâturaux*. Mais est-ce de la bonne terre?
— Si c'est de la bonne terre! une terre qui n'a jamais rien fait! N'as-tu pas vu sur ma cheminée des brins de paille?

— Parbleu, oui! des tiges de froment qui ont cinq pieds de haut.

— Eh bien! c'étaient les plus petits. Dans tout ce premier blé les moissonneurs étaient debout dans les sillons, aussi bien cachés qu'une compagnie de perdrix.

— Diable! mais c'est une dépense que de retourner un pâtural comme celui-là.

— C'est une dépense qui prend trois ans du revenu de la terre. Peste! je ne recule devant aucun sacrifice pour améliorer mon bien.

— Ah! dit Joseph avec un grand soupir, qu'André est coupable de mécontenter un père comme le sien! Il sera bien avancé quand il aura retiré son héritage des mains habiles qui y sèment l'or et l'industrie, pour le confier à quelque imbécile de paysan qui le laissera pourrir en jachères! »

Le marquis tressaillit de nouveau et marcha quelque temps les mains croisées derrière le dos et la tête baissée.

« Tu crois donc qu'André aurait cette pensée? dit-il enfin d'un air soucieux.

— Que trop! répondit Joseph avec une affectation de tristesse laconique. Heureusement, ajouta-t-il après cinq minutes de marche, que son héritage maternel est peu de chose.

— Peu de chose! dit le marquis; peste! tu appelles cela peu de chose! un bon tiers de mon bien, et le plus pur et le plus soigné!

— Il est vrai que ce domaine est un petit bijou, dit Joseph; des bâtiments tout neufs!

— Et que j'ai fait construire à mes frais, dit le marquis.

— Le bétail superbe! reprit Joseph.

— La race toute renouvelée depuis cinq ans, croisée mérinos, moutons cornus, dit le marquis. Il m'en a coûté cinquante francs par tête.

— Ce qu'il y a de joli dans cette propriété de Morand, reprit Joseph, c'est que c'est tout rassemblé, c'est sous la main : votre château est planté là ; d'un côté les bois, de l'autre la terre labourable; pas un voisin entre deux, pas un petit propriétaire incommode fourré entre vos pièces de blé, pas une chèvre de paysan dans vos haies, pas un troupeau d'oies à travers vos avoines. C'est un avantage, cela!

— Oui! mais, vois-tu, si j'étais obligé par hasard de faire une séparation entre mon bien et celui qui m'est venu de ma femme, les choses iraient tout autrement. Figure-toi que le bien de Louise se trouve enchevêtré dans le mien. Quand je l'épousai, je savais bien ce que je faisais. Sa dot n'était pas grosse, mais cela m'allait comme une bague au doigt. Pour faucher ses prés, il n'y avait qu'un fossé à sauter; pour serrer ses moissons, il n'y avait pas de chemin de traverse, pas de charrette cassée, pas de bœuf estropié dans les ornières; on allait et venait de mon grenier à son champ comme de ma chambre à ma cuisine. C'est pourquoi je l'ai pris pour femme, quoique du reste son caractère ne me convînt pas, et qu'elle m'ait donné un fils malingre et boudeur qui est tout son portrait.

— Et qui vous donnera bien de l'embarras si vous n'y prenez garde, voisin!

— Comment, diable! veux-tu que j'y prenne garde avec les sacrées lois que nous avons?

— Il faut tâcher, dit Joseph, de s'emparer de son caractère.

— Ah! si quelqu'un au monde pouvait dompter et gouverner un fils rebelle, répondit le marquis, il me semble que c'était moi! Mais que faire avec ces êtres qui ne résistent ni ne cèdent, que vous croyez tenir, et qui vous glissent des mains comme l'anguille entre les doigts du pêcheur? »

Joseph vit que le marquis commençait à s'effrayer tout de bon; il le fit passer habilement par un crescendo d'épouvantes, affectant avec simplicité de l'arrêter à toutes les pièces de terre qui appartenaient à André, et que le pauvre marquis, habitué à regarder comme siennes depuis trente ans, lui montrait avec un orgueil de propriétaire. Quand il avait ingénument étalé tout son savoir-faire dans de longues démonstrations, et qu'il s'était évertué à prouver que le domaine de sa femme avait triplé de revenu entre ses mains, Joseph lui enfonçait un couteau dans le cœur en lui disant : « Quel dommage que vous soyez à la veille d'être dépouillé de tout cela! »

Alors le marquis affectait de prendre courage.

« Que m'importe! disait-il, il m'en restera toujours assez pour vivre : me voilà vieux.

— Hum! voisin, les belles filles du pays disent le contraire.

— Eh bien! reprenait le marquis, j'aurai toujours moyen d'être aimable et de faire de petits cadeaux à mes bergères quand je serai content d'elles.

— Eh! sans doute, au lieu du tablier de soie vous donnerez le tablier de cotonnade; au lieu de la jupe de drap fin, la jupe de droguet. Quand c'est le cœur qui reçoit, la main ne pèse pas les dons.

— Ces drôlesses aiment la toilette, reprit le marquis.

— Eh bien! vous ne réduirez en rien cet article de dépense; vous ferez quelques économies de plus sur la table : au lieu du gigot de mouton rôti, un bon quartier de chèvre bouilli ; au lieu du chapon gras, l'oison du mois de mai. Avec de vrais amis, on dîne joyeusement sans compter les plats.

— Mes gaillards de voisins font pourtant diablement attention aux miens, reprit le marquis; et, quand ils veulent manger un bon morceau, ils regardent s'il y a de la fumée au-dessus de la cheminée de ma cuisine.

— Il est certain qu'on dîne joliment chez vous, voisin! *Il en est parlé*. Eh bien! vous établirez la réforme dans l'écurie. Que faites-vous de trois chevaux? Un bon bidet à deux fins vous suffit.

— Comme tu y vas! Et la chasse? ne me faut-il pas deux poneys pour tenir la Saint-Hubert?

— Mais votre gros cheval?

— Mon grison m'est nécessaire pour la voiture : veux-tu pas que je fasse tirer les petites bêtes?

— Eh bien! laissons le grison au râtelier et descendons à la cave... Vous faites au moins douze pièces de vin par an?

— Qui se consomment dans la maison, sans compter le vin d'Issoudun.

— Eh bien! nous retrancherons le vin d'Issoudun ; vous vendrez six pièces de votre crû, et vous couperez le reste avec de l'eau de prunes sauvages : ce qui vous fera douze pièces de bonne piquette bien verte, bien rafraîchissante.

— Va-t'en à tous les diables avec ta piquette! je n'ai pas besoin de me rafraîchir : ne me parle pas de cela. A mon âge être dépouillé, ruiné, réduit aux plus affreuses privations! un père qui s'est sacrifié pour son fils dans toutes les occasions, qui s'arrache le pain de la bouche depuis trente ans! Que faire? Si j'allais le trouver et lui appliquer une bonne volée de coups de bâton? Qu'en penses-tu, Joseph?

— Mauvais moyen! dit Joseph; vous l'aigririez contre vous, et il ferait pire : il faut tâcher plutôt de le prendre par la douceur, entrer en arrangement, le rappeler auprès de vous.

— Eh bien! oui, dit le marquis, qu'il revienne demeurer avec moi; qu'il abandonne sa Geneviève, et je lui pardonne tout.

— Généreux père! je vous reconnais bien là ; mais qu'il abandonne sa Geneviève! Abandonner sa femme! c'est chose impossible : il serait capable de m'étrangler si j'allais le lui proposer.

— Mais c'est donc un vrai démon que ce morveux-là! dit le marquis en frappant du pied.

— Un vrai démon! répondit Joseph; vous serez forcé, je le parie, de vous charger aussi de sa sotte de femme et de son piaillard d'enfant.

— Il a un enfant! s'écria le marquis; ah! mille milliards de serpents! en voilà bien d'une autre!

— Oui, dit Joseph: c'est là le pire de l'affaire. Est-ce que vous ne saviez pas que sa femme est grosse?

— Ah! grosse seulement?

— L'enfant n'est pas né; mais c'est tout comme. André est si glorieux d'être père qu'il ne parle plus d'autre chose ; il fait mille beaux projets d'éducation pour monsieur son héritier. Il veut aller se fixer à Paris avec sa famille. Vous pensez bien que, dans de pareilles circonstances, il n'entendra pas facilement raison sur la succession.

— Eh bien ! nous plaiderons, dit le marquis.

— C'est ce que je ferais à votre place, répondit tranquillement Joseph.

— Oui, mais je perdrai, reprit le marquis, qui raisonnait fort juste quand on ne le contrariait pas : la loi est toute en sa faveur.

— Croyez-vous ? dit Joseph avec une feinte ingénuité.

— Je n'en suis que trop sûr.

— Malheur ! Et que faire ? vous charger aussi de la femme ? C'est à quoi vous ne pourrez jamais consentir, et vous aurez bien raison !

— Jamais ! j'aimerais mieux avoir cent fouines dans mon poulailler qu'une grisette dans ma maison.

— Je le crois bien, dit Joseph. Tenez, je vous conseille de vous débarrasser d'eux avec une bonne somme d'argent comptant, et ils vous laisseront en repos.

— De l'argent comptant, bourreau ! où veux-tu que je le prenne ? Avec ce que j'ai dépensé pour retourner ce pâtural, une paire de bœufs de travail que je viens d'acheter, les vins qui ont gelé, les charançons qui sont déjà dans les blés nouvellement rentrés ; c'est une année épouvantable : je suis ruiné, ruiné ! je n'ai pas cent francs à la maison.

— Moi, je vous conseille de courir les chances du procès.

— Quand je te dis que je suis sûr de perdre : veux-tu me faire damner aujourd'hui ?

— Eh bien ! parlons d'autre chose, voisin ; ce sujet-là vous attriste, et il est vrai de dire qu'il n'a rien d'agréable.

— Si fait, parlons-en ; car enfin il faut savoir à quoi s'en tenir. Puisque te voilà, et que tu dois voir André ce soir ou demain, je voudrais que tu puisses lui porter quelque proposition de ma part.

— Je ne sais que vous dire, répondit Joseph ; cherchez vous-même ce qu'il convient de faire : vous avez plus de jugement et de connaissances en affaires que moi lourdaud. En fait de générosité et de grandeur dans les procédés, ni moi ni personne ne pourra se flatter de vous en remontrer.

— Il est vrai que je connais assez bien le monde, reprit le marquis, et que j'aime à faire les choses noblement. Eh bien ! va lui dire que je consens à le recevoir et à l'entretenir de tout dans ma maison, lui, sa femme et tous les enfants qui pourront survenir, à condition qu'il ne me demandera jamais un sou et qu'il me signera un abandon de son héritage maternel.

— Vous êtes un bon père, marquis, et certainement je n'en ferais pas tant à votre place ; mais je crains qu'André, qui a perdu la tête, ne montre en cette occasion une exigence plus grande que vos bienfaits : il vous demandera une pension.

— Une pension ! jour de Dieu !

— Ah ! je le crains ; une petite pension viagère.

— Viagère encore ! Qu'il ne s'y attende pas, le misérable ! Je me laisserai couper par morceaux plutôt que de donner de l'argent ; je n'en ai pas ; je jure par tous les saints que je ne le peux pas. Qu'il vienne me chasser de ma maison et vendre mes meubles, s'il l'ose. »

Joseph ne voulut pas aller plus loin ce jour-là ; il crut avoir déjà fait beaucoup en arrachant la promesse d'une espèce de réconciliation ; il savait que c'était ce qui ferait le plus de plaisir à Geneviève, et il espéra qu'une nouvelle tentative sur le marquis pourrait l'amener à de plus grands sacrifices ; il voulut donc laisser à cette première négociation le temps de faire son effet, et il prit congé du marquis avec force louanges ironiques sur sa magnanimité, et en lui promettant de porter sa généreuse proposition aux insurgés.

XVIII.

Le bon Joseph retourna à la ville d'un pied leste et le cœur léger. Arriver vers des amis malheureux et leur apporter une bonne nouvelle à laquelle ils ne s'attendent pas, c'est une double joie. Il trouva Geneviève seule et contemplant, à la lueur de sa lampe, une branche artificielle de boutons de fleurs d'oranger. Il était entré sans frapper, comme il lui arrivait souvent de le faire par précipitation ou par étourderie ; il entendit Geneviève qui parlait seule et qui disait à ces fleurs : « Bouquet de vierge, j'ai été forcée de te porter le jour de mon mariage ; mais je t'ai profané, et mon front n'était pas digne de toi. J'étais si honteuse de ce sacrilège que je t'ai caché bien avant dans mes cheveux, que je t'ai couvert de mon voile. Cependant tu ne t'es pas effeuillé sur ma tête ; pour t'en remercier, je veux t'emporter dans ma tombe.

— Qu'est-ce que vous dites, Geneviève ? » dit Joseph, épouvanté de ces paroles qu'il comprenait à peine.

Geneviève fit un cri, jeta le bouquet, et devint pâle et tremblante.

« Je vous apporte une bonne nouvelle, dit Joseph s'asseyant à son côté : André est réconcilié avec son père ; le marquis est réconcilié avec vous ; il vous attend, il veut vous voir tous deux, tous trois près de lui.

— Ah ! mon ami, dit Geneviève, ne me trompez-vous pas ? comment le savez-vous ?

— Je le sais parce qu'il me l'a dit, parce que je viens de le quitter et que je lui ai fait donner sa parole.

— Ah ! Joseph ! répondit Geneviève, embrassez-moi ; grâce à vous, je mourrai tranquille.

— Mourir ! dit Joseph en l'embrassant avec une émotion qu'il eut bien de la peine à cacher ; ne parlez pas de cela, ce n'est une idée de femme enceinte. Où est André ?

— Il se promène tous les soirs au bord de la rivière, du côté des *Couperies*.

— Pourquoi se promène-t-il sans vous ?

— Je n'ai pas la force de marcher, et puis nous sommes si tristes que nous n'osons plus rester ensemble.

— Mais vous allez vous égayer, de par Dieu ! dit Joseph ; je vais le chercher et lui apprendre tout cela. »

Il courut rejoindre André. Celui-ci fut moins joyeux que Geneviève à l'idée d'un rapprochement entre lui et son père. Il désirait le voir, obtenir son pardon, l'embrasser, lui présenter sa femme, et rien de plus. Demeurer avec lui était un projet qui l'effrayait extrêmement. Au milieu de ses hésitations et de ses répugnances, Joseph fut frappé de l'indolence et de l'inertie avec laquelle il envisageait sa position et la pauvreté où se consumait Geneviève.

« Malheureux ! lui dit-il, tu ne songes donc pas que l'important n'est pas de jouer une scène de comédie sentimentale, mais d'avoir du pain pour ta femme et l'enfant qu'elle va te donner ! Il faut bien se garder d'accepter cette première proposition de ton père sans arracher de son avarice quelque chose de mieux : une pension alimentaire au moins, et une moitié de ton revenu, s'il est possible.

— Mais par quel moyen ? dit André ; je ne puis avoir recours aux lois sans que Geneviève en soit informée ; tu ne connais pas sa fermeté : elle est capable de me haïr si je viole sa défense.

— Aussi, reprit Joseph, faut-il lui cacher soigneusement mes démarches et me laisser faire. »

André s'abandonna à la prudence et à l'adresse de son ami, trop faible pour combattre son père et trop faible aussi pour empêcher un autre de le combattre en son nom. Toujours effrayé, inerte et flottant entre le bien et le mal, il retourna auprès de sa femme, feignit de partager son contentement, et s'endormit fatigué de la vie, comme il s'endormait tous les soirs.

Quelques jours s'écoulèrent avant que Joseph pût revoir le marquis. Une foire considérable avait appelé le seigneur de Morand à plusieurs lieues de chez lui, et il ne revint qu'à la fin de la semaine. Il rentra un soir, s'en ferma dans sa chambre, et déposa dans une cachette à lui connue quelques rouleaux d'or provenant de la vente de ses bestiaux. « Ceux-là, dit-il en refermant le secret de la boiserie, on ne me les arrachera pas de si tôt. » Il revint s'asseoir dans son fauteuil de cuir et s'essuya le front avec la douce satisfaction d'un homme qui ne s'est pas fatigué en vain. En ce moment ses yeux tombèrent sur une petite lettre d'une écriture inconnue qu'on avait déposée sur sa table ; il l'ouvrit, et après avoir lu les cinq ou six lignes qu'elle contenait, il se frotta les mains avec une joie extrême, retourna vers son argent, le contempla, relut la lettre, serra l'argent, et sortit pour commander son souper d'un ton plus doux que de coutume. Comme il entrait dans la cuisine, il se trouva face à face avec Joseph, qui attendait son retour depuis plusieurs heures, et qui était venu pour lui porter le dernier coup ; mais cette fois toutes les batteries du brave diplomate furent déjouées.

« Eh bien ! mon cher, lui dit le marquis en lui donnant amicalement sur l'épaule une tape capable d'étourdir un bœuf, nous sommes sauvés ; tout est réparé, arrangé, terminé, tu sais cela ? c'est toi qui as apporté la lettre ?
— Quelle lettre ? dit Joseph renversé de surprise.
— Bah ! tu ne sais pas ? dit le marquis : les enfants ont entendu raison ; ils se confessent, ils s'humilient ; c'est à tes bons conseils que je dois cela, j'en suis sûr ; tiens, lis. »

Joseph prit avidement le billet et tressaillit en reconnaissant l'écriture.

« MONSIEUR,

« Notre excellent ami, Joseph Marteau, nous a appris
« avant-hier que vous aviez la bonté de pardonner à l'é-
« garement de notre amour, et que vous tendiez les bras
« à un fils repentant. Dans l'impatience de voir s'opérer
« une réconciliation que j'ai demandée à Dieu tous les
« jours depuis six mois, je viens vous supplier de hâter
« cet heureux instant. J'espère que Joseph vous dira com-
« bien mon respect pour vous est sincère et désintéressé.
« Si André avait jamais eu la pensée de vous vendre sa
« soumission, j'aurais cessé de l'estimer et j'aurais rougi
« d'être sa femme. Permettez-nous bien vite d'aller pleu-
« rer à vos pieds ; c'est tout, absolument tout ce que je
« vous demande.

« Votre respectueuse servante,
« GENEVIÈVE. »

« Tout est perdu pour ces malheureux enfants romanesques, pensa Joseph ; ce qu'il me reste à faire, c'est de réparer de mon mieux le tort que j'ai pu faire à André dans l'esprit de son père par mes abominables mensonges. »

Il y travailla sur-le-champ, et n'eut pas de peine à faire oublier au marquis les prétendues menaces qui l'avaient effrayé. Le hobereau était si content de ressaisir à la fois ses terres et son argent qu'il était dans les meilleures dispositions envers tout le monde ; il se grisa complètement à souper, devint tendre et paternel, et prétendit qu'André était ce qu'il avait de plus cher au monde.

« Après votre argent, papa ! lui répondit étourdiment Joseph, qui, par dépit, s'était grisé aussi.
— Qu'est-ce que tu dis ? s'écria le marquis ; veux-tu que je te casse une bouteille sur la tête pour t'apprendre à parler ? »

La querelle n'alla pas plus loin ; le marquis s'endormit, et Joseph se sentait une mauvaise humeur inquiète et agissante qui lui donnait envie d'être dehors et de faire galoper François à bride abattue. Avant de le laisser partir, M. de Morand lui fit promettre de revenir le lendemain avec André et Geneviève.

Le lendemain de bonne heure, Joseph, reposé et dégrisé, alla trouver ses amis. Il avait bien envie de les gronder ; mais la candeur et la noblesse de Geneviève, au milieu de ses perfidies obligeantes, le forçaient au silence. Ils montèrent tous trois en patache, et arrivèrent au château de Morand sans s'être dit un mot durant la route.

André était triste, Joseph embarrassé ; Geneviève était absorbée dans une rêverie douce et mélancolique. Les embrassements du marquis et de son fils furent convulsivement froids. La douce figure de Geneviève, son air souffrant, ses respectueuses caresses, firent une certaine impression sur la grossière écorce du marquis. Il ne put s'empêcher de lui témoigner des égards et des soins qu'il n'avait peut-être jamais eus pour aucune femme, hors les cas d'amour et de galanterie, où il se piquait d'être accompli. Le jeune couple fut installé au château assez convenablement, et richement en comparaison de l'état misérable dont il sortait. Le marquis eut l'air de faire beaucoup, quoiqu'il ne fît que prêter une chambre et céder deux places à sa table. André ne se plaignit pas ; Geneviève était reconnaissante des plus petites attentions. Joseph venait de temps en temps ; il était mécontent et découragé d'avoir manqué sa grande entreprise. La conduite sordide du père le révoltait, la résignation indolente du fils l'impatientait ; mais il ne pouvait que se taire et boire le vin du marquis.

Tout alla bien pendant quelques jours. Quand les premiers moments de satisfaction d'un côté et d'allégement de l'autre furent passés, quand le marquis se fut accoutumé à ne rien craindre de la part de son fils, et André à ne rien espérer de la part de son père, l'antipathie naturelle qui existait entre eux reprit le dessus. Le marquis était méfiant maladroitement, comme un vieux campagnard. Il croyait avoir maté André ; mais il ne pouvait croire à l'excessive noblesse de sa femme, et n'était pas tranquille sur l'abandon qu'elle faisait de toute prétention d'argent. Il consulta Joseph, qui, ennuyé de cette affaire, et près d'éclater en injures et en reproches contre le marquis, refusa de s'en occuper, et répondit laconiquement que Geneviève était la plus honnête femme qu'il connût. Cette réponse redoubla la méfiance du marquis. Il trouvait une contradiction évidente dans les manières de Joseph avec lui. Il commença à se tourmenter et à tourmenter André pour qu'il signât un désistement complet de la gestion et de la jouissance de sa fortune. André fut indigné de cette proposition et l'éluda froidement. Le marquis s'inquiéta de plus en plus. « Ils m'ont trompé, se disait-il ; ils ont fait semblant de se soumettre à tout, et ils se sont introduits dans ma maison dans l'espérance de me dépouiller. »

Dès que cette idée eut pris une certaine consistance dans son cerveau, son aversion contre Geneviève se ranima, et il commença à ne plus pouvoir la cacher. Une grosse servante maîtresse, qui avait longtemps gouverné la maison, et qui avait vu avec rage l'introduction d'une autre femme dans son petit royaume, mit tous ses soins à envenimer, par de sots rapports, ses actions, ses paroles et jusqu'à ses regards. Elle n'eut pas de peine à aigrir les vieux ressentiments du marquis, et l'infortunée Geneviève devint un objet de haine et de persécution.

Elle fut lente à s'en apercevoir : elle ne pouvait croire à tant de petitesse et de méchanceté ; mais quand elle s'en aperçut, elle fut glacée d'effroi, et, tombant à genoux, elle implora la Providence, qui l'avait abandonnée. Elle supporta un mois l'oppression, le soupçon insultant et l'avarice grossière avec une patience angélique. Un jour, insultée et calomniée à propos d'une aumône de quelques francs qu'elle avait faite dans le village, elle appela André à son secours et lui demanda aide et protection. André, pour tout secours, lui proposa de prendre la fuite.

Geneviève approchait du terme de sa grossesse ; elle ne possédait pas un denier pour subvenir aux frais de sa délivrance ; elle se sentait trop malade et trop épuisée pour nourrir son enfant, et elle n'avait pas de quoi le faire nourrir par une autre. Elle ne pouvait plus rien gagner, son état était perdu ; André n'avait pas l'industrie de s'en créer un. Elle sentit qu'elle était enchaînée, qu'il fallait vivre ou mourir sous le joug de son beau-père. Elle se soumit et sentit la douleur pénétrer comme un poison dans toutes les fibres de son cœur.

Quand son parti fut pris, quand elle se fut détachée de la vie par un renoncement volontaire et complet à toute espérance de bonheur, elle retrouva la forte patience et

A genoux, André, dit Geneviève à son mari. (Page 94.)

le calme extérieur qui faisaient la base de son caractère. Une grande passion pour son mari l'eût rendue capable de porter joyeusement le poids d'une si rude destinée et de se conserver pour des jours meilleurs; mais ces jours-là n'étaient pas à espérer avec une âme aussi débile que celle d'André. Geneviève n'était pas née passionnée; elle était née honnête, intelligente et ferme. Elle raisonnait avec une logique accablante, et toutes ses conclusions tendaient à la désespérer. Un instant elle avait entrevu une vie d'amour et d'enthousiasme, elle l'avait comprise plutôt que sentie; pour lui inspirer l'aveugle dévouement de la passion, il eût fallu un être assez grand, assez accompli pour le convaincre avant de l'entraîner. Elle avait vu cet être-là dans ses livres, et elle avait cru le voir encore derrière l'enveloppe douce, gracieuse et caressante d'André; mais à la première occasion elle avait découvert qu'elle s'était trompée.

Elle continua de l'aimer et le traita dans son cœur, non comme un amant, mais comme elle eût fait d'un frère plus jeune qu'elle. Elle s'efforça de lui épargner la souffrance en lui cachant la sienne; elle s'habitua à souffrir seule, à n'avoir ni appui, ni consolation, ni conseil. Sa force augmenta dans cette solitude intellectuelle; mais son corps s'y brisa, et elle sentit avec joie qu'elle ne devait pas souffrir longtemps.

André la vit dépérir sans comprendre qu'il allait la perdre. Elle souffrait extrêmement de sa grossesse, et attribuait à cet état toutes ses indispositions et toutes ses tristesses.

André la soignait tendrement, et s'imaginait qu'elle serait délivrée de tous ses maux le jour où elle deviendrait mère.

Geneviève, se sentant près de ce moment, songea à l'avenir de cet enfant qu'elle espérait léguer à son mari. Elle s'effraya de l'éducation qu'il allait recevoir et des maux qu'il aurait à endurer: elle désira lui procurer une existence indépendante, et, pensant qu'elle avait assez fait pour montrer sa soumission et son désintéressement personnel, elle décida en elle-même que le moment du courage et de la fermeté était venu.

Elle déclara donc à André qu'il fallait demander à son père une pension alimentaire qui mît leur enfant, en cas d'événement, à couvert du besoin, et qui pût, par la suite, lui assurer un sort indépendant. Elle fixa cette pension à douze cents francs de rente, le strict nécessaire pour quiconque sait lire et écrire, et ne veut être ni soldat ni domestique.

André laissa voir sur son visage l'émotion pénible que lui causait cette nécessité; il promit néanmoins de s'en occuper. Geneviève comprit qu'il ne s'en occuperait pas. Elle s'arma de résolution et alla trouver le marquis. Elle lui exposa sa demande dans les termes les plus doux, et fut accueillie mieux qu'elle ne s'y attendait. Le marquis espéra acheter à ce prix modeste la signature d'André à un acte de renonciation, et il promit à cette condition d'acquiescer à la demande de Geneviève; mais celle-ci, qui en toute autre situation se fût engagée à tous les sacrifices possibles, comprit qu'elle n'avait pas le droit de le faire en ce moment: elle allait mourir et laisser un orphelin; car André n'était pas plus propre au rôle de père qu'à celui de fils et d'époux. Elle frémit à l'idée de dépouiller son enfant et de le sacrifier à un sentiment d'orgueil et de dédain. Elle essaya de faire comprendre à son beau-père ce qui se passait en elle; mais ce fut bien inutile: le marquis insista. Geneviève fut forcée de résister franchement. Alors le marquis entra dans une fureur épouvantable à la demande d'André et l'accabla d'injures. La gouvernante, qui avait écouté à la porte, dans la crainte que son maître ne se laissât persuader par cet entretien, entra et joignit ses reproches et ses insultes à celles du marquis. Geneviève avait supporté les premières avec résignation; elle répondit aux secondes par une seule parole de ce froid mépris qu'elle savait exprimer, dans l'occasion, d'une manière incisive. Le marquis prit le parti de sa maîtresse, et, ayant épuisé tout le vocabulaire des jurons et des gros mots, leva le bras pour frapper Geneviève. En cet instant, André, attiré par le bruit, entrait dans la chambre. Personne n'était plus violent que lui quand une forte commotion le tirait de sa léthargie habituelle : dans ces moments-là il perdait absolument la tête et devenait furieux. A la vue de Geneviève enceinte, à demi terrassée par le bras robuste du marquis, tandis que l'odieuse servante s'avançait, une chaise dans les mains, pour la jeter sur elle, André s'élança sur un couteau de chasse qui était ouvert sur la table, prit d'une main son père à la gorge, et de l'autre le frappa à la poitrine.

Geneviève s'était élancée entre eux avec un gémissement d'horreur; elle avait saisi le bras d'André et l'avait contraint à céder. La chemise du marquis fut à peine effleurée par la lame, et Geneviève se coupa les doigts assez profondément en cherchant à s'en emparer. « Ton père! ton père! c'est ton père! » criait-elle à André d'une voix étouffée. André laissa tomber le couteau et s'évanouit.

La servante essaya de jeter sur Geneviève tout l'odieux de cette scène déplorable; mais le marquis avait vu de trop près les choses pour ne pas savoir très-bien que Geneviève lui avait sauvé la vie, que le sang dont il était couvert était sorti des veines de la pauvre innocente. Il se calma aussitôt et l'aida à secourir André, qui était dans un état effrayant. Quand il revint à lui, il regarda son père et sa femme d'un air effaré, et leur demanda ce qui s'était passé. « Rien, » dit le marquis, dont le cœur n'était pas toujours fermé à la miséricorde à la vue d'un repentir sincère, et qui d'ailleurs se sentait aussi coupable qu'André. « A genoux, André, dit Geneviève à son mari; à genoux devant ton père! et ne te relève pas qu'il ne t'ait pardonné. Je vais te donner l'exemple. »

Cette soumission acheva de désarmer le marquis; il embrassa son fils et Geneviève, et déclara qu'il accordait la pension de douze cents francs. Les malheureux jeunes gens n'étaient guère en état de songer au sujet de la querelle. André eut, pendant trois jours, un tremblement nerveux de la tête aux pieds. Son père radoucit sensiblement ses manières accoutumées, mit sa servante à la porte, et témoigna presque de la tendresse à André; mais il n'était plus temps : son enfant était mort ce jour-là dans son sein; elle ne le sentait plus remuer, et elle attendait tous les jours avec un courage stoïque les atroces douleurs qui devaient la délivrer de la vie.

Le brave médecin qui avait soigné André vint la voir et lui demanda comment elle se trouvait. Geneviève l'emmena dans le verger, et quand ils furent seuls, « Mon enfant est mort, lui dit-elle d'un air triste et calme, et moi je mourrai aussi; dites-moi si vous croyez que ce sera bientôt. » Le médecin n'eut pas de peine à le croire et vit qu'elle était perdue, mais qu'elle avait du courage.

« Au moins, lui dit-il, vous mourrez sans trop souffrir; vous n'aurez pas la force d'accoucher. Vous avez un anévrisme au cœur, et vous étoufferez dès les premiers symptômes de délivrance.

— Je vous remercie de cette promesse, dit Geneviève, et je remercie Dieu, qui m'épargne à mon dernier moment. J'ai assez souffert dans cette vie; il a fini avec moi. »

En effet, pendant ce dernier mois, Geneviève ne souffrit plus : elle n'avait pas la force de quitter son fauteuil; mais elle lisait l'Écriture sainte ou se faisait apporter des fleurs dont elle parsemait sa table. Elle passait des heures entières à les contempler d'un air heureux, et personne ne pouvait deviner à quoi elle songeait dans ces moments-là. Geneviève souffrait de se voir entourée et surveillée; elle demandait en grâce à être seule; alors il lui semblait qu'elle rêvait ou priait plus librement; elle regardait doucement le ciel et ses fleurs, puis elle se penchait vers elles et leur parlait à demi-voix d'une manière étrange et enfantine. « Vous savez que je vous aime, leur disait-elle; j'ai un secret à vous dire : c'est que je vous ai toujours préférées à tout. Pendant longtemps je n'ai vécu que pour vous; j'ai aimé André à cause de vous, parce qu'il me semblait pur et beau comme vous. Quand j'ai souffert par lui, je me suis reportée vers vous; je vous ai demandé de me consoler, et vous l'avez fait bien souvent; car vous me connaissez, vous avez un langage, et je vous comprends. Nous sommes sœurs. Ma mère m'a souvent dit que, quand elle était enceinte de moi, elle ne rêvait que de fleurs, et que, quand je suis née, elle m'a fait mettre dans un berceau semé de feuilles de roses. Quand je serai morte, j'espère qu'André en répandra encore sur moi, et qu'il vous portera tous les jours sur mon tombeau, ô mes chères amies! »

Quelquefois elle prenait un lis et l'approchait du visage d'André agenouillé devant elle. « Tu es blanc comme lui, lui disait-elle, et ton âme est suave et chaste comme son calice; tu es faible comme sa tige, et le moindre vent te courbe et te renverse. Je t'ai aimé peut-être à cause de cela; car tu étais, comme mes fleurs chéries, inoffensif, inutile et précieux. »

Quelquefois il lui arriva de se surprendre à regretter presque la vie. Le matin, quand la nature s'éveillait riante et animée, quand les oiseaux chantaient dans les arbres couverts de fleurs, quand tout semblait goûter et savourer le bonheur, alors elle éprouvait contre André une sorte de colère sourde; elle se rappelait les jours calmes et délicieux qu'elle avait passés dans sa petite chambre avant de le connaître, et elle sentait que tous ses maux dataient du jour où il lui avait parlé d'amour et de science. Elle regrettait son ignorance, et le calme de son imagination, et les tendres rêveries où elle s'endormait heureuse, alors qu'elle ne savait la raison de rien dans l'univers. Dans ces moments de tristesse, elle priait André de la laisser seule, et elle attendait, pour le rappeler, que cette disposition eût fait place à sa résignation habituelle; alors elle le traitait avec une ineffable tendresse, et, pour le récompenser de ses derniers soins, elle emporta dans la tombe le secret de quelques larmes accordées à la mémoire du passé.

Quelques jours avant sa mort, Henriette vint la voir, et lui demanda pardon, à genoux et en sanglotant, de sa conduite folle et cruelle. Geneviève la pressa contre son cœur et lui promit de prier pour elle dans le ciel.

Le dernier jour, Geneviève pria André de lui apporter plus de fleurs qu'à l'ordinaire, d'en couvrir son lit et de lui faire un bouquet et une couronne. Quand il les eut apportées, il s'aperçut qu'il y avait des tubéreuses et voulut les retirer dans la crainte que leur parfum ne lui fit mal; Geneviève le força de les lui rendre. « Donne, donne, André, lui dit-elle, tu ne sais pas quel bien j'en espère; le moment de souffrir et de mourir est venu : puissent-elles me servir de poison et m'endormir vite ! » Joseph entra en ce moment ; elle lui tendit la main et le fit asseoir près d'elle ; elle passa son autre bras autour du cou d'André et appuya sa joue froide contre la sienne. Ils voulurent lui parler. « Taisez-vous, leur dit-elle, je pense à quelque chose, je vous répondrai plus tard. » Elle resta ainsi une demi-heure. Joseph sentit alors un léger tressaillement ; il baisa la main qu'il tenait, elle était roide et froide.

« André, dit-il d'une voix étouffée, embrasse ta femme. »

André embrassa Geneviève ; il la regarda : elle était morte.

André fut malade pendant un an. L'infortuné n'eut pas la force de mourir. Joseph ne le quitta pas un seul jour. On les voit souvent se promener ensemble le long des traînes. André marche lentement et les yeux baissés, quelquefois il sourit d'un air étonné ; son père est devenu doux et complaisant pour lui. Depuis qu'il n'a plus ni désirs ni espérances sur la terre, il n'a plus de lutte à soutenir contre ce vieillard obstiné. Henriette ne parle jamais de Geneviève sans un déluge d'éloges et de larmes sincères et bruyantes. Celui qui la regrette le plus vivement, c'est Joseph ; il n'en parle jamais ; il semble aussi insouciant, aussi *viveur* qu'autrefois ; mais il y a des moments où sa figure trahit une souffrance encore plus longue et plus profonde que celle d'André.

FIN D'ANDRÉ.

LA FAUVETTE DU DOCTEUR

Nous avions pour hôte à la campagne, il y a quelques années, un vieux docteur que nous aimions, bien qu'il fût insupportable, parce qu'il avait du bon malgré ses manies. Entre autres maussades habitudes, il fuyait la société des femmes. On eût dit qu'il les haïssait, et pourtant la cause de leur émancipation avait en lui un défenseur opiniâtre. Il semblait qu'il se réservât pour le temps où elles seraient dignes d'être admises à l'égalité sociale, car il ne voulut jamais se marier, et lorsque, pour le taquiner, on le lui conseillait, il répondait avec un sérieux admirable : « Plus tard, plus tard ; il n'est pas encore temps pour moi. » Or, il avait quatre-vingt-deux ans. Huit jours avant sa mort, il nous parut tout gai, tout rajeuni, et comme nous en faisions la remarque, il nous déclara, d'un air enjoué, qu'il avait enfin trouvé la compagne de sa vie, et qu'il se sentait véritablement épris, d'autant plus qu'il se croyait parfaitement aimé. Comme rien dans sa vie de cénobite ne nous parut changé, nous prîmes cet excès de fatuité pour une des rares facéties qui déridaient, une ou deux fois par an, son front chagrin. Un matin, il ne vint pas déjeuner, nous allâmes le chercher, et nous le trouvâmes penché et comme assoupi sur ses livres. Un petit oiseau voltigeait dans sa chambre, dont la fenêtre ouverte laissait tomber sur son vieux crâne les rayons joyeux du soleil de juin. Il était mort.

En rangeant et en examinant ses papiers, nous trouvâmes les pages suivantes qui étaient restées éparses sur sa table.

24 juin 1837. — « Pauvre petite misérable fauvette, grosse comme une mouche, pesante comme une plume, tombée de ton nid hier au soir avant que tes ailes soient poussées, et déjà installée dans le creux de ma main, béquetant mes doigts, et te traînant vers mon sein quand je t'appelle, qui te donne cette confiance, et quel amour comptes-tu donc trouver en moi pour supporter et secourir ta faiblesse ? Ce pli de ma manche où tu te réfugies n'est pas ton nid. Tu ne peux pas te tromper si grossièrement ; tu n'as pas déjà perdu le souvenir de ta famille ; tu entends encore ta mère éplorée qui t'appelle et te cherche sur toutes les branches de l'arbre voisin. Si elle osait, elle volerait jusqu'à ma fenêtre ; si tu pouvais tu irais la rejoindre : car, je le vois, tu reconnais ses cris ; ton bel œil noir semble prêt à répandre des larmes, ta petite tête, encore chauve, se tourne de tous côtés avec inquiétude, et de ton sein tremblant s'échappent de faibles plaintes. Pauvre enfant, créature si frêle que la nature semble s'être jouée d'elle en lui donnant l'être !

« .... Il y a pourtant, dans cet atome emplumé, une parcelle d'intelligence et d'amour... Il y a de la divinité en toi, fauvette de huit jours ! tu regrettes ta mère, et tes frères, et ton père, et ton nid, et ton arbre, et une pâture plus agréable, mieux appropriée à ton organisation délicate que celle que je puis te donner. Tu regrettes, tu es triste ; tu te souviens, car tu réponds à la voix de ta mère ; tu aimes, par conséquent ! — Et pourtant, tu te soumets ; ta faiblesse intelligente se réfugie dans ma bonté. Tu acceptes mes soins et tu sais les solliciter par un air de confiance et d'abandon qui désarmerait le cœur le plus dur.

« Tu n'es pas belle, hélas ! ta robe cendrée n'a ni éclat, ni variété. Ton duvet inégal, hérissé, les pennes de ta queue encore roulées dans un étui de pellicule te donnent une si pauvre apparence que le premier mouvement que tu provoques en t'approchant, c'est une chiquenaude. Mais la nature a voulu départir l'intelligence à ceux-ci, la beauté à ceux-là. Tandis que mon vanneau promène sans but et sans volonté, d'un air fier et stupide, sa robe d'émeraude et son noir panache, toi, avorton, quasi sans forme et sans couleur, tu sais donner à ton regard et à tes attitudes naïves une expression qui me fait deviner tes besoins et tes désirs. »

26 juin. — « Voici *le Docteur* amoureux pour tout de bon. Il était bien temps. Le voilà pris. Il n'a pas pu écrire trois lignes aujourd'hui. L'objet de son amour n'a fait que gambader sur son papier, sautiller sur sa plume

et salir ses manuscrits. Le Docteur s'est levé sept fois de son lit ce matin pour lui attraper des mouches, et les lui faire avaler proprement. Enfin, il est stupide comme un vieillard amoureux. Pauvre docteur! où diable as-tu été placer tes affections? Ton idole ne pèse pas un gramme. Il ne faut qu'une antenne d'insecte un peu trop forte pour lui donner une indigestion et la faire descendre au tombeau. Une amante âgée de dix jours! Ses plumes sont si rares et si courtes que si tu ne la tenais toute la nuit dans ton sein, elle serait morte de froid en plein été. Vieux cœur! il te reste donc encore assez de feu pour réchauffer une fauvette.

« Il y a longtemps que je ne m'étais attaché aux bêtes comme cela m'arrive cette année. Cela signifie quelque chose. Est-ce que j'aurais pour la centième et dernière fois, déserté le culte de l'intelligence? Est-ce que celui de la force me serait devenu si odieux que je voudrais irrévocablement retourner à la sollicitude pour les petits?

« Pourquoi cette bête menue te semble-t-elle si adorable? — C'est qu'elle vient à ta voix se blottir dans ta main; c'est qu'elle te connaît; c'est qu'elle t'aime; c'est qu'elle te sent bon, secourable et nécessaire... c'est que dix jours ont suffi pour qu'elle s'abandonnât sans retour et sans réserve. — C'est qu'elle ne connaît et n'aime que toi sur la terre aujourd'hui... De qui, docteur, pourrais-tu en dire autant?

« N'est-ce pas une chose sainte, une loi divine que cet amour de la faiblesse pour la force, et réciproquement de la force pour la faiblesse? C'est ainsi que la compagne de l'homme chérit ses petits; c'est ainsi que l'homme devrait chérir sa compagne... Mais il a imaginé de consacrer par des lois de servitude l'inévitable dépendance de la femme, et dès lors, adieu la douceur et la liberté de l'amour! Quelle femme réclamerait exclusivement la vie de l'esprit, si on lui donnait celle du cœur? Il est si bon d'être aimé! Mais on les maltraite, on leur reproche l'idiotisme où on les plonge, on méprise leur ignorance, on raille leur savoir. En amour, on les traite comme des courtisanes; en amitié conjugale, comme des servantes. On ne les aime pas, on s'en sert, on les exploite; et on espère ainsi les assujettir à la loi de fidélité! Quelle erreur! Si je te maltraitais, ma fauvette, tu irais bientôt sur le plus haut des arbres du jardin, car dans huit jours tu auras de bonnes ailes et l'amour seul te retiendra près de moi. »

GEORGE SAND.

Nous avons voulu savoir quel était le *docteur* octogénaire en question; mais, parmi les amis de George Sand, personne ne l'a connu. Seulement, nous avons ouï dire qu'autrefois l'auteur, dans l'intimité, avait reçu de ses amis le sobriquet de *vieux docteur*.

(NOTE DE L'ÉDITEUR.)

FIN DE LA FAUVETTE DU DOCTEUR.

| LIBRAIRIE BLANCHARD, RUE RICHELIEU, 78 | PUBLIÉ PAR J. HETZEL | LIBRAIRIE MARESCQ ET Cie, 3, RUE DU PONT-DE-LODI |

MAUPRAT

NOTICE

Quand j'écrivis le roman de Mauprat à Nohant, en 1846, je crois, je venais de plaider en séparation. Le mariage, dont jusque-là j'avais combattu les abus, laissant peut-être croire, faute d'avoir suffisamment développé ma pensée, que j'en méconnaissais l'essence, m'apparaissait précisément dans toute la beauté morale de son principe.

A quelque chose malheur est bon, pour qui sait réfléchir : plus je venais de voir combien il est pénible et douloureux d'avoir à rompre de tels liens, plus je sentais que ce qui manque au mariage, ce sont des éléments de bonheur et d'équité d'un ordre trop élevé, pour que la société actuelle s'en préoccupe. La société s'efforce, au contraire, de rabaisser cette institution sacrée, en l'assimilant à un contrat d'intérêts matériels ; elle l'attaque de tous les côtés à la fois, par l'esprit de ses mœurs, par ses préjugés, par son incrédulité hypocrite.

Tout en faisant un roman, pour m'occuper et me distraire, la pensée me vint de peindre un amour exclusif, éternel, avant, pendant et après le mariage. Je fis donc le héros de mon livre proclamant à quatre-vingts ans sa fidélité pour la seule femme qu'il eût aimée.

L'idéal de l'amour est certainement la fidélité éternelle. Les lois morales et religieuses ont voulu consacrer cet idéal ; les faits matériels le troublent, les lois civiles sont faites de manière à le rendre souvent impossible ou illusoire ; mais ce n'est pas ici le lieu de le prouver. Le roman de Mauprat n'a pas été alourdi par cette préoccupation, seulement le sentiment qui me pénétrait particulièrement à l'époque où je l'écrivis, se résume dans ces paroles de Mauprat vers la fin l'ouvrage : « Elle fut la « seule femme que j'aimai dans toute ma vie ; jamais « aucune autre n'attira mon regard et ne connut l'étreinte « de ma main. »

GEORGE SAND.

5 juin 1851.

A GUSTAVE PAPET.

Quoique la mode proscrive peut-être l'usage patriarcal des dédicaces, je te prie, frère et ami, d'accepter celle d'un conte qui n'est pas nouveau pour toi. Je l'ai recueilli en partie dans les chaumières de notre Vallée noire. Puissions-nous vivre et mourir là, en redisant chaque soir notre invocation chérie :

Sancta Simplicitas!

GEORGE SAND.

Sur les confins de la Marche et du Berry, dans le pays qu'on appelle la Varenne, et qui n'est qu'une vaste lande coupée de bois de chênes et de châtaigniers, on trouve, au plus fourré et au plus désert de la contrée, un petit château en ruines, tapi dans un ravin, et dont on ne découvre les tourelles ébréchées qu'à environ cent pas de la herse principale. Les arbres séculaires qui l'entourent et les roches éparses qui le dominent l'ensevelissent dans une perpétuelle obscurité, et c'est tout au plus si, en plein midi, on peut franchir le sentier abandonné qui y mène, sans se heurter contre les troncs noueux et les décombres qui l'obstruent à chaque pas. Ce sombre ravin et ce triste castel, c'est la Roche-Mauprat.

Il n'y a pas longtemps que le dernier des Mauprat, à qui cette propriété tomba en héritage, en fit enlever la toiture et vendre tous les bois de charpente ; puis, comme s'il eût voulu donner un soufflet à la mémoire de ses ancêtres, il fit jeter à terre le portail, éventrer la tour du nord, fendre de haut en bas le mur d'enceinte, et partit avec ses ouvriers, secouant la poussière de ses pieds, et abandonnant son domaine aux renards, aux orfraies et aux vipères. Depuis ce temps, quand les bûcherons et les charbonniers qui habitent les huttes éparses aux environs passent dans la journée sur le haut du ravin de la Roche-Mauprat, ils sifflent d'un air arrogant ou envoient à ces ruines quelque énergique malédiction ; mais quand le jour baisse et que l'engoulevent commence à glapir du haut des meurtrières, bûcherons et charbonniers passent en silence, pressant le pas, et de temps en temps font un signe de croix pour conjurer les mauvais esprits qui règnent sur ces ruines.

J'avoue que moi-même je n'ai jamais côtoyé ce ravin, la nuit, sans éprouver un certain malaise ; et je n'oserais pas affirmer par serment que, dans certaines nuits orageuses, je n'aie pas fait sentir l'éperon à mon cheval pour en finir plus vite avec l'impression désagréable que me causait ce voisinage.

C'est que, dans mon enfance, j'ai placé le nom de Mauprat entre ceux de Cartouche et de la Barbe-Bleue, et qu'il m'est souvent arrivé alors de confondre, dans des rêves effrayants, les légendes surannées de l'ogre et de Croquemitaine avec les faits tout récents qui ont donné une sinistre illustration, dans notre province, à cette famille des Mauprat.

Souvent, à la chasse, lorsque mes camarades et moi nous quittions l'affût pour aller nous réchauffer au tas de charbons allumés que les ouvriers surveillent toute la nuit, j'ai entendu ce nom fatal expirer sur leurs lèvres à notre approche. Mais, lorsqu'ils nous avaient reconnus, et qu'ils s'étaient assurés que le spectre d'aucun de ces brigands n'était caché parmi nous, ils racontaient, à demi-voix, des histoires à faire dresser les cheveux sur la tête, et que je me garderai bien de vous communiquer, désolé que je suis d'en avoir noirci et endolori ma mémoire.

Ce n'est pas que le récit que j'ai à vous faire soit précisément agréable et riant. Je vous demande pardon, au contraire, de vous envoyer aujourd'hui une narration si noire ; mais, dans l'impression qu'elle m'a faite, il se mêle quelque chose de si consolant, et, si j'ose m'exprimer ainsi, de si sain à l'âme, que vous m'excuserez, j'espère, en faveur des conclusions. D'ailleurs, cette histoire vient de m'être racontée : vous m'en demandez une : l'occasion est trop belle pour ma paresse ou pour ma stérilité.

C'est la semaine dernière que j'ai enfin rencontré Bernard Mauprat, ce dernier de la famille, qui, ayant depuis longtemps fait divorce avec son infâme parenté, a voulu constater, par la démolition de son manoir, l'horreur que lui causaient les souvenirs de son enfance. Ce Bernard est un des hommes les plus estimés du pays ; il habite une jolie maison de campagne vers Châteauroux, en pays de plaine. Me trouvant près de chez lui, avec un de mes amis qui le connaît, j'exprimai le désir de le voir ; et mon ami, me promettant une bonne réception, m'y conduisit sur-le-champ.

Je savais en gros l'histoire remarquable de ce vieillard ; mais j'avais toujours vivement souhaité d'en connaître les détails, et surtout de les tenir de lui-même. C'était pour moi tout un problème philosophique à résoudre que cette étrange destinée. J'observai donc ses traits, ses manières et son intérieur avec un intérêt particulier.

Bernard Mauprat n'a pas moins de quatre-vingts ans, quoique sa santé robuste, sa taille droite, sa démarche ferme et l'absence de toute infirmité annoncent quinze ou vingt ans de moins. Sa figure m'eût semblé extrêmement belle sans une expression de dureté qui faisait passer, malgré moi, les ombres de ses pères devant mes yeux. Je crains fort qu'il ne leur ressemble physiquement. C'est ce que lui seul eût pu nous dire, car ni mon ami ni moi n'avons connu aucun des Mauprat ; mais c'est ce que nous nous gardâmes bien de lui demander.

Il nous sembla que ses domestiques le servaient avec une promptitude et une ponctualité fabuleuses pour des valets berrichons. Néanmoins, à la moindre apparence de retard, il élevait la voix, fronçait un sourcil très-noir sous ses cheveux blancs, et murmurait quelques paroles d'impatience qui donnaient des ailes aux plus lourds. J'en fus presque choqué d'abord ; je trouvais que cette manière d'être sentait un peu trop le Mauprat. Mais, à la manière douce et quasi paternelle dont il leur parlait un instant après, et à leur zèle, qui me sembla bien différent de la crainte, je me réconciliai bientôt avec lui. Il avait d'ailleurs pour nous une exquise politesse, et s'exprimait dans les termes les plus choisis. Malheureusement, à la fin du dîner, une porte qu'on négligeait de fermer, et qui amenait un vent froid sur son vieux crâne, lui arracha un jurement si terrible, que mon ami et moi nous échangeâmes un regard de surprise. Il s'en aperçut. « Pardon, messieurs, nous dit-il ; je vois bien que vous me trouvez un peu inégal ; vous voyez peu de chose, je suis un vieux rameau heureusement détaché d'un méchant tronc et transplanté dans la bonne terre, mais toujours noueux et rude, comme le houx sauvage de sa souche. J'ai eu encore bien de la peine avant d'en venir à l'état de douceur et de calme où vous me trouvez. Hélas ! je ferais, si je l'osais, un grand reproche à la Providence : c'est de m'avoir mesuré la vie aussi courte qu'aux autres humains. Quand, pour se transformer de loup en homme, il faut une lutte de quarante ou cinquante ans, il faudrait vivre cent ans par delà pour jouir de sa victoire. Mais à quoi cela pourrait-il me servir ? ajouta-t-il avec un accent de tristesse. La fée qui m'a transformé n'est plus là pour jouir de son ouvrage. Bah ! il est bien temps d'en finir ! » Puis, il se tourna vers moi, et, me fixant avec ses grands yeux noirs étrangement animés : « Allons, *petit* jeune homme, me dit-il, je sais ce qui vous amène : vous êtes curieux de mon histoire. Venez près du feu, et soyez tranquille. Tout Mauprat que je suis, je ne vous y mettrai pas un peu en guise de bûche. Vous ne pouvez me faire un plus grand plaisir que de m'écouter. Votre ami vous dira pourtant que je ne parle pas facilement de moi, je crains trop souvent d'avoir affaire à des sots ; mais j'ai entendu parler de vous, je sais votre caractère et votre profession : vous êtes observateur et narrateur, c'est-à-dire, excusez-moi, curieux et bavard. »

Il se prit à rire, et je m'efforçai de rire aussi, tout en commençant à craindre qu'il ne se moquât de nous; et malgré moi je pensai aux mauvais tours que son grand-père s'amusait à jouer aux curieux imprudents qui allaient le voir. Mais il mit amicalement son bras sous le mien, et, me faisant asseoir devant un bon feu, auprès d'une table chargée de tasses : « Ne vous fâchez pas, me dit-il; je ne peux pas à mon âge guérir de l'ironie héréditaire; la mienne n'a rien de féroce. A parler sérieusement, je suis charmé de vous recevoir et de vous confier l'histoire de ma vie. Un homme aussi infortuné que je l'ai été mérite de trouver un historiographe fidèle, qui lave sa mémoire de tout reproche. Écoutez-moi donc et buvez du café. »

Je lui en offris une tasse en silence; il la refusa d'un geste et avec un sourire qui semblait dire : « Cela est bon pour votre génération efféminée. » Puis il commença son récit en ces termes.

I.

Vous ne demeurez pas très-loin de la Roche-Mauprat, vous avez dû passer souvent le long de ces ruines; je n'ai donc pas besoin de vous en faire la description. Tout ce que je puis vous apprendre, c'est que jamais ce séjour n'a été aussi agréable qu'il l'est maintenant. Le jour où j'en fis enlever le toit, le soleil éclaira pour la première fois les humides lambris où s'était écoulée mon enfance, et les lézards auxquels je les ai cédés y sont beaucoup mieux logés que je ne le fus jadis. Ils peuvent au moins contempler la lumière du jour et réchauffer leurs membres froids au rayon de midi.

Il y avait la branche aînée et la branche cadette des Mauprat. Je suis de la branche aînée. Mon grand-père était ce vieux Tristan de Mauprat qui mangea sa fortune, déshonora son nom, et fut si méchant que sa mémoire est déjà entourée de merveilleux. Les paysans croient encore voir apparaître son spectre alternativement dans le corps d'un sorcier qui enseigne aux malfaiteurs le chemin des habitations de la Varenne, et dans celui d'un vieux lièvre blanc qui se montre aux gens tentés de quelque mauvais dessein. La branche cadette n'existait plus, lorsque je vins au monde, que dans la personne de M. Hubert de Mauprat, qu'on appelait le chevalier parce qu'il était dans l'ordre de Malte, et qui était aussi bon que son cousin l'était peu. Cadet de famille, il s'était voué au célibat; mais, resté seul de plusieurs frères et sœurs, il se fit relever de ses vœux, et prit femme un an avant ma naissance. Avant de changer ainsi son existence, il avait fait, dit-on, de grands efforts pour trouver dans la branche aînée un héritier digne de relever son nom flétri, et de conserver la fortune qui avait prospéré dans les mains de la branche cadette. Il avait essayé de remettre de l'ordre dans les affaires de son cousin Tristan, et plusieurs fois apaisé ses créanciers. Mais voyant que ses bontés ne servaient qu'à favoriser les vices de la famille, et qu'au lieu de déférence et de gratitude, il ne trouverait jamais là que haine secrète et grossière jalousie, il renonça à tout accord, rompit avec ses cousins, et malgré son âge avancé (il avait plus de soixante ans), il se maria afin d'avoir des héritiers. Il eut une fille, et là dut finir son espoir de postérité : car sa femme mourut peu de temps après, d'une maladie violente que les médecins appelèrent colique de *miserere*. Il quitta le pays et ne revint plus que très-rarement habiter ses terres qui étaient situées à six lieues de la Roche-Mauprat, sur la lisière de la Varenne du *Fromental*. C'était un homme sage et juste, parce qu'il était éclairé, parce que son père n'avait pas repoussé l'esprit de son siècle et lui avait fait donner de l'éducation. Il n'en avait pas moins gardé un caractère ferme et un esprit entreprenant; et, comme ses aïeux, il se faisait gloire de porter en guise de prénom, le surnom chevaleresque de *Casse-tête*, héréditaire dans l'antique tige des Mauprat. Quant à la branche aînée, elle avait si mal tourné, ou plutôt elle avait gardé de telles habitudes de brigandage féodal, qu'on l'avait surnommée Mauprat Coupe-Jarret. Mon père, qui était le fils aîné de Tristan, fut le seul qui se maria. Je fus son unique enfant. Il est nécessaire de dire ici un fait que je n'ai su que fort tard. Hubert Mauprat, en apprenant ma naissance, me demanda à mes parents, s'engageant, si on le laissait absolument maître de mon éducation, à me constituer son héritier. Mon père fut tué par accident à la chasse à cette époque, et mon grand-père refusa l'offre du chevalier, déclarant que ses enfants étaient les seuls héritiers légitimes de la branche cadette, qu'il s'opposerait par conséquent de tout son pouvoir à une substitution en ma faveur. C'est alors que Hubert eut une fille. Mais lorsque sept ans plus tard sa femme mourut en lui laissant ce seul enfant, le désir qu'avaient les nobles de cette époque de perpétuer leur nom, l'engagea de renouveler sa demande à ma mère. Je ne sais ce qu'elle répondit; elle tomba malade et mourut. Les médecins de campagne mirent encore en avant la colique de *miserere*. Mon grand-père demeuré chez elle les deux derniers jours qu'elle passa en ce monde.

« Versez-moi un verre de vin d'Espagne, car je sens le froid qui me gagne. Ce n'est rien, c'est l'effet que me produisent mes souvenirs quand je commence à les dérouler. Cela va se passer. »

Il avala un grand verre de vin, et nous en fîmes autant; car nous avions froid aussi en regardant sa figure austère, et en écoutant sa parole brève et saccadée. Il continua :

Je me trouvai donc orphelin à sept ans. Mon grand-père pilla dans la maison de ma mère tout l'argent et les nippes qu'il put emporter; puis laissant le reste, et disant qu'il ne voulait point avoir affaire aux gens de loi, il n'attendit pas que la morte fût ensevelie, et, me prenant par le collet de ma veste, il me jeta sur la croupe de son cheval, en me disant : « Ah çà! mon pupille, venez chez nous, et tâchez de ne pas pleurer longtemps; car je n'ai pas beaucoup de patience avec les marmots. »

En effet, au bout de quelques instants il m'appliqua de si vigoureux coups de cravache que je cessai de pleurer, et que, me rentrant en moi-même comme une tortue sous son écaille, je fis le voyage sans oser respirer.

C'était un grand vieillard, osseux et louche. Je crois le voir encore tel qu'il était alors. Cette soirée a laissé en moi d'ineffaçables traces. C'était la réalisation soudaine de toutes les terreurs que ma mère m'avait inspirées en me parlant de son exécrable beau-père et de ses brigands de fils. La lune, je m'en souviens, éclairait de temps à autre au travers du branchage serré de la forêt. Le cheval de mon grand-père était sec, vigoureux et méchant comme lui. Il ruait à chaque coup de cravache, et son maître ne les lui épargnait pas. Il franchissait, rapide comme un trait, les ravins et les petits torrents qui coupent la Varenne en tout sens. A chaque secousse je perdais l'équilibre, et je me cramponnais avec frayeur à la croupière du cheval ou à l'habit de mon grand-père. Quant à lui, il s'inquiétait fort peu de moi que, si je fusse tombé, je doute qu'il eût pris la peine de me ramasser. Parfois, s'apercevant de ma peur, il m'en raillait, et pour l'augmenter faisait caracoler de nouveau son cheval. Vingt fois le découragement me prit, et je faillis me jeter à la renverse, mais l'amour instinctif de la vie m'empêcha de céder à ces instants de désespoir. Enfin, vers minuit nous nous arrêtâmes brusquement devant une petite porte aiguë, et bientôt le pont-levis se releva derrière nous. Mon grand-père me prit, tout baigné que j'étais d'une sueur froide, et me jeta à un grand garçon estropié, hideux, qui me porta dans la maison. C'était mon oncle Jean, et j'étais à la Roche-Mauprat.

Mon grand-père était dès lors avec ses huit fils, le dernier débris que notre province eût conservé de cette race de petits tyrans féodaux dont la France avait été couverte et infestée pendant tant de siècles. La civilisation, qui marchait rapidement vers la grande convulsion révolutionnaire, effaçait de plus en plus ces exactions et ces brigandages organisés. Les lumières de l'éducation, une sorte de bon goût, reflet lointain d'une cour galante, et peut-être le pressentiment d'un réveil prochain et terrible du peuple, pénétraient dans les châteaux et jusque dans le manoir à demi rustique des gentillâtres. Même dans nos provinces du centre, les plus arriérées par leur situation, le sentiment de l'équité sociale l'emportait déjà sur la coutume barbare. Plus d'un mauvais garnement avait été obligé de s'amender en dépit de ses priviléges, et en certains endroits les paysans, poussés à bout, s'étaient débarrassés de leur seigneur, sans que les tribunaux eussent songé à s'emparer de l'affaire, et sans que les parents eussent osé demander vengeance.

Malgré cette disposition des esprits, mon grand-père s'était longtemps maintenu dans le pays sans éprouver de résistance. Mais, ayant eu une nombreuse famille à élever, laquelle était pourvue comme lui de bon nombre de vices, il se vit enfin tourmenté et obsédé de créanciers que n'effarouchaient plus ses menaces, et qui menaçaient eux-mêmes de lui faire un mauvais parti. Il fallut songer à éviter les recors d'un côté, et de l'autre les querelles qui naissaient à chaque instant, et dans lesquelles, malgré leur nombre, leur bon accord et leur force herculéenne, les Mauprat ne brillaient plus, toute la population se joignant à ceux qui les insultaient et se mettant en devoir de les lapider. Alors Tristan, ralliant sa lignée autour de lui, comme le sanglier rassemble après la chasse ses marcassins dispersés, se retira dans son castel, en fit lever le pont et s'y renferma avec dix ou douze manants, ses valets, tous braconniers ou déserteurs, qui avaient intérêt comme lui à se retirer du monde (c'était son expression) et à se mettre en sûreté derrière de bonnes murailles. Un énorme faisceau d'armes de chasse, canardières, carabines, escopettes, pieux et coutelas, fut dressé sur la plate-forme, et il fut enjoint au portier de ne jamais laisser approcher plus de deux personnes en deçà de la portée de son fusil.

Depuis ce jour, Mauprat et ses enfants rompirent avec les lois civiles comme ils avaient rompu avec les lois morales. Ils s'organisèrent en bande d'aventuriers. Tandis que leurs aînés et féodaux braconniers pourvoyaient la maison de gibier, ils levaient des taxes illégales sur les métairies environnantes. Sans être lâches (et tant s'en faut), nos paysans, vous le savez, sont doux et timides par nonchalance, et par méfiance de la loi que dans aucun temps ils n'ont comprise, et qu'aujourd'hui encore ils connaissent à peine. Aucune province de France n'a conservé plus de vieilles traditions et souffert plus longtemps les abus de la féodalité. Nulle part ailleurs peut-être on n'a maintenu, comme on l'a fait chez nous jusqu'ici, le titre de seigneur de la commune à certains châtelains, et nulle part il n'est aussi facile d'épouvanter le peuple par la nouvelle de quelque fait politique absurde et impossible. Au temps dont je vous parle, les Mauprat, seule famille puissante dans un rayon de campagnes éloignées des villes et privées de communications avec l'extérieur, n'eurent pas de peine à persuader à leurs vassaux que le servage allait être rétabli, et que les récalcitrants seraient mal menés. Les paysans hésitèrent, écoutèrent avec inquiétude quelques-uns d'entre eux qui prêchaient l'indépendance, puis réfléchirent et prirent le parti de se soumettre. Les Mauprat ne demandaient pas d'argent. Les valeurs monétaires sont ce que le paysan de ces contrées réalise avec le plus de peine, ce dont il se dessaisit avec le plus de répugnance. *L'argent est cher* est un de ses proverbes, parce que l'argent représente pour lui autre chose qu'un travail physique. C'est un commerce avec les choses et les hommes du dehors, un effort de prévoyance ou de circonspection, un marché, une sorte de lutte intellectuelle qui l'enlève à ses habitudes d'incurie, en un mot, un travail de l'esprit; et pour lui c'est le plus pénible et le plus inquiétant.

Les Mauprat, connaissant bien le terrain et n'ayant plus de grands besoins d'argent, puisqu'ils avaient renoncé à payer leurs dettes, réclamèrent seulement des denrées. L'un subit la surtaxe sur ses chapons, un autre sur ses veaux, un troisième fournit le blé, un quatrième le fourrage, et ainsi de suite. On avait soin de rançonner avec discernement, de demander à chacun ce qu'il pouvait donner sans se gêner outre mesure; on promettait à tous aide et protection, et jusqu'à un certain point on tenait parole. On détruisait les loups et les renards, on accueillait et on cachait les déserteurs, on aidait à frauder l'État, en intimidant les employés de la gabelle et les collecteurs de l'impôt.

On usa de la facilité d'abuser le pauvre sur ses véritables intérêts et de corrompre les gens simples en déplaçant le principe de leur dignité et de leur liberté naturelle. On fit entrer toute la contrée dans l'espèce de scission qu'on avait faite avec la loi, et on effraya tellement les fonctionnaires chargés de la faire respecter qu'elle tomba en peu d'années dans une véritable désuétude : de sorte que, tandis qu'à une faible distance de ce pays la France marchait à grands pas vers l'affranchissement des classes pauvres, la Varenne suivait une marche rétrograde, et retournait à plein collier vers l'ancienne tyrannie des hobereaux. Il fut bien aisé aux Mauprat de pervertir ces pauvres gens : ils affectèrent de se populariser, afin de contraster avec les autres nobles de la province, qui conservaient dans leurs manières la hauteur de leur antique puissance. Mon grand-père ne perdait pas surtout cette occasion de faire partager aux paysans son animadversion contre son cousin Hubert de Mauprat. Tandis que celui-ci donnait audience à ses chevanciers, lui assis dans son fauteuil, eux debout et la tête nue, Tristan de Mauprat les faisait asseoir à sa table, goûtait avec eux le vin qu'ils lui apportaient en hommage volontaire, et les faisait reconduire par ses gens au milieu de la nuit, tous ivres-morts, la torche en main et faisant retentir la forêt de refrains obscènes. Le libertinage acheva la démoralisation des paysans. Les Mauprat eurent bientôt dans toutes les familles des accointances que l'on tolérait parce qu'on y trouvait du profit, et, faut-il le dire, hélas! des satisfactions de vanité! La dispersion des habitations favorisait le mal. Là point de scandale, point de censure. Le plus petit village eût suffi pour faire éclore et régner une opinion publique ; mais il n'y avait que des chaumières éparses, des métairies isolées; des landes et des taillis mettaient entre les familles des distances assez considérables pour qu'elles ne pussent exercer mutuellement leur contrôle. La honte fait plus que la conscience. Il est inutile de vous dire quels nombreux liens d'infamie s'établirent entre les maîtres et les esclaves. La débauche, l'exaction et la banqueroute furent l'exemple et le précepte de ma jeunesse, et l'on menait joyeuse vie. On se moquait de toute équité, on ne remboursait aux créanciers ni intérêts ni capitaux, on rossait les gens de loi qui se hasardaient à venir faire des sommations, on canardait la maréchaussée lorsqu'elle approchait trop des tourelles; on souhaitait la peste au parlement, la famine aux hommes imbus de philosophie nouvelle, la mort à la branche cadette des Mauprat, et on se donnait par-dessus tout des airs de paladins du douzième siècle. Mon grand-père ne parlait que de sa généalogie et des prouesses de ses ancêtres; il regrettait le bon temps où les châtelains avaient chez eux des instruments pour la torture, des oubliettes et surtout des canons. Pour nous, nous n'avions que des fourches, des bâtons et une mauvaise couleuvrine, que mon oncle Jean pointait du reste fort bien, et qui suffisait pour tenir en respect la chétive force militaire du canton.

II.

Le vieux Mauprat était un animal perfide et carnassier qui tenait le milieu entre le loup cervier et le renard. Il avait, avec une élocution abondante et facile, un vernis d'éducation qui aidait en lui à la ruse. Il affectait beaucoup de politesse et ne manquait pas de moyens de persuasion avec les objets de ses vengeances. Il savait les attirer chez lui et leur faire subir des traitements affreux que, faute de témoins, il leur était impossible de prouver en justice. Toutes ses scélératesses portaient un caractère d'habileté si grande, que le pays en fut frappé d'une consternation qui ressemblait presque à du respect. Jamais il ne fut possible de le saisir hors de sa tanière, quoiqu'il en sortît souvent et sans beaucoup de précautions apparentes. C'était un homme qui avait le génie du mal, et ses fils, à défaut de l'affection dont ils étaient incapables, subissaient l'ascendant de sa détestable supériorité, et lui obéissaient avec une discipline et une ponctualité presque fanatiques. Il était leur sauveur dans tous les cas désespérés, et, lorsque l'ennui de la réclusion commençait à planer sous nos voûtes glacées, son esprit, facétieusement féroce, le combattait chez eux par l'attrait de spectacles dignes d'une caverne de voleurs. C'était parfois de pauvres moines quêteurs qu'on s'amusait à effrayer et à tourmenter : on leur brûlait la barbe, on les descendait dans des puits et on les tenait suspendus entre la vie et la mort jusqu'à ce qu'ils eussent chanté quelque gravelure ou proféré quelque blasphème. Tout le pays connaît l'aventure du greffier qu'on laissa entrer avec quatre huissiers, et qu'on reçut avec tous les empressements d'une hospitalité fastueuse. Mon grand-père feignit de consentir de bonne grâce à l'exécution de leur mandat, et les aida poliment à faire l'inventaire de son mobilier, dont la vente était décrétée; après quoi, le dîner étant servi et les gens du roi attablés, Tristan dit au greffier : « Eh ! mon Dieu, j'oubliais une pauvre haridelle que j'ai à l'écurie. Ce n'est pas grand'chose ; vous encore vous pourriez être réprimandé pour l'avoir omise, et comme je vois que vous êtes un brave homme, je ne veux point vous induire en erreur. Venez avec moi la voir, ce sera l'affaire d'un instant. » Le greffier suivit Mauprat sans défiance, et, au moment où ils entraient ensemble dans l'écurie, Mauprat, qui marchait le premier, lui dit d'avancer seulement la tête, ce que fit le greffier, désireux de montrer beaucoup d'indulgence dans l'exercice de ses fonctions, et de ne point examiner les choses scrupuleusement. Alors Mauprat poussa brusquement la porte et lui serra si fortement le cou entre le battant et la muraille, que le malheureux en perdit la respiration. Tristan, le jugeant assez puni, rouvrit la porte, et, lui demandant pardon de son inadvertance avec beaucoup de civilité, lui offrit son bras pour le reconduire à table ; ce que le greffier ne jugea pas à propos de refuser. Mais aussitôt qu'il fut rentré dans la salle où étaient ses confrères, il se jeta sur une chaise, et, leur montrant sa figure livide et son cou meurtri, il demanda justice contre le guet-apens où on venait de l'entraîner. C'est alors que mon grand-père, se livrant à sa fourbe raillerie, joua une scène de comédie d'une audace singulière. Il reprocha gravement au greffier de l'accuser injustement, et, affectant de lui parler toujours avec beaucoup de politesse et de douceur, il prit les autres à témoin de sa conduite, les suppliant de l'excuser si sa position précaire l'empêchait de les mieux recevoir, et leur faisant les honneurs de son dîner d'une manière splendide. Le pauvre greffier n'osa pas insister et fut forcé de dîner, quoiqu'à demi mort. Ses confrères furent si complétement dupes de l'assurance de Mauprat, qu'ils burent et mangèrent gaiement en traitant le greffier de fou et malhonnête. Ils sortirent de la Roche-Mauprat tous ivres, chantant les louanges du châtelain et raillant le greffier, qui tomba mort sur le seuil de sa maison en descendant de cheval.

Les huit garçons, l'orgueil et la force du vieux Mauprat, lui ressemblaient tous également par la vigueur physique, la brutalité des mœurs, et plus ou moins par la finesse et la méchanceté moqueuse. Il faut le dire, c'étaient de vrais coquins, capables de tout mal, et complétement idiots devant une noble idée ou devant un bon sentiment ; cependant il y avait en eux une sorte de bravoure désespérée, qui parfois n'était pas pour moi sans une apparence de grandeur. Mais il est temps que je vous parle de moi, et que je vous raconte le développement de mon âme au sein du bourbier immonde où il avait plu à Dieu de me plonger au sortir de mon berceau.

J'aurais tort si, pour forcer votre commisération à me suivre dans ces premières années de ma vie, je vous disais que je naquis avec une noble organisation, avec une âme pure et incorruptible. Quant à cela, monsieur, je n'en sais rien. Il n'y a peut-être pas d'âmes incorruptibles, et peut-être qu'il y en a. C'est ce que ni vous ni personne ne saurez jamais. C'est une grande question à résoudre que celle-ci : « Y a-t-il en nous des penchants invincibles, et l'éducation peut-elle les modifier seulement ou les détruire ? » Moi, je n'oserais prononcer ; je ne suis ni métaphysicien, ni psychologue, ni philosophe ; mais j'ai eu une terrible vie, messieurs ; et, si j'étais législateur, je ferais arracher la langue ou couper le bras à celui qui oserait prêcher ou écrire que l'organisation des individus est fatale, et qu'on ne refait pas plus le caractère d'un homme que l'appétit d'un tigre. Dieu m'a préservé de le croire.

Tout ce que je puis vous dire, c'est que j'avais reçu de ma mère de bonnes notions sans avoir peut-être naturellement ses bonnes qualités. Chez elle, j'étais déjà violent, mais d'une violence sombre et concentrée, aveugle et brutal dans la colère, méfiant jusqu'à la poltronnerie à l'approche du danger, hardi jusqu'à la folie quand j'étais aux prises avec lui, c'est-à-dire à la fois timide et brave par amour de la vie. J'étais d'une opiniâtreté révoltante ; pourtant ma mère seule réussissait à me vaincre ; et, sans bien raisonner, car mon intelligence fut très-tardive dans son développement, je lui obéissais comme à une sorte de nécessité magnétique. Avec ce seul ascendant, dont je me souviens, et celui d'une autre femme que j'ai subi par la suite, il y avait et il y a eu de quoi me mener à bien. Mais je perdis ma mère avant qu'elle eût pu m'enseigner sérieusement quelque chose ; et, quand je fus transplanté à la Roche-Mauprat, je ne pus éprouver pour le mal qui s'y faisait qu'une répulsion instinctive, assez faible peut-être, si la peur ne s'y fût mêlée.

Mais je remercie le ciel du fond du cœur pour les mauvais traitements dont j'y fus accablé, et surtout pour la haine que mon oncle Jean conçut pour moi. Mon malheur me préserva de l'indifférence en face du mal, et mes souffrances m'aidèrent à détester ceux qui le commettaient.

Ce Jean était certainement le plus détestable de sa race : depuis qu'une chute de cheval l'avait rendu contrefait, sa méchante humeur s'était développée en raison de l'impossibilité de faire autant de mal que ses compagnons. Obligé de rester au logis quand les autres partaient pour leurs expéditions, car il ne pouvait monter à cheval, il n'avait de plaisir que lorsque le château recevait un de ces petits assauts inutiles que la maréchaussée lui donnait quelquefois comme pour l'acquit de sa conscience. Retranché derrière un rempart en pierres de taille qu'il avait fait construire à sa guise, Jean, assis tranquillement auprès de sa couleuvrine, effleurait de temps en temps un gendarme, et retrouvait tout à coup, disait-il, le sommeil et l'appétit que lui ôtait son inaction. Même il n'attendait pas les cas d'attaque pour grimper à sa chère plate-forme ; et là, accroupi comme un chat qui fait le guet, dès qu'il voyait un passant se montrer au loin sans faire de signal, il exerçait sur ce point de mire et le faisait rebrousser chemin. Il appelait cela donner un coup de balai sur la route.

Mon jeune âge me rendant incapable de suivre mes oncles à la chasse et à la maraude, Jean devint naturellement mon gardien et mon instituteur, c'est-à-dire mon geôlier et mon bourreau. Je ne vous raconterai pas les détails de cette infernale existence. Pendant près de dix ans, j'ai subi le froid, la faim, l'insulte, le cachot et les coups, selon les caprices plus ou moins féroces de ce monstre. Sa grande haine pour moi vint de ce qu'il ne put parvenir à me dépraver ; mon caractère rude, opiniâtre et sauvage, me préserva de ses viles séductions. Peut-être n'avais-je en moi aucune force pour la vertu, mais j'en avais heureusement beaucoup pour la haine. Plutôt que de complaire à mon tyran, j'aurais souffert mille morts ; je grandis donc sans concevoir aucun attrait pour le vice. Cependant j'avais de si étranges notions sur la société, que le métier de mes oncles ne me causait pour lui-même aucune répugnance. Vous pensez bien qu'élevé derrière les murs de la Roche-Mauprat, et vivant en état de siége perpétuel, j'avais absolument les idées qu'eût pu avoir un servant d'armes aux temps de la barbarie féodale. Ce qui, hors de notre tanière, s'appelait, pour les autres hommes, assassiner, piller, et torturer, on m'apprenait à l'appeler combattre, vaincre et soumettre. Je savais, pour toute histoire des hommes, les légendes et les ballades de la chevalerie que mon grand-père me racontait le soir lorsqu'il avait le temps de songer à ce qu'il appelait mon éducation ; et quand je lui adressais quelque question sur le temps présent, il me répondait que les temps étaient bien changés, que tous les Français étaient devenus traîtres et félons, qu'ils avaient fait peur aux rois, et que ceux-ci avaient abandonné lâchement la noblesse, laquelle, à son tour, avait eu la couardise de renoncer à ses priviléges et de se laisser faire la loi par les manants. J'écoutais avec surprise, et presque avec indignation, cette peinture de l'époque à laquelle je vivais, époque pour moi indéfinissable. Mon grand-père n'était pas fort sur la chronologie : aucune espèce de livres ne se trouvait à la Roche-Mauprat, si ce n'est l'histoire des fils d'Aymon et quelques chroniques du même genre, rapportées des foires du pays par nos valets. Trois noms surnageaient seuls dans le chaos de mon ignorance, Charlemagne, Louis XI et Louis XIV, parce que mon grand-père les faisait souvent intervenir dans ses commentaires sur les droits méconnus de la noblesse. Et moi, en vérité, je savais à peine la différence d'un règne à une race ; et je n'étais pas bien sûr que mon grand-père n'eût pas vu Charlemagne, car il en parlait plus souvent et plus volontiers que de tout autre.

Mais, en même temps que mon énergie instinctive me faisait admirer les faits d'armes de mes oncles et m'inspirait le désir d'y prendre part, les froides cruautés que je leur voyais exercer au retour de leurs campagnes, et les perfidies au moyen desquelles ils attiraient des dupes chez eux pour les rançonner ou les torturer, me causaient des émotions pénibles, étranges, et dont il me serait difficile, aujourd'hui que je parle en toute sincérité, de me rendre compte bien clairement. Dans l'absence de tout principe de morale, il eût été naturel que je me contentasse de celui du droit du plus fort, que je voyais mettre en pratique ; mais les humiliations et les souffrances qu'en raison de ce droit mon oncle Jean m'imposait m'avaient appris à ne pas m'en contenter. Je comprenais le droit du plus brave, et je méprisais sincèrement ceux qui, pouvant mourir, acceptaient la vie au prix des ignominies qu'on leur faisait subir à la Roche-Mauprat. Mais ces affronts, ces terreurs, imposés à des prisonniers, à des femmes, à des enfants, ne me semblaient expliqués et autorisés que par des appétits sanguinaires. Je ne sais si j'étais assez susceptible d'un bon sentiment pour qu'ils m'inspirassent de la pitié pour les victimes ; mais il est certain que j'éprouvais ce sentiment de commisération égoïste qui est dans la nature, et qui perfectionné et ennobli, est devenu la charité chez les hommes civilisés. Sous ma grossière enveloppe, mon cœur n'avait sans doute que des tressaillements de peur et de dégoût à l'aspect des supplices que, d'un jour à l'autre, je pouvais subir pour mon compte au moindre caprice de mes oppresseurs ; d'autant plus que Jean avait l'habitude, lorsqu'il me voyait pâlir à ces affreux spectacles, de me dire d'un air goguenard : « Voilà ce que je te ferai quand tu désobéiras. » Tout ce que je sais, c'est que j'éprouvais un affreux malaise en présence de ces actions iniques ; mon sang se figeait dans mes veines, ma gorge se serrait, et je m'enfuyais pour ne pas répéter les cris qui frappaient mon oreille. Cependant, avec le temps, je me blasai un peu sur ces impressions terribles. Ma fibre s'endurcit. L'habitude me donna des forces pour cacher ce qu'on appelait ma lâcheté. J'eus honte des signes de faiblesse que je donnais, et je forçai mon visage au sourire d'hyène que je voyais sur le visage de mes proches. Mais je ne pus jamais réprimer ces frémissements convulsifs qui me passaient de temps en temps dans tous les membres et un froid mortel qui descendait dans mes veines au retour de ces scènes d'angoisse. Les femmes traînées, moitié de gré, moitié de force, sous le toit de la Roche-Mauprat, me causaient un trouble inconcevable. Je commençais à sentir le feu de la jeunesse s'éveiller en moi, et à jeter un regard de convoitise sur cette part des captures de mes oncles ; mais il se mêlait à ces naissants désirs des angoisses inexprimables. Les femmes n'étaient qu'un objet de mépris pour tout ce qui m'entourait ; je faisais de vains efforts pour séparer cette idée de celle du plaisir qui me sollicitait. Ma tête était bouleversée, et mes nerfs irrités donnaient un goût violent et maladif à toutes mes sensations.

Du reste, j'avais le caractère aussi mal fait que mes compagnons ; et, si mon cœur valait mieux, mes manières n'étaient pas moins arrogantes ni mes plaisanteries de meilleur goût. Un trait de ma méchanceté adolescente n'est pas inutile à rapporter ici, d'autant plus que les suites de ce fait eurent de l'influence sur le reste de ma vie.

III.

A trois lieues de la Roche-Mauprat, en tirant vers le Fromental, vous devez avoir vu, au milieu des bois, une vieille tour isolée, célèbre par la mort tragique d'un prisonnier que le bourreau, étant en tournée, trouva bon de pendre, il y a une centaine d'années, sans autre forme de procès, pour complaire à un ancien Mauprat, son seigneur.

A l'époque dont je vous parle, la tour Gazeau était déjà abandonnée, menaçant ruine : elle était domaine de l'État, et on y avait toléré, par oubli plus que par bienfaisance, la retraite d'un vieux indigent, homme fort original, vivant complètement seul, et connu dans le pays sous le nom du bonhomme Patience.

— J'en ai entendu parler à la grand'mère de ma nourrice, repris-je ; elle le tenait pour sorcier.

— Précisément ; et, puisque nous voici sur ce sujet, il faut que je vous dise au juste quel homme était ce Patience ; car j'aurai plus d'une fois occasion de vous en parler dans le cours de mon récit, et j'ai en aussi celle de le connaître à fond.

Patience était un philosophe rustique. Le ciel lui avait départi une haute intelligence ; mais l'éducation lui avait manqué, et, par une sorte de fatalité inconnue, son cerveau avait été complétement rebelle au peu d'instruction qu'il avait été à même de recevoir. Ainsi il avait été à l'école chez les Carmes de ***, et, au lieu de ressentir ou de montrer de l'aptitude, il avait fait l'école buissonnière avec plus de délices qu'aucun de ses camarades. C'était une nature éminemment contemplative, douce et indolente, mais fière, et poussant jusqu'à la sauvagerie l'amour de l'indépendance ; religieuse, mais ennemie de toute règle ; un peu ergoteuse, très-méfiante, implacable aux hypocrites. Les pratiques du cloître ne lui en imposèrent pas, et, pour avoir eu une ou deux fois son franc-parler avec les moines, il fut chassé de l'école. Depuis ce temps, il fut grand ennemi de ce qu'il appelait la monacaille, et se déclara ouvertement pour le curé de Briantes, qu'on accusait d'être janséniste. Mais le curé ne réussit pas mieux que les moines à instruire Patience. Le jeune paysan quoique doué d'une force herculéenne et d'une grande curiosité pour la science, montrait une aversion insurmontable pour toute espèce de travail, soit physique, soit intellectuel. Il professait une philosophie naturelle à laquelle il était bien difficile au curé de répondre. « On n'avait pas besoin de travailler, disait-il, quand on n'avait pas besoin d'argent, et on n'avait pas besoin d'argent quand on n'avait que des besoins modérés. » Patience prêchait d'exemple ; dans l'âge des passions, il eut des mœurs austères, ne but jamais que de l'eau, n'entra jamais dans un cabaret, ne sut point danser, et fut toujours fort gauche et timide avec les femmes, auxquelles d'ailleurs son caractère bizarre, sa figure sévère et son esprit un peu railleur ne plurent point. Comme s'il eût aimé à se venger, par le dédain, de cette défaveur, et à se consoler par la sagesse, il se plaisait comme autrefois Diogène, à dénigrer les vains plaisirs d'autrui ; et si quelquefois on le voyait passer sous la ramée, au milieu des fêtes, c'était pour y jeter quelque saillie ingénue, éclair de son inexorable bon sens. Quelquefois aussi son intolérante moralité s'exprima d'une manière acerbe, et laissa derrière lui un nuage de tristesse ou d'effroi dans les consciences troublées. C'est ce qui lui suscita de violents ennemis; et les efforts d'une haine inepte, joints à l'espèce d'étonnement qu'inspirait son allure excentrique, lui attirèrent la réputation de sorcier.

Quand je vous ai dit que l'instruction manqua à Patience, je me suis mal exprimé. Avide de connaître les hauts mystères de la nature, son intelligence voulut escalader le ciel au premier vol; et, dès les premières leçons, le curé janséniste se vit tellement troublé et effarouché de l'audace de son élève, il eut tant à lui dire pour le calmer et le soumettre, il fallut soutenir un tel assaut de questions hardies et d'objections superbes, qu'il n'eut pas le loisir de lui enseigner l'alphabet, et qu'au bout de dix ans d'études interrompues et reprises au gré du caprice ou de la nécessité, Patience ne savait pas lire. C'est à grand'peine qu'en suant sur son livre il déchiffrait une page en deux heures, et encore comprenait-il peu le sens de la plupart des mots qui exprimaient des idées abstraites. Et pourtant ces idées abstraites étaient en lui, on les pressentait en le voyant, en l'écoutant; et c'était merveille que la manière dont il parvenait à les rendre dans son langage rustique, animé d'une poésie barbare; si bien qu'on était, en l'entendant, partagé entre l'admiration et la gaieté.

Lui, toujours grave, toujours absolu, ne voulait composer avec aucune dialectique. Stoïcien par nature et par principe, passionné dans la propagande de sa doctrine du détachement des faux biens, mais inébranlable dans la pratique de la résignation, il battait en brèche le pauvre curé; et c'était à ces discussions, comme il me l'a raconté souvent dans ses dernières années, qu'il avait acquis ses connaissances en philosophie. Pour résister aux coups de bélier de la logique naturelle, le bon janséniste était forcé d'invoquer le témoignage de tous les pères de l'Église et de les opposer, souvent même de les corroborer avec la doctrine de tous les sages et savants de l'antiquité. Alors les yeux ronds de Patience *grossissaient dans sa tête* (c'était son expression), la parole expirait sur ses lèvres, et, charmé d'apprendre sans se donner la peine d'étudier, il se faisait longuement expliquer la doctrine de ces grands hommes et raconter leur vie. En voyant son attention et son silence, l'adversaire triomphait; mais, au moment où il croyait avoir convaincu cette âme rebelle, Patience, entendant sonner minuit à l'horloge du village, se levait, prenait congé de son hôte avec affection, et, reconduit par lui jusqu'au seuil du presbytère, le consternait par quelque réflexion laconique et mordante qui confondait saint Jérôme et Platon, Eusèbe tout autant que Sénèque, Tertullien non moins qu'Aristote.

Le curé ne s'avouait pas trop la supériorité de cette intelligence inculte. Néanmoins il était tout étonné de passer tant de soirs d'hiver au coin de son feu avec ce paysan, sans éprouver ni ennui ni fatigue; et il se demandait pourquoi le magister du village, et même le prieur du couvent, quoique sachant grec et latin, lui semblaient l'un ennuyeux, l'autre erroné dans tous leurs discours. Il connaissait toute la pureté des mœurs de Patience, et il s'expliquait l'ascendant de son esprit par le pouvoir et le charme que la vertu exerce et répand autour d'elle. Puis il s'accusait humblement chaque soir devant Dieu de n'avoir pas disputé avec son élève à un point de vue assez chrétien. Il confessait à son ange gardien que l'orgueil de sa science et le plaisir qu'il avait goûté à se voir écouté si religieusement, l'avaient un peu emporté au delà des limites de l'enseignement religieux; qu'il avait cité trop complaisamment les auteurs profanes; qu'il avait même trouvé un dangereux plaisir à se promener avec son auditeur dans les champs du passé, pour y cueillir des fleurs païennes que l'eau du baptême n'avait pas arrosées et qu'il n'était pas permis à un prêtre de respirer avec tant de charme.

De son côté, Patience chérissait le curé. C'était son seul ami, le seul lien qu'il eût avec la société, le seul aussi qu'il eût avec Dieu par la lumière de la science. Le paysan s'exagérait beaucoup le savoir de son pasteur. Il ne savait pas que même les plus éclairés des hommes civilisés prennent souvent à rebours, ou ne prennent pas du tout, le cours des connaissances humaines. Patience eût été délivré de grandes anxiétés d'esprit s'il eût pu découvrir, à coup sûr, que son maître se trompait fort souvent, et que c'était l'homme et non la vérité qui faisait défaut. Ne le sachant pas et voyant l'expérience des siècles en désaccord avec le sentiment inné de la justice, il était en proie à des rêveries continuelles; et vivant seul, errant dans la campagne à toutes les heures du jour et de la nuit, absorbé dans des préoccupations inconnues à ses pareils, il donnait de plus en plus crédit aux fables de sorcellerie débitées contre lui.

Le couvent n'aimait pas le pasteur. Quelques moines que Patience avait démasqués haïssaient Patience. Le pasteur et l'élève furent persécutés. Les moines ignares ne reculèrent pas devant la possibilité d'accuser le curé auprès de son évêque de s'adonner aux sciences occultes, de concert avec le magicien Patience. Une sorte de guerre religieuse s'établit dans le village et dans les alentours. Tout ce qui n'était pas pour le couvent fut pour le curé, et réciproquement. Patience dédaigna d'entrer dans cette lutte. Un beau matin, il alla embrasser son ami en pleurant, et lui dit: « Je n'aime que vous au monde, je ne veux donc pas vous être un sujet de persécution; comme, après vous, je ne connais et n'aime personne, je m'en vais vivre dans les bois à la manière des hommes primitifs. J'ai pour héritage un champ qui rapporte cinquante livres de rente; c'est la seule terre que j'aie jamais remuée de mes mains, et la moitié de son chétif revenu a été employée à payer la dîme de travail que je dois au seigneur; j'espère mourir sans avoir fait pour autrui le métier de bête de somme. Cependant, si on vous suspend de vos fonctions, si on vous ôte votre revenu, et que vous ayez un champ à labourer, faites-moi dire un mot, et vous verrez que mes bras ne se seront pas engourdis dans l'inaction. »

Le pasteur combattit en vain cette résolution. Patience partit, emportant pour tout bagage la veste qu'il avait sur le dos, et un abrégé de la doctrine d'Épictète, pour laquelle il avait une grande prédilection, et dans laquelle, grâce à de fréquentes études, il pouvait lire jusqu'à trois pages par jour, sans se fatiguer outre mesure. L'anachorète rustique alla vivre au désert. D'abord il se construisit dans les bois une cahute de ramée. Mais, assiégé par les loups, il se réfugia dans une salle basse de la tour Gazeau, où il se fit, avec un lit de mousse et des troncs d'arbres, un ameublement splendide; avec des racines, des fruits sauvages et le laitage d'une chèvre, un ordinaire très-peu inférieur à celui qu'il avait eu au village. Ceci n'est point exagéré. Il faut voir le paysan de certaines parties de la Varenne pour se faire une idée de la sobriété au sein de laquelle un homme peut vivre en état de santé. Au milieu de ces habitudes stoïques, Patience était encore une exception. Jamais le vin n'avait rougi ses lèvres, et le pain lui avait toujours semblé une superfluité. Il ne haïssait pas d'ailleurs la doctrine de Pythagore, et, dans les rares entrevues qu'il avait désormais avec son ami, il lui disait que, sans croire précisément à la métempsycose, et sans se faire une loi d'observer le régime végétal, il éprouvait involontairement une secrète joie de pouvoir s'y adonner, et de n'avoir plus occasion de voir donner la mort tous les jours à des animaux innocents.

Patience avait pris cette étrange résolution à l'âge de quarante ans; il en avait soixante lorsque je le vis pour la première fois, et il jouissait d'une force physique extraordinaire. Il avait bien quelques habitudes de promenade chaque année; mais, à mesure que je vous dirai ma vie, j'entrerai dans le détail de la vie cénobitique de Patience.

A l'époque dont je vais vous parler, après de nombreuses persécutions, les gardes forestiers, par crainte de se voir *jeter un sort*, plutôt que par compassion, lui avaient enfin concédé la libre occupation de la tour Gazeau, non sans le prévenir qu'elle pourrait bien lui tomber sur la tête au premier vent d'orage; à quoi Patience avait philosophiquement répondu que, si sa destinée était d'être

Le cheval de mon grand-père était sec, vigoureux, etc. (Page 3.)

écrasé, le premier arbre de la forêt serait tout aussi bon pour cela que les combles de la tour Gazeau.

Avant de vous mettre en scène mon personnage de Patience, et tout en vous demandant pardon de la longueur trop complaisante de cette biographie préliminaire, je dois encore vous dire que, dans l'espace de ces vingt années, l'esprit du pasteur avait suivi une nouvelle direction. Il aimait la philosophie, et malgré lui, le cher homme, il reportait cet amour sur les philosophes, même sur les moins orthodoxes. Les ouvrages de Jean-Jacques Rousseau le transportèrent, malgré toute sa résistance intérieure, dans des régions nouvelles; et un matin qu'au retour d'une visite à des malades, il avait rencontré Patience herborisant pour son dîner sur les rochers de Crevant, il s'était assis près de lui sur la pierre druidique, et il avait fait à son propre insu la profession de foi du vicaire savoyard. Patience mordit beaucoup plus volontiers à cette religion poétique qu'à l'ancienne orthodoxie. Le plaisir avec lequel il écouta le résumé des doctrines nouvelles engagea le curé à lui donner secrètement quelques rendez-vous sur des points isolés de la Varenne, où ils devaient se rencontrer comme par hasard. Dans ces conciliabules mystérieux, l'imagination de Patience, restée si fraîche et si ardente dans la solitude, s'enflamma de toute la magie des idées et des espérances qui fermentaient alors en France depuis la cour de Versailles jusqu'aux bruyères les plus inhabitées. Il s'éprit de Jean-Jacques, et s'en fit lire tout ce qu'il lui fut possible d'en écouter sans compromettre les devoirs du curé. Puis il se fit donner un exemplaire du *Contrat social*, et alla l'épeler sans relâche à la tour Gazeau. D'abord le curé ne lui avait communiqué cette manne qu'avec des restrictions, et, tout en lui faisant admirer les grandes pensées et les grands sentiments du philosophe, il avait cru le mettre en garde contre les poisons de l'anarchie. Mais toute l'ancienne science, toutes les heureuses citations d'autrefois, en un mot, toute la théologie du bon prêtre fut emportée comme un pont fragile par le torrent d'éloquence sauvage et d'enthousiasme irréfrénable que Patience avait amassé dans son désert. Il fallut que le curé cédât et repliât effrayé sur lui-même. Alors il y trouva le for intérieur lézardé et craquant de toutes parts. Le nouveau soleil qui montait sur l'horizon politique et qui bouleversait toutes les intelligences, fondit la sienne comme une neige légère

Ah! je suis content de tenir un Mauprat dans le creux de ma main. (Page 10.)

au premier souffle du printemps. L'exaltation de Patience, le spectacle de sa vie étrange et poétique qui lui donnait un air inspiré, la tournure romanesque que prenaient leurs relations mystérieuses (les ignobles persécutions du couvent ennoblissant l'esprit de révolte), tout cela s'empara si fort du prêtre, qu'en 1770 il était déjà bien loin du jansénisme, et cherchait vainement dans toutes les hérésies religieuses un point où se retenir avant de tomber dans l'abîme de philosophie, si souvent ouvert devant lui par Patience, si souvent refermé en vain par les exorcismes de la théologie romaine.

IV.

Après ce récit de la vie philosophique de Patience, rédigée par l'homme d'aujourd'hui, continua Bernard après une pause, j'ai quelque peine à retourner aux impressions bien différentes que reçut l'homme d'autrefois en rencontrant le sorcier de la tour Gazeau. Je vais m'efforcer cependant de ressaisir fidèlement mes souvenirs.

Ce fut un soir d'été, qu'au retour d'une pipée où plusieurs petits paysans m'avaient accompagné, je passai devant la tour Gazeau pour la première fois. J'étais âgé d'environ treize ans; j'étais le plus grand et le plus fort de mes compagnons, et en outre j'exerçais sur eux, à la rigueur, l'ascendant de mes prérogatives seigneuriales. C'était entre nous un mélange de familiarité et d'étiquette assez bizarre. Parfois, quand l'ardeur de la chasse ou la fatigue de la journée les gouvernait plus que moi, j'étais forcé de céder à leurs avis, et déjà je savais me rendre à point comme font les despotes, afin de n'avoir jamais l'air d'être commandé par la nécessité; mais j'avais ma revanche dans l'occasion, et je les voyais bientôt trembler devant l'odieux nom de ma famille.

La nuit se faisait, et nous marchions gaiement, sifflant, abattant des cormes à coups de pierre, imitant le cri des oiseaux, lorsque celui qui marchait devant s'arrêta tout à coup, et, revenant sur ses pas, déclara qu'il ne passerait pas par le sentier de la tour Gazeau, et qu'il allait prendre à travers bois. Cet avis fut accueilli par deux autres. Un troisième objecta que l'on risquait de se perdre si on quittait le sentier, que la nuit était proche et que les loups étaient en nombre. « Allons, canaille! m'écriai-je d'un ton de prince en poussant le guide, suis le sentier, et laisse-nous tranquille avec tes sottises. — *Non — moi*! dit l'enfant, je viens de voir le sorcier qui dit *des paroles* sur sa porte, et je n'ai pas envie d'avoir la fièvre toute l'année. — Bah! dit un autre, il n'est pas méchant avec tout le monde. Il ne fait pas de mal aux enfants; et d'ailleurs nous n'avons qu'à passer bien tranquillement sans lui rien dire, qu'est-ce que vous voulez qu'il nous fasse? — Oh! c'est bien, reprit le premier, si nous étions seuls!... Mais monsieur Bernard est avec nous, nous sommes sûrs d'avoir *un sort*. — Qu'est-ce à dire, imbécile? m'écriai-je en levant le poing. — Ce n'est pas ma faute, *monseigneur*, reprit l'enfant. Ce vieux *chétif* n'aime pas les *monsieu*, et il a dit qu'il voudrait voir M. Tristan et tous les enfants pendus au bout de la même branche. — Il a dit cela? Bon! repris-je, avançons, et vous allez voir. Qui m'aime me suive; qui me quitte est un lâche. »

Deux de mes compagnons se laissèrent entraîner par la vanité. Tous les autres feignirent de les imiter; mais, au bout de quatre pas, chacun avait pris la fuite en s'enfonçant dans le taillis, et je continuai fièrement mon route, escorté de mes deux acolytes. Le petit Sylvain, qui allait le premier, ôta son chapeau du plus loin qu'il vit Patience, et lorsque nous fûmes vis-à-vis de lui, quoiqu'il eût la tête baissée, et qu'il semblât ne faire aucune attention à nous, l'enfant, frappé de terreur, lui dit d'une voix tremblante : « Bonsoir et bonne nuit, maître Patience! »

Le sorcier, sortant de sa rêverie, tressaillit comme un homme qui s'éveille, et je vis, non sans une certaine émotion, sa figure basanée, à demi couverte d'une épaisse barbe grise. Sa grosse tête était tout à fait dépouillée, et la nudité du front contrastait avec l'épaisseur du sourcil derrière lequel un œil rond, et enfoncé profondément dans l'orbite, lançait des éclairs comme on en voit à la fin de l'été derrière le feuillage pâlissant. C'était un homme de petite taille, mais large des épaules et bâti comme un gladiateur. Il était couvert de haillons orgueilleusement malpropres. Sa figure était courte et commune comme celle de Socrate, et, si le feu du génie brillait dans ses traits fortement accusés, il m'était impossible de m'en apercevoir. Il me fit l'effet d'une bête féroce, d'un animal immonde. Un sentiment de haine s'empara de moi, et, résolu de venger l'affront fait par lui à mon nom, je mis une pierre dans ma fronde, et, sans autres préliminaires, je la lançai avec vigueur.

Au moment où la pierre partit, Patience était en train de répondre à la salutation de l'enfant. « Bonsoir, enfants, nous disait-il, Dieu soit avec vous... » lorsque la pierre siffla à son oreille et alla frapper une chouette apprivoisée qui faisait les délices de Patience et qui commençait à s'éveiller avec la nuit dans le lierre dont la porte était couronnée. La chouette jeta un cri aigu et tomba sanglante aux pieds de son maître, qui lui répondit par un rugissement, et resta immobile de surprise et de fureur pendant quelques secondes. Puis, tout à coup prenant la victime palpitante par les pieds, il l'enleva de terre, et venant à notre rencontre : « Lequel de vous, malheureux, s'écria-t-il d'une voix tonnante, a lancé cette pierre? » Celui de mes compagnons qui marchait le dernier s'enfuit avec la rapidité du vent; mais Sylvain, saisi par la large main du sorcier, tomba les deux genoux en terre, en jurant par la sainte Vierge et par sainte Solange, patronne du Berry, qu'il était innocent du meurtre de l'oiseau. J'avais, je l'avoue, une forte démangeaison de le laisser se tirer d'affaire comme il pourrait, et d'entrer dans le fourré. Je m'étais attendu à voir un vieux jongleur décrépit, et non à tomber dans les mains d'un ennemi robuste; mais l'orgueil me retint.

« Si c'est toi, disait Patience à mon compagnon tremblant, malheur à toi, car tu es un méchant enfant, tu seras un malhonnête homme! Tu as fait une mauvaise action, tu as mis ton plaisir à causer de la peine à un vieillard qui ne t'a jamais nui, et tu l'as fait avec perfidie

1. Locution du pays.

avec lâcheté, en dissimulant et en lui disant le bonsoir avec politesse. Tu es un menteur, un infâme, tu m'as arraché ma seule société, ma seule richesse, tu t'es réjoui dans le mal. Que Dieu te préserve de vivre si tu dois continuer ainsi.

— O monsieur Patience! criait l'enfant en joignant les mains, ne me maudissez pas, ne me *charmez* pas, ne me donnez pas de maladie, ce n'est pas moi! Que Dieu m'extermine si c'est moi!...

— Si ce n'est pas toi, c'est donc celui-là! dit Patience en me prenant au collet de mon habit, et en me secouant comme un arbrisseau qu'on va déraciner.

— Oui, c'est moi, répondis-je avec hauteur; et si vous voulez savoir mon nom, apprenez qu'on m'appelle Bernard Mauprat, et qu'un vilain qui touche à un gentilhomme mérite la mort.

— La mort? toi, tu me donneras la mort, Mauprat? s'écria le vieillard pétrifié de surprise et d'indignation. Et que serait donc Dieu si un morveux comme toi avait le droit de menacer un homme de mon âge? La mort! ah! tu es bien un Mauprat, et tu chasses de race, chien maudit! Cela parle de donner la mort, et tout au plus si cela est né! La mort, mon louveteau? sais-tu que c'est toi qui mérites la mort, non pas pour ce que tu viens de faire, mais pour être fils de ton père et neveu de tes oncles? Ah! je suis content de tenir un Mauprat dans le creux de ma main, et de savoir si un coquin de gentilhomme pèse autant qu'un chrétien. » Et en même temps il m'enlevait de terre comme il eût fait d'un lièvre. « Petit, dit-il à mon compagnon, va-t-en chez toi, et ne crains rien. Patience ne se fâche guère contre ses pareils, et il pardonne à ses frères, parce que ses frères sont des ignorants comme lui, et ne savent pas ce qu'ils font; mais un Mauprat, vois-tu, ça sait lire et écrire, et ça n'en est que plus méchant. Va-t-en... mais non, reste, je veux qu'une fois dans ta vie tu voies un gentilhomme recevoir le fouet de la main d'un vilain. Tu vas voir cela, et je te prie de ne pas l'oublier, petit, et de le raconter à tes parents. »

J'étais pâle de colère, mes dents se brisaient dans ma bouche; je fis une résistance désespérée. Patience, avec un sang-froid effrayant, m'attacha à un arbre avec un brin de ramée. Il n'avait qu'à m'effleurer de sa main large et calleuse pour me plier comme un roseau, et cependant j'étais remarquablement vigoureux pour mon âge. Il accrocha la chouette à une branche au-dessus de ma tête, et le sang de l'oiseau, s'égouttant sur moi, me pénétrait d'horreur; car, quoiqu'il n'y eût là qu'une correction usitée avec les chiens de chasse qui mordent le gibier, mon cerveau, troublé par la rage, par le désespoir et par les cris de mon compagnon, commençait à croire à quelque affreux maléfice; mais je pense que j'eusse été moins puni s'il m'eût métamorphosé en chouette que je ne le fus en subissant la correction qu'il m'infligea. En vain je l'accablai de menaces, en vain je fis d'effroyables serments de vengeance, en vain le petit paysan se jeta encore à genoux, en répétant avec angoisse : « Monsieur Patience, pour l'amour de Dieu, pour l'amour de vous-même, ne lui faites pas de mal; les Mauprat vous tueront. » Il se prit à rire en haussant les épaules, et, s'armant d'une poignée de houx, il me fustigea, je dois l'avouer, d'une manière plus humiliante que cruelle; car à peine vit-il quelques gouttes de mon sang couler, qu'il s'arrêta, jeta ses verges, et même je remarquai une subite altération dans ses traits et dans sa voix, comme s'il se fût repenti de sa sévérité. « Mauprat, me dit-il en croisant ses bras sur sa poitrine et en me regardant fixement, vous voilà châtié; vous m'avez insulté, mon gentilhomme, cela me suffit. Vous voyez que je pourrais vous empêcher de me jamais nuire, en vous ôtant le souffle d'un coup de pouce, et en vous enterrant sous la pierre de ma porte. Qui s'aviserait de venir chercher ce bel enfant de noble chez le bonhomme Patience? Mais vous voyez que je n'aime pas la vengeance, car, au premier cri de douleur qui vous est échappé, j'ai cessé. Je n'aime pas à faire souffrir, moi, je ne suis pas un Mauprat. Il était bon pour vous d'apprendre par vous-même ce que c'est que d'être une fois la victime. Puisse cela vous dégoûter du métier de bourreau que l'on fait de père en fils dans votre famille ! Bonsoir, allez-vous-en, je ne vous en veux plus, la justice du bon Dieu est satisfaite. Vous pouvez dire à vos oncles de me mettre sur le gril ; ils mangeront un méchant morceau, et ils avaleront une chair qui reprendra vie dans leur gosier pour les étouffer. »

Alors il reprit sa chouette morte, et, la contemplant d'un air sombre : « Un enfant de paysan n'eût pas fait cela, dit-il. Ce sont plaisirs de gentilhomme. » Et, se retirant sur sa porte, il fit entendre l'exclamation qui lui échappait dans les grandes occasions, et qui lui avait fait donner le surnom qu'il portait : « Patience, patience !... » s'écria-t-il. C'était, selon les bonnes femmes, une formule cabalistique dans sa bouche, et toutes les fois qu'on la lui avait entendu prononcer, il était arrivé quelque malheur à la personne qui l'avait offensé. Sylvain se signa pour conjurer le mauvais esprit. La terrible parole résonna sous la voûte de la tour où Patience venait de rentrer, puis la porte se referma sur lui avec fracas.

Mon compagnon était si pressé de fuir qu'il faillit me laisser là sans prendre le temps de me détacher. Dès qu'il l'eut fait : « Un signe de croix, me dit-il, pour l'amour du bon Dieu, un signe de croix ! Si vous ne voulez pas faire le signe de la croix, nous voilà ensorcelés : nous serons mangés par les loups en nous en allant, ou bien nous rencontrerons la gran'bête. — Imbécile ! lui dis-je, il s'agit bien de cela ! Écoute, si tu as jamais le malheur de parler à qui que ce soit de ce qui vient d'arriver, je t'étrangle. — Hélas ! monsieur, comment donc faire ? reprit-il avec un mélange de naïveté et de malice, le sorcier m'a commandé de le dire à mes parents. » Je levai le bras pour le frapper, mais la force me manqua. Suffoqué de rage par le traitement que je venais d'essuyer, je tombai presque évanoui, et Sylvain en profita pour s'enfuir.

Quand je revins à moi-même, je me trouvai seul. Je ne connaissais pas cette partie de la Varenne ; je n'y étais jamais venu, et elle était horriblement déserte. Toute la journée j'avais vu des traces de loups et de sangliers sur le sable. La nuit régnait déjà ; j'avais encore deux lieues à faire pour arriver à la Roche-Mauprat. Les portes seraient fermées, le pont levé ; je serais reçu à coups de fusil si je n'arrivais avant neuf heures. Il y avait à parier cent contre un que, ne connaissant pas le chemin, il me serait impossible de faire deux lieues en une heure. Cependant j'eusse mieux aimé subir mille morts que de demander asile à l'habitant de la tour Gazeau, que l'eût-il accordé avec grâce. Mon orgueil saignait plus que ma chair.

Je me lançai à la course à tout hasard. Le sentier faisait mille détours ; mille autres sentiers s'entre-croisaient. J'arrivai à un pâturage fermé de haies. A toute trace de sentier disparaissait. Je franchis la haie au hasard et tombai dans un champ. La nuit était noire ; eût-il fait jour, il n'y avait pas moyen de s'orienter à travers les *héritages*[1] encaissés dans des talus hérissés d'épines. Enfin je trouvai des bruyères, puis des bois, et mes terreurs un peu calmées se renouvelèrent ; car, je l'avoue, j'étais en proie à des terreurs mortelles. Dressé à la bravoure comme un chien à la chasse, je faisais bonne contenance sous les yeux d'autrui. Mû par la vanité, j'étais audacieux quand j'avais des spectateurs ; mais livré à moi-même dans la profonde nuit, épuisé de fatigue et de faim, quoique je ne sentisse nulle envie de manger, bouleversé par les émotions que je venais d'éprouver, assuré d'être battu par mes oncles en rentrant, et pourtant aussi désireux de rentrer que si j'eusse dû trouver le paradis terrestre à la Roche-Mauprat, j'errai jusqu'au jour dans des angoisses impossibles à décrire. Les hurlements des loups, heureusement lointains, vinrent plus d'une fois frapper mon oreille et glacer mon sang dans mes veines ; et, comme si ma position n'eût pas été assez précaire en réalité, mon imagination frappée venait y joindre mille images fantastiques. Patience passait pour un *meneur de loups*. Vous savez que c'est une spécialité cabalistique accréditée en tout pays. Je m'imaginais donc voir paraître ce diabolique petit vieillard escorté de sa bande affamée, ayant revêtu lui-même la figure d'une *moitié de loup*, et me poursuivant à travers les taillis. Plusieurs fois des lapins me partirent entre les jambes, et de saisissement je faillis tomber à la renverse. Là, comme j'étais bien sûr de n'être pas vu, je faisais force signes de croix ; car, en affectant l'incrédulité, j'avais nécessairement au fond de l'âme toutes les superstitions de la peur.

Enfin j'arrivai à la Roche-Mauprat avec le jour. J'attendis dans un fossé que les portes fussent ouvertes, et je me glissai à ma chambre sans être vue de personne. Comme ce n'était pas précisément une tendresse assidue qui veillait sur moi, mon absence n'avait pas été remarquée durant la nuit, je fis croire à mon oncle Jean, que je rencontrai dans un escalier, que je venais de me lever ; et ce stratagème ayant réussi, j'allai dormir tout le jour dans l'abat-foin.

V.

N'ayant plus rien à craindre pour moi-même, il m'eût été facile de me venger de mon ennemi ; tout m'y conviait. Le propos qu'il avait tenu contre ma famille eût suffi, sans même invoquer l'outrage fait à ma personne, et que je répugnais à avouer. Je n'avais donc qu'un mot à dire : sept Mauprat eussent été à cheval au bout d'un quart d'heure, charmés d'avoir un exemple à faire en maltraitant un homme qui ne leur fournissait aucune redevance, et qui ne leur eût semblé bon qu'à être pendu pour effrayer les autres.

Mais, les choses n'eussent-elles pas été aussi loin, je ne sais comment il se fit que je sentis une répugnance insurmontable à demander vengeance à huit hommes contre un seul. Au moment de le faire (car dans ma colère je me l'étais bien promis), je fus retenu par je ne sais quel instinct de loyauté que je ne me connaissais pas, et que je ne pus guère m'expliquer à moi-même. Et puis les paroles de Patience avaient peut-être fait naître en moi, à mon insu, un sentiment de honte salutaire. Peut-être ses justes malédictions contre les nobles m'avaient-elles fait entrevoir quelque idée de justice. Peut-être, en un mot, ce que j'avais pris jusque-là en moi pour des mouvements de faiblesse et de pitié commença-t-il dès lors sourdement à me sembler plus grave et moins méprisable.

Quoi qu'il en soit, je gardai le silence. Je me contentai de rosser Sylvain pour le punir de m'avoir abandonné et pour le déterminer à se taire sur ma mésaventure. Cet amer souvenir était assoupi, lorsque, vers la fin de l'automne, il m'arriva de battre les bois avec Sylvain. Le pauvre Sylvain avait de l'attachement pour moi ; car, en dépit de mes brutalités, il venait toujours se placer sur mes talons, dès que j'étais hors du château. Il me défendait contre tous ses compagnons en soutenant que je n'étais qu'un peu vif et point méchant. Ce sont les âmes douces et résignées du peuple qui entretiennent l'orgueil et la rudesse des grands. Nous chassions donc aux alouettes au lacet, lorsque mon page ensaboté, qui furetait toujours à l'avant-garde, revint vers moi en disant textuellement : « *J'avise*[1] *eul*[2] *meneu' d'loups anc*[3] *eul preneu' d'taupes.* »

Cet avertissement fit passer un frisson dans tous mes membres. Cependant je sentis le ressentiment faire réaction dans mon cœur, et je marchai droit à la rencontre de mon sorcier, un peu rassuré peut-être par la présence de son compagnon, qui était un habitué de la Roche-Mauprat, et que je supposais devoir me porter respect et assistance.

Marcasse, dit *preneur de taupes*, faisait profession de purger de fouines, belettes, rats et autres animaux malfaisants les habitations et les champs de la contrée. Il ne bornait pas au Berry les bienfaits de son industrie ; tous les ans il faisait le tour de la Marche, du Nivernais, du Limousin et de la Saintonge, parcourant seul et à pied

---

[1] C'est le nom qu'on donne à la petite propriété.

[1] Je vois. — [2] Le. — [3] Avec.

tous les lieux où on avait le bon esprit d'apprécier ses talents ; bien reçu partout, au château comme à la chaumière, car c'était un métier qui se faisait avec succès et probité de père en fils dans sa famille, et que ses descendants font encore. Il avait un gîte et une besogne assurée pour tous les jours de l'année. Aussi régulier dans sa tournée que la terre dans sa rotation, on le voyait à époque fixe reparaître dans les mêmes lieux où il avait passé l'année précédente, toujours accompagné du même chien et de la même longue épée.

Ce personnage était aussi curieux et plus comique, dans son genre, que le sorcier Patience. C'était un homme bilieux et mélancolique, grand, sec, anguleux, plein de lenteur, de majesté et de réflexion dans toutes ses manières. Il aimait si peu à parler qu'il répondait à toutes les questions par monosyllabes ; toutefois il ne s'écartait jamais des règles de la plus austère politesse, et il disait peu de mots sans élever la main vers la corne de son chapeau en signe de révérence et de civilité. Était-il ainsi par caractère ? ou bien, dans son métier ambulant, la crainte de s'aliéner quelques-unes de ses nombreuses pratiques par des propos inconsidérés lui inspira-t-elle cette sage réserve ? On ne le savait point. Il avait l'œil et le pied dans toutes les maisons, il avait le jour la clef de tous les greniers, et place le soir au foyer de toutes les cuisines. Il savait tout, d'autant plus que son air rêveur et absorbé inspirait l'abandon en sa présence, et pourtant jamais il ne lui était arrivé de rapporter dans une maison ce qui se passait dans une autre.

Si vous voulez savoir comment ce caractère m'avait frappé, je vous dirai que j'avais été témoin des efforts de mes oncles et de mon grand-père pour le faire parler. Ils espéraient savoir de lui ce qui se passait au château de Sainte-Sévère, chez M. Hubert de Mauprat, l'objet de leur haine et de leur envie. Quoique don Marcasse (on l'appelait *don* parce qu'on lui trouvait la démarche et la fierté d'un hidalgo ruiné), quoique don Marcasse, dis-je, eût été impénétrable à cet égard comme à tous les autres, les Mauprat *Coupe-Jarret* ne manquaient pas de l'amadouer toujours davantage, espérant tirer de lui quelque chose de relatif à Mauprat *Casse-Tête*.

Nul ne pouvait donc savoir les sentiments de Marcasse sur quoi ce soit ; le plus court eût été de supposer qu'il ne se donnait pas la peine d'en avoir aucun. Cependant l'attrait que Patience semblait éprouver pour lui, jusqu'à l'accompagner durant plusieurs semaines dans ses voyages, donnait à penser qu'il y avait quelque sortilége dans son air mystérieux, et que ce n'était pas seulement la longueur de son épée et l'adresse de son chien qui faisaient si merveilleuse déconfiture de taupes et de belettes. On parlait tout bas d'herbes enchantées, au moyen desquelles il faisait sortir de leurs trous ces animaux méfiants pour les prendre au piège ; mais, comme on se trouvait bien de cette magie, on ne songeait pas à lui en faire un crime.

Je ne sais si vous avez assisté à ce genre de chasse. Elle est curieuse, surtout dans les greniers à fourrage. L'homme et le chien grimpant aux échelles, et courant sur les bois de charpente avec un aplomb et une agilité surprenante ; le chien flairant les trous des murailles, faisant l'office de chat, se mettant à l'affût, et veillant en embuscade jusqu'à ce que le *gibier* se livre à la rapière du chasseur ; celui-ci lardant des bottes de paille, et passant l'ennemi au fil de l'épée : tout cela, accompli et dirigé avec gravité et importance par don Marcasse, était, je vous assure, aussi singulier que divertissant.

Lorsque j'aperçus ce féal, je crus pouvoir braver le sorcier, et j'approchai hardiment. Sylvain me regardait avec admiration, et je remarquai que Patience lui-même ne s'attendait pas à tant d'audace. J'affectai d'aborder Marcasse et de lui parler, afin de braver mon ennemi. Ce que voyant, il écarta doucement le preneur de taupes ; et, posant sa lourde main sur ma tête, il me dit fort tranquillement :

« Vous avez grandi depuis quelque temps, mon beau monsieur ? »

La rougeur me monta au visage, et reculant avec dédain :

« Prenez garde à ce que vous faites, manant, lui dis-je ; vous devriez vous rappeler que, si vous avez encore vos deux oreilles, c'est à ma bonté que vous le devez. — Mes deux oreilles ! » dit Patience en riant avec amertume. Et, faisant allusion au surnom de ma famille, il ajouta : « Vous voulez dire mes deux jarrets ? *Patience ! patience !* un temps n'est peut-être pas si loin où les manants ne couperont aux nobles ni les jarrets ni les oreilles, mais la tête et la bourse..... — Taisez-vous, maître Patience, dit le preneur de taupes d'un ton solennel, vous ne parlez pas en philosophe. — Tu as raison, toi, répliqua le sorcier ; et, au fait, je ne sais pas pourquoi je querelle ce petit gars. Il aurait dû me faire mettre en bouillie par ses oncles ; car je l'ai fouetté, l'été dernier, pour une sottise qu'il m'avait faite ; et je ne sais pas ce qui est arrivé dans la famille, mais les Mauprat ont perdu une belle occasion de faire du mal au prochain. — Apprenez, paysan, lui dis-je, qu'un noble se venge toujours noblement ; je n'ai pas voulu faire punir mes injures par des gens plus forts que vous ; mais attendez deux ans, et je vous promets de vous pendre, de ma propre main, à un certain arbre que je reconnaîtrai bien, et qui est devant la porte de la tour Gazeau. Si je ne le fais, je veux cesser d'être gentilhomme ; si je vous épargne, je veux être appelé meneur de loups. »

Patience sourit, et, tout d'un coup devenant sérieux, il attacha sur moi ce regard profond qui rendait sa physionomie si remarquable. Puis, se tournant vers le chasseur de belettes : « C'est singulier, dit-il, il y a quelque chose dans cette race. Voyez le plus méchant noble : il a encore plus de cœur en certaines choses que le plus brave d'entre nous. Ah ! c'est tout simple, ajouta-t-il en se parlant à lui-même ; on les élève comme ça, et nous, on nous dit que nous naissons pour obéir... *Patience !* » Il garda un instant le silence ; puis il sortit de sa rêverie pour me dire d'un ton de bonhomie un peu railleuse : « Vous voulez me pendre, monseigneur *Brin de chaume* ? Mangez donc beaucoup de soupe ; car vous n'êtes pas encore assez haut pour atteindre à la branche qui me portera ; et, jusque-là... il passera peut-être sous le pont bien de l'eau dont vous ne savez pas le goût. — Mal parlé, mal parlé, dit le preneur de taupes d'un air grave ; allons, la paix. Monsieur Bernard, pardon pour Patience ; c'est un vieux, un fou.

— Non, non, dit Patience, je veux qu'il me pende ; il a raison, il me doit cela, et, au fait, cela arrivera peut-être plus vite que tout le reste. Ne vous dépêchez pas trop de grandir, monsieur, car, moi, je me dépêche de vieillir plus que je ne voudrais ; et, puisque vous êtes si brave, vous ne voudrez pas attaquer un homme qui ne pourrait plus se défendre. — Vous avez bien usé de votre force avec moi ! m'écriai-je ; ne m'avez-vous pas fait violence, dites ? n'est-ce pas une lâcheté, cela ? »

Il fit un geste de surprise. « Oh ! les enfants, les enfants ! dit-il, voyez comme cela raisonne ! La vérité est dans la bouche des enfants. » Et il s'éloigna en rêvant et en se disant des sentences à lui-même, comme il avait l'habitude de faire. Marcasse m'ôta son chapeau, et me dit d'un ton impassible : « Il a tort... il faut la paix... pardon... repos... salut ! »

Ils disparurent, et là cessèrent mes rapports avec Patience. Ils ne furent renoués que longtemps après.

VI.

J'avais quinze ans quand mon grand-père mourut ; sa mort ne causa point de douleur, mais une véritable consternation à la Roche-Mauprat. Il était l'âme de tous les vices qui y régnaient, et il est certain qu'il y avait en lui quelque chose de plus cruel et de moins vil que dans ses fils. Après lui l'espèce de gloire que son audace nous avait acquise s'éclipsa. Ses enfants, jusque-là disciplinés, devinrent de plus en plus ivrognes et débauchés. D'ailleurs les expéditions furent chaque jour plus périlleuses.

Excepté le petit nombre de féaux que nous traitions

bien et qui nous étaient tous dévoués, nous étions de plus en plus isolés et sans ressources. Le pays d'alentour avait été abandonné à la suite de nos violences. La frayeur que nous inspirions agrandissait chaque jour le désert autour de nous. Il fallait aller loin et se hasarder sur les confins de la plaine. Là nous n'avions pas le dessus, et mon oncle Laurent, le plus hardi de tous, fut grièvement blessé à une escarmouche. Il fallut chercher d'autres ressources. Jean les suggéra. Ce fut de se glisser dans les foires sous divers déguisements et d'y commettre des vols habiles. De brigands nous devînmes filous, et notre nom détesté s'avilit de plus en plus. Nous établîmes des accointances avec tout ce que la province recélait de gens tarés, et, par un échange de services frauduleux, nous échappâmes encore une fois à la misère.

Je dis nous, car je commençais à faire partie de cette bande de coupe-jarrets quand mon grand-père mourut. Il avait cédé à mes prières et m'avait associé à quelques-unes des dernières courses qu'il tenta. Je ne vous ferai point d'excuses; mais vous voyez devant vous un homme qui a fait le métier de bandit. C'est un souvenir qui ne me laisse nul remords, pas plus qu'à un soldat d'avoir fait campagne sous les ordres de son général. Je croyais encore vivre au moyen âge. La force et la sagesse des lois établies étaient pour moi des paroles dépourvues de sens. Je me sentais brave et vigoureux; je me battais. Il est vrai que les résultats de nos victoires me faisaient souvent rougir; mais n'en profitant pas, je m'en lavais les mains, et je me souviens avec plaisir d'avoir aidé plus d'une victime terrassée à se relever et à s'enfuir.

Cette existence m'étourdissait par son activité, ses dangers et ses fatigues. Elle m'arrachait aux douloureuses réflexions qui eussent pu naître en moi. En outre elle me soustrayait à la tyrannie immédiate de Jean. Mais quand mon grand-père fut mort, et notre bande dégradée par un autre genre d'exploits, je retombai sous cette odieuse domination. Je n'étais nullement propre au mensonge et à la fraude. Je montrais non-seulement de l'aversion, mais encore de l'incapacité pour cette industrie nouvelle. On me regarda comme un membre inutile, et les mauvais procédés recommencèrent. On m'eût chassé si on n'eût craint que, me réconciliant avec la société, je ne devinsse un ennemi dangereux. Dans cette alternative de me nourrir ou d'avoir à me redouter, il fut souvent délibéré (je l'ai su depuis) de me chercher querelle et de me forcer à une rixe dans laquelle on se déferait de moi. C'était l'avis de Jean; mais Antoine, celui qui avait perdu le moins de l'énergie et de l'espèce d'équité domestique de Tristan, opina et prouva que j'étais plus précieux que nuisible. J'étais un bon soldat, on pouvait avoir besoin encore de bras dans l'occasion. Je pouvais aussi me former à l'escroquerie; j'étais bien jeune et bien ignorant; mais si Jean voulait me prendre par la douceur, rendre mon sort moins malheureux, et surtout m'éclairer sur ma véritable situation, en m'apprenant que j'étais perdu pour la société et que je ne pouvais y reparaître sans être pendu aussitôt, peut-être mon obstination et ma fierté plieraient-elles devant le bien-être, d'une part, et la nécessité, de l'autre. Il fallait au moins le tenter avant de se débarrasser de moi; « car, disait Antoine pour conclure son homélie, nous étions dix Mauprat l'année dernière; notre père est mort, et, si nous tuons Bernard, nous ne serons plus que huit. »

Cet argument l'emporta. On me tira de l'espèce de cachot où je languissais depuis plusieurs mois; on me donna des habits neufs; on changea mon vieux fusil pour une belle carabine que j'avais toujours désirée; on me fit l'exposé de ma situation dans le monde; on me versa du meilleur vin à mes repas. Je promis de réfléchir, et, en attendant, je m'abrutis un peu plus dans l'inaction et dans l'ivrognerie que je n'avais fait dans le brigandage.

Cependant ma captivité me laissa de si tristes impressions que je fis le serment, à part moi, de m'exposer à tout ce qui pourrait m'advenir sur les terres du roi de France, plutôt que de supporter le retour de ces mauvais traitements. Un méchant point d'honneur me retenait seul à la Roche-Mauprat. Il était évident que l'orage s'amassait sur nos têtes. Les paysans étaient mécontents, malgré tout ce que nous faisions pour nous les attacher; des doctrines d'indépendance s'insinuaient sourdement parmi eux; nos plus fidèles serviteurs se lassaient d'avoir le pain et les vivres en abondance; ils demandaient de l'argent, et nous n'en avions pas. Plusieurs sommations nous avaient été faites sérieusement de payer à l'État les impôts du fisc; et nos créanciers se joignant aux gens du roi et aux paysans révoltés, tout nous menaçait d'une catastrophe semblable à celle dont le seigneur de Pleumartin venait d'être victime dans le pays[1].

Mes oncles avaient longtemps projeté de s'adjoindre aux rapines et à la résistance de ce hobereau. Mais au moment où Pleumartin, près de tomber au pouvoir de ses ennemis, nous avait donné sa parole de nous accueillir comme amis et alliés si nous marchions à son secours, nous avions appris sa défaite et sa fin tragique. Nous étions donc à toute heure sur nos gardes. Il fallait quitter le pays ou traverser une crise décisive. Les uns conseillaient le premier parti; les autres s'obstinaient à suivre le conseil du père mourant, et à s'enterrer sous les ruines du donjon. Ils traitaient de lâcheté et de couardise toute idée de fuite ou de transaction. La crainte d'encourir un pareil reproche, et peut-être un peu l'amour instinctif du danger, me retenaient donc encore; mais mon aversion pour cette existence odieuse sommeillait en moi, toujours prête à éclater violemment.

Un soir que nous avions largement soupé, nous restâmes à table continuant à boire et à converser, Dieu sait dans quels termes et sur quels sujets! Il faisait un temps affreux, l'eau ruisselait sur le pavé de la salle par les fenêtres disjointes, l'orage ébranlait les vieux murs. Le vent de la nuit sifflait à travers les crevasses de la voûte et faisait onduler la flamme de nos torches de résine. On m'avait beaucoup raillé, pendant le repas, de ce qu'on appelait ma vertu; on avait traité ma sauvagerie envers les femmes de continence, et c'était surtout à ce qu'on me poussait à mal par la mauvaise honte. Comme, tout en me défendant de ces moqueries grossières et en ripostant sur le même ton, j'avais bu énormément, ma farouche imagination s'était enflammée, et je me vantais d'être plus hardi et mieux venu auprès de la première femme qu'on amènerait à la Roche-Mauprat qu'aucun de mes oncles. Le défi fut accepté avec de grands éclats de rire. Les roulements de la foudre répondirent à cette gaieté infernale.

Tout à coup le cor sonna à la herse. Tout rentra dans le silence. C'était la fanfare dont les Mauprat se servaient entre eux pour s'appeler et se reconnaître. C'était mon oncle Laurent qui avait été absent tout le jour et qui demandait à rentrer. Nous avions tant de sujets de méfiance que nous étions nous-mêmes porte-clefs et guichetiers de notre forteresse. Jean se leva en agitant les clefs; mais il resta immobile aussitôt pour écouter le cor qui annonçait, par une seconde fanfare, qu'il amenait une prise, et qu'il fallait aller au-devant de lui. En un clin d'œil, tous les Mauprat furent à la herse avec des flambeaux, excepté moi, dont l'indifférence était profonde, et les jambes sérieusement avinées. « Si c'est une femme, s'écria Antoine en sortant, je jure sur l'âme de mon pauvre père qu'elle te sera adjugée, vaillant jeune homme! et nous verrons si ton audace répond à tes prétentions. » Je restai les coudes sur la table, plongé dans un malaise stupide.

Lorsque la porte se rouvrit, je vis entrer une femme d'une démarche assurée et revêtue d'un costume étrange. Il me fallut un effort pour ne pas tomber dans une sorte de divagation, et pour comprendre ce que l'un des Mauprat vint me dire à l'oreille. Au milieu d'une battue aux loups, à laquelle plusieurs seigneurs des environs avec leurs femmes, avaient voulu prendre part, le cheval de

---

[1]. Le seigneur de Pleumartin a laissé dans le pays des souvenirs qui préserveront le récit de Mauprat du reproche d'exagération. La plume se refuserait à tracer les féroces obscénités et les raffinements de torture qui signalèrent la vie de cet insensé, et qui perpétuèrent les traditions du brigandage féodal dans le Berry jusqu'aux derniers jours de l'ancienne monarchie. On fit le siège de son château, et, après une résistance opiniâtre, il fut pris et pendu. Plusieurs personnes encore vivantes, et d'un âge qui n'est même pas très-avancé, l'ont connu.

cette jeune personne s'était effrayé et l'avait emportée loin de la chasse. Lorsqu'il s'était calmé après une pointe de près d'une lieue, elle avait voulu retourner en arrière; mais ne connaissant pas le pays de Varenne, où tous les sites se ressemblent, elle s'était de plus en plus écartée. L'orage et la nuit avaient mis le comble à son embarras. Laurent, l'ayant rencontrée, lui avait offert de la conduire au château de Rochemaure, qui était en effet à plus de six lieues de là, mais qu'il disait très-voisin, et dont il feignait d'être le garde-chasse. Cette dame avait accepté son offre. Sans connaître la dame de Rochemaure, elle était un peu sa parente, et se flattait d'être bien accueillie. Elle n'avait jamais rencontré la figure d'aucun Mauprat, et ne songeait guère être si près de leur repaire. Elle avait donc suivi son guide sans défiance, et, n'ayant vu de sa vie la Roche-Mauprat, ni de près, ni de loin, elle fut introduite dans la salle de nos orgies sans avoir le moindre soupçon du piège où elle était tombée.

Quand je frottai mes yeux appesantis et regardai cette femme si jeune et si belle, avec un air de calme, de franchise et d'honnêteté que je n'avais jamais trouvé sur le front d'aucune autre (toutes celles qui avaient passé la herse de notre manoir étant d'insolentes prostituées ou des victimes stupides), je crus faire un rêve.

J'avais vu des fées figurer dans mes légendes de chevalerie. Je crus presque que Morgane ou Urgande venait chez nous pour faire justice; et j'eus envie un instant de me jeter à genoux et de protester contre l'arrêt qui m'eût confondu avec mes oncles. Antoine, à qui Laurent avait rapidement donné le mot, s'approcha d'elle avec autant de politesse qu'il était capable d'en avoir, et la pria d'excuser son costume de chasse et celui de ses amis. Ils étaient tous neveux ou cousins de la dame de Rochemaure, et ils attendaient pour se mettre à table que cette dame, qui était fort dévote, fût sortie de la chapelle où elle était en conférence pieuse avec son aumônier. L'air de candeur et de confiance avec lequel l'inconnue écouta ce mensonge ridicule me serra le cœur; mais je ne me rendis pas compte de ce que j'éprouvais. « Je ne veux pas, dit-elle à mon oncle Jean qui faisait l'assidu d'un air de satyre auprès d'elle, déranger cette dame; je suis trop inquiète de l'inquiétude que je cause moi-même à mon père et à mes amis dans ce moment pour vouloir m'arrêter ici. Dites-lui que je la supplie de me prêter un cheval frais et un guide, afin que je retourne vers le lieu où je présume qu'ils peuvent avoir été m'attendre. — Madame, répondit Jean avec assurance, il est impossible que vous vous remettiez en route par le temps qu'il fait; d'ailleurs cela ne servirait qu'à retarder le moment de rejoindre ceux qui vous cherchent. Dix de mes gens bien montés et armés de torches partent à l'instant même par dix routes différentes, et vont parcourir la Varenne sur tous les points. Il est donc impossible que, dans deux heures au plus, vos parents n'aient pas de vos nouvelles, ou que bientôt vous ne les voyiez arriver ici, où ils seront hébergés le mieux possible. Tenez-vous donc en repos, et acceptez quelques cordiaux pour vous remettre; car vous êtes mouillée et accablée de fatigue. — Sans l'inquiétude que j'éprouve, je serais affamée, répondit-elle en souriant. Je vais essayer de manger quelque chose; mais ne faites rien d'extraordinaire pour moi. Vous avez déjà mille fois trop de bonté. »

Elle s'approcha de la table où j'étais resté accoudé, et prit un fruit tout près de moi sans m'apercevoir. Je me retournai et la regardai effrontément d'un air abruti. Elle supporta mon regard avec arrogance. Voilà du moins ce qu'il me sembla. J'ai su depuis qu'elle ne me voyait seulement pas; car, tout en faisant effort sur elle-même pour paraître calme et répondre avec confiance à l'hospitalité qu'on lui offrait, elle était fort troublée de la présence inattendue de tant d'hommes étrangers, de mauvaise mine et grossièrement vêtus. Pourtant nul soupçon ne lui venait. J'entendis un des Mauprat dire près de moi à Jean : « Bon! tout va bien; elle donne dans le panneau; faisons-la boire, elle causera. — Un instant, répondit Jean, surveillez-la, l'affaire est sérieuse; il y a mieux à faire ici qu'à se divertir. Je vais tenir conseil, on vous appellera pour dire votre avis; mais ayez l'œil un peu sur Bernard. — Qu'est-ce qu'il y a? dis-je brusquement en me retournant vers lui. Est-ce que cette *fille* ne m'appartient pas? N'a-t-on pas juré sur l'âme de mon grand-père!... — Ah! c'est parbleu vrai! » dit Antoine en s'approchant de notre groupe, tandis que les autres Mauprat entouraient la dame. Écoute, Bernard, je tiendrai ma parole à une condition. — Laquelle? — C'est bien simple; d'ici à dix minutes, tu ne diras pas à cette *donzelle* qu'elle n'est pas chez la vieille Rochemaure. — Pour qui me prenez-vous? répondis-je en enfonçant mon chapeau sur mes yeux. Croyez-vous que je sois une bête? Attendez, voulez-vous que j'aille prendre la robe de ma grand-mère qui est là-haut, et que je me fasse passer pour la dévote de Rochemaure? — Bonne idée, dit Laurent. — Mais, avant tout, j'ai à vous parler, » reprit Jean. Et il les entraîna dehors après avoir fait un signe aux autres. Au moment où ils sortaient tous, je crus voir que Jean voulait engager Antoine à me surveiller; mais Antoine, avec une insistance que je ne compris pas, s'obstina à les suivre. Je restai seul avec l'inconnue.

Je demeurai un instant étourdi, bouleversé, et plus embarrassé que satisfait du tête-à-tête; puis, en cherchant à me rendre compte de ce qui se passait de mystérieux autour de moi, je parvins à m'imaginer, à travers les fumées du vin, quelque chose d'assez vraisemblable, quoique pourtant ce fût une erreur complète.

Je crus expliquer tout ce que je venais de voir et d'entendre, en supposant d'abord que cette dame si tranquille et si parée était une de ces filles de Bohème que j'avais vues quelquefois dans les foires; 2° que Laurent, l'ayant rencontrée par les champs, l'avait amenée pour divertir la compagnie; 3° qu'on lui avait fait confidence de mon état d'ivresse fanfaronne, et qu'on l'amenait pour mettre ma galanterie à l'épreuve, tandis qu'on me regarderait par le trou de la serrure. Mon premier mouvement, dès que cette pensée se fut emparée de moi, fut de me lever et d'aller droit à la porte que je fermai à double tour, et dont je tirai les verrous; puis je revins vers la dame, déterminé que j'étais à ne pas lui donner lieu de railler ma timidité.

Elle était assise sous le manteau de la cheminée; et, comme elle était occupée à sécher ses habits mouillés, et penchée vers le foyer, elle ne s'était pas rendu compte de ce que je faisais; mais l'expression étrange de mon visage la fit tressaillir lorsque je m'approchai d'elle. J'étais déterminé à l'embrasser pour commencer; mais je ne sais par quel prodige, dès qu'elle eut levé ses yeux sur moi, cette familiarité me devint impossible. Je ne me sentis pas le courage de lui dire : « Ma foi! mademoiselle, vous êtes charmante, et vous me plaisez aussi vrai que je m'appelle Bernard Mauprat. — Bernard Mauprat! s'écria-t-elle en se levant, vous êtes Bernard Mauprat, vous? En ce cas, changez de langage et sachez à qui vous parlez; ne vous l'a-t-on pas dit? — On ne me l'a pas dit, mais je le devine, répondis-je en ricanant et en m'efforçant de lutter contre le respect que m'inspirait sa pâleur subite et son attitude impérieuse. — Si vous le devinez, dit-elle, comment est-il possible que vous me parliez comme vous faites? Mais on m'avait bien dit que vous étiez mal élevé, et pourtant j'avais toujours désiré vous rencontrer. — En vérité? dis-je en ricanant toujours. Vous! princesse de grandes routes, qui avez connu tant de gens en votre vie? Laissez mes lèvres rencontrer les vôtres, s'il vous plaît, ma belle, et vous saurez si je suis aussi bien élevé que messieurs mes oncles, que vous écoutiez si bien tout à l'heure.

— Vos oncles! s'écria-t-elle en saisissant brusquement sa chaise et en la plaçant entre elle et moi par un instinct de défense. Ô mon Dieu! mon Dieu! je ne suis pas chez madame de Rochemaure! — Le nom commence toujours de même, et nous sommes d'aussi bonne roche que qui que ce soit. — La Roche-Mauprat!... » murmura-t-elle en frissonnant de la tête aux pieds comme une biche qui entend hurler les loups; et ses lèvres devinrent toutes blanches. L'angoisse passa dans tous ses traits. Par une involontaire sympathie, je frémis moi-même, et je faillis changer tout à coup de manières et de langage. « Qu'est-ce que cela a donc de surprenant pour elle? me disais-je; n'est-ce pas une comédie qu'elle joue? et si les Mauprat ne sont pas là derrière quelque boiserie à nous écouter, ne leur racontera-t-elle pas mot pour mot tout ce qui se sera passé? Cependant elle tremble comme une feuille de peuplier... Mais est-ce une comédienne? J'en ai vu une qui faisait Geneviève de Brabant et qui pleurait à s'y méprendre. » J'étais dans une grande perplexité, et je promenais des yeux hagards tantôt sur elle, tantôt sur les portes que je croyais toujours prêtes à s'ouvrir toutes grandes, aux éclats de rire de mes oncles.

Cette femme était belle comme le jour. Je ne crois pas que jamais il ait existé une femme aussi jolie que celle-là. Ce n'est pas moi seulement qui l'atteste; elle a laissé une réputation de beauté qui n'est pas encore oubliée dans le pays. Elle était d'une taille assez élevée, svelte, et remarquable par l'aisance de ses mouvements. Elle était blanche avec des yeux noirs et des cheveux d'ébène. Ses regards et son sourire avaient une expression de bonté et de finesse dont le mélange était incompréhensible; il semblait que le ciel lui eût donné deux âmes, une toute d'intelligence, une toute de sentiment.

Elle était naturellement gaie et brave; c'était un ange que les chagrins de l'humanité n'avaient pas encore osé toucher. Rien ne l'avait fait souffrir, rien ne lui avait appris la méfiance et l'effroi. C'était donc là la première souffrance de sa vie, et c'était moi, brute, qui la lui inspirais. Je la prenais pour une bohémienne, et c'était un ange de pureté.

C'était ma jeune tante à la mode de Bretagne, Edmée de Mauprat, fille de M. Hubert, mon grand-oncle (à la mode de Bretagne aussi), qu'on appelait le chevalier, et qui s'était fait relever de l'ordre de Malte pour se marier dans un âge déjà mûr; car ma tante et moi nous étions du même âge. Nous avions dix-sept ans tous deux, à quelques mois de différence; et ce fut là notre première entrevue. Celle que j'aurais dû protéger au péril de ma vie envers et contre tous, était là, devant moi, palpitante et consternée comme une victime du bourreau.

Elle fit un grand effort, et s'approchant de moi, qui marchais avec préoccupation dans la salle, elle se nomma et ajouta: « Il est impossible que vous soyez un infâme comme tous ces brigands que je viens de voir et dont je sais la vie infernale. Vous êtes jeune; votre mère était bonne et sage. Mon père voulait vous élever et vous adopter. Encore aujourd'hui il regrette de ne pouvoir vous tirer de l'abîme où vous êtes plongé. N'avez-vous pas reçu plusieurs messages de sa part? Bernard, vous êtes mon proche parent, songez aux liens du sang; pourquoi voulez-vous m'insulter? Veut-on m'assassiner ici ou me donner la torture? Pourquoi m'a-t-on trompée en me disant que j'étais à Rochemaure? Pourquoi s'est-on retiré d'un air de mystère? Que prépare-t-on? que se passe-t-il? » La parole expira sur ses lèvres; un coup de fusil venait de se faire entendre au dehors. Une décharge de la couleuvrine y répondit, et la trompe d'alarme ébranla de sons lugubres les tristes murailles du donjon. Mademoiselle de Mauprat retomba sur sa chaise. Je restai immobile, ne sachant si c'était là une nouvelle scène de comédie imaginée pour se divertir de moi, et décidé à ne point me mettre en peine de cette alarme jusqu'à ce que j'eusse la preuve certaine qu'elle n'était pas simulée.

« Allons, lui dis-je en me rapprochant d'elle, convenez que tout ceci est une plaisanterie. Vous n'êtes pas mademoiselle de Mauprat, et vous voulez savoir si je suis un apprenti capable de faire l'amour. — J'en jure par le Christ, répondit-elle en prenant mes mains dans ses mains froides comme la mort, je suis Edmée, votre parente, votre prisonnière, votre amie; car je me suis toujours intéressée à vous, j'ai toujours supplié mon père de ne pas vous abandonner... Mais écoutez, Bernard, on se bat, on se bat à coups de fusil! C'est mon père qui vient me chercher sans doute, et on va le tuer! Ah! s'écria-t-elle en tombant à genoux devant moi, allez empêcher cela, Bernard, mon enfant! Dites à vos oncles de respecter mon père, le meilleur des hommes, si vous saviez dites-leur que, s'ils nous haïssent, s'ils veulent verser du sang, eh bien! qu'ils me tuent, qu'ils m'arrachent le cœur, mais qu'ils respectent mon père... »

On m'appela du dehors d'une voix véhémente: « Où est ce poltron? où est cet enfant de malheur? » disait mon oncle Laurent. On secoua la porte; je l'avais si bien fermée qu'elle résista à des secousses furieuses. « Le misérable lâche s'amuse à faire l'amour pendant qu'on nous égorge! Bernard, la maréchaussée nous attaque. Votre oncle Louis vient d'être tué. Venez, pour Dieu, venez, Bernard! — Que le diable vous emporte tous! m'écriai-je, et soyez tué vous-même, si je crois un mot de tout cela; je ne suis pas si sot que vous pensez; il n'y a de lâches ici que ceux qui mentent. Moi, j'ai juré que j'aurais la femme, et je ne la rendrai que quand il me plaira. — Allez au diable! répondit Laurent, vous faites semblant... » Les décharges de mousqueterie redoublèrent. Des cris affreux se firent entendre. Laurent quitta la porte et se mit à courir vers le bruit. Son empressement marquait tant de vérité que je n'y pus résister. L'idée qu'on m'accuserait de lâcheté l'emporta; je m'avançai vers la porte. « O Bernard! ô monsieur de Maupraṭ! s'écria Edmée en se traînant après moi, laissez-moi aller avec vous; je me jetterai aux pieds de vos oncles, je ferai cesser ce combat, je leur céderai tout ce que je possède, ma vie, s'ils la veulent... pour que celle de mon père soit sauvée. — Attendez, lui dis-je en me retournant vers elle, je ne peux pas savoir si on ne se moque pas de moi. Je crois que nos oncles sont là derrière la porte, et que, pendant que nos valets de chiens tiraillent dans la cour, on tient une couverture pour me berner. Vous êtes ma cousine, ou vous êtes une... Vous allez me faire un serment, et je vous en ferai un à mon tour. Si vous êtes une princesse errante, et que, vaincu par vos grimaces, je sorte de cette chambre, vous allez jurer d'être ma maîtresse et de ne souffrir personne auprès de vous avant que j'aie usé de mes droits; ou bien, moi, je vous jure que vous serez corrigée comme j'ai corrigé ce matin Flore, ma chienne mouchetée. Si vous êtes Edmée, et que je vous jure de me mettre entre votre père et ceux qui voudraient le tuer, que me promettrez-vous, que me jurerez-vous? — Si vous sauviez mon père, s'écria-t-elle, je vous jure que je vous épouserais. — Oui-dà! lui dis-je, enhardi par son enthousiasme dont je ne comprenais pas la sublimité. Donnez-moi donc un gage, afin qu'en tout cas je ne sorte pas d'ici comme un sot. » Elle se laissa embrasser sans faire résistance; ses joues étaient glacées. Elle s'attachait machinalement à mes pas pour sortir; je fus obligé de la repousser. Je le fis sans rudesse, mais elle tomba comme évanouie. Je commençai à comprendre la réalité de ma situation, car il n'y avait personne dans le corridor, et les bruits du dehors devenaient de plus en plus alarmants. J'allais courir vers mes armes, lorsqu'un dernier mouvement de méfiance, ou peut-être un autre sentiment, me fit revenir sur mes pas, et fermer à double tour la porte de la salle où je laissais Edmée. Je mis la clef dans ma ceinture, et j'allai aux remparts, armé de mon fusil que je chargeai en courant.

C'était tout simplement une attaque de la maréchaussée; il n'y avait là rien de commun avec mademoiselle de Mauprat. Nos créanciers avaient obtenu prise de corps contre nous. Les gens de loi, battus et maltraités, avaient requis de l'avocat du roi au présidial de Bourges un mandat d'amener, que la force armée exécutait de son mieux, espérant s'emparer de nous avec facilité au moyen d'une surprise nocturne. Mais nous étions en meilleur état de défense qu'ils ne pensaient; nos gens étaient braves et bien armés, et puis nous nous battions pour notre existence tout entière; nous avions le courage du désespoir, et c'était un avantage immense. Notre troupe montait à vingt-quatre personnes, la leur à plus de cinquante militaires. Une vingtaine de paysans lançaient des pierres sur les côtés, mais ils faisaient plus de mal à leurs alliés qu'à nous.

Le combat fut acharné pendant une demi-heure, puis notre résistance effraya tellement l'ennemi qu'il se replia et suspendit ses hostilités; mais il revint bientôt à la

Marcasse, dit preneur de taupes. (Page 44.)

charge, et fut de nouveau repoussé avec perte. Les hostilités furent encore suspendues. On nous somma de nous rendre pour la troisième fois, en nous promettant la vie sauve. Antoine Mauprat leur répondit par une moquerie obscène. Ils restèrent indécis, mais ne se retirèrent pas.

Je m'étais battu bravement; j'avais fait ce que j'appelais mon devoir. La trêve se prolongeait. Nous ne pouvions plus juger de la distance de l'ennemi, et nous n'osions risquer une décharge dans l'obscurité, car nos munitions de guerre étaient précieuses. Tous mes oncles étaient cloués aux remparts dans l'incertitude d'une nouvelle attaque. L'oncle Louis était grièvement blessé. Ma prisonnière me revint en mémoire. J'avais, au commencement du combat, entendu dire à Jean Mauprat qu'il fallait, en cas de défaite, l'offrir à condition qu'on lèverait le siége, ou la pendre aux yeux de l'ennemi. Je ne pouvais plus douter de la vérité de ce qu'elle m'avait dit. Quand la victoire parut se déclarer pour nous, on oublia la captive. Seulement le rusé Jean se détacha de sa chère coulevrine qu'il pointait avec tant d'amour, et se glissa comme un chat dans les ténèbres. Un mouvement de jalousie incroyable s'empara de moi. Je jetai mon fusil, et je m'élançai sur ses traces, le couteau dans la main, et résolu, je crois, à le poignarder s'il touchait à ce que je regardais comme ma capture. Je le vis approcher de la porte, essayer de l'ouvrir, regarder avec attention par le trou de la serrure, pour s'assurer que sa proie ne lui avait pas échappé. Les coups de fusil recommencèrent. Il tourna sur ses talons inégaux avec l'agilité surprenante dont il était doué, et courut aux remparts. Pour moi, caché dans l'ombre, je le laissai passer et ne le suivis pas. Un autre instinct que celui du carnage venait de s'emparer de moi. Un éclair de jalousie avait enflammé mes sens. La fumée de la poudre, la vue du sang, le bruit, le danger, et plusieurs rasades d'eau-de-vie avalées à la ronde pour entretenir l'activité, m'avaient singulièrement échauffé la tête. Je pris la clef dans ma ceinture, j'ouvris brusquement la porte, et, quand je reparus devant la captive, je n'étais plus le novice méfiant et grossier qu'elle avait réussi à ébranler; j'étais le brigand farouche de la Roche-Mauprat, cent fois plus dangereux cette fois que la première. Elle s'élança vers moi avec impétuosité. J'ouvris mes bras pour la saisir; mais, au lieu de s'en ef-

Elle s'approcha de la table où j'étais resté accoudé, et prit un fruit. (Page 14.)

trayer, elle s'y jeta en criant : « Eh bien! mon père? — Ton père, lui dis-je en l'embrassant, n'est pas là. Il n'est pas plus question de lui que de toi sur la brèche à l'heure qu'il est. Nous avons *descendu* une douzaine de gendarmes, et voilà tout. La victoire se déclare pour nous comme de coutume. Ainsi ne t'inquiète plus de ton père; moi, je ne m'inquiète plus des gens du roi. Vivons en paix et fêtons l'amour. » En parlant ainsi, je portai à mes lèvres un broc de vin qui restait sur la table. Mais elle me l'ôta des mains d'un air d'autorité qui m'enhardit. « Ne buvez plus, me dit-elle; songez à ce que vous dites. Est-ce vrai ce que vous avez dit? en répondez-vous sur l'honneur, sur l'âme de votre mère? — Tout cela est vrai, je le jure sur votre belle bouche toute rose, lui répondis-je en essayant de l'embrasser encore. Mais elle recula avec terreur. — O mon Dieu! dit-elle, il est ivre! Bernard! Bernard! souvenez-vous de ce que vous avez promis, gardez votre parole. Vous savez bien à présent que je suis votre parente, votre sœur. — Vous êtes ma maîtresse ou ma femme, lui répondis-je en la poursuivant toujours. — Vous êtes un misérable! reprit-elle en me repoussant de sa cravache. Qu'avez-vous fait pour que je vous sois quelque chose? avez-vous secouru mon père? — J'ai juré de le secourir, et je l'aurais fait s'il eût été là; c'est donc comme si je l'avais fait. Savez-vous que si je l'avais fait et que j'eusse échoué, il n'y aurait pas eu à la Roche-Mauprat de supplice assez cruel et assez lent pour me punir à petit feu de cette trahison? J'ai juré assez haut, on peut l'avoir entendu. Ma foi, je ne m'en soucie guère, et je ne tiens pas à vivre deux jours de plus ou de moins; mais je tiens à vos faveurs, ma belle, et à n'être pas un chevalier langoureux dont on se moque. Allons, aimez-moi tout de suite, ou, ma foi, je m'en retourne là-bas, et, si je suis tué, tant pis pour vous. Vous n'aurez plus de chevalier, et vous aurez encore sept Mauprat à tenir en bride. Je crains que vous n'ayez pas les mains assez fortes pour cela, ma jolie petite linotte. »

Ces paroles, que je débitais au hasard et sans y attacher d'autre importance que de la distraire pour m'emparer de ses mains ou de sa taille, firent une vive impression sur elle. Elle s'enfuit à l'autre bout de la salle, et s'efforça d'ouvrir la fenêtre; mais ses petites mains ne purent seulement en ébranler le châssis de plomb aux ferrures rouillées. Sa tentative me fit rire. Elle joignit les mains avec anxiété, et resta immobile; puis tout à coup l'expression de son visage changea; elle sembla prendre son parti, et vint à moi en riant et la main ouverte. Elle était si belle ainsi qu'un nuage passa devant mes yeux, et, pendant un instant, je ne la vis plus.

Passez-moi une puérilité. Il faut que je vous dise comment elle était habillée. Elle ne remit jamais ce costume depuis cette nuit étrange, et pourtant je me le rappelle minutieusement. Il y a longtemps de cela. Eh bien! je vivrais encore autant que j'ai vécu que je n'oublierais pas un seul détail, tant j'en fus frappé au milieu du tumulte qui se faisait au dedans et au dehors de moi, au milieu des coups de fusil qui battaient le rempart, des éclairs qui sillonnaient le ciel, et des palpitations violentes qui précipitaient mon sang de mon cœur à mon cerveau, et de ma tête à ma poitrine.

Oh! qu'elle était belle! Il me semble que son spectre passe encore devant mes yeux. Je crois la voir, vous dis-je, avec son costume d'amazone qu'on portait dans ce temps-là. Ce costume consistait en une jupe de drap très-ample; le corps serré dans un gilet de satin gris de perle boutonné, et une écharpe rouge autour de la taille; en dessus on portait la veste de chasse galonnée, courte et ouverte par devant; un chapeau de feutre gris à grands bords, relevé sur le front et ombragé d'une demi-douzaine de plumes rouges, surmontaient des cheveux sans poudre, retroussés autour du visage et tombant par derrière en deux longues tresses, comme celles des Bernoises. Ceux d'Edmée étaient si longs qu'ils descendaient presque à terre. Cette parure fantastique pour moi, cette fleur de jeunesse et ce bon accueil qu'elle semblait faire à mes prétentions, c'en était assez pour me rendre fou d'amour et de joie. Je ne comprenais rien de plus agréable qu'une belle femme qui se donnait sans paroles grossières et sans larmes de honte. Mon premier mouvement fut de la saisir dans mes bras; mais, comme vaincu par ce besoin irrésistible d'adoration qui caractérise le premier amour, même chez les êtres les plus grossiers, je tombai à ses genoux, et je les pressai contre ma poitrine. C'était pourtant, dans cette hypothèse, à une grande dévergondée que s'adressait cet hommage. Je n'en étais pas moins prêt à m'évanouir.

Elle prit ma tête dans ses deux belles mains, en s'écriant : « Ah! je le voyais bien, je le savais bien, que vous, vous n'étiez pas un de ces réprouvés; oh! vous allez me sauver. Dieu merci, soyez béni, ô Dieu! et vous, mon cher enfant, dites de quel côté? vite, fuyons; faut-il sauter par la fenêtre? Oh! je n'ai pas peur, mon cher monsieur, allons! »

Je crus sortir d'un rêve, et j'avoue que cela me fut horriblement désagréable. « Qu'est-ce à dire? lui répondis-je en me relevant, vous jouez-vous de moi? ne savez-vous pas où vous êtes, et croyez-vous que je sois un enfant?

— Je sais que je suis à la Roche-Mauprat, répondit-elle en redevenant pâle, et que je vais être outragée et assassinée dans deux heures si d'ici là je n'ai pas réussi à vous inspirer quelque pitié. Mais j'y réussirai, s'écria-t-elle en tombant à son tour à mes genoux, vous n'êtes pas un de ces hommes-là. Vous êtes trop jeune pour être un monstre comme eux; vous avez eu l'air de me plaindre; vous me ferez évader, n'est-ce pas, n'est-ce pas, *mon cher cœur?* »

Elle prenait mes mains et les baisait avec ardeur pour me fléchir; je l'écoutais et je la regardais avec une stupidité peu faite pour la rassurer. Mon âme n'était guère accessible par elle-même à la générosité et à la compassion, et, dans ce moment, une passion plus violente que tout le reste faisait taire en moi ce qu'elle essayait d'y trouver. Je la dévorais des yeux sans rien comprendre à ses discours. Toute la question pour moi était de savoir si je lui avais plu, ou si elle avait voulu se servir de moi pour la délivrer.

« Je vois bien que vous avez peur, lui dis-je; vous avez tort d'avoir peur de moi; je ne vous ferai certainement pas de mal. Vous êtes trop jolie pour que je songe à autre chose qu'à vous caresser.

— Oui, mais vos oncles me tueront, s'écria-t-elle, vous le savez bien. Est-il possible que vous vouliez me laisser tuer? Puisque je vous plais, sauvez-moi, je vous aimerai après.

— Oh oui! après, après! lui répondis-je en riant d'un air niais et méfiant, après que vous m'aurez fait pendre par les gens du roi que je viens d'étriller si bien. Allons, prouvez-moi que vous m'aimez tout de suite, je vous sauverai après; après, moi aussi. » Je la poursuivis autour de la chambre; elle fuyait. Cependant elle ne me témoignait pas de colère et me résistait avec des paroles douces. La malheureuse ménageait en moi son seul espoir et craignait de m'irriter. Ah! si j'avais pu comprendre ce qu'était une femme comme elle, et ce qu'était ma situation! Mais j'en étais incapable et je n'avais qu'une idée fixe, l'idée qu'un loup peut avoir en pareille occasion.

Enfin, comme à toutes ses prières je répondais toujours la même chose : « M'aimez-vous ou vous moquez-vous? » elle vit à quelle brute elle avait affaire; et, prenant son parti, elle se retourna vers moi, jeta ses bras autour de mon cou, cacha son visage dans mon sein, et me laissa baiser ses cheveux. Puis elle me repoussa doucement en me disant : « Eh mon Dieu! ne vois-tu pas que je t'aime et que tu m'as plu dès le moment où je t'ai vu? Mais ne comprends-tu pas que je hais tes oncles et que je ne veux appartenir qu'à toi? — Oui, lui répondis-je obstinément, parce que vous avez dit : Voilà un imbécile à qui je persuaderai tout ce que je voudrai en lui disant que je l'aime; il le croira, et je le mènerai pendre. Voyons, il n'y a qu'un mot qui serve, si vous m'aimez. » Elle me regardait d'un air d'angoisse, tandis que je cherchais à rencontrer ses lèvres quand elle ne détournait pas la tête. Je tenais ses mains dans les miennes, elle ne pouvait plus que reculer l'instant de sa défaite. Tout à coup sa figure pâle se colora, elle se mit à sourire, et avec une expression de coquetterie angélique : « Et vous, dit-elle, m'aimez-vous? »

De ce moment la victoire fut à elle. Je n'eus plus la force de vouloir ce que je désirais; ma tête de loup-cervier fut bouleversée, ni plus ni moins que celle d'un homme, et je crois que j'eus l'accent de la voix humaine en m'écriant pour la première fois de ma vie : « Oui, je t'aime! oui, je t'aime!

— Eh bien! dit-elle d'un air fou et avec un ton caressant, aimons-nous et sauvons-nous. — Oui, sauvons-nous, lui répondis-je, je déteste cette maison et eux. Il y a longtemps que je veux me sauver. Mais on me pendra, tu sais bien. — On ne te pendra pas, reprit-elle en riant mon prétendu c'est lieutenant-général. — Ton prétendu! m'écriai-je, saisi d'un nouvel accès de jalousie plus vif que le premier, tu vas te marier? — Pourquoi non? » répondit-elle en me regardant avec attention. Je pâlis et je serrai les dents. « En ce cas!... lui dis-je en essayant de l'emporter dans mes bras. — En ce cas, reprit-elle en me donnant une petite tape sur la joue, je vois que tu es jaloux; mais c'est un singulier jaloux que celui qui veut posséder sa maîtresse deux heures pour la céder à minuit à huit hommes ivres qui la lui rendront demain aussi sale que la boue des chemins. — Ah! tu as raison, m'écriai-je, va-t-en! va-t-en! je te défendrais jusqu'à la dernière goutte de mon sang; mais je succomberais sous le nombre et je périrais avec la pensée que tu leur restes. Quelle horreur! tu m'y fais penser; me voilà triste. Allons, pars! — Oh! oui! oh! oui! mon ange, » s'écria-t-elle en m'embrassant sur les joues avec effusion.

Cette caresse, la première qu'une femme m'eût faite depuis mon enfance, me rappela, je ne sais comment ni pourquoi, le dernier baiser de ma mère; et, au lieu de plaisir, elle me causa une tristesse profonde. Je me sentis les yeux pleins de larmes. Ma suppliante s'en aperçut et baisa mes larmes en répétant toujours : « Sauve-moi! sauve-moi! — Et ton mariage? lui dis-je; oh! écoute, jure-moi que tu ne te marieras pas avant que je meure; ce ne sera pas long, car mes oncles font bonne justice et courte justice, comme ils disent. — Est-ce que tu ne vas pas me suivre? reprit-elle. — Te suivre? non! pendu là-bas pour avoir fait le métier de bandit, pendu ici pour t'avoir fait évader, ce sera toujours bien la même chose, et du moins je n'aurai pas la honte de passer pour un délateur et d'être pendu en place publique. — Je ne te laisserai pas ici, s'écria-t-elle, dussé-je y mourir ; viens avec moi, tu ne risques rien, crois-en ma parole. Je réponds de toi devant Dieu. Tue-moi si je mens, mais partons vite. Mon Dieu ! je les entends chanter ! Ils viennent ! Ah ! si tu ne veux pas me défendre, tue-moi de suite ! »

Elle se jeta dans mes bras. L'amour et la jalousie gagnaient de plus en plus en moi ; j'eus en effet l'idée de la tuer, et j'eus la main sur mon couteau de chasse tout le temps que j'entendis du bruit et des voix dans le voisinage de la salle. C'étaient des cris de victoire. Je maudis le ciel de ne l'avoir pas donnée à nos ennemis. Je pressai Edmée sur ma poitrine, et nous restâmes immobiles dans les bras l'un de l'autre, jusqu'à ce qu'un nouveau coup de fusil annonça que le combat recommençait. Alors je la serrai avec passion sur mon cœur. « Tu me rappelles, lui dis-je, une pauvre tourterelle qui, étant poursuivie par le milan, vint un jour se jeter dans ma veste et se cacher jusque dans mon sein. — Et tu ne l'as pas livrée au milan, n'est-ce pas ? reprit Edmée. — Non, de par tous les diables ! pas plus que je ne te livrerai, toi, le plus joli des oiseaux des bois, à ces méchants oiseaux de nuit qui te menacent.

— Mais comment fuirons-nous ? dit-elle en écoutant avec terreur la fusillade. — Aisément, lui dis-je, suis-moi. » Je pris un flambeau, et, levant une trappe, je la fis descendre avec moi dans la cave. De là nous gagnâmes un souterrain creusé dans le roc qui servait autrefois à risquer un grand moyen de défense quand la garnison était plus considérable ; on sortait dans la campagne par une extrémité opposée à la herse, et on tombait sur les derrières des assiégeants qui se trouvaient pris entre deux feux. Mais il y avait longtemps que la garnison de la Roche-Mauprat ne pouvait plus se diviser en deux corps, et d'ailleurs, durant la nuit, il y aurait eu folie à se risquer hors de l'enceinte. Nous arrivâmes donc sans encombre à la sortie du souterrain, mais au dernier moment je fus saisi d'un accès de fureur. Je jetai ma torche par terre, et m'appuyant contre la porte : « Tu ne sortiras pas d'ici, dis-je à la tremblante Edmée, sans être à moi. » Nous étions dans les ténèbres, le bruit du combat ne venait plus jusqu'à nous. Avant qu'on vînt nous surprendre en ce lieu, nous avions mille fois le temps d'échapper. Tout m'enhardissait, Edmée ne dépendait plus que de mon caprice. Quand elle vit que les séductions de sa beauté ne pouvaient plus agir sur moi pour me porter à l'enthousiasme, elle cessa de m'implorer et fit quelques pas en arrière dans l'obscurité. « Ouvre la porte, me dit-elle, et sors le premier, ou je me tue ; car j'ai pris ton couteau de chasse au moment où tu l'oubliais sur le bord de la trappe, et pour retourner chez tes oncles, tu seras obligé de marcher dans mon sang. » L'énergie de sa voix m'effraya. « Rendez-moi ce couteau, lui dis-je, ou à tout risque je vous l'ôte de force. — Crois-tu que j'aie peur de mourir ? dit-elle avec calme. Si j'avais tenu ce couteau là-bas, je ne me serais pas humiliée devant toi. — Eh bien ! malheur ! m'écriai-je, vous me trompez, vous ne m'aimez pas ! Partez, je vous méprise, je ne vous suivrai pas. » En même temps j'ouvris la porte.

« Je ne veux pas partir sans vous, dit-elle ; et vous, vous ne voulez pas que nous partions sans que je sois déshonorée. Lequel de nous est le plus généreux ? — Vous êtes folle, lui dis-je, vous m'avez menti, et vous ne savez que faire pour me rendre imbécile. Mais vous ne sortirez pas d'ici sans jurer que votre mariage avec le lieutenant-général ou avec tout autre ne se fera pas avant que vous ayez été ma maîtresse. — Votre maîtresse ? dit-elle, y pensez-vous ? Ne pouvez-vous du moins, pour adoucir l'insolence, dire votre *femme* ? — C'est ce que diraient tous mes oncles à ma place, parce qu'ils ne se soucieraient que de votre dot. Moi, je n'ai envie de rien autre que de votre beauté. Jurez que vous serez à moi d'abord, et après vous serez libre ; je le jure. Si je me sens trop jaloux pour le souffrir, un homme n'a qu'une parole, je me ferai sauter la cervelle. — Je jure, dit Edmée, de n'être à personne avant d'être à vous. — Ce n'est pas cela ; jurez d'être à moi avant d'être à qui que ce soit. — C'est la même chose, répondit-elle, je le jure. — Sur l'Évangile ? sur le nom du Christ ? sur le salut de votre âme ? sur le cercueil de votre mère ? — Sur l'Évangile, sur le nom du Christ, sur le salut de mon âme, sur le cercueil de ma mère ! — C'est bon. — Un instant, reprit-elle : vous allez jurer que ma promesse et son exécution resteront un secret entre nous, que mon père ne le saura jamais ni personne qui puisse le lui redire ? — Ni qui que ce soit au monde. Qu'ai-je besoin qu'on le sache, pourvu que cela soit ? » Elle me fit répéter la formule du serment, et nous nous élançâmes dehors les mains unies en signe de foi mutuelle.

Là, notre fuite devenait périlleuse. Edmée craignait presque autant les assiégeants que les assiégés. Nous eûmes le bonheur de n'en rencontrer aucun ; mais il n'était pas facile d'aller vite : le temps était si sombre que nous nous heurtions contre tous les arbres, et la terre si glissante que nous ne pouvions nous soutenir. Un bruit inattendu nous fit tressaillir ; mais aussitôt, au son des chaînes qu'il traînait aux pieds, je reconnus le cheval de mon grand-père, animal extraordinairement vieux, mais toujours vigoureux et ardent : c'était le même qui m'avait amené dix ans auparavant à la Roche-Mauprat ; il n'avait qu'une corde autour du cou pour toute bride. Je la lui passai dans la bouche avec un nœud coulant, je jetai ma veste sur sa croupe, j'y plaçai ma fugitive, je détachai les entraves, je sautai sur l'animal, et, le talonnant avec fureur, je lui fis prendre le galop à tout hasard. Heureusement pour nous qu'il connaissait les chemins mieux que moi, et n'avait pas besoin d'y voir pour en suivre les détours sans se heurter aux arbres. Cependant il glissait souvent, et pour se retenir il nous donnait des secousses qui nous eussent mille fois désarçonnés (équipés comme nous l'étions) si nous n'eussions été entre la vie et la mort. Dans de semblables situations, les entreprises désespérées sont les meilleures, et Dieu protége ceux que les hommes poursuivent. Nous semblions n'avoir plus rien à craindre, lorsque tout à coup le cheval heurta une souche, son pied se prit dans une racine à fleur de terre, et il s'abattit. Avant que nous fussions relevés il avait pris la fuite dans les ténèbres, et j'entendais ses pas rapides s'éloigner de plus en plus. J'avais reçu Edmée dans mes bras ; elle n'eut aucun mal, mais je pris une entorse si grave qu'il me fut impossible de faire un pas. Edmée crut que j'avais la jambe cassée ; je le croyais un peu moi-même tant je souffrais ; mais je ne pensai bientôt plus ni à la souffrance ni à l'inquiétude. La tendre sollicitude que me témoignait Edmée me fit tout oublier. En vain je la pressais de continuer sa route sans moi ; elle pouvait maintenant s'échapper. Nous avions fait beaucoup de chemin. Le jour ne tarderait pas à paraître. Elle trouverait des habitations, et partout on la protégerait contre les Mauprat. « Je ne te quitterai pas, répondit-elle avec obstination ; tu t'es dévoué à moi, je me dévoue à toi de même ; nous nous sauverons tous deux ou nous mourrons ensemble.

— Je ne me trompe pas, m'écriai-je ; c'est une lumière que j'aperçois entre les branches. Il y a là une habitation. Edmée, allez y frapper. Vous m'y laisserez sans inquiétude, et vous trouverez un guide pour vous conduire chez vous. — Quoi qu'il arrive, je ne vous quitterai pas, dit-elle, mais je vais voir si l'on peut vous secourir. — Non, lui dis-je, je ne vous laisserai pas frapper seule à cette porte. Cette lumière, au milieu de la nuit, dans une maison située au fond des bois, peut cacher quelque embûche. » Je me traînai jusqu'à la porte. Elle était froide comme du métal ; les murs étaient couverts de lierre. « Qui est là ? cria-t-on du dedans avant que nous eussions frappé. — Nous sommes sauvés, s'écria Edmée, c'est la voix de Patience. — Nous sommes perdus, lui dis-je, nous sommes ennemis mortels, lui et moi. — Ne craignez rien, dit-elle, suivez-moi ; c'est Dieu qui nous amène ici.

— Oui, c'est Dieu qui t'amène ici, fille du ciel, étoile du matin, dit Patience en ouvrant la porte, et quiconque te suit soit le bienvenu à la tour Gazeau. »

Nous pénétrâmes sous une voûte surbaissée, au milieu de laquelle pendait une lampe de fer. A la clarté de ce luminaire lugubre et des maigres broussailles qui flambaient dans l'âtre, nous vîmes avec surprise que la tour Gazeau était honorée d'une compagnie inusitée. D'un côté, la figure pâle et grave d'un homme en habit ecclésiastique recevait le reflet de la flamme; de l'autre côté, un chapeau à grands bords ombrageait un cône olivâtre terminé par une maigre barbe, et le mur recevait la silhouette d'un nez tellement effilé qu'il n'y avait rien au monde qui pût lui être comparé, si ce n'est une longue rapière posée en travers sur les genoux du personnage, et la face d'un petit chien qu'on eût prise à sa forme pointue pour celle d'un rat gigantesque: si bien qu'il régnait une harmonie mystérieuse entre ces trois pointes acérées, le nez de don Marcasse, le museau de son chien et la lame de son épée. Il se leva lentement, et porta la main à son chapeau. Ainsi fit le curé janséniste. Le chien allongea la tête entre les jambes de son maître, et, muet comme lui, montra les dents et coucha les oreilles sans aboyer. « Chut! *Blaireau,* » lui dit Marcasse.

VII.

A peine le curé eut-il reconnu Edmée qu'il fit trois pas en arrière avec une exclamation de surprise; mais ce ne fut rien auprès de la stupéfaction de Patience, lorsqu'il eut promené sur mes traits la lueur du tison enflammé qui lui servait de torche. « La colombe en compagnie de l'ourson! s'écria-t-il; que se passe-t-il donc? — Ami, répondit Edmée en mettant, à mon propre étonnement, sa main blanche dans la main grossière du sorcier, recevez-le aussi bien que moi-même. J'étais prisonnière à la Roche-Mauprat, et il m'a délivrée. — Que les iniquités de sa race lui soient pardonnées pour cette action! » dit le curé. Patience me prit le bras sans rien dire, et me conduisit auprès du feu. On m'assit sur l'unique chaise de la résidence, et le curé se mit en devoir d'examiner ma jambe, tandis qu'Edmée racontait, jusqu'à certain point, notre aventure, et s'informait de la chasse et de son père. Patience ne put lui en donner aucune nouvelle. Il avait entendu le cor résonner dans les bois, et la fusillade contre les loups avait troublé son repos plusieurs fois dans la journée. Mais, depuis l'orage, le bruit du vent avait étouffé tous les autres bruits, et il ne savait rien de ce qui se passait dans la Varenne. Marcasse monta lestement une échelle qui, à défaut de l'escalier rompu, conduisait aux étages supérieurs de la tour; son chien le suivit avec une merveilleuse adresse. Ils redescendirent bientôt, et nous apprîmes qu'une lueur rouge montait sur l'horizon du côté de la Roche-Mauprat. Malgré la haine que j'avais pour cette demeure et pour ses hôtes, je ne pus me défendre d'une sorte de consternation en entendant dire que, selon toute apparence, le manoir héréditaire qui portait mon nom était pris et livré aux flammes; c'était la honte et la défaite, et cet incendie était comme un sceau de vasselage apposé sur mon blason par ce que j'appelais les manants et les vilains. Je me levai en sursaut, et, si je n'eusse été retenu par une violente douleur au pied, je crois que je me serais élancé dehors. « Qu'avez-vous donc? me dit Edmée qui était près de moi en cet instant. — J'ai, lui répondis-je brusquement, qu'il faut que je retourne là-bas; car mon devoir est de me faire tuer plutôt que de laisser mes oncles parlementer avec la canaille. — La canaille! s'écria Patience en m'adressant pour la première fois la parole, qui est-ce qui parle de canaille ici? J'en suis, moi, de la canaille; c'est mon titre, et je saurai le faire respecter. — Ma foi! ce ne sera pas de moi, dis-je en repoussant le curé qui m'avait fait rasseoir. — Ce ne serait pourtant pas la première fois, répondit Patience avec un sourire méprisant. — Vous me rappelez, lui dis-je, que nous avons de vieux comptes à régler ensemble.» Et, surmontant l'affreuse douleur de mon entorse, je me levai de nouveau, et, d'un revers de main, j'envoyai don Marcasse, qui voulut succéder au curé dans le rôle de pacificateur, tomber à la renverse au milieu des cendres. Je ne lui voulais aucun mal; mais j'avais les mouvements un peu brusques; et le pauvre homme était si grêle qu'il ne pesait pas plus dans ma main qu'une belette n'eût fait dans la sienne. Patience était debout devant moi, les bras croisés, dans une attitude de philosophe stoïcien; mais son regard sombre laissait jaillir la flamme de la haine. Il était évident que, retenu par ses principes d'hospitalité, il attendait, pour m'écraser, que je lui eusse porté le premier coup. Je ne l'eusse pas fait attendre, si Edmée, méprisant le danger qu'il y avait à s'approcher d'un furieux, ne m'eût saisi le bras en me disant d'un ton absolu: « Rasseyez-vous, tenez-vous tranquille, je vous l'ordonne. » Tant de hardiesse et de confiance me surprit et me plut en même temps. Les droits qu'elle s'arrogeait sur moi étaient comme une sanction de ceux que je prétendais avoir sur elle. « C'est juste, » lui répondis-je en m'asseyant, et j'ajoutai en regardant Patience: « Cela se retrouvera. — *Amen,* » répondit-il en levant les épaules. Marcasse s'était relevé avec beaucoup de sang-froid, et secouant les cendres dont il s'était sali, au lieu de s'en prendre à moi, il essayait à sa manière de sermonner Patience. La chose n'était pas facile en elle-même; mais rien n'était moins irritant que cette censure monosyllabique jetant sa note au milieu des querelles comme un écho dans la tempête. « A votre âge, disait-il à son hôte, pas patient du tout! Tout le tort, oui, tort, vous! — Que vous êtes méchant! me disait Edmée en laissant sa main sur mon épaule; ne recommencez pas, ou je vous abandonne. » Je me laissais gronder par elle avec plaisir, et sans m'apercevoir que depuis un instant nous avions changé de rôle. C'était elle maintenant qui commandait et menaçait; elle avait repris toute sa supériorité réelle sur moi en franchissant le seuil de la tour Gazeau; et ce lieu sauvage, ces témoins étrangers, cet hôte farouche, représentaient déjà la société où je venais de mettre le pied, et dont j'allais bientôt subir les entraves.

« Allons, dit-elle en se tournant vers Patience, nous ne nous entendons pas ici, et moi je suis dévorée d'inquiétude pour mon pauvre père qui me cherche et qui se tord les bras à l'heure qu'il est. Bon Patience! trouve-moi un moyen de le rejoindre avec ce malheureux enfant que je ne puis laisser à ta garde, puisque tu ne m'aimes pas assez pour être patient et miséricordieux avec lui. — Qu'est-ce que vous dites? s'écria Patience en posant sa main sur son front comme au sortir d'un rêve. Oui, vous avez raison; je suis un vieux brutal, un vieux fou. Fille de Dieu, dites à ce garçon... à ce gentilhomme que je lui demande pardon du passé, et que, pour le présent, je mets ma pauvre cellule à ses ordres: est-ce bien parlé? — Oui, Patience, dit le curé; d'ailleurs, tout peut s'arranger. Mon cheval est doux et solide, mademoiselle de Mauprat va le monter; vous et Marcasse le conduirez par la bride, et moi je resterai ici près de notre blessé. Je réponds de le soigner et de ne l'irriter en aucune façon. N'est-ce pas, monsieur Bernard, vous n'avez rien contre moi, vous êtes bien sûr que je ne suis pas votre ennemi? — Je n'en sais rien, répondis-je, c'est comme il vous plaira. Ayez soin de *la cousine,* conduisez-la; moi, je n'ai besoin de rien et je ne me soucie de personne. Une botte de paille et un verre de vin, c'est tout ce que je voudrais, si c'était possible. — Vous aurez l'un et l'autre, dit Marcasse en me présentant sa gourde, et voici d'abord de quoi vous réconforter; je vais à l'écurie préparer le cheval. — Non, j'y vais moi-même, dit Patience; ayez soin de ce jeune homme. » Et il passa dans une autre salle basse qui servait d'écurie au cheval du curé, durant les visites que celui-ci lui rendait. On fit passer l'animal par la chambre où nous étions, et Patience, arrangeant le manteau du curé sur la selle, déposa Edmée avec un soin paternel. « Un instant, dit-elle avant de se laisser emmener; monsieur le curé, vous me promettez sur le salut de votre âme de ne pas abandonner mon cousin avant que je sois revenue avec mon père pour le chercher? — Je le jure, répondit le curé. — Et vous, Bernard, dit Edmée, vous jurez sur l'honneur que vous m'attendrez ici? — Je n'en sais rien du tout, répondis-je; cela dépendra du temps et de ma patience; mais vous savez bien, cousine, que nous nous reverrons, fût-ce au diable, et, quant à moi, le plus tôt possible. » A la clarté du tison que Patience agitait autour d'elle pour examiner le harnais du cheval, je vis son beau visage rougir et pâlir; puis elle releva sa tête penchée tristement et me regarda fixement d'un air étrange. « Partons-nous? dit Marcasse en ouvrant la porte. —Marchons, dit Patience en prenant la bride. Ma fille Edmée, baissez-vous bien en passant sous la porte..... — Qu'est-ce qu'il y a, Blaireau? » dit Marcasse en s'arrêtant sur le seuil et en mettant en avant la pointe de son épée glorieusement rouillée dans le sang des animaux rongeurs.

Blaireau resta immobile, et, s'il n'eût été *muet de naissance*, comme disait son maître, il eût aboyé; mais il avertit à sa manière en faisant entendre une sorte de toux sèche, qui était son plus grand signe de colère et d'inquiétude... « Quelque chose là-dessous, » dit Marcasse. Et il avança fort courageusement dans les ténèbres en faisant signe à l'amazone de ne pas sortir. La détonation d'une arme à feu nous fit tous tressaillir. Edmée sauta légèrement à bas du cheval, et, par un mouvement instinctif qui ne m'échappa point, vint se placer derrière ma chaise. Patience s'élança hors de la tour; le curé courut au cheval épouvanté, qui se cabrait et reculait sur nous; Blaireau réussit à aboyer. J'oubliai mon mal, et d'un saut je fus aux avant-postes.

Un homme, criblé de blessures et répandant un ruisseau de sang, était couché en travers devant la porte. C'était mon oncle Laurent, mortellement blessé au siége de la Roche-Mauprat, qui venait expirer sous nos yeux. Avec lui était son frère Léonard, qui venait de tirer à tout hasard son dernier coup de pistolet et qui heureusement n'avait atteint personne. Le premier mouvement de Patience fut se mettre en défense; mais, en reconnaissant Marcasse, les fugitifs, loin de se montrer hostiles, demandèrent asile et secours, et personne ne crut devoir leur refuser l'assistance que réclamait leur déplorable situation. La maréchaussée était à leur poursuite. La Roche-Mauprat était la proie des flammes; Louis et Pierre s'étaient fait tuer sur la brèche; Antoine, Jean et Gaucher étaient en fuite d'un autre côté. Peut-être étaient-ils déjà prisonniers. Rien ne saurait rendre l'horreur des derniers moments de Laurent. Son agonie fut rapide, mais affreuse. Il blasphémait à faire pâlir le curé. A peine la porte fut-elle refermée et le moribond déposé à terre, qu'un râle horrible s'empara de lui. Malgré nos représentations, Léonard, ne connaissant d'autre remède que l'eau-de-vie, arrachant de mes mains (non sans m'adresser en jurant un reproche insultant pour ma fuite) la gourde de Marcasse, desserra de force, avec la lame de son couteau de chasse, les dents contractées de son frère, et lui versa la moitié de la gourde. Le malheureux bondit, agita ses bras dans des convulsions désespérées, se releva de toute sa hauteur, et retomba raide mort sur le carreau ensanglanté. Nous n'eûmes pas le loisir d'une oraison funèbre; la porte retentit sous les coups redoublés de nouveaux assaillants. « Ouvrez, de par le roi! » crièrent plusieurs voix; ouvrez à la maréchaussée. — A la défense! s'écria Léonard en relevant son couteau et en s'élançant vers la porte. Vilains, montrez-vous gentilshommes! et toi, Bernard, répare ta faute, lave ta honte, ne souffre pas qu'un Mauprat tombe vivant dans les mains des gendarmes. »

Commandé par l'instinct du courage et de la fierté, j'allais l'imiter, quand Patience, s'élançant sur lui et le terrassant avec une force herculéenne, lui mit le genou sur la poitrine en criant à Marcasse d'ouvrir la porte. Cela fut fait avant que j'eusse pu prendre parti pour mon oncle contre son hôte inexorable. Six gendarmes s'élancèrent dans la tour et nous tinrent tous immobiles au bout de leurs fusils. « Holà! messieurs! dit Patience, ne faites de mal à personne et prenez ce prisonnier. Si j'eusse été seul avec lui, je l'eusse défendu ou fait sauver; mais il y a ici de braves gens qui ne doivent pas payer pour un coquin, et je ne me soucie pas de les exposer dans un engagement. Voilà le Mauprat. Songez que votre devoir est de le remettre sain et sauf dans les mains de la justice. Cet autre est mort. — Monsieur, rendez-vous, dit le sous-officier de maréchaussée en s'emparant de Léonard. — Jamais un Mauprat ne traînera son nom sur les bancs d'un présidial, répondit Léonard d'un air sombre. Je me rends, mais vous n'aurez que ma peau. » Et il se laissa asseoir sur une chaise sans faire de résistance. Tandis qu'on se préparait à le lier : « Une seule, une dernière charité, mon père, dit-il au curé. Passez-moi le reste de la gourde; je me meurs de soif et d'épuisement. » Le bon curé lui passa la gourde qu'il avala d'un trait. Sa figure décomposée avait une sorte de calme effrayant. Il semblait absorbé, atterré, incapable de résistance. Mais au moment où on lui liait les pieds, il arracha un pistolet à la ceinture d'un des gendarmes, et se fit sauter la cervelle.

Je fus bouleversé de ce spectacle affreux. Plongé dans une morne stupeur, ne comprenant plus rien à ce qui m'entourait, je restai pétrifié, ne m'apercevant pas que depuis quelques instants j'étais l'objet d'un débat sérieux entre la maréchaussée et mes hôtes. Un gendarme prétendait me reconnaître pour un Mauprat Coupe-Jarret. Patience niait que je fusse autre chose qu'un garde-chasse de M. Hubert de Mauprat escortant sa fille. Ennuyé de ce débat, j'allais me nommer, lorsque je vis un spectre se lever à côté de moi. C'était Edmée qui s'était collée entre la muraille et le pauvre cheval effrayé du curé, qui, les jambes étendues et l'œil en feu, lui faisait comme un rempart de son corps. Elle était pâle comme la mort, et ses lèvres étaient tellement contractées d'horreur, qu'elle fit d'abord des efforts inouïs pour parler, sans pouvoir s'exprimer autrement que par signes. Le sous-officier, touché de sa jeunesse et de sa situation, attendit avec déférence qu'elle réussît à s'expliquer. Enfin, elle obtint qu'on ne me traitât pas en prisonnier, et qu'on me conduisît avec elle au château de son père, où elle donnait sa parole d'honneur qu'on fournirait sur mon compte des explications et des garanties satisfaisantes. Le curé et les deux autres témoins appuyant cette promesse, nous partîmes tous ensemble, Edmée sur le cheval du sous-officier, qui prit celui d'un de ses hommes, moi sur le cheval du curé, Patience et le curé à pied entre nous, la maréchaussée sur nos flancs, Marcasse en avant, toujours impassible au milieu de l'épouvante et de la consternation générale. Deux gendarmes restèrent à la tour pour garder les cadavres et constater les faits.

VIII.

Nous avions fait une lieue environ dans les bois, nous arrêtant à chaque embranchement de route pour appeler; car Edmée, convaincue que son père ne rentrerait pas chez lui sans l'avoir retrouvée, suppliait ses compagnons de voyage de l'aider à le rejoindre; ce à quoi les gendarmes répugnaient beaucoup, craignant d'être surpris et attaqués par quelques groupes des fuyards de la Roche-Mauprat. Chemin faisant, ils nous apprirent que le repaire avait été conquis à la troisième attaque. Jusque-là les assaillants avaient ménagé leurs forces. Le lieutenant de maréchaussée voulait qu'on s'emparât du donjon sans le détruire, et surtout des assiégés sans les tuer; mais cela fut impossible à cause de la résistance désespérée qu'ils firent. Les assiégeants furent tellement maltraités à leur seconde tentative, qu'ils n'avaient plus d'autre parti à prendre que le parti extrême ou la retraite. Le feu fut mis aux bâtiments d'enceinte, et au troisième engagement on ne ménagea plus rien. Deux Mauprat furent tués sur les débris de leur bastion; les cinq autres disparurent. Six hommes furent dépêchés à leur poursuite d'un côté, six de l'autre; car on avait trouvé sur-le-champ la trace des fugitifs, et ceux qui nous transmettaient ces détails avaient suivi de si près Laurent et Léonard, qu'ils avaient atteint de plusieurs balles le premier de ces infortunés, à peu de distance de la tour Gazeau. Ils l'avaient entendu crier qu'il était mort, et, selon toute apparence, Léonard l'avait porté jusqu'à la demeure du sorcier. Ce Léonard était le seul qui méritât quelque pitié; car c'était le seul qui eût peut-être été susceptible d'embrasser une meilleure vie. Il était parfois chevaleresque dans son brigandage, et son cœur farouche était capable d'affection. J'étais donc très-touché de sa mort tragique, et je me laissais entraîner machinalement, plongé dans de sombres pensées, et résolu à finir mes jours de la même manière que l'on me condamnait aux affronts qu'il n'avait pas voulu subir.

Tout à coup le son des cors et les hurlements des chiens nous annoncèrent l'approche d'un groupe de chasseurs. Tandis qu'on leur répondait par des cris de notre côté, Patience courut à la découverte. Edmée, impatiente de retrouver son père et surmontant toutes les terreurs de cette nuit sanglante, fouetta son cheval et atteignit les chasseurs la première. Lorsque nous les eûmes rejoints, je vis Edmée dans les bras d'un homme de grande taille et d'une figure vénérable. Il était vêtu avec luxe; sa veste de chasse, galonnée d'or sur toutes les coutures, et le magnifique cheval normand qu'un piqueur tenait derrière lui, me frappèrent tellement que je me crus en présence d'un prince. Les témoignages de tendresse qu'il donnait à sa fille étaient si naturels pour moi que je faillis les trouver exagérés et indignes de la gravité d'un homme; en même temps ils m'inspiraient une sorte de jalousie brutale, et il ne me venait pas à l'esprit qu'un homme si bien mis pût être mon oncle. Edmée lui parla bas et avec vivacité. Cette conférence dura quelques instants, au bout desquels le vieillard vint à moi et m'embrassa cordialement. Tout me paraissait si nouveau dans ces manières que je me tenais immobile et muet devant les protestations et les caresses dont j'étais l'objet. Un grand jeune homme, d'une belle figure et vêtu avec autant de recherche que M. Hubert, vint me serrer la main et m'adresser des remercîments auxquels je ne compris rien. Ensuite il entra en pourparlers avec les gendarmes, et je compris qu'il était le lieutenant-général de la province, et qu'il exigeait qu'on me laissât libre de suivre mon oncle le chevalier dans son château, où il répondrait de moi sur son honneur. Les gendarmes prirent congé de nous; car le chevalier et le lieutenant-général étaient assez bien escortés par leurs gens pour n'avoir à craindre aucune mauvaise rencontre. Un nouveau sujet de surprise pour moi fut de voir le chevalier donner de vives marques d'amitié à Patience et à Marcasse. Quant au curé, il était avec ces deux seigneurs sur un pied d'égalité. Depuis quelques mois il était aumônier du château de Sainte-Sévère, les tracasseries du clergé diocésain lui ayant fait abandonner sa cure.

Toute cette tendresse dont Edmée était l'objet, ces affections de famille dont je n'avais pas l'idée, ces cordiales et douces relations entre les plébéiens respectueux et des patriciens bienveillants, tout ce que je voyais et entendais ressemblait à un rêve. Je regardais et n'avais le sens d'aucune appréciation sur quoi que ce soit. Mon cerveau commença cependant à travailler lorsque, la caravane s'étant remise en route, je vis le lieutenant-général (M. de La Marche) pousser son cheval entre celui d'Edmée et le mien, et se placer de droit à son côté. Je me souvins qu'elle m'avait dit à la Roche-Mauprat qu'il était son fiancé. La haine et la colère s'emparèrent de moi, et je ne sais quelle absurdité j'eusse faite, si Edmée, semblant deviner ce qui se passait dans mon âme farouche, ne lui eût dit qu'elle voulait me parler, et ne m'eût rendu ma place auprès d'elle. « Qu'avez-vous à me dire? lui demandai-je avec plus d'empressement que de politesse. — Rien, me répondit-elle à demi-voix. J'aurai beaucoup à vous dire plus tard; jusque-là, ferez-vous toutes mes volontés? — Et pourquoi diable ferais-je vos volontés, cousine? » Elle hésita un peu à me répondre, et, faisant un effort, elle dit : « Parce que c'est ainsi qu'on prouve aux femmes qu'on les aime. — Est-ce que vous croyez que je ne vous aime pas? repris-je brusquement. — Qu'en sais-je? » dit-elle. Ce doute m'étonna beaucoup, et j'essayai de le combattre à ma manière. « N'êtes-vous pas belle, lui dis-je, et ne suis-je pas un jeune homme? Peut-être croyez-vous que je suis trop enfant pour m'apercevoir de la beauté d'une femme, mais, à présent que j'ai la tête calme et que je suis triste et bien sérieux, je puis vous dire que je suis encore plus amoureux de vous que je ne pensais. Plus je vous regarde, plus je vous trouve belle. Je ne croyais pas qu'une femme pût me paraître aussi belle. Vrai, je ne dormirai pas tant que..... — Taisez-vous, dit-elle sèchement. — Oh! vous craignez que ce monsieur ne m'entende, repris-je en lui désignant M. de La Marche. Soyez tranquille, je sais garder un serment, et j'espère qu'étant une fille bien née, vous saurez aussi garder le vôtre. » Elle se tut. Nous étions dans un chemin où l'on ne pouvait marcher que deux de front. L'obscurité était profonde, et, quoique le chevalier et le lieutenant-général fussent sur nos talons, j'allais m'enhardir à passer mon bras autour de sa taille, lorsqu'elle me dit d'une voix triste et affaiblie : « Mon cousin, je vous demande pardon si je ne vous parle pas. Je ne comprends pas même bien ce que vous me dites. Je me sens exténuée de fatigue, il me semble que je vais mourir. Heureusement nous voici arrivés. Jurez-moi si vous aimerez mon père, que vous céderez à tous ses conseils, que vous ne prendrez parti sur quoi que ce soit sans me consulter. Jurez-le-moi si vous voulez que je croie à votre amitié. — Oh! mon amitié, n'y croyez pas, j'y consens, répondis-je, mais croyez à mon amour. Je jure tout ce qu'il vous plaira; mais vous, ne me promettrez-vous rien, là, de bonne grâce? — Que puis-je vous promettre qui ne vous appartienne? dit-elle d'un ton sérieux; vous m'avez sauvé l'honneur, ma vie est à vous. »

Les premières lueurs du matin blanchissaient alors l'horizon, nous arrivions au village de Sainte-Sévère, et bientôt nous entrâmes dans la cour du château. En descendant de cheval, Edmée tomba dans les bras de son père; elle était pâle comme la mort. M. de La Marche fit un cri et aida à l'emporter. Elle était évanouie. Le curé se chargea de moi. J'étais fort inquiet sur mon sort. La méfiance naturelle aux brigands se réveilla dès que je cessai d'être sous la fascination de celle qui avait réussi à me tirer de mon antre. J'étais comme un loup blessé, et je jetais des regards sombres autour de moi, prêt à m'élancer sur le premier qui ferait un geste ou dirait un mot équivoque. On me conduisit à un appartement splendide, et une collation, préparée avec un luxe dont je n'avais pas l'idée, me fut servie immédiatement. Le curé me témoigna beaucoup d'intérêt, et, ayant réussi à me rassurer un peu, il me quitta pour s'occuper de son ami Patience. Mon trouble et un reste d'inquiétude ne tinrent pas contre l'appétit généreux dont est douée la jeunesse. Sans les empressements et les respects d'un valet beaucoup mieux mis que moi, qui se tenait derrière ma chaise, et auquel je ne pouvais m'empêcher de rendre ses politesses chaque fois qu'il s'élançait au-devant de mes désirs, j'eusse fait un déjeuner effrayant, mais son habit vert et ses culottes de soie me gênaient beaucoup. Ce fut bien pis lorsque, s'étant agenouillé, il se mit en devoir de me déchausser pour me mettre au lit. Pour le coup, je crus qu'il se moquait de moi, et je faillis lui asséner un grand coup de poing sur la tête; mais il avait l'air si grave en s'acquittant de cette besogne que je restai stupéfait à le regarder.

Dans les premiers moments, me trouvant au lit, sans armes, et avec des gens qui allaient et venaient autour de moi en marchant sur la pointe du pied, il me vint encore des mouvements de méfiance. Je profitai d'un instant où j'étais seul pour me relever, et, prenant sur la table à demi desservie le plus long couteau que je pus choisir, je me couchai plus tranquille et m'endormis profondément en le tenant serré dans ma main.

Quand je m'éveillai, le soleil couchant jetait sur mes draps, d'une finesse extrême, le reflet adouci de mes rideaux de damas rouge, et faisait étinceler les grenades dorées qui ornaient les coins du dossier. Ce lit était si beau et si moelleux que je faillis lui faire des excuses de m'être couché dedans. En me soulevant, je vis une figure douce et vénérable qui entr'ouvrait ma courtine et qui me souriait. C'était le chevalier Hubert de Mauprat, qui m'interrogeait avec intérêt sur l'état de ma santé. J'essayai d'être poli et reconnaissant; mais les expressions dont je me servais ressemblaient si peu aux siennes que je me troublai et souffris de ma grossièreté sans pouvoir m'en rendre compte. Pour comble de malheur, à un mouvement que je fis, le couteau que j'avais pris pour camarade de lit tomba aux pieds de M. de Mauprat, qui le ramassa, le regarda, et me regarda ensuite avec une extrême surprise. Je devins rouge comme le feu, et balbutiai je ne sais quoi. Je m'attendais à des reproches pour cette insulte faite à son hospitalité; mais il était trop poli pour pousser plus loin l'explication. Il posa tranquillement le couteau sur la cheminée, et, revenant à moi, il me parla ainsi :

« Bernard, je sais maintenant que je vous dois la vie de ce que j'ai de plus cher au monde. Toute la mienne sera consacrée à vous prouver ma reconnaissance et mon estime. Ma fille aussi a contracté envers vous une dette sacrée. N'ayez donc aucune inquiétude pour votre avenir. Je sais à quelles persécutions et à quelles vengeances vous vous êtes exposé pour venir à nous; mais je sais aussi à quelle affreuse existence mon amitié et mon dévouement sauront vous soustraire. Vous êtes orphelin, et je n'ai pas de fils. Voulez-vous m'accepter pour votre père? »

Je regardai le chevalier avec des yeux égarés. Je ne pouvais en croire mes oreilles. Toute impression était paralysée chez moi par la surprise et la timidité. Il me fut impossible de répondre un mot; le chevalier éprouva lui-même un peu de surprise, il ne s'attendait pas à trouver une nature aussi brutalement inculte. « Allons, me dit-il, j'espère que vous vous accoutumerez à nous. Donnez-moi seulement une poignée de main pour me prouver que vous avez confiance en moi. Je vais vous envoyer votre domestique, commandez-lui tout ce que vous voudrez, il est à vous. J'ai seulement une promesse à exiger de vous, c'est que vous ne sortirez pas de l'enceinte du parc d'ici à ce que j'aie pris les mesures pour vous soustraire aux poursuites de la justice. On pourrait faire rejaillir sur vous les accusations qui pèsent sur la conduite de vos oncles.

— Mes oncles? dis-je en passant mes mains sur ma tête, est-ce un mauvais rêve que j'ai fait? Où sont-ils? Qu'est devenue la Roche-Mauprat?

— La Roche-Mauprat a été préservée des flammes, répondit-il. Quelques bâtiments accessoires ont été détruits; mais je me charge de réparer votre maison et de racheter votre fief aux créanciers dont il est aujourd'hui la proie. Quant à vos oncles... vous êtes probablement le seul héritier d'un nom qu'il vous appartient de réhabiliter.

— Le seul! m'écriai-je... Quatre Mauprat ont succombé cette nuit, mais les trois autres...

— Le cinquième, Gaucher, a péri dans sa fuite; on l'a retrouvé ce matin noyé dans l'étang *des Froids*. On n'a retrouvé ni Jean ni Antoine; mais le cheval de l'un et le manteau de l'autre, trouvés à peu de distance du lieu où gisait le cadavre de Gaucher, sont les indices sinistres de quelque événement semblable. Si l'un des Mauprat s'est échappé, c'est pour ne plus reparaître, car il n'y aurait pas d'espoir pour lui; et puisqu'ils ont attiré sur leurs têtes ces orages inévitables, mieux vaut pour eux et pour nous, qui avons le malheur de porter le même nom, qu'ils aient eu cette fin tragique les armes à la main que de subir une mort infâme au bout d'une potence. Acceptons ce que Dieu a décidé à leur égard. L'arrêt est rude. Sept hommes pleins de force et de jeunesse appelés, dans une seule nuit, à rendre un compte terrible!... Prions pour eux, Bernard, et, à force de bonnes œuvres, tâchons de réparer le mal qu'ils ont fait, et d'enlever les taches qu'ils ont imprimées à notre écusson. »

Ces dernières paroles résumaient le caractère du chevalier. Il était pieux, équitable, plein de charité; mais, chez lui, comme chez la plupart des gentilshommes, les préceptes de l'humilité chrétienne venaient échouer devant l'orgueil du rang. Il eût volontiers fait asseoir un pauvre à sa table, et le vendredi-saint il lavait les pieds à douze mendiants; mais il n'en était pas moins attaché à tous les préjugés de notre caste. Il trouvait ses cousins beaucoup plus coupables d'avoir dérogé à leur dignité d'homme, étant gentilshommes, que s'ils eussent été plébéiens. Dans cette hypothèse, selon lui, leurs crimes eussent été de moitié moins graves. J'ai partagé longtemps cette conviction; elle était dans mon sang, si je puis m'exprimer ainsi. Je ne l'ai perdue qu'à la suite des rudes leçons de ma destinée.

Il me confirma ensuite ce que sa fille m'avait dit. Il avait désiré vivement être chargé de mon éducation dès ma naissance; mais son frère Tristan s'y était opposé avec acharnement. Ici le front du chevalier se rembrunit. « Vous ne savez pas, dit-il, combien cette velléité de ma part a eu des suites funestes pour moi et pour vous aussi. Mais ceci doit rester enveloppé dans le mystère... mystère affreux, sang des Atrides!..... » Il me prit la main, et ajouta d'un air accablé : « Bernard, nous sommes victimes tous deux d'une famille atroce. Ce n'est pas le moment de récriminer contre ceux qui paraissent à cette heure devant le redoutable tribunal de Dieu; mais ils m'ont fait un mal irréparable, ils m'ont brisé le cœur... Celui qu'ils vous ont fait sera réparé, j'en jure par la mémoire de votre mère. Ils vous ont privé d'éducation, ils vous ont associé à leurs brigandages; mais votre âme est restée grande et pure comme était celle de l'ange qui vous donna le jour. Vous réparerez les erreurs involontaires de votre enfance; vous recevrez une éducation conforme à votre rang; vous relèverez l'honneur de la famille, n'est-ce pas, vous le voulez? Moi, je le veux, je me mettrai à vos genoux pour obtenir votre confiance, et je l'obtiendrai, car la Providence vous destinait à être mon fils. Ah! j'avais rêvé jadis une adoption plus complète. Si, à ma seconde tentative, on vous eût accordé à ma tendresse, vous eussiez été élevé avec ma fille, et vous seriez certainement devenu son époux. Mais Dieu ne l'a pas voulu. Il faut que vous commenciez votre éducation, et la sienne s'achève. Elle est d'âge à être établie, et d'ailleurs elle a fait son choix; elle aime M. de La Marche, qu'elle est à la veille d'épouser; elle vous l'a dit. »

Je balbutiai quelques paroles confuses. Les caresses et les paroles généreuses de ce vieillard respectable m'avaient vivement ému, et je sentais comme une nouvelle nature se réveiller en moi. Mais lorsqu'il prononça le nom de son futur gendre, tous mes instincts sauvages se réveillèrent, et je sentis qu'aucun principe de loyauté sociale ne me ferait renoncer à la possession de celle que je regardais comme ma proie. Je pâlissais, je rougissais, je suffoquais. Nous fûmes heureusement interrompus par l'abbé Aubert (le curé janséniste), qui venait s'informer des suites de ma chute. Alors seulement le chevalier sut que j'étais blessé, circonstance qu'il n'avait pas eu le loisir d'apprendre dans l'agitation de tant d'événements plus graves. Il envoya chercher son médecin, et je fus entouré de soins affectueux qui me parurent assez puérils, et auxquels je me soumis pourtant par un instinct de reconnaissance.

Je n'avais pas osé demander au chevalier des nouvelles de sa fille. Je fus plus hardi avec l'abbé. Il m'apprit que la prolongation et l'agitation de son sommeil donnaient quelque inquiétude; et le médecin, étant revenu le soir pour me faire un nouveau pansement, me dit qu'elle avait beaucoup de fièvre, et qu'il craignait pour elle une maladie grave.

Elle fut en effet assez mal pendant quelques jours pour donner de l'inquiétude. Dans les terribles émotions qu'elle avait éprouvées, elle avait déployé beaucoup d'énergie; mais elle subit une réaction assez violente. De mon côté, je fus retenu au lit; je ne pouvais faire un pas sans ressentir de vives douleurs, et le médecin me menaçait d'y rester cloué pour plusieurs mois si je ne me soumettais à l'immobilité pendant quelques jours. Comme j'étais d'ailleurs en pleine santé et que je n'avais jamais été malade de ma vie, la transition de mes habitudes actives à cette molle captivité me causa un ennui dont rien ne saurait rendre les angoisses. Il faut avoir vécu au fond des bois, dans toute la rudesse des mœurs farouches, pour comprendre l'espèce d'effroi et de désespoir que j'éprouvai en me trouvant enfermé pendant plus d'une semaine

Je tombai à ses genoux, et je les pressai contre ma poitrine. (Page 18.)

entre quatre rideaux de soie. Le luxe de mon appartement, la dorure de mon lit, les soins minutieux des laquais, tout, jusqu'à la bonté des aliments, puérilités auxquelles j'avais été assez sensible le premier jour, me devint odieux au bout de vingt-quatre heures. Le chevalier me faisait de tendres et courtes visites, car il était absorbé par la maladie de sa fille chérie. L'abbé fut excellent pour moi. Je n'osais dire ni à l'un ni à l'autre combien je me trouvais malheureux; mais, lorsque j'étais seul, j'avais envie de rugir comme un lion mis en cage, et, la nuit, je faisais des rêves où la mousse des bois, le rideau des arbres de la forêt et jusqu'aux sombres créneaux de la Roche-Mauprat, m'apparaissaient comme le paradis terrestre. D'autres fois, les scènes tragiques qui avaient accompagné et suivi mon évasion se retraçaient si énergiquement à ma mémoire que, même éveillé, j'étais en proie à une sorte de délire.

Une visite de M. de La Marche augmenta le désordre et l'exaspération de mes idées. Il me témoigna beaucoup d'intérêt, me serra la main à plusieurs reprises, me demanda mon amitié, s'écria dix fois qu'il donnerait sa vie pour moi, et je ne sais combien d'autres protestations que je n'entendis guère; car j'avais un torrent dans les oreilles tandis qu'il me parlait, et, si j'avais eu mon couteau de chasse, je crois que je me serais jeté sur lui. Mes manières farouches et mes regards sombres l'étonnèrent beaucoup, mais l'abbé lui ayant dit que j'avais l'esprit frappé des événements terribles advenus dans ma famille, il redoubla ses protestations, et me quitta de la manière la plus affectueuse et la plus courtoise.

Cette politesse que je trouvais dans tout le monde, depuis le maître de la maison jusqu'au dernier des serviteurs, me causait un malaise inouï, bien qu'elle me frappât d'admiration; car, n'eût-elle pas été inspirée par la bienveillance qu'on me portait, il m'eût été impossible de comprendre qu'elle pouvait être une chose bien distincte de la bonté. Elle ressemblait si peu à la faconde gasconne et railleuse des Mauprat, qu'elle était pour moi comme une langue tout à fait nouvelle que je comprenais, mais que je ne pouvais parler.

Je retrouvai pourtant la faculté de répondre, lorsque l'abbé, m'ayant annoncé qu'il était chargé de mon éducation, m'interrogea pour savoir où j'en étais. Mon ignorance était tellement au delà de tout ce qu'il eût pu ima-

Patience était debout devant moi les bras croisés. (Page 20.)

giner, que j'eus honte de la lui révéler, et, ma fierté sauvage reprenant le dessus, je lui déclarai que j'étais gentilhomme et que je n'avais nulle envie de devenir *clerc*. Il ne me répondit que par un éclat de rire qui m'offensa beaucoup. Il me tapa doucement sur l'épaule d'un air d'amitié, en disant que je changerais d'avis avec le temps, mais que j'étais un drôle de corps. J'étais pourpre de colère quand le chevalier entra. L'abbé lui rapporta notre entretien et ma réponse. M. Hubert réprima un sourire. « Mon enfant, me dit-il avec affection, jamais je ne veux me rendre fâcheux pour vous, même par amitié. Ne parlons pas d'études aujourd'hui. Avant d'en concevoir le goût, il faut que vous en compreniez la nécessité. Vous avez l'esprit juste, puisque vous avez le cœur noble ; l'envie de vous instruire vous viendra d'elle-même. Soupons. Avez-vous faim ? aimez-vous le bon vin ? — Beaucoup plus que le latin, répondis-je. — Eh bien ! l'abbé, pour vous punir d'avoir fait le cuistre, reprit-il gaiement, vous en boirez avec nous. Edmée est tout à fait hors de danger. Le médecin permet à Bernard de se lever et de faire quelques pas. Nous souperons dans sa chambre. »

Le souper et le vin étaient si bons en effet que je me grisai très-lestement, selon la coutume de la Roche-Mauprat. Je crois que l'on m'y aida, afin de me faire parler et de connaître tout de suite à quelle espèce de rustre on avait affaire. Mon manque d'éducation surpassait tout ce qu'on avait prévu ; mais sans doute on augura bien du fond, car on ne m'abandonna pas et on travailla à tailler ce quartier de roc avec un zèle qui marquait de l'espérance. Dès que je pus sortir de la chambre, mon ennui se dissipa. L'abbé se fit mon compagnon inséparable tout le premier jour. La longueur du second fut adoucie par l'espérance qu'on me donna de voir Edmée le lendemain, et par les bons traitements dont j'étais l'objet, et dont je commençais à sentir la douceur, à mesure que je m'habituais à ne plus m'en étonner. La bonté incomparable du chevalier était bien faite pour vaincre ma grossièreté ; elle me gagna rapidement le cœur. C'était la première affection de ma vie. Elle s'installait en moi de pair avec un amour violent pour sa fille, et je ne songeais pas seulement à faire lutter un de ces deux sentiments contre l'autre. J'étais tout besoin, tout instinct, tout désir. J'avais les passions d'un homme dans l'âme d'un enfant.

IX.

Enfin un matin M. Hubert, après déjeuner, m'emmena chez sa fille. Quand la porte de sa chambre s'ouvrit, l'air tiède et parfumé qui me vint au visage faillit me suffoquer. Cette chambre était simple et charmante, tendue et meublée en toile de Perse à fond blanc, et toute parfumée de grands vases de Chine remplis de fleurs. Il y avait des oiseaux d'Afrique qui jouaient dans une cage dorée et qui chantaient d'une voix douce et amoureuse. Le tapis était plus moelleux aux pieds que la mousse des bois au mois de mars. J'étais si ému qu'à chaque instant ma vue se troublait ; mes pieds s'accrochaient gauchement l'un à l'autre, et je heurtais les meubles sans pouvoir avancer. Edmée était couchée sur une chaise longue, et roulait nonchalamment un éventail de nacre entre ses doigts. Elle me sembla encore plus belle que je ne l'avais vue, mais si différente que je me sentis tout glacé de crainte au milieu de mon transport. Elle me tendit la main ; je ne savais pas que je pusse la lui baiser devant son père. Je n'entendis pas ce qu'elle me disait ; je crois que ce furent des paroles affectueuses. Puis, comme brisée de fatigue, elle pencha sa tête en arrière sur son oreiller et ferma les yeux à demi. « J'ai à travailler, me dit le chevalier, tenez-lui compagnie ; mais ne la faites pas beaucoup parler, car elle est encore bien faible. »

Cette recommandation ressemblait vraiment à une raillerie ; Edmée feignait d'être assoupie pour cacher peut-être un peu d'embarras intérieur ; et quant à moi, j'étais si incapable de combattre cette réserve que c'était vraiment pitié de me recommander le silence.

Le chevalier ouvrit une porte au fond de l'appartement et la referma ; mais, en l'entendant tousser de temps en temps, je compris que son cabinet n'était séparé que par une cloison de la chambre de sa fille. Néanmoins j'eus quelques instants de bien-être en me trouvant seul avec elle tant qu'elle parut dormir. Elle ne me voyait pas et je la regardais à mon aise ; elle était aussi pâle et aussi blanche que son peignoir de mousseline et que ses mules de satin garnies de cygne ; sa main fine et transparente était à mes yeux comme un bijou inconnu. Je ne m'étais jamais douté de ce que c'était qu'une femme ; la beauté, pour moi, c'avait été jusqu'alors la jeunesse et la santé, avec une sorte de hardiesse virile. Edmée, en amazone, s'était un peu montrée sous cet aspect la première fois, et je l'avais mieux comprise ; maintenant je l'étudiais de nouveau, et je ne pouvais plus concevoir que ce fût là cette femme que j'avais tenue dans mes bras à la Roche-Mauprat. Le lieu, la situation, mes idées elles-mêmes, qui commençaient à recevoir du dehors un faible rayon de lumière, tout contribuait à rendre ce second tête-à-tête bien différent du premier.

Mais le plaisir étrange et inquiet que j'éprouvais à la contempler fut troublé par l'arrivée d'une duègne qu'on appelait mademoiselle Leblanc, et qui remplissait les fonctions de femme de chambre dans les appartements particuliers, celles de demoiselle de compagnie au salon. Elle avait peut-être reçu de sa maîtresse l'ordre de ne pas nous quitter ; il est certain qu'elle s'assit auprès de la chaise longue, de manière à présenter à mon œil désappointé son dos sec et long, à la place du beau visage d'Edmée ; puis elle tira son ouvrage de sa poche et se mit à tricoter tranquillement. Pendant ce temps, les oiseaux gazouillaient, le chevalier toussait, Edmée dormait ou faisait semblant de dormir, et j'étais à l'autre bout de l'appartement, la tête penchée sur les estampes d'un livre que je tenais à l'envers.

Au bout de quelque temps, je m'aperçus qu'Edmée ne dormait pas, et qu'elle causait à voix basse avec sa suivante ; je crus voir que celle-ci me regardait en dessous de temps en temps et comme à la dérobée. Pour éviter l'embarras de cet examen, et aussi par un instinct de ruse qui ne m'était pas étranger, j'appuyai mon visage sur le livre, et le livre sur la console, et, dans cette posture, je restai comme endormi ou absorbé. Alors elles élevèrent peu à peu la voix, et j'entendis ce qu'elles disaient de moi. « C'est égal, mademoiselle a pris un drôle de page.
— Leblanc, tu me fais rire avec tes pages. Est-ce qu'on a des pages à présent ? Tu te crois toujours avec ma grand'mère. Je te dis que c'est le fils adoptif de mon père.
— Certainement, M. le chevalier fait bien d'adopter un fils ; mais où diable a-t-il pêché cette figure-là ? »

Je jetai un regard de côté, et je vis qu'Edmée riait sous son éventail ; elle s'amusait du bavardage de cette vieille fille, qui passait pour avoir de l'esprit et à qui on laissait le droit de tout dire. Je fus très-blessé de voir que ma cousine se moquait de moi.

« Il a l'air d'un ours, d'un blaireau, d'un loup, d'un milan, de tout plutôt que d'un homme ! continua la Leblanc. Quelles mains ! quelles jambes ! et encore ce n'est rien à présent qu'il est un peu décrassé. Il fallait le voir le jour où il est arrivé avec son sarrau et ses guêtres de cuir ; c'était à faire trembler ! — Tu trouves ? reprit Edmée ; moi, je l'aimais mieux avec son costume de braconnier ; cela allait mieux à sa figure et à sa taille. — Il avait l'air d'un bandit ; mademoiselle ne l'a donc pas regardé ? — Si fait. »

Le ton dont elle prononça ce *si fait* me fit frémir, et je ne sais pourquoi l'impression du baiser qu'elle m'avait donné à la Roche-Mauprat me revint sur les lèvres.

« Encore s'il était coiffé ! reprit la duègne, mais jamais on n'a pu le faire consentir à se laisser poudrer. Saint-Jean m'a dit qu'au moment où il avait approché la houppe de sa tête, il s'était levé furieux en disant : *Ah ! tout ce que vous voudrez, excepté cette farine-là. Je veux pouvoir remuer la tête sans tousser et éternuer.* Dieu ! quel sauvage ! — Mais, au fond, il a bien raison : si la mode n'autorisait pas cette absurdité-là, tout le monde s'apercevrait que c'est laid et incommode. Regarde s'il n'est pas plus beau d'avoir de grands cheveux noirs. — Ces grands cheveux-là ! quelle crinière ! cela fait peur. — D'ailleurs, les enfants ne se mettent pas de poudre, et c'est encore un enfant que ce garçon-là. — Un enfant ! tudieu ! quel marmot ! il en mangerait à son déjeuner, des enfants ! c'est un ogre. Mais d'où sort ce gaillard-là ? M. le chevalier l'aura tiré de la charrue pour l'amener ici. Est-ce qu'il s'appelle.... Comment donc s'appelle-t-il ? — Curieuse, je t'ai dit qu'il s'appelle Bernard. — Bernard ! et rien avec ? — Rien, pour le moment. Que regardes-tu ? — Il dort comme un loir. Voyez ce balourd ! Je regarde s'il ressemble à M. le chevalier. C'est peut-être un instant d'erreur ; il aura eu un jour d'oubli avec quelque bouvière. — Allons donc ! Leblanc, vous allez trop loin.... — Ah ! mon Dieu ! mademoiselle, est-ce que M. le chevalier n'a pas été jeune comme un autre ? et cela empêche-t-il la vertu de venir avec l'âge ? — Sans doute, tu sais ce qui en est par expérience. Mais écoute, ne t'avise pas de taquiner ce jeune homme. Tu as peut-être deviné juste ; mon père exige qu'on le traite comme l'enfant de la maison. — Eh bien ! c'est agréable pour mademoiselle ! Quant à moi, qu'est-ce que cela me fait ? je n'ai pas affaire à ce monsieur-là. — Ah ! si tu avais trente ans de moins !...... — Mais est-ce que monsieur a consulté mademoiselle pour installer ce grand brigand chez elle ? — Est-ce que tu en doutes ? Y a-t-il au monde un meilleur père que le mien ? — Mademoiselle est bien bonne aussi..... Il y a bien des demoiselles à qui cela n'aurait guère convenu. — Et pourquoi donc ? ce garçon-là n'a rien de déplaisant ; quand il sera bien élevé..... — Il sera toujours laid à faire peur. — Il s'en faut de beaucoup qu'il soit laid, ma chère Leblanc ; tu es trop vieille, tu ne t'y connais plus. »

Leur conversation fut interrompue par le chevalier, qui vint chercher un livre. « Mademoiselle Leblanc est ici ? dit-il d'un air très-calme. Je vous croyais en tête-à-tête avec mon fils. Eh bien ! avez-vous causé ensemble, Edmée ? lui avez-vous dit que vous seriez sa sœur ? Es-tu content d'elle, Bernard ? » Mes réponses ne pouvaient compromettre personne ; c'étaient toujours quatre ou cinq paroles incohérentes, estropiées par la honte. M. de Mauprat retourna à son cabinet, et je me rassis, espérant que ma cousine allait renvoyer sa duègne et me parler. Mais elles échangèrent quelques paroles tout bas ; la duègne resta, et deux mortelles heures s'écoulèrent sans que j'osasse bouger de ma chaise. Je crois qu'Edmée dormait réellement. Quand la cloche sonna le dîner, son père revint me prendre, et, avant de quitter son appartement, il lui dit de nouveau : « Eh bien ! avez-vous causé ? — Oui, mon bon père, » répondit-elle avec une assurance qui me confondit.

Il me parut prouvé, d'après cette conduite de ma cousine, qu'elle s'était jouée de moi et que maintenant elle craignait mes reproches. Et puis, l'espérance me revint lorsque je me rappelai le ton dont elle avait parlé de moi avec mademoiselle Leblanc. J'en vins même à penser qu'elle craignait les soupçons de son père, et qu'elle n'affectait une grande indifférence que pour m'attirer plus sûrement dans ses bras quand le moment serait venu. Dans l'incertitude, j'attendis. Mais les jours et les nuits se succédèrent sans qu'aucune explication arrivât et sans qu'aucun message secret m'avertît de prendre patience. Elle descendait au salon une heure le matin ; le soir elle venait dîner et jouait au piquet et aux échecs avec son père. Pendant tout ce temps, elle était si bien gardée que je n'aurais pas même pu échanger un regard avec elle ; le reste du jour elle était inabordable dans sa chambre. Plusieurs fois, voyant que je m'ennuyais de l'espèce de captivité où j'étais forcé de vivre, le chevalier me dit : « Va causer avec Edmée, monte à sa chambre, dis-lui que c'est moi qui t'envoie. » Mais j'avais beau frapper, sans doute on m'entendait venir et on me reconnaissait à mon pas incertain et lourd. Jamais la porte ne s'ouvrait pour moi ; j'étais désespéré, j'étais furieux.

Il est nécessaire que j'interrompe le récit de mes impressions personnelles pour vous dire ce qui se passait à cette époque dans la triste famille des Mauprat. Jean et Antoine avaient réellement pris la fuite, et, quoique les recherches eussent été sévères, il fut impossible de s'emparer de leurs personnes. Tous leurs biens furent saisis, et la vente du fief de la Roche-Mauprat fut décrétée par autorité de justice. Mais on n'alla pas jusqu'au jour de l'adjudication : M. Hubert de Mauprat fit cesser les poursuites. Il se porta adjudicataire ; les créanciers furent satisfaits, et les titres de propriété de la Roche-Mauprat passèrent dans ses mains.

La petite garnison des Mauprat, composée d'aventuriers de bas étage, avait subi le même sort que ses maîtres. Elle était, comme on sait, réduite depuis longtemps à très-peu d'individus. Deux ou trois périrent ; d'autres prirent la fuite, un seul fut mis en prison. On instruisit son procès, et il paya pour tous. Il fut grandement question d'instruire aussi par contumace contre Jean et Antoine de Mauprat, dont la fuite paraissait prouvée, car on n'avait pas retrouvé leurs corps après le desséchement du vivier où celui de Gaucher avait surnagé ; mais le chevalier craignit pour l'honneur de son nom une sentence infamante, comme si cette sentence eût pu ajouter quelque chose à l'horreur du nom de Mauprat. Il usa de crédit de M. de La Marche et du sien propre (qui était réel dans la province, surtout à cause de sa grande moralité) pour assoupir l'affaire, et il y réussit. Quant à moi, quoique j'eusse certainement trempé dans plus d'une des exactions de mes oncles, il ne fut pas question de m'accuser même au tribunal de l'opinion publique. Au milieu du déchaînement qu'excitaient mes oncles, on se plut à me considérer uniquement comme un jeune captif, victime de leurs mauvais traitements et plein d'heureuses dispositions. Le chevalier, dans sa générosité bienveillante et dans son désir de réhabiliter la famille, exagéra beaucoup, à coup sûr, mes mérites, et fit partout répandre le bruit que j'étais un ange de douceur et d'intelligence.

Le jour où M. Hubert se porta adjudicataire, il entra dès le matin dans ma chambre, accompagné de sa fille et de l'abbé, et, me montrant les actes par lesquels il consommait le sacrifice (la Roche-Mauprat valait environ 200,000 livres), il me déclara que j'allais être mis sur-le-champ en possession, non-seulement de ma part d'héritage qui n'était pas considérable, mais de la moitié du revenu de la propriété. En même temps, la propriété totale, fonds et produit, m'allait être assurée par testament du chevalier, le tout à *une seule condition* ; c'est que je consentirais à recevoir une éducation *sortable à ma qualité*.

Le chevalier avait fait toutes ces dispositions avec bonté et simplicité, moitié par reconnaissance de ce qu'il savait de ma conduite envers Edmée, moitié par orgueil de famille ; mais il ne s'attendait pas à la résistance qu'il trouva en moi au sujet de l'éducation. Je ne saurais dire quel mécontentement souleva en moi le mot de *condition*. Je crus y voir surtout le résultat de quelque manœuvre d'Edmée pour se débarrasser de sa parole envers moi.

« Mon oncle, répondis-je après avoir écouté toutes ses offres magnifiques dans un silence absolu, je vous remercie de tout ce que vous voulez faire pour moi ; mais il ne me convient pas de l'accepter. Je n'ai pas besoin de fortune. A un homme comme moi, il ne faut que du pain, un fusil, un chien de chasse et le premier cabaret qui se trouvera sur la lisière des bois. Puisque vous avez la complaisance de me servir de tuteur, payez-moi la rente de mon huitième de propriété sur le fief, et j'exigez pas que j'apprenne vos sornettes de latin. Un gentilhomme en sait assez quand il peut abattre une sarcelle et signer son nom. Je ne tiens pas à être seigneur de la Roche-Maupr t; c'est assez d'y avoir été esclave. Vous êtes un brave homme, et sur mon honneur je vous aime ; mais je n'aime guère les conditions. Je n'ai jamais rien fait par intérêt, et j'aime mieux rester ignorant que de devenir bel esprit aux gages du prochain. Quant à ma cousine, je ne consentirai jamais à faire une pareille brèche dans sa fortune. Je sais bien qu'elle ferait volontiers le sacrifice d'une partie de sa dot pour se dispenser… »

Edmée, qui était restée fort pâle et comme distraite jusque-là, me lança tout à coup un regard étincelant, et m'interrompit pour me dire avec assurance : « Pour me dispenser de quoi, s'il vous plaît, Bernard ? »

Je vis que, malgré son courage, elle était fort émue ; car elle brisa son éventail en le fermant. Je lui répondis, avec un regard où l'honnête malice du campagnard devait se peindre : « Pour vous dispenser, cousine, de tenir certaine promesse que vous m'avez faite à la Roche-Maupr t. »

Elle devint plus pâle qu'auparavant, et son visage prit une expression de terreur que déguisait mal un sourire de mépris.

« Quelle promesse lui avez-vous donc faite, Edmée ? » dit le chevalier en se tournant vers elle avec candeur. En même temps le curé me serra le bras à la dérobée, et je compris que le confesseur de ma cousine était en possession de notre secret.

Je haussai les épaules ; leurs craintes me faisaient injure et pitié. « Elle m'a promis, repris-je en souriant, de me regarder toujours comme son frère et son ami. Ne sont-ce pas là vos paroles, Edmée, et croyez-vous que cela se prouve avec de l'argent ? »

Elle se leva avec vivacité, et, me tendant la main, elle me dit d'une voix émue : « Vous avez raison, Bernard, vous êtes un grand cœur, et je ne me pardonnerais pas si j'en doutais un instant. » Je vis une larme au bord de sa paupière, et je serrai sa main un peu trop fort sans doute, car elle en laissa échapper un petit cri accompagné d'un charmant sourire. Le chevalier m'embrassa, et l'abbé dit à plusieurs reprises en s'agitant sur sa chaise : « C'est beau ! c'est noble ! c'est très-beau ! On n'a pas besoin d'apprendre cela dans les livres, ajouta-t-il en s'adressant au chevalier. Dieu écrit sa parole et répand son esprit dans le cœur de ses enfants.

— Vous verrez, dit le chevalier vivement attendri, que ce Mauprat relèvera l'honneur de la famille. Maintenant, mon cher Bernard, je ne te parlerai plus d'affaires. Je sais comment je dois agir, et tu ne peux pas m'empêcher de faire ce que bon me semblera pour que mon nom soit réhabilité dans ta personne. La seule réhabilitation véritable m'est garantie par tes nobles sentiments ; mais il en est encore une autre que tu ne refuseras pas de tenter : c'est celle des talents et des lumières. Tu t'y prêteras par affection pour nous, je l'espère ; mais ce n'est pas encore le temps d'en parler. Je respecte ta fierté et veux assurer ton existence *sans condition*. Venez, l'abbé, vous allez m'accompagner à la ville chez mon procureur. La voiture est prête. Vous, enfants, vous allez déjeuner ensemble. Allons, Bernard, donne le bras à ta cousine, ou, pour mieux dire, à ta sœur. Apprends la courtoisie des manières, puisque avec elle c'est l'expression de ton cœur.

— Vous dites vrai, mon oncle, » répondis-je en m'emparant un peu rudement du bras d'Edmée pour descendre l'escalier. Elle tremblait, mais ses joues avaient repris leur incarnat, et un sourire affectueux errait sur ses lèvres.

Quand nous fûmes vis-à-vis l'un de l'autre à table, notre bon accord se refroidit en peu d'instants. Nous redevînmes embarrassés tous les deux ; si nous eussions été seuls, je me serais tiré d'affaire par une de ces brusques sorties que je savais m'imposer à moi-même quand j'étais trop honteux de ma timidité ; mais la présence de Saint-Jean, qui nous servait, me condamnait au silence sur le point principal. Je pris le parti de parler de Patience et de demander à Edmée comment il se faisait qu'elle fût si bien avec lui, et ce que je devais penser du prétendu sorcier. Elle me raconta en gros l'histoire du philosophe rustique, et me dit que c'était l'abbé Aubert qui l'avait menée à la tour Gazeau. Elle avait été frappée de l'intelligence et de la sagesse du cénobite stoïcien, et prenait à causer avec lui un plaisir extrême. De son côté, Patience avait conçu pour elle tant d'amitié, que depuis quelque temps il s'était relâché de ses habitudes, et venait assez souvent lui rendre visite en même temps qu'à l'abbé.

Vous pensez bien qu'elle eut quelque peine à rendre ces explications intelligibles pour moi. Je fus très-frappé des éloges qu'elle donnait à Patience et de la sympathie qu'elle éprouvait pour ses idées révolutionnaires. C'était la première fois que j'entendais parler de la sorte d'un paysan comme d'un homme. En outre, j'avais considéré jusque-là le sorcier de la tour Gazeau comme bien au-dessous d'un paysan ordinaire, et voilà qu'Edmée le plaçait au-dessus de la plupart des hommes qu'elle connaissait, et prenait parti pour lui contre la noblesse. Je réussis à en tirer cette conclusion, que l'éducation n'était pas si nécessaire que le chevalier et l'abbé voulaient bien me le faire croire. « Je ne sais guère mieux lire que Patience, ajoutai-je, et je voudrais bien que vous eussiez autant de plaisir dans ma société que dans la sienne ; mais il n'y paraît guère, cousine, car depuis que je suis ici... »

Comme nous quittions alors la table et que je me réjouissais de me trouver enfin seul avec elle, j'allais devenir beaucoup plus explicite, lorsqu'en entrant dans le salon nous y trouvâmes M. de La Marche qui venait d'arriver et qui entrait par la porte opposée. Je le donnai, dans mon cœur, à tous les diables.

M. de La Marche était un jeune seigneur tout à fait à la mode de son époque. Épris de philosophie nouvelle, grand voltairien, grand admirateur de Franklin, plus honnête qu'intelligent, comprenant moins ses oracles qu'il n'avait le désir et la prétention de les comprendre ; assez mauvais logicien, car il trouva ses idées beaucoup moins bonnes et ses espérances politiques beaucoup moins douces le jour où la nation française se mit en tête de les réaliser ; au demeurant, plein de bons sentiments, se croyant beaucoup plus confiant et romanesque qu'il ne l'était en effet ; un peu plus fidèle à ses préjugés de caste et beaucoup plus sensible à l'opinion du monde qu'il ne se flattait et se piquait de l'être : voilà tout l'homme. Sa figure était charmante, mais je la trouvais excessivement fade, car j'avais contre lui la plus ridicule animosité. Ses manières gracieuses me semblaient serviles auprès d'Edmée ; j'eusse rougi de les imiter, et pourtant je n'étais occupé qu'à renchérir sur les petits services qu'il pouvait lui rendre. Nous sortîmes dans le parc, qui était considérable et coupé par l'Indre, qui n'est là qu'un joli ruisseau. Chemin faisant, il se rendit agréable de mille manières ; il n'apercevait pas une violette qu'il ne cueillît pour l'offrir à ma cousine. Mais quand nous arrivâmes au bord du ruisseau, nous trouvâmes la planche sur laquelle on le traversait en cet endroit rompue et emportée par les orages des jours précédents. Alors je pris Edmée dans mes bras sans lui en demander la permission, et je traversai tranquillement. J'avais de l'eau jusqu'à la ceinture, et je portais ma cousine à bras tendus avec tant de force et de précision que ma hardiesse ne mouilla pas un de ses rubans. M. de La Marche, ne voulant pas paraître plus délicat que moi, n'hésita point à mouiller ses beaux habits et à me suivre avec des éclats de rire un peu forcés ; mais, quoiqu'il ne portât aucun fardeau, il trébucha plusieurs fois sur les pierres dont le lit de la rivière était encombré et ne nous rejoignit qu'avec peine. Edmée ne riait pas ; je crois qu'en faisant malgré elle cette épreuve de ma force et de ma hardiesse, elle fut très-effrayée de songer à l'amour qu'elle m'inspirait. Elle était même irritée, et me dit, lorsque je la déposai doucement sur le rivage : « Bernard, je vous prie de ne jamais recommencer de pareilles plaisanteries. — Ah ! bon, lui dis-je, vous ne vous en fâcheriez pas de la part de l'autre. — Il ne se les permettrait pas, reprit-elle. — Je le crois bien, répondis-je, il s'en garderait ! Regardez comme le voilà fait... et moi, je ne vous ai pas dérangé un cheveu. Il ramasse très-bien les violettes ; mais, croyez-moi, dans un danger, ne lui donnez pas la préférence. »

M. de La Marche me fit de grands compliments sur cet exploit. J'avais espéré qu'il serait jaloux ; il ne parut pas seulement y songer, et prit son parti gaiement sur le pitoyable état de sa toilette. Il faisait extrêmement chaud, et nous étions séchés avant la fin de la promenade ; mais Edmée demeura triste et préoccupée. Il me sembla qu'elle faisait effort pour me montrer autant d'amitié que pendant le déjeuner. J'en fus affecté ; car je n'étais pas seulement amoureux d'elle, je l'aimais. Il m'eût été impossible de faire cette distinction ; mais les deux sentiments étaient en moi, la passion et la tendresse.

Le chevalier et l'abbé rentrèrent à l'heure du dîner. Ils s'entretinrent à voix basse avec M. de La Marche du règlement de mes affaires, et, au peu de mots que j'entendis malgré moi, je compris qu'ils venaient d'assurer mon existence dans les conditions brillantes qui m'avaient été annoncées le matin. J'eus la mauvaise honte de ne point en témoigner naïvement ma reconnaissance. Cette générosité me troublait, je n'y comprenais rien ; je m'en méfiais presque comme d'une embûche qu'on me tendait pour m'éloigner de ma cousine. Je n'étais pas sensible aux avantages de la fortune. Je n'avais pas les besoins de la civilisation, et les préjugés nobiliaires étaient chez moi un point d'honneur, nullement une vanité sociale. Voyant qu'on ne me parlait pas ouvertement, je pris le parti peu gracieux de feindre une complète ignorance.

Edmée devint toujours plus triste. Je remarquai que ses regards se portaient alternativement sur M. de La Marche et sur moi avec une inquiétude vague. Toutes les fois que je lui adressais la parole, ou même que j'élevais la voix en parlant aux autres personnes, elle tressaillait, puis elle fronçait légèrement le sourcil, comme si ma voix lui eût causé une douleur physique. Elle se retira aussitôt après le dîner ; son père la suivit avec inquiétude. « Ne remarquez-vous pas, dit l'abbé en les voyant s'éloigner et en s'adressant à M. de La Marche, que mademoiselle de Mauprat s'est bien changée depuis ces derniers temps ? — Elle est maigrie, répondit le lieutenant-général, mais je crois qu'elle n'en est que plus belle. — Oui, mais je crains qu'elle ne soit plus malade qu'elle ne l'avoue, repartit l'abbé. Son caractère est aussi changé que sa figure ; elle est triste. — Triste ? mais il me semble qu'elle n'a jamais été aussi gaie que ce matin ; n'est-il pas vrai, monsieur Bernard ? C'est depuis la promenade seulement qu'elle s'est plainte d'avoir un peu de migraine. — Je vous dis qu'elle est triste, reprit l'abbé. Quand elle est gaie maintenant, elle l'est plus que de raison ; il y a quelque chose d'étrange alors et de forcé en elle, qui n'est pas du tout dans sa manière d'être accoutumée. Puis un instant après elle retombe dans une mélancolie que je n'avais jamais remarquée avant la fameuse nuit de la forêt. Soyez sûr que les émotions de cette nuit ont été graves. — Elle a été témoin, en effet, d'une scène affreuse à la tour Gazeau, dit M. de La Marche; et puis cette course de son cheval à travers la forêt, lorsqu'elle a été emportée loin de la chasse, a dû la fatiguer et l'effrayer beaucoup. Cependant elle est douée d'un courage si admirable!... Dites-moi, cher monsieur Bernard, lorsque vous la rencontrâtes dans la forêt, vous parut-elle très-épouvantée? — Dans la forêt? repris-je; je ne l'ai point rencontrée dans la forêt. — Non, c'est dans la Varenne que vous l'avez rencontrée, dit l'abbé avec précipitation... A propos, monsieur Bernard, voulez-vous bien me permettre de vous dire un mot d'affaires en particulier pour votre propriété de... » Il m'entraîna hors du salon, et me dit à voix basse: « Il ne s'agit pas d'affaires, je vous supplie de ne laisser soupçonner à qui que ce soit, pas même à M. de La Marche, que mademoiselle de Mauprat ait été seulement l'espace d'une seconde à la Roche-Mauprat... — Et pourquoi donc? demandai-je; n'y a-t-elle pas été sous ma protection? n'en est-il pas sortie pure, grâce à moi? et peut-on ignorer dans le pays qu'elle y ait passé deux heures? — On l'ignore entièrement, répondit-il; au moment où elle en sortait, la Roche-Mauprat tombait sous les coups des assiégeants, et aucun de ses hôtes ne reviendra du sein de la tombe ou du fond de l'exil pour raconter ce fait. Quand vous connaîtrez davantage le monde, vous comprendrez de quelle importance il est pour la réputation d'une jeune personne qu'on ne puisse pas supposer que l'ombre d'un danger ait seulement passé sur son honneur. En attendant, je vous adjure, au nom de son père, au nom de l'amitié que vous avez pour elle, et que vous lui avez exprimée ce matin d'une manière si noble et si touchante...! — Vous êtes très-adroit, monsieur l'abbé, dis-je en l'interrompant; toutes vos paroles ont un sens caché que je comprends fort bien, trop grossier que je suis. Dites à ma cousine qu'elle se rassure. Je n'ai pas sujet de nier sa vertu, très-certainement, et je ne suis d'ailleurs pas capable de faire manquer le mariage qu'elle désire. Dites-lui que je ne réclame d'elle qu'une chose, c'est cette promesse *d'amitié* qu'elle m'a faite à la Roche-Mauprat. — Cette promesse a donc à vos yeux une singulière solennité? dit l'abbé, et quelle méfiance peut-elle vous laisser en ce cas? » Je le regardai fixement, et, comme il me semblait troublé, je pris plaisir à le tourmenter, espérant qu'il rapporterait mes paroles à Edmée. « Aucune, répondis-je; seulement je ne crains l'abandon de M. de La Marche au cas où l'aventure de la Roche-Mauprat viendrait à se découvrir. Si ce monsieur est capable de soupçonner Edmée et de lui faire outrage à la veille de ses noces, il me semble qu'il y a un moyen bien simple de raccommoder tout cela. — Et lequel, selon vous? — C'est de le provoquer et de le tuer. — Je pense que vous ferez tout pour épargner cette dure nécessité et ce péril affreux au respectable M. Hubert. — Je les lui épargnerai de reste en me chargeant de venger ma cousine. C'est mon droit, monsieur l'abbé; je connais les devoirs d'un gentilhomme tout aussi bien que si j'avais appris le latin. Vous pouvez le lui dire de ma part. Qu'elle dorme en paix; je me tairai, et, si cela ne sert à rien, je me battrai. — Mais, Bernard, reprit l'abbé d'un ton insinuant et doux, songez-vous à l'attachement de votre cousine pour M. de La Marche? — Eh bien! raison de plus », m'écriai-je en saisi d'un mouvement de rage. Et je lui tournai le dos brusquement.

L'abbé rapporta toute cette conversation à la pénitente. Le rôle de ce digne prêtre était fort embarrassant; il avait reçu sous le sceau de la confession une confidence à laquelle il ne pouvait que faire des allusions très-détournées en s'entretenant avec moi. Cependant il espérait, au moyen de ces délicates allusions, me faire comprendre le crime de mon obstination, et m'amener à y renoncer loyalement. Il augurait trop bien de moi; tant de vertu était au-dessus de mes forces, comme elle était au-dessus de mon intelligence.

X.

Quelques jours se passèrent dans un calme apparent. Edmée se disait souffrante et sortait peu de sa chambre; M. de La Marche venait presque tous les jours, son château étant situé à peu de distance. Je le prenais de plus en plus en aversion, malgré les politesses dont il me comblait. Je ne comprenais rien à ses affectations de philosophie, et je les combattais avec toute la grossièreté de préjugés et d'expressions dont j'étais susceptible. Ce qui me consolait un peu de mes souffrances secrètes, c'était de voir qu'il n'était pas reçu plus que moi dans les appartements d'Edmée.

Le seul événement de cette semaine fut l'installation de Patience dans une cabane voisine du château. Depuis que l'abbé Aubert avait trouvé auprès du chevalier une existence à l'abri des persécutions ecclésiastiques, il n'y avait plus pour lui de nécessité à voir secrètement son ami le cénobite. Il l'avait donc vivement engagé à quitter le séjour des bois et à se rapprocher de lui. Patience s'était fait beaucoup prier. Tant d'années passées dans la solitude l'avaient tellement attaché à sa tour Gazeau qu'il hésitait à lui préférer la société de son ami. En outre, il disait que l'abbé allait se corrompre dans le *commerce des grands*, que bientôt il subirait à son insu l'influence des vieilles idées, et qu'il se refroidirait à l'égard de la *cause sainte*. Il est vrai qu'Edmée avait gagné le cœur de Patience, et qu'en lui offrant une petite habitation appartenant à son père, et située dans un ravin pittoresque, à la sortie de son parc, elle s'y était prise avec assez de grâce et de délicatesse pour ne pas blesser sa fierté chatouilleuse. C'était à l'effet de terminer cette grande négociation que l'abbé s'était rendu à la tour Gazeau avec Marcasse, le soir où, retenus par l'orage, ils avaient donné asile à Edmée et à moi. La scène affreuse qui suivit notre arrivée trancha toutes les irrésolutions de Patience. Enclin aux idées pythagoriciennes, il avait horreur du sang répandu. La mort d'une biche lui arrachait des larmes, comme au Jacques de Shakspeare; à plus forte raison les meurtres humains lui étaient impossibles à contempler, et du moment que la tour Gazeau eut été le spectacle de deux morts tragiques, elle lui sembla souillée, et rien n'eût pu le décider à y passer une nuit de plus. Il nous suivit à Sainte-Sévère, et bientôt il laissa vaincre ses scrupules philosophiques par les séductions d'Edmée. La maisonnette dont on lui fit accepter la jouissance était assez humble pour ne pas le faire rougir d'une transaction trop apparente avec la civilisation. Il y trouva une solitude moins profonde qu'à la tour Gazeau; mais les fréquentes visites de l'abbé et celles d'Edmée ne lui laissèrent pas le droit de se plaindre. »

Ici le narrateur interrompit de nouveau son récit pour entrer dans le développement du caractère de mademoiselle de Mauprat.

« Edmée, dit-il, et croyez bien que ce n'est pas le langage de la prévention, était, au sein de sa modeste obscurité, une des femmes les plus parfaites qu'il y eût en France. Pour qu'elle fût citée et vantée entre toutes, il ne lui a manqué que le désir ou la nécessité de se faire connaître au monde. Mais elle était heureuse dans sa famille, et la plus douce simplicité couronnait ses facultés et ses hautes vertus. Elle ignorait son mérite comme je l'ignorais moi-même à cette époque, où, brute avide, je ne voyais que par les yeux du corps et croyais ne l'aimer que parce qu'elle était belle. Il faut dire aussi que son fiancé, M. de La Marche, ne la comprenait guère mieux. Il avait développé la pâle intelligence dont il était doué à la froide école de Voltaire et d'Helvétius. Edmée avait allumé sa vaste intelligence aux brûlantes déclamations de Jean-Jacques. Un temps est venu où j'ai compris Edmée; le temps où M. de La Marche l'aurait comprise ne fût jamais arrivé.

Edmée, privée de sa mère dès le berceau et abandonnée à ses jeunes inspirations par un père plein de confiance, de bonté et d'incurie, s'était formée à peu près seule. L'abbé Aubert, qui lui avait fait faire sa première communion, n'avait point proscrit de ses lectures les philosophes qui l'avaient séduit lui-même. Ne trouvant autour d'elle ni contradiction ni même discussion, car, en toutes choses, elle entraînait son père dont elle était l'idole, Edmée était restée fidèle à des principes en apparence bien opposés : la philosophie, qui préparait la ruine du christianisme, et le christianisme, qui proscrivait l'esprit d'examen. Pour expliquer cette contradiction, il faut que vous vous reportiez à ce que je vous ai dit de l'effet que produisit sur l'abbé Aubert la profession de foi du vicaire savoyard. Vous n'ignorez pas d'ailleurs que, dans les âmes poétiques, le mysticisme et le doute règnent de pair. Jean-Jacques en fut un exemple éclatant et magnifique, et vous savez quelles sympathies il éveilla chez les prêtres et chez les nobles, alors même qu'il les gourmandait avec tant de véhémence. Quels miracles n'opère pas la conviction, aidée d'une éloquence sublime! Edmée avait bu à cette source vive avec toute l'avidité d'une âme ardente. Dans ses rares voyages à Paris, elle avait recherché les âmes sympathiques à la sienne. Mais là elle avait trouvé tant de nuances, si peu d'accord, et surtout, malgré la mode, tant de préjugés indestructibles, qu'elle s'était rattachée avec amour à sa solitude et à ses poétiques rêveries sous les vieux chênes de son parc. Elle parlait déjà de ses déceptions, et refusait avec un bon sens au-dessus de son âge, et peut-être de son sexe, toutes les occasions de se mettre en rapport direct avec ces philosophes dont les écrits faisaient sa vie intellectuelle. « Je suis un peu sybarite, disait-elle en souriant. J'aime mieux respirer un bouquet de roses préparé pour moi dès le matin dans un vase, que d'aller le chercher au milieu des épines et à l'ardeur du soleil. »

Ce qu'elle disait de son sybaritisme n'était d'ailleurs qu'une figure. Elevée aux champs, elle était forte, active, courageuse, enjouée; elle joignait à toutes les grâces de la beauté délicate toute l'énergie de la santé physique et morale. C'était une fière et intrépide jeune fille autant qu'une douce et affable châtelaine. Je l'ai trouvée souvent bien haute et bien dédaigneuse; Patience et les pauvres de la contrée l'ont toujours trouvée humble et débonnaire.

Edmée chérissait les poètes presque autant que les philosophes spiritualistes; elle se promenait toujours un livre à la main. Un jour qu'elle avait pris le Tasse, elle rencontra Patience, et, selon sa coutume, il s'enquit avec curiosité et de l'auteur et du sujet. Il fallut qu'Edmée lui fît comprendre les croisades; ce ne fut pas le plus difficile. Grâce aux récits de l'abbé et à sa prodigieuse mémoire des faits, Patience connaissait passablement le canevas de l'histoire universelle. Mais, ce qu'il eut de la peine à saisir, ce fut le rapport et la différence de la poésie épique à l'histoire. D'abord il était indigné des fictions des poëtes, et prétendait qu'on n'eût jamais dû souffrir de telles impostures. Puis, quand il eut compris que la poésie épique, loin d'induire les générations en erreur, donnait, avec de plus grandes proportions, une éternelle durée à la gloire des faits héroïques, il demanda pourquoi tous les faits importants n'avaient pas été chantés par les bardes, et pourquoi l'histoire de l'humanité n'avait pas trouvé une forme populaire qui pût, sans le secours des lettres, se graver dans toutes les mémoires. Il pria Edmée de lui expliquer une strophe de la *Jérusalem*; il y prit goût, et elle lui en lut un chant en français. Quelques jours plus tard, elle lui en fit connaître un second, et bientôt Patience connut tout le poème. Il se réjouit d'apprendre que ce récit héroïque était populaire en Italie, et essaya, en résumant ses souvenirs, de leur donner en prose grossière une forme abrégée; mais il n'avait nullement la mémoire des mots. Agité par ses vives impressions, mille images grandioses passaient devant ses yeux. Il les exprimait dans des improvisations où son génie triomphait de la barbarie de son langage; mais il lui était impossible de ressaisir ce qu'il avait dit. Il eût fallu qu'on pût l'écrire sous sa dictée, et encore cela n'eût servi de rien; car, au cas où il eût réussi à le lire, sa mémoire, n'étant exercée qu'au raisonnement, n'avait jamais pu conserver un fragment quelconque précisé par la parole. Il citait pourtant beaucoup, et son langage était parfois biblique; mais au delà de certaines expressions qu'il affectionnait et d'un nombre de courtes sentences qu'il trouvait encore moyen de s'approprier, il n'avait rien retenu des pages qu'il s'était fait souvent relire et qu'il écoutait toujours avec la même émotion que la première fois. C'était un véritable plaisir que de voir l'effet des beautés poétiques sur cette puissante organisation. Peu à peu l'abbé, Edmée et moi-même par la suite, nous vînmes à bout de lui faire connaître Homère et Dante. Il était si frappé des événements, qu'il pouvait faire l'analyse de la *Divine Comédie* d'un bout à l'autre sans oublier ni transposer la moindre partie du voyage, des rencontres et des émotions du poëte : là se bornait sa puissance. Quand il essayait de ressaisir quelques-unes des expressions qui l'avaient charmé à l'audition, il arrivait à une abondance de métaphores et d'images qui tenait du délire. Cette initiation de Patience à la poésie marqua dans sa vie une époque de transformation; elle lui donna en rêve l'action qui manquait à son existence réelle. Il contempla dans son miroir magique des combats gigantesques, vit des héros hauts de dix coudées; il comprit l'amour, qu'il n'avait jamais connu; il combattit, il aima, il vainquit, il éclaira les peuples, pacifia le monde, redressa les torts du genre humain et bâtit des temples au grand esprit de l'univers. Il vit dans la sphère étoilée tous les dieux de l'Olympe, pères de la primitive humanité; il lut dans les constellations l'histoire de l'âge d'or et celle des âges d'airain; il entendit dans les nuits d'hiver les chants de Morven, et salua dans les nuées orageuses les spectres de Fingal et de Comala. « Avant de connaître les poëtes, disait-il dans ses dernières années, j'étais comme un homme à qui manquerait un sens. Je voyais bien que ce sens était nécessaire, puisque tant de choses en sollicitaient l'exercice. Je me promenais seul la nuit avec inquiétude, me demandant pourquoi je ne pouvais dormir, pourquoi j'avais tant de plaisir à regarder les étoiles que je ne pouvais m'arracher à cette contemplation, pourquoi mon cœur battait tout d'un coup de joie en voyant certaines couleurs, ou s'attristait jusqu'aux larmes à l'audition de certains sons. Je m'en effrayais quelquefois jusqu'à m'imaginer, en comparant mon agitation continuelle à l'insouciance des autres hommes de ma classe, que j'étais fou. Mais je m'en consolais bientôt en me disant que ma folie m'était douce, et j'eusse mieux aimé n'être plus que d'en guérir. A présent il me suffit de savoir que ces choses ont été trouvées belles de tout temps par tous les hommes intelligents, pour comprendre ce qu'elles sont et en quoi elles sont utiles à l'homme. Je me réjouis dans la pensée qu'il n'y a pas une fleur, pas une nuance, pas un souffle d'air qui n'ait fixé l'attention et ému le cœur d'autres hommes, jusqu'à recevoir un nom consacré chez tous les peuples. Depuis que je sais qu'il est permis à l'homme, sans dégrader sa raison, de peupler l'univers et de l'expliquer par ses rêves, je vis tout entier dans la contemplation de l'univers; et quand la vue des misères et des forfaits de la société brise mon cœur et soulève ma raison, je me rejette dans mes rêves; je me dis que, puisque tous les hommes se sont entendus pour aimer l'œuvre divine, ils s'entendront aussi un jour pour s'aimer les uns les autres. Je m'imagine que, de père en fils, les éducations vont en se perfectionnant. Peut-être suis-je le premier ignorant qui ait deviné ce dont il n'avait aucune idée communiquée du dehors. Peut-être aussi que bien d'autres avant moi se sont inquiétés de ce qui se passait en eux-mêmes, et sont morts sans en trouver le premier mot. Pauvres gens que nous sommes! ajoutait Patience; on ne nous défend ni l'excès du travail physique, ni celui du vin, ni aucune de ces débauches qui peuvent détruire notre intelligence. Il y a des gens qui payent cher le travail des bras, afin que les pauvres, pour satisfaire les besoins de leur famille, travaillent au delà de leurs forces; il y a des cabarets et d'autres lieux plus dangereux encore, où le gouvernement prélève, dit-on, ses bénéfices; il y a aussi des prêtres qui montent en chaire pour nous dire ce que nous devons au seigneur de notre village, et jamais ce que notre seigneur nous doit. Il n'y a pas d'écoles où l'on nous enseigne nos droits, où l'on nous apprenne à distinguer nos vrais et honnêtes besoins des besoins honteux et funestes, où l'on nous dise enfin à quoi nous pouvons et devons penser quand nous avons sué tout le jour au profit d'autrui, et quand nous sommes assis le soir au seuil de nos cabanes à regarder les étoiles rouges sortir de l'horizon. »

Ainsi raisonnait Patience ; et croyez bien qu'en traduisant sa parole dans notre langue méthodique je lui ôte toute sa grâce, toute sa verve et toute son énergie. Mais qui pourrait redire l'expression textuelle de Patience? Son langage n'appartenait qu'à lui seul ; c'était un composé du vocabulaire borné, mais vigoureux, des paysans, et des métaphores les plus hardies des poètes, dont il enhardissait encore le tour poétique. A cet idiome mélangé, son esprit synthétique donnait l'ordre et la logique. Une incroyable abondance naturelle suppléait à la concision de l'expression propre. Il fallait voir quelle téméraire sa volonté et sa conviction livraient à l'impuissance de ses formules ; tout autre que lui n'eût pu s'en tirer avec honneur ; et je vous assure que, pour qui songeait à quelque chose de plus sérieux qu'à rire de ses solécismes et de ses hardiesses, il y avait dans cet homme matière aux plus importantes observations sur le développement de l'esprit humain, et à la plus tendre admiration pour la beauté morale primitive.

A l'époque où je compris entièrement Patience, j'avais un lien sympathique avec lui dans ma destinée exceptionnelle. Comme lui, j'avais été inculte ; comme lui, j'avais cherché au dehors l'explication de mon être, comme on cherche le mot d'une énigme. Grâce aux circonstances fortuites de la naissance et de la richesse, j'étais arrivé à un développement complet, tandis que Patience se débattit jusqu'à la mort dans les ténèbres d'une ignorance dont il ne voulait ni ne pouvait sortir ; mais ce ne fut pour moi qu'un sujet de plus de reconnaître la supériorité de cette organisation puissante que se dirigeait plus hardiment à l'aide de faibles lueurs instinctives, que moi à la clarté de tous les flambeaux de la science, et qui n'avait pas eu d'ailleurs un seul mauvais penchant à vaincre, tandis que je les avais eus tous.

Mais, à l'époque dont j'ai à poursuivre le récit, Patience n'était, à mes yeux, qu'un personnage grotesque, objet d'amusement pour Edmée et de compassion charitable pour l'abbé Aubert. Lorsqu'ils me parlaient de lui d'un ton sérieux, je ne les comprenais plus, et je m'imaginais qu'ils prenaient ce sujet comme une sorte de texte parabolique pour me démontrer les avantages de l'éducation, la nécessité de s'y prendre de bonne heure et les regrets inutiles des vieilles années.

J'allais rôder cependant dans les taillis dont sa nouvelle demeure était entourée, parce que j'avais vu Edmée s'y rendre à travers le parc, et que j'espérais obtenir, par surprise, un tête-à-tête avec elle au retour. Mais elle était toujours accompagnée de l'abbé, quelquefois même de son père ; et, si elle restait seule avec le vieux paysan, il l'escortait ensuite jusqu'au château. Souvent, caché dans les touffes d'un if monstrueux qui étendait ses nombreux rejets et ses branches pendantes à quelques pas de cette chaumière, je vis Edmée assise au seuil, un livre à la main, tandis que Patience l'écoutait les bras croisés, la tête courbée sur la poitrine et brisée en apparence par l'effort de l'attention. Je m'imaginais alors qu'Edmée essayait de lui apprendre à lire, et je la trouvais folle de s'obstiner à une éducation impossible. Mais elle était belle aux reflets du couchant, sous le pampre jaunissant de la chaumière, et je la contemplais en me disant qu'elle m'appartenait, en me jurant à moi-même de ne jamais céder à la force ni à la persuasion qui voudraient m'y faire renoncer.

Depuis quelques jours ma souffrance était excitée au dernier point ; je ne trouvais d'autres moyens de m'y soustraire qu'en buvant beaucoup à souper, afin d'être à peu près abruti à cette heure, si douloureuse et si blessante pour moi, où elle quittait le salon après avoir embrassé son père, donné sa main à baiser à M. de La Marche, et dit en passant devant moi : « Bonsoir, Bernard ! » d'un ton qui semblait dire : Aujourd'hui finit comme hier, et demain finira comme aujourd'hui. C'est en vain que j'allais m'asseoir dans le fauteuil le plus voisin de la porte, de manière à ce qu'elle ne pût sortir sans que son vêtement effleurât le mien ; je n'en obtenais jamais autre chose, et je n'avançais pas ma main pour solliciter la sienne, car elle me l'eût accordée d'un air négligent, et je crois que je l'eusse brisée dans ma colère.

Grâce aux larges libations du souper, je parvenais à m'enivrer silencieusement et tristement. Je m'enfonçais ensuite dans mon fauteuil de prédilection, et j'y restais sombre et assoupi jusqu'à ce que, les fumées du vin étant dissipées, j'allasse promener dans le parc mes rêves insensés et mes projets sinistres.

On ne semblait pas s'apercevoir de cette grossière habitude. Il y avait pour moi dans la famille tant d'indulgence et de bonté qu'on craignait de me faire la plus légitime observation ; mais on avait très-bien remarqué ma honteuse passion pour le vin, et le curé en avisa Edmée. Un soir, à souper, elle me regarda fixement à plusieurs reprises et avec une expression étrange. Je la regardai à mon tour, espérant qu'elle me provoquast ; mais nous en fûmes quittes pour un échange de regards malveillants. En sortant de table, elle me dit tout bas, très-vite et d'un ton impérieux : « Corrigez-vous de boire, et apprenez tout ce que l'abbé vous enseignera. »

Cet ordre et ce ton d'autorité, loin de me donner de l'espérance, me parurent si révoltants que toute ma timidité se dissipa en un instant. J'attendis l'heure où elle montait à sa chambre, et je sortis un peu avant elle pour aller l'attendre sur l'escalier. « Croyez-vous, lui dis-je, que je sois dupe de vos mensonges, et que je ne m'aperçoive pas très-bien, depuis un mois que je suis ici sans que vous m'adressiez la parole, que vous m'avez berné comme un sot? Vous m'avez menti, et aujourd'hui vous me méprisez, parce que j'ai eu l'honnêteté de croire à votre parole. — Bernard, me dit-elle d'un ton froid, ce n'est pas ici le lieu et l'heure de nous expliquer. — Oh ! je sais bien, repris-je, que ce ne sera jamais le lieu ni l'heure selon vous ; mais je saurai les trouver, n'en doutez pas. Vous avez dit que vous m'aimiez ; vous m'avez jeté les bras au cou, et vous m'avez dit en m'embrassant, ici, je sens encore vos lèvres sur ma joue : « Sauve-moi, et je jure par l'Évangile, par l'honneur, par le souvenir de ma mère et de la tienne, que je t'appartiendrai. » Je sais bien que vous avez dit tout cela parce que vous aviez peur de ma force ; et ici je sais bien que vous me fuyez parce que vous avez peur de mon droit. Mais vous n'y gagnerez rien ; je jure que vous ne vous jouerez pas longtemps de moi. — Je ne vous appartiendrai jamais, répondit-elle avec une froideur de plus en plus glaciale, si vous ne changez pas de langage, de manières et de sentiments. Tel que vous êtes, je ne vous crains pas. Je pouvais, lorsque vous me paraissiez bon et généreux, vous céder moitié par peur et moitié par sympathie, mais du moment que je ne vous aime plus, je ne vous crains pas davantage. Corrigez-vous, instruisez-vous, et nous verrons. — Fort bien, lui dis-je ; voilà une promesse que j'entends. J'agirai en conséquence, et, ne pouvant être heureux, je serai vengé. — Vengez-vous tant qu'il vous plaira, dit-elle, cela fera que je vous mépriserai. »

Elle tira, en parlant ainsi, un papier de son sein, et le brûla tranquillement à la flamme de sa bougie. « Qu'est-ce que vous faites-là? lui dis-je. — Je brûle une lettre que je vous avais écrite, répondit-elle. Je voulais vous faire entendre raison, mais c'est bien inutile ; on ne s'explique pas avec les brutes. — Vous allez me donner cette lettre ! m'écriai-je en me jetant sur elle pour lui arracher le papier enflammé. Mais elle le retira brusquement, et, l'éteignant dans sa main avec intrépidité, elle jeta le flambeau à mes pieds et s'échappa dans les ténèbres. Je la poursuivis en vain. Elle gagna la porte de son appartement avant moi, et la poussa sur elle. J'entendis tirer les verrous, et la voix de mademoiselle Leblanc qui demandait à sa jeune maîtresse la cause de sa frayeur. « Ce n'est rien, répondit la voix tremblante d'Edmée, c'est une espièglerie. »

Léonard ne connaissait d'autre remède que l'eau-de-vie. (Page 21.)

Je descendis au jardin et j'arpentai les allées d'un pas effréné. A cette fureur succéda la plus profonde tristesse. Edmée fière et audacieuse me paraissait plus belle et plus désirable que jamais. Il est de la nature de tous les désirs de s'irriter et de s'alimenter de la résistance. Je sentis que je l'avais offensée, qu'elle ne m'aimait pas, qu'elle ne m'aimerait peut-être jamais, et, sans renoncer à la criminelle résolution de la posséder par la force, je cédai à la douleur que me causait sa haine. J'allai m'appuyer au hasard contre un mur sombre, et, cachant ma tête dans mes mains, j'exhalai des sanglots désespérés. Ma robuste poitrine se brisait, et mes larmes ne la soulageaient pas à mon gré; j'aurais voulu rugir, et je mordais mon mouchoir pour ne pas céder à cette tentation. Le bruit sinistre de mes cris étouffés éveilla l'attention d'une personne qui priait dans la chapelle, de l'autre côté du mur où je m'étais adossé à tout hasard. Une fenêtre en ogive, garnie de ses *meneaux* de pierre surmontés d'un trèfle, était situé immédiatement à la hauteur de ma tête. « Qui donc est là? » demanda une figure pâle qu'éclairait le rayon oblique de la lune à son lever. En reconnaissant Edmée, je voulus m'éloigner; mais elle passa son beau bras entre les meneaux et me saisit par le collet de mon habit en me disant : « Pourquoi donc pleurez-vous, Bernard? »

Je cédai à cette douce violence, moitié honteux d'avoir laissé surprendre le secret de ma faiblesse, moitié ravi de voir qu'Edmée n'y était pas insensible. « Quel chagrin avez-vous donc? reprit-elle. Qui peut vous arracher de tels sanglots? — Vous me méprisez, vous me haïssez, et vous demandez pourquoi je souffre, pourquoi je suis en colère? — C'est donc de colère que vous pleurez? dit-elle en retirant son bras. — C'est de colère et d'autre chose encore, répondis-je. — Mais quoi encore? dit Edmée. — Je n'en sais rien; peut-être de chagrin, comme vous avez dit. Le fait est que je souffre; ma poitrine se brise. Il faut que je vous quitte, Edmée, et que j'aille vivre au milieu des bois. Je ne puis pas rester ici. — Pourquoi souffrez-vous tant? Expliquez-vous, Bernard; voici l'occasion de nous expliquer. — Oui, avec un mur entre nous. Je conçois que vous n'ayez pas peur de moi ici. — Et pourtant je ne vous témoigne que de l'intérêt, il me semble, et je n'ai pas été aussi affectueuse il y a une heure, lorsqu'il n'y avait pas un mur entre nous. — Je crois que vous

Edmée était couchée sur une chaise longue. (Page 20.)

n'êtes pas craintive, Edmée, parce que vous avez toujours la ressource d'éviter les gens ou de les attraper avec de belles paroles. Ah! on m'avait bien dit que toutes les femmes sont menteuses et qu'il n'en faut aimer aucune. — Qui est-ce qui vous disait cela? votre oncle Jean, ou votre oncle Gaucher, ou votre grand-père Tristan? — Raillez, raillez-moi tant que vous voudrez! Ce n'est pas ma faute si j'ai été élevé par eux. Mais ils pouvaient dire parfois quelque chose de vrai. — Bernard, voulez-vous que je vous dise pourquoi ils croyaient les femmes menteuses? — Dites. — C'est qu'ils employaient la violence et la tyrannie avec des êtres plus faibles qu'eux. Toutes les fois qu'on se fait craindre on risque d'être trompé. Lorsque, dans votre enfance, Jean vous frappait, n'avez-vous jamais évité ses brutales corrections en déguisant vos petites fautes? — C'est vrai; c'était ma seule ressource. — La ruse est donc, sinon le droit, du moins la ressource des opprimés. Ne le sentez-vous pas? — Je sens que je vous aime, et qu'il n'y a pas là de motif pour que vous me trompiez. — Aussi qui vous dit que je vous trompe? — Vous m'avez trompé; vous m'avez dit que vous m'aimiez, vous ne m'aimiez pas. — Je vous aimais, parce que je vous voyais, partagé entre de détestables principes et un cœur généreux, pencher vers la justice et l'honnêteté. Et je vous aime parce que je vois que vous triomphez des mauvais principes, et que vos méchantes inspirations sont suivies des larmes d'un bon cœur. Voilà ce que je puis vous dire devant Dieu et la main sur la conscience, aux heures où je vous vois tel que vous êtes. Il y a d'autres moments où vous me semblez si au-dessous de vous-même que je ne vous reconnais plus, et que je crois ne pas vous aimer. Il ne tient qu'à vous, Bernard, que je ne doute jamais ni de vous ni de moi.

— Et comment faut-il faire pour cela?

— Vous corriger de vos mauvaises habitudes, ouvrir l'oreille aux bons conseils, le cœur aux préceptes de la morale. Vous êtes un sauvage, Bernard, et soyez bien sûr que ce n'est ni votre gaucherie à faire un salut ni votre ignorance à tourner un compliment qui me choquent en vous. Au contraire, ce serait à mes yeux un charme très-grand s'il y avait de grandes idées et de nobles sentiments sous cette rudesse. Mais vos sentiments et vos idées sont comme vos manières, et c'est là ce que je ne puis souffrir. Je sais que ce n'est pas votre faute, et, si je vous voyais décidé à vous corriger, je vous aimerais autant à cause de vos défauts qu'à cause de vos qualités. La compassion entraîne l'affection ; mais je n'aime pas le mal, je ne peux pas l'aimer, et si vous le cultivez en vous-même, au lieu de l'extirper, je ne peux pas vous aimer. Comprenez-vous cela ? — Non. — Comment, non ? — Non, vous dis-je. Je ne sens pas qu'il y ait du mal en moi. Si vous n'êtes pas choquée du peu de grâce de mes jambes, et du peu de blancheur de mes mains, et du peu d'élégance de mes paroles, je ne suis plus ce que vous haïssez en moi. J'ai entendu de mauvais préceptes dès mon enfance, mais je ne les ai pas acceptés. Je n'ai jamais cru qu'il fût permis de commettre de mauvaises actions, ou du moins je ne l'ai jamais trouvé agréable. Quand j'ai fait le mal j'ai été contraint par la force. J'ai toujours détesté mes oncles et leur conduite. Je n'aime pas la souffrance d'autrui ; je n'aime à dépouiller personne ; je méprise l'argent, dont on faisait un dieu à la Roche-Mauprat ; je sais être sobre, et je boirais de l'eau toute ma vie, quoique j'aime le vin, s'il fallait, comme mes oncles, répandre le sang pour me procurer un bon souper. Cependant j'ai combattu avec eux ; cependant j'ai bu avec eux ; pouvais-je faire autrement ? Aujourd'hui que je peux me conduire comme je veux, à qui fais-je du tort ? à qui souhaité-je du mal ? Votre abbé, qui parle de vertu, me prend-il pour un assassin et pour un voleur ? Ainsi, avouez-le, Edmée, vous savez bien que je suis honnête ; vous ne me croyez pas méchant ; mais je vous déplais parce que je n'ai pas d'esprit, et vous aimez M. de La Marche parce qu'il sait dire des niaiseries dont je rougirais.

— Et si, pour me plaire, dit-elle en souriant, après m'avoir écouté avec beaucoup d'attention, et sans retirer sa main que j'avais prise à travers le grillage ; si, pour être préféré à M. de La Marche, il fallait acquérir de l'esprit, comme vous dites, ne le feriez-vous pas ?

— Je n'en sais rien, répondis-je après un instant d'hésitation ; peut-être serais-je assez fou pour cela, car je ne comprends rien au pouvoir que vous avez sur moi ; mais ce serait une grande lâcheté et une grande folie.

— Pourquoi, Bernard ?

— Parce qu'une femme qui n'aime pas un homme pour son bon cœur, mais pour son bel esprit, ne vaut guère la peine que je me donnerais. Voilà ce qu'il me semble. »

Elle garda le silence à son tour, et me dit ensuite en me pressant la main : « Vous avez bien plus de sens et d'esprit qu'on ne le croirait. Me voilà forcée d'être tout à fait sincère avec vous, et de vous avouer que, tel que vous êtes, et quand même vous ne devriez jamais changer, j'ai pour vous une estime et une amitié qui dureront autant que ma vie. Soyez sûr de cela, Bernard, quelque chose que je puisse vous dire dans un moment de colère, car vous savez que je suis très-vive : cela est de famille. Le sang des Mauprat ne coulera jamais aussi tranquillement que celui des autres humains. Ménagez donc ma fierté, vous qui savez si bien ce que c'est que la fierté ; ne vous targuez jamais avec moi d'un droit acquis. L'affection ne se commande pas, elle se demande ou s'inspire ; faites que je vous aime toujours ; ne me dites jamais que je suis forcée de vous aimer. — Cela est juste, en effet, répondis-je ; mais pourquoi me parlez-vous quelquefois comme si j'étais forcé de vous obéir ? Pourquoi, ce soir, m'avez-vous *défendu* de boire et *ordonné* d'étudier ? — Parce que, si on ne peut commander à l'affection qui n'existe pas, on peut du moins commander à l'affection qui existe, et c'est parce que je suis sûre de la vôtre que je lui commande. — C'est bien ! m'écriai-je avec transport ; j'ai donc le droit de commander à la vôtre aussi, puisque vous m'avez dit qu'elle existait réellement..... Edmée, je vous commande de m'embrasser. — Laissez, Bernard, s'écria-t-elle, vous me cassez le bras. Voyez, vous m'avez écorchée contre le grillage. — Pourquoi vous êtes-vous retranchée contre moi ? lui dis-je en couvrant de mes lèvres la légère blessure que je lui avais faite au bras. Ah ! que je suis malheureux ! Maudit grillage ! Edmée, si vous vouliez pencher votre tête, je pourrais vous embrasser..... vous embrasser comme ma sœur. Edmée, que

craignez-vous ? — Mon bon Bernard, répondit-elle, dans le monde où je vis on ne s'embrasse même pas sa sœur, et nulle part on ne s'embrasse en secret. Je vous embrasserai devant mon père, tous les jours si vous voulez, mais jamais ici. — Vous ne m'embrasserez jamais ! m'écriai-je rendu à mes fureurs accoutumées. Et votre promesse ? et mes droits ?... — Si nous nous marions ensemble... dit-elle avec embarras, quand vous aurez reçu l'éducation que je vous supplie de recevoir... — Mort de ma vie ! vous moquez-vous ? Est-il question de mariage entre nous ? Nullement ; je ne veux pas de votre fortune, je vous l'ai dit. — Ma fortune et la vôtre ne font plus qu'une, répondit-elle. Entre parents si proches que nous le sommes, le tien et le mien sont des mots sans valeur. Jamais la pensée ne me viendra de vous croire cupide. Je sais que vous m'aimez, que vous travaillerez à me le prouver, et qu'un jour viendra où votre amour ne me fera plus peur, parce que je pourrai l'accepter à la face du ciel et des hommes.

— Si c'est là votre idée, repris-je, tout à fait distrait de mes sauvages transports par la direction nouvelle qu'elle donnait à mes pensées, ma position est bien différente ; mais, à vous dire vrai, il faut que j'y réfléchisse... Je n'avais pas songé que vous l'entendriez ainsi... — Et comment voulez-vous que je puisse l'entendre différemment ? reprit-elle. Une demoiselle ne se déshonore-t-elle pas en se donnant à un autre homme qu'à son époux ? Je ne veux pas me déshonorer, vous ne le voudriez pas non plus, vous qui m'aimez. Vous ne voudriez pas me faire un tort irréparable. Si vous aviez cette intention, vous seriez mon plus mortel ennemi. — Attendez, Edmée, attendez, repris-je ; je ne puis rien vous dire de mes intentions, je n'en ai jamais eu d'arrêtées à votre égard. Je n'ai que des désirs, et jamais je n'ai pensé à vous sans devenir fou. Vous voulez que je vous épouse ? Eh ! pourquoi donc, mon Dieu ? — Parce qu'une fille qui se respecte ne peut appartenir à un homme sans le penser, sans la résolution, sans la certitude de lui appartenir toujours. Ne savez-vous pas cela ? — Il y a tant de choses que je ne sais pas, ou auxquelles je n'ai jamais pensé. — L'éducation vous apprendra, Bernard, ce que vous devez penser des choses qui vous intéressent le plus, de votre position, de vos devoirs, de vos sentiments. Vous ne voyez clair ni dans votre cœur, ni dans votre conscience. Moi, qui suis habituée à m'interroger sur toutes choses et à me gouverner moi-même, comment voulez-vous que je prenne pour maître un homme soumis à l'instinct et guidé par le hasard ? — Pour maître ! pour mari ! Oui, je comprends que je ne vous puissiez soumettre votre vie tout entière à un animal de mon espèce... Mais je ne vous demandais pas cela, moi... et je n'y puis penser sans frémir ! — Il faut que vous y pensiez cependant, Bernard ; pensez-y beaucoup, et, quand vous l'aurez fait, vous sentirez la nécessité de suivre mes conseils et de mettre votre esprit en rapport avec la nouvelle position où vous êtes entré en quittant la Roche-Mauprat ; quand vous aurez reconnu cette nécessité, vous me le direz, et alors nous prendrons plusieurs résolutions nécessaires. »

Elle retira doucement sa main d'entre les miennes, et je crois qu'elle me dit bonsoir, mais je ne l'entendis pas. Je restai absorbé dans mes pensées, et, quand je relevai la tête pour lui parler, elle n'était plus là. J'allai à la chapelle ; elle était rentrée dans sa chambre par une tribune supérieure qui communiquait avec ses appartements.

Je retournai dans le jardin, je m'enfonçai dans le parc, et j'y restai toute la nuit. Ma conversation avec Edmée m'avait jeté dans un monde nouveau. Jusque-là je n'avais pas cessé d'être l'homme de la Roche-Mauprat, et je n'avais pas prévu que je pusse cesser de l'être ; sauf les habitudes qui avaient changé avec les circonstances, j'étais resté dans le cercle étroit de mes pensées. Au sein de toutes les choses nouvelles qui m'environnaient, je me sentais blessé de leur puissance réelle, et je roidissais ma volonté en secret, afin de ne pas me sentir humilié. Je crois qu'avec la persévérance et la force dont j'étais doué, rien n'eût pu me faire sortir de ce retranchement d'obstination, si Edmée ne s'en fût mêlée.

Les biens vulgaires de la vie, les satisfactions du luxe, n'avaient pour moi d'autre charme que celui de la nouveauté. Le repos du corps me pesait, et le calme de cette maison, pleine d'ordre et de silence, m'eût écrasé, si la présence d'Edmée et l'orage de mes désirs ne l'eussent remplie de mes agitations et peuplée de mes fantômes. Je n'avais pas désiré un seul instant devenir le chef de cette maison, le maître de cette fortune, et je venais, avec plaisir, d'entendre Edmée rendre justice à mon désintéressement. Cependant je répugnais encore à l'idée d'associer deux buts si distincts, ma passion et mes intérêts. J'errai dans le parc en proie à mille incertitudes, et je gagnai la campagne sans m'en apercevoir. La nuit était magnifique. La pleine lune versait des flots de sa lumière sereine sur les guérets altérés par la chaleur du jour. Les plantes flétries se relevaient sur leur tige, chaque feuille semblait aspirer par tous ses pores l'humide fraîcheur de la nuit. Je ressentais aussi cette douce influence; mon cœur battait avec force, mais avec régularité. J'étais inondé d'une vague espérance; l'image d'Edmée flottait devant moi sur les sentiers des prairies, et n'excitait plus ces douloureux transports, ces fougueuses aspirations qui m'avaient dévoré.

Je traversais un lieu découvert où quelques massifs de jeunes arbres coupaient çà et là les verts steppes des pâturages. De grands bœufs d'un blond clair, agenouillés sur l'herbe courte, immobiles, paraissaient plongés dans de paisibles contemplations. Des collines adoucies montaient vers l'horizon, et leurs croupes veloutées semblaient jouer dans les purs reflets de la lune. Pour la première fois de ma vie, je sentis les beautés voluptueuses et les émanations sublimes de la nuit. J'étais pénétré de je ne sais quel bien-être inconnu; il me semblait que pour la première fois aussi je voyais la lune, les coteaux et les prairies. Je me souvenais d'avoir entendu dire à Edmée qu'il n'y avait pas de plus beau spectacle que celui de la nature, et je m'étonnais de ne l'avoir pas su jusque-là. J'eus par instants la pensée de me mettre à genoux et de prier Dieu; mais je craignais de ne pas savoir lui parler et de l'offenser en le priant mal. Vous avouerai-je une singulière fantaisie qui me vint comme une révélation enfantine de l'amour poétique au sein du chaos de mon ignorance? La lune éclairait si largement les objets que je distinguais dans le gazon les moindres fleurettes. Une petite marguerite des prés me sembla si belle, avec sa collerette blanche frangée de pourpre et son calice d'or plein des diamants de la rosée, que je la cueillis et la couvris de baisers, en m'écriant, dans une sorte d'égarement délicieux : « C'est toi, Edmée! oui, c'est toi! te voilà! tu ne me fuis plus! » Mais quelle fut ma confusion lorsqu'en me relevant je vis que j'avais un témoin de ma folie! Patience était debout devant moi.

Je fus si mécontent d'avoir été surpris dans un tel accès d'extravagance que, par un reste d'habitude de coupe-jarret, je cherchai mon couteau à ma ceinture; mais je n'avais plus ni ceinture ni couteau. Mon gilet de soie à poches me fit souvenir que j'étais condamné à n'égorger plus personne. Patience sourit.

« Eh bien! eh bien! qu'y a-t-il? dit le solitaire avec calme et douceur; croyez-vous que je ne sache pas bien ce qui en est? Je ne suis pas si simple que je ne comprenne; je ne suis pas si vieux que je ne voie clair. Qui est-ce qui secoue les branches de mon if toutes les fois que la fille sainte est assise à ma porte? Qui est-ce qui nous suit comme un jeune loup, à pas comptés, sous le taillis, quand je reconduis la belle enfant chez son père? Et quel mal y a-t-il à cela? Vous êtes jeunes tous deux, vous êtes beaux tous deux, vous êtes parents, et, si vous vouliez, vous seriez un digne et honnête homme, comme elle est une digne et honnête fille. »

Tout mon courroux était tombé en écoutant Patience parler d'Edmée. J'avais un si grand besoin de m'entretenir d'elle que j'en aurais entendu dire du mal pour le seul plaisir d'entendre prononcer son nom. Je continuai ma promenade côte à côte avec Patience. Le vieillard marchait pieds nus dans la rosée. Il est vrai que ses pieds, ayant oublié depuis longtemps l'usage des chaussures, étaient arrivés à un degré de callosité qui les mettait à l'abri de tout. Il avait pour tout vêtement un pantalon de toile bleue qui, faute de bretelles, tombait sur ses hanches, et une chemise grossière. Il ne pouvait souffrir aucune contrainte dans ses habits, et sa peau, endurcie par le hâle, n'était sensible ni au chaud ni au froid. On l'a vu, jusqu'à plus de quatre-vingts ans, aller tête nue au soleil le plus ardent, et la veste entr'ouverte à la bise des hivers. Depuis qu'Edmée veillait à tous ses besoins, il était arrivé à une certaine propreté; mais, dans le désordre de sa toilette et sa haine pour tout ce qui dépassait les bornes du strict nécessaire, se retrouvait, sauf l'impudeur, qui lui avait toujours été odieuse, le cynique des anciens jours. Sa barbe brillait comme de l'argent. Son crâne chauve était si luisant que la lune s'y réflétait comme dans l'eau. Il marchait lentement, les mains derrière le dos, la tête levée, comme un homme qui surveille son empire. Mais le plus souvent ses regards se perdaient vers le ciel, et il interrompait sa conversation pour dire en montrant la voûte étoilée : « Voyez cela, voyez comme c'est beau! » C'est le seul paysan que j'aie vu admirer le ciel, ou tout au moins c'est le seul que j'aie vu se rendre compte de son admiration.

« Pourquoi, maître Patience, lui dis-je, pensez-vous que je serais un honnête homme *si je voulais?* Croyez-vous donc que je ne le sois pas? — Oh! ne soyez pas fâché, répondit-il; Patience a le droit de tout dire. N'est-ce pas le fou du château? — Edmée prétend que vous en êtes le sage, au contraire. — Prétend-elle cela, la sainte fille de Dieu? Eh bien! si elle le croit, je veux agir en sage et vous donner un bon conseil, maître Bernard Mauprat. Voulez-vous l'entendre? — Il paraît que tout le monde ici se mêle de conseiller. N'importe, j'écoute. — Vous êtes amoureux de votre cousine? — Vous êtes bien hardi de faire une pareille question. — Ce n'est pas une question, c'est un fait. Eh bien! je vous dis, moi, faites-vous aimer de votre cousine et soyez son mari. — Et pourquoi me portez-vous cet intérêt, maître Patience? — Parce que je sais que vous le méritez. — Qui vous l'a dit? l'abbé? — Non pas. — Edmée? — Un peu. Et cependant elle n'est pas bien amoureuse de vous, au moins. Mais c'est votre faute. — Comment cela, Patience? — Parce qu'elle veut que vous deveniez savant, et vous, vous ne le voulez pas. Ah! si j'avais votre âge, moi, pauvre Patience, et si je pouvais, sans étouffer, me tenir enfermé dans une chambre seulement deux heures par jour, et si tous ceux que je rencontre s'occupaient de m'instruire! si l'on me disait : « Patience, voilà ce qui s'est fait hier; Patience, voilà ce qui se fera demain. » Mais, baste! il faut que je trouve tout moi-même, et c'est si long que je mourrai de vieillesse avant d'avoir trouvé le dixième de ce que je voudrais savoir. Mais, écoutez, j'ai encore une raison pour désirer que vous épousiez Edmée. — Laquelle, bon monsieur Patience? — C'est que ce La Marche ne lui convient pas. Je le lui ai dit, oui-da! et à lui aussi, et à l'abbé, et à tout le monde. Ce n'est pas un homme, cela. Cela sent bon comme tout un jardin; mais j'aime mieux le moindre brin de serpolet. — Ma foi! je ne l'aime guère non plus, moi. Mais si ma cousine l'aime? hein! Patience? — Votre cousine ne l'aime pas. Elle le croit bon, elle le croit *véritable;* elle se trompe, il la trompe, et il trompe tout le monde. Je le sais, moi, c'est un homme qui n'a pas de *cela* (et Patience posait la main sur son cœur). C'est un homme qui dit toujours : « Moi, la vertu! les infortunés! les sages, les amis du genre humain, etc., etc. » Eh bien! moi, Patience, je sais qu'il laisse mourir de faim de pauvres gens à la porte de son château. Je sais que, si on lui disait : « Donne ton château, mange du pain noir, donne tes terres, fais-toi soldat, et il n'y aura plus d'infortunés dans le monde, le genre humain, comme tu dis, sera sauvé, » *l'homme* dirait : « Merci, je suis seigneur de mes terres, et je n'en suis pas soûl de mon château. » Oh! je les connais bien, ces *faux bons!* Quelle différence avec Edmée! Vous ne savez pas cela, vous! Vous l'aimez parce qu'elle est belle comme la marguerite des prés, et moi je l'aime parce qu'elle est bonne comme la lune qui éclaire tout le monde. C'est une fille qui donne tout ce qu'elle a, qui ne porterait pas un joyau, parce qu'avec l'or d'une bague on peut faire vivre un homme pendant un an. Et si elle rencontre dans son chemin un petit pied d'enfant blessé, elle ôtera son soulier pour le lui donner et s'en ira pied nu. Et puis c'est un cœur qui va droit, voyez-vous. Si demain le village de Sainte-Sévère allait la trouver en masse et lui dire : « Demoiselle, c'est assez vivre dans la richesse ; donnez-nous ce que vous avez, et travaillez à votre tour. — C'est juste, mes bons enfants, » dirait-elle. Et gaiement elle irait mener les troupeaux aux champs ! Sa mère était de même ; car, voyez-vous, j'ai connu sa mère toute jeune, comme elle est à présent, et la vôtre aussi, da ! Et c'était une maîtresse femme, charitable, juste. Et vous en tenez, à ce qu'on dit. — Hélas ! non, répondis-je, saisi d'attendrissement par le discours de Patience. Je ne connais ni la charité ni la justice.

— Vous n'avez pu encore les pratiquer ; mais cela est écrit dans votre cœur, je le sais, moi. On dit que je suis sorcier, et je le suis un peu. Je connais un homme tout de suite. Vous souvenez-vous de ce que vous m'avez dit un jour sur la fougère de Validé ? Vous étiez avec Sylvain, moi avec Marcasse. Vous me dîtes qu'un honnête homme vengeait ses querelles lui-même. Et à propos, monsieur Mauprat, si vous n'êtes pas content des excuses que je vous ai faites à la tour Gazeau, il faut le dire. Voyez, il n'y a personne ici, et tout vieux que je suis, j'ai encore le poignet aussi bon que vous ; nous pouvons nous allonger quelques bons coups, c'est le droit de nature ; et, quoique je n'approuve pas cela, je ne refuse jamais de donner réparation à qui la demande. Je sais qu'il y a des hommes qui mourraient de chagrin s'ils n'étaient pas vengés, et moi qui vous parle, il m'a fallu plus de cinquante ans pour oublier un affront que j'ai reçu... et quand j'y pense encore, ma haine pour les nobles se réveille, et je me fais un crime d'avoir pu pardonner dans mon cœur à quelques-uns.

— Je suis pleinement satisfait, maître Patience, et je sens au contraire de l'amitié pour vous. — Ah ! c'est que je gratte l'œil qui vous démange ! Bonne jeunesse ! Allons, Mauprat, du courage. Suivez les conseils de l'abbé, c'est un juste. Tâchez de plaire à votre cousine, c'est une étoile du firmament. Connaissez la vérité, aimez le peuple, détestez ceux qui le détestent ; soyez prêt à vous sacrifier pour lui... Écoutez, écoutez ! je sais ce que je dis ; faites-vous l'ami du peuple. Le peuple est-il donc meilleur que la noblesse, Patience ? De bonne foi, et puisque vous êtes un sage, dites la vérité. — Le peuple vaut mieux que la noblesse, parce que la noblesse l'écrase et qu'il le souffre ! Mais il ne le souffrira peut-être pas toujours. Enfin, il faut que vous le sachiez ; vous voyez bien ces étoiles ? Elles ne changeront pas, elles seront à la même place et verseront autant de feu dans dix mille ans qu'aujourd'hui, mais avant cent ans, avant moins peut-être, il y aura bien des changements sur la terre. Croyez-en un homme qui pense à la vérité et qui ne se laisse pas égarer par les grands airs des forts. Le pauvre a assez souffert ; il se tournera contre le riche, et les châteaux tomberont, et les terres seront dépecées. Je ne verrai pas cela, mais vous le verrez ; il y aura dix chaumières à la place de ce parc, et dix familles vivront de son revenu. Il n'y aura plus ni valets, ni maîtres, ni vilains, ni seigneurs. Il y aura des nobles qui crieront haut et qui ne céderont qu'à la force, comme eussent fait vos oncles s'ils eussent vécu, comme fera M. de La Marche, malgré ses beaux discours. Il y en aura qui s'exécuteront généreusement comme Edmée, et comme vous, si vous écoutez la sagesse. Et alors il sera bon pour Edmée qu'elle ait pour mari un homme et non pas un brin de muguet. Il est bon que Bernard Mauprat sache pousser une charrue ou tuer du gibier du bon Dieu, pour nourrir sa famille ; car le vieux Patience sera couché sous l'herbe du cimetière et ne pourra rendre à Edmée les services qu'il aura reçus. Ne riez pas de ce que je dis, jeune homme ; c'est la voix de Dieu qui dit cela. Voyez le ciel. Les étoiles vivent en paix, et rien ne dérange leur ordre éternel. Les grosses ne mangent pas les petites, et nulle ne se précipite sur ses voisines. Or, un temps viendra où le même ordre régnera parmi les hommes. Les méchants seront balayés par le vent du Seigneur. Assurez vos jambes, seigneur Mauprat, afin de rester debout et de soutenir Edmée ; c'est Patience qui vous avertit, Patience qui ne vous veut que du bien. Mais il y en aura d'autres qui voudront le mal, et il faut que les bons se fassent forts. »

Nous étions arrivés jusqu'à la chaumière de Patience. Il s'était arrêté à la barrière de son petit enclos, et une main appuyée sur les barreaux, gesticulant de l'autre, il parlait avec énergie. Son regard brillait comme la flamme, son front était baigné de sueur ; il y avait en lui quelque chose de puissant comme la parole des vieux prophètes, et la simplicité plus que plébéienne de son accoutrement rehaussait encore la fierté de son geste et l'onction de sa voix. La révolution française a fait savoir depuis ce temps qu'il y avait dans le peuple de fougueuses éloquences et une implacable logique ; mais ce que je voyais en ce moment était si neuf pour moi et me fit une telle impression que mon imagination sans règle et sans frein se laissa entraîner aux terreurs superstitieuses de l'enfance. Il me tendit la main, et j'obéis à cet appel avec plus d'effroi que de sympathie. Le sorcier de la tour Gazeau, suspendant sur ma tête la chouette ensanglantée, venait de repasser devant mes yeux.

XI.

Lorsque, accablé de lassitude, je m'éveillai le lendemain, tous les incidents de la veille m'apparurent comme un songe. Il me sembla qu'Edmée, en me parlant de devenir ma femme, avait voulu reculer mes espérances indéfiniment par un leurre perfide ; et, quant à l'effet des paroles du sorcier, je ne me les rappelais pas sans une profonde humiliation. Quoi qu'il en soit, cet effet était produit. Les émotions de cette journée avaient laissé en moi une trace ineffaçable ; je n'étais déjà plus l'homme de la veille, et je ne devais jamais redevenir complètement celui de la Roche-Mauprat.

Il était tard, et j'avais réparé dans la matinée seulement les heures de mon insomnie. Je n'étais pas levé, et déjà j'entendais sur le pavé de la cour résonner le sabot du cheval de M. de La Marche. Tous les jours il arrivait à cette heure ; tous les jours il voyait Edmée aussi tôt que moi, et ce jour-là même, ce jour où elle avait voulu me persuader de compter sur sa main, il allait poser avant moi son fade baiser sur cette main qui m'appartenait. Cette pensée réveilla tous mes doutes. Comment Edmée souffrait-elle ses assiduités si elle avait réellement l'intention d'en épouser un autre que lui ? Peut-être n'osait-elle pas l'éloigner ; peut-être était-ce à moi de le faire. Je ne savais pas les usages du monde où j'entrais. L'instinct me conseillait de m'abandonner à mes impétueuses inspirations, et l'instinct parlait haut.

Je m'habillai à la hâte. J'entrai au salon pâle et en désordre ; Edmée était pâle aussi. La matinée était pluvieuse et fraîche. On avait fait du feu dans la vaste cheminée. Étendue dans sa bergère, elle chauffait ses petits pieds en sommeillant. C'était l'attitude nonchalante et transie qu'elle avait eue durant ses jours de maladie. M. de La Marche lisait la gazette à l'autre bout de la chambre. En voyant Edmée brisée plus que moi par les émotions de la veille, je sentis ma colère tomber, et m'approchant d'elle, je m'assis sans bruit de la regardai avec attendrissement. « C'est vous, Bernard ? » me dit-elle sans faire un mouvement et sans ouvrir les yeux. Elle avait les coudes appuyés sur les bras de son fauteuil et les mains gracieusement entrelacées sous son menton. Les femmes avaient à cette époque et presque en toute saison les bras demi-nus. J'aperçus à celui d'Edmée une petite bande de taffetas d'Angleterre qui me fit battre le cœur. C'était la légère blessure que je lui avais faite la veille contre le grillage de la croisée. Je soulevai doucement la dentelle qui retombait sur son coude, et, enhardi par son demi-sommeil, j'appuyai mes lèvres sur cette chère blessure.

M. de La Marche pouvait me voir, et il me voyait en effet, et j'agissais à dessein. Je brûlais d'avoir une querelle avec lui. Edmée tressaillit et devint toute rouge ; mais, reprenant aussitôt un air d'enjouement plein d'indolence : « En vérité, Bernard, me dit-elle, vous êtes galant ce matin comme un abbé de cour. N'auriez-vous pas fait quelque madrigal la nuit dernière ? »

Je fus singulièrement mortifié de cette raillerie ; mais, payant d'assurance à mon tour : « Oui, j'en ai fait un hier soir à la fenêtre de la chapelle, répondis-je ; et s'il est mauvais, cousine, c'est votre faute. — Dites que c'est la faute de votre éducation, » reprit-elle en s'animant, et elle n'était jamais plus belle que lorsque sa fierté et sa vivacité naturelle se réveillaient. — « M'est avis que j'ai beaucoup trop d'éducation, en effet, répondis-je, et que, si j'écoutais davantage mon bon sens naturel, vous ne me railleriez pas tant. — Il me semble, en vérité, que vous faites assaut d'esprit et de métaphores avec Bernard, dit M. de La Marche en pliant son journal d'un air indifférent et en se rapprochant de nous. — Je l'en tiens quitte, répondis-je, blessé de cette impertinence ; qu'elle garde son esprit pour vos pareils. »

Je me levai pour l'affronter, mais il ne parut pas s'en apercevoir ; et, s'adossant à la cheminée avec une incroyable aisance, il dit en se penchant vers Edmée d'une voix douce et presque affectueuse : « Qu'a-t-il donc ? » comme s'il se fût informé de la santé de son petit chien. « Que sait-on ? » répondit Edmée du même ton ; puis elle se leva en ajoutant : « J'ai trop mal à la tête pour rester là. Donnez-moi le bras pour remonter dans ma chambre. »

Elle sortit appuyée sur lui ; je restai stupéfait.

J'attendis, résolu à l'insulter dès qu'il serait revenu au salon ; mais l'abbé entra et peu après mon oncle Hubert. Ils se mirent à causer de sujets qui m'étaient tout à fait étrangers (et il en était ainsi de presque tous les sujets de conversation). Je ne savais que faire pour me venger, mais je n'osais me trahir en présence de mon oncle. Je sentais ce que je devais au respect et aux droits de l'hospitalité. Jamais je ne m'étais fait une telle violence à la Roche-Mauprat. L'outrage et la colère se manifestaient spontanément ; je faillis mourir dans l'attente de ma vengeance. Plusieurs fois le chevalier, remarquant l'altération de mes traits, me demanda avec bonté si j'étais malade. M. de La Marche ne parut s'apercevoir ni se douter de rien. L'abbé seul m'examinait avec attention. Je surprenais ses yeux bleus, où la pénétration naturelle se voilait toujours sous une habitude de timidité, attachés sur moi avec inquiétude. L'abbé ne m'aimait pas. Il m'était facile de voir que ses manières douces et enjouées devenaient froides comme malgré lui dès qu'il s'adressait à moi ; je remarquais même qu'en tout temps son visage s'attristait à mon approche.

Me sentant près de m'évanouir, tant la contrainte que je subissais était hors de mes habitudes et au-dessus de mes forces, j'allai me jeter sur l'herbe du parc. C'était là mon refuge dans toutes mes agitations. Ces grands chênes, cette mousse centenaire qui pendait à toutes les branches, ces fleurs de bois pâles et odorantes, emblèmes des douleurs cachées, c'étaient là les amis de mon enfance, les seuls que j'eusse retrouvés sans altération dans la vie sociale comme dans la vie sauvage. Je cachai mon visage dans mes mains ; je ne me rappelle pas avoir souffert davantage dans aucune des calamités de ma vie. Pourtant j'en éprouvai de bien réelles par la suite, et à tout prendre j'eusse dû m'estimer heureux, au sortir du rude et périlleux métier de coupe-jarret, de trouver tant de biens inespérés, affection, sollicitude, richesse, liberté, enseignement, bons conseils et bons exemples. Mais il est certain que, pour passer d'un état de l'âme à un état opposé, même du mal au bien, même de la douleur à la jouissance et de la fatigue au repos, il faut que l'homme souffre, et que, dans cet enfantement d'une nouvelle destinée, tous les ressorts de son être tendent jusqu'à se briser. Ainsi, à l'approche de l'été, le ciel se couvre de sombres nuées, et la terre frémissante semble prête à s'anéantir sous les coups de la tempête.

Je n'étais occupé en ce moment qu'à chercher un moyen d'assouvir ma haine contre M. de La Marche, sans trahir et sans laisser même soupçonner le lien mystérieux dont je me prévalais auprès d'Edmée. Quoique rien ne fût moins en vigueur à la Roche-Mauprat que la sainteté du serment, les seules lectures que j'eusse faites étant, comme je vous l'ai dit, quelques ballades de chevalerie, je m'étais pris d'un romanesque amour pour la fidélité des promesses, et c'était à peu près la seule vertu que j'eusse acquise. Le secret dû à Edmée me retenait donc invinciblement. « Mais ne trouverai-je pas, me disais-je, quelque prétexte plausible pour me jeter sur mon ennemi et pour l'étrangler ? » A dire vrai, cela n'était pas facile avec un homme qui semblait avoir un parti pris de politesse et de prévenances à mon égard.

Dans ces perplexités j'oubliai l'heure du dîner, et, quand je vis le soleil descendre derrière les tours du château, je me dis trop tard que mon absence avait dû être remarquée, et que je ne pourrais rentrer sans subir ou les brusques questions d'Edmée, ou ce clair et froid regard de l'abbé, qui semblait toujours éviter le mien, et que je surprenais tout à coup plongeant au plus profond de ma conscience.

Je résolus de ne rentrer qu'à la nuit, et je m'étendis sur l'herbe, essayant de dormir pour reposer ma tête brisée. Je m'endormis en effet. Quand je m'éveillai, la lune montait dans le ciel encore rouge des feux du soir. Le bruit qui m'avait fait tressaillir était bien léger ; mais il est des sons qui frappent le cœur avant de frapper l'oreille, et les plus subtiles émanations de l'amour pénètrent quelquefois la plus rude organisation. La voix d'Edmée venait de prononcer mon nom à peu de distance, derrière le feuillage. D'abord je crus avoir rêvé ; je restai immobile, je retins mon haleine et j'écoutai. C'était elle qui se rendait chez le solitaire avec l'abbé. Ils s'étaient arrêtés dans le sentier couvert, à cinq ou six pas de moi, et ils causaient à demi-voix, mais de cette manière distincte qui, dans les confidences, donne à l'attention tant de solennité. « Je crains, disait Edmée, qu'il ne fasse un esclandre à M. de La Marche ; quelque chose de plus sérieux encore, que sait-on ? Vous ne connaissez pas Bernard.

— Il faut à tout prix l'éloigner d'ici, répondit l'abbé. Vous ne pouvez vivre de la sorte, continuellement exposée à la brutalité d'un brigand. — Il est certain que ce n'est pas vivre. Depuis qu'il a mis le pied ici, je n'ai pas eu un instant de liberté. Prisonnière dans ma chambre, ou forcée de recourir à la protection de mes amis, je n'ose faire un pas. C'est tout au plus si je puis descendre l'escalier, et je ne traverse pas la galerie sans envoyer Leblanc en éclaireur. La pauvre fille, qui m'a vue si brave, me croit folle. Cette contrainte est odieuse. Je ne dors plus que sous les verrous. Et voyez, l'abbé, je ne marche pas sans un poignard, ni plus ni moins qu'une héroïne de ballade espagnole. — Et si ce malheureux vous rencontre et vous effraie, vous vous en frapperez le sein, n'est-ce pas ? De pareilles chances ne peuvent s'accepter. Edmée, il faut trouver le moyen de changer une position qui n'est pas tenable. Je conçois que vous ne vouliez pas lui ôter l'amitié de votre père, en confessant à celui-ci la monstrueuse transaction que vous avez été forcée de faire avec ce bandit à la Roche-Mauprat. Mais, quoi qu'il arrive... ah ! ma pauvre Edmée, je ne suis pas un homme de sang, mais je me prends vingt fois le jour à déplorer que mon caractère de prêtre m'empêche de provoquer cet homme et de vous en débarrasser à jamais. »

Ce charitable regret, exprimé si naïvement à mon oreille, me donna une violente démangeaison de me montrer brusquement, ne fût-ce que pour mettre à l'épreuve l'humeur guerrière de l'abbé ; mais j'étais enchaîné par le désir de surprendre enfin les véritables sentiments et les véritables desseins d'Edmée à mon égard.

« Soyez donc tranquille, dit-elle d'un air dégagé ; s'il lasse ma patience, je n'hésiterai nullement à lui planter cette lame dans la joue. Je suis bien sûre qu'une petite saignée calmera son ardeur. »

Alors ils se rapprochèrent de quelques pas.

« Écoutez-moi, Edmée, dit l'abbé en s'arrêtant de nouveau ; nous ne pouvons parler de cela devant Patience ; ne rompons pas cet entretien sans conclure quelque chose. Vous arrivez avec Bernard à la crise imminente. Il me semble, mon enfant, que vous ne faites pas tout ce que vous devriez faire pour prévenir les malheurs qui peuvent nous frapper ; car tout ce qui vous sera funeste nous le sera à tous et nous frappera au fond du cœur.

— Je vous écoute, mon excellent ami, répondit Edmée, grondez-moi, conseillez-moi. »

En même temps, elle s'adossa contre l'arbre au pied duquel j'étais couché parmi les broussailles et les hautes herbes. Je pense qu'elle eût pu me voir, car je la voyais distinctement ; mais elle était loin de soupçonner que je contemplais sa figure céleste, sur laquelle la brise faisait passer alternativement l'ombre des feuilles agitées et les pâles diamants que la lune sème dans les bois.

« Je dis, Edmée, reprit l'abbé en croisant ses bras sur sa poitrine et en se frappant le front par instants, que vous ne jugez pas nettement votre situation. Tantôt elle vous afflige au point que vous perdez toute espérance et que vous voulez vous laisser mourir (oui, ma chère enfant, au point que votre santé en est visiblement altérée) ; et tantôt, je dois vous le dire, au risque de vous fâcher un peu, vous envisagez vos périls avec une légèreté et un enjouement qui m'étonnent.

— Ce dernier reproche est délicat, mon ami, répondit-elle ; mais laissez-moi me justifier. Votre étonnement vient de ce que vous ne connaissez pas bien la race Mauprat. C'est une race indomptable, incorrigible, et dont il ne peut sortir que des *casse-têtes* ou des *coupe-jarrets*. A ceux que l'éducation a le mieux rabotés, il reste encore bien des nœuds : une fierté souveraine, une volonté de fer, un profond mépris pour la vie. Vous voyez que, malgré sa bonté adorable, mon père est si vif parfois qu'il casse sa tabatière en la posant sur la table, lorsque vos arguments l'emportent sur les siens en politique, ou lorsque vous le gagnez aux échecs. Pour moi, je sens que mes veines sont aussi larges que si j'étais née dans les nobles rangs du peuple, et je ne crois pas que jamais aucun Mauprat ait brillé à la cour par la grâce de ses manières. Comment voudriez-vous que je fisse grand cas de la vie, étant née brave ? Il est pourtant des instants de faiblesse où je me décourage de reste et m'apitoie sur mon sort comme une vraie femme que je suis. Mais que l'on me fâche, que l'on me menace, et le sang de la race forte se ranime ; et alors, ne pouvant briser mon ennemi, je me croise les bras et me mets à rire de pitié de ce qu'il espère me faire peur. Tenez, l'abbé, que ceci ne vous paraisse pas une exagération ; car demain, ce soir peut-être, ce que je dis peut se réaliser : depuis que ce couteau de nacre, qui n'a pas l'air bien matamore, mais qui est bon, voyez, a été affilé par don Marcasse (qui s'y entend), je ne l'ai quitté ni jour ni nuit, et mon parti a été pris. Je n'ai pas le poignet bien ferme, mais je saurais me donner un coup de couteau aussi bien que je sais donner un coup de cravache à mon cheval. Eh bien ! cela posé, mon honneur est en sûreté ; ma vie seule tient à un fil, à un verre de vin de plus ou de moins qu'aura bu un de ces soirs M. Bernard, à une rencontre, à un regard qu'il aura cru surprendre entre La Marche et moi ; à rien peut-être ! Qu'y faire ? Quand je me désolerais, effacerais-je le passé ? Nous ne pouvons arracher une seule page de notre vie, mais nous pouvons jeter le livre au feu. Quand je pleurerais du soir au matin, empêcherais-je que la destinée, dans un jour de méchante humeur, ne m'ait conduite à la chasse, qu'elle ne m'ait égarée dans les bois et fait rencontrer un Mauprat, qui m'a conduite dans son antre, où je n'ai échappé à l'opprobre et peut-être à la mort qu'en liant à jamais ma vie à celle d'un enfant sauvage qui n'avait aucun de mes principes, aucune de mes idées, aucune de mes sympathies, et qui peut-être (et qui sans doute, devrais-je dire) ne les aura jamais ? Tout cela, c'est un malheur. J'étais dans tout l'éclat d'une heureuse destinée, j'étais l'orgueil et la joie de mon vieux père, j'allais épouser un homme que j'estime et qui me plaisait ; aucune douleur, aucune appréhension n'avait approché de moi ; je ne connaissais ni les jours sans sécurité, ni les nuits sans sommeil. Eh bien ! Dieu n'a pas voulu qu'une si belle vie s'accomplît ; que sa volonté soit faite ! Il est des jours où la perte de toutes mes espérances me semble tellement inévitable que je me considère comme morte et mon fiancé comme veuf. Sans mon pauvre père, j'en rirais vraiment ; car la contrariété et la peur sont si peu faites pour moi que je suis déjà lasse de la vie, pour le peu de temps que je les ai connues.

— Ce courage est héroïque, mais il est affreux ! s'écria l'abbé d'une voix altérée. C'est presque la détermination au suicide, Edmée ! — Oh ! je disputerai ma vie, répondit-elle avec chaleur ; mais je ne marchanderai pas avec elle un instant si mon honneur ne sort pas sain et sauf de tous ces risques. Quant à cela, je ne suis pas assez pieuse pour accepter jamais une vie souillée, par esprit de mortification pour des fautes dont je n'eus jamais la pensée. Si Dieu est sévère à ce point avec moi que j'aie à choisir entre la mort et la honte.... — Il ne peut jamais y avoir de honte pour vous, Edmée ; vous âme aussi chaste, vous intention aussi pure.... — Oh ! n'importe, cher abbé ! je ne suis peut-être pas aussi vertueuse que vous pensez, je ne suis pas très-orthodoxe en religion, ni vous non plus, l'abbé !... Je me soucie peu du monde, je ne l'aime pas ; je ne crains ni ne méprise l'opinion, je n'aurai jamais affaire à elle. Je ne sais pas trop quel principe de vertu serait assez puissant pour m'empêcher de succomber, si le mauvais esprit m'entreprenait. J'ai lu la *Nouvelle Héloïse*, et j'ai beaucoup pleuré. Mais par la raison que je suis une Mauprat et que j'ai un inflexible orgueil, je ne souffrirai jamais la tyrannie d'un homme, pas plus la violence d'un amant que le soufflet d'un mari ; il n'appartient qu'à une âme vassale et à un lâche caractère de céder à la force ce qu'elle refuse à la prière. Sainte Solange, *la belle pastoure*, se laissa trancher la tête plutôt que de subir le droit du seigneur. Et vous savez que, de mère en fille, les Mauprat sont vouées au baptême sous les auspices de la patronne du Berry. — Oui, je sais que vous êtes fière et forte, dit l'abbé ; et, parce que je vous estime plus qu'aucune femme au monde, je veux que vous viviez, que vous soyez libre, que vous fassiez un mariage digne de vous, afin de remplir, dans la vie humaine, le rôle que savent encore ennoblir les belles âmes. Vous êtes nécessaire à votre père, d'ailleurs ; votre mort le précipiterait dans la tombe, tout vert et robuste qu'est encore le Mauprat. Chassez donc ces pensées lugubres et ces résolutions extrêmes. Il est impossible que cette étrange aventure de la Roche-Mauprat soit autre chose qu'un rêve sinistre. Nous avons tous eu le cauchemar dans cette nuit d'épouvante, mais il est temps de nous éveiller ; nous ne pouvons rester accablés de stupeur comme des enfants ; vous n'avez qu'un parti à prendre, celui que je vous ai dit. — Eh bien ! l'abbé, c'est celui que je regarde comme le plus impossible de tous. J'ai juré par tout ce qu'il y a de plus sacré dans l'univers et dans le cœur humain. — Un serment arraché par la menace et la violence n'engage personne, les lois humaines l'ont décrété, les lois divines, dans des circonstances de ce genre principalement, en délient sans nul doute la conscience humaine. Si vous étiez orthodoxe, j'irais à Rome, et j'irais à pied, pour vous faire relever d'un vœu si téméraire ; mais vous n'êtes pas soumise au pape, Edmée, ni moi non plus. — Ainsi, vous voudriez que je fusse parjure ? — Votre âme ne le serait pas. — Mon âme le serait ! j'ai juré, sachant bien ce que je faisais, et pouvant me tuer sur l'heure ; car j'avais dans la main un couteau trois fois grand comme celui-ci. J'ai voulu vivre, j'ai voulu surtout revoir mon père et l'embrasser. Pour faire cesser l'angoisse où ma disparition le laissait, j'eusse engagé plus que ma vie, j'eusse engagé mon âme immortelle. Et depuis, je vous l'ai dit encore hier au soir, j'ai renouvelé mon serment, et je l'ai bien librement encore ; car il y avait un mur entre mon *aimable* fiancé et moi. — Comment avez-vous pu faire une telle imprudence, Edmée ? voilà encore où je ne vous comprends plus.

— Oh ! pour cela, je le crois bien, car je ne me comprends pas moi-même, dit Edmée avec une expression singulière. — Ma chère enfant, il faut que vous me parliez à cœur ouvert. Je suis le seul ici qui puisse vous porter conseil, puisque je suis le seul à qui vous puissiez tout dire sous le sceau d'une amitié aussi sacrée que le secret de la confession catholique peut l'être. Répondez-moi donc. Vous ne regardez pas comme possible un mariage entre vous et Bernard Mauprat! — Comment ce qui est inévitable serait-il impossible? dit Edmée. Il n'est rien de plus possible que de se jeter dans la rivière; rien de plus possible que de se vouer au malheur et au désespoir; rien de plus possible, par conséquent, que d'épouser Bernard Mauprat. — Ce ne sera toujours pas moi qui prêterai mon ministère à cette union absurde et déplorable, s'écria l'abbé. Vous, la femme et l'esclave de ce coupe-jarret! Edmée, vous disiez tout à l'heure que vous ne supporteriez pas plus la violence de l'amant que le soufflet du mari. — Vous pensez qu'il me battrait? — S'il ne vous tuait pas! — Oh! non, répondit-elle d'un air matin en faisant sauter son couteau dans sa main, je le tuerais auparavant. À Mauprat, Mauprat et demie! — Vous riez, Edmée, ô mon Dieu! vous riez à la pensée d'un tel hymen! Mais quand même cet homme aurait de l'affection et des égards pour vous, songez-vous à l'impossibilité de vous entendre, à la grossièreté de ses idées, à la bassesse de son langage? Le cœur se lève de dégoût à l'idée d'une telle association; et dans quelle langue lui parleriez-vous, grand Dieu? »

Je faillis encore une fois me lever et tomber sur mon panégyriste; mais je vainquis ma colère, Edmée parlait. Je redevins tout oreilles.

« Je sais fort bien qu'au bout de trois jours je n'aurais certainement rien de mieux à faire que de me couper la gorge; mais puisque, d'une manière ou de l'autre, il faut que cela arrive, pourquoi n'irais-je pas devant moi jusqu'à l'heure inévitable? Je vous avoue que j'ai un peu de regret à la vie. Tous ceux qui ont été à la Roche-Mauprat n'en sont pas revenus. Moi, j'ai été, non y subir la mort, mais me fiancer avec elle. Eh bien! j'irai jusqu'au jour de mes noces, et, si Bernard m'est trop odieux, je le tuerai après le bal.

— Edmée, vous avez la tête pleine de romans à présent, dit l'abbé fort impatient. Votre père, Dieu merci, ne consentira pas à ce mariage; il a donné sa parole à M. de La Marche, et vous aussi vous l'aviez donnée. C'est cette promesse-là qui seule est valide. — Mon père souscrirait avec joie à un accord qui perpétuerait directement son nom et sa lignée. Quant à M. de La Marche, il me relèvera de ma parole sans que je prenne la peine de le lui demander; dès qu'il saura que j'ai passé deux heures à la Roche-Mauprat, il ne sera pas besoin d'autre explication. — Il faudrait qu'il fût bien indigne de l'estime que je lui porte s'il croyait votre nom souillé par une aventure malheureuse dont vous êtes sortie pure. — Grâce à Bernard! dit Edmée; car enfin je lui dois de la reconnaissance, et, malgré ses réserves et conditions, son action est grande et inconcevable de la part d'un coupe-jarret. — Dieu me préserve de nier les bonnes qualités que l'éducation eût pu développer dans ce jeune homme, et c'est à cause de ce bon côté qu'il est possible de lui faire entendre raison. — Pour s'instruire? jamais il n'y consentira; et, quand il s'y prêterait, il ne le pourrait pas plus que Patience. Quand le corps est fait à la vie animale, l'esprit ne peut plus se plier aux règles de l'intelligence. — Je le crois, aussi je ne parle pas de cela. Je parle d'avoir une explication avec lui et de lui faire comprendre que son honneur l'engage à vous rendre votre promesse et à prendre son parti sur votre mariage avec M. de La Marche; ou ce n'est qu'une brute indigne de toute estime et tout ménagement, ou il sentira son crime et sa folie et s'exécutera honnêtement et sagement. Déliez-moi du secret que vous m'avez imposé, autorisez-moi à m'ouvrir à lui, et je vous réponds du succès.

— Je vous réponds du contraire, moi, dit Edmée, et d'ailleurs je n'y saurais consentir. Quel que soit Bernard, je tiens à sortir avec honneur de mon duel avec lui, et il aurait sujet, si j'agissais comme vous voulez, de croire que je l'ai indignement joué jusqu'ici. — Eh bien! il est un dernier moyen; c'est de vous confier à l'honneur et à la sagesse de M. de La Marche. Qu'il juge librement votre situation, et qu'il en décide. Vous avez bien le droit de lui confier votre secret, et vous êtes bien sûre de son honneur. S'il a la lâcheté de vous abandonner dans une pareille situation, il vous reste pour dernière ressource de vous mettre à l'abri des violences de Bernard derrière les grilles d'un couvent. Vous y resterez pendant quelques années; vous ferez mine de prendre le voile. Le jeune homme vous oubliera; on vous rendra votre liberté. — C'est en effet le seul parti raisonnable, et j'y ai déjà songé; mais il n'est temps encore d'y recourir. — Sans doute. Il faut tenter l'aveu à M. de La Marche. S'il est homme de cœur, comme je n'en doute pas, il vous prendra sous sa protection, et il se chargera d'éloigner Bernard, soit par la persuasion, soit par l'autorité. — Quelle autorité, l'abbé, s'il vous plaît? — L'autorité qu'un gentilhomme peut avoir sur son égal dans nos mœurs, l'honneur et l'épée. — Ah! l'abbé, vous aussi, vous êtes un homme de sang! Eh bien! voilà ce que j'ai voulu éviter jusqu'ici, ce que j'éviterai, dût-il m'en coûter la vie et l'honneur! Je ne veux pas de conflit entre ces deux hommes. Je les connais; l'un des deux vous est cher à juste titre. Mais évidemment, dans ce conflit, le danger ne serait pas pour M. de La Marche. — Il serait donc pour Bernard! s'écria Edmée avec force. Eh bien! j'aurais horreur de M. de La Marche s'il provoquait en duel ce pauvre enfant, qui ne sait manier qu'un bâton ou une fronde. Comment de telles idées peuvent-elles vous venir, à vous, l'abbé! il faut que vous haïssiez bien ce malheureux Bernard! Et moi, qui le ferais égorger par mon mari pour le remercier de m'avoir sauvée au péril de sa vie! Non, non, je ne souffrirai ni qu'on le provoque, ni qu'on l'humilie, ni qu'on l'afflige. C'est mon cousin, c'est un Mauprat, c'est presque un frère. Je ne souffrirai pas qu'on le chasse de cette maison; j'en sortirai plutôt moi-même. — Voilà de très-généreux sentiments, Edmée, répondit l'abbé. Mais avec quelle chaleur vous les exprimez! J'en demeure confondu, et, si je ne craignais de vous offenser, je vous avouerais que cette sollicitude pour le jeune Mauprat me suggère une étrange pensée. — Eh bien! dites-la donc, reprit Edmée avec une certaine brusquerie. — Je la dirai si vous l'exigez; c'est que vous semblez porter à ce jeune homme un plus vif intérêt qu'à M. de la Marche, et j'aurais aimé à rester dans la persuasion contraire.

— Lequel a le plus besoin de cet intérêt, mauvais chrétien? dit Edmée en souriant; n'est-ce pas le pécheur endurci dont les yeux n'ont pas vu la lumière? — Mais enfin, Edmée, vous aimez M. de la Marche? Ne plaisantez pas, au nom du ciel! — Si par aimer, répondit-elle d'un ton sérieux, vous entendez avoir confiance et amitié, j'aime M. de La Marche; ou bien, si vous entendez avoir compassion et sollicitude, j'aime Bernard. Reste à savoir laquelle des deux affections est la plus vive. Cela vous regarde, l'abbé; moi, je m'en inquiète peu; car je sens que je n'aime qu'une personne avec passion, c'est mon père, et qu'une chose avec enthousiasme, c'est mon devoir. Je regretterai peut-être les soins et le dévouement du lieutenant-général; je souffrirai du chagrin que je serai forcée de lui faire bientôt, en lui annonçant que je ne puis être sa femme; mais cette nécessité ne me jettera dans aucune nuance du désespoir, parce que je sais que M. de La Marche se consolera aisément. Je ne plaisante pas, l'abbé; M. de La Marche est un homme léger et un peu froid. — Si vous ne l'aimez pas plus que cela, tant mieux; c'est une souffrance de moins parmi tant de souffrances; et pourtant je perds, en apprenant cette indifférence, le dernier espoir que j'eusse conservé de vous voir échapper à Bernard Mauprat. — Allons, ami, ne vous désolez point: ou Bernard sera sensible à l'amitié et à la loyauté, et il s'amendera, ou je lui échapperai. — Mais par quelle issue? — Par la porte du couvent ou par celle du cimetière. »

En parlant ainsi d'un air calme, Edmée secoua sa longue chevelure noire, qui s'était déroulée sur ses épaules, et dont une partie couvrait son visage pâle. « Allons, dit-elle, Dieu viendra à notre aide; c'est folie et impiété que de douter de lui dans le danger. Sommes-nous donc des

Un jour qu'elle avait pris le Tasse. (Page 30.)

athées pour nous décourager ainsi? Allons voir Patience, il nous dira quelque sentence qui nous rassurera; il est le vieux oracle qui résout toutes choses sans en savoir aucune. »

Ils s'éloignèrent, et je demeurai consterné.

Oh! combien cette nuit fut différente de la précédente! Quel nouveau pas je venais de faire dans la vie, non plus sur le sentier fleuri, mais sur le roc aride! Maintenant je connaissais tout l'odieux réel de mon rôle, et je venais de lire jusqu'au fond du cœur d'Edmée la crainte et le dégoût que je lui inspirais. Rien ne pouvait calmer ma douleur, car rien ne pouvait plus exciter ma colère. Elle n'aimait point M. de La Marche, elle ne se jouait ni de lui ni de moi; elle n'aimait aucun de nous; et comment avais-je pu croire que cette pitié généreuse envers moi, ce dévouement sublime à la foi jurée, fussent de l'amour? Comment, aux heures où cette présomptueuse chimère m'abandonnait, pouvais-je croire qu'elle eût besoin, pour résister à ma passion, d'avoir de l'amour pour un autre? Enfin, je n'avais donc plus de ressource contre mes propres fureurs! Je ne pouvais en obtenir autre chose que la fuite ou la mort d'Edmée! Sa mort! A cette idée mon sang se glaçait dans mes veines, mon cœur se serrait, et je sentais tous les aiguillons du repentir le traverser. Cette douloureuse soirée fut pour moi le plus énergique appel de la Providence. Je compris enfin ces lois de la pudeur et de la liberté sainte que mon ignorance avait outragées et blasphémées jusque-là. Elles m'étonnaient plus que jamais, mais je les voyais; elles étaient prouvées par évidence. L'âme forte et sincère d'Edmée était devant moi comme la pierre du Sinaï, où le doigt de Dieu venait de tracer la vérité immuable. Sa vertu n'était pas feinte, son couteau était aiguisé et toujours prêt à laver la souillure de mon amour! Je fus si effrayé du danger que j'avais couru de la voir expirer dans mes bras, si consterné de l'outrage que je lui avais fait en espérant vaincre sa résistance, que je cherchai tous les moyens extrêmes de réparer mes torts et de lui rendre le repos.

Le seul qui parût au-dessus de mes forces fut de m'éloigner; car en même temps que le sentiment de l'estime et du respect se révélait à moi, mon amour, changeant pour ainsi dire de nature, grandissait dans mon âme et s'emparait de mon être tout entier. Edmée m'apparaissait sous un nouvel aspect. Ce n'était plus cette belle fille dont

Elle osa poser sa main sur mon épaule. (Page 41.

la présence jetait le désordre dans mes sens ; c'était un jeune homme de mon âge, beau comme un séraphin, fier, courageux, inflexible sur le point d'honneur, généreux, capable de cette amitié sublime qui faisait les frères d'armes, mais n'ayant d'amour passionné que pour la Divinité, comme ces paladins qui, à travers mille épreuves, marchaient à la Terre-Sainte sous une armure d'or.

Je sentis dès ce moment mon amour descendre des orages du cerveau dans les saines régions du cœur, et le dévouement ne me parut plus une énigme. Je résolus de faire dès le lendemain acte de soumission et de tendresse. Je rentrai fort tard, accablé de lassitude, mourant de faim, brisé d'émotions. J'entrai dans l'office, je pris un morceau de pain, et je le mangeai trempé de mes larmes. J'étais appuyé contre le poêle éteint, à la lueur mourante d'une lampe épuisée ; Edmée entra sans me voir, prit quelques cerises dans le bahut, et s'approcha lentement du poêle ; elle était pâle et absorbée. En me voyant, elle jeta un cri et laissa tomber ses cerises. « Edmée, lui dis-je, je vous supplie de n'avoir plus jamais peur de moi ; c'est tout ce que je puis vous dire, car je ne sais pas m'expliquer ; et pourtant j'avais résolu de vous dire bien des choses.

— Vous me direz cela une autre fois, mon bon cousin, » me répondit-elle en essayant de me sourire ; mais elle ne pouvait dissimuler la peur qu'elle éprouvait en se trouvant seule avec moi.

Je n'essayai pas de la retenir ; je ressentais vivement la douleur et l'humiliation de sa méfiance, et je n'avais pas le droit de m'en plaindre ; cependant jamais homme n'avait eu autant besoin d'être encouragé.

Au moment où elle quittait l'appartement, mon cœur se brisa, et je fondis en larmes, comme la veille à la fenêtre de la chapelle. Edmée s'arrêta sur le seuil, hésita un instant ; puis, entraînée par la bonté de son cœur et surmontant ses craintes, elle revint vers moi, et, s'arrêtant à quelques pas de ma chaise : « Bernard, vous êtes malheureux, me dit-elle ; est-ce donc ma faute ? »

Je ne pus répondre, j'étais honteux de mes larmes ; mais plus je faisais d'efforts pour les retenir, plus ma poitrine se gonflait de sanglots. Chez les êtres aussi physiquement forts que je l'étais, les pleurs sont des convulsions ; les miens ressemblaient à une agonie.

« Voyons ! dis donc ce que tu as » s'écria Edmée avec la brusquerie de l'amitié fraternelle. Et elle osa poser sa main sur mon épaule. Elle me regardait d'un air d'impatience, et une grosse larme coulait sur sa joue. Je me jetai à genoux et j'essayai de lui parler, mais cela me fut encore impossible; je ne pus articuler que le mot *demain* à plusieurs reprises.

« Demain? quoi donc! demain? dit Edmée; est-ce que tu ne te plais pas ici, est-ce que tu veux t'en aller? — Je m'en irai si vous voulez, répondis-je; dites, voulez-vous ne me revoir jamais? — Je ne veux point de cela, reprit-elle; vous resterez ici, n'est-ce pas? — Commandez, » répondis-je.

Elle me regarda avec beaucoup de surprise; je restais à genoux; elle s'appuya sur le dos de ma chaise.

« Moi, je suis sûre que tu es très-bon, dit-elle, comme si elle eût répondu à une objection intérieure; un Mauprat ne peut rien être à demi, et du moment que tu as un bon quart d'heure, il est certain que tu dois avoir une noble vie. — Je l'aurai, répondis-je. — Vrai! dit-elle avec une joie naïve et bonne. — Sur mon honneur, Edmée, et sur le tien! Oses-tu me donner une poignée de main? — Certainement, » dit-elle. Elle me tendit la main; mais elle tremblait. « Vous avez donc pris de bonnes résolutions? me dit-elle. — J'en ai pris de telles que vous n'aurez jamais un reproche à me faire, répondis-je. Et maintenant retirez-vous dans votre chambre, Edmée, et ne tirez plus les verrous; vous n'avez plus rien à craindre de moi; je ne voudrai jamais que ce que vous voudrez. »

Elle attacha encore sur moi ses regards avec surprise, et, pressant ma main, elle s'éloigna, se retourna plusieurs fois pour me regarder encore, comme si elle n'eût pu croire à une si rapide conversion; puis enfin, s'étant arrêtée sur la porte, elle me dit d'une voix affectueuse: « Il faut aller vous reposer aussi; vous êtes fatigué, vous êtes triste et très-changé depuis deux jours. Si vous ne voulez pas m'affliger, vous vous soignerez, Bernard. »

Elle me fit un signe de tête amical et doux. Il y avait dans ses grands yeux, creusés déjà par la souffrance, une expression indéfinissable, où la méfiance et l'espoir, l'affection et la curiosité, se peignaient alternativement et parfois tous ensemble.

« Je me soignerai, je dormirai, je ne serai pas triste, répondis-je. — Et vous travaillerez? — Et je travaillerai... Mais vous, Edmée, vous me pardonnerez tous les chagrins que je vous ai causés, et vous m'aimerez un peu. — Et je vous aimerai beaucoup, répondit-elle, si vous êtes toujours comme ce soir. »

Le lendemain, dès le point du jour, j'entrai dans la chambre de l'abbé; il était déjà levé et lisait. « Monsieur Aubert, lui dis-je, vous m'avez proposé plusieurs fois de me donner des leçons; je viens vous prier de mettre à exécution votre offre obligeante. »

J'avais passé une partie de la nuit à préparer cette phrase de début et le maintien que je voulais garder vis-à-vis de l'abbé. Sans le haïr au fond, car je sentais bien qu'il était bon et n'en voulait qu'à mes défauts, je me sentais beaucoup d'amertume contre lui. Je reconnaissais bien intérieurement que je méritais tout le mal qu'il avait dit de moi à Edmée, mais il me semblait qu'il eût dû insister un peu plus sur ce *bon côté* dont il n'avait eu qu'un mot en passant, et qui n'avait pu échapper à un homme aussi sagace que lui. J'étais donc décidé à rester très-froid et très-fier à son égard. Pour cela, je pensais avec assez de logique que je devais montrer beaucoup de docilité tant que durerait la leçon, et qu'aussitôt après je devais le quitter avec un remercîment très-bref. En un mot, je voulais l'humilier dans son emploi de précepteur; car je n'ignorais pas qu'il tenait son existence de mon oncle, et qu'à moins de renoncer à cette existence ou de se montrer ingrat, il ne pouvait se refuser à faire mon éducation. En ceci je raisonnais très-bien, mais d'après un très-mauvais sentiment; et par la suite j'en eus tant de regret que je lui en fis une sorte de confession amicale, avec demande d'absolution.

Mais, pour ne pas anticiper sur les événements, je dirai que les premiers jours de ma conversion me vengèrent pleinement des préventions trop bien fondées, à beaucoup d'égards, de cet homme, qui eût mérité le nom de juste, octroyé par Prudence, si une habitude de méfiance n'eût gêné ses premiers mouvements. Les persécutions dont il avait été si longtemps l'objet, avaient développé en lui ce sentiment de crainte instinctive qu'il conserva toute sa vie, et qui rendit toujours sa confiance difficile, et d'autant plus flatteuse et plus touchante peut-être. J'ai remarqué ce caractère, par la suite, chez beaucoup de prêtres honnêtes. Ils ont généralement l'esprit de charité, mais non le sentiment de l'amitié.

Je voulais le faire souffrir, et j'y réussis. Le dépit m'inspirait; je me conduisis en véritable gentilhomme vis-à-vis de son subalterne. J'eus une excellente tenue, beaucoup d'attention, de politesse, et une roideur glacée. Je ne lui laissai aucune occasion de me faire rougir de mon ignorance; et pour cela je pris le parti d'aller au-devant de toutes ses observations, en m'accusant moi-même de ne rien savoir et en l'engageant à m'enseigner les choses à l'état le plus élémentaire. Quand j'eus pris ma première leçon, je vis dans ses yeux pénétrants, où j'étais arrivé à pénétrer moi-même, le désir de passer de cette froideur à une sorte d'intimité; mais je ne m'y prêtai nullement. Il crut me désarmer en louant mon attention et mon intelligence. « Vous prenez trop de soin, monsieur l'abbé, lui crois-je; je n'ai pas besoin d'encouragement. Je ne crois nullement à mon intelligence, mais je suis sûr de mon attention; et comme je ne rends service qu'à moi-même en m'appliquant de mon mieux à l'étude, il n'y a pas de raison pour que vous m'en fassiez compliment. » En parlant ainsi, je le saluai, et me retirai dans ma chambre, où je fis tout de suite le thème français qu'il m'avait donné.

Quand je descendis pour le déjeuner, je vis qu'Edmée était déjà informée de l'exécution de mes promesses de la veille. Elle me tendit sa main la première, et m'appela son bon cousin à plusieurs reprises durant le déjeuner, si bien que M. de La Marche, dont le visage n'exprimait jamais rien, exprima de la surprise ou quelque chose d'approchant. J'espérais qu'il chercherait l'occasion de me demander l'explication de mes grossières paroles de la veille, et, quoique je fusse déterminé à apporter beaucoup de modération à cet entretien, je me sentis très-blessé du soin qu'il prit de l'éviter. Cette indifférence à une injure venant de moi impliquait une sorte de mépris dont je souffris beaucoup; mais la crainte de déplaire à Edmée me donna la force de me contenir.

Il est incroyable que la pensée de le supplanter ne fût pas un instant ébranlée par cet apprentissage humiliant qu'il me fallut faire avant d'arriver seulement à saisir les premières notions de toutes choses. Un autre que moi, pénétré comme je l'étais du repentir des maux qu'il avait causés, n'eût pas trouvé de manière plus certaine de les réparer qu'en s'éloignant et en rendant à Edmée sa parole, son indépendance, son repos absolu. Ce moyen fut le seul qui ne me vint pas; ou, s'il me vint, il fut repoussé avec mépris, comme l'aveu d'une défection. L'obstination, alliée à la témérité, coulait dans mes veines avec le sang des Mauprat. A peine avais-je entrevu un moyen de conquérir la confiance de celle que j'aimais que je l'avais embrassé avec audace, et je pense qu'il n'en eût pas été autrement lors même que ses confidences à l'abbé dans le parc m'eussent appris qu'elle avait de l'amour pour mon rival. Une pareille confiance de la part d'un homme qui prenait à dix-sept ans sa première leçon de grammaire française, et qui s'exagérait de beaucoup la longueur et la difficulté des études nécessaires pour être l'égal de M. de La Marche, accusait, vous l'avouerez, une certaine force morale.

Je ne sais si j'étais heureusement doué sous le rapport de l'intelligence. L'abbé l'assura; mais je pense que je ne dois faire honneur de mes progrès rapides qu'à mon courage. Il était tel qu'il me fit tout présumer de mes forces physiques. L'abbé m'avait dit qu'avec une forte volonté on pouvait à mon âge, en un mois, connaître parfaitement les règles de la langue. Au bout d'un mois je m'exprimais avec facilité et j'écrivais purement. Edmée avait une sorte de direction occulte sur mes études; elle voulut que l'on ne m'enseignât pas le latin, assurant qu'il était trop tard pour consacrer plusieurs années à une scicence de luxe, et que l'important était de former mon cœur et ma raison avec des idées, au lieu d'orner mon esprit avec des mots.

Le soir, elle prétextait le désir de relire quelque livre favori, et elle lisait haut, alternativement avec l'abbé, des passages de Condillac, de Fénelon, de Bernardin de Saint-Pierre, de Jean-Jacques, de Montaigne même et de Montesquieu. Ces passages étaient certainement choisis d'avance et appropriés à mes forces; je les comprenais assez bien, et je m'en étonnais en secret; car, si dans la journée j'ouvrais ces mêmes livres au hasard, il m'arrivait d'être arrêté à chaque ligne. Dans la superstition naturelle aux jeunes amours, je m'imaginais volontiers qu'en passant par la bouche d'Edmée les auteurs acquéraient une clarté magique, et que mon esprit s'ouvrait miraculeusement au son de sa voix. Du reste, Edmée ne me montrait pas ouvertement l'intérêt qu'elle prenait à m'instruire elle-même. Elle se trompait sans doute en pensant qu'elle devait me cacher sa sollicitude; j'en eusse été d'autant plus stimulé et ardent au travail. Mais en ceci elle était imbue de l'*Émile*, et mettait en pratique les idées systématiques de son cher philosophe.

Au reste, je ne m'épargnais guère, et, mon courage ne souffrant pas la prévoyance, je fus bientôt forcé de m'arrêter. Le changement d'air, de régime et d'habitudes, les veilles, l'absence d'exercices violents, la contention de l'esprit, en un mot, l'effroyable révolution que mon être était forcé d'opérer sur lui-même pour passer de l'état d'homme des bois à celui d'homme intelligent, me causa une maladie de nerfs qui me rendit presque fou pendant quelques semaines, idiot ensuite durant quelques jours, et qui enfin se dissipa, me laissant tout rompu, tout anéanti à l'égard de mon existence passée, mais pétri pour mon existence future.

Une nuit, à l'époque de mes plus violentes crises, dans un moment lucide, je vis Edmée dans ma chambre. Je crus d'abord faire un songe. La veilleuse jetait une lueur vacillante, une forme pâle, immobile, était couchée dans une grande bergère. Je distinguais une longue tresse noire détachée et tombant sur une robe blanche. Je me soulevai, faible, pouvant à peine me mouvoir; j'essayai de sortir de mon lit. Aussitôt Patience m'apparut et m'arrêta doucement. Saint-Jean dormait dans un autre fauteuil. Toutes les nuits, deux hommes veillaient ainsi près de moi pour me tenir de force lorsque j'étais en proie aux fureurs du délire. Souvent c'était l'abbé, parfois le brave Marcasse, qui, avant de quitter le Berry pour faire sa tournée annuelle dans les provinces voisines, était revenu faire une dernière chasse dans les greniers du château, et qui obligeamment relayait les serviteurs fatigués dans le pénible emploi de me garder.

N'ayant pas la conscience de mon mal, il était fort naturel que la présence inopinée du solitaire dans ma chambre me causât une grande surprise et jetât le désordre dans mes idées. J'avais eu de si violents accès ce soir-là qu'il ne me restait plus de force. Je me laissai donc aller à des divagations mélancoliques, et, prenant la main du bonhomme, je lui demandai si c'était bien le cadavre d'Edmée qu'il avait posé sur ce fauteuil auprès de moi. « C'est Edmée bien vivante, me répondit-il à voix basse; mais elle dort, mon cher monsieur, ne la réveillons pas. Si vous avez désir de quelque chose, je suis ici pour vous soigner, et c'est de bon cœur, oui-da! — Mon bon Patience, tu me trompes, lui dis-je; elle est morte, et moi aussi, et tu viens pour nous ensevelir. Il faut nous mettre dans le même cercueil, entends-tu? car nous sommes fiancés. Où est son anneau? Prends-le et mets-le à mon doigt; la nuit des noces est venue. »

Il voulut en vain combattre cette hallucination; je persistai à croire qu'Edmée était morte, et je déclarai que je ne m'endormirais pas dans mon linceul tant que je n'aurais pas l'anneau de ma femme. Edmée, qui avait passé plusieurs nuits à me veiller, était si accablée qu'elle ne m'entendait pas. D'ailleurs, je parlais bas, comme Patience, par un instinct d'imitation qui ne se rencontre que chez les enfants ou chez les idiots. Je m'obstinai dans ma fantaisie, et Patience, qui craignait qu'elle ne se changeât en fureur, alla doucement prendre une bague de cornaline qu'Edmée avait au doigt et la passa au mien. Aussitôt que je l'eus je la portai à mes lèvres, puis je croisai mes mains sur ma poitrine dans l'attitude qu'on donne aux cadavres dans le cercueil, et je m'endormis profondément.

Le lendemain, quand on voulut me reprendre la bague, j'entrai en fureur, et on y renonça. Je m'endormis de nouveau, et l'abbé me l'ôta pendant mon sommeil. Mais quand j'ouvris les yeux je m'aperçus du rapt et je recommençai à divaguer. Aussitôt Edmée, qui était dans la chambre, accourut à moi et me passa l'anneau au doigt en adressant quelques reproches à l'abbé. Je me calmai sur-le-champ et dis en levant sur elle des yeux éteints : « N'est-ce pas que tu es ma femme à la mort comme pendant ta vie? — Certainement, me dit-elle; dors en paix. — L'éternité est longue, lui dis-je, et je voudrais l'occuper du souvenir de tes caresses. Mais j'ai beau chercher, je ne retrouve pas la mémoire de ton amour. »

Elle se pencha sur moi et me donna un baiser. « Vous avez tort, Edmée, dit l'abbé; de tels remèdes se changent en poison. — Laissez-moi, l'abbé, lui répondit-elle avec impatience en s'asseyant près de mon lit; laissez-moi, je vous en prie. »

Je m'endormis une main dans les siennes, et lui répétant par intervalles : « On est bien dans la tombe; on est heureux d'être mort, n'est-ce pas? »

Durant ma convalescence Edmée fut beaucoup moins expansive, mais tout aussi assidue. Je lui racontai mes rêves, et j'appris d'elle ce qu'il y avait de réel parmi mes souvenirs; sans cette confirmation j'aurais toujours cru que j'avais tout rêvé. Je la suppliai de me laisser la bague, et elle y consentit. J'aurais dû ajouter, pour reconnaître tant de bontés, que je gardais cet anneau comme un gage d'amitié et non comme un anneau de fiançailles; mais l'idée d'une telle abnégation était au-dessus de mes forces.

Un jour je demandai des nouvelles de M. de La Marche. Ce fut seulement à Patience que j'osai adresser cette question. « Parti, répondit-il. — Comment? parti! repris-je; pour longtemps? — Pour toujours, s'il plaît à Dieu ! Je n'en sais rien, je ne fais pas de questions; mais j'étais dans le jardin par hasard quand il a fait ses adieux, et tout cela était froid comme une nuit de décembre. On s'est pourtant dit de part et d'autre *à revoir*; mais, quoique Edmée eût l'air bon et franc qu'elle a toujours, l'autre avait la figure d'un fermier qui voit venir la gelée en avril. Mauprat, Mauprat, on dit que vous êtes devenu *grand étudiant et grand bon sujet*. Souvenez-vous de ce que je vous ai dit : Quand vous serez vieux, il n'y aura peut-être plus de titres ni de seigneuries. Peut-être qu'on vous appellera le père Mauprat, comme on m'appelle le père Patience, bien que je n'aie jamais été ni moine ni père de famille. — Eh bien ! où veux-tu en venir? — Souvenez-vous de ce que je vous ai dit, répéta-t-il ; il y a bien des manières d'être sorcier, et on peut connaître l'avenir sans s'être donné au diable; moi, je donne ma voix à votre mariage avec la cousine. Continuez à vous bien conduire. Vous voilà savant; on dit que vous lisez couramment dans le premier livre venu. Qu'est-ce qu'il faut de plus? il y a si tant de livres que la sueur me coule du front rien qu'à les voir ; il me semble que je recommence *à ne pouvoir pas apprendre à lire*. Vous voilà bientôt guéri. Si M. Hubert voulait m'en croire, on ferait la noce à la Saint-Martin. — Tais-toi, Patience, lui dis-je, tu me fais de la peine ; — ma cousine ne m'aime pas. — Je vous dis que si, moi ; vous mentez par la gorge ! comme disent les nobles. Je sais comme elle vous a soigné, et Marcasse, étant sur le toit, l'a vue à travers sa fenêtre, qui était à genoux au milieu de sa chambre à cinq heures du matin, le jour que vous étiez si mal. »

Les imprudentes assertions de Patience, les tendres soins d'Edmée, le départ de M. de La Marche, et, plus que tout le reste, la faiblesse de mon cerveau, furent cause que je me persuadai ce que je désirais; mais, à mesure que je repris mes forces, Edmée rentra dans les bornes de l'amitié tranquille et prudente. Jamais personne ne recouvra la santé avec moins de plaisir que moi ; car chaque jour rendait les visites d'Edmée plus courtes, et quand je pus sortir de ma chambre je n'eus plus que quelques heures par jour à passer près d'elle, comme avant ma maladie. Elle avait eu l'art merveilleux de me témoigner la plus tendre affection sans jamais se laisser amener à une explication nouvelle de nos mystérieuses fiançailles. Si je n'avais pas encore la grandeur d'âme de renoncer à mes droits, du moins j'avais acquis assez d'honneur pour ne plus les rappeler, et je me retrouvai précisément dans les mêmes termes avec elle qu'au moment où j'étais tombé malade. M. de La Marche était à Paris ; mais, selon elle, il y avait été appelé par les devoirs de sa charge, et il devait revenir à la fin de l'hiver où nous entrions. Rien dans les discours du chevalier ou de l'abbé ne témoignait qu'il y eût rupture entre les fiancés. On parlait rarement du lieutenant-général, mais on en parlait naturellement et sans répugnance. Je retombai dans mes incertitudes, et n'y trouvai d'autre remède que de ressaisir l'empire de ma volonté. « Je la forcerai à me préférer, » me disais-je en levant les yeux de dessus mon livre et en regardant les grands yeux impénétrables d'Edmée attachés avec calme sur les lettres de M. de La Marche, que son père recevait de temps en temps, et qu'il lui remettait après les avoir lues. Je me replongeai dans l'étude. Je souffris longtemps d'atroces douleurs à la tête, mais je les surmontai avec stoïcisme ; Edmée reprit le cours d'études qu'elle faisait pour moi indirectement durant les soirs d'hiver. J'étonnai de nouveau l'abbé par mon aptitude et la rapidité de mes triomphes. Les soins qu'il avait eus de moi dans ma maladie m'avaient désarmé, et quoique je ne pusse encore l'aimer cordialement, sachant bien qu'il ne me servait qu'auprès de ma cousine, je lui témoignai beaucoup plus de confiance et d'égards que par le passé. Ses longs entretiens me furent aussi utiles que mes lectures ; on m'associa aux promenades du parc et aux visites philosophiques à la cabane couverte de neige de Patience. Ce fut un moyen de voir Edmée plus souvent et plus longtemps. Ma conduite fut telle que toute sa méfiance se dissipa et qu'elle ne craignit plus de se trouver seule avec moi. Mais je n'eus guère l'occasion de prouver là mon héroïsme ; car l'abbé, dont rien ne pouvait endormir la prudence, était toujours sur nos talons. Je ne souffrais plus de cette surveillance ; au contraire, elle me satisfaisait ; car, malgré toutes mes résolutions, l'orage bouleversait mes sens dans le mystère, et une fois ou deux, m'étant trouvé en tête-à-tête avec Edmée, je la quittai brusquement et la laissai seule pour lui cacher mon trouble.

Notre vie était donc tranquille et douce en apparence, et pendant quelque temps elle le fut en effet ; mais bientôt je la troublai plus que jamais par un vice que l'éducation développa en moi, et qui jusque-là était resté enfoui sous des vices plus choquants, mais moins funestes ; ce vice, qui fit le désespoir de mes nouvelles années, fut la vanité.

Malgré leurs systèmes, l'abbé et ma cousine commirent la faute de me savoir trop de gré de mes progrès. Ils s'étaient si peu attendus à ma persévérance qu'ils en firent tout l'honneur à mes hautes facultés. Peut-être aussi y eut-il de leur part un peu de triomphe personnel à voir avec exagération le succès de leurs idées philosophiques appliquées à mon développement. Ce qu'il y a de certain, c'est que je me laissai facilement persuader que j'avais une haute intelligence et que j'étais un homme très-au-dessus du commun. Bientôt mes chers instituteurs recueillirent le triste fruit de leur imprudence, et déjà il était trop tard pour arrêter l'essor de cet amour démesuré de moi-même.

Peut-être aussi cette passion funeste, comprimée par les mauvais traitements que j'avais subis dans mon enfance, ne fit-elle que se réveiller. Il est à croire que nous portons en nous, dès nos premiers ans, le germe des vertus et des vices que l'action de la vie extérieure rend fécond avec le temps. Quant à moi, je n'avais pas encore trouvé d'aliment à ma vanité ; car de quoi aurais-je pu me pavaner dans les premiers jours que je passai auprès d'Edmée ? Mais dès que cet aliment fut trouvé, la vanité souffrante se leva dans son triomphe, et m'inspira autant de présomption qu'elle m'avait suggéré de mauvaise honte et de farouche retenue. J'étais en outre aussi charmé de pouvoir enfin communiquer facilement ma pensée que le jeune faucon qui sort du nid et essaie ses ailes nouvellement poussées. Je devins donc aussi bavard que j'avais été silencieux. On se plut trop à mon babil. Je n'eus pas le bon sens de voir qu'on m'écoutait comme celui d'un enfant gâté ; je me crus un homme, et, qui plus est, un homme remarquable. Je devins outrecuidant et souverainement ridicule.

Mon oncle le chevalier, qui ne s'était point mêlé de mon éducation, et qui avait seulement souri avec une bonté paternelle à mes premiers pas dans la carrière, fut le premier aussi qui s'aperçut de la fausse voie où je m'engageais. Il trouva déplacé que j'élevasse le ton aussi haut que lui, et en fit la remarque à sa fille. Elle m'avertit avec douceur, et me dit, pour me faire supporter ses remontrances, que j'avais raison dans la discussion, mais que son père n'était pas d'âge à être converti aux idées nouvelles, et que je devais à sa dignité patriarcale le sacrifice de mes assertions enthousiastes. Je promis de ne plus recommencer, mais je ne tins pas parole.

Le fait est que le chevalier était imbu de beaucoup de préjugés. Il avait reçu une très-bonne éducation pour son temps et pour un noble campagnard ; mais le siècle avait marché plus vite que lui. Edmée, ardente et romanesque ; l'abbé, sentimental et systématique, avaient marché plus vite encore que le siècle ; et si l'immense désaccord qui se trouvait entre eux et le patriarche ne se faisait guère sentir, c'était grâce au respect qu'il inspirait à juste titre et à la tendresse qu'il avait pour sa fille. Je me jetai à plein collier, comme vous pouvez croire, dans les idées d'Edmée ; mais je n'eus pas, comme elle, la délicatesse de me taire à point. La violence de mon caractère trouvant une issue dans la politique et dans la philosophie, je goûtais un plaisir indicible à ces orageuses disputes qui préludaient alors en France, dans toutes les réunions et jusque dans le sein des familles, aux tempêtes révolutionnaires. Je pense qu'il n'était pas une maison, palais ou cabane, qui ne nourrît alors son orateur, âpre, bouillant, absolu, et prêt à descendre dans la lice parlementaire. J'étais donc l'orateur du château de Sainte-Sévère, et mon bon oncle, habitué à une apparence d'autorité qui l'empêchait de voir la révolte réelle des esprits, ne put souffrir une contradiction aussi ingénue que la mienne. Il était fier et bouillant, et de plus il avait une difficulté à s'exprimer qui augmentait son impatience naturelle, et qui lui donnait de l'humeur contre les autres, à force de lui en donner contre lui-même. Il frappait du pied sur les bûches enflammées de son foyer. Il mettait en pièces ses verres de lunettes, il répandait son tabac à grands flots sur le parquet, et faisait retentir des éclats de sa voix sonore les hauts plafonds de son manoir. Tout cela me divertissait cruellement ; car d'un mot tout fraîchement épelé dans mes livres, je renversais le fragile échafaudage des idées de toute sa vie. C'était une grande sottise et un fort sot orgueil de ma part ; mais ce besoin de lutte, ce plaisir de déployer intellectuellement l'énergie qui manquait à ma vie physique, m'emportaient sans cesse. En vain Edmée toussait pour m'avertir de me taire, et s'efforçait, pour sauver l'amour-propre de son père, de trouver, contre sa propre conscience, quelque raison en sa faveur ; la tiédeur de son assistance et l'espèce de concession qu'elle semblait me commander irritaient de plus en plus mon adversaire. « Laissez-le donc dire, s'écriait-il, Edmée, ne vous mêlez pas de cela, je veux le battre sur tous les points. Si vous nous interrompez toujours, je ne pourrai jamais lui prouver son absurdité. » Et alors la bourrasque soufflait en crescendo de part et d'autre, jusqu'à ce que le chevalier, profondément blessé, sortît de l'appartement et allât passer sa mauvaise humeur sur son piqueur ou sur ses chiens de chasse.

Ce qui contribuait à ramener ces querelles déplacées et à nourrir mon obstination ridicule, c'était la bonté extrême et le rapide retour de mon oncle. Au bout d'une heure, il ne se souvenait plus de mes torts ni de sa contrariété; il me parlait comme de coutume, et s'enquérait de tous mes désirs et de tous mes besoins avec cette inquiétude paternelle qui le tenait toujours en haleine de générosité. Cet homme incomparable n'eût pas dormi tranquille, s'il n'eût, avant de se coucher, embrassé tous les siens, et s'il n'eût réparé, par une parole ou un regard bienveillant, les vivacités dont le dernier de ses valets avait eu à souffrir dans la journée. Cette bonté eût dû me désarmer et me fermer la bouche à jamais; j'en faisais le serment chaque soir, mais chaque matin je retournais, comme dit l'Écriture, à *mon vomissement*.

Edmée souffrait chaque jour davantage du caractère qui se développait en moi, et ne cherchait pas le moyen de m'en corriger. S'il n'y eut jamais de fiancée plus forte et plus réservée, jamais il n'y eut de mère plus tendre qu'elle. Après beaucoup de conférences avec l'abbé, elle résolut de décider son père à rompre un peu l'habitude de notre vie, et à transporter notre établissement à Paris pendant les dernières semaines du carnaval. Le séjour de la campagne, le grand isolement où la position de Sainte-Sévère et le mauvais état des chemins nous laissaient depuis l'hiver, l'uniformité des habitudes, tout contribuait à entretenir notre fastidieux ergotage: mon caractère s'y corrompait de plus en plus; mon oncle y prenait encore plus de plaisir que moi, mais sa santé en souffrait, et ces puériles émotions journalières hâtaient sa caducité. L'ennui avait gagné l'abbé; Edmée était triste, soit par suite de notre genre de vie, soit par suite de causes cachées. Elle désira partir, et nous partîmes; car son père, inquiet de sa mélancolie, n'avait d'autre volonté que la sienne. Je tressaillais de joie à l'idée de connaître Paris; et tandis qu'Edmée se flattait de voir le commerce du monde adoucir les aspérités de mon pédantisme, je me rêvais une attitude de conquérant dans ce monde décrit avec tant de dénigrement par nos philosophes. Nous nous mîmes en route pour une belle matinée de mars, le chevalier avec sa fille et mademoiselle Leblanc dans une chaise de poste; moi dans une autre avec l'abbé, qui dissimulait mal sa joie de voir la capitale pour la première fois de sa vie, et mon valet de chambre Saint-Jean, qui faisait de profonds saluts à tous les passants pour ne pas perdre ses habitudes de politesse.

XII.

Le vieux Bernard, fatigué d'avoir tant parlé, nous avait remis au lendemain. Sommé par nous, à l'heure dite, de tenir sa parole, il reprit son récit en ces termes:

Cette époque marqua dans ma vie une nouvelle phase. A Sainte-Sévère, j'avais été absorbé par mon amour et mes études. J'avais concentré sur ces deux points toute mon énergie. A peine arrivé à Paris, un épais rideau se leva devant mes yeux, et, pendant plusieurs jours, à force de ne rien comprendre, je ne me sentis étonné de rien. J'attribuais à tous les acteurs qui paraissaient sur la scène une supériorité très-exagérée; mais je ne m'exagérais pas moins la facilité que j'aurais bientôt à égaler cette puissance idéale. Mon naturel entreprenant et présomptueux voyait partout un défi et nulle part un obstacle.

Logé à un étage séparé dans la maison qu'occupaient mon oncle et ma cousine, je passai désormais la plus grande partie de mon temps auprès de l'abbé. Je ne fus point étourdi des avantages matériels de ma position; mais, en voyant beaucoup de positions équivoques ou pénibles, je commençai à sentir le bien-être de la mienne. Je compris l'excellent caractère de mon gouverneur, et le respect de mon laquais ne me sembla plus incommode. Avec la liberté dont je jouissais, l'argent qui m'était fourni à discrétion et la vigueur athlétique de ma jeunesse, il est étonnant que je ne sois pas tombé dans quelque désordre, ne fût-ce que dans celui du jeu, qui n'allait pas mal à mes instincts de *combattivité*. Ce fut mon ignorance de toutes choses qui me préserva; elle me donnait une méfiance excessive, et l'abbé, qui était très-pénétrant et qui se sentait responsable de mes actions, sut habilement exploiter ma sauvagerie dédaigneuse. Il l'augmenta à l'égard des choses qui m'eussent été nuisibles, et la dissipa dans le cas contraire. Puis il sut accumuler autour de moi les distractions honnêtes, qui ne remplacent pas les joies de l'amour, mais qui diminuent l'âcreté de ses blessures. Quant aux tentations de la débauche, je ne les connus point. J'avais trop d'orgueil pour désirer une femme qui ne m'eût pas semblé, comme Edmée, la première de toutes.

L'heure du dîner nous réunissait, et le soir nous allions dans le monde. En peu de jours j'en appris plus, à examiner d'un coin de l'appartement ce qui se faisait là, que je ne l'aurais fait en un an de conjectures et de recherches. Je crois que je n'aurais jamais rien compris à la société, vue d'une certaine distance. Rien n'établissait des rapports bien nets entre mon cerveau et ce qui occupait le cerveau des autres hommes. Dès que je me trouvai au milieu de ce chaos, le chaos fut forcé de se débrouiller devant moi et de me laisser connaître une grande partie de ses éléments. Cette route qui me menait à la vie ne fut pas sans charme, je m'en souviens, à son point de départ. Je n'avais rien à demander, à désirer ou à débattre dans les intérêts sociaux; la fortune m'avait pris par la main. Un beau matin, elle m'avait tiré d'un abîme pour m'asseoir de l'édredon et pour me faire enfant de famille. Les agitations des autres étaient un amusement pour mes yeux. Mon cœur n'était intéressé à l'avenir que par un point mystérieux, l'amour que j'éprouvais pour Edmée.

La maladie, loin de diminuer ma force physique, l'avait retrempée. Je n'étais plus cet animal lourd et dormeur que la digestion fatiguait, que la fatigue abrutissait. Je sentais la vibration de toutes mes fibres élever dans mon âme des accords inconnus, et je m'étonnais de découvrir en moi des facultés dont pendant si longtemps je n'avais pas soupçonné l'usage. Mes bons parents s'en réjouissaient sans en paraître surpris. Ils avaient si complaisamment auguré de moi dès le principe, qu'ils semblaient n'avoir pas fait d'autre métier toute leur vie que de civiliser des barbares.

Le système nerveux qui venait de se développer en moi, et qui me fit payer pendant tout le reste de ma vie, par de vives et fréquentes souffrances, les jouissances et les avantages qu'il me procura, m'avait rendu surtout impressionnable; et cette aptitude à ressentir l'effet des choses extérieures était aidée d'une puissance d'organes qu'on ne trouve que chez les animaux ou chez les sauvages. Je m'étonnais de l'étiolement des facultés chez les autres. Ces hommes en lunettes, ces femmes dont l'odorat était émoussé par le tabac, ces précoces vieillards, sourds et goutteux avant l'âge, me faisaient peine. Le monde me représentait un hôpital, et, quand je me trouvais avec mon organisation robuste au milieu de ces infirmes, il me semblait que d'un souffle je les aurais lancés dans les airs comme des graines de chardon.

Cela me donna le tort et le malheur de m'abandonner à un genre d'orgueil assez sot, qui est de se prévaloir des dons de la nature. Cela me porta à négliger longtemps leur perfectionnement véritable, comme un progrès de luxe. La préoccupation où je fus bientôt de la nullité d'autrui m'empêcha moi-même de m'élever au-dessus de ceux que je croyais désormais m'être inférieurs. Je ne voyais pas que la société est faite d'éléments de peu de valeur, mais que leur arrangement est si savant et si solide qu'avant d'y mettre la moindre pièce il faut être reçu praticien. Je ne savais pas qu'il n'y a pas de milieu dans cette société entre le rôle de grand artiste et celui de bon ouvrier. Or, je n'étais ni l'un ni l'autre, et, s'il faut dire vrai, toutes mes idées n'ont jamais abouti à m'affranchir de la routine, toute ma force ne m'a servi qu'à réussir à grand'peine à faire comme les autres.

Ainsi, en peu de semaines, je passai d'un excès d'admiration à un excès de dédain pour la société. Dès que j'eus saisi le sens de ses ressorts, ils me parurent si misérablement poussés par une génération débile que l'attente de mes maîtres fut déçue sans qu'ils s'en doutassent. Au lieu de me sentir dominé et de chercher à m'effacer dans la foule, je m'imaginai que je pourrais la dominer quand je voudrais, et je m'entretins secrètement dans des rêves dont le souvenir me fait rougir. Si je ne me rendis pas souverainement ridicule, c'est grâce à l'excès même de cette vanité, qui eût craint de se commettre en se manifestant.

Paris offrait alors un spectacle que je n'essaierai pas de vous retracer, parce que vous l'avez sans doute étudié maintes fois avec avidité dans les excellents tableaux qu'en ont tracés des témoins oculaires, sous forme d'histoire générale ou de mémoires particuliers. D'ailleurs une telle peinture sortirait des bornes de mon récit, et j'ai promis seulement de vous raconter le fait capital de mon histoire morale et philosophique. Pour que vous vous fassiez une idée du travail de mon esprit à cette époque, il suffira de vous dire que la guerre de l'indépendance éclatait en Amérique, que Voltaire recevait son apothéose à Paris, et que Franklin, prophète d'une religion politique nouvelle, apportait au sein même de la cour de France la semence de la liberté. La Fayette préparait secrètement sa romanesque expédition, et la plupart des jeunes patriciens étaient entraînés par la mode, par la nouveauté et par le plaisir inhérent à toute opposition qui n'est pas dangereuse.

L'opposition revêtait des formes plus graves et faisait un travail plus sérieux chez les vieux nobles et parmi les membres des parlements; l'esprit de la ligue se retrouvait dans les rangs de ces antiques patriciens et de ces fiers magistrats, qui d'une épaule soutenaient encore pour la forme la monarchie chancelante, et de l'autre prêtaient un large appui aux envahissements de la philosophie. Les privilégiés de la société donnaient ardemment les mains à la ruine prochaine de leurs privilèges, par mécontentement de ce que les rois les avaient restreints. Ils élevaient leurs fils dans des principes constitutionnels, s'imaginant qu'ils allaient fonder une monarchie nouvelle où le peuple les aiderait à replacer plus haut que le trône; et c'est pour cela que les plus grandes admirations pour Voltaire et les plus ardentes sympathies pour Franklin furent exprimées dans les salons les plus illustres de Paris.

Une marche si insolite, et, il faut le dire, si peu naturelle de l'esprit humain, avait donné une impulsion toute nouvelle, une sorte de vivacité querelleuse aux relations froides et guindées des vestiges de la cour de Louis XIV. Elle avait aussi mêlé des formes sérieuses et donné une apparence de fond aux frivoles manières de la régence. La vie pure, mais effacée, de Louis XVI ne comptait pas et n'imposait rien à personne; jamais on ne vit tant de grave babil, tant de maximes creuses, tant de sagesse d'apparat, tant d'inconséquences entre les paroles et la conduite, qu'il s'en débita à cette époque parmi les castes soi-disant éclairées.

Il était nécessaire de vous rappeler ceci pour vous faire comprendre l'admiration que j'eus d'abord pour un monde en apparence si désintéressé, si courageux, si ardent à la poursuite de la vérité; le dégoût que j'en ressentis bientôt pour tant d'affectation et de légèreté, pour un tel abus des mots les plus sacrés et des convictions les plus saintes. J'étais de bonne foi pour ma part, et je m'appuyais ma ferveur philosophique, ce sentiment de la liberté nouvellement révélé qu'on appelait alors le culte de la raison, sur les bases d'une inflexible logique. J'étais jeune et bien constitué, condition première peut-être de la santé du cerveau; mes études n'étaient pas étendues, mais elles étaient solides; on m'avait servi des aliments sains et d'une digestion facile. Le peu que je savais me servait donc à voir que les autres ne savaient rien ou qu'ils mentaient à eux-mêmes.

Il ne vint pas beaucoup de monde dans les commencements chez le chevalier. Ami d'enfance de M. Turgot et de plusieurs hommes distingués, il ne s'était point mêlé à la jeunesse dorée de son temps, il avait vécu sagement à la campagne après s'être loyalement conduit à la guerre. Sa société se composait donc de quelques graves hommes de robe, de plusieurs vieux militaires, et de quelques seigneurs de sa province, vieux et jeunes, à qui une fortune honnête permettait, comme à lui, de venir passer à Paris un hiver sur deux; mais il avait conservé de lointaines relations avec un monde plus brillant, où la beauté et les excellentes manières d'Edmée furent remarquées dès qu'elle y parut. Fille unique, convenablement riche, elle fut recherchée par les importantes maîtresses de maison, espèce d'entremetteuses de haut lieu qui ont toujours quelques jeunes protégés endettés à établir aux dépens d'une famille de province. Puis, quand on sut qu'elle était fiancée à M. de La Marche, rejeton à peu près ruiné d'une très-illustre famille, on lui fit encore plus d'accueil, et peu à peu le petit salon qu'elle avait choisi pour les vieux amis de son père devint trop étroit pour les beaux esprits de qualité et de profession et les grandes dames à idées philosophiques, qui voulurent connaître la *jeune quakeresse* ou *la Rose du Berry* (ce furent les noms qu'une femme à la mode lui donna).

Ce rapide succès d'Edmée, dans un monde auquel jusque-là elle avait été inconnue, ne l'étourdit nullement; et l'empire qu'elle possédait sur elle-même était si grand que jamais, malgré toute l'inquiétude avec laquelle j'épiais ses moindres mouvements, je ne pus savoir si elle était flattée de produire tant d'effet. Ce que je pus remarquer, ce fut l'admirable bon sens qui présidait à toutes ses démarches et à toutes ses paroles. Son attitude à la fois naïve et réservée, un certain mélange d'abandon et de fierté modeste, la faisaient briller parmi les femmes les plus admirées et les plus habituées à capter l'attention; et c'est ici le lieu de dire que je fus extrêmement choqué, tout d'abord, du ton et de la tenue de ces femmes si vantées; elles me semblaient ridicules dans leurs grâces étudiées, et leur grande habitude du monde me faisait l'effet d'une insupportable effronterie. Moi, si hardi intérieurement et naguère si grossier dans mes manières, je me sentais mal à l'aise et décontenancé auprès d'elles; et il me fallait tous les reproches et toutes les remontrances d'Edmée pour ne pas me livrer à un profond mépris pour cette courtisanerie des regards, de la toilette et des agaceries, qui s'appelait dans le monde la coquetterie *permise*, le *désir charmant* de plaire, l'amabilité, la grâce. L'abbé était de mon avis. Quand le salon était vide, nous restions quelques instants en famille au coin du feu avant de nous séparer. C'est le moment où l'on sent le besoin de résumer ses impressions éparses et de les communiquer à des êtres sympathiques. L'abbé rompait donc les mêmes lances que moi contre mon oncle et ma cousine. Le chevalier, galant admirateur du beau sexe, qu'il n'avait jamais beaucoup pratiqué, prenait en vrai chevalier français, la défense des beautés que nous attaquions impitoyablement. Il accusait, en riant, l'abbé de raisonner, à l'égard des femmes, comme le renard de la fable à l'égard des raisins. Moi, je renchérissais sur les critiques de l'abbé; c'était une manière de dire avec chaleur à Edmée combien je la préférais à toutes les autres; mais elle en paraissait plus scandalisée que flattée, et me reprochait sérieusement cette disposition à la malveillance, qui prenait sa source, disait-elle, dans un immense orgueil.

Il est vrai qu'après avoir généreusement embrassé la défense des personnes mises en cause, elle se rangeait à notre opinion dès que, Rousseau en main, nous lui disions que les femmes du monde avaient à Paris un air *cavalier* et une manière de regarder un homme en face qui n'est pas tolérable aux yeux d'un sage. Edmée ne savait rien objecter quand Rousseau avait prononcé; elle aimait à reconnaître avec lui que le plus grand charme d'une femme est dans l'attention intelligente et modeste qu'elle donne aux discours graves; et je lui citais toujours la comparaison de la femme supérieure avec un bel enfant aux grands yeux pleins de sentiment, de douceur et de finesse, aux questions timides, aux objections pleines de sens, afin qu'elle se reconnût dans ce portrait, qui semblait avoir été tracé d'après elle. Je renchérissais sur le texte, et, continuant le portrait: « Une femme vraiment supérieure, lui disais-je en la regardant avec ardeur, est celle qui en sait assez pour ne jamais faire une question ridicule ou déplacée, et pour ne jamais tenir tête à des gens de mérite; cette femme sait se taire, surtout avec les sots qu'elle pourrait railler et les ignorants qu'elle pourrait humilier; elle est indulgente aux absurdités parce qu'elle ne tient pas à montrer son savoir, et elle est attentive aux bonnes choses parce qu'elle désire s'instruire. Son grand désir, c'est de comprendre et non d'enseigner; son grand art (puisqu'il est reconnu qu'il faut de l'art dans l'échange des paroles) n'est pas de mettre en présence deux fiers antagonistes, pressés d'étaler leur science et d'amuser la compagnie en soutenant chacun une thèse dont personne ne désire trouver la solution, mais d'éclaircir toute discussion utile en y faisant intervenir tous ceux qui peuvent à point y jeter du jour. C'est un talent que je ne vois point chez ces maîtresses de maison si prônées. Chez elles je vois toujours deux avocats en vogue et un auditoire ébahi, où personne n'est juge; elles ont l'art de rendre le génie ridicule, le vulgaire muet et inerte; et l'on sort de là en disant : « C'est bien parlé, et rien de plus. »

Je pense bien que j'avais raison; mais je me souviens aussi que ma grande colère contre ces femmes venait de ce qu'elles ne faisaient aucune attention aux gens qui se croyaient du mérite et qui n'avaient pas de célébrité; et ces gens-là, c'était moi, comme vous pouvez vous l'imaginer. D'un autre côté, et maintenant que j'y songe sans prévention et sans vanité blessée, je suis certain que ces femmes avaient un système d'adulation pour les favoris du public, qui ressemblait beaucoup plus à une puérile vanité qu'à une sincère admiration ou à une franche sympathie. Elles étaient comme une sorte d'éditeurs de la conversation, écoutant de toutes leurs oreilles, et faisant impérieusement signe à l'auditoire d'écouter religieusement toute niaiserie sortant d'une bouche illustre, tandis qu'elles étouffaient un bâillement et faisaient claquer les branches de leur éventail à toute parole, si excellente qu'elle fût, dès qu'elle n'était pas signée d'un nom en vogue. J'ignore les airs des femmes beaux-esprits du dix-neuvième siècle; j'ignore même si cette race subsiste encore : il y a trente ans que je n'ai été dans le monde; mais, quant au passé, vous pouvez croire ce que je vous en dis. Il y en avait cinq ou six qui m'étaient réellement odieuses. L'une avait de l'esprit, et dépensait à tort et à travers ses bons mots, qui étaient aussitôt colportés dans tous les salons, et qu'il me fallait entendre répéter vingt fois dans un jour; une autre avait lu Montesquieu et faisait la leçon aux plus vieux magistrats; une troisième jouait de la harpe pitoyablement, mais il était convenu que ses bras étaient les plus beaux de France; et il fallait supporter l'aigre grincement de ses ongles sur les cordes, afin qu'elle pût ôter ses gants d'un air timide et enfantin. Que sais-je des autres? Elles rivalisaient d'affectation et de niaises hypocrisies dont tous les hommes consentaient puérilement à paraître dupes. Une seule était vraiment belle, ne disait rien, et plaisait par la nonchalance de ses attitudes. Celle-là eût trouvé grâce devant moi, parce qu'elle était ignorante; mais elle en faisait gloire, afin de contraster avec les autres par une piquante ingénuité. Un jour je découvris qu'elle avait de l'esprit, et je la pris en aversion.

Edmée restait seule dans toute sa fraîcheur de sincérité, dans tout l'éclat de sa grâce naturelle. Assise sur un sofa auprès de M. de Malesherbes, elle était la même personne que j'avais contemplée tant de fois au soleil couchant, sur le banc de pierre au seuil de la chaumière de Patience.

XIII.

Vous pensez bien que les hommages dont ma cousine était entourée rallumèrent dans mon sein la jalousie assoupie. Depuis qu'obéissant à son ordre je m'étais livré à l'étude, je ne saurais trop vous dire si j'osais compter sur la promesse qu'elle m'avait faite d'être ma femme lorsque je serais en état de comprendre ses idées et ses sentiments. Il me semblait bien que ce temps était venu; car il est certain que je comprenais Edmée, mieux peut-être qu'aucun des hommes qui lui faisaient la cour en prose et en vers. J'étais bien résolu à ne me plus prévaloir du serment arraché à la Roche-Mauprat; mais la dernière promesse faite librement à la fenêtre de la chapelle, et la conclusion que je pouvais tirer de l'entretien avec l'abbé, surpris par moi dans le parc de Sainte-Sévère; mais l'insistance qu'elle avait mise à m'empêcher de m'éloigner d'elle et à diriger mon éducation; mais les soins maternels qu'elle m'avait prodigués durant ma maladie, tout cela ne me donnait-il pas, sinon des droits, du moins des motifs d'espérance? Il est vrai que son amitié était glaciale dès que ma passion se trahissait dans mes paroles ou dans mes regards; il est vrai que, depuis le premier jour, je n'avais pas fait un pas de plus dans son intimité; il est vrai aussi que M. de La Marche venait souvent dans la maison, et qu'elle lui témoignait toujours la même amitié que pour moi, avec moins de familiarité et plus d'égards, nuance que la différence de nos caractères et de nos âges amenait naturellement, et qui ne prouvait aucune préférence pour l'un ou pour l'autre. Je pouvais donc attribuer sa promesse à un arrêt de sa conscience; l'intérêt qu'elle prenait à m'instruire, au culte qu'elle rendait à la dignité humaine réhabilitée par la philosophie; son affection calme et continue pour M. de La Marche, à un regret profond, dominé par la force et la sagesse de son esprit. Ces perplexités étaient poignantes. L'espoir de forcer son amour par ma soumission et mon dévouement a-t-elle longtemps soutenu, mais cet espoir commençait à s'affaiblir; car, de l'aveu de tous, j'avais fait des progrès extraordinaires, des efforts prodigieux, et il s'en fallait de beaucoup que l'estime d'Edmée pour moi eût grandi dans la même proportion. Elle m'avait paru étonnée de ce qu'elle appelait *ma haute intelligence*; elle y avait toujours cru; elle l'avait louée plus que de raison. Mais elle ne s'aveuglait pas sur les défauts de mon caractère, sur les vices de mon âme; elle me les reprochait avec une douceur impitoyable, avec une patience faite pour me désespérer; car elle semblait avoir pris le parti de ne m'aimer jamais, ni plus ni moins, quoi qu'il arrivât désormais.

Cependant tous lui faisaient la cour, et nul n'était agréé. On avait bien dit dans le monde qu'elle était promise à M. de La Marche; mais on ne comprenait pas plus que moi le retard indéfini apporté à cette union. On en vint à dire qu'elle cherchait des prétextes pour se débarrasser de lui, et on ne trouva pas à motiver cette répugnance autrement qu'en lui supposant une grande passion pour moi. Mon histoire singulière avait fait du bruit, les femmes m'examinaient avec curiosité, les hommes me témoignaient de l'intérêt et une sorte de considération qu'ils affectaient de mépriser, mais à laquelle j'étais assez sensible; et, comme rien n'a crédit dans le monde sans être embelli de quelque fiction, on exagérait étrangement mon esprit, mon aptitude et mon savoir; mais dès qu'on avait vu, en présence d'Edmée, M. de La Marche et moi, toutes les inductions étaient réduites à néant par le sang-froid et l'aisance de nos manières. Edmée était avec moi en public ce qu'elle était en particulier : M. de La Marche, un mannequin sans âme et parfaitement dressé aux airs convenables; moi, dévoré de passions diverses, mais impénétrable à force d'orgueil, et aussi, je dois l'avouer, de prétention à la sublimité du *maintien américain*. Il faut vous dire que j'avais eu le bonheur d'être présenté à Franklin comme un sincère adepte de la liberté. Sir Arthur Lee m'avait honoré d'une sorte de bienveillance et d'excellents conseils; j'avais donc la tête tournée tout comme ceux que je raillais si durement, et au point même que cette petite gloriole apportait à mes tourments un allégement bien nécessaire. Ne hausserez-vous pas les épaules si je vous avoue que je prenais le plus grand plaisir du monde à ne point poudrer mes cheveux, à porter de gros souliers, à me présenter partout en habit plus que simple, rigidement propre et de couleur sombre; en un mot, à singer autant qu'il était permis de le faire alors sans être confondu avec un *véritable roturier*, la mise et les allures du *bonhomme Richard!* J'avais dix-neuf ans, et je vivais dans un temps où chacun affectait un rôle; c'est là toute mon excuse.

Je pourrais alléguer aussi que mon trop indulgent et

Elle se pencha sur moi et me donna un baiser. (Page 43.)

trop naïf gouverneur m'approuvait ouvertement; que mon oncle Hubert, tout en se moquant de moi de temps en temps, me laissait faire, et qu'Edmée ne me disait absolument rien de ce ridicule et semblait ne pas s'en apercevoir.

Le printemps était revenu cependant, nous allions retourner à la campagne; les salons se dépeuplaient, et j'étais toujours dans la même incertitude. Je remarquai un jour que M. de La Marche montrait, malgré lui, le désir de se trouver seul avec Edmée. Je pris d'abord plaisir à le faire souffrir en restant immobile sur ma chaise; mais je crus voir au front d'Edmée ce léger pli que je connaissais si bien, et, après un dialogue muet avec moi-même, je sortis, décidé à voir les suites de ce tête-à-tête et à connaître mon sort quel qu'il fût.

Je revins au salon au bout d'une heure; mon oncle était rentré; M. de La Marche restait à dîner; Edmée était rêveuse, mais non triste; l'abbé lui adressait, avec les yeux, des questions qu'elle n'entendait pas ou ne voulait pas entendre.

M. de La Marche accompagna mon oncle à la Comédie-Française. Edmée dit qu'elle avait à écrire et demanda la permission de rester. Je suivis le comte et le chevalier; mais après le premier acte, je m'esquivai et je rentrai à l'hôtel. Edmée avait fait défendre sa porte, mais je ne pris pas cette défense pour moi; les domestiques trouvaient tout simple que j'agisse en enfant de la maison. J'entrai au salon, tremblant qu'Edmée ne fût dans sa chambre; là je n'aurais pu la poursuivre. Elle était près de la cheminée et s'amusait à effeuiller des asters bleus et blancs que j'avais cueillis dans une promenade au tombeau de Jean-Jacques Rousseau. Ces fleurs me rappelaient une nuit d'enthousiasme, un clair de lune, les seules heures de bonheur peut-être que je pusse mentionner dans ma vie.

« Déjà rentré? me dit-elle sans se déranger. — Déjà est un mot bien dur, lui répondis-je; voulez-vous que je me retire dans ma chambre, Edmée? — Non pas, vous ne me gênez nullement; mais vous auriez plus profité à la représentation de *Mérope* qu'en écoutant ma conversation de ce soir; car je vous avertis que je suis idiote. — Tant mieux, cousine; vous ne m'humilierez pas, et pour la première fois nous serons sur le pied de l'égalité. Mais voulez-vous me dire pourquoi vous méprisez tant mes

Je joue un jeu très-intéressant, me dit-elle. (Page 49.)

asters? Je croyais que vous les garderiez comme une relique. — A cause de Rousseau? dit-elle en souriant avec malice sans lever les yeux sur moi. — Oh! c'est bien ainsi que je l'entends, repris-je. — Je joue un jeu très-intéressant, dit-elle; ne me dérangez pas. — Je le connais, lui dis-je; tous les enfants de la Varenne le jouent, et toutes nos bergères croient à l'arrêt du sort que ce jeu révèle. Voulez-vous que je vous explique vos pensées, lorsque vous arrachez ces pétales quatre à quatre? — Voyons, grand nécromant!

— *Un peu*, c'est ainsi que *quelqu'un* vous aime; *beaucoup*, c'est ainsi que vous l'aimez; *passionnément*, un autre vous aime ainsi; *pas du tout*, voilà comme vous aimez celui-là.

— Et pourrait-on savoir, monsieur le devin, reprit Edmée, dont la figure devint plus sérieuse, ce que signifient *quelqu'un* et *un autre*? Je crois que vous êtes comme les antiques pythonisses; vous ne savez pas vous-même le sens de vos oracles. — Ne sauriez-vous deviner le mien, Edmée? — J'essaierai d'interpréter l'énigme, si vous voulez me promettre de faire ensuite ce que fit le sphinx vaincu par Œdipe. — Oh! Edmée, m'écriai-je, il y a longtemps que je me casse la tête contre les murs à cause de vous et de vos interprétations! et cependant vous n'avez pas deviné juste une seule fois. — Oh! mon Dieu, si! dit-elle en jetant le bouquet sur la cheminée; vous allez voir. J'aime *un peu* M. de La Marche, et je vous aime *beaucoup*. Il m'aime *passionnément*, et vous ne m'aimez *pas du tout*. Voilà la vérité.

— Je vous pardonne de tout mon cœur cette méchante interprétation à cause du mot *beaucoup*, » lui répondis-je. Et j'essayai de prendre ses mains; elle les retira brusquement, et, en vérité, elle eut tort, car, si elle me les eût abandonnées, je me fusse borné à les serrer fraternellement; mais cette sorte de méfiance réveilla des souvenirs dangereux pour moi. Je crois qu'elle avait ce soir-là dans son air et dans ses manières beaucoup de coquetterie, et jusque-là je ne lui en avais jamais vu la moindre velléité. Je me sentis enhardi sans trop savoir pourquoi, et j'osai lui faire des remarques piquantes sur son tête-à-tête avec M. de La Marche. Elle ne prit aucun soin pour repousser mes interprétations, et se mit à rire lorsque je la priai de me remercier de la politesse exquise avec laquelle je m'étais retiré en lui voyant froncer le sourcil.

Cette légèreté superbe commençait à m'irriter un peu, lorsqu'un domestique entra et lui remit une lettre en lui disant qu'on attendait la réponse. « Approchez la table et taillez-moi une plume, » me dit-elle. Et d'un air nonchalant elle décacheta et parcourut la lettre, tandis que, sans savoir de quoi il s'agissait, je préparais tout ce qui était nécessaire pour écrire.

Depuis longtemps la plume de corbeau était taillée; depuis longtemps le papier à vignettes de couleur était sorti du portefeuille ambré, et Edmée, n'y faisant aucune attention, ne se disposait point à en faire usage. La lettre dépliée était sur ses genoux, ses pieds étaient sur les chenets, ses coudes sur les bras de son fauteuil dans son attitude favorite de rêverie. Elle était complètement absorbée. Je lui parlai doucement; elle ne m'entendit pas. Je crus qu'elle avait oublié la lettre et qu'elle s'endormait. Au bout d'un quart d'heure le domestique rentra, et demanda, de la part du messager, s'il y avait une réponse.

« Certainement, répondit-elle; qu'il attende. »

Elle relut la lettre avec une attention extraordinaire et se mit à écrire avec lenteur; puis elle jeta au feu sa réponse, repoussa du pied son fauteuil, fit quelques tours dans l'appartement, et tout d'un coup s'arrêta devant moi et me regarda d'un air froid et sévère.

« Edmée, m'écriai-je en me levant avec impétuosité, qu'avez-vous donc, et quel rapport avec moi peut avoir cette lettre qui vous préoccupe si fortement? — Qu'est-ce que cela vous fait? répondit-elle. — Qu'est-ce que cela me fait! m'écriai-je. Et que me fait l'air que je respire? que m'importe le sang qui coule dans mes veines? Demandez-moi cela; à la bonne heure! mais ne me demandez pas en quoi une de vos paroles ou un de vos regards m'intéresse; car vous savez bien que ma vie en dépend. — Ne dites pas de folies, Bernard, reprit-elle en retournant à son fauteuil d'un air distrait; il y a temps pour tout. — Edmée! Edmée! ne jouez pas avec le lion endormi, ne rallumez pas le feu qui couve sous la cendre. »

Elle haussa les épaules et se mit à écrire avec beaucoup d'animation. Son teint était coloré, et de temps en temps elle passait ses doigts dans ses longs cheveux bouclés *en repentir* sur son épaule. Elle était dangereusement belle dans ce désordre; elle avait l'air d'aimer; mais qui! celui-là sans doute à qui elle écrivait. La jalousie brûlait mes entrailles. Je sortis brusquement et je traversai l'antichambre; je regardai l'homme qui avait apporté la lettre; il était à la livrée de M. de La Marche. Je n'en doutais pas; mais cette certitude augmenta ma fureur. Je rentrai au salon en jetant violemment la porte. Edmée ne tourna pas seulement la tête; elle écrivait toujours. Je m'assis vis-à-vis d'elle; je la regardai avec des yeux de feu. Elle ne daigna pas lever les siens sur moi. Je crus même remarquer sur ses lèvres vermeilles un demi-sourire qui me parut insulter à mon angoisse. Enfin elle termina sa lettre et la cacheta. Je me levai alors et m'approchai d'elle, violemment tenté de la lui arracher des mains. J'avais appris à me contenir un peu plus qu'autrefois; mais je sentais qu'un seul instant peut, dans les âmes passionnées, renverser le travail de bien des jours.

« Edmée, lui dis-je avec amertume et avec une effroyable grimace qui s'efforçait d'être un sourire caustique, voulez-vous que je remette cette lettre au laquais de M. de La Marche, et que je lui dise en même temps à l'oreille à quelle heure son maître peut venir au rendez-vous? — Mais il me semble, répondit-elle avec une tranquillité qui m'exaspéra, que j'ai pu indiquer l'heure dans ma lettre et qu'il n'est pas besoin d'en informer les valets. — Edmée, vous devriez me ménager un peu plus! m'écriai-je. — Je ne m'en soucie pas le moins du monde, » répondit-elle.

Et se jetant sur la table la lettre reçue, elle sortit pour remettre elle-même sa réponse au messager. Je ne sais si elle m'avait dit de lire cette lettre. Je sais que le mouvement qui me porta à la faire fut irrésistible. Elle était conçue à peu près ainsi:

« Edmée, j'ai enfin découvert le secret fatal qui a mis,
« selon vous, un insurmontable obstacle à notre union.
« Bernard vous aime; son agitation de ce matin l'a trahi.
« Mais vous ne l'aimez pas, j'en suis sûr... cela est impos-
« sible! Vous me l'eussiez dit avec franchise. L'obstacle
« est donc ailleurs. Pardonnez-moi! J'ai réussi à savoir
« que vous avez passé deux heures dans la caverne des
« brigands! Infortunée, votre malheur, votre prudence,
« votre sublime délicatesse vous ennoblissent encore à
« mes yeux. Et pourquoi ne m'avoir pas dit, dès le com-
« mencement, de quel malheur vous étiez victime? J'au-
« rais d'un mot calmé vos douleurs et les miennes. Je vous
« aurais aidée à cacher votre secret. J'en aurais gémi avec
« vous, ou plutôt j'en aurais effacé l'odieux souvenir par
« le témoignage d'un attachement à toute épreuve. Mais
« rien n'est désespéré; ce mot, il est toujours temps de
« le dire, et le voici: Edmée, je vous aime plus que jamais
« plus que jamais je suis décidé à vous offrir mon nom;
« daignez l'accepter. »

Ce billet était signé Adhémar de La Marche.

À peine en avais-je terminé la lecture qu'Edmée rentra et s'approcha de la cheminée avec inquiétude, comme si elle eût oublié un objet précieux. Je lui tendis la lettre que je venais de lire, mais elle la prit d'un air distrait; et, se baissant vers le foyer, elle saisit avec précipitation avec une sorte de joie un papier chiffonné que la flamme n'avait fait qu'effleurer. C'était la première réponse qu'elle avait faite au billet de M. de La Marche, et qu'elle n'avait pas jugé à propos d'envoyer.

« Edmée, lui dis-je en me jetant à ses genoux, laissez-moi voir ce papier. Quel qu'il soit, je me soumettrai à l'arrêt dicté par votre premier mouvement.

— En vérité, dit-elle avec une expression indéfinissable, le feriez-vous? Si j'aimais M. de La Marche, si je vous faisais un grand sacrifice en renonçant à lui, seriez-vous assez généreux pour me rendre ma parole? »

J'eus un instant d'hésitation; une sueur froide parcourut mon corps. Je la regardai fixement; son œil impénétrable ne trahissait pas sa pensée. Si j'avais cru qu'elle m'aimât et qu'elle soumît ma vertu à une épreuve, j'aurais peut-être joué l'héroïsme; mais je craignis un piège; la passion l'emporta. Je ne me sentais pas la force de renoncer à elle de bonne grâce, et l'hypocrisie me répugnait. Je me levai tremblant de colère.

« Vous l'aimez, m'écriai-je, avouez que vous l'aimez! — Et quand cela serait, répondit-elle en mettant le papier dans sa poche, où serait le crime? — Le crime serait d'avoir menti jusqu'ici en me disant que vous ne l'aimiez pas. — *Jusqu'ici* est beaucoup dire, reprit-elle en me regardant fixement; nous n'avons pas eu d'explication à cet égard depuis l'année passée. À cette époque il était possible que je n'aimasse pas beaucoup Adhémar, et à présent il serait possible que je l'aimasse mieux que vous. Si je compare la conduite de l'un et de l'autre aujourd'hui, je vois d'un côté un homme sans orgueil et sans délicatesse, qui se prévaut d'un engagement que mon cœur n'a peut-être pas ratifié; de l'autre, je vois un admirable ami, dont le dévouement sublime brave tous les préjugés, et, me croyant souillée d'un affront ineffaçable, n'en persiste pas moins à couvrir cette tache de sa protection. — Quoi! ce misérable croit que je vous ai fait violence, et il ne me provoque pas en duel? — Il ne le croit pas, Bernard, il sait que vous m'avez fait évader de la Roche-Mauprat; mais il croit que vous m'avez secourue trop tard et que j'ai été victime des autres brigands. — Et il veut vous épouser, Edmée! Ou c'est un homme sublime, en effet, ou il est plus endetté qu'on ne pense. — Taisez-vous, dit Edmée avec colère; cette odieuse explication d'une conduite généreuse part d'une âme insensible et d'un esprit pervers. Taisez-vous, si vous ne voulez pas que je vous haïsse. — Dites que vous me haïssez, Edmée, dites-le sans crainte, je le sais. — Sans crainte! Vous devriez savoir aussi que ce n'est pas vous que je fais pas l'honneur de vous craindre. Enfin, répondez-moi; sans savoir ce que je prétends faire, comprenez-vous que vous devez me rendre ma liberté et renoncer à des droits barbares? — Je ne comprends rien, sinon que je vous aime avec fureur et que je déchirerai avec mes ongles le cœur de celui qui osera vous disputer à moi. Je sais que je vous forcerai à m'aimer, et que, si je ne réussis pas, je ne souffrirai jamais, du moins, que vous apparteniez à un autre, moi vivant. On marchera sur mon corps criblé de blessures et saignant par tous les pores avant de vous passer au doigt un anneau de mariage; encore vous déshonorerai-je à mon dernier soupir en disant que vous êtes ma maîtresse, et je troublerai ainsi la joie de celui qui triomphera de moi; et, si je puis vous poignarder en expirant, je le ferai, afin que dans la tombe, du moins, vous soyez ma femme. Voilà ce que je compte faire, Edmée. Et maintenant jouez au plus fin avec moi, conduisez-moi de piége en piége, gouvernez-moi par votre admirable politique; je pourrai être dupe cent fois, parce que je suis un ignorant; mais votre intrigue arrivera toujours au même dénoûment, parce que j'ai juré par le nom de Mauprat!

— De Mauprat coupe-jarret! » répondit-elle avec une froide ironie; et elle voulut sortir.

J'allais lui saisir le bras lorsque la sonnette se fit entendre; c'était l'abbé qui rentrait. Aussitôt qu'il parut, Edmée lui serra la main et se retira dans sa chambre sans m'adresser un seul mot.

Le bon abbé, s'apercevant de mon trouble, me questionna avec l'assurance que devaient lui donner désormais ses droits à mon affection; mais ce point était le seul sur lequel nous ne nous fussions jamais expliqués. Il l'avait cherché en vain; il ne m'avait pas donné une seule leçon d'histoire sans tirer des amours illustres un exemple ou un précepte de modération ou de générosité; mais il n'avait pas réussi à me faire dire un mot à ce sujet. Je ne pouvais lui pardonner tout à fait de m'avoir desservi auprès d'Edmée. Je croyais deviner qu'il me desservait encore, et je me tenais en garde contre tous les arguments de sa philosophie et toutes les séductions de son amitié. Ce soir-là plus que jamais je fus inattaquable. Je le laissai inquiet et chagrin, et j'allai me jeter sur mon lit, où je cachai ma tête dans les couvertures, afin d'étouffer les anciens sanglots, impitoyables vainqueurs de mon orgueil et de ma colère.

XIV.

Le lendemain mon désespoir fut sombre. Edmée fut de glace. M. de La Marche ne vint pas. Je crus m'apercevoir que l'abbé allait chez lui et entretenait Edmée du résultat de leur conférence. Ils furent, du reste, parfaitement calmes, et je dévorai mon inquiétude en silence; je ne pus être seul un instant avec Edmée. Le soir je me rendis à pied chez M. de La Marche. Je ne sais pas ce que je voulais lui dire; j'étais dans un état d'exaspération qui me poussait à agir sans but et sans plan. J'appris qu'il avait quitté Paris. Je rentrai. Je trouvai mon oncle fort triste. Il fronça le sourcil en me voyant, et, après avoir échangé avec moi quelques paroles oiseuses et forcées, il me laissa avec l'abbé, qui tenta de me faire parler et qui n'y réussit pas mieux que la veille. Je cherchai pendant plusieurs jours l'occasion de parler à Edmée; elle sut l'éviter constamment. On faisait les apprêts du départ pour Sainte-Sévère; elle ne montrait ni tristesse ni gaieté. Je me résolus à glisser dans les feuillets de son livre deux lignes pour lui demander un entretien. Je reçus la réponse suivante au bout de cinq minutes :

« Un entretien ne mènerait à rien. Vous persistez dans
« votre indélicatesse; moi, je persévérerai dans ma loyauté.
« Une conscience droite ne sait pas se dégager. J'ai juré
« de n'être jamais à un autre qu'à vous. Je ne me marierai pas; mais je n'ai pas juré d'être à vous en dépit
« de tout. Si vous continuez à être indigne de mon estime,
« je saurai rester libre. Mon pauvre père décline vers la
« tombe; un couvent sera mon asile quand le seul lien
« qui m'attache à la société sera rompu. »

Ainsi j'avais rempli les conditions imposées par Edmée, et, pour toute récompense, elle me prescrivait de les rompre. Je me trouvais au même point que le jour de son entretien avec l'abbé.

Je passai le reste de la journée enfermé dans ma chambre; toute la nuit je marchai avec agitation; je n'essayai pas de dormir. Je ne vous dirai pas quelles furent mes réflexions, elles ne furent pas indignes d'un honnête homme. Au point du jour j'étais chez La Fayette. Il me procura les papiers nécessaires pour sortir de France. Il me dit d'aller l'attendre en Espagne, où il devait s'embarquer pour les États-Unis. Je rentrai à l'hôtel pour prendre les effets et l'argent indispensables au plus modeste voyageur. Je laissai un mot pour mon oncle, afin qu'il ne s'inquiétât pas de mon absence, que je promettais de lui expliquer avant peu dans une longue lettre. Je le suppliais de ne pas me juger jusque-là, et de croire que ses bontés ne sortiraient jamais de mon cœur.

Je partis avant que personne fût levé dans la maison; je craignais que ma résolution ne m'abandonnât au moindre signe d'amitié, et je sentais que j'avais abusé d'une affection trop généreuse. Je ne pus passer devant l'appartement d'Edmée sans coller mes lèvres sur la serrure; puis, cachant ma tête dans mes mains, je me mis à courir comme un fou; je ne m'arrêtai guère que de l'autre côté des Pyrénées. Là, je pris un peu de repos, et j'écrivis à Edmée qu'elle était libre et que je ne contrarierais aucune de ses résolutions, mais qu'il m'était impossible d'être témoin du triomphe de mon rival. J'avais l'intime persuasion qu'elle l'aimait; j'étais résolu à étouffer mon amour; je promettais plus que je ne pouvais tenir; mais les premiers effets de l'orgueil blessé me donnaient confiance en moi-même. J'écrivis aussi à mon oncle pour lui dire que je ne me croirais pas digne des bontés illimitées qu'il avait eues pour moi tant que je n'aurais pas gagné mes éperons de chevalier. Je l'entretenais de mes espérances de gloire et de fortune guerrière avec toute la naïveté de mon orgueil, et, comme je pensais bien qu'Edmée lirait cette lettre, j'affectais une joie sans trouble et une ardeur sans regret. Je ne savais pas si mon oncle avait connaissance des vrais motifs de mon départ; mais ma fierté ne put se soumettre à les lui avouer. Il en fut de même à l'égard de l'abbé, auquel j'écrivis, d'ailleurs, une lettre pleine de reconnaissance et d'affection. Je terminais en suppliant mon oncle de ne faire aucune dépense à mon intention au triste donjon de la Roche-Mauprat, assurant que je ne pourrais jamais me résoudre à l'habiter, et de considérer le fief racheté par lui comme la propriété de sa fille. Je lui demandais seulement de vouloir bien m'avancer deux ou trois années de revenu de ma part, afin que je pusse faire les frais de mon équipement, et ne pas rendre onéreux pour le noble La Fayette mon dévouement à la cause américaine.

On fut content de ma conduite et de mes lettres. Arrivé sur les côtes d'Espagne, je reçus de mon oncle une lettre pleine d'encouragements et de doux reproches sur mon brusque départ. Il me donnait sa bénédiction paternelle, déclarait sur son honneur que le fief de la Roche-Mauprat ne serait jamais repris par Edmée, et m'envoyait une somme considérable sans toucher à mon futur revenu. L'abbé joignait aux mêmes reproches des encouragements plus chauds encore. Il était facile de voir qu'il préférait le repos d'Edmée à mon bonheur, et qu'il éprouvait une joie véritable de mon départ. Cependant il m'aimait, et cette amitié s'exprimait d'une manière touchante à travers la satisfaction cruelle qui s'y mêlait. Il enviait mon sort, il était plein d'ardeur pour la cause de l'indépendance, et prétendait avoir été tenté plus d'une fois de jeter aux orties et de prendre le mousquet; mais c'était de sa part une puérile affectation. Son naturel doux et timide resta toujours prêtre sous le manteau de la philosophie.

Un billet étroit et sans suscription se trouvait comme glissé après coup entre ces deux lettres. Je comprenais bien qu'il était de la seule personne qui m'intéressât réellement dans le monde, mais je n'avais pas le courage de l'ouvrir. Je marchais sur le sable au bord de la mer, retournant ce mince papier dans ma main tremblante, et craignant de perdre, en le lisant, l'espèce de calme désespéré que j'avais trouvé dans mon courage. Je craignais surtout des remerciements et l'expression d'une joie enthousiaste, derrière laquelle j'eusse aperçu un autre amour satisfait.

« Que peut-elle m'écrire? disais-je; pourquoi m'écrit-elle? Je ne veux pas de sa pitié; encore moins de sa reconnaissance. » J'étais tenté de jeter ce fatal billet à la mer. Une fois même je l'élevai au-dessus des flots; mais je le serrai aussitôt contre mon cœur, et l'y laissai quelques instants caché, comme si j'eusse cru à cette vue occulte des partisans du magnétisme, qui prétendent lire avec les organes du sentiment et de la pensée aussi bien qu'avec les yeux.

Enfin je me décidai à rompre le cachet, et je lus ces mots : « Tu as bien agi, Bernard ; mais je ne te remercie « pas, car je souffrirai de ton absence plus que je ne puis « le dire. Va pourtant où ton honneur et l'amour de la « sainte vérité t'appellent ; mes vœux et mes prières te « suivront partout. Reviens quand ta mission sera accom- « plie, tu ne me retrouveras ni mariée ni religieuse. » Elle avait joint à ce billet la bague de cornaline qu'elle m'avait cédée durant ma maladie, et que je lui avais renvoyée en quittant Paris. Je fis faire une petite boîte d'or où j'enfermai le billet et cet anneau, et que je plaçai sur moi comme un scapulaire. La Fayette, arrêté en France par ordre du gouvernement qui s'opposait à son expédition, vint nous joindre bientôt après s'être évadé de prison. J'avais eu le temps de faire mes préparatifs, je mis à la voile plein de tristesse, d'ambition et d'espérance.

Vous n'attendez pas que je vous fasse le récit de la guerre d'Amérique. Encore une fois, j'isole mon existence des faits de l'histoire, en vous contant mes aventures. Mais ici je supprimerai même mes aventures personnelles ; elles forment dans ma mémoire un chapitre à part, où Edmée joue le rôle d'une madone constamment invoquée, mais invisible. Je ne puis croire que vous preniez le moindre intérêt à entendre les incidents d'une portion de récit d'où cette figure angélique, la seule digne d'occuper votre attention, et par elle-même d'abord, et par son action sur moi, serait entièrement absente. Je vous dirai seulement que des grades inférieurs, joyeusement acceptés par moi au début, dans l'armée de Washington, je parvins régulièrement, mais rapidement, au grade d'officier. Mon éducation militaire fut prompte. Là, comme dans tout ce que j'ai entrepris durant ma vie, je me mis tout entier ; et, voulant obstinément, je triomphai des difficultés.

J'obtins la confiance de mes chefs illustres. Mon excellente constitution me rendait propre aux fatigues de la guerre ; mes anciennes habitudes de brigand me furent même d'un secours immense ; je supportais les revers avec un calme qui n'avaient pas tous les jeunes Français débarqués avec moi, quel que fût d'ailleurs l'éclat de leur courage. Le mien fut froid et tenace, à la grande surprise de nos alliés, qui doutèrent plus d'une fois de mon origine en voyant combien je me familiarisais vite avec les forêts, et comme je savais lutter de ruse et de méfiance avec les sauvages qui inquiétèrent parfois nos manœuvres.

Au milieu de mes travaux et de mes déplacements, j'eus le bonheur de pouvoir cultiver mon esprit dans l'intimité d'un jeune homme de mérite que la Providence me donna pour compagnon et pour ami. L'amour des sciences naturelles l'avait jeté dans notre expédition, et il s'y conduisait en bon militaire ; mais il était facile de voir que la sympathie politique ne jouait dans sa résolution qu'un rôle secondaire. Il n'avait aucun désir d'avancement, aucune aptitude aux études stratégiques. Son herbier et ses observations zoologiques l'occupaient bien plus que le succès de la guerre et le triomphe de la liberté. Il se battait trop bien dans l'occasion pour mériter jamais le reproche de tiédeur ; mais jusqu'à la veille du combat, et dès le lendemain, il semblait ignorer qu'il fût question d'autre chose que d'une excursion scientifique dans les savanes du Nouveau-Monde. Son porte-manteau était toujours rempli, non d'argent et de nippes, mais d'échantillons d'histoire naturelle ; et, tandis que, couchés sur l'herbe, nous étions attentifs aux moindres bruits qui pouvaient nous révéler l'approche de l'ennemi, il était absorbé dans l'analyse d'une plante ou d'un insecte. C'était un admirable jeune homme, pur comme un ange, désintéressé comme un stoïque, patient comme un savant, et avec cela enjoué et affectueux. Lorsqu'une surprise nous mettait en danger, il n'avait de soucis et d'exclamations que pour les précieux cailloux et les inappréciables brins d'herbe qu'il portait en croupe ; et pourtant, lorsqu'un de nous était blessé, il le soignait avec une bonté et un zèle incomparables.

Il vit un jour la boîte d'or que je cachais sous mes habits, et il me supplia instamment de la lui céder pour y mettre quelques pattes de mouche et quelques ailes de cigale qu'il eût défendues jusqu'à la dernière goutte de son sang. Il me fallut tout le respect que je portais aux reliques de l'amour pour résister aux instances de l'amitié. Tout ce qu'il put obtenir de moi, ce fut de glisser dans ma précieuse boîte une petite plante fort jolie qu'il prétendait avoir découverte le premier, et qui n'eut droit d'asile à côté du billet et de l'anneau de ma fiancée qu'à la condition de s'appeler *Edmunda sylvestris*. Il y consentit ; il avait donné à un beau pommier sauvage le nom de Samuel Adams, celui de Franklin à je ne sais quelle abeille industrieuse, et rien ne lui plaisait comme d'associer ses nobles enthousiasmes à ses ingénieuses observations.

Je conçus pour lui un attachement d'autant plus vif que c'était ma première amitié pour un homme de mon âge. Le charme que je trouvais dans cette liaison me révéla une face de la vie, des facultés et des besoins de l'âme que je ne connaissais pas. Comme je ne pus me détacher jamais des premières impressions de mon enfance, dans mon amour pour la chevalerie, je me plus à voir en lui mon frère d'armes, et je voulus qu'il me donnât ce titre, à l'exclusion de tout autre ami intime. Il s'y prêta avec un abandon de cœur qui me prouva combien la sympathie était vive entre nous. Il prétendait que j'étais né pour être naturaliste, à cause de mon aptitude à la vie nomade et aux rudes expéditions. Il me reprochait un peu de préoccupation, et me grondait sérieusement lorsque je marchais étourdiment sur des plantes intéressantes ; mais il assurait que j'étais doué de l'esprit de méthode, et que je pourrais inventer un jour, non pas une théorie de la nature, mais un *excellent* système de classification. Sa prédiction ne se réalisa point, mais ses encouragements réveillèrent en moi le goût de l'étude et empêchèrent mon esprit de retomber en paralysie dans la vie des camps. Il fut pour moi l'envoyé du ciel ; sans lui je fusse redevenu peut-être, sinon le coupe-jarret de la Roche-Mauprat, du moins le sauvage de la Varenne. Ses enseignements ranimèrent en moi le sentiment de la vie intellectuelle ; il agrandit mes idées, il ennoblit aussi mes instincts ; car, si une merveilleuse droiture et des habitudes de modestie l'empêchaient de se jeter dans les discussions philosophiques, il avait l'amour inné de la justice, et décidait avec une sagacité infaillible toutes les questions de sentiment et de moralité. Il prit sur moi un ascendant que n'eût jamais pu prendre l'abbé dans la position où notre méfiance mutuelle nous avait placés dès le principe. Il me révéla une grande partie du monde physique ; mais ce qu'il m'apprit de plus précieux fut de m'habituer à me connaître moi-même et à réfléchir sur mes impressions. Je parvins à gouverner mes mouvements jusqu'à un certain point. Je ne me corrigeai jamais de l'orgueil et de la violence. On ne change pas l'essence de son être, mais on dirige vers le bien ses facultés diverses ; on arrive presque à utiliser ses défauts ; c'est au reste le grand secret et le grand problème de l'éducation.

Les entretiens de mon cher Arthur m'amenèrent à de telles réflexions, que je parvins à déduire logiquement de tous mes souvenirs les motifs de la conduite d'Edmée. Je la trouvai grande et généreuse, surtout dans les choses qui, mal vues et mal appréciées, m'avaient le plus blessé. Je ne l'en aimai pas davantage, c'était impossible ; mais j'arrivai à comprendre pourquoi je l'aimais invinciblement, malgré tout ce qu'elle m'avait fait souffrir. Cette flamme sainte brûla dans mon âme, sans pâlir un seul instant, durant les six années de notre séparation. Malgré l'excès de vie qui débordait mon être, malgré les excitations d'une nature extérieure pleine de volupté, malgré les mauvais exemples et les nombreuses occasions qui sollicitent la faiblesse humaine dans la liberté de la vie errante et militaire, je prends Dieu à témoin que je conservai intacte ma robe d'innocence et que je ne connus pas le baiser d'une seule femme. Arthur, qu'une organisation plus calme sollicitait moins vivement et que le travail de l'intelligence absorbait presque tout entier, ne fut pas toujours aussi austère; il m'engagea même plusieurs fois à ne pas courir les dangers d'une vie exceptionnelle, contraire au vœu de la nature. Quand je lui confiai qu'une grande passion éloignait de moi toute faiblesse et rendait toute chute impossible, il cessa de combattre ce qu'il appelait mon fanatisme (c'était un mot très en vogue et qui s'appliquait à presque tout indifféremment), et je remarquai qu'il avait pour moi une estime plus profonde, je dirai même une sorte de respect qui ne s'exprimait point par des paroles, mais qui se révélait dans mille petits témoignages d'adhésion et de déférence.

Un jour, qu'il me parlait de la grande puissance qu'exerce la douceur extérieure jointe à une volonté inébranlable, me citant pour exemple et le bien et le mal dans l'histoire des hommes, surtout la douceur des apôtres et l'hypocrisie des prêtres de toutes les religions, il me vint à l'idée de lui demander si, avec la fougue de mon sang et l'emportement de mon caractère, je pourrais jamais exercer une influence quelconque sur mes proches. En me servant de ce dernier mot, je ne songeais qu'à Edmée. Arthur me répondit que j'aurais un autre ascendant que celui de la douceur acquise. « Ce sera, dit-il, celui de la bonté naturelle. La chaleur de l'âme, l'ardeur et la persévérance de l'affection, voilà ce qu'il faut dans la vie de famille, et ces qualités font aimer nos défauts à ceux-là mêmes qui habituellement en souffrent le plus. Nous devons tâcher de nous vaincre par amour pour ceux qui nous aiment ; mais se proposer un système de modération dans le sein de l'amour ou de l'amitié serait, je pense, une recherche puérile, un travail égoïste, et qui tuerait l'affection en nous-mêmes d'abord et bientôt après chez les autres. Je ne vous parlais de modération réfléchie que dans l'application de l'autorité sur les masses. Or, si vous avez jamais l'ambition...

— Or, vous croyez, lui dis-je sans écouter la dernière partie de son discours, que, tel que vous me connaissez, je puis rendre une femme heureuse et me faire aimer d'elle malgré tous mes défauts et les torts qu'ils entraînent?

— O cervelle amoureuse ! s'écria-t-il, qu'il est difficile de vous distraire !..... Eh bien ! si vous le voulez, Bernard, je vous dirai ce que je pense de vos amours. La personne que vous aimez si ardemment vous aime, à moins qu'elle ne soit incapable d'aimer ou tout à fait dépourvue de jugement. »

Je lui assurai qu'elle était autant au-dessus de toutes les autres femmes que le lion est au-dessus de l'écureuil, le cèdre au-dessus de l'hysope, et, à force de métaphores, je réussis à le convaincre. Alors il m'engagea à lui confier quelques détails, afin, disait-il, qu'il pût juger ma position à l'égard d'Edmée. Je lui ouvris mon cœur sans réserve et lui racontai mon histoire d'un bout à l'autre. Nous étions alors sur la lisière d'une belle forêt vierge, aux derniers rayons du couchant. Le parc de Sainte-Sévère, avec ses beaux chênes seigneuriaux qui n'avaient jamais subi l'outrage de la cognée, se représentait à ma pensée, pendant que je regardais les arbres du désert affranchis de toute culture, s'épanouissant dans leur force et dans leur grâce primitive au-dessus de nos têtes. L'horizon brûlant me rappelait les visites du soir à la cabane de Patience, Edmée assise sous les pampres dorés ; et le chant des perruches allègres me retraçait celui des beaux oiseaux exotiques qu'elle élevait dans sa chambre. Je pleurai en songeant à l'éloignement de ma patrie, au large Océan qui nous séparait et qui a englouti tant de pèlerins au moment où ils saluaient la rive natale. Je pensai aussi aux chances de la fortune, aux dangers de la guerre, et, pour la première fois, j'eus peur de mourir ; car mon cher Arthur, serrant ma main dans les siennes, m'assurait que j'étais aimé, et qu'il voyait une nouvelle preuve d'affection dans chaque trait de rigueur et de méfiance. « Enfant, me disait-il, si elle ne voulait pas t'épouser, ne vois-tu pas qu'elle aurait eu cent manières de se débarrasser à jamais de tes prétentions ? Et si elle n'avait pour toi une tendresse inépuisable, se serait-elle donné tant de peine et imposé tant de sacrifices pour te tirer de l'abjection où elle t'avait trouvé et pour te rendre digne d'elle ? Eh bien ! toi qui ne rêves qu'aux antiques prouesses de la chevalerie errante, ne vois-tu pas que tu es un noble preux, condamné par ta dame à de rudes épreuves pour avoir manqué aux lois de la galanterie, en réclamant d'un ton impérieux l'amour qu'on doit implorer à genoux ? »

Il entrait alors dans un examen détaillé de mes crimes, et trouvait les châtiments rudes, mais justes ; il discutait ensuite les probabilités de l'avenir, et me donnait l'excellent conseil de me soumettre jusqu'à ce qu'on jugeât à propos de m'absoudre.

« Mais, lui disais-je, n'est-ce point une honte qu'un homme mûri, comme je le suis maintenant, par la réflexion et rudement éprouvé par la guerre, se soumette comme un enfant au caprice d'une femme ?

— Non, me répondait Arthur, ce n'est point une honte, et la conduite de cette femme n'est point dictée par le caprice. Il n'y a que de l'honneur à réparer le mal qu'on a fait, et combien peu d'hommes en sont capables ! Il n'y a que justice dans la pudeur offensée qui réclame ses droits et son indépendance naturelle. Vous vous êtes conduit comme Albion, ne vous étonnez pas qu'Edmée se conduise comme Philadelphie. Elle ne se rendra qu'à la condition d'une paix glorieuse, et elle aura raison. »

Il voulut savoir quelle conduite avait tenue Edmée à mon égard, depuis deux ans que nous étions en Amérique. Je lui montrai les rares et courtes lettres que j'avais reçues d'elle. Il fut frappé du grand sens et de la parfaite loyauté qui lui parurent ressortir de l'élévation et de la précision virile du style. Edmée ne me faisait aucune promesse et ne m'encourageait même par aucune espérance directe ; mais elle témoignait un vif désir de mon retour et me parlait du bonheur que nous goûterions *tous*, réunis autour de l'âtre, quand mes récits extraordinaires prolongeraient les veillées du château ; elle n'hésitait pas à me dire que j'étais, avec son père, l'*unique sollicitude de sa vie*. Cependant, malgré une tendresse si soutenue, un terrible soupçon m'obsédait. Dans ces courtes lettres de ma cousine, comme dans celles de son père, comme dans les longues épîtres tendres et fleuries de l'abbé Aubert, on ne me faisait jamais part des événements qui pouvaient et qui devaient survenir dans la famille. Chacun m'entretenait de soi-même, ne m'encourageait jamais un mot les uns des autres ; c'est tout au plus si on me parlait des attaques de goutte du chevalier. Il y avait comme une convention passée entre chacun des trois, de ne me point dire les occupations et la situation d'esprit des deux autres.

« Éclaire-moi et rassure-moi, si tu peux, à cet égard, dis-je à Arthur. Il y a des moments où je m'imagine qu'Edmée est mariée, et qu'on est convenu de ne me l'apprendre qu'à mon retour ; car enfin, qui l'en empêche ? Est-il probable qu'elle m'aime assez pour vivre dans la solitude par amour pour moi, tandis que cet amour, soumis aux principes d'une froide raison et d'une austère conscience, se résigne à voir mon absence se prolonger indéfiniment avec la guerre ? J'ai des devoirs à remplir ici, sans nul doute ; l'honneur exige que je défende mon drapeau jusqu'au jour du triomphe ou de la défaite irréparable de la cause que je sers ; mais je sens que je préfère Edmée à ces vains honneurs, et que, pour la voir une heure plus tôt, j'abandonnerais mon nom à la risée et aux malédictions de l'univers. — Cette dernière pensée vous est suggérée, répondit Arthur en souriant, par la violence de votre passion ; mais vous n'agiriez point comme vous dites, l'occasion se présentant. Quand nous sommes aux prises avec une seule de nos facultés, nous croyons les autres anéanties ; mais qu'un choc extérieur les réveille, et nous voyons bien que notre âme vit par plusieurs points à la fois. Vous n'êtes pas insensible à la gloire, Bernard, et si Edmée vous invitait à y renoncer, vous vous apercevriez que vous y tenez plus que vous ne pensiez ; vous avez d'ardentes convictions républicaines, et c'est Edmée qui vous les a inspirées la première. Que penseriez-vous d'elle, et que serait-elle en effet si elle vous disait aujourd'hui : Il y a, au-dessus de la religion que je vous ai prêchée et des dieux que je vous ai révélés, quelque chose de plus auguste et de plus sacré ; c'est mon bon plaisir ? Bernard, votre amour est plein d'exigences contradictoires. L'inconséquence est d'ailleurs le propre de tous les amours humains. Les hommes s'imaginent que la femme n'a point d'existence par elle-même et qu'elle doit toujours s'absorber en eux, et pourtant ils n'aiment fortement que la femme qui paraît s'élever, par son caractère, au-dessus de la faiblesse et de l'inertie de son sexe. Vous voyez sous ce climat tous les colons disposer de la beauté de leurs esclaves, mais ils ne les aiment point, quelque belles qu'elles soient ; et lorsque par hasard ils s'attachent à une d'elles, leur premier besoin est de l'affranchir. Jusque-là ils ne croient pas avoir affaire à une créature humaine. L'esprit d'indépendance, la notion de la vertu, l'amour du devoir, privilège des âmes élevées, est donc nécessaire dans une compagne ; et plus votre maîtresse vous montre de force et de patience, plus vous la chérissez, en dépit de vos souffrances. Sachez donc distinguer l'amour du désir ; le désir veut détruire les obstacles qui l'attirent, et il meurt sur les débris d'une vertu vaincue ; l'amour veut vivre, et pour cela il veut voir l'objet de son culte longtemps défendu par cette muraille de diamant dont la force et l'éclat font la valeur et la beauté. »

C'est ainsi qu'Arthur m'expliquait les ressorts mystérieux de ma passion et projetait la lumière de sa sagesse dans les orages ténébreux de mon âme. Quelquefois il ajoutait : « Si le ciel m'eût donné la femme que j'ai parfois rêvée, je crois que j'aurais su faire de mon amour une passion noble et généreuse ; mais la science prend trop de temps : je n'ai pas eu le loisir de chercher mon idéal, et, si je l'ai rencontré, je n'ai pu ni l'étudier ni le reconnaître. Ce bonheur vous est accordé, Bernard ; mais vous n'approfondirez pas l'histoire naturelle : un seul homme ne peut pas tout avoir. »

Quant à mon soupçon sur le mariage d'Edmée que je redoutais, il le rejetait bien loin, comme une obsession maladive. Il trouvait, au contraire, dans le silence d'Edmée à cet égard, une admirable délicatesse de conduite et de sentiments. « Une personne vaine prendrait soin, disait-il, de vous apprendre tous les sacrifices qu'elle vous fait, de vous énumérer les titres et qualités des prétendants qu'elle repousse ; mais Edmée est une âme trop élevée, un esprit trop sérieux pour entrer dans ces détails futiles. Elle regarde vos conventions comme inviolables, et n'imite pas ces consciences faibles qui parlent toujours de leurs victoires pour se faire un mérite de ce que la vraie force trouve facile. Elle est née si fidèle qu'elle n'imagine même pas qu'on puisse la soupçonner de ne pas l'être. »

Ces entretiens versaient un baume salutaire sur mes blessures. Lorsque la France accorda enfin ouvertement son alliance à la cause américaine, j'appris de l'abbé une nouvelle qui me rassura entièrement sur un point. Il m'écrivait que probablement je retrouverais au Nouveau-Monde *un ancien ami*. Le comte de La Marche avait obtenu un régiment, et il partait pour les États-Unis. « *Entre nous soit dit*, ajoutait l'abbé, il lui était bien nécessaire de se créer une position. Ce jeune homme, quoique modeste et sage, a toujours eu la faiblesse de céder à un préjugé de famille. Il avait honte de sa pauvreté et la cachait comme on cache une lèpre, si bien qu'il a achevé de se ruiner en ne voulant pas laisser paraître les progrès de sa ruine. On attribue dans le monde la rupture d'Edmée avec lui à ces revers de fortune, et l'on va jusqu'à dire qu'il était peu épris de sa personne et beaucoup de sa dot. Je ne saurais me résoudre à lui supposer des vues basses, et je crois seulement qu'il a subi les souffrances auxquelles conduisent de faux principes sur le prix des biens de ce monde. Si vous le rencontrez, Edmée désire que vous lui témoigniez de l'intérêt, et que vous lui exprimiez celui qu'elle a toujours manifesté pour lui. La conduite de votre admirable cousine a été en ceci comme en toutes choses, pleine de douceur et de dignité. »

XV.

La veille du départ de M. de La Marche, après l'envoi de la lettre de l'abbé, il s'était passé dans la Varenne un petit événement qui me causa en Amérique une surprise agréable et plaisante, et qui d'ailleurs s'enchaîna d'une manière remarquable aux événements les plus importants de ma vie, ainsi que vous le verrez plus tard.

Quoique assez grièvement blessé à la malheureuse affaire de Savannah, j'étais activement occupé en Virginie, sous les ordres du général Green, à rassembler les débris de l'armée de Gates, qui était à mes yeux un héros bien supérieur à son rival heureux Washington. Nous venions d'apprendre le débarquement de l'escadre de M. de Ternay, et la tristesse qui nous avait gagnés à cette époque de revers et de détresse commençait à se dissiper devant l'espoir d'un secours plus considérable que celui qui nous arrivait en effet. Je me promenais dans les bois, à peu de distance du camp, avec Arthur, et nous profitions de ce moment de répit pour nous entretenir enfin d'autre chose que de Cornwallis et de l'infâme Arnolds. Longtemps affligés par le spectacle des maux de la nation américaine, nous étions enfin dans la crainte de voir l'injustice et la cupidité triompher de la cause des peuples, nous nous abandonnions à une douce gaieté. Lorsque j'avais une heure de loisir, j'oubliais mes rudes travaux pour me réfugier dans l'oasis de mes pensées, dans la famille de Sainte-Sévère. Selon ma coutume, à ces heures-là, je racontais au complaisant Arthur quelque scène bouffonne de mes débuts dans la vie au sortir de la Roche-Mauprat. Je lui décrivais tantôt ma première toilette, tantôt le mépris et l'horreur de mademoiselle Leblanc pour ma personne, et ses recommandations à son ami Saint-Jean de ne jamais approcher de moi à la portée du bras. Je ne sais comment, au milieu de ces amusantes figures, celle du solennel hidalgo Marcasse se présenta à mon imagination, et je me mis à faire la peinture fidèle et détaillée de l'habillement, de la démarche et de la conversation de cet énigmatique personnage. Ce n'est pas que Marcasse fût réellement aussi comique qu'il m'apparaissait à travers ma fantaisie ; mais, à vingt ans, un homme n'est qu'un enfant, surtout lorsqu'il est militaire, qu'il vient d'échapper à de grands périls, et que la conquête de sa propre vie le remplit d'un orgueil insouciant. Arthur riait de tout son cœur en m'écoutant, et m'assurait qu'il donnerait tout son bagage de naturaliste pour un animal aussi curieux que celui dont je lui faisais la description. Le plaisir qu'il trouvait à partager mes enfantillages me donnant de la verve, je ne sais si j'aurais pu résister au désir de charger un peu mon modèle, lorsque tout à coup, au détour du chemin, nous nous trouvâmes en présence d'un homme de haute taille, pauvrement vêtu, pitoyablement décharné, lequel marchait à nous d'un air grave et pensif, portant à la main une longue épée nue, dont la pointe était pacifiquement baissée jusqu'à terre. Ce personnage ressemblait si fort à celui que je venais de décrire qu'Arthur, frappé de l'à-propos, fut pris d'un rire inextinguible, et, se rangeant de côté pour laisser passer le Sosie de Marcasse, se jeta sur le gazon au milieu d'une quinte de toux convulsive.

Quant à moi, je ne riais point, car rien de ce qui semble surnaturel ne manque de frapper vivement l'homme le plus habitué au danger. La jambe en avant, l'œil fixe, le bras étendu, nous nous approchions l'un vers l'autre, moi et lui, non pas l'ombre de Marcasse, mais la personne respectable, en chair et en os, de l'hidalgo preneur de taupes.

Pétrifié de surprise, lorsque je vis ce que je prenais pour un spectre porter lentement la main à la corne de son chapeau et le soulever sans perdre une ligne de sa taille, je reculai de trois pas, et cette émotion, qu'Arthur prit pour une facétie de ma part, augmenta sa gaieté. Le chasseur de belettes n'en fut aucunement ému ; peut-être pensa-t-il, dans son calme judicieux, que c'était la manière d'aborder les gens sur l'autre rive de l'Océan.

Mais la gaieté d'Arthur faillit redevenir contagieuse

lorsque Marcasse me dit avec un flegme incomparable : « Il y a longtemps, monsieur Bernard, que j'ai l'honneur de vous chercher. — Il y a longtemps en effet, mon bon Marcasse, répondis-je en serrant gaiement la main de cet ancien ami ; mais dis-moi par quel pouvoir inouï j'ai eu le bonheur de t'attirer jusqu'ici. Autrefois tu passais pour sorcier ; le serais-je devenu aussi sans m'en douter ? — Je vous dirai tout cela, mon cher général, répondit Marcasse, que mon uniforme de capitaine éblouissait apparemment ; veuillez me permettre d'aller avec vous, et je vous dirai bien des choses, bien des choses ! »

En entendant Marcasse répéter son dernier mot d'une voix affaiblie et comme se faisant écho à lui-même, manie qu'un instant auparavant j'étais en train de contrefaire, Arthur se remit à rire. Marcasse se retourna vers lui, et, l'ayant regardé fixement, le salua avec une gravité imperturbable. Arthur, reprenant tout à coup son sérieux, se leva et lui rendit son salut jusqu'à terre avec une dignité comique.

Nous retournâmes ensemble au camp. Chemin faisant, Marcasse me raconta son histoire dans ce style bref, qui, forçant l'auditeur à mille questions fatigantes, loin de simplifier le discours, le compliquait extraordinairement. Ce fut un grand divertissement pour Arthur ; mais, comme vous ne trouveriez pas le même plaisir à entendre une relation exacte de cet interminable dialogue, je me bornerai à vous dire comment Marcasse s'était décidé à quitter sa patrie et ses amis pour apporter à la cause américaine le secours de sa longue épée.

M. de La Marche partait pour l'Amérique à l'époque où Marcasse, installé à son château du Berry pour huit jours, faisait sa ronde annuelle sur les poutres et les solives des greniers. La maison du comte, bouleversée par le départ, se livrait à de merveilleux commentaires sur ce pays lointain, plein de dangers, de prodiges, d'où l'on ne revenait jamais, suivant les beaux esprits du village, qu'avec une fortune si considérable et tant de lingots d'or et d'argent qu'il fallait dix vaisseaux pour les rapporter. Sous son extérieur glacé, don Marcasse, semblable aux volcans hyperboréens, cachait une imagination brûlante, un amour passionné pour l'extraordinaire. Habitué à vivre en équilibre sur les ais des charpentes, dans une région évidemment plus élevée que les autres hommes, et n'étant pas insensible à la gloire d'étonner chaque jour les assistants par la hardiesse et la tranquillité de ses manœuvres acrobatiques, il se laissa enflammer par la peinture de l'El Dorado ; et cette fantaisie fut d'autant plus vive que, selon son habitude, il ne s'en ouvrit à personne. M. de La Marche fut donc fort surpris lorsque, la veille de son départ, Marcasse se présenta devant lui, et lui proposa de l'accompagner en Amérique en qualité de valet de chambre. En vain M. de La Marche lui représenta qu'il était bien vieux pour quitter son état et pour courir les chances d'une existence nouvelle ; Marcasse montra tant de fermeté qu'il finit par le convaincre. Plusieurs raisons déterminèrent M. de La Marche à faire ce singulier choix. Il avait résolu d'emmener un domestique encore plus âgé que le chasseur de belettes, et qui ne le suivait qu'avec beaucoup de répugnance. Mais cet homme avait toute sa confiance, faveur que M. de La Marche accordait difficilement, n'ayant du train d'un homme de qualité que l'apparence, et voulant être servi avec économie, prudence et fidélité. Il connaissait Marcasse pour un homme scrupuleusement honnête, et même singulièrement désintéressé ; car il y avait du don Quichotte dans l'âme de Marcasse tout aussi bien que dans sa personne. Il avait trouvé dans une ruine une sorte de trésor, c'est-à-dire un pot de grès renfermant une somme de dix mille francs environ, en vieille monnaie d'or et d'argent ; et non-seulement il l'avait remis au possesseur de la ruine, qu'il aurait pu tromper à son aise, mais encore il avait refusé une récompense, disant avec emphase, dans son jargon abréviatif, que *l'honnêteté mourrait se vendant*.

La frugalité de Marcasse, sa discrétion, sa ponctualité devaient en faire un homme précieux, s'il pouvait s'habituer à mettre ces qualités au service d'autrui. Il y avait seulement à craindre qu'il ne pût s'habituer à la perte de son indépendance ; mais, avant que l'escadre de M. de Ternay mit à la voile, M. de La Marche pensa qu'il aurait le temps de faire une épreuve suffisante de son nouvel écuyer.

De son côté, Marcasse éprouva bien quelque regret en prenant congé de ses amis et de son pays ; car, s'il avait des *amis partout, partout une patrie*, comme il disait, faisant allusion à sa vie errante, il avait pour la Varenne une préférence bien marquée ; et, de tous ses châteaux (car il avait pour coutume d'appeler siens tous ses gîtes), le château de Sainte-Sévère était le seul où il arrivait avec plaisir et dont il s'éloignât avec regret. Un jour que le pied lui avait manqué sur la toiture et qu'il avait fait une chute assez grave, Edmée, encore enfant, avait gagné son cœur par les pleurs que cet accident lui avait fait répandre et par les soins naïfs qu'elle lui avait donnés. Depuis que Patience habitait la lisière du parc, Marcasse sentait encore plus d'attrait pour Sainte-Sévère, car Patience était l'Oreste de Marcasse. Marcasse ne comprenait pas toujours Patience ; mais Patience était le seul qui comprît parfaitement Marcasse et qui sût tout ce qu'il y avait d'honnêteté chevaleresque et de bravoure exaltée sous cette bizarre enveloppe. Prosterné devant la supériorité intellectuelle du solitaire, le chasseur de belettes s'arrêtait respectueusement, lorsque la verve poétique, s'emparant de Patience, devenait inintelligible pour son modeste ami. Alors Marcasse, avec une touchante douceur et s'abstenant de questions et de remarques déplacées, baissait les yeux, et faisant signe de la tête de temps à autre, comme s'il eût compris et approuvé, donnait du moins à son ami l'innocent plaisir d'être écouté sans contradiction.

Cependant Marcasse en avait compris assez pour embrasser les idées républicaines et pour partager les romanesques espérances de nivellement universel et de retour à l'égalité de l'âge d'or que nourrissait ardemment le bonhomme Patience. Ayant plusieurs fois ouï dire à son ami qu'il fallait cultiver ces doctrines avec prudence (précepte que d'ailleurs Patience n'observait guère pour son propre compte), l'hidalgo, puissamment aidé par son habitude et son penchant, ne parlait jamais de sa philosophie ; mais il faisait une propagande plus efficace, en colportant du château à la chaumière et de la maison bourgeoise à la ferme ces petites éditions à bon marché de *la Science du bonhomme Richard*, et d'autres menus traités de patriotisme populaire, que, selon la société jésuitique, une société secrète de philosophes voltairiens, voués aux pratiques diaboliques de la franc-maçonnerie, faisait circuler gratis dans les basses classes.

Il y avait donc autant d'enthousiasme révolutionnaire que d'amour pour les aventures dans la subite résolution de Marcasse. Depuis longtemps le loir et la fouine lui paraissaient des ennemis trop faibles, et l'aire aux grains un champ trop resserré pour sa valeur inquiète. Il lisait chaque jour les journaux de la veille dans l'office des bonnes maisons qu'il parcourait, et cette guerre d'Amérique, qu'on signalait comme le réveil de la justice et de la liberté dans l'univers, lui avait semblé devoir amener une révolution en France. Il est vrai qu'il prenait au pied de la lettre cette influence des idées qui devaient traverser les mers et venir s'emparer des esprits sur notre continent. Il voyait en rêve une armée d'Américains victorieux descendant de nombreux vaisseaux et apportant l'olivier de paix et la corne d'abondance à la nation française. Il se voyait dans ce même rêve commandant une légion héroïque, et reparaissant dans la Varenne guerrier, législateur, émule de Washington, supprimant les abus, renversant les grandes fortunes, dotant chaque prolétaire d'une portion convenable, et, au milieu de ces vastes et rigoureuses mesures, protégeant les bons et loyaux nobles et leur conservant une existence honorable. Il est inutile de dire que les nécessités douloureuses des grandes crises politiques n'entraient point dans l'esprit de Marcasse, et que pas une goutte de sang répandu ne venait souiller le romanesque tableau que Patience déroulait devant ses yeux.

Il y avait loin de ces espérances gigantesques au mé-

Il y a longtemps, monsieur Bernard, que j'ai l'honneur de vous chercher. (Page 55.)

tier de valet de chambre de M. de La Marche ; mais Marcasse n'avait pas d'autre chemin pour arriver à son but. Les cadres du corps d'armée destiné pour l'Amérique étaient remplis depuis longtemps, et ce n'était qu'en qualité de passager attaché à l'expédition qu'il pouvait prendre place sur un bâtiment marchand à la suite de l'escadre. Il avait questionné l'abbé sur tout cela sans lui dire son projet. Son départ fut un coup de théâtre pour tous les habitants de la Varenne.

A peine eut-il mis le pied sur le rivage de l'Union qu'il sentit un besoin irrésistible de prendre son grand chapeau et sa grande épée, et d'aller tout seul devant lui à travers bois, comme il avait coutume de faire dans son pays ; mais sa conscience lui défendait de quitter son maître après avoir contracté l'engagement de le servir. Il avait compté sur la fortune, et la fortune le seconda. La guerre étant beaucoup plus meurtrière et plus active qu'on ne s'y attendait, M. de La Marche craignit à tort d'être embarrassé par la santé débile de son maigre écuyer. Pressentant d'ailleurs son désir de liberté, il lui offrit une somme d'argent et des lettres de recommandation pour qu'il pût se joindre comme volontaire aux troupes américaines. Marcasse, sachant la fortune de son maître, refusa l'argent, n'accepta que les recommandations, et partit léger comme la plus agile des belettes qu'il eût jamais occises.

Son intention était de se rendre à Philadelphie ; mais un hasard inutile à raconter lui ayant fait savoir que j'étais dans le sud, comptant avec raison trouver en moi un conseil et un appui, il était venu me rejoindre, seul, à pied, à travers des contrées inconnues, presque désertes et souvent pleines de périls de toute espèce. Son habit seul avait souffert ; sa figure jaune n'avait pas changé de nuance, et il n'était pas plus étonné de sa nouvelle destinée que s'il eût parcouru la distance de Sainte-Sévère à la tour Gazeau.

La seule chose insolite que je remarquai en lui fut qu'il se retournait de temps en temps et regardait en arrière, comme s'il eût été tenté d'appeler quelqu'un ; puis aussitôt il souriait et soupirait presque au même instant. Je ne pus résister au désir de lui demander la cause de son inquiétude. « Hélas ! répondit-il, habitude ne peut se perdre, un pauvre chien ! un bon chien ! Toujours dire : ici, Blaireau ! Blaireau, ici ! »

Le pauvre animal avait senti son maître de loin... (Page 58.)

— J'entends, lui dis-je, Blaireau est mort, et vous ne pouvez vous habituer à l'idée que vous ne le verrez plus sur vos traces?

— Mort! s'écria-t-il avec un geste d'épouvante. Non, Dieu merci! Ami Patience, grand ami! Blaireau heureux, mais triste comme son maître, son maître seul!

— Si Blaireau est chez Patience, dit Arthur, il est heureux en effet, car Patience ne manque de rien; Patience le chérira pour l'amour de vous, et certainement vous reverrez votre digne ami et votre chien fidèle. »

Marcasse leva les yeux sur la personne qui semblait si bien connaître sa vie; mais, s'étant assuré qu'il ne l'avait jamais vue, il prit le parti qu'il avait coutume de prendre quand il ne comprenait pas; il souleva son chapeau et salua respectueusement.

Marcasse fut, à ma prompte recommandation, enrôlé sous mes ordres, et peu de temps après il fut nommé sergent. Ce digne homme fit toute la campagne avec moi et la fit bravement, et lorsqu'en 1782 je passai sous le drapeau de ma nation et rejoignis l'armée de Rochambeau, il me suivit, voulant partager mon sort jusqu'à la fin. Dans les premiers jours, il fut pour moi un amusement plutôt qu'une société; mais bientôt sa bonne conduite et son intrépidité calme lui méritèrent l'estime de tous, et j'eus lieu d'être fier de mon protégé. Arthur aussi le prit en grande amitié, et hors du service il nous accompagnait dans toutes les promenades, portant la boîte du naturaliste, et perforant les serpents de son épée.

Mais lorsque j'essayai de le faire parler de ma cousine, il ne me satisfit point. Soit qu'il ne comprît pas l'intérêt que je mettais à savoir tous les détails de la vie qu'elle menait loin de moi, soit qu'il se fût fait à cet égard une de ces lois invariables qui gouvernaient sa conscience, jamais je ne pus obtenir une solution claire aux doutes qui me tourmentaient. Il me dit bien d'abord qu'il n'était question de son mariage avec personne; mais quelque habitué que je fusse à la manière vague dont il s'exprimait, je m'imaginai qu'il avait fait cette réponse avec embarras et de l'air d'un homme qui s'est engagé à garder un secret. L'honneur me défendait d'insister au point de lui laisser voir mes espérances; il y eut donc toujours entre nous un point douloureux auquel j'évitais de toucher, et sur lequel, malgré moi, je me trouvais revenir toujours. Tant qu'Arthur fut près de moi, je gardai ma raison, j'interprétai les lettres d'Edmée dans le sens le plus loyal; mais quand j'eus la douleur de me séparer de lui, mes souffrances se réveillèrent, et le séjour de l'Amérique me pesa de plus en plus.

Cette séparation eut lieu lorsque je quittai l'armée américaine pour faire la guerre sous les ordres du général français. Arthur était Américain, et il m'attendait d'ailleurs que l'issue de la guerre pour se retirer du service et se fixer à Boston, auprès du docteur Cooper, qui l'aimait comme son fils, et qui se chargea de l'attacher à la bibliothèque de la société de Philadelphie, en qualité de bibliothécaire principal. C'était tout ce qu'Arthur avait désiré comme récompense de ses travaux.

Les événements qui remplirent ces dernières années appartiennent à l'histoire. Je vis la paix proclamer l'existence des États-Unis avec une joie toute personnelle. Le chagrin s'était emparé de moi, ma passion n'avait fait que grandir et ne laissait point de place aux enivrements de la gloire militaire. J'allai avant mon départ embrasser Arthur, et je m'embarquai avec le brave Marcasse, partagé entre la douleur de quitter mon seul ami et la joie de revoir mes seules amours. L'escadre dont je faisais partie éprouva de grandes vicissitudes dans la traversée, et plusieurs fois je renonçai à l'espérance de mettre jamais un genou en terre devant Edmée, sous les grands chênes de Sainte-Sévère. Enfin, après un dernière tempête essuyée sur les côtes de France, je mis le pied sur les grèves de la Bretagne, et je tombai dans les bras de mon pauvre sergent, qui avait supporté, sinon avec plus de force physique, du moins avec plus de tranquillité morale, les maux communs, et nos larmes se confondirent.

XVI.

Nous partîmes de Brest sans nous faire précéder d'aucune lettre.

Lorsque nous approchâmes de la Varenne, nous mîmes pied à terre, et, envoyant la chaise de poste par le plus long chemin, nous prîmes à travers bois. Quand je vis les arbres du parc élever leurs têtes vénérables au-dessus des bois taillis comme une grave phalange de druides au milieu d'une multitude prosternée, mon cœur battit si fort que je fus forcé de m'arrêter. « Eh bien! » me dit Marcasse en se retournant d'un air presque sévère, et comme s'il m'eût reproché ma faiblesse; mais un instant après je vis sa physionomie également compromise par une émotion inattendue. Un petit glapissement plaintif et le frôlement d'une queue de renard dans ses jambes l'avant fait tressaillir, il jeta un grand cri en reconnaissant Blaireau. Le pauvre animal avait senti son maître de loin, il était accouru avec l'agilité de sa première jeunesse pour se rouler à nos pieds. Nous crûmes un instant qu'il allait y mourir, car il resta immobile et comme crispé sous la main caressante de Marcasse; puis tout à coup, se relevant comme frappé d'une idée digne de l'homme, il repartit avec la rapidité de l'éclair et se dirigea vers la cabane de Patience.

« Oui, va avertir mon ami, brave chien! s'écria Marcasse, plus ami que toi serait plus qu'homme. » Il se retourna vers moi, et je vis deux grosses larmes rouler sur les joues de l'impassible hidalgo.

Nous doublâmes le pas jusqu'à la cabane. Elle avait subi de notables améliorations; un joli jardin rustique, clos par une haie vive adossée à des quartiers de roc, s'étendait autour de la maisonnette; nous arrivâmes, non plus par un sentier pierreux, mais par une belle allée, aux deux côtés de laquelle des légumes splendides s'étalaient en lignes régulières comme une armée en ordre de marche. Un bataillon de choux composait l'avant-garde; les carottes et les salades formaient le corps principal, et, le long de la haie l'oseille modeste fermait le cortège. De jolis pommiers, déjà forts, inclinaient sur ces plantes leur parasol de verdure, et les poiriers en quenouille, alternant avec les poiriers en éventail, les bordures de thym et de sauge baisant le pied des tournesols et des giroflées, trahissaient dans Patience un singulier retour à des idées d'ordre social et à des habitudes de luxe.

Ce changement était si notable que je croyais ne plus trouver Patience dans cette habitation. Une inquiétude plus grave encore commençait à me gagner; elle se changea presque en certitude lorsque je vis deux jeunes gens du village occupés à tailler les espaliers. Notre traversée avait duré plus de quatre mois, et il y en avait bien six que nous n'avions entendu parler du solitaire. Mais Marcasse ne ressentait aucune crainte; Blaireau lui avait dit que Patience vivait, et les traces du petit chien fraîchement marquées sur le sable de l'allée attestaient la direction qu'il avait prise. Néanmoins, j'avais tellement peur de voir troubler la joie d'un pareil jour que je n'osai pas faire une question au jardiniers de Patience, et que je suivis en silence l'hidalgo, dont l'œil attendri se promenait sur ce nouvel Éden, et dont la bouche discrète ne laissait échapper que le mot *changement*, plusieurs fois répété.

Enfin l'impatience me prit: l'allée était interminable, bien que très-courte en réalité, et je me mis à courir, le cœur bondissant d'émotion. « Edmée, me disais-je, est peut-être là. »

Elle n'y était pourtant pas, et je n'entendis que la voix du solitaire qui disait: « Ah çà! qu'est-ce qu'il y a donc? ce pauvre vieux chien, est-il devenu enragé! A bas, Blaireau! Vous n'auriez pas tourmenté votre maître de la sorte. Ce que c'est que de gâter les gens!

— Blaireau n'est pas enragé, dis-je en entrant; êtes-vous donc devenu sourd à l'approche d'un ami, maître Patience? »

Patience laissa retomber sur sa table une pile d'argent qu'il était en train de compter, et vint à moi avec son ancienne cordialité. Je l'embrassai; il fut surpris et touché de ma joie; puis, me regardant de la tête aux pieds, il s'émerveillait du changement opéré dans ma personne, lorsque Marcasse parut sur le seuil de la porte.

Alors Patience, avec une expression sublime, s'écria en levant sa large main vers le ciel: « Les paroles du Cantique! Maintenant je puis mourir, mes yeux ont vu celui que j'attendais. » L'hidalgo ne dit rien; il leva son chapeau comme de coutume, et, s'asseyant sur une chaise, il devint pâle et ferma les yeux. Son chien sauta sur ses genoux en témoignant sa tendresse par des essais de petits cris qui se changeaient en éternuements multipliés (vous savez qu'il était *muet de naissance*). Tout tremblant de vieillesse et de joie, il allongea son nez pointu vers le long nez de son maître; mais son maître ne lui répondit pas comme à l'ordinaire: « A bas, Blaireau! » Marcasse était évanoui.

Cette âme aimante, qui ne savait pas plus que celle de Blaireau se manifester par la parole, succombait sous le poids de son bonheur. Patience courut lui chercher un grand pichet de vin du pays, de seconde année, c'est-à-dire du plus vieux et du meilleur possible; il lui en fit avaler quelques gouttes dont la verdeur le ranima. L'hidalgo excusa sa faiblesse en l'attribuant à la fatigue et à la chaleur; il ne voulut où lui en attribuer à son véritable motif. Il est des âmes qui s'éteignent, après avoir brûlé pour tout ce qu'il y a de beau et de grand dans l'ordre moral, sans avoir trouvé le moyen et même sans avoir senti le besoin de se manifester aux autres.

Quand les premiers élans furent calmés chez Patience, qui était aussi expansif que son ami l'était peu: « Ah çà! me dit-il, je vois, mon officier, que vous n'avez pas envie de rester ici longtemps. Allons donc vite où vous êtes pressé d'arriver. On va être bien surpris et bien content, je vous jure. » Nous pénétrâmes dans le parc, et en le traversant Patience nous expliqua le changement survenu dans son habitation et dans sa vie. « Quant à moi, vous voyez que je n'ai pas changé, nous dit-il. Même tenue, mêmes allures; et si je vous ai servi du vin tout à l'heure, je n'ai pas cessé pour cela de boire de l'eau. Mais j'ai de l'argent et des terres, et des ouvriers, da! Eh bien! tout cela, c'est malgré moi, comme vous allez le savoir. Il y a trois ans environ, mademoiselle Edmée me parla de l'embarras où elle était pour faire la charité à propos. L'abbé était aussi malhabile qu'elle. On les trompait tous les jours en leur tirant de l'argent pour en faire un méchant usage, tandis que des journaliers fiers et laborieux manquaient de tout sans qu'on pût le savoir. Elle craignait de les humilier en allant s'enquérir de leurs besoins, et lorsque de mauvais sujets s'adressaient à elle, elle aimait mieux être leur dupe que de se tromper au détriment de la charité. De cette manière elle dépensait beaucoup d'argent et faisait peu de bien. Je lui fis alors entendre que l'argent était la chose la moins nécessaire aux nécessiteux; que ce qui rendait les hommes vraiment malheureux, ce n'était pas de ne pouvoir se vêtir mieux que les autres, aller au cabaret le dimanche, étaler à la grand'messe un bas bien blanc avec une jarretière rouge sur le genou, de ne pouvoir dire : Ma jument, ma vache, ma vigne, mon grenier, etc.; mais bien d'avoir le *corps faible et la saison dure*, de ne pouvoir se préserver du froid, du chaud, des maladies, *de la grand'soif et de la grand'faim*. Je lui dis donc de ne pas juger de la force et de la santé des paysans d'après moi, mais d'aller s'informer elle-même de leurs maladies et de ce qui manquait à leur ménage. Ces gens-là ne sont pas philosophes; ils ont de la vanité, ils aiment la *braverie*, mangent le peu qu'ils gagnent pour paraître, et n'ont pas la prévoyance de se priver d'un petit plaisir pour mettre en réserve une ressource contre les grands besoins. Enfin, ils ne savent pas gouverner l'argent; ils vous disent qu'ils ont des dettes, et s'il est vrai qu'ils en aient, il n'est pas vrai qu'ils emploient à les payer l'argent que vous leur donnez. Ils ne songent pas au lendemain, ils payent l'intérêt aussi haut qu'on veut le leur faire payer, ils s'achètent avec votre argent une chenevière ou un mobilier, afin que les voisins s'étonnent et soient jaloux. Cependant les dettes augmentent tous les ans, et au bout du compte il faut vendre chenevière et mobilier, parce que le créancier, qui est toujours un d'entre eux, veut son remboursement ou de tels intérêts qu'on ne peut y suffire. Tout s'en va, le fonds emporte le fonds; les intérêts ont emporté le revenu; on est vieux, on ne peut plus travailler. Les enfants vous abandonnent, parce que vous les avez mal élevés et qu'ils ont les mêmes passions et les mêmes vanités que vous; il vous faut prendre une besace et aller de porte en porte demander du pain, parce que vous êtes habitué au pain et ne sauriez sans mourir manger des racines comme le sorcier Patience, rebut de la nature, que tout le monde hait et méprise, parce qu'il ne s'est pas fait mendiant. Le mendiant, au reste, n'est guère plus malheureux que le journalier, moins peut-être. Il n'a plus ni bonne ni sotte fierté, il ne souffre plus. Les gens du pays sont bons; aucun *besacier* ne manque d'un gîte et d'un souper en faisant sa ronde; les paysans lui chargent le dos de morceaux de pain, si bien qu'il peut nourrir volaille et pourceau dans la petite cahute où il laisse un enfant et une vieille parente pour soigner son bétail. Il y revient toutes les semaines passer deux ou trois jours à ne rien faire et à compter les pièces de deux sous qu'il a reçues. Cette pauvre monnaie lui sert souvent à satisfaire des besoins superflus que l'oisiveté engendre. Un métayer prend bien rarement du tabac; beaucoup de mendiants ne peuvent s'en passer et en demandent avec plus d'avidité que du pain. Ainsi le mendiant n'est pas plus à plaindre que le travailleur; mais il est corrompu et débauché quand il n'est pas méchant et féroce, ce qui du reste est assez rare.

« Voici donc ce qu'il faudrait faire, disais-je à Edmée; et l'abbé m'a dit que cela était l'avis de vos philosophes. Il faudrait que les personnes qui font comme vous beaucoup de charités particulières les fissent sans consulter la fantaisie de celui qui demande, mais bien après avoir reconnu ses véritables besoins. Edmée m'objecta que cette connaissance-là lui serait impossible, qu'il y faudrait passer toutes ses journées, et abandonner M. le chevalier qui se fait vieux, et qui ne peut plus lire ni rien faire sans les yeux et la tête de sa fille. L'abbé aimait trop à s'instruire pour son compte dans les livres des savants, pour avoir du temps de reste. « Voilà à quoi sert la belle science de la vertu, lui dis-je, elle fait qu'on oublie d'être vertueux. — Tu as bien raison, repartit Edmée, mais comment faire? » Je promis d'y songer et voici ce que j'imaginai. Je me promenai tous les jours du côté des terres, au lieu de me promener comme d'habitude du côté des bois. Cela me coûta beaucoup; j'aime à être seul, et partout je fuyais l'homme depuis tant d'années que je n'en sais plus le compte. Enfin, c'était un devoir, je le fis. J'approchai des maisons; je m'enquis d'abord par-dessus la haie, et puis jusque dans l'intérieur des habitations, et comme par manière de conversation, de ce que je voulais savoir. D'abord on me reçut comme un chien perdu en temps de sécheresse, et je vis, avec un chagrin que j'eus bien de la peine à cacher, la haine et la méfiance sur toutes ces figures. Je n'avais pas voulu vivre avec les hommes, mais je les aimais; je les savais plus malheureux que méchants; j'avais passé tout mon temps à m'affliger de leurs maux, à m'indigner contre ceux qui les causaient; et quand pour la première fois j'entrevoyais la possibilité de faire quelque chose pour quelques-uns, ceux-là fermaient bien vite leur porte du plus loin qu'ils m'apercevaient, et leurs enfants, de beaux enfants que j'aime tant ! se cachaient dans les fossés pour n'avoir pas la fièvre que je donnais, disait-on, avec le regard. Cependant, comme on savait l'amitié qu'Edmée avait pour moi, on n'osa pas me repousser ouvertement, et je vins à bout de savoir ce qui nous intéressait. Elle apporta remède à tous les maux que je lui fis connaître. Une maison était lézardée, et tandis que la jeune fille portait un tablier de cotonnade à quatre livres l'aune, la pluie tombait sur le lit de la grand'mère et sur le berceau des petits enfants; on fit réparer les toits et les murailles, les matériaux furent fournis et les ouvriers payés par nous; mais plus d'argent pour les beaux tabliers. Ailleurs une vieille femme était réduite à mendier, parce qu'elle n'avait écouté que son cœur en donnant son bien à ses enfants, qui la mettaient à la porte ou lui rendaient la vie si dure à la maison qu'elle aimait mieux vagabonder. Nous nous fîmes les avocats de la vieille, avec menace de porter, à nos frais, l'affaire devant les tribunaux, et nous obtînmes pour elle une pension que nous augmentâmes de nos deniers quand elle ne suffisait pas. Nous amenâmes plusieurs vieillards, qui se trouvaient dans la même position, à s'associer et à se mettre en pension chez l'un d'entre eux, à qui nous fîmes un petit fonds, et qui, ayant de l'industrie et de l'ordre, fit de bonnes affaires, à tel point que ses enfants vinrent faire leur paix et demander à l'aider dans son établissement. Nous fîmes bien d'autres choses encore dont le détail serait trop long et que vous verrez de reste. Je dis *nous*, parce que peu à peu, quoique je ne voulusse me mêler de rien au-delà de ce que j'avais fait, je fus entraîné et forcé à faire davantage, à me mêler de beaucoup de choses, et finalement de tout. Bref, c'est moi qui prends les informations, qui dirige les travaux et qui fais les négociations. Mademoiselle Edmée a voulu qu'il y eût de l'argent dans mes mains, que je pusse en disposer sans la consulter d'avance; c'est ce que je ne me suis jamais permis, et aussi jamais elle ne m'a contredit une seule fois dans mes idées. Mais tout cela, voyez-vous, m'a donné bien de la fatigue et bien du souci. Depuis que les habitants savent que je suis un *petit Turgot*, ils se sont mis ventre à terre devant moi, et cela m'a fait de la peine. J'ai donc des amis dont je ne me soucie pas, et j'ai aussi des ennemis dont je me passerais bien. Les *faux besogneux* m'en veulent de ne pas être leur dupe; il y a des indiscrets et des gens sans vertu qui trouvent qu'on fait toujours trop pour les autres, jamais assez pour eux. Au milieu de ce bruit et de ces tracasseries, je ne me promène plus la nuit, je ne dors plus le jour; je suis monsieur Patience, et non plus le sorcier de la tour Gazeau, mais je ne suis plus le solitaire; et croyez-moi, je voudrais de tout mon cœur être né égoïste, et jeter là le collier pour retourner à ma vie sauvage et à ma liberté. »

Patience nous ayant fait ce récit, nous lui fîmes compliment; mais nous nous permîmes une objection contre sa prétendue abnégation personnelle; ce jardin magnifique attestait une transaction avec les *nécessités superflues* dont il avait toute sa vie déploré l'usage chez les autres. « Cela? dit-il en allongeant le bras du côté de son enclos, cela ne me regarde pas; ils l'ont fait malgré moi ; mais comme c'étaient de braves gens et que mon refus les affligeait, j'ai été forcé de le souffrir. Sachez que, si j'ai fait bien des ingrats, j'ai fait aussi quelques heureux reconnaissants. Or, deux ou trois familles auxquelles j'ai rendu service ont cherché tous les moyens possibles de me faire plaisir; et comme je refusais tout, on a imaginé de me surprendre. Une fois, j'avais été passer plusieurs jours à la Berthenoux pour une affaire de confiance dont on m'avait chargé; car on en est venu à me supposer un grand esprit, tant les gens sont portés à passer d'une extrémité à l'autre. Quand je revins, je trouvai ce jardin tracé, planté et fermé comme vous l'avez vu. J'eus beau me fâcher, dire que je ne voulais pas travailler, que j'étais trop vieux, et que le plaisir de manger quelques fruits de plus ne valait pas la peine que ce jardin allait me coûter à l'entretenir; on n'en tint compte et on l'acheva, en me déclarant que je n'aurais rien à y faire, parce qu'on se chargeait de le cultiver pour moi. En effet, depuis deux ans, les braves gens n'ont pas manqué de venir, tantôt celui-ci, tantôt celui-là, passer dans chaque saison le temps nécessaire à son parfait entretien. Au reste, quoique je n'aie rien changé à ma manière de vivre, le produit de ce jardin m'a été utile: j'ai pu nourrir pendant l'hiver plusieurs pauvres avec mes légumes; les fruits me servent à gagner l'amitié des petits enfants, qui ne crient plus *au loup* quand ils me voient, et qui s'enhardissent jusqu'à venir embrasser le sorcier. On m'a aussi forcé d'accepter du vin et de temps en temps du pain blanc et des fromages de vache; mais cela ne me sert qu'à faire politesse aux anciens du village, quand ils viennent m'exposer les besoins de l'endroit et me charger d'en informer le château. Ces honneurs ne me tournent pas la tête, voyez-vous, et même je puis dire que quand j'aurai fait à peu près tout ce que j'ai à faire, je laisserai là les soucis de la grandeur et je retournerai à la vie du philosophe, peut-être à la tour Gazeau, qui sait ? »

Nous touchions au terme de notre marche. En mettant le pied sur le perron du château, je joignis les mains, et, saisi d'un sentiment religieux, j'invoquai le ciel avec une sorte de terreur. Je ne sais quel vague effroi me réveilla; j'imaginai tout ce qui pouvait m'empêcher d'être heureux, et j'hésitai à franchir le seuil de la maison, puis je m'élançai. Un nuage passa devant mes yeux, un bourdonnement remplit mes oreilles. Je rencontrai Saint-Jean, qui, ne me reconnaissant pas, fit un grand cri et se jeta devant moi pour m'empêcher d'entrer sans être annoncé; je le poussai hors de mon chemin, et il tomba consterné sur une chaise dans l'antichambre, tandis que je gagnais la porte du salon avec impétuosité. Mais au moment de la pousser brusquement, je m'arrêtai saisi d'un nouvel effroi, et j'ouvris si timidement qu'Edmée, occupée à broder au métier, ne leva pas les yeux, croyant reconnaître dans ce léger bruit la manière respectueuse de Saint-Jean. Le chevalier dormait et ne s'éveilla pas. Ce vieillard, grand et maigre comme tous les Mauprat, était affaissé sur lui-même, et sa tête pâle et ridée, que l'insensibilité du tombeau semblait avoir déjà enveloppée, ressemblait à une des figures anguleuses, en chêne sculpté, qui ornaient le dossier de son grand fauteuil. Il avait les pieds allongés devant un feu de sarment, quoique le soleil fût chaud et qu'un clair rayon tombât sur sa tête blanche et la fît briller comme l'argent. Comment peindrais-je ce que me fit éprouver l'attitude d'Edmée ? Elle était penchée sur sa tapisserie, et de temps en temps elle levait les yeux sur son père pour interroger les moindres mouvements de son sommeil. Mais que de patience et de résignation dans tout son être! Edmée n'aimait pas les travaux d'aiguille; elle avait l'esprit trop sérieux pour attacher de l'importance à l'effet d'une nuance à côté d'une nuance et à la régularité d'un point pressé contre un autre point. D'ailleurs elle avait le sang impétueux; et quand son esprit n'était pas absorbé par le travail de l'intelligence, il lui fallait de l'exercice et le grand air. Mais depuis son père, en proie aux infirmités de la vieillesse, ne quittait presque plus son fauteuil, elle ne quittait plus son père un seul instant; et, ne pouvant toujours lire et vivre par l'esprit, elle avait senti la nécessité d'adopter ces occupations féminines, « qui sont, disait-elle, les amusements de la captivité. » Elle avait donc vaincu son caractère d'une manière héroïque. Dans une de ces luttes obscures qui s'accomplissent souvent sous nos yeux sans que nous en soupçonnions le mérite, elle avait fait plus que de dompter son caractère, elle avait changé jusqu'à la circulation de son sang. Je la trouvai maigrie, et son teint avait perdu cette première fleur de la jeunesse, qui est comme la fraîche vapeur que l'haleine du matin dépose sur les fruits et qui s'enlève au moindre choc extérieur, bien que l'ardeur du soleil l'ait respectée. Mais il y avait dans cette pâleur précoce et dans cette maigreur un peu maladive un charme indéfinissable; son regard plus enfoncé, et toujours impénétrable, avait moins de fierté et plus de mélancolie qu'autrefois; sa bouche, plus mobile, avait le sourire plus fin et moins dédaigneux. Lorsqu'elle me parla, il me sembla voir deux personnes en elle, l'ancienne et la nouvelle; et, au lieu d'avoir perdu de sa beauté, je trouvai qu'elle avait complété l'idéal de la perfection. J'ai pourtant ouï dire alors à plusieurs personnes qu'elle avait *beaucoup changé;* ce qui voulait dire, selon elles, qu'elle avait beaucoup perdu. Mais la beauté est comme un temple dont les profanes ne voient que les richesses extérieures. Le divin mystère de la pensée de l'artiste ne se révèle qu'aux grandes sympathies, et le moindre détail de l'œuvre sublime une inspiration qui échappe à l'intelligence du vulgaire. Un de vos modernes écrivains a dit cela, je crois, en d'autres termes et beaucoup mieux. Quant à moi, dans aucun moment de sa vie je n'ai trouvé Edmée moins belle que dans un autre moment; jusque dans les heures de souffrance où la beauté semble effacée dans le sens matériel, la sienne se divinisait à mes yeux et me révélait une nouvelle beauté morale dont le reflet éclairait son visage. Au reste, je suis doué médiocrement sous le rapport des arts, et, si j'avais été peintre, je n'aurais pu reproduire qu'un seul type, celui dont mon âme était remplie; car une seule femme m'a semblé belle dans le cours de ma longue vie : ce fut Edmée.

Je restai quelques instants à la regarder, pâle et touchante, triste, mais calme, vivante image de la piété filiale, de la force enchaînée par l'affection ; puis je m'élançai et tombai à ses pieds sans pouvoir dire un mot. Elle ne fit pas un cri, pas une exclamation ; mais elle entoura ma tête dans ses deux bras et la tint longtemps serrée contre sa poitrine. Dans cette forte étreinte, dans cette joie muette, je reconnus le sang de ma race, je sentis ma sœur. Le bon chevalier, réveillé en sursaut, l'œil fixe, le coude appuyé sur son genou et le corps plié en avant, nous regardait en disant : « Eh bien ! qu'est-ce donc que cela ? » Il ne pouvait voir mon visage caché dans le sein d'Edmée ; elle me poussa vers lui, et il me serra dans ses bras affaissés avec un élan de tendresse généreuse qui lui rendit un instant la vigueur de la jeunesse.

Vous pouvez imaginer les questions dont on m'accabla et les soins qui me furent prodigués. Edmée était pour moi une mère véritable. Cette bonté expansive et confiante avait tant de sainteté que, pendant toute cette journée, je n'eus pas auprès d'elle d'autres pensées que celles que j'aurais eues si j'avais été réellement son fils. Je fus vivement touché du soin qu'on prit d'enjoliver à l'abbé la surprise de mon retour; j'y vis une preuve certaine de la joie qu'il en devait ressentir. On me fit cacher sous le métier d'Edmée et on me couvrit de la grande toile verte dont elle enveloppait son ouvrage. L'abbé s'assit tout près de moi, et je lui fis faire un cri en lui prenant les jambes. C'était une plaisanterie que j'avais l'habitude de lui faire autrefois ; et lorsque je sortis de ma cachette, en renversant brusquement le métier et en faisant rouler tous les pelotons de laine sur le parquet, il y eut sur son visage une expression de joie et de terreur tout à fait bizarre.

Mais je vous tiens quittes de toutes ces scènes d'intérieur, sur lesquelles ma mémoire se reporte malgré moi avec trop de complaisance.

XVII.

Un immense changement s'était opéré en moi dans le cours de six années. J'étais un homme à peu près semblable aux autres; les instincts étaient parvenus à s'équilibrer presque avec les affections, et les impressions avec le raisonnement. Cette éducation sociale s'était faite naturellement. Je n'avais eu qu'à accepter les leçons de l'expérience et les conseils de l'amitié. Il s'en fallait de beaucoup que je fusse un homme instruit, mais j'étais arrivé à pouvoir acquérir rapidement une instruction solide. J'avais sur toutes choses des notions aussi claires qu'on pouvait les avoir de mon temps. Je sais que, depuis cette époque, la science de l'homme a fait des progrès réels; je les ai suivis de loin, et je n'ai jamais songé à les nier. Or, comme je ne vois pas tous les hommes de mon âge se montrer aussi raisonnables, j'aime à croire que j'ai été mis de bonne heure dans une voie assez droite, puisque je ne me suis pas arrêté dans l'impasse des erreurs et des préjugés.

Les progrès de mon esprit et de ma raison parurent satisfaire Edmée. « Je n'en suis pas étonnée, me dit-elle; vos lettres me l'avaient appris; mais j'en jouis avec un orgueil maternel. »

Mon bon oncle n'avait plus la force de se livrer, comme autrefois, à d'orageuses discussions, et je crois vraiment que, s'il eût conservé cette force, il eût un peu regretté de ne plus retrouver en moi l'antagoniste infatigable qui l'avait tant contrarié jadis. Il fit même quelques essais de contradiction pour m'éprouver; mais j'eusse regardé alors comme un crime de lui donner ce dangereux plaisir. Il eut un peu d'humeur et trouva que je le traitais trop en vieillard. Pour le consoler, je détournai la conversation vers l'histoire du passé qu'il avait traversé, et je l'interrogeai sur beaucoup de points où son expérience le servait mieux que mes lumières. De cette manière, j'acquis de bonnes notions sur l'esprit de conduite dans les affaires personnelles, et je satisfis pleinement son légitime amour-propre. Il me prit en amitié par sympathie comme il m'avait adopté par générosité naturelle et par esprit de famille. Il ne me cacha pas que son plus grand désir, avant de s'endormir du sommeil éternel, était de me voir devenir l'époux d'Edmée; et, lorsque je lui répondis que c'était l'unique pensée de ma vie, l'unique vœu de mon âme : « Je le sais, je le sais, me dit-il; tout dépend d'elle, et je crois qu'elle n'a plus de motifs d'hésitation. Je ne vois pas, ajouta-t-il après un instant de silence et avec un peu d'humeur, ceux qu'elle pourrait alléguer à présent. »

D'après cette parole, la première qui lui fût échappée sur le sujet qui m'intéressait le plus, je vis que depuis longtemps il était favorable à mes désirs, et que l'obstacle, s'il en existait encore un, venait d'Edmée. La dernière réflexion de mon oncle impliquait un doute que je n'osai pas chercher à éclaircir et qui me laissa beaucoup d'inquiétude. La fierté chatouilleuse d'Edmée m'inspirait tant de crainte, sa bonté ineffable m'imposait tant de respect, que je n'osai lui demander ouvertement de se prononcer sur mon sort. Je pris le parti d'agir comme si je n'eusse pas entretenu d'autre espérance que celle d'être à jamais son frère et son ami.

Un événement qui fut longtemps inexplicable vint faire diversion pendant quelques jours à mes pensées. Je m'étais d'abord refusé à aller prendre possession de la Roche-Mauprat. « Il faut absolument, m'avait dit mon oncle, que vous alliez voir les améliorations que j'ai faites à votre domaine, les terres qu'on a mises en bon état de culture, le cheptel que j'ai recomposé dans chacune de vos métairies. Vous devez enfin vous mettre au courant de vos affaires, montrer à vos paysans que vous vous intéressez à leurs travaux; autrement, après ma mort, tout ira de mal en pis, vous serez forcé d'affermer, ce qui vous rapportera peut-être davantage, mais diminuera la valeur de votre fonds. Je suis trop vieux maintenant pour aller surveiller votre bien. Il y a deux ans que je n'ai pu quitter cette misérable robe de chambre; l'abbé n'y entend rien; Edmée est une excellente tête, mais elle ne peut pas se décider à aller dans cet endroit-là; elle dit qu'elle y a un trop peur, ce qui est un enfantillage. — Je sens que je dois montrer plus de courage, lui répondis-je; et pourtant, mon bon oncle, ce que vous me prescrivez est pour moi la chose la plus rude qui soit au monde. Je n'ai pas mis le pied sur cette terre maudite depuis le jour où j'en suis sorti arrachant Edmée à ses ravisseurs. Il me semble que vous me chassez du ciel pour m'envoyer visiter l'enfer. » Le chevalier haussa les épaules; l'abbé me conjura de prendre sur moi de le satisfaire; c'était une véritable contrariété pour mon bon oncle que ma résistance. Je me soumis, et, résolu à me vaincre, je pris congé d'Edmée pour deux jours. L'abbé voulait m'accompagner pour me distraire des tristes pensées qui allaient m'assiéger; mais je me fis scrupule de l'éloigner d'Edmée pendant ce court espace de temps; je savais combien il lui était nécessaire. Attachée comme elle l'était au fauteuil du chevalier, sa vie était si grave, si retirée, que le plus petit événement s'y faisait sentir. Chaque année avait augmenté son isolement, et il était devenu à peu près complet depuis que la caducité du chevalier avait chassé de sa table les chansons et les bons mots, enfants joyeux du vin. Il avait été grand chasseur, et la Saint-Hubert, se trouvant précisément sa fête, avait rassemblé jadis autour de lui, à cette époque, toute la noblesse du pays. Longtemps les cours avaient retenti des hurlements de la meute; longtemps les écuries avaient serré deux longues files de chevaux fringants entre leurs stalles luisantes, longtemps la voix du cor avait plané sur les grands bois d'alentour ou sonné la fanfare sous les fenêtres de la grande salle, à chaque toast de la brillante compagnie. Mais ces beaux jours avaient disparu depuis longtemps; le chevalier ne chassait plus, et l'espoir d'obtenir la main de sa fille ne retenait plus autour de son fauteuil les jeunes gens ennuyés de sa vieillesse, de ses attaques de goutte et des histoires qu'il redisait le soir, ne se souvenant plus de les avoir dites le matin. Le refus obstiné d'Edmée et le renvoi de M. de La Marche avaient causé bien de la surprise et donné lieu à bien des recherches de curiosité. Un jeune homme amoureux d'elle, éconduit comme les autres et poussé par un sot et lâche orgueil à se venger de la seule femme de sa classe, qui, selon lui, eût osé le repousser, découvrit qu'Edmée avait été enlevée par les *coupe-jarrets*, et fit courir le bruit qu'elle avait passé une nuit d'orgie à la Roche-Mauprat. C'est tout au plus s'il daigna dire qu'elle n'avait cédé qu'à la violence. Edmée imposait trop de respect et d'estime pour qu'on l'accusât de complaisance avec les brigands; mais elle passa bientôt pour avoir été victime de leur brutalité. Marquée d'une tache ineffaçable, elle ne fut plus recherchée de personne. Mon absence ne servit qu'à confirmer cette opinion. Je l'avais sauvée de la mort, disait-on, mais non pas de la honte, et je ne pouvais en faire ma femme; j'en étais amoureux, et je la fuyais pour ne pas succomber à la tentation de l'épouser. Tout cela avait tant de vraisemblance qu'il eût été difficile de faire accepter au public la véritable version. Elle le fut d'autant moins qu'Edmée n'avait pas voulu agir en conséquence, et faire cesser les méchants bruits en donnant sa main à un homme qu'elle ne pouvait pas aimer. Telles étaient les causes de son isolement; je ne les sus bien que plus tard. Mais voyant l'intérieur si austère du chevalier et la sérénité si mélancolique d'Edmée, je craignis de faire tomber une feuille sèche sur cette onde endormie, et je suppliai l'abbé de rester auprès d'elle jusqu'à mon retour. Je ne pris avec moi que mon fidèle sergent Marcasse, qu'Edmée n'avait pas voulu laisser s'éloigner de moi, et qui partageait désormais la cabane élégante et la vie administrative de Patience.

J'arrivai à la Roche-Mauprat, par une soirée brumeuse, aux premiers jours de l'automne; le soleil était voilé, la nature s'assoupissait dans le silence et dans la brume; les plaines étaient désertes, l'air seul était rempli du mouvement et du bruit des grandes phalanges d'oiseaux de passage; les grues dessinaient dans le ciel des triangles gigantesques, et les cigognes, passant à une hauteur incommensurable, remplissaient les nuées de cris mélancoliques qui planaient sur les campagnes attristées comme le chant funèbre des beaux jours. Pour la première fois de l'année je sentis le froid de l'atmosphère, et je crois que tous les hommes sont saisis d'une tristesse instinctive à l'approche de la saison rigoureuse. Il y a dans les premiers frimas quelque chose qui rappelle à l'homme la prochaine dispersion des éléments de son être.

Nous avions traversé les bois et les bruyères, mon compagnon et moi, sans nous dire une seule parole; nous avions fait un long détour pour éviter la tour Gazeau, que je ne me sentais pas la force de revoir. Le soleil se couchait dans des voiles gris quand nous franchîmes la herse de la Roche-Mauprat. Cette herse était brisée, le pont ne se levait plus et ne donnait plus passage qu'à de paisibles troupeaux et à leurs insouciants *pâtours*. Les fossés étaient à demi comblés, et déjà l'oseraie bleuâtre étendait ses rameaux flexibles sur les basses eaux; l'ortie croissait au pied des tours écroulées, et les traces du feu semblaient encore fraîches sur les murs. Les bâtiments de ferme étaient tous renouvelés, et la basse-cour, pleine de bétail, de volailles, d'enfants, de chiens de berger et d'instruments aratoires, contrastait avec cette sombre enceinte, où je croyais encore voir monter la flamme rouge des assaillants et couler le sang noir des Mauprat.

Je fus reçu avec la cordialité tranquille et un peu froide des paysans du Berry. On n'essaya pas de me plaire, mais on ne me laissa manquer de rien. Je fus installé dans le seul des anciens bâtiments qui n'eût pas été endommagé lors du siège du donjon, ou abandonné depuis cette époque à l'action du temps. C'était un corps de logis dont l'architecture massive remontait au dixième siècle; la porte était plus petite que les fenêtres, et les fenêtres elles-mêmes donnaient si peu de jour qu'il fallût allumer des flambeaux pour y pénétrer, quoique le soleil fût à peine couché. Ce bâtiment avait été restauré provisoirement pour servir de pied-à-terre au nouveau seigneur ou à ses mandataires. Mon oncle Hubert y était venu souvent surveiller mes intérêts tant que ses forces lui avaient permis, et on me conduisit à la chambre qu'il s'était réservée et qui s'appelait désormais la chambre du maître. On y avait transporté tout ce qu'on avait sauvé de mieux de l'ancien ameublement; et comme elle était froide et humide malgré tous les soins qu'on avait pris pour la rendre habitable, la servante du métayer me précéda, un tison dans une main et un fagot dans l'autre.

Aveuglé par la fumée dont elle promenait le nuage autour de moi, trompé par la nouvelle porte qu'on avait percée sur un autre point de la cour et par certains corridors qu'on avait murés pour se dispenser de les entretenir, je parvins jusqu'à cette chambre sans rien reconnaître; il m'eût même été impossible de dire dans quelle partie des anciens bâtiments je me trouvais, tant le nouvel aspect de la cour déroutait mes souvenirs, tant mon âme assombrie et troublée était peu frappée des objets extérieurs.

On alluma le feu tandis que, me jetant sur une chaise et cachant ma tête dans mes mains, je me laissais aller à de tristes rêveries. Cette situation n'était pourtant pas sans charme, tant le passé se revêt naturellement de formes embellies ou adoucies dans le cerveau des jeunes gens, maîtres présomptueux de l'avenir. Quand, à force de souffler sur son tison, la servante eut rempli la chambre d'une épaisse fumée, elle sortit pour aller chercher de la braise et me laissa seul. Marcasse était resté à l'écurie pour soigner nos chevaux. Blaireau m'avait suivi; couché devant l'âtre, il me regardait de temps en temps d'un air mécontent, comme pour me demander raison d'un si méchant gîte et d'un si pauvre feu.

Tout à coup, en jetant les yeux autour de moi, il me sembla que ma mémoire se réveillait. Le feu, après avoir fait crier le bois vert, envoya un jet de flamme dans la cheminée, et toute la chambre fut éclairée d'une lueur brillante, mais agitée, qui donnait aux objets une apparence douteuse et bizarre. Blaireau se releva, tourna le dos au feu, et s'assit entre mes jambes, comme s'il se fût attendu à quelque chose d'étrange et d'imprévu.

Je reconnus alors que ce lieu n'était autre que la chambre à coucher de mon grand-père Tristan, occupée depuis, pendant plusieurs années, par son fils aîné, le détestable Jean, mon plus cruel oppresseur, le plus fourbe et le plus lâche des Coupe-jarrets. Je fus saisi d'un mouvement de terreur et de dégoût en reconnaissant les meubles et jusqu'au lit à colonnes enroulées, où mon grand-père avait rendu à Dieu son âme criminelle dans les tortures d'une lente agonie. Le fauteuil sur lequel j'étais assis était celui où Jean *le Tors* (comme il prenait plaisir, dans ses jours facétieux, à se nommer lui-même) s'asseyait pour méditer ses scélératesses ou pour rendre ses odieux arrêts. Je crus voir passer, en cet instant, les spectres de tous les Mauprat avec leurs mains sanglantes et leurs yeux hébétés par le vin. Je me levai, et j'allais céder à l'horreur que j'éprouvais en prenant la fuite, lorsque, tout à coup, je vis se dresser devant moi une figure si distincte, si reconnaissable, si différente, par toutes les apparences de la réalité, des chimères dont je venais d'être assiégé, que je retombai sur mon siège, tout baigné d'une sueur froide. Jean Mauprat était debout auprès du lit. Il venait d'en sortir, car il tenait encore un pan du rideau entr'ouvert. Il me sembla le même qu'autrefois; seulement il était encore plus maigre, plus pâle et plus hideux; sa tête était rasée et son corps enveloppé d'un suaire de couleur sombre. Il me lança un regard infernal; un sourire haineux et méprisant effleura sa lèvre mince et flétrie. Il resta immobile, son œil étincelant attaché sur moi, et il semblait tout prêt à m'adresser la parole. J'étais convaincu, en cet instant, que ce que je voyais était un être vivant, un homme de chair et d'os; il est donc incroyable que je me sentisse glacé d'une terreur aussi puérile. Mais je le nierais en vain, et je n'ai jamais pu ensuite me l'expliquer à moi-même, j'étais enchaîné par la peur. Son regard me pétrifiait, ma langue était paralysée. Blaireau s'élança sur lui; alors il agita les plis de son lugubre vêtement, semblable à un linceul souillé de l'humidité du sépulcre, et je m'évanouis.

Lorsque je revins à moi-même, Marcasse était auprès de moi et me relevait avec inquiétude. J'étais étendu à terre et raide comme un cadavre. J'eus beaucoup de peine à rassembler mes idées; mais, aussitôt que je pus me tenir sur mes jambes, je saisis Marcasse par le corps, et je l'entraînai précipitamment hors de la chambre maudite. Je faillis tomber plusieurs fois en descendant l'escalier à vis, et ce fut qu'en respirant dans la cour l'air du soir et la saine odeur des étables que je recouvrai l'usage de ma raison.

Je n'hésitai pas à attribuer ce qui venait de se passer à une hallucination de mon cerveau. J'avais fait mes preuves de courage à la guerre, en présence de mon brave sergent; je ne rougissais pas devant lui d'avouer la vérité. Je répondis sincèrement à ses questions, et je lui peignis mon horrible vision comme qu'il en fut frappé à son tour comme d'une chose réelle, et répéta plusieurs fois d'un air pensif, en se promenant avec moi dans la cour : « Singulier, singulier !... étonnant !

— Non, cela n'est pas étonnant, lui dis-je quand je me sentis tout à fait remis. J'ai éprouvé la sensation la plus douloureuse en venant ici; depuis plusieurs jours je luttais pour surmonter la répugnance que j'éprouvais à revoir la Roche-Mauprat. J'ai eu le cauchemar la nuit dernière, et j'étais si fatigué et si triste en m'éveillant que, si je n'eusse craint de montrer de la mauvaise volonté à mon oncle, j'aurais encore différé ce voyage désagréable. En entrant ici, j'ai senti le froid me gagner, ma poitrine était oppressée, je ne respirais pas. Peut-être aussi l'âcre fumée dont la chambre était remplie m'a-t-elle troublé le cerveau. Enfin, après les fatigues et les périls de notre malheureuse traversée, dont nous sommes à peine remis l'un et l'autre, est-il étonnant que j'aie éprouvé une crise nerveuse à la première émotion pénible?

— Dites-moi, reprit Marcasse toujours pensif, avez-vous remarqué Blaireau dans ce moment-là? Qu'a fait Blaireau? — J'ai cru voir Blaireau s'élancer sur le fantôme au moment où il a disparu; mais j'ai rêvé cela comme le reste.

— Hum! dit le sergent, quand je suis entré, Blaireau était tout en feu. Il venait à vous, flairait, pleurait à sa manière, allait du côté du lit, grattait le mur, venait à moi, allait à vous. Singulier, cela! Étonnant, capitaine, étonnant, cela! »

Après quelques instants de silence : « Pas de revenants, s'écria-t-il en secouant la tête, jamais de revenants; d'ailleurs, pourquoi mort, Jean? pas mort! Deux Mauprat encore. Qui le sait? Où diable? Pas de revenants; et mon maître fou? jamais. Malade? non. »

Après ce colloque, le sergent alla chercher de la lumière, tira du fourreau son inséparable épée, siffla Blaireau, et reprit bravement la corde qui servait de rampe à l'escalier, m'engageant à rester en bas. Quelle que fût ma répugnance à remonter dans cette chambre, je n'hésitai pas à suivre Marcasse, malgré ses recommandations, et notre premier soin fut de visiter le lit : mais, pendant que nous causions dans la cour, la servante avait mis des draps blancs et elle achevait de lisser les couvertures.

« Qui donc avait couché là? lui dit Marcasse avec sa prudence accoutumée. — Personne autre, répondit-elle, que M. le chevalier ou M. l'abbé Aubert, du temps qu'ils y venaient. — Mais aujourd'hui ou hier, par exemple? reprit Marcasse. — Oh! hier et aujourd'hui, personne, monsieur; car il y a bien deux ans que M. le chevalier n'est venu, et, pour M. l'abbé, il n'y couche jamais depuis qu'il y vient tout seul. Il arrive le matin, déjeune chez nous, et s'en retourne le soir. — Mais le lit était défait, dit Marcasse en la regardant fixement. — Ah, dame! monsieur, répondit-elle, ça se peut, je ne sais comment on l'a laissé la dernière fois qu'on y a couché; je n'y ai pas fait attention en mettant les draps; tout ce que je sais, c'est qu'il y avait le manteau à M. Bernard, qu'il avait jeté dessus. — Mon manteau? m'écriai-je, il est resté à l'écurie. — Et le mien aussi, dit Marcasse; je viens de les rouler tous les deux et de les placer sur le coffre à l'avoine. — Vous en aviez donc deux? reprit la servante; car je suis sûre d'en avoir ôté un de dessus le lit, un manteau noir et pas neuf! » Le mien était précisément doublé de rouge et bordé d'un galon d'or. Celui de Marcasse était gris-clair. Ce n'était donc pas un de nos manteaux apportés un instant et rapportés à l'écurie par le garçon. « Mais qu'en avez-vous fait? dit le sergent. — Ma foi, monsieur, je l'ai mis là sur le fauteuil, répondit la grosse fille; mais vous avez donc repris pendant que j'allais chercher de la chandelle? car je ne le vois plus. »

Nous cherchâmes dans toute la chambre, le manteau fut introuvable. Nous feignîmes d'en avoir besoin, ne niant pas qu'il fût le nôtre. La servante défit le lit, retourna les matelas en notre présence, alla demander au garçon ce qu'il en avait fait. Il ne se trouva rien dans le lit ni dans la chambre; le garçon n'était pas même monté. Toute la ferme fut en émoi, craignant que quelqu'un ne fût accusé de vol. Nous demandâmes si un étranger n'était pas venu à la Roche-Mauprat et n'y était pas encore. Quand nous nous fûmes assurés que ces braves gens n'avaient logé ni vu personne, nous les rassurâmes sur le manteau perdu en leur disant que Marcasse l'avait roulé par mégarde dans les deux autres, et nous nous enfermâmes dans la chambre, afin de l'explorer à notre aise; car il était à peu près évident, dès lors, que je n'avais point vu un spectre, mais Jean Mauprat lui-même ou un homme qui lui ressemblait et que j'avais pris pour lui.

Marcasse, ayant excité Blaireau de la voix et du geste, observa tous ses mouvements.

« Soyez tranquille, me dit-il avec orgueil; le vieux chien n'a pas oublié le vieux métier; s'il y a un trou, un trou grand comme la main, n'ayez peur. A toi, vieux chien! n'ayez peur! »

Blaireau, en effet, ayant flairé partout, s'obstina à gratter la muraille à l'endroit où j'avais vu l'apparition; il tressaillait chaque fois que son nez pointu rencontrait une certaine partie du lambris; puis il agitait sa queue de renard d'un air satisfait, revenait vers son maître et semblait lui dire de fixer là son attention. Le sergent se mit alors à examiner la muraille et la boiserie, il essaya d'insinuer son épée dans quelque fente; rien ne céda. Néanmoins une porte pouvait se trouver là, car les rinceaux de la boiserie sculptée pouvaient cacher un coulisse adroitement pratiquée. Il fallait trouver le ressort qui faisait jouer cette coulisse; mais cela nous fut impossible, malgré tous les efforts que nous fîmes pendant deux grandes heures. Nous essayâmes vainement d'ébranler le panneau, il rendait le même son que les autres; tous étaient sonores, et indiquaient que la boiserie n'était pas posée immédiatement sur la maçonnerie; mais elle pouvait n'en être éloignée que de quelques lignes. Enfin, Marcasse, baigné de sueur, s'arrêta et me dit : « Nous sommes bien fous; quand nous chercherions jusqu'à demain, nous ne trouverions pas un ressort, s'il n'y en a pas; et quand nous cognerions, nous n'enfoncerions pas la porte, s'il y a derrière de grosses barres de fer, comme j'en ai vu déjà dans d'autres vieux manoirs.

— Nous pourrions, lui dis-je, trouver l'issue, s'il en existe une, en nous servant de la cognée; mais pourquoi, sur la simple indication de ton chien qui gratte le mur, t'obstiner à croire que Jean Mauprat, ou l'homme qui lui ressemble, n'est pas entré et sorti par la porte? — Entré, tant que vous voudrez, répondit Marcasse, mais sorti! non, sur mon honneur! car, comme la servante descendait, j'étais sur l'escalier, brossant mes souliers; quand j'entendis tomber quelque chose ici, je montai vite trois marches, voilà tout, et me voilà près de vous. Vous mort, allongé sur le carreau et bien malade; personne dedans ni dehors, sur mon honneur! — En ce cas, j'ai rêvé de mon diable d'oncle, et la servante a rêvé d'un manteau noir; car, à coup sûr, il n'y a pas ici de porte secrète; et quand il y en aurait une, et que tous les Mauprat, vivants et morts, en auraient la clef, que nous fait cela? Sommes-nous attachés à la police pour nous enquérir de ces misérables? et si nous les trouvions cachés quelque part, ne les aiderions-nous pas à fuir plutôt que de les livrer à la justice? Nous avons nos armes, nous ne craignons pas qu'ils nous assassinent cette nuit; et s'ils s'amusent à nous faire peur, ma foi, malheur à eux! je ne connais ni parents ni alliés quand on me réveille en sursaut. Ainsi donc, faisons-nous servir l'omelette que les braves gens du domaine nous préparent; car si nous continuons à frapper et à gratter les murailles, ils vont nous croire fous. »

Marcasse se rendit par obéissance plutôt que par conviction; je ne sais quelle importance il attachait à découvrir ce mystère, ni quelle inquiétude le tourmentait, car il ne voulait pas me laisser seul dans la chambre enchantée. Il prétendait que je pouvais encore me trouver malade et tomber en convulsion.

« Oh! cette fois, lui dis-je, je ne serai pas si poltron. Le manteau m'a guéri de la peur des revenants, et je ne conseille à personne de se frotter à moi. »

L'hidalgo fut forcé de me laisser seul. J'amorçai mes pistolets et je les plaçai à portée de ma main sur la table; mais ces précautions furent en pure perte; rien ne troubla le silence de la chambre, et les lourds rideaux de soie rouge, aux coins armoriés d'argent noirci, ne furent pas agités par le plus léger souffle. Marcasse revint, et, joyeux de me trouver aussi gai qu'il m'avait laissé, prépara notre souper avec autant de soins que si nous fussions venus à la Roche-Mauprat avec la seule intention de faire un bon repas. Il plaisanta sur le chapon qui chantait encore à la broche, et sur le vin qui faisait l'effet d'une brosse dans le gosier. Mais le métayer vint augmenter sa bonne humeur en nous apportant quelques bouteilles d'excellent madère que le chevalier lui avait confiées autrefois, et dont il aimait à boire un verre ou deux lorsqu'il mettait le pied à l'étrier. Pour récompense, nous invitâmes le digne homme à souper avec nous, pour causer d'affaires le moins ennuyeusement possible. « A la bonne heure, nous dit-il, ce sera donc comme autrefois; les manants mangeaient à la table des seigneurs de la Roche-Mauprat, vous faites de même, monsieur Bernard, et c'est bien. — Oui, monsieur, lui répondis-je très-froidement; mais je le fais avec ceux qui me doivent de l'argent, et non avec ceux à qui j'en dois. » Cette réponse et le mot de monsieur l'intimidèrent tellement qu'il fit beaucoup de façons

Marcasse était évanoui. (Page 58.)

pour se mettre à table; mais j'insistai, voulant sur-le-champ lui donner la mesure de mon caractère. Je le traitai comme un homme que j'élevais à moi, non comme un homme vers qui je voulais descendre. Je le forçai d'être chaste dans ses plaisanteries, et je lui permis d'être expansif et facétieux dans les limites d'une honnête gaieté. C'était un homme jovial et franc. Je l'examinais avec attention pour voir s'il n'aurait pas quelque accointance avec le fantôme qui laissait traîner son manteau sur les lits; mais cela n'était aucunement probable, et il avait au fond tant d'aversion pour les Coupe-jarrets que, sans son respect pour ma parenté, il les eût de bon cœur habillés, en ma présence, comme ils méritaient de l'être. Mais je ne pus souffrir aucune liberté de sa part sur ce sujet, et je l'engageai à me rendre compte de mes affaires, ce qu'il fit avec intelligence, exactitude et loyauté.

Quand il se retira, je m'aperçus que le madère lui avait fait beaucoup d'effet, car ses jambes étaient avinées et s'accrochaient à tous les meubles; néanmoins il avait eu assez d'empire sur son cerveau pour raisonner juste. J'ai toujours remarqué que le vin agissait beaucoup plus sur les muscles des paysans que sur leurs nerfs; qu'il divaguaient difficilement, et qu'au contraire les excitants produisaient en eux une béatitude que nous ne connaissons pas, et qui fait de leur ivresse un plaisir tout différent du nôtre et très-supérieur à notre exaltation fébrile.

Quand nous nous trouvâmes seuls, Marcasse et moi, quoique nous ne fussions pas gris, nous nous aperçûmes que le vin nous avait donné une gaieté, une insouciance que nous n'aurions pas eues à la Roche-Mauprat, même sans l'aventure du fantôme. Habitués à une franchise mutuelle, nous en fîmes la réflexion, et nous convînmes que nous étions beaucoup mieux disposés qu'avant souper à recevoir tous les loups-garous de la Varenne.

Ce mot de loup-garou me rappela l'aventure qui m'avait mis en relation très-peu sympathique avec Patience, à l'âge de treize ans. Marcasse la connaissait, mais il ne connaissait guère le caractère que j'avais à cette époque, et je m'amusai à lui raconter ma course effarée à travers champs, après avoir été fustigé par le sorcier. « Cela me fait penser, lui dis-je en terminant, que j'ai l'imagination facile à exalter et que je ne suis pas inaccessible à la peur des choses surnaturelles. Ainsi le fantôme de tantôt.... — N'importe, n'importe, dit Marcasse en exami-

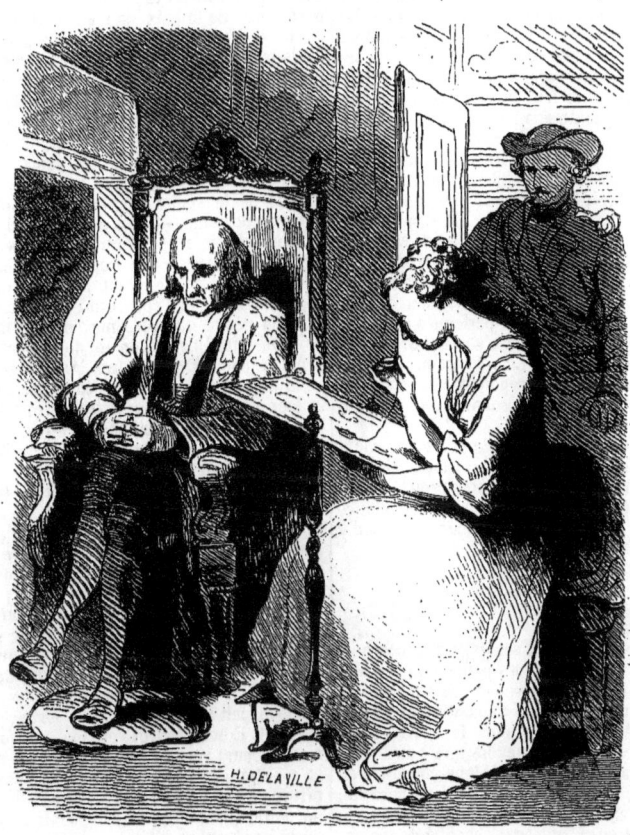

Le chevalier dormait et ne s'éveilla pas. (Page 60.)

nant l'amorce de mes pistolets et en les posant sur ma table de nuit; n'oubliez pas que tous les Coupe-jarrets ne sont pas morts; que si Jean est de ce monde, il fera du mal jusqu'à ce qu'il soit enterré, enfermé à triple tour chez le diable. »

Le vin déliait la langue de l'hidalgo, qui ne manquait pas d'esprit lorsqu'il se permettait ces rares infractions à sa sobriété habituelle. Il ne voulut pas me quitter et fit son lit à côté du mien. Mes nerfs étaient excités par les émotions de la journée; je me laissai donc aller à parler d'Edmée, non de manière à mériter de sa part l'ombre d'un reproche si elle eût entendu mes paroles, mais cependant plus que je n'aurais dû me le permettre avec un homme qui n'était encore que mon subalterne et non mon ami, comme il le devint plus tard. Je ne sais pas positivement ce que je lui dis de mes chagrins, de mes espérances et de mes inquiétudes; toutefois ces confidences eurent un effet terrible, ainsi que vous le verrez bientôt.

Nous nous endormîmes tout en causant, Blaireau sur les pieds de son maître, l'épée en travers à côté du chien sur les genoux de l'hidalgo, la lumière entre nous deux, mes pistolets au bout de mon bras, mon couteau de chasse sous mon oreiller et les verrous tirés. Rien ne troubla notre repos; et quand le soleil nous éveilla, les coqs chantaient joyeusement dans la cour, et les *boirons* échangeaient des facéties rustiques en *liant*[1] leurs bœufs sous nos fenêtres.

« C'est égal, il y a quelque chose là-dessous, » telle fut la première parole de Marcasse en ouvrant les yeux et en reprenant la conversation où il l'avait laissée la veille.

« As-tu vu ou entendu quelque chose cette nuit? lui dis-je. — Rien du tout, répondit-il; mais c'est égal, Blaireau n'a pas bien dormi, mon épée est tombée par terre; et puis rien de ce qui s'est passé ici n'est expliqué. — L'explique qui voudra, répondis-je; je ne m'en occuperai certainement pas. — Tort, tort, vous avez tort ! — Cela se peut, mon bon sergent; mais je n'aime pas du tout cette chambre, et elle me semble si laide au grand jour que j'ai besoin d'aller bien loin respirer un air pur. — Eh bien ! moi, je vous conduirai; mais je reviendrai. Je ne veux pas

[1]. Les bouviers lient le joug avec des courroies aux cornes d'une paire de bœufs de travail.

laisser aller cela au hasard. Je sais de quoi Jean Mauprat est capable, et *pas vous*. — Je ne veux pas le savoir; et, s'il y a quelque danger ici pour moi ou les miens, je ne veux pas que tu y reviennes. »

Marcasse secoua la tête et ne répondit rien. Nous fîmes encore un tour à la métairie avant de partir. Marcasse fut très-frappé d'une chose que je n'eusse pas remarquée. Le métayer voulut me présenter à sa femme; mais elle ne voulut jamais me voir, et alla se cacher dans sa chenevière. J'attribuais cette sauvagerie à la timidité de la jeunesse. « Belle jeunesse, ma foi! dit Marcasse; une jeunesse comme moi, cinquante ans passés! Il y a quelque chose là-dessous, quelque chose là-dessous, je vous dis. — Et que diable peut-il y avoir? — Hum! elle a été bien dans son temps avec Jean Mauprat. Elle a trouvé *tortu* à son gré. Je sais cela, moi; je sais encore bien des choses, bien des choses, soyez sûr! — Tu me les diras quand nous reviendrons ici, lui répondis-je: et ce ne sera pas de si tôt; car mes affaires vont beaucoup mieux que si je m'en mêlais, et je n'aimerais pas à prendre l'habitude de boire du madère pour ne pas avoir peur de mon ombre. Si tu veux m'obliger, Marcasse, tu ne parleras à personne de ce qui s'est passé. Tout le monde n'a pas pour ton capitaine la même estime que toi. — Celui-là est un imbécile qui n'estime pas mon capitaine, répondit l'hidalgo d'un ton doctoral; mais, si vous me l'ordonnez, je ne dirai rien. »

Il me tint parole. Pour rien au monde je n'eusse voulu troubler l'esprit d'Edmée de cette sotte histoire. Mais je ne pus empêcher Marcasse d'exécuter son projet. Dès le lendemain matin il avait disparu, et j'appris de Patience qu'il était retourné à la Roche-Mauprat sous prétexte d'y avoir oublié quelque chose.

XVIII.

Tandis que Marcasse se livrait à ses graves recherches, je passais auprès d'Edmée des jours pleins de délices et d'angoisses. Sa conduite ferme, dévouée, mais réservée à beaucoup d'égards, me jetait dans de continuelles alternatives de joie et de douleur. Un jour, le chevalier eut une longue conférence avec elle tandis que j'étais à la promenade. Je rentrai au moment où leur conversation était le plus animée, et dès que je parus: « Approche, me dit mon oncle; viens dire à Edmée que tu l'aimes, que tu la rendras heureuse, que tu es corrigé de tes anciens défauts. Arrange-toi pour être agréé, car il faut que cela finisse. Notre position vis-à-vis du monde n'est pas tenable, et je ne veux pas descendre dans le tombeau sans avoir vu réhabiliter l'honneur de ma fille, et sans être sûr que quelque sot caprice de sa part ne la jettera pas dans un couvent, au lieu de lui laisser occuper dans le monde le rang qui lui appartient, et que j'ai travaillé toute ma vie à lui assurer. Allons, Bernard, à ses pieds! Ayez l'esprit de lui dire quelque chose qui la persuade! ou bien je croirai, Dieu me pardonne, que c'est vous qui ne l'aimez pas et qui ne désirez pas sincèrement l'épouser.

— Moi! juste ciel! m'écriai-je, ne pas le désirer! quand je n'ai pas d'autre pensée depuis sept ans, quand mon cœur n'a pas d'autre vœu et que mon esprit ne conçoit pas d'autre bonheur! » Je dis à Edmée tout ce que me suggéra la passion la plus exaltée. Elle m'écouta en silence et sans retirer ses mains, que je couvrais de baisers. Mais sa physionomie était grave, et l'expression de sa voix me fit trembler lorsqu'elle dit, après avoir réfléchi quelques instants: « Mon père ne devrait jamais douter de ma parole; j'ai promis d'épouser Bernard, je l'ai promis à Bernard et à mon père; il est donc certain que je l'épouserai. » Puis elle ajouta après une nouvelle pause et d'un ton plus sévère encore: « Mais si mon père se croit à la veille de mourir, quelle force me suppose-t-il donc pour m'engager à ne songer qu'à moi, et me faire revêtir ma robe de noces à l'heure de ses funérailles? Si au contraire il est, comme je le crois, toujours plein de force malgré ses souffrances, et appelé à jouir encore pendant de longues années de l'amour de sa famille, d'où vient qu'il me presse si impérieusement d'abréger le délai que je lui ai demandé? N'est-ce pas une chose assez importante pour que j'y réfléchisse? Un engagement qui doit durer toute ma vie et qui décidera, je ne dis pas de mon bonheur, je saurais le sacrifier au moindre désir de mon père, mais de la paix de ma conscience et de la dignité de ma conduite (car quelle femme peut être assez sûre d'elle-même pour répondre d'un avenir enchaîné contre son gré?); un tel engagement ne mérite-t-il pas que j'en pèse tous les risques et tous les avantages pendant plusieurs années au moins? — Dieu merci! voilà sept ans que vous passez à peser tout cela, dit le chevalier; vous devriez savoir à quoi vous en tenir sur le compte de votre cousin. Si vous voulez l'épouser, épousez-le; mais si vous ne le voulez pas, pour Dieu! dites-le, et qu'un autre se présente. — Mon père, répondit Edmée un peu froidement, je n'épouserai que lui. — Que *lui* est fort bien, dit le chevalier en frappant avec la pincette sur les bûches; mais cela ne veut peut-être pas dire que vous l'épouserez. — Je l'épouserai, mon père, reprit Edmée. J'aurais désiré quelques mois encore de liberté; mais, puisque vous êtes mécontent de tous ces retards, je suis prête à obéir à vos ordres, vous le savez. — Parbleu! voilà une jolie manière de consentir, s'écria mon oncle, et bien engageante pour votre cousin! Ma foi! Bernard, je suis bien vieux; mais je puis dire que je ne comprends encore rien aux femmes, et il est probable que je mourrai sans y avoir rien compris.

— Mon oncle, lui dis-je, je comprends fort bien l'éloignement de ma cousine pour moi; je l'ai mérité. J'ai fait tout ce qui était en mon pouvoir pour réparer mes crimes. Mais dépend-il d'elle d'oublier un passé dont elle a sans doute trop souffert? Au reste, si elle ne me le pardonne pas, j'imiterai sa rigueur, je ne me le pardonnerai pas à moi-même, et, renonçant à tout espoir en ce monde, je m'éloignerai d'elle et de vous, pour me punir par un châtiment pire que la mort. — Allons, voilà que tout est rompu! dit mon oncle en jetant les pincettes dans le feu; voilà, voilà ce que vous cherchiez, ma fille? »

J'avais fait quelques pas pour sortir; je souffrais horriblement. Edmée courut vers moi, me prit par le bras, et me ramenant vers son père: « Ce que vous dites est cruel et plein d'ingratitude, me dit-elle. Appartient-il à un esprit modeste, à un cœur généreux, de nier une amitié, un dévouement, j'oserai me servir d'un autre mot, une fidélité de sept ans, parce que je vous demande encore quelques mois d'épreuves? Et quand même je n'aurais jamais pour vous, Bernard, une affection aussi vive que la vôtre, celle que je vous ai témoignée jusqu'ici est-elle donc si peu de chose que vous la méprisiez, ou que vous y renonciez par dépit de ne pas m'inspirer précisément celle que vous croyez devoir exiger? Savez-vous qu'à ce compte une femme n'aurait pas le droit d'éprouver l'amitié? Enfin, voulez-vous me punir de vous avoir servi de mère en vous éloignant de moi, ou ne m'en récompenser qu'à la condition d'être votre esclave? — Non, Edmée, non, lui répondis-je le cœur serré et les yeux pleins de larmes, en portant sa main à mes lèvres; je sens que vous avez fait pour moi plus que je ne méritais, je sens que je voudrais en vain m'éloigner de votre présence; je vous fais une injure si je vois un crime de souffrir auprès de vous? C'est au reste un crime si involontaire et tellement fatal qu'il échapperait à tous vos reproches et à tous mes remords. N'en parlons pas, n'en parlons jamais; c'est tout ce que je puis faire. Conservez-moi votre amitié; j'espère m'en montrer toujours digne à l'avenir.

— Embrassez-vous, et ne vous séparez jamais l'un de l'autre, dit le chevalier attendri. Bernard, quel que soit le caprice d'Edmée, ne l'abandonnez jamais, si vous voulez mériter la bénédiction de votre père adoptif. Si vous ne parvenez pas à être son mari, soyez toujours son frère. Songez, mon enfant, que bientôt elle sera seule sur la terre, et que je mourrai désolé si je n'emporte dans la tombe la certitude qu'il lui reste un appui et un défenseur. Songez enfin que c'est à cause de vous, à cause d'un serment que son inclination désavoue peut-être, mais que sa conscience respecte, qu'elle est ainsi abandonnée, calomniée... »

Le chevalier fondit en larmes, et toutes les douleurs de cette famille infortunée me furent révélées en un instant. « Assez! assez! m'écriai-je en tombant à leurs pieds; tout cela est trop cruel. Je serais le dernier des misérables que j'avais besoin qu'on me remit sous les yeux mes fautes et mes devoirs. Laissez-moi pleurer à vos genoux; laissez-moi expier par l'éternelle douleur, par l'éternel renoncement de ma vie, le mal que je vous ai fait! Pourquoi ne m'avoir pas chassé lorsque je vous ai nui? Pourquoi, mon oncle, ne m'avoir pas cassé la tête d'un coup de pistolet, comme à une bête fauve? Qu'ai-je fait pour être épargné, moi qui payais vos bienfaits de la ruine de votre honneur? Non, je le sens, Edmée ne doit pas m'épouser; ce serait accepter la honte de l'injure que j'ai attirée sur elle. Moi, je resterai ici; je ne la verrai jamais si elle l'exige; mais je me coucherai en travers de sa porte comme un chien fidèle, et je déchirerai le premier qui osera se présenter devant elle autrement qu'à genoux; et si quelque jour un honnête homme, plus heureux que moi, mérite de fixer son choix, loin de le combattre, je lui remettrai le soin cher et sacré de la protéger et de la défendre; je serai son ami, son frère; et quand je le verrai heureux ensemble, j'irai mourir en paix loin d'eux. »

Mes sanglots m'étouffaient, le chevalier serra sa fille et moi sur son cœur, et nous confondîmes nos larmes, en lui jurant de ne jamais nous séparer, ni pendant sa vie ni après sa mort.

« Ne perds pourtant pas l'espérance de l'épouser, me dit le chevalier à voix basse quelques instants après, quand le calme se fut rétabli; elle a d'étranges volontés; mais, vois-tu, rien ne m'ôtera de l'esprit qu'elle a de l'amour pour toi. Elle ne veut pas s'expliquer encore. Ce que femme veut, Dieu le veut.

— Ce qu'Edmée veut, je le veux, » répondis-je. »

Quelques jours après cette scène, qui fit succéder dans mon âme la tranquillité de la mort aux agitations de la vie, je me promenais dans le parc avec l'abbé.

« Il faut, me dit-il, que je vous fasse part d'une aventure qui m'est arrivée hier, et qui est passablement romanesque. J'avais été me promener dans les bois de Briantes, et j'étais descendu à la fontaine des Fougères. Vous savez qu'il faisait chaud comme au milieu de l'été; nos belles plantes, rougies par l'automne, sont plus belles que jamais autour du ruisseau qu'elles couvrent de leurs longues découpures. Les bois n'ont plus que bien peu d'ombrage, mais le pied foule un tapis de feuilles sèches dont le bruit est pour moi plein de charme. Le tronc satiné des bouleaux et des jeunes chênes est couvert de mousse et de jungermanes, qui étalent délicatement leur nuance brune, mêlée de vert tendre, de rouge et de fauve, en étoiles, en rosaces, en cartes de géographie de toute espèce, où l'imagination peut rêver de nouveaux mondes en miniature. J'étudiais avec amour ces prodiges de grâce et de finesse, ces arabesques où la variété infinie s'allie à la régularité inaltérable, et, heureux de savoir que vous n'êtes pas, comme le vulgaire, aveugle à ces coquetteries adorables de la création, j'en détachai quelques-unes avec le plus grand soin, enlevant même l'écorce de l'arbre où elles prennent racine, afin de ne pas détruire la pureté de leurs dessins. J'en ai fait une petite provision que j'ai déposée chez Patience en passant, et que nous allons voir si vous le voulez. Mais, chemin faisant, je veux vous dire ce qui m'arriva en approchant de la fontaine. J'avais la tête baissée, je marchais sur les cailloux humides, guidé par le petit bruit du jet clair et délicat qui s'élance du sein de la roche moussue. J'allais m'asseoir sur la pierre qui forme un banc naturel à côté, lorsque je vis la place occupée par un moine religieux dont le capuchon de bure cachait à demi la tête pâle et flétrie. Il me parut très-intimidé de ma rencontre; je le rassurai de mon mieux en lui disant que mon intention n'était pas de le déranger, mais d'approcher seulement mes lèvres de la rigole d'écorce que les bûcherons ont adaptée à la roche pour boire plus facilement. « O saint ecclésiastique! me dit-il du ton le plus humble, que n'êtes-vous le prophète dont la verge frappait aux sources de la grâce, et pourquoi mon âme, semblable à ce rocher, ne peut-elle donner cours à un ruisseau de larmes? » Frappé de la manière dont ce moine s'exprimait, de son air triste, de son attitude rêveuse, en ce lieu poétique où j'ai souvent rêvé l'entretien de la Samaritaine avec le Sauveur, je me laissai aller à causer de plus en plus sympathiquement. J'appris de ce religieux qu'il était trappiste, qu'il était en tournée pour accomplir une pénitence. « Ne me demandez ni mon nom ni mon pays, dit-il. J'appartiens à une illustre famille que je ferais rougir en lui rappelant que j'existe; d'ailleurs, en entrant à la Trappe, nous abjurons tout orgueil du passé, nous nous faisons semblables à des enfants naissants; nous mourons au monde pour revivre en Jésus-Christ. Mais soyez sûr que vous voyez en moi un des exemples les plus frappants des miracles de la grâce, et, si je pouvais vous faire le récit de ma vie religieuse, de mes terreurs, de mes remords, de mes expiations, vous en seriez certainement touché. Mais à quoi me serviront la compassion et l'indulgence des hommes, si la miséricorde de Dieu ne daigne m'absoudre? »

« Vous savez, continua l'abbé, que je n'aime pas les moines, que je me défie de leur humilité, que j'ai horreur de leur fainéantise. Mais celui-ci me parlait d'une manière si triste et si affectueuse, il était si pénétré de son devoir, il semblait si malade, si exténué d'austérités, si plein de repentir, qu'il m'a gagné le cœur. Il y a dans son regard et dans ses discours des éclairs qui trahissent une grande intelligence, une activité infatigable, une persévérance à toute épreuve. Nous avons passé deux grandes heures ensemble, et je l'ai quitté en attendant que j'ai désiré le revoir avant son départ. Il avait gîte pour la nuit à la ferme des Goulets, et j'ai voulu en vain l'amener au château. Il m'a dit avoir un compagnon de voyage qu'il ne pouvait quitter. « Mais, puisque vous êtes si charitable, me dit-il, je m'estimerai heureux de vous retrouver ici demain au coucher du soleil; peut-être même m'enhardirai-je au point de vous demander une grâce; vous pouvez m'être utile pour une affaire importante dont je suis chargé dans ce pays-ci. Je ne puis vous en dire davantage en ce moment. » Je l'assurai qu'il pouvait compter sur moi, et que j'obligerais de grand cœur un homme comme lui.

— Si bien que vous attendez avec impatience l'heure du rendez-vous? dis-je à l'abbé.

— Sans doute, répondit-il, et ma nouvelle connaissance a pour moi tant d'attraits que, si je ne craignais d'abuser de la confiance qu'il m'a témoignée, je conduirais Edmée à la fontaine des Fougères.

— Je crois, repris-je, qu'Edmée a beaucoup mieux à faire que d'écouter les déclamations de votre moine, qui peut-être après tout n'est qu'un intrigant, comme tant d'autres à qui vous avez fait la charité aveuglément. Pardonnez-moi, mon bon abbé, mais vous n'êtes pas un grand physionomiste, et vous êtes un peu sujet à vous laisser prévenir pour ou contre les gens, sans autre motif que la disposition bienveillante ou craintive de votre esprit romanesque. »

L'abbé sourit, prétendit que je parlais ainsi par rancune, soutint la piété du trappiste et retomba dans la botanique. Nous passâmes assez de temps à herboriser chez Patience; et, comme je ne cherchais qu'à échapper à moi-même, je sortis de la cabane avec l'abbé et le conduisis jusqu'au bois où il avait son rendez-vous. A mesure que nous en approchions, l'abbé semblait revenir un peu de son empressement de la veille et craindre d'avoir été trop loin. L'incertitude succédant si vite à l'enthousiasme résumait tellement tout son caractère mobile, aimant, timide, mélange singulier des entraînements les plus opposés, que je recommençai à le railler avec l'abandon de l'amitié. « Allons, me dit-il, il faut que j'en aie le cœur net et que vous le voyiez. Vous regarderez son visage, vous l'étudierez pendant quelques instants, et vous nous laisserez seuls ensemble, puisque je lui ai promis d'écouter ses confidences. » Je suivis l'abbé par désœuvrement; mais quand nous fûmes au-dessus des rochers ombragés d'où la fontaine s'échappe, je m'arrêtai pour regarder le moine à travers le branchage d'un massif de frênes. Placé immédiatement au-dessous de nous, au bord de la fontaine, il interrogeait l'angle du sentier que nous devions tourner pour arriver à lui; mais il ne songeait pas à regarder l'endroit où nous étions, et nous pouvions le contempler à l'aise sans qu'il nous vit.

A peine l'eus-je envisagé que, saisi d'un rire amer, je pris l'abbé par le bras, l'entraînai à quelque distance et lui parlai ainsi, non sans une grande agitation :

« Mon cher abbé, n'avez-vous jamais rencontré quelque part autrefois la figure de mon oncle Jean de Mauprat?

— Jamais que je sache, répondit l'abbé tout interdit; mais où voulez-vous donc en venir? — A vous dire, mon ami, que vous avez fait là une jolie trouvaille, et que ce bon et vénérable trappiste à qui vous trouvez tant de grâce, de candeur, de componction et d'esprit, n'est autre que Jean de Mauprat le coupe-jarret.

— Vous êtes fou! s'écria l'abbé en reculant de trois pas. Jean Mauprat est mort il y a longtemps. — Jean Mauprat n'est pas mort, ni Antoine Mauprat non plus peut-être, et je suis moins surpris que vous, parce que j'ai déjà rencontré un de ces deux revenants. Qu'il se soit fait moine et qu'il pleure ses péchés, cela est fort possible; mais qu'il se soit déguisé pour venir poursuivre ici quelque mauvais dessein, c'est ce qui n'est pas impossible non plus, et je vous engage à vous tenir sur vos gardes... »

L'abbé fut effrayé au point de ne vouloir plus aller au rendez-vous. Je lui démontrai qu'il était nécessaire de savoir où voulait en venir le vieux pêcheur. Mais, comme je connaissais la faiblesse de l'abbé, et comme je craignais que mon oncle Jean ne réussît à l'engager dans quelque fausse démarche et à s'emparer de sa conscience par des aveux mensongers, je pris le parti de me glisser dans le taillis de manière à tout voir et tout entendre.

Mais les choses ne se passèrent pas comme je l'aurais cru. Le trappiste, au lieu de jouer au plus fin, dévoila sur-le-champ à l'abbé son véritable nom. Il lui déclara que, touché de repentir, et ne croyant pas que sa conscience lui permît d'en éviter le châtiment à l'abri du froc (car il était réellement trappiste depuis plusieurs années), il venait se mettre entre les mains de la justice, afin d'expier d'une manière éclatante les crimes dont il était souillé. Cet homme, doué de facultés supérieures, avait acquis dans le cloître une éloquence mystique. Il parlait avec tant de grâce, de douceur, que je fus tout aussi pris que l'abbé. Ce fut en vain que ce dernier essaya de combattre une résolution qui lui semblait insensée; Jean de Mauprat montra la plus intrépide dévouement à ses idées religieuses. Il dit qu'ayant commis les crimes d'une antique barbarie païenne, il ne pouvait racheter son âme qu'au prix d'une pénitence publique digne des premiers chrétiens. « On peut, dit-il, être lâche envers Dieu comme envers les hommes, et dans le silence de mes veilles j'entends une voix terrible qui répond à mes sanglots : « Misérable poltron, c'est la peur des hommes qui te jette dans le sein de Dieu; et, si tu ne craignais la mort temporelle, tu n'aurais jamais songé à la vie éternelle. » Alors je sens que ce que je crains le plus, ce n'est pas la colère de Dieu, mais la corde et le bourreau qui m'attendent parmi mes semblables. Eh bien! il est temps que ma honte finisse vis-à-vis de moi-même, et c'est le jour où les hommes me couvriront d'opprobre et de châtiment que je me sentirai absous et réhabilité à la face du ciel. C'est alors seulement que je me croirai digne de dire à Jésus mon Sauveur : « Écoute-moi, victime innocente, toi qui écoutas le bon larron; écoute la victime souillée, mais repentante, associée à la gloire de ton martyre, et rachetée par ton sang. »

— Dans le cas où vous persisteriez dans cette volonté enthousiaste, lui dit l'abbé après lui avoir présenté sans succès toutes les objections possibles, veuillez du moins me dire en quoi vous avez pensé que je consentirais à vous aider.

— Je ne puis agir en ceci, répondit le trappiste, sans l'autorisation d'un homme qui bientôt sera le dernier des Mauprat; car le chevalier n'a que peu de jours à attendre la récompense céleste acquise à ses vertus, et, quant à moi, je ne puis échapper au supplice que je viens chercher que pour retomber dans l'éternelle nuit du cloître. Je veux parler de Bernard Mauprat : je ne dirai pas mon neveu; car, s'il m'entendait, il rougirait de porter ce titre funeste. J'ai su son retour d'Amérique, et cette nouvelle m'a décidé à entreprendre le voyage au terme douloureux duquel vous me voyez. »

Il me sembla qu'en parlant ainsi il jetait un regard oblique vers le massif où j'étais, comme s'il eût deviné ma présence. Peut-être l'agitation de quelques branches m'avait-elle trahi.

« Puis-je vous demander, dit l'abbé, ce que vous avez de commun aujourd'hui avec ce jeune homme? Ne craignez-vous pas qu'aigri par les mauvais traitements qui ne lui furent pas épargnés autrefois à la Roche-Mauprat, il ne refuse de vous voir?

— Je suis certain qu'il le refusera; car je sais la haine qu'il nourrit pour moi, dit le trappiste en se tournant encore vers le lieu où j'étais. Mais j'espère que vous le déciderez à m'accorder cette entrevue, car vous êtes généreux et bon, monsieur l'abbé. Vous m'avez promis de m'obliger, et, d'ailleurs, vous êtes l'ami du jeune Mauprat, et vous lui ferez comprendre qu'il y va de ses intérêts et de l'honneur de son nom.

— Comment cela? reprit l'abbé. Sans doute il sera peu flatté de vous voir paraître devant les tribunaux pour des crimes effacés désormais sous l'ombre du cloître. Il doit désirer, certainement, que vous renonciez à cette expiation éclatante; comment espérez-vous qu'il y consente?

— Je l'espère, parce que Dieu est bon et grand, parce que sa grâce est efficace, parce qu'elle touchera le cœur de quiconque daignera écouter le langage d'une âme vraiment repentante et fortement convaincue; parce que mon salut éternel est dans les mains de ce jeune homme, et qu'il ne voudra pas se venger de moi au delà de la tombe. D'ailleurs, il faut que je meure en paix avec ceux que j'ai offensés, il faut que je tombe aux pieds de Bernard Mauprat et qu'il me remette mes péchés. Mes larmes le toucheront, ou, si son âme impitoyable les méprise, j'aurai du moins accompli un impérieux devoir. »

Voyant qu'il parlait avec la certitude d'être entendu par moi, je fus saisi de dégoût; je crus voir la fraude et la lâcheté percer sous cette basse hypocrisie. Je m'éloignai et j'allai attendre l'abbé à quelque distance. Il vint bientôt me rejoindre; l'entrevue s'était terminée par la promesse mutuelle de se revoir bientôt. L'abbé s'était engagé à me transmettre les paroles du trappiste, qui menaçait, du ton le plus doucereux du monde, de venir me trouver si je me refusais à sa demande. Nous nous promîmes d'en conférer, l'abbé et moi, sans en informer le chevalier ni Edmée, afin de ne pas les inquiéter sans nécessité. Le trappiste avait été se loger à La Châtre, au couvent des Carmes, ce qui avait mis l'abbé tout à fait sur ses gardes, malgré son premier engouement pour le repentir du pêcheur. Ces carmes l'avaient persécuté dans sa jeunesse, et le prieur avait fini par le forcer à se séculariser. Le prieur vivait encore, vieux, mais implacable; infirme, caché, mais ardent à la haine et à l'intrigue. L'abbé n'entendit pas son nom sans frémir; il m'engagea à me conduire prudemment dans toute cette affaire. « Quoique Jean Mauprat soit sous le glaive des lois, me dit-il, et que vous soyez au faîte de l'honneur et de la prospérité, ne méprisez pas la faiblesse de votre ennemi. Qui sait ce que peuvent la ruse et la haine? Elles peuvent prendre la place des justes et le sort du fumier; elles peuvent rejeter leur crime sur autrui, et souiller de leur ignominie la robe de l'innocence. Vous n'en avez peut-être pas fini avec les Mauprat! »

Le pauvre abbé ne croyait pas dire si vrai.

XIX.

Après avoir réfléchi mûrement sur les intentions probables du trappiste, je crus devoir accorder l'entrevue demandée. Ce n'était pas moi que Jean Mauprat pouvait espérer d'abuser par ses artifices, et je voulus faire ce qui dépendait de moi pour éviter qu'il vînt tourmenter de ses intrigues les derniers jours de mon grand-oncle. Je me rendis donc dès le lendemain à la ville, vers la fin des vêpres, et je sonnai, non sans émotion, à la porte des Carmes.

La retraite choisie par le trappiste était une de ces innombrables communautés mendiantes que la France nourrissait; celle-là, quoique soumise à une règle austère, était riche et adonnée au plaisir. A cette époque sceptique, le petit nombre des moines n'étant plus en rapport avec l'étendue et la richesse des établissements fondés pour eux, les religieux errant dans les vastes abbayes au fond des provinces, au sein du luxe, débarrassés du contrôle de l'opinion (toujours effacée là où l'homme s'isole), menaient la vie la plus douce et la plus oisive qu'ils eussent jamais goûtée. Mais cette obscurité, mère des *vices aimables*, comme on disait alors, n'était chère qu'aux ignorants. Les chefs étaient livrés aux pénibles rêves d'une ambition nourrie dans l'ombre, aigrie dans l'inaction. Agir, même dans le cercle le plus restreint et à l'aide des éléments les plus nuls, agir à tout prix, telle était l'idée fixe des prieurs et des abbés.

Le prieur des *carmes chaussés* que j'allais voir était la vivante image de cette impuissance agitée. Cloué par la goutte dans son grand fauteuil, il m'offrit un étrange pendant à la vénérable figure du chevalier, pâle et immobile comme lui, mais noble et patriarcal dans sa mélancolie. Le prieur était court, gras et plein de pétulance. La partie supérieure de son corps étant libre, sa tête se tournait avec vivacité à droite et à gauche; ses bras s'agitaient pour donner des ordres; sa parole était brève, et son organe voilé semblait donner un sens mystérieux aux moindres choses. En un mot, la moitié de sa personne paraissait lutter sans cesse pour entraîner l'autre, comme cet homme enchanté des contes arabes, qui cachait sous sa robe son corps de marbre jusqu'à la ceinture.

Il me reçut avec un empressement exagéré, s'irrita de ce qu'on ne m'apportait pas un siége assez vite, étendit sa grosse main flasque pour attirer son siége tout près du sien, fit signe à un grand satyre barbu, qu'il appelait son frère trésorier, de sortir; puis, après m'avoir accablé de questions sur mon voyage, sur mon retour, sur ma santé, sur ma famille, et dardant sur moi de petits yeux clairs et mobiles qui soulevaient les plis des paupières grossies et affaissées par l'intempérance, il entra en matière.

« Je sais, mon cher enfant, dit-il, le sujet qui vous amène : vous voulez rendre vos devoirs à votre saint parent, à ce trappiste, modèle d'édification, que Dieu nous ramène pour servir d'exemple au monde et faire éclater le miracle de la grâce. — Monsieur le prieur, lui répondis-je, je ne suis pas assez bon chrétien pour apprécier le miracle dont vous parlez. Que les âmes dévotes en rendent grâces au ciel! pour moi, je viens ici parce que M. Jean de Maupart désire me faire part, a-t-il dit, de projets qui me concernent et que je suis prêt à écouter. Si vous voulez permettre que je me rende près de lui.... — Je n'ai pas voulu qu'il vous vît avant moi, jeune homme ! s'écria le prieur avec une affectation de franchise, et en s'emparant de mes mains, que je ne sentais pas sans dégoût dans les siennes; j'ai une grâce à vous demander au nom de la charité, au nom du sang qui coule dans vos veines.... »
Je dégageai une de mes mains, et le prieur, voyant l'expression de mon mécontentement, changea sur-le-champ de langage avec une souplesse admirable. « Vous êtes homme du monde, je le sais. Vous avez à vous plaindre de celui qui fut Jean de Maupart et qui s'appelle aujourd'hui l'humble frère Jean Népomucène. Mais si les préceptes de notre divin maître Jésus-Christ ne vous portent pas à la miséricorde, il est des considérations de décence publique et d'esprit de famille qui doivent vous faire partager mes craintes et mes efforts. Vous savez la résolution pieuse, mais téméraire, qu'a formée frère Jean ; vous devez vous joindre à moi pour l'en détourner, et vous le ferez, je n'en doute pas. — Peut-être, monsieur, répondis-je froidement ; mais ne pourrais-je vous demander à quels motifs ma famille doit l'intérêt que vous voulez bien prendre à ses affaires? — A l'esprit de charité qui anime tous les serviteurs du Christ, » répondit le moine avec une dignité fort bien jouée.

Retranché derrière ce prétexte, à la faveur duquel le clergé s'est toujours immiscé dans tous les secrets de famille, il lui fut aisé de mettre un terme à mes questions; et, sans détruire le soupçon qui combattait contre lui dans mon esprit, il réussit à prouver à mes oreilles que je lui devais de la reconnaissance pour le soin qu'il prenait de l'honneur de mon nom. Il fallait bien voir où il voulait en venir, et ce que j'avais prévu arriva. Mon oncle Jean réclamait de moi la part qui lui revenait du fief de la Roche-Maupart, et le prieur était chargé de me faire entendre que j'avais à opter entre une somme assez considérable à débourser (car on parlait du revenu arriéré de mes sept années de jouissance, outre le fonds d'un septième de propriété) et l'action insensée qu'il prétendait faire, et dont l'éclat ne manquerait pas de hâter les jours du vieux chevalier et de me créer peut-être d'*étranges embarras personnels*. Tout cela me fut insinué merveilleusement sous les dehors de la plus chrétienne sollicitude pour moi, de la plus fervente admiration pour le zèle du trappiste, et de la plus sincère inquiétude pour les effets de cette *ferme* résolution. Enfin, il me fut démontré clairement que Jean Maupart ne venait pas me demander des moyens d'existence, mais qu'il me fallait le supplier humblement d'accepter la moitié de mon bien pour l'empêcher de traîner mon nom et peut-être ma personne sur les bancs des criminels.

J'essayai une dernière objection. « Si la résolution du frère Népomucène, comme vous l'appelez, monsieur le prieur, est aussi bien arrêtée que vous le dites; si le soin de son salut est le seul qu'il ait en ce monde, expliquez-moi comment la séduction des biens temporels pourra l'en détourner? Il y a là une inconséquence que je ne comprends guère. »

Le prieur fut un peu embarrassé du regard perçant que j'attachais sur lui; mais se jetant au même instant dans une de ces parades de naïveté qui sont la haute ressource des fourbes : « Mon Dieu ! mon cher fils, s'écria-t-il, vous ne savez donc pas quelles immenses consolations la possession des biens de ce monde peut répandre sur une âme pieuse? Autant les richesses périssables sont dignes de mépris lorsqu'elles représentent de vains plaisirs, autant le juste doit les réclamer avec fermeté quand elles lui assurent le moyen de faire le bien. A la place du saint trappiste, je ne vous cache pas que je ne céderais mes droits à personne; que je voudrais fonder une communauté religieuse pour la propagation de la foi et la distribution des aumônes avec les fonds qui, entre les mains d'un jeune et brillant seigneur comme vous, ne servent qu'à entretenir à grands frais des chevaux et des chiens. L'Église nous enseigne que, par de grands sacrifices et de riches offrandes, nous pouvons racheter nos âmes des plus noirs péchés. Le frère Népomucène, assiégé d'une sainte terreur, croit qu'une expiation publique est nécessaire à son salut. Martyr dévoué il veut offrir son sang à l'implacable justice des hommes. Combien ne sera-t-il pas plus doux pour vous (et plus *sûr* en même temps) de lui voir élever quelque saint autel à la gloire de Dieu et cacher dans la paix bienheureuse du cloître l'éclat funeste d'un nom qu'il a déjà abjuré ! Il est tellement dominé par l'esprit de la Trappe, il a pris un tel amour de l'abnégation, de l'humilité, de la pauvreté, qu'il me faudra bien des efforts et bien des secours d'en haut pour le déterminer à accepter cet échange de *mérites*.

— C'est donc vous, monsieur le prieur, qui vous chargez, par bonté gratuite, de changer cette funeste résolution? J'admire votre zèle et je vous en remercie; mais je ne pense pas que tant de négociations soient nécessaires. M. Jean de Maupart réclame sa part d'héritage, rien n'est plus juste ; et lors même que la loi refuserait tout droit civil à celui qui n'a dû son salut qu'à la fuite (ce que je ne veux point examiner), mon parent peut être assuré qu'il n'y aurait jamais la moindre contestation entre nous à cet égard, si j'étais libre possesseur d'une fortune quelconque. Mais vous n'ignorez pas que je ne dois la jouissance de cette fortune qu'à la bonté de mon grand-oncle, le chevalier Hubert de Mauprat; qu'il a assez fait en payant les dettes de la famille qui absorbaient au delà du fonds; que je ne puis rien aliéner sans sa permission, et que je ne suis réellement que le dépositaire d'une fortune que je n'ai pas encore acceptée. » Le prieur me regarda avec surprise et comme frappé d'un coup imprévu; puis il sourit d'un air rusé et me dit : « Fort bien! Il paraît que je m'étais trompé, et que c'est à M. Hubert de Mauprat qu'il faut s'adresser. Je le ferai, je ne doute pas qu'il ne me sache très-bon gré de sauver à sa famille un scandale qui peut avoir de très-bons résultats dans l'autre vie pour un de ses parents, mais qui à coup sûr peut en avoir de très-mauvais pour *un autre parent* dans celle-ci. — J'entends, monsieur, répondis-je. C'est une menace; je répondrai sur le même ton. Si M. Jean de Mauprat se permet d'obséder mon oncle et ma cousine, c'est à moi qu'il aura affaire ; et ce ne sera pas devant les tribunaux que je l'appellerai en réparation de certains outrages que je n'ai point oubliés. Dites-lui que je n'accorderai point l'absolution au pénitent de la Trappe s'il ne reste fidèle au rôle qu'il a adopté. Si M. Jean de Mauprat est sans ressource et qu'il implore ma bonté, je pourrai lui donner, sur les revenus qui me sont accordés, les moyens d'exister humblement et sagement, selon l'esprit de ses vœux; mais si l'ambition ecclésiastique s'empare de son cerveau, et qu'il compte, avec de folles et puériles menaces, intimider assez mon oncle pour lui arracher de quoi satisfaire ses nouveaux goûts, qu'il se détrompe, dites-le-lui bien de ma part. La sécurité du vieillard et l'avenir de la jeune fille n'ont que moi pour défenseur, et je saurai les défendre, fût-ce au péril de l'honneur et de la vie.

— L'honneur et la vie sont pourtant de quelque importance à votre âge, reprit l'abbé visiblement irrité, mais affectant des manières plus douces que jamais; qui sait à quelle folie la ferveur religieuse peut entraîner le trappiste? Car, entre nous soit dit, mon pauvre enfant..... voyez, moi, je suis un homme sans exagération ; j'ai vu le monde dans ma jeunesse, et je n'approuve pas ces partis extrêmes, dictés plus souvent par l'orgueil que par la pitié. J'ai consenti à tempérer l'austérité de la règle, mes religieux ont bonne mine et portent des chemises... Croyez bien, mon cher monsieur, que je suis loin d'approuver le dessein de votre parent, et que je ferai tout au monde pour l'entraver ; mais enfin, s'il persiste, à quoi vous servira mon zèle? Il a la permission de son supérieur et peut se livrer à une inspiration funeste..... Vous pouvez être gravement compromis dans une affaire de ce genre; car enfin, quoique vous soyez, à ce qu'on assure, un digne gentilhomme, bien que vous ayez abjuré les erreurs du passé, bien que peut-être votre âme ait toujours haï l'iniquité, vous avez trempé de fait dans des exactions que les lois humaines réprouvent et châtient. Qui sait à quelles révélations involontaires le frère Népomucène peut se voir entraîné s'il provoque l'instruction d'une procédure criminelle? Pourra-t-il la provoquer contre lui-même sans la provoquer en même temps contre vous?..... Croyez-moi, je veux la paix... je suis un bon homme... — Oui, un très-bon homme, mon père, répondis-je avec ironie, je le vois parfaitement. Mais ne vous inquiétez pas trop; car il y a un raisonnement fort clair qui doit nous rassurer l'un et l'autre. Si une véritable vocation religieuse pousse frère Jean le trappiste à une réparation publique, il sera facile de lui faire entendre qu'il doit s'arrêter devant la crainte d'entraîner un autre que lui dans l'abîme, car l'esprit du Christ le lui défend. Mais si ce que je présume est certain, si M. Jean de Mauprat n'a pas la moindre envie de se livrer entre les mains de la justice, ses menaces sont peu faites pour m'épouvanter, et je saurai empêcher qu'elles ne fassent plus de bruit qu'il ne convient. — C'est donc là toute la réponse que j'aurai à lui porter? dit le prieur en me lançant un regard où perçait le ressentiment. — Oui, monsieur, répondis-je ; à moins qu'il ne lui plaise de recevoir cette réponse de ma propre bouche et de paraître ici. Je suis venu, déterminé à vaincre le dégoût que sa présence m'inspire, et je m'étonne qu'après avoir manifesté un si vif désir de m'entretenir il se tienne à l'écart quand j'arrive. — Monsieur, reprit le prieur avec une ridicule majesté, mon devoir est de faire régner en ce lieu saint la paix du Seigneur. Je m'opposerai donc à toute entrevue qui pourrait amener des explications violentes... — Vous êtes beaucoup trop facile à effrayer, monsieur le prieur, répondis-je; il n'y a lieu ici à aucun emportement. Mais comme ce n'est pas moi qui ai provoqué ces explications, et que je me suis rendu ici par pure complaisance, je renonce de grand cœur à les pousser plus loin et vous remercie d'avoir bien voulu servir d'intermédiaire. »

Je le saluai profondément et me retirai.

XX.

Je fis à l'abbé, qui m'attendait chez Patience, le récit de cette conférence, et il fut entièrement de mon avis; il pensa comme moi que le prieur, loin de travailler à détourner le trappiste de ses prétendus desseins, l'engageait de tout son pouvoir à m'épouvanter pour m'amener à de grands sacrifices d'argent. Il était tout simple, à ses yeux, que ce vieillard, fidèle à l'esprit monacal, voulût mettre dans les mains d'un Mauprat moine le fruit des labeurs et des économies d'un Mauprat séculier. « C'est là le caractère indélébile du clergé catholique, me dit-il. Il ne saurait vivre sans faire la guerre aux familles et sans épier tous les moyens de les spolier. Il semble que ces biens soient sa propriété et que toutes les voies lui soient bonnes pour les recouvrer. Il n'est pas aussi facile que vous le pensez de se défendre contre ce doucereux brigandage. Les moines ont l'appétit persévérant et l'esprit ingénieux. Soyez prudent et attendez-vous à tout. Vous ne pourrez jamais décider un trappiste à se battre ; retranché sous son capuchon, il recevra, courbé et les mains en croix, les plus sanglants outrages ; et, sachant bien que vous ne l'assassinerez pas, il ne vous craindra guère. Et puis, vous ne savez pas ce qu'est la justice dans la main des hommes et de quelle manière un procès criminel est conduit et jugé quand une des parties ne recule devant aucun moyen de séduction et d'épouvante. Le clergé est puissant ; la robe est déclamatoire ; les mots *probité* et *intégrité* résonnent depuis des siècles sur les murs endurcis des prétoires, sans empêcher les juges prévaricateurs et les arrêts iniques Méfiez-vous ! Le trappiste peut lancer la meute à bonnet carré sur vos traces et la dépister en disparaissant à point et la laissant sur les vôtres. Vous avez blessé bien des amours-propres en faisant échouer les nombreuses prétentions des épouseurs d'héritages. Un des plus outrés et des plus méchants est proche parent d'un magistrat tout-puissant dans la province. De La Marche a quitté la robe pour l'épée ; mais il a pu laisser parmi ses anciens confrères des gens portés à vous desservir. Je suis fâché que vous n'ayez pu le joindre en Amérique et vous mettre bien avec lui. Ne haussez pas les épaules ; vous en tuerez dix, et les choses iront de mal en pis. On se vengera, non peut-être sur votre vie, on sait que vous en faites bon marché, mais sur votre honneur, et votre grand-oncle mourra de chagrin... Enfin...

— Vous avez l'habitude de voir tout en noir au premier coup d'œil, quand par hasard vous ne voyez pas le soleil en plein minuit, mon bon abbé, lui dis-je en l'interrompant. Laissez-moi vous dire tout ce qui doit écarter ces sombres pressentiments. Je connais Jean Mauprat de longue main ; c'est un insigne imposteur, et de plus le dernier des lâches. Il rentrera sous terre à mon aspect, et, dès le premier mot je lui ferai avouer qu'il n'est ni trappiste, ni moine, ni dévot. Tout ceci est un tour de chevalier d'industrie, et je lui ai entendu jadis faire des projets qui m'empêchent de m'étonner aujourd'hui de son impudence ; je le crains donc fort peu.

— Et vous avez tort, reprit l'abbé. Il faut toujours craindre un lâche, parce qu'il nous frappe par derrière au moment où nous l'attendons en face. Si Jean Mauprat n'était pas trappiste, si les papiers qu'il m'a montrés avaient menti, le prieur des carmes est trop subtil et trop prudent pour s'y être laissé prendre. Jamais cet homme-là n'embrassera la cause d'un séculier, et jamais il ne prendra un séculier pour un des siens. Au reste il faut aller aux informations, et je vais écrire sur-le-champ au supérieur de la Trappe; mais je suis certain qu'elles confirmeront ce que je sais déjà. Il est même possible que Jean de Mauprat soit sincèrement dévot. Rien ne sied mieux à un pareil caractère que certaines nuances de l'esprit catholique. L'inquisition est l'âme de l'Église, et l'inquisition doit sourire à Jean de Mauprat. Je crois volontiers qu'il se livrerait au glaive séculier rien que pour le plaisir de vous perdre avec lui, et que l'ambition de fonder un monastère avec vos deniers est une inspiration subite dont tout l'honneur appartient au prieur des carmes...

— Cela n'est guère probable, mon cher abbé, lui dis-je. D'ailleurs, à quoi nous mèneront ces commentaires? Agissons. Gardons à vue le chevalier pour que l'animal immonde ne vienne pas empoisonner la sérénité de ses derniers jours. Écrivons à la Trappe, offrons une pension au misérable, et voyons venir, tout en épiant avec soin ses moindres démarches. Mon sergent Marcasse est un admirable limier. Mettons-le sur la piste, et, s'il peut parvenir à nous rapporter en langue vulgaire ce qu'il aura vu et entendu, nous saurons bientôt ce qui se passe dans tout le pays. »

En devisant ainsi, nous arrivâmes au château à la chute du jour. Je ne sais quelle inquiétude tendre et puérile, comme il en vient aux mères lorsqu'elles s'éloignent un instant de leur progéniture, s'empara de moi en entrant dans cette demeure silencieuse. Cette sécurité éternelle que rien n'avait jamais troublée dans l'enceinte des vieux lambris sacrés, la caducité nonchalante des serviteurs, les portes toujours ouvertes, à tel point que les mendiants entraient parfois dans le salon sans rencontrer personne ou sans causer d'ombrage; toute cette atmosphère de calme, de confiance et d'isolement contrastait avec les pensées de lutte et les soucis dont le retour de Jean et les menaces du carme avaient rempli mon esprit durant quelques heures. Je doublai le pas, et, saisi d'un tremblement involontaire, je traversai la salle de billard. Il me sembla, en cet instant, voir passer sous les fenêtres du rez-de-chaussée une ombre noire qui se glissait parmi les jasmins, et qui disparut dans le crépuscule. Je poussai vivement la porte du salon et m'arrêtai. Tout était silencieux et immobile. J'allais me retirer pour aller chercher Edmée dans la chambre de son père, lorsque je crus voir remuer quelque chose de blanc près de la cheminée où le chevalier se tenait toujours. « Edmée, êtes-vous ici? » m'écriai-je. Rien ne me répondit. Mon front se couvrit d'une sueur froide et mes genoux tremblèrent. Honteux d'une faiblesse si étrange, je m'élançai vers la cheminée en répétant avec angoisse le nom d'Edmée. « Est-ce vous enfin, Bernard? » me répondit-elle d'une voix tremblante. Je la saisis dans mes bras; elle était agenouillée auprès du fauteuil de son père, et pressait contre ses lèvres les mains glacées du vieillard. « Grand Dieu! m'écriai-je en distinguant, à la faible clarté qui régnait dans l'appartement, la face livide et roidie du chevalier, notre père a-t-il cessé de vivre?... — Peut-être, me dit-elle avec un organe étouffé, peut-être évanoui seulement, je plais à Dieu! De la lumière, au nom du ciel! sonnez! Il n'y a qu'un instant qu'il est dans cet état. » Je sonnai à la hâte; l'abbé nous rejoignit, et nous eûmes le bonheur de rappeler mon père à la vie.

Mais lorsqu'il ouvrit les yeux, son esprit semblait lutter contre les impressions d'un rêve pénible. « Est-il parti, est-il parti, ce misérable fantôme? s'écria-t-il à plusieurs reprises. Holà! Saint-Jean! mes pistolets! Mes gens! qu'on jette ce drôle par les fenêtres! » Je soupçonnai la vérité. « Qu'est-il donc arrivé? dis-je à Edmée à voix basse; qui donc est venu ici durant mon absence! — Si je le dis, répondit Edmée, vous le croirez à peine, et vous nous accuserez de folie, mon père et moi; mais je vous conterai cela tout à l'heure; occupons-nous de mon père. »

Elle parvint, par ses douces paroles et ses tendres soins, à rendre le calme au vieillard. Nous le portâmes à son appartement, et il s'endormit tranquille. Quand Edmée eut retiré légèrement sa main de la sienne et abaissé le rideau ouaté sur sa tête, elle s'approcha de l'abbé et de moi, et nous raconta qu'un quart d'heure avant notre retour un frère quêteur était entré dans le salon où elle brodait, selon sa coutume, près de son père assoupi. Peu surprise qu'un incident lui arrivant quelquefois, elle s'était levée pour prendre sa bourse sur la cheminée, tout en adressant au moine des paroles de bienveillance. Mais, au moment où elle se retournait pour lui tendre son aumône, le chevalier, éveillé en sursaut, s'était écrié en toisant le moine d'un air à la fois courroucé et effrayé : « Par le diable! monsieur, que venez-vous faire ici sous ce harnais-là? » Edmée avait alors regardé le visage du moine, et elle avait reconnu, « ce que vous n'imagineriez jamais, dit-elle, l'affreux Jean Mauprat! Je ne l'avais vu qu'une heure dans ma vie, mais cette figure repoussante n'était jamais sortie de ma mémoire, et jamais je n'ai eu le moindre accès de fièvre sans qu'elle se présentât devant mes yeux. Je ne pus retenir un cri « N'ayez pas peur, nous dit-il avec un effroyable sourire, je ne viens pas en ennemi, mais en suppliant. » Et il se mit à genoux si près de mon père que, ne sachant ce qu'il voulait faire, je me jetai entre eux, et je poussai violemment le fauteuil à roulettes qui recula jusqu'à la muraille. Alors le moine, parlant d'une voix lugubre, que rendait encore plus effrayante l'approche de la nuit, se mit à nous déclamer je ne sais quelle formule lamentable de confession, demandant grâce pour ses crimes, et se disant déjà couvert du voile noir des parricides lorsqu'ils montent à l'échafaud. « Ce malheureux est devenu fou, » dit mon père en tirant le cordon de la sonnette; mais Saint-Jean est sourd et il ne vint pas. Il nous fallut donc entendre, dans une angoisse inexprimable, les discours étranges de cet homme qui se dit trappiste, et qui prétend qu'il vient se livrer au glaive séculier en expiation de ses forfaits. Il voulait auparavant demander à mon père son pardon et sa dernière bénédiction. En disant cela, il se traînait sur ses genoux et parlait avec véhémence. Il y avait de l'insulte et de la menace dans le son de cette voix qui proférait les paroles d'une extravagante humilité. Comme il se rapprochait toujours de mon père, et que l'idée des sales caresses qu'il semblait vouloir lui adresser, me remplissaient de dégoût, je lui ordonnai d'un ton assez impérieux de se lever et de parler convenablement. Mon père, courroucé, lui commanda de se taire et de se retirer; et comme en cet instant il s'écriait : « Non! vous me laisserez embrasser vos genoux! » je le repoussai pour l'empêcher de toucher à mon père. Je frémis d'horreur en songeant que mon gant a effleuré ce froc immonde. Il se retourna vers moi, et, quoiqu'il affectât toujours le repentir et l'humilité, je vis la colère briller dans ses yeux. Mon père fit un violent effort pour se lever, et il se leva en effet comme par miracle; mais aussitôt il retomba évanoui sur son siège; des pas se firent entendre dans le billard, et le moine sortit par la porte vitrée avec la rapidité de l'éclair. C'est alors que vous m'avez trouvée demi-morte et glacée d'épouvante aux pieds de mon père anéanti.

— L'abominable lâche n'a pas perdu de temps, vous le voyez, l'abbé! m'écriai-je; il voulait effrayer mon oncle et sa fille : il y a réussi; mais il a compté sans moi, et je jure que, fallût-il le traiter à la mode de la Roche-Mauprat... s'il ose jamais se présenter ici de nouveau...

— Taisez-vous, Bernard, dit Edmée, vous me faites frémir; parlez sagement, et dites-moi tout ce que cela signifie. » Quand je l'eus mise au fait de ce qui était arrivé à l'abbé et à moi, elle nous blâma de ne pas l'avoir prévenue. « Si j'avais su à quoi je devais m'attendre, nous dit-elle, je n'aurais pas été effrayée, et j'eusse pris des précautions pour que je ne pusse jamais rester seule à la maison avec mon père et Saint-Jean, qui n'est guère plus ingambe. Maintenant je ne crains plus rien, et je me tiendrai sur mes gardes. Mais le plus sûr, mon cher Bernard, est d'éviter tout contact avec cet homme odieux, et de lui faire l'aumône aussi largement que possible pour nous en débarrasser. L'abbé a raison; il peut être redoutable. Il sait que notre parenté avec lui nous empêchera toujours de nous mettre à l'abri de ses persécutions en invoquant les lois; et, s'il ne peut nous nuire aussi sérieusement qu'il s'en flatte, il peut du moins nous susciter mille dégoûts que je répugne à braver. Jetez-lui de l'or, et qu'il s'en aille, mais ne me quittez plus, Bernard. Voyez, vous m'êtes nécessaire absolument; soyez consolé du mal que vous prétendez m'avoir fait. » Je pressai sa main dans les miennes, et jurai de ne jamais m'éloigner d'elle, fût-ce par son ordre, tant que ce trappiste n'aurait pas délivré le pays de sa présence.

L'abbé se chargea des négociations avec le couvent. Il se rendit à la ville le lendemain, et porta, de ma part, au trappiste l'assurance expresse que je le ferais sauter par les fenêtres s'il s'avisait jamais de reparaître au château de Sainte-Sévère. Je lui proposais en même temps de subvenir à ses besoins, largement même, à condition qu'il se retirerait sur-le-champ, soit à sa chartreuse, soit dans toute autre retraite séculière ou religieuse, à son choix, et qu'il ne remettrait jamais les pieds en Berry.

Le prieur reçut l'abbé avec tous les témoignages d'un profond dédain et d'une sainte aversion pour son état d'hérésie; loin de le cajoler comme moi, il lui dit qu'il voulait rester étranger à toute cette affaire, qu'il s'en lavait les mains, qu'il se bornerait à transmettre les décisions de part et d'autre, et à donner asile au frère Népomucène, autant par charité chrétienne que pour édifier ses religieux par l'exemple d'un homme vraiment saint. A l'en croire, le frère Népomucène serait le second du nom placé au premier rang de la milice céleste, en vertu des canons de l'Église.

Le jour suivant, l'abbé, rappelé au couvent par un message particulier, eut une entrevue avec le trappiste. A sa grande surprise, il trouva que l'ennemi avait changé de tactique. Il refusait avec indignation toute espèce de secours, se retranchant derrière son vœu de pauvreté et d'humilité, et blâmant avec emphase son cher hôte le prieur d'avoir osé proposer, sans son aveu, l'échange des biens éternels contre les biens périssables. Il refusait de s'expliquer sur le reste et se renfermait dans des réponses ambiguës et boursouflées; Dieu l'inspirerait, disait-il, et il comptait, à la prochaine fête de la Vierge, à l'heure auguste et sublime de la sainte communion, entendre la voix de Jésus parler à son cœur et lui dicter la conduite qu'il aurait à tenir. L'abbé dut craindre de montrer l'inquiétude en insistant pour percer ce *saint mystère*, et il vint me rendre cette réponse, qui était moins faite que toute autre pour me rassurer.

Cependant les jours et les semaines s'écoulèrent sans que le trappiste donnât le moindre signe de volonté sur quoi que ce soit. Il ne reparut ni au château ni dans les environs, et se tint tellement enfermé aux Carmes que peu de personnes virent son visage. Cependant on sut bientôt, le prieur mit grand soin à en répandre la nouvelle, que Jean de Mauprat, converti à la plus ardente et à la plus exemplaire piété, était de passage comme pénitent de la Trappe, au couvent des Carmes. Chaque matin on fit circuler un nouveau trait de vertu, un nouvel acte d'austérité de ce saint personnage. Les dévotes, avides du merveilleux, voulurent le voir, et lui portèrent mille petits présents qu'il refusa avec obstination. Quelquefois il se cachait si bien qu'on le disait parti pour la Trappe; mais, au moment où nous nous flattions d'en être débarrassés, nous apprenions qu'il venait de s'infliger dans la cendre et sous le cilice, des mortifications épouvantables; ou bien il avait été pieds nus, dans les endroits les plus déserts et les plus incultes de la Varenne, accomplir des pèlerinages. On alla jusqu'à dire qu'il faisait des miracles; si le prieur n'était pas guéri de la goutte, c'est que, par esprit de pénitence, il ne voulait pas guérir.

Cette incertitude dura près de deux mois.

XXI.

Ces jours, qui s'écoulèrent dans l'intimité, furent pour moi délicieux et terribles. Voir Edmée à toute heure, sans crainte d'être indiscret, puisque elle-même m'appelait à ses côtés, lui faire la lecture, causer avec elle de toutes choses, partager les tendres soins qu'elle rendait à son père, être de moitié dans sa vie, absolument comme si nous eussions été frère et sœur, c'était un grand bonheur sans doute, mais c'était un dangereux bonheur, et le volcan se ralluma dans mon sein. Quelques paroles confuses, quelques regards troublés me trahirent. Edmée ne fut point aveugle, mais elle resta impénétrable; son œil noir et profond, attaché sur moi comme sur son père avec la sollicitude d'une âme exclusive, se refroidissait quelquefois tout à coup au moment où la violence de ma passion était près d'éclater. Sa physionomie n'exprimait alors qu'une patiente curiosité et la volonté inébranlable de lire jusqu'au fond de mon âme sans me laisser voir seulement la surface de la sienne.

Mes souffrances, quoique vives, me furent chères dans les premiers temps; je me plaisais à les offrir intérieurement à Edmée comme une expiation de mes fautes passées. J'espérais qu'elle les devinerait et qu'elle m'en saurait gré. Elle les vit et ne m'en parla pas. Mon mal s'aigrit, mais il se passa encore des jours avant que je perdisse la force de le cacher. Je dis des jours, parce que, pour quiconque a aimé une femme et s'est trouvé seul avec elle, contenu par sa sévérité, les jours ont dû se compter comme des siècles. Quelle vie pleine et pourtant dévorante! Que de langueur et d'agitation, de tendresse et de colère! Il me semblait que les heures résumaient des années; et aujourd'hui, si je ne rectifiais par des dates l'erreur de ma mémoire, je me persuaderais aisément que ces deux mois remplirent la moitié de ma vie.

Je voudrais peut-être aussi me le persuader pour me réconcilier avec la conduite ridicule et coupable que je tins, au mépris des bonnes résolutions que je venais à peine de former. La rechute fut si prompte et si complète qu'elle me ferait rougir encore si je ne l'avais cruellement expiée, comme vous le verrez bientôt.

Après une nuit d'angoisse, je lui écrivis une lettre insensée qui faillit avoir pour moi des résultats effroyables; elle était à peu près conçue en ces termes : « Vous ne m'aimez point, Edmée, vous ne m'aimerez jamais. Je le sais, je ne demande rien, je n'espère rien; je veux rester près de vous, consacrer ma vie à votre service et à votre défense. Je ferai, pour vous être utile, tout ce qui sera possible à mes forces; mais je souffrirai, et, quoi que je fasse pour le cacher, vous le verrez, et vous attribuerez peut-être à des motifs étrangers une tristesse que je ne pourrai pas renfermer avec un constant héroïsme. Vous m'avez profondément affligé hier en m'engageant à sortir un peu *pour me distraire*. Me distraire de vous, Edmée! quelle amère raillerie! Ne soyez pas cruelle, ma pauvre sœur, car alors vous redevenez mon impérieuse fiancée des mauvais jours... et, malgré moi, je redeviens le brigand que vous détestez... Ah! si vous saviez combien je suis malheureux! Il y a deux hommes en moi qui se combattent à mort et sans relâche; il faut bien espérer que le brigand succombera; mais il se défend pied à pied et il rugit, parce qu'il se sent couvert de blessures et frappé mortellement. Si vous saviez, si vous saviez, Edmée, quelles luttes, quels combats, quelles larmes de sang mon cœur distille, et quelles fureurs s'allument souvent dans la partie de mon esprit que gouvernent les anges rebelles! Il y a des nuits que je souffre tant que, dans le délire de mes songes, il me semble que je vous plonge un poignard dans le cœur, et que, par une lugubre magie, je vous force ainsi à m'aimer comme je vous aime. Quand je m'éveille, baigné d'une sueur froide, égaré, hors de moi, je suis comme tenté d'aller vous tuer, afin d'anéantir la cause de mes angoisses. Si je ne le fais pas, c'est que je crains de vous aimer morte avec autant de passion et de ténacité que si vous étiez vivante. Je crains d'être contenu, gouverné, dominé par votre image, comme je le suis par votre personne; et puis il n'y a pas de moyen de destruction dans la main de l'homme, l'être qu'il aime et qu'il redoute existe en lui lorsqu'il a cessé d'exister sur la terre. C'est l'âme d'un amant qui sert de cercueil à sa maîtresse et qui conserve à jamais ses brûlantes reli-

Jean Mauprat était debout auprès du lit. (Page 62.)

ques pour s'en nourrir sans jamais les consumer... Mais, ô ciel ! dans quel désordre sont mes idées ! Voyez, Edmée, à quel point mon esprit est malade, et prenez pitié de moi. Patientez, permettez-moi d'être triste, ne suspectez jamais mon dévouement; je suis souvent fou, mais je vous chéris toujours. Un mot, un regard de vous me rappellera toujours au sentiment du devoir, et ce devoir me sera doux quand vous daignerez m'en faire souvenir... A l'heure où je vous écris, Edmée, le ciel est chargé de nuées plus sombres et plus lourdes que l'airain ; le tonnerre gronde, et à la lueur des éclairs semblent flotter les spectres douloureux du purgatoire. Mon âme est sous le poids de l'orage, mon esprit troublé flotte comme ces clartés incertaines qui jaillissent de l'horizon. Il me semble que mon être va éclater comme la tempête. Ah! si je pouvais élever vers vous une voix semblable à la sienne! si j'avais la puissance de produire au dehors les angoisses et les fureurs qui me rongent ! Souvent, quand la tourmente passe sur les grands chênes, vous dites que vous aimez le spectacle de sa colère et de leur résistance. C'est, dites-vous, la lutte des grandes forces, et vous croyez saisir dans les bruits de l'air les imprécations de l'aquilon et les cris douloureux des antiques rameaux. Lequel souffre davantage, Edmée, ou de l'arbre qui résiste ou du vent qui s'épuise à l'attaque? N'est-ce pas toujours le vent qui cède et qui tombe? et alors le ciel, affligé de la défaite de son noble fils, se répand sur la terre en ruisseaux de pleurs. Vous aimez ces folles images, Edmée; et chaque fois que vous contemplez la force vaincue par la résistance, vous souriez cruellement, et votre regard mystérieux semble insulter à ma misère. Eh bien! n'en doutez pas, vous m'avez jeté à terre, et, quoique brisé, je souffre encore; sachez-le, puisque vous voulez le savoir, puisque vous êtes impitoyable au point de m'interroger et de feindre pour moi la compassion. Je souffre et je n'essaie plus de soulever le pied que le vainqueur orgueilleux a posé sur ma poitrine défaillante. »

Le reste de cette lettre qui était fort longue, fort décousue, et absurde d'un bout à l'autre, était conçu dans le même sens. Ce n'était pas la première fois que j'écrivais à Edmée, quoique vivant sous le même toit et ne la quittant qu'aux heures du repos. Ma passion m'absorbait à tel point que j'étais invinciblement entraîné à prendre sur mon sommeil pour lui écrire. Je ne croyais jamais lui avoir assez parlé d'elle, assez renouvelé la promesse d'une soumission à laquelle je manquais à chaque instant; mais la lettre dont il s'agit était plus hardie et plus passionnée qu'aucune des autres. Peut-être fut-elle écrite fatalement sous l'influence de la tempête qui éclatait au ciel, tandis que, courbé sur ma table, le front en sueur, la main sèche et brûlante, je traçais avec exaltation la peinture de mes souffrances. Il me semble qu'il se fit en moi un grand calme, voisin du désespoir, lorsque je me jetai sur mon lit après être descendu au salon et avoir glissé ma lettre dans le panier à ouvrage d'Edmée. Le jour se levait chargé à l'horizon des ailes sombres de l'orage qui s'envolait vers d'autres régions. Les arbres, chargés de pluie, s'agitaient encore sous la brise fraîchissante. Profondément triste, mais aveuglément dévoué à la souffrance, je m'endormis soulagé, comme si j'eusse fait le sacrifice de ma vie et de mes espérances. Edmée ne parut pas avoir trouvé ma lettre, car elle n'y répondit pas. Elle avait coutume de le faire verbalement, et c'était pour moi un moyen de provoquer de sa part ces effusions d'amitié fraternelle dont il fallait bien me contenter, mais qui versaient du moins un baume sur ma plaie. J'aurais dû me dire que cette fois ma lettre devait amener une explication décisive, ou être passée sous silence. Je soupçonnai l'abbé de l'avoir soustraite et jetée au feu, j'accusai Edmée de mépris et de dureté; néanmoins je me tus.

Le lendemain le temps était parfaitement rétabli. Mon oncle fit une promenade en voiture, et chemin faisant nous dit qu'il ne voulait pas mourir sans avoir fait une grande et dernière chasse au renard. Il était passionné pour ce divertissement, et sa santé s'était améliorée au point de rendre à son esprit des velléités de plaisir et d'action. Une étroite berline très-légère, attelée de fortes mules, courait rapidement dans les traînes sablonneuses de nos bois, et quelquefois déjà il avait suivi de petites chasses que nous montions pour le distraire. Depuis la visite du trappiste, le chevalier avait comme repris à la vie. Doué de force et d'obstination comme tous ceux de sa race, il semblait qu'il pérît faute d'émotions, car le plus léger appel à son énergie rendait momentanément la chaleur à son sang engourdi. Comme il insista beaucoup sur ce projet de chasse, Edmée s'engagea à organiser avec moi la battue générale et à y prendre une part active. Une des grandes joies du bon vieillard était de la voir à cheval, caracoler hardiment autour de sa voiture et lui tendre toutes les branches fleuries qu'elle arrachait aux buissons en passant. Il fut décidé que je monterais à cheval pour l'escorter et que l'abbé accompagnerait le chevalier dans la berline. Le ban et l'arrière-ban des garde-chasse, forestiers, piqueurs, voire des braconniers de la Varenne, furent convoqués à cette solennité de famille. Un grand repas fut préparé à l'office pour le retour, avec force pâtés d'oies et vin de terroir. Marcasse, dont j'avais fait mon régisseur à la Roche-Mauprat, et qui avait de grandes connaissances dans l'art de la chasse au renard, passa deux jours entiers à boucher les terriers. Quelques jeunes fermiers des environs, intéressés à la battue et capables de donner un bon conseil dans l'occasion, s'offrirent gracieusement à être de la partie, et enfin Patience, malgré son éloignement pour la destruction des animaux innocents, consentit à suivre la chasse en amateur. Au jour dit, qui se leva chaud et serein sur nos riants projets et sur mon implacable destinée, une cinquantaine de personnes se trouva sur pied avec cors, chevaux et chiens. La journée devait se terminer par une déconfiture de lapins dont le nombre était excessif, et qu'il était facile de détruire en masse en se rabattant sur la partie des bois qui n'aurait pas été traquée pendant la chasse. Chacun de nous s'arma donc d'une carabine, et mon oncle lui-même en prit une pour tirer de sa voiture, ce qu'il faisait encore avec beaucoup d'adresse.

Durant les deux premières heures, Edmée, montée sur une jolie petite jument limousine fort vive, et qu'elle s'amusait à exciter et à retenir avec une coquetterie touchante pour son vieux père, s'écarta peu de la calèche, d'où le chevalier souriant, animé, attendri, la contemplait avec amour. De même qu'emportés chaque soir par la rotation de notre globe, nous saluons, en entrant dans la nuit, l'astre radieux qui va régner sur un autre hémisphère, ainsi le vieillard se consolait de mourir en voyant la jeunesse, la force et la beauté de sa fille lui survivre dans une autre génération.

Quand la chasse fut bien *nouée*, Edmée, qui se ressentait certainement de l'humeur guerroyante de la famille, et chez qui le calme de l'âme n'enchaînait pas toujours la fougue du sang, céda aux signes réitérés que lui faisait son père, dont le plus grand désir était de la voir galoper, et elle suivit le *lancer* qui était déjà un peu en avant. « Suis-la, suis-la ! » me cria le chevalier, qui ne l'avait pas plus tôt vue courir, que sa douce vanité paternelle avait fait place à l'inquiétude. Je ne me le fis pas dire deux fois, et, enfonçant mes éperons dans le ventre de mon cheval, je rejoignis Edmée dans un sentier de traverse qu'elle avait pris pour retrouver les chasseurs. Je frémis en la voyant se plier comme un jonc sous les branches, tandis que son cheval, excité par elle, l'emportait au milieu du taillis avec la rapidité de l'éclair. « Edmée, pour l'amour de Dieu ! lui criai-je, n'allez pas si vite. Vous allez vous faire tuer.

— Laisse-moi courir, me dit-elle gaiement ; mon père me l'a permis. Laisse-moi tranquille, te dis-je ; je te donne des coups de fouet si tu arrêtes mon cheval.

— Laisse-moi du moins te suivre, lui dis-je en la serrant de près ; ton père me l'a ordonné, et je ne suis là que pour me tuer, s'il t'arrive malheur. »

Pourquoi étais-je obsédé par ces idées sinistres, moi qui avais vu si souvent Edmée courir à cheval dans les bois ? Je l'ignore. J'étais dans un état bizarre ; la chaleur de midi me montait au cerveau, et mes nerfs étaient singulièrement excités. Je n'avais pas déjeuné, me trouvant dans une mauvaise disposition en partant, et pour me soutenir à jeun j'avais avalé plusieurs tasses de café mêlé de rhum. Je sentais alors un effroi insurmontable ; puis au bout de quelques instants cet effroi fit place à un sentiment inexprimable d'amour et de joie. L'excitation de la course devint si vive que je m'imaginai n'avoir pas d'autre but que de poursuivre Edmée. A la voir fuir devant moi, aussi légère que sa cavale noire, dont les pieds volaient sans bruit sur la mousse, on l'eût prise pour une fée apparaissant en ce lieu désert pour troubler la raison des hommes et les entraîner sur ses traces au fond de ses retraites perfides. J'oubliai la chasse et tout le reste. Je ne vis qu'Edmée ; un nuage passa devant mes yeux, et je ne la vis plus, mais je courais toujours ; j'étais dans un état de démence muette, lorsqu'elle s'arrêta brusquement.

« Que faisons-nous ? me dit-elle. Je n'entends plus la chasse, et j'aperçois la rivière. Nous avons trop donné sur la gauche.

— Au contraire, Edmée, lui répondis-je sans savoir un mot de ce que je disais ; encore un temps de galop, et nous y sommes.

— Comme vous êtes rouge ! me dit-elle. Mais comment passerons-nous la rivière ?

— Puisqu'il y a un chemin, il y a un gué, lui répondis-je. Allons, allons ! »

J'étais possédé de la rage de courir encore ; j'avais une idée, celle de m'enfoncer de plus en plus dans le bois avec elle ; mais cette idée était couverte d'un voile, et lorsque j'essayais de la soulever, je n'avais plus d'autre perception que celle des battements impétueux de ma poitrine et de mes tempes.

Edmée fit un geste d'impatience. « Ces bois sont maudits ; je m'y égare toujours, » dit-elle. Et sans doute elle pensa au jour funeste où elle avait été emportée loin de la chasse et conduite à la Roche-Mauprat ; car j'y pensai aussi, et les images qui s'offrirent à mon cerveau me causèrent une sorte de vertige. Je suivis machinalement Edmée vers la rivière. Tout à coup je la vis à l'autre bord. Je fus pris de fureur en voyant que son cheval était plus agile et plus courageux que le mien ; car celui-ci, pour se risquer dans le gué, qui était assez mauvais, des difficultés durant lesquelles Edmée prit encore sur moi de l'avance. Je mis les flancs de mon cheval en sang ; et quand, après avoir failli être renversé plusieurs fois, je me trouvai sur la rive, je me lançai à la poursuite d'Edmée avec une colère aveugle. Je l'atteignis, et je pris la bride de sa jument en m'écriant :

— Arrêtez-vous, Edmée, je le veux ! Vous n'irez pas plus loin. »

En même temps je secouai si rudement les rênes que son cheval se révolta. Elle perdit l'équilibre, et, pour ne pas tomber, elle sauta légèrement entre nos deux chevaux, au risque d'être blessée. Je fus à terre presque aussitôt qu'elle, et je repoussai vivement les chevaux. Celui d'Edmée, qui était fort doux, s'arrêta et se mit à brouter. Le mien s'emporta et disparut. Tout cela fut l'affaire d'un instant.

J'avais reçu Edmée dans mes bras ; elle se dégagea, et me dit avec sécheresse :

— Vous êtes fort brutal, Bernard, et je déteste vos manières. À qui en avez-vous ?

Troublé, confus, je lui dis que je croyais que sa jument prenait le mors aux dents, et que je craignais qu'il ne lui arrivât malheur en s'abandonnant de la sorte à l'ardeur de la course.

« Et pour me sauver vous me faites tomber, au risque de me tuer, répondit-elle. Cela est fort obligeant, en vérité.

— Laissez-moi vous remettre sur votre cheval, » lui dis-je. Et sans attendre sa permission je la pris dans mes bras et je l'enlevai de terre.

« Vous savez fort bien que je ne monte pas à cheval ainsi, s'écria-t-elle tout à fait irritée. Laissez-moi, je n'ai pas besoin de vos services. »

Mais il ne m'était plus permis d'obéir. Ma tête se perdait ; mes bras se crispaient autour de la taille d'Edmée, et c'était en vain que j'essayais de les en détacher ; mes lèvres effleurèrent son sein malgré moi ; elle pâlit de colère.

« Que je suis malheureux, disais-je avec des yeux pleins de larmes, que je suis malheureux de t'offenser toujours et d'être haï de plus en plus à mesure que je t'aime davantage ! »

Edmée était de nature impérieuse et violente. Son caractère, habitué à la lutte, avait pris avec les années une énergie inflexible. Ce n'était plus la jeune fille tremblante, fortement inspirée, mais plus ingénieuse que téméraire à la défense, que j'avais serrée dans mes bras à la Roche-Mauprat ; c'était une femme intrépide et fière, qui se fût laissé égorger plutôt que de permettre une espérance audacieuse. D'ailleurs, c'était la femme qui se sait aimée avec passion et qui connaît sa puissance. Elle me repoussa donc avec dédain, et, comme la suivais avec égarement, elle leva sa cravache sur moi, et me menaça de me tracer une marque d'ignominie sur le visage si j'osais toucher seulement à son étrier.

Je tombai à genoux en la suppliant de ne pas me quitter ainsi sans me pardonner. Elle était déjà à cheval, et, regardant autour d'elle pour retrouver son chemin, elle s'écria :

« Il ne me manquait plus que de revoir ces lieux détestés ! Voyez, monsieur, voyez où nous sommes ! »

Je regardai à mon tour, et vis que nous étions à la lisière du bois, sur le bord ombragé du petit étang de Gazeau. À deux pas de nous, à travers le bois épaissi depuis le départ de Patience, j'aperçus la porte de la tour qui s'ouvrait comme une bouche noire derrière le feuillage verdoyant.

Je fus pris d'un nouveau vertige, il y eut en moi une lutte terrible des deux instincts. Qui expliquera le mystère qui s'accomplit dans le cerveau de l'homme, alors que l'âme est aux prises avec les sens et qu'une partie de son être cherche à étouffer l'autre ? Dans une organisation comme la mienne, cette lutte devait être affreuse, croyez-le bien ; et n'imaginez pas que la volonté joue un rôle secondaire chez les natures emportées ; c'est une sotte habitude que de dire à un homme épuisé dans de semblables combats : « Vous auriez dû vous vaincre. »

XXII.

Comment vous expliquerai-je ce qui se passa en moi à l'aspect inattendu de la tour Gazeau ? Je ne l'avais vue que deux fois dans ma vie ; deux fois elle avait été le témoin des scènes les plus douloureusement émouvantes, et ces scènes n'étaient rien encore auprès de ce qui m'était destiné à cette troisième rencontre ; il est des lieux maudits !

Il me sembla voir encore, sur cette porte demi-brisée, le sang des deux Mauprat qui l'avait arrosée. Leur criminelle et tragique destinée me fit rougir des instincts de violence que je sentais en moi-même. J'eus horreur de ce que j'éprouvais, et je compris pourquoi Edmée ne m'aimait pas. Mais, comme s'il y avait eu dans ce déplorable sang des éléments de sympathique fatalité, je sentais la force effrénée de mes passions grandir en raison de l'effort de ma volonté pour les vaincre. J'avais terrassé toutes les autres intempérances ; il n'en restait en moi presque plus de traces. J'étais sobre, j'étais, sinon doux et patient, du moins affectueux et sensible ; je concevais au plus haut point les lois de l'honneur et le respect de la dignité d'autrui ; mais l'amour était le plus redoutable de mes ennemis, car il se rattachait à tout ce que j'avais acquis de moralité et de délicatesse ; c'était le lien entre l'homme ancien et l'homme nouveau, lien indissoluble et dont le milieu m'était presque impossible à trouver.

Debout devant Edmée, qui s'apprêtait à me laisser seul et à pied, furieux de la voir m'échapper pour la dernière fois, car, après l'offense que je venais de lui faire, jamais, sans doute, elle ne braverait le danger d'être seule avec moi, je la regardais d'une manière effrayante. J'étais pâle, mes poings se contractaient ; je n'avais qu'à vouloir, et la plus faible de mes étreintes l'eût arrachée de son cheval, terrassée, livrée à mes désirs. Un moment d'abandon à mes instincts farouches, et je pouvais assouvir, éteindre, par la possession d'un instant, le feu qui me dévorait depuis sept années ! Edmée n'a jamais su quel péril son honneur a couru dans cette minute d'angoisses ; j'en garde un éternel remords ; mais Dieu seul en sera juge, car je triomphai, et cette pensée de mal fut la dernière de ma vie. À cette pensée d'ailleurs se borna tout mon crime ; le reste fut l'ouvrage de la fatalité.

Saisi d'effroi, je tournai brusquement le dos, et, tordant mes mains avec désespoir, je m'enfuis par le sentier qui m'avait amené, sans savoir où j'allais, mais comprenant qu'il fallait me soustraire à ces tentations dangereuses. Le jour était brûlant, l'odeur des bois enivrante ; leur aspect me ramenait au sentiment de ma vie sauvage : il fallait fuir ou succomber. Edmée m'ordonnait, d'un geste impérieux, de m'éloigner de sa présence. L'idée de tout autre danger que celui qu'elle courait avec moi ne pouvait, en cet instant, se présenter à ma pensée ni à la sienne ; je m'enfonçai dans le bois. Je n'avais pas franchi l'espace de trente pas qu'un coup de feu partit du lieu où je laissais Edmée. Je m'arrêtai glacé d'épouvante sans savoir pourquoi, car au milieu d'une battue un coup de fusil n'était pas chose étrange ; mais j'avais l'âme si lugubre que rien ne pouvait me sembler indifférent. J'allais retourner sur mes pas et rejoindre Edmée, au risque de l'offenser encore, lorsqu'il me sembla entendre un gémissement humain du côté de la tour Gazeau. Je m'élançai et puis je tombai sur mes genoux, comme foudroyé par mon émotion. Il me fallut quelques minutes pour triompher de ma faiblesse ; mon cerveau était plein d'images et de bruits lamentables, je ne distinguais plus l'illusion de la réalité ; en plein soleil je marchais à tâtons parmi les arbres. Tout à coup je me trouvai face à face avec l'abbé ; il était inquiet, il cherchait Edmée. Le chevalier ayant été se placer avec sa voiture au passage du *lancer*, et n'ayant pas vu sa fille parmi les chasseurs, avait été saisi de crainte. L'abbé s'était jeté à la hâte dans les bois, et bientôt retrouvant la trace de nos chevaux, il venait s'informer de ce que nous étions devenus. Il avait entendu le coup de feu, mais sans en être effrayé. En me voyant pâle, les cheveux en désordre, l'air égaré, sans cheval et sans fusil (j'avais laissé tomber le mien à l'endroit où je m'étais à demi évanoui, et je n'avais pas songé à le relever), il fut aussi épouvanté que moi, et sans savoir, plus que moi-même, à quel propos. « Edmée! me dit-il, où est Edmée? » Je lui répondis des paroles sans suite. Il fut si consterné de me voir ainsi, qu'il m'accusa d'un crime en lui-même, comme il me l'a plus tard avoué.

« Malheureux enfant! me dit-il en me secouant fortement le bras pour me rappeler à moi-même, de la prudence, du calme, je vous en supplie!... »

Je ne le comprenais pas, mais je l'entraînai vers l'endroit fatal. O spectacle ineffaçable! Edmée était étendue par terre, roide et baignée dans son sang. Sa jument broutait l'herbe à quelques pas de là. Patience était debout auprès d'elle les bras croisés sur sa poitrine, la face livide, et le cœur tellement gonflé qu'il lui fut impossible de répondre à l'abbé, qui l'interrogeait avec des sanglots et des cris. Pour moi, je ne pus comprendre ce qui se passait. Je crois que mon cerveau, déjà troublé par les émotions précédentes, se paralysa entièrement. Je m'assis par terre à côté d'Edmée, dont la poitrine était frappée de deux balles. Je regardai ses yeux éteints, dans un état de stupidité absolue.

« Éloignez ce misérable! dit Patience à l'abbé en me jetant un regard de mépris; le pervers ne se corrige pas. — Edmée! Edmée! s'écria l'abbé en se jetant sur l'herbe et en s'efforçant d'étancher le sang avec son mouchoir. — Morte! morte! dit Patience, et voilà le meurtrier! Elle l'a dit en rendant à Dieu son âme sainte, et c'est Patience qui sera le vengeur! C'est bien dur; mais ce sera!..... Dieu l'a voulu, puisque je me suis trouvé là pour entendre la vérité. — C'est horrible! c'est horrible! » criait l'abbé.

J'entendais le son de cette dernière syllabe, et je souriais d'un air égaré en la répétant comme un écho.

Des chasseurs accoururent. Edmée fut emportée. Je crois que son père m'apparut debout et marchant. Je ne saurais, au reste, affirmer que ce ne fût pas une vision mensongère (car je n'avais conscience de rien, et ces moments affreux n'ont laissé en moi que des souvenirs vagues, semblables à ceux d'un rêve), si on ne m'eût assuré que le chevalier sortit de sa calèche sans l'aide de personne, qu'il marcha et qu'il agit avec autant de force et de présence d'esprit qu'un jeune homme. Le lendemain il tomba dans un état complet d'enfance et d'insensibilité, et ne se releva plus de son fauteuil.

Que se passa-t-il quant à moi? Je l'ignore. Quand je repris ma raison, je m'aperçus que j'étais dans un autre endroit de la forêt auprès d'une petite chute d'eau, dont j'écoutais machinalement le murmure avec une sorte de bien-être. Blaireau dormait à mes pieds, et son maître, debout contre un arbre, me regardait attentivement. Le soleil couchant glissait des lames d'or rougeâtre parmi les tiges élancées des jeunes frênes; les fleurs sauvages semblaient me sourire; les oiseaux chantaient mélodieusement. C'était un des plus beaux jours de l'année.

« Quelle magnifique soirée! dis-je à Marcasse. Ce lieu est aussi beau qu'une forêt de l'Amérique. Eh bien! mon vieil ami, que fais-tu là? Tu aurais dû m'éveiller plus tôt; j'ai fait des rêves affreux. »

Marcasse vint s'agenouiller auprès de moi; deux ruisseaux de larmes coulaient sur ses joues sèches et bilieuses. Il y avait sur son visage, si impassible d'ordinaire, une expression ineffable de pitié, de chagrin et d'affection.

« Pauvre maître! disait-il; égarement, maladie de tête, voilà tout. Grand malheur! mais fidélité ne guérit pas. Éternellement avec vous, quand il faudrait mourir avec vous. »

Ses larmes et ses paroles me remplirent de tristesse; mais c'était le résultat d'un instinct sympathique aidé encore de l'affaiblissement de mes organes, car je ne me rappelais rien. Je me jetai dans ses bras en pleurant comme lui, et il me tint serré contre sa poitrine avec une effusion vraiment paternelle. Je pressentais bien que quelque affreux malheur pesait sur moi; mais je craignais de savoir en quoi il consistait; et pour rien au monde je n'eusse voulu l'interroger.

Il me prit par le bras et m'emmena à travers la forêt. Je me laissai conduire comme un enfant, et puis je fus pris d'un nouvel accablement, et il fut forcé de me laisser encore assis pendant une demi-heure. Enfin il me releva et réussit à m'emmener à la Roche-Mauprat, où nous arrivâmes fort tard. Je ne sais ce que j'éprouvai dans la nuit. Marcasse m'a dit que j'avais été en proie à un délire affreux. Il prit sur lui d'envoyer chercher au village le plus voisin un barbier qui me saigna dès le matin, et quelques instants après je repris ma raison.

Mais quel affreux service il me sembla qu'on m'avait rendu! *Morte! morte! morte!* c'était le seul mot que je pusse articuler. Je ne faisais que gémir et m'agiter sur mon lit. Je voulais sortir et courir à Sainte-Sévère. Mon pauvre sergent se jetait à mes pieds et se mettait en travers de la porte de ma chambre pour m'en empêcher. Il me disait alors pour me retenir des choses que je ne comprenais nullement, et je cédais à l'ascendant de sa tendresse et à mon propre épuisement sans pouvoir m'expliquer sa conduite. Dans une de ces luttes ma saignée se rouvrit, et je me remis au lit sans que Marcasse s'en aperçût. Je tombai peu à peu dans un évanouissement profond, et j'étais presque mort, lorsque, voyant mes lèvres bleues et mes joues violacées, il s'avisa de soulever mon drap et me trouva nageant dans une mare de sang.

C'était au reste ce qui pouvait m'arriver de plus heureux. Je demeurai plusieurs jours plongé dans un anéantissement où la veille différait peu du sommeil, et grâce auquel, ne comprenant rien, je ne souffrais pas.

Un matin, ayant réussi à me faire prendre quelques aliments et voyant qu'avec la force la tristesse et l'inquiétude me revenaient, il m'annonça avec une joie naïve et tendre qu'Edmée n'était pas morte et qu'on ne désespérait pas de la sauver. Ce fut pour moi un coup de foudre, car je ne pouvais encore à croire que cette affreuse aventure était l'ouvrage de mon délire. Je me mis à crier et à me tordre les bras d'une manière effrayante. Marcasse, à genoux près de mon lit, me suppliait de me calmer, et vingt fois il me répéta ces paroles qui me faisaient toujours l'effet des mots dépourvus de sens qu'on entend dans les rêves : « Vous ne l'avez pas fait exprès; je le sais bien, moi. Non, vous ne l'avez pas fait exprès. C'est un malheur, un fusil qui part dans la main, par hasard. — Allons, que veux-tu dire? m'écriai-je impatienté; quel fusil? quel hasard? pourquoi moi? — Ne savez-vous donc pas comment elle a été frappée, maître? » Je passai mes mains sur ma tête comme pour y ramener l'énergie de la vie, et, ne pouvant m'expliquer l'événement mystérieux qui en brisait tous les ressorts, je me crus fou et je restai muet, consterné, craignant de laisser échapper une parole qui pût faire constater la perte de mes facultés.

Enfin peu à peu je ressaisis mes souvenirs; je demandai du vin pour me fortifier, et à peine en eus-je bu quelques gouttes que toutes les scènes de la fatale journée se déroulèrent comme par magie devant moi. Je me souvins même des paroles que j'avais entendu prononcer à Patience aussitôt après l'événement. Elles étaient comme gravées dans cette partie de la mémoire qui garde le son des mots, alors même que sommeille celle qui sert à en pénétrer le sens. Un instant encore je fus incertain; je me demandai si mon fusil était parti entre mes mains au moment où je quittais Edmée. Je me rappelai clairement que je l'avais déchargé une heure auparavant sur une huppe dont Edmée avait envie de voir de près le plumage; et, puis, lorsque le coup qui l'avait frappée s'était fait entendre, mon fusil était dans mes mains, et je ne l'ai jeté par terre que quelques instants après; ce ne pouvait donc être cette arme qui fût partie en tombant. D'ailleurs, j'étais beaucoup trop loin d'Edmée dans ce moment pour que, même en supposant une fatalité incroyable, le coup l'atteignît. Enfin je n'avais pas eu de la journée une seule balle sur moi, et il était impossible que mon fusil se trouvât chargé à mon insu, puisque je ne l'avais pas ôté de la bandoulière depuis que j'avais tué la huppe.

Bien sûr donc que je n'étais pas la cause de l'accident funeste; il me restait à trouver une explication à cette catastrophe foudroyante. Elle m'embarrassa moins que personne ; je pensai qu'un tirailleur maladroit avait pris, à travers les branches, le cheval d'Edmée pour une bête fauve, et je ne songeai pas à accuser qui que ce fût d'assassinat volontaire ; seulement je compris que j'étais accusé moi-même. J'arrachai la vérité à Marcasse. Il m'apprit que le chevalier et toutes les personnes qui faisaient partie de la chasse avaient attribué ce malheur à un accident fortuit, à une arme qui s'était, à mon grand désespoir, déchargée lorsque mon cheval m'avait renversé ; car on pensait que j'avais été jeté par terre. Telle était à peu près l'opinion que chacun émettait. Dans les rares paroles qu'Edmée pouvait prononcer elle répondait affirmativement à ces commentaires. Une seule personne m'accusait, c'était Patience ; mais il m'accusait en secret et sous le sceau du serment auprès de ses deux amis, Marcasse et l'abbé Aubert. « Je n'ai pas besoin, ajouta Marcasse, de vous dire que l'abbé garde un silence absolu et se refuse à vous croire coupable. Quant à moi, je puis vous jurer que jamais... — Tais-toi, tais-toi, lui dis-je, ne me dis pas même cela, ce serait supposer que quelqu'un sur la terre peut le croire. Mais Edmée a dit quelque chose d'inouï à Patience au moment où elle a expiré ; car elle est morte, tu veux en vain m'abuser ; elle est morte, je ne la verrai plus ! — Elle n'est pas morte ! » s'écria Marcasse. Et il me fit des serments qui me convainquirent ; car je savais qu'il eût fait de vains efforts pour mentir ; tout son être se fût mis en révolte contre ses charitables intentions. Quant aux paroles d'Edmée, il se refusa franchement à me les rapporter, et je compris par là qu'elles étaient accablantes. Alors je m'arrachai de mon lit, je repoussai inexorablement Marcasse qui voulait me retenir. Je fis jeter une couverture sur le cheval du métayer et je partis au grand galop. J'avais l'air d'un spectre quand j'arrivai au château. Je me traînai jusqu'au salon sans rencontrer personne que Saint-Jean, qui fit un cri de terreur en m'apercevant et qui disparut sans répondre à mes questions.

Le salon était vide. Le métier d'Edmée, enseveli sous la toile verte que sa main ne devait peut-être plus soulever, me fit l'effet d'une bière sous un linceul. Le grand fauteuil de mon oncle n'était plus dans le coin de la cheminée ; mon portrait, que j'avais fait faire à Philadelphie et que j'avais envoyé durant la guerre d'Amérique, avait été enlevé de la muraille. C'étaient des indices de mort et de malédiction.

Je sortis à la hâte de cette pièce et je montai l'escalier avec la hardiesse que donne l'innocence, mais avec le désespoir dans l'âme. J'allai droit à la chambre d'Edmée, et je tournai la clef aussitôt après avoir frappé. Mademoiselle Leblanc vint à ma rencontre, fit de grands cris et s'enfuit en cachant son visage dans ses mains, comme si elle eût vu paraître une bête féroce. Qui donc avait pu répandre d'affreux soupçons sur moi ? L'abbé avait-il été assez peu loyal pour le faire ? Je sus plus tard qu'Edmée, quoique ferme et généreuse dans ses instants lucides, m'avait accusé tout haut dans le délire.

Je m'approchai de son lit, et, en proie moi-même au délire, sans songer que mon aspect inattendu pouvait lui porter le coup de la mort, j'écartai les rideaux d'une main avide et je regardai Edmée. Jamais je n'ai vu une beauté plus surprenante. Ses grands yeux noirs avaient grandi encore de moitié et brillaient d'un éclat extraordinaire, quoique sans expression, comme des diamants. Ses joues tendues et décolorées, ses lèvres aussi blanches que ses joues, lui donnaient l'aspect d'une belle tête de marbre. Elle me regarda fixement, avec aussi peu d'émotion que si elle eût regardé un tableau ou un meuble, et, retournant un peu son visage vers la muraille, elle dit avec un sourire mystérieux : « *C'est la fleur qu'on appelle Edmea sylvestris.* »

Je tombai à genoux, je pris sa main, je la couvris de baisers, j'éclatai en sanglots ; elle ne s'aperçut de rien. Sa main immobile et glacée resta dans la mienne comme un morceau d'albâtre.

XXIII.

L'abbé entra et me salua d'un air sombre et froid, puis il me fit signe, et m'éloignant du lit : « Vous êtes un insensé ! me dit-il. Retournez chez vous, ayez la prudence de ne pas venir ici ; c'est tout ce qui vous reste à faire. — Et depuis quand, m'écriai-je transporté de fureur, avez-vous le droit de me chasser du sein de ma famille ? — Hélas ! vous n'avez plus de famille, répondit-il avec un accent de douleur qui me désarma. D'un père et d'une fille il ne reste plus que deux fantômes chez qui la vie morale est éteinte et que la vie physique va bientôt abandonner. Respectez les derniers instants de ceux qui vous ont aimé. — Et comment puis-je témoigner mon respect et ma douleur en les abandonnant ? répondis-je atterré. — A cet égard, dit l'abbé, je ne veux et ne dois rien vous dire, car vous savez que votre présence est ici une témérité et une profanation. Partez. Quand *ils ne seront plus* (ce qui ne peut tarder), si vous avez des droits sur cette maison, vous y reviendrez, et vous ne m'y trouverez certainement pas pour vous les contester ou pour vous les confirmer. En attendant, comme je ne connais pas ces droits, je crois pouvoir prendre sur moi de faire respecter jusqu'au bout ces deux saintes agonies. — Malheureux ! m'écriai-je, je ne sais à quoi tient que je ne te mette en pièces ! Quel abominable caprice te pousse à me retourner vingt fois le poignard dans le sein ? Crains-tu que je survive à mon malheur ? Ne sais-tu pas que trois cercueils sortiront ensemble de cette maison ? Crois-tu que je vienne chercher ici autre chose qu'un dernier regard et une dernière bénédiction ? — Dites un dernier *pardon*, répondit l'abbé d'une voix sinistre et avec un geste d'inexorable condamnation. — Je dis que vous êtes fou ! m'écriai-je, et que, si vous n'étiez pas un prêtre, je vous briserais dans ma main pour la manière dont vous me parlez. — Je vous crains peu, monsieur, me répondit-il. M'ôter la vie serait me rendre un grand service ; mais je suis fâché que vous confirmiez par vos menaces et votre emportement les accusations qui pèsent sur votre tête. Si je vous voyais touché de repentir, je pleurerais avec vous ; mais votre assurance me fait horreur. Jusqu'ici je n'avais vu en vous qu'un fou furieux ; aujourd'hui je crois voir un scélérat. Retirez-vous. »

Je tombai sur un fauteuil, suffoqué de rage et de douleur. Un instant, j'espérai que j'allais mourir. Edmée expirante à côté de moi, et en face de moi un juge saisi d'une telle conviction que, de doux et timide qu'il était par nature, il se faisait rude et implacable ! La perte de celle que j'aimais me précipitait vers le désir de la mort ; mais l'accusation horrible qui pesait sur moi réveillait mon énergie. Je ne pouvais croire qu'une telle accusation tint un seul instant contre l'accent de la vérité. Je m'imaginai qu'il suffirait d'un regard et d'un mot de moi pour la faire tomber ; mais je me sentais si consterné, si profondément blessé, que ce moyen de défense m'était refusé ; et plus l'opprobre du soupçon s'appesantit sur moi, plus je compris qu'il est presque impossible de se défendre avec succès quand on n'a pour soi que la fierté de l'innocence méconnue.

Je restais accablé sans pouvoir proférer une parole. Il me semblait qu'une voûte de plomb me pesait sur le crâne. La porte se rouvrit, et mademoiselle Leblanc, s'approchant de moi d'un air haineux et guindé, me dit qu'une personne qui était sur l'escalier demandait à me parler. Je sortis machinalement et je trouvai Patience qui m'attendait, les bras croisés, dans son attitude la plus austère et avec une expression de visage qui m'eût commandé le respect et la crainte si j'eusse été coupable.

« Monsieur de Mauprat, dit-il, il est nécessaire que j'aie avec vous un entretien particulier ; voulez-vous bien me suivre jusque chez moi ?

— Oui, je le veux, répondis-je. Je supporterai toutes les humiliations, pourvu que je sache ce qu'on veut de moi et pourquoi l'on se plaît à outrager le plus infortuné des hommes. Marche, Patience, et va vite, je suis pressé de revenir ici.

Patience marcha devant moi d'un air impassible, et, quand nous fûmes arrivés à sa maisonnette, nous vîmes mon pauvre sergent qui venait d'arriver aussi à la hâte. Ne trouvant pas de cheval pour me suivre et ne voulant pas me quitter, il était venu à pied, et si vite qu'il était baigné de sueur. Il se releva néanmoins avec vivacité du banc sur lequel il s'était jeté sous le berceau de vigne, pour venir à notre rencontre.

« Patience! s'écria-t-il d'un ton dramatique qui m'eût fait sourire s'il m'eût été possible d'avoir une lueur de gaieté dans de tels instants... Vieux fou!... Calomniateur à votre âge?... Fi! monsieur...... perdu par la fortune... vous l'êtes... oui. »

Patience, toujours impassible, leva les épaules et dit à son ami:

« Marcasse, vous ne savez ce que vous dites. Allez vous reposer au bout du verger. Vous n'avez rien à faire ici, et je ne puis parler qu'à votre maître. Allez, je le veux, » ajouta-t-il en le poussant de la main avec une autorité à laquelle le sergent, quoique fier et chatouilleux, céda par instinct et par habitude.

Quand nous fûmes seuls, Patience entra en matière et procéda à un interrogatoire que je résolus de subir afin d'obtenir plus vite moi-même l'éclaircissement de ce qui se passait autour de moi.

« Voulez-vous bien, monsieur, me dit-il, m'apprendre ce que vous comptez faire maintenant? — Je compte rester dans ma famille, répondis-je, tant que j'aurai une famille, et, quand je n'aurai plus de famille, ce que je ferai n'intéresse personne. — Mais, monsieur, reprit Patience, si on vous disait que vous ne pouvez pas rester dans votre famille sans porter le coup de la mort à l'un ou à l'autre de ses membres, vous obstineriez-vous à y rester? — Si j'étais convaincu qu'il en fût ainsi, répondis-je, je ne me montrerais pas devant eux; j'attendrais au seuil de leur porte, ou le dernier jour de leur vie ou celui de leur rétablissement pour leur redemander une tendresse que je n'ai pas cessé de mériter... — Ah! nous en sommes là! dit Patience avec un sourire de mépris. Je ne l'aurais pas cru. Au reste, j'en suis bien aise, c'est plus clair. — Que voulez-vous dire? m'écriai-je. Parlez, misérable! expliquez-vous. — Il n'y a ici que vous de *misérable*, » répondit-il froidement en s'asseyant sur son unique escabeau, tandis que je restais debout devant lui.

Je voulais à tout prix qu'il s'expliquât. Je me contins, j'eus même l'humilité de dire que j'écouterais un bon conseil s'il consentait à me répéter les paroles qu'Edmée avait prononcées aussitôt après l'événement, et celles qu'elle disait encore aux heures de la fièvre.

« Non, certes, répondit Patience avec dureté; vous n'êtes pas digne d'entendre un mot de cette bouche, et ce ne sera pas moi qui vous les redirai. Qu'avez-vous besoin de les savoir? Espérez-vous cacher désormais quelque chose aux hommes? Dieu vous a vu, il n'y a pas de secret pour lui. Partez, restez à la Roche-Mauprat, tenez-vous tranquille, et, quand votre oncle sera mort et vos affaires réglées, quittez le pays. Si vous m'en croyez même, quittez-le dès à présent. Je ne veux pas vous faire poursuivre, à moins que vous ne m'y forciez par votre conduite. Mais d'autres que moi ont, sinon la certitude, du moins le soupçon de la vérité. Avant qu'il soit deux jours, un mot dit au hasard dans le public, l'indiscrétion d'un domestique, peuvent éveiller l'attention de la justice, et de là à l'échafaud, quand on est coupable, il n'y a qu'un pas. Je ne vous haïssais point, j'ai même eu de l'amitié pour vous; croyez donc ce bon conseil que vous vous dites disposé à recevoir. Partez, ou vous-tenez caché et prêt à fuir. Je ne voudrais pas votre perte, Edmée ne la voudrait pas non plus... ainsi... Entendez-vous? — Vous êtes insensé de croire que j'écouterai un semblable conseil. Moi, me cacher! moi, fuir comme un coupable! n'y songez pas! Allez, allez, je vous brave tous. Je ne sais quelle fureur et quelle haine vous rongent, vous liguent contre moi; je ne sais pourquoi vous voulez m'empêcher de voir mon oncle et ma cousine; mais je méprise vos folies. Ma place est ici, je ne m'en éloignerai que sur l'ordre formel de ma cousine ou de mon oncle, et encore faudra-t-il que j'entende cet ordre sortir de leur bouche; car je ne me laisserai transmettre d'avis par aucun étranger. Ainsi donc, merci de votre sagesse, monsieur Patience, la mienne ici suffira. Je vous salue. »

Je m'apprêtais à sortir de la chaumière, lorsqu'il s'élança au-devant de moi, et un instant je le vis disposé à employer la force pour me retenir. Malgré son âge avancé, malgré ma grande taille et ma force athlétique, il était encore capable de soutenir une lutte de ce genre peut-être avec avantage. Petit, voûté, large des épaules, c'était un Hercule.

Il s'arrêta pourtant au moment où il levait le bras sur moi, et, saisi d'un de ces accès de vive sensibilité auxquels il était sujet dans les moments de sa plus grande rudesse, il me regarda d'un air attendri et me parla avec douceur: « Malheureux! me dit-il, toi que j'ai aimé comme mon enfant, car je te regardais comme le frère d'Edmée, je t'en supplie au nom de celle que tu as assassinée et que tu aimes encore, je le sais, mais que tu ne peux plus revoir. Crois-moi, ta famille était hier encore un vaisseau superbe dont tu tenais le gouvernail; aujourd'hui, c'est un vaisseau échoué qui n'a plus ni voile ni pilote; il faut que les mousses fassent la manœuvre, comme dit l'ami Marcasse. Eh bien! mon pauvre naufragé, ne vous obstinez pas à vous noyer; je vous tends la corde, prenez-la; un jour de plus et il sera trop tard. Songez que, si la justice s'empare de vous, celui qui essaie aujourd'hui de vous sauver sera obligé demain de vous accuser et de vous condamner. Ne me forcez pas à faire une chose dont la seule pensée m'arrache des larmes. Bernard, vous avez été aimé, mon enfant, vivez encore aujourd'hui sur le passé. »

Je fondis en larmes, et le sergent, qui rentra en cet instant, se mit à pleurer aussi et à me supplier de retourner à la Roche-Mauprat. Mais bientôt je me relevai, et, les repoussant: « Je sais que vous êtes des hommes excellents, leur dis-je; vous êtes généreux et vous m'aimez bien, puisque, me croyant souillé d'un crime effroyable, vous songez encore à me sauver la vie. Mais rassurez-vous, mes amis, je suis pur de ce crime, et je désire au contraire qu'on cherche des éclaircissements qui m'absoudront, soyez-en sûrs. Je dois à ma famille de vivre jusqu'à ce que mon honneur soit réhabilité. Ensuite, si je suis condamné à voir périr ma cousine, comme je n'ai qu'elle à aimer sur la terre, je me ferai sauter la cervelle. Pourquoi donc serais-je accablé? Je ne tiens pas à la vie. Que Dieu rende douces et sereines les dernières heures de celle à qui je ne survivrai certainement pas! c'est tout ce que je lui demande.

Patience secoua la tête d'un air sombre et mécontent. Il était si convaincu de mon crime, que toutes mes dénégations m'aliénaient sa pitié. Marcasse m'aimait quand même; mais il n'avait pour garant de mon innocence que moi seul au monde.

« Si vous retournez au château, vous allez jurer ici de ne pas rentrer dans la chambre de votre cousine ou de votre oncle sans l'autorisation de l'abbé! s'écria Patience. — Je jure que je suis innocent, répondis-je, et que je ne me laisserai convaincre de crime par personne. Arrière tous deux! laissez-moi, Patience, si vous croyez qu'il soit de votre devoir de me dénoncer, allez, faites-le; tout ce que je désire, c'est qu'on ne me condamne pas sans m'entendre; j'aime mieux le tribunal des lois que celui de l'opinion. »

Je m'élançai hors de la chaumière et je retournai au château. Cependant, ne voulant pas faire d'esclandre devant les valets, et sachant bien qu'on ne pourrait me cacher le véritable état d'Edmée, j'allai m'enfermer dans la chambre que j'habitais ordinairement.

Mais au moment où j'en sortais, vers le soir, pour savoir des nouvelles des deux malades, mademoiselle Leblanc me dit de nouveau qu'on me demandait dehors. Je remarquai sur son visage une double expression de satisfaction et de peur. Je compris qu'on venait m'arrêter, et je pressentis (ce qui était vrai) que mademoiselle Leblanc m'avait dénoncé. Je me mis à la fenêtre, je vis dans la cour les cavaliers de la maréchaussée. « C'est bien, dis-je, il faut que mon destin s'accomplisse. »

Mais avant de quitter, pour toujours peut-être, cette maison où je laissais mon âme, je voulus revoir Edmée pour la dernière fois. Je marchai droit à sa chambre. Mademoiselle Leblanc voulut se jeter en travers de la porte; je la poussai si rudement qu'elle tomba, et se fit, je crois, un peu de mal. Elle remplit la maison de ses cris, et fit grand bruit plus tard, dans les débats, de ce qu'il lui plaisait d'appeler une tentative d'assassinat sur sa personne. J'entrai donc chez Edmée; j'y trouvai l'abbé et le médecin. J'écoutai en silence ce que disait celui-ci. J'appris que les blessures n'étaient pas mortelles par elles-mêmes, qu'elles ne seraient même pas très-graves, si une violente irritation du cerveau ne compliquait le mal et ne faisait craindre le tétanos. Ce mot affreux tomba sur moi comme un arrêt de mort. A la suite de blessures reçues à la guerre, j'avais vu en Amérique beaucoup de personnes mourir de cette terrible maladie. Je m'approchai du lit. L'abbé était si consterné qu'il ne songea point à m'en empêcher. Je pris la main d'Edmée, toujours insensible et froide. Je la baisai une dernière fois, et, sans dire un seul mot aux autres personnes, j'allai me livrer à la maréchaussée.

XXIV.

Je fus immédiatement enfermé dans la prison de la prévôté, à La Châtre; le lieutenant-criminel au bailliage d'Issoudun prit en main l'assassinat de mademoiselle de Mauprat, et obtint permission de faire publier monitoire le lendemain. Il se rendit au village de Sainte-Sévère et dans les fermes des environs du bois de la Curat, où l'événement s'était passé, et reçut les dépositions de plus de trente témoins. Je fus décrété de prise de corps huit jours après mon arrestation. Si j'avais eu l'esprit assez libre, ou si quelqu'un se fût intéressé à moi, cette infraction à la loi et beaucoup d'autres, qui eurent lieu durant le procès, auraient pu être hardiment invoquées en ma faveur, et eussent prouvé qu'une haine cachée présidait aux poursuites. Dans tout le cours de l'affaire, une main invisible dirigea tout avec une célérité et une âpreté implacables.

La première instruction n'avait produit qu'une seule charge contre moi, celle de mademoiselle Leblanc. Tandis que tous les chasseurs déclaraient ne rien savoir et n'avoir aucune raison de regarder cet accident comme un meurtre volontaire, mademoiselle Leblanc, qui me tenait de longue main pour quelques plaisanteries que je m'étais permises sur son compte, et qui d'ailleurs avait été gagnée, comme on l'a su depuis, déclara qu'Edmée, au sortir de son premier évanouissement, étant sans fièvre et raisonnant fort bien, lui avait confié, en lui recommandant le secret, qu'elle avait été insultée, menacée, jetée à bas de son cheval, et enfin assassinée par moi. Cette méchante fille, s'emparant des révélations qu'Edmée avait faites dans la fièvre, composa assez habilement un récit complet, et l'embellit de toutes les richesses de sa haine. Dénaturant les paroles vagues et les impressions délirantes de sa maîtresse, elle affirma par serment qu'Edmée m'avait vu diriger le canon de ma carabine sur elle en disant : « *Je te l'ai promis, tu ne mourras que de ma main.* »

Saint-Jean, interrogé le même jour, déclara ne rien savoir que ce que mademoiselle Leblanc lui avait raconté dans la soirée, et son récit fut exactement conforme à la déposition précédente. Saint-Jean était un honnête homme, mais froid et borné. Par amour de la ponctualité, il n'omit aucun des renseignements oiseux qui pouvaient être mal interprétés contre moi. Il assura que j'avais toujours été bizarre, brouillon, fantasque; que j'étais sujet à des maux de tête durant lesquels je ne me connaissais plus; qu'en proie plusieurs fois déjà à des crises nerveuses, j'avais parlé de sang et de meurtre à une personne que je croyais toujours voir : enfin que j'étais d'un caractère tellement emporté que j'étais *capable de jeter n'importe quoi à la tête d'une personne, quoique pourtant je ne me fusse jamais porté*, à sa connaissance, *à aucun excès de ce genre*. Telles sont souvent les dépositions qui décident de la vie et de la mort en matière criminelle.

Patience fut introuvable le jour de cette enquête. L'abbé déclara qu'il avait des idées si incertaines sur l'événement, qu'il subirait toutes les peines infligées aux témoins récalcitrants plutôt que de s'expliquer avant un plus ample informé. Il engagea le lieutenant-criminel à lui donner du temps, promettant sur l'honneur de ne pas se dérober à l'action de la justice, et représentant qu'il pouvait acquérir au bout de quelques jours, par l'examen des choses, une conviction quelconque; et en ce cas il s'engageait à s'expliquer nettement, soit pour, soit contre moi. Ce délai fut accordé.

Marcasse dit que, si j'étais l'auteur des blessures de mademoiselle de Mauprat, ce dont il commençait à douter beaucoup, j'en étais du moins l'auteur involontaire. Il engageait son honneur et sa vie sur cette assertion.

Tel fut le résultat de la première information. Elle fut continuée à plusieurs reprises les jours suivants, et plusieurs faux témoins affirmèrent qu'ils m'avaient vu assassiner mademoiselle de Mauprat, après avoir vainement essayé de la faire céder à mes désirs.

Un des plus funestes moyens de l'ancienne procédure était le monitoire; on appelait ainsi un avertissement par voie de prédication, lancé par l'évêque et proclamé par tous les curés, aux habitants de leur paroisse, enjoignant de rechercher et de révéler tous les faits qui viendraient à leur connaissance sur le crime dont on informait. Ce moyen était un reflet adouci du principe inquisitorial qui régnait plus ouvertement dans d'autres contrées. La plupart du temps, le monitoire, institué d'ailleurs pour perpétuer au nom de la religion l'esprit de délation, était un chef-d'œuvre d'atrocité ridicule; on y supposait souvent le crime et toutes les circonstances imaginaires que la passion des plaignants avait besoin de prouver; c'était la publication d'un thème tout fait sur lequel, pour gagner quelque argent, le premier coquin venu pouvait faire une déposition mensongère dans l'intérêt du plus offrant... Le monitoire avait pour effet inévitable, quand la rédaction en était partiale, de soulever contre l'accusé l'opinion publique. Les dévots surtout, recevant du clergé leur opinion toute faite, poursuivaient la victime avec acharnement, et c'est ce qui eut lieu pour moi, d'autant plus que le clergé de la province joua en ceci un autre rôle occulte qui faillit décider de mon sort.

L'affaire, portée en cour criminelle au présidial de Bourges, fut instruite en très-peu de jours.

Vous pouvez imaginer le sombre désespoir auquel je fus en proie. Edmée était dans un état de plus en plus déplorable, sa raison était complètement égarée. J'étais sans inquiétude sur l'issue du procès; je ne pensais pas qu'il fût possible d'en convaincre d'un crime que je n'avais pas commis : mais que m'importaient l'honneur et la vie si Edmée ne devait pas retrouver la faculté de me réhabiliter vis-à-vis d'elle-même? Je la considérais comme morte, morte en me maudissant! Aussi, j'étais irrévocablement décidé à me tuer aussitôt après mon arrêt, quel qu'il fût. Je m'imposais comme un devoir de subir la vie jusque-là, et de faire ce qui serait nécessaire pour le triomphe de la vérité; mais j'étais accablé d'une telle stupeur que je ne m'informais pas même de ce qu'il y avait à faire. Sans l'esprit et le zèle de mon avocat, sans le dévouement admirable de Marcasse, mon incurie m'eût abandonné au sort le plus funeste.

Marcasse passait toutes ses journées à courir et à s'employer pour moi. Le soir il venait se jeter sur une botte de paille au pied de mon lit de sangle; et, après m'avoir donné des nouvelles d'Edmée et de mon oncle qu'il allait voir tous les jours, il me racontait le résultat de ses démarches. Je lui serrais la main avec tendresse; mais la plupart du temps, absorbé par ce qu'il venait de me dire sur Edmée, je ne l'entendais point sur le reste.

Cette prison de La Châtre, ancienne forteresse des Elevains de Lombaud, seigneurs de la province, ne consistait

Par le diable, monsieur, que venez-vous faire ici sous ce harnais-là. (Page 74.)

plus dès lors qu'en une formidable tour carrée, noircie par les siècles et plantée sur le roc au revers d'un ravin où l'Indre forme un vallon étroit, sinueux et riche de la plus belle végétation. La saison était magnifique. Ma chambre, placée au plus haut de la tour, recevait les rayons du soleil levant, qui projetait, d'un horizon à l'autre, les ombres grêles et gigantesques d'un triple rideau de peupliers. Jamais paysage plus riant, plus frais et plus pastoral ne s'offrit aux regards d'un prisonnier; mais de quoi pouvais-je jouir? Il y avait des paroles de mort et d'outrage dans toutes les brises qui passaient dans les violiers de la muraille crevassée. Chaque son rustique, chaque refrain de cornemuse qui montait vers moi, semblaient renfermer une insulte ou signaler un profond mépris pour ma douleur. Il n'y avait pas jusqu'au bêlement des troupeaux qui ne me parût l'expression de l'oubli et de l'indifférence.

Marcasse avait depuis quelque temps une idée fixe : il pensait qu'Edmée avait été assassinée par Jean de Mauprat. Cela pouvait être; mais, comme je n'avais à cet égard aucune probabilité à faire valoir, je lui imposai silence dès qu'il m'en parla. Il ne me convenait pas de chercher à me disculper aux dépens d'autrui. Quoique Jean de Mauprat fût capable de tout, il était possible que la pensée ne lui fût jamais venue de commettre ce crime, et, n'ayant pas entendu parler de lui depuis plus de six semaines, il me semblait qu'il y aurait eu de la lâcheté à l'inculper. Je persistais à croire qu'un des chasseurs de la battue avait tiré sur Edmée par mégarde, et qu'un sentiment de crainte et de honte l'empêchait d'avouer son malheur. Marcasse eut le courage d'aller voir tous ceux qui avaient pris part à cette chasse, et de les supplier, avec toute l'éloquence dont le ciel l'avait doué, de ne pas craindre le châtiment d'un meurtre involontaire, et de ne pas laisser charger un innocent à leur place. Toutes ces démarches furent sans résultat, et les réponses d'aucun des chasseurs ne purent laisser à mon pauvre ami l'espérance de trouver là une révélation du mystère qui nous enveloppait.

Je fus transféré à Bourges, dans l'ancien château des ducs de Berry, qui sert désormais de prison. Ce fut une grande douleur pour moi d'être séparé de mon fidèle sergent. On lui eût permis de me suivre; mais il craignait d'être arrêté bientôt à la suggestion de mes ennemis (car

Il ne me manquait plus que de revoir ces lieux maudits. (Page 78.)

il persistait à me croire poursuivi par des haines cachées), et de se trouver par là hors d'état de me servir. Il voulait donc ne pas perdre un instant pour continuer ses recherches tant qu'on ne l'*appréhenderait pas au corps*.

Deux jours après mon installation à Bourges, Marcasse produisit un acte dressé à sa réquisition par deux notaires de La Châtre, par lequel, d'après les dépositions de dix témoins, on constatait qu'un frère mendiant avait rôdé, tous les jours antérieurs à celui de l'assassinat, dans la Varenne, paru sur divers points à des distances très-rapprochées, et notamment couché à Notre-Dame de Pouligny la veille de l'événement. Marcasse prétendait que ce moine était Jean de Mauprat; deux femmes déposèrent qu'elles avaient cru le reconnaître, soit pour Jean, soit pour Gaucher de Mauprat, qui lui ressemblait beaucoup. Mais ce Gaucher était mort noyé dans un étang, le lendemain de la prise du donjon, et toute la ville de La Châtre ayant vu, le jour de l'assassinat d'Edmée, le trappiste conduire, depuis le matin jusqu'au soir, avec le prieur des carmes, la procession et les offices au pèlerinage de Vaudevant, ces dépositions, loin de m'être favorables, firent le plus mauvais effet et jetèrent de l'odieux sur ma défense. Le trappiste fit victorieusement prouver son alibi, et le prieur des carmes l'aida à répandre que j'étais un infâme scélérat. Ce fut un temps de triomphe pour Jean de Mauprat; il disait hautement qu'il était venu se remettre à ses juges naturels pour subir la peine due à ses fautes passées, et personne ne voulait admettre la pensée de poursuivre un si saint homme. Le fanatisme qu'il inspirait dans notre province éminemment dévote était tel qu'aucun magistrat n'eût osé braver l'opinion publique en faisant sévir contre lui. Dans ses dépositions, Marcasse raconta l'apparition mystérieuse et inexplicable du trappiste à la Roche-Mauprat, ses démarches pour s'introduire auprès de M. Hubert et de sa fille, l'insolence qu'il avait eue d'aller les effrayer jusque dans leurs appartements, et les efforts du prieur des carmes pour obtenir de moi des sommes considérables en faveur de ce personnage. Toutes ces dépositions furent traitées comme un roman; car Marcasse avouait n'avoir été témoin d'aucune des apparitions du trappiste, et ni le chevalier ni sa fille n'étaient en état de témoigner. Mes réponses aux divers interrogatoires que je subis confirmèrent, il est vrai, ces récits; mais comme je déclarai avec une parfaite sincérité que depuis deux mois le trappiste ne m'avait donné aucun sujet d'inquiétude ou de mécontentement, et comme je me refusai à lui attribuer le meurtre, il sembla, pendant quelques jours, que le trappiste dût être à jamais réhabilité dans l'opinion publique. Mon peu d'animosité contre lui n'adoucit pourtant pas celle de mes juges. On usa des pouvoirs arbitraires qu'avait la magistrature des temps passés, surtout au fond des provinces, et on paralysa tous les moyens de mon avocat par une précipitation féroce. Plusieurs personnages de robe que je ne veux pas désigner se livrèrent sur mon compte, et publiquement, à des déclamations qui eussent dû les faire récuser au tribunal de la dignité et de la morale humaines. Ils intriguèrent auprès de moi pour m'amener à des révélations, et me promirent presque une arrêt favorable si j'avouais au moins avoir blessé mademoiselle de Mauprat par mégarde. Le mépris avec lequel je reçus ces ouvertures acheva de me les aliéner. Étranger à toute intrigue, dans un temps où la justice et la vérité ne pouvaient triompher sans l'intrigue, je fus la proie de deux ennemis redoutables, le clergé et la robe : le premier, que j'avais offensé dans la personne du prieur des carmes, et la seconde, dont j'étais haï à cause des prétendants qu'Edmée avait repoussés, et dont le plus rancuneux tenait de près au personnage le plus éminent du présidial.

Néanmoins quelques hommes intègres auxquels j'étais à peu près inconnu prirent intérêt à mon sort, en raison des efforts qui furent faits pour me rendre odieux. L'un d'eux, M. E..., qui ne manquait pas d'influence, car il était frère de l'intendant de la province et se trouvait en rapport avec tous les délégués, me servit, par les excellents avis qu'il ouvrit, pour jeter du jour sur cette affaire embarrassante.

Patience eût pu servir mes ennemis sans le vouloir, par la conviction où il était de ma culpabilité; mais il ne le voulait pas. Il avait repris sa vie errante dans les bois, et sans se cacher il était insaisissable. Marcasse était fort inquiet de ses intentions et ne comprenait rien à sa conduite. Les cavaliers de la maréchaussée étaient furieux de voir un vieillard se jouer d'eux sans sortir du rayon de quelques lieues de pays. Je pense qu'avec les habitudes et la constitution de ce vieillard il eût pu vivre des années dans la Varenne sans tomber entre leurs mains et sans éprouver le besoin de se rendre, que l'ennui et l'effroi de la solitude suggèrent, la plupart du temps, aux grands criminels eux-mêmes.

XXV.

Le jour des débats arriva. Je m'y rendis avec calme, mais l'aspect de la foule m'attrista profondément. Je n'avais là aucun appui, aucune sympathie. Il me semblait que c'eût été une raison pour trouver du moins cette apparence de respect que le malheur et l'état d'abandon réclament. Je ne vis sur tous les visages qu'une brutale et insolente curiosité. Des jeunes filles du peuple se récrièrent tout haut à mes oreilles sur ma bonne mine et ma jeunesse. Un grand nombre de femmes, appartenant à la noblesse et à la finance, étalaient aux tribunes de brillantes toilettes, comme s'il se fût agi d'une fête. Grand nombre de capucins montraient leur crâne rasé au milieu d'une populace qu'ils excitaient contre moi, et des rangs serrés de laquelle j'entendais sortir les appellations de brigand, d'impie et de bête farouche. Les hommes à la mode du pays se dandinaient aux bancs d'honneur et s'exprimaient sur ma passion en termes de ruelles. J'entendais et je voyais tout avec la tranquillité d'un profond dégoût de la vie, et comme un voyageur, arrivé au terme de sa course, voit avec indifférence et lassitude les agitations de ceux qui repartent pour un but plus lointain.

Les débats commencèrent avec cette solennité emphatique qui caractérise dans tous les temps l'exercice des fonctions de la magistrature. Mon interrogatoire fut court, malgré la quantité innombrable de questions qui me furent adressées sur toute ma vie. Mes réponses déjouèrent singulièrement les espérances de la curiosité publique et abrégèrent de beaucoup la séance. Je me renfermai dans trois réponses principales et dont le fond était invariable : 1° à toutes celles qui concernaient mon enfance et mon éducation, je répondis que je n'étais point sur le banc des accusés pour faire le métier d'accusateur; 2° à celles qui portèrent sur Edmée et sur la nature de mes sentiments et de mes relations avec elle, je répondis que le mérite et la réputation de mademoiselle de Mauprat ne permettaient pas même la plus simple question sur la nature de ses relations avec un homme quelconque ; que, quant à mes sentiments, je n'en devais compte à personne ; 3° à celles qui eurent pour but de me faire avouer mon prétendu crime, je répondis que je n'étais pas même l'auteur involontaire de l'accident. J'entrai par réponses monosyllabiques dans le détail des circonstances qui avaient précédé immédiatement l'événement ; mais sentant que je devais à Edmée autant qu'à moi-même de taire les mouvements tumultueux qui m'avaient agité, j'expliquai la scène à la suite de laquelle je l'avais quittée, par une chute de cheval, et l'éloignement où l'on m'avait trouvé de son corps gisant, par la nécessité où je m'étais cru de courir après mon cheval pour l'escorter de nouveau. Malheureusement tout cela n'était pas clair et ne pouvait pas l'être. Mon cheval avait couru dans le sens contraire à celui que je disais, et le désordre où l'on m'avait vu avant que j'eusse connaissance de l'accident n'était pas suffisamment expliqué par une chute de cheval. On m'interrogeait surtout sur cette pointe que j'avais faite dans le bois avec ma cousine, au lieu de suivre la chasse comme nous l'avions annoncé ; on ne voulait pas croire que nous nous fussions égarés, précisément guidés par la fatalité. On ne pouvait, disait-on, se représenter le hasard comme un être de raison, armé d'un fusil, attendant Edmée à point nommé à la tour Gazeau pour l'assassiner au moment où j'aurais le dos tourné pendant cinq minutes. On voulait que je l'eusse entraînée, soit par artifice, soit par force, en ce lieu écarté pour lui faire violence et lui donner la mort, soit par vengeance de n'y avoir pas réussi, soit par crainte d'être découvert et châtié de ce crime.

On fit entendre tous les témoins à charge et à décharge. À vrai dire, il n'y eut que Marcasse parmi ces derniers qu'on pût réellement considérer comme tel. Tous les autres affirmaient seulement qu'un moine, *ayant la ressemblance des Mauprat*, avait erré dans la Varenne à l'époque fatale, et qu'il avait même paru se cacher le soir qui suivit l'événement. On ne l'avait pas revu depuis. Ces dépositions, que je n'avais pas provoquées, et que je déclarai n'avoir pas personnellement invoquées, me causèrent beaucoup d'étonnement ; car je vis figurer parmi ces témoins les plus honnêtes gens du pays. Mais elles n'eurent de poids qu'aux yeux de M. E..., le conseiller qui s'intéressait réellement à la vérité. Il éleva la voix pour demander comment il se faisait que M. Jean Mauprat n'eût pas été sommé de se présenter pour être confronté avec ces témoins, puisque d'ailleurs il s'était donné la peine de faire constater son alibi par un de ses actes. Cette objection ne fut accueillie que par un murmure d'indignation. Les gens qui ne regardaient pas Jean Mauprat comme un saint n'étaient pourtant pas en petit nombre; mais ils étaient froids à mon égard et n'étaient venus là que pour assister à un spectacle.

L'enthousiasme des cagots fut au comble lorsque le trappiste, sortant tout à coup de la foule et baissant son capuchon d'une manière théâtrale, s'approcha hardiment de la barre en disant qu'il était un misérable pécheur digne de tous les outrages ; mais qu'en cette occasion, où la vérité était un devoir pour tous, il regardait comme obligé de donner l'exemple de la franchise et de la simplicité en s'offrant de lui-même à toutes les épreuves qui pourraient éclairer la conscience des juges. Il y eut des trépignements de joie et de tendresse dans l'auditoire. Le trappiste fut introduit dans l'enceinte de la cour et confronté avec les témoins, qui déclarèrent tous, sans hésiter, que le moine qu'ils avaient vu portait le même habit et avait un air de famille, une sorte de ressemblance éloignée avec celui-là, mais que ce n'était pas le même, et qu'il ne leur restait pas un doute à cet égard.

L'issue de cet incident fut un nouveau triomphe pour le trappiste. Personne ne se dit que les témoins avaient montré tant de candeur qu'il était difficile de croire qu'ils n'eussent point vu réellement un autre trappiste. Je me souvins en cet instant que, lors de la première entrevue de l'abbé avec Jean de Mauprat à la fontaine des Fougères, ce dernier lui avait touché quelques mots d'un sien *frère en religion* qui voyageait avec lui et qui avait passé la nuit à la ferme des Goulets. Je crus devoir communiquer cette réminiscence à mon avocat, et il alla en conférer tout bas avec l'abbé, qui était sur le banc des témoins et qui se rappela fort bien cette circonstance sans pouvoir y ajouter aucun renseignement subséquent.

Quand ce fut au tour de l'abbé à parler, il se tourna vers moi d'un air d'angoisse; ses yeux se remplirent de larmes, et il répondit aux questions de formalité avec trouble et d'une voix éteinte. Il fit un grand effort sur lui-même pour répondre sur le fond, et enfin il le fit en ces termes :

« J'étais dans le bois lorsque M. le chevalier Hubert de Mauprat me pria de descendre de voiture et d'aller voir ce qu'était devenue sa fille Edmée, qui s'était écartée de la chasse depuis un temps assez long pour lui causer de l'inquiétude. Je courus assez loin et trouvai à trente pas de la tour Gazeau M. Bernard dans un grand désordre. Je venais d'entendre un coup de feu. Je vis qu'il n'avait plus sa carabine; il l'avait jetée (déchargée, comme le fait a été constaté) à quelques pas de là. Nous courûmes ensemble jusqu'à mademoiselle de Mauprat que nous trouvâmes à terre percée de deux balles. L'homme qui nous avait devancés et qui était près d'elle en cet instant pourrait seul nous dire les paroles qu'il a pu recueillir de sa bouche. Elle était sans connaissance quand je la vis.

— Mais vous avez su ponctuellement ces paroles de cette personne, dit le président; car il existe, dit-on, une liaison d'amitié entre vous et ce paysan instruit qu'on appelle Patience. »

L'abbé hésita et demanda si les lois de la conscience n'étaient pas ici en contradiction avec les lois de la procédure; si des juges avaient le droit de demander à un homme la révélation d'un secret confié à sa loyauté et de le faire manquer à son serment.

« Vous avez fait serment ici, par le Christ, de dire la vérité, toute la vérité, lui répondit-on; c'est à vous de savoir si ce serment n'est pas plus solennel que tous ceux que vous avez pu faire précédemment.

— Mais si j'avais reçu cette confidence sous le sceau de la confession, dit l'abbé, vous ne m'exhorteriez certainement pas à la révéler.

— Il y a longtemps, dit le président, que vous ne confessez plus personne, monsieur l'abbé. »

A cette remarque inconvenante, il y eut de la gaieté sur le visage de Jean de Mauprat, une gaieté affreuse qui me le représenta tel qu'autrefois je l'avais vu se tordant de rire à la vue des souffrances et des pleurs.

L'abbé trouva dans le dépit que lui causa cette petite attaque personnelle la force qui lui eût manqué sans cela. Il resta quelques instants les yeux baissés. On le crut humilié; mais, au moment où il se redressa, on vit briller dans son regard la maligne obstination du prêtre. « Tout bien considéré, dit-il d'un ton fort doux, je crois que ma conscience m'ordonne de taire cette révélation, je la tairai. — Aubert, dit l'avocat du roi avec emportement, vous ignorez apparemment les peines portées par la loi contre les témoins qui se conduisent comme vous le faites. — Je ne les ignore pas, répondit l'abbé d'un ton plus doux encore. — Et sans doute votre intention n'est pas de les braver ? — Je les subirai s'il le faut, » repartit l'abbé avec un imperceptible accent de fierté et un maintien si parfaitement noble que toutes les femmes s'émurent. Les femmes sont d'excellents appréciateurs des choses délicatement belles. « C'est fort bien, reprit le ministère public. Persistez-vous dans ce système de silence ? — Peut-être, répondit l'abbé. — Nous direz-vous si, durant les jours qui ont suivi l'assassinat de mademoiselle de Mauprat, vous vous êtes trouvé à portée d'entendre les paroles qu'elle a proférées, soit dans le délire, soit dans la lucidité de ses idées ? — Je ne vous dirai rien de cela, répondit l'abbé. Il serait contre mes affections et contre toute convenance à mes yeux de redire des paroles qui, en cas de délire, ne prouveraient absolument rien, et, en cas d'idée lucide, n'auraient été prononcées que dans l'épanchement d'une amitié toute filiale. — C'est fort bien, dit l'avocat du roi en se levant; la cour sera par nous requise de délibérer sur votre refus de témoignage en joignant l'incident au fond. — Pour moi, dit le président, en attendant, et en vertu de mon pouvoir discrétionnaire, j'ordonne qu'Aubert soit arrêté et conduit en prison. »

L'abbé se laissa emmener avec une tranquillité modeste. Le public fut saisi de respect, et le plus profond silence régna dans l'assemblée, malgré les efforts et le dépit des moines et des curés, qui fulminaient tout bas contre l'hérétique.

Tous les témoins entendus (et je dois dire que ceux qu'on avait subornés jouèrent leur rôle très-faiblement en public), mademoiselle Leblanc comparut pour couronner l'œuvre. Je fus surpris de voir cette fille si acharnée contre moi et si bien dirigée dans sa haine. Elle avait d'ailleurs des armes bien puissantes pour me nuire. En vertu du droit d'écouter aux portes et de surprendre tous les secrets de famille que s'arrogent les laquais, habile d'ailleurs aux interprétations et féconde en mensonges, elle savait et arrangeait à sa guise la plupart des faits qu'elle pouvait invoquer pour ma perte. Elle raconta de quelle manière, sept ans auparavant, j'étais arrivé au château de Sainte-Sévère à la suite de mademoiselle de Mauprat, que j'avais soustraite à la grossièreté et à la méchanceté de mes oncles. (Cela soit dit, ajouta-t-elle en se tournant avec une grâce d'antichambre vers Jean de Mauprat, sans faire allusion au saint homme qui est dans cette enceinte, et qui de grand pécheur est devenu un grand saint.) Mais à quel prix, continua-t-elle en se retournant vers la cour, ce misérable bandit avait-il sauvé ma chère maîtresse ? Il l'avait déshonorée, messieurs; et toute la suite des jours de la pauvre demoiselle s'est passée dans les larmes et dans la honte, à cause de la violence qu'elle avait subie et dont elle ne pouvait pas se consoler. Trop fière pour confier son malheur à personne et trop honnête pour tromper aucun homme, elle a rompu avec M. de La Marche, qu'elle aimait *à la passion*, et qui l'aimait de même : elle a refusé toutes les demandes en mariage qui lui ont été faites pendant sept ans, et tout cela par point d'honneur, car elle détestait M. Bernard. Dans les commencements elle voulait le tuer; car elle avait fait aiguiser un petit couteau de chasse de son père, et (M. Marcasse est là pour le dire, s'il veut s'en souvenir) elle se serait tuée certainement si je n'avais jeté ce couteau dans le puits de la maison. Elle songeait aussi à se défendre contre les attaques nocturnes de son persécuteur; car elle mettait toujours ce couteau, tant qu'elle l'a eu, sous son oreiller; elle verrouillait tous les soirs la porte de sa chambre, et plusieurs fois je l'ai vue rentrer pâle et près de s'évanouir, tout essoufflée, comme une personne qui vient d'être poursuivie et d'avoir une grande frayeur. A mesure que ce monsieur a *pris de l'éducation* et des manières, mademoiselle, voyant qu'elle ne pouvait pas avoir d'autre mari, puisqu'il parlait toujours de tuer tous ceux qui se présenteraient, espéra qu'il *se corrigerait de sa férocité*, et lui montra beaucoup de douceur et de bonté. Elle le soigna même pendant sa maladie, non pas qu'elle l'aimât et l'*estimât* autant qu'il a plu à M. Marcasse de le dire dans sa *version*; mais elle craignait toujours que dans son délire il ne trahît devant les domestiques ou devant son père le secret de l'affront qu'il lui avait fait, et qu'elle avait grand soin de cacher par pudeur et par fierté. Toutes les dames qui sont ici doivent bien comprendre cela. Quand la famille fut passer l'hiver de 77 à Paris, M. Bernard redevint jaloux, despote, et fit tant de menaces de tuer M. de La Marche que mademoiselle fut forcée de congédier celui-ci. Après cela elle eut des scènes violentes avec Bernard, lui déclara qu'elle ne l'aimait pas et ne l'aimerait jamais. De colère et de chagrin, car on ne peut pas nier qu'il n'en fût amoureux *comme un tigre*, il partit pour l'Amérique, et, pendant les six ans qu'il y passa, ses lettres le montrèrent fort *amendé*. Quand il revint, mademoiselle avait pris son parti d'être vieille fille, et elle était redevenue très-tranquille. M. Bernard paraissait devenu, de son côté, assez *bon enfant*. Mais, à force de la voir tous les jours et d'être sans cesse appuyé sur le dos de son fauteuil, ou de lui dévider des écheveaux de laine, en lui parlant tout bas pendant que son père dormait, voilà qu'il en est redevenu si amoureux que la *tête lui en a parti*. Je ne veux pas trop l'accuser, le pauvre malheureux, et crois que sa place est aux Petites-Maisons plutôt qu'à la potence. Il criait et rugissait toute la nuit, et lui écrivait des lettres *si bêtes* qu'elle les lisait en souriant et les mettait dans sa poche sans y répondre. Au reste, en voici une que j'ai trouvée sur elle quand je l'ai déshabillée après le malheureux événement ; elle a été percée par une balle et tachée de sang, mais on peut encore en lire assez pour voir que *monsieur* avait souvent l'intention de tuer *mademoiselle*. »

Elle déposa sur le bureau un papier demi-brûlé, demi-sanglant, qui produisit sur les assistants un mouvement d'horreur, sincère chez quelques-uns, affecté chez beaucoup d'autres.

Avant qu'on le lût, elle acheva sa déposition, et la termina par des assertions qui me troublèrent profondément ; car je ne distinguais plus la limite entre la réalité et la perfidie. « Depuis son accident, dit-elle, mademoiselle a toujours été entre la vie et la mort. Elle n'en relèvera certainement pas, quoi qu'en disent messieurs les médecins. J'ose dire que ces messieurs, ne voyant la malade qu'à de certaines heures, ne connaissent pas sa maladie comme moi, qui ne l'ai pas quittée une seule nuit. Ils prétendent que les blessures vont bien, mais que la tête est dérangée. Je dis, moi, que les blessures vont mal, et que la tête va mieux qu'on ne dit. Mademoiselle déraisonne fort rarement, et, *si elle a à déraisonner*, c'est en présence de ces messieurs qui la troublent et l'effraient. Elle fait alors tant d'efforts pour ne pas sembler folle qu'elle le devient ; mais sitôt qu'on la laisse seule avec moi ou avec Saint-Jean, ou avec M. l'abbé, *qui a fort bien pu dire ce qui en est, s'il l'a voulu*, elle redevient calme, douce, sensée comme à l'ordinaire. Elle dit qu'elle souffre à en mourir, bien qu'elle prétende avec messieurs les médecins qu'elle ne souffre presque plus. Elle parle alors de son meurtrier avec la générosité qui convient à une chrétienne, et répète cent fois par jour : « Que Dieu lui pardonne dans l'autre vie comme je lui pardonne dans celle-ci ! *Après tout, il faut bien aimer une femme pour la tuer !* J'ai eu tort de ne pas l'épouser, il m'aurait peut-être rendue heureuse ; je l'ai porté au désespoir, et il s'est vengé de moi. Chère Leblanc, garde-toi de jamais trahir le secret que je te confie. Un mot indiscret le conduirait à l'échafaud, et mon père en mourrait ! » La pauvre demoiselle est loin d'imaginer que les choses en sont là, que je suis sommée par la loi et par la religion de dire ce que je voudrais taire, et qu'au lieu de venir chercher ici un appareil pour les douches, je suis venue confesser la vérité. Ce qui me console, c'est que tout cela sera facile à cacher à M. le chevalier, qui n'a pas plus sa tête que l'enfant qui vient de naître. Pour moi, j'ai fait mon devoir ; que Dieu soit mon juge ! »

Après avoir ainsi parlé avec une parfaite assurance et une grande volubilité, mademoiselle Leblanc se rassit au milieu d'un murmure approbateur, et on procéda à la lecture de la lettre trouvée sur Edmée.

C'était bien celle que je lui avais écrite quelques jours avant le jour funeste. On me la présenta ; je ne pus me défendre de porter à mes lèvres l'empreinte du sang d'Edmée ; puis ayant jeté les yeux sur l'écriture, je rendis la lettre en déclarant que calme était l'état de moi.

La lecture de cette lettre fut mon coup de grâce. La fatalité, qui semble ingénieuse à nuire à ses victimes, voulut (et peut-être une main infâme contribua-t-elle à cette mutilation) que les passages qui témoignaient de ma soumission et de mon respect fussent détruits. Certaines allusions poétiques qui expliquaient et excusaient les divagations exaltées furent illisibles. Ce qui sauta aux yeux et s'empara de toutes les convictions, ce furent les lignes restées intactes qui témoignèrent de la violence de ma passion et de l'emportement de mes délires. Ce furent des phrases telles que celle-ci : *J'ai parfois envie de me lever au milieu de la nuit et d'aller vous tuer ! Je l'aurais fait déjà cent fois, si j'étais assuré de ne plus vous aimer quand vous serez morte. Ménagez-moi ; car il y a deux hommes en moi, et quelquefois le brigand d'autrefois règne sur l'homme nouveau*, etc. Un sourire de délices passa sur les lèvres de mes ennemis. Mes défenseurs furent démoralisés, et mon pauvre sergent lui-même me regarda d'un air désespéré. Le public m'avait déjà condamné.

Après cet incident, l'avocat du roi eut beau jeu à déclamer un réquisitoire fulminant, dans lequel il me présenta comme un pervers incurable, comme un rejeton maudit d'une souche maudite, comme un exemple de la fatalité des méchants instincts ; et, après s'être évertué à faire de moi un objet d'horreur et d'épouvante, il essaya, pour se donner un air d'impartialité et de générosité, de provoquer en ma faveur la compassion des juges ; il voulut prouver que je n'étais pas maître de moi-même ; que ma raison, bouleversée dès l'enfance par des spectacles atroces et des principes de perversité, n'était pas complète, et n'aurait jamais pu l'être, quels qu'eussent été les circonstances et le développement des passions. Enfin, après avoir fait de la philosophie et de la rhétorique, au grand plaisir des assistants, il conclut contre moi à la peine d'interdiction et de réclusion à perpétuité.

Quoique mon avocat fût un homme de cœur et de tête, la lettre l'avait tellement surpris, l'auditoire était si mal disposé pour moi, la cour donnait publiquement de telles marques d'incrédulité et d'impatience en l'écoutant (habitude indécente qui s'est introduite sur les sièges de la magistrature de ce pays), que son plaidoyer fut pâle. Tout ce qu'il parut fondé à demander avec force fut un supplément d'instruction. Il se plaignit de ce que toutes les formalités n'avaient pas été remplies, de ce que la justice n'avait pas suffisamment éclairé toutes les parties de l'affaire, de ce qu'on se hâtait de juger une cause dont plusieurs circonstances étaient encore enveloppées de mystère. Il demanda que les médecins fussent appelés à s'expliquer sur la possibilité de faire entendre mademoiselle de Mauprat. Il démontra que la plus importante, la seule importante déposition était celle de Patience, et que Patience pouvait se présenter au premier jour et se disculper. Il demanda enfin qu'on fît des recherches pour retrouver le moine quêteur dont la ressemblance avec les Mauprat n'avait pas encore été expliquée et avait été affirmée par des témoins dignes de foi. Il fallait, selon lui, savoir ce qu'était devenu Antoine de Mauprat et faire expliquer le trappiste à cet égard. Il se plaignit hautement de ce qu'on l'avait privé de tous ces moyens de défense en refusant tout délai, et il eut la hardiesse de faire entendre qu'il y avait de mauvaises passions intéressées à la marche rapide d'une telle procédure. Le président le rappela à l'ordre ; l'avocat du roi répliqua victorieusement que toutes les formalités étaient remplies, que la cour était suffisamment éclairée, que la recherche du moine quêteur était une puérilité de mauvais goût, que Jean de Mauprat avait prouvé la mort de son dernier frère, arrivée depuis plusieurs années auparavant. La cour se retira pour délibérer, et au bout d'une demi-heure elle rentra, et rendit contre moi un arrêt qui me condamnait à la peine capitale.

XXVI.

Quoique la promptitude et la rigidité de cet arrêt fussent une chose inique et qui frappa de stupeur les plus acharnés contre moi, je reçus le coup avec un grand calme : je ne m'intéressais plus à rien sur la terre. Je recommandai à Dieu mon âme et la réhabilitation de ma mémoire. Je me dis que, si Edmée mourait, je me retrouverais dans un monde meilleur ; que, si elle me survivait et retrouvait la raison, elle arriverait un jour à l'éclaircissement de la vérité, et qu'alors je vivrais dans son cœur comme un souvenir cher et douloureux. Irritable comme je le suis, et toujours disposé à la fureur envers tout ce qui m'est obstacle ou offense, je m'étonne de la résignation philosophique et de la fierté silencieuse que j'ai trouvées dans les grandes occasions de ma vie, et surtout dans celle-ci.

Il était deux heures du matin. L'audience durait depuis quatorze heures. Un silence de mort planait sur l'assemblée, qui était aussi attentive, aussi nombreuse, qu'au commencement, tant les hommes sont avides de spectacles. Celui qu'offrait l'enceinte de la cour criminelle en cet instant était lugubre. Ces hommes en robe rouge, aussi pâles, aussi absolus, aussi implacables que le conseil des Dix à Venise; ces spectres de femmes coiffées de fleurs, que la lueur blafarde des flambeaux faisait ressembler à des souvenirs de la vie flottant dans les tribunes au-dessus des prêtres de la mort; les mousquets de la garde étincelant dans l'ombre des derniers plans; l'attitude brisée de mon pauvre sergent, qui s'était laissé tomber à mes pieds; la joie muette et puissante du trappiste, infatigablement debout auprès de la barre; le son lugubre d'une cloche de couvent qui se mit à sonner matines dans le voisinage, au milieu du silence de l'assemblée : c'était de quoi émouvoir les nerfs des femmes de fermiers généraux et faire battre les larges poitrines des corroyeurs du parterre.

Tout à coup, au moment où la cour allait se disperser et annoncer la levée de la séance, une figure en tout semblable à celle qu'on prête au paysan du Danube, trapue, en haillons, pieds nus, à la barbe longue, aux cheveux en désordre, au front large et austère, au regard imposant et sombre, se leva au milieu des mouvants reflets dont la foule était à demi éclairée, et se dressa devant la barre une voix creuse et accentuée : « Moi, Jean Le Houx, dit *Patience*, je m'oppose à ce jugement, comme inique quant au fond et illégal quant à la forme. Je demande qu'il soit révisé, afin que je puisse faire ma déposition, qui est nécessaire, souveraine peut-être, et qu'on aurait dû attendre.

— Et si vous aviez quelque chose à dire, s'écria l'avocat du roi avec passion, que ne vous présentiez-vous lorsque vous en avez été requis? Vous en imposez à la cour en prétendant que vous avez des motifs à faire valoir. — Et vous, répondit Patience d'un ton plus lent et d'une voix plus creuse encore qu'auparavant, vous en imposez au public en disant que je n'en ai pas. Vous savez bien que je dois en avoir. — Songez où vous êtes, témoin, et rappelez-vous à qui vous parlez. — Je le sais trop, et je ne dirai rien de trop. Je déclare ici que j'ai des choses importantes à dire, et que je les aurais dites à temps si vous n'aviez pas *violenté* le temps. Je veux les dire, et je les dirai; et croyez-moi, il vaut mieux que je les dise pendant qu'on peut encore revenir sur la procédure. Cela vaut mieux encore pour les juges que pour le condamné; car celui-là revit par l'honneur, au moment où les autres meurent par l'infamie.

— Témoin, dit le magistrat irrité, l'âcreté et l'insolence de votre langage seront plus nuisibles qu'avantageuses à l'accusé. — Et qui vous dit que je sois favorable à l'accusé? dit Patience d'une voix de tonnerre. Que savez-vous de moi? Et s'il me plaît de faire qu'un arrêt illégal et sans force devienne un arrêt puissant et irrévocable? — Comment accorder ce désir de faire respecter les lois, dit le magistrat, véritablement ébranlé par l'ascendant de Patience, avec l'infraction que vous avez commise contre elles en ne vous rendant pas à l'assignation du lieutenant-criminel? — Parce que je ne voulais pas. — Il y a des peines sévères contre ceux dont la volonté ne s'accorde pas toujours avec les lois du royaume. — Possible. — Venez-vous avec l'intention de vous y soumettre aujourd'hui? — Je viens avec celle de vous les faire respecter. — Je vous préviens que, si vous ne changez pas de ton, je vais vous faire conduire en prison. — Je vous préviens, que, si vous aimez la justice et si vous servez Dieu, vous m'entendrez et suspendrez l'exécution de l'arrêt. Il n'appartient pas à celui qui apporte la vérité de s'humilier devant ceux qui la cherchent. Mais vous qui m'entendez, hommes du peuple dont les grands ne voudraient sans doute pas se jouer, vous dont on appelle la voix *voix de Dieu*, joignez-vous à moi, embrassez la défense de la vérité qui va être étouffée peut-être sous de malheureuses apparences, ou bien qui va triompher par de mauvais moyens. Mettez-vous à genoux, hommes du peuple, mes frères, mes enfants; priez, suppliez, obtenez que justice soit faite et colère réprimée. C'est votre devoir, c'est votre droit et votre intérêt; c'est vous qu'on insulte et qu'on menace quand on viole les lois. »

Patience parlait avec tant de chaleur, et la sincérité éclatait en lui avec tant de puissance, qu'il y eut un mouvement sympathique dans tout l'auditoire. La philosophie était alors trop à la mode chez les jeunes gens de qualité pour que ceux-ci ne répondissent pas des premiers à un appel qui ne leur était pourtant pas adressé. Ils se levèrent avec une impétuosité chevaleresque et se tournèrent vers le peuple, qui se leva, entraîné par ce noble exemple. Il y eut une clameur furieuse, et chacun, sentant sa dignité et sa force, oublia les préventions personnelles pour se réunir dans le droit commun. Ainsi, quelquefois il suffit d'un noble élan et d'une parole vraie pour ramener les masses égarées par de longs sophismes.

Le sursis fut accordé, et je fus reconduit à ma prison au milieu des applaudissements. Marcasse me suivit. Patience se déroba à ma reconnaissance, et disparut.

La révision de mon jugement ne pouvait se faire que sur un ordre du grand conseil. Pour ma part, j'étais décidé, avant l'arrêt, à ne point me pourvoir auprès de cette chambre de cassation de l'ancienne jurisprudence; mais l'action et le discours de Patience n'avaient pas moins agi sur mon esprit que sur celui des spectateurs. L'esprit de lutte et le sentiment de la dignité humaine, engourdis et comme paralysés en moi par le chagrin, se réveillèrent soudainement, et je sentis à cette heure que l'homme n'est pas fait pour cette concentration égoïste du désespoir qu'on appelle ou l'abnégation, ou le stoïcisme. Nul ne peut abandonner le soin de son honneur sans abandonner le respect dû au principe de l'honneur. S'il est beau de sacrifier sa gloire personnelle et sa vie aux mystérieux arrêts de la conscience, c'est une lâcheté d'abandonner l'une et l'autre aux fureurs d'une injuste persécution. Je me sentis relevé à mes propres yeux, et je passai le reste de cette nuit importante à chercher les moyens de me réhabiliter, avec autant de persévérance que j'en avais mis à m'abandonner au destin. Avec le sentiment de la force je sentis renaître celui de l'espérance. Edmée n'était peut-être ni folle ni frappée de mort. Elle pouvait m'absoudre, elle pouvait guérir. « Qui sait? me disais-je, elle m'a peut-être déjà rendu justice, peut-être est-ce elle qui envoie Patience à mon secours; sans doute j'accomplirai son vœu en reprenant courage, en ne me laissant pas écraser par les fourbes. »

Mais comment obtenir cet ordre du grand conseil? Il fallait une ordonnance du roi; qui la solliciterait? Qui hâterait ces odieuses lenteurs que la justice sait apporter, quand il lui plait, dans les mêmes affaires où elle s'est jetée avec une précipitation aveugle? Qui empêcherait mes ennemis de me nuire et de paralyser tous mes moyens? Qui combattrait pour moi, en un mot? L'abbé seul aurait pu le faire, mais il était en prison à cause de moi. Sa généreuse conduite dans le procès m'avait prouvé qu'il était encore mon ami, mais son zèle était enchaîné. Que pouvait Marcasse dans son obscure condition et son langage énigmatique? Le soir vint, et je m'endormis avec l'espérance d'un secours céleste, car j'avais prié Dieu avec ferveur. Quelques heures de sommeil me rafraîchirent, et j'ouvris les yeux au bruit des verrous qu'on tirait derrière ma porte. Ô Dieu de bonté! quel fut mon transport en voyant Arthur, mon compagnon d'armes, cet autre moi-même pour lequel je n'avais pas eu un secret pendant six ans, s'élancer dans mes bras! Je pleurai comme un enfant en recevant cette marque d'amour de la Providence. Arthur ne m'accusait pas! il avait appris à Paris, où les intérêts scientifiques de la bibliothèque de Philadelphie l'avaient appelé, la triste affaire où j'étais inculpé. Il avait rompu des lances avec tous ceux qui me chargeaient, et il n'avait pas perdu un instant pour venir me sauver ou me consoler.

J'épanchai mon âme dans la sienne avec délices et lui dis ce qu'il pouvait faire pour moi. Il voulait prendre la poste dès le soir même pour Paris; mais je le priai de commencer par aller à Sainte-Sévère me chercher des nouvelles d'Edmée; il y avait quatre mortels jours que je n'en avais reçu, et Marcasse ne m'en avait d'ailleurs jamais donné d'aussi exactes et d'aussi détaillées que je les aurais voulues. « Rassure-toi, me dit Arthur, par moi tu sauras la vérité. Je suis assez bon chirurgien; j'ai le coup d'œil exercé, je pourrai te dire vraisemblablement ce que tu dois craindre ou espérer; de là, je partirai immédiatement pour Paris. » Il m'écrivit dès le surlendemain une lettre longue et détaillée.

Edmée était dans un état fort extraordinaire. Elle ne parlait pas et ne paraissait pas souffrir, tant qu'on se bornait à lui éviter toute espèce d'excitation nerveuse; mais, au premier mot qui pouvait réveiller la mémoire de ses douleurs, elle tombait en convulsion. L'isolement moral où elle se trouvait était le plus grand obstacle à sa guérison. Elle ne manquait de rien quant aux soins physiques; elle avait deux bons médecins et une garde-malade fort dévouée. Mademoiselle Leblanc la soignait aussi, sous ce rapport, avec beaucoup de zèle; mais cette fille dangereuse lui faisait souvent du mal par ses réflexions déplacées et ses interrogations indiscrètes. Arthur m'assura d'ailleurs que si jamais Edmée m'avait cru coupable et s'était expliquée à cet égard, ce devait être dans une phase précédente de sa maladie; car depuis au moins quinze jours elle était dans un état d'inertie complète. Elle sommeillait souvent, mais sans dormir tout à fait; elle digérait quelques breuvages gélatineux et ne se plaignait jamais; elle répondait par des signes nonchalants et toujours négatifs aux questions des médecins sur ses souffrances; elle n'exprimait par aucune signe le souvenir des affections qui avaient rempli sa vie. Sa tendresse pour son père, sentiment si profond et si puissant en elle, n'était pourtant pas éteint; elle versait souvent des larmes abondantes, mais alors elle paraissait n'entendre aucun son; c'était en vain qu'on essayait de lui faire comprendre que son père n'était pas mort, comme elle semblait le croire. Elle repoussait d'un geste suppliant, non le bruit (il ne semblait pas frapper son oreille), mais le mouvement qui se faisait autour d'elle, et, cachant son visage dans ses mains, s'enfonçant dans son fauteuil et roidissant ses genoux vers sa poitrine, elle semblait livrée à un désespoir sans remède. Cette muette douleur, qui ne se combattait plus elle-même et ne voulait plus être combattue; cette grande volonté, qui avait été capable de dompter les plus violents orages et qui s'en allait à la dérive sur une mer morte et par un calme plat, était, selon Arthur, le spectacle le plus douloureux qu'il eût jamais contemplé. Edmée semblait avoir rompu avec la vie. Mademoiselle Leblanc, pour l'éprouver et pour l'émouvoir, s'était grossièrement ingérée de lui dire que son père était mort; elle avait fait entendre par un signe de tête qu'elle le savait. Quelques heures plus tard, les médecins avaient essayé de lui faire comprendre qu'il était vivant; elle avait répondu par un autre signe qu'elle ne le croyait pas. On avait roulé le fauteuil du chevalier dans sa chambre, on les avait mis en présence l'un de l'autre; le père et la fille ne s'étaient pas reconnus. Seulement, au bout de quelques instants, Edmée, prenant son père pour un spectre, avait jeté des cris affreux et était tombée dans des convulsions qui avaient rouvert une de ses blessures et donné à craindre pour sa vie. On avait soin depuis ce moment de les tenir séparés et de ne prononcer, devant Edmée, aucune parole qui eût rapport à lui. Elle prenait Arthur pour un médecin du pays et l'avait reçu avec la même douceur et la même indifférence que les autres. Il n'avait pas osé essayer de lui parler de moi; mais il m'exhortait à ne pas désespérer. L'état d'Emée n'avait rien dont le temps et le repos ne pussent triompher; elle avait peu de fièvre, aucune des fonctions vitales de son être n'était réellement troublée; les blessures étaient à peu près guéries, et le cerveau ne paraissait pas devoir se désorganiser par un excès d'activité. L'affaiblissement où cet organe était tombé, la prostration de tous les autres organes, ne devaient pas lutter longtemps, selon Arthur, contre les ressources de la jeunesse et la puissance d'une admirable constitution. Il m'engageait enfin à songer à moi-même; je pouvais être utile à Edmée par mes soins et devenir heureux par le retour de son affection et de son estime.

Au bout de quinze jours, Arthur revint de Paris avec l'ordonnance du roi pour la révision de mon jugement. De nouveaux témoins furent entendus. Patience ne parut pas; mais je reçus de sa part un morceau de papier, avec ces mots d'une écriture informe : « *Vous n'êtes pas coupable, espérez donc.* » Les médecins affirmèrent que mademoiselle de Mauprat pouvait désormais être interrogée sans danger, mais que ses réponses n'auraient aucun sens. Elle allait mieux portante. Elle avait reconnu son père et ne le quittait plus. Mais elle ne comprenait rien à tout ce qui n'était pas lui. Elle paraissait éprouver un grand plaisir à le soigner comme un enfant, et, de son côté, le chevalier reconnaissait de temps en temps sa fille chérie; mais les forces de ce dernier décroissaient sensiblement. On l'interrogea dans un de ses moments lucides. Il répondit que sa fille était *effectivement* tombée de cheval, à la chasse, et s'était ouvert la poitrine sur une souche d'arbre; mais que personne n'avait tiré sur elle, même par mégarde, et qu'il fallait être fou pour croire son cousin capable d'un pareil crime. Ce fut tout ce qu'on put obtenir de lui. Quand on lui demanda ce qu'il pensait de l'absence de son neveu, il répondit que son neveu n'était point absent et qu'il le voyait tous les jours. Fidèle à son respect pour la réputation d'une famille, hélas! si compromise, voulut-il, par des mensonges enfantins, repousser les investigations de la justice? C'est ce que je n'ai jamais pu savoir. Edmée ne put être interrogée. A la première question qui lui fut adressée, elle haussa les épaules et fit signe qu'elle voulait être tranquille. Le lieutenant-criminel insistant et devenant plus explicite, elle le regarda fixement et parut s'efforcer de le comprendre. Il prononça mon nom, elle poussa un grand cri et tomba évanouie. Il fallut renoncer à l'entendre. Cependant Arthur ne désespéra point. Au contraire, le récit de cette scène lui fit penser qu'il pouvait s'opérer dans les facultés intellectuelles d'Edmée une crise favorable. Il repartit aussitôt et alla s'installer à Sainte-Sévère, où il resta plusieurs jours sans m'écrire, ce qui me jeta dans une grande anxiété.

L'abbé, interrogé de nouveau, persista dans ses refus calmes et laconiques.

Mes juges, voyant que les renseignements promis par Patience n'arrivaient pas, hâtèrent la révision de la procédure, et donnèrent, par une nouvelle précipitation, une nouvelle preuve de leur animosité contre moi. Le jour fixé arriva. J'étais dévoré d'inquiétude. Arthur m'avait écrit d'espérer, dans un style aussi laconique que Patience. Mon avocat n'avait pu saisir aucune bonne preuve à faire valoir. Je voyais bien qu'il commençait à me croire coupable. Il n'espérait obtenir que des délais.

XXVII.

L'auditoire fut encore plus nombreux que la première fois. La garde fut forcée aux portes du prétoire, et la foule envahit jusqu'aux fenêtres du manoir de Jacques Cœur, aujourd'hui l'Hôtel de Ville. J'étais fort troublé cette fois, quoique j'eusse la force et la fierté de n'en rien laisser paraître. Je m'intéressais désormais au succès de ma cause, et les espérances que j'avais conçues ne semblant pas devoir se réaliser, j'éprouvais un malaise indicible, une fureur concentrée, une sorte de haine contre ces hommes qui n'ouvraient pas les yeux sur mon innocence et contre le Dieu qui semblait m'abandonner.

Dans cet état violent, je fis un tel travail sur moi-même pour paraître calme, que je m'aperçus à peine de ce qui se passait autour de moi. Je retrouvai ma présence d'esprit pour répondre dans les mêmes termes que la première fois à mon nouvel interrogatoire. Puis un crêpe funèbre sembla s'étendre sur ma tête ; un anneau de fer me serrait le front, je sentais un froid de glace dans mes orbites, je ne voyais plus que moi-même, et je n'entendais que des bruits vagues et incompréhensibles. Je ne sais ce qui se passa ; je ne sais si l'on annonça l'apparition qui me frappa subitement. Je me souviens seulement qu'une porte s'ouvrit derrière le tribunal, qu'Arthur s'avança soutenant une femme voilée, qu'il lui ôta son voile après l'avoir fait asseoir sur un large fauteuil que les huissiers roulèrent vers elle avec empressement, et qu'un cri d'admiration remplit l'auditoire lorsque la beauté pâle et sublime d'Edmée lui apparut.

En ce moment, j'oubliai et la foule et le tribunal, et ma cause et l'univers entier. Je crois qu'aucune force humaine n'aurait pu s'opposer à mon élan impétueux. Je me précipitai comme la foudre au milieu de l'enceinte, et, tombant aux pieds d'Edmée, j'embrassai ses genoux avec effusion. On m'a dit que ce mouvement entraîna le public, et que presque toutes les dames fondirent en larmes. Les jeunes élégants n'osèrent railler ; les juges furent émus. La vérité eut un instant de triomphe complet.

Edmée me regarda longtemps. L'insensibilité de la mort était sur son visage. Il ne semblait pas qu'elle pût jamais me reconnaître. L'assemblée attendait dans un profond silence qu'elle exprimât sa haine ou son affection pour moi. Tout à coup elle fondit en larmes, jeta ses bras autour de mon cou, et perdit connaissance. Arthur la fit emporter aussitôt ; il eut de la peine à me faire retourner à ma place. Je ne savais plus où j'étais ni de quoi il s'agissait ; je m'attachais à la robe d'Edmée, je voulais la suivre. Arthur, s'adressant à la cour, demanda qu'on fît constater de nouveau l'état de la malade par les médecins qui l'avaient examinée dans la matinée. Il demanda et obtint qu'Edmée fût de nouveau appelée en témoignage et confrontée avec moi lorsque la crise qu'elle subissait en cet instant serait passée. « Cette crise n'est pas grave, dit-il ; mademoiselle de Mauprat en a éprouvé plusieurs du même genre ces jours derniers et pendant son voyage. A la suite de chacun de ces accès, ses facultés intellectuelles ont pris un développement de plus en plus heureux.

— Allez donner vos soins à la malade, dit le président. Elle sera rappelée dans deux heures si vous croyez que ce temps suffise pour mettre fin à son évanouissement. En attendant, la cour entendra le témoin à la requête duquel le premier jugement n'a point reçu d'exécution. »

Arthur se retira, et Patience fut introduit. Il était vêtu proprement ; mais, après avoir dit quelques paroles, il déclara qu'il lui était impossible de continuer si on ne lui permettait pas d'ôter son habit. Cette toilette d'emprunt le gênait tellement qu'il semblait qu'il suait à grosses gouttes. Il attendit à peine un signe d'adhésion, accompagné d'un sourire de mépris, que lui fit le président, pour jeter à terre ces insignes de la civilisation, et, abaissant avec soin les manches de sa chemise sur ses bras nerveux, il parla à peu près ainsi :

« Je dirai la vérité, toute la vérité. Je lève la main une seconde fois, car j'ai à dire des choses qui se contredisent et que je ne peux pas m'expliquer moi-même. Je jure devant Dieu et devant les hommes que je dirai ce que je sais, comme je le sais, sans être influencé pour ni contre personne. »

Il leva sa large main et se tourna vers le peuple avec une confiance naïve, comme pour lui dire : « Vous voyez tous que je jure, et vous savez que l'on peut croire en moi. » Cette confiance de sa part n'était pas mal fondée. On s'était beaucoup occupé, depuis l'incident du premier jugement, de cet homme extraordinaire qui avait parlé devant le tribunal avec tant d'audace et harangué le peuple en sa présence. Cette conduite inspirait beaucoup de curiosité et de sympathie à tous les démocrates et *Philadelphes*. Les œuvres de Beaumarchais avaient, auprès des hautes classes, un succès qui vous expliquera comment Figaro, en opposition avec toutes les puissances de la province, se trouvait soutenu et applaudi par tout ce qui se piquait d'un esprit élevé. Chacun croyait voir en lui Figaro sous une forme nouvelle. Le bruit de ses vertus privées s'était répandu ; car vous vous souvenez que, durant mon séjour en Amérique, Patience s'était fait connaître aux habitants de la Varenne et avait échangé sa réputation de sorcier contre celle de bienfaiteur. On lui avait donné le surnom de *grand-juge*, parce qu'il intervenait volontiers dans les différends, et les terminait à la satisfaction de chacun avec une bonté et une habileté admirables.

Il parla cette fois d'une voix haute et pénétrante ; il avait dans la voix plusieurs belles cordes. Son geste était lent ou animé selon la circonstance, toujours noble et saisissant ; sa figure courte et socratique était toujours belle d'expression. Il avait toutes les qualités de l'orateur, mais il ne mettait à les produire aucune vanité. Il parla d'une manière claire et concise qu'il avait acquise nécessairement dans son commerce récent avec les hommes et dans la discussion de leurs intérêts positifs.

« Quand mademoiselle de Mauprat reçut le coup, dit-il, j'étais à dix pas tout au plus ; mais le taillis est si épais dans cet endroit que je ne pouvais rien voir à deux pas de moi. On m'avait engagé à faire la chasse. Cela ne m'amusait guère. Me retrouvant près de la tour Gazeau, que j'ai habitée pendant vingt ans, j'eus envie de revoir mon ancienne cellule, et j'y arrivais à grands pas quand j'entendis le coup. Cela ne m'effraya pas du tout ; c'était si naturel qu'on fît du bruit dans une battue ! Mais quand je fus sorti du fourré, c'est-à-dire environ deux minutes après, je trouvai Edmée (pardonnez-moi, j'ai l'habitude de l'appeler comme cela ; je suis avec elle comme qui dirait une sorte de père nourricier), je trouvai Edmée à genoux par terre, blessée, ainsi qu'on vous l'a dit, et tenant encore la bride de son cheval qui se cabrait. Je ne savais pas si elle avait peu ou beaucoup de mal, mais elle avait son autre main sur sa poitrine et disait : *Bernard, c'est affreux ! je ne vous aurais jamais cru capable de me tuer. Bernard, où êtes-vous ? venez me voir mourir. Vous tuez mon père !* Elle tomba tout à fait en disant cela et lâcha la bride de son cheval. Je m'élançai vers elle. *Ah ! tu l'as vu, Patience ?* me dit-elle, *n'en parle pas, ne dis pas à mon père...* Elle étendit les bras, son corps se roidit ; je la crus morte, et elle ne parla plus que dans la nuit, après qu'on eut retiré les balles de sa poitrine.

— Vîtes-vous alors Bernard de Mauprat ?

— Je le vis sur le lieu de l'événement, au moment où Edmée perdit connaissance et sembla rendre l'âme ; il était comme fou. Je crus que c'était le remords qui l'accablait ; je lui parlai durement, je le traitai d'assassin. Il ne répondit rien et s'assit à terre auprès de sa cousine. Il resta là, abruti longtemps encore après qu'on l'eut emportée. Personne ne songea à l'accuser ; on pensait qu'il était tombé de cheval, parce qu'on voyait son cheval courir au bord de l'étang ; on crut que sa carabine s'était déchargée en tombant. M. l'abbé Aubert fut le seul qui entendit accuser M. Bernard d'avoir assassiné sa cousine. Les jours suivants Edmée parla ; mais ce ne fut pas toujours en ma présence, et d'ailleurs, depuis ce moment, elle eut presque toujours le délire. Je soutiens qu'elle n'a confié à personne (à mademoiselle Leblanc moins qu'à personne) ce qui s'était passé entre elle et M. de Mauprat avant le coup de fusil. Elle ne me l'a pas confié plus qu'aux autres. Dans les moments bien rares où elle avait sa tête, elle répondait à nos questions que certainement Bernard ne l'avait pas fait exprès, et plusieurs fois même, durant les trois premiers jours, elle demanda à le voir. Mais quand elle avait la fièvre, elle criait : *Bernard ! Bernard ! vous avez commis un grand crime, vous avez tué mon père !* C'était là son idée ; elle croyait réellement que son père était mort, et elle l'a cru longtemps. Elle a donc dit très-peu de chose que je sais avoir de la valeur. Tout ce que mademoiselle Leblanc lui a fait dire est faux. Au bout de trois jours elle a cessé de dire des paroles intelligibles, et au bout de huit jours sa maladie a tourné à un silence complet. Elle a chassé mademoiselle Leblanc depuis sept jours qu'elle a retrouvé sa raison, ce qui prouverait bien quelque chose contre cette fille de cham-

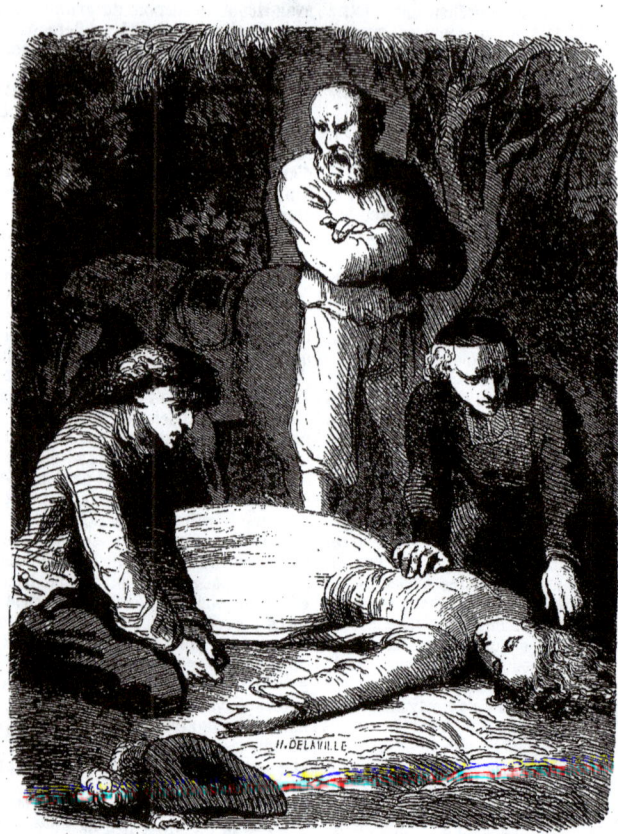

Edmée était étendue par terre, roide et baignée dans son sang. (Page 76.)

bre. Voilà ce que j'ai à dire contre M. de Mauprat. Il ne tenait qu'à moi de le taire; mais, ayant autre chose à dire encore, j'ai voulu révéler toute la vérité. »

Patience fit une pause; l'auditoire et la cour elle-même, qui commençait à s'intéresser à moi et à perdre l'âcreté de ses préventions, restèrent comme atterrés d'une déposition si différente de celle qu'on attendait.

Patience reprit la parole. « Je suis resté convaincu pendant plusieurs semaines, dit-il, du crime de Bernard. Et puis j'ai beaucoup réfléchi à cela; je me suis dit bien des fois qu'un homme aussi bon et aussi instruit que l'était Bernard, un homme dont Edmée faisait tant d'estime, et que M. le chevalier de Mauprat aimait comme son fils, un homme enfin qui avait tant d'idées sur la justice et sur la vérité, ne pouvait pas du jour au lendemain devenir un scélérat. Et puis il m'est venu l'idée que cela pouvait bien être quelque autre Mauprat qui eût fait le coup. Je ne parle pas de celui qui est trappiste, ajouta-t-il en cherchant dans l'auditoire Jean de Mauprat, qui n'y était pas; je parle de celui dont la mort n'a pas été constatée, quoique la cour ait cru devoir passer outre et en croire M. Jean de Mauprat sur parole.

— Témoin, dit le président, je vous ferai observer que vous n'êtes ici ni pour servir d'avocat à l'accusé, ni pour réviser les arrêts de la cour. Vous devez dire ce que vous savez du fait, et non ce que vous préjugez du fond de l'affaire. — Possible, répondit Patience. Il faut pourtant que je dise pourquoi je n'ai pas voulu témoigner la première fois contre Bernard, n'ayant à fournir que des preuves contre lui et n'ayant pas foi à ces preuves mêmes. — On ne vous le demande pas pour le moment. Ne vous écartez pas de votre déposition. — Un instant! j'ai mon honneur à défendre, j'ai ma propre conduite à expliquer, s'il vous plaît. — Vous n'êtes pas l'accusé, vous n'avez pas lieu à plaider votre propre cause. Si la cour juge à propos de vous poursuivre pour votre désobéissance, vous aviserez à vous défendre; mais il n'est pas question de cela maintenant. — Il est question de faire savoir à la cour si je suis un honnête homme ou un faux témoin. Pardon, il me semble que cela fait quelque chose à l'affaire; la vie de l'accusé en dépend; la cour ne peut pas regarder cela comme indifférent. — Parlez, dit l'avocat du roi, et tâchez de garder le respect que vous devez à la cour.

Il résista avec une force prodigieuse. (Page 93.)

— Je n'ai pas envie d'offenser la cour, reprit Patience, je dis seulement qu'un homme peut se soustraire aux ordres de la cour par des raisons de conscience que la cour peut condamner légalement, mais que chaque juge en particulier peut comprendre et excuser. Je dis donc que je n'ai pas senti en moi-même que Bernard de Mauprat fût coupable; mes oreilles seules le savaient; ce n'était pas assez pour moi. Excusez-moi, messieurs, je suis juge, moi aussi. Enquérez-vous de moi! dans mon village on m'appelle le *grand-juge*. Quand mes concitoyens me prient de prononcer sur une querelle de cabaret ou sur la limite d'un champ, je n'écoute pas tant leur sentiment que le mien. On a d'autres notions sur les gens qu'un fait tout court. Il y en a beaucoup d'autres qui servent à démontrer la vérité ou la fausseté du dernier qu'on leur impute. Ainsi ne pouvant croire que Bernard fût un assassin, et ayant entendu témoigner à plus de dix personnes, que je regarde comme incapables de faux serment, qu'un moine *fait en manière de Mauprat* avait couru le pays, ayant moi-même vu le dos et le froc de ce moine passer à Pouligny le matin de l'événement, j'ai voulu savoir s'il était dans la Varenne, et j'ai su qu'il y était encore; c'est-à-dire qu'après l'avoir quittée, il y était revenu aux environs du jugement du mois dernier, et, qui plus est, qu'il avait accointance avec M. Jean de Mauprat. Quel est donc ce moine? me disais-je; pourquoi sa figure fait-elle peur à tous les habitants du pays? Qu'est-ce qu'il fait dans la Varenne? S'il est du couvent des carmes, pourquoi n'en porte-t-il pas l'habit! S'il est de l'ordre de M. Jean, pourquoi n'est-il pas logé avec lui aux Carmes? S'il est quêteur, pourquoi, après avoir fait sa quête, ne va-t-il pas plus loin, plutôt que de revenir importuner les gens qui lui ont donné la veille? S'il est trappiste et qu'il ne veuille pas rester aux carmes comme l'autre, pourquoi ne retourne-t-il pas dans son couvent? Qu'est-ce donc que ce moine vagabond? et pourquoi M. Jean de Mauprat, qui a dit à plusieurs personnes ne pas le connaître, le connaît-il si bien qu'ils déjeunent de temps en temps ensemble, dans un cabaret à Crevant? J'ai donc voulu alors que ma déposition fût faite, même dût-elle nuire en partie à Bernard, afin d'avoir le droit de dire ce que je vous dis là, même quand cela ne servirait à rien. Mais comme, vous autres, vous ne donnez jamais le temps aux témoins de chercher à s'éclairer sur ce qu'ils ont à croire, je suis reparti tout de suite pour mes bois, où je vis à la manière des renards, me promettant de n'en pas sortir tant que je n'aurais pas découvert ce que ce moine fait dans le pays. Je me suis donc mis sur sa piste, et j'ai découvert ce qu'il est : il est l'assassin d'Edmée de Mauprat, il s'appelle Antoine de Mauprat. »

Cette révélation causa un grand mouvement dans la cour et dans l'auditoire. Tous les regards cherchèrent Jean de Mauprat, dont la figure ne parut point.

« Quelles sont vos preuves ? dit le président. — Je vais vous les dire, répondit Patience. Sachant par la cabaretière de Crevant, à qui j'ai eu occasion de rendre service, que les deux trappistes déjeunaient chez elle de temps en temps, comme je l'ai dit, j'ai été me loger à une demi-lieue de là, dans un ermitage qu'on appelle *le Trou aux Fades*, et qui est au milieu des bois, abandonné au premier venu, logis et mobilier. C'est une caverne dans le rocher, avec une grosse pierre pour s'asseoir et rien avec. Je vécus là deux jours de racines et d'un morceau de pain qu'on m'apportait de temps en temps du cabaret. Il n'est pas dans mes principes de demeurer dans un cabaret. Le troisième jour, le petit garçon de la cabaretière vint m'avertir que les deux moines allaient se mettre à table. J'y courus, et je me cachai dans un cellier qui touche au jardin. La porte de ce cellier était ombragée d'un pommier, sous lequel ces messieurs déjeunaient en plein air. M. Jean était sobre ; l'autre mangeait comme un carme et buvait comme un cordelier. J'entendis et je vis tout à mon aise. « Il est temps que cela finisse, disait Antoine, que je reconnus fort bien en le voyant boire et en l'entendant jurer ; je suis las du métier que vous me faites faire. Donnez-moi asile chez les carmes, ou je fais du bruit. — Et quel bruit pouvez-vous faire qui ne vous conduise à la roue, *lourde bête* ? lui répondit M. Jean ; soyez sûr que vous ne mettrez pas le pied aux carmes ; je ne me soucie pas de me voir inculpé dans un procès criminel ; car on vous découvrirait là au bout de trois heures. — Pourquoi donc, s'il vous plaît ? vous leur faites bien croire que vous êtes un saint ! — Je suis capable de me conduire comme un saint, et vous vous conduisez comme un imbécile. Est-ce que vous pouvez vous tenir une heure de jurer et de casser les pots après dîner ! — Dites donc, *Népomucène*, est-ce que vous espéreriez sortir de là bien net, si j'avais une affaire criminelle ? reprit l'autre. — Qui sait ? répondit le trappiste ; je n'ai point pris part à votre folie ni conseillé rien de ce genre. — Ah ! ah ! le bon apôtre ! s'écria Antoine en se renversant de rire sur sa chaise, vous en êtes bien content, à présent que cela est fait. Vous avez toujours été lâche, et sans moi vous n'auriez imaginé rien de mieux que d'aller vous faire trappiste, pour singer la dévotion et venir ensuite vous faire absoudre du passé, afin d'avoir le droit de tirer un peu d'argent aux *casse-têtes* de Sainte-Sévère. Belle ambition, ma foi ! que de crever sous un froc après s'être gêné toute sa vie, et n'avoir pris que la moitié de tous les plaisirs, encore en se cachant comme une taupe ! Allez, allez, quand on aura pendu le gentil Bernard, que la belle Edmonde sera morte, et que le vieux casse-cou aura rendu ses grands os à la terre, quand nous hériterons de cette jolie fortune-là, vous trouverez que c'est là un joli coup de Jarnac, se défaire de trois à la fois ! Il m'en coûtera bien un peu de faire le dévot, moi qui n'ai pas les habitudes du couvent et qui ne sais pas porter l'habit ; aussi je jetterai le froc aux orties, et je me contenterai de bâtir une chapelle à la Roche-Mauprat, et d'y communier quatre fois l'an. — Tout ce que vous avez fait là est une sottise et une infamie ! — Ouais ! ne parlez pas d'infamie, mon doux frère, ou je vais vous faire avaler cette bouteille toute cachetée. — Je dis que c'est une sottise, et que, si cela réussit, vous devez être une belle chandelle à la Vierge ; si cela ne réussit pas, je m'en lave les mains, entendez-vous ? Quand j'étais caché dans la chambre secrète du donjon, et que j'ai entendu Bernard conter à son valet, après souper, qu'il perdait l'esprit pour la belle Edmée, je vous ai dit en l'air qu'il y aurait là un joli coup à faire ; et, comme une brute, vous avez pris la chose au sérieux, vous avez été, sans me consulter et sans attendre un moment favorable, exécuter une chose qui voulait être pesée et mûrie. — Le moment favorable, cœur de lièvre que vous êtes ! et où donc l'aurais-je trouvé ? *L'occasion fait le larron.* Je me vois surpris par la chasse au milieu du bois ; je me cache dans la maudite tour Gazeau ; je vois arriver mes deux tourtereaux ; j'entends une conversation à crever de rire, Bernard larmoyant, la fille faisant la fière ; Bernard se retire comme un sot, sans avoir fait métier d'homme ; je me trouve sur moi, le bon Dieu sait comment, un scélérat de pistolet tout chargé. Paf... — Taisez-vous, bête sauvage ! dit l'autre effrayé, parle-t-on de ces choses-là dans un cabaret ? Tenez votre langue, malheureux ! ou je ne vous verrai plus. — Il faudra pourtant bien que vous me voyiez, mon doux frère, quand j'irai sonner et faire carillon à la porte des Carmes. — Vous n'y viendrez pas, ou je vous dénonce. — Vous ne me dénoncerez pas, car j'en sais trop long sur votre compte. — Je ne vous crains pas, j'ai fait mes preuves ; j'ai expié mes péchés. — Hypocrite ! — Allons, taisez-vous, insensé, dit l'autre ; il faut que je vous quitte. Voilà de l'argent. — *Tout cela !* — Que voulez-vous que vous donne un religieux ? Croyez-vous que je sois riche ? — Vos carmes le sont, et vous en faites ce que vous voulez. — Je pourrais vous donner plus, que je ne le ferais pas. Vous n'auriez pas plus tôt deux louis que vous feriez des débauches et un bruit qui vous trahiraient. — Et si vous voulez que je quitte le pays pour quelque temps, avec quoi voulez-vous que je voyage ? — Ne vous ai-je pas déjà donné trois fois de quoi partir, et n'êtes-vous pas revenu avoir bu tout ce que vous aviez dans le premier mauvais lieu à la frontière de la province ? Votre impudence me révolte, après les dépositions qu'on a faites contre vous, quand la maréchaussée a l'éveil, quand Bernard fait réviser son jugement, et que vous allez être découvert ! — Mon frère, c'est à vous d'y veiller ; vous menez les carmes, les carmes mènent l'évêque, Dieu sait pour quelle petite folie qui a été faite de compagnie, en grand secret, après souper dans leur couvent... »

Ici le président interrompit le récit de Patience.

« Témoin, dit-il, je vous rappelle à l'ordre ; vous outragez la vertu d'un prélat par le récit scandaleux d'une telle conversation.

— Nullement, répondit Patience, je rapporte les invectives d'un crapuleux et d'un assassin contre le prélat ; je n'en prends rien sur moi, et chacun ici sait le cas qu'il y a à en faire ; mais, si vous le voulez, je n'en dirai pas davantage sur ce sujet. Il y eut encore un assez long débat. Le vrai trappiste voulait faire partir le faux trappiste, et celui-ci s'obstinait à rester, disant que, s'il n'était pas sur les lieux, son frère le ferait arrêter aussitôt après que Bernard aurait la tête tranchée, afin d'avoir l'héritage à lui tout seul. Jean, poussé à bout, le menaça sérieusement de le dénoncer et de le livrer à la justice. « Baste ! vous vous en garderez bien, après tout, reprit Antoine, car, si Bernard est absous, adieu l'héritage ! »

« C'est ainsi qu'ils se séparent. Le vrai trappiste s'en alla fort soucieux, l'autre s'endormit les coudes sur la table. Je sortis de ma cachette pour procéder à son arrestation. C'est dans ce moment que la maréchaussée, qui est à mes trousses depuis longtemps pour me forcer à venir témoigner, me mit la main au collet. J'eus beau désigner le moine comme l'assassin d'Edmée, on ne voulut pas me croire, et on me dit qu'on n'avait pas d'ordre contre lui. Je voulais ameuter le village, on m'empêcha de parler ; on m'amena ici de brigade en brigade comme un déserteur, et depuis huit jours je suis au cachot sans qu'on daigne faire droit à mes réclamations. Je n'ai même pu voir l'avocat de M. Bernard et lui faire savoir que j'étais en prison ; c'est tout à l'heure seulement que le geôlier est venu me dire qu'il fallait endosser un habit et *comparoir*. Je ne sais pas si tout cela est dans les formes de la justice ; mais ce qu'il y a de certain, c'est que l'assassin aurait pu être arrêté et qu'il ne l'est pas, et qu'il ne le sera pas si vous ne vous assurez de la personne de M. Jean de Mauprat pour l'empêcher d'avertir, je ne dis pas son complice, mais son protégé. Je fais serment que dans tout ce que j'ai entendu M. Jean de Mauprat est à l'abri de tout soupçon de complicité; quant à l'action de laisser livrer à la rigueur des lois un innocent et de vouloir sauver un coupable au point de feindre sa mort par de faux témoignages et de faux actes... » Patience, voyant que le président allait encore l'interrompre, se hâta de terminer son discours en disant : « Quant à cela, messieurs, il appartient à vous et non à moi de le juger. »

XXVIII.

Après cette déposition importante, la cour suspendit pendant quelques instants la séance, et lorsqu'elle rentra, Edmée fut ramenée en sa présence. Pâle et brisée, pouvant à peine se traîner jusqu'au fauteuil qui lui était réservé, elle montra cependant une grande force et une grande présence d'esprit.

« Croyez-vous pouvoir répondre avec calme et sans trouble aux questions qui vont vous être adressées? lui dit le président. — Je l'espère, monsieur, répondit-elle. Il est vrai que je sors d'une maladie grave, et que j'ai recouvré depuis peu de jours seulement l'exercice de ma mémoire; mais je crois l'avoir très-bien recouvrée, et mon esprit ne ressent aucun trouble.

— Votre nom? — Solange-Edmonde de Mauprat, *Edmea sylvestris*, » ajouta-t-elle à demi-voix.

Je frissonnai. Son regard avait pris, en disant cette parole intempestive, une expression étrange. Je crus qu'elle allait divaguer plus que jamais. Mon avocat effrayé, me regarda d'un air d'interrogation. Personne autre que moi n'avait compris ces deux mots qu'Edmée avait pris l'habitude de répéter souvent dans les premiers et dans les derniers jours de sa maladie. Heureusement ce fut le dernier ébranlement de ses facultés. Elle secoua sa belle tête comme pour chasser des idées importunes; et le président lui ayant demandé compte de ces mots inintelligibles, elle répondit avec douceur et noblesse : « Ce n'est rien, monsieur; veuillez continuer mon interrogatoire.

— Votre âge, mademoiselle? — Vingt-quatre ans. — Vous êtes parente de l'accusé? — Sa tante à la mode de Bretagne. Il est mon cousin issu de germain et le petit-neveu de mon père. — Jurez-vous de dire la vérité, toute la vérité? — Oui, monsieur. — Levez la main. »

Edmée se retourna vers Arthur avec un triste sourire. Il lui ôta son gant et l'aida à élever son bras sans force et presque sans mouvement. Je sentis de grosses larmes couler sur mes joues.

Edmée raconta avec finesse et naïveté qu'étant égarée dans le bois avec moi elle avait été jetée à bas de son cheval par l'empressement plein de sollicitude que j'avais mis à la retenir, croyant qu'elle était emportée; qu'il s'en était suivi une petite altercation, à la suite de laquelle, par une *petite colère de femme assez niaise*, elle avait voulu remonter seule sur sa jument; qu'elle m'avait même dit des paroles dures, dont elle ne pensait pas un mot, car elle m'aimait comme son frère; que, profondément affligé de sa brusquerie, je m'étais éloigné de quelques pas pour lui obéir, et qu'au moment de me suivre, affligée qu'elle était elle-même de notre puérile querelle, elle avait senti une violente commotion à la poitrine, et qu'elle était tombée en entendant à peine la détonation. Il lui était impossible de dire de quel côté elle était tournée et de quel côté était parti le coup. « Voilà tout ce qui est arrivé, ajouta-t-elle; je suis la dernière personne en état de vous expliquer cet accident. Je ne puis en mon âme et conscience l'attribuer qu'à la maladresse d'un de nos chasseurs, qui aura craint de l'avouer. Les lois sont si sévères! et la vérité est si difficile à prouver!

— Ainsi, Mademoiselle, vous ne pensez pas que votre cousin soit l'auteur de cet attentat? — Non, monsieur, certainement non! Je ne suis plus folle, et je ne me serais pas laissé conduire devant vous si j'avais senti mon cerveau malade. — Vous semblez imputer à un état d'aliénation mentale les révélations que vous avez faites au bonhomme Patience, à mademoiselle Leblanc, votre gouvernante, et peut-être aussi à l'abbé Aubert. — Je n'ai fait aucune *révélation*, répondit-elle avec assurance, pas plus au digne Patience qu'au respectable abbé, et à la servante Leblanc. Si l'on appelle révélation les paroles dépourvues de sens qu'on dit dans la fièvre, il faut condamner à mort toutes les figures qui nous font peur dans les rêves. Quelle *révélation* aurais-je pu faire d'un fait que j'ignore! — Mais vous avez dit, au moment où vous avez reçu la blessure en tombant de votre cheval : *Bernard, Bernard, je ne vous aurais jamais cru capable de me tuer!* — Je ne me souviens pas d'avoir jamais dit cela; et quand je l'aurais dit, je ne concevrais pas l'importance qu'on peut attribuer aux impressions d'une personne frappée de la foudre et dont l'esprit est comme anéanti. Ce que je sais, c'est que Bernard de Mauprat donnerait sa vie pour mon père et pour moi, ce qui ne rend pas très-probable qu'il ait voulu m'assassiner. Et pour quelle raison, grand Dieu! »

Le président se servit alors, pour embarrasser Edmée, de tous les arguments que pouvaient lui fournir les dépositions de mademoiselle Leblanc. Il y avait de quoi la troubler en effet. Edmée, surprise de voir la justice en possession de tant de choses qu'elle croyait secrètes, reprit cependant courage et fierté lorsqu'on lui fit entendre, dans les termes brutalement chastes qu'on emploie devant les tribunaux en pareil cas, qu'elle avait été victime de ma grossièreté à la Roche-Mauprat. C'est alors que, prenant avec feu la défense de mon caractère et celle de son honneur, elle affirma que je m'étais conduit avec une loyauté bien supérieure à ce qu'on pouvait attendre encore de mon éducation. Mais il restait à expliquer toute la vie d'Edmée à partir de cette époque, la rupture de son mariage avec M. de La Marche, ses querelles fréquentes avec moi, son brusque départ pour l'Amérique, le refus qu'elle avait fait de se marier.

« Cet interrogatoire est une chose odieuse, dit-elle en se levant tout à coup et en retrouvant toutes ses forces physiques avec l'exercice de sa force morale. On me demande compte de mes plus intimes sentiments, on descend dans les mystères de mon âme, on tourmente ma pudeur, on s'arroge des droits qui n'appartiennent qu'à Dieu. Je vous déclare que, s'il s'agissait ici de ma vie et non de celle d'autrui, vous ne m'arracheriez pas un mot de plus. Mais, pour sauver la vie du dernier des hommes, je sacrifierais mes répugnances; à plus forte raison le ferais-je pour celui qui est devant vos yeux. Apprenez-le donc, puisque vous me contraignez à faire un aveu contraire à la réserve et à la fierté de mon sexe : tout ce qui vous semble inexplicable dans ma conduite, tout ce que vous attribuez aux torts de Bernard et à mes ressentiments, à ses menaces et à mes terreurs, se justifie par un seul mot : *Je l'aime!* »

En prononçant ce mot avec la rougeur au front et l'accent profond de l'âme la plus passionnée et la plus orgueilleusement concentrée qui ait jamais existé, Edmée se rassit et couvrit de ses deux mains. En ce moment je fus si transporté que je m'écriai sans pouvoir me contenir : « Qu'on me mène à l'échafaud maintenant, je suis le roi de la terre!

— A l'échafaud! toi! dit Edmée en se relevant; on m'y mènera plutôt moi-même. Est-ce ta faute, malheureux enfant, si depuis sept ans je te cache le secret de mon affection, si j'ai voulu attendre pour te le dire que tu fusses le premier des hommes par la sagesse et l'intelligence, comme tu en es le premier par le cœur? Tu payes cher mon ambition, puisqu'on l'interprète par le mépris et la haine. Tu dois bien me haïr, puisque ma fierté t'a conduit sur le banc du crime. Mais je laverai la honte par une réparation éclatante, et quand même on t'enverrait à l'échafaud demain, tu n'y marcherais qu'avec le titre de mon époux.

— Votre générosité vous entraîne trop loin, Edmée de Mauprat, dit le président; vous consentiriez presque, pour sauver votre parent, à vous accuser de coquetterie et de dureté; car comment expliqueriez-vous vos sept années de refus, qui ont exaspéré la passion de ce jeune homme?

— Peut-être, monsieur, dit Edmée avec malice, la cour n'est-elle pas compétente sur cette matière. Beaucoup de femmes pensent que ce n'est pas un grand crime d'avoir un peu de coquetterie avec l'homme qu'on aime. On en a peut-être le droit quand on lui a sacrifié tous les autres hommes; c'est une fierté naturelle bien innocente que de vouloir faire sentir à celui qu'on préfère qu'on est une âme de prix et qu'on mérite d'être sollicitée et recherchée longtemps. Il est vrai que si cette coquetterie avait pour résultat de faire condamner un amant à la mort, on s'en corrigerait vite. Mais il est impossible, messieurs, que vous vouliez consoler de la sorte ce pauvre jeune homme de mes rigueurs. »

En parlant ainsi d'un air d'excitation ironique, Edmée fondit en pleurs. Cette sensibilité nerveuse, qui mettait en dehors toutes les qualités de son âme et de son esprit, tendresse, courage, finesse, fierté, pudeur, donnait en même temps à son visage une expression si mobile et si admirable sous toutes ses faces, que la grave et sombre assemblée des juges sentit tomber la cuirasse d'airain de l'intégrité impassible et la chape de plomb de l'hypocrite vertu. Si Edmée ne m'avait pas défendu victorieusement par ses aveux, du moins elle avait excité au plus haut point l'intérêt en ma faveur. Un homme aimé d'une belle et vertueuse femme porte avec lui un talisman qui le rend invulnérable; chacun sent que sa vie a plus de prix que celle des autres.

Edmée subit encore beaucoup de questions et rétablit les faits dénaturés par mademoiselle Leblanc; elle m'épargna beaucoup, il est vrai; mais elle sut, avec un art admirable, éluder certaines questions et se soustraire à la nécessité de mentir ou de me condamner. Elle s'accusa généreusement de tous mes torts, et prétendit que, si nous avions eu des querelles, c'était parce qu'elle y prenait un secret plaisir, parce qu'elle y voyait la force de mon amour; qu'elle m'avait laissé partir pour l'Amérique, voulant mettre ma vertu à l'épreuve, et ne pensant pas que la campagne durerait plus d'un an, comme on le disait alors; qu'ensuite elle m'avait regardé comme engagé d'honneur à subir cette prolongation illimitée, mais qu'elle avait souffert plus que moi de mon absence; enfin elle reconnut fort bien la lettre qu'on avait trouvée sur elle; et, la prenant, elle en rétablit les passages mutilés avec une mémoire surprenante et en priant le greffier de suivre avec elle les mots à demi effacés. « Cette lettre est si peu une lettre de menace, dit-elle, et l'impression que j'en ai reçue est si peu celle de la crainte et de l'aversion, qu'on l'a trouvée sur mon cœur où je la portais depuis huit jours, bien que je n'eusse pas seulement avoué à Bernard que je l'eusse reçue.

— Mais vous n'expliquez point, lui dit le président, pourquoi, il y a sept ans, dans les premiers temps du séjour de votre cousin auprès de vous, vous étiez armée d'un couteau que vous placiez toutes les nuits sous votre oreiller, et que vous aviez fait aiguiser pour un cas urgent de défense?

— Dans ma famille, répondit-elle en rougissant, on a l'esprit assez romanesque et l'humeur très-fière. Il est vrai que j'eus plusieurs fois dessein de me tuer, parce que je sentais naître en moi pour mon cousin un penchant insurmontable. Me croyant liée par des engagements indissolubles à M. de La Marche, je serais morte plutôt que de manquer à ma parole et plutôt que d'épouser un autre homme que Bernard. Plus tard, M. de La Marche me rendit ma promesse avec beaucoup de délicatesse et de loyauté, et je ne songeai plus à mourir. »

Edmée se retira suivie de tous les regards et d'un murmure approbateur. A peine avait-elle franchi la porte du prétoire qu'elle s'évanouit de nouveau; mais cette crise n'eut pas de suites graves et ne laissa pas de traces au bout de quelques jours.

J'étais si bouleversé, si enivré de ce qu'elle venait de dire, que je ne vis plus guère ce qui se passait. Concentré dans la seule pensée de mon amour, je doutais pourtant, car, si Edmée n'avait pas avoué tous mes torts, elle pouvait bien aussi avoir exagéré son inclination pour moi dans le dessein d'atténuer mes défauts. Il m'était impossible de croire qu'elle m'eût aimé avant mon départ pour l'Amérique, et surtout dès les premiers temps de mon séjour auprès d'elle. Je n'avais que cette préoccupation dans l'esprit; je ne me souvenais même plus de la cause ni du but de mon procès. Il me semblait que la question agitée dans ce froid aréopage était uniquement celle-ci: *Est-il aimé, ou n'est-il pas aimé?* Le triomphe ou la défaite, la vie ou la mort n'étaient que là pour moi.

Je fus tiré de ces rêveries par la voix de l'abbé Aubert. Il était maigre et défait, mais plein de calme; on l'avait tenu au secret, et il avait souffert toutes les rigueurs de la prison avec la résignation d'un martyr. Malgré toutes les précautions, l'adroit Marcasse, habile à se glisser partout comme un furet, avait réussi à lui faire tenir une lettre d'Arthur, où Edmée avait ajouté quelques mots. Autorisé par cette lettre à tout dire, il fit une déposition conforme à celle de Patience, avouant que, d'après les premières paroles d'Edmée après l'événement, il m'avait accusé; mais qu'ensuite, voyant l'état d'aliénation de la malade et se souvenant de ma conduite sans reproche depuis plus de six ans, tirant aussi quelque lumière des précédents débats et des bruits publics sur l'existence et la présence d'Antoine Mauprat, il s'était senti trop convaincu de mon innocence pour vouloir témoigner contre moi. S'il le faisait maintenant, c'est qu'il pensait qu'un supplément d'instruction suffirait à la cour, et que sa déposition n'aurait pas les conséquences graves qu'elle eût pu avoir un mois auparavant.

Interrogé sur les sentiments d'Edmée à mon égard, il détruisit toutes les inventions de mademoiselle Leblanc, et déclara que, non-seulement Edmée m'aimait ardemment, mais qu'elle avait senti de l'amour pour moi dès les premiers jours de notre entrevue. Il l'affirma par serment, tout en appuyant un peu plus sur mes torts passés que ne l'avait fait Edmée. Il avoua qu'il avait craint plusieurs fois alors que ma cousine ne fît la folie de m'épouser; mais qu'il n'avait jamais eu de crainte pour sa vie, puisque d'un mot et d'un regard il l'avait toujours vue me réduire, même à l'époque de ma plus mauvaise éducation.

La continuation des débats fut remise à l'issue des perquisitions ordonnées pour découvrir et arrêter l'assassin. On compara mon procès à celui de Calas, et cette comparaison n'eut pas plus tôt cours dans les conversations que mes juges, se voyant en butte à mille traits sanglants, éprouvèrent par eux-mêmes que la haine et la prévention sont de mauvais conseillers et des guides dangereux. L'intendant de la province se déclara le champion de ma cause et le chevalier d'Edmée, qu'il reconduisit en personne auprès de son père. Il mit sur pied toute la maréchaussée. On agit avec vigueur, on arrêta Jean de Mauprat. Quand il se vit saisi et menacé, il livra son frère, et déclara qu'on le trouverait toutes les nuits réfugié à la Roche-Mauprat, et caché dans une chambre secrète où la femme du métayer l'aidait à se renfermer à l'insu de son mari.

On conduisit le trappiste sous bonne escorte à la Roche-Mauprat, afin qu'il révélât cette chambre secrète à laquelle, malgré tout son génie à explorer les murailles et les charpentes, l'ancien chasseur de fouines, le taupeur Marcasse, n'avait jamais pu parvenir. On m'y conduisit moi-même, afin que j'aidasse à retrouver cette chambre ou les passages qui pouvaient y aboutir, au cas où le trappiste se départirait de la sincérité de ses intentions. Je revis donc encore une fois ce manoir détesté avec son ancien chef de brigands transformé en trappiste. Il se montra si humble et si rampant vis-à-vis de moi, il fit si bon marché de la vie de son frère et m'exprima une si vile soumission que, saisi de dégoût, je le priai, au bout de quelques instants, de ne plus m'adresser la parole. Gardés à vue par les cavaliers, nous nous mîmes à la recherche de la chambre secrète. Jean avait prétendu d'abord qu'il en savait l'existence sans en connaître la situation exacte depuis que le donjon était aux trois quarts détruit. Quand il me vit, il se souvint que je l'avais surpris dans ma chambre et qu'il avait disparu par la muraille. Il se résigna donc à nous y conduire et à nous montrer le secret, qui était fort curieux, et dont je ne m'amuserai pas à vous faire la description. La chambre secrète fut ouverte, il ne s'y trouva personne. L'expédition avait été pourtant conduite avec promptitude et mystère. Il ne paraissait pas probable que Jean eût eu le temps de prévenir son frère. Le donjon était entouré de cavaliers, toutes les issues étaient bien gardées. La nuit était sombre, et nous avions fait une invasion qui avait bouleversé d'effroi tous les habitants de la métairie. Le métayer ne comprenait rien à ce que nous cherchions; mais le trouble et l'angoisse de sa femme semblaient nous assurer la présence d'Antoine dans le donjon. Elle n'eut pas la présence d'esprit de prendre un air rassuré après que nous eûmes exploré la première chambre, et cela fit penser à Marcasse qu'il y en avait une seconde. Le trappiste en avait-il connaissance et feignit-il de l'ignorer? Il joua si bien son rôle que nous fûmes tous pris. Il fallut explorer de nouveau les moindres détours et recoins des ruines. Une grande tour isolée de tous les bâtiments ne semblait pouvoir offrir aucun refuge. La cage de l'escalier s'était entièrement écroulée lors de l'incendie, et il ne se trouvait pas d'échelle assez longue, à beaucoup près, même en attachant l'une à l'autre avec des cordes celles du métayer, pour atteindre au dernier étage, qui semblait bien conservé et contenir une pièce éclairée par deux meurtrières. Marcasse objecta qu'il pouvait se trouver un escalier dans l'épaisseur du mur, ainsi qu'il arrive dans beaucoup d'anciennes tours. Mais où se trouvait l'issue? dans quelque souterrain peut-être? L'assassin oserait-il sortir de sa retraite tant que nous serions là? S'il avait, malgré la nuit obscure et le silence que nous gardions, vent de notre présence, se risquerait-il dans la campagne tant que nous serions postés comme nous l'étions sur tous les points? « Ce n'est pas probable, dit Marcasse. Il faut trouver un moyen prompt de parvenir là-haut, et j'en vois un. » Il montra une poutre noircie par le feu qui joignait la tour à une hauteur effrayante, et sur une portée de vingt pieds environ, aux greniers du bâtiment voisin. Une large crevasse, faite par l'éboulement des parties attenantes, était située à l'extrémité de cette poutre dans le flanc de la tour. Dans ses explorations il avait bien semblé à Marcasse voir au travers de cette crevasse les marches d'un petit escalier. Le mur avait d'ailleurs l'épaisseur nécessaire pour le contenir. Le taupeur n'avait jamais osé se risquer sur cette poutre, non à cause de sa ténuité ni de son élévation, il était habitué à ces périlleuses *traversées*, comme il les appelait; mais la poutre était attaquée par le feu et tellement amincie par le milieu qu'il était impossible de savoir si elle porterait le poids d'un homme, fût-il svelte et diaphane comme le brave sergent. Jusque-là aucune considération assez importante pour risquer sa vie à cette expérience ne s'était présentée; elle s'offrait en cet instant. Marcasse n'hésita pas. Je n'étais point auprès de lui lorsqu'il conçut ce dessein; je l'en aurais empêché à tout prix. Je ne m'en aperçus que lorsque Marcasse était déjà au milieu de la poutre, à l'endroit où le bois calciné n'était peut-être qu'un charbon. Comment vous rendre ce que j'éprouvai en voyant mon fidèle ami debout dans les airs, marchant avec gravité vers son but? Blaireau allait devant lui avec autant de tranquillité que s'il se fût agi d'aller comme jadis au milieu des bottes de foin à la découverte des fouines et des loirs. Le jour se levait et dessinait dans l'air grisâtre la silhouette effilée et la démarche modeste et fière de l'hidalgo. Je mis mes mains sur mon visage, il me semblait entendre craquer la poutre fatale; j'étouffai un cri de terreur dans la crainte de l'émouvoir en cet instant solennel et décisif. Je ne pus retenir ce cri, je ne pus m'empêcher de relever la tête lorsque deux coups de feu partirent de la tour. Le chapeau de Marcasse tomba au premier choc, le second effleura son épaule. Il s'était arrêté. « Pas touché! » nous cria-t-il; et, prenant son élan, il franchit au pas de course le reste du pont aérien. Il pénétra dans la tour par la crevasse et s'élança dans l'escalier en criant: « A moi, mes amis, la poutre est solide. » Aussitôt cinq hommes hardis et vigoureux qui l'accompagnaient se mirent à cheval sur la poutre en s'aidant des mains, et parvinrent un à un à l'autre extrémité. Lorsque le premier d'entre eux pénétra dans le repaire où était retiré Antoine de Mauprat, il le trouva aux prises avec Marcasse qui, tout exalté de son triomphe et oubliant

qu'il ne s'agissait pas de tuer l'ennemi, mais de le prendre, s'était mis en devoir de le larder comme une belette avec sa longue rapière. Mais le faux trappiste était un ennemi redoutable. Il avait arraché l'épée des mains du sergent, l'avait terrassé, et l'aurait étranglé si on ne se fût jeté sur lui par derrière. Il résista avec une force prodigieuse aux trois premiers assaillants, mais avec l'aide des deux autres on réussit à le dompter. Quand il se vit pris, il ne fit plus de résistance et se laissa lier les mains pour descendre l'escalier, qui venait aboutir au fond d'un puits desséché qui se trouvait au centre de la tour. Antoine avait l'habitude d'en sortir et d'y descendre par une échelle que lui tendait la femme du métayer, et qu'elle retirait aussitôt après. Je me jetai avec transport dans les bras du sergent.

« Ce n'est rien, dit-il; cela m'a amusé. J'ai senti que j'avais encore la jambe sûre et la tête froide. Eh! eh! vieux sergent, ajouta-t-il en regardant sa jambe, vieil hidalgo, vieux taupeur, on ne se moquera plus tant de ton mollet. »

XXIX.

Si Antoine de Mauprat eût été un homme énergique, il aurait pu me faire un mauvais parti en se disant témoin de l'assassinat commis par moi sur la personne d'Edmée. Comme il avait pour se cacher des raisons antérieures à ce dernier crime, il eût expliqué le mystère dont il s'enveloppait et son silence sur l'événement de la tour Gazeau. Je n'avais pour moi que le témoignage de Patience. Eût-il suffi pour m'absoudre? Tant d'autres, même ceux de mes amis, même celui d'Edmée, qui ne pouvait nier mon caractère violent et les probabilités de mon crime, étaient contre moi!

Mais Antoine, le plus insolent en paroles de tous les coupe-jarrets, était le plus lâche en action. Il ne se vit pas plus tôt au pouvoir de la justice qu'il avoua tout, même avant de savoir que son frère l'avait abandonné.

Il y eut de scandaleux débats, où les deux frères se chargèrent l'un l'autre d'une manière infâme. Le trappiste, toujours contenu par son hypocrisie, abandonnait froidement l'assassin à son sort et se défendait de lui avoir jamais donné le conseil de commettre le crime; l'autre, porté au désespoir, l'accusa des forfaits les plus horribles, de l'empoisonnement de ma mère et de celui de la mère d'Edmée, qui étaient mortes l'une et l'autre de violentes inflammations d'entrailles à des époques assez rapprochées. Jean de Mauprat était, disait-il, très-habile dans l'art de préparer les poisons, et s'introduisait dans les maisons sous divers déguisements pour les mêler aux aliments. Il assura que, le jour où Edmée avait été amenée à la Roche-Mauprat, il avait assemblé tous ses frères pour délibérer avec eux sur le moyen de se débarrasser de cette héritière d'une fortune considérable, fortune qu'il avait travaillé à saisir par les voies du crime en essayant de détruire les effets du mariage du chevalier Hubert. Ma mère avait payé de sa vie l'affection qui avait porté ce dernier à vouloir adopter l'enfant de son frère. Tous les Mauprat voulaient qu'on se débarrassât d'Edmée et de moi du même coup, et Jean apprêtait le poison lorsque la maréchaussée vint faire diversion à cet affreux dessein en attaquant le donjon. Jean repoussa ces accusations avec horreur, disant humblement qu'il avait commis bien assez de péchés mortels dans la débauche et l'irréligion, sans qu'on lui imputât encore ceux-là. Comme ils étaient difficiles à admettre, sans examen, de la bouche d'Antoine; que cet examen était à peu près impossible, et que le clergé était trop puissant et trop intéressé à empêcher ce scandale pour le permettre, Jean de Mauprat fut déchargé de l'accusation de complicité et seulement renvoyé à la Trappe, sous défense de l'archevêque de remettre les pieds dans le diocèse et invitation à ses supérieurs de ne le laisser jamais sortir de son couvent. Il y mourut peu d'années après, dans les transes d'un repentir exalté, qui avait même le caractère de l'aliénation. Il est vraisemblable qu'à force de feindre le remords, afin d'arriver à une sorte de réhabilitation sociale, il avait fini, après avoir échoué dans ses projets, par ressentir au sein des austérités et des châtiments terribles de son ordre, les frayeurs et les angoisses d'une mauvaise conscience et d'un tardif repentir. La peur de l'enfer est la seule foi des âmes viles.

Je ne fus pas plus tôt acquitté, réhabilité et élargi, que je courus auprès d'Edmée; j'arrivai pour assister aux derniers moments de mon grand-oncle. Il recouvra, vers sa fin, non la mémoire des événements, mais celle du cœur. Il me reconnut, me pressa sur sa poitrine, me bénit en même temps qu'Edmée, et mit ma main dans celle de sa fille. Après que nous eûmes rendu les derniers devoirs à cet excellent et noble parent, dont la perte nous fut aussi douloureuse que si nous ne l'eussions pas prévue et attendue depuis longtemps, nous quittâmes pour quelque temps le pays, afin de n'être pas témoins de l'exécution d'Antoine, qui fut condamné au supplice de la roue. Les deux faux témoins qui m'avaient chargé furent fouettés, flétris, et chassés du ressort du présidial. Mademoiselle Leblanc, que l'on ne pouvait accuser précisément de faux témoignage, car elle n'avait guère procédé que par induction, se déroba au mécontentement public, et alla vivre dans une autre province avec assez de luxe pour faire penser qu'elle avait reçu des sommes considérables pour me perdre.

Nous ne voulûmes pas nous séparer, même momentanément, de mes excellents amis, de mes seuls défenseurs, Marcasse, Patience, Arthur et l'abbé Aubert. Nous montâmes tous dans la même voiture de voyage : les deux premiers, habitués au grand air, occupèrent volontairement le siège extérieur; nous les traitâmes sur le pied de la plus parfaite égalité. Jamais, dès lors, ils n'eurent d'autre table que la nôtre. Quelques personnes eurent le mauvais goût de s'en étonner; nous laissâmes dire. Il est des circonstances qui effacent radicalement toutes les distances imaginaires ou réelles du rang et de l'éducation.

Nous visitâmes la Suisse. Arthur jugeait ce voyage nécessaire au rétablissement complet d'Edmée; les soins tendres et ingénieux de cet ami dévoué, le bonheur dont notre affection chercha à entourer Edmée, ne contribuèrent pas moins que le beau spectacle des montagnes à chasser sa mélancolie et à effacer le souvenir des orages que nous venions de traverser. La Suisse produisit sur le cerveau poétique de Patience un effet magique. Il entrait souvent dans une telle exaltation, que nous en étions à la fois ravis et effrayés. Il fut tenté de se construire un chalet au fond de quelque vallée, et d'y passer le reste de ses jours dans la contemplation de la nature; mais sa tendresse pour nous le fit renoncer à ce projet. Marcasse déclara par la suite que, malgré tout le plaisir qu'il avait goûté dans notre compagnie, il regardait ce voyage comme le temps le plus funeste de sa vie. A l'auberge de Martigny, lors de notre retour, Blaireau, dont l'âge avancé rendait les digestions pénibles, mourut victime du trop bon accueil qu'il reçut à la cuisine. Le sergent ne dit pas un mot, le contempla quelque temps d'un air sombre, et alla l'enterrer dans le jardin sous le plus beau rosier; il ne parla de sa douleur que plus d'un an après.

Pendant ce voyage, Edmée fut pour moi un ange de bonté et de sollicitude; s'abandonnant désormais à toutes les inspirations de son cœur, n'ayant plus aucune méfiance contre moi, ou se disant que j'avais été assez malheureux pour mériter ce dédommagement, elle me confirma mille fois les célestes assurances d'amour qu'elle avait données en public lorsqu'elle avait élevé la voix pour proclamer mon innocence. Quelques réticences qui m'avaient frappé dans sa déposition, et le souvenir des paroles accusatrices qui lui étaient échappées lorsque Patience l'avait trouvée assassinée, me laissèrent, je l'avoue, une assez longue souffrance. Je pensai, avec raison peut-être, qu'Edmée avait fait un grand effort pour croire à mon innocence avant les révélations de Patience. Mais elle s'expliqua toujours avec beaucoup de délicatesse et un peu de réserve à cet égard. Cependant un jour elle ferma la plaie en me disant avec sa brusquerie charmante : « Et si je t'ai aimé assez pour t'absoudre dans mon cœur et pour te défendre devant les hommes au prix d'un mensonge, qu'as-tu à dire ? »

Ce qui ne m'importait pas moins, c'était de savoir à quoi m'en tenir sur l'amour qu'elle prétendait avoir eu pour moi dès les premiers jours de notre liaison. Ici elle se troubla un peu, comme si dans son invincible fierté elle eût regretté la jalouse possession de son secret. Ce fut l'abbé qui se chargea de me faire sa confession et de m'assurer que dans ce temps il avait bien souvent grondé Edmée de son penchant pour l'*enfant sauvage*. Comme je lui objectais l'entretien confidentiel que j'avais surpris un soir dans le parc entre Edmée et lui, et que je lui rapportais avec la grande exactitude de mémoire que je possède, il me répondit : « Si vous nous eussiez suivis un peu sous les arbres ; vous eussiez entendu ce soir-là même une querelle qui vous eût bien rassuré, et qui vous eût expliqué comment, d'antipathique, (je dirai presque d'odieux) que vous m'étiez, vous me devîntes supportable d'abord, et peu à peu cher au plus haut degré.

— Racontez-le-moi, m'écriai-je; d'où vint ce miracle ?

— D'un mot, répondit-il ; Edmée vous aimait. Quand elle me l'eut avoué, elle couvrit son visage de ses deux mains, et resta un instant comme accablée de honte et de chagrin; puis, tout à coup relevant la tête : « Eh bien ! oui, s'écria-t-elle, eh bien ! oui, je l'aime! puisque vous voulez le savoir absolument. J'en suis éprise, comme vous dites. Ce n'est pas ma faute, pourquoi en rougirais-je? Je n'y puis rien ; cela est venu fatalement. Je n'ai jamais aimé M. de La Marche; je n'ai que de l'amitié pour lui. Et pour Bernard, c'est un autre sentiment, un sentiment si fort, si mobile, si rempli d'agitations, de haine, de peur, de pitié, de colère et de tendresse, que je n'y comprends rien, et que je n'essaie plus d'y rien comprendre. — O femme ! femme! m'écriai-je consterné en joignant les mains, tu es un abîme, un mystère, et celui qui croit te connaître est trois fois insensé. — Tant qu'il vous plaira, l'abbé, reprit-elle avec une résolution pleine de dépit et de trouble, cela m'est bien égal. Je me suis dit à moi-même, à cet égard, plus que vous n'avez dit à toutes vos ouailles dans tout le cours de votre vie. Je sais que Bernard est un ours, un blaireau, comme dit mademoiselle Leblanc; un sauvage, un rustre, quoi encore ? Il n'est rien de plus hérissé, de plus épineux, de plus sournois, de plus méchant que Bernard; c'est une brute qui sait à peine signer son nom ; c'est un homme grossier, qui croit me dompter comme une haquenée des Varennes. Il se trompe beaucoup ; je mourrai plutôt que de lui appartenir jamais, à moins que, pour m'épouser, il ne se civilise. Autant vaudrait compter sur un miracle ; je l'essaie sans l'espérer. Mais qu'il me force à me tuer ou à me faire religieuse, qu'il reste tel qu'il est ou qu'il devienne pire, il n'en sera pas moins vrai que je l'aime. Mon cher abbé, vous savez qu'il doit m'en coûter de faire cet aveu, et vous ne devez pas, lorsque mon amitié se fait pénitente à vos pieds dans votre sein, m'humilier par vos exclamations et vos exorcismes ! Réfléchissez maintenant; examinez, discutez, décidez ! Voilà le mal, je l'aime ! Voilà les symptômes : je ne pense qu'à lui, je ne vois que lui, et je n'ai pas pu dîner aujourd'hui parce qu'il n'était pas rentré. Je le trouve plus beau qu'aucun homme qui existe. Quand il me dit qu'il m'aime, je vois, je sens que c'est vrai ; cela me choque et me charme en même temps. M. de La Marche me paraît fade et guindé depuis que je connais Bernard. Bernard seul me semble aussi fier, aussi colère, aussi hardi que moi et aussi faible que moi ; car il pleure comme un enfant quand je l'irrite, et voilà que je pleure aussi en songeant à lui. »

— Cher abbé ! m'écriai-je en me jetant à son cou, que je vous embrasse jusqu'à vous étouffer, pour vous être souvenu de tout cela.

— L'abbé brode, dit Edmée avec malice.

— Eh quoi ! lui dis-je en serrant ses mains à les briser, vous m'avez fait souffrir sept ans, et aujourd'hui vous avez regret à trois paroles qui me consolent... — N'aie pas regret au passé, me dit-elle ; va, nous eussions été perdus si, tel que tu étais dans ce temps-là, je n'avais pas eu de la raison et de la force pour nous deux. Où en serions-nous aujourd'hui, grand Dieu ! tu aurais bien autrement souffert de mes duretés et de mon orgueil ; car tu m'aurais offensée dès le premier jour de notre union, et je t'aurais puni en t'abandonnant ou en me donnant la mort, ou en te tuant toi-même : car on tue dans notre famille, c'est une habitude d'enfance. Ce qu'il y a de certain, c'est que tu aurais fait un détestable mari ; tu m'aurais fait rougir par ton ignorance, tu aurais voulu m'opprimer, et nous nous serions brisés l'un contre l'autre ; cela eût fait le désespoir de mon père, et, tu le sais, mon père passait avant tout ! J'aurais peut-être risqué mon propre sort très-légèrement si j'avais été seule au monde, car j'ai de la témérité dans le caractère ; mais mon père *devait* être heureux, calme et respecté ; il m'avait élevée dans le bonheur, dans l'indépendance. Je n'aurais jamais pu me réconcilier avec moi-même si j'avais privé sa vieillesse des biens qu'il avait répandus sur toute ma vie. Je ne crois pas que je sois vertueuse et grande, comme l'abbé le prétend ; j'aime, voilà tout, mais j'aime avec force, avec exclusion, avec persévérance. Je t'ai sacrifié à mon père, mon pauvre Bernard ! et le ciel qui nous eût maudits si j'eusse sacrifié mon père, nous récompense aujourd'hui en nous donnant éprouvés et invincibles l'un à l'autre. A mesure que tu as grandi à mes yeux, j'ai senti que je pouvais attendre, parce que j'avais à t'aimer longtemps, et que je ne craignais pas de voir évanouir ma passion avant de l'avoir satisfaite, comme font les passions dans les âmes faibles. Nous étions deux caractères d'exception, il nous fallait des amours héroïques ; les choses ordinaires nous eussent rendus méchants l'un et l'autre. »

XXX.

Nous revînmes à Sainte-Sévère à l'expiration du deuil d'Edmée, époque fixée pour notre mariage. Lorsque nous avions quitté cette province où nous avions éprouvé l'un et l'autre de si profonds dégoûts et de si grands malheurs, nous nous étions imaginé que nous ne sentirions jamais le besoin d'y revenir ; et pourtant telle est la force des souvenirs de l'enfance et le lien des habitudes domestiques, qu'au sein d'un pays enchanteur, et qui ne nous rappelait aucune amertume, nous avions vite regretté notre Varenne triste et sauvage, et soupiré après les vieux chênes de notre parc. Nous y rentrâmes avec une joie profonde et respectueuse. Le premier soin d'Edmée fut de cueillir les belles fleurs du jardin et d'aller les déposer à genoux sur la tombe de son père. Nous baisâmes cette terre sacrée, et nous y fîmes le serment de travailler sans cesse à la laisser un nom respectable et vénéré comme le sien. Il avait souvent porté cette ambition jusqu'à la faiblesse, mais c'était une faiblesse noble et une sainte vanité.

Notre mariage fut célébré dans la chapelle du village, et la noce se fit en famille ; aucun autre qu'Arthur, l'abbé, Marcasse et Patience ne s'assit à notre banquet modeste. Qu'avions-nous besoin de spectateurs étrangers à notre bonheur ? Ils eussent peut-être cru nous faire une grâce en venant couvrir de leur importance les taches de notre famille. Nous étions assez pour être heureux et joyeux entre nous. Nos cœurs avaient autant d'amitiés qu'ils en pouvaient contenir. Nous étions trop fiers pour solliciter celle de personne, trop contents les uns des autres pour aspirer à quelque chose de mieux. Patience retourna à sa cabane, et, refusant toujours de rien changer à sa vie sobre et retirée, reprit à certains jours de la semaine ses fonctions de *grand-juge* et de *trésorier*. Marcasse resta près de moi jusqu'à sa mort, qui arriva vers la fin de la révolution française ; j'espérais m'être acquitté de mon mieux envers lui par une amitié sans restriction et une intimité sans nuages.

Arthur, qui nous avait sacrifié une année de son existence, ne put se résoudre à abjurer l'amour de sa patrie et le désir de contribuer à son élévation en lui apportant le tribut de ses connaissances et le résultat de ses travaux ; il repartit pour Philadelphie, où j'allai le voir après mon veuvage.

Je ne vous raconterai pas le bonheur que je goûtai avec ma noble et généreuse femme ; de telles années ne se racontent pas. On ne saurait se décider à vivre après les avoir perdues, si on ne faisait tous ses efforts pour ne pas trop se les rappeler. Elle me donna six enfants, dont quatre vivent encore et sont avantageusement et sagement établis. Je me flatte qu'ils achèveront d'effacer la mémoire déplorable de leurs ancêtres. J'ai vécu pour eux, par l'ordre d'Edmée à son lit de mort. Permettez-moi de ne vous point parler autrement de cette perte que j'ai faite il y a seulement dix ans ; elle m'est aussi sensible qu'au premier jour, et je ne cherche point à m'en consoler, mais à me rendre digne de rejoindre dans un monde meilleur, après avoir accompli mon temps d'épreuve, la sainte compagne de ma vie. Elle fut la seule femme que j'aimai ; jamais aucune autre n'attira mon regard et ne connut l'étreinte de ma main. Je suis ainsi fait ; ce que j'aime, je l'aime éternellement, dans le passé, dans le présent, dans l'avenir.

Les orages de la révolution ne détruisirent point notre existence, et les passions qu'elle souleva ne troublèrent pas l'union de notre intérieur. Nous fîmes de grand cœur, et en les considérant comme de justes sacrifices, l'abandon d'une grande partie de nos biens aux lois de la république. L'abbé, effrayé du sang versé, renia parfois sa religion politique, quand les nécessités du temps dépassèrent la force de son âme. Il fut le girondin de la famille.

Edmée eut plus de courage sans avoir moins de sensibilité ; femme et compatissante, elle souffrit profondément des misères de tous les partis, elle pleura tous les malheurs de son siècle ; mais elle n'en méconnut jamais la grandeur saintement fanatique. Elle resta fidèle à ses théories d'égalité absolue. Au temps où les actes de la Montagne irritaient et désespéraient l'abbé, elle lui fit généreusement le sacrifice de ses élans patriotiques, et eut la délicatesse de ne jamais prononcer devant lui certains noms qui le faisaient frémir, et qu'elle vénérait avec une sorte de persuasion que je n'ai jamais vue chez aucune femme.

Pour moi, je puis dire que mon éducation fut faite par elle ; pendant tout le cours de ma vie je m'abandonnai entièrement à sa raison et à sa droiture. Quand le désir de jouer un rôle populaire vint tenter mon enthousiasme, elle m'arrêta, en me représentant que mon nom paralyserait toute mon influence sur une classe qui se méfierait de moi et qui me croirait désireux de m'appuyer sur elle pour réhabiliter mon patricial. Quand l'ennemi vint aux portes de la France, elle m'envoya servir en qualité de volontaire ; quand la carrière militaire devint un moyen d'ambition et que la république fut anéantie, elle me rappela et me dit : « Tu ne me quitteras plus. »

Patience joua un grand rôle dans la révolution. Il fut nommé à l'unanimité juge de son district. Son intégrité, son impartialité entre le château et la chaumière, sa fermeté et sa sagesse, ont laissé des souvenirs ineffaçables dans la Varenne.

J'eus occasion, à la guerre, de sauver les jours de M. de La Marche et de l'aider à passer en pays étranger.

Voilà, je crois, dit le vieux Mauprat, tous les événements de ma vie où Edmée joue un rôle. Le reste ne vaut pas la peine d'être raconté. S'il y a quelque chose de bon et d'utile dans ce récit, profitez-en, jeunes gens. Souhaitez d'avoir un conseiller franc, un ami sévère ; et n'aimez pas celui qui vous flatte, mais celui qui vous corrige. Ne croyez pas trop à la phrénologie ; car j'ai la bosse du meurtre très-développée, et, comme disait Edmée dans ses jours de gaieté mélancolique, on *tue de naissance* dans notre famille. Ne croyez pas à la fatalité, ou du moins n'exhortez personne à s'y abandonner. Voilà la morale de mon histoire.

Ainsi disant, le vieux Bernard nous donna un bon souper et nous parla encore, sans confusion et sans fatigue, pendant une partie de la soirée. Nous l'avions prié de développer un peu plus ce qu'il appelait la moralité de son histoire : il s'éleva alors à des considérations générales dont le bon sens et la netteté nous frappèrent.

Je vous parlais de la phrénologie, nous dit-il, non pas pour faire la critique d'un système qui a son bon côté en ce qu'il tend à compléter la série d'observations physiologiques qui a pour but la connaissance de l'homme. Je me suis servi du mot *phrénologie* parce que la seule fatalité à laquelle on croie de nos jours, c'est celle que nos instincts nous créent à nous-mêmes. Je ne pense pas que la phrénologie soit plus fataliste qu'aucun système de ce genre, et Lavater, accusé de fatalisme aussi dans son temps, était l'homme le plus chrétien que l'Évangile ait jamais formé.

Ne croyez à aucune fatalité absolue et nécessaire, mes enfants, et cependant admettez une part d'entraînement dans nos instincts, dans nos facultés, dans les impressions qui ont entouré notre berceau, dans les premiers spectacles qui ont frappé notre enfance ; en un mot, dans tout ce monde extérieur qui a présidé au développement de notre âme. Admettez que nous ne sommes pas toujours absolument libres de choisir entre le bien et le mal si vous voulez être indulgents pour les coupables, c'est-à-dire justes comme le ciel ; car il y a beaucoup de miséricorde dans les jugements de Dieu, autrement sa justice serait incomplète.

Ce que je vous dis là n'est peut-être pas très-orthodoxe, mais c'est chrétien, je vous en réponds, parce que c'est vrai. L'homme ne naît pas méchant ; il ne naît pas bon non plus, comme l'entend Jean-Jacques Rousseau, le vieux maître de ma chère Edmée. L'homme naît avec plus ou moins de passions, avec plus ou moins de vigueur pour les satisfaire, avec plus ou moins d'aptitude pour en tirer un bon ou un mauvais parti dans la société. Mais l'éducation peut et doit trouver remède à tout ; là est le grand problème à résoudre, c'est de trouver l'éducation qui convient à chaque être en particulier. L'éducation générale et en commun semble nécessaire, s'ensuit-il qu'elle doive être la même pour tous ? Je crois bien que si l'on m'eût mis au collége à dix ans, j'eusse été sociable de meilleure heure ; mais eût-on su corriger mes violents appétits et m'enseigner à les vaincre comme Edmée l'a fait ? J'en doute, tout le monde a besoin d'être aimé pour valoir quelque chose, mais il faut qu'on le soit de différentes manières. Celui-ci avec une indulgence infatigable, celui-là avec une sévérité soutenue. En attendant qu'on ait résolu le problème d'une éducation commune à tous, et cependant appropriée à chacun, attachez-vous à vous corriger les uns les autres.

Vous me demandez comment ? Ma réponse sera courte : en vous aimant beaucoup les uns les autres. — C'est ainsi que les mœurs agissant sur les lois, vous en viendrez à supprimer la plus odieuse et la plus impie de toutes, la loi du talion, la peine de mort, qui n'est autre chose que la consécration du principe de la fatalité, puisqu'elle suppose le coupable incorrigible et le ciel implacable.

FIN DE MAUPRAT.

LIBRAIRIE BLANCHARD, RUE RICHELIEU, 78 — PUBLIÉ PAR J. HETZEL — LIBRAIRIE MARESCQ ET Cie, 3, RUE DU PONT-DE-LODI

LE COMPAGNON
DU TOUR DE FRANCE

NOTICE

En lisant l'ouvrage d'un homme alors assez obscur, et aujourd'hui fort en vue (le *Livre du Compagnonnage*, par Agricol Perdiguier, menuisier au faubourg Saint-Antoine, aujourd'hui représentant du peuple), je fus frappé, non-seulement de la poésie des antiques initiations du *Devoir*, mais encore de l'importance morale du sujet, et j'écrivis le roman du *Compagnon du Tour de France* dans des idées sincèrement progressives. Il me fut bien impossible, en cherchant à représenter un type d'ouvrier aussi avancé que notre temps le comporte, de ne pas lui donner des idées sur la société présente et des aspirations vers la société future. Cependant on cria, dans certaines classes, à l'impossible, à l'exagération, on m'accusa de flatter le peuple et de vouloir l'embellir. Eh bien, pourquoi non? Pourquoi, en supposant que mon type fût trop idéalisé, n'aurais-je eu le droit de faire pour les hommes du peuple ce qu'on m'avait permis de faire pour ceux des autres classes? Pourquoi n'aurais-je pas tracé un portrait, le plus agréable et le plus sérieux possible, pour que tous les ouvriers intelligents et bons eussent le désir de lui ressembler? Depuis quand le roman est-il forcément la peinture de ce qui est, la dure et froide réalité des hommes et des choses contemporaines? Il en peut être ainsi, je le sais, et Balzac, un maître devant le talent duquel je me suis toujours incliné, a fait la *Comédie humaine*. Mais, tout en étant lié d'amitié avec cet homme illustre, je voyais les choses humaines sous un tout autre aspect, et je me souviens de lui avoir dit, à peu près à l'époque où j'écrivais le *Compagnon du Tour de France* : « Vous faites la *Comédie humaine*. Ce titre est modeste; vous pourriez aussi bien dire le *drame*, la *tragédie humaine*. — Oui, me répondit-il, et vous, vous faites l'*épopée humaine*. — Cette fois, repris-je, le titre serait trop relevé. Mais je voudrais faire l'*églogue humaine*, le *poëme*, le *roman humain*. En somme, vous voulez et savez peindre l'homme tel qu'il est sous vos yeux, soit! Moi, je me sens porté à le peindre tel que je souhaite qu'il soit, tel que je crois qu'il doit être. » Et comme nous ne nous faisions pas concurrence, nous eûmes bientôt reconnu notre droit mutuel.

A cette époque-là, il y a une dizaine d'années, mon type de Pierre Huguenin pouvait paraître embelli pour les gens du monde qui n'avaient pas de rapports directs avec ceux de l'atelier. Cependant Agricol Perdiguier lui-même était au moins aussi intelligent, au moins aussi instruit que Pierre Huguenin. Un autre ouvrier, le premier venu, pouvait être jeune et beau, personne ne le niera. Une femme *bien née*, comme on dit, peut aimer la beauté dans un homme sans naissance, cela s'est vu ! Une femme de cœur et d'esprit peut n'apprécier que le cœur et l'esprit dans l'homme qu'elle aime. Cela se verra, j'espère, si cela ne se voit déjà au temps où nous sommes. Enfin tout ce qui n'existait pas alors, à ce qu'on assurait, pouvait être et devait être bientôt. Et la preuve, c'est que quelques années plus tard, Eugène Sue prit pour héros d'un roman à immense succès, un ouvrier qu'il fît poète, philosophe, et socialiste, qui plus est. Personne n'y trouva à redire. Est-ce parce qu'il fut présenté avec plus d'adresse, et habillé avec plus de vraisemblance ? c'est possible. J'ai toujours du plaisir, et jamais du chagrin à voir mes confrères réussir ce que j'ai pu manquer. Mais la question reste la même au fond. Un ouvrier est un homme tout pareil à un autre homme, un *monsieur* tout pareil à un autre *monsieur*, et je m'étonne beaucoup que cela étonne encore quelqu'un. Il n'est pas nécessaire d'avoir été reçu bachelier pour être aussi instruit que tous les bacheliers du monde. Ce n'est pas au collège qu'on apprend à être moral et religieux, puisqu'on n'y apprend que le grec et le latin. On y acquiert fort lentement une certaine instruction qu'un ouvrier, tout comme une femme, peut acquérir plus tard et plus vite avec de l'intelligence et de la volonté. Enfin cette prétendue infériorité de race ou de sexe est un préjugé qui n'a même plus l'excuse aujourd'hui d'être soutenu de bonne foi, et le combattre davantage serait même fort puéril à l'heure qu'il est.

J'ai publié, pour la première fois, le roman qu'on va lire sous le poids des anathèmes de deux castes, la noblesse et la bourgeoisie, sans compter le clergé, dont les journaux m'accusaient sans façon d'aller étudier les mœurs des ouvriers, tous les dimanches, à la barrière, *d'où je revenais ivre avec Pierre Leroux*. Voilà comment un certain monde et une certaine religion accueillent les tentatives de moralisation, et comment un livre dont l'idée évangélique était le but bien déclaré, fut reçu par les conservateurs de la morale et les ministres de l'Évangile.

Nohant, 23 octobre 1851.

GEORGE SAND.

AVANT-PROPOS

Faire l'histoire des sociétés secrètes depuis l'antiquité jusqu'à nos jours serait une tâche bien utile, bien intéressante, mais qui dépasse nos forces. On l'a tenté plusieurs fois ; mais, quel que soit le mérite des divers travaux entrepris sur cette matière, ils n'ont pas encore jeté une bien grande clarté sur ces associations mystérieuses, où se sont élaborées tant de vérités importantes, mêlées à tant d'erreurs étranges.

Les sociétés secrètes ont été jusqu'ici une nécessité des empires. L'inégalité régnant dans ces empires, l'égalité a dû nécessairement chercher l'ombre et le mystère pour travailler à son œuvre divine. Quand la sainte philosophie du Christianisme était proscrite du sol romain, il fallait bien qu'elle se cachât dans les catacombes.

On peut dire qu'il ne se commet pas dans les sociétés humaines, une seule injustice, une seule violation du principe de l'égalité, qu'à l'instant même il n'y ait un germe de société secrète implanté aussi dans le monde, pour réparer cette injustice et punir cette violation de l'égalité. Quand les patriciens de Rome immolèrent Tibérius Gracchus, il prit une poignée de poussière et la jeta vers le ciel ; cette poussière jetée vers le ciel dut enfanter une société secrète, une société de vengeurs qui travailleraient dans l'ombre à l'œuvre que l'on proscrivait et que l'on martyrisait à la lumière du jour.

Comment tomba la république romaine, et comment tombent les empires, sinon parce qu'à la cité patente se substituent obscurément toutes sortes de cités secrètes, qui travaillent sourdement en elle et ruinent peu à peu ses fondements ? L'édifice social est encore debout et élève son dôme dans les airs, un observateur superficiel le croirait durable et solide ; mais, palais ou temple, cet édifice, miné et lézardé, s'écroulera au premier souffle. Les historiens ont trop été jusqu'ici cet observateur superficiel dont l'œil s'arrête à la surface des choses. Que de peines ils se donnent souvent pour parer des cadavres ! Que ne s'occupent-ils plutôt à percer le mystère de ce qui s'agite et vit dans ces cadavres, à étudier soigneusement ce qui, principe de mort aujourd'hui pour la société générale, sera demain principe de vie pour cette même société ! Il y a des instants, dans l'histoire des empires, où la société générale n'existe plus que nominalement, et où il n'y a réellement de vivant que les sectes cachées en son sein.

Un grand nombre d'associations secrètes n'ont qu'un but éphémère, et s'anéantissent presque aussitôt qu'elles sont formées, quand ce but est atteint ou qu'il paraît définitivement manqué. D'autres ont une persistance qui les fait durer pendant des siècles. Cette persistance, de même que cette durée passagère, dépendent du but que les adeptes se proposent. Mais, quel que soit ce but et lors même que le principe de l'association serait le plus large possible, la société secrète, précisément parce qu'elle est secrète et proscrite, doit nécessairement altérer elle-même la vérité de son principe. Il arrive nécessairement qu'elle répond à l'intolérance par l'intolérance, à l'égoïsme de la grande société par un égoïsme en sens contraire, à l'aveugle fanatisme qui repousse ses idées par un fanatisme également aveugle. De là, dans certaines sociétés secrètes que l'histoire a consacrées sans qu'elles soient encore véritablement jugées, l'ordre du Temple par exemple, un double caractère qui les a fait attribuer à l'esprit du mal ou au génie du bien, suivant l'aspect qu'il a plu aux écrivains de considérer.

Tel est le mal inhérent aux sociétés secrètes. Mais que les sociétés patentes et officielles cessent pourtant d'accuser amèrement leurs rivales de tous les malheurs qui leur arrivent : les sociétés secrètes sont le résultat nécessaire de l'imperfection de la société générale.

Depuis l'antique régime des castes jusqu'à notre siècle, où tout tend à l'abolition définitive de ce régime, les hommes ont constamment essayé de constituer la vraie cité. Mais la cité est toujours devenue caste, sous quelque forme qu'elle se manifestât dans le monde. Qui dit cité dit association, et qui dit association dit égalité ; car il n'y a pas d'autre principe qui puisse réunir deux hommes, que le principe de réciprocité ou d'égalité. Mais la cité, toujours créée en vue et au moyen du principe d'égalité, est toujours devenue oppressive et destructive de l'égalité. Ce fut une loi de nature, une condition d'existence pour toutes les associations du passé, que cet esprit de castes. Qu'importent les noms, qu'importe que la cité se soit appelée république, aristocratie, monarchie, Église, monachisme, bourgeoisie, corporation, suivant les lieux et les temps ! Tant que la société officielle ne sera pas construite en vue de l'égalité humaine, la société officielle sera caste ; et tant que la société officielle sera caste, la société officielle engendrera des sociétés secrètes. C'est à l'avenir de réaliser l'œuvre qui a germé si longtemps dans l'humanité et qui fermente si énergiquement aujourd'hui dans son sein ; car c'est à l'avenir de résumer dans une seule foi, dans une seule unité, diversifiée seulement dans sa forme multiple, les notions éparses, toutes les manifestations incomplètes de l'éternelle vérité.

À côté du grand courant suivi par les principales idées religieuses et sociales, d'obscurs et minces ruisseaux se sont donc formés à l'infini sur chaque rive. De grandes vérités se sont agitées dans ce concours d'affluents tantôt repoussés, tantôt absorbés par la source-mère. L'idée devait prendre toutes les formes, toutes les directions avant de se réunir à l'Océan autour duquel viendront s'asseoir les familles de la cité future.

Telle me paraît être la légitimation, dans le plan providentiel, des sociétés secrètes, si violemment anathématisées par les historiographes brevetés des diverses tyrannies qui ont pesé jusqu'ici sur la terre. On peut de cette façon les justifier en principe sans attaquer pour cela la société générale. Les idées régnantes ayant toujours engendré de nombreuses sectes, et la doctrine officielle ayant toujours tenté d'étouffer les doctrines particulières, il est évident que toute dissidence d'opinions, soit dans la foi, soit dans la politique, a dû se manifester en société secrète, en attendant le grand jour, ou l'anéantissement de l'oubli. De là, je le répète, cette multitude de ténébreux conciles, de conspirations avortées, de sciences occultes, de schismes et de mystères, dont les monuments sont encore enfouis pour la plupart dans un monde souterrain, s'ils n'y sont ensevelis à jamais. Leur découverte serait pourtant bien précieuse, sinon à cause de ces choses en elles-mêmes, du moins à cause du jour qu'en recevraient celles qui ont surnagé. La filiation qui s'établirait entre toutes les sociétés secrètes serait une clef nouvelle pour pénétrer dans les arcanes de l'histoire, et les grands principes de vérité y puiseraient une autorité immense. Mais il est bien difficile, j'en conviens, de rassembler les fils de ce vaste réseau. Nous avons de la peine même à établir la véritable parenté des sociétés secrètes contemporaines, telles que l'Illuminisme, la Maçonnerie et le Carbonarisme. Il en est d'autres qui règnent aujourd'hui même dans toute leur vigueur sur une portion considérable de la société, et dont la généalogie sera plus incertaine encore. Je veux parler des associations d'ouvriers connues sous le nom générique de *Compagnonnage*.

Tout le monde sait qu'une grande partie de la classe ouvrière est constituée en diverses sociétés secrètes, non avouées par les lois, mais tolérées par la police, et qui prennent le titre de *Devoirs*. Devoir, en ce sens, est synonyme de Doctrine. La grande, sinon l'unique doctrine de ces associations, est celle du principe même d'association. Peut-être que dans l'origine ce principe, isolé aujourd'hui, était appuyé sur un corps d'axiomes religieux, de dogmes et de symboles inspirés par l'esprit des temps. Les différents rites de ces Devoirs remontent, en effet, selon les uns au moyen âge, selon d'autres à la plus haute antiquité. Le symbole du Temple de Salomon les domine pour la plupart, ainsi qu'on le voit aussi dans la Maçonnerie. Au reste, le besoin de se constituer en corps d'état et de maintenir les priviléges de l'industrie a pu, dans les temps les plus reculés, faire éclore ces associations fraternelles entre les ouvriers. Elles ont pu, par le même motif, se perpétuer à travers les âges, et se transmettre les unes aux autres un certain plan d'organisation. Mais la division des intérêts a amené des scissions, par conséquent des différences de forme. En outre, les institutions de ces sociétés ont subi l'influence des institutions contemporaines. Chez quelques-unes, néanmoins, certains textes de l'ancienne loi se sont conservés jusqu'à nous, et se retrouvent dans les nouveaux règlements. Ainsi le *Devoir de Salomon* prescrit, de par Salomon, à ses adeptes d'aller à la messe le dimanche. Plusieurs antiques Devoirs se sont *perdus*, au dire des Compagnons; celui des tailleurs, par exemple. D'autres se sont formés depuis la Révolution française. Différents corps d'état, qui jusque-là ne s'étaient point constitués en société, ont adopté les titres, les coutumes et les signes des Devoirs anciens. Ceux-ci les ont repoussés et ne les acceptent pas tous encore, s'attribuant un droit exclusif à porter les glorieux insignes et les titres sacrés de leurs prédécesseurs. Le Compagnonnage confère à l'initié une noblesse dont il est aussitôt fier et jaloux jusqu'à l'excès. De là des guerres acharnées entre les Devoirs, toute une épopée de combats et de conquêtes, une sorte d'Église militante, un fanatisme plein de drames héroïques et de barbare poésie, des chants de guerre et d'amour, des souvenirs de gloire et des amitiés chevaleresques. Chaque Devoir a son Iliade et son Martyrologe.

M. Lautier a publié à Avignon, en 1838, un poëme épique très-bien conduit sur les persécutions au sein desquelles le *Devoir des cordonniers* s'est maintenu triomphant. Il y a de fort beaux vers dans ce poëme; ce qui n'empêche pas le barde prolétaire de faire des bottes excellentes, et de chausser ses lecteurs à leur grande satisfaction.

Il y aurait toute une littérature nouvelle à créer avec les véritables mœurs populaires, si peu connues des autres classes. Cette littérature commence au sein même du peuple; elle en sortira brillante avant qu'il soit peu de temps. C'est là que se retrempera la muse romantique, muse éminemment révolutionnaire, et qui, depuis son apparition dans les lettres, cherche sa voie et sa famille. C'est dans la race forte qu'elle trouvera la jeunesse intellectuelle dont elle a besoin pour prendre sa volée.

L'auteur du conte qu'on va lire n'a pas la prétention d'avoir fait cette découverte. S'il est du nombre de ceux qui l'ont pressentie, il n'en est guère plus avancé pour cela, car il ne se sent ni assez jeune ni assez fort pour donner l'élan à la littérature populaire sérieuse, telle qu'il la conçoit. Il a essayé de colorer son tableau d'un reflet qui se laisse voir, mais qui ne se laisse guère saisir par les mains débiles. En traçant cette esquisse, il s'est convaincu d'une vérité dont il avait depuis longtemps le sentiment : c'est que, dans les arts, le simple est ce qu'il y a de plus grand à tenter, de plus difficile à atteindre.

Quelque peu de mérite et d'importance qu'il attribue à ce roman, l'auteur croit devoir rappeler qu'il en a puisé l'idée dans un des livres les plus intéressants qu'il ait rencontrés depuis longtemps. C'est un petit in-18, intitulé *le Livre du Compagnonnage*, et publié récemment par *Avignonnais-la-Vertu*, compagnon menuisier. Cet ouvrage, que *le National* a extrait presque textuellement, sans le nommer, dans un feuilleton rempli de détails neufs et curieux, renferme tout ce que l'initié au Compagnonnage pouvait révéler sans trahir les secrets de la Doctrine. Il a été composé naïvement et sans art, sous l'empire des idées les plus saines et les plus droites. Le but de celui qui l'a écrit n'était pas d'amuser les oisifs; il en a un bien autrement sérieux. Depuis dix ans son âme s'est vouée à une seule idée, celle de réconcilier tous les Devoirs entre eux, de faire cesser les coutumes barbares, les jalousies, les vanités, les batailles. Peu sensible à la poésie des combats, doué d'un zèle apostolique, persévérant, actif, infatigable, dominé et comme assailli à toute heure par le sentiment de la fraternité humaine, il a essayé de faire comprendre à ses frères, les compagnons du *Tour de France*, la beauté de l'idéal éclos dans son cœur. Après avoir écrit son livre, il est parti pour faire un pèlerinage de cinq cents lieues, durant lequel il a répandu son idée et son sentiment parmi tous les ouvriers qu'il a pu toucher et convaincre. Sa mission évangélique n'a pas été sans succès. Sur tous les points de la France il a éveillé des sympathies et noué des relations amicales avec les plus intelligents adeptes des diverses sociétés industrielles. Étranger à la politique, et poursuivant sans mystère la plus haute des entreprises, il a pris pour tâche de réaliser la devise de saint Jean : *Aimons-nous les uns les autres*.

C'est sous l'empire du même sentiment que *le Compagnon du Tour de France* a été écrit, ou pour mieux dire essayé. Quelques journaux trop bienveillants pour l'auteur, et mal informés sans doute, ont annoncé, à la place de ce roman, un ouvrage complet, un travail étendu et important. L'auteur d'*André* et de *Mauprat* se récuse. La tâche d'écrire l'histoire moderne du prolétaire est trop forte pour lui, et il renvoie l'honneur de l'entreprise aux hommes graves qui voulaient l'en investir.

CHAPITRE PREMIER.

Le village de Villepreux était, au dire de M. Lerebours, le plus bel endroit du département de Loir-et-Cher, et l'homme le plus capable dudit village était, au sentiment secret de M. Lerebours, M. Lerebours lui-même, quand la noble famille de Villepreux, dont il était le représentant, n'occupait pas son majestueux et antique manoir de Villepreux. Dans l'absence des illustres personnages qui composaient cette famille, M. Lerebours était le seul dans tout le village qui sût écrire l'orthographe irréprochablement. Il avait un fils qui était aussi un homme capable. Il n'y avait qu'une voix là-dessus, ou plutôt il y en avait deux, celle du père et celle du fils, quoique les malins de l'endroit prétendissent qu'ils étaient trop honnêtes gens pour avoir entre eux deux volé le Saint-Esprit.

Il est peu de commis-voyageurs fréquentant les routes de la Sologne pour aller offrir leur marchandise de château en château, il est peu de marchands forains promenant leur bétail et leurs denrées de foire en foire, qui n'aient, à pied, à cheval ou en patache, rencontré, ne fût-ce qu'une fois en leur vie, M. Lerebours, économe, régisseur, intendant, homme de confiance des Villepreux. J'invoque le souvenir de ceux qui ont eu le bonheur de le connaître. N'est-il pas vrai que c'était un petit homme très-sec, très-jaune, très-actif, au premier abord sombre et taciturne, mais qui devenait peu à peu communicatif jusqu'à l'excès ? C'est qu'avec les gens étrangers au pays il était obsédé d'une seule pensée, qui était celle-ci : Voilà pourtant des gens qui ne savent pas qui je suis ! — Puis venait cette seconde réflexion, non moins pénible que la première : Il y a donc des gens capables d'ignorer qui je suis ! — Et quand ces gens-là ne lui paraissaient pas tout à fait indignes de l'apprécier, il ajoutait pour se résumer : Il faut pourtant que ces braves gens apprennent de moi qui je suis.

Alors il les tâtait sur le chapitre de l'agriculture, ne se faisant pas faute, au besoin, de captiver leur attention par quelque énorme paradoxe ; car il était membre correspondant de la société d'agriculture de son chef-lieu, et il n'en était pas plus fier pour cela. S'il réussissait à se faire questionner, il ne manquait pas de dire : J'ai fait cet essai dans *nos terres*. Et si on l'interrogeait sur la qualité de ces terres, il répondait : Elles ont toutes les qualités. Il y a quatre lieues carrées d'étendue ; nous avons donc du sec, du mouillé, de l'humide, du gras, du maigre, etc.

En Sologne on n'est pas bien riche avec quatre lieues de terrain, et la terre de Villepreux ne rapportait guère que trente mille livres de rente ; mais la famille de Villepreux en possédait deux autres d'un moindre revenu, qui étaient affermées, et que M. Lerebours allait visiter une fois par an. Il avait donc une triple occupation, une triple importance, une triple capacité, et d'éternels sujets de discours et de démonstrations agricoles.

Quand il avait fait son premier effet, comme il ne demandait pas mieux que d'être modeste, et que l'aveu d'une haute position coûte toujours un peu, il hésitait quelques instants, puis il hasardait le nom de Villepreux ; et si l'auditeur était pénétré d'avance de l'importance de ce nom, M. Lerebours disait en baissant les yeux : C'est moi qui fais les affaires de *la famille*. — Si cet auditeur était assez ennemi de lui-même pour demander ce que c'était que la famille, oh ! alors, malheur à lui ! car M. Lerebours se chargeait de le lui apprendre ; et c'étaient d'interminables généalogies, des énumérations d'alliances et de mésalliances, une liste de cousins et d'arrière-cousins, puis la statistique des propriétés, et puis l'exposé des améliorations par lui opérées, etc., etc. Quand une diligence avait le bonheur de posséder M. Lerebours, il n'était ni cahots ni chutes qui pussent troubler le sommeil délicieux où il plongeait les voyageurs. Il les entretenait de la famille de Villepreux depuis le premier relais jusqu'au dernier. Il eût fait le tour du monde en parlant de *la famille*.

Quand M. Lerebours allait à Paris, il y passait son temps fort désagréablement ; car, dans cette fourmilière d'écervelés, personne ne paraissait se soucier de la famille de Villepreux. Il ne concevait pas qu'on ne le saluât point dans les rues, et qu'à la sortie des spectacles la foule risquât d'étouffer, sans plus de façon, un homme aussi nécessaire que lui au bonheur et à la prospérité des Villepreux.

De données morales sur *la famille*, de distinctions entre ses membres, d'aperçus des divers caractères, il ne fallait pas lui en demander. Soit discrétion, soit inaptitude à ce genre d'observations, il ne pouvait rien dire de ces illustres personnages, sinon que celui-ci était plus ou moins économe, ou entendu aux affaires que celui-là. Mais la qualité et l'importance de l'homme ne se mesuraient, pour lui, qu'à la somme des écus dont il devait hériter ; et quand on lui demandait si mademoiselle de Villepreux était aimable et jolie, il répondait par la supputation des valeurs qu'elle apporterait en dot. Il ne comprenait pas qu'on fût curieux d'en savoir davantage.

Un matin, M. Lerebours se leva encore plus tôt que de coutume, ce qui n'était guère possible, à moins de se lever, comme on dit, la veille ; et descendant la rue principale et unique du village, dite *rue Royale*, il tourna à droite, prit une ruelle assez propre, et s'arrêta devant une maisonnette de modeste apparence.

Le soleil commençait à peine à dorer les toits, les coqs mal éveillés chantaient en fausset, et les enfants, en chemise sur le pas des portes, achevaient de s'habiller dans la rue. Déjà cependant le bruit plaintif du rabot et l'âpre gémissement de la scie résonnaient dans l'atelier du père Huguenin, les apprentis étaient tous à leur poste, et déjà le maître les gourmandait avec une rudesse paternelle.

— Déjà en course, monsieur le régisseur ? dit le vieux menuisier en soulevant son bonnet de coton bleu.

M. Lerebours lui fit un signe mystérieux et imposant. Le menuisier s'étant approché :

— Passons dans votre jardin, lui dit l'économe, j'ai à vous parler d'affaires sérieuses. Ici, j'ai la tête brisée ; vos apprentis ont l'air de le faire exprès, ils tapent comme des sourds.

Ils traversèrent l'arrière-boutique, puis une petite cour, et pénétrèrent dans un carré d'arbres à fruit dont la greffe n'avait pas corrigé la saveur, et dont le ciseau n'avait pas altéré les formes vigoureuses ; le thym et la sauge, mêlés à quelques pieds d'œillet et de giroflée, parfumaient l'air matinal ; une haie bien touffue mettait les promeneurs à l'abri du voisinage curieux.

C'est là que M. Lerebours, redoublant de solennité, annonça à maître Huguenin le menuisier la prochaine arrivée de la famille.

Maître Huguenin n'en parut pas aussi étourdi qu'il aurait dû l'être pour complaire à l'intendant.

— Eh bien, dit-il, c'est votre affaire à vous, monsieur Lerebours ; cela ne me regarde pas, à moins qu'il n'y ait quelque parquet à relever ou quelque armoire à rafistoler.

— Il s'agit d'une chose autrement importante, mon ami, reprit l'intendant. La famille a eu l'idée (je dirais, si je l'osais, la singulière idée) de faire réparer la chapelle, et je viens voir si vous pouvez ou si vous voulez y être employé.

— La chapelle ? dit le père Huguenin tout étonné ; ils veulent remettre la chapelle en état ? Tiens, c'est drôle tout de même. Je croyais qu'ils n'étaient pas dévots ; mais c'est égal, ce qu'il paraît, dans ce temps-ci. On dit que le roi Louis XVIII...

— Je ne viens pas vous parler politique, répondit Lerebours en fronçant le sourcil : je viens savoir seulement si vous n'êtes pas trop jacobin pour travailler à la chapelle du château, et pour être bien récompensé par la famille.

— Oui-da, j'ai déjà travaillé pour le bon Dieu ; mais expliquez-vous, dit le père Huguenin en se grattant la tête.

— Je m'expliquerai quand il sera temps, repartit l'économe ; tout ce que je puis vous dire, c'est que je suis chargé d'aller chercher, soit à Tours, soit à Blois, d'habiles ouvriers. Mais si vous êtes capable de faire cette réparation, je vous donnerai la préférence.

Cette ouverture fit grand plaisir au père Huguenin ; mais, en homme prudent et sachant bien à quel économe il avait affaire, il se garda d'en laisser rien paraître.

— Je vous remercie de tout mon cœur d'avoir pensé à moi, monsieur Lerebours, répondit-il ; mais j'ai bien de l'ouvrage dans ce moment-ci, voyez-vous ! La besogne va bien, c'est moi qui fais tout dans le pays parce que je suis seul de ma partie. Si je m'embarquais dans l'ouvrage du château, je mécontenterais le bourg et la campagne, et on appellerait un second menuisier qui m'enlèverait toutes mes pratiques.

— Il est pourtant joli de mettre en poche en moins d'un an, en six mois peut-être, une belle somme ronde et payée comptant. Je veux bien croire que vous avez une clientèle nombreuse, maître Huguenin, mais tous vos clients ne payent pas.

— Pardon, dit le menuisier blessé dans son orgueil démocratique, ce sont tous d'honnêtes gens et qui ne commandent que ce qu'ils peuvent payer.

— Mais qui ne payent pas vite, reprit l'économe avec un sourire malicieux.

— Ceux qui tardent, répondit Huguenin, sont ceux à qui je veux bien faire crédit. On s'entend toujours avec ses pareils ; et moi aussi je fais bien quelquefois attendre l'ouvrage plus que je ne le voudrais.

— Je vois, dit l'économe d'un air calme, que mon offre ne vous séduit pas. Je suis fâché de vous avoir dérangé, père Huguenin ; — et soulevant sa casquette, il fit mine de s'en aller, mais lentement ; car il savait bien que l'artisan ne le laisserait pas partir ainsi.

En effet, l'entretien fut renoué au bout de l'allée.

— Si je savais de quoi il s'agit, dit Huguenin, affectant une incertitude qu'il n'éprouvait pas : mais peut-être que cela est au-dessus de mes forces... c'est de la vieille boiserie ; dans l'ancien temps on travaillait plus finement qu'aujourd'hui... et les salaires étaient sans doute en proportion de la peine. A présent il nous faut plus de temps et on nous récompense moins. Nous n'avons pas toujours les outils nécessaires... et puis les seigneurs sont moins riches et partant moins magnifiques...

— Ce n'est toujours pas le cas de la famille de Villepreux, dit Lerebours en se redressant ; l'ouvrage sera payé selon son mérite. Je me fais fort de cela, et il me semble que je n'ai jamais manqué d'ouvriers quand j'ai voulu faire faire des travaux. Allons ! il faudra que j'aille à Valençay. Il y a là de bons menuisiers, à ce que j'ai ouï dire.

— Si l'ouvrage était seulement dans le genre de la chaire que j'ai confectionnée dans l'église de la paroisse... dit le menuisier rappelant avec adresse l'excellent travail dont il s'était acquitté l'année précédente.

— Ce sera peut-être plus difficile, reprit l'intendant, qui, la veille, avait examiné attentivement la chaire de la paroisse et qui savait fort bien qu'elle était sans défauts.

Et comme il s'en allait toujours, le père Huguenin se décida à lui dire :

— Eh bien, monsieur Lerebours, j'irai voir cette boiserie ; car, à vous dire vrai, il y a longtemps que je ne suis entré là, et je ne me rappelle pas ce que ce peut être.

— Venez-y, répondit l'économe qui devenait plus froid à mesure que l'ouvrier se laissait gagner ; la vue n'en coûte rien.

— Et cela n'engage à rien, reprit le menuisier. Eh bien, j'irai, monsieur Lerebours.

— Comme il vous plaira, mon maître, dit l'autre ; mais songez que je n'ai pas un jour à perdre. Pour obéir aux ordres de la famille, il faut que ce soir j'aie pris une décision, et si vous n'en avez pas fait autant, je partirai pour Valençay.

— Diable ! vous êtes bien pressé, dit Huguenin tout ému. Eh bien ! j'irai aujourd'hui.

— Vous feriez mieux de venir tout de suite, pendant que j'ai le temps de vous accompagner, reprit l'impassible économe.

— Allons donc, soit ! dit le menuisier. Mais il faut que j'emmène mon fils ; car il s'entend assez bien à faire un devis à vue d'œil ; et, comme nous travaillons ensemble...

— Mais votre fils est-il un bon ouvrier ? demanda M. Lerebours.

— Quand même il ne vaudrait pas son père, répondit le menuisier, ne travaille-t-il pas sous mes yeux et sous mes ordres ?

M. Lerebours savait fort bien que le fils Huguenin était un homme très-précieux à employer. Il attendit que les deux artisans eussent passé leurs vestes et qu'ils se fussent munis de la règle, du pied-de-roi et du crayon. Après quoi, ils se mirent tous trois en route, parlant peu et chacun se tenant sur la défensive.

CHAPITRE II.

Pierre Huguenin, le fils du maître menuisier, était le plus beau garçon qu'il y eût à vingt lieues à la ronde. Ses traits avaient la noblesse et la régularité de la statuaire ; il était grand et bien fait de sa personne ; ses pieds, ses mains et sa tête étaient fort petits, ce qui est remarquable chez un homme du peuple, et ce qui est très-compatible avec une grande force musculaire dans les belles races ; enfin ses grands yeux bleus ombragés de cils noirs et le coloris délicat de ses joues donnaient une expression douce et pensive à cette tête qui n'eût pas été indigne du ciseau de Michel-Ange.

Ce qui paraîtra singulier, et ce qui est positif, c'est que Pierre Huguenin ne se doutait pas de sa beauté, et que ni les hommes, ni les femmes de son village ne s'en doutaient guère plus que lui. Ce n'est pas que dans aucune classe l'homme naisse dépourvu du sens du beau, mais ce sens a besoin d'être développé par l'étude de l'art et par l'habitude de comparer. La vie libre et cultivée des gens aisés les met sans cesse en présence des chefs-d'œuvre de l'art ou en rapport avec des types qu'autour d'eux ils voient apprécier par l'esprit de critique répandu dans la société. Leur jugement se forme ainsi ; et ne fût-ce qu'au frottement de l'art contemporain qui, pauvre ou florissant, conserve toujours un reflet de l'éternelle beauté, ils ouvrent les yeux sans effort à un monde idéal, au seuil duquel le génie comprimé du pauvre se heurte longtemps, et trop souvent se brise sans pouvoir pénétrer.

Ainsi le premier laboureur venu, avec un teint coloré, de larges épaules et l'œil vif, avait plus de succès dans les fêtes de village, et faisait rire et danser plus de filles que le noble et calme Huguenin. Mais les bourgeoises le suivaient de l'œil, en disant : « Mon Dieu ! quel est ce beau garçon ? » Et deux jeunes peintres qui passaient par le village de Villepreux pour se rendre à Valençay avaient été tellement frappés de la beauté du garçon menuisier, qu'ils lui avaient demandé la permission de faire son portrait ; mais il s'y était refusé assez sèchement, prenant cette demande pour une mauvaise plaisanterie de leur part.

Le père Huguenin, qui, lui-même, était un superbe vieillard, et qui ne manquait pas de bon sens, ne s'était pas toujours douté de la haute intelligence et de la beauté idéale de son fils. Il voyait en lui un garçon bien bâti, laborieux, rangé, un bon aide en un mot ; mais quoiqu'il eût été un réformateur dans son temps, il n'était nullement épris des jeunes idées libérales, et il trouvait que Pierre donnait beaucoup trop dans l'amour des nouveautés. Il avait entendu parler de Rome et de Sparte par les orateurs du village au temps de la république, et il avait adopté dans ce temps-là le surnom de *Cassius*, qu'il avait prudemment abdiqué depuis le retour des Bourbons. Il croyait donc à un antique âge d'or de la liberté et de l'égalité ; et, depuis la chute de la Convention, il pensait fermement que le monde tournait pour toujours le dos à la vérité. — La justice est morte en 93, disait-il, et tout ce que vous inventerez désormais pour la ressusciter ne fera que l'enterrer plus avant.

Il avait donc le travers des vieillards de tous les temps, il ne croyait pas à un meilleur avenir. Sa vieillesse était un continuel gémissement, et parfois une acrimonie, dont sa bonté naturelle et la sérénité de sa conscience le sauvaient à grand'peine.

Il avait élevé son fils dans les plus purs sentiments démocratiques ; mais il lui avait donné cette foi comme un mystère, pensant qu'elle n'avait plus rien à produire, et qu'il fallait la garder en soi comme on garde le sentiment de sa propre dignité en subissant une injuste dégradation. Ce rôle passif ne pouvait suffire longtemps à l'intelligence active de Pierre. Bientôt il voulut en savoir plus sur son temps et sur son pays, que ce qu'il pouvait apprendre dans sa famille et dans son village. Il fut saisi à dix-sept ans de l'ardeur voyageuse qui, chaque année, enlève à leurs pénates de nombreuses phalanges de jeunes ouvriers pour les jeter dans la vie aventureuse, dans l'apprentissage ambulant qu'on appelle *le tour de France*. Au désir vague de connaître et de comprendre le mouvement de la vie sociale se mêlait l'ambition noble d'acquérir du talent dans sa profession. Il voyait bien qu'il y avait des théories plus sûres et plus promptes que la routine patiente suivie par son père et par les anciens du pays. Un compagnon tailleur de pierres, qui avait passé dans le village, lui avait fait entrevoir les avantages de la science en exécutant devant lui, sur un mur, des dessins qui simplifiaient extraordinairement la pratique lente et monotone de son travail. Dès ce moment il avait résolu d'étudier le *trait*, c'est-à-dire le dessin linéaire applicable à l'architecture, à la charpenterie et à la menuiserie. Il avait donc demandé à son père la permission et les moyens de faire son tour de France. Mais il avait rencontré un grand obstacle dans le mépris que le père Huguenin professait pour la théorie. Il lui avait fallu presque une année de persévérance pour vaincre l'obstination du vieux praticien. Le père Huguenin avait aussi la plus mauvaise opinion des initiations mystérieuses du compagnonnage. Il prétendait que toutes ces sociétés secrètes d'ouvriers réunis sous différents noms en *Devoirs* n'étaient que des associations de bandits ou de charlatans qui, sous prétexte d'en apprendre plus long aux autres, allaient consumer les plus belles années de la jeunesse à battre le pavé des villes, à remplir les cabarets de leurs cris fanatiques, et à couvrir de leur sang versé pour de sottes questions de préséance la poussière des chemins.

Il y avait un côté vrai dans ces accusations ; mais elles donnaient un tel démenti à l'estime dont jouit le compagnonnage dans les campagnes, que, selon toute apparence, le père Huguenin avait quelque ressentiment personnel. Quelques anciens du village racontaient qu'on l'avait vu rentrer un soir chez lui, couvert de sang, la tête fendue et les vêtements en lambeaux. Il avait fait une maladie à la suite de cet événement ; mais il n'avait jamais voulu en expliquer le mystère à personne. Son orgueil se refusait à avouer qu'il eût cédé sous le nombre. Nous soupçonnons fort qu'il était tombé dans une embûche dressée par quelques compagnons du Devoir à certains rivaux, et qu'il avait été victime d'une méprise. Le fait est que depuis ce temps il avait nourri un vif ressentiment et professé une aversion persévérante contre le compagnonnage.

Quoi qu'il en soit, la vocation du jeune Pierre était plus forte que la pensée de tous les périls et de toutes les souffrances prédites par son père. Sa résolution l'emporta, et maître Cassius Huguenin fut forcé de lui donner un beau matin la clef des champs. S'il n'eût écouté que son cœur, il l'eût muni d'une bonne somme pour lui rendre l'entreprise agréable et facile ; mais se flattant que la misère le ramènerait au bercail plus vite que toutes les exhortations, il ne lui donna que trente francs, et lui défendit de lui écrire pour en demander davantage. Il se promettait bien dans son âme de faire droit à sa première requête ; mais il croyait l'effrayer par cette apparence de rigueur. Le moyen ne réussit pas ; Pierre partit et ne revint qu'au bout de quatre ans. Durant ce long pèlerinage il n'avait pas demandé une seule obole à son père, et dans ses lettres il s'était borné à s'informer de sa santé et à lui souhaiter mille prospérités, sans jamais l'entretenir ni de ses travaux, ni d'aucune des vicissitudes de son existence nomade. Le père Huguenin en était à la fois inquiet et mortifié ; il avait bien envie de le lui exprimer avec cet élan de tendresse qui eût désarmé l'orgueil du jeune homme ; mais le dépit l'emportait toujours lorsqu'il tenait la plume, et il ne pouvait s'empêcher de lui écrire d'un ton de remontrance sévère qu'il se reprochait aussitôt que la lettre était partie. Pierre n'en témoignait ni dépit, ni découragement. Il répondait d'un ton respectueux et plein d'affection ; mais il était inébranlable ; et le curé, qui aidait le vieux menuisier à lire ses lettres, lui faisait remarquer, non sans plaisir, que l'écriture de son fils devenait de plus en plus belle et coulante, qu'il s'exprimait en termes choisis, et qu'il y avait dans son style une mesure, une noblesse et même une élégance qui le plaçaient déjà bien au-dessus de lui et de tous les vieux ouvriers du pays qu'il appelait ses compères.

Enfin, Pierre revint par une belle journée de printemps. C'était trois semaines avant la visite et la communication de M. Lerebours. Le père Huguenin, un peu vieilli, un peu cassé, bien las de travailler sans relâche, et surtout attristé d'être toujours en lutte dans son atelier avec des apprentis grossiers et indociles, mais trop fier pour se plaindre, et affectant un enjouement qui était souvent loin de son âme, vit entrer chez lui un beau jeune homme qu'il ne connaissait pas. Pierre avait grandi de toute la tête ; son port était noble et assuré ; son teint clair et pur, que le soleil n'avait pu ternir, était rehaussé par une légère barbe noire. Il était vêtu en ouvrier, mais avec une propreté scrupuleuse, et portait sur ses larges épaules un sac de peau de sanglier bien rebondi qui annonçait un bon trousseau de hardes. Il salua en souriant dès le seuil de la porte, et, prenant plaisir à l'incertitude et à l'étonnement de son père, il lui demanda la demeure de M. Huguenin, le maître menuisier. Le père Huguenin tressaillit au son de cette voix mâle qui lui rappelait confusément celle de son petit Pierre, mais qui avait changé comme le reste. Il resta quelque temps interdit, et comme Pierre semblait prêt à se retirer, voilà, pensa-t-il, un gars de bonne mine, et qui, certainement, ressemble à mon fils ingrat ; et un soupir s'échappa de sa poitrine ; mais aussitôt Pierre s'élança dans ses bras, et tous deux se tinrent longtemps embrassés, n'osant se dire une parole dans la crainte de laisser voir l'un à l'autre des yeux pleins de larmes.

Depuis trois semaines que l'enfant prodigue était rentré dans les habitudes paisibles du toit paternel, le vieux menuisier sentait une douce joie mêlée de quelques bouffées de chagrin et d'inquiétude. Il voyait bien que Pierre était sage dans sa conduite, sensé dans ses paroles, assidu au travail. Mais avait-il acquis cette supériorité de talent dont il avait nourri le désir ambitieux avant son départ ? Le père Huguenin souhaitait ardemment qu'il en fût ainsi ; et pourtant, par suite d'une contradiction qui est naturelle à l'homme et surtout à l'artiste, il craignait de trouver son fils plus savant que lui. D'abord il s'était attendu à le voir étaler sa science, trancher du maître avec ses élèves, bouleverser son atelier et l'engager d'un ton doctoral à troquer tous ses antiques et fidèles outils contre des outils de fabrique nouvelle et d'un usage inconnu à ses vieilles mains. Mais les choses se passèrent tout autrement ; Pierre ne dit pas un mot relatif à ses études, et lorsque son père fit mine de l'interroger, il éluda toute question en disant qu'il avait fait de son mieux pour apprendre, et qu'il ferait de son mieux pour pratiquer ; puis, il se mit à la besogne le jour même de son arrivée et prit les ordres de son père comme un simple compagnon. Il se garda bien de critiquer le travail des apprentis, et laissa la direction suprême de l'atelier à qui de droit. Le père Huguenin, qui s'était préparé à une lutte désespérée, se sentit fort à l'aise ; et triomphant dans son esprit, il se contenta de murmurer entre ses dents à plusieurs reprises que le monde n'était pas si changé qu'on voulait bien le dire, que les anciennes coutumes seraient toujours les meilleures, et qu'il fallait bien le reconnaître, même après s'être flatté de tout réformer. Pierre feignit de ne pas l'entendre ; il poursuivit sa tâche, et le père fut forcé de déclarer qu'elle était faite avec une exactitude sans reproche et une rapidité extraordinaire.

— Ce que j'aime, lui disait-il de temps en temps, c'est que tu as appris à travailler vite et que l'ouvrage n'en est pas moins soigné.

— Si vous êtes content, tout va bien, répondait Pierre.

Quand cette inquiétude du vieux menuisier fut tout à fait dissipée, il se sentit tourmenté d'une autre façon. Il avait besoin de triompher ouvertement, et il était blessé que Pierre ne répondît pas à ses insinuations lorsqu'il lui donnait à entendre que son tour de France, sans lui être nuisible, n'avait pas eu tous les avantages qu'il s'était vanté d'en retirer ; qu'il n'avait rien découvert de merveilleux ; qu'en un mot, il eût pu apprendre à la maison tout ce qu'il avait été chercher bien loin. Une sorte de dépit s'empara de lui insensiblement et fit assez de progrès pour le rendre soucieux et méfiant.

— Il faut, disait-il tout bas à son compère le serrurier Lacrête, que mon garçon me cache quelque secret. Je parierais qu'on n'en sait plus qu'il n'en veut faire paraître. On dirait qu'en travaillant pour moi, il s'acquitte d'une dette, mais qu'il réserve ses talents pour le temps où il travaillera à son compte, afin de m'écraser tout d'un coup.

— Eh bien, répondait le compère Lacrête, tant mieux pour vous ; vous vous reposerez alors, car vous n'avez que ce fils, et vous n'aurez pas besoin de l'aider à s'établir ; il se fera tout seul une bonne position, et vous jouirez enfin de la vie en mangeant vos revenus. N'êtes-vous pas assez riche pour quitter la profession, et voulez-vous donc disputer la clientèle du village à votre enfant unique ?

— Dieu m'en garde ! reprenait le menuisier, je ne suis pas ambitieux et j'aime mon fils comme moi-même ; mais voyez-vous, il y a l'amour-propre ! Croyez-vous qu'on se résigne, à soixante ans, à voir sa réputation éclipsée par un jeune homme qui n'a pas même voulu prendre vos leçons, les jugeant indignes de son génie ? Croyez-vous que ce serait une belle conduite de la part d'un fils, de venir dire à tout le monde : voyez, je travaille mieux que mon père, donc mon père ne savait rien !

En raisonnant ainsi, le maître menuisier rongeait son frein. Il essayait de trouver quelque chose à reprendre dans le travail de son fils, et s'il surprenait la moindre trace d'enjolivement à ses pièces de menuiserie, il la critiquait amèrement. Pierre n'en montrait aucun dépit. D'un coup de rabot il enlevait lestement l'ornement qui semblait s'être échappé malgré lui de sa main : il était résolu à tout souffrir, à se laisser humilier mille fois plutôt que de faire mauvais ménage avec son père. Il le connaissait trop bien pour ne pas avoir prévu qu'il ne fallait pas essayer de le primer. Content d'avoir acquis les talents qu'il avait ambitionnés, il attendait que l'occasion de les faire apprécier vînt d'elle-même, et il savait bien qu'elle ne tarderait pas. En effet, elle se présenta le jour où l'économe conduisit les deux menuisiers au château pour examiner les travaux en question.

CHAPITRE III.

Ils furent introduits dans un antique vaisseau qui avait servi successivement de chapelle, de bibliothèque, de salle de spectacle et d'écurie, suivant les vicissitudes de la noblesse ou les goûts des divers possesseurs du château. Cette salle était située dans un corps de bâtiment plus ancien que les autres constructions qui composaient le vaste et imposant manoir de Villepreux. Elle était d'un beau style gothique flamboyant, et les arceaux de la charpente annonçaient qu'elle avait été consacrée au culte religieux. Mais en changeant son usage à diverses époques, on avait changé ses ornements, et les dernières traces de réparation qui subsistaient, c'étaient les boiseries du quinzième siècle, qu'au dix-huitième on avait couvertes de planches et de toiles peintes pour jouer des pastorales, l'opéra du *Huron*, et la *Mélanie* de M. de La Harpe. Un reste de ce décor, barbouillé de guirlandes fanées et d'Amours éraillés, avait été enlevé ; et une certaine pièce située dans une tourelle adjacente avait pu ouvrir une porte, longtemps murée, sur la grande salle déblayée de ses oripeaux. Or, la tourelle était un lieu favori pour une certaine personne de la famille. Dès qu'on eut découvert une nouvelle issue à cette pièce et un usage à cette porte, on voulut qu'elle pût communiquer avec la chapelle ; mais il n'y manquait qu'une chose, c'était un escalier. Dans le principe, la porte donnait sur une tribune dans laquelle le châtelain et sa famille venaient écouter les offices, et la tourelle servait d'oratoire. Sous la régence, la tribune servit à appuyer la toile de fond du théâtre, et la tourelle fut tantôt le foyer des comédiens amateurs, tantôt le cabinet de toilette de quelque prima donna de haute volée. On avait pratiqué, pour la communication avec les coulisses, un de ces escaliers à roulettes, qu'on appelle échelles à marches en termes de menuiserie, et dont on se sert dans les bibliothèques ou dans les ateliers de peinture, pour atteindre aux rayons supérieurs ou aux parties élevées des grandes toiles. C'était un ouvrage grossier, provisoire, et pouvant se déplacer suivant l'exigence du décor. La famille de Villepreux, ayant su apprécier la beauté des boiseries méprisées et mutilées par la génération précédente, avait résolu d'utiliser cette vaste pièce abandonnée depuis la révolution aux rats et aux chouettes.

On avait donc décrété ce qui suit :

L'ex-chapelle du moyen âge, ex-bibliothèque sous Louis XIV, ex-salle de spectacle sous la régence, ex-écurie durant l'émigration, servirait désormais d'atelier de peinture, ou pour mieux dire de musée. On y rassemblerait tous les vieux vases et meubles rares, tous les portraits de famille et anciens tableaux, tous les livres de prix, toutes les gravures, en un mot toutes les curiosités éparses dans le château. Il y avait place pour tout cela et pour toutes les tables, modèles et chevalets qu'on voudrait y ajouter.

La partie qui avait été tour à tour le chœur de la chapelle et l'emplacement du théâtre, reprendrait, comme monument, sa forme demi-circulaire et son apparence de chœur recouvert de boiseries sculptées. C'étaient ces belles sculptures en plein chêne noir qu'il s'agissait de restaurer. L'ancienne porte de la tourelle que les maçons venaient de démasquer donnerait comme autrefois sur une tribune ; mais cette tribune servirait de palier, garnie d'une balustrade, à un escalier tournant dont plusieurs dessins avaient été essayés et parmi lesquels on devait choisir le plus convenable.

Cette chapelle, cet escalier et cette tourelle auront trop d'importance dans le cours de notre récit, pour que nous n'ayons pas cherché à en présenter l'image à l'esprit du lecteur. Nous devons ajouter que ce corps de bâtiment était situé entre une partie du parc où la végétation avait envahi les allées, et une petite cour ou préau qui avait été tour à tour cimetière, parterre et faisanderie, et qui n'était plus qu'une impasse obstruée de décombres.

C'était donc l'endroit le plus silencieux et le moins fréquenté du château, une retraite philosophique, ou un laboratoire artistique que l'on voulait déblayer et restaurer, mais conserver mystérieux et sombre, soit pour y travailler sans distraction, soit pour s'y retrancher contre les visiteurs importuns.

C'est vers ce lieu solitaire que M. Lerebours conduisit les deux menuisiers, l'un calme, et l'autre s'efforçant de le paraître.

Mais d'abord, Pierre ne songea ni à son père ni à lui-même. L'amour de sa profession, qu'il comprenait en artiste, fut le seul sentiment qui s'empara de lui lorsqu'il pénétra dans cette antique salle, véritable monument de l'art de la menuiserie. Il s'arrêta au seuil, saisi d'un grand respect ; car il n'est point d'âme plus portée à la vénération que celle d'un travailleur consciencieux. Puis il s'avança lentement sous la voûte et parcourut toute l'enceinte d'un pas inégal, tantôt se pressant pour examiner les détails, tantôt s'arrêtant pour admirer l'ensemble. Une joie sainte rayonnait sur son visage, sa bouche entr'ouverte ne laissait pas échapper un seul mot, et son père le regardait avec étonnement, comprenant à demi son transport, et se demandant quelle pensée l'agitait pour le faire ainsi paraître fier, assuré, et plus grand de toute la tête qu'à l'ordinaire. Quant à l'économe, il était incapable de rien concevoir à ce ravissement, et comme les deux menuisiers gardaient le silence, il se décida à entamer la conversation.

— Vous voyez, mes amis, leur dit-il de ce ton bénin qui était chez lui le signe précurseur d'un accès de ladrerie, qu'il n'y a pas tant d'ouvrage qu'on pourrait le croire. Je vous ferai observer que les frises et les figurines étant un travail hors de votre compétence, nous ferons venir de Paris des artistes tourneurs et sculpteurs en bois pour raccommoder celles qui sont brisées et pour rétablir celles qui ont disparu. Ainsi vous n'avez à vous occuper que des grosses pièces ; vous aurez à mettre des morceaux dans

M. Lerebours.

les panneaux endommagés, à resserrer les parties disjointes, à confectionner çà et là quelques moulures, à rapporter des morceaux dans les corniches, etc. Je pense que vous pouvez faire proprement ces oves?... Vous, maître Pierre, qui avez voyagé, vous ne serez pas embarrassé pour les torsades incrustées en balustres, n'est-ce pas? Et l'économe accompagnait d'un sourire, moitié paternel, moitié dédaigneux, ces impertinentes dubitations.

Le père Huguenin, qui était assez bon ouvrier pour comprendre la difficulté du travail, à mesure qu'il l'examinait, fronça les sourcils à cette interpellation directe aux talents de son fils. Dans ce moment il était encore partagé entre la secrète jalousie de l'artiste et l'espoir orgueilleux du père. Son front s'éclaircit lorsque Pierre, qui n'avait pas semblé écouter M. Lerebours, répondit d'une voix assurée :

— Monsieur l'économe, j'ai appris dans mes voyages tout ce que j'ai pu apprendre ; mais il n'y a rien dans ces oves, dans ces torsades, et dans le rapport de toutes ces pièces, que mon père ne soit capable d'entreprendre et de mener à bien. Quant aux figures et aux ornements délicats, ajouta-t-il en baissant un peu la voix par un sentiment de secrète modestie, ce serait une tâche faite pour nous tenter l'un et l'autre ; car c'est un beau travail et il y aurait de la gloire à l'accomplir. Mais cela nous demanderait beaucoup de temps, nous n'aurions peut-être pas tous les outils nécessaires, et, à coup sûr, nous ne trouverions pas dans le pays de compagnons pour nous seconder. Ainsi nous nous tiendrons à notre partie. Maintenant vous plaît-il de nous montrer la place et le plan de l'escalier dont vous avez parlé?

Au fond de la chapelle, la petite porte dont j'ai parlé, mystérieusement enfoncée dans l'épaisseur du mur, et recouverte d'une vieille tapisserie, n'avait plus pour palier extérieur que quelques planches vermoulues, dernier vestige de la tribune.

— C'est ici, dit M. Lerebours. Comme il n'y a pas de cage d'escalier dans la muraille, il faut faire un escalier extérieur, tout en bois, et tournant en spirale. Voyez, prenez vos mesures, si vous voulez. Voici une échelle qu'on peut approcher.

Pierre approcha l'échelle à marches et monta jusqu'à la tribune, qui n'était élevée que d'une vingtaine de pieds au-dessus du sol. Il souleva la portière et admira le travail

Pierre Huguenin, le fils du maître menuisier, était le plus beau garçon qu'il y eût à vingt lieues à la ronde. (Page 5.)

exquis de la porte sculptée, ainsi que les ornements d'architecture à filets délicatement enroulés qui encadraient les chambranles et le tympan.

— Cette porte est aussi à réparer, dit-il; car les armoiries qui forment le centre des médaillons ont été brisées.

— Oui, dans la révolution, répondit l'économe, en détournant les yeux d'un air hypocrite; et ce fut une grande barbarie, car c'était l'œuvre d'un ouvrier bien habile, on n'en saurait douter.

Les joues du père Huguenin se colorèrent d'un rouge vif. Il connaissait bien le vandale qui avait donné jadis le meilleur coup de hache à cette dévastation.

— Les temps sont changés, dit-il avec un sourire où la malignité surmontait la confusion; et les écussons aussi. Dans ce temps-là on brisait tout, et on ne se doutait guère qu'on se taillait de la besogne pour l'avenir.

— Ce n'est pas si mauvais pour vous, dit l'intendant avec un rire froid et saccadé dont il accompagnait toujours ce qu'il lui plaisait d'appeler ses traits de gaieté.

— Ni pour vous non plus, monsieur Lerebours, répondit le vieux menuisier. Si on n'avait pas enfoncé ces portes, vous n'en auriez pas aujourd'hui les clefs; si on n'eût pas vendu ce château, la branche cadette des Villepreux n'aurait pas fait le bon marché de l'acheter en assignats à la branche aînée, et ne serait pas si riche à l'heure qu'il est.

— La famille de Villepreux a toujours été riche, dit M. Lerebours d'un ton altier; et avant d'acheter cette terre, elle n'était pas, je pense, sur le pavé.

— Bah! reprit le père Huguenin d'un ton goguenard; à pied, à cheval ou en carrosse, nous y sommes tous sur ce pauvre pavé du bon Dieu!

Pendant cette digression, Pierre, examinant toujours la porte, essayait de l'ouvrir afin d'en voir les deux faces. M. Lerebours l'arrêta.

— On n'entre pas ici, dit-il d'un ton doctoral, la porte est fermée en dedans; c'est le cabinet d'étude de mademoiselle de Villepreux, et moi seul ai le droit d'y pénétrer en son absence.

— Il faudra toujours bien enlever la porte pour la réparer, dit le père Huguenin, à moins que vous ne vouliez y laisser des chatières.

— Ceci viendra en son temps, répondit M. Lerebours; vous n'avez affaire maintenant qu'avec l'escalier. Voici la place, et si vous voulez descendre je vais vous montrer le plan.

Pierre descendit de l'échelle, et l'économe déroula d'abord devant lui plusieurs planches; c'étaient diverses gravures à l'eau-forte d'après des tableaux de vieux intérieurs flamands.

— Mademoiselle, dit M. Lerebours, a désiré que l'on se conformât au style de ces escaliers, et que l'on choisît, parmi les échantillons que voici, celui qui s'adapterait le mieux aux exigences du local. J'ai fait en conséquence tracer un plan suivant les lois de la géométrie; je présume qu'en vous le faisant expliquer vous pourrez vous y conformer.

— Ce plan est défectueux, dit Pierre aussitôt qu'il eut jeté les yeux sur la planche de trait que l'intendant déroulait devant lui d'un air important.

— Songez à ce que vous dites, mon ami, répondit l'économe; ce plan a été exécuté par mon fils,… par mon propre fils.

— Monsieur votre fils s'est trompé, reprit Pierre froidement.

— Mon fils est employé aux ponts et chaussées, apprenez cela, maître Pierre, s'écria l'intendant tout rouge de dépit.

— Je ne dis pas le contraire, dit Pierre en souriant; mais si monsieur votre fils était ici, il reconnaîtrait son erreur et ferait un autre plan.

— Sous votre direction, sans doute, monsieur l'entendu?

— Sous celle du bon sens, monsieur l'économe; et il m'en donnerait une que je pourrais suivre.

Le père Huguenin riait de plaisir dans sa barbe grise; il était enchanté que son fils le vengeât des allusions de M. Lerebours.

— Voyons donc ce plan, dit-il d'un air capable; et tirant de la poche de son gilet, qui lui descendait sur le genou, une paire de lunettes de corne, il s'en pinça le nez et fit mine de commenter la planche, quoiqu'il n'y comprît rien du tout. Le dessin linéaire était un grimoire qu'il avait toujours affecté de mépriser; mais une foi instinctive lui disait en cet instant que son fils était dans le vrai. Il ne manqua pas d'affirmer le plan faux, que cela sautait aux yeux, et il le soutint avec tant d'aplomb que Pierre l'eût cru converti à l'étude du trait s'il ne se fût aperçu qu'il tenait la planche à l'envers. Il se hâta de la lui ôter des mains, de peur que l'économe, qui n'était du reste guère plus versé que lui dans cette partie, ne le remarquât.

— Monsieur votre fils peut être très-habile dans les ponts et chaussées, poursuivit le père Huguenin en ricanant; mais il ne fait pas beaucoup d'escaliers sur les grandes routes, que je sache. Chacun son métier, monsieur Lerebours, soit dit sans vous offenser.

— Ainsi, vous refusez de faire cet escalier? dit Lerebours en s'adressant à Pierre.

— Je me charge de le rectifier, répondit Pierre avec douceur. Ce ne sera pas difficile, et le mouvement sera le même. J'y ajouterai une rampe de chêne découpée à jour dans le style de la boiserie, et des pendentifs assortis à ceux de la voûte de la charpente.

— Vous êtes donc sculpteur aussi? dit M. Lerebours avec aigreur; vous avez tous les talents?

— Oh! non pas tous, répondit Pierre avec un soupir plein de bonhomie, non pas même tous ceux que je devrais avoir. Mais essayez-moi dans ma partie, si vous êtes content, vous me pardonnerez de vous avoir contredit; c'était sans intention de vous blesser, je vous jure. Si j'avais à m'occuper de la construction d'un pont ou d'un projet de route, je me mettrais avec plaisir sous les ordres de M. Isidore, parce que je sais que j'aurais beaucoup de choses utiles à apprendre de lui.

M. Lerebours, un peu radouci, consentit à écouter la critique pleine de douceur que Pierre lui fit du plan d'escalier. La démonstration fut faite avec clarté, et le père Huguenin la comprit d'emblée, car il était arrivé, par la pratique et la logique naturelle, à une connaissance assez élevée de son art; mais M. Lerebours, qui n'avait ni la théorie ni la pratique, suait à grosses gouttes tout en feignant de comprendre; et, pour clore le différend, il fut décidé que Pierre ferait un autre plan, et qu'on le soumettrait à l'architecte que la famille honorait de sa clientèle. M. Lerebours était bien aise de faire cette épreuve avant d'employer le jeune menuisier, et on arrêta que le devis du travail et les conditions du salaire seraient ajournés jusqu'au jugement de l'architecte.

Lorsque les Huguenin furent rentrés chez eux, le père garda un profond silence. En attendant le soir, on reprit les travaux, et Pierre, sans plus d'orgueil que les autres jours, se mit à raboter les planches que lui présentait son père; mais il était facile de voir que celui-ci ne lui taillait plus la besogne avec autant d'assurance, et qu'il lui parlait avec plus d'égards que de coutume. Il alla même jusqu'à le consulter sur un procédé fort simple que Pierre employait en débitant certaines pièces.

— Votre manière est bonne aussi, lui répondit Pierre.

— Mais enfin, dit le vieillard, la tienne vaut mieux, sans doute?

— Elle m'est plus facile, répondit Pierre.

— Tu désapprouves donc la mienne? dit encore le père Huguenin.

Nullement, répondit le jeune homme, puisque avec un peu plus de temps et de peine vous arrivez au même résultat.

Le vieux menuisier comprit cette critique délicate et se mordit les lèvres, puis un sourire d'approbation effaça cette grimace involontaire.

Après le souper, Pierre se mit à l'œuvre. Il tira de son carton une grande feuille de papier, prit son crayon, son compas et sa règle, tira des lignes et les coupa par d'autres lignes, arrondit des courbes, des demi-courbes, fit des projections, des développements, et à minuit son plan fut terminé. Le père Huguenin, qui feignait de sommeiller auprès de la cheminée, le suivait des yeux par-dessus son épaule. Quand il vit qu'il refermait son portefeuille et s'apprêtait à se coucher sans dire un mot : Pierre, dit-il enfin d'une voix oppressée, tu joues gros jeu. Es-tu bien sûr d'en savoir plus long que le fils de M. Lerebours, qu'un jeune homme qui a été élevé dans les écoles, et qui est employé par le gouvernement? Ce matin, pendant que tu expliquais les fautes de son plan, quoique tu te servisses de mots qui ne me sont pas très-familiers, j'ai compris que tu pouvais avoir raison; mais il est facile de blâmer, et malaisé de faire mieux. Comment peux-tu te flatter de ne pas te tromper toi-même dans toutes ces lignes que tu viens de croiser sur un chiffon de papier? Il n'y a qu'en essayant les pièces les unes avec les autres, et en retouchant à mesure, qu'on peut être bien sûr de ce qu'on fait. Si tu commets une faute en travaillant, ce n'est qu'une journée et un peu de bois perdus; tu corriges, personne ne s'en aperçoit, et tout est dit. Au lieu que si tu fais un trait de plume à faux, voilà tous les beaux savants auxquels tu veux t'en rapporter qui vont crier que tu es un ignorant, un maladroit; et tu seras perdu de réputation avant d'avoir rien fait. Voilà tantôt quarante-cinq ans que j'exerce mon métier avec honneur et profit; une faute sur le papier eût pu me faire échouer au début de ma carrière. Aussi me suis-je bien gardé de me mettre en concurrence avec ceux qui prétendaient en savoir plus long que moi. J'ai fait mon petit chemin, avec mon petit proverbe : « A l'œuvre on connaît l'artisan. » Prends garde à toi, mon enfant! méfie-toi de ton amour-propre.

— Mon amour-propre n'est pas ici en jeu, soyez-en sûr, mon bon père, répondit Pierre; je ne veux humilier personne ni chercher à me faire valoir; mais il y a au-dessus de nous tous quelque chose qui est infaillible, et qu'aucune vanité, aucune jalousie ne peut plier à son profit: c'est la vérité démontrée par le calcul et l'expérience. Quiconque a entrevu clairement cette vérité une bonne fois ne peut jamais s'égarer dans de fausses applications. Je vous l'ai déjà dit, vos procédés sont bons, puisqu'ils vous font réussir à tout ce que vous entreprenez; et j'ajouterai que, plus j'examine votre travail, plus j'admire ce qu'il vous a fallu de présence d'esprit, d'intelligence, de courage et de mémoire pour vous passer de géométrie.

La théorie ne vous apprendrait rien, à vous qui avez un esprit supérieur ; mais vous comprendrez le bienfait de cette théorie lorsque je vous dirai qu'avec son concours le plus borné de vos apprentis pourrait arriver, dans peu de temps, non à la même habileté, mais à la même certitude que quarante-cinq années de travail assidu vous ont fait acquérir. La science exacte n'est autre chose que le résultat de l'expérience de tous les hommes raisonnée, constatée, et démontrée dans des termes dont le technique vous effraie à tort ; car leur précision est plus facile à retenir que toutes les vagues définitions de l'usage vulgaire. Avec le secours du dessin, vous eussiez pu savoir à vingt ans ce que vous saviez peut-être à peine à quarante, et vous eussiez pu exercer votre grande intelligence sur de nouveaux sujets.

— Il y a du bon dans tout ce que tu dis là, répondit le père Huguenin ; mais si tu triomphes dans le défi que tu portes au fils de l'économe, crois-tu que son père ne nous en voudra pas mortellement, et ne confiera pas à quelque autre le travail qu'il nous a proposé ce matin ?

— Il n'aura garde de mécontenter ses maîtres. Rappelez-vous, mon père, que M. de Villepreux est un homme actif, vigilant, économe ; M. Lerebours sait bien qu'il faut que les choses soient bien faites et sans prodigalité ; c'est pourquoi il vous a choisi, quoiqu'il n'aime pas les anciens patriotes. Il vous conservera la pratique du château, n'en doutez pas, et d'autant plus que l'architecte lui dira que vous êtes plus capable que bien d'autres.

Dominé par la sagesse de son fils, le père Huguenin s'endormit tranquille, et, trois jours après, il fut mandé au château pour s'entendre avec l'architecte qui était venu en personne examiner les lieux et faire un devis des dépenses totales pour le compte du châtelain.

L'architecte était passablement enclin à donner gain de cause aux plus puissants, c'est-à-dire à M. Lerebours et à sa progéniture. Aussi, dès qu'il eut jeté les yeux sur les deux plans, il s'écria :

— Sans aucun doute le plan de monsieur votre fils est excellent, mon petit père Lerebours ; et le vôtre, mon pauvre ami Pierre, est boiteux de trois jambes. En parlant ainsi, il jetait dédaigneusement sur la table le plan de l'employé aux ponts et chaussées, ne doutant pas que ce ne fût l'œuvre du menuisier.

— Permettez, monsieur, lui dit Pierre avec sa tranquillité accoutumée, le plan que vous rejetez n'est pas le mien. Veuillez regarder le plan que vous venez d'approuver ; mon nom est écrit en petit caractère sur la dernière marche de l'escalier.

— Ma foi, c'est vrai ! s'écria l'architecte avec un gros rire ; j'en suis fâché pour vous, mon pauvre père Lerebours, votre fils s'est blousé. Allons, n'en soyez pas désolé, cela peut arriver à tout le monde. — Quant à toi, mon garçon, ajouta-t-il en se tournant vers le fils Huguenin et en lui frappant sur l'épaule, tu entends ton affaire, et si tu es aussi bon sujet que tu es bon géomètre, tu pourras faire ton chemin. Voilà une planche dessinée avec beaucoup de goût et d'intelligence, continua-t-il en retournant au dessin de Pierre Huguenin, et cet escalier pourra être aussi commode qu'élégant. Employez-moi ce menuisier-là, père Lerebours, vous en pourrez faire venir de loin qui ne le vaudront pas.

— C'est aussi mon intention, répondit Lerebours avec le calme d'une profonde politique. Je sais rendre justice au talent, et reconnaître le mérite où il se trouve. Mon fils est certainement un homme très-fort en géométrie, mais il a une tête si jeune, si ardente...

— Allons, allons, il aura pensé à quelque jolie femme en dessinant son plan, dit l'architecte. Le gaillard est assez bel homme pour avoir souvent de telles distractions !...

Le père Lerebours se mit à rire comme une crécelle, tandis que l'architecte lui répondait comme une grosse cloche. Quand ils eurent épuisé toute leur gaieté légère, ils se mirent à faire le devis général des travaux, tandis que le maître menuisier et son fils faisaient celui qui concernait leurs attributions. Le prix fut débattu avec une horrible ténacité de la part de Lerebours et une grande fermeté de la part de Pierre Huguenin. Ses prétentions étaient si modérées que son père, sachant bien que Lerebours voudrait les réduire sans pudeur, l'accusait secrètement de ne pas savoir faire ses affaires. Mais Pierre fut inébranlable, et l'architecte, forcé de convenir que la demande était sensée, termina le différend en disant tout bas à l'oreille de l'économe :

— Concluez vite avant que le père ne défasse le marché.

Le contrat fut donc signé. L'architecte se chargea de toiser à la fin des travaux. Après tout, au point où en sont les institutions qui sacrifient toujours l'ouvrier à celui qui l'emploie, l'affaire était bonne pour le maître menuisier.

— Allons, disait-il à son fils en revenant au logis, tu t'entends à toutes choses ; voici la première fois de ma vie que je termine un marché sur mon premier mot.

CHAPITRE IV.

A huit jours de là, les Huguenin, ayant achevé de remplir tous les engagements contractés envers leur clientèle villageoise, prirent possession de la chapelle et commencèrent leurs travaux. Ordinairement, à Paris, les ouvriers emportent les pièces d'ouvrage à leur domicile, et ne reviennent au local dont ils ont l'entreprise que pour poser et rajuster les parties. Mais, dans les châteaux, il est assez d'usage que le vaisseau en réparation devienne l'atelier des travaux communs.

Pierre était toujours levé avant le jour. Aux premiers rayons du soleil il promenait déjà le compas sur les vieux ais de chêne de la boiserie séculaire, et déjà la tâche était taillée aux apprentis lorsqu'ils arrivaient, les yeux encore gonflés par le sommeil. Il advint qu'un soir Pierre, absorbé par l'examen de la boiserie, et ayant tracé plusieurs figures à la craie sur un panneau noirci par le temps, oublia, dans ses calculs, l'heure avancée et la solitude qui s'était faite autour de lui. Son père s'était retiré depuis longtemps avec tous ses ouvriers, les portes du château étaient fermées, et les chiens de garde étaient lâchés dans les cours. Le vigilant économe, surpris de voir une lampe briller encore derrière le haut vitrage de l'atelier, vint, son trousseau de clefs dans une main et sa lanterne sourde dans l'autre, regarder à la porte avec précaution.

— C'est vous, maître Pierre ? s'écria-t-il lorsqu'il eut reconnu le jeune menuisier à travers les fentes ; n'avez-vous pas assez travaillé pour un jour ?

Pierre lui ayant répondu qu'il avait encore de l'ouvrage pour une heure, M. Lerebours lui remit la clef d'une des portes du parc, lui recommanda de bien éteindre sa lumière et de bien refermer les portes en s'en allant, puis lui souhaita bon courage et alla se livrer aux douceurs du repos.

Pierre travailla encore deux heures, et, lorsqu'il eut résolu le problème qui l'embarrassait, il se décida à aller dormir ; mais il entendit sonner deux heures à l'horloge du château. Pierre craignit que sa sortie à une pareille heure ne fût remarquée dans le village et ne donnât lieu à des commentaires. Il fuyait la réputation de bizarrerie que son amour pour l'étude n'eût pas manqué de lui attirer. D'ailleurs ses apprentis devaient bientôt arriver, et, s'il allait se coucher, il ne pourrait se réveiller avec assez d'exactitude pour les recevoir et les mettre à l'ouvrage. Il se décida à s'étendre sur un monceau de ces menus copeaux et de ces rubans de bois que les menuisiers enlèvent de leurs planches en rabotant. Ce fut un lit assez doux pour ses membres robustes. Sa veste lui servit d'oreiller et sa blouse de couverture. Mais, à mesure que le jour approchait, l'air devenait plus frais, l'humidité du matin pénétrait par les fenêtres dont la plupart des châssis étaient enlevés, et ce malaise du froid était augmenté par un peu de courbature que Pierre avait prise à se tenir tout le jour sur les échelles. Il chercha autour de lui s'il ne trouverait rien pour se réchauffer, et ses yeux se portèrent sur la vieille tapisserie qui couvrait la petite porte dont il a été parlé au précédent chapitre de cette histoire. La porte avait été enlevée pour être raccommodée, et la tapisserie seule restait. Pierre monta sur l'échelle, mais seulement alors il se souvint que le soigneux économe avait cloué cette tapisserie au mur de tous côtés pour empêcher la poussière ou les regards profanes de pénétrer dans le cabinet d'étude de mademoiselle de Villepreux.

Il se souvint aussi en cet instant du ton d'importance avec lequel l'intendant lui avait interdit d'entr'ouvrir cette porte, le jour où il avait voulu l'examiner des deux côtés. Un sentiment de curiosité s'empara de lui; non cette curiosité vulgaire et intéressée qui est propre aux esprits étroits, mais ce besoin aventureux qu'éprouve une imagination vive, vouée à l'ignorance de la plupart des choses qu'elle pourrait comprendre. Le cabinet d'étude de la demoiselle du château doit être, pensa-t-il, rempli de ces objets d'art qu'on veut installer dans l'atelier. Il doit y avoir là des livres, des tableaux, et, à coup sûr, quelque ancien meuble fort curieux et fort intéressant pour moi. Je n'ai que deux ou trois clous à enlever; je ne suis ni un espion ni un voleur : pourquoi l'air que ma poitrine exhale, pourquoi mon regard respectueux pour tout ce qui est beau, profanerait-il ce sanctuaire?

Ce fut bientôt fait. Un coup de main dégagea un côté de la tapisserie, et Pierre entra dans le cabinet. C'était une petite rotonde occupant tout le second étage d'une des tourelles élancées du château. On avait décoré avec recherche cette jolie pièce qu'éclairait une seule vaste croisée dominant les jardins, les bois et les prairies à perte de vue. Un beau tapis turc, des rideaux de damas, des plâtres, un chevalet, de vieilles gravures richement encadrées, un beau bahut de la Renaissance, un dressoir du même style, des livres, un crucifix, un vieux luth peint et doré, une tête de mort, des vases de la Chine, mille détails de goût moderne sans ordre, sans plastique et sans but, mais élégant, excentrique, érudit, qui semble vénérer le passé en se jouant du présent : voilà le pandémonium artistique qui frappa les regards du jeune ouvrier. A cette époque le goût des curiosités n'était pas encore descendu dans la vie vulgaire. La boutique de bric-à-brac n'était pas aussi essentielle dans chaque rue de Paris, et même dans les quartiers de la banlieue, que la boutique du boulanger et l'enseigne du marchand de vin. Il était du meilleur ton de rechercher sur les quais ces vestiges ternis du luxe de nos pères. On ne trouvait pas aussi facilement qu'aujourd'hui des ouvriers habiles et savants pour les réparer. Tous les objets pillés dans les anciens châteaux ou proscrits par la mode grecque et romaine de l'empire, et jetés au rebut dans tous les coins du monde, n'étaient pas sortis des greniers et des chaumières, comme la baguette magique de la mode nouvelle les en a tirés depuis quelques années. On ne les imitait pas avec tant d'art qu'il fût impossible de constater leur antiquité; enfin on les croyait bien plus précieux parce qu'on les croyait plus rares. S'entourer de ces objets hétérogènes et vivre dans la poussière du passé était déjà une mode, mais une mode exquise et répandue seulement dans les hautes classes ou chez les artistes en vogue. C'est de là que partit la littérature des bahuts, des hanaps et des crédences, la peinture des dressoirs et des trophées, la mise en scène lyrique des cottes de mailles, des dagues et des rondaches, et tant d'autres tendances de l'art, puériles et bienfaisantes manies qui de tout temps ont eu le privilège d'amuser et de ruiner les riches, les oisifs et les *singeurs* tous tant que nous sommes.

Pierre s'éprit naïvement de toutes ces babioles, s'imaginant que mademoiselle de Villepreux était la seule demoiselle assez artiste pour s'asseoir sur une chaise du temps de Charles IX, et assez courageuse pour avoir un crâne humain parmi ses rubans et ses dentelles. Il en conçut une haute admiration pour cette jeune personne qu'il se rappelait confusément avoir vue dans les jeux de son enfance, et il se sentit doublement heureux d'avoir à faire le noble travail de la chapelle sous les auspices d'une dame capable d'en apprécier le mérite. Puis il contempla avec délices la Vierge à la chaise gravée par Morghen, et se représenta la jeune châtelaine sous ces traits à la fois angéliques et puissants. Ému, transporté, il se serait oublié là tout le jour s'il n'eût été rappelé à son devoir par le bruit de ses ouvriers qui arrivaient en sifflant le long des allées du parc. Il se hâta de sortir de la tourelle et de rentrer dans l'atelier, après avoir soigneusement recloué la tapisserie.

Depuis, M. Lerebours demanda bien des fois que la porte du cabinet fût réparée et mise en place. Il s'impatientait ; il disait que la poussière entrait par là, que la famille allait arriver, que mademoiselle serait fort mécontente de ne pouvoir s'enfermer tout de suite dans sa tourelle, car elle aimait particulièrement cette pièce ; enfin que c'était la première chose à faire. Tantôt il prenait un ton patelin et caressant, tantôt il grondait et roulait ses petits yeux d'un air indigné. Pierre promettait toujours et ne tenait point parole. Il avait si bien caché la porte derrière un tas de planches et de soliveaux qu'il était impossible de la retrouver. Toutes choses allaient si vite et si bien d'ailleurs, que M. Lerebours n'osait pas se fâcher trop fort.

Le fait est que Pierre passa plus d'une fois les premières heures de la nuit dans la tourelle, debout en extase devant les meubles, les gravures et les modèles. Ce qui le tentait plus que tout le reste, c'étaient les beaux livres reliés et dorés qui brillaient sur les rayons d'une petite bibliothèque d'ébène attachée à la muraille. Pierre n'avait qu'à étendre la main pour satisfaire sa curiosité, mais il craignait de commettre quelque chose comme un abus de confiance en portant sur ces riches reliures une main durcie et noircie par le travail. Un dimanche que tout le monde était sorti du château, même M. Lerebours, Pierre succomba à la tentation. Il était d'une propreté recherchée le dimanche ; car il avait le goût inné de l'élégance, et la moindre tache sur ses habits, la moindre poussière à ses mains ou à ses cheveux le tourmentait plus qu'il n'appartient peut-être à un ouvrier parfaitement sage. Quand il se fut assuré, en se regardant à la psyché du cabinet, que sa toilette, pour être moins riche que celle d'un bourgeois, n'était pas moins irréprochable, il se décida à ouvrir un livre... Ce livre fut l'*Émile* de Jean-Jacques Rousseau. Pierre le savait par cœur ; il se l'était procuré à Lyon, et il l'avait lu à la veillée avec plusieurs compagnons de ses amis durant son tour de France. Sur le même rayon, Pierre trouva les *Martyrs* de Châteaubriand, les tragédies de Racine, la Vie des Saints, les Lettres de Sévigné, le Contrat social, la République de Platon, l'Encyclopédie, divers ouvrages historiques, et beaucoup d'autres assez étonnés de se trouver ensemble. Il dévora dans l'espace de trois mois, c'est-à-dire durant la somme d'environ soixante heures, réparties entre une douzaine de dimanches, non la lettre, mais la substance de la plupart de ces ouvrages ; et il a dit souvent depuis que ces heures avaient été les plus belles de sa vie. Il s'y mêlait je ne sais quel attrait de mystère romanesque qui rendait plus suave la poésie de certains livres et plus solennelle la gravité de certains autres. Mais ce qui le captiva le plus, ce fut tout ce qui avait un rapport philosophique avec l'histoire des législations. Il y cherchait avec avidité le grand secret de l'organisation de la société en castes diverses, et il se confirmait dans les idées qu'il avait acquises précédemment en lisant des abrégés et en recevant, quoique d'un peu loin, le choc des impressions politiques. Quelle étendue de connaissances, quelle supériorité d'idées n'eût-il pas acquises à cette époque s'il eût eu du temps et des livres à discrétion ! mais il ne fallait pas négliger le travail, et au bout de quelques séances nocturnes dans le cabinet de la tourelle, Pierre s'était aperçu qu'il avait la tête pesante et les bras engourdis le lendemain. Il jugea donc nécessaire de s'interdire ces douceurs intellectuelles durant la semaine, d'autant plus qu'il mettait un excessif amour-propre à ne laisser dans le cabinet aucune trace des mains poudreuses de l'ouvrier. Je ne sais à quel chagrin il se fût livré s'il eût terni de ses doigts humides les marges satinées de ces beaux livres. Quelle était sa fantaisie secrète en nourrissant cette crainte frivole ? Il eût été bien embarrassé de vous le dire alors. Des pensées vagues, étranges, irrésistibles, fermentaient dans son sein. Il sentait en lui une noblesse de nature plus pure et plus exquise que toutes les illustrations acquises et consacrées par les lois du monde. Il était forcé à toute heure d'étouffer les élans d'une organisation quasi princière dans l'enveloppe d'un manœuvre. Il s'y résignait avec une force et une égalité d'âme qui caractérisaient d'autant plus cette grandeur innée. Mais durant ces heures de mystérieuse étude, assis avec noblesse sur les coussins d'un sofa de velours, il contemplait un paysage admirable dont il sentait la poésie se révéler à lui à mesure que les descriptions des poëtes lui traduisaient l'art divin dont la création est l'expression visible. Dans ces moments-là Pierre Huguenin se sentait le roi du monde; mais lorsqu'il retrouvait sur son front pensif, sur ses mains sèches et meurtries, les éternels stigmates de sa chaîne d'esclave, des larmes brûlantes coulaient de ses yeux. Puis il tombait à genoux, étendait ses bras vers le ciel, et lui demandait patience pour lui-même, justice pour tous ses frères, abandonnés sur la terre à l'ignorance et à l'abrutissement de la misère.

Aux émotions violentes et profondes de l'histoire succédèrent un charme ineffable et des transports d'imagination, lorsque les premiers romans de Walter Scott lui tombèrent sous la main. Vous saurez bientôt comment ce plaisir si pur lui devint dangereux, et combien il subit l'influence de cette dernière lecture.

CHAPITRE V.

Un fâcheux incident interrompit les travaux de l'atelier au moment où ils allaient le mieux. Un des meilleurs apprentis du père Huguenin se démit l'épaule en tombant d'une échelle; et, comme un malheur n'arrive jamais seul, le père Huguenin s'enfonça dans le pouce un éclat de bois qui le mit hors de travail. M. Lerebours lui prodigua de gracieuses condoléances pendant un jour ou deux; mais quand il vit que l'apprenti était retourné chez ses parents pour se faire soigner, et quand le médecin du village eut visité la main du vieux menuisier, et décrété qu'il fallait quinze jours de repos à cette blessure, l'intraitable économe parla de faire commencer l'escalier par d'autres entrepreneurs. Ce fut une crainte mortelle pour le père Huguenin, qui mettait encore plus d'amour-propre que d'intérêt personnel à rester seul chargé de tout le travail. Il voulut se remettre à l'ouvrage; mais le mal s'envenima, et de nouveau il fallut s'interrompre. Le médecin menaçait de couper le doigt, la main, le bras peut-être, si on persistait.

— Coupez-moi donc la tête tout de suite! dit le père Huguenin, en jetant son ciseau avec désespoir sur le plancher; et il alla s'enfermer chez lui de colère et de douleur.

— Mon père, lui dit Pierre à l'heure de la veillée, il faut prendre un parti. Vous ne pouvez travailler d'ici à plusieurs semaines sans compromettre votre santé, votre vie peut-être. Guillaume était votre meilleur ouvrier; il lui faut deux mois, au moins, pour se rétablir. Me voilà seul avec des jeunes gens zélés sans doute, mais inexpérimentés, et manquant des connaissances nécessaires pour un travail de cette importance. Moi-même je ne vous cache pas que, forcé depuis plusieurs jours à travailler pour trois, je sens mes forces décroître; mon appétit s'en va, le sommeil m'abandonne. Je puis tomber malade; j'irai tant que je pourrai, sans plaindre ma peine, vous le savez bien; mais il arrive toujours un moment où la fatigue nous surmonte, et alors M. Lerebours, à supposer qu'il prenne patience jusque-là, sera bien fondé à nous remplacer.

— Que veux-tu! le sort nous en veut! répondit le père Huguenin avec un profond soupir, et quand le diable se met après les pauvres gens, il faut qu'ils succombent.

— Non, mon père, le sort n'en veut à personne; et quant au diable, s'il est vrai qu'il soit méchant, il est certain qu'il est lâche. Vous ne succomberez pas si vous voulez m'écouter. Il nous faut deux bons ouvriers, et tout ira bien.

— Et où les prendras-tu? les maîtres menuisiers des environs voudront-ils nous céder les leurs? Quand ils sont bons, on n'en a jamais de reste; et s'ils sont mauvais, on en a toujours de trop. Proposerai-je à un de ces maîtres de se mettre de moitié avec moi? Dans ce cas-là, j'aime autant me retirer tout à fait. A quoi bon prendre la peine s'il faut partager l'honneur?

— Aussi faut-il que l'honneur vous reste en entier, répondit le jeune menuisier, qui connaissait bien le faible de son père; il ne faut vous associer avec personne. Seulement je vais vous chercher deux ouvriers, et des meilleurs, je vous en réponds; laissez-moi faire.

— Mais, encore un coup, où les pêcheras-tu? s'écria le père Huguenin.

— J'irai les embaucher à Blois, répondit Pierre.

Ici le vieillard fronça le sourcil d'une étrange manière, et son visage prit une expression de reproche si sévère, que Pierre en fut interdit.

— C'est bien! reprit le père Huguenin après un silence énergique, voilà où tu voulais en venir. Il te faut des compagnons du *tour de France*, des *enfants du Temple*, des sorciers, des libertins, de la canaille de grands chemins? Dans quel *Devoir* les choisiras-tu? car tu ne m'as pas fait l'honneur de me dire à quelle société diabolique tu es affilié, et je ne sais pas encore si je suis le père d'un *loup*, d'un *renard*, d'un *bouc* ou d'un *chien* [1]?

— Votre fils est un homme, dit Pierre en reprenant courage, et soyez sûr, mon père, que personne ne lui adressera jamais un terme méprisant; je savais bien que j'allais encourir votre colère en vous parlant d'embaucher des compagnons; mais je me flatte que vous y réfléchirez, et qu'un injuste préjugé ne vous empêchera pas de recourir au seul moyen qui vous reste de garder l'entreprise du château.

— En vérité, voilà qui est étrange! et je vois bien que toute cette feinte douceur cachait de mauvais desseins contre moi. Les *dévorants* vont donc entrer chez moi par la fenêtre! car certainement je leur fermerai la porte au nez; Dieu sait s'ils ne m'égorgeront pas dans mon lit, comme ils s'égorgent les uns les autres au coin des bois et dans les cabarets.

En parlant ainsi, le père Huguenin élevait la voix, et, sans songer à sa main malade, il frappait sur la table de toutes ses forces.

— A qui donc en avez-vous? dit en entrant le maître serrurier son voisin, attiré par le bruit; voulez-vous renverser la maison, et n'avez-vous pas de honte à votre âge de faire un pareil vacarme? Voyons, jeune homme, est-ce vous qui *obstinez* votre père? ce n'est pas bien, cela! La jeunesse est une gâchette qui doit obéir au grand ressort de l'âge mûr.

Quand Pierre eut exposé le fait au père Lacrête, celui-ci se prit à rire.

— Ah! ah! dit-il en se retournant vers son compère, je te reconnais bien là, vieux fou de voisin, avec ta rancune contre les compagnons? Que diable t'ont-ils fait, ces bons compagnons? Est-ce qu'ils t'ont battu parce que tu ne voulais pas *toper*? Est-ce qu'ils ont mis ta boutique en interdit parce que tu ne sais pas *hurler*? Tu as pourtant la voix assez forte et le poing assez lourd pour avoir les talents requis. Ma foi, je te trouve bien sot d'aller ainsi contre les usages; et quant à moi, je regrette bien de n'avoir pas une trentaine d'années de moins sur les épaules, j'irais me faire recevoir dans quelque société, car il paraît que les plus forts y font de bons repas aux dépens des plus poltrons, et qu'ensuite on évoque le diable dans un cimetière, ou la nuit entre quatre chemins. Le diable vient avec des légions de dix mille diablotins, et cela doit être curieux à voir. Quand je pense qu'il y a soixante ans passés que j'entends parler du diable sans que je n'ai jamais pu réussir à le rencontrer! Voyons, Pierre, tu le connais, toi qui es reçu compagnon; dis-moi un peu comment il est fait?

— Est-il possible, dit Pierre en riant, que vous croyiez à de telles folies, voisin?

— Je n'y crois pas tout à fait, répondit le serrurier avec

[1]. Appellations diverses que les sociétés de compagnons de divers métiers se donnent les unes aux autres.

une bonhomie maligne; mais enfin, j'y crois un peu. Je ne peux pas oublier la peur que j'avais quand j'étais tout jeune et que j'entendais sur la montagne de Valmont, où je travaillais alors comme forgeron avec mon père, les cris singuliers et les hurlements effroyables qu'on appelait la chasse de nuit ou le sabbat. Je me cachais tout tremblant dans la paille de mon lit, et mon père me disait : Allons, allons, dormez, petit ! ce sont les loups qui hurlent dans la forêt. — Mais il y en avait d'autres qui disaient : Ce sont les compagnons charpentiers qui reçoivent un nouveau frère dans leur corps, et ils lui font signer un pacte avec le diable ; celui qui restera éveillé jusqu'à une heure du matin verra Satan passer dans le ciel sous la forme d'une grande équerre de feu. — Vraiment, je le croyais si bien que, tout en me mourant de peur, je grillais d'envie de le voir ; mais je ne pouvais jamais m'empêcher de m'endormir avant l'heure, car la fatigue était plus forte que la curiosité. Mais, voyez un peu ! depuis qu'on m'a dit que les serruriers avaient un Devoir, je commence à penser que tout cela n'est pas si sorcier, et peut être bon à quelque chose.

— Et à quoi bon ? s'écria le père Huguenin de plus en plus courroucé. Vraiment, vous me faites sortir de moi ! Dirait-on pas qu'il va étudier la *franche maçonnerie* des compagnons, à son âge ?

— Oui, à mon âge, je voudrais m'y instruire, répondit le père Lacrête, qui était taquin et têtu comme un vrai serrurier ; et si vous voulez savoir à quoi cela est bon, je vous dirai que cela sert à s'entendre, à se connaître, à se soutenir les uns les autres, à s'entr'aider, ce qui n'est pas si fou ni si mauvais.

— Et moi je vais vous dire à quoi cela leur sert, reprit le père Huguenin avec indignation : à s'entendre contre vous, à se faire connaître les uns aux autres les moyens de vous soutirer votre argent, à se soutenir pour faire tomber votre crédit, à s'entr'aider pour vous ruiner.

— Ils sont donc bien fins, poursuivit le voisin ; car je ne m'aperçois pas de tout cela, et pourtant je ne passe pas d'année sans en embaucher deux ou trois. Je n'ai jamais une commande un peu *conséquente* dans le château, sans aller chercher à la ville quelque bon garçon bien intelligent, bien adroit, bien gai surtout, car moi, j'aime la gaieté ! Ces gaillards-là ont toujours de belles chansons pour nous réjouir les oreilles et nous donner courage quand nous tapons en cadence sur nos enclumes. Ils sont braves comme des lions, travaillent mieux que nous, savent toutes sortes d'histoires, racontent leurs voyages, et vous parlent de tous les pays. Cela me rajeunit, cela me fait vivre. Eh ! eh ! père Huguenin, vos cheveux ont blanchi plus vite que les miens, parce que vous avez gardé votre morgue de vieux maître et que vous n'avez jamais voulu frayer avec la jeunesse.

— La jeunesse doit vivre avec la jeunesse, et quand les vieux veulent partager ses divertissements, elle les raille et les méprise. Vous avez fait de belles affaires, à fréquenter les compagnons, n'est-il pas vrai ? Au lieu de former de ces bons apprentis qui travaillent pour vous tout en vous payant, vous trouvez votre profit (un singulier profit !) à payer et à nourrir de grands coquins qui vous font passer pour un ignorant et qui vous ruinent.

— S'ils me font passer pour un ignorant, c'est que je le suis apparemment ; et s'ils me ruinent, c'est que je veux bien me laisser faire. Et si cela m'amuse, moi, de manger au jour le jour ce que je gagne ? Je n'ai pas d'enfants. N'ai-je pas le droit de mener joyeuse vie avec ces enfants d'adoption que j'aime et qui m'aident à enterrer l'ennui de la solitude et le souci des années ?

— Vous me faites pitié, répondit le père Huguenin en haussant les épaules.

Quand les deux compères se furent bien querellés, ils s'aperçurent que Pierre, au lieu de prendre plaisir à se voir soutenu par le voisin, avait été se coucher tranquillement. Cette conduite prudente d'une part, de l'autre les contradictions hardies du voisin qui épuisèrent toute la colère du père Huguenin en une séance, enfin la nécessité de prendre un parti, firent réfléchir le vieux menuisier, et le lendemain il dit à son fils : — Allons, va-t'en à la ville et amène-moi des ouvriers. Prends ceux que tu voudras, pourvu qu'ils ne soient pas Compagnons.

Cette autorisation contradictoire fut comprise de Pierre. Il savait que son père cédait souvent en fait, sans jamais céder en paroles. Il prit sa canne, partit pour Blois, décidé à embaucher les premiers Compagnons qu'il trouverait, et à les faire passer pour des apprentis non agrégés s'il retrouvait son père aussi mal disposé que de coutume contre les sociétés secrètes.

CHAPITRE VI.

Tandis que Pierre Huguenin cheminait pédestrement par les coursières fleuries, si bien connues des ouvriers nomades, qui coupent la France dans toutes ses directions à vol d'oiseau, une lourde berline de voyage roulait en soulevant les flots de poussière sur la grande route de Blois à Valençay. Ce n'était rien moins que la famille de Villepreux qui approchait de son château avec une imposante rapidité.

Il n'est pas besoin de dire que le bouillant économe, en proie depuis huit jours à de fortes émotions, était parti ce jour-là sur son bidet gris de fer pour aller au-devant de la famille. Il était vivement contrarié de ce retour annoncé d'abord pour le courant de l'automne, et puis décrété plus récemment pour le commencement de l'été. Il ne comprenait pas que le comte son vieux maître pût lui jouer (c'était son expression) un tour semblable. Rien n'était suffisamment préparé pour le recevoir. Le temps avait manqué ; car il n'eût pas fallu moins de six mois à M. Lerebours pour faire les choses comme il l'entendait, et il n'en avait eu que trois. Aussi était-il en proie à une noire mélancolie, tout en marchant au petit trot à la rencontre de ses maîtres. Sa main laissait flotter les rênes sur le cou de son bidet, qui baissait la tête d'un air non moins accablé que lui. — Hélas ! se disait M. Lerebours, la chapelle n'est pas réparée. Il y a plus de la moitié de l'ouvrage à faire, la maison sera pleine de poussière, M. le comte aura sa toux le matin et son humeur s'en ressentira. Le bruit des ouvriers importunera mademoiselle. Pourra-t-elle seulement travailler dans son cabinet favori ? Et si, du moins, cette maudite porte était réparée ! Mais non, rien ! pas un ouvrier pour la replacer. Il faut que le père Lacrête soit ivre dès le matin, et que le fils Huguenin se soit mis en route pour aller Dieu sait où, un jour comme aujourd'hui ! Ah ! les insouciants manœuvres ! Peuvent-ils se douter seulement des chagrins et anxiétés qui rongent jour et nuit la cervelle d'un intendant tel que moi ?

Il était en proie à ces réflexions déchirantes lorsque le galop d'un autre bidet, plus rapide et plus vigoureux que le sien, le tira de sa rêverie. Le bidet gris de fer dressa l'oreille et hennit d'aise en reconnaissant les émanations d'un certain bidet noir qui appartenait au fils de son maître. Le front de l'économe s'éclaircit un peu à l'approche de son cher Isidore, l'employé aux ponts et chaussées.

— Je commençais à craindre que tu n'eusses pas reçu ma lettre, dit le père.

— Je l'ai reçue ce matin même, répondit le fils ; votre messager m'a trouvé à deux lieues d'ici sur la route nouvelle, et fort occupé avec l'ingénieur, qui est un ignorant fieffé et qui ne peut faire un pas sans moi. Je lui ai demandé deux jours de congé qu'il a eu bien de la peine à m'accorder ; car en vérité je ne sais comment il va se tirer d'affaires sans mes conseils. J'ai insisté ; je n'avais garde de manquer à mon devoir envers la famille, et surtout je suis impatient comme tous les diables de revoir Joséphine et Yseult ; elles doivent être bien changées ! Joséphine sera toujours jolie, j'imagine ! Quant à Yseult, elle va être bien contente de me voir !

— Mon fils, dit l'intendant en faisant allonger le trot à sa monture, j'ai deux objections à vous faire : d'abord, quand vous parlez de ces deux dames, vous ne devez pas nommer la cousine la première ; et ensuite, quand vous parlez de la fille de M. le comte, vous ne devez pas dire Yseult tout court ; vous ne devez même pas dire mademoiselle Yseult ; vous devez dire tout au plus mademoiselle de Villepreux ; vous devez dire en général *mademoiselle*.

— Et pourquoi donc cela? reprit l'employé aux ponts et chaussées. Est-ce que je ne l'ai pas toujours appelée ainsi sans que personne ait songé à le trouver mauvais? Est-ce que, il y a quatre ans encore, nous n'avons pas joué à colin-maillard et à la cligne-musette ensemble? Je voudrais bien qu'elle fît la bégueule avec moi! Vous allez voir qu'elle va m'appeler Isidore tout court : par conséquent....

— Par conséquent, mon fils, vous devez vous tenir à votre place, vous rappeler que mademoiselle n'est plus une enfant, et que, depuis quatre ans que vous ne l'avez vue, elle vous a sans doute parfaitement oublié. Vous devez surtout ne jamais oublier, vous, qui elle est, et qui vous êtes.

Ennuyé des représentations de son père, M. Isidore haussa les épaules, se mit à siffler, et pour couper court, donna de l'éperon à son cheval qui prit le galop, couvrit de poussière les habits neufs de l'économe, et l'eut bientôt laissé loin derrière lui.

Nous n'avons rapporté cet entretien que pour montrer au lecteur perspicace la suffisance et la grossièreté qui étaient les faces les plus saillantes du caractère de M. Isidore Lerebours. Ignorant, envieux, borné, bruyant, emporté et intempérant, il couronnait toutes ces qualités heureuses par une vanité insupportable et une habitude de hâbleries sans pudeur. Son père souffrait de ses inconvenances sans savoir les réprimer, et, vain lui-même jusqu'à l'excès, n'en persistait pas moins à croire Isidore un homme plein de mérite et destiné à faire son chemin par la seule raison qu'il était son fils. Il attribuait son étourderie à la fougue d'un tempérament trop généreux, et il ne pouvait se lasser d'admirer en lui-même les gros muscles et la pesante carrure de cet Hercule aux cheveux crépus, aux joues cramoisies, à la voix tonnante, au rire éclatant et brutal.

Isidore arriva à la poste la plus voisine du château vingt minutes avant son père. C'était là que la famille devait relayer pour la dernière fois. Son premier soin fut de demander une chambre dans l'auberge et de défaire sa valise pour mettre ordre à sa toilette. Il endossa la veste de chasse la plus ridicule du monde, quoiqu'il l'eût fait copier sur celle d'un jeune élégant de bonne maison avec lequel il avait couru le renard dans les bois de Valençay. Mais ce vêtement court et dégagé devenait grotesque sur une taille carrée et déjà chargée d'embonpoint. Sa chemise de percale rose, sa chaîne d'or garnie de breloques, le nœud arrogant de sa cravate, ses gants de daim blanc crevassés par l'exubérance d'une peau rouge et gonflée, tout en lui était déplaisant, impertinent et vulgaire.

Il n'en était pas moins content de sa personne, et pour se mettre en verve, il commença par embrasser la servante de l'auberge ; puis il battit son cheval à l'écurie, jura de casser toutes les vitres du village, et avala plusieurs bouteilles de bière entrecoupées de verres de rhum, tout en débitant ses gasconnades accoutumées aux oisifs de l'endroit qui l'écoutaient, les uns avec admiration, les autres avec mépris.

Enfin, vers le coucher du soleil, on entendit claquer les fouets des postillons sur la hauteur ; M. Lerebours courut à l'écurie pour harnacher les chevaux qui devaient au plus vite conduire avant la nuit l'illustre famille à son gîte seigneurial. Lui-même fit brider son bidet, afin d'être prêt à escorter ses maîtres ; et le front tout en sueur, le cœur palpitant d'émotion, il se trouva sur le seuil de l'hôtellerie au moment où la berline s'arrêta.

— Allons vite, les chevaux! cria d'une voix encore ferme le vieux comte en s'avançant à la portière. — Ah! vous voilà, monsieur Lerebours? J'ai bien l'honneur de vous saluer. Vous me faites honneur ; pas trop bien, et vous-même? Voilà ma fille! Charmé de vous revoir! Ayez la bonté de nous faire vite amener les chevaux.

Tel fut l'accueil bref et poliment ennuyé du comte, où les réponses attendaient à peine les demandes. Les chevaux attelés, on allait repartir sans faire la moindre attention à M. Isidore, qui se tenait debout auprès de son père, lançant des regards effrontés dans la voiture, si le postillon ne se fût fait attendre, suivant l'usage ; alors une petite tête brune et pâle, d'une expression assez fine, sortit à demi de la voiture, et reçut d'un air froidement étonné le salut familier de l'employé aux ponts et chaussées.

— Qu'est-ce que ce garçon-là? dit le comte en toisant Isidore.

— C'est mon fils, répondit l'intendant d'un air humble et triomphant en dessous.

— Ah! ah! c'est Isidore! Je ne te reconnaissais pas, mon garçon. Tu as bien grandi, bien grossi! Je ne t'en fais pas mon compliment. À ton âge il faut être plus élancé que cela. As-tu fini par apprendre à lire?

— Oh oui! monsieur le comte, répondit Isidore, attribuant l'appréciation rapide que le comte faisait de son physique et de son moral à la bienveillance railleuse qu'il lui connaissait : je suis *employé*, j'ai fini mes études depuis longtemps.

— En ce cas, dit le comte, tu es plus avancé que Raoul, qui n'a pas terminé les siennes.

En parlant ainsi, le vieux comte désignait son petit-fils, jeune homme d'une vingtaine d'années, assez étiolé et d'une physionomie insignifiante, qui, pour mieux voir le pays, était grimpé sur le siège à côté du valet de chambre. Isidore jeta vers son ancien compagnon d'enfance, et ils échangèrent un salut en soulevant leurs casquettes respectives. Isidore fut mortifié de voir que la sienne était de coutil, tandis que celle du jeune vicomte était de velours, et il se promit d'en faire faire une semblable dès le lendemain, se réservant d'y ajouter un gland d'or.

— Eh bien! où est donc le postillon? demanda le comte avec impatience.

— Appelez donc le postillon, cria le valet de chambre.

— Il est incroyable que le postillon se fasse attendre! vociféra M. Lerebours en se démenant à froid pour faire preuve de zèle.

Pendant ce temps, Isidore passait à l'autre portière afin de regarder la jolie marquise Joséphine des Frenays, nièce du comte de Villepreux. Elle seule fut affable pour lui, et cet accueil lui donna plus de hardiesse encore.

— Mademoiselle Yseult ne se souvient pas de moi? dit-il en s'adressant à mademoiselle de Villepreux, après avoir échangé quelques mots avec Joséphine.

La pâle Yseult le regarda fixement d'un air indéfinissable, lui fit une légère inclination de tête, et reporta les yeux sur le livre de poste qu'elle consultait.

— Nous avons fait autrefois de belles parties de barres dans le jardin, reprit Isidore avec la confiance de la sottise.

— Et vous n'en ferez plus, répondit le vieux comte d'un ton glacial, ma petite-fille ne joue plus aux barres. — Allons! postillon, cent sous de guides, ventre à terre!

— Pour un homme qui a tant d'esprit, se dit Isidore stupéfait en regardant courir la berline, voilà une parole bien oiseuse. Je sais bien que sa petite-fille ne doit plus jouer aux barres. Est-ce qu'il croit que j'y joue encore, moi?

Remonter sur son bidet et suivre la voiture, fut pour Lerebours père l'affaire d'un instant. S'il était parfois troublé, irrésolu à la veille de l'événement, on le retrouvait toujours à la hauteur de sa position dans les grandes choses. Il prit donc résolument le galop, ce qui ne lui était pas arrivé depuis longtemps, non plus qu'à son bidet.

— Le *Solognot* de votre papa court bien! dit le garçon d'écurie en amenant à Isidore, d'un air demi-niais, demi-narquois, son bidet noir.

— Mon *Beauceron* court mieux, répondit Isidore en lui jetant une pièce de monnaie d'une manière méprisante qu'il croyait méprisante, et il fit mine d'enfourcher le bidet ; mais le Beauceron, qui avait ses raisons pour n'être pas de bonne humeur, commença à reculer en détachant des ruades de mauvais augure. Isidore l'ayant brutalisé sur nouveaux frais, il fallut bien se soumettre ; mais Beauceron, en sentant l'éperon lui déchirer le flanc, partit comme un trait, l'oreille couchée en arrière et le cœur plein de vengeance.

— Prenez garde de tomber, pas moins! cria le garçon d'écurie, en faisant sauter dans le creux de sa main la mince monnaie qu'il venait de recevoir.

Enfin Pierre revint par une belle journée de printemps. (Page 6.)

Isidore, emporté par Beauceron, passa auprès de la berline avec le fracas de la foudre. Les chevaux de poste en furent effrayés et se jetèrent un peu de côté, ce qui tira le vieux comte de sa rêverie et mademoiselle Yseult de sa lecture.

— Ce butor va se casser la mâchoire, dit M. de Villepreux avec indifférence.

— Il nous fera verser, répondit Yseult avec le même sang-froid.

— Il n'a pas changé à son avantage, ce jeune homme, dit la marquise avec un ton de bonté compatissante qui fit sourire sa compagne.

Isidore, arrivé à une côte assez rude, ralentit son cheval afin d'attendre la voiture. Il n'était pas fâché de se montrer aux dames sur cette vigoureuse bête qui le secouait impétueusement et qu'il se flattait de faire caracoler à la portière du côté d'Yseult.

— Cette petite pimbêche a été fort sotte avec moi tout à l'heure, se disait-il; elle croit pouvoir me traiter comme un enfant; il est bon de lui montrer que je suis un homme, et tout à l'heure, en me voyant passer bride abattue, elle a dû faire quelques réflexions sur ma bonne mine.

La voiture gagnait aussi la côte, et montait au pas. Le comte, penché à la portière, adressait quelques questions à son intendant : c'était le moment pour Isidore de briller du côté des demoiselles, qui précisément le regardaient. Beauceron, toujours fort contrarié, secondait, sans le vouloir, les intentions de son maître en roulant de gros yeux et s'encapuchonnant d'un air terrible. Mais un incident inattendu changea bien fatalement l'orgueil du cavalier en colère et en confusion. Le Beauceron, battu par lui dans l'écurie et ne sachant à qui s'en prendre, avait mordu la Grise, une pauvre vieille jument fort paisible qui se trouvait maintenant attelée en troisième à la berline. La Grise ne sentit pas plus tôt le Beauceron passer et repasser auprès d'elle, que son ressentiment s'éveilla. Elle lui lança un coup de pied auquel le bidet voulut riposter; Isidore trancha le différend en appliquant à sa monture de vigoureux coups de cravache à tort et à travers; le Beauceron hors de lui se cabra si furieusement que force fut au cavalier de se prendre aux crins; le postillon, impatienté des distractions de la Grise, allongea un coup de fouet qui atteignit le Beauceron; celui-ci perdit patience : et de sauts en écarts, de soubresauts en ruades réitérées,

Ce plan est défectueux, dit Pierre. (Page 10.)

le vaillant Isidore fut désarçonné et disparut dans la poussière.

— Voilà ce que j'attendais! dit le comte avec son calme imperturbable.

M. Lerebours courut ramasser son fils, la bonne Joséphine devint pâle, la voiture allait toujours.

— S'est-il tué? demanda le comte à son petit-fils qui, du haut du siége, en se retournant, voyait la piteuse figure d'Isidore.

— Il ne s'en porte que mieux! répondit le jeune homme en riant.

Le valet de chambre et le postillon en firent autant, surtout quand ils virent Beauceron, débarrassé de son fardeau et bondissant comme un cabri, passer auprès d'eux et gagner le large au grand galop.

— Arrêtez! dit le comte; cet imbécile est peut-être écloppé de l'aventure.

— Ce n'est rien, ce n'est rien! s'empressa de crier M. Lerebours en voyant la voiture arrêtée; il ne faut pas que M. le comte se retarde.

— Mais si fait! dit le comte, il doit être *moulu*, et d'ailleurs le voilà à pied; car, au train dont va le cheval,

il aura gagné l'écurie avant son maître. Allons, mon fils va rentrer dans la voiture, et le vôtre montera sur le siège.

Isidore tout rouge, tout sali, tout ému, mais s'efforçant de rire et de prendre l'air dégagé, s'excusa; le comte insista avec ce mélange de brusquerie et de bonté qui était le fond de son caractère.

— Allons, allons, montez! dit-il d'un ton absolu, vous nous faites perdre du temps.

Il fallut obéir. Raoul de Villepreux entra dans la berline, et Isidore monta sur le siége, d'où il eut le loisir de voir courir son cheval dans le lointain. Tout en répondant, comme il pouvait, aux condoléances malignes du valet de chambre, il jetait à la dérobée un regard inquiet dans la voiture. Il s'aperçut alors que mademoiselle de Villepreux se cachait le visage dans son mouchoir. Avait-elle été épouvantée de sa chute au point d'avoir des attaques de nerfs? On l'eût dit à l'agitation de toute sa personne, jusqu'alors si roide et si calme. Le fait est qu'elle avait été prise d'un fou-rire en le voyant reparaître, et, comme il arrive aux personnes habituellement sérieuses, sa gaieté était convulsive, inextinguible. Le jeune Raoul, qui, malgré sa nonchalance et le peu de ressort de son esprit, était persifleur de sang-froid comme toute sa famille, entretenait l'hilarité de sa sœur par une suite de remarques plaisantes sur la manière ridicule dont Isidore avait fait le plongeon. Le parler lent et monotone de Raoul rendait ces réflexions plus comiques encore. La sensible marquise n'y put tenir, malgré l'effroi qu'elle avait eu d'abord, et le rire s'empara d'elle comme de sa cousine. Le comte, voyant ces trois enfants en joie, renchérit sur les plaisanteries de son petit-fils avec un flegme diabolique. Isidore n'entendait rien, mais il voyait rire Yseult qui, renversée au fond de la voiture, n'avait plus la force de s'en cacher. Il en fut si amèrement blessé, que dès cet instant il jura de l'en punir, et une haine implacable contre cette jeune personne s'alluma dans son âme vindicative et basse.

CHAPITRE VII.

Cependant Pierre Huguenin marchait toujours vers Blois par la traverse, tantôt sur la lisière des bois inclinés au flanc des collines, tantôt dans les sillons bordés de hauts épis. Quelquefois il s'asseyait au bord d'un ruisseau, pour laver et rafraîchir ses pieds brûlants, ou à l'ombre d'un grand chêne, au coin d'une prairie, pour prendre son repas modeste et solitaire. Il était excellent piéton et ne redoutait ni la chaleur ni la fatigue ; et pourtant il abrégeait avec peine ces haltes délicieuses au sein d'une solitude agreste et poétique. Un monde nouveau s'était révélé à lui depuis ses dernières lectures. Il comprenait la mélodie d'un oiseau, la grâce d'une branche, la richesse de la couleur et la beauté des lignes d'un paysage. Il pouvait se rendre compte de ce qu'il avait senti jusqu'alors confusément, et la nouvelle puissance dont il était investi lui créait des joies et des souffrances inconnues. — A quoi me sert, se disait-il souvent, de n'être plus le même avec mon esprit, si ma position ne doit pas changer ? Cette belle nature, où je ne possède rien, me sourit et m'enivre aussi bien que si j'étais un des princes qui l'oppriment. Je n'envie pas la gloire d'étendre et de marquer mes domaines sur sa face mutilée ; mais si je me contente d'une tranquille contemplation, si je demande seulement à repaître mes sens des parfums et des harmonies qui émanent d'elle, cela même ne m'est point permis. Travailleur infatigable, il faut que, de l'aube à la nuit, j'arrose de mes sueurs un sol qui verdira et fleurira pour d'autres yeux que les miens. Si je perds une heure par jour à sentir vivre mon cœur et ma pensée, le pain manquera à ma vieillesse, et le souci de l'avenir m'interdit la jouissance du présent. Si je m'arrête ici un instant de plus sous l'ombrage, je compromets mon honneur lié par un marché à la dépense incessante de mes forces, à l'entier sacrifice de ma vie intellectuelle. Allons, il faut repartir ; ces réflexions même sont des fautes.

En rêvant ainsi, Pierre s'arrachait douloureusement à ces joies de la liberté ; car pour l'artisan, la liberté, c'est le repos. Il n'en souhaite pas d'autre, et le plus laborieux est souvent celui qui éprouve ce besoin au plus haut degré. En raison de la distinction de sa nature, il doit maudire souvent la continuité d'une tâche forcée où son intelligence n'a même pas le temps de contempler et de mûrir l'œuvre de ses mains.

Il ne fallait pas plus de deux journées de marche au jeune menuisier pour se rendre à Blois. Il passa la nuit à Celles, dans une auberge de rouliers, et le lendemain, dès la pointe du jour, il se remit en route. La clarté du matin était encore incertaine et pâle, lorsqu'il vit venir à lui un homme de haute taille, ayant comme lui une blouse et un sac de voyage ; mais à sa longue canne, il reconnut qu'il n'était pas de la même société que lui, qui n'en portait qu'une courte et légère. Il se confirma dans cette pensée, en voyant cet homme s'arrêter à une vingtaine de pas devant lui, et se mettre dans l'attitude menaçante du *topage*. — *Tope, coterie ! quelle vocation ?* s'écria l'étranger d'une voix de stentor. A cette interpellation, Pierre, à qui les lois de sa *Société* défendaient le *topage*, s'abstint de répondre, et continua de marcher droit à son adversaire ; car, sans nul doute, la rencontre allait être fâcheuse pour l'un des deux. Telles sont les terribles coutumes du compagnonnage.

L'étranger, voyant que Pierre n'acceptait pas son défi, en conclut également qu'il avait affaire à un ennemi ; mais comme il devait se mettre en règle, il n'en continua pas moins son interrogatoire suivant le programme. *Compagnon ?* cria-t-il en brandissant sa canne. Comme il ne reçut pas de réponse, il continua : *Quel côté ? quel devoir ?* Et voyant que Pierre gardait toujours le silence, il se remit en marche, et, en moins d'une minute, ils se trouvèrent en présence.

A voir la force athlétique et l'air impérieux de l'étranger, Pierre comprit qu'il n'y aurait pas eu de salut pour lui-même si la nature ne l'eût doué, aussi bien que son adversaire, d'une taille avantageuse et de membres vigoureux. — Vous n'êtes donc pas ouvrier ? lui dit l'étranger d'un ton méprisant dès qu'ils se virent face à face.

— Pardonnez-moi, répondit Pierre.

— En ce cas, vous n'êtes pas compagnon ? reprit l'étranger d'un ton plus arrogant encore ; pourquoi vous permettez-vous de porter la canne ?

— Je suis compagnon, répondit Pierre avec beaucoup de sang-froid, et vous prie de ne pas l'oublier maintenant que vous le savez.

— Qu'entendez-vous par là ? avez-vous dessein de m'insulter ?

— Nullement, mais j'ai la ferme résolution de vous répondre si vous me provoquez.

— Si vous avez du cœur, pourquoi vous soustrayez-vous au topage ?

— J'ai apparemment des raisons pour cela.

— Mais savez-vous que ce n'est pas la manière de répondre ? Entre compagnons on se doit la déclaration mutuelle de la profession et de la société. Voyons, ne sauriez-vous me dire à qui j'ai affaire, et faut-il que je vous y contraigne ?

— Vous ne sauriez m'y contraindre, et il suffit que vous en montriez l'intention pour que je refuse de vous satisfaire.

L'étranger murmura entre ses dents : — Nous allons voir ! et il serra convulsivement sa canne entre ses mains. Mais au moment d'entamer le combat, il s'arrêta, et son front s'obscurcit comme traversé d'un souvenir sinistre.

— Écoutez, lui dit-il, il n'est pas besoin de tant dissimuler, je vois que vous êtes un *gavot*.

— Si vous m'appelez gavot, répondit Pierre, je suis en droit de vous dire que je vous connais pour un *dévorant*, et telles sont mes idées, que je ne reçois pas plus votre épithète comme une injure que je ne prétends vous injurier en vous donnant l'épithète qui vous convient.

— Vous voulez politiquer, repartit l'étranger, et je vois à votre prudence que vous êtes un vrai fils de Salomon. Eh bien ! moi, je me fais gloire d'être du Saint Devoir de Dieu, et par conséquent je suis votre supérieur et votre ancien ; vous me devez le respect, et vous allez faire acte de soumission. A cette condition les choses se passeront tranquillement entre nous.

— Je ne vous ferai aucune soumission, répondit Pierre, fussiez-vous maître Jacques en personne.

— Tu blasphèmes ! s'écria l'étranger ; en ce cas tu n'appartiens à aucune société constituée. Tu n'as pas de *Devoir*, ou bien tu es un révolté, un indépendant, un *Renard de liberté*, ce qu'il y a de plus méprisable au monde.

— Je ne suis rien de tout cela, répondit Pierre en souriant.

— Gavot, gavot, en ce cas ! s'écria l'étranger en frappant du pied. Écoutez, qui que vous soyez, *Coterie, Pays* ou *Monsieur*, vous n'avez pas envie de vous battre, ni moi non plus ; et j'aime à croire que ce n'est pas plus poltronnerie de votre part que de la mienne. Je sais qu'il est parmi les gavots des gens assez courageux, et que la prudence n'est pas chez tous, sans exception, un faux semblant de sagesse pour cacher le manque de cœur. Quant à moi, vous ne supposerez pas que je sois un lâche quand je vous aurai dit mon nom, et je vais vous le dire ;

vous n'êtes peut-être pas sans avoir entendu parler de moi *sur le tour de France*. Je suis Jean Sauvage, dit *La terreur des gavots, de Carcassonne.*

— Vous êtes, dit Pierre Huguenin, tailleur de pierres, *compagnon passant.* J'ai entendu parler de vous comme d'un homme brave et laborieux; mais on vous reproche d'être querelleur et d'aimer le vin.

— Et si vous connaissez si bien mes défauts, reprit Jean Sauvage, vous devez savoir aussi la malheureuse aventure qui m'est arrivée à Montpellier, avec un jeune homme qui s'était avisé de vouloir me dire mes vérités.

— Je sais que vous l'avez tellement maltraité qu'il en est resté estropié; et que, si les compagnons des deux partis n'eussent eu la générosité de garder le secret sur cette affaire, l'autorité vous en eût fait cruellement repentir, au défaut de votre conscience.

Le Dévorant, outré de la liberté avec laquelle Pierre lui parlait, devint pâle de rage et leva de nouveau sa canne. Pierre, saisissant la sienne, attendait avec une bravoure froide et réfléchie l'explosion de cette fureur. Mais tout à coup le tailleur de pierres laissa retomber sa canne, et son visage prit une expression noble et douloureuse.

— Sachez, monsieur, dit-il, que j'ai bien expié un moment de délire; car si je suis bouillant et irritable, sachez que je ne suis pas une bête brute, un animal cruel, comme il plaît sans doute à vos gavots de le faire croire. J'ai pleuré amèrement ma faute, et j'ai tout fait pour la réparer. Mais le jeune homme que j'ai estropié n'en est pas moins hors d'état de travailler pour le reste de ses jours, et je ne suis pas assez riche pour nourrir son père, sa mère et ses sœurs, dont il était l'unique soutien. Voilà donc toute une famille malheureuse à cause de moi, et les secours que je lui envoie, en travaillant de toutes mes forces, ne suffisent pas à lui procurer l'aisance qu'elle aurait dû avoir. Car, moi aussi, j'ai des parents, et la moitié de ce que je gagne leur appartient. Voilà pourquoi, travaillant pour deux familles, je n'amasse rien pour moi-même; et l'on me fait passer pour ivrogne et dépensier sans se douter des efforts que j'ai faits pour me corriger, et du triomphe que j'ai remporté sur mes mauvais penchants. Maintenant que vous savez mon histoire, vous ne serez plus étonné de ce qui me reste à vous dire. J'ai fait serment de ne jamais chercher querelle à personne, et de tout faire pour éviter de nouveaux malheurs. Cependant je ne puis me résigner à passer pour lâche, et l'honneur de mon Devoir, la gloire des enfants de Maître Jacques, doit l'emporter sur mes scrupules. Vous venez de me parler avec une assurance que je ne veux pas châtier et que je ne puis cependant pas subir. Consentez, non pas à me dire qui vous êtes, puisque vous semblez avoir des raisons pour le cacher; mais avouez au moins, par une simple déclaration, qu'*il n'y a qu'un Devoir*, et que ce Devoir est le plus ancien de tous.

— S'il n'y en a qu'un, répondit Pierre en souriant, il est évident qu'il n'en est pas de plus ancien; et si vous exigez que je reconnaisse le vôtre pour le plus ancien de tous, c'est me forcer à reconnaître qu'il n'est pas le seul.

Le Dévorant fut singulièrement mortifié de cette raillerie, et toute sa colère se ralluma.

— Je reconnais bien là, dit-il en se mordant les lèvres, l'insupportable dissimulation de votre société. Vous avez pourtant bien compris ma proposition, et vous voyez que je connais l'existence des faux Devoirs qui prennent insolemment le même titre que nous. Mais soyez sûr que nous n'y consentirons jamais, et que les Gavots cesseront de se dire compagnons du Devoir, ou qu'ils auront à se repentir de l'avoir fait.

— Ils ne se donnent pas ce nom, répondit Pierre; ils se nomment compagnons du *Devoir de liberté,* afin précisément qu'on ne les confonde pas avec vous autres Dévorants, qui n'êtes partisans d'aucune liberté, comme chacun sait.

— Et vous, vous êtes partisans de la liberté de voler le nom et les titres des autres. C'est de quoi il faudra pourtant vous abstenir. Nous vous ferons la guerre jusqu'à la mort, ou jusqu'à ce que vous vous soyez soumis à vous intituler *compagnons de liberté* tout simplement.

— Je vous avoue que si cela dépendait de moi, répondit Pierre, on ne se disputerait pas pour si peu de chose. Le mot de liberté est si beau qu'il me paraîtrait bien suffisant pour illustrer ceux qui le portent sur leur bannière. Mais je ne crois pas que les choses s'arrangent ainsi, tant que votre parti le réclamera avec des injures et des menaces. Ainsi, quant à ce qui me concerne, soyez sûr qu'aucun compagnon d'aucun Devoir que ce soit ne me contraindra jamais, par de tels moyens, à proclamer l'ancienneté et la supériorité de son parti sur un parti quelconque.

— Ah çà, vous n'êtes donc pas compagnon? Je vois, que, depuis une heure, vous me raillez, et que vous n'avez de préférence pour aucune couleur. Cela me prouve que vous êtes un Indépendant ou un Révolté; peut-être même avez-vous été chassé de quelque société pour votre mauvaise conduite. Je saurai vous reconnaître, et s'il en est ainsi, vous démasquer en quelque lieu que je vous trouve.

— Toutes vos paroles sont hostiles, et pourtant je reste calme; vos discours respirent la haine et ne provoquent pas la mienne; vous me menacez et n'obtenez de moi qu'un sourire : quiconque, sans nous connaître, nous verrait ainsi, en présence l'un de l'autre, ne serait pas porté à vous considérer comme le plus noble et le plus sage des deux. Je ne comprends pas qu'au lieu de chercher votre gloire dans des paroles de malédiction et des actes de violence, vous ne la cherchiez pas dans des pratiques sages et des sentiments d'humanité.

— Vous êtes un beau parleur, à ce que je vois. Eh bien, soit; je ne hais pas les gens instruits, et j'ai cherché moi-même à secouer le poids de mon ignorance; j'ai orné ma mémoire des meilleures chansons de nos poètes, et, quoique je n'accepte pas l'esprit des vôtres; je rends justice aux talents de quelques-uns de vos chansonniers. Je sais que si nous avons *Va-sans-Crainte de Bordeaux*, *Vendôme-La Clef des cœurs*, et tant d'autres, vous avez *Marseillais-Bon accord, Bordelais-La Prudence, Bourguignon-La Fidélité, Nantais-Prêt à bien faire,* etc., qui ne sont pas sans talent. Mais j'ai reconnu avec chagrin, je l'avoue, qu'il était impossible d'être à la fois *auteur* et bon ouvrier. Il faut apprendre, pour rimer, bien des choses qui demandent du temps et qui en font perdre par conséquent. C'est à cause de vos belles paroles que je crains que vous ne soyez un homme perdu de dettes, ayant rompu son ban ou trahi son Devoir, un *brûleur,* en un mot.

— Cette crainte ne m'inquiète pas, répondit Pierre; nous nous rencontrerons peut-être ailleurs et dans des relations plus cordiales que vos manières actuelles n'en marquent le désir. Vous plaît-il maintenant de me laisser partir? je ne puis m'arrêter plus longtemps.

— Vous êtes un homme fort prudent, repartit l'obstiné tailleur de pierres; mais je le suis aussi, et ne me soucie pas de compromettre ma réputation en vous laissant continuer votre chemin de la sorte.

— Voulez-vous me dire en quoi une rencontre paisible avec un compagnon qui voyage pourrait nuire à votre honneur?

— Les Gavots sont si arrogants envers nous (surtout hors de notre présence) qu'ils ne manquent jamais de dire qu'ils ont fait baisser le ton à quelqu'un des nôtres en les rencontrant sur le *tour de France*. Quand ils n'ont pu faire preuve de courage en public, ils se vantent de prouesses qui n'ont pas eu de témoins.

— Les Dévorants ne se vantent-ils pas aussi quelquefois? N'avez-vous dans votre société ni imposteurs, ni faux braves? Vous êtes bien heureux, en ce cas.

— Sans doute, il y a partout de mauvaises têtes et de mauvaises langues; mais vous n'avez rien à craindre de mes propos, puisque vous me connaissez par mon nom, tandis que vous me refusez de me dire le vôtre. Qui me répondra de votre sincérité? Qui vous empêchera de dire à Blois, où vous allez sans doute : — J'ai rencontré sur mon chemin *La terreur des gavots, de Carcassonne,* et je l'ai humilié en paroles sans qu'il ait osé me répondre? ou bien : J'ai refusé le topage à un *compagnon passant*, et, comme il insistait, je lui ai fait mordre la poussière? Je me soucie peu de l'opinion de vos associés; mais je ne puis me passer de l'estime des miens. Et que penseraient-ils de moi de pareils faits leur étaient rapportés? Déjà n'a-t-on pas cherché à me nuire? N'a-t-on pas dit que, depuis l'affaire de Montpellier, des remords exagérés avaient abattu mon courage? c'est pour cela que, malgré le chagrin que j'en éprouve, je suis forcé, pour garder mon honneur, à ne pas transiger avec vous autres. Voyons, finissons-en, faites-vous connaître.

— Mon nom ne vous donnera aucune garantie, répondit Pierre. Il n'est pas illustre comme le vôtre. Mais si mon silence engendre vos soupçons, je consens à parler, vous déclarant que je n'entends pas, en cela, me rendre à un ordre de votre part, mais au conseil de ma raison. Je me nomme Pierre Huguenin.

— Attendez donc! n'est-ce pas vous que l'on a surnommé *L'ami du trait*, à cause de vos connaissances en géométrie? N'avez-vous pas été premier compagnon à Nîmes?

— Précisément. Nous serions-nous rencontrés déjà?

— Non; mais vous quittiez la ville comme j'y arrivais, et j'ai entendu parler de vous. Vous êtes un habile menuisier, à ce qu'on dit, et un bon sujet; mais vous êtes un gavot, l'ami, un vrai gavot!

— Et vous, répondit Pierre Huguenin, je vous connais maintenant; vous êtes un homme de cœur. Vos remords pour l'affaire de Montpellier, et les secours que vous envoyez à la famille d'*Hippolyte le sincère*, me l'ont prouvé. Mais vous êtes rempli d'orgueil et de préjugés, et, si vous ne secouez pas ces liens misérables, vous vous préparerez bien d'autres regrets.

— Vous prononcez un nom qui réveille bien des souffrances, reprit Sauvage. Si on m'eût laissé faire, j'aurais abjuré mon nom, *La terreur des gavots*, pour un nom qui me passa par la tête dans ce temps-là. Je voulais m'appeler *Le cœur brisé*. Le Devoir ne le permit pas; et il fit bien, car on se serait moqué de moi.

— C'est possible; mais moi je vous estime pour en avoir eu la pensée.

— Si vous n'étiez pas de *Salomon*, vous ne seriez pas si touché de cela. Si j'avais tué un *renard du père Soubise*, vous y seriez fort indifférent, et pourtant je ne me le reprocherais pas moins.

— Je vous trouverais aussi coupable de l'avoir fait, et je vous estimerais également de le réparer comme vous faites.

— D'où vient cela? vous êtes donc mécontent de vos gavots?

— Nullement. Mais je suis, comme vous, le fils d'un père plus humain et plus illustre que Salomon ou Jacques.

— Que voulez-vous dire? Y a-t-il une nouvelle société qui se vante d'un fondateur plus fameux que les nôtres?

— Oui. Il y a une plus grande société que celle des Gavots et des Dévorants : c'est la société humaine. Il y a un maître plus illustre que tous ceux du Temple et tous les rois de Jérusalem et de Tyr : c'est Dieu. Il y a un Devoir plus noble, plus vrai que tous ceux des initiations et des mystères : c'est le devoir de la fraternité entre tous les hommes.

Jean le dévorant resta interdit, et regarda Pierre le gavot d'un air moitié méfiant, moitié pénétré. Enfin il s'approcha de lui, et fit le geste de lui tendre la main; mais il ne put s'y résoudre, et la retira aussitôt.

— Vous êtes un homme singulier, lui dit-il, et les paroles que vous me dites m'enchaînent malgré moi. Il me semble que vous avez beaucoup réfléchi sur des choses dont je n'ai pas eu le temps de m'occuper, et qui cependant, m'ont tourmenté comme des cris de la conscience. Si vous n'étiez pas un gavot, il me semble que je voudrais vous connaître intimement et vous faire parler de ce que vous savez; mais mon honneur me défend de contracter amitié avec vous. Adieu! puissiez-vous ouvrir les yeux sur les abominations de votre Devoir de liberté, et venir à nous qui, seuls, possédons l'ancien, le véritable, le très-saint *Devoir de Dieu*. Si vous aviez pris la bonne voie, j'aurais été heureux de vous y faire admettre et de vous servir de répondant et de parrain. Votre nom eût été Pierre *le Philosophe*.

Ainsi se quittèrent les deux compagnons, chacun emportant la pensée, quoique chacun à un degré différent, que ces distinctions et ces inimitiés du compagnonnage étouffaient bien des lumières et brisaient bien des sympathies.

CHAPITRE VIII.

Vers le soir, Pierre Huguenin arriva sur les bords de la Loire. A la vue de ce beau fleuve qui promenait mollement son cours paisible au milieu des prairies, il se sentit tout à coup comme soulagé de la pesante chaleur du jour, et il marcha quelque temps sur le sable fin, par un sentier tracé dans les oseraies de la rive. Il apercevait déjà, dans le lointain, les noirs clochers de Blois, et les hautes murailles du sombre château où périrent les Guises, et d'où s'évada, plus tard, Marie de Médicis, prisonnière de son fils. Mais en vain il doubla le pas; il vit bientôt qu'il lui serait impossible d'arriver avant l'orage. Le ciel était chargé de lourdes nuées, dont les eaux reflétaient la teinte plombée. Les osiers et les saules du rivage blanchissaient sous le vent, et de larges gouttes de pluie commençaient à tomber. Il se dirigea vers un massif d'arbres, afin d'y chercher un abri; et bientôt, à travers les buissons, il distingua une maisonnette assez pauvre, mais bien tenue, qu'à son bouquet de houx il reconnut pour un de ces gîtes appelés *bouchons* dans le langage populaire.

Il y entra, et à peine eut-il passé le seuil, qu'il fut accueilli par une exclamation de joie. — *Villepreux*[1], *l'Ami-du-trait!* s'écria l'hôte de cette demeure isolée : sois le bienvenu, mon enfant! — Surpris de s'entendre appeler par son nom de gavot, Pierre, dont les yeux n'étaient pas encore habitués à l'obscurité qui régnait dans la cabane, répondit : J'entends une voix amie, et pourtant je ne sais où je suis. — Chez ton compagnon fidèle, chez ton frère de *liberté*, répondit l'hôte en s'approchant de lui les bras ouverts : chez *Vaudois-la-Sagesse!*

— Chez mon ancien, chez mon vénérable! s'écria Pierre en s'avançant vers le vieux compagnon, et ils s'embrassèrent étroitement; mais aussitôt Pierre recula d'un pas en laissant échapper une exclamation douloureuse : *Vaudois-la-Sagesse* avec une jambe de bois!

— Eh mon Dieu oui! reprit le brave homme, voilà ce qui m'est arrivé en tombant sur un toit sur le pavé. Il a fallu laisser là l'état de charpentier, et ma jambe à l'hôpital. Mais je n'ai pas été abandonné. Nos braves frères se sont cotisés, et du fruit de leur collecte j'ai pu acheter un petit fonds de marchand de vin, et louer cette baraque, où je fais mes affaires tant bien que mal. Les pêcheurs de la Loire et les fromagers de la campagne ne manquent guère de boire ici un petit coup en s'en revenant chez eux, quand ils ont fait leurs affaires au marché de Blois. Ceux-là m'appellent *la jambe de bois*; mais nos anciens amis les bons compagnons qui résident dans le pays, et qui viennent souvent, le dimanche, manger du poisson frais et boire du vin du coteau sous ma ramée de houblon, appellent mon bouchon *le berceau de la sagesse*. Ce sont des jours de fête pour moi. Tout en leur versant, avec modération, mon nectar à deux sous la pinte, je leur prêche la sagesse, l'union, le travail, l'étude du dessin : et ils m'écoutent avec la même déférence qu'autrefois; nous chantons ensemble nos vieilles ballades, la gloire de Salomon, les bienfaits du beau devoir de liberté et du beau tour de France, les malheurs de nos pères en captivité, les adieux au pays, les charmes de nos maîtresses... Ah! pour ces chansons-là, je ne les chante plus avec eux, Cupidon et la jambe de bois ne

[1]. Les compagnons gavots ajoutent à un surnom significatif celui qu'ils tirent de leur pays, ou simplement le nom de leur village.

vont guère de compagnie; mais je souris encore à leurs amours, et je ne proscris de nos doux festins que les chants de guerre et les satires; car la sagesse n'est pas boiteuse, et la mienne marche toujours sur ses deux jambes. Tu vois que je ne suis pas si malheureux.

— Mon pauvre Vaudois! répondit Pierre, je vois avec plaisir que vous avez conservé votre courage et votre bonté. Mais je ne puis me faire à l'idée de cette jambe qui ne vous portera plus sur les échelles et sur les poutres de charpente. Vous, si bon ouvrier, si habile dans votre art, si utile aux jeunes gens de la profession!

— Je leur suis encore utile, répondit Vaudois-la-Sagesse; je leur donne des conseils et des leçons. Il est rare qu'ils entreprennent un ouvrage de quelque importance sans venir me consulter. Plusieurs m'ont offert de me payer un cours de dessin, mais je le leur fais gratis. Il ferait beau voir qu'après s'être cotisés pour me procurer mon établissement, ils ne me trouvassent pas reconnaissant et désintéressé envers eux! C'est bien assez, c'est déjà trop, qu'ils payent ici leur écot. Aussi, comme je suis content, comme je suis fier, quand j'en vois qui passent devant ma porte, et qui refusent d'entrer, faute d'argent dans la poche! Cela arrive bien quelquefois; alors je les prends au collet, je les force de s'asseoir sous mon houblon, et, bon gré, mal gré, il faut qu'ils mangent et qu'ils boivent. Brave jeunesse! que d'avenir dans ces âmes-là!

— Un avenir de courage, de persévérance, de talent, de travail, de misère et de douleur! dit Pierre en s'asseyant sur un banc et en jetant son paquet sur la table avec un profond soupir.

— Qu'est-ce que j'entends là? s'écria la Jambe-de-bois; oh! oh! je vois que mon fils l'*Ami-du-trait* manque à la sagesse! je n'aime pas à voir les jeunes gens mélancoliques. Vous avez besoin de passer une heure ou deux avec moi, pays Villepreux; et, pour commencer, nous allons goûter ensemble.

— Je le veux bien; la moindre chose me suffira, répondit Pierre en le voyant s'empresser de courir à son buffet.

— Vous ne commandez pas ici, mon jeune maître, reprit avec enjouement le charpentier. Vous ne ferez pas la carte de votre repas; car vous n'êtes pas à l'auberge, mais bien chez votre ancien, qui vous invite et vous traite.

Alors la Jambe-de-bois, avec une merveilleuse agilité, se mit à courir dans tous les coins de sa maison et de son jardin. Il tira de sa poissonnerie deux belles tanches qu'il mit dans la poêle; et la friture commença de frémir et de chanter sur le feu, tandis que la pluie battait les vitres en cadence, et que la Loire, bouleversée par l'ouragan, mugissait au dehors. Pierre voulait empêcher son hôte de prendre tous ces soins; mais quand il vit qu'il avait tant de plaisir à lui faire fête, il l'aida dans ses fonctions de maître d'hôtel et de cuisinier.

Ils allaient se mettre à table, lorsqu'on frappa à la porte.

— Allez ouvrir, s'il vous plaît, dit Vaudois à son hôte, et faites les honneurs de la maison.

Mais il en faillit laisser tomber le plat fumant qu'il tenait dans ses mains, lorsqu'il vit l'*Ami-du-trait* et le nouvel arrivant sauter au cou l'un de l'autre avec transport. Ce voyageur, couvert de boue et trempé jusqu'aux os, n'était rien moins que l'excellent compagnon menuisier Amaury, dit *Nantais-le-Corinthien*, un des plus fermes soutiens du Devoir de liberté, l'ami le plus cher de Pierre Huguenin, en outre un des plus jolis garçons qu'il y eût *sur le tour de France.*

— C'est donc le jour des rencontres! s'écria Vaudois, à qui Pierre avait conté son aventure avec *la Terreur des gavots de Carcassonne*. Voici un de nos frères, sans doute; car vous vous donnez une accolade de bien bon cœur.

Aussitôt que le bon Vaudois sut que son hôte était l'ami de Pierre et l'enfant de son *Devoir*, il fit flamber son feu, invita le Corinthien à s'approcher, et lui prêta même une veste, de peur qu'il ne s'enrhumât, pendant qu'il faisait sécher la sienne.

Tandis que le jeune homme se réchauffait, car toute pluie d'orage est froide malgré l'été, le soleil reparaissait aux cieux assombris, la nuée s'envolait lentement vers l'est, et l'arc-en-ciel, répété dans la Loire, élevait un pont sublime de l'onde au firmament. Bientôt le temps fut si pur, l'air si doux et la terre si riante, après cette généreuse ondée, que les heureux compagnons mirent le couvert sous la ramée. Quelques gouttes de pluie tombèrent bien, du calice des fleurs humides, sur le pain des voyageurs; mais il ne leur en parut pas moins bon. Les chèvrefeuilles du père Vaudois exhalaient un doux parfum, son merle apprivoisé chantait d'une voix mélodieuse sur le buisson voisin, le soleil s'abaissait vers l'horizon, la Loire était en feu, et les poissons y traçaient mille cercles étincelants. Cette belle soirée, la joie de retrouver deux amis si parfaits, l'animation qu'un vin peu délicat sans doute, mais naturel et pur de toute fraude, faisait circuler dans les veines, les sages propos de Vaudois, les aimables épanchements d'Amaury, tout contribuait à élever aux plus hautes régions les nobles pensées de Pierre Huguenin, ou de *Villepreux, l'Ami-du-trait,* comme l'appelaient ses compagnons.

Mais à mesure que la nuit se faisait autour de lui, il redevint triste. Sa voix ne se mêla plus à celles de ses deux amis pour fêter l'*heureuse rencontre, les douceurs de la vie errante, la gloire de la menuiserie,* et tous ces beaux textes qui inspirent aux compagnons des chants si naïfs et souvent si poétiques. Amaury, qui l'avait vu souvent rêveur, ne s'en étonna guère; mais Vaudois, qui était un homme du bon vieux temps, et qui ne comprenait rien à la mélancolie, lui fit reproche de la sienne.

— Jeune homme, lui dit-il, pourquoi ton front s'est-il obscurci en même temps que l'horizon? Crois-tu que le soleil ne se lèvera pas demain? L'amitié n'a-t-elle de pouvoir sur toi que pendant une heure? As-tu trop d'esprit et de science pour te complaire à la gaîté de tes pareils? Voyons! pourquoi ces soupirs qui t'échappent, et ces regards qui se détournent de nous? As-tu quelque chagrin? Tu nous as dit qu'au retour de tes voyages tu avais retrouvé ton vieux père en bonne santé, que vous viviez en bonne intelligence, que l'ouvrage ne vous manquait pas: que peux-tu donc désirer?

— Je l'ignore, répondit Pierre. Je n'ai point à me plaindre de mon sort, et pourtant je ne me sens pas heureux comme je l'étais avant de quitter mon village, et comme je l'ai été durant les premières années de mon tour de France. Depuis que j'ai regardé dans d'autres livres que ceux qui concernent exclusivement ma profession, je me suis senti agité, tantôt de joies exaltées, tantôt de souffrances amères. Je puis me rendre à moi-même ce témoignage, que je ne me suis point abandonné à ces vaines émotions; mais je les ai ressenties profondément, et je ne m'en suis jamais bien relevé. Je pense à trop de choses pour m'absorber dans la jouissance d'une seule. Les honnêtes plaisirs du repos et l'enjouement d'une société aussi aimable que la vôtre ne sauraient captiver mon âme au delà d'un certain temps; c'est un tort, c'est une maladie, c'est peut-être un vice. Mais je sens toujours au dedans de moi quelque chose qui me presse et me domine; j'entends une voix qui me dit tout bas: Marche, travaille; ne t'arrête pas ici, ne te contente pas de cela; tu as tout à apprendre, tout à faire, tout à conquérir, pour remplir ta vie comme tu le dois. Mais dès que je me remets à l'œuvre, un abattement affreux, une crainte mortelle s'emparent de moi. La voix me dit: Que fais-tu là? à quoi sert ta peine? où tendent tes efforts? crois-tu être plus habile qu'un autre? espères-tu changer ta destinée en usant tes forces et tes jours à ce travail grossier? ton avenir est-il si magnifique qu'il faille lui sacrifier la jouissance du présent? Et, dans cette alternative d'ardeur et de dégoût, ma vie s'écoule comme un rêve confus dont ma mémoire ne fixe aucune phase, mais dont la fatigue seule se fait sentir. O mes amis! expliquez-moi ce mal qui me ronge. Si je suis coupable (et je le crois, car je ne suis pas sans remords), éclairez-moi, et remettez-moi dans le bon chemin.

Amaury-le-Corinthien avait écouté ce discours avec une

tristesse sympathique, et Vaudois avec une stupeur profonde. Le jeune homme comprenait cette souffrance, sans la partager. Moins initié que l'Ami-du-trait aux angoisses de la réflexion, il l'était assez néanmoins pour connaître la cause de son mal; mais l'invalide, philosophe par nature, tranquille par bon sens, et content par habitude, ne pouvait s'expliquer l'inquiétude qui s'attache à la nouvelle génération.

— Il faut que ta conscience ait quelque chose de trop lourd à porter, lui répondit-il, ou que ton amour pour l'étude t'ait conduit à l'ambition. J'ai connu quelques jeunes gens avides, qui à force de vouloir s'élever au-dessus de leur position, sont restés au-dessous de ce qu'ils eussent été avec plus de simplicité et de résignation. Je crois, mon pauvre Villepreux, que tu désires la richesse ou la réputation outre mesure. Tu veux que ton nom domine tous les noms *illustres* du tour de France; ou bien tu rêves une fortune, une belle maison, des terres, une grosse maîtrise. Tout cela peut t'arriver, puisque tu as du talent, du zèle, un père bien établi, un petit héritage à recueillir, ainsi que tu l'avoues toi-même. Tant d'avantages devraient suffire à ton contentement. Mais ceci est une chose que j'ai remarquée souvent et que je ne puis comprendre : plus l'homme possède, plus il désire ; plus il réussit, plus il veut entreprendre; et plus il a renversé d'obstacles, plus il s'en crée de nouveaux. C'est peut-être un bienfait de la Providence que d'ôter le désir à ceux qui n'ont point sujet d'espérer. Parlez-moi des gueux pour être stoïciens. J'ai ouï dire que le fondateur de cette morale fut un esclave. J'ai oublié son nom ; mais ce fut bien un vrai pauvre diable, puisqu'il eut tant de raison et de patience. Allons! c'est bien certain, la richesse est un grand mal, la science un grand poison, le génie une mauvaise fièvre. Et pourtant il faut de tout cela, et tous tant que nous sommes nous courons après.

Quand Vaudois-la-Sagesse eut prononcé cet arrêt, que Pierre écouta avec tristesse et recueillement, Amaury, consulté par les regards de son ami, prit la parole à son tour.

— Moi, sans vous offenser, dit-il, je pense que l'ambition n'est pas un mal, et que le succès n'est point un crime. Pourquoi étudions-nous? c'est pour avancer dans la science ; et quand nous en tenons un peu, nous l'appliquons à l'édifice de notre fortune. Et pourquoi cherchons-nous à nous enrichir? c'est pour arriver au repos. Otez-nous tous ces désirs, tous ces besoins : que sommes-nous? des ignorants, des paresseux, quand nous ne sommes que cela ; car la grossièreté engendre le vice, et qui ne fait fainéant parmi nous, dit qu'un ivrogne, un débauché, un brutal, un *sans cœur*. Voyons, père Vaudois! vous voici arrivé au repos. Votre infirmité vous prive de votre travail : mais l'estime de vos frères vous a restitué ce qui vous était dû, et que vous eussiez acquis par vous-même : c'est justice. Vous voilà dans une sorte de bien-être qui est légitime, et que vous pouvez regarder comme votre propre ouvrage, puisque l'homme qui travaille bien et qui se conduit bien a droit à une récompense. Dites-nous à quoi vous passez votre temps désormais, et ce qui occupe votre esprit aux heures où la clientèle ne vous tient pas en haleine. Vous lisez, car voilà des livres sur un rayon. Vous tracez des plans de charpente, car voici de jolis modèles et de bons lavis de trait. Vous vous livrez à la poésie, car vous avez recueilli avec soin tous les vieux chants de votre *Devoir* ; vous les savez par cœur, et voilà des cahiers écrits de votre main (et très-bien écrits, vraiment!) où vous avez restitué aux vieux auteurs tout ce que la mauvaise mémoire ou l'ignorance des chanteurs vulgaires avait mutilé et corrompu. Vous ne vous êtes donc pas arrêté au milieu de votre vie pour obéir tristement à la fatalité qui vous faisait impotent, solitaire, inutile, désolé? Vous avez, au contraire, fait un nouveau bail avec l'avenir ; vous avez cultivé votre intelligence, soigné votre écriture, et perfectionné votre orthographe, orné votre mémoire, étudié la science, la morale, et même la politique; car j'ai vu tout cela en vous. Enfin, vous avez obéi à une secrète ambition qui vous défendait de subir l'arrêt de l'adversité, et qui ne se fût pas contentée des plaisirs de la table et des profits du petit négoce. Vous êtes donc un ambitieux, un rêveur, un fou, vous aussi, avec toute votre sagesse? Voyons, répondez à cela, mon philosophe !

— Villepreux, ton ami parle comme un livre, dit le Vaudois, un peu flatté intérieurement des éloges qu'il recevait sous forme de dilemme ; et je vois bien qu'il a raison; car je m'ennuierais cruellement dans ma solitude si je n'avais pas le goût des livres, des chansons anciennes et nouvelles, des almanachs et des conversations instructives avec les voyageurs qui s'arrêtent sous mon berceau. Mais pourquoi trouvé-je tant d'amusement à tout cela? Je veux bien être ambitieux, je vous conviendrez que je ne suis pas triste. Les souffrances dont parle l'Ami-du-trait, je ne les ai jamais éprouvées ; je n'ai été malheureux qu'une fois dans ma vie : c'est lorsque j'ai vu ma pauvre jambe sortir du sien sans moi, et que je me suis dit que mes bras et ma tête ne me serviraient plus de rien. Mais les amis sont venus, m'ont prouvé que cela servirait encore, et j'en ai bien rappelé! Cependant un regret, un désir m'agitent. Je voudrais revoir ma montagne, mon pays de Vaud, ma Suisse, quoique je n'y connaisse plus quasi personne. Mais enfin c'est un rêve, et, lié que je suis au rivage de la Loire par la reconnaissance et l'amitié, je soupire bien un peu. Je regarde les nuages du couchant qui s'amoncellent là-bas en grosses masses blanches, dorées, argentées, pourprées comme le Mont-Blanc. Voici, dans mon jardin, un ruisseau que j'ai creusé moi-même, et qui s'appelle le Rhône. Cette butte, où j'ai planté des rosiers et des lilas, c'est le Jura. Tout cela m'amuse et me console. J'ai quelquefois une larme au bord des yeux ; et puis je fais quelques vers, et je les chante; et je suis heureux, au bout du compte. Il y a donc deux sortes d'ambitions : une qui souffre toujours et ne se contente de rien ; une autre qui réjouit l'âme et s'arrange de peu. Ne saurais-tu prendre la mienne, *pays Villepreux?*

— Vous avez dit tous deux des choses bien vraies, reprit Pierre Huguenin, et pourtant aucun de vous n'a mis le doigt sur la plaie. Je ne suis pas meilleur chirurgien que vous, et mon cœur saigne sans que je sache d'où s'échappent le sang, l'espoir et la vie. Pourtant je puis, devant Dieu et devant vous, faire un serment : c'est que je ne désire rien au delà de ma condition, si ce n'est quelques heures de plus par semaine pour me livrer à la rêverie et à la lecture. Ni gloire ni richesse ne me tente, je le jure encore et sur l'honneur! Pensez-vous que la légère privation dont je me plains suffise à me rendre malheureux? Je ne le crois pas. Le mal a sa source plus haut. Peut-être ce mystère s'éclaircira-t-il avec le temps. Jusque-là je souffrirai en silence, je vous le promets, et je ne chercherai jamais à décourager les autres.

CHAPITRE IX.

Quand la nuit fut tout à fait tombée, Pierre se disposa à partir pour Blois avec Amaury, qui s'y rendait aussi. Il n'avait pas voulu troubler l'entretien philosophique du souper par la préoccupation de ses propres affaires ; mais il lui tardait de se trouver seul avec son ami. Le Vaudois les supplia tous deux de passer la nuit sous son toit ; mais ils alléguèrent que tous leurs moments étaient comptés. Le Corinthien promit que, s'il s'arrêtait à Blois, comme il en avait le dessein, il reviendrait souvent vider une bouteille de bière sous le Berceau de la Sagesse; et Pierre, qui songeait à reprendre le plus tôt possible le chemin de son village, s'engagea à s'arrêter quelques instants au retour pour serrer, au passage, la main du vieux charpentier. L'orage avait inondé, en plusieurs endroits, l'ossraie où serpente le chemin. L'invalide leur en enseigna un plus sûr, et les guida lui-même pendant un quart de lieue, marchant devant eux avec une agilité et une adresse remarquables. Quand il les eut mis sur la route, il leur souhaita le bonsoir et la bonne chance.

— Allons, leur dit-il, je vous reverrai bientôt ; car, certes, vous allez tous deux rester à Blois. J'irai vous y voir, si vous ne venez pas chez moi. Je ne vais pas souvent à la ville, mais il y a des occasions... et celle qui se prépare...

— Quelle occasion? demanda l'Ami-du-trait.

— C'est bon, c'est bon, repartit Vaudois. Vous avez raison de ne pas parler de cela. Je ne suis pas de votre métier, et je suis censé ne rien savoir. J'estime la discrétion, et ne veux point la confondre avec la méfiance en ce qui me concerne ; quoique, après tout, quand on est du même Devoir, on pourrait bien se confier certaines choses... N'importe ! l'affaire est encore secrète, et vous ferez bien de n'en pas causer avant qu'elle éclate. Au revoir donc, et le grand Salomon soit avec vous ! La lune est levée ; prenez à droite, et puis à gauche, et puis tout droit jusqu'à la chaussée.

Il leur serra la main, et reprit le chemin de sa baraque. Mais les deux amis entendirent longtemps sa voix mâle et accentuée chanter, en se perdant peu à peu, ces derniers couplets d'une longue et naïve chanson dont il était l'auteur :

Jadis sur le beau tour de France
Je promenais mes pas errants.
Je n'allais point en diligence,
J'avais deux jambes et vingt ans.
J'avais alors bonne prestance,
Travail, amour, et l'âge heureux :
Je n'ai gardé que l'espérance,
Bon pied, bon œil et cœur joyeux.

Amis, sur ce beau tour de France
J'ai bien lassé mes pieds poudreux ;
Dans les chantiers de la Provence
J'ai fatigué mes bras nerveux ;
Dans les *rêves de la science*
J'ai consumé mon âge heureux :
Dans les bras de la Providence
Je repose mon cœur pieux.

— Digne et brave homme ! dit Pierre en s'arrêtant pour l'entendre encore. Amaury, Amaury, n'est-ce pas une belle chose que la chanson d'un homme de bien? Cette voix mâle et forte qui remplit la campagne, jetant ses rimes sans art à tous les échos, n'est-elle pas comme l'hymne de triomphe de la conscience? Tenez, nous voici sur la chaussée : cette belle voiture qui roule légèrement emporte-t-elle des cœurs aussi purs? répand-elle des chants aussi suaves? Non! pas une voix humaine ne s'échappe de cette maison ambulante, où toutes les aises de la vie accompagnent le riche. Voici un marchand voyageant sur un bon et fort cheval ; il porte une lourde valise, et la crosse de ses pistolets brille au clair de la lune. Voyez pourtant ! il nous craint, il nous soupçonne... Il retient la bride de son cheval, et prend l'autre revers du chemin pour éviter de passer près de nous. Son cheval est chargé d'or et son âme de soucis ; sa marche est inquiète et silencieuse. Pauvre trafiquant, entends-tu cette cadence joyeuse, là-bas au fond du ravin de la Loire? Supposes-tu que ce chant sonore soit celui d'un vieillard invalide sans famille, sans argent, sans armes, et sans autre appui qu'une jambe de bois et le cœur de quelques amis aussi pauvres que lui?

— Ce que tu dis me frappe, reprit Amaury, et, je ne sais pourquoi, je me sens les yeux pleins de larmes en écoutant cette chanson. Explique-moi cela, Pierre, toi qui expliques tant de choses !

— Dieu est grand et l'homme aussi ! répondit Pierre avec un soupir.

— Qu'entendez-vous par là? reprit son camarade.

— Il y aurait trop à dire, mon Corinthien, et le mieux sera de parler d'autre chose, dit l'Ami-du-trait en reprenant sa marche. Tu as dû t'expliquer les dernières paroles que Vaudois nous disait en nous quittant. J'ignore de quelle grande affaire et de quel grand secret il voulait parler.

— Comment ! s'écria Amaury, ignores-tu ce qui se passe à Blois entre les Dévorants et nous? Je pensais que tu avais reçu une lettre de convocation et que tu te rendais à l'appel de nos frères.

— Je vais à Blois pour une affaire toute personnelle, et dont la moitié est faite, ami, si je ne me flatte pas d'un vain espoir.

Ici Pierre expliqua au Corinthien le besoin qu'il avait de deux bons ouvriers pour l'aider dans son travail, et lui fit part du désir qu'il éprouvait de commencer par lui son embauchage. Il lui vanta la beauté du travail auquel il désirait l'associer, lui fit des offres avantageuses, et le pria ardemment de ne pas les rejeter.

— Sans doute, ce serait un grand contentement pour mon cœur de travailler avec toi, lui répondit Amaury, et tes offres sont au-dessus de mes prétentions ; mais tu vas juger toi-même si je puis user de ma liberté dans ce moment. Apprends donc que notre Devoir de liberté va jouer la ville de Blois contre *le Devoir dévorant*.

Comme tous nos lecteurs ne comprendront peut-être pas, aussi bien que Pierre Huguenin fut à portée de le faire, cette étrange révélation, nous leur expliquerons en peu de mots de quoi il s'agissait. Quand deux sociétés rivales ont établi leur Devoir dans une ville, il est rare qu'elles y puissent rester en paix. La moindre infraction à la trêve tacitement consentie amène d'éclatantes ruptures. Au moindre sujet, et parfois sans sujet, on se dispute l'occupation exclusive de la ville, et la discussion se poursuit souvent des années entières au milieu d'épisodes sanglants. Enfin quand les disputes, les débats oratoires et les coups n'ont rien terminé entre partis égaux en obstination, en force et en prétentions, il y a un dernier moyen de trancher la question : c'est de jouer la ville, c'est-à-dire le droit d'occuper les lieux et d'exploiter les travaux, à l'exclusion de la partie perdante. Il y a aujourd'hui cent dix ans (ceci est un fait historique) que les tailleurs de pierre de Salomon, autrement dits *compagnons étrangers* ou *loups*, jouèrent la ville de Lyon pour cent ans contre les tailleurs de pierre de Maître Jacques, dits *compagnons passants* ou *loups-garous*. Ces derniers la perdirent, et, durant cent ans, le pacte fut observé rigoureusement. Aucun compagnon-passant ne mit le pied sur le domaine des compagnons-étrangers. Mais, dans ces derniers temps, le terme du traité étant expiré, les bannis se crurent en droit de revenir exploiter un pays redevenu libre. Les enfants de Salomon n'en jugèrent pas ainsi ; ils trouvaient la position bonne, et prétendaient que cent ans de possession devaient leur constituer un droit imprescriptible. On parlementa, on ne s'entendit point ; on se battit, l'autorité intervint pour séparer les combattants. Plusieurs champions des deux partis avaient commis de tels exploits qu'ils furent envoyés en prison, et même aux galères. Mais la loi, ne protégeant pas et n'avouant pas ce mode d'organisation du travail en sociétés maçonniques, ne put terminer le différend. La cause est pendante devant les tribunaux secrets du compagnonnage, et il est à craindre que bien des héros du tour de France n'y sacrifient encore leur sang ou leur liberté. Espérons pourtant que les tentatives philosophiques de quelques-uns de ces compagnons, esprits éclairés et généreux, qui ont entrepris récemment le grand œuvre d'une fusion entre tous les Devoirs rivaux, vaincront les préjugés qu'ils combattent et feront triompher le principe de fraternité.

Il nous reste un mot à dire sur le genre d'épreuve à laquelle on a soumis jusqu'à présent ces débats. On ne s'en remet pas au sort, mais au concours. De part et d'autre on exécute une pièce d'ouvrage équivalant à ce que, dans les antiques jurandes, on appelait le *chef d'œuvre*. Tout le monde sait que, dans l'ancienne organisation par confréries ou corporations, nul ne pouvait être admis à la maîtrise sans avoir présenté cette pièce au jugement des syndics, jurés et gardes-métier chargés de constater la capacité de l'aspirant. Hoffmann a consacré un de ses contes (celui qu'il eût pu, à bon droit, appeler lui-même son chef-d'œuvre), *Maître Martin le Tonnelier*, à poétiser cette belle phase de la jeunesse de l'apprenti, qui renferme la présentation à la maîtrise, l'exécution du chef-d'œuvre, la réception du nouveau maître, etc. Aujourd'hui que la maîtrise n'est plus un droit conquis et disputé, mais un fait libre et facultatif, on ne voit guère

Il dévora dans l'espace de trois mois, etc. (Page 12).

reparaître publiquement [1] le chef-d'œuvre que dans les défis du compagnonnage. Lorsqu'il s'agit de jouer une ville, le concours s'établit. Chaque parti choisit, parmi ses membres les plus habiles, un ou plusieurs champions qui travaillent avec ardeur à confondre l'orgueil des rivaux par la confection d'une pièce difficile proposée au concours. Le jury est composé d'arbitres choisis indifféremment dans les divers Devoirs, et quelquefois parmi des maîtres étrangers à toute société, ou d'anciens compagnons retirés de l'association et réputés intègres, et le plus souvent parmi des gens de l'art. Leur sentence est sans appel. Quelque mécontentement, quelques secrets murmures qu'elle excite, le parti vaincu dans son représentant est forcé de quitter la place pour un temps plus ou moins long, suivant les conventions réglées avant l'épreuve.

Telle était la crise décisive où se trouvaient les Devoirs de Blois à l'approche de Pierre et d'Amaury. Les Gavots n'occupant Blois que depuis quelques années soutenaient, pour s'y maintenir contre les autres sociétés plus ancien-

[1]. On l'exige dans certains corps d'état pour la réception du compagnon.

nement établies, des luttes violentes. Déjà la guerre avait éclaté sur plusieurs points. Les charpentiers *Drilles* ou *du père Soubise* n'étaient pas moins acharnés que les menuisiers Dévorants contre les menuisiers Gavots. En face de tant d'ennemis menaçants, ces derniers avaient dû songer à se préserver, du moins, de la violence des menuisiers par la trêve que nécessite un concours ; et, à l'égard des charpentiers, ils se flattaient de les tenir en respect par une attitude hautaine et courageuse. Amaury, étant un des meilleurs menuisiers parmi les Gavots, avait été mandé par le conseil de son ordre, et se préparait, avec une vive émotion de crainte et de joie, à entrer en lice avec plusieurs artisans de mérite, ses émules, contre l'élite des artistes Dévorants.

Ce ne fut pas sans un peu d'orgueil qu'il en fit la confidence à son ami ; mais il ajouta aussitôt avec une modestie affectueuse et sincère :

— Je m'étonne bien, cher Villepreux, d'avoir été appelé, et de voir que tu ne l'es pas ; car, s'il y a un ouvrier supérieur à tous les autres et en toutes choses, ce n'est pas le Corinthien, mais bien l'Ami-du-trait.

— Je n'accepte cet éloge que comme une douce et gé-

Tu blasphèmes, s'écria l'étranger. (Page 48.)

néreuse illusion de ton amitié pour moi, répondit Pierre. Mais quand même je serais assez fou pour croire au mérite que tu m'attribues, je serais mal fondé à me plaindre de l'oubli où on me laisse. Cet oubli, je l'ai cherché, je te l'avoue, et j'en sortirais à mon corps défendant. Lorsque, après quatre ans de pèlerinage, j'ai repris le chemin du pays, j'ai agi de manière à ce que ma retraite ne fût point remarquée sur le tour de France. Je n'ai point fait d'adieux solennels; je suis parti un beau matin, après avoir rempli tous mes engagements et m'être acquitté de tous les services rendus par des services équivalents. Je ne pense pas que personne ait eu rien à me reprocher; et, si l'on m'accuse d'un peu de bizarrerie, nul ne peut m'accuser d'ingratitude. J'avais besoin de sortir de cette vie agitée, j'avais soif de l'air natal. Tout ce qui pouvait me retenir un jour de plus me semblait une contrainte; et, depuis deux mois que je travaille auprès de mon père, je n'ai renoué aucune relation avec mes anciens amis.

— Pas même avec moi! dit Amaury d'un ton de reproche.

— Je comptais sur la Providence, qui nous rassemble aujourd'hui, et j'éprouve un si grand besoin de vivre près de toi que je ne comprends pas de plus douce joie que celle de t'emmener, si je puis. Mais écrire à ceux qu'on aime quand on souffre n'est pas toujours un soulagement. Bien au contraire, il est certaines situations morales où l'on n'ose pas s'exprimer, de peur de se décourager soi-même ou de décourager celui qui vous est cher. Aurais-je pu d'ailleurs te faire comprendre une mélancolie que je ne comprends pas moi-même? Tu aurais eu sur mon compte les mêmes soupçons que Vaudois exprimait tantôt. Une lettre ne peut jamais remplacer l'épanchement d'une entrevue.

— Cela est vrai, dit Amaury; mais si ta conduite est naturelle en ceci, la tristesse qui l'a dictée est de plus en plus étrange à mes yeux. Je t'ai toujours connu grave, réfléchi, sobre et fuyant le tumulte; mais je te voyais si cordial, si bienveillant, si ardent à l'amitié, que je ne conçois pas ta sauvagerie actuelle et l'espèce d'éloignement que tu témoignes pour ton Devoir. Aurais-tu subi quelque injustice? tu sais qu'en pareil cas tu as droit à une réparation. On assemble le conseil, on expose ses griefs, et le chef de la société prononce équitablement.

— Je n'ai eu, au contraire, qu'à me louer de mes compagnons, répondit Pierre. J'estime presque tous ceux que j'ai connus particulièrement, et j'en aime ardemment plusieurs. Je crois que mon Devoir est le mieux organisé et le plus honorable de tous, et c'est pour cela qu'après un certain examen des coutumes et des règlements, je l'ai embrassé de préférence aux autres, où il m'a semblé voir des usages moins libéraux, une civilisation moins avancée. Il est possible que je me sois trompé, mais j'ai agi dans la loyauté de mon cœur, en m'enrôlant sous la bannière blanche et bleue. Nos lois proscrivent le tapage, les hurlements; et si la coutume générale nous force encore à croiser souvent la canne, du moins l'esprit de notre institution semble interdire les provocations fanatiques que l'esprit des autres sociétés proclame et sanctifie. Mais si tu veux absolument que je te confie les causes du dégoût secret qui s'est emparé de moi, je vais t'ouvrir mon cœur tout entier. Je ne voudrais pas refroidir ton enthousiasme, ni ébranler en toi cette foi vive au Devoir, qui est le mobile et le ressort de la vie du compagnon. Pourtant il faut bien que je t'avoue à quel point cette foi s'est évanouie en moi. Hélas, oui! le feu sacré de l'esprit de corps m'abandonne de plus en plus. A mesure que je m'éclaire sur la véritable histoire des peuples, la fable du temple de Salomon me semble un mystère puéril, une allégorie grossière. Le sentiment d'une destinée commune à tous les travailleurs se révèle en moi, et ce barbare usage de créer des distinctions, des castes, des camps ennemis entre nous tous, me paraît de plus en plus sauvage et funeste. Eh quoi! n'est-ce pas assez que nous ayons pour ennemis naturels tous ceux qui exploitent nos labeurs à leur profit? Faut-il que nous nous dévorions les uns les autres? Opprimés par la cupidité des riches, relégués par l'imbécile orgueil des nobles dans une condition prétendue abjecte, condamnés par la lâche complicité des prêtres à porter éternellement, sur nos bras meurtris, la croix du Sauveur dont ils revêtent les insignes sur l'or et la soie, ne sommes-nous pas assez outragés, assez malheureux? Faut-il encore que, subissant l'inégalité qui nous rejette au dernier rang, nous cherchions à consacrer entre nous cette inégalité absurde et coupable? Nous raillons les prétentions des grands; nous rions de leurs armoiries et de leurs livrées; nous avons leur généalogie en exécration et en mépris : que faisons-nous, cependant, autre chose que de les imiter? Nous nous disputons la préséance dans des sociétés rivales; nous vantons sottement l'antiquité de nos origines; et nous n'avons pas assez de chansons satiriques, pas assez d'injures, de menaces et d'outrages pour les sociétés nouvellement formées qui nous semblent entachées de roture et de bâtardise. Sur tous les points de la France, nous nous provoquons, nous nous égorgeons pour le droit de porter exclusivement l'équerre et le compas; comme si tout homme qui travaille à la sueur de son front n'avait pas le droit de revêtir les insignes de sa profession! La couleur d'un ruban placé un peu plus haut ou un peu plus bas, l'ornement d'un anneau d'oreille, voilà les graves questions qui fomentent la haine et font couler le sang des pauvres ouvriers. Quand j'y pense, j'en ris de pitié, ou plutôt j'en pleure de honte.

L'émotion empêcha le jeune réformateur de poursuivre son ardente déclamation. Son cœur était plein; mais il n'avait pas assez de paroles pour répandre l'indignation généreuse qui le suffoquait. Il s'arrêta, la poitrine oppressée, le front brûlant. Amaury, Amaury! s'écria-t-il d'une voix étouffée, en saisissant le bras de son compagnon, tu voulais savoir de quoi je souffre; je te l'ai dit, et il me semble que tu dois me comprendre. Je ne suis ni un fou, ni un rêveur, ni un ambitieux, ni un traître; mais j'aime les hommes de ma race, et je suis malheureux parce qu'ils se haïssent.

Critique impartial (lecteur bénévole, comme nous disions jadis), sois indulgent pour le traducteur impuissant qui transmet la parole de l'ouvrier. Cet homme ne parle pas la même langue que toi, et le narrateur qui lui sert d'interprète est forcé d'altérer la beauté abrupte, le tour original et l'abondance poétique de son texte, pour te communiquer ses pensées. Peut-être accuseras-tu ce pâle intermédiaire de prêter à ses héros des sentiments et des idées qu'ils ne peuvent avoir. A ce reproche, il n'a qu'un mot à répondre : informe-toi. Quitte ces sommets où la muse littéraire se tient depuis si longtemps isolée de la grande masse du genre humain. Descends dans ces régions où la poésie comique puise si largement pour le théâtre et la caricature; daigne envisager la face sérieuse de ce peuple pensif et profondément inspiré que tu crois encore inculte et grossier : tu y verras plus d'un Pierre Huguenin à l'heure qu'il est. Regarde, regarde, je t'en conjure, et ne prononce pas sur lui l'arrêt injuste qui le condamne à végéter dans l'ignorance et la férocité. Connais ses défauts et ses vices, car il en a, et je ne te les farderai point; mais connais aussi ses grandeurs et ses vertus; tu te sentiras, à son contact, plus naïf et plus généreux que tu ne l'as été depuis longtemps.

Ce qu'il y a d'admirable dans le peuple, c'est la simplicité du cœur, cette sainte simplicité, perdue pour nous, hélas! depuis l'énorme abus que nous avons fait de la forme de nos pensées. Chez le peuple, toute forme est nouvelle, et la vérité sous celle du lieu commun lui arrache encore des larmes d'enthousiasme et de conviction. O noble enfance de l'âme! source d'erreurs funestes, d'illusions sublimes et de dévouements héroïques, honte à qui t'exploite! Amour et bénédiction à qui te ferait entrer dans l'âge viril en te conservant la pureté sans l'ignorance.

A cause de cette candeur qui réside au fond des âmes incultes, la parole de Pierre Huguenin rencontrait peu d'obstacles dans les bons esprits de sa trempe, et celui de son ami le Corinthien ne se révolta point dans une âcre discussion. Il l'écouta longtemps en silence; puis il lui dit en lui serrant la main : — Pierre, Pierre, tu en sais plus long que moi sur tout cela, et je ne trouve rien à te répondre. Je me sens triste avec toi, et je ne sais aucun remède à notre mal.

CHAPITRE X.

Il y aurait de curieuses recherches à faire pour découvrir, dans le passé, les causes d'inimitié qui présidèrent à ces dissensions dont se plaignait Pierre Huguenin parmi les différentes associations d'ouvriers. Mais ici règne une profonde obscurité. Les ouvriers, s'ils les connaissent, les cachent bien; et je crois fort qu'ils ne les connaissent guère mieux que nous. Que signifie, par exemple, entre les deux plus anciennes sociétés, celle de Salomon et celle de Maître Jacques, autrement dites des gavots et des dévorants, autrement dites encore le *Devoir* et le *Devoir de liberté*, cette interminable et sanglante question du meurtre d'Hiram dans les chantiers du temple de Jérusalem, question qu'au reste la plupart des compagnons prennent au sérieux et dans le sens le plus matériel? Chaque société renvoie à sa rivale cette terrible accusation; c'est à qui s'en lavera les mains; on se les couvre de gants dans les solennités de l'ordre, pour témoigner qu'on est pur de ce crime : on se provoque, on s'assomme, on s'étrangle, pour venger la mémoire d'Hiram, le conducteur des travaux du temple, égorgé et caché sous les décombres par une moitié jalouse et cruelle de ses travailleurs. Il y a là sans doute quelque grand fait historique, ou quelque principe vital du passé et de l'avenir du peuple, caché sous une fiction qui n'est pas sans poésie. Mais, comme chez les peuples enfants, le mythe est pris à la lettre par les ouvriers, véritable race de l'enfance, imbue de toutes les illusions crédules, de tous les instincts indomptés, de tous les élans tendres et candides de l'enfance. Oui, chère et merveilleuse lectrice, le peuple vous représente un géant au berceau, et qui commence à sentir la vie déborder de son sein puissant, et qui se lève pour essayer des pas incertains au bord d'un abîme. Qui de lui ou de nous y tombera? Madame, madame! hâtez-vous d'être belle et de faire briller vos diamants. Peut-être sont-ils trempés dans le sang d'Hiram, et peut-être faudra-t-il un jour les cacher, ou les jeter loin de vous.

Quelques ouvriers lettrés et érudits (car il y en a, et ce n'est pas le fait le moins certain que je puisse vous attester [1]) ont cherché philosophiquement à lever le voile de ce mystère. Les uns attribuent la création de leur ordre aux ruines de l'ordre du Temple, et selon eux le fameux Maître Jacques, charpentier en chef de Salomon, ne serait autre que le grand-maître Jacques de Molay, martyr immolé par un roi cupide et cruel du nom de Philippe. Selon d'autres il faudrait remonter plus haut, et chercher la source de l'inextinguible aversion, dans le ressentiment des races dépossédées et persécutées du midi de la France, des Albigeois, ou habitants riverains des gaves [2] (de là gavots) contre les bourreaux du nord et les inquisiteurs de Dominique. Et nous, nous pouvons, si nous voulons, supposer que toutes ces grandes insurrections de pastoureaux, de vaudois, de protestants et de calvinistes, tous plus ou moins zélateurs ou continuateurs de la doctrine de l'*Évangile éternel*, qui ont, à diverses époques, arrosé de leur sang les plaines et les chemins de la France, n'ont pas été étouffées sans que bien des souvenirs amers, bien des ressentiments funestes, restassent debout, et fussent légués en héritage de génération en génération jusqu'à nos jours. La cause est oubliée, perdue ou dénaturée dans la nuit de la tradition ; mais la passion subsiste. N'allez pas en Corse chercher la poésie tragique de la vendetta : elle est à votre porte, elle est dans votre maison. Le tailleur de pierres qui a élevé votre demeure est l'irréconciliable ennemi du charpentier qui l'a couverte ; et pour un mot, pour un signe, pour un regard, leur sang a coulé sur cette pierre, écusson de leur noblesse, fondement mystique de leur droit.

Il y a deux sociétés de fondation immémoriale ; nous venons de les nommer [3]. De ces deux sociétés, ou de l'une des eux est issue une troisième société : celle de *l'Union* ou des *Indépendants*, dits *les Révoltés*. Elle fut créée en 1830 à Bordeaux, par des aspirants qui se révoltèrent contre leurs compagnons. A Lyon, à Marseille, à Nantes, de nombreux insurgés du même ordre se joignirent à eux et constituèrent *l'Union*. Une quatrième société est celle du *Père Soubise*, qui se dit aussi Dévorante. Ainsi quatre sociétés principales ou Devoirs, qui se composent chacune de plusieurs corps de métiers, et auxquelles se rattachent de nombreuses adjonctions d'institution plus ou moins récente, les unes acceptées cordialement, les autres repoussées avec acharnement par les sociétés auxquelles elles veulent s'unir de gré ou de force.

Il faudrait tout un livre pour énumérer toutes les sociétés, leurs prétentions, leurs titres, leurs statuts, leurs origines, leurs coutumes et leurs relations mutuelles. Telle société est alliée à une autre : par exemple les enfants du Père Soubise s'honorent d'être, comme ceux de Maître Jacques, compagnons du Devoir, et n'en vivent pas en meilleure intelligence pour cela. Telle autre société est ennemie née de telle autre. Dans le sein d'un même Devoir il y a des corps de métiers qui se tolèrent, d'autres qui se soutiennent, d'autres qui se haïssent mortellement. En général les sociétés nouvellement formées sont repoussées par l'orgueil des anciennes, et ne conquièrent leur droit de cité dans le compagnonnage qu'au prix de leur sang. Chaque Devoir a son code. Dans les uns il y a deux grades ; dans d'autres il y en a trois et quatre. La condition de l'aspirant est heureuse ou misérable, suivant l'esprit despotique ou libéral de la société. Enfin tous ces camps divers et dissidents sont réunis dans une même appellation, les *Compagnons du tour de France*.

Chaque société a ses *villes de Devoir*, où les compagnons peuvent stationner, s'instruire et travailler, participant à l'aide, aux secours et à la protection d'un corps de compagnons qu'on appelle par application générique *société*, et dont les membres se fixent ou se renouvellent suivant leurs intérêts ou leurs besoins. Quand ils sont trop nombreux pour subsister, quelques-uns parmi les premiers arrivés doivent faire place aux derniers arrivants. Certaines villes peuvent être occupées par des Devoirs différents ; certaines autres sont la propriété exclusive d'un seul Devoir, soit par antique coutume, soit par transaction, comme il est arrivé pour le marché de cent ans de la ville de Lyon.

Certaines bases sont communes à tous les Devoirs et à tous les corps qui les composent : et à voir la chose en grand, ces bases principales sont nobles et généreuses. *L'embauchage*, c'est-à-dire l'admission de l'ouvrier au travail ; le *levage d'acquit*, c'est-à-dire la garantie de son honneur ; les rapports du compagnon avec le maître ; la *conduite*, c'est-à-dire les adieux fraternels érigés en cérémonies ; les soins et secours accordés aux malades, les honneurs rendus aux morts, la célébration des fêtes patronales, et beaucoup d'autres coutumes, sont à peu près les mêmes dans tout le compagnonnage. Ce qui diffère, ce sont les formes extérieures, les formules, les titres, les insignes, les couleurs, les chansons, etc.

La majeure partie des ouvriers de la province est enrôlée dans le compagnonnage. Une faible partie en ignore l'importance, et ne songe point à en percer les mystères. Dans les campagnes arriérées du centre, où le métier est presque toujours héréditaire, le fils ou le neveu est naturellement l'apprenti du maître. Dans ces existences fixées d'avance et peu soucieuses de perfectionner l'art, le compagnonnage est inutile et le tour de France inusité.

Certains corps de métiers ont eu des Devoirs qui se sont *perdus* ; c'est-à-dire que leurs statuts, n'étant plus nécessaires à leur organisation et à leur sécurité, sont tombés en désuétude [4]. Des sentiments, des liens politiques, suffisent à ces compagnies plus éclairées peut-être, mais peut-être aussi moins unies. A Paris, le compagnonnage tend chaque jour de plus en plus à se perdre et à se disperser, dans le vaste champ des travaux et des intérêts divers. Aucune société n'y pourrait monopoliser le travail. D'ailleurs, l'esprit sceptique d'une civilisation plus avancée a fait justice des gothiques coutumes du compagnonnage, trop tôt peut-être ; car une association fraternelle étendue à tous les ouvriers n'était pas encore prête à remplacer les associations partielles. Cependant les haines de parti ne s'y effacent pas toujours. Les charpentiers compagnons *de liberté* habitent la rive gauche de la Seine ; leurs adversaires, les charpentiers *compagnons passants*, occupent la rive droite. Il sont tenus par une convention à travailler du côté du fleuve où leur domicile est fixé. Ils se battent néanmoins, et les autres compagnies ne se tolèrent pas toujours. Mais en général on peut dire que le compagnonnage, avec ses pouvoirs et ses passions, se trouve là comme perdu et absorbé au sein du grand mouvement qui entraîne tout vers une marche indépendante et soutenue.

Ce qui conserve dans les provinces l'importance du compagnonnage, c'est l'instruction, l'ardeur belliqueuse, l'esprit d'association et l'habitude d'organisation régulière infusée à une masse de jeunes gens qu'y jettent un caractère entreprenant, l'amour du progrès, le besoin d'échapper à l'isolement, à l'ignorance et à la misère. Mais ce sont les nobles enfants perdus de la grande famille des travailleurs, les artistes bohémiens de l'industrie, les Mamertins audacieux de la Rome primitive. Les uns y sont poussés par le despotisme grossier de la famille qui les opprimait et les exploitait, les autres, par l'absence de famille et de premier capital. Une position perdue, un amour contrarié, un sentiment d'orgueil légitime, et par-dessus tout le besoin de voir, de respirer et de vivre, y poussent chaque année l'élite d'une ardente jeunesse. Le tour de France, c'est la phase poétique, c'est le pèlerinage aventureux, la chevalerie errante de l'artisan. Celui qui ne possède ni maison ni patrimoine s'en va sur les chemins chercher une patrie, sous l'égide d'une famille adoptive qui ne

---

1. J'écrivais ceci en 1841. Deux ans ne se sont pas encore écoulés, et déjà ces faits que j'attestais sont devenus évidents et nombreux. Dans dix ans on s'étonnera que j'aie été obligé d'affirmer la droiture et la culture de l'esprit populaire à une classe de lecteurs qui m'accusaient d'engouement et de paradoxe. (*Note de la deuxième édition.*)
2. On sait que gave signifie torrent du côté des Pyrénées.
3. Voyez le livre du Compagnonnage, par Agricol Perdiguier, dit Avignonnais-la-Vertu.

4. Il est arrivé que les usages de certaines sociétés remontaient trop haut dans le moyen âge pour être observés désormais. Les nouveaux adeptes ont reculé devant la barbarie des pratiques que les vieux sectaires voulaient en vain conserver.

l'abandonne ni durant la vie ni après la mort. Celui même qui aspire à une position honorable et sûre dans son pays veut, tout au moins, dépenser la vigueur de ses belles années, et connaître les enivrements de la vie active. Il faudra qu'il revienne au bercail, et qu'il accepte la condition laborieuse et sédentaire de ses proches. Peut-être, dans tout le cours de cette future existence, ne retrouvera-t-il plus une année, une saison, une semaine de liberté. Eh bien ! il faut qu'il en finisse avec cette vague inquiétude qui le sollicite, il faut qu'il voyage. Il reprendra plus tard la lime ou le marteau de ses pères ; mais il aura des souvenirs et des impressions, il aura vu le monde, il pourra dire à ses amis et à ses enfants combien la patrie est belle et grande : il aura fait son tour de France.

Je crois que cette digression était nécessaire à l'intelligence de mon récit. Maintenant, beaux lecteurs, et vous, bons compagnons, permettez-moi de courir après mes héros, qui ne se sont pas arrêtés ainsi que moi sur la chaussée de la Loire.

CHAPITRE XI.

Ils arrivèrent à Blois comme dix heures sonnaient à l'horloge de la cathédrale. Ils s'étaient assez reposés au Berceau de la Sagesse, pour ne ressentir aucune fatigue de cette dernière étape, faite en causant doucement à la clarté des étoiles. Ils dirigèrent leurs pas vers la Mère de leur Devoir.

Par *Mère*, on entend l'hôtellerie où une société de compagnons loge, mange et tient ses assemblées. L'hôtesse de cette auberge s'appelle aussi la Mère ; l'hôte, fût-il célibataire, s'appelle la Mère. Il n'est pas rare qu'on joue sur ces mots et qu'on appelle un bon vieux hôtelier *le père la Mère*.

Il y avait environ un an qu'Amaury le Corinthien n'était venu à Blois. Pierre avait remarqué qu'à mesure qu'ils approchaient de la ville, son ami l'avait écouté moins attentivement. Mais lorsqu'ils eurent dépassé les premières maisons, il fut tout à fait frappé de son trouble.

— Qu'as-tu donc ? lui dit-il ; tu marches tantôt si vite que je puis à peine te suivre, tantôt si lentement que je suis forcé de t'attendre. Tu heurtes à chaque pas, et tu sembles agité comme si tu craignais et désirais à la fois d'arriver au terme de ton voyage.

— Ne m'interroge pas, cher Villepreux, répondit le Corinthien. Je suis ému, je ne le nie pas ; mais il m'est impossible de t'en dire la cause. Je n'ai jamais eu de secrets pour toi, hormis un seul que je te confierai peut-être quelque jour ; mais il me semble que le temps n'est pas venu.

Pierre n'insista pas, et ils arrivèrent chez la Mère au bout de quelques instants. L'auberge était située sur la rive gauche de la Loire, dans le faubourg que le fleuve sépare de la ville. Elle était toujours propre et bien tenue comme de coutume, et les deux amis reconnurent la servante et le chien de la maison. Mais l'hôte ne vint pas comme de coutume au-devant d'eux pour les embrasser fraternellement. — Où donc est l'ami Savinien ? demanda le jeune Amaury d'une voix mal assurée. La servante lui fit un signe comme pour lui couper la parole, et lui montra une petite fille qui disait sa prière au coin du feu, et qui, sur le point d'aller coucher, avait déjà sa petite coiffe de nuit. Amaury crut que la servante l'engageait à ne pas troubler la prière de l'enfant. Il se pencha sur la petite Manette, et effleura de ses lèvres, avec précaution, les grosses boucles de cheveux bruns qui s'échappaient de son béguin piqué. Pierre commençait à deviner le secret du Corinthien en voyant la tendresse pleine d'amertume avec laquelle il regardait cette enfant.

— Monsieur Villepreux, dit la servante à voix basse en attirant Pierre Huguenin à quelque distance, il ne faut pas que vous parliez de notre défunt maître devant la petite ; ça la fait toujours pleurer, pauvre chère âme ! Nous avons enterré monsieur Savinien il n'y a pas plus de quinze jours. Notre maîtresse en a bien du chagrin.

A peine avait-elle dit ces mots qu'une porte s'ouvrit, et la veuve de Savinien, celle qu'on appelait la Mère, parut en deuil et en cornette de veuve. C'était une femme d'environ vingt-huit ans, belle comme une Vierge de Raphaël, avec la même régularité de traits et la même expression de douceur calme et noble. Les traces d'une douleur récente et profonde étaient pourtant sur son visage, et ne la rendaient que plus touchante ; car il y avait aussi dans son regard le sentiment d'une force évangélique.

Elle portait son second enfant dans ses bras, à demi déshabillé et déjà endormi, un gros garçon blond comme l'ambre, frais comme le matin. D'abord elle ne vit que Pierre Huguenin, sur lequel se projetait la lumière de la lampe.

— Mon fils Villepreux, s'écria-t-elle avec un sourire affectueux et mélancolique, soyez le bienvenu, et, comme toujours, le bien-aimé. Hélas ! vous n'avez plus qu'une Mère ! votre père Savinien est dans le ciel avec le bon Dieu.

A cette voix le Corinthien s'était vivement retourné ; à ces paroles un cri partit du fond de sa poitrine.

— Savinien mort ! s'écria-t-il ; Savinienne veuve par conséquent !...

Et il se laissa tomber sur une chaise...

A cette voix, à ces paroles, le calme résigné de la Savinienne[1] se changea en une émotion si forte que, pour ne pas laisser tomber son enfant, elle le mit dans les bras de Pierre Huguenin. Elle fit un pas vers le Corinthien ; puis elle resta confuse, éperdue ; et le Corinthien, qui se levait pour s'élancer vers elle, retomba sur sa chaise et cacha son visage dans les cheveux de la petite Manette, qui, agenouillée entre ses jambes, venait d'éclater en sanglots au seul nom de son père.

La Mère reprit alors sa présence d'esprit ; et, venant à lui, elle lui dit avec dignité : — Voyez la douleur de cette enfant. Elle a perdu un bon père ; et vous, Corinthien, vous avez perdu un bon ami.

— Nous le pleurerons ensemble, dit Amaury sans oser la regarder ni prendre la main qu'elle lui tendait.

— Non pas ensemble, répondit la Savinienne en baissant la voix ; mais je vous estime trop pour penser que vous ne le regretterez pas.

En ce moment la porte de l'arrière-salle s'ouvrit, et Pierre vit une trentaine de compagnons attablés. Ils avaient pris leur repas si paisiblement qu'on n'eût guère pu soupçonner le voisinage d'une réunion de jeunes gens. Depuis la mort de Savinien, par respect pour sa mémoire autant que pour le deuil de sa famille, on mangeait presque en silence, on buvait sobrement, et personne n'élevait la voix. Cependant, dès qu'ils aperçurent Pierre Huguenin, ils ne purent retenir des exclamations de surprise et de joie. Quelques-uns vinrent l'embrasser, plusieurs se levèrent, et tous le saluèrent de leurs bonnets ou de leurs chapeaux ; car, à ceux qui ne le connaissaient pas, on venait de le signaler rapidement comme un des meilleurs compagnons du tour de France, qui avait été *premier compagnon* à Nîmes et *dignitaire* à Nantes.

Après l'effusion du premier accueil, qui ne fut pas moins cordial pour Amaury de la part de ceux qui le connaissaient, on les engagea à se mettre à table, et la Mère, surmontant son émotion avec la force que donne l'habitude du travail, se mit à les servir.

Huguenin remarqua que sa servante lui disait :

— Ne vous dérangez pas, notre maîtresse ; couchez tranquillement votre petit ; je servirai ces jeunes gens.

Et il remarqua aussi que la Savinienne lui répondit :

— Non, je les servirai, moi ; couche les enfants.

Puis elle donna un baiser à chacun d'eux, et porta le souper au Corinthien avec un empressement qui trahissait une secrète sollicitude. Elle servit aussi Huguenin avec le soin, la bonne grâce et la propreté qui faisaient d'elle la perle des Mères, au dire de tous les compagnons. Mais une invincible préférence la faisait passer et repasser sans cesse derrière la chaise du Corinthien. Elle ne le regar-

---

1. Dans les provinces du centre, l'usage du peuple, qui n'emploie guère, comme on sait, le mot de *madame*, est de former le nom de la femme de celui du mari : *Raymonet*, la *Raymonette* ; *Sylvain*, la *Sylvaine*, etc.

dait pas, elle ne l'effleurait pas en se penchant sur lui pour le servir ; mais elle prévenait tous ses besoins, et se tourmentait intérieurement de voir qu'il faisait d'inutiles efforts pour manger.

— Chers compagnons fidèles ! dit *Lyonnais la-Belle-conduite* en remplissant son verre, je bois à la santé de Villepreux l'Ami-du-trait et de Nantais le Corinthien, sans séparer leurs noms ; car leurs cœurs sont unis pour la vie. Ils sont frères en Salomon, et leur amitié rappelle celle de notre poëte *Nantais Prêt-à-bien-faire* pour son cher *Percheron*.

Et il entonna d'une voix mâle ces deux vers du poëte menuisier :

Les hommes qui n'ont pas d'amis
Sont bien malheureux sur la terre.

— Bien dit, mais mal chanté, dit *Bordelais le Cœur-aimable*.

— Comment, mal chanté ! se récria Lyonnais la-Belle-conduite. Voulez-vous que je vous chante :

Gloire à Percheron-*le-chapiteau*,
Rendons hommage à sa science...?

— Mal ! mal ! toujours plus mal ! reprit le Cœur-aimable. On chante toujours mal quand on chante mal à propos. Et un regard vers la Mère rappela le chanteur à l'ordre.

— Laissez-le chanter, dit la Savinienne avec douceur. Ne le contrariez pas pour si peu de chose. Quand on chante l'amitié, d'ailleurs...

— Quand on a commencé on ne peut plus s'arrêter, observa le Cœur-aimable, et quand on a pris une résolution de ne pas chanter sans nécessité...

— Il faut la tenir, interrompit la Belle-conduite. C'est juste ; je vous remercie, frère, j'ai eu tort. Mais on peut boire un coup en l'honneur des amis, même deux...

— Pas plus de trois après la soif, dit *Marseillais l'Enfant-du-génie* ; c'est le règlement. Il ne faut pas de bruit ici. Que diraient les Dévorants s'ils entendaient du vacarme chez une Mère en deuil ? D'ailleurs, qui de nous voudrait faire de la peine à la nôtre, à Savinienne la belle, la bonne, l'honnête, la ménagère, la tranquille ?

— C'est à elle que je bois mon second coup, s'écria Lyonnais la-belle-conduite. Est-ce que vous ne trinquez pas, le *pays* ? ajouta-t-il en voyant qu'Amaury avançait son verre en tremblant. Est-ce qu'il a la fièvre, le *pays* ?

— Silence, là-dessus, dit *Morvandais Sans-crainte* à l'oreille de son voisin la Belle-conduite. Ce *pays*-là en a voulu conter, *dans les temps*, à la Mère ; mais elle était trop honnête femme pour l'écouter.

— Je le crois bien ! reprit la Belle-conduite. C'est pourtant un joli compagnon, blanc comme une femme, de beaux cheveux dorés, et le menton comme une pêche ; avec cela fort et solide. On dit qu'il a du talent.

— Sinon plus, du moins autant que l'Ami-du-trait, et pas plus de rivalité entre eux pour le talent que pour l'amour.

— Parlez plus bas, dit l'Enfant-du-génie, qui, placé à côté d'eux, les avait entendus ; voici le Dignitaire, et si on parlait légèrement de la Mère devant lui, ça pourrait mener plus loin qu'on ne veut.

— Personne n'en parle légèrement, mon cher pays, répondit Sans-crainte.

Le Dignitaire entra. En reconnaissant *Romanet le Bon-soutien*, Pierre Huguenin se leva, et ils se retirèrent dans une autre pièce pour échanger les saluts [...], car ils étaient Dignitaires tous les deux, et pou[vaient mar]cher de pair. Cependant la dignité de l'Ami-du-[trait] [...] plus qu'honorifique. C'est un règne qui ne [dure que] [...] mois, et que deux compagnons ne pourr[aient] [...]eurs exercer à la fois dans une ville. L'auto-

rité de fait de Romanet le Bon-soutien pouvait donc s'étendre, dans sa résidence, sur Pierre Huguenin comme sur un simple compagnon.

Lorsqu'ils rentrèrent dans la salle et que le Dignitaire de Blois aperçut Amaury le Corinthien, il devint pâle, et ils s'embrassèrent avec émotion.

— Soyez le bien arrivé, dit le Dignitaire au jeune homme. Je vous ai fait appeler pour le concours, et je vois avec satisfaction que vous avez accepté. Je vous en remercie au nom de la société. Mes pays, ce jeune homme est un des plus agréables talents que je connaisse : vous en jugerez. Pays Corinthien, ajouta-t-il en s'adressant à Amaury plus particulièrement, et en s'efforçant de ne pas paraître mettre trop d'importance à sa demande, saviez-vous que nous avions perdu notre excellent père Savinien ?

— Je ne le savais pas, et j'en suis triste, répondit Amaury d'un ton de franchise qui rassura le Dignitaire.

— Et vous, le pays, reprit le Bon-soutien en s'adressant à Pierre Huguenin, quand on s'appelle l'Ami-du-trait, on est un savant modeste. Si nous avions su où vous prendre, nous vous aurions invité au concours ; mais puisque vous témoignez par votre présence que vous n'avez point abandonné le saint Devoir de liberté, nous vous prions et vous engageons à vous mettre aussi sur les rangs. Nous n'avons pas beaucoup d'artistes de votre force.

— Je vous remercie cordialement, répondit Huguenin ; mais je ne viens pas pour le concours. J'ai des engagements qui ne me permettent pas de séjourner ici. J'ai besoin d'aides, et je viens, au nom de mon père qui est Maître, pour embaucher ici deux compagnons.

— Peut-être pourriez-vous les embaucher et les envoyer à votre père à votre place. Quand il s'agit de l'honneur du Devoir de liberté, il est peu d'engagements qu'on ne puisse et qu'on ne veuille rompre.

— Les miens sont de telle nature, répondit Pierre, que je ne saurais m'y soustraire. Il y va de l'honneur de mon père et du mien.

— En ce cas, vous êtes libre, dit le Dignitaire.

Il y eut un moment de silence. La table était composée de compagnons des trois ordres : compagnons *reçus*, compagnons *finis*, compagnons *initiés*. Il y avait aussi bon nombre de simples *affiliés* ; car chez les gavots règne un grand principe d'égalité. Tous les ordres mangent, discutent et votent confondus. Or, parmi tous ces jeunes gens, il n'y en avait pas un seul qui ne souhaitât vivement de concourir. Comme on devait choisir entre les plus habiles, beaucoup n'espéraient pas être appelés ; et aucun d'eux ne pouvait comprendre qu'il y eût une raison assez impérieuse pour refuser un tel honneur. Ils s'entre-regardèrent, surpris et même un peu choqués de la réponse de Pierre Huguenin. Mais le Dignitaire, qui voulait éviter toute discussion oiseuse, invita l'assemblée, par ses manières, à ne pas exprimer son mécontentement.

— Vous savez, dit-il, que l'assemblée générale a lieu demain dimanche. Le *rouleur* vous a convoqués. Je vous engage à vous y trouver tous, mes chers pays. Et vous aussi, pays Villepreux l'Ami-du-trait. Vous pourrez nous aider de vos conseils ; ce sera une manière de servir encore la société. Quant aux ouvriers que vous demandez, on verra à vous les procurer.

— Je vous ferai observer, lui répondit Huguenin en baissant la voix, qu'il me faut des ouvriers du premier mérite ; car le travail que j'ai à leur confier est très-délicat, et requiert des connaissances assez étendues.

— Oh ! oh ! dit le rouleur [1] en riant avec un peu de dédain, vous n'en trouverez qui veulent se embaucher, car tout homme qui se sent du talent et du cœur veut concourir ; et vous n'aurez même pas le premier choix, nous l'enlèverons pour notre glorieux combat.

Le repas terminé, les compagnons, avant de se sépa-

[...]tailleurs de pierres des deux partis s'interpellent du nom de [...] les compagnons des autres états se disent *P..ys*. Ils ne se [...]aient jamais quand ils sont rassemblés.

1. Les fonctions du *rouleur* (ou *rôleur*) consistent à présenter les ouvriers aux maîtres qui veulent les embaucher, et à consacrer leur engagement au moyen de certaines formalités. C'est lui qui accompagne les *partants* jusqu'à la sortie des villes, qui lève les acquits, etc.

Bordelais le Cœur-aimable s'approcha de Pierre Huguenin et d'Amaury : — Il est étrange, dit-il au premier, que vous ne vouliez pas concourir. Si vous êtes le plus habile d'entre nous, comme plusieurs le prétendent, vous êtes blâmable de déserter le drapeau la veille d'une bataille.

— Si je croyais cette bataille utile aux intérêts et à l'honneur de la société, répondit Huguenin, je sacrifierais peut-être mes intérêts et jusqu'à mon propre honneur.

— Vous en doutez! s'écria le Cœur-aimable. Vous croyez que les dévorants sont plus habiles que nous? raison de plus pour mettre votre nom et votre talent dans la balance.

— Les dévorants ont d'habiles ouvriers, mais nous en avons qui les valent; ainsi, je ne préjuge rien sur l'issue du concours. Mais, eussions-nous la victoire assurée, je me prononcerais encore contre le concours.

— Votre opinion est bizarre, reprit le Cœur-aimable, et je ne vous conseillerais pas de la dire aussi librement à des pays moins tolérants que moi; vous en seriez blâmé, et l'on vous supposerait peut-être des motifs indignes de vous.

— Je ne vous comprends pas, répondit Pierre Huguenin.

— Mais... reprit le Cœur-aimable, tout homme qui ne désire pas la gloire de sa patrie est un mauvais citoyen, et tout compagnon...

— Je vous entends maintenant, interrompit l'Ami-du-trait; mais si je prouvais que, d'une manière ou de l'autre, ce concours sera préjudiciable à la société, j'aurais fait acte de bon compagnon.

Pierre Huguenin ayant répondu jusque-là à ces observations sans aucun mystère, ses paroles avaient été entendues de quelques compagnons qui s'étaient rassemblés autour de lui. Le Dignitaire, voyant cette réunion grossir et les esprits s'émouvoir, rompit le groupe en disant à Pierre : — Mon cher pays, ce n'est pas l'heure et le lieu d'ouvrir un avis différent de celui de la société. Si vous avez quelques bonnes vues sur nos affaires, vous avez le droit et la liberté de les exposer demain devant l'assemblée; et je vous convoque, certain d'avance que si votre avis est bon, on s'y rendra, et que s'il est mauvais, on vous pardonnera votre erreur.

On se sépara sur cette sage décision. Une partie des compagnons présents logeait chez la Mère. Une petite chambre avait été préparée pour Huguenin et Amaury, qui y furent conduits par la servante. La Mère s'était retirée avant la fin du souper.

Quand les deux amis furent couchés dans le même lit suivant l'antique usage des gens du peuple, Huguenin, cédant à la fatigue, allait s'endormir; mais l'agitation de son ami ne le lui permit pas. — Frère, dit le jeune homme, je t'ai dit qu'un jour viendrait peut-être où je pourrais te confier mon secret. Eh bien, ce jour est venu plus tôt que je ne le prévoyais. Je suis amoureux de la Savinienne.

— Je m'en suis aperçu ce soir, répondit Pierre.

— Je n'ai pu, reprit le Corinthien, maîtriser mon émotion en apprenant qu'elle était libre, et un instant de folle joie a dû me trahir. Mais bientôt la voix de ma conscience m'a reproché ce sentiment coupable, car j'étais l'ami de Savinien. Ce digne homme avait pour moi une affection particulière. Tu sais qu'il m'appelait son Benjamin, son saint Jean-Baptiste, son Raphaël : il n'était pas ignorant, et il avait des expressions et des idées poétiques. Excellent Savinien! j'eusse donné ma vie pour lui, et je la donnerais encore pour le rappeler sur la terre; car la Savinienne l'aimait, et il la rendait heureuse. C'était un homme plus précieux et plus utile que moi en ce monde.

— J'ai compris tout ce qui se passait dans ton cœur, dit l'Ami-du-trait.

— Est-il possible?

— On lit aisément dans le cœur de ceux qu'on aime. Eh bien, maintenant qu'espères-tu? La Savinienne connaît ton amour, et je crois qu'elle y répond. Mais es-tu le mari qu'elle choisirait? Ne te trouvera-t-elle pas bien jeune et bien pauvre pour être le soutien de sa maison, le père de ses enfants?

— Voilà ce que je me dis et ce qui m'accable. Pourtant, je suis laborieux; je n'ai pas perdu mon temps sur le tour de France, je connais mon état. Tu sais que je n'ai pas de mauvais penchants, et je l'aime tant, qu'il ne me semble pas qu'elle puisse être malheureuse avec moi. Me crois-tu indigne d'elle?

— Bien au contraire, et, si elle me consultait, je dissiperais les craintes qu'elle peut avoir.

— Oh! faites-le, mon ami, s'écria le Corinthien, parlez-lui de moi. Tâchez de savoir ce qu'elle pense de moi.

— Il vaudrait mieux savoir d'avance jusqu'où va votre liaison, répondit Pierre en souriant. Le rôle que tu me confies serait moins embarrassant pour elle et pour moi.

— Je te dirai tout, répondit Amaury avec abandon. J'ai passé ici près d'une année. J'avais à peine dix-sept ans (j'en ai dix-neuf maintenant). J'étais alors simple affilié, et je passai au grade de Compagnon-reçu après un court séjour, ce qui donna de moi une bonne opinion à Savinien et à sa femme. Je travaillais à la préfecture que l'on réparait. Tu sais tout cela, puisque c'est lui qui m'avait fait affilier à mon arrivée, et que tu ne nous quittas que six mois après. J'ai toutes ces dates présentes; car c'est le jour de ton départ pour Chartres que je m'aperçus de l'amour que j'avais pour la Savinienne. Je me souviens de la belle conduite que nous te fîmes sur la chaussée. Nous avions nos cannes et nos rubans, et nous te suivions sur deux lignes, nous arrêtant à chaque pas pour boire à ta santé. Le rouleur portait la canne et ton paquet sur son épaule. C'est moi qui entonnais les chants de départ, auxquels répondaient en chœur tous nos pays. La solennité de cette cérémonie si honorable pour ceux à qui on la décerne, et dont j'étais fier de te voir le héros, me donna de l'enthousiasme et du courage. Je t'embrassai sans faiblesse, et je revins en ville avec la Conduite, chantant toujours et ne songeant pas à l'isolement où j'allais me trouver, loin de l'ami qui m'avait instruit et protégé. J'étais, je crois, un peu exalté par nos fréquentes libations, auxquelles je n'étais pas accoutumé et auxquelles je crains fort de ne m'habituer jamais. Quand les fumées du vin se furent dissipées, et que je me retrouvai sans toi chez la Mère, sous le manteau de la cheminée, tandis que mes frères continuaient la fête autour de la table, je tombai dans une profonde tristesse. Je résistai longtemps à mon chagrin; mais je n'en fus pas le maître, et je fondis en larmes. La Mère était alors auprès de moi, occupée à préparer le souper des compagnons. Elle fut attendrie de me voir pleurer; et pressant ma tête dans ses mains de la même manière qu'elle caresse ses enfants : Pauvre petit Nantais, me dit-elle, c'est toi qui as le meilleur cœur. Quand les autres perdent un ami, ils ne savent que chanter et boire jusqu'à ce qu'ils n'aient plus de voix et ne puissent plus tenir sur leurs jambes. Toi, tu as le cœur d'une femme, et celle que tu auras un jour sera bien aimée. En attendant, prends courage, mon pauvre enfant. Tu ne restes pas abandonné. Tous tes pays t'aiment, parce que tu es un bon sujet et un bon ouvrier. Ton père Savinien dit qu'il voudrait avoir un fils tout pareil à toi. Et quant à moi, je suis ta mère, entends-tu? non pas seulement comme je suis celle de tous les compagnons, mais comme celle qui t'a mis au monde. Tu me confieras tous tes embarras, tu me diras tes peines, et je tâcherai de t'aider et de te consoler.

En parlant ainsi, cette bonne femme m'embrassa sur la tête, et je sentis une larme de ses beaux yeux noirs tomber sur mon front. Je vivrais autant que le juif errant que je n'oublierais pas cela. Je sentis mon cœur se fondre de tendresse pour elle, et, je te l'avoue, pendant le reste de ce jour-là, je ne pensai presque plus à toi. J'avais toujours les yeux sur la Savinienne. Je suivais chacun de ses pas. Elle me permettait de l'aider aux soins de la maison, et le brave Savinien disait en me regardant faire : — Comme ce garçon est complaisant! quel bon enfant! quel cœur il a! — Savinien ne se doutait pas dès ce jour-là j'étais son rival, l'amoureux de sa femme.

Il ne s'en douta jamais; et plus j'étais amoureux, plus

il avait de confiance. Lui qui avait la cinquantaine, il ne pouvait sans doute pas s'imaginer qu'un enfant comme moi eût d'autres yeux pour la Savinienne que ceux d'un fils. Mais il oubliait que la Savinienne eût pu être sa fille, et qu'elle n'eût pas pu être ma mère. Cette Mère chérie vit bien l'état de mon cœur. Jamais je n'osai le lui dire; je sentais bien que cela eût été coupable, puisque Savinien était si bon pour moi. Et puis je savais combien elle est honnête. Il n'y aurait pas eu un seul compagnon, même parmi les plus hardis, qui se fût hasardé, fût-ce dans le vin, à lui manquer de respect. Mais je n'avais pas besoin de parler; mes yeux lui disaient malgré moi mon attachement. A peine avais-je fini ma journée que je courais chez la Mère, et j'arrivais toujours le premier. J'avais un amour et des soins pour ses enfants comme ceux d'une femme qui les aurait nourris. Dans ce temps-là elle sevrait son garçon. Elle fut malade, et ses cris l'empêchaient de reposer. Elle ne voulait pas le confier à sa servante, parce que Fanchon avait le sommeil dur, et l'eût mal soigné, malgré sa bonne volonté. Elle permit que je prisse l'enfant dans mon lit pendant les nuits. Je ne pouvais fermer l'œil; mais j'étais heureux de le bercer et de le promener dans mes bras autour de la chambre, en lui chantant la chanson de la poule qui pond un œuf d'argent pour les jolis marmots. Cela dura deux mois. La Mère était guérie, et le petit s'était habitué à dormir tranquillement avec moi. Quand elle voulut le reprendre, il ne voulut plus la quitter, et il a reposé dans mes bras tout le temps que j'ai passé ici. Je crois qu'il n'y a pas de lien plus tendre que celui d'une femme avec la personne qui aime son enfant et qui en est aimée. Nous étions comme frère et sœur, la Savinienne et moi. Quand elle me parlait, quand elle me regardait, il y avait dans sa voix et dans ses yeux la douceur du paradis, et je n'étais soucieux de rien, quoiqu'il y eût auprès de nous quelqu'un qui eût pu donner bien de l'inquiétude à Savinien et à moi. C'était Romanet le Bon-soutien, aujourd'hui Dignitaire. Quel bon cœur! quel brave compagnon encore que celui-là! il aimait la Savinienne; il l'aime, et je crois bien qu'il l'aimera toute sa vie. Dans ce temps-là, les affaires de Savinien étaient assez embarrassées. Il avait du crédit, mais pas d'argent; et il était obligé de payer chaque année une partie de ce qu'il avait emprunté sur parole pour acheter son fonds. Et comme il ne gagnait pas beaucoup (il était trop honnête homme pour cela), il voyait avec effroi arriver le moment où il serait obligé de céder son auberge à un autre. Si j'avais eu quelque chose, combien j'aurais été heureux de l'aider! Mais je ne possédais alors que le vêtement que j'avais sur le dos; et mes journées suffisaient à peine à m'acquitter envers Savinien, qui m'avait nourri et logé gratis dans les commencements. Romanet le Bon-soutien était dans une meilleure position. Il était riche. Il avait un héritage de plusieurs milliers d'écus. Il le vendit, et le mit dans les mains de Savinien, sans vouloir accepter de billets, ni recevoir d'intérêt, en lui disant qu'il le lui rendrait dans dix ans s'il ne pouvait faire mieux. Il a agi ainsi par amitié pour Savinien, je le veux bien; mais, sans rien ôter à son bon cœur, on peut bien deviner que la Savinienne entrait pour beaucoup dans le plaisir qu'il avait à faire cette bonne action. Le brave jeune homme n'en était pas plus timide avec elle, et, comme moi, il se fût fait un crime de manquer au devoir de l'amitié envers son mari. Nous l'aimions donc tous les deux, et elle nous traitait tous les deux comme ses meilleurs amis. Mais Romanet, retenu par la modestie à cause de son bienfait, et demeurant en ville, la voyait moins souvent que moi. Enfin, quelle qu'en fût la cause, la Mère avait pour moi une préférence bien marquée. Elle vénérait le Bon-soutien comme un ange, mais elle me choyait comme son enfant; et il n'y avait pas quatre personnes plus unies et plus heureuses sur la terre que Savinien, sa femme, le Bon-soutien et moi.

Mais le temps vint enfin où il fallut m'éloigner. Les travaux de la préfecture étaient terminés, et l'ouvrage allait manquer pour le nombre des compagnons réunis à Blois. De jeunes compagnons arrivèrent; ce fut aux plus anciennement arrivés de leur grade à leur céder la place. J'étais de ce nombre. On décréta qu'on nous ferait la conduite et que l'on nous dirigerait sur Poitiers.

C'est alors que je m'aperçus de la force de mon sentiment. J'étais comme fou, et la douleur que j'éprouvais en apprit plus à la Savinienne que je n'aurais voulu lui en dire. C'est elle qui me donna la force d'obéir au Devoir en me parlant de son honneur et du mien; et, dans cette exhortation, il y eut des paroles échangées que nous ne pûmes pas reprendre après les avoir dites. Enfin, je partis le cœur brisé, et je n'ai jamais pu aimer ou même regarder une autre femme que la Savinienne. Je suis encore aujourd'hui aussi pur que le jour où tu quittais Blois, et où la Savinienne m'embrassait au front sous le manteau de la cheminée.

Pierre, attendri par le récit de cette passion naïve et vertueuse, promit à son ami de le servir dans ses amours, et s'engagea à ne pas quitter Blois sans avoir pénétré les desseins de la Savinienne et soulevé le voile qui cachait l'avenir du Corinthien.

CHAPITRE XII.

Ce fut le lendemain, un dimanche bien entendu, que tous les compagnons et affiliés du Devoir de liberté de Blois employèrent leur journée à délibérer sur l'affaire du concours. La chambre consacrée aux séances étant livrée aux maçons pour cause d'urgente réparation, l'assemblée eut lieu ce jour-là dans la grange de la Savinienne. Tous les membres s'assirent sans façon sur les bottes de paille. Le Dignitaire avait une chaise, et devant lui une table pour écrire, autour de laquelle étaient assis le secrétaire et les *anciens*. Pierre eût désiré terminer ses affaires et partir dès le matin. Mais, outre que l'avertissement du rouleur n'était que trop vrai et qu'il ne pouvait trouver un seul bon ouvrier qui ne fût intéressé au concours, il regardait comme un devoir de répondre à l'appel qui le convoquait. Quand on eut proposé la pièce du concours, et lorsqu'on allait procéder à l'élection des concurrents, il demanda la parole, afin de pouvoir se retirer ensuite. Elle lui fut accordée; et, malgré l'agitation soulevée par l'affaire principale, on se disposa à l'écouter avec attention. Chacun était curieux de voir ce qu'un compagnon généralement estimé pouvait alléguer contre une chose aussi glorieuse et aussi sainte que la lutte contre les dévorants. Pierre prit la parole. Il démontra d'abord que la victoire était toujours chanceuse; que le jury le plus intègre et le mieux composé pouvait se tromper; qu'en manière d'art il n'y avait pas d'arrêts incontestables; que le public lui-même était souvent abusé par une tendance au mauvais goût, et que jamais le triomphe d'un artiste n'était accepté par ses rivaux; qu'ainsi l'honneur que la société voulait attacher au concours, et la gloire qu'elle se flattait d'en retirer n'étaient qu'illusion et déception.

Il parla aussi des dépenses qu'on allait faire pour ce concours. On allait priver de travail un certain nombre de concurrents. Il faudrait les soutenir pendant ce temps, et les indemniser ensuite sur le fonds commun. Il faudrait aussi nourrir et payer, pendant les cinq ou six mois que durerait la confection du chef-d'œuvre, les gardiens préposés à la claustration des concurrents. C'étaient là des dépenses qui endetteraient certainement la société pour plusieurs années. Pierre prouva ses assertions par des chiffres. Mais il fut interrompu par des murmures. Il y avait là des amours-propres irritables qui n'entendaient pas raillerie sur le fait de leur capacité scientifique et artistique. Comme il arrive dans toute assemblée, quels qu'en soient les éléments et le but, ces têtes chaudes et vaniteuses menaient tout, et venaient à bout de persuader à tous que la seule affaire était de les admirer et de leur ménager des triomphes. Quand Pierre Huguenin leur disait:

— De quoi servira à la société qu'une demi-douzaine de ses membres ait passé une demi-année sur un colifichet ruineux, sur un monument destiné à perpétuer le souvenir de notre folie et de notre vanité?

C'est donc le jour des rencontres! (Page 21).

Ils lui répondaient :
— Et si la société veut se charger de cette dépense, que vous importe? Si vous ne voulez pas y participer, remerciez la société [1]; vous êtes libre, vous avez fini votre tour de France.

Et Pierre avait bien de la peine à leur faire comprendre que, s'il eût été riche, il eût mieux aimé se charger de toute la dépense que de laisser la société se ruiner, s'endetter pour vingt ans peut-être.

— La société s'imposera toutes les privations, s'il le faut, répondaient-ils. L'honneur est plus précieux pour elle que la richesse. Laissez-nous abaisser l'orgueil des dévorants, leur prouver que nous seuls connaissons la partie, les forcer de nous céder la place, et vous verrez ensuite que personne ne se plaindra.

— Ce n'est pas vous qui vous plaindrez, dit, à ce propos, Pierre Huguenin à un des plus exaltés aspirants au concours; vous qui allez recueillir tout l'honneur du combat si vous gagnez, et qui, même en cas de défaite, serez indemnisé et récompensé de vos peines par la société. Mais tous ces jeunes affiliés qui, par la suite, viendront admirer dans vos salles d'études le chef-d'œuvre de votre concours, seront-ils dédommagés, par la vue de ce trophée, des leçons qui leur manqueront et des avances qui ne pourront leur être faites? Quant à moi, j'approuve le principe de l'émulation, mais à condition que la gloire des uns n'appauvrira pas les autres, et que les écoliers ne payeront pas pour rester écoliers, en proclamant la science des maîtres de l'art.

Ces bonnes raisons commençaient à avoir prise sur les gens désintéressés. Pierre Huguenin essaya de les dissuader de leur ambitieux dessein par des raisons non plus positives, mais plus larges. Il s'abandonna aux sentiments et aux idées qui depuis longtemps fermentaient dans son cœur, en leur démontrant le tort moral que de semblables luttes causaient de part et d'autre aux sociétés.

— N'est-ce pas, leur dit-il, une grande injustice que nous commettons, lorsque nous disons à des hommes laborieux et nécessiteux comme nous : Cette ville ne saurait nous contenir tous, et nous faire vivre au gré de notre

[1] Remercier la société, c'est s'en retirer en ce sens qu'on ne participe plus à ses dépenses, à ses entreprises, ni à ses profits. On reste lié de cœur, mais on n'est plus obligé envers elle que par la conscience.

Elle portait son second enfant dans ses bras. (Page 23.)

orgueil ou de notre ambition; tirons-la au sort, ou bien essayons nos forces; que les plus habiles l'emportent, et que les vaincus s'en aillent pieds nus sur la route pénible de la vie, chercher un coin stérile où notre orgueil dédaigne de les poursuivre? Direz-vous que la terre est assez grande, et qu'il y a partout du travail? Oui, il y a partout de l'espace et des ressources pour les hommes qui s'entr'aident. Il n'y en a pas, non, l'univers n'est pas assez grand pour des hommes qui veulent s'isoler ou se disperser en petits groupes haineux et jaloux. Ne voyez-vous donc pas le monde des riches? ne vous êtes-vous jamais demandé de quel droit ils naissent heureux, et pour quel crime vous vivez et mourez dans la misère? pourquoi ils jouissent dans le repos, tandis que vous travaillez dans la peine? Qu'est-ce donc que cela signifie? Les prêtres vous diront que Dieu le veut ainsi; mais êtes-vous bien sûrs que Dieu le veuille ainsi en effet? Non, n'est-ce pas? Vous êtes sûrs du contraire; autrement vous seriez des impies, des idolâtres, et vous croiriez en un Dieu plus méchant que le diable, ennemi de la justice et du genre humain. Eh bien! voulez-vous que je vous dise comment s'est établie la richesse et comment s'est perpétuée la pauvreté? Par le savoir-faire des uns, et par la simplicité des autres. C'est pour cela que les simples ont accepté leur défaite et leur exclusion du partage de tous les biens et de tous les honneurs; car les habiles leur ont prouvé que cela devait être ainsi. Et voilà qu'il y a eu tant et tant de simples, que vos pères et vous avez été condamnés à travailler pour les riches sans vous plaindre et sans vous lasser. Vous trouvez cela fort injuste. Du matin au soir je l'entends dire, et je le dis moi-même. Ce que vous trouvez injuste contre vous, trouveriez-vous donc juste de le faire souffrir aux autres?

Quelquefois, malgré l'arrêt du sort, il vous est permis de sortir de votre misère: mais à quelles conditions? Il faut que vous soyez très-laborieux, très-persévérants, et peut-être très-égoïstes: il faut que vous vous éleviez par le gain, l'avarice et l'âpreté au travail au-dessus de tous vos pareils; car quels sont ceux d'entre nous qui réussissent à amasser quelque bien et à s'établir quelque part? Ceux-là seulement qui ont un héritage, ou bien ceux qui ont un génie supérieur. Je sais le respect qu'on doit à l'intelligence; mais trouvez-vous bien juste, bien généreux qu'un homme croupisse dans la misère et périsse sur la paille, parce que Dieu ne lui a pas donné autant d'esprit ou de santé qu'à vous? Quel est l'esprit de notre société, quelle est sa cause, quel est son but? La nécessité d'employer l'intelligence et le courage des uns à stimuler et à corriger l'ineptie ou la mollesse des autres; et pour cela il faut les soutenir et les aider de notre gain, c'est-à-dire de notre travail, jusqu'à ce qu'ils aient profité de nos leçons et reconnu la nécessité de travailler eux-mêmes sans se ménager.

La pensée qui a institué le Devoir de liberté, et, permettez-moi de vous le dire, la pensée qui a institué les différents Devoirs de compagnonnage, est donc grande, morale, vraie, et selon les desseins de *Salomon*[1]. Eh bien! ce que vous faites lorsque vous travaillez à expulser une société est tout à fait opposé à cette pensée auguste, à ces suprêmes desseins. Si les travailleurs du Temple ont cru devoir se diviser en diverses tribus sous la conduite de plusieurs chefs, c'est que leur mission était de parcourir le monde par différents chemins, afin de porter sur plusieurs points à la fois la lumière et le bienfait de l'industrie. Soyez sûrs que les enfants de Jacques et ceux de Soubise sont aussi bien que nous les enfants du grand Salomon...

Un murmure désapprobateur faillit interrompre l'Ami-du-trait. Il se hâta de reprendre avec adresse (car un peu d'allégorie était bien nécessaire avec des esprits moins éclairés que le sien).

— Ce sont des enfants égarés, il est vrai, des enfants rebelles, si vous voulez. Dans leur long et pénible pèlerinage, ils ont oublié les sages lois et jusqu'au nom auguste de leur père. Jacques fut peut-être un imposteur qui corrompit leur jugement, et se fit prophète pour s'approprier le culte du vrai maître; et c'est pourquoi ils ont tant d'animosité contre nous; c'est pourquoi ils nous provoquent et nous maltraitent avec fanatisme, cherchant à s'isoler de nous et à nous disputer le travail, héritage sacré de tous les compagnons. Imiterez-vous donc leur exemple, et, parce qu'ils sont aveugles et inhumains, agirez-vous comme eux? relèverez-vous le gant du combat? O mes pays! ô mes frères! rappelez-vous une grande leçon que Salomon nous a donnée. Deux mères se disputaient un enfant; il ordonna qu'on le coupât en deux, et que chacune en emportât la moitié. La mère supposée accepta le partage, la vraie mère s'écria qu'on le donnât tout entier à sa rivale. Cet apologue est l'emblème de notre destinée. Ceux de nous qui demandent le partage de la terre et du travail sont sans entrailles, et ne songent pas que ce lambeau partagé par le glaive de la haine ne sera plus entre leurs mains qu'un cadavre.

Pierre leur parla encore longtemps. Je ne sais s'il portait dans son sein la révélation d'un temps et d'une société où le principe de liberté individuelle pourrait se concilier avec le droit de tous. Je sais que son cerveau intelligent eût pu s'élever à cette conception, telle qu'elle est entrée aujourd'hui dans les cœurs et dans les esprits d'élite. Mais il est à remarquer qu'à cette époque le principe du Saint-Simonisme (la première des doctrines modernes qui se soit popularisée sous le règne des Bourbons) ne s'était pas encore développé. Les germes d'une philosophie sociale et religieuse couvaient dans des secrets conciles ou s'élucubraient dans les méditations des économistes. Probablement Pierre Huguenin n'en avait jamais entendu parler; mais un esprit droit et assez cultivé, une âme ardente, une imagination poétique, faisaient de lui un être mystérieux et singulier, assez semblable aux pâtres inspirés qui naissaient dans l'ancienne tradition avec le don de prophétie. On pouvait dire avec la Savinienne, qu'il était rempli de l'esprit du Seigneur; car, dans la candeur de son enthousiasme, il touchait aux plus hautes questions humaines, sans savoir lui-même quelles étaient ces cimes voilées où son rêve l'avait porté. C'est pourquoi ses discours, dont nous ne pouvons vous donner ici que la substance sèche et grossière, avaient un caractère de prédication dont l'effet était grand sur des esprits simples et sur des imaginations encore vierges. Il leur conseilla de tenter, au lieu d'une épreuve douteuse, une paix honorable. Les Dévorants, las de querelles, commençaient à s'adoucir. Il serait peut-être plus facile qu'on ne pensait de les amener à reconnaître le droit des Enfants de Salomon. Pourquoi, si ces derniers étaient capables d'écouter la raison, de comprendre la justice, les Dévorants ne le seraient-ils pas aussi? N'étaient-ils donc pas des hommes, et, au risque de n'être pas écouté, ne devait-on pas essayer de les ramener à des sentiments humains plutôt que d'envenimer leur haine par un défi d'amour-propre? Enfin, ne serait-on pas encore à temps de reprendre la décision du concours, s'il venait à être bien démontré que c'était le seul moyen d'éviter de nouveaux combats? Mais que ne fallait-il pas entreprendre avant d'abandonner les chances de paix et d'alliance! L'avait-on fait? Tout au contraire, on n'avait songé qu'à répondre injure pour injure, bravade pour bravade. On s'était, de gaieté de cœur, précipité dans mille dangers qu'il eût été facile d'éviter avec plus de calme et de dignité. N'avait-on pas provoqué aussi les charpentiers Drilles, en chantant le matin même, devant leurs ateliers, les chants de guerre et d'anathème? Pierre avait été témoin de ce fait. Il le censura avec force, avec douleur. — Vous avez l'orgueil d'être les seigneurs, les patriciens du tour de France, leur dit-il; ayez donc au moins les manières nobles qui conviennent quand on s'estime supérieur au reste des hommes.

Lorsqu'il cessa de parler, il se fit un long silence. Les choses qu'il avait dites étaient si nouvelles et si étranges, que les auditeurs avaient cru faire un rêve dans une autre vie, et qu'il leur fallut quelque temps pour se reconnaître dans les ombres de la terre.

Mais peu à peu les passions contenues reprirent l'essor. Leur règne n'était pas encore près de finir; et le peuple des travailleurs n'avait gardé du grand principe d'égalité fraternelle proclamé par la révolution française, qu'une devise au lieu d'une foi, quelques mots glorieux, profonds, mais déjà aussi mystérieux pour lui que les rites du compagnonnage. Les murmures succédèrent bientôt à la muette adhésion de quelques-uns, à la stupeur profonde du grand nombre; et ceux dont le cœur avait tressailli involontairement rougirent tout aussitôt d'avoir senti cette émotion ou de l'avoir laissée paraître. Enfin un des plus exaltés prit la parole. — Voilà un beau discours, dit-il, et un sermon mieux fait qu'un curé en chaire n'eût pu le débiter. Si tout le mérite d'un compagnon est de connaître les livres et de parler comme eux, honneur à vous, pays Villepreux l'Ami-du-trait! Vous en savez plus long que nous tous; et si vous aviez affaire à des femmes, vous les feriez peut-être pleurer. Mais nous sommes des hommes, des enfants de Salomon; et si la gloire d'un compagnon du Devoir de liberté est de soutenir sa société, de se dévouer corps et âme pour elle, de repousser l'injure, de lui faire un rempart de sa poitrine, honte à vous, pays Villepreux! car vous avez mal parlé, et vous mériteriez d'être réprimandé. Comment donc! nous avons écouté jusqu'au bout les conseils d'une lâche prudence, et nous ne nous sommes pas indignés? On nous a dit qu'il fallait abjurer notre honneur, oublier le meurtre de nos frères, tendre la joue aux soufflets, rayer notre nom apparemment du tour de France, et nous avons écouté tout cela patiemment! Vous voyez bien, pays Villepreux, que nous sommes doux et modérés autant qu'on peut l'être. Vous voyez bien que nous avons le respect du Devoir et la fraternité du compagnonnage bien avant dans le cœur, puisque nous ne vous avons pas réduit au silence comme un insensé, ou jeté hors d'ici comme un faux frère. Vous avez eu si belle réputation, et vous avez été revêtu de dignités si éminentes dans la société, que nous persistons à croire vos intentions bonnes et votre cœur droit. Mais votre esprit s'est égaré dans les livres, et ceci doit servir d'enseignement à tous ceux qui vous ont entendu. Qui en sait trop, n'en sait pas assez; et quiconque apprend beaucoup de choses

---

[1] *Salomon* était alors pour les compagnons et sera encore longtemps pour un grand nombre un être de raison, une sorte de fétiche auquel on attribue toutes les perfections, toutes les puissances. Son nom équivaut presque à celui de l'Éternel, et Pierre Huguenin devait l'employer pour donner plus d'autorité à son invocation religieuse.

inutiles, risque d'oublier les plus nécessaires, les plus sacrées.

D'autres orateurs plus véhéments encore renchérirent sur l'indignation de celui-là, et bientôt une discussion violente s'engagea contre Pierre Huguenin. Il répondit avec calme; il supporta avec la résignation d'un martyr et la fermeté d'un stoïque les accusations, les reproches et les menaces. Il disait d'excellentes choses, variant ses arguments et appropriant les formes de son langage à la portée d'esprit de ses divers interlocuteurs. Mais il voyait avec douleur que le petit nombre de ses adhérents diminuait de plus en plus, et il s'attendait à des outrages publics; car la séance était livrée à la confusion, et la vérité n'avait plus de pouvoir sur ces âmes endurcies ou exaltées. Enfin le Dignitaire, après bien des efforts inutiles, obtint le silence, et prit la défense des intentions de Pierre Huguenin.

— Je le connais trop, dit-il, pour douter de lui; et si un soupçon contre son honneur pouvait entrer dans ma pensée, je crois qu'un instant après je lui en demanderais pardon à genoux. Il n'y aura donc ici de réprimandes que contre ceux qui se permettraient de l'insulter. Sur tous les points il a parlé suivant sa conscience, et sur plusieurs points mes sentiments sont d'accord avec les siens. Cependant je crois que ses idées ne sont pas applicables pour le moment; c'est pourquoi je propose de passer outre : mais je demande, une fois pour toutes, qu'on respecte la liberté des opinions, et qu'on les combatte sans aigreur et sans brutalité. Consolez-vous, Villepreux, de la contradiction un peu violente que vous avez rencontrée ici. Si vous vous êtes trompé en quelque chose, vous n'en avez pas moins dit certaines vérités qui resteront gravées dans plus d'un cœur ami, et dans le mien particulièrement. Soyez sûr qu'il en restera aussi quelques-unes, même dans l'esprit des plus exaltés. Peut-être les idées de paix et d'union générale que vous avez osé proclamer seront-elles mieux écoutées dans des jours plus heureux. Je trouve, moi, que vous avez bien parlé, et que votre cœur n'a pas été corrompu par la science des livres. Vous êtes libre de vous retirer, si la discussion de nos intérêts, comme nous les entendons pour le moment, blesse votre croyance; mais nous vous prions de ne pas quitter la ville avant que la crise où nous sommes ait changé de face. S'il fallait en venir à de nouveaux combats, et si la société vous ordonnait de marcher, nous savons que vous vous conduiriez comme un brave soldat de l'armée de Salomon.

Pierre s'inclina en signe de respect et de soumison. Il se retira, et le Corinthien le suivit. — Frère, lui dit ce noble jeune homme, ne sois pas humilié, ne sois pas triste, je t'en supplie; ce que le Dignitaire vient de dire est bien vrai, tes paroles ont retenti dans des cœurs amis du tien.

— Je ne suis point humilié, répondit l'Ami-du-trait, et ta sympathie suffirait à elle seule pour me dédommager de l'emportement des autres. Mais je suis inquiet, je te l'avoue, et pour une chose toute personnelle. Le Dignitaire vient de m'ordonner en quelque sorte de rester ici. Je comprends la délicatesse de cette intention; il voit que plusieurs m'accuseront de manquer de cœur à l'heure du combat, et il me fournit l'occasion de me réhabiliter à leurs yeux; mais je ne suis pas jaloux de cet honneur farouche, et je l'accepterais avec douleur. Une raison non moins grave me fait regretter d'avoir renoué mes relations avec la société. J'ai donné ma parole d'honneur à mon père d'être de retour sous trois jours, et mon père a donné la sienne de reprendre ses travaux demain. Il ne peut le faire sans moi. Il est malade, et plus sérieusement peut-être depuis que je suis absent. Il est d'un caractère bouillant, d'une loyauté scrupuleuse. A l'heure qu'il est, il m'attend sur la route, et je crois le voir tourmenté par l'inquiétude, par l'impatience, par la fièvre. Pauvre père ! Il avait tant de foi à la promesse que je lui ai faite ! Il me faudra donc y manquer !

— Pierre, répondit le Corinthien, je sens que tu es entre deux devoirs : le saint *Devoir de liberté* et le devoir filial qui n'est pas moins sacré. Il faut que tu partages ton fardeau. J'en veux prendre la moitié. Tu resteras ici pour obéir aux lois de la société, et moi j'irai chez ton père. J'inventerai quelque prétexte pour t'excuser, et je me mettrai à l'ouvrage à ta place. Une heure d'attention va me suffire pour recevoir tes instructions. Je sais comme tu démontres, et tu sais comme je t'écoute. Viens dans le jardin, et avant la nuit je me mettrai en route. Je coucherai chez la Jambe-de-bois, et, avant le jour, je prendrai la diligence qui passe par là. Demain soir je serai chez ton père, après-demain matin dans la chapelle de ton vieux château. De cette manière tout s'arrangera, et tu auras l'esprit tranquille.

— Cher Amaury, répondit Pierre Huguenin, je n'attendais pas moins de ton amitié et d'un cœur comme le tien ; mais je ne puis accepter ton dévouement. Il est probable que le concours aura lieu, et je ne dois ni ne veux que tu perdes l'occasion de te faire connaître et d'acquérir de la gloire. Ce n'est pas parce que tu es mon élève, mais je suis certain que tu es le plus fort de tous ceux qui se présenteront au concours. Si tu ne remportes le prix du compas d'or, du moins tu feras de telles preuves de talent qu'il en sera parlé sur le Tour de France. De pareilles occasions ne se présentent que rarement, et souvent elles décident de tout l'avenir d'un ouvrier. A Dieu ne plaise que je te fasse perdre celle qui peut s'offrir demain !

— Et moi, je veux la perdre, répondit le Corinthien, et je la perdrais dans tous les cas. Tu me crois bien borné si tu crois que, depuis ce matin, mes idées et mes sentiments n'ont pas marché. J'ai ouvert les yeux, mon frère, et je ne suis déjà plus l'homme aveugle et grossier qui écoutait hier soir avec stupeur sur la chaussée de Blois. Les paroles que tu viens de dire devant l'assemblée sont tombées dans mon cœur comme le bon grain dans le sillon fertile. Il m'a semblé qu'un nuage s'enlevait de terre entre nous deux, et je t'avais aimé jusqu'ici à travers un voile. Oui, mon ami, tu ne m'avais pas semblé autre chose qu'un compagnon instruit, honnête et bon. A présent je vois bien que tu es plus que cela, plus qu'un ouvrier, plus qu'un homme peut-être. Que vais-je te dire ? je me suis figuré le Christ, ce fils d'un charpentier, pauvre, obscur, errant sur la terre, et parlant à de misérables ouvriers comme nous, sans argent, presque sans pain, sans éducation (c'est ainsi qu'on nous les dépeint). Je me suis rappelé ce qu'on raconte de sa beauté, de sa jeunesse, de sa douceur, des préceptes de sagesse et de charité qu'il expliquait, comme tu l'as fait aujourd'hui, en paraboles. Je ne veux pas blesser ta modestie, Pierre, en te comparant à celui qu'on appelle Dieu; mais je me disais : Si le Christ revenait parmi nous et qu'il passât devant cette maison, que ferait-il? Il verrait la Savinienne au seuil, avec son air affable et ses deux beaux enfants, et il la bénirait. Et alors la Savinienne le prierait d'entrer ; elle laverait ses pieds poudreux et brûlants, et elle abriterait ses petits dans les plis de la robe du Sauveur tandis qu'elle irait lui chercher de l'eau plus pure pour étancher sa soif. Et pendant ce temps, le fils du charpentier interrogerait les enfants, et il saurait d'eux qu'il y a là, dans la grange, des hommes qui parlent et qui concertent quelque chose. Alors l'homme divin voudrait connaître le cœur de ses frères, de ses fils, les pauvres travailleurs. Il entrerait dans la grange, et ne dédaignerait pas de s'asseoir, comme nous, sur une botte de paille, lui qui naquit sur la paille d'une étable ; puis il écouterait. Et tout en faisant ce rêve, je me représentais la belle figure de Jésus, attentive et souriante, et ses beaux yeux attachés sur toi avec une expression de douceur et d'attendrissement... Et quand tu eus fini de parler (car ceci, Pierre, n'était pas une simple supposition que je faisais dans mon esprit c'était comme une vision que j'avais devant les yeux), quand tu eus fini de parler, je le vis s'approcher, se pencher sur toi, et te dire en t'imposant les mains ce qu'il disait aux pauvres hommes du peuple dont il faisait ses disciples : « Viens avec moi, quitte tes filets et suis-moi ; je veux te faire pêcheur d'hommes. » Et il me sembla qu'une grande lumière jaillissait du front du Christ, et t'enveloppait dans son rayon. Alors je me dis en moi-même : Pierre est un apôtre ;

comment ne le savais-je pas? Il prophétise; comment ne l'avais-je pas compris? Et moi aussi, je me levai, transporté d'un zèle qui me brûlait. J'allais m'écrier: Oh! Christ, emmenez-moi avec mon frère; je ne suis pas digne de délier les cordons de vos souliers, mais je vous écouterai et je ramasserai les miettes qui tomberont de votre table.... Alors les compagnons se sont agités. Ils t'ont contredit, ils t'ont blâmé. Ma vision s'est effacée, mais il m'en est resté comme un ébranlement dans tout le corps; j'ai eu beaucoup de peine à me contenir; j'étais prêt à pleurer, comme dans le temps où la Savinienne, cette pieuse femme qui aime tant Dieu, sans aimer les prêtres, me lisait, de sa voix douce, l'Écriture Sainte dans une vieille Bible qui est dans sa famille depuis deux ou trois cents ans. Aussi je ne serai jamais impie, et, dût-on se moquer de moi, je ne me moquerai jamais de Jésus, le fils du charpentier. Qu'il soit Dieu ou non, qu'il soit tout à fait mort ou qu'il soit ressuscité, je ne peux pas examiner cela, et je ne m'en inquiète pas. Il y en a même qui disent qu'il n'a jamais existé. Moi, je dis qu'il est impossible qu'il n'ait pas existé; et j'en suis plus sûr depuis que j'ai compris ce que tu penses et ce que tu veux faire comprendre aux autres. Pourquoi serais-tu le premier ouvrier qui aurait eu de telles idées? Je ne conçois pas comment je ne les ai pas eues plus tôt; et je me dis que tu ne les aurais pas si des hommes ou des dieux comme Jésus ne les avaient pas répandues dans le monde. C'est pourquoi je ne veux plus écouter que toi; je ne veux plus agir, ni penser, ni travailler, ni aimer même, sans que tu m'aies dit: Cela est bon, cela est juste. Et je ne te quitterai plus jamais..., excepté que je vais te quitter ce soir, mais pour aller t'attendre chez ton père. Tu vois que je ne comprends plus ce que c'est que des concours, de la gloire, des chefs-d'œuvre... nous avons bien autre chose à faire, c'est de travailler sans nuire aux autres, sans les humilier, leur disputer ce qui leur appartient aussi bien qu'à nous.

La Savinienne, inquiète de voir Pierre et Amaury quitter l'assemblée et s'enfoncer dans le jardin pour causer avec chaleur, les y avait suivis. Peu à peu elle s'était approchée; et, appuyée sur le dossier de leur banc, elle les écoutait. Pierre la voyait bien, mais il était heureux qu'elle entendît les discours exaltés du Corinthien, et il se gardait de trahir sa présence. Quand le Corinthien se tut, la Savinienne lui dit avec un soupir: — Je voudrais que Savinien fût encore là pour vous entendre, mais j'espère que du ciel il vous voit et vous bénit. Corinthien, vous avez un cœur et un esprit comme je n'en ai jamais connus..., si ce n'est mon pauvre Savinien; mais il lui restait encore bien des choses à apprendre, et, comme l'on dit, la vérité sort de la bouche des enfants.

Pierre sourit de joie en voyant que la Savinienne comprenait le Corinthien. Il vit la rougeur et le transport de son ami, quand la Mère lui tendit la main en lui disant:
— C'est à la vie et à la mort entre nous pour l'estime, mon fils Amaury.
— Et pour l'amitié? s'écria le jeune homme enhardi et troublé à la fois.
— Amitié veut dire une chose entre les hommes, et une autre entre hommes et femmes, répondit-elle naïvement. Vous avez la mienne comme si nous étions deux hommes ou deux femmes.

Amaury ne répondit rien. La robe noire de la veuve lui imposait silence. Elle s'éloigna, et Pierre reprit, en regardant son ami qui la suivit des yeux: — Et maintenant, frère, veux-tu encore partir? N'es-tu pas retenu ici par quelque chose de plus cher et de plus sérieux que la gloire?
— Je serais à la veille d'être son mari, répondit le Corinthien, que pour sauver ton honneur je partirais encore. Mais nous n'en sommes pas là. Je ne peux rester ici. Je ne sais où je prendrais la force de ne jamais dire ce que je pense, et ce que je pense, une femme en deuil ne doit pas l'entendre. Je manquerais à moi-même, à la mémoire de Savinien; je perdrais l'estime de la Savinienne, et tout cela malgré moi. Fais-moi partir, Pierre, tu me rendras service, peut-être plus qu'à toi-même.

Pierre sentit que son ami avait raison. — Eh bien! quant à moi, j'accepte, dit-il; mais je doute fort que la société y consente. Dans l'excès de la modestie, tu oublies que si le concours a lieu, on aura besoin de toi plus que de tout autre, et qu'on ne te laissera pas partir ainsi. Quelle que soit l'issue de nos différends avec le *Devoir*, ta présence ici est regardée comme nécessaire, puisqu'on t'a convoqué.

— Pierre, Pierre! s'écria le Corinthien avec tristesse, as-tu donc oublié déjà ce que tu me disais hier soir sur la chaussée? N'es-tu pas dégoûté de ce pacte qui nous subordonne aux caprices et aux préjugés d'hommes ignorants et emportés? Nous leur devons assistance quand ils sont dans le malheur ou dans le danger; car ils sont nos frères. Mais quand ils sont enivrés d'orgueil ou de vengeance, leur devons-nous une aveugle soumission? Non! Quant à moi, ce rêve s'efface, et tout à l'heure, en les voyant se tourner contre toi, je les trouvais si coupables que les liens de l'affection jurée se brisaient malgré moi dans mon cœur. Viens, rentrons dans l'assemblée. Je vais leur demander de me laisser partir, leur dire de ne pas compter sur moi pour le concours; et, s'ils me refusent, je remercie la société, je reprends ma liberté...

— Tu n'en as pas le droit devant Dieu. Égarés ou coupables, ils sont nos frères. Leur situation est pénible et périlleuse. Nous ne sommes pas en nombre ici, et nos ennemis sont les plus forts, les plus exaltés. S'ils persistent à vouloir nous expulser de Blois par la violence, il vaudra certainement mieux en venir à l'épreuve du concours qu'à celle des coups. Prenons donc patience. Je saurai me résigner encore. S'il faut que d'une manière ou de l'autre mon honneur soit compromis, je sacrifierai mes intérêts à ceux d'autrui; et si mon père me condamne, ma conscience m'absoudra.

CHAPITRE XIII.

La séance terminée, les Gavots se mirent à table. Le concours était voté, et le Corinthien était du nombre des concurrents élus. Cette nouvelle lui causa une émotion où la joie eut plus de part que le regret, il faut bien l'avouer. Quoique sincère dans son dévouement pour Pierre Huguenin, et dans ses vertueuses résolutions à l'égard de la Savinienne, son jeune cœur tressaillait, malgré lui, à l'idée de passer plusieurs mois auprès de celle qu'il aimait, et d'être absous, par la volonté du destin, de ce qui eût été un tort en d'autres circonstances. Il faut bien dire aussi que le Corinthien n'était pas sans avoir ressenti plus d'une fois déjà les chatouillements de l'ambition. Il avait trop de talent pour n'être pas un peu sensible à la gloire; et si, dans un mouvement d'enthousiasme généreux, il revenait aux idées évangéliques dont l'avait nourri la pieuse Savinienne, bientôt après les séductions de l'art et de la renommée reprenaient leur empire naturel sur cette âme d'artiste et d'enfant, candide, ardente, et mobile comme les nuages légers d'un beau ciel au matin.

Il s'efforça de recevoir la nouvelle de son élection avec une résignation dédaigneuse. Mais, en dépit de lui-même, la gaieté communicative de ses compagnons ranimait peu à peu les roses de son teint, et l'aspect de la Savinienne remplissait son cœur d'un espoir plein d'agitations et de combats. Sa voix ne se mêla pas aux propos enjoués de la table; mais il y avait dans sa gravité une expression de joie sérieuse et profonde, qui n'échappa point à Pierre. De temps en temps le regard de l'aimable Corinthien semblait demander grâce à son austère ami; puis ses yeux se reportaient invinciblement vers la Savinienne, et un nuage de volupté passionnée les troublait aussitôt. — Prends garde à toi, mon enfant! lui dit Pierre, tandis que le bruit des convives couvrait leurs voix. N'oublie pas que tout à l'heure tu voulais partir pour fuir le danger. Maintenant qu'il faut l'affronter, ne sois pas téméraire.

— Ne vois-tu pas que ma main tremble en soutenant mon verre? répondit le Corinthien. Va, je suis plus à plaindre qu'à blâmer. Je sens le sort plus puissant que moi, et je prie Dieu qu'il me donne un peu de ta force pour me soutenir.

En ce moment plusieurs jeunes gens de la société rentrèrent d'une course qu'ils avaient été faire en ville, à la sortie de la séance. Ils racontèrent qu'ils avaient vu un grand repas de charpentiers Drilles dans un cabaret. En passant devant la porte, ils avaient jeté un regard dans leur salle et avaient remarqué des militaires attablés avec eux. Les chants de guerre des Dévorants étaient venus frapper leurs oreilles :

> Gavot abominable,
> Mille fois détestable,
> Pour toi plus de pitié ! etc.

Alors un de ces jeunes Gavots, transporté d'indignation, s'avança jusque sur le seuil du cabaret, et écrivit sur la porte avec son crayon blanc : « Lâches ! lâches ! » Cette action d'une bravoure insensée eut le destin étrange de n'être remarquée d'aucune des personnes qui étaient dans la salle. Les convives étaient apparemment trop absorbés par le plaisir de la table, et ceux qui les servaient trop affairés pour faire attention à ce qui se passait sous leurs yeux. Les autres Gavots n'attendirent pas que la téméraire inscription attirât les regards ; ils ne se donnèrent même pas le temps de l'effacer. Voyant que *Marseillais-le-Résolu* (c'était le nom de leur jeune confrère) allait se précipiter dans l'antre aux lions comme un martyr des premiers siècles, ils l'arrachèrent à une mort certaine en se jetant sur lui et en l'entraînant presque de force. Ils racontèrent ce qu'il avait fait, en donnant des éloges à son courage, mais en blâmant son imprudence. Le Dignitaire se joignit à eux pour lui reprocher de n'avoir pas réprimé un mouvement de colère qui pourrait attirer sur la société de nouveaux désastres. — Fasse le ciel, dit-il, qu'il ne faille pas du sang pour effacer ce que vous venez d'écrire !

Vers la fin du souper, on parla de la pièce du concours. C'était un modèle de chaire à prêcher, qui devait réunir toutes les qualités de la science et toutes les beautés de l'art. Pierre, se soumettant à la décision adoptée, donna son avis avec morgue et sans affectation. Toute dissension était oubliée entre lui et ses compagnons. Les ambitieux qu'il avait froissés, n'ayant plus rien à craindre de son opposition, ne rougissaient pas de l'écouter ; car il raisonnait sur son art avec une incontestable supériorité. Déjà les Gavots se livraient à des rêves flatteurs ; on se croyait assuré de la victoire, et la belle chaire s'élevait comme un monument gigantesque dans les imaginations excitées par les fumées de la gloire, lorsque des coups violents ébranlèrent la porte de l'auberge. — Qui donc peut s'annoncer aussi brutalement ? dit le Dignitaire en se levant. Ce ne peut être un de nos frères.

— Ouvrons toujours, répondirent les compagnons, nous verrons bien si l'on entrera chez nous sans saluer.

— N'ouvrez pas, s'écria la servante, qui avait regardé par la fenêtre de l'étage supérieur ; ce ne sont pas des amis. Ils sont armés. Ils viennent avec de mauvaises intentions.

— Ce sont les charpentiers du père Soubise, dit un compagnon qui avait été regarder par la serrure ; ouvrons ! c'est une députation qui vient parlementer.

— Non, non ! dit la petite Manette, tout effrayée ; il y a de grands vilains hommes avec des moustaches ; ce sont des voleurs. Et elle courut se réfugier dans les bras de sa mère, qui pâlit et se pressa instinctivement derrière la chaise du Corinthien.

— Eh bien ! ouvrons toujours, s'écrièrent les compagnons ; si ce sont des ennemis, ils trouveront à qui parler.

— Un instant ! dit le Dignitaire ; courons prendre nos cannes pour les recevoir ; on ne sait ce qui peut arriver.

Les coups cessèrent d'ébranler la porte ; mais des voix menaçantes s'élevèrent dehors. Elles chantaient un verset de la sauvage chanson du seizième siècle :

> Tous ces Gavots infâmes
> Iront dans les enfers
> Brûler dedans les flammes
> Comme des Lucifers.

Les compagnons s'étaient levés en tumulte. Quelques-uns voulaient défendre la porte, qu'on cherchait de nouveau à enfoncer, tandis que d'autres rassembleraient les armes. Mais avant qu'on eût eu le temps de se reconnaître, une fenêtre fut brisée, la porte vola en éclats, et les charpentiers se précipitèrent dans la salle avec des cris affreux. Il y eut alors une scène de fureur et de confusion impossible à retracer. Chacun s'armait de ce qui lui tombait sous la main. Aux terribles cannes ferrées des Dévorants et aux sabres des soldats de la garnison, dont plusieurs s'étaient laissé attirer dans les rangs des Drilles à la suite d'une orgie, les Gavots opposèrent des tronçons de bouteilles dont ils frappaient les assaillants au visage, des tables sous lesquelles ils les renversaient, des broches dont ils se servaient comme de lances, et l'un des plus vigoureux colla son adversaire à la muraille. Leur défense était légitime ; elle fut opiniâtre et meurtrière. Pierre Huguenin s'était d'abord jeté entre les combattants, espérant faire entendre sa voix et empêcher le carnage. Mais il fut repoussé violemment, et dut bientôt songer à défendre sa vie et celle de ses frères. La Savinienne s'élança sur l'escalier de sa chambre, et le gravit avec la force et la rapidité d'une panthère, emportant ses deux enfants dans ses bras. Elle les poussa dans le grenier, leur montrant avec énergie un dégagement par lequel ils pouvaient fuir vers la grange et se mettre en sûreté. Puis elle revint, et, pleine d'indignation, de courage et de désespoir, elle redescendit l'escalier et se jeta dans la mêlée, croyant que la vue d'une femme désarmerait la fureur des assaillants. Mais ils ne voyaient plus rien et frappaient au hasard. Elle reçut un coup qui, sans doute, ne lui était pas destiné, et tomba ensanglantée dans les bras du Corinthien. Jusque-là ce jeune homme, consterné, s'était battu mollement. C'était la première fois qu'il prenait part à ces horribles drames, et il en ressentait un tel dégoût qu'il semblait chercher à se faire tuer plus qu'à se défendre. Quand il vit la Savinienne blessée, il devint furieux ; et, comme le jeune Renaud du Tasse, il fit voir que, s'il avait la beauté d'une femme, il avait la force et l'intrépidité d'un héros. L'insensé qui avait répandu quelques gouttes du précieux sang de la Mère le paya de tout le sien. Il tomba la figure fendue et la tête fracassée, pour ne jamais se relever.

Ce terrible acte expiatoire tourna contre le Corinthien tous les efforts des Dévorants. Jusque-là il semblait qu'on plaignît ou qu'on méprisât sa jeunesse et qu'on eût voulu l'épargner ; mais quand on le vit se dresser, les yeux ardents et les bras ensanglantés, entre la Mère évanouie et le cadavre étendu à ses pieds, il y eut un hourra général, et vingt bras furent levés pour l'anéantir. Pierre n'eut que le temps de se mettre devant lui et de lui faire un rempart de son corps. Il reçut plusieurs blessures, et tous deux allaient certainement périr accablés sous le nombre, lorsque la garde, attirée par le bruit, pénétra dans la maison, et à grand'peine sépara les combattants. Pierre, malgré le sang qu'il perdait, conserva toute sa force et toute sa présence d'esprit. Il emporta la Savinienne dans sa chambre ; et, l'ayant déposée sur son lit, il força le Corinthien, qui l'avait suivi, à se réfugier dans la grange pour se soustraire aux arrestations auxquelles on était en train de procéder. Il le cacha dans la paille, ramena les enfants transis d'effroi auprès de leur mère, et redescendit dans la salle avec assez de prestesse pour faire évader encore quelques compagnons de son Devoir. Les plus acharnés au combat avaient été saisis ; on les emmenait en prison. D'autres s'étaient dispersés à temps, laissant leurs ennemis aux prises avec la garde. Pierre avait d'abord l'intention de se livrer de lui-même à la force publique, afin de rendre hautement témoignage de son innocence et de celle de ses amis. Mais quand il vit la maison pleine de soldats, de morts et de blessés, il songea à l'abandon où se trouverait la Savinienne dans cette crise déplorable, et il se tint à l'écart jusqu'à ce que la garde se fût retirée emportant les morts et emmenant les prisonniers des deux partis, les uns à l'hôpital, les autres à la prison. Il ordonna alors à la servante de laver au plus vite le sang dont la maison était inondée, et il courut chercher un médecin pour la Savinienne; mais ses courses furent inutiles. Il y avait eu assez de blessés à secourir et à transporter pour occuper tous les gens de l'art qu'on avait pu trouver. Il revint fort alarmé; mais il retrouva la Savinienne debout comme la femme forte de la Bible. Elle avait lavé et pansé elle-même sa blessure, qui n'était pas grave heureusement, et qui ne laissa qu'une légère cicatrice à son front large et pur. Elle avait rassuré et couché ses enfants, et elle aidait sa servante à rétablir dans la maison l'ordre, cette fin sérieuse et sacrée vers laquelle tendent sans relâche et sans distraction tous les soins et toutes les forces de la femme du peuple. Son cœur était cependant tourmenté par de cruelles tortures; elle ignorait ce que le Corinthien était devenu et lesquels de ses amis avaient péri. Elle songeait aux châtiments sans pitié que la loi allait faire peser peut-être sur les innocents comme sur les coupables; et, en proie à ces angoisses, pâle comme la mort, le cœur serré, la main tremblante, elle travaillait, au milieu de la nuit, à rassembler les débris épars de ses pénates violés, de ses foyers dévastés, sans verser une larme, sans proférer une plainte.

Quand elle vit rentrer Pierre Huguenin, elle n'eut pas le courage de l'interroger; mais elle lui sourit avec une sublime expression de joie qui semblait accepter les plus grands malheurs, en échange du salut d'un ami tel que lui. Il la prit par la main, et courut avec elle à la grange où il avait caché et renfermé le Corinthien. Durant cette retraite forcée, le désolé jeune homme, en proie à mille anxiétés, avait d'abord tenté de rentrer à tout risque dans la maison, pour savoir le sort de ses compagnons et surtout celui de la Mère. Mais l'émotion et la fatigue lui avaient ôté la force d'enfoncer les portes que Pierre, redoutant son imprudence, avait barricadées sur lui. Il était si accablé qu'il faillit s'évanouir en revoyant sa maîtresse et son ami hors de danger. On visita et on pansa ses blessures, qui étaient assez graves. On lui fit, avec des matelas et des couvertures, un lit improvisé dans une chambre qu'on lui improvisa de même, en superposant des bottes de paille dans la charpente de la grange. Il était urgent de le tenir caché; car il était un des plus compromis dans l'affaire, et Pierre ni la Savinienne n'étaient d'avis de s'en remettre à l'intégrité de la justice pour distinguer les provoqués des agresseurs.

Quand Pierre eut songé à tout et épuisé le reste de ses forces, il en resta encore à la Savinienne pour le soigner. Lui aussi était blessé et affaibli, et surtout brisé dans le fond de son âme. Que ne devait pas souffrir, en effet, cette organisation toujours portée vers l'idéal, et rejetée sans cesse dans la plus brutale réalité! Quand il fut seul, il se sentit désespéré, et, se souvenant des coups qu'il avait été forcé de porter, voyant se dresser devant lui tous les spectres de l'insomnie et de la fièvre, il désira mourir, et tordit ses mains dans l'excès d'une horrible douleur. Le sommeil vint enfin à son secours, et il resta plongé dans un accablement presque léthargique depuis le jour naissant jusqu'à la nuit.

La Savinienne se reposa à peine deux ou trois heures. Elle partagea sa sollicitude, tout le reste du jour, entre sa fille, que la peur avait rendue malade aussi, le Corinthien et l'Ami-du-trait.

Le Dignitaire et ceux des compagnons qui avaient su s'échapper à temps de la scène du combat, vinrent la voir et la rassurer. Plusieurs des blessés étaient hors de danger; on lui cacha, tant qu'on put, l'agonie et la mort de quelques autres. Mais on craignait l'effet des poursuites judiciaires. On avait déjà fait sauver un compagnon qui, comme Amaury, avait donné la mort à un de ses ennemis, et on conseilla à Pierre de fuir aussi avec le Corinthien. Dès que ce dernier put marcher, c'est-à-dire la nuit suivante, Pierre le conduisit à la cabane du Vaudois, en attendant qu'il pût prendre la diligence et se rendre à Villepreux. Le bon charpentier le cacha dans sa soupente, et lui prodigua tous les soins de l'amitié. Il était devenu médecin lui-même, à ce qu'il prétendait, à force d'avoir eu affaire à des médecins. Il se mit en devoir de le médicamenter; et Pierre, tranquillisé sur son compte, retourna à Blois, décidé à ne point abandonner ses frères captifs tant que ses démarches et son témoignage pourraient servir à leur justification et à leur délivrance.

Il revenait, aux premières lueurs du matin, le long des rives verdoyantes de la Loire, en proie à une grande tristesse, à un dégoût profond. Cette fatale nécessité de soutenir une guerre de parti acharnée contre des hommes du peuple, contre ces enfants du travail et de la pauvreté qu'il considérait pieusement comme ses frères, et qu'il eût voulu, au prix de sa vie, réconcilier et réunir en une seule famille, était pour lui un remords devant Dieu, un supplice, une honte vis-à-vis de lui-même. Et pourtant, que faire? Avait-il à se reprocher d'avoir négligé quelque chose pour maintenir la paix? Ne s'était-il pas livré au blâme de ses propres compagnons, en voulant leur prouver que les Dévorants étaient des hommes semblables à eux! Et voilà que ces Dévorants avaient eu un nouvel accès de fureur, et que les Gavots, persécutés pour leur foi, étaient rejetés pour longtemps sans doute dans un fanatisme devenu nécessaire à la conservation de leur indépendance, dans une haine presque légitime après de tels outrages!

Pierre n'était pas assez avancé (quoiqu'il le fût peut-être plus que les esprits les plus forts de cette époque) pour faire une distinction nette entre le principe et le fait. C'est une notion encore bien nouvelle pour nous, et dont l'habitude s'insinue difficilement dans nos esprits inquiets et troublés, cette acceptation courageuse des faits, et cette foi persévérante aux principes, qui nous aide à vivre dans la pensée d'un avenir meilleur. On nous a si longtemps élevés dans la coutume de juger ce qui se doit par ce qui se fait, et ce qui se peut par ce qui est, qu'à tout instant nous tombons dans le découragement en voyant le présent donner tant de démentis à nos espérances. C'est que nous ne comprenons pas encore suffisamment les lois de la vie dans l'humanité. Nous devrions étudier la société comme nous observons l'homme, dans son développement physiologique et moral. Ainsi les cris, les pleurs, l'absence de raison, les instincts sans mesure, la haine du frein et de la règle, tout ce qui caractérise l'enfance et l'adolescence de l'homme, ne sont-ce pas là autant de crises pénibles, mais nécessaires à la floraison et à la maturité de ce germe qui grandit dans la souffrance comme tout ce qui s'enfante au sein de l'univers? Pourquoi n'appliquerions-nous pas cette idée à l'humanité? Pourquoi le présent nous ferait-il renoncer à notre idéal? Pourquoi, puisque nous assistons à la manifestation de l'idée dans le monde, n'accepterions-nous pas ses défaillances, comme les savants observent sans effroi celles de la lumière dans les astres impérissables? Mais enfants nous-mêmes, et ignorants que nous sommes, nous croyons souvent que l'enfant va périr parce qu'il se fait homme, que les soleils vont s'éteindre parce que leurs foyers se couvrent de nuages!

Si Pierre Huguenin avait pu se rendre bien compte du passé et de l'avenir du peuple, il ne se fût pas tant effrayé du présent où il le voyait engagé. Il se serait dit que le principe de fraternité et d'égalité, toujours en travail dans l'âme des opprimés, subissait en ce moment-là une crise nécessaire; et que le compagnonnage, qui est une des formes essayées par l'instinct fraternel, devait alors sa conservation à ces luttes, à ces combats, à ce sang versé, à cet orgueil en délire. Dans un temps où l'esprit des classes éclairées n'avait pas encore songé à la plus importante des vérités, à la plus nécessaire des initiations, c'était la Providence qui conservait dans le peuple cet esprit d'association mystique et d'enthousiasme républicain, à travers les vanités de famille, les jalousies de métier, les préjugés de secte, et le brutal héroïsme de l'esprit de corps.

Le prolétaire philosophe se débattait en vain dans ce problème obscur de la notion du bien et du mal; distinction fictive dans l'ordre abstrait, en présence de l'idée éternelle; vraie seulement dans l'ordre des choses créées dans la manifestation temporaire. Il se laissait donc abattre sous les revers passagers; et, dans son besoin de vérité et de justice, il se laissait aller à l'impiété de rougir de ses frères. Il était tout près de les haïr, de les abandonner, de porter ailleurs sa foi, son amour et son zèle. Mais à qui les consacrer désormais? Infortuné, se disait-il à lui-même, qui voudrait de toi, flétri comme te voilà par la misère, enchaîné par l'esclavage du travail? Ces classes éclairées, polies, vers lesquelles te portent souvent une secrète séduction et des rêves dangereux, pourrais-tu comprendre seulement leur langage, et pourraient-elles se faire à la rudesse du tien? Sans doute, parmi cette jeunesse qui s'instruit aux écoles, parmi ces industriels puissants et fiers qui luttent contre la noblesse et le clergé, parmi ces braves militaires qui, dit-on, conspirent de toutes parts contre la tyrannie, il y a des volontés généreuses, des principes purs, des sentiments démocratiques ; et tandis que nous autres, malheureux aveugles, nous épuisons notre énergie dans des luttes criminelles contre notre propre race, ces agitateurs éclairés travaillent pour nous, conspirent pour nous, montent pour nous à l'échafaud! Oui, c'est pour nous, c'est pour le peuple, c'est pour la liberté que meurent les Borie, les Berton, et tant d'autres dont le sang a naguère coulé sans que le peuple l'ait compris, sans que le peuple s'en soit ému! Oh! oui, ce sont là des héros, des martyrs; et nous, peuple ingrat et stupide, nous n'avons pas arraché ces victimes à la main du bourreau, nous n'avons pas brisé les portes de leurs prisons, nous n'avons pas renversé leurs échafauds! Mais où donc étions-nous, et que faisions-nous aujourd'hui que nous ne songeons point à les venger?

— Je vous demande pardon d'avoir troublé votre rêverie, dit en ce moment une voix inconnue à l'oreille de Pierre Huguenin. Mais il y a longtemps que je vous cherche, et il faut que je rompe la glace d'un seul coup, car le temps est précieux; j'espère qu'il nous en faudra peu pour nous entendre.

Pierre, surpris de cet étrange préambule, regarda de la tête aux pieds la personne qui lui parlait ainsi. C'était un tout jeune homme, fort bien mis et d'une figure assez agréable. Il y avait dans sa manière d'être un mélange de bonhomie et de rudesse qui plaisait au premier abord. Il avait ou il affectait quelque chose de l'allure militaire sous son habit bourgeois; sa parole était rapide, brève, décidée, et son demi-grasseyement annonçait un Parisien.

— Monsieur, répondit Pierre après l'avoir bien examiné, je crois que vous me prenez pour un autre; car je n'ai pas du tout l'honneur de vous connaître.

— Eh bien! moi, je vous connais, répliqua l'étranger, et je vous connais si bien que je lis à cette heure dans votre pensée, comme je vois le fond de cette eau limpide qui coule à nos pieds. Vous êtes soucieux, préoccupé au point que je vous suis pas à pas depuis un quart d'heure sans que vous m'ayez remarqué. Vous êtes en proie à un chagrin profond; car votre visage en porte l'empreinte malgré vous. Voulez-vous que je vous dise à quoi vous songez?

— Vous me feriez plaisir, dit en souriant Pierre, qui commençait à prendre ce jeune homme pour un fou.

— Pierre Huguenin, reprit l'étranger avec une assurance qui fit tressaillir notre héros, vous pensiez à l'inutilité de vos efforts, à l'endurcissement des cœurs lesquels vous voulez agir, à la force des obstacles qui paralysent votre énergie, votre zèle et vos grandes intentions.

Pierre fut si frappé de voir devant lui un homme qui semblait sortir de terre et refléter comme un miroir ses plus secrètes pensées, qu'il faillit croire à une apparition surnaturelle, et qu'il n'eut pas la force de répondre un seul mot, tant il se sentit troublé, presque effrayé de ce qu'il entendait.

— Mon pauvre Pierre, répondit l'étranger, vous avez raison d'être accablé et dégoûté du métier que vous faites de parler à des sourds, et d'agiter le flambeau de la vérité devant des aveugles. Vous ne tirerez jamais rien de ces âmes ineptes; vous ne réformerez pas ces mœurs féroces. Vous êtes un homme supérieur, et pourtant vous ne ferez pas un tel miracle. Il n'y a rien à espérer de vos Compagnons.

— Qu'en savez-vous, vous qui me parlez avec tant d'assurance de ce que vous présumez et ne savez pas? Connaissez-vous les ouvriers pour vous prononcer ainsi contre eux? Êtes-vous des nôtres? Portez-vous la même livrée que nous?

— J'en porte une plus belle, repartit l'étranger; c'est celle de serviteur de l'humanité.

— Vous devez être un serviteur très-occupé, dit Pierre en secouant la tête avec un peu de dédain; car sa nouvelle connaissance commençait à lui inspirer plus de méfiance que de sympathie.

L'étranger, poursuivant son cours de divination, lui dit avec un sourire bienveillant : — Cher maître Huguenin, dans ce moment-ci vous vous demandez si je ne suis point un homme de la police, un agent provocateur.

Interdit de nouveau prodige, Pierre se mordit les lèvres. — Si j'ai cette pensée, reprit-il, n'êtes-vous pas tout préparé à en subir les conséquences, vous qui m'abordez d'une façon si étrange, vous que je ne connais pas?...

— Pourquoi, reprit l'étranger, voulez-vous qu'une action aussi simple que celle de vous aborder sur un chemin cache des motifs mystérieux? Êtes-vous donc de ces hommes qui tremblent au seul mot de conspiration, et qui prennent leur ombre pour un gendarme?

— Je n'ai sujet de rien craindre, et je n'ai pas le caractère craintif, répondit Pierre.

— Mettez-vous donc à l'aise avec moi, reprit l'étranger, car vous voyez en moi un homme qui voyage pour étudier et connaître les hommes. Pénétré d'un ardent amour de l'humanité, j'étends à toutes les classes de la société l'ardeur de mes investigations; et, dans toutes, je recherche les âmes nobles, les esprits éclairés. Quand je les rencontre sur mon chemin, j'éprouve donc le besoin de fraterniser avec elles.

— Ainsi, dit Pierre en souriant, vous exercez la profession de philanthrope! Mais si vous procédez seulement comme vous venez de le dire, ce n'est pas une profession aussi utile que je la concevais; car si vous ne recherchez que l'élite des hommes, ces gens-là n'ayant pas besoin d'être réformés, il en résulte qu'en les fréquentant sur votre passage vous voyagez absolument pour votre plaisir. A votre place, je croirais mieux employer mon temps en recherchant les hommes égarés, les esprits incultes, afin de les redresser ou de les instruire.

— Je vois que vous méritez votre réputation, reprit l'étranger en riant à son tour; vous êtes un homme de raisonnement et de logique, et avec vous il faut prendre garde à tout ce qu'on dit.

— Oh! ne croyez pas, dit Pierre avec douceur, que j'aie la prétention de discuter avec vous; non, non, monsieur: quand j'interroge, c'est pour m'instruire.

— Eh bien, mon ami, sachez que je répands ma sollicitude sur tous les hommes. A ceux-ci le respect, à ceux-là la compassion; à tous le dévouement et la fraternité. Mais ne vous semble-t-il pas que, dans le temps où nous vivons, ayant à lutter contre la tyrannie et la corruption qu'elle entraîne, contre l'esprit prêtre et le fanatisme qu'il excite, le plus pressé est de rassembler les capacités et de s'entendre avec elles pour préparer l'œuvre du libéralisme?

— Je ne présume pas, dit Pierre en souriant, que vous veniez à moi pour cela. J'ai tout à apprendre, rien à enseigner.

— Je vais vous prouver que vous pouvez être très-favorable à mes vues régénératrices. Vous connaissez l'élément populaire au sein duquel vous vivez, tout en vous en détachant par votre supériorité intellectuelle. Vous pouvez me donner de bonnes idées sur les moyens de répandre la lumière et de propager les saines doctrines politiques sur ce terrain-là.

— Ce sont là des questions que je voudrais vous adresser. Est-il possible que vous attendiez après moi pour entamer une mission si vaste et si difficile? Oh! vous voulez me railler! Vous savez bien qu'un pauvre ouvrier ne peut vous ouvrir aucun chemin vers ce but immense, et que tout au plus il y marcherait en tremblant à la suite des gens éclairés qui voudraient le guider.

Elle a perdu un père; vous, Corinthien, vous avez perdu un bon ami. (Page 28.)

— Je commence à voir que, malgré votre excessive modestie, nous nous entendons assez bien. Je parlerai donc plus clairement. Si vous voulez vous associer au grand œuvre de la délivrance physique et morale des peuples, des hommes sympathiques vous tendront les bras; et, au lieu de vous laisser dans le rang obscur où vous semblez vous retrancher, on facilitera le noble essor, on trouvera le haut emploi de vos énergiques facultés. Durant le peu de jours que je viens de passer à Blois, j'ai assez bien employé mon temps. Je connais déjà tout ce qu'on peut attendre de vous. J'ai noué autour de vous des relations que vous connaîtrez bientôt; je vous ai déjà vu, déjà observé. Je sais que vous joignez à un courage intrépide un esprit de conciliation qui malheureusement doit échouer dans les luttes obscures où vous êtes engagé, mais qui rendra d'immenses services à la patrie, quand vous serez entré dans une voie plus large, plus féconde et plus digne de vous. Je ne veux pas vous en dire davantage maintenant. Vous ne pourriez pas m'accorder l'entière confiance à laquelle je prétends et que je saurai conquérir bientôt. D'ailleurs nous voici dans la ville, et il est très-important pour moi de n'être pas vu avec vous.

Je ne vous recommande qu'une chose : c'est de vous informer de moi auprès des personnes dont voici le nom, et de vouloir bien vous trouver au rendez-vous indiqué sur cette carte. Elle vous servira de laissez-passer. Vous y viendrez avec certaines précautions que l'on vous indiquera, et vous serez libre de nous amener ceux de vos amis dont vous pouvez répondre comme de vous-même. Adieu, et au revoir.

L'étranger serra vivement la main de l'ouvrier, et s'éloigna d'un pas rapide.

CHAPITRE XIV.

Pierre n'eut pas le loisir de réfléchir longtemps à cette bizarre rencontre. Il avait beaucoup à faire; car, malgré son découragement intérieur, il ne laissait pas de servir ses malheureux compagnons de tout son pouvoir. Il sentait si bien la sainteté de ce devoir-là qu'il ne voulut plus prendre en considération les inquiétudes et les impatiences de son père, et qu'il surmonta ses chagrins personnels

La Savinienne s'élança sur l'escalier de sa chambre. (Page 37.)

avec héroïsme. Il courut toute la journée, avec le Dignitaire et les principaux membres de la société, de la prison à l'hôpital, de la demeure des autorités à celle des avocats. Il réussit à faire relâcher quelques-uns de ses compagnons qui avaient été arrêtés sans motifs suffisants. Son activité, son air de franchise et son éloquence naturelle firent une telle impression sur les magistrats qu'ils n'osèrent entraver son zèle. Le lendemain il eut de plus tristes devoirs à remplir : ce fut de rendre les derniers honneurs à un de ses compagnons, mort dans la bataille. Cette cérémonie, à laquelle assistèrent tous les Gavots de Blois et que présida le Dignitaire, s'accomplit selon les rites du Devoir de liberté. Lorsque le cercueil fut descendu dans la fosse, Pierre s'agenouilla, et prononça une courte et belle prière à l'*Être-Suprême*, conforme au texte des livres sacrés ; puis il se releva, et, avançant un pied au bord de la fosse ouverte, il tendit la main à un de ses compagnons, qui prit la même attitude, saisit sa main et pencha son visage vers le sien pour échanger les mystérieuses paroles qui ne se prononcent pas tout haut ; après quoi ils s'embrassèrent, et tous les autres compagnons accomplirent lentement la même formule, s'éloignant deux à deux de la tombe après y avoir jeté chacun trois pelletées de terre.

Comme les Gavots quittaient le cimetière, un autre convoi arrivait, et les phalanges ennemies se rencontrèrent dans un morne silence sur la terre du repos, dans l'asile de l'éternelle paix. C'étaient les charpentiers Dévorants qui venaient aussi ensevelir leurs morts. Il y avait sans doute d'amères pensées et un repentir vainement combattu dans leurs âmes ; car leurs regards évitèrent ceux des Gavots, et les gendarmes qui les surveillaient à distance n'eurent pas besoin de maintenir l'ordre entre les deux camps. La circonstance était trop lugubre pour qu'on songeât de part et d'autre à exercer des représailles. Les Gavots entendirent, en se retirant, les hurlements étranges des charpentiers Dévorants, sorte de lamentation sauvage dont ils accompagnent leurs solennités, et dont les intonations réglées sur un rhythme ont un sens caché.

Le soir de ce triste jour, Pierre alla visiter le Corinthien, et sa joie fut vive en le voyant à moitié rétabli. Grâce aux bons traitements et aux doctes ordonnances de la Jambe-de-bois, Amaury pouvait espérer de partir bientôt, et

Pierre lui fit la démonstration des travaux à entreprendre au château de Villepreux. Puis il le quitta, en lui promettant de parler sérieusement de lui à la Savinienne aussitôt qu'il trouverait l'occasion favorable.

Il la trouva le soir même. Resté seul avec elle et ses enfants endormis qu'il l'aidait à soigner, il entra en matière naturellement ; car elle ne manquait pas de l'interroger chaque soir avec sollicitude sur la situation du Corinthien. Il lui parla de son ami avec la délicatesse qu'il savait mettre dans toutes choses. La Savinienne, l'ayant écouté attentivement, lui répondit :

— Je puis vous parler avec sincérité et me confier à vous comme à un homme au-dessus des autres, mon cher fils Villepreux. Il est bien vrai que j'ai eu pour le Corinthien une amitié plus forte que je ne le devais et que je ne le voulais. Je n'ai rien à lui reprocher, et je n'ai rien de volontaire à me reprocher non plus dans ma conscience. Mais, depuis la mort de Savinien, je suis plus effrayée de cette amitié que je ne l'étais durant sa vie. Il me semble que c'est une grande faute de penser à un autre qu'à lui quand la terre qui le couvre est encore fraîche. Les larmes de mes enfants m'accusent, et je ne cesse de demander pardon à Dieu de ma folie. Mais, puisque nous sommes ici pour nous expliquer, et que votre prochain départ me force à parler de ces choses-là plus tôt que je n'aurais voulu, je vais tout vous dire. J'ai eu quelquefois, pendant la vie de Savinien, des idées bien coupables. Certainement j'aurais donné ma vie, à moi, pour qu'il ne quittât pas ce monde ; mais enfin, comme il était plus âgé que moi et que depuis deux ans les médecins me disaient qu'il avait une maladie bien sérieuse, il me venait malgré moi à l'esprit que, si je perdais mon cher mari, mon devoir serait de me remarier, et alors je me disais, tout en tremblant : Je sais bien qui je choisirais. Des idées semblables venaient à Savinien lorsqu'il se sentait plus malade que de coutume ; et quand il fut tout à fait retenu au lit, elles lui vinrent si souvent qu'il finit par m'en parler.

— Femme, me dit-il quelques jours avant sa mort, je ne suis pas bien, et je crains un peu que tu ne deviennes veuve plus tôt que je ne comptais. Cela me tourmente pour toi et pour nos pauvres enfants ; tu es encore trop jeune pour rester exposée à toutes les amitiés que les compagnons vont prendre pour toi. Comme je te sais honnête femme, tu souffriras de n'avoir pas un porte-respect, et tu quitteras peut-être ton auberge. Ce sera la ruine de nos enfants ; car tu n'es pas bien forte, et ce qu'une femme peut gagner est si peu de chose que tu n'auras pas de quoi faire donner de l'éducation à ces petits. Tu sais cependant que toute mon idée était de leur faire bien apprendre à lire, à écrire et à compter ; sans cela on n'est bon à rien, et je vous vois d'ici, tous les trois, tomber dans la misère. Si j'avais pu m'acquitter avec Romanet le Bon-Soutien, je serais un peu plus tranquille ; mais je n'ai pas pu lui rendre seulement le tiers de ce qu'il m'a prêté, et cela me fâche grandement de mourir banqueroutier, surtout envers un ami. Il n'y a qu'un moyen de réparer tout cela ; c'est que tu deviennes la femme du Bon-Soutien si je m'en vas. Il a pour toi un honnête attachement ; il te considère comme la meilleure des femmes, et il a raison ; il aime nos enfants comme s'ils étaient ses neveux : il les aimera comme s'ils étaient ses enfants quand il sera ton mari. C'est l'homme à qui je me fie le plus sur la terre. Notre fonds est sa propriété, puisque c'est lui qui a payé en grande partie ; il rentrera ainsi dans son argent et fera marcher notre commerce. Il donnera de l'éducation aux enfants ; car il est instruit lui-même, et sait ce que cela vaut. Enfin il te rendra heureuse et t'aimera comme je t'aime. C'est pourquoi je veux que vous me promettiez tous deux de vous marier ensemble si je suis forcé de vous quitter.

Je fis, comme vous pouvez croire, tout mon possible pour lui ôter cette idée ; mais plus il se sentait périr, plus il songeait à fixer mon sort. Enfin le jour où il reçut les derniers sacrements, il fit venir le Bon-Soutien ; et, sur son lit de mort, il mit nos mains ensemble. Romanet promit tout, en pleurant ; moi, je pleurais trop pour promettre. Mon Savinien rendit l'âme, me laissant désolée de le perdre et bien triste d'être engagée à un homme que je respecte et que j'aime, mais que je ne voudrais pas prendre pour mari. Cependant je sens que je le dois, que je ne peux rester veuve, que le sort de mes enfants et la dernière volonté de mon mari me commandent de prendre cet homme sage et généreux, qui a mis tout son avoir dans nos mains, et à qui je ne pourrais rendre son bien sans ruiner ma famille. Voilà ma position, maître Pierre ; voilà ce qu'il faut dire au Corinthien, afin qu'il ne pense plus à moi, comme moi je vais prier le bon Dieu de ne plus me laisser penser à lui.

— Tout ce que vous m'avez dit est d'une femme vertueuse et d'une bonne mère, répondit Pierre. Je vous approuve de combattre dans ce moment le souvenir du Corinthien, et je vais lui conseiller de ne pas se livrer à de trop vives espérances. Cependant, ma bonne Mère, permettez-moi, et promettez à mon ami, de ne pas croire absolument que tout soit perdu. J'ai assez connu notre Savinien pour être bien sûr que s'il eût pu lire au fond de votre cœur c'est au Corinthien qu'il vous eût fiancée. Il se serait fié à l'avenir de ce jeune homme, si courageux, si bon, si habile dans son art, et aussi dévoué à sa mémoire, à sa veuve et à ses enfants que le Bon-Soutien lui-même. Je connais aussi le Bon-Soutien ; je sais qu'il a des sentiments trop élevés pour accepter le sacrifice de votre vie et de vos sentiments. Il entendra raison là-dessus. Il souffrira sans doute ; mais c'est un homme, et un homme d'un grand cœur. Il restera votre ami, et celui d'Amaury. Quant à la dette, je vous prie de n'y pas penser davantage, ma Mère. Il faudra que vous rendiez à Romanet tout ce qu'il a prêté. Si, à l'époque où votre deuil doit finir, le Corinthien, malgré son talent et son courage, n'avait pu compléter cette somme, ce serait à moi de la trouver ; et ce sera votre fils qui me remboursera quand il sera d'âge d'homme et au courant de ses affaires. Ne me répondez pas là-dessus. Nous avons bien des soins dans la tête, et il ne faut pas perdre de temps en paroles inutiles. Je ne dirai au Corinthien que ce qu'il doit savoir, et je me fie à l'honneur du Dignitaire pour ne pas vous adresser, pendant tout le temps que durera votre deuil, un seul mot qui vous force à un engagement ou à une rupture. Pleurez votre bon Savinien sans remords et sans amertume, brave Savinienne. Ne le pleurez pas jusqu'à vous rendre malade : vous vous devez à vos enfants, et l'avenir vous récompensera du courage que vous allez avoir.

Ayant ainsi parlé, Pierre embrassa la Savinienne comme un frère embrasse sa sœur ; puis il s'approcha du berceau des enfants pour leur donner aussi un baiser :

— Donnez-leur votre bénédiction, maître Pierre, dit la Savinienne en se mettant à genoux auprès du berceau dont elle soulevait la courtine ; la bénédiction d'un ange comme vous leur portera bonheur.

CHAPITRE XV.

Le récit de ce qui s'était passé entre la Savinienne et Pierre donna du courage au Corinthien, et hâta sa guérison. Il fixa au jour suivant son départ pour Villepreux, résolu de mériter son bonheur par une année au moins de courage et de résignation. Pierre, sans cesser de s'occuper activement de ses chers prisonniers, dut songer à se procurer un second compagnon pour escorter le Corinthien dans sa route et l'aider à son ouvrage. Il n'était pas absolument nécessaire que ce second associé aux travaux du château de Villepreux fût un artiste distingué ; le talent d'Amaury pouvait compter pour deux. Il ne fallait qu'un ouvrier adroit et diligent pour scier, tailler et débillarder. Le Dignitaire lui présenta un brave enfant du Berry, qui n'était pas beau, quoiqu'on l'appelât, par antithèse sans doute, *la Clef-des-Cœurs*. C'était un bon garçon et un rude abatteur d'ouvrage, au dire de tous les compagnons. Cet utile Berrichon, trouvé, embauché et mis au courant du travail qu'on lui confiait, fit son paquet, ce qui ne fut pas long, car il n'avait pas beaucoup de hardes ; et le rouleur ayant levé son acquit, c'est-à-dire ayant constaté, chez le maître qu'il quittait et chez la

Mère, qu'il ne devait rien et qu'il ne lui était rien dû, il se tint prêt à partir. Pierre fit encore, dans cette journée, pour ses compagnons plusieurs démarches qui ne furent pas sans succès ; et, l'horizon commençant à s'éclaircir de ce côté-là, il se mit en route pour le Berceau de la sagesse, accompagné de son Berrichon, et le cœur un peu moins accablé qu'il ne l'avait eu les jours précédents. Chemin faisant, il prévint la Clef-des-Cœurs de l'aversion que son père avait pour le compagnonnage, et tâcha de lui faire comprendre la conduite qu'il devait tenir avec maître Huguenin. La Clef-des-Cœurs était, certes, un ouvrier très-adroit, mais un diplomate très-gauche. A cette ingénuité parfaite il unissait la singulière prétention d'être fort rusé, et de savoir conduire finement une affaire délicate. Pierre, qui ne le connaissait pas, se méfia un peu de ses promesses. Mais le Berrichon y revint avec tant d'assurance, que Pierre se disait en lui-même tout en le regardant : On a vu quelquefois beaucoup de sens et de finesse se loger, comme par mégarde, dans ces grosses têtes, dont les yeux ternes et béants ne ressemblent pas mal aux fenêtres peintes que l'on simule sur les murs des maisons mal percées.

La nuit était close lorsqu'ils arrivèrent à la porte du Vaudois. Elle était fermée avec soin, et il fallut se nommer pour entrer. — Que signifie ce redoublement de précaution ? dit Pierre à voix basse en embrassant son hôte. La police serait-elle sur les traces du Corinthien ? — Non, grâce à Dieu, répondit la Sagesse ; mais il a quitté sa soupente pour se rendre à l'invitation de notre voyageur, et il fallait bien se tenir sur ses gardes ; car c'est ici la maison du bon Dieu : tout le monde peut y entrer. — Quel voyageur ? demanda Pierre étonné. — Celui que vous savez bien, répondit le Vaudois, puisque vous venez au rendez-vous ; il est là qui vous attend avec des gens de votre connaissance.

Pierre ne comprenait rien à ces paroles. Il entra dans la salle, et vit avec quelque surprise l'étranger mystérieux qui l'avait abordé trois jours auparavant au bord de la Loire, attablé avec le Dignitaire, un des quatre anciens maîtres serruriers du Devoir de liberté, et un jeune avocat de Blois que Pierre Huguenin avait fréquenté à son premier séjour en cette ville. Ce dernier vint à lui, et, lui prenant la main d'un air affectueux, le fit approcher de la table : — J'ai bien des reproches à vous faire, maître Huguenin, lui dit-il, pour n'être pas venu me voir depuis huit jours que vous êtes dans ce pays-ci, et pour ne m'avoir pas confié la défense de vos compagnons inculpés dans cette dernière affaire. Vous avez oublié apparemment que nous étions amis, il y a deux ans.

Cet accueil empressé et ce mot d'*amis* étonna un peu l'oreille de Pierre Huguenin. Il se souvenait bien d'avoir travaillé pour le jeune avocat, et de l'avoir trouvé affable et bienveillant ; mais il ne se souvenait pas d'avoir été traité par lui sur ce pied d'égalité. Il ne répondit donc pas à ses avances avec tout l'abandon qu'elles semblaient provoquer. Malgré lui, il tournait ses regards avec froideur vers l'étranger, qui s'était levé à son approche, en lui tendant une main qu'il avait hésité à serrer. — J'espère que vous ne vous méfiez plus de moi, lui dit ce dernier en souriant. Vous avez dû prendre sur mon compte des informations satisfaisantes, et vous me trouvez dans une société qui doit vous rassurer complétement. Asseyez-vous donc avec nous, et partagez ces rafraîchissements. J'espère, en ma qualité de commis-voyageur, en procurer à notre cher hôte qui lui feront faire plus de profits que par le passé.

Le Vaudois répondit à cette promesse par un sourire malin en clignant de l'œil ; et le Berrichon, qui avait l'habitude sympathique de sourire toutes les fois qu'il voyait sourire, se mit à copier, du mieux qu'il put, le sourire et le clignotement du Vaudois. Il fit cette grimace bénévole au moment où l'étranger interrogeait du regard cette figure inconnue, et peu belle, il faut l'avouer, quoique douce et pleine de candeur. Le prétendu commis voyageur crut donc, à cet air d'intelligence, que le Berrichon était préparé aux ouvertures qu'on voudrait lui faire, et lui tendit la main avec la même popularité qu'il avait témoignée à Pierre Huguenin. Le Berrichon serra de toute sa force, et sans la moindre méfiance, cette main protectrice, en s'écriant d'un ton pénétré : A la bonne heure, voilà des bourgeois qui ne sont pas fiers !

— Je vous remercie, mon brave, dit l'étranger, d'avoir bien voulu venir souper avec nous. Cette franche cordialité vous fait honneur.

— L'honneur est de mon côté, répondit le Berrichon radieux.

Et il s'assit sans façon à côté de l'étranger, qui se mit en devoir de le servir.

Pierre voyait bien qu'il y avait là une méprise, et il ne se fit point un cas de conscience d'en profiter pour s'instruire sans se compromettre. Il avait encore la pensée que cet étranger pouvait bien être un espion, une sorte d'agent provocateur comme on croyait en voir partout, et comme il y en avait effectivement beaucoup à cette époque-là. C'était l'été de 1823. De nombreuses conspirations avortées et cruellement punies n'avaient pas encore découragé les sociétés secrètes. On travaillait peut-être en France avec moins de hardiesse que les années précédentes au renversement des Bourbons, mais on y travaillait avec un reste d'espoir à la frontière d'Espagne. Ferdinand VII était prisonnier dans les mains du parti libéral, et l'on se flattait encore d'une révolte dans l'armée française commandée par le duc d'Angoulême. Cependant les secrets du Carbonarisme étaient un peu éventés, et partout les agents du pouvoir étaient sur sa piste. Pierre était donc assez fondé à se méfier du recruteur qui s'efforçait de conquérir ses sympathies. Il voyait avec effroi le Corinthien, le Dignitaire et le maître serrurier se mettre en rapport avec lui. Il était résolu à préserver ces derniers du piége qui pouvait leur être tendu, et il dissimula d'abord ses craintes afin d'observer mieux l'inconnu auprès duquel le hasard venait de le ramener.

D'abord celui-ci ne se livra guère, attendant que Pierre Huguenin se livrât le premier.

— Voyons, dit-il, vous venez ici pour faire *des affaires*, n'est-il pas vrai ?

— Certainement, répondit Pierre, qui voulait le laisser s'engager.

— Et votre compagnon aussi ? dit le prétendu commis voyageur en regardant le Berrichon qui souriait toujours.

— Oui, répondit Pierre ; c'est un homme très-propre à toutes sortes d'affaires.

Le Dignitaire et le maître serrurier se retournèrent et regardèrent la Clef-des-cœurs avec surprise. Pierre eut quelque peine à garder son sérieux.

— A merveille ! s'écria le voyageur. Eh bien ! mes enfants, nous pourrons nous entendre, et sans beaucoup de façons. Sans doute vous vous êtes vus ? ajouta-t-il en regardant alternativement le Dignitaire et Pierre Huguenin.

— Certainement, répondit Pierre, nous nous voyons du matin au soir.

— Je comprends, reprit le voyageur ; j'aurai donc peu de préambule à vous faire.

— Permettez, dit le Dignitaire ; je n'ai point parlé de vous avec mon pays Villepreux.

— En ce cas, c'est notre ami l'avocat, reprit le voyageur.

— Ce n'est pas moi non plus, répondit l'avocat ; mais qu'importe, puisque l'ami Pierre est ici ?

— Au fait, dit le voyageur, cela prouve qu'il est sûr de nous ; et, quant à nous, nous sommes sûrs de lui.

Pierre tira l'avocat un peu à l'écart :

— Vous connaissez ce monsieur ? lui demanda-t-il à voix basse.

— Comme moi-même, répondit l'avocat.

Pierre adressa la même question au Dignitaire, qui lui fit à peu près la même réponse.

Enfin il interrogea aussi le maître serrurier, qui lui répondit :

— Pas plus que vous ; mais on m'a répondu de lui, et je suis tenté de me mettre dans la politique. Pourtant je veux d'abord savoir à quoi m'en tenir.

Pierre examina le Vaudois, et se convainquit bientôt qu'un lien, sinon mystérieux, du moins sympathique, existait entre lui et le commis voyageur. Il commença donc à changer d'opinion sur le compte de ce dernier, et à l'écouter avec autant d'intérêt qu'il avait fait d'abord avec répugnance.

Il se disposait à l'avertir de la nullité du rôle du Berrichon, lorsqu'on frappa à la porte, et deux personnes en costume de chasseur, ayant le fusil sur l'épaule et la carnassière au côté, entrèrent avec leurs chiens et leur provision de gibier, qu'ils déposèrent sur la table en échangeant d'affectueuses poignées de main avec l'avocat et le commis voyageur.

— Allons, s'écria l'un des chasseurs dont la figure n'était pas inconnue à Pierre Huguenin, nous n'avons pas fait buisson-creux aujourd'hui..... et je vois qu'on peut vous faire le même compliment, ajouta-t-il en baissant la voix et en s'adressant au commis voyageur, tout en regardant Pierre, le Corinthien, le maître serrurier et le Berrichon, qui s'étaient groupés à un bout de la table par discrétion.

— Père Vaudois, mettez-nous ce maître lièvre à la broche, dit un autre chasseur que Pierre reconnut pour un des jeunes médecins qui avaient soigné à l'hospice les compagnons blessés chez la Mère ; nos chiens l'ont forcé ; il sera tendre comme une alouette. Nous mourons de faim et de fatigue, et nous sommes bien heureux de n'être pas forcés d'aller jusqu'à Blois pour souper.

— C'est une excellente rencontre, s'écria le commis voyageur ; et vous allez nous aider à goûter les bons petits vins dont j'ai apporté ici les échantillons. C'est vous, messieurs, qui donnerez conseil au père Vaudois pour remonter sa cantine ; et comme vous avez quelquefois affaire avec elle dans vos parties de chasse, vous serez sûrs de ne pas la trouver à sec.

Les deux chasseurs se récrièrent sur l'heureux hasard qui les réunissait à leurs amis. Mais Pierre, qui les observait attentivement, ne fut point dupe de cette prétendue rencontre fortuite. Il surprit des regards échangés qui lui prouvèrent bien qu'il était, ainsi que le maître serrurier, l'objet d'un sérieux examen de la part de ces messieurs. Le plus âgé des deux était un capitaine licencié de l'ancienne armée, établi dans les environs. Pierre avait eu occasion de le voir autrefois à Blois, et même de lui donner quelques leçons de géométrie. A cette époque, le capitaine, effrayé des privations que lui imposait sa demi-solde, avait eu l'envie d'exercer une profession industrielle et de monter un atelier de menuiserie dans son village natal. Mais Pierre avait trouvé cette cervelle de militaire plus dure que le bronze d'un canon, et l'éducation n'avait pas été au delà des premières notions de la science.

Ce brave capitaine fit à son ancien précepteur un accueil plein de cordialité. Né dans le peuple, il n'avait point de peine à s'y remettre. Le médecin tâcha de se montrer aussi fraternel avec l'ouvrier ; mais il n'y réussit pas : il était aisé de voir que son rôle était forcé. L'avocat y mettait plus d'aisance et de savoir-faire ; mais Pierre se souvenait fort bien que cet agréable jeune homme n'avait pas, deux ans auparavant, l'habitude de lui serrer la main lorsqu'il allait lui présenter son compte de journées.

On se mit à table tous ensemble. Le Berrichon était allé aider complaisamment le Vaudois à faire tourner la broche. Pierre l'oublia d'autant plus vite qu'il prenait plus d'intérêt à la conversation ; elle fut bientôt dirigée vers la politique.— Quelles nouvelles, monsieur Lefort ? demanda le capitaine au commis voyageur. — Des nouvelles d'Espagne, répondit celui-ci, et de bonnes ! Tout va bien pour le bon parti ; les Cortès réunies à Séville ont décidé le départ de Ferdinand pour Cadix. Le vieux sournois a fait mine de résister ; on a prononcé sa déchéance à l'unanimité, et une régence provisoire a été nommée : elle se compose de Valdès, Ciscar et Vigodet.

Cette nouvelle parut exciter des transports de joie chez les amis du voyageur ; mais les ouvriers y prirent peu de part. On eut soin de leur expliquer l'importance des succès du libéralisme en Espagne, et l'influence que la victoire de ce parti exercerait sur la France. A ce sujet, la politique du moment fut débattue sous toutes ses faces. Achille Lefort (c'était le nom du commis voyageur) démontra l'impossibilité de subir le gouvernement des Bourbons en Europe, et vanta le bienfait de l'esprit de propagande qui travaillait sur plusieurs foyers simultanément à la destruction des pouvoirs tyranniques. On s'anima, et lorsque l'on apporta le civet fumant, le commis voyageur exhiba de nombreux échantillons de vins, que Pierre trouva bien recherchés pour être avec vraisemblance destinés à la cave du Vaudois. Il se méfia de la bonne foi du voyageur, ils ne se souciaient ni l'un ni l'autre de s'enrôler sous une bannière qui ne représenterait pas leurs véritables sentiments.

Le Berrichon, ayant accompli ses fonctions de marmiton, se disposa à remplir celles de convive, et vint se placer à la droite de M. Achille Lefort, qui, ainsi que l'avocat, se mit en frais pour lui plaire. Ils y réussirent aisément, car nulle âme au monde n'était plus bienveillante à table que celle du Berrichon. Pierre cherchait un prétexte pour l'éloigner, mais ce n'était pas facile ; car la bonne chère, jointe aux rasades qu'on lui versait abondamment de droite et de gauche, le mettait en joie, et ne le disposait guère à goûter l'avis de s'aller coucher. Il n'était guère aisé non plus de faire comprendre aux assistants que ce convive réjoui n'était pas un néophyte ardent ; car il était là sous la caution de Pierre, et celui-ci se rappelait que le commis voyageur lui avait dit en le quittant : Amenez qui vous voudrez, pourvu que vous en puissiez répondre comme de vous-même. De plus, le Berrichon abondait vaillamment dans le sens de ses généreux amphitryons. On voulait sonder ses opinions, et lui, désireux de plaire et très-rusé à sa manière, se gardait bien de laisser voir qu'il ne comprenait goutte aux questions qui lui étaient adressées. Il répondait à tout avec cette ambiguïté qui distingue l'artisan berrichon ; et dès qu'il avait saisi un mot, il le répétait avec enthousiasme en buvant à la santé de toute la terre. Le vieux militaire parlait de Napoléon : — Ah ! oui, le petit caporal ! s'écria le Berrichon à tue-tête ; vive l'Empereur ! moi je suis pour l'Empereur ! — Il est mort, lui dit Pierre brusquement.— Ah oui ! c'est vrai ! Eh bien, vive son enfant ! vive Napoléon II ! Un instant après, l'avocat parlait de La Fayette : — Vive La Fayette ! s'écria le Berrichon, si toutefois il n'est pas mort aussi, celui-là. Enfin, le mot de république s'échappa des lèvres du commis voyageur : le Berrichon cria : Vive la république ! accompagnant chaque exclamation d'une nouvelle rasade.

Le commis voyageur, qui l'avait fort goûté d'abord, commençait à le trouver un peu simple, et ses regards interrogèrent Pierre Huguenin. Celui-ci ne répondit qu'en remplissant coup sur coup le verre du Berrichon, et en l'excitant à boire, si bien qu'au bout de cinq minutes la Clef-des-Cœurs menaçait déjà s'endormir en travers de la table. Pierre le prit dans ses bras vigoureux, et, quoique ce ne fût pas un mince fardeau, il l'emporta dans la soupente et le déposa sur le lit du Corinthien. Puis il revint se mettre à table, et, délivré de toutes ses inquiétudes, il prit part à la conversation. Jusque-là, c'était une causerie générale, une sorte de dissertation où plusieurs opinions étaient débattues sous forme dubitative. On était animé pourtant, mais sans aigreur, et les convives paraissaient être d'accord sur un point principal qu'ils n'articulaient pas, mais qui semblait établir entre eux un lien sympathique. Le ton vif et enjoué séduisait Pierre ; sa curiosité était excitée de plus en plus, et bientôt il cessa de voir qu'il était lui-même l'objet de la curiosité d'autrui. On n'y mettait pourtant pas infiniment d'adresse ; et le commis voyageur, celui qui paraissait être le président improvisé de cette réunion, avait si peu de réserve, que Pierre était surpris de voir un homme si jeune et si étourdi chargé d'une mission aussi dangereuse. Mais ce jeune homme s'exprimait avec une facilité qui lui plaisait et qui exerçait une sorte de fascination sur le Dignitaire et sur le Vaudois. Pierre se sentit entraîné à sortir de sa réserve habituelle et à faire des questions à son tour. — Vous prétendiez tout à l'heure, Monsieur, dit-il à l'étranger, qu'un parti puissant existe en France pour proclamer la république ?...

— J'en suis certain, répondit l'étranger en souriant; j'ai assez parcouru la France pour avoir été, grâce à mon négoce, en relation avec des Français de toutes les classes. Je puis vous assurer que partout j'ai trouvé des sentiments républicains; et si, par je ne sais quelle catastrophe imprévue, les Bourbons venaient à être renversés, je crois que le parti ultra-libéral l'emporterait sur tous les autres.

Le vieux militaire secoua la tête; le médecin sourit. Chacun d'eux avait une pensée différente. — Mon opinion semble erronée à ces messieurs, reprit le voyageur avec politesse : eh bien! qu'en pensez-vous, monsieur Huguenin? Croyez-vous que dans le peuple il y ait un autre sentiment que le sentiment républicain?

— Je me demande comment il peut y en avoir un autre, répondit Pierre. N'est-ce pas votre opinion, à vous autres qui représentez ici le peuple avec moi? ajouta-t-il en interpellant le Dignitaire et les autres ouvriers.

Le Dignitaire mit la main sur son cœur, et son silence fut une réponse éloquente. Le Vaudois ôta son bonnet de coton, et, l'élevant au-dessus de sa tête : — Je ne voudrais le teindre dans le sang d'aucun Français, s'écria-t-il; mais, pour le voir arborer sur la France, j'offrirais ma tête avec.

Le maître serrurier rêva quelques instants, puis il dit d'un air réservé : — La république ne nous a pas fait tout le bien qu'elle nous promettait : je ne puis prévoir celui qu'elle pourrait nous faire à présent; mais pour du sang, ajouta-t-il avec une rage concentrée, j'en voudrais répandre. Je voudrais voir couler celui de nos ennemis jusqu'à la dernière goutte. — Bravo! s'écria le commis voyageur, oh oui! haine à l'étranger, guerre aux ennemis de la France! Et vous, et vous, maître Huguenin, quel souhait formez-vous?

— Je voudrais que tous les hommes vécussent ensemble comme des frères, répondit Pierre; voilà tout ce que je voudrais. Avec cela, bien des maux seraient supportables; sans cela, la liberté ne nous ferait aucun bien.

— Je vous le disais, reprit le commis voyageur en s'adressant à ses amis, c'est un philanthrope, un philosophe du siècle dernier...

— Non, monsieur, non, je ne crois pas, répondit Pierre vivement. Le plus libéral de tous les philosophes était Jean-Jacques Rousseau, et il a dit qu'il n'y a pas de république possible sans esclaves.

— A-t-il pu dire une pareille chose? s'écria l'avocat. Non, il ne l'a pas dite; c'est impossible!

— Relisez le *Contrat social*, répondit Pierre, vous vous en convaincrez.

— Ainsi vous n'êtes pas républicain à la manière de Jean-Jacques?

— Ni vous non plus, monsieur, je présume.

— Par conséquent vous ne l'êtes pas à la manière de Robespierre?

— Non, monsieur.

— Eh bien! vous l'êtes à la manière de La Fayette! Bravo!

— Je ne sais pas quelle est la manière de La Fayette.

— Son système est celui des gens sages, des ennemis de l'anarchie, des vrais libéraux pour tout dire. Une révolution sans proscriptions, sans échafauds.

— Une révolution dont nous sommes loin par conséquent! répondit Pierre. Et cependant l'on conspire!...

Ce mot fut suivi d'un silence général.

— Qui est-ce qui conspire? demanda le commis voyageur avec une assurance enjouée. Personne ici, que je sache.

— Pardonnez-moi, monsieur, répondit Pierre; moi, je conspire.

— Vous! comment? dans quel but? avec qui? contre qui?

— Tout seul, dans le secret de mes pensées, en rêvant presque toujours, en pleurant quelquefois. Je conspire contre tout le mal qui existe, et dans le but, sinon dans l'espoir de tout changer. Voulez-vous être de mon parti?

— J'en suis! s'écria le commis voyageur avec un enthousiasme un peu affecté. Vous me paraissez notre maître à tous, et j'aime cette âme de tribun et de réformateur, ce courage de Brutus, ce sombre fanatisme, cette fermeté profonde digne de Saint-Just et de Danton. Je bois à la mémoire de ces héros méconnus, illustres martyrs de la liberté!

Le toast du commis voyageur n'eut qu'un seul écho. Le vieux maître serrurier tendit son verre, et l'approcha de celui de l'orateur. Mais il le retira aussitôt en disant : Je ne trinque pas avec mon verre plein contre un verre vide. Je me suis toujours méfié de cela.

— Vous ne trinquez pas à la mémoire de ceux-là? dit le Vaudois irrésolu à Pierre Huguenin. — Non, répondit Pierre. Ce sont des hommes et des choses que je ne comprends pas bien encore, et que je me sens trop petit pour juger.

Les convives regardaient Pierre Huguenin avec quelque surprise; le médecin voulut le forcer à s'expliquer davantage.

— Vous me paraissez, tout en vous retranchant dans d'honorables scrupules, avoir des idées bien arrêtées, lui dit-il. Pourquoi nous en faire un mystère? Ne sommes-nous pas sûrs les uns des autres ici? et, d'ailleurs, faisons-nous autre chose que de causer pour causer? Il y a deux principes politiques soulevés et débattus en France à l'heure qu'il est : le gouvernement absolu et le gouvernement constitutionnel. Voilà ce qui intéresse aujourd'hui les vrais Français, sans qu'il soit nécessaire de se reporter vers un passé pénible à rappeler pour les uns, dangereux à invoquer pour les autres. Les choses ont changé de nom; pourquoi ne pas se conformer aux formes du langage que la France a voulu adopter? Ce que nos pères appelaient République indivisible, nous l'appelons Charte constitutionnelle. Acceptons cette dénomination, et rangeons-nous sous cette bannière, puisque c'est la seule déployée.

— Cette manière de voir simplifie beaucoup la question, répondit Pierre en souriant.

— Et maintenant qu'elle est ainsi posée, reprit le médecin, voulez-vous nous dire si vous êtes pour ou contre la Charte?

— Je suis, dit Pierre, pour ce principe inscrit en tête de la Charte constitutionnelle : Tous les Français sont égaux devant la loi. Mais comme je ne vois pas que ce principe soit mis en pratique dans les institutions consacrées par la Charte, je ne puis me passionner pour un gouvernement constitutionnel, quel qu'il soit, tant que je ne verrai pas le texte de la loi divine écrit sur vos monuments et rayé de vos consciences. La république, dont vous invoquez le souvenir, ne l'entendait pas ainsi, je pense; elle cherchait à pratiquer la justice, et tous les moyens lui semblaient bons. Dieu m'est témoin que je ne suis pas un homme de sang, et pourtant j'avoue que je comprends bien mieux cette rigueur sauvage qui disait aux puissances renversées : « Faites la paix avec nous, ou recevez la mort, » qu'un système vague qui nous promettrait l'égalité sans nous la donner.

— Je vous le disais! s'écria le commis voyageur avec son ton de bienveillance hypocritement superbe; il est montagnard, pur jacobin de la vieille roche. Eh bien! c'est beau, cela! c'est franc, c'est hardi. Que voulez-vous de plus? Il faut prendre les gens comme ils sont.

— Sans doute, répondit le médecin; mais ne pourrait-on, pour plus de franchise et de clarté, tâcher de s'entendre avec maître Pierre? Un homme comme lui mérite bien qu'on prenne la peine de lui montrer les choses sous leur vrai jour.

— Je ne demande que cela, dit Pierre. Voyons, les portes sont-elles bien fermées? Y a-t-il quelqu'un parmi vous devant qui je ne doive pas m'expliquer? Quant à moi, je n'éprouve ni crainte ni embarras à vous dire ce que je pense. Vous conspirez ou vous ne conspirez pas, messieurs, peu m'importe; mais vous exprimez des vœux, des sentiments, et je ne vois pas pourquoi je ne me donnerais pas le même plaisir. Je ne suis pas venu ici pour être interrogé, je pense; car vous n'avez rien à apprendre de moi, et vous savez probablement tout ce que j'ignore. Laissez-moi donc parler. Il est bien évident que personne ici ne croit à l'amour des Bourbons pour les institutions libérales. Il est bien certain que nous n'avons ni confiance ni sympathie pour ce gouvernement-là, et que nous en choisirions, si nous pouvions, un autre dès demain. Quel serait-il? Ici, nous autres gens simples, nous resterons court en attendant votre réponse. Nous trouvons plusieurs noms sur vos programmes; car nous lisons quelquefois les journaux, et nous voyons bien que les libéraux ne sont pas tout à fait d'accord entre eux. Je crois, par exemple, que, sans sortir d'ici, on trouverait des avis bien différents. Monsieur l'avocat serait pour La Fayette, si je ne me trompe, et monsieur le médecin pour un autre qu'il ne nomme pas. Monsieur le capitaine serait pour le roi de Rome, et le père Vaudois ne voudrait pas entendre parler de cela peut-être; ni moi non plus; qui sait? Enfin vous avez tous quelqu'un en vue, et je ne gagnerais rien à savoir ce que veut chacun de vous; aussi n'est-ce pas là ce que je demande...

— Que demandez-vous donc? dit le médecin un peu sèchement.

— Je ne demande pas qui on mettrait à la place du roi; je demande ce qu'on mettrait à la place de la Charte.

— Ah! ah! la Charte ne vous satisfait pas! dit l'avocat en riant.

— Il serait possible, répondit Pierre avec un peu de malice. Et si une partie de la nation était dans le même cas que moi, que lui répondriez-vous pour la satisfaire?

— Parbleu! cela n'est pas bien embarrassant! dit le commis voyageur gaiement. On dirait à ceux qui trouvent la Charte mal faite : Faites-la meilleure.

— Et si nous disions que nous la trouvons tout à fait mauvaise, et que nous en voulons une toute neuve? dit le maître serrurier qui avait écouté toute cette discussion avec l'austérité rancunière d'un vieux jacobin.

— Dans ce cas-là, on vous dirait, répondit Achille Lefort : Faites-en vite une autre, et en avant la *Marseillaise!*

— Est-ce votre avis à tous? s'écria le vieillard d'une voix de tonnerre en se levant et en promenant un regard sombre sur les auditeurs stupéfaits : en ce cas je suis des vôtres, et j'ouvre ma veine pour signer le pacte avec mon sang; autrement, je brise le verre où j'ai bu à vos santés.

Et en parlant ainsi, il étendait son bras droit retroussé jusqu'au coude et tatoué de figures cabalistiques, tandis que de la main gauche il frappait avec son verre sur la table ébranlée. Sa figure triste et sévère, son épais sourcil blanc frémissant sur un œil enflammé, tout son aspect à la fois brutal et imposant fit une impression désagréable sur l'avocat et le médecin. D'abord la sortie de ce vieux *sans-culotte* les avait fait sourire dédaigneusement; mais ce sourire expira sur leurs lèvres lorsqu'ils virent combien son action était sérieuse et son apostrophe passionnée. Le Vaudois, électrisé par son exemple, s'était levé aussi; et le Corinthien, qui avait écouté toutes ces choses sans dire un mot, absorbé dans une attention mélancolique et profonde, étendit sa main sur celle du maître serrurier, et l'y tint fixe et contractée, avec la pâleur sur les lèvres et le cœur serré d'indignation. Trop modeste ou trop fier pour parler, il avait senti une mortelle antipathie se développer et croître en lui de minute en minute contre ces conspirateurs aux mains blanches; et, chacune de leurs paroles flatteuses, chacun de leurs sourires moqueurs, avait fait dans son âme orgueilleuse une plaie brûlante.

Pierre regarda les trois prolétaires debout en face de ces révolutionnaires au petit pied, et formant un peu le groupe du serment des trois Suisses au Ruthly. Il sourit de voir leur puissante attitude et leur expression profonde déconcerter tout à coup ces hommes si malicieusement polis. Il sentit en même temps un vif élan de tendresse pour ceux-là qui étaient ses frères; et, quoiqu'il n'eût ni les passions politiques des deux vieillards ni l'ambition secrète du jeune homme, il jura dans son cœur foi et alliance à eux et à toute leur race; car de ce côté était le droit divin.

Cependant le commis voyageur fut bientôt revenu de sa surprise. En homme habitué à braver toutes sortes de résistances et à supporter toutes sortes d'oppositions, il se mit à railler doucement le vieux patriote.

— Eh bien! à qui donc en a ce vieux brave? s'écriat-il gaiement. Ne dirait-on pas qu'il nous prend pour des raccoleurs politiques, et qu'il assiste à notre souper comme à un complot? Si on vous entendait du dehors, mon maître, on nous passerait la corde au cou. Vraiment, ce n'est pas bien de ne pas savoir causer tranquillement des affaires publiques. Chacun n'est-il pas libre au cabaret de chanter sa chanson et de fêter son saint? Si le vôtre est saint Couthon ou saint Robespierre, qui vous empêche de le célébrer? Je ne vois pas pourquoi vous vous fâchez contre nous, à moins que vous ne nous preniez pour des gendarmes. Dieu merci, nous sommes dans une maison sûre, et nous nous connaissons tous; autrement vous nous feriez peur, comme Croquemitaine aux petits enfants. Allons, mon maître, videz votre verre au lieu de le fêler. Je vous ferai raison en l'honneur de qui vous voudrez; car, moi, je respecte toutes les opinions, et je salue toutes les gloires de la France. La France, mes amis! quand on aime la France, on ne comprend pas que ses vrais enfants puissent se quereller entre eux pour des noms propres. Mais c'est assez de politique pour ce soir, puisque cela trouble le bon accord de notre réunion. Père Vaudois, parlons de nos affaires. Vous enverrez donc deux barriques de ce vin blanc?... Tout à l'heure, capitaine, nous causerons de votre quartaut de bourgogne; et quant à vous autres, messieurs, si vous voulez bien rédiger vos notes de commande, je les inscrirai sur mon livre dans l'instant.

Le médecin et l'avocat se mirent à parler sérieusement de leur cave, et tout autre sujet de conversation fut écarté, comme si le but principal du souper eût été une séance de dégustation. Puis ils parlèrent de chasse, de port d'armes, de chiens et de perdreaux, et bientôt toute trace d'une tentative ou d'un projet sérieux fut effacée de la réunion.

Le Dignitaire prit Pierre à part.

— La société dans laquelle vous êtes venu ici, lui dit-il en faisant allusion au Berrichon, me prouve que vous ne vous attendiez pas à y trouver certaines personnes. On paraissait cependant compter sur vous. D'où vient cette méprise?

— Je me le suis demandé comme vous d'abord, répondit Pierre, et puis je me suis souvenu qu'on m'avait donné un rendez-vous qui m'était sorti de la mémoire. Je ne suis venu ici que pour faire partir le Corinthien avec le Berrichon, comme cela est convenu entre nous.

— Ne vous avait-on pas remis une note? dit le Dignitaire.

— En effet, dit Pierre; mais tant d'autres soins m'ont absorbé que je n'ai même pas songé à l'ouvrir. Je dois l'avoir encore sur moi.

Il chercha dans ses poches, et y trouva effectivement la note mystérieuse de l'étranger. Il la déplia, l'approcha de la clarté qu'envoyait le foyer, et y lut les noms du Dignitaire et de l'avocat, ainsi que ceux de plusieurs autres personnes recommandables et bien connues de lui dans la ville de Blois.

— Ce sont là, lui dit Romanet, les gens qui devaient vous répondre de la loyauté de ce négociant; mais puisque vous ne les avez pas consultés et que nous voici, nous serons, si vous voulez, des répondants auprès de vous, de même que nous avons été les vôtres auprès de lui. Quant au rendez-vous, consultez encore votre note, il doit être désigné pour ce soir et pour le lieu où nous sommes.

— Il l'est effectivement, répondit Pierre après avoir de nouveau regardé le papier. Mais pourquoi ce singulier prétexte : *Pour la qualité des vins, consulter messieurs tels et tels*, etc...? *Pour le goûter, aller à l'auberge de*, etc....? Il est vrai que ma négligence à lire cette note prouve que ces sortes de choses sont bien faciles à perdre.

— Et comme le moindre prétexte peut donner prise à la persécution, vous feriez bien de la brûler, dit le Dignitaire.

Pierre remit la note au Dignitaire, qui s'empressa de la jeter au feu. — Est-ce que, par hasard, vous seriez plus avancé que moi avec ces gens-là? dit Pierre en désignant à la dérobée les personnes restées à table.

L'espèce d'embarras avec lequel le Bon-Soutien répondit qu'il n'avait jamais eu que des affaires de commerce avec ce voyageur, joint au silence qu'il avait gardé pendant toute la discussion du souper, prouvèrent à Pierre qu'il était engagé plus qu'il ne le pouvait avouer. Le prétexte dont il se servait pour motiver sa liaison avec cet agent de sociétés secrètes était trop invraisemblable pour laisser le moindre doute à cet égard. Pierre comprit qu'il ne devait pas interroger un homme lié par des serments; et, feignant de se payer de ses défaites, il le quitta pour aider le Corinthien à réveiller le Berrichon, car on entendait déjà rouler au loin la patache qui devait les transporter à Villepreux. Avec beaucoup de peine, ils réussirent à mettre le compagnon sur pied; et, après des adieux fraternels, l'Ami-du-trait et le Corinthien se séparèrent, l'un prenant avec le Berrichon la route de Villepreux, l'autre reprenant celle de Blois avec le Dignitaire et le vieux maître serrurier.

— Je crois, dit ce dernier en sortant du cabaret, qu'on a été plus loin qu'on ne voulait avec nous, ou qu'on nous a crus plus simples que nous ne sommes. N'importe, certaines choses, à moitié devinées, sont aussi sacrées que si elles étaient confiées tout à fait; n'est-ce pas votre avis, pays Villepreux?

— C'est une loi pour ma conscience, répondit Pierre Huguenin. Le Dignitaire garda un profond silence. Il était lié depuis longtemps, et peut-être faisait-il en cet instant des réflexions qui ne lui étaient pas encore venues. Ses deux compagnons eurent la délicatesse de lui parler d'autre chose.

Tandis qu'ils cheminaient vers la ville, le Vaudois, absorbé dans ses pensées, rangeait ses plats et ses bouteilles d'un air mélancolique. M. Achille Lefort, prétendu commis voyageur, en réalité membre du comité de recrutement de la Charbonnerie, le capitaine napoléonien, l'avocat lafayettiste et le médecin orléaniste, groupés sous le manteau de la cheminée, s'entretenaient à demi-voix.

Le médecin. — Eh bien! mon pauvre Achille, voilà encore une de tes bêtises. Ah! tu veux faire du sans-culottisme! Vois comme cela te réussit!

Achille Lefort. — C'est la faute, à toi. Si j'avais été seul, j'aurais tourné ces gens-là comme j'aurais voulu. J'ai cru leur donner de la confiance en leur montrant des personnes recommandables; j'aurais dû me rappeler que ces personnes-là ne sont bonnes à rien. Est-ce que vous savez parler au peuple, vous autres?

L'avocat, au médecin. — Il est joli, son peuple! On dirait que nous ne le connaissons pas, le peuple, nous qui sommes en relations continuelles avec lui!

Achille Lefort. — Vous ne le voyez que malade de corps ou d'esprit. Un avocat, un médecin! mais vous n'avez affaire qu'à des plaies dans l'ordre moral et physique! Vous ne connaissez pas le peuple en bonne santé. Est-ce que ce menuisier n'est pas un homme intelligent et instruit?

Le médecin. — Beaucoup trop ergoteur et beaucoup trop lettré pour un ouvrier. Avec ces cervelles bourrées de lectures mal ordonnées et de théories mal digérées on ne fera jamais rien qui vaille. S'il fallait gouverner une nation composée de pareils hommes, Napoléon lui-même reviendrait en vain sur la terre.

Le capitaine. — De son temps il n'y en avait pas. Il les menait à la guerre, et là on n'avait pas le temps d'ergoter.

L'avocat. — De son temps il y en avait; car il y en a toujours eu. Ils ergotaient dans la guerre comme dans la paix. Seulement, le grand homme, qui n'était pas partisan de discussions philosophiques, les priait de vouloir bien se taire. Il les appelait des *idéologues*.

Le capitaine. — Et il vous eût appelés ainsi vous-mêmes. Vraiment, vous me paraissez bien singuliers avec vos théories, vos constitutions et vos distinctions de gouvernements constitutionnel et absolu! Qu'est-ce que tout cela nous fait? Il faut chasser l'ennemi, faire la guerre aux étrangers et à leurs Bourbons, aux royalistes et à leur prêtraille. On verra ensuite. Qu'avez-vous besoin de discuter avec ces braves ouvriers? Il fallait leur parler de prendre chacun un fusil de munition et vingt-cinq cartouches. Voilà le seul langage que le peuple français comprenne.

Achille Lefort. — Vous voyez bien que non, et qu'il veut savoir aujourd'hui où il va. Moi, je connais la matière, et j'en ai enrôlé plus d'un qui ne se doute guère plus que moi du principe pour lequel nous aurons travaillé dans vingt ans. Mais qu'importe? Agiter, soulever, associer, armer, avec cela on va à tout.

Le médecin. — Même à la république. Belle conclusion, et digne de l'exorde!

Achille. — Eh bien! pourquoi pas la république?

L'avocat. — Eh! certes, la république! Est-ce qu'on peut demander mieux, quand elle est représentée par les hommes les plus purs, les plus intègres et les plus modérés?

Le médecin. — Ces hommes-là sont des niais, s'ils croient pouvoir museler le peuple quand ils l'auront lâché.

Achille. — Bah! le peuple est doux comme un enfant après la victoire. Vous ne le connaissez pas, vous dis-je; moi, je me fais fort d'en mener dix mille comme ceux que vous venez de voir.

Le médecin. — Oui, comme le vieux serrurier jacobin, par exemple! Joli échantillon! J'avoue que je ne me sens pas de goût pour les buveurs de sang. Avec cette populace déchaînée, nous serons débordés; nous irons droit à l'anarchie, à la barbarie, à la terreur, à toutes les horreurs de 93.

Achille. — Eh bien! allons-y, s'il le faut; cela vaut mieux que l'obscurantisme des jésuites et le calme plat de la tyrannie. Marchons, agissons, n'importe comment, pourvu que nous nous sentions vivre, et que nous ayons quelque chose de grand à faire. N'était-ce pas un beau temps que celui de Robespierre? Un jour de gloire, une mort illustre, un nom immortel, c'est de quoi donner la fièvre, rien que d'y songer.

L'avocat. — Il parle de tout cela en amateur! Si vous êtes amoureux du martyre, pourquoi ne vous êtes-vous pas fait fusiller avec Caron?

Achille. — Bah! Caron, Berton! des imbéciles, des fous! des gens mécontents de leur position, qui se seraient tenus tranquilles si la cour eût satisfait leur ambition personnelle!

Le capitaine. — Dites des héros que vous avez calomniés et lâchement abandonnés! Mille bombes! si on avait voulu me croire dans ce temps-là, ils n'auraient pas péri sur l'échafaud. Voilà pourquoi votre Carbonarisme me fait mal au cœur. Je rougis d'en être à présent! (*Il prend son fusil et se dispose à sortir.*)

Achille. — C'est toujours comme cela. Quand on a essuyé un revers, on s'en prend les uns aux autres, jusqu'à ce qu'une victoire revienne vous mettre d'accord. Connu! connu!...

Le médecin, *prenant son fusil pour s'en aller.* — A vous dire vrai, je ne crois plus à vos victoires. Si les libéraux succombent en Espagne, bonsoir la compagnie. Il faudra bien chercher quelque chose de mieux que votre Charbonnerie, où personne ne se tient, où personne ne se connaît, et où personne ne s'entend.

L'avocat. — Bonsoir, Achille. C'est égal, nous sommes dans le bon chemin, nous deux. Nous avons pour nous tous les hommes de talent, Manuel, Foy, Kératry, d'Argenson, Sébastiani, Benjamin Constant, et le vieux patriarche à cheval blanc. Hein? le père La Fayette? Voilà un homme!

Achille. — Bonsoir, vous autres. Je ne m'inquiète guère de toutes vos boutades. (*A l'avocat.*) Bonsoir, mon petit Mirabeau en herbe! Nous verrons encore du pays avant de mourir, sois tranquille!

L'avocat, *à Achille.* — Bonsoir, mon Barnave.

Le médecin, *à Achille.* — Bonsoir, mon Père-Duchêne!

Achille. — Comme vous voudrez! L'un ou l'autre, selon l'occasion, pourvu que je serve la France.

Le capitaine, *entre ses dents.* — Une bonne mitraillade sur tous ces bavards-là!...

Ce terrible acte expiatoire tourna contre le Corinthien tous les efforts des Dévorants. (Page 37.)

XVI.

L'instruction dirigée contre les fauteurs de la terrible querelle survenue entre les Gavots et les Dévorants eut pour résultat de disculper entièrement les premiers, et de les mettre hors d'accusation. Pierre et Romanet, appelés comme témoins principaux, se distinguèrent par leur courage, leur franchise et leur fermeté. La belle figure, l'air distingué et le langage simple et choisi de Pierre Huguenin attirèrent sur lui l'attention des libéraux de la ville, qui assistaient avec leurs journalistes à la séance du tribunal. Mais il ne fut point l'objet de nouvelles avances, car il partit aussitôt qu'il ne se vit plus nécessaire.

Que faisait et à quoi songeait le père Huguenin pendant l'absence de son fils? Le bonhomme se dépitait et s'emportait; mais, plus que tout, il s'inquiétait. Il est si exact et si preste à tout ce qu'il entreprend! se disait-il. Il faut qu'il lui soit arrivé malheur! Et alors il se désespérait; car il ne s'était jamais aperçu de l'amour et de l'estime qu'il portait à son fils autant qu'il le faisait depuis cette dernière séparation.

Comme Pierre l'avait craint, sa fièvre en augmenta; et il n'avait pas pu quitter son lit le jour où, par bonheur, Amaury et le Berrichon arrivèrent. Chemin faisant, le Corinthien avait renouvelé à son compagnon la recommandation que Pierre lui avait déjà faite de ménager les préventions du père Huguenin à l'endroit du compagnonnage; et, comme il lui répugnait un peu de débuter avec son nouveau maître par un mensonge, il chargea le Berrichon de porter la parole le premier. En sautant à bas de la diligence, ils demandèrent la maison du menuisier, et ils y entrèrent, l'un avec l'aisance d'un niais, l'autre avec la réserve d'un homme d'esprit.

— Holà! hé! hohé! cria le Berrichon en frappant de son bâton sur la porte ouverte; ho, la maison, salut, bonjour la maison! N'est-ce pas ici qu'il y a le père Huguenin, maître menuisier?

En ce moment le père Huguenin reposait dans son lit. Il était de si mauvaise humeur qu'il ne pouvait souffrir personne dans sa chambre. En voyant sa solitude si brusquement troublée, il bondit sur son chevet, et, tirant son rideau de serge jaune, il vit la figure étrangement joviale de Berrichon la Clef-des-cœurs. — Passez votre chemin,

On visita et on pansa ses blessures (Page 38.)

l'ami, répondit-il brusquement, l'auberge est plus loin.

— Et si nous voulons prendre votre maison pour notre auberge? reprit la Clef-des-cœurs, qui, comptant sur le plaisir que son arrivée causerait au vieux menuisier, trouvait agréable de plaisanter en attendant qu'il se fît connaître.

— En ce cas, répondit le père Huguenin en commençant à passer sa veste, je vais vous montrer que si l'on entre sans façon chez un malade, on en peut sortir avec moins de cérémonie encore.

— Pardon pour mon camarade, maître, dit Amaury en se montrant et en saluant le père de son ami avec respect; nous venons vers vous de la part de Pierre, votre fils, pour vous offrir nos services.

— Mon fils! s'écria le maître, et où donc est-il, mon fils?

— A Blois, retenu pour deux ou trois jours au plus par une affaire qu'il vous dira lui-même; il nous a embauchés, et voici deux mots de lui pour nous annoncer.

Le père Huguenin, ayant lu le billet de son fils, commença à se sentir plus calme et moins malade. — A la bonne heure, dit-il en regardant Amaury, vous avez tout à fait bonne façon, mon fils, et votre figure me revient; mais vous avez là un camarade qui a de singulières manières. Voyons, l'ami, ajouta-t-il en toisant le Berrichon d'un œil sévère, êtes-vous plus gentil au travail que vous ne l'êtes à la maison? Votre casquette vous sied mal, mon garçon.

— Ma casquette? dit le Berrichon tout étonné en se décoiffant et en examinant son couvre-chef avec simplicité. Dame! elle n'est pas belle, notre maître; mais on porte ce qu'on a.

— Mais on se découvre devant un maître en cheveux blancs, dit le Corinthien, qui avait compris la pensée du père Huguenin.

— Ah dame! on n'est pas élevé dans les colléges, répondit le Berrichon en mettant sa casquette sous son bras; mais on travaille de bon cœur, c'est tout ce qu'on sait faire.

— Allons, nous verrons cela, mes enfants, dit le père Huguenin en se radoucissant. Vous venez à point, car l'ouvrage presse, et je suis là sur mon lit comme un vieux cheval sur la litière. Vous allez boire un verre de mon vin, et je vous conduirai au château; car, mort ou vif, il faut que je rassure et contente la pratique.

Le brave homme, ayant appelé sa servante, essaya de se lever, tandis que ses compagnons faisaient honneur au rafraîchissement. Mais il était si souffrant qu'Amaury s'en aperçut, et le supplia, avec sa douceur accoutumée, de ne pas se déranger. Il l'assura que, grâce à Pierre, il était au courant de l'ouvrage comme s'il l'eût commencé lui-même ; et, pour le lui prouver, il lui décrivit la forme et la dimension des voussures, des panneaux, des corniches, des limons, des courbes à double courbure, des calottes d'assemblage, etc., etc., à une ligne près, avec tant de mémoire et de facilité que le vieux menuisier le regarda encore fixement ; puis, songeant à l'avantage d'une science qui rend si claires et qui grave si bien dans l'esprit les opérations les plus compliquées, il se gratta l'oreille, remit son bonnet de coton, et remonta dans son lit en disant : A la garde de Dieu!

— Fiez-vous à nous, répondit Amaury. L'envie que nous avons de vous contenter nous tiendra lieu pour aujourd'hui de vos conseils ; et peut-être que demain vous aurez la force de venir à notre aide. En attendant, faites un bon somme, et ne vous tourmentez pas.

— Non, non, ne vous tourmentez pas, notre maître, s'écria la Clef-des-cœurs en avalant un dernier verre de vin à la hâte. Vous verrez que vous avez eu tort de faire mauvaise mine à deux jolis compagnons comme nous.

— Compagnons ! murmura le père Huguenin, dont le front se rembrunit aussitôt.

— Ah ! je dis cela pour vous faire enrager, riposta le Berrichon en riant, parce que je sais que vous ne les aimez pas, les Compagnons.

— Ah ! ah ! vous êtes dans le Compagnonnage ? grommela le père Huguenin, partagé entre sa vieille rancune et je ne sais quelle sympathie subite.

— Oui, oui, continua le Berrichon qui avait au moins l'esprit de savoir plaisanter sur sa laideur ; nous sommes dans le Devoir des beaux garçons, et c'est moi qui suis le porte-enseigne de ce régiment-là.

— Nous ne connaissons qu'un devoir ici, dit le Corinthien en jouant sur le mot, celui de vous bien servir.

— Que Dieu vous entende ! répliqua le père Huguenin ; et il s'enfonça avec accablement dans ses couvertures.

Cependant il dormit paisiblement, et le lendemain, se sentant mieux, il alla visiter ses compagnons. Il les trouva travaillant de grand cœur, faisant bien marcher les apprentis, et taillant d'aussi bonne besogne que Pierre Huguenin lui-même. Rassuré sur son entreprise, réconcilié avec M. Lerebours, qui jusqu'alors l'avait boudé, plein d'espérance, il s'en retourna au lit ; et bientôt il fut tout à fait sur pied pour recevoir son fils, qui arriva trois jours après dans la soirée.

Un calme céleste se peignait sur le front de Pierre Huguenin. Sa conscience lui rendait bon témoignage, et sa gravité ordinaire était tempérée par une satisfaction intérieure qui se communiqua comme magnétiquement à son père. Interrogé par lui sur la cause de son retard, il lui répondit :

— Permettez-moi, mon bon père, de ne pas entrer dans une justification qui prendrait du temps. Quand vous l'exigerez, je vous raconterai ce que j'ai fait à Blois ; mais veuillez m'envoyer tout de suite auprès de mes compagnons, et vous contenter de la parole que je vous donne. Oui, je puis jurer sur l'honneur que je n'ai fait autre chose qu'accomplir un devoir, et que vous m'auriez béni et approuvé si vous aviez eu l'œil sur moi.

— Allons, tu me réponds comme tu veux, dit le vieux menuisier ; et il y a des instants où tu me persuades que tu es le père, et moi le fils. C'est singulier pourtant, mais c'est ainsi.

Il se trouva si bien ce jour-là, qu'il put souper avec son fils, les deux compagnons et les apprentis. Il se prenait de prédilection pour Amaury, dont la douceur et les soins respectueux le charmaient ; et, quoiqu'il répugnât à le questionner sur certaines choses, il se disait à part lui : Si c'est là un de ces enragés Compagnons, du moins il faut avouer que sa figure et ses paroles sont bien trompeuses. Il commençait aussi à revenir sur le compte du Berrichon, et à reconnaître d'excellentes qualités sous cette rude enveloppe. Ses naïvetés le faisaient rire, et il n'était pas fâché d'avoir quelqu'un à reprendre et à railler ; car il avait, comme on a pu le voir, le caractère taquin des gens actifs ; et la dignité habituelle de son fils et du Corinthien le gênait bien un peu.

Ce soir-là, quand le Berrichon eut apaisé sa première faim, qui était toujours impétueuse, il entama la conversation, la bouche pleine et le coude sur la table.

— Camarade, dit-il au Corinthien, pourquoi donc ne voulez-vous pas que je raconte à maître Pierre ce qui s'est passé à son sujet tantôt avec ce grand *sotiot* de Polydore, Théodore (je ne sais pas comment vous l'appelez), enfin le garçon de l'intendant du château ?

Amaury, mécontent de cette indiscrétion, haussa les épaules et ne répondit rien. Mais le père Huguenin n'était pas disposé à laisser tomber le babil du Berrichon.

— Mon cher Amaury, dit-il, je vous conseille pas d'avoir des secrets de moitié avec ce garçon-là. Il est fin et léger comme une grosse poutre de charpente qui vous tomberait sur les doigts du pied.

— Allons, dit Pierre Huguenin, puisqu'il a commencé, il faut le laisser achever. Je vois bien qu'il s'agit de M. Isidore Lerebours. Comment pouvez-vous croire, Amaury, que je me soucie de ce qu'il a pu dire contre moi ? il faudrait être bien faible d'esprit pour craindre son jugement.

— Ah ! bien, en ce cas, je vas vous le dire ; vrai, je vas vous le dire, maître Pierre ! s'écria le Berrichon en clignotant du côté d'Amaury, comme pour le supplier de ne pas lui fermer la bouche.

Le Corinthien lui fit signe qu'il pouvait parler, et il commença son récit en ces termes :

— D'abord, c'était une belle dame, une superbe femme, ma foi, toute petite et rouge de figure, qui a passé et repassé, et encore passé, et encore repassé, comme pour regarder notre ouvrage ; mais, aussi vrai que je mords dans mon pain, c'était pour regarder le pays Corinthien...

— Que veut-il dire, avec son pays et son Corinthien ? demanda le père Huguenin, devant qui on était convenu de ne jamais se donner les noms du Compagnonnage.

Pierre marcha un peu fort sur le pied du Berrichon, qui fit une affreuse grimace et reprit bien vite :

— Quand je dis le pays, c'est comme si je disais l'ami, le camarade... Nous sommes pays, lui et moi : il est de Nantes en Bretagne, et moi, je suis de Nohant-Vic en Berry.

— Très-bien ! dit le père Huguenin en se tenant les côtes de rire.

— Et quand je dis le Corinthien, poursuivit le Berrichon, à qui l'on marchait toujours sur le pied, c'est un nom comme ça que m'amuse à lui donner...

— Enfin cette dame regardait Amaury ? reprit le père Huguenin.

— Quelle dame ? demanda Pierre, qui, sans savoir comment, se prit à écouter avec attention.

— Une grande belle femme toute petite, comme il vous l'a dit, répondit Amaury en riant ; mais je ne la connais pas.

— Si elle est rouge de figure, objecta le père Huguenin, ce n'est pas la demoiselle de Villepreux ; car celle-là est pâle comme une morte. Ce sera peut-être sa fille de chambre.

— Ah ! peut-être bien, répondit le Berrichon, car on l'appelait madame.

— Elle n'était donc pas seule à vous regarder ? demanda Pierre.

— Toute seule, répondit la Clef-des-cœurs ; mais M. Colidore, qui était avec elle...

— Isidore ! interrompit le père Huguenin d'une grosse voix pour le déconcerter.

— Oui, Théodore, continua le Berrichon, qui avait sa malice tout comme un autre. Eh bien ! ce M. Molitor lui a dit comme ça : Y a-t-il quelque chose pour votre service, madame la marquise ?

— Ah ! ce sera la nièce, la petite madame des Frenays, observa le père Huguenin. Celle-là n'est pas fière et regarde tout le monde..... Regardait-elle Amaury ? vrai ?

— Comme je vous regarde! s'écria le Berrichon.

— Oh non! autrement? répondit le vieux menuisier riant des vilains gros yeux que faisait le Berrichon. Et enfin vous a-t-elle parlé?

— Nenni! Elle a dit seulement comme ça : Je cherche le petit chien; ne l'auriez-vous pas vu par ici, messieurs les menuisiers? et elle regardait le pays... le camarade Amaury; dame! elle le regardait comme si elle eût voulu le manger des yeux.

— Allons donc, imbécile! c'est toi qu'elle regardait! dit Amaury. Tu peux bien en convenir : ce n'est pas ta faute si tu es beau garçon.

— Oh! pour ce qui est de cela, vous voulez rire, répondit le Berrichon. Jamais aucune espèce de femme ne m'a regardé, ni riche ni pauvre, ni jeune ni vieille, excepté la Mère... je veux dire la Savinienne, avant qu'elle fût dans les pleurs pour son défunt.

— Elle te regardait, toi? s'écria Amaury en rougissant.

— Oui, en pitié, répondit le Berrichon, qui ne manquait pas de bon sens en ce qui lui était personnel; et elle me disait souvent : Mon pauvre Berrichon, tu as un si drôle de nez et une si drôle de bouche! Est-ce ton père ou ta mère qui avait ce nez-là et cette bouche-là?

— Enfin, l'histoire de la dame? reprit le père Huguenin.

— L'histoire est finie, répliqua le Berrichon. Elle est sortie comme elle est entrée, et M. Hippolyte...

— M. Isidore, interrompit l'obstiné père Huguenin.

— Comme il vous plaira, reprit le Berrichon. Son nom n'est pas plus beau que son nez. *De sorte que*, il s'est établi à côté de nous, les bras croisés comme l'empereur Napoléon tenant sa lorgnette; et voilà qu'il s'est mis à dire que nous faisions de la pauvre ouvrage, de la pauvreté d'ouvrage, quoi! Et voilà que tout d'un coup le pays... le camarade Amaury ne lui a rien répondu, et que, tout de suite, moi, j'ai continué à scier mes planches sans rien dire. C'est ce qui l'a fâché, le monsieur! Il aurait souhaité sans doute qu'on lui demandât pourquoi l'ouvrage ne lui plaisait pas. Et alors il a pris une pièce, en disant que c'était du mauvais matériau, que le bois était déjà fendu, et que, si on laissait tomber ça, ça se casserait comme il verre. Et voilà que le Corinthien (pardon, notre maître, c'est une *accoutumance* que j'ai de l'appeler comme ça), le Corinthien, que je dis, lui a répondu : Essayez-y donc, notre bourgeois, si le cœur vous en dit. Et voilà qu'il a jeté la pièce par terre de toute sa force; et voilà qu'elle ne s'est point cassée, sans quoi je lui cassais la tête avec mon marteau.

— Est-ce tout? demanda Pierre Huguenin.

— Vous n'en trouvez pas assez, maître Pierre? excusez! dit le Berrichon.

— Moi, j'en trouve trop, dit le père Huguenin, qui était devenu pensif. Vois-tu, Pierre, je te l'avais prédit : le fils Lerebours te veut du mal, et il t'en fera.

— Nous verrons bien, répondit Pierre.

En effet, Isidore Lerebours, ayant appris de quelle manière Pierre Huguenin avait critiqué et refait son plan d'escalier, nourrissait contre lui une profonde rancune. La veille il avait dîné au château, à la table du comte de Villepreux; car c'était le dimanche, et ce jour-là le comte invitait, avec le curé, le maire et le percepteur, M. Lerebours et son fils. Le système du comte était qu'il y a toujours dans un village quatre à cinq individus sur lesquels il faut se conserver la haute main, et qu'on enchaîne plus avec la politesse d'un dîner qu'avec le droit et les bonnes raisons. M. Isidore était fort vain de ce privilège. Il portait au château l'éclat de ses ridicules toilettes, y cassait chaque fois plus ou moins d'assiettes et de carafes, y savourait les meilleurs vins d'un air de connaisseur, y recevait toujours du maître quelque bonne leçon dont il ne savait pas profiter, et s'y permettait de regarder avec impudence la jolie petite marquise des Frenays.

Ce premier dimanche se présenta fort à point pour assouvir la vengeance d'Isidore. Naturellement, pendant que le comte faisait, après dîner, son cent de piquet avec le curé, on parla des travaux de la chapelle, et le vieux comte demanda à son intendant si on les avait enfin repris. — Oui, monsieur le comte, répondit M. Lerebours. Quatre ouvriers sont à la besogne, et travaillent même aujourd'hui.

— Malgré le dimanche? observa le curé.

— Vous leur donnerez l'absolution, curé, dit le comte.

— Je crains, dit alors Isidore qui attendait avec impatience le moment de placer son mot, que monsieur le comte ne soit guère content de l'ouvrage qu'ils font. Ils emploient du bois qui n'est pas assez sec, et n'entendent rien à leur besogne. Le vieux Huguenin n'est pas maladroit, mais il est blessé; et son fils est un ignorant fieffé, un avocat de village, un âne, en un mot.

— Laisse donc les ânes tranquilles, dit le comte en mêlant tranquillement ses cartes, nous n'y pensions pas.

— Que monsieur le comte me permette de lui dire que ce lourdaud n'est pas propre aux travaux qu'on lui a confiés. Il serait bon tout au plus à fendre des bûches.

— En ce cas-là tu ne serais pas en sûreté, répondit le comte, qui, dans son genre, était aussi railleur que le père Huguenin. Mais qui donc a choisi cet ouvrier? n'est-ce pas monsieur ton père?

M. Lerebours était à l'autre bout de l'appartement, se perdant en exclamations louangeuses sur la tapisserie que brodait madame des Frenays, et n'entendant pas les insinuations de son fils contre Pierre Huguenin.

— Mon père s'est trompé sur cet homme-là, répondit Isidore à demi-voix. On le lui avait vanté. Il a cru faire une bonne affaire en le payant moins cher qu'un homme de talent qu'on eût fait venir d'ailleurs. Mais c'est une erreur; car tout ce qui a été fait et tout ce qu'on va laisser faire, il faudra le recommencer. Je veux perdre mon nom si la chose n'arrive pas comme je le dis.

— Perdre ton nom! reprit le comte, jouant toujours aux cartes et le raillant ouvertement sans qu'il voulût s'en apercevoir; ce serait grand dommage. Si j'avais le bonheur de m'appeler Isidore Lerebours, je ne me risquerais pas ainsi.

La marquise des Frenays, que M. Lerebours ennuyait beaucoup avec ses compliments, prit la parole d'une voix douce et flûtée.

— Vous êtes bien sévère, monsieur Isidore! dit-elle avec son parler enfantin et coquet. Moi, j'ai traversé par hasard la bibliothèque, et j'ai trouvé la nouvelle boiserie aussi jolie et aussi bien faite que l'ancienne. Comme elle est belle, cette boiserie! Vous avez eu bien raison de la faire réparer, mon oncle; ce sera d'un goût parfait et tout à fait de mode.

— De mode? s'écria judicieusement Isidore; il y a plus de trois cents ans qu'elle est faite.

— Tu as trouvé cela tout seul? dit le comte.

— Mais il me semble... reprit Isidore.

— C'est la mode à présent! interrompit avec humeur le curé, à qui le babil d'Isidore donnait des distractions. Toutes les vieilles modes reviennent... Mais laissez-nous donc jouer, monsieur Isidore.

M. Lerebours lança un regard terrible à son fils, qui, satisfait d'avoir pu porter le premier coup à Pierre Huguenin, s'approcha des dames. Mademoiselle Yseult avait pour lui une invincible répugnance qu'elle se leva et changea de place. Madame des Frenays, moins délicate de nerfs, ne se refusa point à lier conversation avec l'employé aux ponts et chaussées. Elle le questionna sur la bibliothèque et sur ce Pierre Huguenin dont il disait tant de mal; enfin elle lui demanda lequel, parmi les ouvriers qu'elle avait vus le matin en traversant l'atelier, était Pierre Huguenin. — Il y en a un qui m'a paru avoir une figure distinguée, dit-elle avec une grande ingénuité.

— Pierre Huguenin n'était pas là, répondit Isidore, et celui que vous voulez dire est un compagnon. Je ne sais comment il s'appelle, mais il a un drôle de surnom.

— Ah! vraiment! dites-le-moi donc, cela m'amusera.

— Son camarade l'appelle le Corinthien.

— Oh! que c'est joli, le Corinthien! Mais pourquoi? qu'est-ce que cela veut dire?

— Ces gens-là ont toutes sortes de sobriquets. L'autre s'appelle la Clef-des-cœurs.

— Oh! la bonne plaisanterie! Mais c'est qu'il est affreux! je n'ai jamais rien vu de si laid!

Un autre qu'Isidore eût pu remarquer que, pour une marquise, madame des Frenays avait peut-être trop regardé les ouvriers de la bibliothèque, et qu'elle ne justifiait guère en ce moment la sentence de La Bruyère : « Il n'y a qu'une religieuse pour qui un jardinier soit un homme. » Mais Isidore, qui savait la marquise un peu coquette, et qui se croyait fort agréable, se borna à penser qu'elle lui disait des riens, et qu'elle feignait d'y prendre intérêt, afin de le retenir auprès d'elle et de jouir de sa conversation.

La marquise des Frenays, *née* Joséphine Clicot, et fille d'un gros fabricant de draps de la province, avait été mariée fort jeune au marquis des Frenays, neveu de M. de Villepreux. Ce marquis était un fort bon gentilhomme de Touraine, en tant que noble, mais un fort triste personnage en tant que particulier. Il avait servi sous l'empire; mais, comme il avait peu de talent et point de conduite, il n'était jamais sorti des grades secondaires, où il avait mangé assez grossièrement son patrimoine. Aux cent-jours, il n'avait su prendre parti ni habilement ni courageusement; c'est-à-dire qu'il avait trahi trop tard la fortune de l'Empereur, et qu'il n'avait su se donner ni le profit de la défection ni le mérite de la fidélité. Il était alors retombé sur les bras du comte de Villepreux, qui, trouvant sa société un peu fâcheuse et ses dettes un peu fréquentes, avait imaginé de s'en débarrasser au profit de la famille Clicot, en lui faisant épouser la riche héritière Joséphine. Les Clicot savaient fort bien d'avance que le marquis n'était ni beau, ni jeune, ni aimable; que ses mœurs étaient aussi dérangées que sa fortune; en un mot, que sa femme n'aurait aucune chance de bonheur et de véritable considération. Mais l'alliance avec *la famille,* comme le disait fort bien M. Lerebours, leur avait tourné la tête, et la petite Clicot s'était consolée de tout avec le titre de marquise.

Peu d'années suffirent à la désenchanter; le marquis eut bientôt mangé d'une façon triviale la dot de sa femme. Les Clicot, voulant conserver à cette dernière des ressources pour l'avenir, offrirent une séparation amiable, réglèrent une pension de six mille francs au mari, à condition qu'il la mangerait à Paris ou à l'étranger, et reprirent leur fille. La mère Clicot étant morte pendant cet arrangement, le père Clicot s'était remis dans les affaires, afin de réparer la brèche faite à sa fortune; et Joséphine avait été vivre avec lui et deux vieilles tantes dans une grosse maison de campagne très-bourgeoise, attenante à la fabrique, sur les bords du Loiret, à quelques lieues de Villepreux.

Au milieu du bruit et du mouvement sans charme et sans élégance de la vie industrielle, entourée de gens très-prosaïques et condamnée à une vie austère (car ses parents exerçaient sur elle une même surveillance que si elle eût été encore une petite fille), la pauvre Joséphine s'ennuya mortellement. Elle avait vu rapidement un coin du grand monde, et y avait pris le besoin immodéré de la vie élégante et de l'agitation frivole. Pendant un ou deux ans, elle avait eu à Paris un équipage, un bel appartement, une loge à l'Opéra, un entourage de freluquets, de marchandes de modes, de couturières et de parfumeurs. Reléguée tout à coup dans une usine fumeuse et puante, entourée d'ouvriers ou de chefs d'ateliers qui avaient les intentions meilleures que les manières, n'entendant parler que de laines, de métiers, de salaires, de teintures, de prix-courants et de fournitures, elle n'avait eu d'autres ressources contre le désespoir que de lire des romans le soir et de dormir une partie de la journée, tandis que ses belles robes, ses plumes et ses dentelles, dernières traces d'un luxe effacé, jaunissaient dans les cartons, attendant vainement l'occasion de revoir la lumière. Joséphine avait reçu une pitoyable éducation. Sa mère était bornée et vaine de son argent; son père n'avait d'autre souci et d'autre occupation que d'amasser de l'argent : leur fille n'avait d'autre désir et d'autre faculté que de dépenser de l'argent. Elle n'était plus propre à rien dès qu'elle n'avait plus de parures à commander ou de partie de plaisir à projeter. Elle était âgée au plus de vingt ans, et parfaitement jolie, mais de cette beauté qui parle aux yeux plus qu'à l'esprit. Ne sachant donc plus que faire de sa beauté, de sa jeunesse et de ses atours, son imagination, vive et riante comme sa figure et son naturel, avait pris l'essor dans le monde des romans. Elle se créait dans la solitude des aventures et des conquêtes merveilleuses; mais, forcée de retomber dans la réalité, elle n'en était que plus à plaindre. La mélancolie qui s'était emparée d'elle avait suggéré à ses tantes la précaution dangereuse de la séquestrer d'autant plus; et la pauvre tête de Joséphine, enfermée dans la chaudière industrielle, menaçait de faire explosion, lorsqu'un événement inattendu vint changer son sort.

Le père Clicot tomba dangereusement malade, et, touché des tendres soins que lui prodiguait sa fille, en même temps que blessé des vues sordides que laissaient percer ses vieilles sœurs, il conspira contre ces dernières en les quittant. Il assura leur existence; mais il abolit leur autorité en appelant à son lit de mort le comte de Villepreux, et en plaçant Joséphine et ses biens sous sa protection. Le comte sentit fort bien qu'ayant fait le malheur de la pauvre jeune bourgeoise en l'unissant à son mauvais sujet de neveu, il avait beaucoup à réparer envers elle. Il comprit ses devoirs, et, l'ayant aidée à fermer les yeux à son père, il se déclara son subrogé-tuteur en attendant sa majorité qui était proche. Il fit exécuter le testament, assembla le conseil de famille, expulsa, selon la volonté du défunt, les vieilles tantes de la fabrique, confia la conduite de l'exploitation industrielle à un chef entendu et probe; puis il emmena la marquise dans sa propre famille, et l'y traita avec une affection paternelle, dont le premier acte fut de signifier au marquis des Frenays qu'il ferait respecter la séparation convenue, et qu'il protégerait au besoin sa femme contre lui.

Cette louable conduite déchaîna contre M. de Villepreux la branche de la famille à laquelle tenait le marquis des Frenays. Cette branche était ultra-royaliste, ruinée, jalouse, et accusait le vieux comte d'être spoliateur, avare et jacobin.

Joséphine, soustraite à tous ses persécuteurs et à tous ses tyrans, commença enfin à respirer. D'abord l'intimité douce et cordiale de son oncle, l'amitié délicate d'Yseult, la tranquillité bienveillante de leurs manières et de leurs habitudes, lui semblèrent le paradis après l'enfer. Mais à cette tête excitée il eût fallu un peu plus de mouvement, soit de dissipations, soit d'aventures, que n'en offrait la vie paisible et rangée du vieux comte. Yseult était aussi une compagne un peu sérieuse pour la romanesque Joséphine. Habituée déjà à s'isoler en esprit de ceux qui l'entouraient et à se faire un monde de chimères dans le secret de ses pensées, elle feignit donc d'être à l'unisson de la famille, et reprit le train ordinaire de ses rêveries sentimentales sans en faire part à personne.

CHAPITRE XVII.

Le courage était revenu au cœur de Pierre Huguenin. La chapelle lui paraissait encore plus belle que lorsqu'il y était entré pour la première fois. La guérison de son père, la douce société et la précieuse assistance de son cher Corinthien, ajoutaient à son bonheur. Il prit son ciseau, et entonna d'une voix fraîche et sonore le chant sur la menuiserie :

> Notre art a puisé sa richesse
> Dans les temples de l'Éternel.
> Il a pris son droit de noblesse
> En posant son sceau sur l'autel [1].

Puis, avant de donner le premier coup de ciseau, il embrassa son père, serra la main du Corinthien, et se mit à l'ouvrage avec ardeur. Le Berrichon hocha la tête.

— Et pour moi, rien de rien ? dit-il d'un gros air triste et bon.

---

[1]. L'équerre, insigne du travail, qui figure aussi le triangle symbolique de la Trinité divine.

— Pour toi aussi le cœur et la main, dit Pierre en pressant sa main calleuse.

Le Berrichon, rendu à la joie, fit sur le bois qu'il allait entamer une croix avec le ciseau, suivant l'antique coutume chrétienne de son pays, et se mit à chanter à son tour une chanson de l'*Angevin-la-Sagesse*, un des braves poètes du Tour de France.

Le père Huguenin, avec son bras en écharpe, les suivait des yeux en souriant. En ce moment, le comte de Villepreux entrait, suivi de sa petite-fille, de la marquise et de M. Lerebours. Le comte, travaillé par la goutte, marchait appuyé d'un côté sur une canne à béquille, de l'autre sur le bras d'Yseult, qui l'accompagnait fidèlement dans toutes ses promenades de propriétaire. M. Lerebours s'était risqué jusqu'à offrir son bras à Joséphine, qui l'avait accepté avec une résignation gracieuse. Le comte s'arrêta à l'entrée de la bibliothèque pour écouter avec curiosité la chanson du Berrichon.

> Chassons loin de nous le chagrin
> Qui tant d'hommes dévore;
> Pour nous le passé n'est plus rien,
> L'avenir rien encore.

— La rime n'est pas riche, dit le comte à sa fille, mais l'idée va loin.

Et ils s'approchèrent sans être vus. Le bruit de la scie et du rabot couvrait celui de leurs pas et de leurs voix.

— Lequel de tous ceux-là est Pierre Huguenin? demanda la marquise à l'économe.

— C'est le plus grand et le plus fort de tous, répondit M. Lerebours.

Les yeux de la marquise se portèrent alternativement du Corinthien à l'Ami-du-trait, ne sachant lequel était le plus beau de celui qui ressemblait au chasseur antique avec son air mâle et sa force élégante, ou de l'autre qui rappelait le jeune Raphaël avec sa grâce pensive, sa pâleur et ses longs cheveux.

Le vieux comte, qui avait le goût et le sens du beau, fut frappé aussi du noble trio de têtes grecques que complétait le père Huguenin avec son large front, sa chevelure argentée, les lignes accentuées de son profil et son œil plein de feu.

— On dit que le peuple n'est pas beau en France, dit-il à sa petite-fille en étendant sa béquille comme s'il lui eût fait remarquer un tableau. Voilà pourtant des échantillons de belle race.

— C'est vrai, répondit Yseult en regardant le vieillard et les deux jeunes gens avec le même calme que s'ils eussent été là en peinture.

Le père Huguenin, qui ne travaillait pas, était venu au-devant des nobles visiteurs avec une politesse franche. L'aspect du comte était vraiment vénérable, et quiconque le voyait était forcé d'abjurer en sa présence toute prévention démocratique. Le comte le salua en ôtant son chapeau tout à fait et le baissant très-bas, comme il eût salué un duc et pair. Il n'avait pas suivi les manières de ces roués insolents de la régence qui, en se familiarisant avec le peuple, l'avaient familiarisé avec eux; il avait reçu et gardé les saines traditions des grands seigneurs de Louis XIV, qui, par une admirable politesse, consacraient *in petto* l'infériorité du peuple. Le vieux comte portait un sentiment nouveau dans cette civilité dès longtemps acquise; il avait des souvenirs de la révolution qui lui faisaient accepter, moitié ironiquement, moitié franchement, le principe de l'égalité, et disait lui-même que, toutes les fois qu'il abordait un homme du peuple, il murmurait à part lui cette formule: Peuple souverain, tu veux qu'on te salue!

Il s'informa d'abord de la blessure du vieux menuisier, et lui dit obligeamment qu'il était fort peiné qu'il eût éprouvé cet accident en travaillant pour lui.

— C'est qu'en effet j'allais un peu vite, répondit le père Huguenin. On ne devrait pas être étourdi à mon âge; mais M. Lerebours me pressait tellement, que, pour contenter monsieur le comte, je donnais de furieux coups dans le bois; et je me suis aperçu que mon ciseau avait une bonne trempe quand il a entamé ma vieille peau presque aussi dure que le vieux chêne.

— Vous me faites donc bien méchant, monsieur Lerebours? dit le comte en se tournant vers son intendant. Je n'ai pourtant jamais estropié personne, que je sache.

Pierre Huguenin, immobile, la tête découverte et la poitrine oppressée, regardait mademoiselle de Villepreux avec une émotion indéfinissable. Il s'était souvenu, seulement en l'entendant nommer, de ses veillées dans le cabinet d'étude, et de l'espèce de culte qu'il avait rendu à la divinité inconnue de ce sanctuaire. Il était troublé en sa présence, comme si un lien mystérieux eût été prêt à se nouer ou à se rompre à cette première entrevue. Il s'étonna d'abord de ne pas la trouver aussi belle qu'il se l'était créée. Elle était, en effet, plus distinguée que jolie. Ses traits étaient fins, son front pur et bien dessiné, sa tête élégante et d'un bel ovale; mais rien n'était grand ni frappant dans sa personne. Elle manquait absolument d'éclat. Cependant, en la regardant bien, on voyait qu'elle dédaignait d'en montrer; car son œil petit et noir eût pu s'animer, sa bouche sourire, et toute sa frêle personne dévoiler la grâce cachée qui était en elle. Mais il y avait comme un parti pris de mépriser le travail de la séduction. Elle était toujours vêtue en conséquence; ses robes étaient sombres et sans aucun ornement, et ses cheveux partagés en bandeaux lisses sur son front. Avec cette rigidité d'aspect et d'intention, elle avait un charme bien pénétrant pour qui savait la comprendre; mais cela était impossible à la première vue, et en tout temps assez difficile.

Pierre Huguenin l'examinait; mais tout à coup il rencontra son regard. Ce regard était presque hardi, à force d'être indifférent et calme. Pierre rougit, détourna les yeux, et sentit un poids de glace tomber sur son imagination: non qu'il trouvât l'héroïne de la tourelle désagréable ou antipathique, mais cette gravité étrange dans une si jeune fille détruisait toutes ses notions et dérangeait tous ses rêves. Il ne savait pas s'il devait la considérer comme un enfant malade, ou comme une organisation à jamais frappée d'apathie et de langueur. Et puis il se dit qu'il ne la connaîtrait jamais davantage, qu'il ne la reverrait peut-être pas, qu'il n'aurait aucune occasion d'échanger un second regard avec elle; et il se sentit triste, comme s'il eût perdu la protection de quelque puissance idéale sur laquelle il aurait compté sans la connaître.

Cependant le comte s'était approché des travaux. Il en examina attentivement toutes les parties:

— Cela est parfaitement exécuté, dit-il, et je ne puis que vous donner des éloges; mais, êtes-vous bien sûrs, messieurs, de la qualité de votre bois?

— Certainement il ne vaut pas, répondit Pierre, celui de l'ancienne boiserie. Dans deux cents ans il sera bon, et l'ancien ne le sera peut-être plus. Mais ce dont je puis répondre, c'est que le mien ne jouera pas de manière à compromettre l'ensemble. Si une planche se contracte, si un panneau vient à éclater, ce qui n'est pas probable, je le réparerai à mes frais et avant qu'on en ait eu la vue choquée.

— Mais si vous vous étiez trompé sur toute la qualité de la matière? dit le comte; si l'ouvrage entier était à recommencer?

— Je le recommencerais à mon compte, et je m'engagerais à fournir de meilleur bois, répondit Pierre.

— En ce cas, dit le comte en se retournant vers sa fille comme pour la prendre à témoin, je crois qu'il faut avoir confiance et laisser faire la conscience et le talent des gens. A coup sûr, vous travaillez fort bien, messieurs, et je n'aurais pas cru qu'on pût reproduire aussi fidèlement les anciens modèles.

— Il y a un mince mérite à cela, répondit Pierre; ce n'est qu'un travail d'artisan appliqué et docile. Mais celui qui a dessiné le modèle était un artiste. Celui-là avait le goût, l'invention, le sentiment, aujourd'hui perdu, de la proportion élégante et simple.

Les yeux du comte s'animèrent, et il frappa légèrement le pavé de sa béquille, ce qui était chez lui l'indice d'une surprise et d'une satisfaction intérieure. Le père Huguenin le savait bien, et il le remarqua.

— Mais c'est être artiste que de comprendre et d'exprimer comme vous faites! dit le comte.

— Nous prenons tous ce titre, répondit Pierre, mais nous ne le méritons pas. Cependant, ajouta-t-il en désignant Amaury, voici un artiste. Il pratique la menuiserie telle qu'on la fait aujourd'hui, parce qu'il faut gagner sa vie; mais il pourrait inventer d'aussi belles choses que ce qui est ici. S'il y avait dans le château une pièce à décorer, on pourrait consulter les dessins qu'il a faits à ses moments perdus pour son amusement, et l'on y verrait des modèles que les connaisseurs ne critiqueraient pas.

— En vérité? dit le comte en regardant Amaury, qui, ne s'attendant guère à cette révélation, rougissait jusqu'au blanc des yeux. Est-il votre frère?

— Non, monsieur le comte; mais c'est tout-comme, répondit Pierre.

— Eh bien! nous mettrons ses talents à profit, et les vôtres aussi, monsieur. Charmé de vous connaître! Je suis bien votre serviteur.

Et le comte l'ayant salué avec politesse, et même avec une certaine déférence, s'éloigna, s'émerveillant tout bas, avec sa petite-fille, du bon sens et de la modestie des réponses de Pierre Huguenin.

La première figure qu'ils rencontrèrent en sortant de la bibliothèque fut celle d'Isidore qui, ayant épié le moment, attendait l'effet que sa délation avait dû produire. Il ne savait pas que le vieux comte, ayant l'instinct et le goût de ce que les phrénologues appellent aujourd'hui *constructivité*, s'entendait beaucoup mieux que lui à juger les travaux de l'atelier, et qu'il n'était pas facile de l'induire en erreur. Il avait compté sur la brusque vivacité qu'il lui connaissait, et sur l'orgueil un peu irascible du père Huguenin. Il espérait que l'un émettrait quelque doute, et que l'autre répondrait sans respect et sans mesure. Le comte, qui s'était fait raconter le matin par son architecte l'aventure du plan de l'escalier, comprenait fort bien maintenant la conduite d'Isidore et la méprisait parfaitement.

— Je suis fort content de ce que je viens de voir, lui dit-il en élevant la voix et en le regardant droit au visage d'un air sévère; ce sont de bons ouvriers, et je remercie beaucoup monsieur votre père de les avoir employés. Qui est-ce donc qui disait, hier soir, qu'ils travaillaient mal? Est-ce mon architecte? n'est-ce pas vous, Isidore?

— Je ne pense pas que l'architecte ait pu dire cela, répondit M. Lerebours; car il est fort content du travail des Huguenin.

— Ce sera donc lui! dit le comte en montrant Isidore avec malice.

— Mon fils n'a pas vu ce qu'ils font; d'ailleurs il ne s'y connaît pas. Les sciences qu'il a étudiées sont d'un ordre plus relevé, et le proverbe qui dit: Qui peut le plus peut le moins, n'est pas toujours vrai. Mais qui donc a pu chercher à indisposer monsieur le comte contre *mes* ouvriers? Ce sera le curé; il m'en veut parce que je le gagne au billard.

— Ce sera le curé, répondit le comte, c'est un sournois. La première fois que nous le verrons, nous lui dirons de se mêler de ses affaires.

Isidore ne comprit pas la leçon. Il crut que le comte manquait de mémoire, et se promit d'en profiter pour revenir à la charge. Il était de cette race de gens que rien ne peut convaincre d'erreur à leurs propres yeux; par conséquent, il était persuadé que son plan d'escalier était bon, et que celui de Pierre était erroné. Il s'étonnait naïvement de la partialité que l'architecte avait mise dans son jugement, et il attendait son adversaire à l'œuvre pour l'humilier. C'est en vain que le prudent auteur de ses jours lui avait conseillé de ne pas se vanter d'une défaite qu'on oublierait ou qu'on passerait sous silence; Isidore feignait d'adhérer à son conseil, mais il n'en caressait pas moins le projet de se venger.

Le soir, au milieu du souper des Huguenin, un domestique du château vint prier Pierre de se rendre auprès de M. le comte. Ce message fut transmis avec une politesse qui frappa le père Lacrête, présent au souper.

— Jamais je n'ai vu leurs laquais si honnêtes, dit-il tout bas à son compère.

— Je t'assure que mon fils a quelque chose de singulier, répondit de même le père Huguenin. Il impose à tout le monde.

Pierre était monté à sa chambre. Il en redescendit habillé et peigné comme un dimanche. Son père eut envie de l'en plaisanter; il n'osa pas.

— Excusez! dit le Berrichon dès que Pierre fut sorti pour se rendre au château. Il s'est fait brave, notre jeune maître! S'il y va de ce train-là, gare à vous, pays Corinthien! la petite baronne ne vous regardera plus.

— Assez de plaisanteries là-dessus, dit le père Huguenin d'un ton sévère. Les propos portent toujours malheur, et ceux-là pourraient faire du tort à mon fils. Si vous n'y tenez pas, mon Amaury, vous ne laisserez pas continuer.

— Les paroles oiseuses me déplaisent autant qu'à vous, mon maître, répondit le Corinthien. Ainsi, Berrichon, nous ne parlerons plus de cela, n'est-ce pas, ami?

— Assez causé, dit la Clef-des-cœurs. Mon affaire, à moi, c'est de faire rire. Quand on ne rit plus...

— Nous savons que tu as de l'esprit, mon garçon, dit le père Huguenin. Tu nous feras rire d'autre chose.

— C'est égal, dit le Berrichon, ces gens du château me reviennent, à moi. Ça n'est pas fier, et c'est gentil comme tout, ces dames nobles!

Quand Pierre vit ouvrir devant lui la porte du cabinet de M. de Villepreux, il sentit un malaise affreux s'emparer de lui. Il n'avait jamais parlé à des gens aussi haut placés dans la vie sociale. Les bourgeois auxquels il avait eu affaire ne l'avaient jamais intimidé; il s'était toujours senti égal à eux, même dans les manières. Mais il se disait qu'il y avait sans doute dans le vieux seigneur une autre supériorité que celle du rang. Il savait que le comte serait parfaitement poli, mais selon un code d'étiquette auquel il lui faudrait se soumettre, quand même il ne le trouverait pas conforme à ses idées. Le code est si étrange, qu'un homme du peuple qui prendrait les manières d'un homme du monde serait réputé impertinent. Il ne faut pas, par exemple, qu'un ouvrier salue trop bas; ce serait demander un salut semblable, et il n'y a pas droit. Pierre avait lu assez de romans et de comédies pour savoir quelles étaient les formes de politesse de ce monde qu'il n'avait pas vu. Mais quelles seraient ces formes avec lui, et comment devait-il y répondre? En égal? c'était passer pour un sot. En inférieur? c'était s'humilier. Ce souci un peu puéril ne lui serait peut-être pas venu, s'il n'eût distingué, à la lueur de la lampe qui éclairait faiblement le cabinet, mademoiselle de Villepreux écrivant sous la dictée de son grand-père. Et toutes ces réflexions, lui arrivant à la fois, lui serrèrent le cœur, sans qu'il sût comment, et sans que je puisse bien vous dire pourquoi.

Lorsqu'il entra, Yseult se leva. Fut-ce pour le saluer ou pour lui faire place? Pierre se découvrit sans oser la voir.

— Veuillez vous asseoir, monsieur, dit le comte en lui montrant un siège.

Pierre se troubla, et prit un siège qui était embarrassé de livres et de papiers. Yseult vint à son secours en lui en plaçant un autre auprès de la table, et elle s'éloigna un peu. Il ne sut pas où elle s'asseyait, tant il craignait de rencontrer son regard.

— Je vous demande pardon si je vous ai fait venir, dit le comte; mais je suis vieux et trop goutteux pour me déplacer. J'ai vu ce matin que la réparation des boiseries allait fort vite, et je voudrais savoir de vous si vous croyez pouvoir vous charger d'y mettre les ornements de sculpture.

— Ce n'est pas ma partie, répondit Pierre; mais avec l'aide de mon compagnon, à qui j'ai vu exécuter des ornements très-délicats et très-difficiles, je crois pouvoir copier fidèlement ceux dont il est question.

— Ainsi vous voudrez bien vous en charger? dit le comte. Mon intention était d'abord de faire venir des sculpteurs en bois; mais d'après ce que vous m'avez dit ce matin, et sur ce que j'ai vu de votre travail, l'idée m'est venue de vous confier aussi la sculpture. C'est pourquoi j'ai voulu vous voir seul, afin de ne pas blesser votre compagnon au cas où, dans votre conscience, vous jugeriez cet ouvrage au-dessus de ses forces.

— Je crois que vous serez content de lui, monsieur le comte. Mais je dois vous dire d'avance que ce travail prendra beaucoup de temps; car aucun de nos apprentis ne pourrait nous y aider.

— Eh bien, vous prendrez le temps nécessaire. Pouvez-vous me promettre de ne pas vous laisser interrompre par des travaux étrangers à ceux de ma maison?

— Je le puis, monsieur le comte. Mais un scrupule me retient. Oserai-je vous demander si vous aviez jeté les yeux sur quelque sculpteur pour lui confier cet ouvrage?

— Sur aucun. Je comptais demander à mon architecte de Paris de m'envoyer ceux qu'il y jugerait propres. Mais puis-je vous demander, à mon tour, pourquoi vous me faites cette question?

— Parce qu'il est contraire à l'esprit de notre corps, et, je pense, à la délicatesse en général, de nous charger d'une besogne qui n'est pas dans nos attributions ordinaires, lorsque nous nous trouvons en concurrence avec ceux qu'elle concerne exclusivement. Ce serait empiéter sur les droits d'autrui, et priver des ouvriers d'un profit qui leur revient naturellement plus qu'à nous.

— Ce scrupule est honnête, et ne m'étonne pas de votre part, répondit le comte. Mais vous pouvez être tranquille; je ne m'étais adressé à personne, et d'ailleurs ma volonté à cet égard doit s'exercer librement. Le déplacement d'ouvriers étrangers à la province augmenterait de beaucoup ma dépense. Prenez cette raison pour vous, s'il vous en faut une. Pour moi, j'en ai une autre; c'est le plaisir de vous confier un travail qui doit vous plaire, et dont vous sentez si bien la beauté.

— Je ne commencerai cependant pas, répondit Pierre, sans vous avoir soumis un échantillon de notre savoir-faire, afin que vous puissiez changer d'avis si nous ne réussissons pas bien.

— Pourriez-vous me l'apporter dans quelques jours?

— Je pense que oui, monsieur le comte.

— Et moi, dit mademoiselle de Villepreux, puis-je vous faire une prière, monsieur Pierre?

Pierre tressaillit sur sa chaise en entendant cette voix s'adresser à lui. Il avait cru que si jamais pareille chose pouvait arriver, ce serait sous l'influence de circonstances bizarres et romanesques. Ce qui est tout naturel ne contente guère une imagination échauffée. Il s'inclina sans pouvoir dire un mot.

— Ce serait, reprit Yseult, de replacer la porte de mon cabinet, que M. Lerebours vous a redemandée déjà bien des fois, et qui est égarée, à ce qu'il prétend. Vous me feriez un grand plaisir de la faire chercher, et de la remettre en place, dans quelque état qu'elle se trouve.

— A propos, c'est vrai! dit le comte. Elle aime son cabinet, et ne peut plus s'y tenir.

— Cela sera fait demain, répondit Pierre.

Et il se retira tout accablé, tout effrayé de la tristesse qui revenait s'emparer de lui.

— Je suis un fou, se dit-il en reprenant le chemin de sa maison. Cette porte sera replacée demain : il le faut; il faudra qu'elle soit fermée pour toujours entre *elle* et moi.

CHAPITRE XVIII.

Lorsque Pierre, qui, chez lui comme en voyage, partageait son lit avec Amaury, à la manière des anciens frères d'armes, raconta à son ami la proposition que le comte lui avait faite, un vif sentiment d'espérance et de joie s'empara du jeune artiste. Il avait toujours senti l'adresse délicate de ses mains et le goût exquis de ses pensées le porter vers la sculpture; mais ayant commencé l'état de menuisier et s'étant affilié à un compagnonnage de cette profession, il avait craint de se retarder dans sa carrière en embrassant une voie nouvelle. Les encouragements lui avaient manqué. Pierre était le seul qui lui eût conseillé d'aller prendre à Paris les notions de son art de prédilection. Mais à cette époque-là, le Corinthien était retenu à Blois par son amour pour la Savinienne. Il avait donc renoncé à son rêve, et avait rabattu ses prétentions sur les ornements que comporte la menuiserie en bâtiments. De l'aveu de tous les compagnons, il excellait à la partie difficile des calottes ornées dans les niches, et personne ne découpait comme lui les feuilles légères d'un chapiteau grec. C'est à cause de cette spécialité qu'on lui avait donné l'élégant surnom qu'il portait.

— Ah! mon ami, s'écria-t-il, que la destinée est bonne d'envoyer cette diversion à ma tristesse! Je n'ai pas eu la force de te dire mon admiration pour cette belle boiserie et l'effet qu'elle a produit sur moi la première fois que je l'ai regardée. D'abord, j'ai bien admiré cette belle distribution et cette sagesse de plans dont tu m'avais parlé à Blois. J'ai bien remarqué le caractère de largeur qui se faisait sentir jusque dans les détails de la plus petite dimension. Oui, j'ai compris ce que tu m'expliquais jadis, que la grandeur n'est pas dans l'étendue, mais dans la proportion, et que l'on peut faire mesquinement un colosse d'architecture, tandis qu'on peut donner l'apparence de la hauteur et de la force à un modèle de quelques pouces. Mais je t'avoue qu'en regardant ces arabesques semées avec tant de richesse et de sobriété à la fois (car ceci est encore la même question : peu de moyens, beaucoup d'effet), quand j'ai vu ces médaillons incrustés dans les panneaux et laissant sortir, comme d'une fenêtre, ces jolies petites têtes de saints avec leurs expressions et leurs coiffures diverses : les unes graves comme de vieux philosophes, les autres riantes et moqueuses comme de malins moines; ici un fier soldat avec son casque enfoncé sur les yeux, là une jolie sainte couronnée de fleurs et de perles; là-bas un beau séraphin aux cheveux bouclés et flottants, ailleurs encore une vieille sibylle demi-voilée avançant son cou maigre et anguleux : et autour de tout cela des oiseaux jouant parmi les guirlandes de fleurs, des monstres infernaux poursuivant des âmes éperdues à travers un réseau de feuilles de lierre; et ces grosses têtes de lions qui semblent gronder à tous les angles, et tous ces bas-reliefs, toutes ces figurines, tous ces festons; et tout ce mouvement d'êtres divers qui semblent vivre, courir, fuir, danser, chanter ou méditer sur le bois inanimé..... oh! à la vue de toutes ces merveilles d'un temps où l'art ennoblissait le métier, je me suis senti transporté dans un autre monde, et de grosses larmes étaient prêtes à s'échapper de mes yeux. Heureux, trois fois heureux, pensai-je, l'ouvrier qui a pu à sa fantaisie animer ces lambris de sa propre vie, et faire sortir des flancs bruts du chêne le peuple chéri de ses rêves! Et comme les ombres du soir commençaient à descendre, il me sembla que je voyais s'agiter autour de moi des légions de petits fantômes qui s'en allaient rampants sur les panneaux, s'accrochant aux corniches, et se débattant avec les antiques créations de l'artiste. Les archanges embouchaient la trompette; les péchés capitaux, monstres fantastiques, fourrageaient dans l'acanthe épineuse; et les belles vierges chrétiennes se jouaient parmi les lis tranquilles, tandis que les moines prévaricateurs, satyres avinés, tiraient la barbe des graves théologiens. J'étais ivre moi-même, j'étais fou. Plus j'essayais de reprendre mes sens, plus ma vision grandissait et s'animait autour de mes tempes ardentes. Il me semblait que tous ces gnomes, tous ces follets, sortaient de ma tête, et de mes mains, et de mes poches. J'allais courir après eux, essayant de les rattraper, de les remettre en ordre, de les incruster dans le bois, respectueux et muets dans les places vides et dans les niches abandonnées que le temps leur avait creusées à côté de leurs ancêtres, quand la voix du Berrichon m'arracha à cette hallucination. Il m'entraîna en me mettant sur l'épaule ma scie et mon rabot, grossiers instruments d'un travail plus grossier encore. Je me suis résigné, j'ai travaillé selon mon devoir, mais non selon ma vocation. Et tu le vois aujourd'hui, Pierre, ce rêve était comme un avertissement prophétique de mon heureuse destinée. Voilà qu'enfin je vais pouvoir dire à mon tour : Et moi aussi je suis artiste! Je vais faire de la sculpture, je vais créer des êtres, je vais donner la vie! et mon imagination, qui faisait mon supplice, va faire ma joie et ma puissance!

Le délire du Corinthien causa quelque surprise à son ami. Pierre ne connaissait pas encore toute l'exaltation

Donnez-leur votre bénédiction, maître Pierre. (Page 42.)

de cette jeune tête, qui avait dévoré bien des livres et caressé bien des songes dorés dans ses voyages. Il l'embrassa avec une admiration mêlée d'attendrissement, et l'engagea à se calmer pour prendre un peu de repos. Mais le Corinthien ne put dormir, et il était levé avant le jour. Il ne songea point à déjeuner; et, quand son ami arriva à l'atelier, il le trouva occupé à sculpter une figure.

— J'ai commencé par le plus difficile, lui dit-il, parce que je ne suis point inquiet pour le reste. Mais cette tête réussira-t-elle? Je sais bien qu'elle ne ressemblera pas exactement au modèle. Mais pourvu qu'elle ait de la vérité, de l'expression et de la grâce, elle sera digne de subsister. Ce que j'admire dans cette boiserie, c'est qu'il n'y a pas deux ornements ni deux figures semblables. C'est la variété et le caprice infinis dans l'harmonie et la régularité. Oh! mon ami, puissé-je trouver la beauté, moi aussi! puissé-je mettre au jour ce que j'ai dans l'âme, et produire ce que je sens!

— Mais où as-tu appris l'art du dessin? lui demanda Pierre étonné de voir venir une tête humaine sous le ciseau du Corinthien.

— Nulle part et partout, répondit le jeune homme. J'ai toujours été poussé par un instinct irrésistible vers les statues et les bas-reliefs. Je n'ai jamais passé devant un monument sans m'arrêter pour en considérer longtemps tous les ornements et toutes les sculptures. Mais c'est dans les musées des grandes villes que j'ai caché de longues contemplations et savouré des jouissances que je n'aurais osé dire à personne. Nous allons tous voir ces collections, comme on va chercher le spectacle d'objets nouveaux, étranges. Nous y prenons toujours quelques notions d'histoire, de mythologie et d'allégorie; mais la plupart d'entre nous y vont satisfaire une curiosité sans but, et moi je puis dire que j'y allais assouvir une passion. J'ai même fait quelques dessins d'après les modèles. A Arles, j'ai essayé de copier la Vénus antique, et j'ai pris le contour de quelques vases et de quelques sarcophages que je rêvais d'exécuter en bois et de placer comme ornement dans quelque partie de décor. Mais savais-je ce que je faisais? Et sais-je à présent ce que j'ai fait? De grossières caricatures peut-être. J'ai calculé géométriquement les proportions; mais la grâce, la finesse, le mouvement, la beauté en un mot!... Qui me dira que ma main obéit à ma pensée? qui me prouvera que mes

... Cet utile Berrichon.... (Page 42)

yeux ne m'ont pas trompé, quand ils ont cru retrouver sur le papier ce qu'ils avaient découvert et observé dans la pierre et dans le marbre?... Je m'agite dans le chaos, dans le néant peut-être! J'ai vu des enfants dessiner sur les murs des faces grotesques, impossibles, qu'ils croyaient conformes aux lois de la nature; ils se trompaient, et ils étaient contents de leur ouvrage. Mais j'ai vu d'autres enfants tracer naturellement, et comme obéissant à une faculté mystérieuse, des figures animées, des attitudes vraies, des corps bien posés, bien proportionnés. Ils ne savaient pas s'ils avaient mieux fait que les autres! Et moi, dans quelle classe dois-je me ranger? je l'ignore. Ne saurais-tu me le dire, oh! mon pauvre Pierre?

En parlant ainsi, le Corinthien travaillait avec ardeur; ses yeux étaient brillants et humides, son front était baigné de sueur. Il y avait au fond de son âme une angoisse délicieuse et terrible. Pierre la partageait. Quand la figure fut achevée, Amaury, voyant arriver le père Huguenin et les apprentis, essuya son front, et cacha dans un coin son œuvre et les outils dont il s'était servi pour la faire. Il craignait le jugement de l'ignorance, et d'être découragé par quelque raillerie. Il ne voulait même pas examiner à la dérobée ce qu'il avait fait, crainte d'apercevoir son impuissance et de perdre trop vite l'espoir plein de délices. Quand les ouvriers sortirent à midi pour goûter, il ne les suivit pas, et pria Pierre Huguenin de lui aller chercher un morceau de pain. Mais quand celui-ci le lui rapporta, il ne songea point à y toucher.

— Pierre! s'écria-t-il, je crois que j'ai réussi; mais je tremble de te montrer ce que j'ai fait. Si tu le condamnes, ne me le dis pas encore, je t'en prie. Laisse-moi me flatter jusqu'à ce soir encore.

L'heure du souper étant venue, il enveloppa la figurine dans son mouchoir, et la donnant à Pierre: — Prends-la, dit-il, et attends que tu sois seul pour la regarder. Si tu la trouves mauvaise, brise-la et ne m'en parle plus.

— Je m'en garderai bien, dit Pierre, je ne puis juger le mérite d'une pareille chose; mais je sais quelqu'un qui doit s'y connaître, et je te dirai dans une heure si tu dois poursuivre ou cesser. Va m'attendre à la maison, et soupe, car tu n'as rien pris de la journée.

Pierre ne songea pas à prendre ses beaux habits. Il ne se souvint même pas de l'embarras qu'il avait éprouvé la veille, en paraissant devant le comte et devant sa fille;

il ne pensa qu'à l'anxiété de son ami, et il demanda à parler à M. de Villepreux. On l'introduisit, comme la veille, dans le cabinet. Yseult n'y était pas. Pierre entra sans crainte.

— Voilà, dit-il, ce que mon ami a essayé. Cela me semble bien; mais je ne m'y connais pas assez pour en décider.

— Comment! une figure? s'écria le comte. Mais je n'avais pas demandé cela; ou, pour mieux dire, je n'avais pas compté là-dessus, ajouta-t-il en regardant la figure avec étonnement.

— Cela ne fait-il pas partie des ornements que monsieur le comte voulait nous confier?

— Ma foi! je n'ai pas même songé à vous dire que j'enverrais à Paris quelques-uns des modèles pour les faire copier par des gens de l'art. Je n'aurais jamais cru que votre ami osât entreprendre une chose de cette importance. Son audace m'étonne un peu, je l'avoue, mais ce qui m'étonne beaucoup c'est le succès; car cela me paraît remarquable. Pourtant, comme je ne suis guère meilleur juge que vous, je vais montrer cela à ma fille, qui dessine fort bien et qui a beaucoup de goût.

Le comte sonna.

— Ma fille est-elle au salon? demanda-t-il à son valet de chambre.

— Mademoiselle est dans son cabinet de la tourelle, répondit le valet.

— Priez-la de venir me trouver, reprit le comte.

— Dans la tourelle! pensa Pierre Huguenin. Elle était là tout à l'heure pendant que j'étais dans l'atelier, et je ne le soupçonnais pas! Et pourtant la porte n'est pas encore replacée!...

Son cœur battit avec force lorsque Yseult entra.

— Regarde cela, mon enfant, dit le comte en lui montrant la tête sculptée; qu'en penses-tu?

— C'est une fort jolie chose, répondit mademoiselle de Villepreux; c'est une des figures de la vieille boiserie qu'ils ont grattée?

— Ce n'est pas une des anciennes, répondit Pierre avec une joyeuse assurance; c'est l'ouvrage de mon compagnon.

— Ou le vôtre, dit-elle en le regardant.

— Je n'ai pas tant d'adresse, répondit-il; je ne me risquerais pas à le tenter. Je pourrais faire des feuillages et des bordures, quelques animaux tout au plus; mais les personnages ne peuvent sortir que du ciseau de mon ami. Veuillez dire votre avis, monsieur.

Dans son trouble, Pierre ne sut pas dire mademoiselle en s'adressant à Yseult, et sa confusion augmenta quand il la vit sourire de sa méprise; mais reprenant aussitôt son sérieux:

— Savez-vous, mon père, dit-elle, que ceci est bien curieux et bien remarquable? Il y a là-dedans une naïveté de sentiment qui vaut mieux que l'art; et un artiste de profession n'aurait jamais compris le style comme cet ouvrier l'a fait. Il aurait voulu corriger, embellir. Ce qui est une qualité principale, l'absence de savoir, lui aurait paru un défaut. Il aurait tourmenté et maniéré ce bois sans en tirer cette forme simple, vraie et pleine de grâce dans sa gaucherie. Il semble que cela soit sorti, comme le modèle, de la main d'un ouvrier du quinzième siècle: même caractère, même ingénuité, même ignorance des règles, même franchise d'intention. Je vous assure que c'est beau dans son genre, et qu'il ne faut pas chercher ailleurs le sculpteur qui réparera toute la boiserie. Et il faudra le bien récompenser, cela en vaut la peine; car c'est un travail qui prouve beaucoup d'intelligence. Le hasard vous a toujours bien servi, mon père; en voici une nouvelle preuve.

Pierre écoutait les paroles d'Yseult résonner à ses oreilles comme de la musique. Les éloges qu'elle donnait à son ami et les expressions dont elle se servait lui semblaient sortir d'un rêve. Il ne songeait plus à voir en elle que la femme de goût et d'intelligence, dont la retraite studieuse l'avait rempli d'enthousiasme avant qu'il vît sa personne. Pendant qu'elle parlait à son père, il avait osé la regarder; et il la trouvait, dans ce moment, aussi belle qu'il l'avait imaginée. C'est qu'elle parlait avec animation des choses qui remplissaient le cœur et la pensée de l'Ami-du-trait et de l'ami du Corinthien. Il la sentait son égale, tant qu'il la voyait sous cette face d'artiste.

— Nous pouvons donc être quelque chose à ses yeux, pensait-il; et si elle a la misérable pensée de mépriser nos manières et nos habits grossiers, du moins elle est forcée de comprendre qu'il faut un certain génie pour ennoblir le travail des mains.

Plus fier et plus heureux des éloges qu'on donnait au Corinthien que s'il les eût mérités lui-même, il sentit sa timidité se dissiper tout à coup.

— Je voudrais que le Corinthien fût ici, dit-il, et qu'il entendît comme on parle de son ouvrage. Je voudrais pouvoir retenir les mots qui viennent d'être prononcés, pour les lui transmettre; mais je crains de ne les avoir pas assez compris pour les lui répéter.

— Ma foi! c'est tout au plus si je les entends moi-même, dit le vieux comte en riant. La langue s'enrichit tous les jours de subtilités charmantes. Voulez-vous m'expliquer, à moi, tout ce que vous venez de dire, ma fille?

— Mon père, répondit Yseult, n'est-ce pas qu'il y a des choses qui sont d'autant *mieux* qu'elles ne sont pas tout à fait *bien*? Est-ce que le sourire naïf d'un enfant n'est pas mille fois plus charmant que l'affabilité étudiée d'un prince? Dans tous les arts, ce qu'il y a de plus difficile à conserver c'est la grâce naturelle, et c'est là ce que nous chérissons dans les ouvrages du temps passé. Certainement ils ne sont pas tous bons, et dans la sculpture en bois de notre chapelle il y a une complète ignorance des principes et des règles. Pourtant il est impossible de les regarder sans plaisir et sans intérêt. C'est que les ouvriers de cette époque, et particulièrement l'artisan inconnu qui a fait ce travail, avaient le sentiment du beau et du vrai. Il y a bien là des têtes trop grosses, des bras et des jambes dans un mouvement forcé et d'une proportion défectueuse; mais ces têtes ont toutes une expression bien sentie, ces bras ont de la grâce, ces jambes marchent. Tout cela est plein de force et d'action. Les ornements sont simples et larges. En un mot, on voit là le produit des facultés naturelles les plus heureuses, et cette sainte confiance qui fait le charme de l'enfance et la puissance de l'artiste.

Le vieux comte regarda sa fille, et malgré lui il regarda Pierre, poussé par l'invincible besoin de faire partager à quelqu'un le plaisir qu'il éprouvait à l'entendre bien parler. Un sourire de bonheur et de sympathie embellissait le visage déjà si beau du jeune artisan. Mademoiselle de Villepreux s'en aperçut-elle? Le comte vit que ce qu'elle venait de dire avait été parfaitement compris, et il n'en put douter lorsque Pierre s'écria:

— Je pourrai redire tout cela mot à mot au Corinthien.

— Le Corinthien justifie son surnom, dit le comte. Je m'intéresse à ce garçon-là. Où a-t-il été élevé?

— Comme nous tous, sur les chemins, répondit Pierre. Nous travaillons et nous étudions en nous arrêtant de ville en ville. Nous avons nos ateliers et nos écoles, où nous sommes élèves les uns des autres. Mais quant aux dispositions particulières dont son ouvrage est la preuve, personne ne les a cultivées dans le Corinthien. Cela lui est venu un beau matin, et il s'est formé tout seul.

— Est-ce qu'il ne serait pas fils de quelque artiste tombé dans la misère? dit le comte.

— Son père était compagnon menuisier comme lui, répondit Pierre.

— Et il est pauvre, ce bon Corinthien?

— Non pas précisément; il est jeune, fort, laborieux et plein d'espérance.

— Mais il n'a rien.

— Rien que ses bras et ses outils.

— Et son génie, dit Yseult en regardant la tête sculptée; car il en a, je vous en réponds.

— Eh bien! il faudrait cultiver cela, reprit le comte, l'envoyer à Paris, dans un atelier de dessin, et le placer chez quelque bon sculpteur. Qui sait? il pourrait peut-être faire de la statuaire un jour, et devenir un grand artiste. Nous penserons à cela, n'est-ce pas, ma fille?

— De tout mon cœur, répondit Yseult.

— Engagez-le à continuer, dit le comte à Pierre Huguenin. J'irai le voir travailler; cela m'amusera, et l'encouragera peut-être.

Pierre rapporta mot pour mot à son ami tout cet entretien, et Amaury rêva statuaire toute la nuit. Quant à Pierre, il rêva de mademoiselle de Villepreux. Il la vit sous toutes les formes, tantôt froide et méprisante, tantôt bienveillante et familière; et je ne sais comment l'image de la porte de la tourelle se trouvait toujours mêlée à cette vision. Une fois il lui sembla que la jeune châtelaine, debout au seuil de son cabinet, l'appelait, et qu'il montait jusqu'à cette petite porte par la seule puissance de sa volonté. Elle lui montrait un grand livre sur lequel étaient tracés des figures et des caractères mystérieux. Mais au moment où il essayait de les déchiffrer, encouragé par le sourire inspiré de la jeune sibylle, la porte se refermait sur lui avec violence, et sur le panneau de cette porte il voyait la figure d'Yseult; mais ce n'était qu'une figure de bois sculpté, et il se disait : N'ai-je pas été bien fou de prendre cette sculpture pour un être vivant?

Lorsqu'il s'éveilla de ce sommeil pénible, mécontent du trouble involontaire qui avait envahi ses pensées naguère si sereines, il résolut d'en finir avec son rêve en replaçant la porte. Son premier soin fut de la tirer du coin où il l'avait cachée. Les ferrures étaient encore bonnes, et, comme on lui avait prescrit de la remettre en quelque état qu'elle se trouvât, il approcha l'escalier roulant de la muraille et commença son travail.

Tandis qu'il frappait avec force, la face tournée vers l'atelier, mademoiselle de Villepreux entra dans son cabinet pour y chercher une note que lui demandait son grand-père; et, lorsque Pierre se retourna, il la vit debout près d'une table, et feuilletant ses papiers sans faire attention à lui. Il était impossible pourtant qu'elle n'eût pas remarqué sa présence, car il faisait grand bruit avec son marteau.

Il y eut un instant de répit dans le tapage qu'il faisait. Il s'agissait de mesurer un morceau qui manquait en haut, dans la plinthe. En ce moment Pierre faisait face au cabinet. Il était sur le palier, et se sentait moins timide. Il eut la curiosité de regarder mademoiselle de Villepreux, comptant bien qu'elle ne s'en apercevrait pas. Elle lui tournait le dos; mais il voyait sa taille frêle et gracieuse, et ses magnifiques cheveux noirs dont elle était si peu vaine qu'elle les portait en torsade serrée, quoiqu'à cette époque les femmes eussent adopté la mode des *coques* crépées, orgueilleuses et menaçantes. Il y a dans l'absence de coquetterie quelque chose de touchant, que Pierre avait trop de délicatesse d'esprit pour ne pas remarquer; et il le remarqua assez longtemps pour que mademoiselle de Villepreux fût tirée de sa préoccupation par ce silence, ainsi qu'il arrive lorsqu'on s'endort dans le bruit et qu'on s'éveille si le bruit cesse.

— Vous regardez cette crédence? lui dit-elle avec le plus parfait naturel et sans que l'idée lui vînt de se croire l'objet d'une telle attention.

Pierre se troubla, rougit, balbutia, et voulant répondre oui, répondit non.

— Eh bien! regardez-la de plus près, dit Yseult, qui n'avait pas écouté sa réponse, et qui s'était remise à ranger ses papiers.

Pierre fit quelques pas dans le cabinet avec un courage désespéré.

— Je ne reverrai plus ce lieu où j'ai passé des heures si précieuses, pensait-il; il faut que je lui fasse mes adieux en le regardant pour la dernière fois.

Yseult, qui s'était assise devant sa table, lui dit sans relever la tête : — N'est-ce pas qu'elle est belle?

— Cette vierge de Raphaël! dit Pierre tout hors de lui et sans songer à ce qu'il disait : oh oui! elle est bien belle!

Yseult, surprise de ce que la gravure occupât le menuisier plus que la crédence, leva les yeux sur lui, et vit son émotion, mais sans la comprendre. Elle l'attribua à cette timidité qu'elle avait déjà remarquée en lui; et, par une habitude de bonté affable que son grand-père lui avait inculquée, elle désira de le rassurer. — Vous aimez les gravures? lui dit-elle.

— J'aime beaucoup celle-ci, dit Pierre. Si mon compagnon la voyait, il serait bien heureux.

— Voulez-vous que je vous la prête pour la lui montrer? dit Yseult. Emportez-la.

— Je n'oserais pas me permettre..., balbutia Pierre tout interdit de cette bonté familière à laquelle il ne s'attendait pas.

— Si! si! décrochez-la, dit Yseult en se levant. Elle décrocha elle-même la gravure pour la lui remettre. Vous sauriez bien copier ce cadre? ajouta-t-elle en lui faisant remarquer le cadre de bois sculpté de la madone.

— C'est de l'ébénisterie, répondit-il, et pourtant je crois que je pourrais en faire un semblable.

— En ce cas, je vous en demanderai plusieurs. J'ai ici quelques vieilles gravures très-belles. En parlant, elle ouvrit le carton où elles étaient, et mit Pierre à même de les regarder.

— Voici celle que j'aime le mieux, dit-il en s'arrêtant sur un Marc-Antoine.

— Vous avez bien raison, c'est la meilleure, répondit Yseult, qui prenait un plaisir candide à remarquer le bon sens et le jugement élevé de l'artisan.

— Mon Dieu! que cela est beau! reprit-il; je ne m'y connais pas, mais je sens que cela est grand! On est heureux de pouvoir regarder souvent de belles choses.

— Elles sont partout, dit Yseult avec le désir de détourner l'amertume secrète que lui révélait cette exclamation.

Pierre regardait toujours la gravure. Il l'avait admirée, sans doute, mais il pensait à autre chose. Chaque seconde qui s'écoulait dans cette apparence d'intimité avec l'être qui commençait à bouleverser son esprit passait sur lui comme un siècle de bonheur qu'il savourait en tremblant. Le temps n'avait plus de valeur réelle en cet instant; ou, pour mieux dire, cet instant se détachait pour lui de la vie réelle, comme il nous semble que cela arrive dans les songes.

— Puisqu'elle vous plaît tant, dit Yseult attendrie dans son âme d'artiste, prenez-la, je vous la donne.

Pierre aurait mieux aimé qu'elle lui dît : — Je vous en prie. Il la força de le dire en refusant avec une certaine fierté.

— Vous me ferez beaucoup de plaisir en l'acceptant, reprit Yseult; j'en retrouverai une autre pour moi. Ne craignez pas de m'en priver.

— Eh bien! dit Pierre, je vous ferai un cadre en échange.

— En échange! dit mademoiselle de Villepreux, qui trouva le mot un peu familier.

— Pourquoi non? dit Pierre qui, dans les choses délicates, retrouvait spontanément le tact et l'aplomb d'une nature élevée. Je ne suis pas forcé d'accepter un cadeau.

— Vous avez raison, répondit Yseult avec un mouvement de noble franchise. J'accepte le cadre, et avec bien du plaisir. Et elle ajouta en voyant le doux orgueil qui brillait sur le front de l'artisan : — Si mon grand-père était là, il serait enchanté de voir cette gravure entre vos mains.

Peut-être que cet innocent et dangereux entretien se fût prolongé; mais la petite marquise des Frenays vint l'interrompre. Elle débuta par un cri de surprise fort bizarre.

— Qu'avez-vous donc, ma chère? lui dit Yseult avec un sang-froid qui la déconcerta tout à coup.

— Je m'attendais à vous trouver seule, répondit la marquise.

— *Eh bien! ne suis-je pas seule?* dit Yseult en baissant la voix pour que l'ouvrier n'entendît pas ce mot terrible; mais il l'entendit : le cœur saisit parfois mieux que l'oreille. L'affreuse réponse tomba comme la mort dans cette âme embrasée d'amour et de bonheur. Il jeta la gravure au fond du carton, et le carton sur une chaise, avec un mouvement d'horreur qui ne put échapper à mademoiselle de Villepreux; et, reprenant son marteau, il acheva de replacer la porte avec une rapidité extrême. Puis, s'éloignant sans saluer, sans tourner les yeux vers les deux dames, il quitta l'atelier plein de haine pour son idole, et plein de mépris pour lui-même aussi, qui s'était laissé bercer par de folles imaginations.

CHAPITRE XIX.

Quand les jeunes dames se trouvèrent tête à tête, il y eut entre elles une conversation assez singulière.

— Vous avez dit une parole bien dure pour ce pauvre jeune homme, dit la marquise en voyant Pierre Huguenin s'éloigner.

— Il ne l'a pas entendue, répondit Yseult, et d'ailleurs il n'aurait pas pu la comprendre.

Yseult sentait qu'elle se mentait à elle-même. Elle avait fort bien remarqué l'indignation de l'artisan, et comme, malgré les préjugés que l'usage du monde avait pu lui donner, elle était foncièrement bonne et juste, elle éprouvait un repentir profond et une sorte d'angoisse. Mais elle avait trop de fierté pour en convenir.

— Vous direz ce que vous voudrez, reprit Joséphine, ce garçon a été blessé au cœur, cela était facile à voir.

— Il aurait tort de croire que j'ai songé à l'humilier, répondit Yseult, qui cherchait à s'excuser à ses propres yeux. Vous m'eussiez trouvée tête à tête, n'importe avec quel homme autre que mon père ou mon frère, j'aurais pu vous faire la même réponse.

— Oui-da! repartit la marquise. Vous ne l'auriez pas faite, cousine! c'eût été mettre au défi tout autre qu'un pauvre diable d'artisan; et comme vous savez que, du côté d'un homme *comme cela*, vous n'avez rien à craindre, vous avez été brave et cruelle à bon marché.

— Eh bien! si j'ai eu tort, c'est votre faute, Joséphine, dit mademoiselle de Villepreux avec un peu d'humeur. Vous avez provoqué cette sotte réponse par une exclamation déplacée.

— Eh! mon Dieu! qu'ai-je donc fait de si révoltant? Le fait est que j'ai été surprise de vous trouver en conversation animée avec un garçon menuisier. Qui ne l'eût été à ma place? J'ai fait un cri malgré moi; et quand j'ai vu ce garçon rougir jusqu'au blanc des yeux, j'ai été bien fâchée d'être entrée aussi brusquement. Mais comment pouvais-je prévoir?

— Ma chère, dit Yseult en l'interrompant avec un dépit qu'elle ne se souvenait pas d'avoir jamais éprouvé, permettez-moi de vous dire que vos explications, vos réflexions et vos expressions sont de plus en plus ridicules, et que tout cela est du plus mauvais ton. Faites-moi l'amitié de parler d'autre chose. Si je prenais mon grand-père pour juge de la question, il comprendrait peut-être mieux que moi ce que vous avez dans l'esprit, mais je ne sais pas s'il voudrait me le dire.

— Vous me donnez là une leçon bien blessante, répondit Joséphine, et c'est la première fois que vous me parlez ainsi, ma chère Yseult. J'ai dit apparemment quelque chose de bien inconvenant, puisque j'ai pu vous blesser si fort. C'est la faute de mon peu d'éducation; mais vous, qui avez tant d'esprit, ma cousine, je m'étonne que vous ne soyez pas plus indulgente à mon égard. Si je vous ai offensée, pardonnez-le-moi...

— C'est moi qui vous supplie de me pardonner, dit Yseult d'une voix oppressée en embrassant Joséphine avec force, c'est moi qui ai tort de toutes les manières. Une faute en entraîne toujours une autre. J'ai dit tout à l'heure une mauvaise parole, et parce que j'en souffre, voilà que je vous fais souffrir. Je vous assure que je souffre plus que vous dans ce moment.

— N'en parlons plus, dit la marquise en embrassant les mains de sa cousine; un mot de vous, Yseult, me fera toujours tout oublier.

Yseult s'efforça de sourire, mais il lui resta un poids sur le cœur. Elle se disait que si l'artisan avait entendu le mot cruel qu'elle se reprochait, elle ne pourrait jamais l'effacer de son souvenir; et, soit la fierté mécontente, soit l'amour de la justice, elle sentait une blessure au fond de sa conscience; elle n'était pas habituée à être mal avec elle-même.

La marquise cherchait à la distraire.

— Voulez-vous, lui dit-elle, que je vous montre le dessin que j'ai fait hier? vous me le corrigerez.

— Volontiers, répondit Yseult. Et lorsque le dessin fut devant ses yeux : — Vous avez eu, lui dit-elle, une bonne idée de faire la chapelle avant qu'elle ait perdu son caractère de ruine et son air d'abandon. Je vous avoue que je regretterai ce désordre où j'avais l'habitude de la voir, cette couleur sombre que lui donnaient la poussière et la vétusté. Je regrette déjà ces voix lamentables qu'y promenait le vent en pénétrant par les crevasses des murs et les fenêtres sans vitres, les cris des hiboux, et ces petits pas mystérieux des souris qui semblent une danse de lutins au clair de la lune. Cet atelier me sera bien commode; mais, comme tout ce qui tend au bien-être et à l'utile, il aura perdu sa poésie romantique quand les ouvriers y auront passé.

Yseult examina le dessin de sa cousine, le trouva assez joli, corrigea quelques fautes de perspective, l'engagea à le colorier au lavis, et l'aida à dresser son chevalet sur le palier de la tribune. Elle espérait peut-être qu'en venant de temps en temps se placer auprès d'elle elle trouverait l'occasion d'être affable avec Pierre Huguenin, et de lui faire oublier ce qu'elle appelait intérieurement son impertinence. Il est certain qu'elle le désirait, et que dès ce jour elle ne le vit plus passer sans éprouver un peu de honte. Il y avait dans cette souffrance un excessive candeur et une sorte de scrupule religieux où le plus austère casuiste n'aurait rien trouvé à reprendre, mais dont certaines femmes du monde se seraient moquées, scandalisées peut-être.

Quoi qu'il en soit, elle ne trouva point l'occasion qu'elle cherchait. Pierre, dès qu'il l'apercevait, sortait de l'atelier, ou se tenait si loin et se plongeait tellement dans son travail, qu'il était impossible d'échanger avec lui un mot, un salut, pas même un regard. Yseult comprit ce ressentiment, et n'osa plus revenir sur le palier tant que dura le dessin de Joséphine. Ainsi, chose étrange! il y avait un secret des plus délicats entre mademoiselle de Villepreux, la fille du seigneur, et Pierre Huguenin, le compagnon menuisier, un secret qui se cachait dans les fibres du cœur plus qu'il ne se formulait dans les pensées, et que chacun d'eux savait bien devoir occuper l'autre, quoique ni l'un ni l'autre n'eût consenti à se rendre compte de cette douloureuse sympathie.

Il se passait bien autre chose, vraiment, dans l'esprit de la marquise; et je ne sais comment m'y prendre, ô respectable lectrice! pour vous le faire pressentir. Elle dessinait, et son dessin ne finissait pas. Yseult, qui était fort adonnée à la lecture, à la rédaction analytique d'ouvrages assez sérieux pour son sexe et pour son âge, se tenait une partie de la journée dans son cabinet, dont la porte restait ouverte entre elle et sa cousine, mais dont la tapisserie la dérobait aux regards des ouvriers. Elle n'allait plus sur le palier, et regardait le dessin de Joséphine seulement lorsque celle-ci le lui apportait. Or, Joséphine le lui montrait de moins en moins, et finit par ne plus le lui montrer du tout. Yseult s'en étonna, et lui dit un soir : — Eh bien, cousine, qu'as-tu donc fait de ton dessin? Ce doit être un chef-d'œuvre, car il y a huit jours que tu y travailles.

— Il est horrible, répondit la marquise vivement : affreux, manqué, barbouillé! Ne me demande pas à le voir, j'en suis honteuse; je veux le déchirer et le recommencer.

— J'admire ton courage, reprit Yseult; mais, si ce n'était pas te demander un trop grand sacrifice, je supplierais, moi, d'en rester là. Le bruit des ouvriers et la poussière qu'ils font m'incommodent beaucoup. J'ai l'habitude de travailler ici, et je serais, je crois, incapable de travailler ailleurs. Il faudra que j'y renonce si tu continues à me laisser la porte ouverte.

— Eh bien! si je dessinais avec la porte fermée?... dit la marquise timidement.

— Je ne sais trop comment motiver ce que je vais te

dire, répondit Yseult après un instant de silence ; mais il me semble que cela ne serait pas convenable pour toi : qu't'en semble ?

— Convenable ! le mot m'étonne de ta part.

— Oh ! je sais bien que je t'ai dit qu'on était seule, quoique tête à tête avec un ouvrier ; mais c'était une idée fausse autant qu'une parole insolente, et tu sais que je me la reproche. Non, tu ne serais pas seule au milieu de six ouvriers.

— Au milieu ? Mais Dieu me préserve d'aller me mettre au beau milieu de l'atelier ! Ce ne serait pas du tout le point de vue pour dessiner.

— Je sais bien que la tribune est à vingt pieds du sol, et que tu es censée dans une autre pièce que celle où ils travaillent ; mais enfin... que sais-je ?... Je te le demande à toi-même, Joséphine. Tu dois savoir mieux que moi ce qui est convenable et ce qui ne l'est pas.

— Je ferai ce que tu voudras, répondit la marquise avec une petite moue qui ne l'enlaidissait point.

— Cela semble te contrarier, ma pauvre enfant ? reprit Yseult.

— Je l'avoue, ce dessin m'amusait. Il y avait là quelque chose de joli à faire, et j'aurais fini par réussir.

— Je ne t'ai jamais vue si passionnée pour le dessin, Joséphine.

— Et toi, je ne t'ai jamais vue si *anglaise*, Yseult.

— Eh bien ! si tu y tiens tant, continue. Je supporterai encore le bruit du marteau qui me fend le cerveau, et cette malheureuse scie qui me fait mal aux dents, et cette maudite poussière qui gâte tous mes livres et tous mes meubles.

— Non, non, je ne veux pas de cela. Mais quelle différence trouves-tu donc à ce que nous soyons séparées par une porte ou par une tapisserie ?

— Moi ? je ne sais pas ; il me semble que, moyennant la tapisserie, tu n'as pas l'air d'être seule, et qu'avec la porte ce sera bien différent.

— Est-ce que tu crois que ces gens-là font attention à moi, à la distance où ils sont de la tribune ? Je dis plus : crois-tu que je sois *quelqu'un pour eux* ?

— Joséphine, dit Yseult en riant et en rougissant à la fois, vous êtes une hypocrite. Pourquoi avez-vous fait un cri lorsque vous avez trouvé Pierre Huguenin ici, causant avec moi, il y a huit jours ?

— Je ne sais pas non plus, moi ! vraiment je n'en sais rien, Yseult ; c'était une sottise de ma part.

— Et c'en était peut-être une de la mienne de trouver ce tête-à-tête insignifiant ; j'y ai songé depuis. Un homme est toujours un homme, quoi qu'on en dise. Je ne causerais pas tête à tête dans mon cabinet avec Isidore Lerebours, par exemple...

— Parce qu'il est sot, suffisant, mal-appris !

— Un artisan, comme Pierre Huguenin, par exemple, qui n'est ni mal-appris, ni suffisant, ni sot, est donc beaucoup plus un homme que M. Isidore ?

— Oh ! cela est certain !

— Et pourtant tu n'irais pas dessiner dans un atelier où il y aurait plusieurs Isidores rassemblés !

— Oh ! non, certes ! Pourtant je m'y croirais bien seule, et si j'étais condamnée à vivre avec le plus parfait d'entre eux...

— Tu ferais le portrait des bêtes les plus laides plutôt que le sien, je le conçois... Mais qu'est-ce donc que ce personnage que je vois là ?

Tout en parlant avec sa cousine, Yseult avait ouvert le carton de dessins, et elle avait trouvé celui de l'atelier. Elle y avait jeté les yeux sans que Joséphine préoccupée songeât à l'en empêcher, et elle venait d'y remarquer une jolie petite figure posée gracieusement sur un fût de colonne gothique.

Joséphine fit un petit cri, s'élança sur le dessin, et voulut l'arracher des mains de sa cousine, qui le lui dérobait en courant autour de la chambre. Ce jeu dura quelques instants ; puis, Joséphine, qui était très-nerveuse, devint rouge de dépit, et arracha le dessin, dont une moitié resta dans les mains d'Yseult : c'était précisément la moitié où figurait le personnage.

— C'est égal, dit Yseult en riant, il est fort gentil, vraiment ! Pourquoi te fâches-tu ainsi ? Eh bien ! te voilà avec les yeux pleins de larmes ? que tu es enfant ! Tu voulais déchirer ton dessin ? C'est fait. T'en repens-tu ? je me charge de le recoller ; il n'y paraîtra plus. Au fait, ce serait dommage, il est très-joli.

— Ce n'est pas bien, Yseult, ce que tu fais là. Je ne voulais pas que tu le visses.

— Tu as de l'amour-propre avec moi à présent ? N'es-tu pas mon élève ? Depuis quand les élèves cachent-ils leur travail au maître ? Mais dis-moi donc, Joséphine, quel est ce personnage ?

— Mais, tu le vois, une figure de fantaisie, un page du moyen âge.

— Bah ! c'est un anachronisme. Si la chapelle était debout, le page serait bien placé ; mais quand elle est en ruines, il est hors de date. Il est peu probable que le pauvre jeune homme se soit conservé là dans toute sa fraîcheur et avec les mêmes habits depuis trois cents ans.

— Tu vois bien que tu te moques de moi, c'est ce que je voulais m'épargner.

— Si tu te fâches, je n'oserais plus te rien dire... Pourtant...

— Eh bien ! dis, puisque tu es en train. Ne te gêne pas.

— Joséphine, ce page-là ressemble au Corinthien à faire trembler.

— Le Corinthien avec un pourpoint taillé et une toque de page ! tu es folle !

— Le pourpoint est proche parent d'une veste ; et quant à cette toque, elle est cousine germaine de celle du Corinthien, qui n'est pas laide du tout, et qui lui sied fort bien. Il porte les cheveux longs et coupés absolument comme ceux-là ; enfin il a une charmante figure comme ce page-là. Allons ! c'est son ancêtre, n'en parlons plus.

— Yseult, dit la marquise en pleurant, je ne vous croyais pas méchante.

Le ton dont ces paroles furent prononcées, et les larmes qui s'échappèrent des yeux de Joséphine, firent tressaillir Yseult de surprise. Elle laissa tomber le dessin, croyant rêver, et s'efforça de consoler sa cousine, mais sans savoir comment elle avait pu l'offenser ; car elle n'avait eu d'autre intention que celle de faire une plaisanterie très-innocente, et qui n'était pas tout à fait nouvelle entre elles deux. Elle n'osa point arrêter sa pensée sur la découverte que ces larmes lui faisaient pressentir, et en repoussa bien vite l'idée comme absurde et outrageante pour sa cousine. Celle-ci, voyant la candeur d'Yseult, essuya ses larmes ; et leur querelle finit comme toutes finissaient, par des caresses et des éclats de rire.

Eh bien ! vous l'avez deviné, ô lectrice pénétrante ? la pauvre Joséphine, ayant lu beaucoup de romans (que ceci vous soit un avertissement salutaire), éprouvait le besoin irrésistible de mettre dans sa vie un roman dont elle serait l'héroïne ; et le héros était trouvé. Il était là, jeune, beau comme un demi-dieu, intelligent et pur plus qu'aucun de ceux qui ont droit de cité dans les romans les plus convenables. Seulement il était compagnon menuisier, ce qui est contraire à tous les usages reçus, je l'avoue ; mais il était couronné, outre ses beaux cheveux, d'une auréole d'artiste. Ce génie éclos par miracle était choyé et vanté chaque soir au salon par le vieux comte, qui se faisait un amusement et une petite vanité de l'avoir découvert, et cette position intéressante le mettait fort à la mode au château. Ce serait aujourd'hui un rôle usé : on a déjà vu tant de jeunes prodiges qu'on en est las ; et puis il est bien certain qu'on en est venu à reconnaître que le peuple est le grand foyer d'intelligence et d'inspiration. Mais, à ces beaux jours de la restauration dont je vous parle, c'était une nouveauté de l'apercevoir, une hardiesse de ne pas le nier, et une générosité seigneuriale d'en favoriser l'essor. Souvenez-vous que dans ce temps, déjà si éloigné de l'année 1840 par ses mœurs et ses opinions, les gens *comme il faut* ne voulaient point que le peuple apprît à lire, et pour cause. Le vieux comte de Villepreux était d'un libéralisme effréné aux yeux des gentillâtres ses voisins, et ce libéralisme était d'une originalité et d'un goût exquis aux yeux de la jeunesse cultivée du pays. Il était tout simple que la romanesque Joséphine donnât un peu dans cet engouement de la mode, sans en comprendre la portée. Elle voyait dans son héros un Giotto ou un Benvenuto en herbe ; et par-dessus tout cela il ne s'appelait ni *la Rose*, ni *la Tulipe*, ni *la Réjouissance*, ni le *Flambeau-d'amour* : le moindre de ces surnoms eût mal sonné aux oreilles, et l'eût *dépoétisé*, comme on dit maintenant ; mais il avait un surnom qui plaisait et qu'on aimait à lui confirmer : il s'appelait le Corinthien.

Pourquoi le Corinthien fut-il remarqué, et pourquoi Pierre Huguenin ne le fut-il pas? Ce dernier n'avait guère moins de succès au salon ; c'est-à-dire que lorsque, dans les causeries du soir, on mentionnait le Corinthien, on mettait toujours Pierre de moitié dans les éloges qu'on lui donnait. Le comte admirait sa belle prestance, son air distingué, ses manières dont la dignité naturelle était bien digne de remarque, son langage probe, intelligent, sensé, et surtout son ardente et poétique amitié pour le jeune sculpteur. Mais c'est que le sculpteur était doué du feu sacré, et qu'il avait dû refléter sur son ami le menuisier. Lorsqu'on disait ces choses, le front de la marquise s'animait ; elle se trompait de cartes en jouant au *reversi* avec son oncle, ou faisait rouler ses pelotes de soie en brodant au métier ; et puis elle hasardait un timide regard vers sa cousine. Il lui semblait qu'elle devait surprendre, tôt ou tard, un roman analogue entre elle et Pierre Huguenin, et cette fantaisie de son imagination lui donnait du courage. Pourtant la paisible Yseult lui parlait de Pierre avec tant de calme et de franchise, qu'il n'y avait guère d'illusion à se faire de ce côté-là.

Mais si Joséphine comprenait qu'on pût et qu'on dût faire attention à Pierre, elle n'en avait pas moins accordé la préférence au jeune Amaury. On pouvait se familiariser plus aisément avec celui-ci, que l'on considérait un peu comme un enfant. On le nommait *le petit sculpteur*, on s'entretenait de l'avenir qu'on lui rêvait ; tous les jours on allait le voir travailler ; le comte le tutoyait, l'appelait *son enfant*, et lui prenait la tête pour le présenter aux personnes qui venaient lui rendre visite et qu'il conduisait à l'atelier. On remarquait la largeur et l'élévation de son front ; un docteur du pays, partisan de Lavater et de Gall, voulait mouler son crâne. Enfin il avait un succès plus brillant que maître Pierre, avec qui l'on ne pouvait pas jouer de même. Il est triste de le dire, mais il n'en est pas moins vrai que la plupart des femmes du monde attendent, pour donner la préférence à un homme, le jugement qu'en porteront les salons ; et le plus goûté est, selon elles, le plus accompli. Joséphine avait été trop sensible aux séductions de la vanité pour ne pas subir un peu ce travers. Elle s'était donc monté la tête pour le bel enfant, et ne pouvait plus s'en cacher. Les choses en étaient venues à ce point qu'on l'en plaisantait tout haut dans la famille, et qu'elle se livrait à la plaisanterie de très-bonne grâce. Elle la provoquait même au besoin ; ce qui était une assez bonne manœuvre pour empêcher que la remarque ne tournât au sérieux. Voilà pourquoi sa cousine se permettait quelquefois d'en rire avec elle, ne pensant nullement qu'elle pût l'affliger par ce qui lui semblait un jeu ; et voilà pourquoi aussi elle fut si étonnée lorsqu'elle la vit pleurer à cette occasion. Mais ces larmes ne lui apprirent rien encore ; car Joséphine les expliqua par un amour-propre d'artiste, par une migraine, par tout ce qu'il lui plut d'inventer.

Toutes les cajoleries du château n'avaient pas jusqu'alors troublé la cervelle du bon Corinthien. L'engouement du vieux comte partait certainement d'un grand fonds de bienveillance et de générosité ; mais il était fort imprudent, car il pouvait égarer le jugement d'un jeune homme arraché à son obscurité paisible pour être lancé d'un bond dans la carrière du succès et de l'ambition. Heureusement Pierre Huguenin veillait sur lui comme la Providence, et le maintenait dans son bon sens par une sage critique. De son côté, le père Huguenin, tout en admirant franchement l'adresse et le goût du jeune sculpteur, lui donnait l'avis paternel de se tenir en garde contre la louange. Il n'avait pas encore à se plaindre de la nouvelle direction que le travail de ce compagnon allait prendre ; car celui-ci, fidèle à sa parole, ne faisait de sculpture que le dimanche, ou le soir pendant une heure ou deux de la veillée, par manière d'essai, et toutes ses journées de la semaine étaient consacrées à terminer la boiserie pour laquelle il s'était engagé ses services. Il ne devait sculpter définitivement qu'après avoir satisfait entièrement son maître. Mais si le vieux menuisier ne blâmait pas cette tentative hardie (voyant même avec plaisir son fils s'y associer ; car sur ce terrain cessait toute jalousie de métier, toute concurrence de talent), il n'approuvait pas tout à fait les fréquentes et amicales relations qui s'étaient établies entre le seigneur et l'atelier. — Certainement, disait-il, je n'ai pas à me plaindre du vieux comte. C'est un homme juste, et son économie ordinaire se change en magnificence quand il rencontre le mérite. Il a des façons fort honnêtes. Sa fille est aussi avenante et bonne, sous son air tranquille et indifférent. Le jeune homme (il parlait de Raoul, le frère d'Yseult) est un peu borné, paresseux, et, comme dit notre Berrichon, *sert-de-rien* ; mais, en somme, ce n'est pas un méchant enfant ; et quand ses chiens mangent nos poules, il bat ses chiens sans les ménager. Enfin on voit, aux manières de l'intendant comme aux nôtres, que son maître lui a commandé d'être poli et humain pour le *pauvre monde*. Mais, malgré tout cela, je ne peux pas, moi, me mettre à aimer ces gens-là comme j'aimerais d'autres gens, des gens de notre espèce. Je vois le père Lacrête qui n'en est pas content, parce que ses manières un peu sans façon, et son envie bien naturelle de gagner le plus possible, ne sont pas bien venues au château. M. le comte a beau faire, il ne me fera pas croire qu'il aime le peuple, quoiqu'il passe pour un fameux libéral et que les imbéciles le traitent de jacobin. Il tirera bien son chapeau à celui de nous qui aura le plus d'esprit ; mais on n'a qu'à s'oublier un peu avec lui, on verra comme il remontera *sur ses grands chevaux* pour passer sur le ventre des manants. Il sortira bien un louis d'or de sa poche pour qu'un pauvre diable boive à sa santé ; mais essayons de boire à la république, on verra comme il nous payera les violons ! Je vois bien la demoiselle du château faire l'aumône, aller et venir chez les malades comme une sœur de charité, causer avec un gueux comme avec un riche, et porter des robes moins belles que celles de sa femme de chambre ; on ne peut pas dire qu'elle veuille écraser le village, ni qu'elle ait jamais refusé de rendre un service ; mais allez lui proposer d'épouser le fils d'un gros fermier : eût-il de l'éducation et des écus autant qu'elle, elle vous dira qu'elle ne saurait déroger. Je ne la blâme pas ; les bourgeois ne valent pas mieux que les nobles. Mais enfin, rappelez-vous, mes enfants, que les grands seront toujours les grands, et les petits toujours les petits. On a l'air de chercher à vous le faire oublier ; mais laissez-vous-y prendre, et vous verrez comme on vous rafraîchira la mémoire ! Oh ! oh ! je n'ai pas vécu jusqu'à présent sans savoir ce que pèse un vilain dans la main de son seigneur.

Il y avait une chose qui déplaisait surtout au père Huguenin : c'était l'assiduité de la marquise à se poser sur la tribune pour dessiner pendant que les ouvriers travaillaient devant elle. Il semblait craindre que son fils n'y fît trop d'attention. Que vient faire là cette belle dame ? disait-il bien bas quand elle était partie. Est-ce la place d'une marquise de se tenir là-haut comme une poule sur un bâton, tandis que des gars comme vous lui regardent le bout du pied ? Je veux bien qu'elle ait le pied petit ; la grosse Marton l'aurait petit aussi, si, au lieu de porter des sabots, elle s'était serrée toute sa vie dans des escarpins. Et moi, je ne vois pas ce que cela a de si beau. En marche-t-on mieux, en saute-t-on plus haut ? Et d'ailleurs, à qui veut-elle plaire, qui veut-elle épouser ? N'est-elle pas mariée ? Et, ne le fût-elle pas, voudrait-elle d'un artisan ? Enfin que fait-elle là-haut sur son perchoir ? Est-ce pour nous surveiller, est-ce pour faire notre portrait ? Ne voilà-t-il pas des messieurs bien costumés, en blouse ou en manches de chemise, pour lui servir de modèles? On dit qu'il y a à Paris des gens qu'on paye pour avoir une grande barbe et pour *se faire mettre en tableau.* Mais c'est un métier de fainéant, et ça n'est pas le nôtre.

— Ma foi, disait le Berrichon, je ne gagnerais pas beaucoup à ce métier-là, car je ne suis pas beau; et, à moins qu'il n'y eût un singe à fourrer dans une peinture, je n'aurais pas beaucoup de pratiques. Mais savez-vous, notre maître, qu'elle est bien heureuse, la petite baronne, ou la petite comtesse, comme on l'appelle, de se trouver avec des garçons honnêtes comme nous, qui ne disons jamais de vilaines paroles et qui ne chantons que des chansons *morales?* Car, enfin, il y a bien des ouvriers qui ne souffriraient pas de se voir lorgnés comme ça, et qui la feraient partir en disant de gros mots exprès devant elle.

— C'est ce que nous ne ferons jamais, j'espère, dit Amaury; nous devons du respect à une femme, qu'elle soit mendiante ou marquise; et, d'ailleurs, nous nous respectons trop nous-mêmes pour tenir des propos grossiers. On est là pour travailler, on travaille. Cette dame travaille aussi. Je ne sais si c'est à quelque chose de beau ou d'utile. Il faut le croire : sans cela quel plaisir trouverait-elle à quitter sa société pour la nôtre?

La marquise ne faisait pas d'autre impression sur Amaury. Il avait bien remarqué qu'elle était jolie, à force de l'entendre dire; mais il ne voulait pas croire qu'elle fût là pour lui, comme le Berrichon et les apprentis le pensaient. D'ailleurs il n'avait dans l'esprit que la sculpture, et dans le cœur que la Savinienne.

CHAPITRE XX.

Le vieux comte n'était pas très-connu dans son village de Villepreux. Il n'avait pris possession de ce domaine qu'après la révolution, et il n'y était jamais venu que de loin en loin, et pour y faire des stations de trois mois tout au plus. C'était la moins splendide de ses habitations et la plus retirée de ses terres vers l'intérieur paisible de la France. A cette époque-là, la Sologne n'était pas semée, comme aujourd'hui, de belles forêts naissantes, ni coupée de routes praticables. Ce pays, où il reste encore tant à faire, était un désert où la misérable population des campagnes subsistait à peine, mais où les capitalistes pouvaient tenter d'heureuses améliorations. Sous le prétexte de s'adonner à l'agriculture, le vieux seigneur y avait fait depuis deux ans des pauses plus longues, et, cette fois, il venait de s'y installer avec tous les préparatifs que le projet d'un long séjour entraîne. Les travaux qu'il y faisait faire, la quantité de malles, de livres et de domestiques qu'on y voyait arriver chaque jour, annonçaient une prise de possession en règle. Cela donnait lieu, comme on peut le croire, à beaucoup de commentaires; car, en province, rien ne peut se passer naturellement. Il faut à tout avoir une explication mystérieuse. Les uns disaient que le vieux seigneur venait là pour composer des mémoires, ce qui paraissait ressortir des longues dictées qu'il faisait à sa fille et de la vie de cabinet qu'il menait avec elle. Les autres penchaient à croire que cette même fille, qui paraissait lui être si chère, avait dû se mettre en tête, à Paris, quelque amour malheureux dont on venait la soigner et la guérir dans la solitude et le recueillement. La pâleur habituelle de cette jeune personne, son air grave, ses habitudes de retraite, ses longues veilles étaient des choses assez étranges aux yeux des habitants de la contrée pour qu'il fallût les expliquer par un roman.

Ces derniers propos revenaient quelquefois à l'oreille de Pierre Huguenin, et ne lui paraissaient pas dénués de fondement. Mademoiselle de Villepreux était si différente, en effet, des jeunes personnes de son âge, la fraîcheur et la vivacité de sa cousine faisaient un tel contraste à côté d'elle, et puis on exagérait tellement l'excentricité de ses habitudes, qu'il ne savait à quelle idée s'arrêter. Mais que lui importait? C'est la question qu'il se faisait à lui-même; et cependant, lorsqu'il entendait parler de cette passion supposée, il sentait son cœur se serrer d'une manière étrange, et il faisait d'inutiles efforts pour écarter une préoccupation qui lui semblait maladive et funeste.

En peu de temps, le comte de Villepreux se popularisa dans le village d'une manière merveilleuse. Il faisait beaucoup travailler, et payait avec une libéralité qu'on ne lui avait pas connue. Il dominait le curé, et, à force de cadeaux pour sa cave et pour son église, le forçait d'être tolérant et de laisser danser le dimanche. Il tenait tête au préfet pour la conscription, influençant les médecins préposés pour la visite au conseil de révision. Enfin il ouvrait son parc le dimanche à tous les habitants du village, et payait même le ménétrier pour les faire danser dans le rond-point de la garenne, à l'ombre d'un beau vieux chêne appelé le Rosny, comme tous les arbres séculaires honorés de cette illustre origine.

Les ouvriers du père Huguenin s'habillaient de leur mieux ce jour-là et faisaient danser, de préférence aux paysannes, les pimpantes soubrettes du château. Le Berrichon y déployait toutes ses grâces, et ses entrechats ne manquaient pas de succès. Le Corinthien se livrait aussi à cet amusement, mais sans s'occuper d'une danseuse plus que d'une autre, et seulement pour satisfaire un peu d'enfantine coquetterie; car il était si gracieux avec sa blouse de toile grise brodée de vert, et la toque béarnaise qu'il avait rapportée de ses voyages lui allait si bien, que tous les regards s'attachaient sur lui et que les jeunes filles enviaient l'honneur de danser avec lui.

Le vieux comte venait avec sa famille, à l'heure où le soleil baisse et où l'air fraîchit, regarder ces danses villageoises, et familiariser *les bonnes gens* avec sa présence seigneuriale. On était flatté du plaisir qu'il y prenait et des choses agréables qu'il savait dire à chacun. Il y avait un banc de gazon sous le chêne, où personne ne se fût permis de s'asseoir à côté de lui et de sa fille, mais auprès duquel il savait attirer les anciens du pays pour causer avec eux; voire le père Huguenin, qui affectait vainement son grand air républicain, et qui se laissait prendre tout comme un autre, quoiqu'il n'en convînt jamais.

Dans le commencement, le jeune Raoul de Villepreux dansait avec les plus jolies filles, et ne manquait guère de les embrasser, ce qui faisait rouler de gros yeux à leurs prétendus; mais il n'en était que cela : si bien qu'un jour le père Lacrête, qui était non loin du banc de gazon, serra le poing d'un air demi-goguenard, demi-farouche, et jura, par tous les dieux dont il put invoquer le nom, que, de son temps, il n'aurait pas laissé embrasser son amoureuse, fût-ce par le dauphin de France. Le père Lacrête avait eu un mémoire réglé par l'architecte du château, et faisait de l'opposition ouvertement contre la famille.

Le comte, qui ne voulait pas compromettre sa popularité, ne releva pas le propos du vieux serrurier; mais il ne le laissa pas tomber non plus, et le jeune seigneur ne reparut plus aux danses sous le chêne.

M. Isidore dansait, et Dieu sait avec quelle prétention ridicule et quels airs de triomphe impertinents! Les filles du village en étaient éblouies; mais les femmes de chambre, qui se connaissaient en belles manières, et la fille de l'adjoint, qui était une princesse, le trouvaient trop familier. Madame des Frenays avait dansé avec son cousin Raoul dans les premiers jours, et n'avait pas dédaigné de mettre sa petite main dans celle du paysan qui lui faisait vis-à-vis à la chaîne anglaise. Mais cette main était couverte d'un gant, ce qui parut fort injurieux à la plupart des danseurs, et ce qui les empêcha de l'inviter, quoiqu'elle mourût d'envie de l'être, car elle dansait à ravir; ses petits pieds effleuraient à peine le gazon, et il n'est point de manants pour une jolie femme qui se voit admirée.

Quand Raoul s'éclipsa du bal champêtre par ordre supérieur, la marquise, n'y tenant plus, accepta l'invitation d'Isidore. Mais, après Isidore, personne ne se présenta, et elle s'en plaignit tout naïvement à son oncle lorsqu'il lui demanda pourquoi elle ne dansait plus.

— Voilà ce que c'est que d'être une belle dame, dit le comte. Mais voyons donc si je ne te trouverai pas un danseur. Viens ici, mon enfant, dit-il au Corinthien qui était à deux pas de lui : je vois bien que tu grilles d'inviter

En ce moment le comte de Villepreux entrait suivi de sa petite-fille. (Page 53.)

ma nièce, mais que tu n'oses pas. Moi, je te déclare qu'elle sera charmée de danser. Allons, offre-lui la main, et en place pour la contredanse! c'est moi qui vais crier les figures.

Le Corinthien était trop gâté au château pour être étonné ou confus d'un tel honneur. — C'est la première fois que je fais danser une marquise, se disait-il en lui-même; c'est égal, je la ferai danser tout aussi bien qu'un autre, et je ne vois pas pourquoi j'en serais si ébloui.

C'était une réponse intérieure qu'il faisait aux regards écarquillés du Berrichon, placé vis-à-vis de lui, et tout stupéfait de l'aventure.

Tout en sautant légèrement sur le pré avec sa danseuse, le Corinthien, qui, malgré son courage intérieur, n'avait pas encore osé la regarder en face, s'aperçut que cette reine du bal était si troublée qu'elle s'embrouillait dans les figures. Il n'y comprit rien d'abord, et, voulant l'aider à reprendre sa place sans être atteinte par les ronds-de-jambe impétueux du Berrichon, il osa, mais sans aucun autre sentiment que celui d'une déférence naturelle, placer sa main sous le coude de la marquise pour l'empêcher de tomber. Ce coude nu entre une manche courte et une mitaine de soie noire était si rond, si mignon et si doux, que le Corinthien ne le sentit pas d'abord, et que, voyant le Berrichon lancé dans une pirouette irréfrénable et la marquise chanceler, il lui serra le coude pour la remettre en équilibre. Mais cette pression fut électrique. Joséphine devint rouge comme une fraise, et le Corinthien eut un accès de timidité subite et de malaise insurmontable. Il eut hâte de la reconduire à sa place, aussitôt que la contredanse finit, et de s'éloigner avec une sorte d'effroi. Mais le violon n'eut pas plus tôt donné le signal de la contredanse suivante qu'il se retrouva, comme par magie, auprès de madame des Frenays, et que la main de celle-ci était dans la sienne. De quelle formule s'était-il servi pour l'inviter de nouveau, et comment l'avait-il osé? Il ne le sut jamais. Un nuage flottait autour de lui, et il agissait comme dans un rêve.

Depuis ce jour, le Corinthien fit danser la marquise tous les dimanches, et plutôt trois fois qu'une. Son exemple encouragea les autres, et Joséphine ne manqua plus une contredanse. Quand le Corinthien ne l'invitait pas, il était toujours son vis-à-vis, et leurs mains se touchaient, leurs haleines se confondaient, et leurs regards se cherchaient

Savez-vous, mon père, dit-elle, etc. (Page 54.)

pour se fuir et pour se chercher encore. Tous ces petits prodiges s'opèrent si spontanément quand on aime la danse, qu'on n'a pas le temps de se raviser, et que la galerie n'a pas le temps de s'en apercevoir.

Yseult ne dansait jamais, quoique son grand-père l'y engageât souvent, et que la marquise, un peu honteuse du plaisir qu'elle-même y prenait, eût voulu l'entraîner dans le tourbillon champêtre. Était-ce dédain, était-ce nonchalance de la part de la jeune châtelaine? Pierre Huguenin, toujours placé à une assez grande distance d'elle, et masqué soit par des groupes, soit par les buissons derrière lesquels il errait lentement, avait souvent les yeux attachés sur elle, et se demandait quelles pensées remplissaient ce front impénétrable, où tant d'énergie se cachait derrière tant de langueur. Mademoiselle de Villepreux avait toujours l'air d'une personne fatiguée qui se donne le plaisir de ne pas faire usage de ses facultés en attendant qu'elle les applique à de nouveaux actes de force. Pierre Huguenin l'étudiait comme un livre écrit dans une langue inconnue, où l'on espère trouver un mot qui vous fera deviner le sens. Mais ce livre était scellé, et pas une syllabe n'en révélait le mystère.

Elle n'avait pourtant pas l'air de s'ennuyer. De temps en temps elle adressait la parole aux villageoises, et c'était avec une familiarité polie dont la nuance était bien difficile à saisir. Elle semblait fuir l'affectation de bonté que révélait chaque geste de son grand-père, et en même temps elle était sérieusement et tranquillement bienveillante. Elle n'intimidait jamais les personnes avec qui elle s'entretenait; et il était impossible de trouver la moindre différence dans sa contenance et dans ses traits, soit qu'elle parlât à son grand-père ou à sa cousine, soit qu'elle parlât au père Huguenin ou aux enfants du village. Quoique le pauvre Pierre eût sur le cœur une insulte qui lui semblait ineffaçable, il se disait parfois qu'elle avait le sentiment ou l'instinct de l'égalité au degré le plus net et le plus complet. Mais c'était là un aperçu trop élevé pour les gens du village. Ils ne haïssaient point *la Demoiselle*, comme ils l'appelaient; mais ils n'avaient pas pour elle cet engouement que le vieux comte savait leur inspirer. « Elle ne le montre pas, disaient-ils; mais on dirait bien qu'en dessous elle est fière. »

Un jour, Amaury trouva un volume que la marquise, qui ne venait plus dessiner dans l'atelier, avait laissé traîner dans le parc. Il le porta à son ami Pierre, sachant combien il aimait les livres.

En effet, la vue d'un livre faisait toujours tressaillir Pierre de désir et de joie. Depuis bien des jours, il était sevré de lecture, et il s'imagina que ce délassement favori chasserait les tristes pensées dont il était obsédé.

C'était un roman de Walter Scott, je ne sais plus lequel ; mais un de ceux où le héros, simple montagnard ou pauvre aventurier, s'énamoure de quelque dame, reine ou princesse, est aimé d'elle à la dérobée, et, après une suite d'aventures charmantes ou terribles, finit par devenir son amant et son époux. Cette intrigue à la fois simple et piquante est, comme on sait, le thème favori du roi des romanciers. S'il est le poëte des lords et des monarques, il est aussi le poëte du paysan, du soldat, du proscrit et de l'artisan. Il est vrai que, fidèle à ses prédilections aristocratiques, et trop Anglais pour être hardi jusqu'au dénouement, il ne manque jamais de découvrir à ses nobles vagabonds une illustre famille, un riche héritage, ou de leur faire monter de grade en grade l'échelle des honneurs et de la fortune, pour les mettre aux pieds de leurs belles, sans exposer celles-ci à se mésallier par un pur mariage d'amour. Mais il est certain aussi qu'il faut lui savoir gré de nous avoir peint le peuple sous des couleurs poétiques, et d'en avoir tiré de grandes et sévères figures dont le dévouement, la bravoure, l'intelligence et la beauté rivalisent avec l'éclat du héros principal, souvent jusqu'à le surpasser et à l'effacer. Sans nul doute, il a compris et aimé le peuple, non par principes, mais par instinct, et l'artiste n'a pas été aveuglé par les préjugés du gentleman.

Ces romans-là, malgré leur exquise et adorable chasteté, sont tout aussi dangereux pour les jeunes têtes, tout aussi subversifs du vieux ordre social, que romans le doivent être pour être romanesques et pour être lus avidement par toutes les classes de la société. C'est donc à sir Walter Scott qu'il faut attribuer le désordre qui s'était organisé si l'on peut parler ainsi, dans la cervelle de Joséphine. Elle se rêvait la dame du quinzième ou du seizième siècle que devait poursuivre un jeune artisan, enfant perdu de quelque grande maison, lancé prochainement dans la carrière du talent et de la gloire, en attendant qu'il recouvrât ses titres ou qu'il en acquît par son mérite et sa réputation. La plupart des grands maîtres de l'art ne sont-ils pas sortis de la plèbe ; et quelle marquise, même ayant généalogie, n'eût pas été flattée d'être l'idole et l'idéal de ces illustres prolétaires, Jean Goujon, Puget, Canova et cent autres que compte l'histoire de l'art dans toutes ses branches ?

Ce volume fut dévoré par les deux amis en une soirée, et leur donna une telle envie de connaître le reste du roman, que, n'osant demander au château qu'on le leur prêtât, ils le louèrent chez le libraire de la ville voisine. Cette lecture fit sur eux une impression également profonde, quoique diverse : Pierre y voyait l'idéalisation fantastique de la femme ; le Corinthien y voyait la réalisation possible de sa propre destinée, non comme l'héritier méconnu de quelque grande fortune, mais comme le conquérant prédestiné à la gloire dans l'art. Il avouait naïvement à Pierre son ambition et ses espérances.

— Tu es heureux, lui répondait son ami, d'avoir ces douces chimères dans l'esprit. Et après tout, pourquoi ne se réaliseraient-elles pas ? les arts sont aujourd'hui la seule carrière où les titres et les privilèges ne soient pas absolument nécessaires. Travaille donc, mon frère, et ne te rebute pas. Dieu t'a beaucoup donné : le génie et l'amour ! Il semble qu'il t'ait marqué au front pour une existence brillante ; car, à l'âge où nous végétons encore pour la plupart dans une grossière ignorance, interrogeant avec une tristesse apathique le problème de notre avenir, te voilà déjà sûr de ta vocation ; te voilà distingué par des gens capables de t'apprécier et de t'aider. Mais ceci n'est rien encore : te voilà aimé de la plus belle et de la plus noble femme qu'il y ait peut-être au monde.

Lorsque Pierre parlait de la Savinienne, Amaury tombait dans une mélancolie que son ami s'efforçait en vain de combattre. — Comment peux-tu t'affecter si profondément d'une absence dont tu sais le terme, lui disait-il, et dans laquelle tu es soutenu par la certitude d'être aimé fidèlement et courageusement ! Je me surprends, moi, à envier ton malheur.

Amaury avait coutume de répondre à ces reproches que l'avenir était couvert d'un voile impénétrable, et que l'espoir dont il s'était bercé était peut-être trop beau pour se réaliser. — Crois-tu donc, disait-il, que Romanet renoncera aisément au trésor que je lui dispute ? Pendant un an qu'il va passer auprès de la Mère, la voyant tous les jours et lui donnant à toute heure des preuves de dévouement et de passion, crois-tu qu'elle ne fera pas de plus sages réflexions que celles dont tu as été le confident dans une heure de trouble et d'enthousiasme ? Lorsqu'elle t'a parlé, nous avions tous la fièvre. C'était à la suite d'émotions violentes ; après une scène où, pour la venger, j'avais commis un meurtre : un meurtre dont le souvenir fatal me poursuit sans cesse et jette un reflet lugubre sur mes pensées d'amour ! Aujourd'hui elle se repent déjà peut-être de ce qu'elle t'a dit ; et avant la fin de son deuil, peut-être qu'elle regrettera l'espèce d'engagement que cette confidence lui a fait contracter indirectement avec moi, comme elle regrettait alors l'engagement que son mari lui avait fait contracter avec le Bon-Soutien.

Ces doutes, qui n'étaient pas d'accord avec le caractère hardi et croyant du Corinthien, étonnaient Pierre, d'autant plus qu'ils semblaient augmenter chaque jour, à tel point qu'il attribua cet abattement au meurtre involontaire commis par son ami. Il essaya de bannir les angoisses de ce souvenir amer, et de justifier le Corinthien à ses propres yeux.

— Non, je n'ai pas de remords, lui répondit le jeune homme. Chaque matin et chaque soir j'élève mon âme à Dieu, et je sais qu'elle est en paix avec lui ; car je déteste la violence ; je ne suis ni haineux, ni emporté, ni vindicatif, et les querelles du Compagnonnage me font horreur et pitié à l'heure qu'il est. J'ai vu tomber celle que j'aimais, frappée d'un coup que j'ai cru mortel ; j'ai donné la mort à son assassin, dans un mouvement de défense plus légitime que celui du soldat à la guerre. Mais ce sang répandu entre la Savinienne et moi laissera des traces douloureuses : c'est un présage affreux, et auquel je ne puis songer sans frémir.

— C'est l'absence qui te rend cette idée plus affreuse encore. Si la Savinienne était ici, tu oublierais, dans le bonheur de la regarder et de l'entendre, les images sinistres qui flottent dans ton souvenir.

— Cela est certain ; mais je serais peut-être alors plus coupable que je ne suis. Pierre, tu me disais, il n'y a pas longtemps, que tu étais dégoûté du Compagnonnage, et que tu éprouvais le besoin d'en finir avec tout ce qui avait rapport à ces luttes criminelles et insensées. J'ai bien plus de motifs aujourd'hui que tu n'en avais alors pour éprouver le même dégoût. Je ne puis supporter l'idée de m'y replonger, et surtout d'y laisser vivre la compagne que j'ai rêvée. Il faudrait que la Savinienne pût quitter ce triste métier ; je voudrais l'arracher de ce coupe-gorge, dont je ne pourrai jamais repasser le seuil sans une sueur froide et sans un frisson mortel.

— J'espère, répondit Pierre, que le temps adoucira cette impression, dont je comprends trop bien l'amertume, mais dont tu es dominé peut-être plus qu'il ne faudrait. Rappelle-toi tes jours de bonheur passés dans cette maison si religieusement hospitalière, que la Savinienne sanctifie de sa présence. Plus ferme et plus forte que toi dans l'orage, elle a gardé sa foi et sa clémence toujours au service des victimes que de nouvelles fureurs pourraient venir briser encore sur la pierre de son foyer. Son rôle est bien grand, je t'assure ; et plus je la vois entourée de dangers, plus je la trouve digne de respect et d'amour, cette femme pure au milieu de l'orgie, et calme au sein des fureurs qui grondent autour d'elle. Il me semble qu'elle remplit là un devoir plus auguste que celui d'une reine au milieu de sa cour, et qu'en cherchant une vie plus paisible et plus élégante elle renoncerait à une mission que le ciel lui a confiée.

— O Pierre ! dit le Corinthien ému, ton esprit ennoblit

les choses les plus viles et divinise encore les plus élevées. Oui, la Savinienne est une sainte; mais je ne puis l'aimer sans désirer de l'arracher à l'enfer.

— Tu le feras un jour, répondit Pierre. Quand tu auras conquis, à la sueur de ton front, une existence plus douce, il te sera permis d'y associer ta compagne. Alors elle aura bien assez travaillé, bien assez souffert pour ses nombreux enfants du Tour de France; et ce changement de position sera la récompense, non l'abjuration de ses devoirs.

— Et dans combien d'années cela arrivera-t-il? s'écria le Corinthien avec une expression de déchirement dont Pierre fut vivement frappé.

— O mon cher enfant! lui dit-il, je ne t'ai jamais vu si pressé de vivre. Comment! le courage te manque-t-il à l'heure de la vie où tu as le plus de force et de puissance?

Le Corinthien cacha son visage dans ses deux mains. Assis sur un arbre renversé dans le parc du château, les deux amis s'entretenaient ainsi depuis une heure. C'était un dimanche, et les ménétriers qui se rendaient au rond-point pour le bal champêtre, passaient le long du mur extérieur en jouant de leurs instruments, au milieu des rires et des chants de la jeunesse du village qui les escortait.

Le Corinthien se leva brusquement.

— Pierre, dit-il, c'est assez de tristesse pour aujourd'hui. Allons danser sous le Rosny; veux-tu?

— Je ne danse jamais, répondit Pierre, et je m'en félicite; car il me semble que c'est une triste ressource contre le chagrin.

— A quoi vois-tu cela?

— A l'air dont tu m'y invites.

— C'est un singulier plaisir, en effet, dit le Corinthien en se rasseyant; c'est comme celui du vin, qui vous porte à la tête, et qui vous distrait de vos peines pour vous les ramener plus lourdes le lendemain.

— Allons, dit Pierre en se levant à son tour, tous les moyens sont bons, pourvu qu'on vive. Il est bon d'oublier, car il est bon de se souvenir ensuite. L'un est doux, l'autre salutaire. Viens, que je te conduise à la danse.

— Tu devrais plutôt m'empêcher d'y aller, Pierre, répondit le Corinthien sans se lever. Tu ne sais pas ce que tu me conseilles; tu ne sais pas où tu me conduis.

— Tu m'as donc caché quelque chose? dit Pierre se rasseyant auprès de son ami.

— Et toi, tu n'as donc rien deviné? répondit Amaury. Tu n'as donc pas vu qu'il y a là-bas, sous le chêne, une femme que je n'aime pas certainement, car je ne la connais pas, mais dont mes yeux ne peuvent pas se détacher, parce qu'elle est belle, et que la beauté a une puissance irrésistible? Est-ce que l'art n'est pas le culte du beau? Comment pourrais-je jamais rencontrer le regard de deux beaux yeux sans détourner les miens? Cela n'est pas possible, Pierre! Et pourtant je ne l'aime pas; je ne peux pas l'aimer, n'est-ce pas? Tout cela est donc bien ridicule.

— Mais que veux-tu dire? Je ne te comprends pas. Quelle est donc cette femme? Comment une autre que la Savinienne peut-elle te sembler belle? Si j'aimais, et si j'étais aimé, il me semble qu'il n'y aurait pour moi qu'une femme sur la terre. Je ne saurais pas seulement s'il en existe d'autres.

— Pierre, tu ne comprends rien à tout cela. Tu n'as jamais été amoureux. Tu crois peut-être à une puissance surhumaine qui n'est pas dans l'amour. Écoute; je veux t'ouvrir mon cœur; je veux te dire ce qui se passe en moi, et si tu y vois plus clair que moi-même, je suivrai tes conseils. Je te l'ai dit, il y a là-bas une femme que je regarde avec trouble, et à laquelle je pense avec plus de trouble encore quand je ne la vois pas. Souviens-toi de ce que tu me disais dans l'atelier, il y a cinq ou six jours, à propos d'une petite figure que j'ai découpée dans un de mes médaillons.

— C'était la tête, la coiffure, sinon les traits d'une dame...

— Il est bien inutile de la nommer. Elles ne sont que deux : l'une est l'image de l'indifférence, l'autre est l'image de la vie. Tu as prétendu que j'avais voulu faire le portrait de cette dernière, je m'en suis défendu. Je ne le voulais pas en effet; mais, malgré moi, quelque chose de sa forme gracieuse était venu sous mon ciseau. Tu insistas; tu pris Guillaume à témoin. Nous parlions un peu haut peut-être, et je ne sais si du cabinet de la tourelle on n'entend pas ce qui se dit dans l'atelier. Nous sommes sortis, et puis, à la nuit, je suis rentré pour prendre le livre que nous avions laissé là. Tu m'attendais à la maison pour l'achever. Tu m'as attendu assez longtemps. Je t'ai dit que j'avais marché un peu dans le parc pour dissiper un mal de tête. Je ne t'ai pas menti; j'avais la tête en feu, et j'ai marché beaucoup en sortant de l'atelier.

— Que s'est-il donc passé là? Je ne saurais l'imaginer. Une dame! une marquise!... Toi un ouvrier! un compagnon!... Corinthien, n'as-tu pas rêvé, mon enfant?

— Je n'ai pas rêvé, et il ne s'est rien passé de bien romanesque. Cependant écoute. J'entre dans l'atelier sans lumière; je n'en avais pas besoin pour trouver mon livre, je savais juste la place où je l'avais laissé. Je vois le fond de l'atelier éclairé, et une dame qui examinait ma sculpture, précisément la petite tête qui lui ressemble. En me voyant, elle jette un cri, et laisse tomber son bougeoir. Nous voilà dans l'obscurité tous les deux; je ne l'avais pas bien reconnue. Je ne sais pourquoi, je m'approche à tâtons en demandant qui est là. J'étendais les mains, et tout à coup je me trouve près d'elle que je ne croyais. Elle ne répond pas, quoique je la tienne dans mes bras. Ma tête s'égare, les ténèbres m'enhardissent, je feins de me tromper; j'approche mes lèvres tremblantes en nommant mademoiselle Julie; j'effleure des cheveux dont le parfum m'enivre... On me repousse, mais faiblement, en disant : — Ce n'est pas Julie, c'est moi, monsieur Amaury : ne vous y trompez pas. Elle ne cherchait pas sérieusement à se dégager, et moi je ne pouvais me résoudre à la laisser fuir. — Qui donc, *vous*? disais-je, je ne connais pas votre voix. Alors elle s'échappe, car je n'osais plus la retenir, et elle se met à courir dans l'obscurité. Je ne la suivais pas; elle se heurte contre un établi, et tombe en faisant un cri. Je m'élance, je la relève, je la croyais blessée.

— Non, ce n'est rien, me dit-elle. Mais vous m'avez fait une peur affreuse, et j'ai failli me tuer.

— Comment pouviez-vous avoir peur de moi, madame?

— Mais comment ne me reconnaissez-vous pas, monsieur?

— Si madame la marquise s'était nommée, je ne me serais pas permis d'approcher.

— Vous comptiez trouver Julie à ma place? Elle devait venir ici?

— Nullement, madame; mais je croyais que votre femme de chambre me faisait quelque espièglerie, et...... j'étais si loin de croire....

— Je cherchais un livre que je croyais avoir laissé dans la tribune, et que j'ai aperçu là près de votre sculpture.

— Ce livre est à madame la marquise? Si je l'avais su......

— Oh! vous avez très-bien fait de le lire si cela vous a tenté. Voulez-vous que je vous le laisse encore?

— C'est Pierre qui le lit.

— Et vous, vous ne lisez pas?

— Je lis beaucoup, au contraire.

Alors elle me demande quels sont les livres que j'ai lus, et la voilà qui cause avec moi comme si nous étions à la contredanse. Il venait un peu de clarté par la fenêtre ouverte, et je la voyais près de moi comme une ombre blanche, et le vent jouait dans ses cheveux, qui m'ont paru dénoués. J'étais redevenu si timide que je lui répondais à peine. Je m'étais senti plus hardi quand elle me fuyait; mais quand elle s'est mise à m'interroger, j'ai senti mon néant, j'ai rougi de mon ignorance, j'ai craint de m'exprimer d'une manière triviale; j'ai été si lâche que j'en avais honte. Il me semblait qu'elle devait me mépriser. Cependant elle ne s'en allait pas; sa voix était toute changée, et, en me faisant des questions comme à un enfant qu'on protège, elle paraissait si émue, que je lui ai dit, pour changer la conversation : — Je suis sûr que vous vous êtes fait du mal en tombant. Je sais bien que je ocvais dire : — Madame la marquise s'est fait du mal. Je n'ai pas voulu le dire ; non, pour rien au monde je ne l'aurais dit. — Je ne me suis pas fait de mal, a-t-elle répondu, mais j'ai eu une telle peur que le cœur m'en bat encore. J'ai cru que c'était un des ouvriers qui courait après moi.

Cette parole m'a bien surpris, Pierre. Que voulait-elle dire ? Est-ce que je ne suis pas un ouvrier, moi ? A-t-elle cru me flatter en me disant qu'elle me mettait à part, ou bien est-ce une idée de mépris qui s'est échappée malgré elle ? D'ailleurs elle m'avait fort bien reconnu, puisqu'elle m'avait nommé tout d'abord. Elle s'est levée pour partir, et sa robe s'est accrochée à une scie qui se trouvait là. Il m'a fallu l'aider à se dégager, et cette robe de soie qui était si douce m'a fait tressaillir jusqu'au bout des doigts. J'étais comme un enfant qui tient un papillon et qui craint de lui gâter les ailes. Elle a cherché ensuite à se diriger vers l'échelle-à-marches pour regagner la tribune, et je n'osais ni la suivre, ni m'éloigner. Quand elle a été sur les premières marches, elle a fait encore un petit cri, et j'ai entendu craquer les planches. J'ai cru qu'elle tombait encore, et en deux sauts j'ai été auprès d'elle. Elle riait, tout en disant qu'elle s'était fait mal au pied ; et elle disait aussi qu'elle n'osait pas remonter, de peur de rouler en bas. Je lui ai proposé d'aller chercher de la lumière.

— Oh ! non, non ! s'est-elle écriée. Il ne faut pas qu'on me sache ici ! Et elle s'est risquée à grimper. J'aurais été bien grossier, n'est-ce pas, si je ne l'avais pas aidée ? Elle était vraiment en danger en montant dans l'obscurité cette échelle qui ne serait pas commode pour cette femme même en plein jour. J'ai donc monté avec elle, et elle s'est appuyée sur moi. Et voilà qu'au dernier échelon elle a encore failli tomber, et que j'ai été forcé de la retenir encore dans mes bras. Le danger passé, elle m'a remercié d'un ton si doux et avec une voix si flatteuse, que je me suis senti attendri ; et quand elle a refermé sur elle la porte de la tourelle, j'ai eu comme un accès de folie. J'ai appuyé mes deux bras sur cette porte, comme j'allais l'enfoncer... Mais je me suis enfui aussitôt à travers le parc, et je crois bien que je n'ai pas retrouvé encore toute ma raison depuis ce jour-là. Pourtant il y a des moments où tout cela me paraît autrement. Il me semble qu'il faudrait être bien coquette pour vouloir tourner la tête à un homme qu'on n'oserait pas aimer. Cela serait bien lâche ; et si la marquise a eu cette pensée, ce n'est pas le fait d'une femme qui se respecte... Réponds-moi donc, Pierre ; qu'en penses-tu ?

— C'est une question bien délicate, répondit Pierre, que ce récit avait fort troublé. Une femme, ainsi placée, qui aimerait sérieusement un homme du peuple ne serait-elle pas bien grande et bien courageuse ? De combien de persécutions ne serait-elle pas l'objet ! Et, dans cette affection, ne serait-elle pas forcée de faire en quelque sorte les avances ? Car quel serait l'homme du peuple qui oserait l'aimer le premier, quand même toi, ne se méfierait pas un peu ? Ainsi tu vois que je ne puis blâmer cette dame si elle a de l'amour pour toi. Mais je ne sais pourquoi je n'ai pas grande confiance à la vérité de cet amour. Cette marquise, étant la fille d'un bourgeois, et pouvant choisir parmi ses pareils, s'est laissé marier à un bien mauvais sujet, parce qu'il avait un titre. Elle s'est avilie par ce mariage, croyant s'éloigner de plus en plus du peuple dont elle est sortie.

— Ne pourrait-on pas répondre à cela, dit Amaury, qu'elle était alors un enfant, qu'elle ne savait ce qu'elle faisait, que ses parents l'ont mal conseillée ? Et, à présent, n'est-il pas possible qu'elle ait fait des réflexions sérieuses, qu'elle se soit repentie de son erreur, et, qu'ayant reçu du sort une cruelle leçon, elle soit revenue à des sentiments plus nobles ?

— Oui, cela est possible, répondit Pierre ; tout ce qui peut excuser et justifier une femme aussi malheureuse, j'aime à l'entendre, et je m'efforce d'y croire. Mais que nous importe de savoir si elle est sincère ou coquette ? Pourrais-tu t'arrêter un instant à la pensée de répondre à de telles avances ? O mon ami, si un amour dispropor- tionné, irréalisable, venait à s'emparer de toi, sois-en certain, ton avenir serait compromis et ton âme en quelque sorte flétrie. Garde-toi donc des rêves dangereux et des écarts de l'imagination. Tu ne sais pas ce qu'on souffre quand une seule fois on a laissé passer devant le miroir de la raison certains fantômes trompeurs qui ne peuvent se fixer dans notre vie de misère et de privation.

— Tu parles de ces chimères comme si on avait l'esprit ferme et sage pouvait les connaître, répondit Amaury, frappé du ton d'amertume qui accompagnait les paroles de son ami. As-tu donc déjà vu quelque exemple de ces amours disproportionnées dont tu les réprouves ?

— Oui, j'en ai vu un, répondit Pierre avec émotion, et quelque jour peut-être je te le raconterai ; mais cela me coûterait trop en ce moment : c'est une blessure toute fraîche qui a été faite au cœur d'un honnête homme. Il ne la méritait pas, sans doute ; mais elle lui sera salutaire, et il en remercie Dieu.

Amaury comprit à demi que Pierre parlait de lui-même, et n'osa l'interroger davantage. Mais après quelques instants de silence, il ne put s'empêcher de lui demander si la marquise était pour quelque chose dans l'exemple qu'il citait.

— Non, mon ami, répondit Pierre, je crois la marquise meilleure que la personne à laquelle tu me fais songer. Mais, quelle qu'elle soit, Amaury, je ne pense pas que cette marquise, sans mari, sans lien conjugal, sans prudence et sans force sur elle-même, soit un être aussi beau, aussi aussi pur et aussi précieux devant Dieu que la noble Savinienne avec sa résignation, sa fermeté, son courage, sa réputation sans tache et son amour maternel. Une robe de satin, des petits pieds, des mains douces, des cheveux arrangés comme ceux d'une statue grecque, voilà, je l'avoue, de grands attraits, mais nous autres surtout, qui ne voyons ces beautés si bien ornées qu'à une certaine élévation au-dessus de nous, comme nous voyons les Vierges richement parées dans les églises. De belles paroles, un air de bonté souveraine, un esprit plus fin, plus orné que le nôtre, voilà aussi de quoi nous éblouir et nous faire douter si ces femmes sont de la même espèce que nos mères et nos sœurs ; car celles-ci sont placées sous notre protection, tandis que nous sommes comme des enfants devant les autres. Mais, sois-en certain, Amaury, nos femmes ont plus de cœur et de vrai mérite que ces grandes dames, qui nous méprisent en nous flattant, et nous foulent aux pieds en nous tendant la main. Elles vivent dans l'or et la soie. Il faut qu'un homme se présente à elles attifé et parfumé comme elles ; autrement ce n'est pas un homme. Nous, avec nos gros habits, nos mains rudes et nos cheveux en désordre, nous sommes des machines, des animaux, des bêtes de somme ; et celle qui pourrait l'oublier un instant rougirait de nous et d'elle-même l'instant d'après.

Pierre parlait avec amertume, et peu à peu il avait élevé la voix. Il s'interrompit tout à coup, car il lui sembla que le feuillage avait remué derrière lui. Le Corinthien fut frappé aussi de ce frôlement mystérieux. Il tremblait que la marquise ou quelqu'une des soubrettes du château n'eût entendu ses confidences. Une autre pensée était venue à Pierre ; mais il la repoussa et ne l'exprima point. Il retint son ami, qui voulait s'élancer dans le fourré à la poursuite de la biche curieuse, et se moqua de sa folie. Mais leurs soupçons s'aggravèrent lorsque, ayant fait quelques pas, ils virent une figure svelte et légère glisser comme un fantôme sous le berceau d'une petite allée et se perdre dans le crépuscule.

Ils se rendirent sous le chêne afin de voir quelles personnes du château les y avaient devancés. La marquise venait d'arriver avec sa femme de chambre Julie, jeune dindonnière décrassée, comme l'appelait ironiquement le père Lacrête, assez coquette et passablement jolie. Le comte de Villepreux n'y était pas. Sa fille n'y était pas non plus. Cependant ce pouvait bien être elle qui avait traversé les buissons au moment où Pierre prononçait sur elle, sans la nommer, une sorte d'imprécation. Il savait qu'elle s'occupait de botanique, et quelquefois il l'avait vue entrer dans les taillis pour y recueillir des mousses et des jungermanns. Mais ce pouvait être aussi la marquise qui s'était glissée là pour les écouter. Ils en ressentaient quelque perplexité secrète, lorsque le Corinthien, soit pour chercher l'occasion d'éclaircir ce mystère, soit entraîné par un penchant irrésistible, quitta brusquement le bras de son ami, et alla inviter Joséphine. Pierre ne put se défendre d'un sentiment pénible en voyant la puissance de cet attrait réciproque. Il se mit à l'écart pour les observer, et reconnut bientôt qu'un grand danger menaçait la raison et le repos du Corinthien. La marquise ne lui parut guère moins à plaindre. Elle semblait à la fois enivrée et consternée. Lorsque le jeune sculpteur était à ses côtés, elle ne voyait plus que lui ; mais, dès qu'il s'éloignait, elle hasardait autour d'elle des regards effrayés et pleins de confusion. Il faut qu'elle l'aime beaucoup, se disait Pierre, pour venir ici, à peu près seule, danser avec ces braves paysans, qui certes ne sont à ses yeux que des rustres. Pierre se trompait sur ce dernier point. Ces rustres avaient des yeux, ils admiraient la brillante fraîcheur de Joséphine Clicot et la grâce légère de ses mouvements. Ils se le disaient les uns aux autres. Le Corinthien entendait ces éloges naïfs et Joséphine voyait bien qu'il ne les entendait pas sans émotion. Elle désirait donc de plaire à tous ses danseurs, afin de plaire davantage à celui qu'elle préférait.

CHAPITRE XXI.

Pierre fit de vains efforts pour arracher le Corinthien de la danse. — Laisse-moi épuiser cette folie, lui répondait le jeune homme. Je t'assure que je suis encore maître de moi-même. D'ailleurs c'est la dernière fois que je braverai ce danger. Mais regarde ; la voilà seule au milieu de tous ces villageois, dont quelques-uns sont avinés. Cette petite Julie n'est pas un porte-respect pour elle ; et si c'était pour moi, comme tu le penses, qu'elle est venue se risquer dans cette foule un peu brutale, ne serait-ce pas mon devoir de veiller sur elle et de la protéger ? Va, Pierre, une femme est toujours une femme, et l'appui d'un homme, quel qu'il soit, lui est toujours nécessaire.

L'Ami-du-trait fut forcé d'abandonner le Corinthien à lui-même. Il se sentait devenir de plus en plus triste en assistant au spectacle de ce bonheur plein de périls et d'ivresse qui réveillait douloureusement en lui sa souffrance cachée. Il se demandait alors s'il avait bien le droit de blâmer une faiblesse à laquelle, dans le secret de ses pensées, il s'était vu près de succomber, et dont il n'eût pu sans mentir se dire radicalement guéri. Il s'enfonça dans le parc, dévoré d'une étrange inquiétude.

Il marchait depuis quelque temps au hasard, lorsqu'il se trouva, au détour d'une allée, non loin de deux personnes qui marchaient devant lui. Il reconnut la robe sombre et la voix assez particulière de mademoiselle de Villepreux. C'était un timbre élégant et pur, mais ordinairement dénué d'inflexions et peu vibrant. Cet organe était en harmonie avec toute l'apparence de sa personne. Mais quel était donc l'homme qui lui donnait le bras ? Il portait un de ces manteaux qu'on appelait alors *quiroga*, et un chapeau dit *à la Morillo*. Sa démarche assurée montrait, aussi bien que son costume, que ce n'était pas le comte de Villepreux. Ce n'était pas non plus le jeune Raoul : Pierre venait de le voir passer, en veste et en casquette, avec un fusil pour tuer des lapins à l'affût. Ce pouvait être un parent nouvellement arrivé au château. Pierre continua de marcher derrière eux à distance. L'obscurité des allées l'empêchait de les bien voir ; mais, lorsqu'ils traversaient une clairière, on pouvait distinguer les gestes animés de l'homme au quiroga. Il parlait avec feu, et quelques notes d'une voix retentissante, qui ne semblait pas inconnue à Pierre Huguenin, arrivaient de temps en temps jusqu'à lui.

Intrigué, tourmenté, Pierre ne put résister au désir de doubler le pas pour les entendre de plus près. Mais, comme il traversait un endroit sombre, il s'aperçut, à la voix, que les promeneurs revenaient sur leurs pas et se rapprochaient de lui de plus en plus. Il ne crut pas devoir les éviter, et bientôt, en recueillant ses souvenirs, il reconnut la voix, l'allure et le ton bref et saccadé de M. Achille Lefort, l'enrôleur patriotique.

Comme Achille passait tout auprès de Pierre, il prononça ces paroles avec un accent fort animé :

— Non, certes, je ne renoncerai pas à l'espérance, et je suis certain que M. le comte...

Il s'interrompit en apercevant Pierre Huguenin qui marchait dans la contre-allée.

Mademoiselle de Villepreux pencha le corps en avant, en baissant un peu la tête, dans l'attitude qu'on prend quand on cherche à reconnaître quelqu'un dans l'obscurité :

— Tenez, dit-elle en s'arrêtant, voici précisément la personne que vous désiriez de rencontrer. Je vous laisse ensemble.

Elle dégagea son bras, rendit à Pierre son salut silencieux, et voulut s'éloigner.

— Malgré tout le plaisir que j'éprouve à rencontrer maître Pierre, dit le commis-voyageur en se disposant à la suivre, je ne puis me résoudre à vous laisser retourner seule au château.

— Vous oubliez que je suis une campagnarde, répondit-elle, et que je suis habituée à me passer de chevalier. Je vais rejoindre mon père, qui doit avoir fini sa sieste. Au revoir.

Puis elle passa comme à dessein du côté opposé à Pierre, et fit quelques pas en courant, mais bientôt, réprimant cet accès d'une vivacité qui ne lui était pas naturelle, elle s'éloigna d'un pas léger, mais égal et mesuré.

Pierre, tout bouleversé de cette double rencontre, suivait de l'ouïe le petit bruit du sable qu'elle faisait crier sous son pied, et n'entendait pas le préambule par lequel Achille Lefort venait d'entrer en matière. Quand il sortit de cette préoccupation, il reconnut que le bon jeune homme lui disait les choses les plus obligeantes du monde, et il se reprocha d'y répondre avec tant de froideur. Mais, malgré lui, en le voyant tomber encore une fois du ciel, et se présenter à ses regards au milieu d'un tête-à-tête animé avec Yseult, il se sentait pour lui moins de sympathie que jamais.

— Eh bien ! mon brave, lui disait Achille, est-ce que vous avez déjà oublié notre joyeuse rencontre au Berceau de la Sagesse ? C'est bien un digne homme que le père Vaudois ! plein d'intelligence, de patriotisme et de courage ! Donnez-moi donc des nouvelles du vieux jacobin de serrurier qui a tant scandalisé votre ancien élève le capitaine ! et de votre Dignitaire, pour lequel j'ai autant d'estime et de respect que si j'étais son fils ! Parlez-moi de tous nos amis ! Je ne vous demande rien sur le Corinthien : on vient de m'en parler au château avec tant d'éloges, que je ne serais pas étonné de lui voir faire incessamment une brillante fortune. Toute la famille de Villepreux en a la tête tournée. On m'a déjà montré ses sculptures, et j'en suis plus charmé que surpris. J'avais bien pressenti, en le voyant, le grand artiste, l'homme de génie.

— Vous avez, répondit Pierre, un excès de bienveillance qu'on prendrait pour de l'ironie, si on ne se disait pas qu'on n'en vaut pas la peine. Faites un peu trêve à tous ces compliments, et dites-moi tout de suite si je puis vous être bon, dans ce pays-ci, à quelque chose qui vous concerne personnellement. Je ne pense pas que vous ayez interrompu la promenade que vous faisiez tout à l'heure pour parler avec moi de choses oiseuses ; et quant à la politique, vous savez que je n'y comprends rien.

— Vous maniez la plaisanterie à merveille, maître Pierre, et si j'étais un enfant je me laisserais déconcerter. Mais je suis habitué à lire dans les consciences ; je suis une espèce de confesseur, et je puis dire que j'en ai confessé de plus méfiants que vous. Vous prétendez ne rien comprendre à la politique ? Certes, si vous jugez celle qui se fait aujourd'hui par les étranges divagations que nous avons entendues dernièrement à notre souper chez le Vaudois, vous devez avoir pitié de nous tous. Mais j'espère pourtant que vous ne me confondez pas tout à fait avec les autres.

— Les autres sont vos amis, vos associés, je dirais *vos*

complices, si j'étais royaliste. Comment pouvez-vous en faire aussi bon marché avec moi que vous ne connaissez pas?

— Je vous connais beaucoup, au contraire. Je n'ai pas cherché à me lier avec vous sans avoir étudié votre caractère, vos sentiments, et sans m'être fait raconter avec le plus grand détail la conduite que vous avez tenue à Blois avec vos frères les Gavots. Je sais que, dans vos assemblées, vous avez été grand orateur, grand philosophe, grand politique même; et je pourrais vous redire, en partie, les discours que vous leur avez tenus pour les détourner du concours. Eh bien! maître Pierre, il vous est arrivé là ce qui pourrait bien m'arriver à moi-même, si j'étais, comme vous le supposez, associé à quelque *Devoir* politique. Vous vous êtes trouvé seul de votre avis, seul avec votre bon sens et vos bonnes intentions, au milieu de gens estimables d'ailleurs et dignes de toute votre amitié, mais pleins d'erreurs, de préjugés et de passions contraires. Voilà ma réponse à ce que vous me disiez tout à l'heure à propos de mes prétendus complices.

— Écoutez, monsieur, dit Pierre après avoir gardé le silence un instant, ce que vous dites là peut être vrai. Mais si vous voulez que je cause avec vous, vous me parlerez sans réserve. Vous ne me supposez pas assez simple pour avoir regardé vos avances comme une affaire de pure sympathie de vous à moi. Les éloges ne m'ont jamais tourné la tête. Je ne vous demande pas le nom de vos associés; je pense que, comme nous dans nos sociétés, vous devez être lié aux vôtres par de certaines promesses. Je veux croire que les personnes avec lesquelles vous m'avez mis en rapport sont étrangères à tout complot. Mais je veux que vous me disiez à quoi vous travaillez, vous, personnellement... Car, ou vous me prenez pour un niais qui se laissera conduire les yeux bandés (et, en ce cas, je dois vous dire que vous vous trompez), ou vous me savez incapable de faire le métier infâme de délateur, et dans ce cas vous ne devez pas me parler par énigmes. Je n'aurais pas le temps d'en chercher le mot.

— Soit, mon brave! je parlerai aussi clairement que vous voudrez. Je ne vous demande pas si vous êtes à l'abri d'un moment d'oubli et de légèreté qui pourrait compromettre ma liberté et ma vie; j'en suis persuadé d'avance, vous sachant l'homme le plus sérieux et le plus délicat peut-être qui existe. D'ailleurs, là où je ne risque que ma tête, je ne suis pas habitué à négliger mon devoir par prudence. Que voulez-vous savoir?

— Votre opinion véritable, monsieur, vos principes, votre foi politique. Je ne vous demande pas compte des actes par lesquels vous servez votre cause, je sais que vous ne pouvez pas les révéler; mais je veux savoir votre but : sans cela, vous ne me remuerez pas plus qu'une montagne.

— La foi transporte les montagnes, mon digne camarade. Je suis donc sûr de vous remuer, car ma foi est la vôtre : je suis républicain.

— Qu'entendez-vous par là?

— Étrange question! ce que vous entendez vous-même.

— Mais qu'est-ce que j'entends, moi? le savez-vous?

— Je le présume, et d'ailleurs vous allez me le dire.

— Non pas; j'attendrai que vous me disiez votre plan de république, car il est certain pour moi que vous en avez un. Sans cela vous ne vous seriez pas mis à l'œuvre; tandis que moi, qui ne suis occupé du matin au soir qu'à scier des planches et à les raboter, il est possible que je n'aie jamais songé à refaire la société.

— Vous m'interrogez d'une manière un peu insidieuse, mon bon ami, faites-y attention. Si nous sommes d'accord au fond, nous pouvons nous entendre en nous révélant l'un à l'autre. Si nous ne le sommes pas, vous conservez le droit de me contrecarrer dans mes projets, tandis que je n'ai aucune prise sur les vôtres.

— Il est vrai, puisque, moi, je n'ai pas de projets. Que faire donc? Si je vous dis mes idées et que vous vouliez vous servir de moi, vous serez libre de me répondre que ce sont justement les vôtres.

— Je vous dirai ce que vous me disiez d'abord : ou vous avez confiance en moi, ou...

— Mais pourquoi donc aurais-je confiance en vous? Vous ai-je cherché? Est-ce que je songeais à vous quand vous m'avez accosté sur le bord de la Loire? Est-ce que je cherchais la république tout à l'heure, quand vous m'avez arrêté dans cette allée? Est-ce que j'insiste, dans ce moment-ci, pour être initié à vos secrets? Voulez-vous de moi, ou n'en voulez-vous pas? Parlez ou laissez-moi.

— Vous avez une logique impitoyable, et je vois que j'ai affaire à forte partie. Eh bien! je parlerai; car, sans cela, le débat deviendrait comique, et, pour le terminer selon nos prétentions mutuelles, il faudrait nous mettre à parler tous les deux à la fois, ce qui ne serait pas le moyen de s'entendre. Je commence : Nous avons prononcé le mot de république; et d'abord nous voici arrêtés. Qu'est-ce que la république? est-ce celle de Platon? est-ce celle de Jésus-Christ? est-ce celle de l'ancienne Rome ou de l'ancienne Sparte? est-ce celle des Treize-Cantons? est-ce celle des États-Unis? enfin, est-ce celle de la Révolution française, dans laquelle on peut compter quinze à vingt formes de république tour à tour essayées, dépassées et culbutées?...

Ici Achille Lefort s'arrêta pour respirer. Le bon jeune homme était un peu embarrassé de la définition qu'il fallait donner, et il espérait étourdir son adversaire à force d'érudition. Mais Pierre le suivait fort bien, et rien de ce qu'il entendait ne lui était étranger.

— Ce n'est, à coup sûr, aucune de ces formes que vous avez adoptée, répliqua-t-il. Vous avez trop de jugement pour ne pas savoir que la république de Platon, tout aussi bien que celles de Rome et de Sparte, est impossible sans les ilotes; que celle des Treize-Cantons est impossible sans les montagnes; celle des États-Unis sans l'esclavage des noirs, et toutes celles de notre Révolution sont impossibles sans les geôliers et les bourreaux. Reste donc celle de Jésus-Christ, sur laquelle je ne serais pas fâché d'avoir votre opinion.

— Ce serait peut-être la plus populaire si on comprenait bien l'Évangile, répondit Lefort; mais celle-là aussi est impossible sans les prêtres. Ainsi toutes ont pour nous un empêchement majeur, et il faut en trouver une nouvelle.

— Nous y voilà, dit Pierre en s'asseyant sur le revers d'un fossé et en se croisant les bras. Et il se disait en lui-même : C'est ici que je vais savoir si cet homme est un sage ou un sot.

Achille Lefort n'était ni l'un ni l'autre. Il était l'homme de son temps, un des mille jeunes gens braves, entreprenants, dévoués, mais ignorants et téméraires, que la France voyait pulluler alors dans ses flancs en travail. Dominée par une seule grande idée patriotique, celle de chasser les Bourbons et de ramener les institutions à un libéralisme plus sincère, cette courageuse jeunesse allait à l'aventure, ne se souciant pas de formuler des théories immédiatement applicables, ne voyant partout que le fait, qu'elle décorait dans ce temps-là du nom de principe (ne sachant vraiment pas ce que c'est qu'un principe), et obéissant néanmoins à la loi du progrès qui entraînait tous ses membres pêle-mêle, chacun avec son petit bagage de philosophie scolaire et de passion politique : Voltaire, Adam Smith, Bentham, la Constituante, la Convention, la Charte, Brissot, La Fayette, le duc d'Orléans, et *tutti quanti*. Ces jeunes gens avaient été amenés, pour faire nombre, à l'idée d'initier à leurs sociétés secrètes les mécontents du parti impérial, phalange héroïque de cœur et bornée d'esprit, qui fit un peu le rôle de Bertrand dans la fable des marrons, et qui s'en venge aujourd'hui en dirigeant les canons et les fusils de l'Ordre répressif contre la république émeutière. Il y avait donc en ce temps-là un échange inévitable de petites ruses, de promesses fallacieuses et de transactions tant soit peu jésuitiques entre les conspirateurs des diverses opinions et des diverses nuances. Le tout se faisait à bonne intention, et s'il est permis de plaisanter aujourd'hui sur ces épisodes, il ne faut pas oublier d'en tenir compte à la finesse railleuse et à la témérité enjouée de l'esprit français[1].

---

1. Toute période historique a deux faces : l'une assez pauvre, assez ridicule, ou assez malheureuse, qui est tournée vers le calendrier du

Achille Lefort, mis au pied du mur par l'esprit ferme, par la conscience vierge et par l'ardente soif de vérité qui poussaient l'homme du peuple à savoir le mot de l'avenir, se tira d'affaire le plus adroitement qu'il put, et malgré le bon sens implacable de Pierre Huguenin, qui ne manquait pas non plus de finesse, il réussit à se dégager de sa férule sans trop de dommage ni de honte. Tout en feignant de s'interroger lui-même consciencieusement (et, l'occasion étant bonne, Achille Lefort joua ce jeu au sérieux), il amena insensiblement Pierre à lui dire ses répugnances, ses sympathies, ses vœux, et à mettre au jour tout un monde de questions que l'ouvrier s'était faites à lui-même, et qui étaient restées sans réponses, mais qui n'en étaient pas moins de grandes questions, seules dignes d'un grand cœur qui désire et d'un grand esprit qui cherche. Ces éclairs qui jaillissaient de son âme jetèrent leur lumière sur celle du jeune Carbonaro. Ce brave enfant, plein de défauts, de suffisance, de mauvais goût et de présomption, n'en était pas moins une des consciences les plus pures qu'il fût possible de rencontrer. Son cerveau, plein d'enthousiasme et avide d'émotions, s'embrasa au contact de cet homme obscur qui lui soulevait plus de problèmes fondamentaux en une heure qu'il n'en avait rencontré sur son chemin depuis qu'il était au monde. Il comprit qu'il y avait là quelque chose de grand ; et son charlatanisme d'amitié pour l'adepte qu'il voulait conquérir se changea en une affection véritable, en une confiance sans bornes.

De son côté, Pierre vit bien que, si ce n'était pas là le philosophe qui pouvait résoudre ses questions, c'était du moins une bonne et généreuse nature. Il vit aussi ses travers, et osa les lui dire. Achille ne s'en fâcha. Il plia sous la supériorité de l'artisan, sans toutefois y consentir intérieurement ; son amour-propre le lui défendait ; et tout en lui déclarant qu'il le regardait comme son maître, tout en le reconnaissant pour tel dans sa conscience sur certains points, il cherchait encore les moyens de l'éblouir par ses démonstrations de force morale et son étalage de vertu civique.

Leur entretien se prolongea si tard, que les violons étaient partis, que le village était couché, que les lumières du château avaient successivement disparu, et que deux heures du matin sonnaient à la grande horloge lorsqu'ils songèrent à se séparer. Ils se promirent de se revoir le lendemain. Achille prit le chemin du château, et Pierre le conduisit jusqu'à la porte d'une tour dans laquelle son appartement était préparé. C'est alors seulement qu'il osa lui demander sous quel titre et sur quel pied il était dans la famille de Villepreux.

— Il y a longtemps que je connais les Villepreux, répondit Achille avec ce ton de familiarité qui lui était propre ; je suis lié avec le vieux bonhomme.

— Et votre connaissance s'est faite comme entre un homme qui achète des vins et un homme qui en vend ? Vous vendez donc réellement des vins ?

— Sans doute ! quels seraient donc mon passe-port pour entrer partout, et ma garantie pour voyager sans mettre la police à mes trousses ? Je vends des vins, et de toutes qualités. Avec le Xérès et le Malvoisie, je pénètre dans les châteaux ; avec l'eau de vie et le rhum, dans les cafés, et jusque dans les cabarets de village. Comment ai-je fait la connaissance du Vaudois ?

— Je ne vous demande pas cela. Y a-t-il longtemps que vous venez dans ce château ?

— Cinq ou six ans ; c'est moi qui ai monté la cave.

— Et à Paris, vous avez conservé des relations avec la famille de Villepreux ?

— Certainement. Est-ce que cela ne vous paraît pas naturel ?

— Oh ! mon Dieu, si, répondit Pierre avec un peu d'ironie ; il n'est pas nécessaire d'inventer autre chose.

— Comment, inventer ? que voulez-vous dire ? Supposeriez-vous que je fusse en rapport politique avec le vieux seigneur ? Ce serait une chose bien invraisemblable, et d'ailleurs je ne voudrais pas m'interroger sur un point où il ne s'agirait pas de moi seul.

— Je n'y songeais seulement pas. Vous voyant très à l'aise avec la demoiselle du château...

— Eh bien, eh bien, achevez ! que supposiez-vous ? Elle a de l'esprit, la petite Yseult, n'est-ce pas ? Elle m'a dit qu'elle avait causé avec vous, et je ne sais pas tout ce qu'elle ne m'a pas dit de vous en trois mots brefs et nets, selon sa coutume. Drôle de fille ! la trouvez-vous jolie ?

Cette manière de définir et d'analyser la personne à laquelle Pierre n'osait songer sans trembler, lui fit une telle révolution qu'il fut quelques instants sans pouvoir répondre. Enfin, comme Achille insistait singulièrement, il répondit qu'il ne l'avait pas regardée.

— Eh bien, regardez-la, reprit Achille, et je vous dirai ensuite quelque chose. — Eh bien, dites-le moi tout de suite, afin que je me souvienne de la regarder, répondit Pierre dont la curiosité était vivement et péniblement excitée, mais qui n'en voulait rien laisser paraître.

Achille lui prit le bras, et, s'éloignant du château, il l'emmena à quelque distance d'un air de mystère enjoué qui fit souffrir mille tortures à Pierre Huguenin. Quand ils furent convenablement éloignés : — Vous n'avez rien entendu dire à propos d'elle ? dit Achille à voix basse.

— Rien du tout, répondit Pierre ; et comme il craignait que l'autre ne voulût pas continuer son bavardage, il ajouta aussitôt pour le remettre en train : Ah ! si fait ; j'ai ouï dire qu'elle avait une grande passion dans le cœur pour un jeune homme qu'on ne veut pas lui donner en mariage. — Ah bah ! vraiment ? s'écria Achille. Je n'avais jamais entendu parler de cela ; il serait possible... pourquoi non ? Mais je n'en savais rien. — Que vouliez-vous donc m'apprendre ? — Une chose très-particulière ; savez-vous de qui on prétend qu'elle est fille ? — Je ne sais. — De l'empereur Napoléon, ni plus ni moins. — Comment cela se pourrait-il ? — Très-naturellement. Son père, le fils du vieux dom, avait épousé une jeune dame attachée aux atours de l'impératrice Joséphine ; si bien que le premier enfant de ce mariage, s'il faut en croire la chronique, serait né un peu plus tôt que de raison, et aurait dans les lignes de son profil une ressemblance adoucie avec l'aigle corse. Que vous en semble ?

— Rien ; je n'ai jamais remarqué cela. Cependant la hauteur de son caractère me fait croire qu'elle peut bien avoir du sang de quelque despote dans les veines.

— Est-elle dédaigneuse, ou moqueuse ?

— Je vous le demande : vous la connaissez beaucoup, et moi pas le moins du monde. Dans ma position vis-à-vis d'elle, je ne puis...

— Mais passe-t-elle ici pour dédaigneuse ?

— Assez.

— Et vous, que vous semble-t-elle ?

— Étrange.

— Oui, étrange, n'est-ce pas ? d'un sérieux fantasque, d'un bon sens énigmatique ; froide, orgueilleuse ; une vraie nature de princesse ?

— Vous l'avez beaucoup étudiée !...

— Moi ! je ne me suis pas donné cette peine. Voyez-vous,

---

temps ; l'autre grande, efficace et sérieuse, qui regarde celui de l'éternité. Nous ne saurions mieux développer cette pensée appliquée aux évènements dont il est ici question, qu'en citant un passage de M. Jean Raynaud sur le Carbonarisme. Si quelqu'un nous accusait de n'avoir parlé avec assez de respect des tentatives qui eurent leurs périodes tragiques et leurs martyrs couronnés, nous invoquerions ce beau texte comme l'expression de nos sympathies et de notre jugement définitif : « Hélas ! ces
« complots nous ont coûté de sang, et du plus pur ! il a fallu que des
« cœurs généreux fussent condamnés prématurément à l'exil du tombeau,
« et que de nobles têtes, livrées en holocauste, s'inclinassent douloureu-
« sement sous la main pesante du bourreau... Leur sacrifice n'a pas été
« inutile pour le monde ; et la postérité, dans sa commémoration des
« morts, conservera leurs noms. Non, votre sang, ô infortunés patriotes,
« n'a point été versé en vain ; car il a inspiré à tous les amis des hommes
« le désir de mourir avec la même grandeur et pour la même cause que
« vous ; il a élevé témoignage contre les monarchies, au jour où les mo-
« narchies étaient puissantes, et où ceux qui étaient censés représenter
« la France s'inclinaient devant elles ; il a marqué dans nos annales d'un
« signe ineffaçable la révolution reparaissant au sein du peuple au même
« instant où le sceptre aux mains des monarques ; il est allé, comme un
« tribut de notre âge, se mêler à ces rivières sacrées faites du sang de
« vos pères, et qui, sous la première république, ont mouillé notre fron-
« tière nationale d'une ceinture infranchissable ; et s'il y a eu dans le
« Carbonarisme quelque gloire, ô Borie, Raoulx, Goubin, Pommier, Val-
« lée, Caron, Berton, Caffé, Saugé, Jaglin, cette gloire se concentre tout
« entière sur vous, qui seuls avez paru à la lumière du ciel, et pour
« tomber sous le couperet des rois. »

Je vous jure sur l'honneur que je pleure à présent sans cause réelle. (Page 76.)

mon cher, je n'ai pas le temps de me morfondre auprès d'une femme. La vie que je mène me force à ne jamais accorder grande attention à celles qui ne font pas quelque chose pour m'attirer. La fille de Napoléon ne vaut pas pour moi une pipe de tabac, si, au lieu de me plaire, elle cherche à m'éblouir. Il y a ici une petite personne qui me tournerait la tête si je me laissais aller. C'est la délicieuse marquise. Mais, du diable! je serais forcé de la planter là au bout de huit jours. Il vaut mieux la laisser tranquille, n'est-ce pas? Vous, qui êtes vertueux...

— Vous, vous êtes fat, dit Pierre d'un ton ferme, dont la franchise fit éclater de rire le commis voyageur.

Ce genre de conversation frivole n'était pas du goût de l'artisan grave et passionné. Il souhaita définitivement le bonsoir à son nouvel ami, et reprit à travers le parc le chemin du village.

Mais il lui fut impossible d'effectuer sa sortie. Le parc était clos de tous les côtés. Il n'était pas absolument difficile de passer par-dessus le mur; mais Pierre se sentait pris d'une telle nonchalance d'esprit, qu'il lui était à peu près indifférent de passer la nuit dans le parc ou dans son lit. Il avait là, en cas d'orage (le temps menaçait), la res- source d'aller se mettre à l'abri dans l'atelier, dont il avait toujours une clef sur lui. Se sentant porté, par cette langueur inaccoutumée, à la rêverie plus qu'au sommeil, il s'enfonça dans le plus épais du bois, et continua d'errer lentement, tantôt s'asseyant sur la mousse pour céder à la lassitude de ses jambes, tantôt reprenant sa marche pour obéir à l'inquiétude de son esprit.

CHAPITRE XXII.

D'abord sa rêverie fut vague et mélancolique. La dernière impression sous laquelle il était resté en quittant Achille Lefort, c'était cette découverte ou cette fable de la bâtardise illustre de mademoiselle de Villepreux. Pierre ne pouvait se défendre de repasser dans sa tête tous les romans qu'il avait lus, et il n'en trouvait aucun aussi étrange que celui qu'il avait fait dans le secret de son cœur, lui épris et presque jaloux de la fille de César. Singulière destinée pour elle, se disait-il, si elle est et si elle se sent quelque peu taillée dans le flanc du colosse, de se trouver placée entre un artisan qui ose l'admirer et un

Iseult de Villepreux.

commis voyageur qui se permet de la dédaigner! Combien son orgueil serait en souffrance, si ce qui se passe autour d'elle pouvait lui être révélé!

Et pourtant les paroles qu'il avait entendu sortir de la bouche d'Achille, au moment où son entretien avec mademoiselle de Villepreux avait été rompu, revenaient lui donner de l'inquiétude. Peut-être est-il plus fin qu'il ne semble? se disait-il; peut-être est-ce lui qu'elle aime en secret et contre le vœu de ses parents? peut-être feint-il de ne pas se soucier d'elle, pour cacher son bonheur? Et tout aussitôt Pierre trouvait mille bonnes raisons pour se persuader qu'il en était ainsi. Mais de quel droit chercherait-il à pénétrer un secret qui pouvait être sérieux et digne de respect? « Si elle aimait, se disait-il, un homme sans naissance et sans fortune comme il déclare l'être, ne serait-ce pas une chose bien délicate et bien romanesque que ce semblant de fierté, cette réserve avec tout le monde, cet air d'indifférence pour tout ce qui n'est pas lui? Enfin ce qui paraît étrange en elle ne deviendrait-il pas poétique et touchant? Ne lui pardonnerais-je pas le mal qu'elle m'a fait, sans le vouloir, sans le savoir peut-être? » Et, tout en s'efforçant de s'intéresser au bonheur

présumé d'Achille Lefort, Pierre se sentait malade et désespéré. Ce fut durant cette nuit d'insomnie et de tourment qu'il s'avoua à la fin qu'il aimait passionnément, et qu'il eut pleinement conscience de sa folie.

Cependant l'effroi qu'il ressentit de cette découverte se dissipa bientôt. Comme il arrive dans les grandes crises où la vue lucide du danger ranime les forces et réveille la prudence, il sentit peu à peu revenir en lui la volonté et la puissance de lutter contre la chimère de son imagination. Il résolut d'écarter ce vain fantôme et de tourner sa pensée vers les sujets plus sérieux dont l'avait entretenu Achille pendant toute la soirée.

Il réussit à s'absorber dans ces réflexions nouvelles; mais il ne fit en cela que changer de souffrance. Il y avait un tel vague dans la cervelle du Carbonaro, qu'il n'avait laissé dans celle de son néophyte qu'incohérence et confusion. La contention d'esprit avec laquelle Pierre essayait de débrouiller quelque chose dans le chaos de théories qu'Achille avait mêlées devant lui comme un jeu de cartes, lui donna une sorte de fièvre. Ses idées s'obscurcirent; le malaise que semble éprouver la nature à l'approche du jour passa en lui; et il se jeta tout de son long sur la mousse, oppressé, accablé, et recevant, comme un choc dans tout son être, les douleurs exquises et profondes de René et de Childe-Harold, auxquelles la loi des âges venait l'initier, lui simple manœuvre, sans plus de réserve que si la société l'eût formé pour les souffrances de l'esprit, au lieu de le destiner exclusivement à celles du corps.

Lorsque le jour parut et qu'une faible blancheur se répandit sur les objets, il se sentit, sinon soulagé, du moins plus doucement ému. L'orage était passé ; l'atmosphère sèche et lourde s'humectait de la fraîcheur du matin, et les brises de l'aube semblaient balayer les soucis de la nuit. Les natures formées dans le robuste milieu populaire vivent beaucoup par les sens, et cette puissance est un perfectionnement de l'être quand elle est jointe à celle de l'intelligence. L'absence de clarté depuis une assez longue suite d'heures avait beaucoup contribué à la tristesse de Pierre. Lorsque la lumière se répandit sur la nature, il se sentit renaître, et admira, dans une sorte de transport d'artiste, ce beau parc, ces arbres immenses de feuillage et de fraîcheur, cette herbe unie et verte au milieu de l'été comme aux premiers jours du printemps, ces sentiers sans cailloux et sans épines, toute cette nature soignée, luxueuse et parée des jardins modernes.

Mais son admiration le ramena peu à peu au problème qui l'avait obsédé toute la nuit.

Il avait lu, dans les philosophes et dans les poëtes du siècle dernier, que *la cabane du laboureur*, la prairie *émaillée de fleurs*, et le champ semé de glaneuses, étaient plus beau que les parterres, les allées droites, les buissons taillés, les gazons peignés et les bassins ornés de statues qui entourent *le palais des grands*; et il s'était laissé aller à le croire, car cette idée lui plaisait alors. Mais, forcé de parcourir la France, à pied et en toute saison, il avait reconnu que cette *nature* tant vantée au dix-huitième siècle n'était réellement nulle part, sur un sol divisé à l'infini et indignement torturé par les besoins individuels. Si, du haut d'une colline, il avait contemplé avec ravissement une certaine étendue de pays, c'est que, dans l'éloignement, cette division s'efface et se confond à la vue ; les masses reprennent leur apparence de grandeur et d'harmonie ; les belles formes primitives du terrain, la riche couleur de la végétation que l'homme ne peut détruire, dominent et dissimulent à distance la mutilation misérable qu'elles ont subie. Mais en approchant de ces détails, en pénétrant dans ces perspectives, notre voyageur avait toujours éprouvé un désenchantement complet. Ce qui, de loin, avait l'aspect d'une forêt vierge, n'était plus de près qu'une suite d'arbres alignés maladroitement sur les marges disgracieuses des enclos. Ces arbres eux-mêmes étaient privés de leurs plus belles branches, et n'avaient plus de forme. Les pittoresques chaumières étaient sales, entourées d'eau croupie, privées d'abris naturels contre le vent ou le soleil. Nulle chose n'était à sa place. La maison du riche détruisait la simplicité de la campagne ; la cabane du pauvre ôtait au château tout caractère d'isolement et de grandeur. La plus belle prairie, faute d'un filet d'eau qu'on n'avait pas le droit ou le moyen d'emprunter au ruisseau voisin, manquait souvent d'herbe et de fraîcheur. Point d'harmonie, point de goût, et surtout point de fertilité réelle. Partout la terre, livrée à l'ignorance et à la cupidité, s'épuisant sans donner l'abondance, ou bien abandonnée à l'impuissance du pauvre, se flétrissant dans une aridité séculaire. Et pour le voyageur, pas un sentier qu'il ne fallût chercher et conquérir en quelque sorte par la mémoire ou par l'agilité du corps ; car tout est clos, tout est défendu, tout se hérisse d'épines et s'entoure de fossés et de palissades. Le moindre coin de terre est une forteresse, et la loi constitue un délit à chaque pas hasardé par un homme sur la propriété jalouse et farouche d'un autre homme. Voilà donc la nature, comme nous l'avons faite, pensait Pierre Huguenin lorsqu'il parcourait ces déserts créés par l'humanité. Dieu peut-il reconnaître là son ouvrage? Est-ce là le beau paradis terrestre qu'il nous avait confié pour l'embellir et l'étendre, d'horizon en horizon, sur toute la face du globe?

Parfois il avait traversé des montagnes, côtoyé des torrents, erré dans des bois épais. Là seulement où la nature se conserve rebelle à l'envahissement de l'homme et en résistant à la culture, elle a gardé sa force et sa beauté. D'où vient donc, se disait-il, que la main de l'homme est maudite, et que là seulement où elle ne règne pas, la terre retrouve son luxe et revêt sa grandeur ? Le travail est-il donc contraire aux lois divines, ou bien la loi est-elle de travailler dans la tristesse, de ne savoir créer que la laideur et la pauvreté, de dessécher et de produire, de détruire au lieu d'édifier? Est-ce donc bien vraiment ici la vallée des larmes dont parlent les chrétiens, et n'y sommes-nous jetés que pour expier des crimes antérieurs à cette vie funeste ?

Pierre Huguenin s'était souvent perdu dans ces amères pensées, et il n'avait pu y trouver une solution. Car si la grande propriété est meilleure conservatrice de la nature, si elle opère avec plus de largeur et de science l'œuvre du travail humain, elle n'en est pas moins une monstrueuse atteinte au droit impérissable de l'humanité. Elle dispose, au profit de quelques-uns, du domaine de tous ; elle dévore insolement la vie du faible et du déshérité qui crie vainement vengeance vers le ciel.

Et cependant, se disait-il, plus on partage, plus la terre périt ; plus on assure l'existence de chacun de ses membres, plus le corps de l'humanité languit et souffre. On a rasé des châteaux, on a semé le blé dans les parcs seigneuriaux ; chacun a tiré à soi un lambeau de la dépouille, et s'est cru sauvé. Mais de dessous chaque pierre est sorti un essaim de pauvres affamés, et la terre se trouve maintenant trop petite. Les riches se ruinent et disparaissent en vain. Plus on brise le pain, plus de mains s'étendent pour le recevoir, et le miracle de Jésus ne s'opère plus, personne n'est rassasié ; la terre se dessèche, et l'homme avec la terre. L'industrie déploie en vain des forces miraculeuses ; elle suscite des besoins qu'elle ne peut satisfaire, elle prodigue des jouissances auxquelles la famille humaine ne participe qu'en s'imposant, sur d'autres points, des privations jusqu'alors inconnues. On crée partout le travail, et partout la misère augmente. Il semble qu'on soit en droit de regretter la féodalité, qui nourrissait l'esclave sans l'épuiser, et qui, le sauvant des tourments d'une vaine espérance, le mettait du moins à l'abri du désespoir et du suicide.

Ces réflexions contradictoires, ces incertitudes douloureuses lui revinrent à mesure qu'il voyait les beautés du parc seigneurial de Villepreux se révéler à la clarté du matin. Malgré lui il comparait le soin et l'intelligence qui avaient réglé l'ordonnance de cette nature à l'effet de l'éducation sur le caractère et l'esprit de l'homme. En retranchant les branches inutiles de ces arbres, on leur avait donné la grâce, la santé et la taille majestueuse que le climat leur apporte sous des latitudes plus efficaces que la nôtre. En coupant souvent et en arrosant sans cesse ces gazons, on leur avait donné l'admirable fraîcheur qu'ils reçoivent de la chute des eaux abondantes au versant des montagnes. On avait acclimaté là des fleurs et des fruits de diverses régions en leur ménageant à point l'air, l'ombre ou la lumière. C'était une nature factice, mais étudiée avec art pour ressembler à la nature libre sans perdre les conditions de bien-être, de protection, d'ordre et de charme qu'elle doit avoir pour servir de milieu et d'abri à l'humanité civilisée. On y retrouvait toute la beauté de l'œuvre de Dieu, et on y sentait la main de l'homme, dominatrice avec amour, conservatrice avec discernement. Pierre convint avec lui-même que, dans nos climats, rien ne ressemble plus à la véritable création divine, à la Nature, en un mot, telle que l'ont définie les philosophes qui ont pris pour drapeau ce mot de Nature, qu'un jardin entendu de cette manière ; tandis que rien ne s'en éloigne autant que la culture nécessitée par la division territoriale et le morcellement de la petite propriété. Dans des clairières assez vastes et sans cesse remuées, on avait semé des grains dont la vigueur et l'abondance étaient décuplées par la richesse de la culture. Le gibier, protégé par la sage prévoyance du maître, était assez abondant pour alimenter sa table sans compromettre les produits du sol. C'était donc bien là l'idéalisation et non pas la mutilation de la nature. C'était la production bien comprise, bien répartie et suffisamment aidée. C'était l'*utile dulci* de la vie patricienne, qui devrait être la vie normale de tous les hommes policés.

Il fallait donc bien le reconnaître, c'était là la demeure et la propriété d'une famille qui y vivait simplement, noblement et d'une manière tout à fait conforme aux lois providentielles. Et cependant aucun pauvre ne pouvait, ne devait voir cela sans haine et sans envie; et si la loi de la force n'eût protégé le riche, il n'est aucun pauvre qui n'eût trouvé et qui n'eût senti que la violation de cet asile et le pillage de cette propriété étaient des actes légitimes. Comment accorder ces deux principes : le droit de l'homme heureux à la conservation de son bonheur, le droit de l'homme misérable à la fin de sa misère?

Tous deux semblent également les enfants de Dieu, ses représentants sur la terre, les mandataires qu'il a investis de la propriété et de la culture universelles. Ce riche vieillard qui repose sa tête blanche et qui élève ses enfants à l'ombre des arbres qu'il a plantés, ne sera-ce point un crime que de l'arracher de son domaine pour le jeter nu et mendiant sur la voie publique? Et pourtant, ce mendiant, vieux aussi, père de famille aussi, qui tend la main à la porte du seigneur, n'est-ce pas un crime aussi de le laisser périr de froid, de faim et de douleur, sur la voie publique?

Dira-t-on que ce riche a joui bien assez longtemps de la fortune, et que c'est au tour du pauvre de le remplacer au banquet de la vie? Cette jouissance tardive effacera-t-elle chez le pauvre la trace des longues privations qu'il a subies? pourra-t-elle acquitter envers lui la dette du passé, compenser les maux qu'il a soufferts, et réparer les désordres que le malheur a portés dans son intelligence?

Dira-t-on que le pauvre a bien assez supporté la souffrance, et que c'est au tour du riche à lui céder la place au banquet de la vie? De ce que le riche a joui des dons de Dieu jusqu'à ce jour, s'ensuit-il qu'il doive en être violemment arraché pour retomber dans la misère? Ce besoin de jouissance, que l'Éternel a mis dans le cœur de l'homme comme un droit et sans doute comme un devoir, constitue-t-il un crime dont il faille le punir et que d'autres hommes aient le droit de lui faire expier?

D'ailleurs, si le pauvre a droit au bonheur, ce riche que vous aurez fait pauvre aura le droit aussitôt de réclamer sa part de bonheur, et le droit du nouveau riche sera fondé, comme celui de son prédécesseur, sur le vouloir et sur la force. Il faudra donc étouffer la plainte et la révolte de ce pauvre nouveau par la guerre, et la seule fin possible de cette guerre sera l'extermination du riche dépossédé. Acceptez cette sauvage solution : la terre n'est encore balayée que d'une petite minorité, elle demeure encore surchargée d'une multitude de besoins individuels qu'elle ne peut satisfaire aux mêmes conditions qui lui ont été imposées jusqu'à ce jour. Ceux que le pillage aura enrichis, et ce sera encore une minorité, entendront gémir ou blasphémer à leurs portes ceux qui n'auront rien recueilli dans la conquête, et ceux-là seront encore les plus nombreux. Vous les maintiendrez par la force pendant quelque temps ; mais ils multiplieront comme les grains de blé, ils grossiront comme les flots de la mer, et chaque génération changera donc de maîtres sans voir fermer l'abîme béant, incommensurable, d'où sortira sans cesse la voix de l'humanité souffrante, un long cri de désespoir, de malédiction, d'injure et de menace. Faut-il donc s'abandonner sur cette pente fatale, où les châtiments succéderont aux châtiments, les désastres aux désastres, les victimes aux victimes? Ou bien faut-il laisser les choses comme elles sont, perpétuer l'iniquité du droit exclusif, du partage inégal, placer une caste privilégiée sur des trônes inamovibles, et condamner les nations à la misère, ou à l'échafaud et au bagne?

Retournons donc au partage qu'avaient rêvé nos pères. La terre a été divisée par eux ; divisons-la plus encore ; nos enfants la diviseront jusqu'à l'infini, car ils multiplieront encore, et chaque génération exigera un nouveau partage qui réduira toujours plus l'étroit domaine des ancêtres et l'héritage des descendants. Avec le temps, chaque homme arrivera donc à posséder un grain de sable, à moins que la famine et toutes les causes de destruction qu'engendre la barbarie ne viennent décimer à propos, dans chaque siècle, la population. Et, comme la barbarie est le résultat inévitable du partage et de l'individualisme absolu, l'avenir de l'humanité repose sur la peste, la guerre, les cataclysmes, tous les fléaux qui tendront à ramener l'enfance du monde, la rareté de l'espèce humaine, l'empire farouche de la nature, la dissémination et l'abrutissement de la vie sauvage. Plus d'un cerveau du dix-neuvième siècle, non réputé féroce ou aliéné, est arrivé à cette conclusion absurde et antihumaine, faute d'en trouver une meilleure, soit en partant du point de vue socialiste, soit en partant du point de vue individualiste.

Au milieu de toutes ces hypothèses, le brave Pierre, ne pouvant en contempler aucune sans effroi et sans horreur, fut pris d'un accès de désespoir. Il oublia l'heure qui marchait et le soleil qui, en montant sur l'horizon, lui mesurait sa tâche de travail. Il tomba le visage contre terre, et se tordit les mains en versant des torrents de larmes.

Il était là depuis longtemps lorsqu'en relevant la tête pour regarder le ciel avec angoisse il vit devant lui une apparition qu'il prit, dans son délire, pour le génie de la terre. C'était une figure aérienne, dont les pieds légers couchaient à peine le gazon, et dont les bras étaient chargés d'une gerbe des plus belles fleurs. Il se releva brusquement, et Yseult, car c'était elle qui faisait paisiblement sa poétique récolte du matin, laissa tomber sa corbeille, et se trouva devant lui, pâle, stupéfaite et tout entourée de fleurs qui jonchaient le gazon à ses pieds. En reprenant sa raison et en reconnaissant celle qui lui avait fait tant de mal, Pierre voulut fuir ; mais Yseult posa sur sa main une main froide comme le matin, et lui dit d'une voix émue :

— Vous êtes bien malade, ou vous avez un grand chagrin, monsieur. Dites-moi le malheur qui vous est arrivé, ou venez le confier à mon père ; il tâchera de le réparer. Il vous donnera de bons conseils, et son amitié pourra peut-être vous faire du bien.

— Votre amitié, madame! s'écria Pierre encore égaré et d'un ton amer ; est-ce qu'il y a de l'amitié possible entre vous et moi?

— Je ne vous parle pas de moi, monsieur, répondit mademoiselle de Villepreux avec tristesse ; je n'ai pas le droit de vous offrir mon intérêt. Je sais bien que vous ne l'accepteriez pas.

— Mais à qui donc ai-je dit que j'étais malheureux? s'écria Pierre avec une sorte d'égarement qui dissipait peu à peu la confusion et la fierté. Est-ce que je suis malheureux, moi?

— Votre figure est encore couverte de larmes, et c'est le bruit de vos sanglots qui m'a attirée auprès de vous.

— Vous êtes bonne, mademoiselle, très-bonne, en vérité! mais il y a un monde entre nous. Monsieur votre père, que je respecte de toute mon âme, ne me comprendrait pas davantage. Si j'avais des dettes, il pourrait les payer; si je manquais de pain ou d'ouvrage, il saurait me procurer l'un et l'autre; si j'étais malade ou blessé, je sais que vos nobles mains ne dédaigneraient pas de me porter secours. Mais si j'avais perdu mon père, le vôtre ne pourrait pas m'en tenir lieu...

— O mon Dieu! s'écria Yseult avec une effusion dont Pierre ne l'aurait jamais crue capable, le père Huguenin est-il mort? O pauvre, pauvre fils, que je vous plains !

— Non, ma chère demoiselle, répondit Pierre avec simplicité et douceur; mon père se porte bien, grâce au bon Dieu. Je voulais dire seulement que si j'avais perdu un ami, un frère, ce n'est pas votre digne père qui pourrait le remplacer.

— Eh bien, vous vous trompez, maître Pierre. Mon père pourrait devenir votre meilleur ami. Vous ne nous connaissez pas; vous ne savez pas que mon père est sans préjugés, et que, là où il rencontre le mérite, l'élévation des sentiments et des idées, il reconnaît son égal. Je voudrais que vous l'entendissiez parler de vous et de votre ami le sculpteur : vous n'auriez plus cette méfiance et cette aversion pour notre classe que je devine maintenant en vous, et qui m'afflige plus que vous ne pouvez le croire.

Pierre aurait eu bien des choses à répondre dans une autre circonstance ; mais cette rencontre émouvante et ces marques d'intérêt dans un moment où son cœur se brisait de douleur étaient une diversion qu'il n'avait pas la force de repousser, un baume dont il sentait malgré lui la douceur pénétrer dans son âme. Affaibli par ses larmes, et presque effrayé de la bonté d'Yseult, il s'appuya contre un arbre, chancelant et accablé. Elle se tenait toujours debout devant lui, prête à s'éloigner sitôt qu'elle le verrait calme, mais ne pouvant se résoudre à le quitter sur une parole amère. Et, comme elle le vit les yeux baissés, la poitrine oppressée encore, dans l'attitude d'un homme brisé de fatigue qui n'a pas le courage de reprendre son fardeau et de marcher, elle ajouta à ce qu'elle avait dit :

— Je vois bien que vous êtes très-malheureux, et on dirait presque que vous êtes humilié de ma sympathie. C'est peut-être ma faute, et je crains d'avoir mérité ce qui m'arrive.

Pierre, étonné de ces paroles, leva les yeux, et la vit pâlir et rougir tour à tour, en proie à une lutte intérieure très-vive où son orgueil faisait résistance. Néanmoins il y avait tant de noblesse et de courage dans l'expression de son repentir, que Pierre sentit s'évanouir tout son ressentiment ; mais il voulut être sincère.

— Je vous comprends, mademoiselle, dit-il avec cette assurance que lui rendait toujours le sentiment de sa dignité. Il est bien vrai que vous avez inutilement blessé une âme déjà souffrante. Je n'avais pas besoin d'être rappelé au respect que je vous dois, et votre réponse à madame des Frenays ne m'a pas persuadé que je ne fusse pas une créature humaine. Non, non ! l'artisan et le bois façonné qui sort de ses mains ne sont pas absolument la même chose. Vous n'étiez pas *seule* l'autre jour, car vous étiez avec un être qui comprenait votre bonté affable et qui se prosternait devant elle. Mais je vous jure que ce souvenir pénible n'entrait pour rien dans l'accès de chagrin et de folie que vous venez de surprendre.

— Et maintenant, dit Yseult, voudrez-vous me pardonner une faute que rien ne peut justifier ?

Pierre, vaincu par tant d'humilité, la regarda encore. Elle était devant lui les mains jointes, la tête inclinée, et deux grosses larmes roulaient sur ses joues. Il se leva, saisi d'un généreux transport. — Oh ! que Dieu vous aime et bénisse, comme je vous estime et vous absous ! s'écria-t-il en élevant les mains au-dessus de la tête penchée de la jeune fille... Mais c'est trop, trop de choses à la fois ! ajouta-t-il en tombant sur ses genoux et en fermant les yeux.

En effet trop d'émotions l'avaient brisé. Yseult ne pouvait pressentir le fanatisme de vertu et l'exaltation d'amour qui fermentaient ensemble dans cette âme enthousiaste. Elle fit un cri en le voyant devenir pâle comme les lis de sa corbeille, et tomber à ses pieds, suffoqué, ivre de joie et de terreur, évanoui d'abord, et puis bientôt en proie à une crise nerveuse qui lui arracha des cris étouffés et de nouveaux torrents de larmes.

Quand il revint à lui-même, il vit à quelques pas de lui mademoiselle de Villepreux plus pâle encore que lui, effrayée et consternée à la fois, prête à courir pour appeler du secours, mais enchaînée à sa place, sans doute par l'espoir d'être plus directement utile à cette âme en peine par des consolations morales que par des soins matériels. Honteux de la faiblesse qu'il venait de montrer, Pierre la supplia, dès qu'il put parler, de ne pas s'occuper de lui davantage ; mais elle resta et ne répondit pas. Sa figure avait une expression de tristesse profonde, son regard était presque sombre.

— Vous êtes bien malheureux ! répéta-t-elle à plusieurs reprises, et je ne puis vous faire aucun bien.

— Non, non ! vous ne le pouvez pas, répondit Pierre.

Alors Yseult fit un pas vers lui ; et, après quelques instants d'hésitation, tandis qu'il essuyait ses joues inondées de sueur et de larmes :

— Maître Huguenin, lui dit-elle, en votre âme et conscience, pensez-vous ne devoir pas me dire la cause de vos larmes ! Si vous répondez que vous ne le devez pas, je ne vous interrogerai plus.

— Je vous jure sur l'honneur que je pleure à présent sans cause réelle, à ce qu'il me semble. Je ne sais vraiment pas pourquoi je me sens terrassé ainsi, et il me serait impossible de vous l'expliquer.

— Mais tout à l'heure, reprit Yseult avec effort, quand je vous ai surpris dans le même état où vous venez de retomber, qu'aviez-vous ? Est-ce donc un secret que vous ne puissiez confier ?

— Je le pourrais, et vous verriez que ce ne sont pas des pensées indignes de vous occuper aussi.

— Mais ne voudriez-vous pas confier ces pensées à mon père ?

— Je pourrais les dire tout haut et devant le monde entier ; mais je ne sais pas s'il y aurait dans le monde entier un seul homme qui pût répondre.

— Moi, je crois que cet homme existe, et c'est celui dont je vous parle. C'est le plus juste, le plus éclairé et le meilleur que je connaisse ; vous devez trouver naturel que je vous le recommande. Écoutez : dans deux heures il viendra s'asseoir sous ce tilleul que vous voyez là-bas, à l'entrée du parterre. C'est là qu'il vient, tous les jours de beau temps, déjeuner, lire ses journaux, et causer avec moi. Voulez-vous venir causer aussi ? Si je vous gêne, je vous laisserai seul avec lui.

— Merci ! merci ! répondit Pierre. Vous voulez me faire du bien ; vous êtes charitable, je le sais. Je sais aussi que votre père est savant, qu'il est sage et généreux ; mais je suis peut-être trop fou et trop malade pour qu'il me délivre l'esprit d'un souci cruel. D'ailleurs j'ai un meilleur conseil ; je l'interroge souvent, et j'espère qu'il finira par me répondre. Ce conseil, c'est Dieu !

— Qu'il vous soit donc en aide ! répondit Yseult ; je le prierai pour vous.

Et elle s'éloigna, après l'avoir salué timidement ; mais, en se retirant, elle s'arrêta et se retourna plusieurs fois pour s'assurer qu'il ne retombait pas dans le délire. Pierre, voyant cette sollicitude délicate et franche, se leva pour la rassurer, et reprit le chemin de l'atelier. Mais, dès qu'il eut vu Yseult rentrer dans le château par une autre porte, il revint sur ses pas, et ramassa quelques-unes des fleurs qu'elle avait laissées sur le gazon. Il les cacha dans son sein comme des reliques, et alla se mettre à l'ouvrage. Mais il n'avait pas de force. Outre qu'il était à jeun, n'ayant ni l'envie ni le courage d'aller déjeuner, il était brisé dans tous ses os ; et, si l'ivresse d'un irrésistible amour ne fût venue le soutenir, il eût déserté l'atelier.

— Qu'as-tu ? lui dit le père Huguenin, qui remarqua l'altération de ses traits et la mollesse de son travail. Tu es malade ; il faut aller te reposer.

— Mon père, répondit le pauvre Pierre, je n'ai pas plus de courage aujourd'hui qu'une femme, et je travaille comme un esclave. Laissez-moi dormir un peu sur les copeaux, et je serai peut-être guéri quand vous me réveillerez.

Amaury, le Berrichon et les apprentis lui firent un lit de leurs vestes et de leurs blouses, en lui promettant de regagner le temps à sa place, et il s'endormit au bruit de la scie et du marteau qui lui était trop familier pour interrompre son sommeil.

CHAPITRE XXIII.

Il est des circonstances fort simples qui se trouvent liées, dans le souvenir de chacun de nous, à des crises de la vie intellectuelle, à des transformations de l'être moral ; et, quelque assujettie que soit notre existence à la réalité la plus froide, il n'est aucun de nous qui n'ait eu son heure d'extase et de révélation, où son âme s'est retrempée, où son avenir s'est dévoilé comme par miracle. Ce monde intérieur que nous portons en nous est plein de mystères et d'oracles profonds. Nous y lisons plus ou moins vaguement; mais il est toujours une époque, une heure, un instant peut-être, où soit dans la foi en Dieu, soit dans la méditation des choses sociales, soit dans l'amour, une clarté divine traverse comme l'éclair les ténèbres de l'entendement. Chez les natures élevées et contemplatives, cette crise est solennelle, et revient, à toutes les grandes phases de la destinée, poser une limite décisive entre les détresses de la veille et les conquêtes du lendemain. Le métaphysicien et le géomètre, perdus dans la recherche des abstractions, ont eu leurs révélations soudaines et merveilleuses, aussi bien que le fanatique religieux, aussi bien que l'amant et le poète. Comment l'homme de charité et de dévouement, dont le cœur et le cerveau travaillent à découvrir la vérité, ne serait-il pas aidé dans sa tâche par cet *esprit du Seigneur* qui, bien réellement, plane sur toutes les âmes, traversant de son rayon divin la voûte des cachots et des cellules, le toit des ateliers et des mansardes, aussi bien que le dôme des palais et des temples?

Pierre Huguenin s'est souvenu toute sa vie avec une émotion profonde de cette heure de sommeil sur les copeaux de l'atelier. Il ne se passa pourtant rien que de très-ordinaire autour de lui. Le rabot et les ciseaux se promenèrent victorieusement comme de coutume sur le bois rebelle et plaintif. Les ouvriers mirent en sueur leurs bras nerveux, et la consolante chanson circula, réglant par le rhythme l'action du travail, évoquant la poésie au milieu de la fatigue et de la contention d'esprit. Mais, pendant que ces choses suivaient leur cours naturel, les cieux s'entr'ouvraient sur la tête de l'apôtre prolétaire, et son âme prenait son vol à travers les régions du monde idéal. Il lui sembla qu'il était couché, non sur des copeaux, mais sur des fleurs. Et ces fleurs croissaient, s'entr'ouvraient, devenaient de plus en plus suaves et magnifiques, et montaient en s'épanouissant vers le ciel. Bientôt ce furent des arbres gigantesques qui embaumaient les airs et, s'échelonnant en abîme de verdure, atteignaient les splendeurs de l'empyrée. L'esprit du dormeur, porté par les fleurs, montait comme elles vers le ciel, et s'élevait, heureux et puissant, avec cette végétation sans repos et sans limite. Enfin il parvint à une hauteur d'où il découvrit toute la face d'une terre inconnue; et cette terre était, comme le chemin qui l'y avait conduit, un océan de verdure, de fruits et de fleurs. Tout ce que Pierre, voyageur sur la terre des hommes, avait rencontré de plus poétique dans les montagnes sublimes et dans les riantes vallées, était rassemblé là, mais avec plus de variété, de richesse et de grandeur. Des eaux abondantes et pures comme le cristal s'épanchaient de toutes les cimes, couraient et s'entrecroisaient en riant sur toutes les pentes et dans toutes les profondeurs. Des constructions d'une architecture élégante, des monuments admirables, décorés des chefs-d'œuvre de tous les arts, s'élevaient de tous les points de ce jardin universel, et des êtres qui semblaient plus beaux et plus purs que la race humaine, tous occupés et tous joyeux, l'animaient de leurs travaux et de leurs concerts. Pierre parcourut tout ce monde inconnu avec autant de rapidité qu'un oiseau peut le faire; et partout où son esprit se posait, il voyait la fécondité, le bonheur et la paix fleurir sous des formes nouvelles. Alors un être qui voltigeait près de lui depuis longtemps qu'il le reconnût, lui dit : Vous voici enfin dans le ciel que vous avez tant désiré de posséder, et vous êtes parmi les anges; car les temps sont accomplis. Une éternité succède à une éternité; et quand vous reviendrez à la fin de celle-ci, vous verrez encore d'autres merveilles, un autre ciel et d'autres anges. Alors Pierre, ouvrant les yeux, reconnut le lieu où il était et l'être qui lui parlait. C'était le parc de Villepreux, et c'était Yseult; mais ce parc touchait aux confins du ciel et de la terre, et Yseult était un ange rayonnant de sagesse et de beauté. Et en regardant bien les anges qui passaient, il reconnut son père et le père d'Yseult, qui marchaient enlacés au bras l'un de l'autre; il reconnut Amaury et Romanet, qui s'entretenaient amicalement; il reconnut la Savinienne et la marquise, qui cueillaient dans la même corbeille des fleurs et des épis;

il reconnut enfin tous ceux qu'il aimait et tous ceux qu'il connaissait, mais transformés et idéalisés. Et il se demandait quel miracle s'était opéré en eux, pour qu'ils fussent ainsi tous revêtus de beauté, de force et d'amour. Alors Yseult lui dit : — Ne vois-tu pas que nous sommes tous frères, tous riches et tous égaux? La terre est redevenue ciel, parce que nous avons arraché toutes les épines des fossés et toutes les bornes des enclos; nous sommes redevenus anges, parce que nous avons effacé toutes les distinctions et abjuré tous les ressentiments. Aime, crois, travaille, et tu seras ange dans ce monde des anges.

— Qu'a-t-il donc à dormir ainsi les yeux ouverts? Il a l'air de rêvasser dans la fièvre. Réveille-toi tout à fait, mon Pierre, cela te vaudra mieux que de trembler et de soupirer comme tu fais. Ainsi parlait le père Huguenin, et il secouait son fils pour l'éveiller. Pierre obéit machinalement et se souleva; mais les cieux n'étaient pas encore refermés pour lui. Il ne dormait plus; mais il voyait encore passer autour de lui des formes idéales, et les accords des lyres sacrées résonnaient à ses oreilles. Il était debout et sa vision était à peine dissipée. Il était surtout frappé du parfum des fleurs qui le suivait jusque dans la réalité. — Est-ce que vous ne sentez pas l'odeur des roses et des lis? dit-il à son père qui le regardait d'un air inquiet.

— Je le crois bien, dit le père Huguenin, tu as des fleurs plein ta chemise; on dirait que tu as voulu faire de ta poitrine un reposoir de la Fête-Dieu.

Pierre vit en effet les fleurs d'Yseult s'échapper de son sein et tomber à ses pieds.

— Ah! dit-il en les ramassant, voilà ce qui m'a procuré ce beau rêve! Et, sans se plaindre d'avoir été interrompu, il se remit à l'ouvrage plein de force et d'ardeur.

Mais il fut bientôt mandé auprès du comte de Villepreux sous un prétexte relatif à son travail, et il s'y rendit sans soupçonner le vif désir qu'éprouvait le vieux patricien de s'entretenir à l'aise, et sans se compromettre, avec l'homme du peuple. Pour expliquer cette fantaisie du comte, il est bon de faire connaître au lecteur les antécédents de cet étrange vieillard.

Fils d'un des nobles attachés à la fortune et au complot de Philippe-Égalité, il avait suivi indirectement toutes les phases de ce complot durant la révolution. Il s'était caché pour ne pas partager le sort de son père lorsque celui-ci expia sur l'échafaud sa complicité avec le prince. Il tira ensuite peu à peu son épingle du jeu avec un rare bonheur, et se remit insensiblement sur ses pieds avec le 9 thermidor. Sous l'empire il avait été préfet, mais non pas des meilleurs; c'est-à-dire que, sans faire d'objections aux décrets violents du gouvernement, il avait été entraîné par son caractère facile et débonnaire à plus de douceur et d'humanité que ses fonctions n'en comportaient. Destitué dans le midi, il avait dû à la protection de M. de Talleyrand, qui aimait son esprit, et qui avait fait valoir la mort d'Eugène Villepreux (fils de notre vieux comte et père d'Yseult, tué au service durant la guerre d'Espagne), la compensation d'une préfecture plus importante. Sa fortune avait grossi dans ces emplois et dans d'heureuses spéculations où il avait le goût et l'intelligence. Destitué au retour des Bourbons, mal vu par un parti qui lui reprochait sa conduite durant la révolution et son rôle sous l'empire, il se donna une attitude d'opposition libérale. Il avait manqué la pairie, il la méprisa ou parut la mépriser, et se fit nommer député.

Les nobles de sa famille et de son voisinage l'accusaient de petitesse d'esprit, de perfidie et d'ambition, tandis que les libéraux lui attribuaient une grande force d'âme, une énergie toute républicaine, et des vues profondes en politique. Il faut bien vite dire que le bon vieux seigneur, homme d'esprit et charmant orateur de salon, ne méritait

Ni cet excès d'honneur, ni cette indignité.

Il faisait une opposition de bon goût et sans éclat. Il avait tant de sel et d'enjouement, que c'était plaisir de l'entendre se moquer du pouvoir, de la famille royale, des favorites ou des prélats en faveur. Quand il se lançait ainsi dans la satire, Voltaire tout entier ressuscitait dans ses traits et dans sa personne, et il n'était pas un électeur libéral qui eût pu refuser son vote à un candidat qui l'avait fait si bien dîner et si bien rire.

L'acte qui releva le plus son caractère politique fut celui qui venait de le ramener à son manoir de Villepreux à l'époque où nous le retrouvons s'occupant de littérature et de menuiserie. Il était de la soixante-troisième député qui, le 4 mars de la même année, s'était levé de son banc, en costume, pour quitter la chambre au moment où Manuel avait été *empoigné*, selon l'expression et d'après l'ordre de M. le vicomte de Foucault. Il avait signé la protestation déposée le 5 mars sur le bureau de la Chambre. C'est dire assez quelle était la marche politique qu'il suivait ostensiblement ; mais ce n'est pas dire quelles étaient au fond ses doctrines, ni même quel était le parti occulte dont il plaidait la cause sous la forme vague et très-élastique du constitutionalisme. Parmi les hommes parlementaires qui prirent part à l'acte honorable que nous rappelions tout à l'heure, on compte les noms les plus éminents et les plus loués de la France au temps des Bourbons ; que ne pouvons-nous les louer également au temps où nous sommes ! Mais il y avait, dans le mouvement spontané qui les fit protester contre la marche illégale et violente du gouvernement de cette époque, cette diversité de causes que toute opposition politique rassemble sous sa bannière. Le côté gauche de la Chambre avait son langage avoué et officiel ; mais, au fond, ce langage cachait bien quelques mystères, et l'extrême gauche avait, dit-on, certains rapports avec la société du Carbonarisme, dont le procureur général Bellart disait : « D'accord sur ce premier point, *détruire ce qui est*, les ennemis du trône « sont divisés entre eux sur tous les autres points, et sur « *ce qui sera*. Napoléon II, un prince étranger, la république, et *mille autres idées* tout aussi absurdes et « tout aussi contradictoires, en divisant nos régulateurs « sur les destinées qu'ils nous réservent, suffisent pour « apprendre, non pas seulement aux hommes fidèles, mais « aux hommes de bon sens, le rare bonheur qui sortirait « pour la France de ce premier déchirement, fatal prélude « de bien d'autres déchirements[1] ! » Le lecteur découvrira peut-être plus tard si c'était à Napoléon II, au prince étranger dont parle M. Bellart, ou à la république, ou à *certain personnage* caché si singulièrement par M. Bellart sous cette périphrase de *mille autres idées absurdes*, que se rattachait, dans le mystère de sa pensée et dans le secret de ses actes, le comte de Villepreux ; nous ne nous occupons ici que de son caractère et de ses idées.

Homme d'esprit avant tout, plutôt fin et perspicace en matière de faits politiques que profond en fait de théorie sociale, et se piquant néanmoins de tout connaître et de tout comprendre, le comte de Villepreux était peut-être l'expression la plus *avancée* de la noblesse de son temps. Il aimait La Fayette ; il estimait d'Argenson ; il avait rendu en dessous main des services à plus d'un noble proscrit ; il s'était même enthousiasmé du système de Babœuf, sans lui accorder foi ni confiance. Il était en même temps grand admirateur de M. de Chateaubriand et de Béranger. Son intelligence saisissait avec ardeur tout ce qui était beau et grand, sans que son âme, frivole comme celle d'un prince, se prît sérieusement à aucune conclusion. Il croyait à tous les systèmes, se les assimilait avec une facilité merveilleuse un quart d'heure durant, et passant de l'un à l'autre sans hypocrisie et sans inconséquence ; car cette nature d'amateur était sa vraie, sa dominante nature. Il avait toutes les qualités et tous les défauts d'un artiste et d'un grand seigneur : avare et prodigue suivant la fantaisie du moment, absolu et débonnaire, enthousiaste et sceptique selon l'occurrence, il s'emportait souvent et ne tenait jamais rigueur. Personne n'entendait mieux la vie sous le rapport du bien-être, de l'indépendance, et de ce bon sens pratique qui protège l'individu sans trop blesser la société. Au fond de tout cela il y avait une véritable bonté, une gracieuse obligeance, une générosité bien entendue ; mais il y avait aussi, à travers ces vertus domestiques, une légèreté sans pareille, un égoïsme railleur et une profonde insouciance ressortant de ce même engouement facile pour tous les principes généraux et pour toutes les idées sociales sans application et sans conséquences.

Il avait traversé les événements, les bras croisés, l'épigramme à la bouche, et quelquefois les larmes aux yeux. Toute grande action avait ses sympathies ; mais aucune doctrine ne le captivait au delà du temps qu'il lui avait fallu pour l'écouter et la connaître. Il lisait dans les hommes et dans les choses de son temps comme dans des livres d'agrément ; et quand sa curiosité était rassasiée, il s'endormait en souriant sur la dernière page, consentant à ce que chacun eût sa façon de penser, pourvu que l'ordre social n'en fût point trop ébranlé et que les théories n'eussent pas la prétention de passer dans la pratique.

Avec ces habitudes et ces dispositions, quoiqu'il eût beaucoup de tendresse de cœur et de vertus de famille dans un certain sens, il avait laissé croître ses enfants un peu au hasard, et ses petits-enfants tout à fait à l'aventure. S'occupant beaucoup d'eux et leur prodiguant tous les moyens de s'instruire, il n'avait mis ni suite, ni ensemble, ni discernement dans les notions contradictoires dont il avait encombré leurs jeunes esprits ; et comme on lui avait quelquefois remontré les dangers d'une telle éducation, il s'était persuadé qu'il agissait ainsi en vertu d'un système. Ce système, un peu renouvelé de l'*Émile*, était de n'en point avoir ; et c'était l'excuse qu'il se présentait à lui-même pour se dissimuler son incapacité de mieux faire. Au fait, il lui eût été difficile de mettre dans l'esprit de ses élèves l'unité et la certitude qui n'étaient pas dans le sien. S'il le sentait parfois, il s'en consolait avec l'idée que du moins il n'apportait pas d'obstacles aux enseignements de l'avenir.

Cette méthode avait produit des effets contraires dans deux natures aussi opposées que celles d'Yseult et de son frère Raoul. L'une, réfléchie, sensée, ferme, profondément juste et sensible, avide d'instruction solide et de culture poétique, avait beaucoup acquis, et attendait effectivement les conclusions du temps et des circonstances. Elle avait contracté peu de préjugés dans le commerce du monde, et le moindre souffle de vérité pouvait les lui enlever. Avec elle, l'éducation à la Jean-Jacques avait fait merveille ; et peut-être aucune éducation, eût-elle été mauvaise, n'eût pu corrompre cette nature droite et grandement sage.

L'autre ayant montré un esprit très-récalcitrant à l'étude, on s'était contenté de lui donner des maîtres pour obéir à l'usage ; mais on n'avait jamais poussé les choses au point de le faire pleurer. Le grand-père avait cette égoïste douceur d'âme qui ne saurait lutter contre les rébellions et les larmes de l'enfance. Le jeune Raoul n'avait donc appris que l'art de se divertir. Il savait monter à cheval ; il excellait au tir, à la nage, à la valse, au billard. Quoiqu'il fût d'une complexion fort délicate en apparence, il était infatigable dans tous les exercices du corps, et en tirait la plus grande vanité qu'il eût, après celle de son nom qu'il avait acquise dans la fréquentation des jeunes élégants du grand monde. Sur ce chef-là, le vieux comte était bien un peu effrayé des résultats de son plan d'éducation libre. Le jeune homme ne montrait aucun goût pour les idées libérales. Tout au contraire, il avait embrassé le genre *ultra*, qu'il voyait affecter à ses compagnons de plaisir. On lui faisait bon accueil dans le grand monde, et on l'y félicitait de *bien penser*. Il s'ennuyait mortellement dans la société de son aïeul, qu'il accusait tout bas de voir mauvaise compagnie. Toute son ambition était d'entrer comme officier dans la garde royale. Mais là il avait rencontré de l'opposition de la part du grand-père, et leurs explications avaient été assez vives. Quand son intérêt personnel était compromis ouvertement, le comte ne manquait pas de volonté colérique. Il craignait qu'en voyant son fils au service des princes régnants, sa popularité ne le quittât. De son côté, le jeune homme trouvait fort mauvais que, pour plaire à la *canaille*, son grand-père se permît de manifester une opinion qui pouvait lui fermer tout accès aux faveurs de la cour. Il attendait donc avec impatience que la majorité lui permît de se dessiner un rôle tout opposé ; et le comte se creusait la tête pour le retenir, sans voir comment cela deviendrait

[1] Réquisitoire dans l'affaire de La Rochelle.

possible. Au fond, ils s'aimaient l'un l'autre; car le vieillard avait le cœur tendre et miséricordieux, et Raoul n'était pas sans bonnes qualités. Il était victime de l'absence de doctrine qui rompait dans sa famille le lien moral et politique; mais il eût été susceptible de recevoir une meilleure direction, et il y avait en lui certaines délicatesses secrètes de la conscience qui le retenaient encore.

Yseult avait pour le comte une tendresse plus profonde et mieux sentie. Son âme ne pouvait loger que de grandes affections, et, comme elle n'avait pas assez d'expérience pour apprécier la frivolité de son aïeul, elle croyait aveuglément en lui. Elle prenait au sérieux toutes ses paroles, toutes ses opinions, et se tenait, pour se diriger à travers des contradictions qu'elle ne comprenait pas bien, entre un libéralisme ardent et un respect instinctif pour les lois du monde. Quelquefois cependant elle présentait, à ce dernier égard, des objections que le comte écoutait avec complaisance, et qu'il était bien empêché de repousser. Alors il se tirait d'affaire en disant qu'Yseult avait toute la rigidité de conséquences que comporte un esprit neuf, et qu'il ne voulait pas émousser avant le temps ces facultés généreuses. Il fallait bien se payer de cette réponse; et la bonne Yseult, abandonnée à elle-même, se livrait à bien des rêves, sans savoir s'il lui serait jamais permis de les réaliser.

CHAPITRE XXIV.

Lorsque Pierre Huguenin aborda ses deux nobles hôtes, le comte était assis sur un fauteuil rustique à l'ombre de son tilleul favori. Il lisait ses gazettes en faisant un déjeuner pythagorique, et sa petite-fille lui coupait avec un couteau d'or une brochure politique qu'il venait de recevoir; un chien favori dormait à leurs pieds. Un vieux valet de chambre allait et venait autour d'eux, veillant à ce qu'ils n'eussent pas le temps d'exprimer un désir. Yseult avait les yeux constamment fixés sur l'allée par laquelle Pierre arriva. Il la trouva timide, presque tremblante. Lui, exalté et ranimé par je ne sais quelle force inconnue, se sentait plein de courage et de sérénité.

— Approchez, approchez, mon cher maître Pierre, s'écria le comte en posant son journal sur la table et en ôtant ses lunettes. J'ai grand plaisir à vous voir, et je vous remercie de vous être rendu à mon invitation. Veuillez vous asseoir ici. Et il lui désigna une chaise à sa gauche, Yseult étant à sa droite.

— Je venais pour prendre vos ordres, répondit Pierre hésitant à s'asseoir.

— Il ne s'agit pas d'ordres ici, reprit le comte; on ne donne pas d'ordres à un homme tel que vous. Dieu merci, nous avons abjuré ces vieilles formules de maître à compagnon. D'ailleurs, n'êtes-vous pas maître vous-même dans votre art?

— Mon art n'est qu'un obscur métier, répondit Pierre, qui se sentait peu disposé à l'expansion.

— Vous êtes propre à tout, reprit le comte; et si vous sentez quelque autre ambition...

— Aucune, monsieur le comte, interrompit Pierre avec une fermeté tranquille.

— Il faut pourtant venir au fait, mon brave jeune homme, et vous asseoir à côté de moi pour causer sans méfiance et sans hauteur avec un vieillard qui vous en prie amicalement.

Pierre, vaincu par ces paroles affectueuses et peut-être aussi par l'attitude triste et inquiète de mademoiselle de Villepreux, se laissa tomber sur le siége vis-à-vis d'elle. Il pensait qu'elle allait se lever et s'éloigner, comme elle faisait ordinairement quand il conférait avec son grand-père; mais cette fois elle resta, et n'éloigna même pas sa chaise de cette table étroite, qui ne mettait entre son visage et celui du compagnon menuisier qu'une courte distance, et entre leurs genoux peut-être qu'un intervalle plus court encore. Pierre se garda bien d'approcher tout à fait son siége de la table. Il se sentait calme et maître de lui-même; mais il lui semblait que, s'il eût effleuré seulement la robe d'Yseult, la terre se fût dérobée sous lui, et qu'il serait retombé dans l'empire des songes.

— Pierre, reprit le comte avec un ton d'autorité paternelle, il faut m'ouvrir votre cœur. Ma fille vous a rencontré ce matin dans le parc, accablé, désespéré, hors de vous-même. Elle vous a abordé, elle vous a interrogé; elle a bien agi. Elle vous a fait, en mon nom, des offres de services, des promesses d'amitié; elle a parlé selon son cœur. Vous avez rejeté ces offres avec une fierté qui vous rend encore plus estimable à mes yeux, et qui me fait un devoir de vous servir malgré vous. Prenez donc garde d'être injuste, Pierre! Je sais d'avance tout ce que votre vieux républicain de père a pu vous dire pour vous mettre en garde contre moi. J'estime infiniment votre père, et ne veux pas blesser ses préjugés; mais il y a cette différence entre lui et moi, qu'il est l'homme du passé, et que moi, son aîné, je suis pourtant l'homme du présent. Je me flatte de mieux comprendre l'égalité que lui; et si vous refusez de me confier le secret de votre peine, je croirai comprendre la fraternité humaine mieux que vous aussi.

Il eût été bien difficile au jeune ouvrier de refuser sa confiance et son admiration à un pareil langage. Il se sentit tout pénétré de reconnaissance et de sympathie. Pendant que le comte lui parlait, Yseult avait avancé une tasse de vieux-sèvres jusque sous la main de l'ouvrier, et le comte lui avait versé du café avec tant de naturel et de bonhomie, que Pierre comprit que le meilleur goût possible, en cette circonstance, était d'accepter comme on lui offrait, sans hésiter et sans faire de phrases. Mais il se troubla lorsque Yseult se leva à demi pour lui présenter du sucre. Il n'eut que la force de la regarder, et l'expression de sensibilité affectueuse qu'il rencontra sur sa physionomie lui fit un bien mêlé d'un certain mal. Il rougit comme un enfant, et se mit à déjeuner sans trop savoir ce qu'il faisait. Il acceptait et avalait tout ce qu'elle lui offrait, n'osant rien lui refuser, et ne craignant rien tant que d'échanger quelque parole avec elle dans ce moment-là. Cependant, à mesure qu'il mangeait (et il en avait grand besoin, car il était à jeun), il sentait revenir sa présence d'esprit. Le moka, qui était fort savoureux, et dont il n'avait point l'habitude, communiqua spontanément à son cerveau une chaleur souveraine. Il sentit sa langue se délier, son sang circuler librement, ses idées s'éclaircir, et la crainte du ridicule céder à des considérations plus sérieuses.

— Vous voulez que je parle? dit-il au comte, après avoir répondu négativement à toutes les suppositions que celui-ci faisait sur la cause de son chagrin. Eh bien! je parlerai. Ce sera sans doute un discours bien inutile, et je crois que ce beau chien que voici, et dont l'embonpoint et la propreté feraient envie à bien des hommes, serait le premier à me mépriser s'il pouvait l'entendre.

— Mais nous ne sommes pas des chiens, répliqua en riant le vieux comte: j'espère que nous comprendrons; et nous nous garderons bien d'être méprisants, dans la crainte d'être méprisés à notre tour. Allons, jeune orgueilleux, dites tout ce que vous pensez.

Alors Pierre se mit à raconter naïvement toutes les idées qui lui étaient venues dans le parc depuis l'aube jusqu'au soleil levant. Il le fit sans emphase, mais sans embarras et sans fausse honte. Il ne craignit pas de dire au comte tout ce qu'il trouvait d'illégitime dans le fait de sa richesse; car, en même temps, il lui dit tout ce qu'il trouvait de sacré dans ses droits au bonheur. Il lui posa tout le problème social qui s'agitait en lui avec une clarté et même avec une éloquence qui révélèrent au comte un homme peu ordinaire, et qui le forcèrent de regarder de temps en temps sa fille avec une expression d'étonnement et d'admiration qu'elle partageait bien visiblement. J'ignore si Pierre s'aperçut de ce dernier point: je pense qu'il ne voulut pas regarder Yseult, dans la crainte qu'un air de doute et de pitié ne lui ôtât la force de tout dire. Je pense aussi que, s'il l'eût regardée et qu'il l'eût vue sourire d'adhésion avec des yeux humides de sympathie, il eût perdu la tête, ou tout au moins le fil de son discours.

Quand il eut dit tout l'effroi et toute la douleur que ses réflexions lui avaient causés, l'abîme de doute et de désespoir où elles l'avaient conduit, il confessa qu'il

Jeunes âmes généreuses, leur dit-il.... (Page 81.)

senti en lui, à ce moment de détresse, l'horreur de la vie et le besoin de fuir vers un monde meilleur. Il avoua qu'il avait eu des pensées de suicide, et que le sentiment du devoir filial avait pu seul le rattacher à une existence qui ne lui apparaissait plus que comme une épreuve accablante dans un lieu de tortures et d'iniquités.

Lorsqu'il prononça ces derniers mots d'une voix émue et le visage couvert de pâleur, Yseult se leva brusquement et fit quelques tours d'allée, feignant de chercher quelque chose. Mais, lorsqu'elle revint à sa place, ses traits étaient fatigués et son regard brillant : peut-être avait-elle pleuré.

Rien n'égalait la surprise du comte de Villepreux. Il regardait avec des yeux perçants la figure inspirée du jeune prolétaire, et se demandait où cet homme, habitué à manier un rabot, avait pu découvrir et développer le germe d'idées si vastes et de préoccupations si élevées.

— Savez-vous, maître Pierre, lui dit-il lorsqu'il l'eut écouté jusqu'au bout avec la plus grande attention, que vous feriez un grand orateur, et peut-être un grand écrivain? Vous parlez comme un apôtre et vous raisonnez comme un philosophe!

Quoique cette remarque lui parût frivole à propos d'une discussion si sérieuse, Pierre fut flatté malgré lui d'être loué ainsi devant Yseult.

— Je ne sais ni parler ni écrire, répondit-il en rougissant; et, n'ayant que des problèmes à poser, je serais un méchant prédicateur, à moins que vous ne voulussiez, monsieur le comte, me dicter mes conclusions et me poser mes articles de foi.

— Palsambleu! s'écria le comte en frappant sur la table avec sa tabatière et en regardant sa fille, comme il parle de cela! Il remue le ciel et la terre de fond en comble, il fouille plus avant dans les mystères de la vie humaine que tous les sages de l'antiquité, et il veut que je sache les secrets du Père éternel! Mais me prenez-vous donc pour le diable ou pour le pape? Et croyez-vous qu'il ne faille pas la sagesse de deux mille ans à venir, ajoutée à toute la sagesse du passé, pour répondre à votre proposition? Les plus grands esprits du siècle présent n'auront autre chose à vous dire que ceci : De quoi diable vous inquiétez-vous là? Tâchez d'être riche et de vous habituer à voir autour de vous des pauvres ; — ou bien : Mon cher ami, vous êtes fou, il faut vous soigner. Oui, sur ma parole, mon pauvre maître Pierre; de cent mille systèmes, tous

Le Corinthien.

plus beaux et plus impossibles les uns que les autres, que l'on pourra vous présenter, il n'y en pas un seul qui vaille celui que j'ai mis à mon usage particulier.

— Et quel est-il donc, monsieur? repartit Pierre avec vivacité; car c'est là ce que je vous demande.

— Admirer ce que vous dites, et supporter ce qui se fait ici-bas.

— Est-ce là tout? s'écria Pierre en se levant d'un air exalté. En vérité, ce n'était pas la peine de m'interroger, si vous n'aviez rien de mieux à me répondre. Ah! je vous le disais, mademoiselle, ajouta-t-il en regardant Yseult sans aucun ressentiment de trouble amoureux, absorbé qu'il était dans de plus hautes pensées; je vous le disais bien que votre père ne pouvait rien pour moi!

— Est-ce que la résignation n'est pas le résultat de l'expérience et le dernier terme de la sagesse? répondit Yseult avec effort.

— La résignation pour soi-même est une vertu qu'il faut avoir et qui n'est pas bien difficile quand on se respecte un peu, répondit Pierre. Quant à moi, je déclare que ma pauvreté et mon obscurité ne me pèsent pas encore, et que je serais bien plus malheureux, bien plus troublé dans mon sentiment de la justice si j'étais né riche comme vous, mademoiselle. Mais se résigner au malheur d'autrui, mais supporter le joug qui pèse sur des têtes innocentes, mais regarder tranquillement le train du monde sans essayer de découvrir une autre vérité, un autre ordre, une autre morale! oh! c'est impossible... impossible! Il y a là de quoi ne jamais dormir, ne jamais se distraire, ne jamais connaître un instant de bonheur; il y a de quoi perdre le courage, la raison ou la vie!

— Eh bien, mon père?... s'écria Yseult en levant vers le comte des yeux humides, ardents d'espoir et d'impatience.

Elle attendit en vain une réponse qui sanctionnât, par la maturité du jugement, l'enthousiasme évangélique du jeune ouvrier. Le comte sourit, leva les yeux au ciel, et attira sa fille contre son cœur, tandis qu'il tendait son autre main à Pierre.

— Jeunes âmes généreuses, leur dit-il après un instant de silence, vous ferez encore bien des rêves de ce genre avant de reconnaître que ce sont d'immenses paradoxes et de sublimes problèmes sans solution possible en ce bas monde. Je ne vous souhaite pas de si tôt le découragement et le dégoût qui sont le partage de la sagesse en cheveux blancs. Faites des vœux, faites des systèmes; faites-en tant que vous voudrez, et renoncez à y croire le plus tard que vous pourrez. Maître Pierre, ajouta-t-il en se levant et en soulevant son bonnet de velours noir devant le jeune homme stupéfait, ma vieille tête s'incline devant vous. Je vous estime, vous admire et vous aime. Venez souvent causer avec moi. Votre vertu me rajeunira un peu, et peut-être après bien des rêveries, la montagne qui pèse sur notre idéal sera-t-elle allégée de tout le poids d'un grain de sable.

En parlant ainsi, il passa son bras sous celui de sa fille, et s'éloigna, emportant ses brochures, ses lunettes et ses gazettes avec la tranquillité d'un homme habitué à jouer avec les plus grandes idées et les sentiments les plus sacrés.

Pierre resta accablé d'abord; puis une ironie, mêlée d'indignation et de pitié, s'empara de lui. Il se trouva bien ridicule d'avoir laissé profaner le secret de ses plus hautes pensées par le souffle glacé de ce vieillard blanchi dans les défections. Il eut peine à ne pas l'accabler intérieurement du plus profond mépris.

— Et quoi! se disait-il, connaître ces choses, n'avoir ni le moyen ni le désir d'en repousser la vérité, et les garder en soi comme un trésor inutile dont on ne comprend ni la valeur ni l'usage! Être grand seigneur, riche et puissant, avoir vieilli au milieu des luttes sociales, avoir traversé la république et les cours, et pourtant n'avoir pas une croyance arrêtée, pas un sentiment victorieux, pas une volonté efficace, pas même une espérance généreuse! Et toucher au terme de la vie sans savoir exprimer autre chose qu'un stérile regret, une sympathie dérisoire, un découragement hypocrite!... Si c'est là un des plus spirituels et des plus instruits de sa caste, que sont donc les autres, et que peut-on espérer de cadavres parés des plus beaux insignes de la vie : le pouvoir et la renommée?

Dans sa sainte colère, Pierre s'emporta secrètement jusqu'à l'injustice. Il ne pouvait pas se rendre bien compte de l'effet d'une première éducation et des préjugés sucés avec le lait. Rien n'est plus difficile que de se placer à un point de vue tout à fait différent de celui d'où l'on regarde. Si Pierre eût connu la société, non telle qu'elle doit être, mais telle qu'elle est, il eût, malgré l'impétuosité de son vertueux élan, conservé quelque respect et beaucoup d'affection pour ce vieillard, supérieur à la plupart de ses pareils, et remarquable entre tous les hommes par la bonté de ses instincts et la naïveté de ses premières impressions. Mais il avait été amené en lui par les promesses d'Yseult, et un instant, à se voir écouté avec tant d'intérêt, il avait compté sur une solution conforme à ses vœux. Sa douleur était grande de se voir loué et plaint à la fois comme un apôtre et comme un fou.

Une seule chose lui donna la force de retourner au travail, c'est-à-dire de reprendre patiemment le joug de la vie : ce fut le souvenir de l'expression qu'avait Yseult en le quittant. Il lui sembla que la surprise, le désappointement, la consternation qu'il avait éprouvés en cet instant remplissaient l'âme de la noble fille comme la sienne. Il avait éprouvé, en rencontrant son dernier regard, quelque chose de solennel comme un engagement éternel, ou comme un éternel adieu. Son âme, en se reportant à cette mystérieuse commotion, se sentait abreuvée de joie et de douleur en même temps. Il reconnaissait, à cette heure, qu'il aimait passionnément et il ignorait si les tressaillements de son âme étaient de désespoir ou de bonheur.

CHAPITRE XXV.

Au moment où Pierre reprenait le chemin de son atelier, le vieux valet de chambre du comte le rappela pour le prier de réparer la table sur laquelle son maître venait de déjeuner. C'était un joli petit meuble en marqueterie, avec une tablette pour manger, une coulisse pour écrire, et un tiroir au-dessous. Pierre revint se mettre philosophiquement à l'ouvrage, et, le valet de chambre l'aidant, ils renversèrent la table pour examiner la cassure. Ils vidèrent le tiroir; le valet recueillit dans une corbeille un paquet de journaux et de vieux papiers, et Pierre prit la table sur son épaule pour l'emporter à l'atelier.

Quand il eut fini de la raccommoder, il secoua le tiroir pour le nettoyer avant de le remettre; et alors il aperçut une carte engagée dans une fente et sortant à demi. Il l'en tira tout à fait, et, au moment de la jeter comme une chose inutile, il fut frappé de sa forme bizarre. Ce n'était qu'une moitié de carte, mais elle était taillée en biseau à plusieurs reprises, d'une manière qui paraissait systématique. Pierre, qui savait le comte fort versé dans la géométrie, chercha s'il n'y avait pas là quelque problème de cette science; mais il ne put y rien trouver de semblable et mit la carte dans sa poche, pensant que peut-être Yseult, dans un moment de rêverie, l'avait découpée au hasard. — Qui peut savoir, se demandait-il, quelles pensées l'ont agitée secrètement lorsqu'elle s'est abandonnée à cette préoccupation? et comme, après tout, rien ne se fait au hasard, la forme de cette découpure renferme peut-être d'une manière symbolique tous les secrets de son âme.

Achille Lefort lui avait annoncé la veille qu'il passerait quelques jours à Villepreux, ayant d'anciens comptes à régler avec l'économe, relativement à la cave du château. Pierre et lui s'étaient donné rendez-vous dans le parc pour le soir. Il faisait encore jour lorsque Pierre se rendit à l'endroit convenu, et, en l'attendant, se mit à considérer sa carte avec attention. C'est alors que des idées confuses lui revinrent à la mémoire. Il avait suivi avec intérêt, dans les journaux de l'année précédente, la procédure des sergents de la Rochelle. Il avait lu les réquisitoires fanatiques ou emphatiquement éloquents du procureur général Bellart et de l'avocat général Marchangy. La révélation des nombreux détails relatifs aux secrets de la Charbonnerie l'avait frappé. Voyant venir à lui Achille Lefort, il eut l'inspiration soudaine de lui présenter cette carte, en lui disant avec assurance : — Connaissez-vous cela.

— Quoi! que vois-je! s'écria le commis-voyageur; nous étions *cousins*, et vous me l'aviez caché! Eh bien! vous vous êtes admirablement moqué de moi! Mais qui eût pu deviner cela? Vous me tâtiez donc! Vous étiez donc chargé de me surveiller, de me sonder? Avait-on des doutes sur mon compte? Vraiment, je crois faire un rêve! Parlez donc, répondez-moi!

— Si nous ne sommes pas cousins, nous sommes en chemin de le devenir, répondit Pierre, qui en voyant la stupéfaction naïve d'Achille, avait bien de la peine à s'empêcher de rire. C'est le comte de Villepreux qui m'a confié ce signe, afin que je puisse m'entendre plus vite avec vous.

— Mais si vous n'êtes pas initié, reprit Achille de plus en plus étonné, ceci est contraire à toutes les règles.

— Apparemment, poursuivit Pierre, qu'il a le droit d'agir ainsi.

— Mais point du tout! s'écria l'autre. Il a beau être affilié à la Vente Suprême, il ne lui est pas permis de confier ainsi nos signes et nos secrets. Je vois bien que le vieux poltron jette le manche après la cognée, ou que la peur lui trouble la cervelle au point de ne plus savoir ce qu'il fait! Je devais m'attendre à quelque chose comme cela, après tout ce qu'il m'a dit hier. La nouvelle du Trocadéro l'a démonté tout à fait; il croit que tout est perdu. Il avait déjà assez de souci au commencement de la guerre. Il n'est venu se réfugier dans son vieux donjon que pour se tenir à l'écart des événements, et maintenant il voudrait se cacher avec ses chats-huants dans les fentes de ses murs armoriés! Voilà les hommes! quand ils ont eu un moment de courage, ils ont un redoublement de lâcheté tout aussitôt. Ma foi, je ne comprends pas la folie d'un comité directeur qui espère tirer quelque chose de ces vieux nobles! Comme s'ils pouvaient oublier la Terreur, et comme s'ils pouvaient faire autre chose que de gâter nos plans et déjouer nos manœuvres! Pardon, maître Pierre, je ne dis pas cela par méfiance de vous. Je vous sais aussi loyal, aussi discret que le meilleur d'entre nous. Mais enfin il n'est permis à aucun de nous de se jouer de ses promesses et de nos secrets.

— Rassurez-vous et apaisez-vous, monsieur Lefort, répondit Pierre. Personne ne m'a donné cette carte. Je l'ai trouvée au fond d'un tiroir ; et si quelqu'un m'a révélé les secrets de l'association, c'est vous, qui venez de m'en dire beaucoup plus long que je n'en demandais.

— Ah çà, vous vous jouez donc de moi ? dit Achille avec des yeux brillants de dépit et d'un ton qui semblait vouloir le prendre un peu plus haut que de coutume.

— Tout doux, mon maître, répondit Pierre. Reprenez cette carte : elle ne peut me servir à rien, et vos secrets ne me paraissent pas très-compromis par la découverte de cette babiole. Amusez-vous de ces choses ; je n'ai pas le droit de m'en moquer, moi qui suis lié par des puérilités du même genre à une société plus secrète, plus vaste, plus solide et plus croyante que la vôtre.

— Vous semblez donner des leçons, maître Pierre, reprit Achille tout à fait fâché. Quelque estime que j'aie pour vous, je ne vous reconnais pas ce droit. Si vous étiez ignorant et grossier comme la plupart de vos pareils, je pourrais me placer, par le silence de la pitié, au-dessus de vos mauvaises plaisanteries. Mais du moment que je vous regarde comme mon égal par l'éducation et le raisonnement, je vous déclare que je ne serai pas plus patient avec vous que je ne le serais avec un de mes camarades.

— Monsieur Lefort, répondit Pierre avec le plus grand calme, je vous remercie des expressions flatteuses dont vous accompagnez vos menaces ; mais j'y vois percer l'orgueil de l'homme qui met son gant avant de donner un soufflet. Allons, je serai plus fier que vous, je vous tendrai la main en vous déclarant que je regrette de vous avoir blessé.

— Pierre, dit Achille en pressant affectueusement la main de l'ouvrier, je sens que je vous aime ; mais faites, je vous en prie, que cette amitié ne soit jamais brisée par l'orgueil de l'un de nous.

— Je vous adresse la même prière, dit Pierre en souriant.

— Mon rôle est plus difficile que le vôtre, reprit Achille. Vous êtes le peuple, c'est-à-dire l'aristocrate, le souverain, que nous autres conspirateurs du tiers-état nous venons implorer pour la cause de la justice et de la vérité. Vous nous traitez en subalternes ; vous nous questionnez avec hauteur, avec méfiance ; vous nous demandez si nous sommes des fous ou des intrigants ; vous nous faites subir mille affronts, convenez de cela ! Et quand nous ne poussons pas l'esprit de propagande jusqu'à l'humilité chrétienne, quand notre sang tressaille dans nos veines, et que nous prétendons être traités par vous comme vos égaux, vous nous dites que nous n'étions pas sincères, que nous portons au dedans de nous la haine et l'orgueil ; en un mot, que nous sommes des imposteurs et des lâches qui descendons à vous implorer pour vous exploiter. Le gouvernement a adopté ce système de calomnies pour nous déconsidérer auprès de vous, pour détacher le peuple de ses vrais, de ses seuls amis ; et vous vous jetez ainsi dans le piège absolutiste. Ce n'est ni généreux ni sage.

— Vous dites là d'excellentes vérités au point de vue où vous êtes, reprit Pierre. Mais il y a beaucoup à répondre pour nous justifier. Même en ce qui vous concerne, je pourrais vous objecter que vous n'avez pas reçu du ciel la mission de nous agiter et de nous soulever, vous qui n'avez jamais réfléchi sérieusement à notre condition, et qui, en la plaignant, ne savez nullement le moyen de la changer. Je pourrais vous dire encore que vous contractez, dans le métier que vous faites (car c'est un métier, passez-moi l'expression), des habitudes tout aussi jésuitiques, dans leur genre, que celles que vous attribuez à un gouvernement corrupteur. Vous nous faites légèrement des promesses que vous savez bien ne pouvoir pas tenir ; puis vous nous observez, vous pénétrez en nous, vous nous instruisez de nos faiblesses, de nos erreurs, de nos vices ; et quand vous avez supporté quelque temps ce rude contact avec le peuple, comme l'esprit de charité et d'enseignement n'est pas réellement en vous, comme vous êtes tourmentés d'idées purement politiques et nullement morales, vous vous dégoûtez et vous retirez de nous en disant : « J'ai vu le peuple, il est féroce, il est abruti, il en a pour des siècles avant d'être propre à se gouverner lui-même. Prenons garde au peuple, mes amis, n'allons pas trop vite. Le peuple est derrière nous, prêt à nous déborder. Malheur à nous si nous lâchons la bête enragée... »

— Nous ne disons pas cela ! s'écria Achille.

— Vous le dites ; vous ne pouvez pas vous empêcher de l'écrire et de le publier ; vos journaux sont pleins des protestations de vos avocats et de vos orateurs qui nous renient et nous méprisent. Croyez-vous donc que nous ne les lisions pas, vos journaux ? « Le peuple, dites-vous, ce n'est pas cette vile populace qui hurle dans les attroupements, qui demande le sang et le pillage, qui mendie, un bâton à la main, prête à arracher la vie à quiconque ne livre pas sa bourse. Le peuple, c'est la partie saine de la population, qui gagne honnêtement sa vie, qui respecte les droits acquis, cherchant à mériter les mêmes droits, non par la violence et l'anarchie, mais par la persévérance au travail, l'aptitude à s'instruire et le respect aux lois du pays. » Voilà comme vous définissez le peuple, et comme vous endossez sa livrée des dimanches pour vous présenter devant les tribunaux, devant les Chambres, et devant tous ceux qui ont le moyen de s'abonner à vos feuilles. Mais l'habit grossier que porte le travailleur dans la semaine, mais ses plaies horribles, ses maladies honteuses et sa vermine ; mais ses indignations profondes quand la misère le réduit aux abois ; mais ses trop justes menaces quand il se voit oublié et foulé ; mais ses délires affreux lorsque le regret de la veille et l'effroi du lendemain le forcent à *boire*, comme a dit un de vos poètes, *l'oubli des douleurs*[1] ; mais tout ce qu'il y a de rage, de désordre et d'oubli de soi-même dans le fait de la misère, vous vous en lavez les mains ; vous ne connaissez pas cela ; vous rougiriez de le justifier ; vous dites : « Ceux-là sont nos ennemis aussi ; ils sont l'épouvante et l'opprobre de la société. » Et pourtant, ceux-là aussi, c'est le peuple ! Effacez ses souillures, remédiez à ses maux, et vous verrez bien que ce vil troupeau est sorti des entrailles de Dieu tout aussi bien que vous. C'est en vain que vous voulez faire des distinctions et des catégories ; il n'y a pas deux peuples, il n'y en a qu'un. Celui qui travaille dans vos maisons, souriant, tranquille et bien vêtu, est le même qui rugit à vos portes, irrité, sombre et couvert de haillons. La seule différence, c'est que vous avez donné de l'ouvrage et du pain aux uns, et que vous n'avez rien trouvé à faire pour les autres. Pourquoi, par exemple, vous, monsieur Lefort, me mettez-vous sans cesse, dans vos éloges, en dehors de la famille ? Vous croyez m'honorer ? nullement, je ne veux point de cela. Le dernier des mendiants est mon pareil, à moi. Je ne rougis point de lui, comme beaucoup d'entre nous à qui vous avez soufflé, avec vos habitudes de bien-être, votre ingratitude et votre vanité. Non, non ! ce misérable n'est pas d'une caste inférieure à la mienne ; il est mon frère, et son abjection me fait rougir de l'aisance où je vis. Sachez bien cela, monsieur Lefort : tant qu'il y aura des êtres humains couverts de la lèpre de la misère, je dirai que vous n'avez rien fait de bon avec vos conspirations, vos chartes bourgeoises et vos changements de cocarde.

— Mon cher Huguenin, dit Achille avec émotion, vous avez de grands sentiments ; mais vous êtes trop pressé de nous accuser. Croyez-vous qu'il soit si facile d'être médecin de l'humanité morale ; et de trouver sans hésiter le remède à tant de maux ?

— Est-ce donc chercher le remède que de détourner les yeux avec horreur et de se boucher le nez, en disant qu'il n'y a que corruption et infection dans l'infirmerie ? Que penseriez-vous d'un carabin qui ne pourrait voir sans s'évanouir de dégoût un membre gangrené ? serait-ce là du dévouement ? serait-ce seulement l'amour de la science ? serait-ce l'indice d'une vocation réelle ? Eh bien ! osez donc descendre dans les léproseries de l'humanité morale, comme vous dites ; osez donc sonder de vos mains l'abîme de nos maux, et ne perdez pas le temps à dire que cela

[1] M. de Senancour, Obermann.

est horrible à voir; songez à y porter remède : car je n'ai jamais vu un médecin, si paresseux et si borné qu'il pût être d'ailleurs, abandonner un malade sous le prétexte qu'il était trop dégoûtant pour être guéri.

Maintenant, si je passe des républicains sincères, mais légers, à ceux qui ne sont ni l'un ni l'autre, où trouverai-je des paroles pour les flétrir! J'en ai connu quelques-uns, voyez-vous, quoique je n'aie guère fréquenté d'autre société que celle de l'atelier. Ce médecin avec qui vous m'avez fait souper chez le Vaudois, n'est-ce pas là un homme qui, en cas de révolution, a un personnage puissant, un prince du sang royal peut-être, dans sa poche, pour remplacer au plus vite celui qu'on aura culbuté? Et sans aller bien loin, votre député conspirateur, sans doute affilié à la Vente Suprême, votre vieux comte de Villepreux, avec qui vous faites, j'en suis sûr, plus de politique que de commerce, ne venez-vous pas de m'en faire un portrait fidèle?

— J'ai peut-être été trop loin; je l'accusais, dans mon emportement, d'une faute qu'il n'a pas commise...

— N'essayez pas de le réhabiliter dans mon estime. J'ai causé avec lui pendant une heure aujourd'hui. J'ai vu le fond de sa conscience. Il y a pied partout, je vous assure, pour quiconque aime à suivre sans fatigue et sans danger le courant de la fortune.

Ici Pierre raconta son entrevue avec le comte, sans dire toutefois quelle circonstance romanesque avait provoqué ce rapprochement. Son récit fit beaucoup réfléchir le bon Achille. Il se demandait ce qu'il eût pu répondre à la question que l'artisan avait adressée au vieux riche, et cependant il ne pouvait rien objecter contre le droit qu'avait l'artisan de poser ainsi le problème de la propriété.

— Il est certain, dit-il, que c'est une question bien grave, et qui demandera aux hommes du temps et du génie.

— Et du cœur, reprit Pierre; car avec l'intelligence seule vous ne trouverez jamais rien.

— Et sans elle, pourtant, à quoi sert le dévouement? Ne faut-il pas que les hommes supérieurs à la masse par la science et la méditation viennent au secours du peuple pour l'éclairer sur ses véritables intérêts?

— Ne vous servez pas de ce mot-là, monsieur Achille. Nos véritables intérêts, grand Dieu! nous savons bien ce que cela veut dire dans les idées de vos futurs législateurs!

— Mais enfin, Pierre, vous ne vous méfiez pas de moi?

— Non, certes, mais je ne crois pas en vous, car vous n'en savez pas plus long que moi qui ne sais rien.

— Ayons donc recours et confiance aux hommes supérieurs.

— Où sont-ils? qu'ont-ils fait? qu'ont-ils enseigné? Quoi! vous les avez entendus, vous agissez sous leurs ordres, vous travaillez à leur profit, et vous ne savez rien, et vous n'avez rien à me dire de leur part? Ils ont un secret, et ils ne le confient qu'à leurs adeptes? et ils ne le laissent pas seulement entrevoir au peuple? Ce sont donc les brahmes de l'Inde?

— Vous avez une logique cruelle et décourageante, maître Pierre. Que faut-il donc faire, si personne ne sait ce qu'il fait et ce qu'il dit? Faut-il se croiser les bras et attendre que le peuple se délivre lui-même? Croyez-vous qu'il y parvienne sans conseils, sans guides, sans règle?

— Il y parviendra pourtant, et il aura tout cela. Sa règle, il la fera lui-même; ses guides, il les tirera de son propre sein; ses conseils, il les puisera dans l'esprit de Dieu qui descendra sur lui. Il faut bien un peu compter sur la Providence.

— Ainsi vous repousseriez toute espèce de lumière venant des chefs du libéralisme? Parce qu'un homme aura de la célébrité, des talents et de l'influence sur les classes moyennes, le peuple se méfiera de lui?

— Le jour où un tel homme viendra nous dire : On vante mon mérite, on admire mon savoir, on plie sous ma puissance; mais écoutez-bien, mes enfants: ma science, ma force ou mon génie ne me constituent aucun droit qui vous soit nuisible. Je reconnais donc que le plus simple d'entre vous a droit, tout aussi bien que moi et les miens, au bien-être, à la liberté, à l'instruction; que le plus faible parmi vous a droit de réprimer ma force si j'en abuse, et le plus obscur de repousser mon avis s'il est immoral; enfin que je dois faire preuve de vertu et de charité pour être, à mes propres yeux comme aux vôtres, grand savant, grand souverain, ou grand poète;... oh! que ceux qu'on appelle *grands hommes* viennent nous dire cela! nous nous jetterons dans leur sein, comme dans le sein de Dieu; car Dieu ne crée pas par la science et par la force seulement; il crée aussi par l'amour. Mais tant que, méprisant la grossièreté de notre entendement, ils nous parqueront comme des bêtes dans un clos où il n'y a pas même de l'herbe à brouter, où nous ne pouvons tenir tous sans nous écraser et nous étouffer les uns les autres, et dont pourtant nous ne pouvons pas sortir, parce qu'on a mis partout des soldats pour garantir de nos mains les beaux fruits de la terre, nous leur dirons : Taisez-vous, et laissez-nous sortir de là comme nous pourrons. Vos conseils sont des trahisons, et vos triomphes sont des outrages. Ne marchez pas sur nos chaînes d'un air superbe; ne vous promenez pas dans nos rangs consternés avec des paroles de fausse pitié à la bouche. Nous ne voulons rien faire pour vous, pas même vous saluer; car vous qui nous saluez bien bas quand vous avez peur ou besoin de nous, vous savez bien que vous n'avez pas dans le cœur la moindre envie de remettre dans nos mains vos trésors, votre puissance et votre gloire. Voilà ce que nous dirons à vos hommes d'intelligence!

— Mais tout ce que vous mettez dans la bouche de l'homme qui demande au peuple sa force et son illustration, je le sens dans mon cœur. Si j'ai de tels sentiments, moi serviteur obscur de la cause, pourquoi ne voulez-vous pas que de nobles intelligences les aient au plus haut degré?

— Parce que, jusqu'à présent, cela ne s'est pas montré; parce que j'ai lu tout ce que j'ai pu lire, et que je n'ai pas seulement aperçu ce que je cherchais; parce que j'ai trouvé orgueilleuses, cruelles et antihumaines toutes les solutions données par vos grands esprits passés et présents.

— C'est qu'aussi vous êtes trop dans l'idéal; vous en demandez plus aux hommes qu'ils ne peuvent faire. Vous voudriez des chefs et des conseils qui résumassent en eux l'audace de Napoléon et l'humilité de Jésus-Christ. C'est un peu trop exiger de la nature humaine en un jour; et d'ailleurs, si un tel homme venait, il ne serait pas compris. Vous raisonnez, vous, et le peuple ne raisonne pas.

— Le peuple raisonne mieux que vous ne pensez; et la preuve, c'est que vous ne pouvez pas réussir à l'agiter. Il sent que son heure n'est pas venue. Il aime mieux supporter ses maux quelques jours de plus, que de soulever son flanc meurtri pour se meurtrir de l'autre côté en changeant de posture. Il attend que la voûte s'élève et qu'il puisse se tenir debout. Et savez-vous de quoi est faite cette voûte? De bourgeois d'abord, et de nobles par-dessus. Bourgeois, secouez vos nobles s'ils pèsent trop sur vous; c'est votre affaire. Nous vous aiderons, s'il nous est prouvé quelque jour que cela nous soulage. Mais si vous pesez autant qu'eux, gare à vous! nous vous secouerons à notre tour.

— Mais que ferez-vous donc jusque-là?

— Ce que vous nous conseillez. Nous travaillerons de toutes nos forces pour ne pas mourir de faim, et nous trouverons encore moyen de nous secourir les uns les autres. Nous conserverons entre ouvriers notre Compagnonnage, malgré ses abus et ses excès, parce que son principe est plus beau que celui de votre Charbonnerie. Il tend à rétablir l'égalité parmi nous, tandis que le vôtre tend à maintenir l'inégalité sur la terre.

CHAPITRE XXVI.

Ce jour-là la marquise n'avait pas dîné au château. Elle avait été rendre visite à une de ses parentes établie dans une petite ville des environs. Elle était partie le matin dans une légère calèche découverte traînée par un seul cheval, et accompagnée d'un seul domestique qui menait la voiture. Elle avait pris, à dessein, ou plutôt d'après le conseil d'Yseult, le plus modeste équipage du château, afin de ne pas écraser l'amour-propre de sa parente qui n'était pas riche. Cette précaution n'avait pas empêché tous les petits bourgeois de la ville de se mettre aux portes et aux fenêtres pour la voir passer, tout en se disant les uns aux autres avec aigreur : Voyez donc cette marquise avec *son* carrosse et *son* cocher ! C'est pourtant la fille au père Clicot le teinturier !

Joséphine fut retenue à dîner chez sa cousine, et ne put reprendre le chemin de Villepreux que vers la chute du jour. Elle remarqua avec une certaine inquiétude, en montant en voiture, que Wolf, le cocher, avait la voix haute et le teint fort animé. Cette inquiétude augmenta lorsqu'elle le vit descendre rapidement la rue mal pavée de la ville, frisant les bornes avec cette audace et ce rare bonheur qui accompagnent souvent les gens ivres. Le fait est que Wolf avait *rencontré des amis :* expression consacrée chez les ivrognes pour expliquer et justifier leurs fréquentes mésaventures. Ces braves gens-là ont tant d'amis qu'ils n'en savent pas le compte, et qu'on ne saurait aller nulle part avec eux qu'ils n'en rencontrent quelques-uns.

Au bout de deux cents pas, Wolf, et par suite la calèche et la marquise, avaient déjà échappé par miracle à tant de désastres, qu'il était à craindre que la Providence ne vint à se lasser. En vain Joséphine lui commandait et le conjurait d'aller plus doucement ; il n'en tenait compte, et semblait donner des ailes au tranquille cheval qu'il conduisait. Heureusement peut-être lui vint-il l'idée de remettre une mèche à son fouet, et de s'arrêter, à cet effet, devant la porte d'une petite maison située à la sortie du faubourg et décorée de cette inscription : *Le père Labrique, maréchal-ferrant, loge à pied et à cheval, vend son, foin, avoine,* etc.

La nuit tombait toujours, et la peur de Joséphine allait en augmentant. Dès qu'elle vit l'Automédon à bas de son siége, occupé à discourir avec les gens de la maison qui lui apportaient en même temps une mèche de fouet et un petit verre d'eau-de-vie, elle résolut de descendre de la voiture et de retourner à la ville demander à sa cousine un homme pour la conduire, ou l'hospitalité jusqu'au lendemain. Il n'y avait pas à espérer que Wolf, qui avait, comme de juste, la prétention d'être absolument à jeun, consentît à écouter ses plaintes. Elle appela donc quelqu'un pour lui ouvrir la portière. Monsieur, cria-t-elle à tout hasard à un homme qu'elle vit arrêté au milieu du chemin, ayez l'obligeance de m'aider à sortir de ma voiture. Avant qu'elle eût achevé sa phrase, la portière était ouverte, et un cavalier respectueux et empressé lui offrait la main. C'était le Corinthien.

— Vous ici ? s'écria la marquise avec plus de joie que de prudence.

— Je vous attendais au passage, répondit Amaury en baissant la voix.

La marquise, troublée, s'arrêta, un pied hors de la voiture, une main dans celle d'Amaury.

— Je ne sais ce que vous voulez dire, reprit-elle d'une voix tremblante. Comment et pourquoi m'attendiez-vous ?

— J'étais venu ici dans la journée pour faire quelques emplettes qui concernent mon état. Je me suis trouvé à dîner dans ce cabaret en même temps que M. Wolf, votre cocher. Je l'ai vu si bien boire que je me suis inquiété de la manière dont il conduirait votre voiture, et j'attendais ici pour voir s'il irait droit, et si vous ne seriez pas en danger de verser.

— Il est dans un état d'ivresse intolérable, répondit la marquise ; et si vous aviez la bonté de me reconduire à la ville...

— Et pourquoi pas au château ? répondit le Corinthien. Je n'ai jamais conduit une calèche ; mais j'ai su conduire une carriole dans l'occasion, et il ne me semble pas que cela soit bien différent.

— Vous n'auriez pas de répugnance à monter sur le siége ?

— J'en aurais eu beaucoup dans une autre occasion, répondit le Corinthien en souriant ; mais je ne m'en sens aucune dans ce moment-ci.

Joséphine comprit, et se sentit partagée entre l'épouvante de ce qui se passait en elle et l'irrésistible désir d'accepter l'offre d'Amaury ; et ce n'était pas la peur seule qui l'y poussait.

— Mais comment faire ? dit-elle. Il n'y a qu'une place possible sur le siége, et jamais Wolf ne voudra monter derrière la voiture. Il est plein d'amour-propre, et ne se croit pas gris le moins du monde ; il va faire un esclandre. Cet homme me fait une peur affreuse. J'aimerais mieux m'en retourner à pied au château que de me laisser conduire par lui.

— J'aimerais mieux traîner la voiture que de vous laisser faire cinq lieues à pied, répondit le Corinthien.

— Eh bien ! nous le laisserons ici, dit Joséphine, dont les joues étaient brûlantes. Sauvons-nous !

— Sauvons-nous ! dit le Corinthien. Le voilà qui entre dans le cabaret ; nous serons loin avant qu'il ait songé à en sortir.

Il referma précipitamment la portière, s'élança sur le siége, s'empara du fouet et des rênes, et partit comme un trait, sans donner à la marquise le temps de la réflexion.

Où avait-il pris tant d'audace ? Eh ! que sais-je ! Lecteur, il vous est plus aisé de le comprendre qu'à moi de vous l'expliquer. Il y a des natures timides comme Pierre Huguenin, réservées comme Yseult. Il y a aussi des natures spontanées comme la marquise, impétueuses comme le Corinthien. Ensuite il y a la jeunesse, la beauté qui cherche et attire la beauté, le désir qui nivelle les rangs et se rit de l'usage ; il y a aussi l'occasion qui enhardit, et la nuit qui protége.

Le Corinthien descendit la côte certainement avec plus de témérité que Wolf ne l'eût descendue ; et pourtant Joséphine n'avait pas peur ; et pourtant ce pauvre Wolf n'était pas le plus ivre des trois.

Quand on fut au bas de la côte, il fallut la remonter, et là il était impossible au cheval d'aller au trot. D'ailleurs n'avait-on pas assez d'avance pour laisser respirer cette pauvre bête ? Mais la marquise n'était pas encore tranquille. Cet homme ivre pouvait courir après la voiture, réclamer son fouet et son siége dont il était aussi jaloux qu'un roi peut l'être de son trône et de son sceptre, enfin le disputer de vive force à l'usurpateur. La marquise frémissait à l'idée d'une pareille scène, et, dans son inquiétude, il était assez naturel qu'elle s'agitât dans la voiture, qu'elle changeât de place, qu'elle s'assît même sur la banquette de devant pour regarder si quelqu'un n'accourait pas par derrière. Il était naturel aussi que le Corinthien se retournât de temps en temps, et appuyât son coude sur le dossier de devant de la calèche, pour rassurer la marquise et pour répondre à ses fréquentes interrogations. Enfin cette rencontre inattendue, cette brusque détermination et cette fuite précipitée étaient bien assez étranges pour qu'on se récriât un peu, et pour qu'on échangeât quelques éclaircissements.

Joséphine n'avait jamais pu se défaire de cette naïveté bourgeoise qu'on appelle inconvenance dans le grand monde, laissa échapper une réflexion qui faisait faire, d'un saut, bien du chemin à la conversation.

— Mais, mon Dieu ! s'écria-t-elle, que va-t-on dire de moi dans la ville quand ce domestique aura crié dans tout le cabaret et dans tout le faubourg que je me suis enfuie sans lui ? Et que va-t-on penser au château quand on va me voir arriver seule avec vous ?

Pierre Huguenin, en pareille circonstance, eût répondu, avec un peu d'amertume, qu'on ne songerait pas seulement à s'en étonner. Moins fier et en même temps moins modeste, Amaury ne pensa qu'à éloigner les inquiétudes de la marquise.

— Je vous conduirai jusqu'à la porte du château, répondit-il, et je me sauverai sans qu'on me voie. Vous monterez sur le siége, vous prendrez les rênes, et vous direz aux domestiques qui viendront ouvrir que Wolf s'est oublié au cabaret, que vous aviez de bonnes raisons pour ne pas vous fier à lui, et que vous avez conduit la voiture vous-même.

— Personne ne le croira. On me sait si peureuse !

— La peur peut donner du courage. Entre deux dangers on choisit le moindre. Voyez, madame, je vous dis des proverbes comme Sancho, pour vous faire rire ; mais vous ne riez pas, vous avez toujours peur.

— Vous ne comprenez pas cela, vous, monsieur Amaury ! Les femmes sont si malheureuses, si esclaves, si aisément sacrifiées dans le monde où je vis !

— Malheureuses, esclaves, vous ? Je croyais que vous étiez toutes des reines ?

— Et qui vous le faisait croire ?

— Vous êtes toutes si belles, si bien parées ! vous avez l'air toujours si animé, si heureux !

— Vraiment, vous me trouvez cet air-là ?

— Je vous ai toujours vu le sourire sur les lèvres, et votre teint est toujours si pur, vos manières si gracieuses... Je vous dis cela, madame la marquise, sans savoir si je m'exprime convenablement, et m'attendant toujours à vous faire rire, comme Sancho parlant à la duchesse.

— Ne me parlez pas ainsi, Amaury ; c'est vous qui avez l'air de vous moquer de moi. Vous n'êtes pas Sancho, et je ne suis ni une duchesse ni une vraie marquise ; je suis la fille d'un ouvrier, et je n'ai pas la prétention d'être autre chose.

— Et cependant... Mais vous me défendez d'être Sancho, je ne dois pas dire tout ce qui me passe par la tête.

— Oh ! je sais bien ce que vous vouliez dire ; j'ai épousé un noble, n'est-ce pas ? On me l'a assez reproché, et dans ma classe et dans la sienne. Et je l'ai assez cruellement expié pour que Dieu me le pardonne !

Amaury, qui s'était fait violence pour causer gaiement, se sentit trop ému pour continuer sur ce ton, mais pas assez hardi pour parler sérieusement. Ils tombèrent tous deux dans un profond silence, et ils ne se comprirent que mieux. Qu'avaient-ils à s'apprendre l'un à l'autre ? Ils ne s'étaient encore rien dit, et ils savaient pourtant bien qu'ils s'aimaient. Amaury sentait qu'il n'y avait plus entre eux qu'un mot à échanger ; mais là le courage manquait de part et d'autre.

— Mon Dieu ! monsieur Amaury, dit la marquise qui s'était remise au fond de la voiture, il me semble que nous avons passé le chemin de traverse. Nous devions prendre à gauche. Connaissez-vous le chemin ? Et elle se remit sur le devant de la voiture.

— Je l'ai fait ce matin pour la première fois, répondit le Corinthien ; mais il me semble que le cheval nous conduira de lui-même, à moins qu'il ne soit dans le même cas que moi.

— Précisément c'est un cheval qui arrive de Paris ; il ne saurait nous tirer d'affaire.

— Je crois qu'il faut aller encore tout droit.

— Non, non, il faut quitter la grande route et entrer dans la lande. Nous avons perdu le chemin ; mais nous le retrouverons par là.

Rien n'était plus difficile que de se diriger dans cette lande sur des voies de charrettes tracées dans tous les sens, toutes semblables et n'offrant pour indication au voyageur que quelques accidents dont les gens du pays avaient seul l'habitude. Quoique Joséphine eût parcouru souvent ces vagues sentiers, elle ne pouvait être assez sûre de son fait pour ne pas prendre certain buisson ou certain poteau pour celui qu'elle croyait reconnaître. En outre, la nuit était tout à fait close ; des nuages légers voilaient la faible clarté des étoiles, et insensiblement la brume blanche qui dormait sur les flaques d'eau se répandit sur tous les objets, et ne permit bientôt plus d'en discerner aucun.

Cette marche incertaine dans le brouillard n'était pas sans dangers. La Sologne, cette vaste lande qui s'étend au travers des plus fertiles et des plus riantes contrées de la France centrale, est un désert capricieusement traversé de zones desséchées où fleurissent de magnifiques bruyères, et de zones humides où languissent, parmi les joncs, des eaux sans mouvement et sans couleur. Une végétation grisâtre couvre ces lacs vaseux, plus dangereux que des torrents et des précipices. Nos voyageurs avaient erré longtemps dans ce labyrinthe sans trouver une issue.

Le cheval, trompé par des apparences de chemin tracé, s'engageait dans des impasses, au bout desquelles, arrêté par les fondrières, il lui fallait revenir sur ses pas. De temps en temps une roue s'enfonçait dans un sable délayé qu'il était impossible de prévoir et d'éviter ; la voiture penchait alors d'une manière menaçante, et la marquise effrayée pressait de toute sa force le bras du Corinthien en jetant des cris bientôt suivis de rires qui servaient à cacher la honte. Amaury eût cherché ces accidents s'il eût pu les apercevoir ; mais ils devinrent si fréquents et le danger si réel, qu'il fallut renoncer à aller plus loin. La marquise l'exigeait, car elle commençait à s'épouvanter tout de bon, et son conducteur n'osait plus répondre de ne pas verser dans quelque marécage. Le cheval, harassé de marcher depuis deux heures, tantôt dans les genêts épineux, tantôt dans la glaise jusqu'aux genoux, s'arrêta de lui-même et se mit à brouter.

La marquise disait en riant qu'elle avait faim, ne sachant, je crois, trop que dire.

— J'ai dans mon sac un pain de seigle, dit Amaury ; que ne puis-je le métamorphoser en pur froment pour vous l'offrir !

— Du pain de seigle ! s'écria Joséphine, oh ! quel bonheur ! c'est tout ce que j'aime, et j'en suis privée depuis si longtemps ! Donnez-m'en, cela me rappellera le beau temps de ma vie où je n'étais pas marquise.

Amaury ouvrit son sac et en tira le pain de seigle. Joséphine le cassa, et lui en donnant la moitié : — J'espère que vous allez manger avec moi, lui dit-elle.

— Je ne m'attendais pas à souper jamais avec vous, madame la marquise, répondit Amaury en recevant avec joie ce pain qu'elle venait de toucher.

— Ne m'appelez donc plus marquise, dit-elle avec une charmante mélancolie. Nous voici dans le désert : ne saurais-je oublier mon esclavage seulement pendant une heure ? Ah ! si vous saviez tout ce que cette bruyère me rappelle ! mon enfance, mes premiers jeux, ma chère liberté perdue, sacrifiée à seize ans, et pour toujours ! J'étais une vraie paysanne dans ce temps-là : je courais pieds nus après les papillons, après les oiseaux. J'étais plus simple que les petites gardeuses de troupeaux dont je faisais ma société ; car elles savaient filer et tricoter, et moi je ne savais rien ; et quand je me mêlais de surveiller les brebis, je m'oubliais si bien que toujours j'en perdais quelqu'une. Croiriez-vous qu'à douze ans je ne savais pas lire ?

— Je crois bien que je ne le savais pas à quinze, répondit Amaury.

— Mais combien de choses vous avez apprises en peu de temps, vous ! Mon oncle dit que vous êtes plus instruit que son fils. A coup sûr vous êtes plus savant que moi. Je vois bien, d'après les bouts de conversation que nous avons eus ensemble à la danse, que vous avez énormément lu.

— Trop peu pour être instruit, assez pour être malheureux.

— Malheureux, vous aussi ? Et pourquoi donc ?

— N'étiez-vous pas plus heureuse lorsque vous étiez une petite bergère en sabots ?

— Mais vous n'avez pas perdu votre liberté, vous ?

— Peut-être que si, mon Dieu ! mais quand je la retrouverais, à quoi me servirait-elle ?

— Comment ! le monde est à vous, l'avenir vous rit, mon cher Corinthien ; vous avez du génie, vous serez artiste ; vous serez riche peut-être, et à coup sûr célèbre.

— Quand tous ces rêves se réaliseraient, en serais-je plus heureux ?

— Ah ! je le vois, vous avez des *idées sociales*, comme votre ami Pierre. Mon oncle nous disait hier soir que Pierre avait l'esprit tout rempli de rêves philosophiques. Je ne sais ce que c'est, moi ; vous voyez, Amaury, que je n'ai pas tant d'instruction que vous.

— Des idées sociales, moi ! des rêves philosophiques ! Non vraiment ! je ne songe plus à tout cela. Mon cœur me tourmente plus que ma tête.

Il y eut un moment de silence. Ce repas fraternel avait rapproché bien des distances entre eux. En rompant le pain noir de l'ouvrier, la marquise avait communié avec lui, et jamais philtre formé avec les plus savantes préparations n'avait produit un effet plus magique sur deux amants timides. — Je suis sûr que vous avez froid, dit Amaury en sentant frissonner la marquise dont l'épaule effleurait la sienne. — J'ai seulement un peu froid aux pieds, répondit-elle. — Je le crois bien, vous avez des souliers de satin. — Comment savez-vous cela? — Est-ce que vous n'avez pas mis votre pied hors de la voiture pour descendre quand je vous ai ouvert la portière? — Que faites-vous donc? — J'ôte ma veste pour envelopper vos pieds. Je n'ai pas autre chose. — Mais vous allez vous enrhumer. Je ne souffrirai jamais cela. Avec ce brouillard! Non, non, je ne veux pas!

— Ne me refusez pas cette grâce-là, c'est la seule probablement que je vous demanderai dans toute ma vie, madame la marquise.

— Ah! si vous m'appelez encore ainsi, je n'écoute rien.

— Et comment puis-je vous appeler?

Joséphine ne répondit pas. Le Corinthien avait ôté sa veste, et, pour lui envelopper les pieds, il était descendu du siége, et il était venu à la portière. — Si vous vous mettiez au fond, lui dit-il, vous seriez au moins abritée par la capote de la calèche; vous n'auriez pas ce brouillard sur la tête.

— Et vous, dit Joséphine, vous allez rester comme cela, les épaules exposées au froid, et les pieds dans l'herbe mouillée?

— Je vais remonter sur le siége.

— Je ne pourrai plus causer avec vous, vous serez trop loin.

— Eh bien, je m'asseoirai sur ce marchepied.

— Non, asseyez-vous dans la voiture.

— Et si le cheval nous emmène dans les viviers?

— Accrochez les rênes sur le siége, vous les aurez bientôt dans la main en cas de besoin.

— Au fait, il est occupé! dit Amaury en voyant que l'excellente bête broutait sans songer à mal.

— Il broute la fougère comme je mange le pain de seigle, dit Joséphine en riant; certainement, à lui aussi, cette lande rappelle la jeunesse et la liberté.

Amaury s'assit dans la calèche vis-à-vis la marquise. C'était le dernier acte de respect qui lui restait à faire. Mais la nuit était si fraîche, et il s'était dépouillé pour lui couvrir les pieds! Elle le fit asseoir auprès d'elle, pour qu'il eût au moins un peu d'abri contre le brouillard. Quelque chose lui disait bien au fond du cœur, que c'était frapper le dernier coup sur un homme déjà vaincu. Il s'était défendu courageusement pendant deux heures, et certes elle n'avait pas l'idée de le provoquer. Elle comptait que la timidité d'un homme de vingt ans la préserverait jusqu'au bout, et qu'un amour pur et fraternel suffirait à leur mutuelle joie. Mais il y avait de l'effroi dans son âme à cause du monde où elle vivait, et dans l'âme du Corinthien il y avait du remords à cause de la Savinienne. Or l'amour pur a besoin du calme parfait de la conscience, et ni lui ni l'autre n'était calme. Un frémissement étrange s'était emparé d'elle comme de lui. Ils essayèrent encore de l'attribuer au froid. Ils tâchaient de rire et de causer; ils ne trouvaient plus rien à se dire, et le Corinthien était d'une tristesse qui tournait à l'amertume. Ce silence devenait plus gênant et plus effrayant à mesure qu'il se prolongeait, et Joséphine sentait bien qu'il fallait fuir ou succomber.

— Croyez-vous, lui dit-elle avec effroi, que nous ne pourrions pas reprendre notre route?

— Et où est-elle, notre route? dit le Corinthien avec une rage secrète.

La marquise vit qu'il souffrait: elle fut vaincue.

— Au fait, dit-elle, nous ne ferions que nous égarer encore davantage. Il vaut mieux patienter ici jusqu'au jour. Les nuits sont si courtes dans cette saison!

Elle fit sonner sa montre. Il était minuit. Et elle ajouta pour lui arracher une réponse:

— Il fera jour dans deux heures, n'est-ce pas?

— Le jour viendra bientôt, soyez tranquille, répondit Amaury d'une voix désespérée.

Ce son de voix fit tressaillir Joséphine. Un nouveau silence succéda à ce muet emportement d'Amaury. Le cheval hennissait en signe d'ennui et de détresse. Les grenouilles coassaient dans le marécage.

Tout à coup Amaury vit que Joséphine pleurait. Il se jeta à ses pieds; et deux autres heures s'écoulèrent dans une ivresse si complète, qu'ils oublièrent tout, et le monde, et les anciennes amours, et l'avenir, et la peur, et le jour qui se levait, et le cheval qui s'était remis en route.

Un cri de terreur échappa à la marquise, lorsqu'elle vit, à la clarté de l'aube, la tête d'un homme s'avancer à la portière. Cette frayeur était bien naturelle, mais elle arracha le Corinthien comme d'un rêve. Et lorsqu'il y pensa depuis, il s'imagina que la marquise aurait eu moitié moins d'effroi et de honte si elle eût été surprise dans les bras d'un gentilhomme.

Quant à lui, il eut aussi un sentiment de confusion devant le témoin de son bonheur. C'était Pierre Huguenin.

— Rassurez-vous, madame la marquise, dit celui-ci en voyant la pâleur effrayante et l'air égaré de Joséphine. Je suis seul, et vous n'avez rien à craindre. Mais il faut vite retourner au château. On vous a attendue fort avant dans la nuit. Votre cousine a été si inquiète de vous, qu'elle a envoyé à la ville. On vous cherche peut-être aussi d'un autre côté.

— Écoute, Pierre, dit le Corinthien. Voici ce que tu diras. J'ai passé la nuit à la ville, tu ne m'as pas vu; tu as trouvé madame la marquise seule, égarée, emportée par son cheval, vers minuit...

— Ce serait impossible, on vient de me voir au château il n'y a qu'une demi-heure.

— Mais où sommes-nous donc?

— À un quart de lieue tout au plus du château. Que dirai-je?

— Que Wolf s'est enivré hier soir, c'est la vérité; qu'il a failli verser dix fois en dix minutes; qu'il est descendu dans un cabaret à la sortie de la ville...

— C'est bien, dit Pierre; alors le cheval s'est emporté et a couru la lande toute la nuit. Maintenant sauve-toi, Amaury; cache-toi dans les genêts, et ne rentre que vers midi. Tu as couché à la ville.

Le Corinthien se hâta de descendre et de s'enfoncer dans les buissons. La marquise n'eut pas la force de dire une parole. À demi évanouie au fond de la voiture, elle était dans un état nerveux qui rendit très-vraisemblable l'histoire que Pierre se chargea de raconter.

Il prit le cheval par la bride, et l'aida à sortir des marécages, marchant devant lui, et s'assurant avec le pied de la solidité du terrain qu'il lui faisait traverser. Lorsqu'ils arrivèrent au château, la première personne qu'ils virent accourir fut Yseult, qui ne s'était pas couchée, et qui, de sa fenêtre, explorait tous les chemins depuis le jour.

Pierre lui raconta qu'il avait trouvé la marquise seule dans la voiture, entraînée par le cheval, qui, après avoir couru toute la nuit, revenait au hasard; que dans le premier moment elle n'avait eu la force de lui dire comment cet accident était arrivé; et il fit à cet égard le conte arrangé avec le Corinthien. Puis il aida mademoiselle de Villepreux à transporter sa cousine dans son appartement, tandis que les domestiques examinaient les harnais du cheval, que Pierre avait eu soin de déranger et de rompre en plusieurs endroits pour faire croire à une révolte sérieuse de sa part. Ce pauvre animal fut le seul calomnié de l'aventure. Personne ne soupçonna la vérité. Wolf, qui n'avait rien vu, et qui ne se rappelait pas seulement comment les choses s'étaient passées, ne put se disculper. On l'eût chassé si la marquise, après avoir eu une attaque de nerfs, n'eût demandé vivement sa grâce. Pierre fut remercié dans les plus beaux termes par le comte de Villepreux. Mais rien ne valait pour lui un mot d'Yseult; et comme il l'attendait toujours, il allait retourner tristement à l'atelier, lorsqu'elle s'approcha de lui, lui tendit la main, et la lui serra, devant tout le monde, avec une franchise d'amitié dont les traits confirmaient la rayonnante effusion. C'était un autre bonheur que celui du Corinthien; mais il n'était peut-être pas moindre.

La marquise.

CHAPITRE XXVII.

Les bulletins de la guerre d'Espagne arrivaient chaque jour plus pompeux pour l'armée française officielle, et plus alarmants pour l'armée secrètement organisée du Carbonarisme.

La capitulation de Malaga avait suivi de près la victoire du Trocadéro. Riego tenait encore, en attendant que le même roi qui lui avait présenté en tremblant son cigare allumé, l'envoyât sur un âne au supplice. Ballesteros traitait avec le duc d'Angoulême. Le libéralisme allait être écrasé en Espagne; il était fort découragé en France.

Le comte de Villepreux, que l'opposition avait diverti pendant quelques années, commençait à trouver le jeu trop sérieux, et se repentait secrètement de n'avoir pas borné son rôle politique à la lutte parlementaire. Loin de recevoir la visite d'Achille Lefort avec la bienveillance accoutumée, il le brusquait souvent, et tâchait par ses railleries de le dégoûter de la propagande. Ce n'était pas chose aisée. Malgré les démonstrations sans réplique de Pierre Huguenin, qu'il oubliait tout aussitôt après les avoir écoutées, Achille n'avait qu'une idée en tête : c'était de former une *Vente* à Villepreux. Il avait cinq ou six affiliés, il lui en fallait encore neuf ou dix pour arriver au chiffre voulu; et il ne désespérait pas, malgré l'effet sinistre des nouvelles télégraphiques, de les trouver bientôt. Il était de ces natures aveuglément dévouées et bravement présomptueuses qui, à force de croire à elles-mêmes, arrivent à ne douter de rien. Plus il voyait la peur éclaircir les rangs autour de lui, plus il se flattait de les remplir de nouveaux champions, mieux trempés pour la résistance. Il s'évertuait donc à recruter à droite et à gauche avec plus de zèle que de sagesse, ne s'apercevant pas trop, le bon jeune homme, qu'il faisait moins de bien à sa cause, par ses déclamations échauffées et son empressement brouillon, qu'il n'en eût fait avec de la prudence et un peu d'adresse.

Achille, comptant qu'un affilié à la Vente Suprême n'oserait pas l'entraver, avait donc établi son quartier général au château de Villepreux, usant et abusant du prétexte de vendre des vins et de régler des comptes, souffrant avec héroïsme les contradictions mordantes de

Il tirait parti de son épaisse chevelure et de ses favoris noirs, etc. (Page 91.)

son hôte qui commençait à le traiter un peu lestement, et devant lequel il n'élevait pas la voix aussi haut qu'il le faisait dans le parc, lorsqu'il déblatérait devant Pierre Huguenin contre les *ganaches de la Chambre*.

Malgré l'humeur qu'il lui causait, le comte ménageait pourtant ce *faquin*, qui dans la province avait chaudement servi sa popularité; et quand il craignait de l'avoir blessé, il le ramenait par d'adroites flatteries données sous le masque d'une brusquerie paternelle. Le vieux libéralisme adulait la jeunesse de ce temps-là, en attendant que, monté à son tour sur les bancs de la pairie, il l'envoyât dans les prisons expier le crime d'association secrète, chose sainte et sacrée sous la restauration, illégale et abominable sous Louis-Philippe.

Le soir, lorsque les hôtes ordinaires et extraordinaires du château s'étaient retirés, Achille, au retour de ses excursions politiques, venait rendre compte de toute la besogne qu'il avait faite. Il faisait au comte l'honneur de le regarder comme un supérieur, et le comte était obligé d'accepter ce rôle. Yseult n'était point exclue de ces conversations. Outre que son grand-père avait en elle une entière confian l'éclat des divers procès faits au Car-

bonarisme l'avait initiée à tous les mystères de la conspiration permanente. Encore enfant, elle avait été lancée dans ces rêves de lutte politique; et, comme tous les jeunes cerveaux, le sien s'y était exalté jusqu'à la bravoure virile, sans perdre cette nuance d'idéal romanesque qui caractérise une grande nature féminine. Je ne saurais vous dire si elle était vraiment, comme on le prétendait, la fille de Napoléon ; mais il est certain qu'il y avait quelque chose d'héroïque dans la tournure de son esprit, et une extrême originalité dans l'indépendance de son caractère.

Avec ces dispositions, elle devait pencher vers l'avis d'Achille Lefort et s'enhardir dans ses espérances à mesure que le danger croissait. Entre le vieux comte et le jeune carbonaro, elle était comme le pur miroir de vérité, où chacun d'eux pouvait regarder les taches ou les erreurs de sa conscience repoussées par le cristal impénétrable. Elle écoutait toujours son aïeul avec respect ; mais, quand elle le voyait faiblir, elle en cherchait la cause ailleurs que dans un manque de courage, et sa candeur intimidait le vieillard. Quand Achille se laissait emporter par son outrecuidance, elle s'imaginait qu'il avait eu quelque succès extraordinaire dans ses entreprises ; et lui, tout honteux de la foi qu'elle avait en lui, rougissait de sentir que cette foi était mal fondée. Le comte eût préféré qu'elle ne fût pas présente à leurs entretiens; mais Achille, sachant bien l'ascendant qu'elle exerçait sur lui, avait soin de les trouver réunis pour s'expliquer, et alors M. de Villepreux n'osait montrer tout son dépit et toute sa répugnance.

Il arriva plusieurs fois qu'on parla de Pierre Huguenin. Achille disait que ce serait une des plus belles conquêtes qu'il pût faire pour sa Vente; qu'on aurait de la peine à vaincre ses objections, mais qu'une fois engagé on trouverait en lui un héros. Yseult disait qu'elle avait de lui la plus haute opinion, et qu'elle le verrait avec joie entrer en rapports fréquents avec son grand-père, et puiser dans de telles relations l'instruction politique dont une aussi belle intelligence avait soif. Yseult s'imaginait encore que son aïeul portait en lui quelque grande révélation de l'idée sociale qui tourmentait l'artisan philosophe.

— Votre Pierre Huguenin est un fou, leur dit un soir le comte poussé à bout; une tête dérangée, et à mettre dans le même bonnet que le cerveau brûlé de M. Lefort. Il est bon sans doute que les gens du peuple lisent Jean-Jacques Rousseau et Montesquieu. Je n'en ris pas, entends-tu, ma fille? Je suis sûr que cela produira quelque chose de bon. Mais donnons-leur donc le temps de la digestion, que diable! Ils ont à peine avalé la manne qu'on leur dit de trouver la terre promise! Il a fallu au peuple de Moïse quarante ans pour cela, quarante ans qui veulent peut-être dire dans le langage biblique quarante siècles, sachez-le bien. Laissez-les donc tranquilles; ils ne demandent que cela. Est-ce qu'ils sont assez avancés pour faire de la politique? C'est à nous de chercher ce qui leur convient et de leur faire le meilleur sort possible sans les consulter; car ils ne peuvent encore prononcer sur leur propre cause. Ils y seraient juge et partie!

— Ne sommes-nous pas dans le même cas? dit Yseult.

— Mais notre éducation est faite; nous avons des idées de justice appuyées sur une certaine science qu'ils n'ont pas encore et qu'ils n'auront pas de sitôt. Donnons-leur le temps de monter jusqu'à nous, et ne faisons pas la folie de descendre à eux. Il ne faut point que nous salissions nos mains pour leur complaire; il faut qu'ils lavent les leurs pour nous ressembler.

— Mais il faut une crise politique immense, afin qu'ils aient le temps et l'instinct de se civiliser, s'écria Lefort.

— Aussi, mon cher monsieur, nous opérerons la crise en temps et lieu, mais sans qu'ils nous aident trop sciemment; car, dans ce cas, ils nous feraient la loi le lendemain, et ce serait la barbarie.

— Mais, mon père, dit Yseult, il me semble qu'on pourrait les instruire et les aider à se civiliser, en attendant.

— Très-certainement, s'écria le comte. Il faut, en tout ce qui ne tient pas ouvertement à la politique, leur tendre la main, les encourager, leur procurer du travail et de l'instruction, relever en eux le sentiment de la dignité humaine. Est-ce que je fais autre chose avec eux? Est-ce que je ne les traite pas comme mes égaux? Est-ce que je les oblige à me parler debout? Est-ce que je ne cherche pas à développer tous les germes d'intelligence que j'aperçois chez eux?

— Certainement, monsieur le comte, dit Achille, votre conduite particulière est généreuse et franchement libérale; mais pourquoi ne voulez-vous pas qu'une certaine initiation au mouvement politique soit un moyen d'éducation pour les prolétaires intelligents et courageux? Croyez-vous donc que Pierre Huguenin ne comprenne pas aussi bien que moi ce que nous faisons?

— Ce n'est peut-être pas beaucoup dire, répondit le comte en riant, et encore n'en est-il pas là; la preuve, c'est qu'il vous repousse, et se fait prier.

Quelques jours après cet entretien, Yseult, se promenant dans le parc avec Achille, et parlant précisément de Pierre Huguenin, vit celui-ci se diriger du côté de l'atelier.

— J'ai envie de m'adresser à lui, dit-elle, et de voir si je réussirai mieux que vous. Je serais fière de faire cette conversion, et de pouvoir l'annoncer ce soir à mon grand-père.

— Je crains bien que M. le comte ne se soucie plus d'aucune conversion politique, répondit Achille qui était lui-même un peu découragé ce jour-là.

— Vous vous trompez, monsieur, répondit Yseult qui ne cessait de voir dans son aïeul un patriarche de la révolution; je connais mieux que vous ses dispositions. Il a de grands accès de tristesse; mais une bonne parole, un sentiment généreux, le moindre acte de courage et de patriotisme, tenez! l'adhésion de Pierre Huguenin à vos projets, suffirait pour lui rendre ce noble enthousiasme que nous lui connaissons. Voulez-vous appeler Pierre pour que je lui parle? Me le conseillez-vous?

— Pourquoi pas? répondit Achille dont l'amour-propre était un peu intéressé à vaincre les refus superbes de l'artisan. L'éloquence d'une femme peut faire des miracles!

Il courut le chercher. Mais au lieu de l'amener jusqu'auprès de mademoiselle de Villepreux, et de rester en tiers dans la conversation, comme elle y comptait, il s'éloigna, craignant que sa présence ne rendît à Pierre la force de l'argumentation, et comptant sur le trouble et l'embarras que devait lui inspirer un tête-à-tête avec la jeune châtelaine.

En se voyant décidément seule avec Pierre, Yseult fut elle-même saisie d'une timidité qu'elle ne connaissait pas, et demeura quelques instants sans pouvoir entrer en matière. Pierre était si troublé de son côté, qu'il ne s'en aperçut pas, et qu'il attribua au bourdonnement qui se faisait dans ses oreilles l'interrompu et insaisissable des premières paroles d'Yseult. Enfin ils réussirent tous deux à se calmer et à s'entendre. Yseult lui parla avec cette exaltation de patriotisme qui avait, à cette époque-là, sa phraséologie courante, plus étincelante de mots que riche de faits et d'idées. Néanmoins, la distinction que le goût et la grâce de l'esprit savaient donner aux expressions, la diction élégante et mélodieuse, la voix de femme émue et pénétrée, le sentiment pur et profond que la jeune fille portait dans cet acte de prosélytisme, mirent tant de charme dans sa déclamation, que Pierre, vaincu et transporté, sentit son visage inondé de larmes. Il faut faire aussi la part de l'ingénuité de l'auditeur, et de l'amour qui avait glissé là sa flèche tremblante et délicate. Il n'eut pas de résistance contre un tel assaut, pas de méfiance devant une telle conviction, pas de fierté plébéienne pour repousser une séduction si touchante. Sa raison reçut là une atteinte violente. Avec son peu d'expérience, et à l'âge où le sentiment gouverne l'être tout entier, il était impossible qu'il ne se rendît pas à merci. Yseult, donnant aveuglément dans les théories à double sens de son grand-père, et ne voyant que le beau côté des intentions et des promesses, travaillait à détruire les préventions de Pierre en lui persuadant ce qu'elle croyait elle-même : que le vieillard cachait prudemment l'ardeur de son républicanisme, en attendant le jour où il pourrait en faire l'application.

— Je me suis trompé, se disait Pierre en l'écoutant; j'ai été injuste envers le père et l'instituteur d'une telle fille. L'âme d'un lâche et d'un traître n'aurait pu former cette héroïne, brave comme Jeanne d'Arc, éloquente comme madame de Staël. Oui, j'ai tenté de fermer les yeux à la lumière, et mes répugnances n'étaient que l'aveuglement de l'orgueil. Le peuple a des amis dans les hautes classes; il les méconnaît et les repousse. Nous sommes sourds et grossiers, moi tout le premier, qui ai méconnu cette voix du ciel, et résisté à cette puissance surhumaine.

Ces réflexions arrivaient sur les lèvres de Pierre Huguenin sans qu'il eût conscience de ce qu'il disait, tant son âme était exaltée et inondée de joie et d'amour.

— Vous vous êtes donc méfié de nous? lui disait la jeune patricienne; vous avez méconnu mon père, l'homme le plus sincère et le plus grand! Mais vous méfierez-vous de moi qui vous parle, maître Pierre? Croyez-vous qu'à mon âge on sache tromper? Ne sentez-vous pas qu'il y a au fond de mon cœur une soif inextinguible de justice et d'égalité? Ne savez-vous pas que toutes les lectures qui ont formé votre esprit ont formé le mien aussi? Quelle brute perverse serais-je donc si j'avais pu lire Jean-Jacques et Franklin sans être pénétrée de la vérité! Croyez-vous que je ne me sois pas fait raconter par mon père ces grandes époques de la révolution, où les hommes du Destin ont poursuivi et défendu le principe de la souveraineté populaire au prix de leur vie, de leur réputation et de leur propre cœur, arrachant de leurs entrailles, par un effort sublime, tout sentiment humain pour sauver l'humanité? Oui, mon grand-père comprend tout cela, et admire tous ces hommes, depuis Mirabeau jusqu'à Robespierre, depuis Barnave jusqu'à Danton. Et d'ailleurs, croyez-vous que je n'aie tiré du Christianisme aucun enseignement? Nous autres femmes, nous naissons et nous grandissons dans le catholicisme, quelle que soit la philosophie de nos pères. Eh bien! l'Évangile a pour nous de grandes leçons d'égalité fraternelle, que les hommes ne connaissent peut-être pas; et moi j'adore dans le Christ sa naissance obscure, ses apôtres humbles et petits, sa pauvreté et son détachement de tout orgueil humain, tout le poëme populaire et divin de sa vie couronnée par le martyre. Si je m'éloigne de l'Église, c'est que les prêtres, en se faisant les ministres du pouvoir temporel et les serviteurs du despotisme, ont trahi la pensée de leur maître et altéré l'esprit de sa doctrine. Mais moi, je me sens prête à la pratiquer à la lettre. Aucune souffrance, aucune misère, aucun travail ne me rebutera, s'il faut que je partage les douleurs du peuple. Aucun cachot, aucun supplice ne m'effraierait, s'il fallait proclamer ma foi. Tenez, Pierre, je vous jure que je n'ai jamais songé sérieusement à ma richesse et à ma liberté sans avoir des remords, à cause des pauvres qu'on oublie et des prisonniers qu'on torture. J'ai eu quelquefois des erreurs de jugement, j'ai cédé à des habitudes de luxe, j'ai prononcé des formules consacrées dans le monde par la coutume et le préjugé. Mais s'il fallait faire quelque chose de grand, s'il fallait donner ma vie en expiation de ces heures d'apathie et d'ignorance, croyez-moi, je remercierais Dieu de m'affranchir de tous les liens misérables où mon âme languit et rougit d'elle-même. Je ne vous dis pas toutes ces choses pour me vanter auprès de vous, mais pour que vous sachiez comment mon grand-père m'a élevée, et quels sentiments il a mis dans mon cœur. Les croyez-vous sincères?

Pierre était enivré, hors de lui; la fièvre qui brûlait dans les veines d'Yseult était passée dans les siennes. Tous deux croyaient être transportés seulement par la foi, et n'avoir en ce moment d'autre lien que celui de la vertu. C'était pourtant l'amour qui avait pris cette forme, et qui se chargeait d'allumer en eux la flamme de l'enthousiasme révolutionnaire.

— Faites de moi ce que vous voudrez, dit Pierre. Demandez-moi ma vie. C'est trop peu dire, disposez de ma conscience, je croirai en vous comme en Dieu; je me laisserai conduire avec un bandeau sur les yeux; que vous daigniez seulement me dire quelques mots pour ranimer ma foi et mon espérance.....

— Foi, espérance, charité, répondit Yseult, voilà la devise de l'association à laquelle on vous convie. En est-il une plus belle?

Pierre promit tout; et lorsque Achille vint les rejoindre, Yseult le lui présenta comme un frère acquis à la sainte cause. L'étonnement et la joie du commis voyageur furent au comble lorsque Pierre confirma sa soumission par une promesse formelle. — Je commence à croire que *mademoiselle de Buonaparte* est une maîtresse femme, s'écria Lefort en se frottant les mains lorsque Yseult se fut retirée. Vive Dieu! j'en suis bien revenu sur son compte, maître Pierre! Elle a été admirable dans tous les assauts que nous avons livrés au grand-papa; c'est une vraie Montagnarde. Elle vaut mieux dans son petit doigt que toute la famille. Le diable m'emporte si, à votre place, je n'en serais pas amoureux.

Le prosaïsme d'Achille, sur ce chapitre, faisait grand mal à Pierre Huguenin. — Ne vous moquez pas de moi, je vous prie, répondit-il, et ne parlez pas légèrement d'une personne qui est au-dessus de nous deux par son esprit et son caractère.

— Oui-dà! je ne croyais pas si bien dire, reprit Achille, frappé de l'émotion du jeune artisan. Mais pourquoi pensez-vous que je me moque de vous, ami Pierre? Notre siècle n'est-il pas enfin entré dans la voie de la raison et de la philosophie? Pensez-vous qu'une personne aussi franchement républicaine que mademoiselle de Villepreux ne doive pas considérer absolument comme son égal un homme tel que vous? Je vous réponds, moi, qu'elle vous apprécie parfaitement, et qu'il n'y a pas chez elle l'ombre d'un préjugé, à présent surtout que vous voici des nôtres, et que la Charbonnerie vous mettra en rapport, à tous les moments de la vie, et sur tous les points de la politique.....

— Vous n'êtes qu'un exploiteur! s'écria Pierre, irrité profondément de la légèreté avec laquelle Achille jouait avec le secret de son âme; oui, vous exploitez toutes choses, même les plus sacrées. Pour me gagner à votre cause, vous ne rougiriez pas de susciter en moi les pensées les plus folles et les plus absurdes; mais pensez-vous que je sois assez sot pour m'y laisser prendre?

Achille ne se laissa pas rebuter par la fierté de son ami, et, sans s'inquiéter de sa résistance, il le força d'entendre tout le bien qu'Yseult disait de lui.

Achille ne mentait pas; seulement il racontait brutalement, et interprétait les choses avec une audace incroyable. Pierre souffrait en l'écoutant, mais il l'écoutait; et une irrésistible joie, une espérance insensée, venaient malgré lui porter le dernier coup à sa raison. Il passa la nuit et les jours suivants dans une sorte de délire; et Achille, qui avait pris à tâche de l'endoctriner tous les jours, s'aperçut qu'il ne l'écoutait pas, qu'il ne songeait plus ni à la philosophie ni à la politique, mais que, dominé par la passion, il était sous sa main comme un enfant.

CHAPITRE XXVIII.

Achille, ne sachant comment compléter sa Vente, avait bien jeté les yeux sur le Corinthien; mais celui-ci n'éprouvait pour lui que de l'aversion, et Pierre conseilla au propagandiste de songer à tout autre apôtre.

Le Corinthien, ne comprenant pas qu'un lien politique pût rapprocher le comte de Villepreux d'Achille Lefort, et n'imaginant pas que ce dernier fût de la Charbonnerie au château, s'était mis en tête qu'il y était retenu par les beaux yeux de la marquise. Il est certain qu'au travers de ses préoccupations révolutionnaires, Achille n'était pas absorbé au point qu'un rayon de cette beauté ne fût venu frapper et agiter un peu sa cervelle. Il faisait pour elle des toilettes presque aussi ridicules que celles d'Isidore, dans un autre genre. Il tirait parti de son épaisse chevelure et de ses favoris noirs *à la Bergami*, pour se faire une tête *à caractère*; et comme il était assez bien fait de sa personne, et pouvait passer en province pour un beau garçon, comme il avait de la facilité à s'exprimer et une sorte d'éloquence de table d'hôte qui pouvait bien faire de l'effet sur une personne aussi peu éclairée que Joséphine, nous ne saurions affirmer que sa peine eût été absolument perdue, s'il fût arrivé au château huit jours plus tôt. Mais Joséphine était dans une disposition d'esprit à n'oser lever les yeux sur personne. Consternée de sa chute, effrayée de tout, elle se tenait presque toujours dans sa chambre depuis l'aventure des brouillards; et Amaury, en proie à mille inquiétudes, passant de la reconnaissance au dépit et de l'espoir à la jalousie, ignorait s'il lui serait jamais permis de la revoir. Il ne l'apercevait plus que de loin, à travers les arbres. Après le dîner, la famille prenait le café sur une terrasse couverte d'orangers qu'Amaury pouvait voir de l'atelier. A cette heure, il avait toujours quelque travail à faire aux fenêtres, et, monté sur une échelle, il plongeait sur la terrasse, suivait tous les mouvements de la languissante marquise, et remarquait fort bien les attentions empressées dont elle était l'objet de la part d'Achille Lefort. Il aurait eu bien besoin d'ouvrir son cœur à son ami Pierre, et de lui demander conseil; d'autant plus qu'il n'avait rien à lui révéler, puisque le hasard l'avait initié au secret de son amour : mais Pierre semblait éviter ses confidences. En proie lui-même à un rêve dont il craignait d'être forcé de s'éveiller, il s'enfonçait dans la solitude aussitôt que sa journée de travail était finie. Il errait dans le parc aux mêmes endroits où il avait rencontré Yseult, n'osant espérer l'y rencontrer encore, et il y rencontrait presque toujours, soit avec Achille Lefort, et venant à lui sans détour, soit seule, ayant l'air de ne pas le chercher, et pourtant ne l'évitant pas. Leurs conversations roulaient toujours sur les idées générales. Aucune familiarité extérieure ne s'était établie entre eux; mais l'intimité du cœur grandissait et prenait de la force. Il y avait une estime et une admiration mutuelles qui trouvaient chaque jour de nouveaux aliments et de nouvelles causes.

Dans cet endroit du parc la végétation était fort épaisse, et il n'y avait guère de danger d'être troublé par les malignes interprétations des curieux. C'était un quartier fermé d'une petite barrière, et consacré à la culture des belles fleurs qu'Yseult chérissait. Hôtes, parents et domestiques avaient l'habitude de respecter ce parc réservé, et de n'y entrer jamais, que la barrière fût ouverte ou fermée. Il y avait une volière et un jet d'eau au milieu d'un boulingrin parsemé de plates-bandes en corbeilles. Autour de cette pièce de gazon une double rangée d'arbres et d'arbustes formait une allée circulaire. Un treillage en bois fermait le tout. Pierre rencontrait ordinairement mademoiselle de Villepreux à peu de distance de cet enclos. Lorsqu'elle était avec Achille, elle les y introduisait tous deux. Lorsqu'elle était seule, elle faisait quelques tours de promenade devant la porte d'entrée avec Pierre; et quand elle jugeait que l'entrevue avait été assez longue, elle entrait dans son parterre, après lui avoir souhaité le bonsoir avec une grâce simple et chaste que Pierre comprenait et respectait jusqu'à l'adoration. Il s'éloignait alors rapidement, et allait attendre sa sortie au bout de l'allée, caché dans un massif. Il était heureux de la voir passer; et quand la nuit était trop sombre pour qu'il distinguât sa forme légère, il était heureux encore d'entendre le frôlement de sa robe dans les herbes. Pour rien au monde Pierre n'eût voulu, dans ce moment, s'approcher d'elle. Il sentait le prix de la confiance qu'elle lui accordait en l'abordant toujours avec bienveillance, et il comprenait ce qui était convenable et ce qui ne l'était pas, beaucoup mieux que certaines gens à qui l'usage du monde ne donne jamais ni tact ni mesure. Ainsi, il faisait, au sujet de ces promenades et de ces rencontres, des observations aussi délicates qu'y pu les faire l'homme de mœurs les plus exquises. Il remarqua, entre autres choses, que de même que mademoiselle de Villepreux n'entrait jamais seule avec lui dans le parc réservé, elle n'y entrait jamais seule non plus avec Achille. Les jours où il arrivait le dernier à ces tacites rendez-vous (ce qui était bien rare), il la trouvait avec le jeune carbonaro, descendant et remontant l'allée extérieure; et lorsqu'ils avaient fait quelques tours à eux trois, elle disait gaiement : — Allons voir les oiseaux ! On entrait dans le parterre; et si Pierre montrait quelque hésitation, elle insistait pour qu'il y entrât.

Un soir, Pierre, qui conservait malgré lui un peu de soupçon jaloux, se blottit dans sa retraite accoutumée; c'était un gros érable touffu, qui sortait d'un massif et se penchait sur l'allée. En montant dans cet arbre on était parfaitement caché, et on pouvait tout voir et tout entendre. Il vit arriver Yseult avec Achille; il les vit passer et repasser au-dessous de lui; il les entendit parler, comme les autres jours, conspiration, révolution et constitution. Il y eut un moment où Achille s'arrêta sous l'érable en disant : — Il paraît que nous ne verrons pas notre ami Pierre ce soir.

— C'est singulier, répondit Yseult, car nous le voyons presque tous les soirs. Il est avide de vos enseignements.

— Ou plutôt des vôtres, mademoiselle.

— Moi ! que puis-je enseigner ? Il me semble bien plutôt que j'apprends beaucoup en parlant avec cet homme du peuple, qui me paraît vraiment sage et porté aux grandes choses. Ne vous semble-t-il pas ainsi, monsieur Lefort?

Achille avait deviné le secret d'Yseult. Il favorisait cette inclination mystérieuse en feignant de ne s'apercevoir de rien. Il n'était point porté à ce rôle seulement en vue de son Carbonarisme, mais aussi par affection véritable pour Pierre; et puis par l'attrait qu'une aventure de ce genre a toujours pour les jeunes esprits; et puis peut-être enfin pour le plaisir de se venger ainsi, d'une certaine façon, des secrets mépris du vieux comte. Il était là comme une sorte d'entremetteur sentimental dans le roman le plus chaste et le plus sérieux, en même temps que le moins sensé et le moins réalisable. A voir ce roman du large point de vue de la justice naturelle et de la raison philosophique, il n'y avait rien de plus moral et de plus élevé; à le voir de la lucarne étroite de l'usage et des convenances sociales, c'était quelque chose d'absurde et de révoltant. Achille voyait les deux faces, admirant l'une et se divertissant de l'autre, avec cette rancune profonde que la race bourgeoise nourrit contre la race patricienne.

Il ne manquait donc aucune occasion de mettre en rapport la châtelaine et l'artisan. C'était lui qui, à l'heure de la sieste quotidienne du grand-père, entraînait la jeune fille, d'arguments en arguments politiques, jusqu'à l'allée du parc réservé. Ce fut donc grâce à lui que Pierre entendit avec quelle sympathie Yseult s'exprimait sur son compte. Il s'étonna de l'ardeur que Lefort mit à renchérir sur ses éloges, et il remarqua qu'il ne fut point question d'aller voir les oiseaux. Quand la nuit fut tout à fait venue, et qu'on eut perdu l'espérance de le voir, on retourna au château; et Pierre, délivré de sa jalousie, ivre de joie, alla souper chez son père avec le Berrichon, à qui il trouva de l'esprit, et le père Lacrête, qui lui sembla avoir du génie, tant il était porté à la bienveillance ce soir-là. — A la bonne heure, lui dit le père Huguenin, te voilà joyeux et bon enfant ! Sais-tu, Pierre, que tu as souvent de trop grands airs avec ta famille ? Tu fréquentes trop les nobles, mon enfant ; ça gâte le cœur et l'esprit.

Il n'y avait alors d'étranger au château que Lefort. M. Lerebours était occupé au pressoir à voir fermenter la vendange nouvelle. Raoul passait sa vie dans les châteaux voisins, où il s'amusait davantage, et où il n'était pas obligé de se tenir à quatre pour s'empêcher de *souffleter* ce *philosophe crotté*, ce *philanthrope de carrefour*, ce *législateur d'estaminet*, en un mot ce *cuistre de M. Lefort*.

Il y a dans la vie de château des heures d'impunité qui passent toute vraisemblance. Les deux jeunes dames traversaient une de ces phases où tout semble favoriser l'oubli du monde et l'essor de l'imagination. Un soir Joséphine pleurait, le coude appuyé sur le bord de sa fenêtre. Elle désirait revoir le Corinthien, mais elle ne l'osait pas; elle n'était pas sûre que tout le monde n'eût pas deviné son secret, et se demandait lequel il fallait choisir, du mépris de tout le monde, ou de celui de l'homme qu'elle abandonnait après s'être abandonnée à lui. Tout à coup elle entendit un bruit sourd derrière une petite porte pratiquée dans la boiserie de son alcôve, et qui avait peut-être protégé les amours de quelque châtelaine du temps de la Ligue avec quelque heureux page en l'absence de l'époux guerroyant. Cette porte ouvrait un passage qui, dans l'épaisseur des murs, faisait plusieurs détours dans le château et finissait à une impasse. On avait muré cette issue mystérieuse, désormais regardée comme inutile. Mais une trappe située dans les boiseries de la chapelle avait conduit l'ardent Corinthien, de découverte en découverte et de décombres en décombres, jusqu'à cette impasse. A force de calculer et de s'orienter, il avait deviné qu'une certaine porte secrète, située dans l'appartement de la marquise, et dont mademoiselle Julie, sa femme de chambre, parlait quelquefois à l'office comme d'un repaire à revenants, devait aboutir précisément à l'endroit où il s'était arrêté. Il avait pris une lampe, une pince et un marteau, et s'était plongé dans le labyrinthe. Depuis trois jours il travaillait à percer le mur. Le bruit de son marteau était amorti par l'épaisseur de la maçonnerie. C'était une entreprise pénible et palpitante comme celle d'un prisonnier qui travaille à son évasion. Quand le mur fut percé, le bruit se fit entendre, et la marquise, qui n'était guère moins superstitieuse que sa femme de chambre, fut prise d'une telle frayeur qu'elle s'enfuit jusqu'au bas de l'escalier pour appeler du secours ; mais je ne sais quel instinct de prudence l'empêcha de céder à cette peur et de la raconter au salon, où l'on se réunissait de dix heures à minuit, après la sieste du comte.

Pendant ce temps, Amaury avait ouvert la brèche et s'était glissé jusqu'à la porte secrète. Il l'avait trouvée fermée en dedans ; mais l'ayant secouée et s'étant assuré que ce bruit n'attirait personne, il l'avait ouverte avec un crochet. Maintenant, certain de sa victoire, il avait refermé la porte à double tour et emporté la clef.

De retour à l'atelier, il s'empressa de réparer le panneau dont il avait seul découvert l'usage mystérieux. Il le replaça lui-même, afin que personne n'y mît la main et ne fût associé à son secret ; mais il l'arrangea de manière à pouvoir l'enlever sans peine et sans bruit chaque fois qu'il le voudrait ; et cette entreprise terminée, triomphant dans sa pensée des terreurs de la marquise, et défiant Achille Lefort de le supplanter ou tout au moins de le tromper, il alla rejoindre Pierre au moment où celui-ci recevait de son père, pour la centième fois, le conseil de se méfier des bontés de la noblesse.

Dès lors, le Corinthien goûta un bonheur terrible, et qui décida du reste de sa vie. Protégé par l'impunité que lui assurait la conquête du passage secret, il connut l'amour dans toute sa puissance sauvage et dans tous ses raffinements voluptueux. C'était la première fois que Joséphine était aimée, et ce fut la seule fois qu'elle aima. Certes, leur passion n'eut point l'idéal et la chasteté vraiment angélique de celle qu'éprouvaient Yseult et Pierre Huguenin. Tandis que ceux-ci dominaient l'attrait et jusqu'à l'idée de la volupté par l'enthousiasme de l'esprit et l'austérité de la foi, le Corinthien et la marquise, subjugués par l'énergie du désir et par la fougue des sens, s'enivraient de leur mutuelle jeunesse et de leur égale beauté. Mais du moins c'était un amour sincère, et d'une certaine façon ; car ils croyaient l'un à l'autre, et ils croyaient en eux-mêmes. Ils se juraient une fidélité dont le sentiment était en eux, et il y avait des moments d'exaltation où la marquise se rêvait un sublime courage pour proclamer Amaury son amant et son époux à la face du monde le jour où le marquis des Frenays, succombant aux infirmités prématurées qui le menaçaient, la laisserait libre de former un nouveau lien. Amaury ne regardait point l'avenir sous cette face ; il lui importait peu que le marquis des Frenays prît son parti de vivre ou de mourir, et que Joséphine pût se réconcilier avec la société et avec l'Église. Il ne se souvenait pas qu'elle fût riche ; il avait un profond mépris pour une richesse qu'il n'aurait pas acquise par son talent. Il ne voyait en elle que la femme jeune, belle et passionnée ; il l'adorait ainsi, et la suppliait de l'aimer toujours, lui jurant de se rendre bientôt digne du bonheur qu'elle lui avait donné et de la confiance qu'elle avait eue en son étoile. L'idée de la gloire se trouvait liée dans son âme à celle d'un amour. Il y avait en lui un orgueil plein d'audace et de reconnaissance.

A coup sûr, ce sentiment n'avait en soi rien de coupable ni d'insensé. Mais il eut bientôt le sort de toutes les ivresses où l'homme se plonge sans un idéal de vertu ou de religion. Nous avons bien tous le droit d'être heureux, d'aspirer aux œuvres du génie et au suffrage des hommes. Il nous est permis d'être fiers de l'objet de notre amour, et de compter sur les victoires de notre volonté intelligente. Mais ce n'est pas là toute la vie de l'homme ; et si l'amour de soi n'est pas étroitement lié à l'amour des semblables, cette ambition, qui eût pu triompher de tout à l'état de dévouement, souffre, s'aigrit, et menace de succomber à chaque pas lorsqu'elle reste à l'état d'égoïsme. L'amour, qui étend cet égoïsme à deux êtres fondus en un seul, ne suffit point pour le légitimer. Il est beau et divin comme moyen, comme secours et comme égide ; il est petit et malheureux comme but et comme unique fin.

Le Corinthien n'était point égoïste, dans l'acception mesquine et laide qu'on donne à ce vice. Comme ami, il était tendre et dévoué ; comme compagnon, il s'était toujours montré serviable et généreux ; comme amant, il n'était ni ingrat ni superbe ; il restait respectueux et repentant dans son cœur à l'égard de la Savinienne. Mais son âme était plus impétueuse que forte, son souffle plus avide que puissant. Il portait dans son sein toutes les dangereuses curiosités, tous les insatiables désirs de la jeunesse. Ce fut donc un malheur pour lui de rencontrer l'amour de Joséphine au milieu du développement de son être, et à cette heure de la vie où nous recevons des circonstances une impulsion décisive sans la force nécessaire pour l'apprécier, la diriger ou la combattre. Peut-être le vertueux et solide Pierre Huguenin n'eût-il pas été mieux trempé pour une pareille épreuve. Peut-être n'eût-il pas aimé d'une manière plus exquise, si, au lieu de rencontrer une âme apostolique comme celle d'Yseult, il eût été livré aux mêmes séductions que son ami. Quoi qu'il en soit, le Corinthien se corrompit rapidement dans son bonheur, et la pauvre Joséphine, tout en y portant l'abandon et l'ingénuité de sa douce nature, fut pour lui la pomme fatale qui, du jardin céleste de l'adolescence, devait l'envoyer en exil sur le désert aride de la vie positive.

Achille avait quitté momentanément le château. Il avait trouvé une Vente plus facile à organiser du côté du Poitou, et il s'était rendu à l'appel de quelque confrère aussi acharné que lui au maintien de la Charbonnerie prête à périr. Il devait revenir néanmoins compléter et consacrer celle de Villepreux, à laquelle il ne renonçait pas le moins du monde, et qu'il voulait baptiser, pour plaire à mademoiselle de Villepreux, *la Jean-Jacques-Rousseau*.

Son départ remplit de douleur et d'effroi le cœur de Pierre Huguenin. Il s'imagina qu'il n'aurait plus d'occasion et de motif pour revoir Yseult dans le parc. Mais tout à coup la Providence, ou plutôt la pudique complicité de l'amour, suggéra d'heureux prétextes à de nouvelles entrevues.

Un orage avait renversé la volière du parc réservé. Yseult parut tenir extraordinairement à ses oiseaux, et demanda à Pierre Huguenin de leur construire une nouvelle demeure. Il fit sur-le-champ le dessin d'un joli petit temple en bois et en fil d'archal, qui devait enfermer le bassin et le jet d'eau, avec ses grandes marges de gazon, de roseaux et de mousses pour les oiseaux aquatiques. Des arbustes d'une assez belle taille devaient tenir tout entiers dans cette cage spacieuse ; des plantes grimpantes devaient l'envelopper d'un réseau extérieur de verdure ; enfin un grand parasol de zinc devait préserver de la pluie et du soleil trop ardent les oiseaux délicats des régions étrangères.

L'impatience qu'Yseult témoignait de voir élever ce monument ornithologique engagea le père Huguenin à consentir à ce que son fils et le Berrichon s'y consacrassent pendant quelques jours. Une quinzaine devait suffire à ce travail. Mais il dura bien davantage.

D'abord le Berrichon n'y entendait rien du tout. Il eut beau affirmer que Pierre était plus difficile que de coutume, et déclarer qu'il y avait de l'injustice à lui faire recommencer minutieusement des pièces qu'il avait établies avec tout le soin possible, Pierre, lui prouvant avec douceur, mais avec persévérance, que cet ouvrage était trop délicat pour lui, l'employa seulement à lui préparer les pièces dans l'atelier, et à courir de tous les côtés pour lui faire cent commissions par jour. Il l'envoya trois fois à la ville voisine pour lui chercher du fil de fer. Le premier était trop fin, le second trop gros, le troisième n'était ni assez fin ni assez gros. Du moins, c'était ainsi que le Berrichon, dans son naïf mécontentement, racontait la chose au Corinthien, au grand divertissement de celui-ci. C'est que, lorsque la Clef-des-cœurs assistait Pierre tout le jour, mademoiselle de Villepreux ne venait examiner l'ouvrage qu'une ou deux fois ; et quand Pierre était seul, elle y venait trois ou quatre fois, et restait plus longtemps. Elle n'était pas seule dans les commencements. La marquise ou son père l'accompagnait, et presque toujours le jardinier était dans le parterre. Mais peu à peu elle s'habitua à venir seule, et à rester, même après le coucher du soleil et le départ du jardinier. Pierre voyait bien qu'elle commençait à s'affranchir, sans y prendre garde, de ce joug des convenances auquel jusque-là elle s'était aveuglément soumise. Il lui en avait su gré alors ; car il avait compris qu'elle ne le traitait pas comme une chose, mais comme un homme, et que cette chaste réserve témoignait, non de la méfiance, mais une sorte de respect pour sa position : c'était comme une longue et délicate réparation qu'elle lui avait donnée du mot mémorable de la tourelle. Mais lorsqu'elle oublia ce parti pris, et ne craignit plus de rester seule avec lui dans le parc réservé, il lui en sut encore plus de gré ; car c'était la marque d'une sainte confiance et d'une tranquillité d'âme presque fraternelle. Pierre, loin de souffrir de ces relations calmes et pures, les bénissait et les chérissait, n'en rêvant pas d'autres, et n'aspirant pas au bonheur dangereux qui enfiévrait le Corinthien. Il aimait trop pour désirer. Yseult lui apparaissait comme un être céleste qu'il aurait craint de profaner en effleurant seulement les plis de sa robe. Il tremblait bien de tout son corps en la voyant venir du fond de l'allée, et sa main pouvait à peine alors soutenir le poids du maillet ou du ciseau. Lorsqu'il l'entendait nommer, une rougeur brûlante montait à son visage ; et si parfois les songes de la nuit lui apportaient son fantôme à travers un délire involontaire, une sorte de honte douloureuse penchait son front le lendemain, et tenait ses yeux baissés devant elle. Mais lorsqu'elle lui adressait la parole, elle remuait toute son âme, et la faisait remonter à ces hautes régions de l'enthousiasme, où il n'y a plus ni trouble ni terreurs, parce qu'il y a le sentiment d'un hymen intellectuel légitime autant qu'indissoluble.

Personne ne songeait à incriminer ces relations, ou plutôt personne ne les avait remarquées. On savait que le comte avait élevé sa fille dans des idées et des habitudes d'une certaine égalité avec tout le monde. D'ailleurs les allures d'indépendance qu'il lui avait données, cette éducation philosophique que les uns appelaient *à l'anglaise* et les autres *à l'Émile*, et qui avait fait d'elle une personne si naturelle et si calme, écartaient toute supposition fâcheuse. Les serviteurs, aussi bien que les voisins, avaient un respect ou une indifférence d'instinct pour cette humeur grave et solitaire qu'ils ne comprenaient pas, et qu'ils attribuaient à une langueur organique. Sa pâleur faisait dire d'elle, depuis qu'elle était au monde : « Cet enfant ne vivra pas. » Et pourtant elle n'avait jamais été malade ; mais comme elle n'avait point eu la gaieté impétueuse de l'enfance, on ne supposait pas que ses passions dussent jamais prendre l'essor, et qu'ayant oublié d'être petite fille elle pût s'aviser d'être femme. Telle était l'opinion de ceux qui l'avaient vue naître et se développer. Quant à ceux qui, ne la connaissant point, ne voyaient en elle que la prétendue fille de l'Empereur, ils auraient volontiers bâti sur le compte de ses beaux romans, selon eux, qu'une intrigue avec un garçon menuisier.

Il arriva qu'à la fête du village Pierre entendit quelques paroles indiscrètement curieuses à ce sujet, et ne put se défendre de les relever. Le lendemain, tandis qu'il travaillait à la volière, Yseult vint, comme de coutume, jouer avec son chevreuil apprivoisé qui vivait dans le parc réservé, et donner la becquée à ses jeunes oiseaux qu'elle élevait dans des cages provisoires. Puis elle prit son livre, et fit quelques tours le long de ses plates-bandes ; et enfin elle revint auprès de Pierre, à qui elle avait souhaité seulement le bonjour, et se décida à entamer la conversation. Pierre voyait bien qu'il y avait quelque chose d'insolite dans sa manière d'être : car elle avait l'habitude de l'aborder plus ouvertement, de lui demander des nouvelles de son père et de lui raconter les nouvelles des journaux, tandis qu'elle l'aidait à détacher le chevreuil ou à refermer les cages. — Maître Pierre, lui dit-elle en souriant avec finesse, j'ai aujourd'hui une fantaisie : c'est de savoir ce qu'on dit de moi dans le pays. — Comment pourrais-je vous l'apprendre, mademoiselle ? répondit Pierre, surpris et intimidé de cette demande. — Oh ! vous le pouvez très-bien, reprit-elle avec enjouement, car vous le savez ; et il paraît même que vous avez la bonté d'être mon champion quelquefois. Julie a raconté à ma cousine que vous aviez réduit au silence, hier, sous la ramée, deux jeunes gens qui parlaient de moi assez singulièrement. Mais son récit était si bien tourné que madame des Frenays n'y a presque rien compris. Ne pourriez-vous pas me dire tout simplement ce que l'on disait de moi, et à quel propos vous vous êtes déclaré mon défenseur ? — Je dois peut-être vous demander pardon de l'avoir fait, répondit Pierre avec embarras ; car il est des personnes tellement au-dessus des atteintes de la sottise, que c'est presque les outrager que de les défendre. — C'est égal, reprit mademoiselle de Villepreux, je sais que vous avez plaidé ma cause avec zèle, et j'en suis reconnaissante ; mais je veux savoir de quoi j'étais accusée. Vraiment, ne refusez pas de contenter ma curiosité.

Pierre était de plus en plus troublé, et ne savait comment raconter l'affaire. Yseult insistait avec une gaieté de sang-froid qui lui était propre, et, pour mieux écouter, venait de s'asseoir posément sur une chaise rustique avec un certain air moitié sœur, moitié reine, qu'elle seule au monde savait conserver dans les moindres actes de sa vie. Forcé dans ses derniers retranchements, et sentant bien qu'il lui devait rendre compte de sa conduite dans une circonstance où il avait publiquement parlé d'elle, il s'arma de résolution ; et, tâchant d'être gai, quoiqu'il tremblât et souffrit mille tortures, il lui raconta ainsi l'anecdote de la veille : — J'étais assis sous la ramée avec le Corinthien et quelques autres de mes amis, lorsque plusieurs jeunes gens, clercs de notaire ou fils de fermiers des environs sont venus boire de la bière à côté de nous. Ils nous ont adressé la parole les premiers, et, après beaucoup de questions oiseuses, ils nous ont demandé si les jeunes dames du château dansaient dans les fêtes de village, et si l'on pouvait les inviter. Vous veniez de passer près de la ramée avec M. le comte et madame la marquise des Frenays. Le Corinthien a pris sur lui de répondre que vous ne danseriez ni l'une ni l'autre. Je ne sais s'il a bien fait, et s'il n'eût pas été mieux de dire qu'il n'en savait rien. C'est du moins là ce que j'aurais répondu à sa place. Un de ces messieurs a dit alors que madame des Frenays dansait tous les dimanches dans la garenne avec les paysans, qu'il en était bien sûr, et même qu'on lui avait dit qu'elle dansait à ravir. Le Corinthien n'aimait pas la figure de ce monsieur ; il est certain qu'il avait le ton assez impertinent, et que, chaque fois qu'il mettait son coude sur la table, il dérangeait notre nappe et faisait tomber quelque chose. Le Berrichon avait ramassé son couteau trois fois, et il perdait patience encore plus que le Corinthien. Et comme ce monsieur, qui est, je crois, un maquignon, insistait toujours sur le même point, et disait qu'Amaury lui avait mal répondu, le Berrichon s'est mêlé de la conversation, et a prétendu que, si la marquise dansait avec les gens du village, ce n'était pas une raison pour danser avec des étrangers... Mais vraiment je ne vois pas, mademoiselle, en quoi cette histoire peut vous intéresser.

— Elle m'intéresse beaucoup, au contraire, et je vous supplie de continuer, dit Yseult. Et, comme Pierre hésitait, elle ajouta pour l'aider : — Ces beaux messieurs ont dit alors que, si nous ne dansions pas avec les étrangers, c'est que nous étions des bégueules impertinentes... Allons, dites tout ; vous voyez bien que cela m'amuse et ne peut me fâcher.

— Eh bien, soit ! Ils ont dit cela, puisque vous voulez absolument le savoir.

— Et ils ont dit encore autre chose ?

— Je ne m'en souviens pas.

— Ah ! vous me trompez, maître Pierre ! Ils ont dit de moi en particulier que j'avais tort de faire la princesse, car on savait bien mon histoire.

— Cela est vrai, dit Pierre en rougissant.

— Mais je voudrais la savoir, moi, mon histoire ! Voilà ce qui m'intéresse, et ce que jamais cette sotte de Julie n'a voulu dire à ma cousine !

Pierre était au supplice. L'histoire l'intéressait bien plus qu'Yseult. Que n'eût-il pas donné pour savoir la vérité ! L'occasion se présentait enfin de la connaître d'après les réponses de mademoiselle de Villepreux, ou de la deviner d'après sa contenance ; mais il lui semblait qu'en articulant le fait il laisserait voir l'agitation de son cœur, et que son secret viendrait sur ses lèvres ou dans ses yeux. Enfin il prit son parti avec un courage désespéré.

— Eh bien, puisque vous exigez que je le répète, dit-il, ils ont prétendu que vous aviez voulu vous marier avec un jeune savant qui était précepteur de monsieur votre frère, que ce jeune homme avait été chassé honteusement, et que vous aviez failli en mourir de chagrin...

— Et que, sans cette catastrophe, reprit Yseult, qui écoutait avec un sang-froid terrible, j'aurais conservé ce teint de lis et de roses qu'on voit briller sur les joues de ma cousine?

— Ils ont dit quelque chose comme cela.

— Et qu'avez-vous répondu à ce dernier chef d'accusation?

— J'aurais pu leur répondre que je vous avais vue à l'âge de cinq ou six ans, et que vous étiez pâle comme aujourd'hui; mais je n'ai pas songé à nier l'effet, occupé que j'étais de nier la cause.

— Est-ce que vous vous souvenez vraiment de m'avoir vue enfant, maître Pierre?

— La première fois que vous vîntes ici, vous aviez les cheveux courts comme un petit garçon, mais aussi noirs que vous les avez aujourd'hui; vous portiez toujours une robe blanche et une ceinture noire, à cause du deuil de votre père ; vous voyez que j'ai une bonne mémoire.

— Et moi, je me souviens que vous m'avez apporté deux ramiers dans une cage, et que vous aviez fait cette cage vous-même. Je vous donnai un livre d'images, un abrégé d'histoire naturelle.

— Que j'ai encore!

— Oh! vraiment? Mais voilà une digression qui ne me fera pas perdre de vue ce que je voulais savoir. Qu'avez-vous répondu à ces messieurs?

— Qu'ils ne savaient ce qu'ils disaient, et qu'il y avait peu d'invention dans leurs romans.

— Et alors ils se sont fâchés?

— Un peu. Mais quand ils ont vu que nous n'avions aucune peur, ils ont quitté la table en disant que le tort était de leur côté, parce que, quand on s'assied auprès des manants, on doit s'attendre à quelque éclaboussure. Si je n'avais retenu de force le Berrichon, je crois qu'il aurait fallu se battre. J'eusse été au désespoir que pareille chose arrivât par suite d'une conversation où vous aviez été nommée.

Yseult sourit d'un air de remercîment, et garda le silence pendant quelques instants. Tout ce que Pierre souffrit dans l'attente de ses réflexions est impossible à exprimer. Enfin elle prit la parole, et lui dit d'un air sérieux :

— Voyons, maître Pierre, pourquoi étiez-vous indigné de l'accusation portée contre moi? Le fait d'avoir voulu me marier avec un petit précepteur vous paraîtrait-il si honteux et si criminel qu'il fallût, pour le nier, s'exposer à faire un mensonge?

Pierre pâlit et ne répondit point. Il n'écoutait nullement la question pleine de clarté qui lui était adressée; il ne songeait qu'à cette passion dont on semblait lui faire l'aveu, et qui le précipitait du ciel en terre.

— Allons, reprit mademoiselle de Villepreux avec ce ton bref et un peu absolu qui rappelait, disait-on, celui de l'Empereur. Il faut me répondre, maître Pierre. Je tiens à ma réputation, voyez-vous, et je désire l'établir clairement dans l'esprit des personnes que j'estime. Pourquoi avez-vous nié que j'eusse aimé un professeur de latin? Dites?

— Je ne l'ai pas nié. J'ai dit simplement que toute espèce de supposition sur certaines personnes était impertinente et déplacée de la part de certaines gens.

— Cela est bien aristocratique, monsieur Pierre; je ne vais pas si loin que vous : je suis, vous le savez, pour la liberté de la presse, pour le libre vote, pour la liberté de conscience, pour toutes les libertés publiques. Il y aurait donc inconséquence à demander une exception en ma faveur.

— J'ai eu tort sans doute de le prendre sur ce ton ; mais ce serait à recommencer que je ne serais pas plus sage. Votre nom me faisait mal dans la bouche de ces bavards grossiers.

— Eh bien, je vous absous; mais c'est à la condition que vous allez me dire ce que je vous demandais tout à l'heure. En quoi blâmez-vous...

— Mon Dieu, je ne blâme rien ! s'écria Pierre, à qui ce jeu faisait saigner le cœur. Si vous avez le projet de vous marier avec un savant, je trouve cela tout aussi orgueilleux de votre part que de vouloir épouser un général, un duc ou un banquier.

— Ainsi vous ne seriez pas mon défenseur en pareille circonstance? Vous m'accuseriez, au contraire?

— Vous accuser, moi? jamais ! Vous avez bien assez de grandes choses dans l'âme pour qu'on vous pardonnât, s'il le fallait, quelque petit travers d'esprit.

— Eh bien, j'aime votre réponse, et j'aime votre jugement sur mon Odyssée avec le professeur. Cela me paraît vu de plus haut que ne pourrait le faire aucune des personnes que je connais. Il est étrange, maître Pierre, que, n'ayant jamais pas eu ce qu'on appelle le monde, vous le compreniez mieux que les gens qui le composent. En vous appuyant sur la logique pure et sur la sagesse absolue, vous avez démasqué une grande erreur à laquelle se laissent prendre la plupart des hommes et des femmes de ce temps-ci.

— Puis-je vous demander laquelle? car il paraît que j'ai fait de la prose sans le savoir.

— Eh bien, voici. Les romans sont à la mode. Les femmes du monde en lisent, et puis elles les mettent en action le plus qu'elles peuvent, et rien de tout cela n'est romanesque. Il n'y a pas une seule véritable affection sur mille aventures qu'on attribue à l'amour le plus exalté. Ainsi on voit des enlèvements, des duels, des mariages contrariés par les parents et contractés au grand scandale de l'opinion; on voit même des suicides, et dans tout cela il n'y a pas plus de passion que je n'en ai eu pour le professeur de mon frère. La vanité prend toutes les formes; on se perd, on se marie ou l'on se tue pour faire parler de soi. Croyez-moi, les vraies passions sont celles qu'on renferme; les vrais romans sont ceux que le public ignore; les vraies douleurs sont celles que l'on porte en silence et dont on ne veut être ni plaint ni consolé.

— Il n'y a donc rien de vrai dans l'histoire du précepteur? dit Pierre avec une naïve anxiété qui fit sourire mademoiselle de Villepreux.

— Si elle s'était passée comme on la raconte, reprit-elle, je vous réponds qu'on ne la raconterait pas. Car si j'avais eu de l'inclination pour ce jeune homme, il serait arrivé de deux choses l'une : ou il eût été digne de moi, et mon grand-père n'eût pas contrarié mon choix; ou je me serais trompée, et mon grand-père m'eût fait ouvrir les yeux. Dans ce dernier cas, j'aurais eu, je crois, la force de ne montrer ni fausse honte ni désespoir ridicule, et l'on n'aurait pas eu le plaisir de voir pâlir mon teint. Mais, comme il y a toujours quelque chose de réel au fond de toutes les inventions humaines, il faut que je vous dise ce qu'il y a de vrai dans ce roman. Mon frère avait effectivement un professeur de latin et de grec, qui n'était pas très-fort, à ce qu'on assure, sur son grec et sur son latin, mais qui l'était bien assez, puisque mon frère était résolu à n'en apprendre ni l'un ni l'autre. J'avais quatorze ans tout au plus, et de temps en temps, j'avais pitié pour le pauvre professeur qui perdait son temps chez nous, je prenais la leçon à la place de Raoul; au bout d'un an, j'en savais un peu plus que mon maître, ce qui n'était pas beaucoup dire.

Un beau jour, je remarquai que, tout en mangeant de fort bon appétit, il faisait de gros soupirs toutes les fois que je lui offrais du ou quelque plat. Je lui demandai s'il était souffrant; il me répondit qu'il souffrait horriblement, et je me mis à le questionner sur sa santé, sans me douter qu'il venait de me faire une déclaration. Je trouvai le lendemain dans mon rudiment un singulier billet, tout rayé de points d'exclamation; et je le portai à mon grand-père, qui en rit beaucoup, et me recommanda de ne pas laisser deviner que je l'eusse reçu. Il eut un assez long entretien avec le professeur, et le lendemain celui-ci avait disparu. Je ne sais quelle femme du monde ou quelle femme de chambre inventa un scandale domestique, le renvoi brutal et humiliant du professeur et mon désespoir. Le fait est

Yseult vint comme de coutume jouer avec son chevreuil. (Page 94.)

que mon grand-père avait confié à ce jeune homme une petite mission politique en Espagne, dont il s'acquitta aussi bien qu'un autre, et qu'à son retour il fut reçu dans la maison avec autant de bienveillance que s'il ne se fût jamais rien passé qui eût dû l'en faire bannir. Il ne fut jamais question du billet entre nous, et il n'en écrivit plus. Il semble même l'avoir complétement oublié; car je l'ai entendu bien souvent se moquer sans pitié des gens assez présomptueux pour se risquer auprès des femmes. C'est du reste un brave garçon, que j'estime beaucoup, quoique ses travers me fassent quelquefois sourire, et je crois que c'est là aussi votre sentiment à son égard.

— Est-ce que je le connais? dit Pierre stupéfait.

Yseult passa d'un air malin ses doigts sur ses joues, comme pour y dessiner la forme des gros favoris noirs d'Achille Lefort. Elle ne le désigna pas autrement, et posa ensuite son doigt sur ses lèvres avec un sourire plein de finesse et d'enjouement. Cet instant d'abandon et de gaieté la montra à Pierre sous un aspect de beauté qu'il ne lui connaissait pas, et la confiance délicate qu'elle lui témoignait le pénétra jusqu'au cœur.

CHAPITRE XXIX.

Nous sommes arrivés, dans le cours de notre histoire, à ce moment décisif où s'affaissèrent les sociétés secrètes de la bourgeoisie sous la restauration. Si le lecteur a fait attention à la silhouette que nous avons tracée du comte de Villepreux, il doit soupçonner auquel des quatre partis du Carbonarisme ce vieux politique se rattachait; et il peut en même temps s'expliquer par là comment un personnage si fin, si sceptique, si léger et si pusillanime, avait osé quitter le sentier vulgaire de la politique officielle pour se lancer dans les conspirations.

Certes, le comte avait trop le sentiment de la tradition historique de la France, soit ancien régime, soit révolution, pour songer à un prince étranger, et, puisqu'il faut nommer ce prétendant par son nom, à un prince d'Orange. M. de Villepreux laissait cette idole à d'autres conspirateurs. Il y a des hommes d'état d'aujourd'hui, ministres, pairs ou députés, qui, fixés alors par l'exil en Belgique, avaient imaginé de réunir la Belgique à la France en don-

C'est une arme de guerre civile, répondit-elle. (Page 99.)

nant le sceptre constitutionnel à un prince belge; ils crurent ainsi un moment renverser la restauration avec l'appui du Nord. L'histoire nous fera peut-être un jour connaître les savants mémoires à consulter qu'ils adressaient à l'empereur de Russie en faveur de leur candidat. Ce candidat hollandais n'avait pas le suffrage du comte, malgré les efforts infinis que fit pour le séduire certain professeur éclectique qui, allant pendant ses vacances picorer en Allemagne, crut aussi, lui, avoir trouvé en Hollande le monarque futur de la France.

Le comte aurait été plus volontiers partisan de Napoléon II que du prince d'Orange. Préfet sous l'empire, une restauration impériale aurait pu lui convenir. Mais il avait trop d'esprit pour ne pas comprendre que l'empire sans l'empereur, sans le grand homme, était une chimère.

Enfin, bien qu'il aimât les utopies, et qu'il fût, en théorie, partisan des idées les plus rationnelles, des principes les plus philosophiques et les plus radicaux, il était trop peu enthousiaste pour vouloir, avec La Fayette, monter sur un échafaud, ou conquérir une république dont il ne voyait pas ensuite clairement la destinée. Cette fraction de la Charbonnerie était ménagée, caressée par lui; mais, au fond, il ne la regardait que comme un instrument utile, un appeau à prendre les courages, un allié propre à échauffer l'ardeur des étourdis, et à tirer les marrons du feu. Achille Lefort croyait sincèrement le comte de Villepreux *Lafayétiste*; mais le comte de Villepreux savait fort bien, au fond de son âme, qu'il était *Orléaniste*.

Il était comme M. de Talleyrand, son ami et son protecteur. Comme M. de Talleyrand, il cherchait non pas un homme, mais un *fait*, c'est-à-dire un homme qui fût un *fait*. Cher lecteur, c'est la fameuse devise du *parce que Bourbon*, que vous avez vu arborer depuis, et qui vous a peut-être étonné alors et paru nouvelle. Sachez que les politiques à nez fin étaient depuis longtemps sur cette trace. Le comte de Villepreux avait été naturellement mis sur la voie par suite des relations de sa famille avec l'un des partis actifs de la révolution, relations que je vous ai fait connaître. Il avait compris, à demi-mot, que l'homme de M. de Talleyrand ne devait pas agir lui-même, mais *faire le mort*. Seulement, croyant les conjonctures plus favorables qu'elles n'étaient et l'issue plus prochaine, il s'était hasardé, pour son propre compte, encouragé d'ailleurs par l'exemple de ceux qui, de bonne foi, et avec plus de désintéressement qu'il n'en avait lui-même[1], dirigeaient cette intrigue. C'est ainsi qu'il se trouvait embarqué dans ce qu'il appelait maintenant, lorsqu'il se parlait tout bas à lui-même, *cette maudite galère.*

« Le parti d'Orléans, dit un historien du Carbonarisme, « est celui qui fit le plus de mal à l'association, surtout « dans les derniers temps. Au commencement il n'est pas « impossible que Louis-Philippe eût conçu quelques espé- « rances au sujet de ces vastes préparatifs d'insurrection ; « mais il dut être bientôt évident pour ce prince que ses « cousins avaient encore à leur disposition trop de res- « sources pour être si facilement forcés, et que le Carbo- « narisme ne pouvait avoir d'autre effet que de les in- « quiéter et de les porter à la réaction. Il laissait donc « conspirer pour lui, mais bien décidé à demeurer dans « l'ombre, et ne jugeant pas que le temps de paraître fût « venu. Les habiles politiques ne sont pas ceux qui cher- « chent à faire des circonstances, mais ceux qui cherchent « à se faire pour les circonstances. Enfin la guerre d'Es- « pagne vint porter le dernier coup aux associations. La « révolution, comprimée momentanément en Espagne « par l'acte le plus vigoureux et le plus politique que les « Bourbons eussent encore accompli, s'affaissa en France « en même temps. Vaincue les armes à la main là où elle « avait réussi à se constituer, elle ne pouvait plus garder « l'espérance de vaincre là où elle ne possédait que la res- « source des assemblées secrètes et des complots. L'effet « moral d'une victoire acheva ce que la discorde avait « commencé, et ce que ni procès criminels ni échafauds « n'auraient jamais produit. »

Le 3 novembre de cette même année 1823, c'est-à-dire environ deux mois après l'aventure du Corinthien et de la marquise, on célébra la fête du comte de Villepreux. Plusieurs personnes des environs furent invitées à dîner. Beaucoup d'autres vinrent rendre hommage au patriarche du libéralisme de Loir-et-Cher. Le comte n'était pas très-flatté de ces ovations domestiques. Ses résolutions se ressentaient de la situation politique, à tel point que le matin de sa fête, son petit-fils Raoul étant venu l'embrasser, il eut avec lui un assez long entretien, à la suite duquel, après l'avoir paternellement tancé sur plusieurs points, il lui donna à entendre qu'il ne prétendait pas entraver son ardeur militaire, et que, si la guerre se prolongeait en Espagne, il lui permettrait de demander du service dans l'armée française. Raoul fut si enchanté de cette demi-promesse, qu'il monta à cheval et courut l'annoncer à ses jeunes amis des châteaux voisins, qui se trouvaient réunis dans un rendez-vous de chasse à deux lieues de Villepreux. Il y eut grande joie et grande exclamation de leur part. Ils burent à la santé du vieux comte, déclarant qu'ils lui pardonnaient le passé, et qu'ils iraient le remercier d'avoir comblé les vœux de Raoul, bien que leurs familles ne se vissent plus. Vers le soir Raoul se disposait à retourner au dîner de son grand-père, lorsqu'il passa par la tête de ces jeunes fous de s'inviter à ce dîner, les uns avec l'élan que leur communiquait le vin de Champagne, les autres avec la pensée malicieuse de compromettre par cette démarche le vieux comte auprès de ses convives libéraux. Raoul s'imagina que c'était un excellent moyen d'entraîner plus vite son aïeul, et la jeune phalange ultra-royaliste arriva au château au moment où l'on servait le dîner.

Ce fut un singulier coup de théâtre que l'apparition de ces enfants de nobles familles au banquet libéral du comte de Villepreux. On se toisa d'une étrange façon. Certains convives indignés voulaient se retirer à jeun ; certains autres, qui avaient des relations de clientelle avec les parents des jeunes gentilshommes, n'osaient pas trop leur battre froid, et se trouvaient fort mal à l'aise. Le comte dominait la situation avec une aisance diplomatique devant laquelle l'impertinence irréfléchie de nos ultras imberbes était forcée de baisser pavillon. Mais la situation se compliqua bien autrement lorsqu'au premier service on vit arriver Achille Lefort à la tête d'une phalange macédonienne de petits républicains très-farouches qu'il avait

[1]. Nous voulons parler surtout de Manuel, qui passe pour avoir dirigé dans la Charbonnerie le parti orléaniste.

recrutés dans son voyage, et qu'il menait là pour les mettre en rapport avec ses autres adeptes, voulant leur conférer à tous le baptême carbonique à l'ombre de la fête du vieux comte. Il les présenta à ce dernier avec son aplomb ordinaire, lui faisant entendre, au moyen des expressions à double sens du Carbonarisme, que c'étaient là des *cousins*, et qu'il n'y avait pas à reculer. Le comte prit encore son parti avec grâce ; et pendant que la première faim tenait les haines politiques assoupies au fond des estomacs, il se mit, sans en avoir l'air, à chercher un moyen de se débarrasser et des preux de Raoul et des conspirateurs d'Achille. Quand il l'eut trouvé il se sentit tranquille ; mais comme son projet ne pouvait être mis à exécution qu'après le dîner, et que jusque-là des discussions assez vives pouvaient s'engager à table et le forcer à prendre parti d'un côté ou de l'autre, il imagina de faire jouer des fanfares sous les fenêtres de la salle à manger à l'apparition de chaque service. Un mot à l'oreille de son vieux roué de valet de chambre suffit pour que, cinq minutes après, un effroyable vacarme de cors de chasse, auxquels tous les chiens du château et du village répondirent par des hurlements plaintifs, coupât la parole aux plus exaltés. D'abord la société fut un peu mortifiée de cette cruelle sérénade, et Achille Lefort, qui était en veine d'éloquence, déclara à ses voisins que cela était odieux et insupportable. Mais Raoul, qui détestait cordialement son ex-précepteur depuis qu'il prenait de grands airs avec lui, fut ravi de voir qu'il ne pouvait plus placer un mot, et encouragea les sonneurs de cor en leur faisant porter du vin. Le cor ayant usé son effet, car les poumons du libéralisme finissaient par s'y habituer et par lutter contre la fanfare, il se trouva que le cheval de Raoul s'était détaché et se battait dans l'écurie avec les chevaux de ses jeunes amis. Tous se levèrent et coururent séparer les combattants, ce qui fut assez long et assez difficile ; Wolf, averti par le valet de chambre, avait merveilleusement secondé les intentions de son maître. Quand ils rentrèrent on était au dessert : c'était le moment le plus dangereux. Mais le vin circulait abondamment, et le provincial, qui aime à boire, oubliait ses ressentiments, et laissait Achille et ses Romains occuper l'arène de la discussion. Heureusement le comte avait un auxiliaire puissant dans la personne de Joséphine Clicot. L'amante du Corinthien avait fait ce jour-là une toilette ravissante, et elle était d'une beauté à faire tourner la tête à tous les partis. Le comte la mit en relief en la priant de chanter quelque chanson du pays, suivant le vieil usage campagnard et à la manière des pastourelles de la lande. Joséphine, élevée aux champs, ayant une jolie voix et des instincts particuliers de mimique, chantait ces ballades naïves d'une manière très-piquante et avec beaucoup de gentillesse. Elle se fit bien prier, mais enfin elle céda. Dès ce moment on ne s'occupa plus que de la séduisante marquise. Les jeunes royalistes, que l'on avait eu soin de placer autour d'elle, se disputèrent ses réponses, ses regards, ses sourires, et jusqu'aux fruits et aux bonbons que sa main avait touchés. Quand on passa au salon, il s'y trouva un violon ; Raoul savait jouer des contredanses. Le comte pria sa fille de se mettre au piano, et en un instant le bal fut organisé. On avait été chercher, pour faire nombre (car il y avait peu de dames), la fille de l'adjoint et celles des fermiers qui avaient d'assez belles toilettes pour des dames de village. Pendant ce temps, Achille, indigné de la frivolité du vieux comte, s'était éclipsé avec *ses hommes*, et avait envoyé chercher Pierre Huguenin.

Dans la matinée, Pierre avait reçu, par un exprès, un billet du commis voyageur dans lequel, en lui annonçant son arrivée, il le priait d'avertir et de rassembler les membres de sa future Vente, et lui marquait le rendez-vous pour le soir même, pendant les amusements de la fête, dans l'atelier du château. Pierre avait fait ses dispositions avec un certain découragement. Plus il voyait approcher le moment de se lier par des engagements sérieux à une œuvre qui lui avait d'abord paru vaine et frivole, plus il sentait revenir ses répugnances. Il était même en proie à une sorte de remords, que ne pouvaient plus étouffer les naïves illusions dont l'entretenait mademoiselle de Villepreux. Enfin l'heure était venue, et Pierre se promettait de refuser son adhésion si la formule du serment et l'exposition du programme impliquaient une trahison quelconque de ses principes et de ses sentiments.

Mais il était écrit qu'il échapperait à ce danger. Au moment où Achille, accompagné de ses prosélytes, marchait dans l'ombre de la nuit vers l'atelier qui devait lui servir de temple, le comte de Villepreux se présenta, et, feignant d'ignorer ses projets, lui dit qu'un mandat d'amener était lancé contre lui, que les gendarmes le cherchaient, et qu'il n'avait pas un instant à perdre pour se dérober aux poursuites. Ses plans avaient été éventés; le préfet avait écrit au procureur du roi; on était résolu à sévir contre tous les actes de sa propagande. Heureusement un employé de la préfecture, à qui le comte avait rendu des services, avait eu la générosité de l'avertir, afin que, s'il avait lui-même quelque chance d'être compromis, il eût à se mettre à couvert. Il aurait certainement à subir une visite domiciliaire dans la nuit. Enfin l'intérêt de la cause exigeait qu'on se dispersât, et qu'Achille quittât le pays à l'instant même. Un bon cheval et un domestique fidèle étaient tout prêts, l'un à le porter, l'autre à le guider à travers les landes jusqu'à la sortie du département. Toute cette histoire fut si admirablement racontée, et le vieux comte joua si bien sa comédie, que les républicains épouvantés se dispersèrent à l'instant comme une poignée de feuilles sèches balayées par le vent. Achille, qui ne demandait qu'à être ému, eut celle de se croire enfin persécuté; et cette fuite nocturne, ces dangers qui n'existaient pas, ce mystère qu'il eût voulu confier à tout le monde, l'occupèrent et lui donnèrent une joie d'enfant. Il courut vers l'atelier pour avertir Pierre de sa fuite et lui faire ses adieux.

Pierre l'attendait, et il n'était pas seul. Yseult, qui était dans la confidence, et que son père avait autorisée à seconder l'établissement de *la Jean-Jacques Rousseau* (tout en travaillant sous jeu à le faire avorter), s'était échappée furtivement du salon pour aider l'artisan dans ses préparatifs. Elle lui avait ouvert son cabinet de la tourelle, afin qu'il pût y prendre des tables, des chaises et des flambeaux; et elle lui désignait l'arrangement du matériel de la cérémonie, lorsque Achille vint donner, au volet de l'atelier, le signal convenu. Il leur confia rapidement sa position tragique, leur jura qu'il n'abandonnait pas la partie, qu'il saurait, à lui seul, ressusciter le Carbonarisme dans toute la France sous une autre forme, et qu'on le reverrait bientôt à Villepreux, en dépit des tyrans et des sous-préfets. Puis il embrassa Pierre, et l'exhorta si chaudement à rester fidèle au libéralisme, que Pierre fut édifié de sa persévérance et du peu d'effroi qu'il montrait. Le fait est qu'Achille ne connaissait pas la peur, l'amour-propre et la générosité le dirigeant toujours vers les postes avancés des folles entreprises. Yseult lui donna une poignée de main, et le reconduisit avec Pierre, par un petit sentier couvert, jusqu'à la grille du parc, où l'attendaient son guide et les chevaux. Puis ils revinrent pour ranger l'atelier et faire disparaître toute trace du naufrage de *la Jean-Jacques Rousseau*.

En remontant les meubles du cabinet de la tourelle, Pierre ne put se défendre d'une émotion qu'Yseult aperçut et partagea.

—Cette pièce vous rappelle, ainsi qu'à moi, lui dit-elle avec candeur, un souvenir pénible; je voudrais l'effacer. Ne vous souvenez-vous pas d'une certaine gravure que vous aviez acceptée et que vous avez méprisée ensuite? Elle est toujours là; et tant qu'elle y sera je croirai que nous ne sommes pas bien réconciliés.

—Donnez-la moi bien vite, répondit Pierre. Il y a longtemps que je me reproche de ne pas oser la réclamer!

—Tenez, la voici, dit Yseult; et en même temps voici un jouet d'enfant que vous deviez être forcé d'accepter ce soir d'une autre main que la mienne, et que vous allez recevoir de moi comme un souvenir d'amitié et un gage d'union politique.

—Qu'est-ce donc que cela? dit Pierre en examinant un superbe poignard admirablement ciselé qu'elle lui présentait; à quoi cela pourrait-il me servir? Ce n'est pas un instrument de menuiserie, que je sache.

—C'est une arme de guerre civile, répondit-elle; et c'est le gage que l'on confère au récipiendaire carbonaro.

—J'avais bien ouï dire qu'on jurait sur ce symbole sinistre. Je n'y croyais pas.

—Le royalisme a fait bien des phrases emphatiques là-dessus; mais le Carbonarisme a bien prouvé que le poignard n'était dans ses mains qu'un signe de ralliement inoffensif. Son introduction dans nos mystères est respectable, et qu'elle nous vient du Carbonarisme italien, qui compte de plus sérieuses batailles et de plus nombreux martyrs que le nôtre. C'est le symbole de notre fraternité avec ces victimes, dont chacun de nous devrait faire chaque jour la commémoration religieuse dans son cœur, comme les catholiques font celle de leurs saints dans les prières; et puisque nous ne pouvons les pleurer qu'en secret, il est peut-être bon d'avoir toujours devant les yeux cet emblème, qui nous rappelle leur mort violente et leur sublime fanatisme.

—Savez-vous, dit Pierre en retournant le poignard dans sa main et en l'examinant avec une sorte de tristesse, qu'il y a chez nous autres une superstition à propos de ces choses-là? Le don d'un instrument à lame tranchante *coupe l'amitié*, suivant les uns, et porte malheur, suivant les autres, à celui qui l'a reçu ou à celui qui l'a donné.

—Je ne crois pas à cela, quoique ce soit une idée poétique.

—Ni moi non plus, et pourtant... Mais qu'est-ce que ce chiffre gravé à jour sur la lame?

—C'est le vôtre à présent. Autrefois ce fut celui d'un de mes ancêtres auquel ce poignard appartint. Il se nommait Pierre de Villepreux; n'est-ce pas ainsi que vous vous nommez aussi quand vous réunissez votre nom de baptême à votre nom de compagnon?

—Il est vrai, dit Pierre en souriant; avec cette différence que vos ancêtres donnèrent leur nom au village, et que le village me l'a cédé.

—Vos ancêtres étaient serfs, et les miens soldats; c'est-à-dire que vous sortez des opprimés, et moi des oppresseurs. J'envie beaucoup votre noblesse, maître Pierre.

—Ce poignard est trop beau pour moi, dit-il en le replaçant sur la table; on me demanderait par moquerie où je l'ai volé; et puis vraiment, je suis peuple, je porte le joug de la superstition. Je ne peux me défendre d'une idée sombre devant cette arme tranchante. Décidément, je n'en veux pas. Donnez-moi quelque autre chose.

—Choisissez, dit Yseult en lui ouvrant toutes ses armoires.

—Mon choix sera bientôt fait, dit Pierre. Il y a, dans un volume de votre Bossuet, une petite croix de papier découpé, avec des ornements grecs du Bas-Empire qui sont d'un goût charmant.

—Eh! mon Dieu, êtes-vous donc sorcier? Comment savez-vous cela? Je ne le sais pas moi-même. Il y a deux ans que je n'ai ouvert mon Bossuet.

Pierre prit le volume, l'ouvrit, et lui montra la petite croix, dont il avait eu bien envie autrefois, et qu'il avait respectée.

—Comment savez-vous que c'est moi qui l'ai faite? dit-elle.

—Votre chiffre est découpé à jour en lettres gothiques dans un des ornements.

—C'est la vérité. Eh bien, prenez-la donc. Mais qu'en ferez-vous?

—Je la cacherai, et je la regarderai en secret.

—Voilà tout?

—C'est bien assez.

—Vous attachez à cela quelque idée philosophique; vous préférez cet emblème de miséricorde à l'emblème de vengeance que je vous avais destiné.

—C'est possible; mais je préfère surtout ce morceau de papier découpé par vous sous l'influence d'une idée calme et religieuse, à ce riche poignard qui a servi peut-être d'instrument à la haine.

— Maintenant, me direz-vous, maître Pierre, comment vous connaissez si bien mon cabinet et mes livres, et jusqu'aux petites marques qui s'y trouvent? A moins que vous n'ayez le don de seconde vue, tout me porte à croire que vous avez lu ici.

— J'ai lu tout ce qui est ici, répondit Pierre, et il fit sa confession, sans omettre les soins recherchés qu'il avait pris pour ne rien gâter dans le cabinet et pour ne pas ternir même les marges des livres. Ces scrupules firent sourire Yseult. Elle lui fit plusieurs questions sur l'effet que ces lectures avaient produit en lui, lui demanda dans quel ordre il les avait faites, et quelles impressions il en avait reçues. En écoutant ses réponses, elle s'expliqua beaucoup de choses qu'elle n'avait pas comprises en lui auparavant, et fut frappée de la droiture de jugement avec laquelle, sans autre lumière que celle d'une conscience rigide et d'un cœur plein de charité, il réfutait l'erreur et confondait l'orgueil des savants de ce monde, n'admirant chez les poëtes et les philosophes que ce qui est vraiment grand et éternellement beau, ne croyant de l'histoire que ce qui est d'accord avec la logique divine et la dignité humaine, s'élevant enfin, par sa grandeur innée, au-dessus de toutes les grandeurs décernées par le jugement des hommes. Elle fut entièrement subjuguée, attendrie, saisie de respect, remplie de foi, et en même temps d'une sorte de honte, comme il arrive lorsqu'on découvre qu'on a protégé ingénument un être supérieur à toute protection. Assise sur le bord d'une table, les yeux baissés, l'âme pénétrée de ce sentiment que les chrétiens ont défini *componction*, elle garda le silence longtemps après qu'il eut parlé.

— Je vous ai fatiguée, ennuyée peut-être, lui dit Pierre intimidé par cette apparence de froideur; vous m'avez laissé parler, et je m'en suis oublié... Je dois vous sembler plus présomptueux dans mes idées que le bon M. Lefort...

— Pierre, répondit Yseult, je me demande depuis un quart d'heure si je suis digne de votre amitié.

— Vous raillez-vous de moi? s'écria Pierre avec simplicité; non, ce n'est pas là l'idée qui vous absorbe, c'est impossible.

Yseult se leva. Elle était plus pâle qu'elle ne l'avait jamais été, ses yeux brillaient d'un feu mystique. La lueur de la lampe à chapiteau vert qui éclairait la tourelle répandait sur son visage un ton vague et flottant qui lui donnait l'apparence d'un spectre. Elle semblait agir et parler dans la fièvre, et pourtant son attitude était calme et sa voix ferme. Pierre se souvint de la sibylle qu'il avait vue en rêve, et il eut une sorte de frayeur.

— L'idée qui m'absorbe? lui dit-elle en le regardant avec une fixité qui annonçait une volonté inébranlable; si je vous la disais aujourd'hui, vous n'y croiriez pas. Mais je vous la dirai quelque jour, et vous y croirez. En attendant, priez Dieu pour moi; car il y a dans ma destinée quelque chose de grand, et je ne suis qu'une pauvre fille pour l'accomplir.

Elle se hâta de ranger son cabinet avec beaucoup d'exactitude, quoiqu'elle eût l'air d'être ravie par la pensée dans un autre monde. Puis elle sortit, et traversa l'atelier sans dire un mot à Pierre, qui la suivait en lui portant son bougeoir. Quand elle fut au seuil de la porte qui donnait dans le parc, elle lui répéta encore : « Priez pour moi; » et, reprenant sa bougie, elle l'éteignit, et disparut devant lui comme un fantôme qui se dissipe. Qu'avait-elle voulu dire? Pierre n'osait chercher le sens de ses paroles. Oui, se disait-il, la voilà comme dans mon rêve, parlant par énigmes, et me montrant dans l'avenir quelque chose que je ne comprends pas. Il se sentit pris de vertige, et pressa son front dans ses mains, comme s'il eût craint qu'il ne vînt à éclater.

Ne pouvant résister à l'agitation qui était en lui, entraîné comme par l'aimant, il se glissa dans l'ombre sur les traces de mademoiselle de Villepreux, afin de la voir plus longtemps flotter devant lui comme une pâle vision, ou du moins de respirer l'air qu'elle venait de traverser. Il arriva ainsi jusqu'au gazon découvert qui s'étendait devant la façade du château; et, s'arrêtant dans les derniers massifs, il la vit rentrer dans le salon. Le temps étant magnifique et la danse fort animée, on avait ouvert les croisées, et, de sa place, Pierre pouvait voir passer la walse et voltiger la marquise, entourée d'adorateurs, parmi lesquels se trouvaient des jeunes gens de bonne maison dont les façons galantes étaient mêlées de cette légère dose d'impertinence qui plaît aux femmelettes. Joséphine était enivrée de son succès; il y avait longtemps qu'elle n'avait eu l'occasion d'être belle et qu'elle ne s'était vue admirée ainsi. Elle était comme un phalène qui tourne et folâtre autour de la lumière. Yseult, pour reposer les personnes qui avaient joué tour à tour du violon, se remit au piano. Pierre se plaça de façon à la voir. Ses yeux nageaient dans une sorte de fluide, où d'autres images que celles de la réalité semblaient se dessiner devant elle. Elle jouait avec beaucoup de nerf et d'action; mais ses mains couraient sur le clavier sans qu'elle en eût conscience.

Raoul sortit pour prendre l'air avec un de ses amis. Pierre l'entendit qui disait : — Regarde donc ma sœur; ne dirait-on pas d'un automate?

— Est-ce qu'elle ne rit jamais plus que cela? reprit son interlocuteur.

— Guère plus. C'est une fille d'esprit, mais une tête de fer.

— Sais-tu qu'elle me fait peur avec ses yeux fixes? Elle a l'air d'une figure de marbre qui se mettrait à jouer des sarabandes.

— Je trouve, moi, qu'elle a l'air de la déesse de la Raison, répondit Raoul d'un ton railleur, et qu'elle joue des contredanses sur le mouvement de la Marseillaise.

Ces jeunes gens passèrent, et presque aussitôt Pierre vit quelqu'un qui errait en silence autour du gazon, et dont la marche entrecoupée trahissait l'agitation intérieure. Lorsque cet homme se trouva près de lui, il reconnut le Corinthien, et, sortant doucement de sa retraite, il le saisit par le bras. — Que fais-tu ici? lui dit-il, car il comprenait bien sa peine secrète; ne sais-tu pas que ce n'est pas là ta place, et que, si tu veux regarder, il ne faut pas qu'on te voie? Allons, viens : tu souffres, et tu ne peux ici rien changer à ton sort!

— Eh bien! dit le Corinthien, laisse-moi m'abreuver de ma souffrance. Laisse-moi me dessécher le cœur à force de colère et de mépris.

— De quel droit mépriserais-tu ce que tu as adoré? Joséphine était-elle moins coquette, moins légère, moins facile à entraîner, le jour où tu as commencé à l'aimer?

— Elle ne m'appartenait pas alors! Mais à présent qu'elle est à moi, il faut qu'elle soit à moi seul, ou qu'elle ne soit plus rien pour moi. Mon Dieu! avec quelle impatience j'attends le moment de la fuir!... Mais ce bal ne finira pas! Elle va danser toute la nuit, et avec tous ces hommes. Quel horrible abandon de soi-même! La danse est ce que je connais de plus impudique au monde chez ces gens-là. Mais vois donc, Pierre! regarde-la. Ses bras sont nus, ses épaules sont nues, son sein est presque nu! Sa jupe est si courte qu'elle laisse voir à demi ses jambes, et si transparente qu'on distingue toutes ses formes. Une femme du peuple rougirait de se montrer ainsi en public; elle craindrait d'être confondue avec les prostituées! Et maintenant la voilà qui passe toute haletante des bras d'un homme aux bras d'un autre homme qui la presse, qui la soulève, qui respire son haleine, qui froisse encore sa ceinture déjà flétrie, et qui boit la volupté dans ses regards. Non! je ne puis pas voir cela plus longtemps. Allons-nous-en, Pierre, ou bien entrons dans ce bal, brisons ces lustres, renversons tous ces meubles, mettons en fuite tous ces damerets, et leurs femmes verront comme ils savent les défendre des *outrages de la populace!*

Pierre vit que l'exaspération de son ami ne pouvait plus être contenue; il l'entraîna loin du château, et réussit à le ramener chez lui. Là ils trouvèrent une lettre timbrée de Blois dont la vue fit tressaillir le Corinthien. Elle était adressée à Pierre, qui lui en fit part aussitôt.

« Mon cher Pays (écrivait le Dignitaire), je vous an-
« nonce que la société du Devoir de liberté quitte cette ré-
« sidence, et que Blois cesse de faire partie de nos villes
« de Devoir. Les persécutions que nous avons eu à souf-

« frir de la part des autres sociétés nous ont causé de tels
« dégoûts, que nous préférons l'abandon de nos droits à
« une guerre interminable. Cette résolution ayant été prise
« d'un commun accord, nous sommes à la veille de nous
« disperser. » Ici le Dignitaire entrait dans les détails relatifs à la société, et racontait les divers motifs de cette résolution. Puis il faisait un retour sur ses affaires particulières, et annonçait à son ex-collègue que la Savinienne, forcée de renoncer à tenir son auberge, qui n'était achalandée que par les Gavots dont elle était Mère, avait pris le parti de quitter son commerce et de vendre sa maison.
« J'aurais pensé, mon cher Pays, disait-il, que je serais
« consulté sur cette affaire. Comme ami de feu Savinien,
« et comme dévoué aux intérêts de sa veuve plus qu'aux
« miens propres, je me flattais d'être son conseil et son
« guide dans une telle occasion. Eh bien, elle a agi autrement. Elle a fait mettre son établissement en vente
« sous mon nom, déclarant devant la loi que ce n'était
« point la propriété de ses enfants, mais la mienne, parce
« que j'en avais fourni les fonds et qu'ils ne m'étaient
« point remboursés. Et quand je lui en ai fait des reproches, elle m'a répondu que c'était son devoir d'agir
« ainsi, et qu'elle ne voulait pas me tromper plus longtemps, son intention étant de ne point se remarier. Villepreux, elle m'a dit que vous connaissiez ses raisons,
« et qu'elle vous avait confié tout ce qui s'était passé entre
« moi et son mari à l'article de la mort. Je ne vous demande rien, mon cher Pays, j'en sais bien assez. Quand
« on a eu le malheur de n'être pas aimé, on doit savoir souffrir, et ne pas descendre à la plainte. Si je vous écris,
« c'est pour un autre motif. Je vois bien que la Mère a
« l'intention de quitter Blois, et je pense qu'elle cherche
« à s'établir de votre côté. Mais je crois qu'elle est sans
« ressource, quoiqu'elle m'assure avoir quelques économies. Elle se fait un point d'honneur de ne pas rester
« endettée avec un homme qu'elle refuse de prendre pour
« mari. Mais c'est une fierté mal entendue, et qu'elle n'a
« pas le droit de me témoigner. Je n'ai rien fait pour être
« méprisé ainsi, et traité comme un créancier. Je saurai
« me résigner à cet affront; apparemment j'ai commis
« quelque faute dont il plaît à Dieu de me punir en m'en
« voyant beaucoup de chagrin. Mais je ne me soumettrai
« pas à voir cette femme, que son mari m'avait confiée,
« tomber dans la misère avec ses enfants. Je sais, pays
« Villepreux, que vous n'êtes pas riche, sans quoi je
« me mettrais pas en peine. Je sais aussi qu'une personne
« sur laquelle on compte sans doute n'a rien que son travail et son talent, et que ce n'est pas assez pour soutenir
« une famille. Je viens donc vous prier instamment de
« vous enquérir de la position de la Mère, et de lui rendre
« tous les services dont elle aura besoin. Vous pouvez
« disposer de tout ce que j'ai, pourvu qu'elle ne le sache
« pas; car l'idée de la faire souffrir et de l'humilier par
« mon attachement me fait souffrir et m'humilie moi-
« même Adieu, mon cher Pays. Vous ne devez pas trouver mauvais que je vous parle succinctement de toutes
« ces choses, et vous devez comprendre que cela m'est
« pas facile. Avec le temps, je serai plus raisonnable, s'il
« plaît à Dieu.
« Il me reste à vous embrasser.

« Votre ami et pays sincère,
« Romanet le Bon-Soutien D∴ G∴ T∴ de Blois. »

La simplicité de cette rédaction, jointe à l'idée que Pierre se faisait, avec raison, de la profonde douleur du Bon-Soutien, l'impressionna tellement, qu'il sentit couler ses larmes.

— Amaury, Amaury! s'écria-t-il, que nous sommes petits, nous autres, avec nos lectures et nos phrases, devant une telle force d'âme et une générosité si peu emphatique! *Avec le temps, je serai plus raisonnable, s'il plaît à Dieu!* Il croit manquer de courage à l'heure où il en montre un sublime! Hommes de peu de foi que nous sommes, nous ne saurions pas souffrir avec cet héroïsme. Nous nous répandrions en plaintes, en murmures; nous aurions de la colère, de la haine et des idées de vengeance...

— Tais-toi, Pierre, je te comprends de reste, s'écria le Corinthien en relevant sa tête qu'il avait tenue cachée dans ses mains pendant la lecture de la lettre. C'est pour moi que tu dis tout cela; car toi, tu es aussi vertueux que Romanet, et tu serais aussi calme que lui dans le malheur. Mais si c'est pour me rattacher à la marquise que tu vantes le pardon des injures, tu n'y réussiras nullement; les nouvelles que contient cette lettre bouleversent tous mes projets et renouvellent toutes mes idées. Que s'est-il donc passé dans l'esprit de la Savinienne? Que signifie aujourd'hui sa conduite? Que veut-elle faire? Sur quoi compte-t-elle? Je veux savoir tout cela. Tu dois avoir reçu une lettre d'elle, et tu ne me l'as pas montrée. Je veux la voir!

— Tu ne la verras pas, répondit Pierre. Non, non! l'amant de la marquise des Frenays ne lira pas les nobles plaintes de la Savinienne. Qu'il te suffise de savoir l'effet de ton silence et du mien; car je ne lui ai point écrit non plus : je ne pouvais plus la tromper, et je ne voulais pas l'éclairer. Il me semblait toujours que tout n'était pas perdu, et je différais de jour en jour, espérant que tu reviendrais à elle.

— Enfin quel effet a produit ton silence? Parle!

— Elle a deviné la vérité; et, se disant qu'elle n'était plus aimée, qu'elle ne l'avait peut-être jamais été, se voyant délaissée, abandonnée à la misère, elle a voulu, du moins, mettre sa conscience en paix, et ne rien accepter davantage du Dignitaire. Je te citerai un seul passage de sa lettre :

« J'ai bien souffert assez longtemps avec Savinien d'avoir un désir dans le cœur. Je ne veux pas souffrir d'un regret toute ma vie avec Romanet; ce serait tout aussi coupable. Je ne suis pas sans remords pour le passé : je n'en veux plus dans l'avenir. J'aime mieux toute autre espèce de malheur que celui-là. »

— Pauvre sainte femme! dit le Corinthien d'une voix sombre, et en se levant. Achève; que voulait-elle faire après avoir rompu avec le Bon-Soutien?

— Reprendre son ancien état de lingère, et, si tu n'étais pas ici, venir y tenter un établissement. Elle s'est imaginé, d'une part, qu'elle trouverait de l'ouvrage dans ce pays; et, de l'autre, que tu ne pouvais pas être resté près de moi, puisque tu l'oubliais sans que personne songeât à l'en avertir.

— Son idée est bonne, répondit le Corinthien d'un air préoccupé; il n'y a point de lingère ici : elle aura la pratique du château... Elle repassera les fichus transparents de la marquise, ajouta-t-il avec une amertume sanglante. Pierre, donne-moi de la plume et du papier. Vite!

— Que veux-tu faire?

— Tu me le demandes? Écrire à la Savinienne, lui dire que nous l'attendons, et que l'un de nous ira la chercher à moitié chemin, tandis que l'autre retiendra et préparera son logement dans le village. Est-ce que ce n'est pas là mon devoir?

— Sans aucun doute, Amaury; mais le dépit est un mauvais garant du devoir. J'aimerais mieux que tu écrivisses cette lettre demain, à tête reposée.

— Je veux l'écrire tout de suite.

— Parce que tu sens que demain tu n'en auras plus la force.

— Je l'aurai; j'écrirai encore demain, et encore après-demain, si tu veux; j'ai plus de force que tu ne crois.

— Amaury, si tu écris, la Savinienne viendra. Elle croira en toi, et, moi, je ne sais si j'aurai le courage d'en douter assez pour la désabuser. Si elle vient, et qu'elle te trouve aux pieds de la marquise, comment faudra-t-il considérer ta conduite?

— Comme celle d'un lâche ou d'un fou.

— Prends garde d'être fou. N'écris pas encore..

Le Corinthien écrivit pourtant; il écrivit dans la nuit, sous l'empire d'une indignation et d'un dégoût profonds pour la marquise. Aussitôt que le jour parut, il courut porter sa lettre à la poste, et elle partit avant que Pierre, vaincu par la fatigue, se fût réveillé.

CHAPITRE XXX.

Pendant plusieurs jours le Corinthien ne revit pas la marquise; et comme elle n'avait la conscience d'aucun tort envers lui, la coquetterie étant chez elle une seconde nature, sa surprise fut extrême; mais son chagrin ne fut pas bien profond d'abord. Son enivrement se prolongea jusqu'à une partie de chasse que les amis de Raoul lui avaient proposée et qu'ils arrangèrent pour elle. Yseult tâcha d'abord de l'en détourner, n'aimant pas à la voir entrer en relation avec des gens qu'elle croyait antipathiques à son grand-père, et vers lesquels elle ne se sentait portée par aucun lien d'idées ou de position. Mais le vieux comte n'était pas fâché de voir sa famille se rattacher par quelque bout à la noblesse du pays, et il autorisa sa nièce à se distraire en acceptant l'invitation qu'une élégante et fière comtesse des environs, sœur d'un des plus ardents adorateurs de Joséphine, vint lui faire en personne. Cette visite diplomatique avait pour but, dans la pensée de la noble dame, le mariage de ce frère, le vicomte Amédée, avec la riche Yseult de Villepreux. Yseult s'étonna un peu de ce retour vers elle après l'indignation que ses idées républicaines bien connues avaient excitée chez sa voisine. Elle y répondit assez froidement; et pourtant, comme Joséphine la conjurait de l'accompagner, elle ne refusa pas ouvertement. Joséphine ne montait pas à cheval : on devait venir la prendre en calèche. Yseult était une très-bonne amazone; elle dirigeait adroitement son cheval, et lui faisait franchir les fossés et les barrières avec ce calme dont on ne la voyait jamais se départir. Ce talent d'équitation était le seul qui lui attirât un peu de considération de la part de son frère et des nobles damoiseaux du voisinage. Elle aimait beaucoup cet exercice; et comme il était bien difficile qu'elle n'eût pas, sous son grave extérieur, un peu des goûts et des entraînements de l'enfance, elle se laissa vaincre peu à peu. Il y avait quelque temps qu'elle n'était montée à cheval : elle voulut s'exercer seule dans le parc. Pierre, qui la guettait sans cesse, se trouva sur son passage, comme elle fendait l'air avec la rapidité d'une flèche. Elle s'arrêta court devant lui, et lui demanda en riant s'il ne s'était pas scandalisé de la voir se livrer à un amusement aussi aristocratique. Pierre sourit à son tour, mais avec tant d'effort, et son regard trahissait une tristesse si profonde, qu'Yseult pressentit tout ce qui se passait en lui. Elle voulut s'en assurer : — Vous savez qu'il y a une grande partie de chasse demain ? lui dit-elle.

— Je l'ai entendu dire, répondit Pierre.
— Et savez-vous qu'on veut m'y emmener ?
— Je n'ai pas cru que vous iriez.

En faisant cette réponse, Pierre laissa lire apparemment jusqu'au fond de son âme; car mademoiselle de Villepreux, après un moment de silence, durant lequel elle le considéra attentivement, lui dit avec une douceur ineffable et une émotion profonde : — Je vous remercie, Pierre, de n'avoir pas douté! Puis elle reprit sa course impétueuse, fit deux ou trois fois le tour du parc, et revint devant le château, où son frère l'attendait avec le comte et Joséphine. Pierre réparait un petit banc rustique à trois pas de là. — Tiens, reprends ton cheval, dit Yseult à Raoul en sautant légèrement sur le gazon. Il ne me plaît pas le moins du monde. — Il n'y paraissait guère tout à l'heure, dit le comte; j'ai cru que tu prenais ta course pour le Grand-Désert. — Puisque vous rentrez, maître Pierre, dit Yseult au menuisier qui se retirait, auriez-vous la bonté de dire à Julie, en passant, qu'elle ne s'occupe plus de mon amazone ? Je ne sortirai pas demain, ajouta-t-elle en se tournant vers Joséphine, mais d'un ton trop net pour que Pierre, en s'éloignant, ne l'entendît pas.

Elle tint parole, et les prières de sa cousine la trouvèrent inébranlable. Le comte eût désiré qu'elle se montrât moins farouche, et qu'elle ne contrariât pas ses projets de rapprochement avec le voisinage seigneurial. Mais il avait montré devant elle tant d'éloignement et de dédain philosophique pour ces gens-là qu'il lui était bien impossible de se rétracter clairement.

Pierre nageait dans un océan de bonheur. Il ne pouvait pas se dissimuler l'amour qu'il inspirait; mais cet amour était fait de telle sorte qu'il ne pouvait exprimer sa reconnaissance. Rien ne l'autorisait à formuler ses pensées, et d'ailleurs il n'en sentait pas le besoin. Jamais passion ne fut plus absolue, plus dévouée, plus enthousiaste de part et d'autre; et pourtant jamais il n'y eut amour plus contenu, plus muet, plus craintif. Il y avait comme un contrat tacite passé entre eux. Quelqu'un qui aurait entendu les trois ou quatre paroles que Pierre échangeait chaque jour à la dérobée avec Yseult, eût pensé qu'elles étaient le résultat d'une intimité consacrée par des nœuds indissolubles et des promesses formelles. Personne n'eût voulu croire que le mot d'amour n'avait jamais été prononcé entre eux, et que la virginité de leurs sens n'avait pas été effleurée par le plus léger souffle.

Joséphine courut la chasse dans la brillante calèche de la comtesse. Mais lorsque celle-ci vit que, de son rêve d'alliance et de fortune, il ne lui restait que Joséphine Clicot sur les bras, et son frère qui caracolait à la portière en dévorant des yeux la piquante provinciale, elle sentit qu'elle jouait un singulier rôle, et prit de l'humeur contre tout le monde. La comtesse était sèche et nerveuse : forcée d'amener la marquise à son château, de lui en faire les honneurs, et de la présenter à d'autres illustres dames qu'elle avait convoquées pour fêter et caresser l'héritière de Villepreux, elle dissimula si peu son ennui et son dédain que la pauvre Joséphine se sentit mourir de honte et de crainte. Cependant les hommages dont elle fut l'objet de la part des hommes, car la jeunesse et la beauté trouvent toujours grâce et protection du côté de la barbe, lui rendirent quelque assurance; et peu à peu la rusée, amorçant par sa gentillesse riches et pauvres, blondins et grisons, se vengea à outrance des mépris de leurs femelles. On avait préparé un petit bal pour le soir, comptant qu'Yseult, tenant le piano, en serait la reine d'une certaine façon : la dame du lieu voulut renvoyer les violons et abréger la soirée en se disant malade. Mais la faction des hommes l'emporta. Le jeune frère se mit en révolte, et ses compagnons firent serment de ne pas laisser partir les jolies femmes. On grisa tous les cochers, on ôta les roues des voitures; il n'y eut que les équipages des douairières qui furent respectés; encore leurs vieux époux se firent-ils beaucoup gronder avant de s'arracher à la contemplation des belles épaules de Joséphine.

Elle resta donc au salon avec cinq ou six jeunes femmes de moindres hobereaux, qui s'amusaient pour leur compte et ne songeaient pas à l'humilier. Mais à mesure que la nuit s'avançait, les hommes, en passant de la contredanse au buffet, s'animèrent comme des gens qui ont couru la chasse toute la journée, et prirent des façons tout à fait anglaises, dont Joséphine commença à s'effrayer. Il y avait autour d'elle une lutte entre le désir brutal et un reste de convenance dont la limite était assez mal gardée. Joséphine n'était folle qu'à la superficie. Elle était de ces coquettes de province qui, avec l'amour de l'honnêteté et un fonds de sagesse, se permettent un système d'agaceries qu'elles croient sans conséquence et sans danger. Heureuse d'abord et fière d'exciter les désirs, elle sentit la rougeur monter à son front lorsqu'elle eut à se défendre d'un commencement de familiarité; c'est alors qu'elle songea à la retraite. Mais la comtesse, qui lui avait promis de la reconduire, voyant le bal se prolonger et Joséphine s'y complaire, avait été se coucher ou avait fait semblant : du moins elle s'était enfermée dans ses appartements. Raoul s'était laissé griser, et, tout en répondant à sa cousine qu'il était à ses ordres, ne faisait que chanter et rire aux éclats, sans comprendre sa situation. Les autres dames partirent une à une sans lui offrir de la reconduire. Le vicomte Amédée lui avait fait croire que sa sœur comptait se relever au point du jour pour ramener madame des Frenays dans sa voiture. Cependant la comtesse ne se releva pas. Les domestiques harassés ronflaient dans les antichambres; Raoul, complètement ivre, s'était laissé tomber sur un sofa. Joséphine restait comme seule avec cinq ou six jeunes gens plus ou moins avinés, qui eussent voulu se chasser l'un l'autre, et qui s'obstinaient à la faire walser presque malgré elle. Accablée de fatigue, profondément blessée du procédé de son hôtesse, effrayée des manières de ses adorateurs, dégoûtée de leur plat caquetage, Joséphine s'assit d'un air consterné au milieu d'eux. Le froid du matin la faisait frissonner; elle demandait son châle : on lui répondait par des fadeurs à demi obscènes sur la beauté de sa taille. La salle était poudreuse, triste, affreuse à voir dans son désordre à la clarté bleuâtre de l'aube. La pauvre femme était cruellement punie, et chaque mot, chaque regard qui tombait sur elle lui faisait expier son triomphe. C'est alors qu'un cri de détresse s'éleva du fond de son âme vers le Corinthien. Mais il n'était pas là, il pleurait au fond du parc de Villepreux.

Enfin Joséphine fit un effort, sentant bien qu'elle n'avait pas le droit de se courroucer, après avoir en quelque sorte provoqué tous ces hommes, mais résolue à leur sembler sotte et ridicule pour se soustraire à leur convoitise. Elle se leva, et déclara qu'elle partirait à pied si on ne lui amenait pas sa voiture. Elle parla si sèchement et repoussa si bien les prières impertinentes qu'elle réussit à se mettre en route, dans une calèche, avec Raoul, qui s'y traîna avec peine, et le vicomte Amédée, qu'il fallut bien accepter pour cavalier, afin de se débarrasser des autres. À peine le roulement de la voiture se fut-il fait sentir que Raoul, réveillé un instant, retomba dans un sommeil léthargique. Il fallut que, pendant deux mortelles heures, Joséphine se défendît, en paroles et en actions, contre le plus impertinent de tous les vicomtes. Ce voyage, qui lui rappelait une autre course en voiture, une aurore poétique, un ardent amour et des délires partagés, lui fit tant de mal que, cachant, de confusion, sa figure dans son voile, elle fondit en larmes. Le vicomte n'en devint que plus entreprenant. Joséphine était faible et inconséquente. Malgré elle, une sorte de respect instinctif pour les gens titrés l'empêchait de se prononcer comme elle eût osé le faire à l'égard d'un bourgeois qui lui aurait déplu. Elle voulait se défendre, et s'y prenait si gauchement que chacune de ses naïves réponses était interprétée par le vicomte comme une agacerie. Heureusement le froid prit Raoul, qui se réveilla d'assez mauvaise humeur, et, ne pouvant se rendormir, trouva le vicomte insipide et ne se gêna pas pour le lui dire. Peu à peu le sentiment de la protection qu'il devait à sa cousine, et qu'il avait si lâchement abjurée, lui revint en mémoire; et, peu à peu aussi, le vicomte, voyant l'heure passée et l'occasion manquée, se contint et se refroidit. Ils étaient tous les trois fort maussades en arrivant au château, et Joséphine, brisée de chagrin et de fatigue, alla s'enfermer dans sa chambre et se jeter sur son lit, où elle s'endormit sans avoir eu la force de se déshabiller.

Depuis bien des nuits le Corinthien ne dormait pas, et le jour il travaillait sans ardeur. Il éprouvait plutôt le besoin de s'étourdir et de s'arracher à lui-même qu'un véritable repentir de son égarement, et attendait la réponse de la Savinienne avec plus de terreur que d'impatience; car il faisait d'inutiles efforts pour se rattacher à cet amour austère, si différent de celui qu'il avait connu dans les bras de la marquise. Pierre voyait qu'il espérait un refus, et lui-même désirait qu'il en fût ainsi. En s'affermissant dans la pensée que son ami ne reviendrait jamais complétement à son premier amour, il se promettait, au cas où la Savinienne ajouterait foi à la lettre du Corinthien, de la désabuser, soit en lui écrivant, soit en allant la trouver pour l'éclairer et l'exhorter au courage.

Le Corinthien était bien coupable, mais il aimait passionnément Joséphine. Et comment ne l'eût-il pas aimée? Son plus grand crime était de ne pas savoir pardonner quelque chose à la coquetterie d'une jeune fille mal élevée, et de vouloir arracher de son propre cœur, avant le temps, une passion dont les enivrements n'étaient pas encore épuisés. Nous portons tous dans l'amour un besoin de domination qui nous rend implacables pour les moindres fautes. Celles de la marquise n'étaient que le résultat fatal de son caractère et de ses habitudes. Il fallait qu'elle les expiât comme elle venait de le faire pour en sentir la gravité. Inquiète d'abord de voir les nuits s'écouler sans recevoir les visites de son amant, elle l'avait cru malade; et, se glissant, dès le matin, dans le passage secret, elle avait été regarder dans les fentes de la boiserie. Elle l'avait vu travailler, dans ce moment-là, avec une sorte d'ardeur fébrile et de gaieté forcée qu'elle avait prises pour une brutale indifférence. Faisant alors un retour sur elle-même, comparant les hommages dont elle avait été l'objet de la part des élégants du bal avec cet oubli grossier, elle avait rougi de son amour, et, ranimée par l'attente de nouveaux triomphes, elle s'était flattée d'abjurer vite et d'effacer jusqu'au souvenir de sa faute. Mais elle avait fait d'amères réflexions dans la voiture qui l'avait ramenée du dernier bal, et le sommeil qui l'accablait maintenant était troublé par des songes pénibles.

Le Corinthien l'avait vue partir la veille, emportée dans le tourbillon des vanités mondaines. Il s'était dit alors qu'elle était perdue pour lui, et la colère avait fait place au désespoir. Avant ce jour il s'était flatté qu'elle ne supporterait pas son abandon et qu'elle le rappellerait bientôt. Tout entier à la vengeance, il s'était fortifié de l'idée de ce qu'elle devait souffrir loin de lui. Mais quand il la vit passer, oublieuse et rayonnante de plaisir, il voulut se jeter sous les roues de sa voiture. — Gare donc, imbécile! s'était écrié le vicomte Amédée en se donnant tout au plus la peine de retenir son cheval prêt à l'écraser. Amaury aurait voulu s'élancer sur le fat, le renverser, le fouler aux pieds; mais son orgueilleux coursier l'avait emporté comme le vent, l'ouvrier avait été couvert de poussière, et Joséphine n'avait rien vu.

Le Corinthien rentra dans le parc, déchira sa poitrine avec ses ongles, arracha ses beaux cheveux que Joséphine avait peignés et parfumés tant de fois; et, quand sa rage se fut exhalée, il se prit à pleurer amèrement. Levé avant le jour, il courut à l'atelier, arracha violemment les clous dont il avait scellé le panneau de la boiserie en jurant de ne jamais rouvrir ce passage, et, s'y élançant avec fracas, au risque de se trahir, il courut à la chambre de Joséphine pour voir si elle était rentrée. Il trouva la chambre bien rangée, le lit fait depuis la veille, et orné d'une courtepointe de dentelles que, dans sa folie, il mit en pièces. Puis il retourna dans le parc pour attendre à la grille le retour de son infidèle. Il la vit arriver avec le vicomte; et comme il ne vit pas Raoul, qui était enfoncé dans un coin de la voiture et enveloppé de son manteau, il se souvint de la manière dont il avait possédé Joséphine pour la première fois, et ne douta plus que le vicomte n'eût triomphé de sa faiblesse avec aussi peu de combats. Lorsqu'il rentra au château, une heure après, il rencontra Julie, l'ex-dindonnière, qui était au moins aussi coquette que sa maîtresse, et qui faisait toujours briller pour lui ses gros yeux noirs. Il n'eut pas de peine à la faire causer; et quand il sut que la marquise s'était enfermée dans sa chambre en refusant avec humeur le secours de la soubrette pour la déshabiller, il demanda si le vicomte n'était pas resté au château. Il avait attendu en vain dans le parc qu'il repassât, se flattant encore qu'il avait pris une autre route. — Oh! bah! répliqua Julie, M. le vicomte ne partira pas de sitôt. Il a demandé une chambre pour se reposer, car il paraît qu'ils ont dansé toute la nuit; mais je suis bien sûre qu'ils danseront encore la nuit prochaine, et que tous ces beaux messieurs reviendront dîner ici. Ils sont tous amoureux de ma maîtresse, et je crois bien que le vicomte en est fou.

Amaury tourna le dos brusquement, et laissa Julie achever seule ses commentaires. Il courut à l'atelier, et, ne pouvant rentrer dans le passage secret parce que le père Huguenin, Pierre et les autres ouvriers étaient là, il se mit à travailler à sa sculpture. Le père Huguenin était d'assez mauvaise humeur. Il trouvait que l'ouvrage n'avançait pas comme dans les commencements. Pierre était toujours aussi consciencieux; mais il avait perdu plus d'un mois à la volière de mademoiselle de Villepreux, et maintenant il le dérangeait sans cesse. On venait dix fois par jour l'appeler pour toutes les petites réparations qui se trouvaient à faire dans l'intérieur du château; comme si

Il la vit couchée sur son lit. (Page 105.)

c'était le fait d'un maître ouvrier comme lui de raccommoder des bâtons de chaise et de raboter des portes déjetées, et comme si Guillaume et le Berrichon n'étaient pas bons à cette besogne! Le Corinthien, qui cachait habilement ses relations avec la marquise, passait bien ses journées à l'atelier; mais il avait des distractions étranges, de profondes langueurs, et cédait souvent à un besoin impérieux de sommeil dont on avait bien de la peine à l'arracher. Ce jour-là, quand, au lieu du lourd rabot du menuisier, il prit le ciseau léger du sculpteur, le père Huguenin fit la grimace et lui demanda, à plusieurs reprises, s'il aurait bientôt fini d'habiller ses petits bonshommes.
— Je ne vois pas, disait-il, ce que cela a de si utile et de si pressé, qu'il faille laisser les murailles nues en attendant. Et, quant au plaisir qu'on trouve à fabriquer ces joujoux de Nuremberg, je ne le conçois pas davantage. Depuis huit jours surtout, mon pauvre Amaury, tu ne fais que des dragons et des couleuvres, sans parler de celles que tu me fais avaler! Je crois que le diable s'est mis après toi, car tu fais son portrait de toutes les manières; et, si j'étais femme, je ne voudrais pas regarder ces messieurs-là : je craindrais d'en faire de pareils.

— Celui que je fais maintenant, répondit le Corinthien d'un ton acerbe, est un fort joli monstre. C'est la Luxure, la présidente du conseil des péchés capitaux, la reine du monde; aussi lui vais-je mettre une couronne sur la tête : la patronne de toutes les femmes; aussi vais-je lui donner des pendants d'oreilles et un éventail.
Le père Huguenin ne put s'empêcher de rire; et puis, comme la toilette de dame Luxure ne finissait pas, il reprit de l'humeur, gronda le Corinthien qui semblait ne pas l'entendre, et finit par lui parler d'un ton rude et avec des regards enflammés.
— Laissez-moi, mon maître, dit le Corinthien; je ne suis pas en état de vous satisfaire aujourd'hui, et je ne me sens pas plus patient que vous.
Le père Huguenin, habitué à être obéi aveuglément, s'emporta davantage, et voulut lui arracher son ciseau des mains. Pierre, qui les observait avec anxiété, vit une fureur sauvage s'allumer dans les yeux du Corinthien, et sa main chercher un marteau qu'il eût levé peut-être sur la tête du vieillard, si Pierre ne se fût élancé devant lui.
— Amaury! Amaury! s'écria-t-il, que veux-tu donc

En ce cas, dit-elle, vous pouvez entrer ici. (Page 106.)

faire de ce marteau? Crois-tu que mon cœur ne soit pas assez brisé par ta souffrance?

Amaury vit des larmes rouler sur les joues de son ami. Il se leva, et s'enfuit dans le parc. Quand les ouvriers furent sortis de l'atelier pour goûter, il se précipita dans le passage secret avec son marteau qu'il n'avait pas quitté. Il s'attendait à trouver la porte de l'alcôve barricadée, et se promettait de l'enfoncer. Peut-être roulait-il dans son esprit une pensée plus sinistre. Il est certain qu'il s'attendait à trouver le vicomte auprès de la marquise. Mais, en poussant le ressort qu'il avait mis lui-même à la porte secrète, il ne rencontra aucune résistance. Il avait arrangé cette porte de manière à ce qu'elle s'ouvrît sans bruit; car, dans ses nuits de bonheur, il n'avait rien négligé pour en assurer le mystère. Il entra donc dans la chambre de Joséphine sans l'éveiller, et la vit couchée sur son lit, à demi nue, les cheveux en désordre, les bras encore chargés de pierreries, et les jambes entourées de sa robe de bal, flétrie et déchirée. Elle lui inspira d'abord une sorte de dégoût dans cette toilette souillée que l'éclat du jour rendait plus accusatrice encore. Il se souvint d'avoir lu quelque chose des orgies de Cléopâtre et du honteux amour d'Antoine asservi. Il la contempla longtemps et finit, après l'avoir mille fois maudite, par la trouver plus belle que jamais. Le désir chassa le ressentiment, qui revint plus amer et plus profond après l'ivresse. Joséphine pleura, s'accusa humblement, confessa tous les outrages qu'elle avait subis et ceux auxquels elle avait pu se soustraire. Elle jeta l'anathème sur ce monde insolent et corrompu où elle avait voulu briller, et qui l'en avait si cruellement punie; elle jura de n'y jamais retourner, et de faire telle pénitence que son amant voudrait lui imposer; elle se jeta à ses genoux, elle invoqua la colère de Dieu contre elle : elle fut si belle de douleur et d'exaltation que le Corinthien, ivre d'amour, lui demanda pardon, baisa mille fois ses pieds nus, et ne s'arracha aux délires de la passion qu'à la voix d'Yseult, qui appelait sa cousine pour dîner, et qui s'inquiétait de son long sommeil.

Amaury, de retour à l'atelier, demanda loyalement pardon au père Huguenin, qui l'embrassa en grondant et en s'essuyant les yeux du revers de sa manche. Puis il se mit à ses ordres avec un zèle et une soumission qui effacèrent tous ses torts. Il chanta en chœur avec ses compagnons, ce qui ne lui était pas arrivé depuis bien longtemps; il fit mille agaceries au Berrichon, qui le boudait, et qui finit par lui pardonner; car il aimait mieux être tourmenté qu'oublié. Enfin, la tâche de ce jour fut close aussi gaiement qu'elle avait été mal commencée. Pierre fut le seul qui demeura triste et inquiet. Cette joie exubérante et soudaine de son ami lui donnait à penser.

Au coucher du soleil, Yseult, pour se débarrasser de la société du vicomte, qui, rudement repoussé par Joséphine, reportait sur elle des hommages moins ardents, mais tout aussi fades, s'éclipsa doucement, et alla se promener seule tout au bout du parc. Elle pensait peut-être y rencontrer Pierre; car, en quelque endroit qu'elle se promenât, elle le rencontrait toujours. Ceci est un miracle qui s'opère tous les jours pour les êtres qui s'aiment, et il n'est pas un couple d'amants qui puisse m'accuser ici d'invraisemblance. Pierre ne vint pourtant pas ce soir-là. Il ne voulait pas perdre de vue le Corinthien, qu'il voyait fort agité malgré son enjouement. Il voulut sacrifier à la dignité de la Savinienne la seule joie qu'il eût au monde, celle de causer un quart-d'heure avec Yseult.

En interrogeant des yeux le chemin de ronde par lequel Pierre arrivait quelquefois, mademoiselle de Villepreux vit venir une femme d'une assez grande taille, qui marchait avec beaucoup d'aisance et de noblesse dans son vêtement rustique. Elle avait une jupe de cotonnade brune et un manteau de laine bleue qui lui enveloppait la tête, à peu près comme les peintres florentins drapaient leurs figures de Vierges. La beauté régulière et l'expression grave et pure de cette femme lui donnaient une ressemblance frappante avec ces divines têtes de l'école de Raphaël. Elle conduisait un âne, sur lequel était assis un bel enfant aux cheveux d'or, enveloppé comme elle d'une draperie de bure et les jambes pendantes dans un panier. Yseult fut frappée de ce groupe qui lui rappelait la fuite en Égypte, et elle s'arrêta pour contempler ce tableau vivant auquel il ne manquait qu'une auréole.

De son côté, la femme du peuple fut frappée de la figure calme et bienveillante de la jeune châtelaine. A son vêtement simple et presque austère elle la prit pour une femme de service et lui adressa la parole.

— Ma bonne demoiselle, lui dit-elle en arrêtant son âne devant la grille du parc, voulez-vous bien me dire si je suis encore loin du village de Villepreux?

— Vous y êtes, ma bonne fille, répondit Yseult. Vous n'avez qu'à suivre le chemin qui longe le mur de ce parc, et en moins de dix minutes vous arriverez aux premières maisons du bourg.

— Grand merci, à vous et au bon Dieu! reprit la voyageuse; car mes pauvres enfants sont bien fatigués.

En même temps Yseult vit sortir de l'autre panier de l'âne une autre tête d'enfant non moins belle que la première.

— En ce cas, dit-elle, vous pouvez entrer ici. Vous traverserez le parc en droite ligne, et vous arriverez encore cinq minutes plus tôt.

— Est-ce qu'on ne le trouvera pas mauvais? demanda la voyageuse.

— On le trouvera fort bon, répondit mademoiselle de Villepreux en venant à sa rencontre, et en prenant la bride de l'âne pour le faire entrer.

— Vous paraissez une fille de bon cœur. Faut-il suivre cette allée tout droit?

— Je vais vous conduire, car les chiens pourraient effrayer vos enfants.

— On m'avait bien dit, répliqua la voyageuse, que je trouverais ici de braves gens, et le proverbe a raison : Tel maître, tel serviteur; car, soit dit sans vous offenser, vous devez être de la maison.

— J'en suis tout à fait, répondit Yseult en riant.

— Et depuis longtemps, sans doute?

— Depuis que je suis au monde.

Les enfants n'eurent pas plutôt aperçu les beaux arbres et le vert gazon du parc, qu'ils oublièrent leur fatigue, sautèrent à bas de leur âne, et se mirent à courir joyeusement, tandis que l'âne, profitant de l'occasion, attrapait de temps en temps, à la dérobée, un rameau de verdure le long des charmilles.

— Vous avez là de bien beaux enfants, dit Yseult en embrassant la petite fille, et en prenant le petit garçon dans ses bras pour lui faire cueillir des pommes sur un pommier.

— De pauvres enfants sans père! répondit la femme du peuple. J'ai perdu mon bon mari le printemps dernier.

— Vous a-t-il au moins laissé un peu de bien?

— Rien du tout, et certes ce n'est pas sa faute : ce n'est pas le cœur qui lui a manqué!

— Et venez-vous de bien loin, comme cela, à pied?

— Je suis venue en patache jusqu'à la ville voisine. Là on m'a dit qu'il fallait prendre la traverse. On m'a indiqué assez bien le chemin, et on m'a loué ce pauvre âne pour porter mes petits.

— Et quel est le but de votre voyage?

— Je m'arrête ici, ma chère demoiselle, j'y viens passer quelque temps.

— Avez-vous des parents dans notre bourg?

— J'y ai des amis... c'est-à-dire, ajouta la voyageuse, comme si elle eût craint de ne pas s'exprimer avec assez de réserve, des amis de mon défunt mari qui m'ont écrit que je pourrais m'occuper, et qui m'ont promis de me chercher de la clientèle.

— Que savez-vous faire?

— Coudre, blanchir et repasser le linge fin.

— C'est à merveille. Il n'y a pas de lingère ici. Vous aurez la pratique du château, et ce sera de quoi vous occuper toute l'année.

— Vous me la ferez avoir?

— Je vous la promets!

— C'est le bon Dieu qui m'a fait vous rencontrer. Je ne suis pas intéressée; mais, voyez-vous, je n'ai que mon travail pour nourrir mes enfants-là.

— Tout ira bien, je vous en réponds. Est-ce qu'on vous attend chez vos amis?

— Mon Dieu, pas si tôt, je pense! Ils m'ont écrit la semaine dernière, et, au lieu de leur répondre, je suis arrivée tout de suite. Voyez-vous, ma bonne fille, j'étais Mère de Compagnons; mais vous ne connaissez peut-être pas ces affaires-là?

— Je vous demande pardon, je connais des compagnons qui m'ont expliqué ce que c'est. Vous avez donc quitté vos enfants?

— Ce sont mes enfants qui m'ont quittée. Ils n'ont pas pu tenir la ville; et comme je n'avais pas de quoi monter un autre établissement, je n'ai pas pu les suivre. C'est un chagrin, allez, d'avoir une grande famille comme cela, et d'être ensuite toute seule. Il me semble que je n'ai plus rien à faire, et cependant j'ai ces petits-là à élever. J'ai eu tant de peine à m'en aller, que je me suis dépêchée d'en finir. Nous pleurions tous; et, quand j'y pense, j'en pleure encore.

— Allons, nous tâcherons de vous les faire oublier. Nous voici dans la cour du château. Chez qui allez-vous? Trouverez-vous à vous loger chez vos amis?

— Je ne pense pas; mais il y a bien une auberge dans ce bourg?

— Pas trop bonne; en voici une meilleure. Si vous voulez, on vous y logera jusqu'à ce que vous ayez trouvé à vous établir.

— Dans ce château? Mais on ne voudra pas me recevoir!

— On vous y recevra très-bien. Venez avec moi.

— Mais, mon enfant, vous n'y songez pas; on me prendra pour une mendiante.

— Non, et vous verrez que les gens de la maison sont fort honnêtes.

— S'ils sont tous comme vous, je le crois bien. Sainte Vierge Marie! c'est ici comme dans le paradis!

Yseult conduisit la Savinienne et sa famille à un antique pavillon qu'on appelait la Tour carrée, où un logement fort propre était destiné à l'hospitalité. Elle appela un petit garçon de ferme qui vint prendre l'âne, et une servante qui alla chercher aux enfants et à leur mère de quoi souper. Yseult avait dressé tout son monde à cette sorte de charité qu'elle pratiquait, et qui se dissimulait sous l'aspect de l'obligeance.

La voyageuse était fort surprise de cette façon d'agir, qui lui ôtait tout souci et semblait vouloir la dispenser de toute reconnaissance. Le langage concis et les allures droites et franches d'Yseult repoussaient toute phrase louangeuse et toute reconnaissance emphatique. La femme du peuple le sentit, et n'en fut que plus touchée. — Allons, allons, dit-elle en embrassant mademoiselle de Villepreux un peu fort, mais avec une expansion dont Yseult se sentit tout attendrie, malgré la résolution qu'elle avait prise de ne jamais faire à la misère l'outrage de la pitié, je vois bien que le bon Dieu ne m'a pas encore abandonnée.

— Maintenant, dit Yseult en surmontant son émotion, dites-moi les noms des amis que vous avez dans notre village; je vais leur faire annoncer votre arrivée, et ils viendront vous voir ici.

La voyageuse hésita un instant, puis elle répondit : — Il faudrait faire dire à mon fils Villepreux, l'Ami-du-trait, autrement dit Pierre Huguenin, que la Savinienne vient d'arriver.

Yseult tressaillit, regarda cette femme encore jeune, et belle comme un ange, qui venait trouver Pierre et se fixer près de lui. Elle crut qu'elle s'était trompée, que ce qu'elle avait pris pour de l'amour n'était que de l'amitié, et que c'était là vraiment la compagne dont il avait fait choix depuis longtemps. Elle se sentit défaillir. Mais reprenant le dessus au même instant : — Vous verrez Pierre, dit-elle à la Savinienne, et vous lui direz que je vous ai reçue de grand cœur. Il m'en saura gré.

Elle s'éloigna rapidement, donna l'ordre d'aller avertir Pierre Huguenin, et courut s'enfermer dans sa chambre, où elle resta pendant deux heures, assise devant sa table et la tête dans ses mains. A l'heure du thé, son grand-père la fit appeler. Elle rentra au salon aussi calme que s'il n'était rien survenu de grave dans ses pensées.

CHAPITRE XXXI.

Pierre accourut auprès de la Savinienne dès qu'il apprit son arrivée au château. Il se flattait d'y trouver Amaury, qui s'était échappé au beau milieu de son souper. Mais il ne l'y trouva pas, et c'est en vain qu'il l'attendit; c'est en vain qu'il le chercha de tous côtés.

La soirée s'écoula sans que le Corinthien parût. Pierre, dans ses prévisions sur l'arrivée de la Savinienne, s'était dit que sa première entrevue avec Amaury déciderait de leur sort mutuel, et que, d'après la froideur ou la joie de son amant, il découvrirait la vérité ou garderait son illusion. Son embarras, à lui, était donc très-grand; car l'absence du Corinthien pouvait avoir un motif indépendant de sa volonté, et Pierre n'avait pas le droit de faire la confession de son ami avant de lui avoir donné le temps de se justifier. D'un autre côté, la Savinienne était si calme, si pleine de foi et d'espoir, et Pierre pressentait tellement l'inévitable déception qui l'attendait, qu'il se reprochait de la confirmer dans son erreur. Elle ne lui faisait pas de questions, une secrète pudeur lui défendant de prononcer la première le nom de celui qu'elle aimait ; mais elle attendait qu'il lui parlât de son ami autrement que pour répéter à chaque instant : « Je ne vois pas venir « le Corinthien, » ou bien : « J'espère que le Corinthien « va venir. »

Elle fut distraite un instant lorsque, après être revenue, à plusieurs reprises, sur l'obligeance de *la fille de chambre*, dont elle avait tout d'abord raconté à Pierre l'accueil généreux, elle lui fit deviner, par la description qu'elle lui en faisait, que cette femme de chambre n'était autre que la jeune châtelaine. Elle le questionna beaucoup alors sur cette riche et noble demoiselle qui arrêtait les passants sur le chemin pour leur donner l'hospitalité de la nuit et s'occuper des soucis de leur lendemain, et qui faisait ces choses avec tant de simplicité de cœur, qu'on ne pouvait ni deviner son rang ni comprendre, au premier abord, combien elle était bonne, à moins d'être bon soi-même. D'après les détails que Pierre lui donna sur mademoiselle de Villepreux, la Savinienne conçut pour cette jeune personne une sorte de vénération religieuse; et sa joie fut grande d'apprendre le jugement qu'elle avait porté sur les sculptures du Corinthien ainsi que la protection qu'elle lui avait acquise de la part du grand-père. Mais lorsque, de questions en questions, elle apprit les projets du Corinthien, et son désir d'aller à Paris et de changer d'état, elle devint pensive et stupéfaite, et, après avoir écouté tout ce que Pierre essayait de lui faire comprendre, elle lui répondit en secouant la tête : — Tout ceci m'étonne beaucoup, maître Pierre, et me paraît si peu naturel que je voudrais entendre un de ces contes que nos compagnons lisent quelquefois dans des livres à la veillée, et qu'ils appellent des romans. Vous dites qu'Amaury veut devenir artiste. Est-ce qu'il ne l'est pas en restant menuisier? Je crois bien plutôt qu'il veut devenir bourgeois et sortir de sa classe. Moi, je n'approuve pas cela, je n'ai jamais vu que la prétention de s'élever au-dessus de ses pareils réussît à personne. Ceux qui y parviennent perdent l'estime de leurs anciens compagnons, et deviennent bien malheureux parce qu'ils n'ont plus d'amis. Que prétend-il donc faire à Paris ? Est-ce qu'il aura les moyens de s'y établir ? Vous dites qu'il lui faudra plusieurs années pour devenir habile dans son nouveau métier, et beaucoup d'années encore pour que ce métier le fasse vivre. Il vivra donc des charités de votre seigneur, en attendant ? Je veux bien que ce comte de Villepreux soit un brave homme ; il est toujours dur d'accepter les secours des riches, et je ne conçois pas qu'arrivé au point de pouvoir exister par soi-même, on se remette sous la tutelle des maîtres, ou à la disposition des gens bienfaisants.

Tout ce que Pierre put dire pour constater les droits de l'intelligence à tous les moyens de perfectionnement ne convainquit point la Savinienne. Son bon sens et sa droiture naturelle ne lui faisaient jamais défaut quand il s'agissait des choses qu'elle pouvait comprendre ; mais ses idées étaient restreintes dans un certain cercle, et, à côté de ses grandes qualités, il y avait un certain nombre de préjugés et de préventions par lesquels elle tenait au peuple comme l'arbre à sa racine.

Son mécontentement secret et son inquiétude douloureuse augmentèrent lorsque, l'horloge du château sonnant onze heures du soir, il lui fallut renoncer à voir le Corinthien avant le lendemain. Elle avait couché ses enfants, et se sentait elle-même trop fatiguée pour veiller davantage ; mais après qu'elle se fut mise au lit, elle ne put s'endormir, et, cédant aux tristes pressentiments qui s'élevaient confusément dans son âme, elle passa une partie de la nuit à pleurer et à prier.

Le Corinthien s'était arraché avec tant d'effort des bras de la marquise à l'heure du dîner, qu'elle lui avait promis de remonter dans sa chambre aussitôt qu'elle pourrait s'éclipser ; et à peine avait-il fini lui-même de prendre son repas, qu'il l'avait été attendre dans le passage secret. Elle prétexta une forte migraine pour quitter le salon de bonne heure, et retourna s'enfermer chez elle. Là, pour plaire au Corinthien et lui faire oublier toutes les amertumes de sa jalousie, elle imagina de se parer pour lui seul de ses plus beaux atours. Elle avait dans son carton un déguisement de carnaval qui lui allait à merveille : c'était un costume de bal du siècle dernier. Elle crêpa et poudra ses cheveux, qu'elle orna ensuite de perles, de fleurs et de plumes. Elle mit une robe à long corps et à paniers, riche et coquette au dernier point, et toute garnie de rubans et de dentelles. Elle n'oublia ni les mules à talons, ni le grand éventail peint par Boucher, ni les larges bagues à tous les doigts, ni la mouche au-dessus du sourcil et au coin de la bouche. Quant au rouge, elle n'en avait pas besoin; son éclat naturel eût fait pâlir le fard, et un abbé de ce temps-là eût dit que l'Amour s'était niché dans les charmantes fossettes de ses joues. Ce costume demi-somptueux, demi-égrillard, convenait singulièrement à sa taille et à sa personne. Elle éblouit le Corinthien jusqu'à le rendre fou. Ainsi transformée en marquise de la Régence, elle lui sembla cent fois plus marquise qu'à l'ordinaire ; et la pensée qu'une femme si belle, si attifée, et d'une si fière allure, se donnait à lui, enfant du peuple, pauvre, obscur et mal vêtu, le remplit d'un orgueil qui dégénérait peut-être bien un peu en vanité. Ce jeu d'enfant les divertit et les enivra toute la nuit. A eux deux ils ne faisaient pas quarante ans. Jamais une pensée vraiment sérieuse n'avait fait pencher le beau front de Joséphine; et le Corinthien sentait en lui une telle ardeur de la vie, un tel besoin de tout connaître, de tout sentir et de tout posséder, que les graves enseignements de la Savinienne et de Pierre Huguenin étaient effacés de son cœur comme l'image fuyante qu'un oiseau reflète dans l'onde en la traversant de son vol. La marquise n'avait rien mangé à dîner, afin d'avoir le prétexte de se faire porter à souper dans sa chambre, et de partager les mets exquis avec le Corinthien. Elle s'amusa à étaler ce souper, servi dans du vermeil, sur une petite table qu'elle orna de vases de fleurs et d'un grand miroir au milieu, afin que le Corinthien pût la voir double et l'admirer dans toutes ses poses. Puis elle ferma hermétiquement les volets et les rideaux de sa chambre, alluma les candélabres de la cheminée, plaça des bougies de tous côtés, brûla des parfums, et joua à la marquise tant qu'elle put, sous prétexte de faire une parodie du temps passé. Mais ce jeu tourna au sérieux. Elle était trop jolie pour ressembler à une caricature; et les raffinements du luxe et de la volupté s'insinuent trop aisément dans une organisation d'artiste pour que le Corinthien songeât à faire la satire de ce vieux temps qui se révélait à lui, et dont la mollesse lui parut en cet instant plus regrettable que révoltante. Ce souper fin, cette nuit de plaisir, cette chambre arrangée en boudoir, cette petite bourgeoise travestie en grande dame galante, frappèrent son imagination d'un coup fatal. Jusque-là il avait aimé naïvement Joséphine pour elle-même, regrettant qu'elle ne fût pas une pauvre fille des champs, et maudissant la richesse et la grandeur qui mettaient entre eux des obstacles éternels. A partir de ce moment, il s'habitua aux colifichets qui composaient la vie de cette femme; il trouva un attrait piquant dans le mystère et le danger de ses amours, et porta ses désirs vers ce monde privilégié où il rêva sans répugnance et sans effroi à se faire faire place. Dans son transport, il jura à la marquise qu'elle n'aurait pas longtemps à rougir de son choix, qu'il saurait bien faire ouvrir devant lui, à deux battants, les portes de ces salons dont il avait été destiné à lambrisser les murs, et dont il voulait fouler les tapis et respirer les parfums, un jour qu'on l'y verrait pénétrer la tête haute et le regard assuré. Des rêves d'ambition et de vaine gloire s'emparèrent de son cerveau; l'amour de Joséphine se trouva lié avec l'avenir brillant auquel il se croyait appelé; et le souvenir de la Savinienne ne se présenta plus à lui que comme un effrayant esclavage, comme un bail avec la misère, la tristesse et l'obscurité.

Aussi, à son réveil, reçut-il comme un coup de poignard la nouvelle que Pierre lui apporta de l'arrivée de la Mère et de sa présence au château. Amaury eût voulu se cacher sous terre, mais il fallut se résigner à paraître devant elle. Il s'arma de courage, prit un air dégagé, caressa les enfants, joua avec eux, et parla d'affaires à la Savinienne, essayant de lui faire oublier, par beaucoup de zèle et de dévouement à ses intérêts matériels, le froid glacial de ses regards et l'aisance forcée de ses manières. En affectant cette audace, le Corinthien pensait malgré lui aux roués de la Régence, dont Joséphine l'avait entretenu toute la nuit, et peu s'en fallait qu'il n'essayât de se croire marquis. La Savinienne l'écoutait, avec une stupeur profonde, l'entretenir du logement qu'il allait lui chercher et des pratiques qu'il allait lui recruter pour l'établissement de son industrie. Elle le laissait remuer et babiller autour d'elle sans lui répondre, et cet accablement silencieux où la vit commença à l'effrayer. Il sentit s'évanouir son courage, et fut saisi d'un respect craintif qui ne s'accordait guère avec ses essais d'outrecuidance.

La Savinienne se leva enfin, et lui dit en lui tendant la main:

—Je vous remercie, mon cher fils, de l'empressement que vous me marquez; mais il ne faut pas que cela vous tourmente. Je n'ai pas besoin d'aide pour le moment; j'ai rencontré déjà ici des personnes qui s'intéressent à moi, et mon logement sera bientôt trouvé. Allez à votre ouvrage, je vous prie; la journée est commencée, et vous savez que le devoir d'un bon compagnon est l'exactitude.

Pierre resta auprès d'elle un peu après que le Corinthien se fut retiré, s'attendant à voir l'explosion de sa douleur, mais elle demeura ferme et silencieuse, n'exprima aucun regret, aucun doute, et ne témoigna pas qu'elle eût changé de projets sur son établissement à Villepreux.

Aussitôt que Pierre se fut rendu à l'atelier, la Savinienne reprit son deuil qu'elle avait quitté en voyage, arrangea sa cornette avec soin, rangea sa chambre, prit ses enfants par la main, et les conduisit à une servante qui se chargea de les mener déjeuner; puis elle demanda s'il lui serait possible de parler à mademoiselle de Villepreux. Au bout de quelques minutes, elle fut introduite dans l'appartement de la jeune châtelaine.

Yseult avait peu dormi. Elle venait de s'éveiller, et le premier sentiment qui lui était venu en ouvrant les yeux avait été un désenchantement cruel et une secrète confusion. Mais son parti était pris dès la veille, et lorsqu'on vint lui dire que la femme installée par elle dans la chambre des voyageurs demandait à la voir, elle résolut d'être grande et de ne rien faire à demi.

—Asseyez-vous, dit-elle à la Savinienne en lui tendant la main et en la faisant asseoir à côté de son lit. Êtes-vous reposée? Vos enfants ont-ils bien dormi?

—Mes enfants ont bien dormi, grâce à Dieu et à votre bon cœur, mademoiselle, répondit la Savinienne en baisant la main d'Yseult d'un air digne qui empêcha la jeune fille de repousser cet acte de déférence et de gratitude.

—Je ne viens pas pour vous demander pardon de ne pas avoir deviné hier à qui je parlais; je vous sais au-dessus de cela. Je ne viens pas non plus me confondre en remerciements pour votre bonté envers nous; on m'a dit que vous n'aimiez pas les louanges. Mais je viens à vous comme à une personne de grand cœur et de bon conseil, pour vous confier un chagrin que j'ai.

—Qui donc vous a inspiré cette confiance en moi, ma chère dame? dit Yseult en faisant un grand effort sur elle-même pour encourager la Savinienne.

—C'est maître Pierre Huguenin, répondit avec assurance la Mère des compagnons.

—Vous lui avez donc parlé de moi? reprit Yseult tremblante.

—Nous avons parlé de vous pendant plus d'une heure, répondit la Savinienne, et voilà pourquoi je vous aime comme si je vous avais vue naître.

—Savinienne, vous me faites beaucoup de bien de me dire cela, reprit Yseult qui, malgré tout son courage, sentit une larme brûlante s'échapper de ses yeux. Quand vous reverrez maître Pierre, vous pourrez lui dire que je serai votre amie comme je suis la sienne.

—Je le savais d'avance, répondit la Savinienne; car j'en venais faire l'épreuve tout de suite.

Ici la Savinienne raconta son histoire à Yseult depuis son mariage avec Savinien jusqu'au moment où elle avait quitté Blois pour se rendre à l'invitation du Corinthien. Puis elle ajouta:

—Je vous ai bien fatiguée de mon récit, ma bonne demoiselle; mais vous allez voir que c'est une affaire délicate, et sur laquelle je ne pouvais consulter que vous. Malgré toute l'estime que j'ai pour maître Pierre, nous n'avons pas pu nous entendre hier soir; et, aujourd'hui, je suis encore loin de comprendre ce qu'il veut m'expliquer. Il me dit que le Corinthien doit être sculpteur; qu'il faut pour cela qu'il rentre en apprentissage; que c'est vous, mademoiselle, et monsieur votre père, qui voulez l'envoyer à Paris; que, pendant bien des années, il ne gagnera rien et vivra de vos bienfaits. S'il en est ainsi, le mariage que nous avions projeté ne peut avoir lieu; car, si j'épousais le Corinthien l'année prochaine, je tomberais à votre charge, et j'y serais pour bien longtemps, ainsi que mes enfants. Quand même vous consentiriez à cela, moi je ne le voudrais pas : mes enfants sont nés libres, ils ne doivent pas être élevés dans la domesticité. C'est un préjugé que mon mari avait, et que je respecterai après sa mort. Je n'ai pas caché à Pierre le projet de son ami me faisait de la peine. Mais sans doute le Corinthien tient plus à ce projet qu'à moi; car ce matin, quand je l'ai revu, il était si gêné et si singulier qui moi que je ne l'ai plus reconnu. Il semblait m'en vouloir de ce que je ne partageais pas ses illusions. Voilà la position où nous sommes. Elle est triste pour moi, et je ne suis pas sans remords d'être venue ici confier mon existence au hasard et au caprice d'un jeune homme, tandis que je pouvais rester là-bas sous la protection d'un ami sage et fidèle, qui pour rien au monde ne m'aurait abandonnée. C'est, je crois, un crime pour une veuve qui a des enfants que d'écouter son cœur dans le choix de l'homme qui doit les protéger. Elle ne devrait consulter que sa raison et son devoir. Oui, je suis grandement coupable, je le sens à cette heure. Mais la faute est faite : revenir sur ce que j'ai dit au Bon-Soutien serait un manque de dignité, et la mère des enfants de Savinien ne doit point passer pour une femme légère et capricieuse; cela retomberait un jour sur l'honneur de sa fille. Il faut donc que je cherche à tirer le meilleur parti possible de la mauvaise position que je me suis faite. C'est pour cela, et non pour vous ennuyer de mon chagrin, que je suis venue consulter celle que Pierre Huguenin appelle le bon ange des cœurs brisés.

Le récit de la Savinienne avait levé le poids énorme qui oppressait le cœur d'Yseult. Elle fut reconnaissante du bien qu'elle venait de lui faire, et en même temps touchée de la sagesse et de la droiture de cette femme, qui n'avait d'autre lumière dans l'âme que celle de son devoir.

— Ma chère Savinienne, dit-elle en passant un de ses bras autour du buste élégant et solide de la femme du peuple, vous me demandez conseil, et vous me paraissez si sage qu'il me semble que ce serait à moi d'en recevoir de vous à chaque instant de ma vie. Je ne puis vous rien apprendre de ce qui se passe au fond du cœur de votre Corinthien. Il me paraît impossible qu'il n'adore pas un être tel que vous; et cependant je craindrais de vous tromper en vous disant que ce jeune homme préférera le bonheur domestique et la vie paisible et laborieuse de l'ouvrier aux luttes, aux souffrances et aux triomphes de l'artiste. Nous causerons assez souvent de lui, j'espère, pour que j'arrive à vous faire comprendre ce que son génie et son ambition lui commandent. J'en ai parlé quelquefois avec Pierre, et Pierre vous dira là-dessus d'excellentes choses dont il m'a convaincue, et qui m'ont décidée à développer la vocation du sculpteur au lieu de l'entraver.

La Savinienne ouvrait de grands yeux, et s'efforçait de comprendre Yseult.

— Vous avez donc eu aussi la pensée que vous le poussiez à sa perte? lui dit-elle avec un profond soupir.

— Oui, je l'ai eue quelquefois, et j'étais effrayée de l'empressement que mon père mettait à tirer cet enfant de sa condition pour le livrer à tous les dangers de Paris et à tous les hasards de la vie d'artiste. Il me semblait qu'il prenait une grande responsabilité, et que si le Corinthien ne réussissait pas au gré de nos espérances, nous lui aurions rendu un bien triste service.

— Et alors vous avez cependant continué à lui mettre cela en tête?

— Pierre a décidé que nous n'avions pas le droit de le lui ôter. Chacun de nous a ses aptitudes, et porte en soi le germe de sa destinée, ma bonne Savinienne. Dieu ne fait rien pour rien. Il a ses vues mystérieuses et profondes en nous douant de tel ou tel talent, de telle ou telle vertu, et peut-être aussi de tel ou tel défaut. Les instincts de la jeunesse sont sacrés, et nul n'a le droit d'étouffer la flamme du génie. Au contraire, c'est un devoir de l'exciter et de la développer, au risque de donner à l'homme autant de souffrances et de facultés nouvelles.

— Ce que vous dites, j'ai peine à le croire, répondit la Savinienne, et je ne sais plus comment me diriger au milieu de tout cela. J'allais vous dire que si le Corinthien doit être riche, heureux et considéré dans son nouvel état, j'étais décidée à me sacrifier, à me taire ou à m'en aller; mais vous me dites qu'il va souffrir, se perdre peut-être, et qu'il faut pourtant risquer tout cela pour plaire à Dieu. Vous êtes plus savante que moi, et vous parlez si bien que je ne sais comment vous répondre, sinon que je ne comprends pas, et que j'ai bien du chagrin.

En parlant ainsi, la Savinienne se mit à pleurer, ce qui ne lui arrivait pas souvent, à moins qu'elle ne fût seule.

Yseult essaya de la consoler, et la conjura de ne rien précipiter. Elle l'engagea à s'établir dans le village, ne fût-ce que pour quelques mois, afin de voir si le Corinthien, libre dans son choix et livré à ses réflexions, ne reviendrait pas à l'amour et au bonheur calme. Yseult était aussi loin que la Savinienne de supposer l'infidélité d'Amaury. Les amours de la marquise étaient si bien protégées par la découverte du passage secret; le Corinthien avait tant de discrétion et de prudence dans ses relations officielles avec le château, que personne n'en avait le moindre soupçon.

La Savinienne reprit donc courage et se décida à rester. Yseult la supplia, au nom de ses enfants, de ne pas avoir avec elle de fierté exagérée, et de garder au moins sa chambre dans le pavillon de la cour; lui observant qu'elle y travaillerait pour le village en même temps que pour le château, et qu'elle n'y pourrait être considérée en aucune façon comme domestique. La Savinienne céda, et resta ainsi, pendant le reste de la saison, dans une amitié presque intime avec mademoiselle de Villepreux, qui ne passait pas un jour sans aller causer avec elle une heure ou deux, et qui donnait des leçons d'écriture et de calcul à sa petite Manette. Cette intimité donna bien plus souvent à Pierre l'occasion de voir Yseult, et de se passionner pour cette noble créature. Lorsqu'il la voyait assise à côté de la table à ouvrage de la Savinienne, tenant le petit garçon sur ses genoux et lui enseignant l'alphabet, elle qui lisait Montesquieu, Pascal et Leibnitz en secret, il avait besoin de se faire violence pour ne pas se mettre à genoux devant elle. Yseult avait bien un peu de coquetterie avec lui; elle se faisait peuple pour lui plaire, entretenant les réchauds de la Savinienne, et prenant quelquefois son fer, lorsque ses enfants la dérangeaient, pour repasser à sa place les rabats du curé ou les cravates du père Huguenin. L'amour et l'enthousiasme républicain jetaient tant de poésie sur ces détails prosaïques que Pierre ne touchait plus à terre, et vivait dans une sorte de fièvre mystique où son intelligence grandissait chaque jour, et où son cœur, livré sans contrainte à tous ses bons instincts, s'enrichissait d'une force et d'une ardeur nouvelles pour concevoir et désirer le bien et le beau. Je vous assure, ami lecteur, que ces deux amants platoniques échangèrent de bien grandes paroles dans la Tour carrée, tout en croyant se dire les choses les plus simples du monde, et que cette belle société, que vous croyez si bien charpentée, fléchira comme un ouvrage de paille le jour où la logique des grands cœurs viendra l'écraser de ces vérités éternelles que vous appelez des lieux communs, et qui se remuent chaque jour autour de certains foyers où vous ne daigneriez pas vous asseoir avec un habit neuf. Il y avait devant la fenêtre gothique de cette tour une grande vigne, où les pigeons venaient se jouer au bord du toit. Yseult les avait apprivoisés à force de se tenir accoudée sur la fenêtre; et tandis que le capucin, le bizet ou le bouvreuil[1] venaient becqueter sa main, elle eut souvent de grandes révélations sur la perfectibilité, et monta avec Pierre, qui pendant ce temps façonnait un ornement de boiserie, jusqu'aux plus hautes régions de l'idéal.

Pendant que la Savinienne résignée travaillait pour ses enfants, et retrempait dans l'amitié et le sentiment religieux son cœur vide et désolé, le Corinthien souffrait de bien grandes tortures. Toujours contraint et humilié de lui-même en présence de cette noble femme, il allait s'étourdir sur ses remords auprès de la marquise; mais il n'y trouvait plus la même bonheur. Une tristesse profonde, une inquiétude incessante s'étaient emparées de Joséphine. Il semblait au Corinthien qu'elle lui cachât quelque secret. La crainte du monde régnait sur elle, mal-

1. Espèces diverses de pigeons.

gré toutes les malédictions qu'elle lui adressait tout bas, et toutes les vengeances qu'elle croyait tirer de lui dans ses plaisirs cachés avec l'homme du peuple. Mais, au moindre bruit qui se faisait entendre, elle avait dans les bras d'Amaury des tressaillements ou des défaillances qui trahissaient la honte et la peur. Il s'en indignait parfois, et d'autres fois il les excusait, mais, au fond, il eût désiré plus d'audace et de confiance à cette maîtresse fougueuse dans le plaisir, lâche dans la réflexion. En présence de ses craintes, le Corinthien sentait amollir sa fierté, et se résignait à de grands sacrifices. Pour écarter les soupçons que son changement de caractère eût pu faire naître, la marquise voulait voir le monde de temps en temps ; et, malgré les humiliations qu'elle y avait subies, elle ne perdait pas une occasion de s'y rattacher. Sa coquetterie et sa frivolité renaissaient chaque jour de leurs cendres. Le Corinthien avait de grands emportements de colère et de tendresse ; et, dans ces luttes, il lui semblait qu'au lieu de se ranimer, son cœur se lassait et tendait à s'endurcir. Son caractère s'aigrissait ; il fuyait Pierre, résistait au père Huguenin, et méprisait presque tous les autres compagnons. Les dures habitudes de la pauvreté commençaient à lui peser ; il n'avait plus de plaisir à sculpter sa boiserie, aspirant avec anxiété à tailler dans le marbre et à voir des modèles. La bonne Savinienne remarquait avec douleur qu'il prenait des goûts de toilette et des habitudes de nonchalance.

— Hélas ! disait-elle au père Huguenin, il met tout ce qu'il gagne à se faire faire des vestes de velours et à se faire broder des blouses. Quand je le vois passer le matin, peigné et coiffé comme une image, je ne me demande plus pourquoi il arrive toujours le dernier à l'atelier.

Quant au père Huguenin, il était fort scandalisé de ce que le Corinthien portait des bottes fines au lieu de gros souliers, et il lui disait quelquefois pendant le souper :

— Mon garçon, quand on voit blanchir la main et pousser les ongles d'un ouvrier, on peut dire que c'est mauvais signe ; car ses outils se rouillent et ses planches moisissent.

CHAPITRE XXXII.

M. Isidore Lerebours, l'employé aux ponts et chaussées, était depuis quelque temps l'habitant à poste fixe du château de Villepreux. Son père prétendait qu'il avait eu *quelques désagréments* avec son inspecteur, et que, *dégoûté de la partie*, il avait donné sa démission. Mais le fait est que la sottise et l'ignorance d'Isidore avaient été insupportables à son chef, qu'il y avait eu des paroles très-vives échangées entre eux, et que, sur le rapport auquel cette discussion avait donné lieu, il avait été destitué. Il était hébergé au château, en attendant qu'on lui trouvât un nouvel emploi, et demeurait dans la tour que son père occupait au fond de la grande cour, et qui faisait vis-à-vis à la Tour carrée de la Savinienne.

Voyant donc de sa fenêtre tout ce qui se passait là, il s'était bientôt convaincu que la belle veuve n'avait d'intrigue amoureuse ni avec Pierre ni avec le Corinthien ; et, ne doutant pas que ses beaux habits et sa bonne mine ne fissent de l'effet sur cette femme simple et condamnée au travail, il se hasarda à coqueter autour d'elle. La Savinienne ne songea pas d'abord à s'en effrayer, et ne ressentit pas pour lui cet éloignement qu'il inspirait à toutes les femmes de la maison. La Mère des compagnons avait vu tant et de si rudes natures gronder autour d'elle qu'elle ne s'étonnait plus guère de rien, et ne connaissait pas d'ailleurs cette peur anticipée et puérile qui tient de près à la coquetterie agaçante.

Charmé de n'être pas brusqué par elle comme il avait l'habitude de l'être par Julie et les autres soubrettes, Isidore crut que la Savinienne serait de meilleure composition, et s'enhardit auprès d'elle au point de vouloir folâtrer dans la cour lorsqu'elle la traversait le soir après avoir porté son linge au château. Ces gentillesses n'étaient pas du goût de la Savinienne : elle le menaça de lui donner un soufflet, ce qu'elle eût fait aussi tranquillement qu'elle le disait. Mais il était écrit dans le ciel qu'Isidore serait réprimé par une main plus robuste.

Un soir, étant ivre, Isidore vit la Savinienne chercher au bas de la Tour carrée un jeune pigeon qui venait de tomber du nid. Il s'élança vers elle, sans voir que Pierre Huguenin était à deux pas de là ; et il recommença ses grossières importunités avec des expressions si triviales et des manières si peu respectueuses, que Pierre indigné s'approcha et lui ordonna de s'éloigner. Isidore, qui n'était pourtant pas brave, mais à qui le vin donnait de l'audace, voulut insister, et, devenant tout à fait brutal, prétendit qu'il allait embrasser la Savinienne à la barbe de *son galant*. — Je ne suis pas son galant, dit Pierre, mais je suis son ami ; et, pour te le prouver, je te débarrasse d'un sot. En parlant ainsi, il prit Isidore par les deux épaules ; et, quoiqu'il conservât assez de patience pour n'employer pas toute sa force, il l'envoya tomber contre un mur où l'ex-employé s'endommagea quelque peu le visage.

Il se le tint pour dit, et, connaissant désormais le bras de l'ouvrier, il ne se vanta pas de sa mésaventure ; mais il sentit revenir tous ses projets de vengeance, et sa haine contre Pierre Huguenin se ralluma plus vive et plus motivée.

Il commença par s'attaquer au plus faible ennemi, et par déchirer la Savinienne. Il confia tout bas à tout le monde que le Corinthien et Pierre se partageaient ses faveurs avec un mépris cynique pour elle et pour la morale publique, et même que le Berrichon était son amant par-dessus le marché. — Il en était bien sûr, disait-il ; il voyait de sa fenêtre tout ce qui se passait la nuit à la Tour carrée.

Quelques personnes se refusèrent à le croire ; un plus grand nombre le crurent sans examen, et le répétèrent sans scrupule. Les domestiques du château, observant de près la conduite de la Savinienne, repoussèrent à bon escient les calomnies d'Isidore, que, du reste, ils détestaient cordialement ; et, comme ils avaient beaucoup d'estime et d'affection pour Pierre, ils se gardèrent de les lui répéter. Mais ils les donnèrent à entendre au Corinthien, qu'ils aimaient beaucoup moins, parce qu'ils le trouvaient fier, et quelque peu méprisant à leur endroit.

Ce fut un grand châtiment pour Amaury, et un nouveau remords, que de voir celle qu'il avait aimée et appelée auprès de lui, diffamée à cause de lui et défendue par un autre que lui. Il jura que le fils Lerebours s'en repentirait cruellement ; mais il fut empêché de prendre aucun parti par la jalousie de la marquise.

Joséphine avait l'habitude de causer le matin avec sa soubrette, pendant qu'elle se faisait coiffer, et Julie la tenait au courant de tous les cancans de l'office et du village. Lorsqu'elle apprit les soupçons dont la Savinienne était l'objet, avant d'examiner s'ils étaient fondés, elle conçut une aversion étrange pour cette victime de ses amours avec le Corinthien. Elle commença par interroger ce dernier, et le fit avec tant d'aigreur et d'emportement que le Corinthien, dont l'humeur était déjà assez sombre, lui répondit avec un peu de hauteur qu'il ne lui devait pas compte de son passé.

— Pourtant, ajouta-t-il, je veux bien vous le dire, pour vous faire voir à quel point vos outrages sont mal fondés et votre jalousie injuste. Il est bien vrai que j'ai aimé la Savinienne et que j'ai été aimé d'elle ; il est bien vrai que je devais l'épouser à la fin de son deuil, et que je l'aurais fait si je ne vous avais pas rencontrée ; il est bien vrai aussi que j'ai brisé le plus fidèle et le plus généreux cœur qui fut jamais, pour en conserver un qui me dédaigne et m'échappe à chaque instant. Mais soyez tranquille ; quoique je sente ma folie, quoique je sois certain d'être brisé un jour par vous à mon tour, je vous adore et je n'aime plus la Savinienne. C'est en vain que je rougis de ma conduite, c'est en vain que je voudrais réparer mon crime ; c'est pour moi un supplice affreux que de la voir, et, lorsque Pierre me traîne auprès d'elle, j'y compte les minutes que je voudrais passer avec vous.

— Et alors, dit la marquise en secouant la tête d'un air d'incrédulité, cette femme généreuse et fidèle, que vous ne daignez pas seulement regarder, se jette par désespoir dans les bras de votre ami Pierre, et se console avec lui de votre abandon.

Le Corinthien fut outré de cette accusation. Il n'aurait jamais pensé que la vanité froissée pût donner à Joséphine des pensées aussi mauvaises et de tels accès de méchanceté. Il en fit la cruelle épreuve; car, dans son indignation, il défendit chaudement la Savinienne, et, poussé à bout par les sarcasmes amers de la marquise, il se laissa entraîner jusqu'à rabaisser celle-ci pour exalter sa rivale. Alors Joséphine entra en fureur, eut de véritables attaques de nerfs et ne s'apaisa que lorsque, brisée de fatigue, épuisée de larmes, elle eut jeté à ses pieds son amant, égaré et brisé comme elle.

Ces orages se renouvelèrent la nuit suivante, et furent plus violents encore. Joséphine chassa le Corinthien de sa chambre, et, quand il fut dans le passage secret, elle eut de tels sanglots et de tels délires, qu'il revint sur ses pas pour la défendre contre elle-même. Ils se réconcilièrent pour se brouiller encore; et, dans ces tristes convulsions d'un amour que la foi ne dominait plus, il y eut de ces paroles qui tuent l'idéal, et de ces réponses que rien ne peut effacer. Le Corinthien, consterné, se demandait avec épouvante si c'était de l'amour ou de la haine qu'il y avait entre lui et Joséphine.

Jusque-là de telles précautions avaient été prises par eux, que pas un souffle, pas un bruit imprudent n'avait troublé le silence des longues nuits du vieux château. Mais, dans ces deux nuits d'orage, on se fia trop à l'épaisseur des murs et à la situation isolée de l'appartement. Le comte, qui dormait peu et d'un sommeil léger, comme tous les vieillards, fut frappé des cris étouffés, des sourds gémissements et des éclats de voix soudainement comprimés, qui semblaient s'exhaler des flancs massifs de la muraille. Le passage secret passait non loin de sa chambre à coucher. Il le savait, mais il ignorait qu'une communication pût être établie entre cette impasse et le boyau plus étroit et plus mystérieux que le Corinthien seul avait découvert dans la boiserie de la chapelle.

Le vieux comte croyait peu aux revenants. Il pensa d'abord à sa petite-fille, se leva, et approcha de son appartement qui était situé au bout du corridor et qui avait une communication par la tourelle avec l'atelier. Il n'entendit aucun bruit, entra doucement, trouva Yseult paisiblement endormie, et traversa sa chambre pour descendre le petit escalier tournant qui conduisait au cabinet de la tourelle. Durant ce court trajet, les bruits étranges qui l'avaient frappé ne se firent plus entendre. Mais quand il se fut avancé sur la tribune de l'atelier, il lui sembla les retrouver encore.

Le comte avait toujours eu la vue très-basse, et en revanche l'oreille excessivement fine et exercée. Il entendit venir, comme par un conduit acoustique, deux voix qui se querellaient, et qui semblaient partir de très-loin. Il examina les sculptures avec son lorgnon; mais le panneau mobile était placé trop haut pour qu'il pût en voir le disjoint. D'ailleurs il n'entendit plus rien, et il allait se retirer, lorsqu'il vit le panneau s'ébranler, glisser comme dans une coulisse, et le Corinthien pâle, les cheveux en désordre et la rage dans les yeux, sauter de dix pieds de haut sur un tas de copeaux qu'il avait placés là pour amortir le bruit de sa chute quotidienne. Il montait avec une échelle qu'il jetait ensuite par terre sur ces mêmes copeaux pour ôter tout soupçon à ceux qui pourraient entrer la nuit dans l'atelier.

Aussitôt que le comte avait vu remuer le panneau, il s'était retiré en arrière, et, se cachant derrière le rideau de tapisserie, il avait lorgné et observé le Corinthien sans être aperçu. A peine le jeune homme se fut-il retiré que le comte descendit dans l'atelier, frotta le bout de sa béquille dans un pot de blanc de céruse, et fit sur le panneau mobile une marque pour le reconnaître. Puis, avant que le jour fût levé, il alla réveiller Camille, son vieux valet de chambre, le plus petit, le plus vert, le plus pointu, le plus rusé et le plus discret de tous les Frontins du temps passé. Camille prit ses *passe-partout* et conduisit son maître par un autre chemin à l'atelier. Il posa l'échelle contre la boiserie désignée, prit sa petite lanterne sourde, grimpa lestement malgré ses soixante-dix ans, pénétra dans le couloir mystérieux comme un furet, et, traversant la trouée faite dans l'impasse, arriva jusqu'à la porte de l'alcôve de la marquise, qu'il connaissait fort bien pour avoir dans sa jeunesse fait passer par là un rival de son maître. A telles enseignes que le couloir avait été muré, mais trop tard.

Lorsqu'il revint apprendre au comte (non pas sans quelque embarras) le résultat de son voyage à travers les murs, au lieu de se troubler, lui dit d'un air ironique : — Camille, je ne savais pas qu'au lieu d'un couloir il y en avait deux ! J'ai été *trompé* plus longtemps que je ne croyais.

Puis, lui recommandant le silence sur l'existence du couloir et se gardant bien de lui dire quel homme il avait vu en sortir, il alla se recoucher assez tranquillement. Il avait tant vécu, que rien ne pouvait lui sembler neuf, ni exciter sa stupeur ou son indignation. Mais il ne s'endormit pas avant d'avoir calculé ce qu'il avait à faire pour mettre fin à une intrigue qu'il ne voulait tolérer en aucune façon.

Le lendemain, de grand matin, le jeune Raoul partit pour la chasse avec Isidore Lerebours, dont il se servait comme d'un piqueur robuste pour courir le lièvre, et comme d'un maquignon effronté dans l'achat ou l'échange de ses chevaux. Vers midi, en revenant au château, il lui adressa plusieurs questions sur la Savinienne, dont la beauté avait excité en lui quelque désir; et Isidore lui ayant répondu que c'était une prude hypocrite, il lui demanda s'il jugeait qu'elle serait sensible à quelques présents. Isidore, qui désirait surtout se venger de Pierre, l'encouragea dans son projet de séduction, et ajouta que si on pouvait écarter le fils Huguenin, qui était fort jaloux d'elle, il serait bien plus facile de s'en faire écouter.

— Éloigner cet ouvrier de la maison ne me paraît pas chose aisée, répondit Raoul; mon père et ma sœur en sont coiffés, et le citent à tout propos comme un homme de génie. Quel homme est-ce?

— Un sot, répondit l'ex-employé aux ponts et chaussées, un manant, qui vous manquerait de respect si vous vous commettiez avec lui en quoi que ce soit. Il se donne de grands airs parce que M. le comte le protége, et il dit tout haut que si vous faisiez mine de regarder la Savinienne, vous trouveriez à qui parler, tout comte que vous êtes.

— Ah ! eh bien, nous verrons cela. Mais, dites-moi, la Savinienne est donc bien réellement sa maîtresse ?

— Il n'y a que vous qui ne le sachiez pas.

— Ma sœur se persuade cependant que c'est la plus honnête femme du monde.

— Hélas ! mademoiselle Yseult est dans une grande erreur. Il est bien malheureux qu'elle ait laissé ces gens-là se familiariser avec elle; cela pourra lui faire plus de tort qu'elle ne pense.

Raoul devint tout à coup sérieux, et, ralentissant son cheval : — Qu'entendez-vous par là ? dit-il ; quelle familiarité trouvez-vous possible entre ma sœur et des gens de cette sorte ?

Le lecteur n'a pas oublié l'aversion que le fils Lerebours nourrissait contre Yseult depuis le jour où elle avait ri de sa chute de cheval. De son côté, elle n'avait jamais pu lui dissimuler l'antipathie et l'espèce de mépris qu'elle éprouvait pour lui, et l'aventure du plan de l'escalier lui avait arraché quelques moqueries qui étaient revenues à Isidore. Il n'avait donc jamais négligé l'occasion de la dénigrer, lorsqu'il avait pu le faire sans se compromettre; et, depuis quelque temps, il poussait la vengeance jusqu'à insinuer que mademoiselle de Villepreux *ne regardait pas de travers* le fils Huguenin; que, de sa chambre, il les voyait causer ensemble des heures entières chez la Savinienne, et qu'il était tout au moins fort singulier qu'une demoiselle de son rang fréquentât une femme de mauvaise vie et prît ses amis dans le ruisseau.

Il pensa donc que en attribuant à l'opinion publique les sales idées qui lui étaient venues, et en les faisant pressentir au frère ultra de la jeune républicaine, il porterait

C'était un costume de bal du siècle dernier. (Page 107.)

un grand coup, soit à l'indépendance et au bonheur domestique d'Yseult, soit à Pierre Huguenin et à la Savinienne. Il répondit à Raoul que l'on avait remarqué dans la maison l'intimité étrange qui s'était établie à la Tour carrée entre la demoiselle du château, la lingère et les artisans; que les domestiques en avaient bavardé dans le village; que, du village, les mauvais propos avaient été plus loin, et que, dans les foires et marchés des environs, il n'était pas question d'autre chose. Il ajouta que cela lui faisait une peine mortelle, et qu'il avait failli se battre avec ceux qui déchiraient ainsi la sœur de M. Raoul.

— Vous auriez dû le faire et n'en jamais parler, lui répondit Raoul qui l'avait écouté en silence; mais, puisque vous n'avez fait ni l'un ni l'autre, je vous conseille fort, monsieur Isidore, de ne vous lamenter auprès de personne autre que moi de la malveillance dont ma sœur est l'objet. Il est possible qu'elle ait eu trop de liberté pour une jeune personne; mais il est impossible qu'elle en ait jamais abusé. Il est possible encore que je m'occupe de faire cesser les causes de ces mauvais bruits; il est possible surtout que je fasse un exemple, et que les bavards insolents aient à se repentir avant qu'il soit peu. Quant à vous, rappelez-vous qu'il y a une manière de défendre les personnes à qui l'on doit du respect, qui est pire que de les accuser. Si vous veniez à l'oublier, je pourrais bien, malgré toute l'amitié que j'ai pour vous, vous casser sur la tête la meilleure de mes cannes.

En parlant ainsi, Raoul piqua des deux et froissa assez rudement, du poitrail de son cheval, le bidet beauceron d'Isidore, qui marchait à ses côtés. Le fils de l'économe fut forcé de faire place à son maître, qui franchit lestement la grille du parc, et laissa derrière lui l'officieux causeur, fort étonné et un peu inquiet du résultat de son entreprise.

Pendant que la Savinienne était l'objet de cet entretien, il y en avait un autre non moins animé à son sujet entre Yseult et la marquise. Yseult était entrée le matin chez sa cousine, et s'était inquiétée de l'altération de ses traits. La marquise avait répondu qu'elle souffrait beaucoup des nerfs. Elle avait grondé sa suivante à tout propos; elle avait essayé dix collerettes sans en trouver une qui fût blanchie et repassée à son gré, et elle avait fini par défendre à Julie de confier davantage ses dentelles à

Ma chère Savinienne, dit-elle en passant un bras autour du buste, etc. (Page 109.)

cette stupide Savinienne, qui ne savait rien faire que du scandale et des enfants.

Lorsque Julie fut sortie, Yseult reprocha sévèrement à Joséphine la manière dont elle s'était exprimée sur le compte d'une femme respectable.

Faire l'éloge de la Savinienne devant la marquise, c'était verser de l'huile bouillante sur le feu. Elle continua de l'accuser avec une étrange aigreur d'être la maîtresse de Pierre Huguenin et d'Amaury. — Je ne comprends pas, ma chère enfant, lui répondit Yseult avec un sourire de pitié, que tu ajoutes foi à des propos ignobles, et que tu leur donnes accès sur ta jolie bouche. Si j'avais l'esprit aussi mal disposé que tu l'as ce matin, je te dirais que je suis presque tentée de prendre au sérieux les plaisanteries que nous te faisions il y a quelque temps sur le Corinthien.

— Ce serait de ta part, à coup sûr, une mortelle insulte, répondit la marquise; car tu poses en principe qu'un artisan n'est pas un homme: ce qui fait que tu passes ta vie avec eux comme si c'étaient des oiseaux, des chiens ou des plantes.

— Joséphine! Joséphine! s'écria Yseult en joignant les mains avec une surprise douloureuse, que se passe-t-il donc en toi, que tu sois aujourd'hui si différente de toi-même?

— Il se passe en moi quelque chose d'affreux! répondit la marquise en se jetant tout échevelée le visage contre son lit, et en se tordant les mains avec des torrents de larmes. Yseult fut effrayée de ce désespoir, qu'elle avait pressenti depuis quelque temps en voyant les traits de Joséphine s'altérer et son caractère s'aigrir. Elle y prit part avec toute la bonté de son cœur et tout le zèle de ses intentions; et, la serrant dans ses bras, elle la supplia, avec de tendres caresses et de douces paroles, de lui ouvrir son âme.

Certes, la marquise ne pouvait rien faire de plus déplacé, de plus coupable peut-être, que de confier son secret à une jeune fille chaste, pour laquelle l'amour avait encore des mystères où l'imagination n'avait voulu pénétrer; mais Joséphine n'était plus maîtresse d'elle-même. Elle déroula devant sa cousine, avec une sorte de cynisme exalté, tout le triste roman de ses amours avec le Corinthien; et elle termina par une théorie du suicide qui n'était pas trop affectée dans ce moment-là.

Yseult écouta ce récit en silence et les yeux baissés. Plusieurs fois la rougeur lui monta au visage, plusieurs fois elle fut sur le point d'arrêter l'effusion de Joséphine. Mais chaque fois elle se commanda le courage, étouffa un soupir, et se soutint ferme et résolue, comme une jeune sœur de charité qui voit pour la première fois une opération de chirurgie, et qui, prête à défaillir, surmonte son dégoût et son effroi par la pensée d'être utile et de soulager un membre de la famille du Christ.

Répondre à cette confession, porter sur Joséphine un jugement qui ne la blessât point, ou justifier un amour adultère, était tout aussi impossible l'un que l'autre à mademoiselle de Villepreux. Il eût fallu raisonner sur des principes; Joséphine n'en avait pas et ne pouvait pas en avoir, grâce à son éducation, à son mariage, et à sa position fausse et douloureuse dans la société. Yseult tâcha cependant de lui faire comprendre qu'en condamnant sa violation du mariage elle ne méprisait point le choix qu'elle avait fait; mais elle ne l'approuva pas non plus. D'après ce que la Savinienne lui avait confié du passé du Corinthien, Yseult pressentait de plus en plus dans le jeune homme des instincts et une destinée peu compatibles avec le bonheur d'une femme, quelle qu'elle fût. Elle osa dire toute sa pensée à la marquise, et lui fit faire des réflexions qu'elle n'avait pas encore faites sur l'effrayante personnalité qui se développait insensiblement chez le Corinthien depuis le jour où la protection de M. de Villepreux l'avait fait sortir du néant.

Joséphine commençait à se calmer, et le langage de la raison la préparait à entendre celui de la morale, lorsqu'on frappa à la porte. Yseult ayant été voir ce que c'était, ouvrit à son grand-père en lui adressant, comme elle faisait toujours en le voyant, quelque tendre parole.

— Va-t'en, mon enfant, dit le comte. Je veux être seul avec ta cousine.

Yseult obéit, et M. de Villepreux, s'asseyant avec une lenteur solennelle, entama ainsi l'entretien:

— J'ai à vous parler, ma chère Joséphine, de choses assez délicates et des plus grands secrets qu'une femme puisse avoir. Êtes-vous bien certaine que personne ne peut nous entendre?

— Mais je crois que cela est impossible, dit Joséphine, un peu interdite du préambule et du regard scrutateur que le comte attachait sur elle.

— Eh bien, reprit-il, regardez aux portes... à toutes les portes!

Joséphine se leva, et alla voir si la porte de sa chambre qui donnait sur le corridor, et celle qui communiquait avec les autres pièces de l'appartement, étaient bien fermées; puis elle revint pour s'asseoir.

— Vous oubliez une porte, lui dit le comte en prenant une prise de tabac, et en la regardant par-dessus ses lunettes.

— Mais, mon oncle, je ne connais pas d'autre porte, répondit Joséphine en pâlissant.

— Et celle de l'alcôve? Est-ce que vous ne savez pas que de l'atelier on entend tout ce qui se passe ici?

— Mon Dieu, dit Joséphine tremblante, comment cela se pourrait-il? Il y a là, je crois, un passage sans issue.

— Vous en êtes bien sûre, Joséphine? Voulez-vous que je demande, à cet égard, des renseignements au Corinthien?

Joséphine se sentit défaillir; elle tomba sur ses genoux, et regarda le vieillard avec une angoisse inexprimable, sans avoir la force de dire un mot.

— Relevez-vous, ma nièce, reprit le comte avec une douceur glaciale; asseyez-vous, et écoutez-moi.

Joséphine obéit machinalement et resta devant lui, immobile et pâle comme une statue.

— De mon temps, ma chère enfant, dit le comte, il y avait certaines marquises qui prenaient leurs laquais pour amants. En général, c'étaient des femmes moins jeunes, moins belles et moins recherchées que vous dans le monde; ce qui rendait peut-être cette fantaisie un peu plus explicable de leur part. C'était le temps du Parc-aux-Cerfs, après lequel on crie beaucoup aujourd'hui, et que les industriels nous jettent continuellement à la tête comme une souillure ineffaçable imprimée à la noblesse.

— Assez, mon oncle, au nom du ciel! dit Joséphine en joignant les mains. Je comprends bien!

— Loin de moi, dit le comte, la pensée de vous humilier et de vous blesser, ma chère Joséphine. Je voulais seulement vous dire (ayez un peu de courage, je serai bref) que les mœurs de Louis XV, excusables peut-être dans leur temps, ne sont plus praticables aujourd'hui. Une femme du monde ne pourrait plus dire, au point du jour, à un manant: « Va-t'en, je n'ai plus besoin de toi! » car il n'y a plus de manants. Un palefrenier est un homme; un artisan est un artiste; un paysan est un propriétaire, un citoyen; et aucune femme, fût-elle reine, n'a le pouvoir de persuader à un homme qu'il redevient son inférieur en sortant de ses bras. Vous n'avez donc pas dérogé, ma chère nièce, en choisissant pour votre amant un jeune homme intelligent, né dans les rangs du peuple. Si vous étiez libre de joindre le don de votre main à celui de votre cœur, je vous dirais de le faire, si cela vous convient; et, au lieu d'être la marquise des Frenays, vous seriez la Corinthienne, sans que j'en fusse humilié ou scandalisé le moins du monde. Mais vous êtes mariée, mon enfant, et votre mari est trop malade (je viens encore de recevoir une lettre de son médecin qui ne lui en donne pas pour six mois), vous touchez de trop près à votre liberté pour qu'il vous soit pardonné de n'avoir pas su attendre. Il est des malheurs de toute la vie où l'erreur de quelques instants est presque inévitable et trouve grâce devant le monde. Dans votre position, vous ne trouveriez aucune indulgence. Voilà pourquoi je vous engage à éloigner de vous le Corinthien, sauf à le rappeler pour l'épouser après une année de veuvage.

Cette manière de prendre les choses était si éloignée de ce que Joséphine attendait de la sévérité de son oncle, que la surprise remplaça la consternation. Elle leva les yeux plusieurs fois sur lui pour voir s'il parlait sérieusement, et les baissa aussitôt après s'être assurée qu'il ne riait pas le moins du monde. Et pourtant ce n'était qu'un jeu d'esprit, un piège moqueur, le dénoûment bouffon d'une comédie sceptique. Le vieux comte savait fort bien quel en serait l'effet, et ne craignait nullement que sa comédie tournât contre lui. Il connaissait Joséphine beaucoup mieux qu'elle ne se comprenait elle-même. Il rendait les rênes, sachant bien que c'est la seule manière de gouverner un coursier impétueux.

Joséphine demeura quelques instants muette, et enfin elle répondit:

— Je vous remercie, mon cher, mon généreux oncle, de me traiter avec cette bonté, lorsqu'au fond du cœur vous me méprisez certainement.

— Moi, vous mépriser, mon enfant! Et pourquoi donc, je vous prie? Si vous étiez une de ces marquises galantes dont je parlais tout à l'heure, je vous traiterais avec plus de sévérité; car un noble esprit doit savoir commander aux sens. Mais ce n'est point une faute de ce genre que vous avez commise...

— Non, mon oncle! s'écria Joséphine, à qui l'inspiration du mensonge revint avec l'espérance de se disculper; je vous jure que c'est un amour de tête, une folie, un rêve romanesque, et que jamais un jeune homme ne venait lui...

— Que pour vous baiser la main, je n'en doute pas, répondit le comte avec un sourire d'une si terrible ironie, qu'il ôta tout d'un coup à Joséphine la prétention de lui en imposer. Mais ne vous demandez pas cela, ajouta-t-il en reprenant son sérieux affecté. Il est des fautes complètes où le cœur joue un si grand rôle qu'on les plaint au lieu de les condamner. Je suis donc bien persuadé que vous avez pour le Corinthien une affection très-sérieuse, et que, prévoyant la fin prochaine de M. des Frenays, vous lui avez promis de vous unir un jour à lui. Eh bien, mon enfant, si vous avez fait cette promesse, il faudra la tenir; je vous répète que je ne m'y oppose pas.

— Mais, mon oncle, dit naïvement Joséphine, je ne lui ai jamais fait aucune promesse!...

Le comte poursuivit, comme s'il n'avait pas entendu cette réponse, qu'il venait pourtant de noter très-particulièrement:

— Et même, si vous voulez que je dise au Corinthien

la manière dont j'envisage la chose, je la lui dirai aujourd'hui.

— Mais, mon oncle, ce serait lui donner une espérance qui ne se réalisera peut-être pas. Je n'attends ni ne désire la mort de l'homme auquel vous m'avez mariée; et ce serait un crime, à ce qu'il me semble, de présenter cette chance sinistre, à l'homme que j'aime, comme un rêve et un espoir de bonheur.

— Aussi n'est-il pas convenable, dans ce moment, que vous le fassiez vous-même. J'approuve vos scrupules à cet égard. Mais moi qui sais bien que mon cher neveu, le marquis n'est guère aimable, et par conséquent guère regrettable, moi qui ne vous imposerai jamais le semblant d'une hypocrite douleur, et qui comprends fort bien, dans le fond de mon âme, le désir que vous avez d'être libre, je dois me charger de rassurer le Corinthien sur la durée de votre séparation. Cette séparation est nécessaire; ce que moi seul sais aujourd'hui, tout le monde pourrait le découvrir demain. Il lui sera douloureux de vous quitter: il doit vous aimer éperdument. Mais en lui faisant comprendre qu'il doit vous mériter par ce sacrifice, et qu'il en sera récompensé dans deux ans tout au plus, je ne doute pas qu'il n'accepte la proposition que je vais lui faire.

— Quelle proposition, mon oncle? demanda Joséphine effrayée.

— Celle de partir tout de suite pour l'Italie, afin d'aller se livrer au culte de l'art sur une terre qui en a gardé les traditions et qui lui fournira les plus beaux modèles. Je lui donnerai tous les moyens d'y faire de bonnes études et de rapides progrès. Dans deux ans peut-être il pourra concourir pour un prix, et alors vous aurez pour époux un élève distingué auquel votre fortune aplanira le chemin de la réputation.

— Je suis bien sûre, mon oncle, dit Joséphine, que ce jeune homme ne l'entend pas ainsi. Il est fier, désintéressé: il ne voudrait pas devoir ses succès à la position que je lui aurais faite dans le monde.

— Il a de l'ambition, dit le comte; quiconque se sent artiste en a, et la soif de la gloire vaincra bien vite ses scrupules.

— Mais moi, mon oncle, je ne voudrais pas servir d'instrument à la fortune d'un ambitieux. Si le Corinthien pouvait accepter ma fortune avant d'avoir à m'offrir un nom en échange, je douterais de son amour et ne le partagerais plus.

— Eh bien, comme le temps presse et qu'il faut prendre un parti, je vais l'interroger, dit le comte en se levant. Il faut qu'il sache bien que vous l'aimez assez pour l'épouser, quelle que soit sa position, et que j'y consentirais, dût-il rester ouvrier. N'est-ce pas que c'est bien là votre pensée?

— Mais, mon oncle,... dit Joséphine en se levant aussi et en retenant le comte qui faisait mine de la quitter, donnez-moi le temps de la réflexion. Je n'ai jamais songé à tout cela, moi! Prendre l'engagement de me remarier, quand je ne suis pas encore veuve, et que je ne connais du mariage que les plus grands maux... c'est impossible! il faut que je respire, que je demande conseil...

— A qui, ma chère nièce? au Corinthien?

— A vous, mon oncle, c'est à vous que je demanderai conseil! s'écria Joséphine en se jetant dans les bras du comte avec une ruse caressante.

Le vieux seigneur comprit fort bien que la jeune marquise le suppliait de la détourner d'un engagement dont elle avait peur, et qu'elle ne demandait qu'un peu d'aide pour rompre une liaison dont elle rougissait. Joséphine avait aimé le Corinthien, mais elle était vaine: on ne renonce pas au grand monde quand on s'est sacrifié pour y être admise. On aime mieux y briller quelquefois, sauf à y souffrir sans cesse, que d'en être bannie et de n'y pouvoir plus rentrer.

Le comte, riant en lui-même du succès de sa feinte, la quitta en lui promettant de réfléchir à l'explication qu'il aurait avec le Corinthien et en lui donnant jusqu'au soir pour y réfléchir elle-même.

La marquise courut trouver Yseult, et lui raconta de point en point tout ce que le comte venait de lui dire. Yseult l'écouta avec une vive émotion. Sa figure s'éclaira d'une joie étrange; et la marquise, en finissant son récit, vit avec surprise des larmes d'enthousiasme inonder le visage de sa cousine.

— Eh bien, lui dit-elle, qu'as-tu donc, et que penses-tu de tout cela?

— O mon cher, mon noble aïeul! s'écria Yseult en levant les yeux et les mains vers le ciel; j'en étais bien sûre, j'avais bien raison de compter sur lui! Je le savais bien, moi, que, dans l'occasion, sa conduite s'accorderait avec ses paroles! Oh! oui, oui, Joséphine, il faudra épouser le Corinthien!

— Mais je ne te comprends pas, Yseult: tu me disais tantôt qu'il ne me rendrait jamais heureuse, qu'il fallait rompre avec lui; et maintenant tu me conseilles de m'engager à lui pour toujours!

— J'avais cru devoir te parler ainsi et te montrer les défauts de ton amant pour te guérir d'un amour qui me semblait coupable. Mais mon père a le sentiment d'une morale plus élevée; il comprend la vraie morale, lui! Il t'a conseillé de redevenir fidèle à ton mari, à l'approche de cette heure solennelle, après laquelle tu seras libre, et pourras faire le serment d'un amour plus légitime et plus heureux!

— Ainsi tu me conseilles toi-même d'épouser le Corinthien! Et son ambition, et sa jalousie, et ses outrages, dont j'ai tant souffert, et son amour pour la Savinienne qui n'est peut-être pas éteint? Tu oublies que cette nuit je l'ai chassé d'ici dans un accès de haine et de colère inexprimable.

— Il reviendra te demander pardon de ses torts, et tu le corrigeras de ses défauts en le guérissant de ses souffrances, en lui prouvant ta sincérité par des promesses.

— C'est de la folie! s'écria la marquise poussée à bout. Ou vous jouez, ton père et toi, une comédie pour m'éprouver, ou vous êtes sous l'empire de je ne sais quel rêve de républicanisme romanesque auquel vous voulez me sacrifier. Je voudrais bien voir ce que dirait mon oncle si tu voulais épouser Pierre Huguenin, et ce que tu dirais toi-même si on te le conseillait!...

Yseult sourit, et déposa sans rien répondre un long baiser sur le front de sa cousine. Son visage avait une expression sublime.

CHAPITRE XXXIII.

Le soir de ce jour déjà si rempli d'émotions, Pierre et le Corinthien travaillaient à la lumière, agités eux-mêmes d'une sorte de fièvre. Amaury, ennuyé de son entreprise, se hâtait d'achever ses dernières figures sculptées, et aspirait à entamer les ornements plus faciles auxquels Pierre devait l'aider. La partie de pure menuiserie n'avait pas été à beaucoup près aussi vite. Il y avait encore bien des panneaux disjoints, bien des moulures inachevées. Mais le père Huguenin avait été forcé de prendre patience; car son fils voulait achever avant tout l'escalier de la tribune, qu'il s'était réservé comme le morceau le plus important et le plus difficile. Pierre ne disait pas que, dans le secret de son âme, il chérissait cette partie de l'atelier qui le rapprochait du cabinet de la tourelle, et de la tribune, où quelquefois il n'était séparé d'Yseult que par la porte, souvent entr'ouverte, du cabinet d'étude.

Retranché dans le fond de l'atelier, Pierre avait depuis quelque temps travaillé sans relâche. Non-seulement il voulait que son escalier fût une pièce conforme à toutes les lois de la science, mais il voulait encore en faire une œuvre d'art. Il songeait à lui donner le style, le caractère, le mouvement non-seulement facile et sûr, mais encore hardi et pittoresque. Il ne fallait pas que ce fût l'escalier coquet d'un restaurant ou d'un magasin, mais bien l'escalier austère et riche d'un vieux manoir, tel que ceux qu'on voit au fond des intérieurs de Rembrandt, sur lesquels la lumière douteuse et rampante monte et décroît avec tant d'art et de profondeur. La rampe en bois, découpée à jour, et les ornements des pendentifs, devaient aussi être d'un choix particulier. Pierre eut le bon sens et le bon goût d'emprunter le dessin de ces parties aux ornements de l'ancienne boiserie. Il les adapta aux formes et aux dimensions de son escalier, et à ses connaissances en géométrie lui devinrent de la plus grande utilité. C'était un travail d'architecte, de décorateur et de sculpteur en même temps. Pierre était sévère envers lui-même. Il se disait que ce serait peut-être la seule occasion qu'il aurait dans sa vie d'unir sérieusement les conditions de l'utile à celles du beau, et il voulait laisser dans ce monument, où des générations d'ouvriers habiles avaient exécuté de si belles choses, une trace de sa vie, à lui, ouvrier consciencieux, artiste délicat et noble.

Il était dix heures du soir, et il donnait enfin la dernière main à son œuvre. Il avait ajusté ses marches bien *balancées* sur un palmier élégant, fragile à la vue, solide en réalité. La rampe était posée; et, à la lueur de la lampe, elle reflétait sur la muraille ses légers enroulements et ses fortes nervures. Pierre, à genoux sur la dernière marche, rabotait avec soin les moindres aspérités; son front était inondé de sueur, et ses yeux brillaient d'une joie modeste et légitime. Le Corinthien était monté sur une échelle, à quelque distance, et plaçait encore quelques chérubins dans leurs niches. Il travaillait avec la même activité, mais non avec le même plaisir que son ami. Il y avait dans son ardeur comme une sorte de rage, et à chaque instant il s'écriait en jetant son ciseau sur les dalles: — Maudites marionnettes! quand donc en aurai-je fini avec vous? Puis il reportait de temps en temps ses regards sur cette marque de craie qui était restée au panneau du passage secret, et qu'il ne pouvait pas s'expliquer.

— Moi, j'ai fini! s'écria Pierre tout d'un coup en s'asseyant sur la marche qui joignait l'escalier à la tribune; et j'en suis presque fâché, ajouta-t-il en s'essuyant le front: je n'ai jamais rien fait avec tant d'amour et de zèle.

— Je le crois bien, répondit le Corinthien avec amertume; tu travailles pour quelqu'un qui en vaut la peine.

— Je travaille pour l'art, répondit Pierre.

— Non, répondit brusquement le Corinthien, tu travailles pour celle que tu aimes.

— Tais-toi, tais-toi, s'écria Pierre effrayé, en lui montrant la porte du cabinet.

— Bah! je sais bien qu'à cette heure elles prennent le thé! répondit le Corinthien. Je sais de point en point leurs habitudes. Dans ce moment-ci, mademoiselle de Villepreux arrange ses tasses de porcelaine, en parlant politique ou philosophie avec son père, et la marquise bâille en regardant au miroir si elle est bien coiffée. C'est comme si je la voyais.

— C'est égal, parle moins haut, je t'en supplie.

— Je parlerai aussi bas que tu voudras, Pierre, dit le Corinthien en venant s'asseoir à côté de son ami. Mais j'ai besoin de parler, vois-tu, j'ai la tête brisée. Sais-tu que ton escalier est superbe? Tu as du talent, Pierre. Tu es né architecte comme je suis né sculpteur, et il me semble qu'il y a autant de gloire dans un art que dans l'autre. Est-ce que tu n'as jamais eu d'ambition, toi?

— Tu vois bien que j'en ai, puisque je me suis donné tant de mal pour faire cet escalier.

— Et voilà ton ambition satisfaite?

— Pour aujourd'hui; demain j'aurai à faire le corps de bibliothèque.

— Et tu comptes faire toute ta vie des escaliers et des armoires?

— Que pourrais-je faire de mieux? je ne sais pas faire autre chose.

— Mais tu peux tout ce que tu veux, Pierre, et tu ne veux pas rester menuisier, j'espère?

— Mon cher Corinthien, je compte rester menuisier. Que tu deviennes sculpteur, que tu étudies Michel-Ange et Donatello, c'est juste. Tu es entraîné aux œuvres brillantes par une organisation particulière, qui t'impose le devoir de chercher le beau dans son expression la plus élevée et la plus poétique. Le dégoût que t'inspirent les travaux de pure utilité est peut-être un avertissement de la Providence, qui te réserve de plus hautes destinées. Mais moi, j'aime le travail des mains; et pourvu que ma peine serve à quelque chose, je ne la regrette pas. Mon intelligence ne me porte pas vers les œuvres d'art, comme tu les entends; je suis peuple, je me sens ouvrier par tous les pores. Une voix secrète, loin de m'appeler dans le tumulte du monde, murmure sans cesse à mon oreille que je suis attaché à la glèbe du travail, et que je dois peut-être y mourir.

— Mais ceci est une absurdité! Pierre, tu te ravales et tu te calomnies; tu n'es pas fait pour rester machine et pour suer comme un esclave. Est-ce que la manière dont le riche exploite le travail du peuple n'est pas une iniquité? Toi-même, tu l'as dit cent fois!

— Oui, en principe je hais cette exploitation; mais en fait je m'y soumets.

— C'est une inconséquence, Pierre, c'est une lâcheté! Que chacun en dise autant, et jamais les choses ne changeront.

— Cher Corinthien, les choses changeront! Dieu est trop juste pour abandonner l'humanité, et l'humanité est trop grande pour s'abandonner elle-même. Il m'est impossible de sentir dans mon âme ce que c'est que la justice sans que la justice soit possible. Je ne chérirais pas l'égalité si l'égalité n'était pas réalisable. Car je ne suis pas fou, Amaury; je me sens très-calme; je suis certain d'être très-sage dans ce moment-ci, et pourtant je crois que le riche n'exploitera pas toujours le pauvre.

— Et pourtant tu te fais un devoir de rester pauvre?

— Oui, ne voulant pas devenir riche à tout prix.

— Et tu ne hais pas les riches?

— Non, parce qu'il est dans l'instinct de l'homme de fuir la misère.

— Explique-moi donc cela!

— C'est bien facile. Il est certain, n'est-ce pas, que, dès aujourd'hui, un pauvre peut devenir riche à force d'intelligence?

— Oui.

— Est-il certain que tous les pauvres intelligents puissent devenir riches?

— Je ne sais pas. Il y a tant de ces pauvres-là, qu'il n'y aurait peut-être pas de quoi les enrichir tous.

— Cela est bien certain, Amaury; ne voyons-nous pas tous les jours des hommes d'esprit et de talent qui meurent de faim?

— Il y en a beaucoup. Ce n'est pas tout d'avoir du génie, il faut encore avoir du bonheur.

— C'est-à-dire de l'adresse, du savoir-faire, de l'ambition, de l'audace. Et le plus sûr encore est de n'avoir pas de conscience.

— C'est possible, dit le Corinthien avec un soupir; Dieu sait si je pourrai conserver la mienne, et s'il ne faudra pas l'abjurer ou échouer.

— J'espère que Dieu veillera sur toi, mon enfant. Mais moi, vois-tu, je ne dois pas me risquer. Je n'ai pas un assez grand génie pour que la voix du destin me commande d'engager cette lutte dangereuse avec les hommes. Je vois que la plupart de ceux qui abandonnent la dure obscurité du mercenaire pour devenir heureux et libres perdent leurs modestes vertus, et ne se font jour à travers les obstacles qu'en laissant à chaque effort un peu de foi, à chaque triomphe un peu de charité. C'est une guerre effroyable que cette rivalité des intelligences; l'un ne peut parvenir qu'à la condition d'écraser l'autre. La société est comme un régiment où le lieutenant, un jour de bataille, se réjouit de voir tomber le capitaine qu'il va remplacer. Eh bien! puisque le monde est arrangé ainsi, puisque les esprits les plus libéraux et les plus avancés n'ont encore trouvé que cette maxime: « Détruisez-vous les uns les autres pour vous faire place, » moi, je ne veux détruire personne. Nos ambitions personnelles sanctionnent trop souvent ce principe abominable qu'ils appellent la concurrence, l'émulation, et que j'appelle, moi, le vol et le meurtre. J'aime trop le peuple pour accepter cette heureuse destinée qu'on offre à un d'entre nous sur mille en laissant souffrir les autres. Le peuple aveugle et résigné se laisse faire ; il admire ceux qui parviennent ; et celui qui ne parvient pas s'exaspère dans la haine, ou s'abrutit dans le découragement. En un mot, ce principe de rivalité ne fait que des tyrans et des exploiteurs, ou des esclaves et des bandits. Je ne veux être ni l'un ni l'autre. Je resterai pauvre en fait, libre en principe ; et je mourrai peut-être sur la paille, mais en protestant contre la science sociale qui ne met pas tous les hommes à même d'avoir un lit.

— Je te comprends, mon noble Pierre, tu fais comme le marin qui aime mieux périr avec l'équipage que de se sauver dans une petite barque avec quelques privilégiés. Mais tu oublies que ces privilégiés se trouveront toujours là pour sauter dans la barque, et que le ciel ne viendra pas au secours du navire qui périt. J'admire ta vertu, Pierre ; mais si tu veux que je te le dise, elle me semble si peu naturelle, si exagérée, que je crains bien que ce ne soit un accès d'enthousiasme dont tu te repentiras plus tard.

— D'où te vient cette idée ?

— C'est qu'il me semble que tu n'étais pas ainsi il y a six mois.

— Il est vrai ; j'étais alors comme tu es aujourd'hui : je souffrais, je murmurais ; j'avais le dégoût de notre condition, et tu ne l'avais pas. Aujourd'hui je n'ai plus d'ambition, et c'est toi qui en as. Nous avons changé de rôle.

— Et lequel de nous est dans le vrai ?

— Nous y sommes peut-être tous deux. Tu es l'homme de la société présente, je suis peut-être celui de la société future !

— Et, en attendant, tu ne veux pas vivre ! car c'est ne pas vivre que de vivre dans le désir et dans l'attente.

— Dis dans la foi et dans l'espérance !

— Pierre, c'est mademoiselle de Villepreux qui t'a soufflé ces folles théories. Elles sont bien faciles à ces gens-là. Ils sont riches et puissants : ils jouissent de tout, et ils nous conseillent de vivre de rien.

— Laisse là mademoiselle de Villepreux, répondit Pierre. Je ne vois pas ce qu'elle a de commun avec ce que nous disions.

— Pierre, dit Amaury vivement, je t'ai dit tous mes secrets, et tu ne m'as jamais dit les tiens. Est-ce que tu crois que je ne les lis pas dans ton cœur ?

— Laisse-moi, Amaury, ne me fais pas souffrir inutilement. Je respecte, je révère mademoiselle de Villepreux, cela est certain. Il n'y a point de secret là-dedans.

— Tu la respectes, tu la révères... tu l'aimes !

— Oui, je l'aime, répondit Pierre en frissonnant. Je l'aime comme la Savinienne t'aime !

— Tu l'aimes comme j'aime la marquise !

— Oh ! non, non, Amaury, cela n'est pas. Je ne l'aime pas ainsi !

— Tu l'aimes mille fois davantage !

— Je n'en suis pas amoureux, non ! le ciel m'est témoin...

— Tu n'oses achever. Eh bien, il est possible que tu n'en sois pas amoureux, je ne te souhaite pas un pareil malheur ; mais tu l'adores, et tu te trouves heureux d'être l'esclave conquis et enchaîné de cette dame romaine...

Cette conversation fut interrompue par un domestique qui vint, du côté du parc, dire au Corinthien que le comte désirait lui parler. Le Corinthien se rendit à cet ordre, bien éloigné de pressentir l'importance de l'entrevue qu'on lui demandait.

Pierre resta quelques instants absorbé et troublé des insinuations hardies que son ami venait de faire. Puis, en songeant que l'heure de la retraite était sonnée dans le château, et que peut-être mademoiselle de Villepreux allait descendre dans son cabinet d'étude, comme cela lui arrivait souvent de onze heures à minuit, il se mit à ramasser et à rassembler ses outils pour s'en aller, fidèle au respect qu'il lui avait juré dans son âme. Mais, au moment où il se baissait pour prendre le sac de cuir où étaient ses instruments de travail, il sentit une main se poser doucement sur son épaule, et, en relevant la tête, il vit mademoiselle de Villepreux rayonnante d'une beauté qu'elle n'avait jamais eue avant ce jour-là. Toute son âme était dans ses yeux, et cette force qu'elle comprimait toujours au fond d'elle-même éclatait en elle à cette heure, sans qu'elle cherchât à la reprendre. C'était comme une transfiguration divine qui s'était opérée dans tout son être. Pierre l'avait vue souvent exaltée, mais toujours un peu mystérieuse, et, dans tout ce qui avait rapport à leur amitié, s'exprimant par énigmes ou par réticences. Il la vit en cet instant comme une pythie prête à répandre ses oracles, et, transporté lui-même d'une confiance et d'une force inconnue, pour la première fois de sa vie il prit la main d'Yseult dans la sienne.

— Mon escalier est fini, lui dit-il ; c'est vous qui, la première, poserez votre main sur cette rampe.

— Ne parlez pas si haut, Pierre, lui dit-elle. Pour la première et la dernière fois de ma vie, j'ai un secret à vous dire ; un secret qui demain n'en sera plus un. Venez !

Elle l'attira dans son cabinet, dont elle referma la porte avec soin ; puis elle parla ainsi :

— Pierre, je ne vous demande pas, comme le Corinthien faisait tout à l'heure, si vous êtes amoureux de moi. Entre nous deux, ce mot me paraît insuffisant et puéril. Je ne suis pas belle, tout le monde le sait ; je ne sais pas si vous êtes beau, quoique tout le monde le dise. Je n'ai jamais cherché dans vos yeux que votre âme, et la beauté morale est la seule qui puisse me fasciner. Mais je viens vous demander, devant Dieu qui nous voit et nous entend, si vous m'aimez comme je vous aime.

Pierre devint pâle, ses dents se serrèrent ; il ne put répondre.

— Ne me laissez pas dans l'incertitude, reprit Yseult. Il est bien important pour moi de ne pas me tromper sur le sentiment que je vous inspire ; car je touche à cette crise décisive de ma vie que je vous avais fait pressentir ici, un soir que je jouais au Carbonarisme avec vous, croyant avoir quelque chose à vous apprendre, et n'ayant pas encore reçu de vous l'initiation à la véritable égalité, que vous m'avez donnée depuis. Écoutez, Pierre, il s'est passé aujourd'hui, dans ma famille, bien des choses que vous ignorez. Ma cousine m'a confié un secret que vous possédiez depuis longtemps. Mon père, par je ne sais quelle aventure, a découvert ce secret, et a prononcé un jugement que je vous laisse à deviner.

Pierre ne pouvait parler. Yseult vit son angoisse, et continua :

— Le jugement de mon père a été conforme aux admirables principes dans lesquels il m'a élevée, et que je lui ai toujours vu professer. Il a conseillé à madame des Frenays, dont le mari est mourant, de se remarier avec le Corinthien aussitôt qu'elle serait libre, et, à l'heure qu'il est, il engage le Corinthien à s'éloigner pour revenir ici dans deux ans. Dans deux ans, Pierre, votre ami sera mon cousin et le neveu de mon père. Vous voyez que, si vous m'aimez, si vous m'estimez, si vous me jugez digne d'être votre femme, comme moi je vous aime, vous respecte et vous vénère, je vais trouver mon aïeul et lui demander de consentir à notre mariage. Si je n'avais pas la certitude de réussir, jamais je ne vous aurais dit ce que je vous dis maintenant dans tout le calme de mon esprit et dans toute la liberté de ma conscience.

Pierre tomba à genoux et voulut répondre ; mais cet amour, si longtemps comprimé, eût éclaté avec trop de violence. Il n'avait pas d'expressions ; des torrents de larmes coulaient en silence sur ses joues.

— Pierre, lui dit-elle, vous n'avez donc pas la force de me dire un mot ? Voilà ce que je craignais ; vous n'avez pas de confiance ; vous croyez que je fais un rêve, que je vous propose une chose impossible. Vous me remerciez à genoux, comme si c'était une grande action que je fais là de vous aimer. Eh ! mon Dieu, rien n'est plus simple ; et si vous me voyiez choisir un grand seigneur, c'est alors qu'il faudrait vous étonner et penser que j'ai perdu la raison. Songez donc que j'ai été nourrie de l'esprit qui m'anime aujourd'hui plus que j'ai commencé à respirer et à vivre ; songez que mes premières lectures, mes premières impressions, mes premières pensées m'ont portée à ce que je fais maintenant. Dès le jour où j'ai pu raisonner sur mon avenir, j'ai résolu d'épouser un homme du peuple afin d'être peuple, comme les esprits disposés au Christianisme se faisaient baptiser jadis afin de pouvoir se dire Chrétiens. J'ai rencontré en vous le seul homme juste que j'aie jamais rencontré, après mon grand-père ; j'ai découvert en vous non-seulement une sympathie complète avec mes idées et mes sentiments, mais encore une supériorité d'intelligence et de vertu, qui a porté la lumière dans mes bons instincts et l'enthousiasme dans mes convictions. Vous m'avez débarrassée de quelques erreurs ; vous m'avez guérie de plusieurs incertitudes : en un mot, vous m'avez enseigné la justice et vous m'avez donné la foi. Vous ne pouvez donc pas être étonné, à moins que vous ne me jugiez trop frivole et trop faible pour exécuter ce que j'ai conçu.

Pierre était en proie à un véritable délire. Il la regardait et n'osait pas seulement poser ses lèvres sur le bout de sa ceinture, tant elle lui apparaissait grandie et sanctifiée par la foi.

— Je vois que vous ne pouvez parler, lui dit-elle. Je vais trouver mon père. Si vous n'y consentez pas, faites seulement un signe, un geste, et j'attendrai que vous ayez changé d'avis.

Pierre prit, avec une sorte d'égarement, le poignard qu'Yseult avait voulu lui donner le jour du départ d'Achille Lefort, et qui se trouvait là sur la table.

— Que voulez-vous donc faire ? lui dit-elle en le lui arrachant des mains.

— Me tuer, répondit-il d'une voix étouffée ; car c'est un rêve, et je voudrais me réveiller dans une autre vie.

— Je vois que vous m'aimez, dit Yseult en souriant ; car vous ne craignez plus de toucher à cette arme qui *coupe l'amitié*.

— Elle pourrait bien couper mon cœur par morceaux, répondit Pierre ; elle n'en ôterait pas l'amour que j'ai pour vous.

— S'il en est ainsi, dit Yseult animée d'une joie sainte et les joues couvertes d'une pudique rougeur, comme je ne connais qu'une manière de vouloir les choses, qui est de les mettre tout de suite à exécution, je vais trouver mon père et lui parler de vous. A demain, Pierre, car ceci est une affaire sérieuse, et peut-être mon père voudra-t-il prendre la nuit pour y réfléchir.

— Demain, demain ! s'écria Pierre tout effrayé. Est-ce que demain viendra jamais ? Comment porterai-je jusqu'à demain cette joie et cette épouvante ? Non, non, ne parlez pas encore à votre père ; laissez-moi vivre jusqu'à demain avec la seule pensée de votre *bonté* pour moi (Pierre n'osait dire de votre amour). Je ne comprends pas encore l'avenir dont vous me parlez : il me semble que là il y a un mystère, et j'y songe avec une sorte de peur... Oui, j'ai le cœur serré, et mon bonheur est si grand qu'il ressemble à la tristesse. C'est une idée solennelle, douloureuse, enivrante. C'est comme si vous alliez vous donner la mort pour moi... Laissez-moi songer, vous voyez bien que je n'ai pas ma tête. Je ne puis fixer mon esprit, au milieu de ce tourbillon que vous soulevez en moi, que sur une seule idée : c'est que vous m'aimez... Vous, vous ! ah ! mon Dieu, vous !... Je suis aimé de vous !... Est-ce que c'est possible ? Est-ce que j'ai la fièvre ? Est-ce que je ne suis pas dans le délire ?

— Je crains vos réflexions, Pierre, et je ne veux pas vous donner le temps d'en faire. Je les ai faites à votre place, et le parti que j'ai pris a été assez mûri pour que j'en puisse prévoir toutes les conséquences ; elles sont telles que je n'en redoute aucune. Il ne faut pas beaucoup de courage, croyez-moi, pour braver les préjugés du monde, lorsqu'on fait, non pas un coup de tête, mais un acte de foi ; le monde est bien faible et bien petit devant de telles résolutions. Et quant à vous, je sais bien quels scrupules vous allez avoir dès que vous vous souviendrez que je suis riche et que vous ne l'êtes pas. Je sais ce que j'aurai à vous répondre ; j'ai prévu toutes vos objections, et je suis sûre de les vaincre ; car votre fierté m'est plus chère qu'à vous-même, et si je croyais vous pousser à une résolution contraire aux principes de votre conscience, j'aimerais mieux mourir.

Ils s'entretinrent longtemps ainsi. Pierre l'écoutait avidement, et lui répondait à peine. Dans ce premier trouble d'une joie inattendue et immense, il ne pouvait apprécier nettement l'idée d'un mariage aussi contraire aux idées et aux coutumes de la hiérarchie sociale. Il se réservait d'éprouver ce projet au creuset de sa conscience. Mais le courage et l'enthousiasme avec lesquels la croyante Yseult s'y jetait tout entière le pénétraient d'amour, de reconnaissance et d'admiration. Ils avaient tant de choses à se dire, à se rappeler, à repasser ensemble dans leur mémoire, qu'ils ne pouvaient s'arracher à cet entretien. Ce retour sur leur amour comprimé, cette explication nouvelle des moindres mystères, des moindres émotions du passé, étaient pleins de délices ; et ils se sentaient revivre une seconde fois les jours qu'ils avaient déjà vécu. Seulement cette première vie avait été la réalité, la seconde était l'idéal ; et ce souvenir repris à deux, et embelli de toutes les révélations qui avaient manqué au passé, était quelque chose comme le sentiment qu'éprouverait dans une vie heureuse une âme qui se souviendrait d'avoir déjà vécu dans des conditions moins douces et avec tous les désirs qui se trouveraient actuellement satisfaits.

Pendant qu'ils causaient ainsi et qu'ils oubliaient l'heure, transportés qu'ils étaient dans une autre sphère, le comte de Villepreux conférait avec le Corinthien. Jusqu'à ce moment, la marquise, agitée, en proie à mille combats, était retenue par la honte d'avouer à son oncle que cette passion sérieuse qu'il lui attribuait malicieusement n'était qu'une surprise des sens au milieu d'une fantaisie d'esprit, un roman commencé avec l'étourderie d'une pensionnaire, soutenu au milieu des délires d'un amour sans frein et sans but, prêt à se dénouer devant la crainte du blâme et les besoins de la vanité. Le Corinthien, se présentant avec un nom célèbre et des titres acquis à la considération, l'eût emporté peut-être sur un gentilhomme sans réputation et sans talent. Mais le Corinthien compagnon menuisier, enfant de génie il est vrai, et sur le point d'être élevé à Rome, mais inconnu, mais incertain de son avenir, incapable peut-être de faire de tardives études et de réaliser les espérances que l'on avait conçues pour lui... c'était un dé dans le cornet de ce jeu de hasard qu'on appelle la société, et Joséphine ne se sentait pas assez de foi et de courage pour en faire l'épreuve. Elle prétendit donc très-effrayée du parti que lui suggérait hypocritement son oncle ; et au moment où il voulut faire appeler Amaury, elle le suivit dans son cabinet et le supplia de l'écouter auparavant. Elle prétendit avoir découvert une intrigue entre la Savinienne et le Corinthien, et se déclara si bien guérie de son amour qu'elle y renonçait et priait son oncle de l'aider à le rompre. Elle ne mentait qu'à demi. La découverte qu'elle avait faite de cet amour passé était ce qui dépoétisait le plus Amaury à ses yeux. Elle était humiliée d'avoir succédé à une *cabaretière*, et l'humble origine de son amant lui apparaissait plus intolérable depuis qu'elle l'y voyait lié par un amour dont il ne consentait pas à rougir et dont il n'était pas assez lâche pour répudier la mémoire.

Le comte reçut Joséphine à merci. Il cessa de jouer la comédie, et lui dit les choses les plus sévères, afin qu'elle n'y revînt plus, et que désormais elle prit ses amants un peu moins bas. — Ceci doit vous éclairer un peu, j'imagine, lui dit-il, et vous prouver que, si l'on doit aimer et honorer le peuple en principe, on ne doit pas trop se hâter de mettre cette sympathie en une application aussi expérimentale que vous venez de le faire à vos dépens. Le peuple est grand et beau comme masse, il est chétif et misérable comme individu ; il a besoin de passer successivement par toutes les phases de la hiérarchie sociale, pour s'épurer, se débarrasser du limon d'où il est sorti, et acquérir à grand'peine et avec grand mérite cette illustration qui peut lutter avantageusement dès aujourd'hui avec celle de la naissance, et qui doit peut-être en triompher radicalement un jour. Vous avez cru faire, avec vos beaux yeux, la transformation que vingt ans de travail et de combat opéreront ou n'opéreront pas dans ce jeune garçon. Il ne vous comprend pas, et retourne avec plaisir à sa commère Savinienne. Ceci vous prouve encore qu'il y a plus loin du pavé populaire aux sommités du vrai mérite et de la véritable considération que de l'établi du menuisier au lit d'une marquise.

Joséphine subit cette réprimande cynique et mordante avec une aveugle soumission. Sa pensée ne s'éleva pas plus haut que le libéralisme étroit du vieux comte. Elle n'aperçut aucune inconséquence dans sa conduite et dans ses paroles; tout lui parut article de foi. Elle dévora son humiliation avec douleur, mais sans révolte, et reçut son pardon à genoux et avec reconnaissance. Elle était de cette race sur laquelle la caste noble, quoique haïe et tournée en ridicule, exerce encore une influence souveraine.

Le comte essaya d'abord de traiter le Corinthien comme un petit garçon et de lui faire peur. A le voir si *gentil*, il ne s'était jamais douté de l'orgueil et de l'emportement de son caractère. Lorsqu'il le vit entrer en révolte, déclarer qu'il était libre, qu'il n'obéissait à personne, qu'on pouvait bien le renvoyer de l'atelier et du château, mais non pas du pays et du village, qu'il ne reconnaissait au comte aucune autorité sur la marquise et sur lui, force fut à l'habile vieillard de reconnaître qu'il venait de faire une école, et que ni la peur du bâton ni la crainte de perdre la protection et les bienfaits ne vaincraient la fierté du Corinthien. Il changea donc de tactique, le prit par la douceur, le raisonna paternellement, le plaignit de son amour, lui dévoila toute la faiblesse et toute la vanité de Joséphine, et lui conseilla d'épouser la Savinienne ou d'aller étudier la statuaire en Italie. Le Corinthien sut sur le cœur les menaces qu'on venait de lui faire; il s'en vengea en sortant du cabinet de M. de Villepreux sans lui avoir rien promis. Mais la nuit porte conseil, et l'idée de voir l'Italie l'agita d'un si vif désir, qu'il résolut d'entrer en composition le lendemain. Le comte était fort tranquille là-dessus; au seul nom de Rome, il avait vu jaillir des yeux du jeune artiste la flamme de l'ambition, et il était bien sûr qu'aucun amour n'entraverait sa carrière.

Le vieux comte, un peu fatigué de sa journée, allait se coucher, lorsque son petit-fils Raoul vint à son tour lui demander un moment d'audience. Il s'agissait des révélations qu'Isidore lui avait faites à propos d'Yseult, et des propos que soulevait son intimité avec la Savinienne et avec Pierre Huguenin. Cet avertissement, donné la veille à M. de Villepreux, ne lui eût peut-être pas semblé valoir la peine d'y réfléchir, d'autant plus que Raoul mettait un peu de malice à montrer à son grand-père les dangers et les inconvénients de son républicanisme. Mais l'histoire de la marquise disposait le comte à faire grande attention à ce que lui disait Raoul. Il l'interrogea beaucoup, et ne lui imposa pas silence lorsque le jeune dandy royaliste lui dit, en grasseyant et en blaisant comme la plupart de ses pareils (avortons d'une force déchue qui n'ont même plus celle de parler intelligiblement): —Voyez-vous, mon père, tout cela finira par quelque scandale si vous n'y mettez bon ordre. Yseult a une folle tête; vous l'avez gâtée; il n'est plus temps de reprendre votre autorité sur elle. Mais elle est en âge de se marier; il faut que vous la placiez sous la protection d'un homme jeune, qui sera en même temps l'appui dévoué de votre vieillesse. Ce sera bientôt fait si vous voulez. Amédée est un excellent parti pour elle. Il est jeune, élégant, bien élevé, joli garçon, riche, bien né; sa famille est bien en cour. Il est amoureux d'elle, ou prêt à le devenir. La comtesse, ma sœur, est disposée à faire encore les premiers pas, quoique Yseult ait été assez maussade avec elle. Si vous le voulez bien, Yseult changera d'idée; car si elle est opiniâtre dans les petites choses, elle est, je crois, raisonnable dans les grandes. D'ailleurs elle vous aime, et le désir de vous plaire...

— Nous reparlerons de cela, dit le comte. Laisse-moi; je veux d'abord lui parler de cette Savinienne.

Raoul se retira, et le comte descendit au cabinet de la tourelle. Il était une heure du matin. Il y surprit sa fille tête à tête avec Pierre Huguenin. Là toute sa prudence l'abandonna; et la colère à laquelle il était fort sujet lui montant au cerveau, il s'exprima en termes fort peu mesurés sur l'inconvenance de cette intimité. Pierre était si ému qu'il ne songeait point à obéir aux ordres violents que lui donnait le vieillard de se retirer; il craignait pour Yseult l'effet de la colère paternelle, mais il n'avait rien à dire pour se disculper. Yseult, effrayée un instant, domina bientôt le malaise affreux de cette situation par la force de son caractère. Au lieu de s'irriter secrètement des dures paroles de son grand-père, elle lui jeta les bras autour du cou, et lui dit, en caressant ses cheveux blancs, qu'elle était heureuse d'être surprise dans ce tête-à-tête, et que cela lui abrégeait de longs préambules. Puis, prenant Pierre par la main, elle l'amena auprès de son aïeul, et, se mettant à genoux: — Mon père, dit-elle d'une voix pénétrée mais ferme, vous m'avez dit mille fois que vous aviez assez de confiance en ma raison et en ma dignité pour me permettre de faire moi-même le choix d'un époux. Lorsqu'on m'a proposé divers mariages d'intérêt et d'ambition, vous avez approuvé mes refus, et vous m'avez dit que vous préféreriez me voir unie à un honnête ouvrier qu'à un de ces nobles insolents et bas qui calomniaient votre caractère politique et qui s'humiliaient devant votre argent. Enfin, vous avez dit aujourd'hui à ma cousine des choses que je me suis fait répéter plusieurs fois, afin d'être bien sûre que je ne vous déplairais pas en vous parlant comme je vais le faire. Voici l'homme que je prendrai pour mari, si vous voulez bien bénir et ratifier mon choix.

Yseult fut forcée de s'interrompre. La surprise, l'indignation, le chagrin, et surtout peut-être la confusion de n'avoir rien à répondre, avaient fait une telle révolution chez le vieux comte qu'il sentit tout d'un coup la force l'abandonner et le sang lui bourdonner dans les oreilles. Il se laissa tomber sur un fauteuil, et devint alternativement écarlate et pâle comme la mort. Yseult, le voyant défaillir, fit un cri et embrassa ses genoux. —Malheureuse fille! dit le vieillard avec effort, vous tuez votre père! Et il perdit connaissance.

CHAPITRE XXXIV.

Le comte eut une congestion cérébrale, qu'on prit d'abord pour une sérieuse attaque d'apoplexie, et qui répandit l'alarme dans le château. Mais aux premières gouttes de sang qu'on lui tira, il se sentit soulagé, et tendit la main à sa petite-fille, qui, plus pâle et plus malade que lui, était agenouillée, demi-morte, auprès de son lit. Affaibli de corps et d'esprit, le vieillard ne songea point à revenir sur l'étrange déclaration qu'Yseult lui avait faite. Il s'endormit assez paisiblement vers le point du jour, et Yseult, brisée de fatigue, toujours à genoux près de lui, s'endormit la face appuyée contre le lit, et les genoux pliés sur un coussin.

Ce que souffrit Pierre Huguenin durant cette nuit-là dépassa tout ce qu'il avait jamais souffert dans sa vie. D'abord il avait aidé Yseult à transporter son père dans sa chambre et à appeler du secours; mais quand le médecin eut fait sortir tout le monde, excepté mademoiselle de Villepreux et son frère; quand il lui fallut quitter l'intérieur du château, où sa présence à cette heure avancée n'était plus explicable ni possible, il fut en proie à toutes les angoisses de l'inquiétude et de l'épouvante. Il songeait à ce que devait souffrir Yseult; il croyait que le comte allait mourir; et il était livré à des remords affreux, comme s'il eût été coupable de quelque crime. Il erra jusqu'au point du jour, revenant d'heure en heure interroger la Savinienne, qui était accourue auprès d'Yseult, et qui veillait dans la chambre voisine. De temps en temps elle descendait furtivement au jardin pour tranquilliser son ami. Lorsqu'il sut que le comte était tout à fait hors de danger, et que l'accident n'aurait pas de suites sérieuses, il s'enfonça de nouveau dans le parc, et alla rêver aux mêmes lieux où il avait tant rêvé déjà, et qui avaient été témoins des joies chastes de son amour. D'abord, tout entier à sa position, il ne songea qu'aux chances d'éternelle union ou de séparation absolue que lui faisaient pressentir, d'une part, la ferme volonté de la jeune fille, de l'autre, la colère et le désespoir du vieux comte. Tout souvenir des obstacles qu'il devait rencontrer dans sa propre conscience s'était effacé dans la joie soudaine et ineffable de cet amour partagé. Il se disait qu'Yseult vaincrait tous ceux que sa famille pourrait lui susciter, et il s'abandonnait à elle avec une confiance religieuse. D'ailleurs son sang bouillonnait dans ses veines et obscurcissait toutes ses idées; son cœur battait si violemment au souvenir des paroles célestes qui vibraient encore dans ses oreilles, qu'il était forcé à chaque pas de s'arrêter et de s'asseoir pour ne pas étouffer. La nuit était sombre et pluvieuse. Il marchait dans le sable délayé et dans les froides herbes sans s'apercevoir de rien. Les grandes rafales de l'automne soulevaient autour de lui des tourbillons de feuilles sèches. Ce vent furieux et cette nature agitée convenaient à la disposition orageuse et confuse de son âme.

Mais lorsque le jour parut, Pierre se retrouva identiquement à la même place où, quatre mois auparavant, à la même heure, il avait soulevé dans son esprit le problème de la richesse avec d'incroyables souffrances et d'affreuses incertitudes. Depuis ce jour mémorable dans sa vie à tant d'autres égards, Pierre avait tendu continuellement son esprit vers ce problème, et s'il avait eu de grands instincts, si d'immuables principes de vérité avaient traversé le chaos de sa pensée, s'il avait trouvé sa règle de conduite et fixé ses rapports avec la société présente, il n'en était pas moins que le problème général restait encore aussi terrible et aussi mystérieux pour lui que pour les hommes les plus forts de son époque. Pierre devait traverser bien des croyances diverses, bien des systèmes incomplets, juger bien des erreurs, partager bien des enivrements politiques et philosophiques avant de recevoir ces lueurs plus fécondes et plus certaines qui commencent à éclairer le vaste horizon du peuple.

Ramené, au milieu de sa joie et de son ivresse d'amour, au sentiment de ce devoir austère qu'il s'était imposé de chercher la vérité et la justice, il s'épouvanta de cette richesse, qui semblait s'offrir à lui et le convier aux jouissances des privilégiés. Quelle que fût l'opposition du comte aux projets de sa petite-fille, Pierre pouvait l'épouser. Le comte était vieux, Yseult forte et fidèle. Pierre n'avait donc qu'un mot à dire, un serment à accepter; et ces terres, et ce château, et ce beau parc qui lui avait donné la première idée de la nature vaincue et idéalisée par la main de l'homme, tout cela pouvait être à lui. Il pouvait fermer désormais son cœur à la souffrance de la pitié, s'endormir pour quarante ou cinquante ans dans la vie du siècle, oublier le problème divin, profiter de la loi qui consacre et qui sanctifie presque le bonheur exclusif de certains hommes... Eh! pourquoi ne pouvait-il accepter ce bonheur sans abjurer ses principes? Ne pouvait-il donc suivre le flot de la société? être, comme Amaury, l'homme de son temps, l'heureux parvenu, l'artiste conquérant ou le riche improvisé, sans cesser d'être homme de bien, sans abandonner la recherche de l'idéal? Ne pouvait-il faire servir sa richesse à la découverte du problème, répandre ses bienfaits sur un certain nombre d'hommes, essayer diverses formes d'exploitation rurale avantageuses au cultivateur prolétaire, fonder des hôpitaux, des écoles? Ces nobles rêves traversèrent sa pensée. Yseult, à coup sûr, au lieu de l'entraver, le seconderait de toute sa volonté et de toute sa vertu. Sans doute, c'étaient là les grands arguments qu'elle avait en réserve pour vaincre son désintéressement et sa fierté.

Mais Pierre, en songeant aux devoirs qu'imposerait la richesse à un homme aussi religieux que lui, s'effraya de son ignorance. Il se demanda s'il avait autre chose que de bonnes intentions, et si son éducation l'avait mis à même de développer ses principes et de les appliquer. Il chercha ce qu'il ferait de bon, de sage, et de vraiment utile, le jour où il entrerait en possession de la fortune, et il ne trouva en lui qu'incertitude et perplexité. Sa nature, toute mystique, toute tournée à la contemplation méditative, excluait cette activité pratique, cette habileté spéciale, ce savoir-faire, cette arithmétique en un mot, qui seraient nécessaires, au degré le plus éminent, à l'homme généreux, pour pratiquer le bien dans une société livrée au mal. Il sonda son intelligence sans fausse humilité, mais sans vaine complaisance, et sans permettre à la soif du bonheur de lui faire illusion. Il sentit et reconnut qu'il n'était point cet homme-là ; que le principe l'absorberait toujours tout entier, et que les conséquences viendraient à lui échapper. Pierre avait vingt et un ans, et, sachant tout ce que l'homme le plus éclairé de son temps eût pu savoir dans l'ordre moral, il ne savait rien dans les choses de pure intelligence. Il se sentait dix ans de trop pour refaire son éducation, et il n'avait pas ces choses d'innéité qui supplée au défaut de culture. Il reporta sa pensée sur tous les éléments de corruption qui, dans la richesse, pouvaient déflorer son idéal, et fausser ses bonnes intentions, avant que la lumière lui fût venue. Il se dit que peut-être, à son âge, le comte de Villepreux, cet homme qui avait de si belles théories et de si misérables applications, avait été comme lui pénétré de l'amour de la justice. Il eut horreur de devenir riche, parce qu'il craignit d'aimer la richesse elle-même et de n'en savoir point user.

Je ne vous donne point ses conclusions pour le dernier mot de la sagesse, ami lecteur. Si la jeunesse de Pierre Huguenin, le Compagnon du Tour de France, a pu vous intéresser quelque peu, sa virilité, dont je compte vous entretenir dans un second roman, vous intéressera davantage, je l'espère. Vous verrez que plusieurs fois, dans la suite de ses années, il douta de ce qu'il avait fait, et s'interrogea en conscience. Mais, à l'âge où je vous le montre, son âme fervente ne pouvait admettre que le renoncement poétique et quasi-chrétien aux joies de la terre. Il avait vécu de cela ; il y avait puisé sa vertu, sa poésie et son amour : il ne pouvait pas les abjurer en un instant. Il avait soif de faire une grande chose ; elle se présentait, il n'hésita pas. Il fut plus romanesque que tous les romans qu'il avait lus. Il crut mériter l'amour d'Yseult en y renonçant, et justifier sa préférence en prouvant qu'il était au-dessus de tous ces biens qu'elle lui offrait. Il y eut donc aussi de l'orgueil dans son fait. On en trouverait dans toutes les belles actions, si on les analysait ainsi.

Il attendit que le comte de Villepreux fût bien reposé, et se risqua à lui demander une entrevue. Elle lui fut d'abord refusée. Il insista, et l'obtint.

Le vieillard était pâle et sévère. — Pierre, dit-il d'une voix affaiblie, venez-vous insulter à la douleur et à la maladie? Vous que j'aimais comme mon fils, à qui j'ai ouvert mes bras, et pour qui j'aurais donné la moitié de mes biens comme à l'homme le plus digne et le plus utile, vous m'avez trompé, vous m'avez déchiré le cœur ; vous avez séduit ma fille!

Pierre ne fut pas dupe de cette déclamation préparée d'avance, et sourit intérieurement de la peine qu'on voulait se donner pour enchaîner un homme qui venait se livrer de lui-même.

— Non, monsieur le comte, répondit-il d'un ton ferme, je n'ai pas d'un pareil crime à me reprocher ; et si j'avais été assez lâche pour y songer, votre noble fille eût su s'en garantir. Je puis vous jurer par tout ce qu'il y a de plus sacré pour vous et pour moi sur la terre, par *elle*, que ma main a touché la sienne hier pour la première fois, et que jamais, avant cet instant, je n'avais eu la pensée qu'elle pût m'aimer.

Cette déclaration, qu'il était impossible de révoquer en doute quand on connaissait tant soit peu la sincérité et la moralité de Pierre Huguenin, ôta un poids affreux au vieux comte. Il connaissait trop sa petite-fille pour craindre que son roman ne ressemblât à celui de la marquise. Mais en apprenant que l'éclosion du projet d'Yseult était si récente, il eut l'espoir de l'y faire renoncer plus aisément.

— Pierre, dit-il, je vous crois ; je douterais de moi-même plutôt que de vous. Mais aurez-vous autant de courage que de franchise? N'ayant rien fait, comme je le présume, pour égarer l'esprit de ma fille, ferez-vous tout votre possible pour la ramener à son devoir et à la soumission qu'elle me doit?

— Vous allez bien vite, monsieur le comte, répondit Pierre, et vous avez de ma force d'âme une bien haute

Malheureuse fille! dit le vieillard avec effort, vous tuez votre père. (Page 119.)

opinion apparemment. Je vous en remercie humblement, mais je voudrais savoir pourquoi vous refuseriez la main de votre fille chérie à l'homme que vous estimez au point de lui demander d'emblée un effort de vertu que vous n'oseriez attendre d'aucun autre.

Cette question embarrassante fut la seule vengeance que Pierre voulut tirer de l'hypocrisie du vieux comte. Celui-ci ne pouvait y répondre qu'avec des arguments puérils, et il s'embarqua dans des considérations si mesquines et si vulgaires que Pierre en eut pitié. Il invoqua des engagements pris d'avance pour l'établissement d'Yseult. Pierre savait bien qu'il mentait, et qu'il n'aurait pas promis sa petite-fille sans qu'elle y eût consenti. Il parla du monde, de l'opinion, des préjugés; du malheur, de l'abandon, et du mépris qui seraient le partage de sa fille, si elle écoutait la voix de son cœur sans consulter ce monde absurde et injuste auquel il fallait, cependant, prêter foi et hommage, sous peine de n'avoir plus une pierre où reposer sa tête. Yseult était une enfant : elle se repentirait d'avoir cédé à une inspiration romanesque, le jour où il serait trop tard pour en revenir; et Pierre, à son tour, se repentirait amèrement; il serait livré à l'humiliation, au remords, à la douleur mortelle de voir souffrir un être qui se serait sacrifié pour lui.

— En voilà bien assez, monsieur le comte, dit Pierre, pour motiver votre crainte et votre refus. Tout cela ne serait rien, si je n'étais décidé d'avance à vous donner gain de cause; car j'ai une plus haute idée que vous de la sagesse et de la fermeté de votre fille. Mais je venais ici pour vous dire ce à quoi vous ne vous attendez peut-être pas : c'est que je refuserais de devenir votre gendre lors même que vous y consentiriez. Rappelez-vous un assez long entretien que vous avez daigné avoir avec moi sur la propriété, monsieur le comte, et rappelez-vous que je n'ai pas reçu de vous la solution que j'en attendais. Comme je suis un homme simple et ignorant, et cependant un honnête homme, et comme vous n'avez pas voulu me dire si la richesse était un droit et la pauvreté un devoir, dans le doute je m'abstiens et reste pauvre. Voilà toute ma réponse.

Le comte ouvrit ses bras à l'artisan, et, affaibli par la peur, la maladie et la reconnaissance, le remercia en pleurant de ce qu'il voulait bien ne pas toucher à sa richesse et à sa vanité.

— Maintenant, lui dit Pierre froidement après avoir subi un torrent d'éloges qui n'enfla pas beaucoup son orgueil, je vous demande la permission de voir mademoiselle de Villepreux et de lui parler sans témoins.

— Allez, Pierre! répondit le comte après un moment d'hésitation et de trouble. Vous ne pouvez pas mentir, c'est impossible. Ce que vous avez promis, vous le tiendrez. Ce que vous avez conçu, vous l'exécuterez.

Pierre resta enfermé deux heures avec Yseult. Ils débattirent pied à pied leur différente manière de comprendre et de pratiquer le beau idéal. Yseult était inébranlable dans son dessein de s'unir à celui qu'elle avait élu; et Pierre, accablé de cette lutte contre lui-même, ne sut que lui répondre lorsqu'elle finit en lui disant :

— Pierre, je reconnais qu'il faut que nous nous quittions pour quelques mois, pour quelques années peut-être. La douleur et l'effroi que j'ai éprouvés hier en voyant mon père désavouer le choix immuable que j'ai fait de vous, m'ont appris à quels remords je serais en proie si je causais par ma résistance la mort de l'homme que je chéris le plus au monde après vous; oui, Pierre, après vous : le plus vertueux des deux a la plus grande place dans mon cœur. Mais j'ai envers mon aïeul des devoirs de toute la vie, dont un jour de faiblesse et d'erreur de sa part ne saurait me dégager. Tant qu'il sera contraire à notre amour, je ne lui en parlerai plus ; à Dieu ne plaise que j'empoisonne ses dernières années par une persécution à laquelle il céderait peut-être ! Mais il est possible que de lui-même (et j'y compte, moi qui ne suis pas habituée à douter de lui), il revienne à la vérité que je lui ai toujours vu aimer et pratiquer. S'il persiste, je me soumettrai à toutes ses volontés, excepté à celle d'épouser un autre homme que vous. A cet égard, je ne me regarde plus comme libre. Ce que je vous ai dit, je l'ai juré à Dieu et à moi-même. Je ne me parjurerai pas. Ainsi, dans un an comme dans dix, le jour où je serai libre, si vous avez eu la patience de m'attendre, Pierre, vous me retrouverez dans les sentiments où vous me laissez aujourd'hui.

Trois jours après, le comte, son fils, sa fille et sa nièce roulaient en berline à quatre chevaux sur la route de Paris, et le Corinthien en diligence sur celle de Lyon pour gagner l'Italie. La Savinienne rangeait le cabinet d'Yseult, et versait de grosses larmes en silence. Le Berrichon chantait dans l'atelier ; et Pierre Huguenin, pâle comme un linceul, amaigri, vieilli de dix années en un jour, travaillait d'un air calme, et répondait avec douceur aux caresses et aux questions inquiètes de son père.

FIN DU COMPAGNON DU TOUR DE FRANCE.

MOUNY-ROBIN

L'autre soir, à l'Opéra, j'étais placé entre un bourgeois de Paris qui disait, d'un air profond, au second acte du *Freyschütz* : Faut-il que ces Allemands soient simples pour croire à de pareilles sornettes ! — Et un bon Allemand qui s'écriait avec indignation, en levant les yeux et les bras au ciel, c'est-à-dire au plafond : —Ces Français sont trop sceptiques ; ils ne conçoivent rien au merveilleux. — Le bourgeois scandalisé reprenait, s'adressant à sa femme : —Vraiment, ce hibou qui roule les yeux et bat des ailes est indigne de la scène française ! — L'Allemand outragé reprenait de son côté, s'adressant aux étoiles, c'est-à-dire aux quinquets : — Ce hibou bat des ailes à contre-mesure, et ses yeux regardent de travers. Il aurait besoin d'être soumis à l'opération du strabisme. Un public allemand ne souffrirait pas une pareille négligence dans la mise en scène ! — Les Allemands n'ont pas de goût, disait le bourgeois parisien. —Les Français n'ont pas de conscience, disait le spectateur allemand.

— A qui en ont ces messieurs ? demandai-je dans l'entr'acte à un spectateur cosmopolite qui se trouvait derrière moi, et qui, par parenthèse, est fort de mes amis. Comment se fait-il que la mauvaise tenue de ce hibou les occupe plus que l'esprit du drame, si admirablement rendu par la musique ?

— L'Allemand n'est pas content de certaines parties de l'exécution, me répondit le cosmopolite, et il s'en prend au décor. C'est bien de l'indulgence ou de la retenue de sa part. Quant au bourgeois, il va à l'Opéra pour voir le *spectacle*, et il écoute la musique avec les yeux.

— Eh bien ! pour ne parler que du *spectacle*, repris-je, que vous en semble ? Vous qui avez vu représenter ce chef-d'œuvre sur les premières scènes de l'Europe, trouvez-vous qu'il soit mal *monté* (comme on dit) sur la nôtre ?

— Je ne suis pas du tout mécontent de ce sabbat, répondit-il, quoique j'y trouve trop peu de diablerie. Les apparitions du premier plan sont trop négligées, trop rares, et ne sont pas combinées à point avec les paroles du drame et avec l'intention du compositeur. Je n'ai pas vu le sanglier dont le rugissement sauvage est si bien exprimé dans la musique. S'il a passé, c'est si vite, que je ne l'ai point aperçu. A la place de l'apparition d'Agathe, je n'ai vu qu'un revenant quelconque. Ces squelettes et ces lutins sont beaucoup plus laids qu'il ne faut, et ne produisent pas du tout l'effet que produisent en Allemagne les chiens et les oiseaux innombrables qui s'élancent sur la scène. Les aboiements et le bruit des ailes sont pourtant indiqués dans l'orchestre, et c'est traiter un peu lestement la pensée de Weber que de lui retirer ses manifestations nécessaires. Voilà de quoi l'Allemand se plaint, et il a raison. Mais, ce qui pour moi fait compensation, c'est la beauté de ce paysage, la profondeur de ces toiles, la transparence de ces brouillards, le je ne sais quoi d'artiste, de poétique et d'élevé qui préside à la composition du tableau. Sur aucune autre scène, on n'aurait mis autant de goût et d'intelligence à peindre le site en lui-même. Cette cascade dont le bruit sec et froid vous pénètre et vous glace, ces rideaux de brume qui s'éclaircissent et s'épaississent tour à tour, cela est vu et senti grandement par le décorateur. C'est que le Français a plus que l'Allemand le sentiment de la vraie beauté dans la nature, témoin les grands paysagistes que la France seule a produits depuis quelques années. Il y a une véritable renaissance de ce côté-là. L'Allemand voit les choses autrement ; il veut embellir la nature. Elle ne suffit pas à son imagination, il la peuple de fantômes, il donne aux objets réels eux-mêmes des formes fantastiques. La scène allemande essaie minutieusement de réaliser cette pensée du poëte, et je crois qu'ici on a bien fait de ne pas le tenter. Il eût fallu sacrifier des effets de vérité à des effets de fantaisie, et peut-être eût-on perdu ces beaux effets sans atteindre au bizarre effrayant des effets contraires. En résumé, on peut dire que chaque peuple a son fantastique, et qu'il serait plus que difficile de concilier les deux.

— Si vous parlez de Paris et de Vienne, répondis-je, je vous accorde que ces différences sont tranchées ; mais si vous allez au cœur de notre peuple, si vous pénétrez dans nos provinces, au fond de nos campagnes, vous y trouverez des traditions si semblables à celles de l'Allemagne et de l'Écosse, que vous reconnaîtrez bien que ces poèmes populaires ont une source commune. Les poètes et les artistes des diverses nations s'en inspirent plus ou moins. L'Angleterre a Shakspeare et Byron, l'Allemagne Goethe, la Pologne Mickiewicz, l'Écosse Ossian et Walter Scott. Nous n'avons rien de semblable. Nos superstitions n'ont point eu d'illustres interprètes et n'en auront pas ; l'esprit voltairien leur a porté le dernier coup, et notre moderne école fantastique n'a été qu'une pâle imitation de celles de nos voisins. Elle n'a rien produit de durable ; c'est une affaire de mode. Le Français des hautes classes et celui des classes moyennes rient des contes de revenants, et défendent aux valets d'en troubler la cervelle des enfants. L'Allemand éclairé n'y croit pas davantage, mais il n'en rit pas ; il les aime. Personne, à cet égard, n'a mieux peint l'esprit allemand que Henri Heine.

Quant à nous, continuai-je, nous avons lu les contes d'Hoffmann avec un plaisir extrême : mais l'impression que nous en avons reçue n'a pas modifié nos habitudes de logique, notre impérieux besoin de la recherche des causes, et, par conséquent, cette raison un peu froide et railleuse qui scandalise l'Allemand. J'avoue que rien n'est plus risible que l'esprit fort qui veut tout expliquer sans rien savoir ; mais il y a une autre faiblesse qui consiste à s'interdire toute explication, bien qu'on ne manque pas de science, et qui n'est pas moins ridicule. Voilà, je crois, la différence entre les deux nations. Le Français, par amour du vrai, nie ou méconnaît toute vérité nouvelle ; l'Allemand, par amour du fabuleux, refuse de constater la vérité sur ses chimères. Mais, je vous le répète, descendez au cœur du peuple ; vous trouverez dans les grandes villes une population intelligente et active, qui, bien qu'initiée à la raison et à la logique des hautes classes, se souvient encore des traditions de son enfance et des contes de sa nourrice villageoise. Et si vous voulez aller au village, sans vous éloigner beaucoup de Paris, vous trouverez la fable de *Freyschütz* aussi vivante dans les imaginations rustiques que vous venez de la voir sur ce théâtre.

— Je serais curieux de m'en assurer, dit mon cosmopolite.

—Eh bien ! repris-je, allez un peu causer avec les

gardes forestiers et les bûcherons de la forêt de Fontainebleau. Ils vous raconteront qu'ils ont entendu, dans les nuits brumeuses de l'automne, passer la chasse fantastique du Grand-Veneur. Il en est même qui ont rencontré cette chasse terrible, ces biches épouvantées fuyant devant la meute bruyante, et ces grands lévriers dont la race est perdue et qui devancent la course des feux follets, et les chasseurs avec leurs trompes au son funèbre, et le Grand-Veneur en personne, avec son habit rouge, son panache flottant et son cheval noir comme la nuit, piaffant, reniflant, et faisant fumer la bruyère sous ses pieds autour de ces arbres séculaires qui forment, au plus obscur de la forêt, le *carrefour du Grand-Veneur*.

— J'ai souvent passé sous ces beaux arbres, répondit mon interlocuteur, lorsqu'ils étaient couverts de soleil et de verdure, et je n'aurais jamais cru que les morts osassent venir prendre leurs ébats aussi près de la capitale.

— Si vous voulez me promettre de ne pas vous moquer de moi, lui dis-je, je vais vous dire comme quoi j'ai été tout près de croire à une fable conforme, à bien des égards, au poëme de *Freyschütz*.

— Je vous en prie, me dit-il, et je vous promets tout ce que vous voudrez.

— Eh bien, continuai-je, franchissez en imagination une distance de quatre-vingts lieues. Nous voici au centre de la France, dans un vallon vert et frais, au bord de l'Indre, au bas d'un coteau ombragé de beaux noyers qui s'appelle la côte d'Urmont, et qui domine un paysage tout à fait doux à l'œil et à la pensée. Ce sont d'étroites prairies bordées de saules, d'aulnes, de frênes et de peupliers. Quelques chaumières éparses, l'Indre, ruisseau profond et silencieux, qui se déroule comme une couleuvre endormie dans l'herbe, et que les arbres pressés sur chaque rive ensevelissent mystérieusement sous leur ombre immobile; de grandes vaches ruminant d'un air grave, des poulains bondissant autour de leur mère, quelque meunier cheminant derrière son troupeau d'oies, à la hâte dans le pré du voisin; voilà les seuls accidents de ce tableau rustique. Je ne saurais vous dire où en est le charme, et pourtant vous en seriez pénétré, surtout si, par une nuit de printemps, un peu avant les fauchailles, vous traversiez ces sentiers de la prairie où l'herbe, semée de mille fleurs, vous monte jusqu'aux genoux, où le buisson exhale les parfums de l'aubépine, et où le taureau mugit d'une voix désolée. Par une nuit de la fin d'automne, votre promenade serait moins agréable, mais plus romantique. Vous marcheriez dans les prés humides, sur une grande nappe de brume blanche comme l'argent. Il faudrait vous méfier des fossés grossis par le débordement de quelque bras de la rivière, et dissimulés par les joncs et les iris. Vous en seriez averti par l'interruption subite des croassements des grenouilles, dont votre approche troublerait le concert nocturne. Et si par hasard vous voyiez passer à vos côtés, dans le brouillard, une grande ombre blanche avec un bruit de chaînes, il ne faudrait pas vous flatter trop vite que ce fût un spectre; car ce pourrait bien être la jument blanche de quelque fermier, traînant les fers dont ses pieds de devant sont entravés.

Le plus mystérieux et le plus pittoresque de ces moulins cachés sous le feuillage et abrités par le versant rapide du coteau d'Urmont (eh! mon Dieu, si quelque rustique habitant de notre Vallée Noire était là pour m'entendre prononcer ce nom, vous le verriez dresser l'oreille comme un cheval ombrageux), le plus joli, dis-je, de ces moulins, celui qui fut jadis le plus prospère et qui désormais ne l'est plus, c'est le moulin Blanchet. Hélas! il n'a pas toujours de l'eau cet homme dans les chaleurs de l'été, et pourtant jamais il n'en a manqué du temps que Mouny-Robin en était le meunier. Le moulin qui est au-dessus et celui de Lamballe, qui est au-dessous en remontant et en suivant le même cours d'eau, en manquaient souvent. Les meuniers maudissaient la saison, ils tourmentaient en vain leurs écluses, ils épuisaient jusqu'à la dernière goutte de leurs réservoirs sans pouvoir contenter leurs clients, et pendant ce temps la roue du moulin Blanchet tournait triomphante et chassait à grand bruit des flots d'écume. Mouny-Robin satisfaisait toutes ses pratiques, et voyait, comme de juste, venir à lui toutes celles de ses confrères malheureux; c'est que Mouny-Robin était sorcier, c'est qu'il s'était donné à *Georgeon*.

Qu'est-ce que Georgeon? Qu'est-ce que Samiel? Georgeon est un diable bien malin. Je n'ai jamais pu réussir à le voir, quoique j'y aie fait mon possible. Mais tant d'autres l'ont vu, que l'on ne saurait révoquer en doute son existence, et son intervention dans les affaires de nos paysans. C'est lui qui donne de l'eau au moulin, de l'herbe au pré, de l'embonpoint aux bestiaux, et surtout du gibier au chasseur, car il est particulièrement l'Esprit de la chasse. Il trotte dans les guérets, il rôde dans les buissons, il contrarie les chasseurs maladroits, il gambade la nuit dans les prés avec les poulains, et, quand il parcourt la forêt, il est toujours accompagné d'au moins cinquante loups, lors même qu'il n'y en a pas un seul dans le pays. Lorsqu'on le surprend dans cet équipage, on s'assemble de tous les hameaux environnants pour faire une battue; mais, quoi qu'on fasse, les loups deviennent invisibles, et le Malin se moque des chasseurs. C'est que les favoris de Georgeon ne se mêlent jamais de ces battues; ils n'ont à discrétion des perdrix et des lièvres qu'à la condition de respecter les loups, et de les aider à se soustraire à la persécution. A quoi bon battre les bois et se donner tant de peine? vous dira-t-on. Nous ne trouverons pas un seul loup aujourd'hui. C'est *un tel* qui les a serrés dans sa grange. Allez-y. Vous en trouverez là plus de cent à la crèche.

Ah! combien de loups Mouny-Robin a ainsi hébergés et soustraits à nos recherches! C'est grâce à lui, sans doute, que nous n'en avons jamais vu un seul à quatre lieues à la ronde, et, sous ce rapport, c'était un sorcier bien utile aux moutons du pays.

Mais un sorcier est toujours réputé méchant et nuisible, et Mouny-Robin fut toujours vu de mauvais œil. C'était pourtant la plus douce et la plus obligeante créature du monde. Lorsque je l'ai connu, il était assez jeune; c'était un homme assez grand, mince, et d'une apparence délicate, quoique d'une force rare. Je me souviens qu'un jour, voulant traverser un pré pour éviter de faire un long détour, je me trouvai empêché par un très-large fossé, rempli d'eau et de vase. Tout à coup je le vis sortir de derrière un saule. — Vous ne passerez pas là, mon enfant, me dit-il, c'est impossible. — Cela ne me paraissait pas impossible; mais quand j'essayai de poser les pieds sur les pierres aiguës et glissantes qui, jetées çà et là dans le fossé, formaient une sorte de sentier, je trouvai la chose plus difficile que je ne l'avais pensé. J'étais avec un enfant plus jeune que moi, qui me dit : N'essayez pas de passer. Mouny ne veut pas; c'est un endroit ensorcelé pour lui, et, quoiqu'il n'y ait pas beaucoup d'eau, s'il le veut, nous allons nous y noyer.

Comme nous étions en plein jour, et que je n'ai jamais eu peur à cette heure-là, je me moquai de cet avertissement, et j'appelai Mouny. — Viens ici, lui dis-je, et si tu es un brave sorcier, fais-moi passer par le meilleur chemin, puisque tu le connais. — Il fut très-satisfait de cette déférence. — Je savais bien, dit-il d'un air triomphant, que vous ne passeriez pas là sans moi. — Et venant à moi, quoiqu'il fût très-pâle et parût exténué par une fièvre qui le rongeait depuis plus d'un an, il me prit à la lettre entre ses mains, m'enleva en l'air comme il eût fait d'un lièvre, et, marchant sur les pierres jalonnées avec une parfaite sécurité malgré ses gros sabots, il me passa à l'autre bord sans broncher. — Toi, dit-il à l'autre, suis-moi, et ne crains rien. — L'autre passa, et ne trouva pas la moindre difficulté. — Le sort était levé. Depuis ce jour, j'avais alors dix-sept ans, Mouny-Robin me témoigna toujours la plus grande amitié.

Si j'insiste sur la physionomie de ce personnage, ce n'est pas que je l'aie jamais cru sorcier; mais c'est qu'il y avait en lui bien certainement quelque chose d'extraordinaire, sinon comme intelligence, du moins comme *faculté mystérieuse*. Je vous expliquerai au fur et à mesure ce que j'entends par là. Il était, quant à l'extérieur, au langage et aux manières, bien différent de tous les autres paysans, quoiqu'il eût toujours vécu dans les mêmes conditions d'ignorance et d'apathie. Il s'exprimait avec une certaine distinction, quoique avec une sorte de cynisme rabelaisien qui ne manquait pas de sel. Il avait la voix douce et l'accent agréable; son humeur était enjouée, et ses allures familières, sans être insolentes. Bien opposé aux habitudes de servilité craintive de ses pareils, qui ne rencontrent jamais un chapeau à forme haute sans soulever leur chapeau plat à grands bords, je ne crois pas qu'il ait jamais dit à personne *monsieur* ou *madame*, ni qu'il ait jamais porté la main à son bonnet pour saluer. Si le bourgeois lui plaisait, il l'appelait « mon ami, » sinon il l'appelait Gagneux, Daudon ou Massicot tout court. Il ne procédait pas ainsi par esprit d'insurrection. Vraiment, il ne s'occupait point de politique, ne lisait pas de journaux, et pour cause. La chasse l'absorbait tout entier, et j'ai toujours pensé que, comme chacun de nous a une certaine analogie de caractère, d'instincts, et même de physionomie avec un animal quelconque (Lavater et Grandville l'ont assez prouvé), il y avait dans Mouny une grande tendance à rapprocher le type du chien de chasse de l'espèce humaine. Il en avait l'instinct, l'intelligence, l'attachement, la douceur confiante, et ce sens mystérieux qui met le chien sur la piste du gibier. Ceci mérite explication.

Quelques années après mon aventure du fossé (si aventure il y a), mon frère, étant venu se fixer dans le pays, fut pris d'une grande passion pour la chasse. C'était dans les commencements une passion malheureuse; car, dans nos vallons coupés de haies et semés de pacages buissonneux, le gibier a tant de retraites, que la chasse est fort difficile. Il ne suffit pas de savoir tirer juste, il faut connaître les habitudes du gibier, combattre ses tactiques par une tactique d'observation et d'expérience, développer en soi la ruse, la présence d'esprit, la patience, n'avoir pas de distraction, savoir tirer *au juger* parmi les broussailles, ou viser si juste et si vite, qu'un lièvre à la course apparaissant, pour une ou deux secondes, dans un *éclairci* de quelques pieds d'ouverture, il tombe là, sans quoi il ira se *remiser* dans des fourrés impénétrables. La perdrix aux champs n'est qu'une chasse d'enfants. Mais le lièvre au pacage est une chasse de maître. Il faut être bien rompu, bien retors, et le plus habile chasseur de plaine y perdra son latin et sa poudre, à moins que, pour abréger de longues années d'apprentissage, il ne fasse intervenir Georgeon dans ses affaires.

— C'est encore là le plus sûr, nous disait notre ami le garde champêtre. Quant à moi, je n'ai pas la science qu'il faut pour ça; et puis ça commence bien, mais ça finit toujours mal avec le *camarade*. Voilà Mouny-Robin qui vous fera tuer du gibier tant que vous voudrez, et Dieu sait qu'il n'y a pas de plus fin braconnier en Europe et même en France; mais, voyez-vous, il a après lui un vilain monsieur. Qu'il y prenne garde! Un beau jour il trouvera son maître, et Georgeon finira par le *tourer*[1].

Au sortir d'un régiment de hussards, on n'est pas superstitieux. Mon frère, voulant passer maître à la chasse, se fit l'écolier de Mouny, et moi, qui ai toujours aimé à battre les champs et les prés, à fumer à l'ombre parfumée d'un noyer, ou à lire un roman le long de la rivière, je me mis de la partie sans songer à mal.

— D'abord, mes enfants, nous dit Mouny-Robin, il faut se mettre en chasse à l'heure de la grand'messe, si ça ne vous fait pas trop de peine.

A la bonne heure, pensai-je, voilà qui sent le sorcier. Nous partîmes pendant que la cloche du village appelait les fidèles à l'église et nous garantissait au moins contre des concurrents incommodes. — C'est trop tôt, nous dit Mouny-Robin. Laissez entrer tout le monde; avant que le premier coup de fusil soit tiré, il ne nous faut rencontrer ni fille ni femme.

Malgré cette précaution, et quoique, pour complaire au sorcier dont les pratiques nous divertissaient, nous fissions de grands détours pour éviter de nous croiser dans notre marche avec quelque paysanne attardée se rendant à l'église, nous nous trouvâmes tout à coup face à face avec une bergère qui gardait ses moutons à l'angle d'une prairie. — Comme elle ne marche pas, dit mon frère, cela ne peut pas s'appeler une rencontre. — C'est égal, dit Mouny, c'est bien mauvais, et la chance est contre nous. Nous allons être deux heures sans rien tuer.

Deux heures se passèrent en effet sans que nous pussions abattre une seule pièce. C'était à qui de nous tirerait le plus mal, et Mouny n'était pas le moins maladroit.

— Puisque tu es sorcier, lui dis-je, au lieu de conjurer les mauvaises rencontres, tu devrais avoir des balles qui portent juste. On dit que Georgeon en donne à ses amis.

— Est-ce que vous croyez à Georgeon, vous autres? dit-il en haussant les épaules. Pour moi, je regarde tout ce qu'on en dit comme autant de contes pour faire peur aux enfants.

— Mais pourquoi évites-tu les rencontres? pourquoi chasses-tu pendant la messe? pourquoi crois-tu aux mauvaises chances?

— Vois-tu, mon petit, reprit-il, tu parles sans savoir. La chasse est une chose à laquelle personne ne connaît rien. Il y a des chances, voilà tout ce que je peux t'en dire. T'ai-je averti que nous aurions deux mauvaises heures? Elles sont passées; regarde au soleil. Eh bien! voilà une pie sur un arbre. Je vais la tirer, et la chance sera pour nous; si je la manquais, nous ferions aussi bien de rentrer; nous manquerions à tout coup.

Il abattit la pie. — Ne la ramassez pas, n'y touchez pas, nous dit-il. Cela n'est bon qu'à lever un sort.

— Ah ça, la bergère était donc sorcière? lui demandai-je.

— Non, me dit-il, il n'y a ni sorciers ni sorcières; mais elle avait une mauvaise influence. Ce n'est pas sa faute. L'influence est détruite; à présent nous allons trouver deux perdrix à la Croix-Blanche.

— Comment! à une demi-lieue d'ici? dit mon frère.

— Pardine, je le sais bien, répliqua Mouny; mâle et femelle! Vous pouvez rencontrer qui vous voudrez à présent, et tirer comme vous pourrez, vous tuerez ces perdrix-là, je vous les donne.

Nous les trouvâmes à la place qu'il avait désignée, et mon frère les tua.

— Maintenant, dit-il, nous ne verrons rien d'ici à une demi-heure : regardez à vos montres.

La demi-heure écoulée : — Je veux tuer un lièvre, dit-il : il faut que je le tue, ce diable de lièvre!

Le lièvre passa à une telle distance, que mon frère cria :

— Ne tirez pas, c'est inutile; il est hors de portée.

Le coup partit.

— Il a beau être sorcier, dit mon frère, il n'abattra pas celui-là. C'est tout à fait impossible.

— Cherche, Rageot, dit Mouny à son chien.

— Oui, oui, cherche! dit mon frère en riant.

Rageot partit comme un trait; c'était un bien bel épagneul blanc avec des taches jaunes. Il passa la rivière à la nage, car Mouny avait tiré par-dessus; il flaira les buissons, poussa un cri de joie, fit vaillamment le plongeon dans les épines, et rapporta le lièvre criblé du gros plomb de Mouny.

Ma foi, je commençais à croire que Georgeon s'était mis de la partie.

Il nous fit plusieurs autres prédictions qui se réalisèrent comme les précédentes. Au retour, notre chien Médor tomba en arrêt sur une compagnie de perdrix.

— Laissez-moi tirer là-dessus, dit Mouny en retenant mon frère. Il nous en faut au moins six.

Il en abattit sept.

— Bah! c'est trop facile! disait-il tranquillement en les ramassant.

---

[1] *Se tourer*, en berrichon, lutter ensemble; *être touré*, être terrassé dans la lutte.

— S'il n'est pas sorcier ou diable, disais-je à mon frère en revenant, il a du moins quelque pratique secrète que je ne devine pas.

— Bah! répondit mon frère, il a tant étudié les allures du gibier, qu'il en connaît toutes les remises et toutes les habitudes. Les animaux libres ont une vie très-régulière, et il suffit de suivre une de leurs journées pour savoir l'emploi de tous leurs autres jours.

— Mais le lièvre atteint hors de portée?

— C'est que son fusil porte extraordinairement loin comparativement aux nôtres.

— Mais les sept perdrix?

— C'est qu'il a tiré au plus serré du bataillon. Je ne lui conteste pas d'être plus adroit que nous.

— Mais ses prédictions?

— Le hasard aide les gens heureux, et le bonheur est aux insolents.

— Avec cela, on expliquerait toutes choses, et pourtant il me semble que cela n'explique rien.

— Attends à demain ou à la semaine prochaine, pour voir comment notre sorcier gouvernera le hasard. Tu verras qu'il ne tombera pas toujours aussi juste qu'aujourd'hui, et que son Georgeon lui fera *fiasco* plus d'une fois.

Nous nous mîmes à chasser presque tous les jours avec Mouny. Nous y trouvions un plaisir extrême, mon frère, parce qu'il lui faisait rencontrer beaucoup de gibier, moi, parce qu'il nous conduisait dans les sites les plus charmants et les plus ignorés de la Vallée Noire. Il continuait son système de conjuration contre les influences pernicieuses, et ses prédictions. Je dois dire, pour la vérité du fait, que celles-ci ne se réalisaient pas toujours parfaitement, mais qu'elles se réalisèrent vingt-cinq fois sur trente, et cela dura non quatre jours, mais quatre ans et demi, pendant lesquels Mouny-Robin prit sur nous, comme chasseur, et peut-être aussi un peu comme sorcier, un ascendant que peu à peu nous cessâmes de combattre. En étudiant avec lui les mœurs du gibier, nous pûmes bientôt nous convaincre que ses habitudes n'étaient pas aussi régulièrement tracées que nous l'avions cru d'abord. Plus nous examinions notre guide, plus nous remarquions en lui une sorte de divination, à l'endroit de la chasse, dont il semblait parfois travaillé et tourmenté comme d'une souffrance, comme d'une maladie. Il n'était pas charlatan le moins du monde, il n'employait aucune manigance cabalistique, et, s'il croyait à Georgeon, il s'en cachait bien et n'en parlait pas volontiers. Un phénomène qui s'opérait en Mouny-Robin nous mit, quoique vaguement, sur la voie de ce que je crois aujourd'hui devoir approcher de la vérité.

Un jour (nous avions apparemment toutes les mauvaises influences contre nous), nous fîmes quatre ou cinq mortelles lieues de pays sans rien rencontrer. Il semblait que tout le gibier eût été frappé d'une plaie d'Égypte, car nous ne pûmes pas seulement viser une alouette. Rageot était d'une humeur de dogue, et Médor nous regardait d'un air mélancolique. Deux ou trois fois, pour tromper leur ennui, ils tombèrent en arrêt sur des hérissons et des couleuvres; mais Mouny nous interdisait de tirer sur ces viles bestioles, prétendant que cela gâtait la main. Au dire des paysans, il protégeait, par malice de sorcier, les mauvaises bêtes vouées au diable, car Georgeon livre au chasseur qu'il protège le plus noble gibier, à condition qu'il respectera les animaux immondes dont il fait sa société dans les nuits de sabbat : les chouettes, les chats sauvages, les crapauds, les serpents, les renards, les loutres, les chauves-souris, les loups, etc. Ce jour-là, Mouny-Robin était triste, accablé, plus pâle qu'à l'ordinaire, et nonchalant comme il ne l'était pas souvent.

— Écoutez, nous dit-il, il faut changer tout cela, je vais me *retirer*.

— Qu'appelles-tu te *retirer*? lui dis-je. Quitter la chasse?

— Non, mon fils, répondit-il, je vais me retirer dans ce taillis; vous, vous allez suivre par en bas, et vous n'entrerez pas sous bois; autrement, tout ira mal.

Nous étions habitués à ses façons de parler : nous suivîmes la lisière du bois, comptant qu'il allait en faire sortir quelque lièvre de sa connaissance; mais il n'en sortit rien, et au bout d'un quart d'heure, nous le vîmes revenir à nous dans un état singulier de trouble et d'agitation. Il tremblait de tous ses membres et semblait brisé de fatigue, de souffrance, ou d'effroi. Sa blouse était souillée de terre, et ses cheveux remplis de brins de mousse, comme s'il eût été terrassé dans une lutte violente. Son front était ruisselant de sueur, et cependant ses dents claquaient de froid. — Eh bien! qu'est-ce donc, s'écria mon frère, est-ce que tu viens de te colleter avec l'autorité?

Nous n'avions entendu aucun bruit; mais, comme nous chassions la plupart du temps sans port d'armes et hors de saison, en véritables apprentis braconniers, nous pouvions faire la rencontre de quelque gendarme, garde champêtre, ou de tout autre fonctionnaire public, et nous nous apprêtions à répondre sérieusement, lorsque Mouny nous arrêta. — Rien, rien! nous dit-il d'une voix éteinte, ce n'est rien! — Et faisant un grand effort, il se secoua comme un homme qui chasse une vision, essuya son front, empoigna son fusil d'une main qui tremblait encore, et s'écria, comme s'il eût été inspiré : — Tout va bien, mes amis! nous allons faire une bonne chasse! Il y aura de beaux coups de fusil. — Puis, reprenant son air doux et narquois : — Vous, dit-il à mon frère, vous ne rentrerez pas sans plumes à la maison; et quant à toi, ajouta-t-il en me regardant, tu verras pour la première fois de ta vie tomber deux lièvres du même coup.

— Et qui fera ce beau coup? demandai-je.

— Quelqu'un qui s'appelle Mouny-Robin et qui se moque de bien des choses, répondit-il en secouant la tête.

— Et quand cela arrivera-t-il? demanda mon frère.

— Tout de suite, répondit-il. — Un lièvre parut, il l'ajusta et l'abattit.

— Cette fois il n'y en a qu'un, dit mon frère.

— Entrez dans le buisson, répondit Mouny; s'il n'y en a pas deux, je veux que celui-là soit le dernier que je tuerai de ma vie.

Nous cherchâmes dans le buisson, il y avait un second lièvre dont il avait cassé les reins du même coup qui avait fracassé la cervelle du premier.

— Comment diable, avais-tu fait pour le voir? lui dis-je; tu as de meilleurs yeux que nous!

— Des yeux? répondit-il. Mettez telles lunettes que vous voudrez, et si vous voyez ce que je vois, je vous fais cadeau de mon chien et de ma femme. Allons, allons, vous, dit-il à mon frère, armez votre fusil; la plume n'est pas loin.

Au bout de cent pas, nous trouvâmes une bande de canards sauvages. Mouny s'abstint de tirer. Mon frère en tua plusieurs, et revint souper avec son carnier plein de canards, de bécasses et de pluviers.

— Quand je vous ai dit que vous ne rentreriez pas sans plumes, observa Mouny; je savais bien que vous ne tueriez pas de perdrix. C'est égal, vous ne devez pas être mécontent. Pour ma peine, vous allez me promettre, si nous rencontrons ma femme, de ne pas lui dire un mot de ce que nous avons fait à la chasse.

Il nous avait tant de fois recommandé le secret à cet égard-là, que nous n'avions garde d'y manquer. Il ne cachait point à sa femme le gibier qu'il avait tué; mais de quelle façon il l'avait abattu, avec quel plomb, à quelle heure, en quel endroit, et après quelles paroles, voilà les mystères qu'il fallait lui faire, chaque jour, le serment de ne pas révéler. Il ne chassait guère qu'avec nous, et c'était une grande marque de confiance qu'il nous donnait. — Tu te crois donc sorcier, que tu caches ainsi ton savoir-faire? lui disions-nous. — Non, répondait-il; mais il ne faut pas qu'une femme sache rien des affaires de la chasse : cela porte malheur.

Cet homme offrait dans ses idées au premier abord un singulier assemblage de crédulité et de scepticisme. Il ne croyait vraiment pas au diable ni aux mauvais esprits, mais à la fatalité, ou plutôt à des influences pernicieuses ou bienfaisantes, qu'aucune science, je crois, n'a jamais reconnues, faute peut-être de les avoir observées. Il eût été bien important que nous fussions assez éclairés pour examiner ou reconnaître les propriétés qu'il attribuait à certains corps, à certaines émanations, à certains contacts. Quand on l'examinait de près, on voyait bien qu'il n'était pas superstitieux le moins du monde, et qu'il agissait en vertu d'une théorie physique vraie ou fausse. Les résultats étaient la plupart du temps si extraordinaires, que, selon toute apparence, il ne se trompait pas souvent dans l'application. Je ne crois pas qu'il ait cherché jamais à remonter aux causes; mais il avait certainement une science d'instinct ou d'observation. D'où la tenait-il? Nous n'avons jamais pu le savoir, et j'ignore s'il le savait lui-même. À cet égard, ses réponses étaient évasives, comme il était plus fin que nous, nous n'en tirâmes jamais rien.

Toutes les fois que la chasse était mauvaise, il *se retirait* (c'était son expression), c'est-à-dire qu'il se cachait à nos regards, soit dans un buisson, soit dans un fossé, soit dans quelque masure déserte, et qu'après y être resté un certain temps, il en sortait pâle, anéanti, frissonnant, respirant et marchant à peine, mais nous annonçant des rencontres et des victoires superbes qui se réalisaient toujours, et quelquefois avec une exactitude de détails qui tenait du prodige. Un jour, nous résolûmes de l'observer pour voir s'il avait quelque pratique secrète d'une superstition grossière, ou s'il préparait quelque jonglerie. Nous feignîmes de nous éloigner, et nous fîmes un détour pour le surprendre. Nous parvînmes jusqu'à lui sous le taillis avec des précautions tout à fait inutiles, car l'état où nous le trouvâmes ne lui permettait pas de nous voir et de nous entendre. Il était étendu à terre, et paraissait en proie à une angoisse inexplicable. Il se tordait les bras, faisait craquer ses jointures, bondissait sur le dos comme une carpe, respirait avec effort, la face pâmée et les yeux éteints. Nous crûmes qu'il était épileptique; mais les choses n'en vinrent pas là. Il n'eut ni écume à la bouche, ni rugissement, ni atonie. Ce fut une simple attaque de nerfs, une agitation convulsive, un étouffement pénible, quelque chose de plus douloureux qu'effrayant à voir, et dont il se tira en moins de cinq minutes. Nous le vîmes ensuite se relever peu à peu, s'étendre, se calmer, se *ravoir*, comme on dit, et rester là encore quelques minutes, comme partagé entre une grande fatigue et une sorte de bien-être. Quand il quitta la place pour nous chercher, nous allâmes le rejoindre par un assez long détour, afin de ne pas l'inquiéter, et il dit à mon frère en l'abordant: Aujourd'hui, si je ne m'en mêle pas, vous ne tuerez rien.

En effet, mon frère tira plus de douze coups de fusil dont pas un seul ne porta. — Je suis donc le dernier des maladroits! s'écria-t-il en frappant la terre de la crosse de son arme. Ah ça, maître Mouny, tâchez de me désensorceler.

— C'est bien aisé, mon ami, répondit Mouny de sa voix douce et agréable. Donnez-moi cela. De quel côté voulez-vous que je charge?

Il chargea le côté gauche qu'on lui indiqua, et mon frère chargea l'autre.

— Avec celui-ci, dit Mouny en montrant celui qu'il venait de charger, vous ne manquerez pas.

— Et avec l'autre? dit mon frère.

— Avec l'autre, vous ne toucherez pas, répondit-il.

Un vanneau passa, mon frère l'abattit; puis une grive, et il la manqua. Le coup chargé par Mouny avait porté, l'autre avait été casser une branche dix pieds trop haut.

— Et maintenant chargez le côté droit, dit mon frère. Il est possible que par là le fusil soit meilleur.

— À votre aise, dit Mouny-Robin. Il chargea le droit, et mon frère le gauche. Avec le gauche il toucha, avec le droit il ne toucha point. L'épreuve fut répétée toujours en sens contraire, cinq ou six fois de suite, et le résultat, fut toujours celui que Mouny avait annoncé. A la septième: — Cette fois, dit-il, vous allez tuer avec votre charge et manquer avec la mienne; je suis fatigué.

Le fait suivit et confirma la prédiction.

De pareilles expériences ne pouvaient pas être attribuées obstinément au hasard et à l'adresse. Mouny était parfois lui-même d'une maladresse incroyable, et il n'en paraissait ni surpris ni humilié. *Je sentais cela*, disait-il. Il n'y mettait pas d'autre amour-propre. Il était beau chasseur comme on est beau joueur. Nous lui accordions d'être plus exercé et plus habile que nous; cela ne suffisait pas pour expliquer les faits de divination véritable dont nous étions témoins tous les jours. Il me serait difficile de traduire nettement l'impression que ces faits produisirent sur nous à la longue. Il n'y a pas de fait si remarquable auquel on ne s'accoutume, et pourtant rien au monde n'est aussi difficile à vérifier et à constater qu'un fait de ce genre. Les continuelles et consciencieuses recherches de certains partisans du magnétisme, qui ne sont ni des fous, ni des charlatans, ont bien assez prouvé que la simple conquête d'un fait patent et incontestable peut être l'œuvre de toute une vie. Mais ce qu'il y a de plus étrange, c'est que ce fait à peine conquis entre les mains dans les esprits simples et droits sans y produire ni étonnement ni inquiétude. Je ne suis pas si les savants s'y soumettent aussi facilement, j'en doute. Leur orgueil a trop à faire pour s'accommoder des découvertes qui bouleversent leurs théories. Quant à moi, qui n'avais aucune théorie à perdre et aucune science à contrarier, j'ai été témoin d'un de ces faits après lesquels le doute n'est plus possible. J'avais vu Mouny-Robin exercer la faculté de seconde vue, ou d'odorat porté jusqu'à la puissance canine, sans être bien convaincu qu'il y eût dans l'humanité des instincts aussi exceptionnels et outre-passant les bornes connues de nos facultés communes. Dix ans plus tard, je jouai aux cartes avec une somnambule dont la vue semblait tout à fait interceptée, et, quoiqu'elle fît des prodiges, je me repentis, en sortant, d'avoir signé le procès-verbal. Il me vint des méfiances que je n'avais pas eues tout de suite. Je soupçonnai sa mère d'être de connivence avec elle pour duper le public, et je me demandai avec une partie des opposants, quoique le bandeau fût impénétrable, si les contorsions qu'elle avait faites n'avaient pas un peu décollé l'appareil en dessous.

Mais, il y a deux mois, j'ai vu chez un médecin que je sais être un homme de conscience et de vertu, et que de nombreuses supercheries ont rendu plus méfiant que nous tous, une autre somnambule qui, malgré plusieurs bandeaux impénétrables, et privée de l'assistance de tout compère, exerça la faculté de la vue avec autant de netteté que je puis le faire avec d'excellents yeux et une clarté splendide. Cette fois, je poussai mon examen du fait jusqu'à la minutie, jusqu'à l'insolence, et je pourrais citer des détails qui ne laisseraient aucune prise au soupçon de jonglerie. Je suis donc persuadé, je suis donc sûr aujourd'hui, autant qu'il est donné à l'homme de l'être d'un fait d'expérience personnelle attentive et lucide, que certains individus de notre espèce peuvent voir (et pourtant pourquoi pas entendre, pourquoi pas odorer?) dans des conditions où l'exercice des sens serait interdit à la généralité des autres individus. Eh bien, depuis ce temps, je m'admire ma tranquillité. Il m'avait semblé qu'un tel fait me paraîtrait surnaturel, et qu'il bouleverserait ma raison, qu'il me rendrait accessible à toutes les billevesées du monde, et je craignais d'arriver à la certitude que je cherchais. Voilà qu'il se trouve que rien de pareil ne s'est opéré en moi. Je ne crois à aucune puissance surnaturelle, et je me dis, avec tous ceux qui ont assisté à l'épreuve, qu'il y a sans doute dans la nature bien d'autres secrets non encore révélés, qui de longtemps ne seront pas explicables. Que dis-je, de longtemps? ne le seront-ils pas toujours? Un fait constaté entraîne-t-il autre chose qu'une analyse des effets et des causes saisissables? et n'y a-t-il pas au-dessus de ces causes saisissables une cause première qui est le secret même de la Divinité? Qui nous dira comment le blé pousse, et comment l'homme est conçu? Nous voyons bien germer et poindre un brin d'herbe dans le sein d'une graine, nous voyons bien un enfant naître du flanc de sa mère; mais la puissance de la vie, mais la perpétuation et le renouvellement de l'être, mais ces propriétés impérissables de l'esprit et de la matière, d'où viennent-elles?

Quand on aura analysé l'œil de l'extatique, quand on aura trouvé dans ses nerfs, ou dans sa rétine, ou dans son cerveau, une faculté particulière de voir à travers les obstacles et en dépit des distances, que saura-t-on? Ce qu'on savait il y a trois mille ans : c'est qu'il y a des pythies, des devins, des augures, des visionnaires et des prophètes qui n'exploitent pas tous la crédulité des hommes, et qui sont vraiment mus par une puissance intime et incontestable. On ne dira plus : c'est Apollon, c'est Isis, c'est Jéhovah, c'est Magog qui parle. Les savants diront : c'est un fait naturel qui se produit. Mais, en vérité, à qui donc remonte la puissance dont ce fait émane? Ne sera-ce pas jusqu'à Dieu, aussi bien que tous les faits de la vie dans l'univers?

Ce n'est donc pas dans une étude matérielle de la cause première qu'il faut chercher le progrès. Ce progrès ne sera jamais qu'une confirmation de plus en plus éclatante et universelle de la foi en Dieu, conquête primitive, durable, éternellement modifiable et perfectible de l'humanité. Mais ce qu'il appartient à la science humaine d'analyser et d'expliquer par les moyens qui lui sont propres, c'est d'une part le mécanisme des causes naturelles procédant des causes divines, et de l'autre le mécanisme des effets naturels procédant des unes et des autres. La science fera ce progrès quand les savants auront un assez grand nombre de faits nouveaux et incontestables pour rougir de leur scepticisme, comme ils rougiraient aujourd'hui de leur naïveté, si naïfs ils pouvaient être.

J'en étais là de mon explication, quand je vis que mon auditeur cosmopolite était profondément endormi. Je l'avais magnétisé, sans le vouloir, par mes réflexions sur le magnétisme. Ce fut à grand'peine que je l'arrachai au sommeil délicieux que lui procurait ma logique, pour lui faire entendre le final admirable du *Freyschütz*. Quand le rideau fut tombé : — Vous me devez la fin de l'histoire de Mouny-Robin-Gaspard et de Georgeon-Samiel, me dit-il en passant son bras sous le mien ; nous irons nous asseoir à Tortoni, et vous me l'achèverez.

— Je ne saurais, répondis-je, la raconter dans un lieu livré à des influences aussi contraires à l'effet qu'elle doit produire, et je crois, pour continuer le système de mon braconnier extatique, qu'au contact de toutes ces élégances parisiennes, je perdrais la mémoire des jours de ma jeunesse campagnarde. Venez avec moi en plein air; la lune donne sur les toits, et je réussirai peut-être à sortir de mon explication...

— Je vous en dispense, dit le cosmopolite, qui commençait à en avoir assez. Il me semble que j'ai compris, tout en dormant; vous attribuez à votre homme une sorte de seconde vue qui s'exerçait à la chasse, et qui se produisait chez lui au moyen de certaines crises nerveuses. Vous pouviez dire cela en deux mots; je ne suis pas tellement sceptique, que je n'accepte cette donnée préférablement à bien d'autres.

— Eh bien! repris-je, puisque ma tâche à cet égard est terminée, la fin de l'histoire viendra bien vite. Le garde champêtre et toutes les têtes fortes de l'endroit nous avaient bien prédit que cela finirait mal, et que Georgeon *tourerait* un jour ou l'autre chez son compère Mouny. Un beau soir, comme la lune brillait au ciel, Mouny alla comme de coutume lever la pelle de son moulin ; mais, au moment où l'eau s'élançait et mettait la roue en mouvement, Georgeon, qui était mécontent de lui (sans doute parce qu'il ne le trouvait pas assez méchant pour un homme voué au diable), le poussa par derrière, l'enfonça dans l'eau la tête la première et le fit passer sous la roue de son moulin, d'où il sortit suffoqué, brisé et frappé à mort. On le trouva de l'autre côté du moulin, échoué sur l'herbe du rivage, disloqué, immobile et près d'expirer. Il passa pourtant six mois dans son lit, où il finit par succomber aux lésions profondes que la roue du moulin avait faites à la poitrine et à la moelle épinière. — On te l'avait bien prédit, mon pauvre homme, lui disait sa femme à son lit de mort, que Georgeon finirait par te tourer!

— Il n'y a pas de Georgeon qui tienne! répondit le moribond. Je ne saurai jamais comment cela m'est arrivé, pas plus, ajouta-t-il, que je n'ai su le reste!

Le fait est que l'accident tragique du pauvre Mouny n'a jamais été bien expliqué. Il faut être non pas maladroit, mais bien déterminé au suicide pour passer ainsi par la pelle de nos moulins. Il vous suffirait de voir celui de Mouny, pour vous convaincre qu'il faut s'y lancer ou y être précipité avec une grande force, la tête en avant, pour ne pas pouvoir se retenir aux ais du pont, quelle que soit la force de l'eau. Tout s'expliquerait si Mouny eût été ivre; mais il ne s'enivra pas, je crois, une seule fois dans sa vie. Il avait horreur du bruit et de l'odeur des tavernes, et, quand il s'y asseyait un instant, il en sortait en disant : « La tête me sonne! » Je n'ai pas vu un autre paysan aussi délicatement organisé qu'il l'était à certains égards.

— N'avait-il pas un ennemi, un héritier, un rival? me dit mon auditeur complaisant.

— Hélas! il en avait plus d'un, répondis-je. Jeanne Mouny était jolie comme un ange, et d'une délicatesse d'organisation aussi exceptionnelle que celle de son mari. Elle était petite, fluette, et blanche comme les narcisses de son pré. Vivant toujours à l'ombre des grands arbres qui croissent dans cette région fraîche et touffue, elle avait préservé son cou et ses bras des morsures du soleil, et, quand elle était vêtue le dimanche d'une robe blanche et d'un tablier à fleurs, elle ressemblait plus à une villageoise d'opéra qu'à une meunière du Berry. Pour rester dans le vrai, ce n'était ni l'une ni l'autre ; mais c'était mieux, c'était quelque chose de fin, de propret et de charmant, avec une voix douce et des manières gracieuses. Il semblerait que ce rapport d'organisation eût dû les rendre précieux l'un à l'autre. J'ai la douleur de vous avouer que madame Mouny préférait à son époux un gros garçon de moulin, noir, rauque et crépu, auquel Mouny ne témoigna jamais la moindre jalousie. Ceci est encore une particularité du caractère de notre ami. Il n'avait aucun préjugé sauvage sur l'honneur conjugal. Il ne se croyait obligé ni de haïr, ni d'injurier, ni de battre, ni d'étrangler sa femme, parce qu'elle lui était infidèle. Il nous parla souvent de sa position prétendue ridicule, et la manière dont il l'envisageait ne l'était nullement. — Jeanne est beaucoup plus jeune que moi, disait-il, elle est jolie, et je l'ai toujours négligée. Que voulez-vous? Je l'aime de tout mon cœur, mais j'aime encore mieux la chasse. La chasse, voyez-vous, mes enfants, celui qui s'y adonne ne peut pas s'adonner à autre chose. Si vous êtes amoureux, si vous êtes jaloux, faites-moi cadeau de vos fusils et de vos chiens, car vous ne serez jamais que de mauvais chasseurs.

Si bien qu'en raisonnant avec cet esprit de justice, il eut pour sa femme les procédés qu'un grand seigneur du temps de Louis XV aurait eus pour la sienne. Il n'est donc pas présumable qu'il ait été assassiné par son rival. Cela n'est venu à l'esprit de personne. Jeanne ne pouvait que perdre à la mort de son mari.

— Alors que présumez-vous de cette mort?

— Je présume que Mouny était somnambule ou cataleptique d'une certaine façon, et qu'il a été surpris par la crise extatique au moment où il levait la pelle de son moulin. Quoi qu'il en soit, sa fin a été mystérieuse comme sa vie, et il n'est aucun de nos paysans qui ne l'attribue encore aujourd'hui à une lutte avec l'esprit malin, le diable chasseur, le terrible Georgeon de la Vallée Noire. Je vous disais que notre peuple des campagnes possède son fantastique tout comme un autre, et que les Allemands n'en ont pas le monopole. Je pourrais vous conter d'après eux des histoires encore plus effrayantes, mais il est trop tard pour cette nuit. Bonsoir.

GEORGE SAND.

FIN DE MOUNY-ROBIN.

www.ingramcontent.com/pod-product-compliance
Lightning Source LLC
Chambersburg PA
CBHW070527160426
43199CB00014B/2219